《苏州通史》编纂委员会 ◇ 编

苏州通史

明代卷

吴建华 ◇ 主编

学术总顾问

戴 逸

学术顾问

李文海　张海鹏　朱诚如　汝　信
茅家琦　段本洛　熊月之

总主编

王国平

苏州大学出版社
Soochow University Press

图书在版编目(CIP)数据

苏州通史.明代卷/《苏州通史》编纂委员会编；吴建华主编. —苏州：苏州大学出版社，2019.3
 ISBN 978-7-5672-2507-7

Ⅰ.①苏… Ⅱ.①苏… ②吴… Ⅲ.①苏州—地方史—明代 Ⅳ.①K295.33

中国版本图书馆 CIP 数据核字(2018)第 264114 号

苏州通史 明代卷

主　　编	吴建华
篆　　刻	陈道义
责任编辑	薛华强
装帧设计	唐伟明　吴　钰
出版发行	苏州大学出版社
地　　址	苏州市十梓街1号
邮　　编	215006
电　　话	0512-67481020　65222617(传真)
网　　址	http://www.sudapress.com
邮　　箱	sdcbs@suda.edu.cn
印　　刷	苏州工业园区美柯乐制版印务有限责任公司
开　　本	787 mm×1 092 mm　1/16　印张 42　字数 754 千
版　　次	2019 年 3 月第 1 版
	2019 年 3 月第 1 次印刷
书　　号	ISBN 978-7-5672-2507-7
定　　价	200.00 元

版权所有　侵权必究

吴建华　范莉莉　王凝萱　孙　达

序

在苏州市委、市政府领导和市委宣传部的组织实施下,经过长达十年的努力,皇皇16卷本的《苏州通史》即将出版,实在可喜可贺。

盛世修史,是中华民族的优良传统。伴随着经济的发展和社会的进步,2002年8月,党中央、国务院郑重做出了启动国家清史纂修工程的重大决定。在国家清史纂修工程的成功示范下,不少地方政府也开始组织力量,对本地区的历史文化进行深入挖掘和梳理,编纂区域性通史即是其中的重要途径。

苏州是我国重要的历史文化名城,在2 500多年的发展史上,苏州先民创造了光辉灿烂的地方文化,成为中华文化的重要组成部分。宋代以来,苏州就有"人间天堂"的美誉。明清时期的苏州,在很多方面都达到了中国封建社会发展的顶峰。当今的苏州,作为改革开放的前沿,在经济、社会和文化诸方面都取得了令人瞩目的成就,综合实力位居全国前列。深入挖掘苏州的历史文化内涵,总结苏州发展的得失成败,是历史赋予当今苏州人的光荣使命。《苏州通史》在这种背景下应运而生。

十年来,在苏州市委、市政府和市委宣传部的大力支持下,总主编王国平教授带领课题组的数十位专家学者,心怀高度的历史责任感,反复切磋,努力钻研,通力合作,高质量地完成了《苏州通史》的撰写,堪称"十年磨一剑"。可以说,这部《苏州通史》系统地厘清了苏州发展的历史脉络,全面展现了苏州丰厚的文化积淀,是第一部完全意义上的苏州通史。我认为,这部《苏州通史》不但可以作为苏州城市的文化名片,也可以作为爱国主义教育的乡土教材。

古人云:"鉴于往事,有资于治道。"对于一个国家如此,对于一个地区何尝不是如此。相信《苏州通史》的出版,必将会为苏州的进一步发展提供强大精神力量。

苏州是我魂牵梦萦的家乡。八年前,我曾为《苏州史纲》作序;八年后的今天,又躬逢《苏州通史》出版的盛事,何其幸哉!对于家乡学术界在苏州历史文化研究方面取得的历史性跨越,我感到由衷的喜悦,故赘述如上,谨以为序。

2017年10月25日

绪 言

苏州是中国重要的历史文化名城。早在一万多年前,太湖的三山岛就已出现了光辉灿烂的旧石器文化,成为中华文明的摇篮之一。商代末年,泰伯奔吴,带来了先进的中原文化。此后,吴国在此立国。吴王阖闾时期,兴建了吴大城,吴国也渐臻强盛,最终北上称霸。秦汉时期,今苏州地区纳入统一王朝的治理,经过孙吴政权的经营和东晋南朝的发展,到唐代中叶,苏州已经成为中国的经济中心之一。宋元时期,苏州的经济文化得到长足发展。到明清时期,苏州的发展水平已臻历史巅峰,成为全国著名的经济和文化中心,影响直至今日。晚清至民国时期,苏州逐渐从传统走向现代。中华人民共和国成立后,特别是改革开放以来,苏州再度强势崛起,成为当今中国发展最快、率先基本建成高水平全面小康社会的地区之一,创造了新的奇迹。这是苏州历史进程的主要脉络,构成了《苏州通史》的主线。

作为第一部完全意义上的苏州通史,我们希望能够以16卷的体量,系统完整地厘清苏州历史发展的脉络,全方位地展现苏州政治、军事、经济、社会、文化各方面的历史风貌。《苏州通史》撰写所涉及的主要内容与问题说明如下:

一、《苏州通史》的时空界定

1. 时间界定:苏州的历史包括这一区域的史前史。今日苏州所辖吴中区的太湖三山岛,早在一万多年前就出现了旧石器文化,这就成了《苏州通史》的起点。《苏州通史》的时间下限为公元2000年。

2. 政区空间界定:兼顾政区空间的现状与历史,以现行行政区域为基准,详写;历史行政区域超越现行行政区域部分,在相关历史时期中略写。

二、《苏州通史》的体例

参照中国传统史书编撰体例,借鉴国家清史纂修工程的《清史》主体设计,《苏州通史》主体部分为导论以及从先秦至中华人民共和国时期的历史(分为若干阶段的断代史),另设人物、志表、图录等三部分。人物、志表、图录中的内容是对通史部分相关内容的补白与补强。

《苏州通史》共分 16 卷。第 1 卷为导论卷,第 2 卷为先秦卷,第 3 卷为秦汉至隋唐卷,第 4 卷为五代宋元卷,第 5 卷为明代卷,第 6 卷为清代卷,第 7 卷为中华民国卷,第 8 卷为中华人民共和国卷(1949—1978),第 9 卷为中华人民共和国卷(1978—2000);第 10 卷为人物卷(上),第 11 卷为人物卷(中),第 12 卷为人物卷(下),第 13 卷为志表卷(上),第 14 卷为志表卷(下),第 15 卷为图录卷(上),第 16 卷为图录卷(下)。

三、"导论卷"的结构与内容

"导论卷"为丛书首卷,包括苏州历史地理概要、苏州史研究概述以及苏州史论三个部分。

"导论卷"上篇为苏州历史地理概要。在对苏州各历史时期地理环境要素演变做分期分类的基础上,重点对苏州历史沿革地理和苏州历史自然地理演变做概要性叙述,主要包括苏州历史气候与生态变迁、苏州地质与地貌变迁、苏州古城水道变迁、苏州历史建置沿革以及苏州城池防务沿革。

"导论卷"中篇为苏州史研究概述。《苏州通史》是学术界业已取得的研究成果的集中体现。对于苏州各个时期历史的研究,学术界已有或多或少的成果,并以著作、论文等为载体展现世间。《苏州通史》的作者们充分关注和汲取了这些宝贵的学术营养。"导论卷"的苏州史研究概述,分别列举并适当评述了先秦、秦汉至隋唐、五代宋元、明代、清代、中华民国、中华人民共和国等历史时期苏州史的研究成果。

"导论卷"下篇为苏州史论。按照通史的体例,正文中不可能就论题展开详细的专题性论述,这些相关论述即构成了"导论卷"下篇的苏州史论。这些专题论述有:《春秋吴国国号及苏州城市符号的"吴"及其溯源》《秦汉至隋唐时期吴城所辖行政区域及政治地位的变迁》《五代宋元时期来苏移民问题》《明代苏州地位论纲》《晚清苏州的现代演进》《民国以降苏州经济社会发展的传统规定性》《人民公社时期苏州农村社队工业的兴起与发展》《改革开放时期苏州经济发展的三次跨越》,大体上覆盖了苏州历史发展进程中的一些重要节点。

四、自先秦至中华人民共和国各卷的章节体系

自先秦至中华人民共和国各卷是通史的主体,分为 8 卷断代史。各卷采用纵横结合的结构,根据本卷所跨时段的政治经济发展状况,划分若干客观发展阶段为若干章,主要写政治、军事、经济状况;另设社会一章,主要写整个时段苏州人口家族、宗教信仰、民风节俗等;另设文化一章,主要写科学技术、教育、文化艺术等。这样,以"X+2"模式架构和贯通 8 卷断代史。

自先秦至中华人民共和国共 8 卷的章节体系,展示了苏州历史进程的主要脉络,体现了《苏州通史》的主线。各卷设章如下:

先秦卷 第一章,远古文明;第二章,泰伯南奔与立国勾吴(泰伯至寿梦);第三章,从徙吴至强盛(诸樊至吴王僚时期);第四章,"兴霸成王"与吴大城建筑(阖闾时期);第五章,从称霸到失国(夫差时期);第六章,战国时期的吴地;第七章,吴国社会状况;第八章,吴国的文化。

秦汉至隋唐卷 第一章,秦汉时期的苏州;第二章,六朝时期的苏州;第三章,隋唐时期的苏州;第四章,秦汉至隋唐时期的苏州社会;第五章,秦汉至隋唐时期的苏州文化。

五代宋元卷 第一章,五代苏州从混战走向稳定;第二章,北宋苏州的稳固与发展;第三章,南宋苏州的复兴与繁华;第四章,元代苏州的持续发展;第五章,五代宋元时期苏州的社会组织与社会生活风俗;第六章,五代宋元时期苏州的文化。

明代卷 第一章,洪武时期苏州社会恢复性发展;第二章,建文到弘治时期苏州社会持续性发展;第三章,正德到崇祯时期苏州社会转型性发展;第四章,明代苏州社会生活;第五章,明代苏州文化。

清代卷 第一章,恢复、发展与繁荣(顺治至乾隆年间);第二章,衰退与剧变(嘉庆至同治初年);第三章,变革与转型(同治初年至宣统年间);第四章,社会风貌;第五章,文化成就。

中华民国卷 第一章,民初情势;第二章,革命洗礼;第三章,近代气象;第四章,战争浴火;第五章,社会生活;第六章,文化教育。

中华人民共和国卷(1949—1978) 第一章,向社会主义过渡;第二章,全面探索的十年;第三章,"文化大革命"的十年内乱;第四章,在徘徊中前进的两年;第五章,社会变迁;第六章,文教、卫生事业的曲折发展。

中华人民共和国卷（1978—2000） 第一章,全面拨乱反正和改革开放启动时期;第二章,推进改革开放和加快发展时期;第三章,深入改革开放和现代化建设勃兴时期;第四章,和谐多彩的社会生活;第五章,与时俱进的文化建设。

五、人物、志表、图录各卷的编排

人物卷 《苏州通史》第10—12卷为人物卷（上）（中）（下），所录人物共1 600余人（含附传），包括苏州籍人士、寓居苏州有影响的非苏州籍人士，以及主要活动在外地的有影响的苏州籍人士。所录人物主要按人物生卒年排序。

志表卷 《苏州通史》第13—14卷为志表卷（上）（下），志表合一，分为建置、山川、水利、城市、街巷桥梁、园林、乡镇、人口、财政、职官、教育、藏书、文学、新闻出版、绘画、书法篆刻、音乐、昆曲、评弹、工艺美术、宗教、物产、风俗、古建筑、会馆公所、古迹等共26章。

图录卷 《苏州通史》第15—16卷为图录卷（上）（下），所录历史图片按政区舆图、军政纪略、衙署会所、城池胜迹、乡镇名景、水陆交通、市政设施、农林水利、工矿企业、店铺商社、苏工苏作、园林园艺、科学技术、科举教育、文学艺术、报纸杂志、书法绘画、文献藏书、文化设施、文娱体育、医疗卫生、风俗民情、宗教信仰、慈善救济、人物图像、故居祠墓等共26类编排。各类图片基本按图片内容发生时间排序。图录卷共收录图片2 000余幅，每幅图片均附扼要的文字说明。

《苏州通史》的人物、志表、图录等卷与其他相关的人物传记、方志、专业志、老照片等著作体裁有别，详略不同，其内容取舍取决于丛书的学术需求。

六、苏州元素的体现

苏州通史，所以能区别于其他地区的通史，在于展现了苏州悠久的历史发展过程中形成的历史文化特色，这些特色又是通过其独特的元素来体现的。为此，《苏州通史》的撰写，对历史进程中的苏州元素予以重点关注与剖析。诸如三山旧石器文化、太湖与苏州水系、伍子胥建城、三国东吴、范仲淹与"先天下之忧而忧，后天下之乐而乐"、苏州府学、"苏湖熟，天下足"、"上有天堂，下有苏杭"、吴门画派、吴门医派、昆曲评弹、园林、丝绸、顾炎武与"天下兴亡，匹夫有责"、姑苏繁华、明清苏州状元、苏福省、冯桂芬与"中学为体，西学为用"、苏州洋炮局、东吴大学、社队企业、"苏南模式"、苏州工业园区等，都会在相关各卷进行重点论述。

从2007年撰写《苏州史纲》算起,至2010年《苏州通史》立项,再至2018年《苏州通史》付梓,整整十一年。若谓十年磨一剑,绝非虚语。

十余年里,我们怀抱美好的愿望,希望这部《苏州通史》能够成为第一部完全意义上的苏州通史,系统完整地厘清苏州历史发展的脉络,全方位地展现苏州政治、军事、经济、社会、文化各方面的历史风貌。希望这部《苏州通史》能够成为苏州城市的一张靓丽名片,展现苏州历史文化的丰厚积淀,展现当今苏州发展的辉煌成就,也在一定程度上展现苏州社会科学界在本土历史文化研究方面的学术成就。希望这部《苏州通史》能够成为苏州历史文化资源开发利用的一个坚实基础。

为此,《苏州通史》作者力求城市通史体系创新,力求新史料应用及史实考证的创新,力求观点提炼与论述创新,力求《苏州通史》能够达到同类通史的最高水平。

为此,《苏州通史》作者严格把握了保障学术水平的几个环节,诸如开题研讨、专题研讨、结项研讨、书稿外审、总主编审定、编委会审定等。在通史撰写过程中,熊月之、崔之清、姜涛、周新国、范金民、李良玉、戴鞍钢、马学强、张海林、王健、王永平、孟焕民、徐伟荣、汪长根、吴云高、卢宁、邓正发、涂海燕、陈其弟、陈嵘、尹占群、林植霖、张晓旭等专家学者参与了书稿的审阅,并提出了宝贵的意见与建议。

为此,苏州市领导还聘请了全国史学界及相关领域权威学者戴逸、李文海、张海鹏、朱诚如、汝信、茅家琦、段本洛、熊月之等先生担任学术顾问,并聘请戴逸先生担任总顾问。非常感谢他们听取相关事宜的汇报,并不吝赐教。

《苏州通史》作为市属重大社科研究项目,十余年来,得到苏州市委、市政府的高度重视和大力支持。先后担任中共苏州市委书记的王荣同志、蒋宏坤同志、石泰峰同志、周乃翔同志,以及先后担任苏州市市长的阎立同志、曲福田同志、李亚平同志等,都对《苏州通史》的研究编纂工作给予关心、指导和帮助。作为《苏州通史》编纂的主管部门,苏州市委宣传部历任部长徐国强同志、蔡丽新同志、徐明同志、盛蕾同志、金洁同志,历任分管副部长高志罡同志、孙艺兵同志、陈雪嵘同志、黄锡明同志等接续发力,从各方面为《苏州通史》编纂团队排忧解难,提供条件,创造了从容宽松的工作氛围。苏州市委宣传部副部长、市文明办主任缪学为同志和市社科联主席刘伯高同志积极支持项目立项和研究,并从资金等方面提供保障。苏州市委宣传部工作人员洪晔、吕江洋、徐惠、刘纯、刘锟、陆怡、盛征、陈华等同志先后参与了具体组织和协调推进工作。谨此致谢。

《苏州通史》杀青之际,掩卷而思著作之艰辛,能不感慨系之?感慨于《苏州通史》课题组各位同仁十余年来付出的难以言表与计量的刻苦与辛劳,感慨于众多学者专家审读各卷书稿所给评价与建议的中肯与宝贵,感慨于苏州市委宣传部历任领导对《苏州通史》从立项到出版全程的悉心呵护与大力支持,感慨于苏州大学领导从我们承接任务到付梓出版所给予的支持和关心,感慨于社会各界对《苏州通史》方方面面的关注与期待。

历经十余年打磨,《苏州通史》即将面世。果能得如所愿,不负领导希望,不负社会期待,不负同仁努力,则不胜欣慰之至!

王国平
2018年10月于自在书房

目 录

绪论　明代苏州的自然环境与行政格局 / 001

　　一、自然环境 / 003
　　二、行政设置 / 007
　　三、苏城城市布局与管理 / 012

第一章　洪武时期苏州社会恢复性发展 / 021

第一节　洪武时期苏州社会经济秩序的建立 / 026

　　一、整顿吏治 / 026
　　二、打击豪强地主 / 031
　　三、膨胀官田制度 / 040
　　四、官田重赋 / 043
　　五、繁重的漕粮和漕运 / 049
　　六、完善与创新基层制度 / 052

第二节　洪武时期苏州小农经济的恢复与发展 / 056

　　一、兴修水利 / 056
　　二、户口、土地变化 / 058
　　三、稻麦粮食生产 / 059
　　四、桑棉经济作物种植与家庭丝棉纺织副业发展 / 060

第二章　建文到弘治时期苏州社会持续性发展 / 063

第一节　苏州社会经济秩序的调整 / 065

　　一、洪武时期的社会经济秩序在苏州面临的困境 / 065
　　二、苏州知府督征官田逋赋的努力 / 069

　　　　三、周忱、况钟治苏 / 074
　　　　四、景泰至弘治年间苏州赋税、漕运改革 / 084

第二节　苏州社会经济持续性发展的情况 / 091
　　　　一、水利持续兴修 / 091
　　　　二、农村经济发展 / 098
　　　　三、城市经济发展 / 119

第三节　苏州与"靖难之役" / 123
　　　　一、姚广孝与"靖难之役" / 124
　　　　二、苏州知府姚善与义士抗击燕王 / 126

第四节　郑和从刘家港"开洋"下西洋 / 129

第三章　正德到崇祯时期苏州社会转型性发展 / 133

第一节　苏州地区政策调整与社会经济秩序的转变 / 135
　　　　一、嘉靖、隆庆年间赋役改革 / 136
　　　　二、万历之后均田均役法逐步实施 / 145
　　　　三、土地关系变化 / 151
　　　　四、水利兴修变化 / 152

第二节　苏州商品经济繁盛与社会转型性发展 / 157
　　　　一、农村商品经济发达 / 157
　　　　二、手工业商品经济兴旺与资本主义萌芽孕育 / 162
　　　　三、商业经济繁盛 / 170
　　　　四、市镇经济繁荣 / 183

第三节　苏州抗倭战争 / 187

第四节　苏州抗暴斗争 / 192
　　　　一、织工葛成起义与朱燮元维和 / 193
　　　　二、五人高义与寇慎善后 / 209
　　　　三、府试殴逐主考 / 216
　　　　四、奴　变 / 220
　　　　五、抗租、抢米风潮 / 222

六、张溥与复社活动 / 225

第四章　明代苏州社会生活 / 229

第一节　明代苏州人口状况 / 231
一、著籍户口与意象人口 / 232
二、人口职业结构 / 242

第二节　明代苏州社会风尚的渐变 / 247
一、正德《姑苏志》所记明代苏州风俗变化 / 248
二、洪武时期社会风尚简朴 / 256
三、建文到弘治时期社会风尚日趋开放 / 259
四、正德到崇祯时期社会风尚张扬 / 262

第三节　明代苏州宗教 / 280
一、佛教与道教发展概况 / 280
二、佛门高僧 / 288
三、知名道士 / 295
四、辅教鸿儒 / 298
五、伊斯兰教 / 303
六、天主教 / 303

第四节　明代苏州民间信仰 / 305
一、数量与分布 / 305
二、类型与特点 / 309
三、兴盛的原因 / 319
四、社会影响 / 342

第五节　明代苏州家族 / 355
一、姓氏宗族的来源 / 356
二、制约家族活动的环境 / 369
三、士大夫的家族思想 / 381
四、家族活动的开展 / 412
五、家族与地方社会发展 / 432

第五章 明代苏州文化 / 449

第一节 兴盛的教育、科举与人才 / 451
  一、学校教育 / 452
  二、科举与人才 / 477

第二节 璀璨的文学艺术 / 483
  一、文学的巅峰 / 483
  二、艺术的黄金时代 / 490

第三节 科学技术的新辉煌 / 510
  一、吴门医派 / 510
  二、蒯祥与香山帮"苏式"建筑 / 515
  三、园林与造园艺术 / 517
  四、独特的苏工苏作工艺创新 / 520
  五、其他科学技术新进展 / 548

第四节 明代苏州学术 / 551
  一、明代苏州学术与学风演变 / 551
  二、《明儒学案》《明史·儒林》所载苏州学者 / 554
  三、儒学其他学者 / 558
  四、其他思想 / 559
  五、经　学 / 563
  六、史　学 / 571
  七、地理学 / 583
  八、文字学 / 588
  九、金石学及目录学 / 588
  十、丛书与类书编纂 / 589

第五节 丰富的藏书与刻书 / 595
  一、藏　书 / 595
  二、刻　书 / 604

第六节　广泛活跃的民间收藏活动 / 610
　　　　一、收藏盛况 / 610
　　　　二、鉴藏实录 / 614

第七节　明代苏州文化的特点 / 619

明朝皇帝年表（1368—1644） / 624

大事记 / 625

参考文献 / 628

后　记 / 652

◎ 绪论　明代苏州的自然环境与行政格局 ◎

明代苏州历史在苏州自然地理、行政以及苏城社会环境等搭成的舞台上逐渐演进。在延续前代原有环境的基础上,明代苏州自然条件、政治条件、城市格局也有一些变化,以下略加叙述。

一、自然环境

明代苏州在自然地理上与前代相比没有太大的变动。正如明正德《姑苏志》说:"吴号泽国,《水经》所谓万水所凑、触地成川者也。其源西自太湖,东入于海,承衍支漫,不能详举。"[1]水天泽国,依然是吴地与苏州最大的地理特征。苏州位于太湖以东,东靠海,北接长江,南近钱塘江,京杭大运河南北通贯,海拔3—4米,地势微呈西高东低,西部连太湖,为低山丘陵地带,其余则为水网广布的太湖平原,大约平原面积为55%,丘陵面积不到3%,属于东太湖地域,是太湖地区的核心。

在自然形势上,苏州地域整体呈浅碟形,低海拔,因而宋元时期苏州被名为"平江",是与江持平的意思。作为名副其实的水乡泽国,苏州全境十分之四、府城五分之一的面积由自西向东、自北朝东南流向的河道及湖泊所覆盖。[2]

苏州境内大约有百余座山体,主要分布在吴县和常熟县,而苏城附近的山体集中在城西,如虎丘山、黄山(俗称横山)、天平山、灵岩山、上方山、穹窿山等,其

---

[1] 正德《姑苏志》卷十《水》,《天一阁藏明代方志选刊续编》11,上海书店1990年,第726页。此书为正德版,有正德本与嘉靖本。此为嘉靖本,即正德版嘉靖增补本。本书所引均为此本。所引《水经注》原文为卷二十九,"又东至会稽余姚县,东入于海"句,注有"江水又东注于海。是所谓三江者也。故子胥曰:吴、越之国,三江环之,民无所移矣。但东南地卑,万流所凑,涛湖泛决,触地成川,枝津交渠,世家分伙,故川旧渎,难以取悉,虽粗依县地,缉综所缠,亦未必一得其实也"。见郦道元著,陈桥驿校证:《水经注校证》,中华书局2007年,第687—688页。又,凡《天一阁藏明代方志选刊》及其"续编"本,因为每册都是分别标页的,本书仅在其一书多册时标示册数。

[2] 苏州市地方志编纂委员会:《苏州市志》第三卷《自然环境》第四章"水系水文",江苏人民出版社1995年,第213页。

中穹窿山主峰以海拔341.7米位居首位。《姑苏志》说："吴中诸山,奇丽瑰绝,实钟东南之秀。地理家谓其原自天目而来,发于阳山。今纪自阳山,分华、鹿而南,迤逦天平,尽于灵岩;别由穹窿而东,尽于楞伽,以及湖中诸山。若虎丘,于诸山最小而名胜特著,且非有所附丽,故首列之。"[1]

太湖流域地区在江南属于东部低地地带,水面广阔,水道纵横密布,一方面为农业灌溉和航运交通提供了天然与高效的便利条件,经过先秦秦汉六朝时期人口累代辛勤持续的开发,到唐代中期"安史之乱"以后,土壤被改良得肥沃,稻作农业生产得天独厚,以苏州为核心的太湖流域浙西地区已经成为著名的鱼米之乡和中国赋税重地,有"天上天堂,地上苏杭"的美誉,到宋代则取代中原黄河流域,实现中国经济重心的转移,这一局势一直延续到明清时期;另一方面,必须看到,太湖低洼地区又是水患频仍的根源,假如没有历代官府和民间社会高度重视并持续进行水利工程的兴修和维护,要想确保农业收成和赋税按时征收,保障国家的粮仓盛满,支持国家政权的稳定,是绝对不可能的。

位于水网之地的苏城,河道纵横,桥梁密布,交通便捷。自春秋时期阖闾城建城之初,格局即已形成。从现存南宋《平江图》碑,可以清晰地看到苏城河道水巷交叉密布,形成棋盘格局,从宋至今,基本不变。"城内大河三横四直"[2],共七条,作为主河道,贯穿全城,经过明弘治六年(1493)通判应能疏浚[3],一直存在,并且通过清嘉庆二年(1797)全面疏浚城河后镌刻上石的《苏郡城河三横四直图碑》形象地展现出来。

明末崇祯年间任职苏州的浙江东阳人、应天巡抚张国维(1595—1646)经过勘查,十分欣赏苏城水道地势:

> 苏城四绕外濠深广,增雄天堑,具区宣泄之水所共繇也。至葑关忽隘,而以一桥为束,使南来运道统归胥江,形势负险,古人建设之意良可深思。城内河流三横四直之外,如经如纬者尚以百计,皆自西趋东,自南趋北,历唐、宋、元不湮,入我明屡经疏浚。[4]

到隆庆、万历年间,苏城还有112条小河道;全城大小河道总长15 118.8丈。[5]

---

[1] 正德《姑苏志》卷八《山上》,《天一阁藏明代方志选刊续编》11,上海书店1990年,第635页。
[2] 正德《姑苏志》卷十六《城池》,《天一阁藏明代方志选刊续编》12,上海书店1990年,第4页。
[3] 顾震涛:《吴门表隐》卷一,江苏古籍出版社1986年,第1页。
[4] 张国维:《吴中水利全书》卷一《苏州府城内水道图说》,蔡一平点校,浙江古籍出版社2014年,第11页。
[5] 参见廖志豪:《明代苏州城市经济概述》,载《传统文化研究》第12辑,群言出版社2004年。

东西流向的太湖与南北流向的江南大运河是苏城之外的大宗水系。苏城地势自西北向东南逐渐降低,经由明代5个建有水门的城门,城外之水与城内之水进行不间断的交换,城内水道仍保持着11世纪以降形成的"西南自盘门入,西北自阊门入,东南由葑门出,东北由娄门出,北由齐门出,三门水汇于运河"〔1〕的基本格局。

太湖水经由胥塘到达胥门,出于防止湖水灌城的安全考虑,并不直接在胥门开设水门,而是南北分流至盘门、阊门水门入城。此外,阊门还承接枫江运河水。运河水和太湖水经由第一横河和第一直河导流入城后,即通过第一横河与第三横河将北城、南城之水分别由地势较低的娄门、葑门出城汇入娄江、吴淞江。齐门位于北城居中之地,由于地势的原因,并不承担主要的排水任务。城外水质并不相同,"吴城之水,其自西来者,潆然清澈;向东北流,与海潮相吞吐,则色赤而性浊。城西南之水,近接太湖,溯源苕、霅,得浙水之余润耳"〔2〕。明清时期苏州

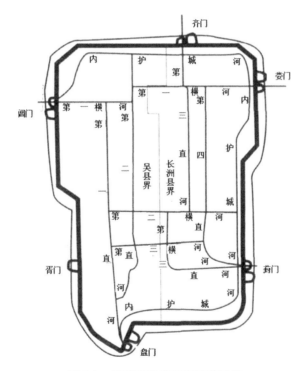

图 0-1　明苏城三横四直河道图示

资料来源:何峰:《历史时期苏州城市水道研究》,《中国水利》2014年第3期。清代嘉庆二年(1797)原碑今立苏州景德路城隍庙内。何峰已经将此加工成简图,脉络清晰。

---

〔1〕 隆庆《长洲县志》卷十《水部》,《天一阁藏明代方志选刊续编》,上海书店1990年,第258—259页。
〔2〕 张紫琳:《红兰逸乘》之《遗闻》,《丛书集成续编》第51册,上海书店1994年,第900页。

城外沟通府内各县及邻近府县的水路交通格局则是以城门为节点、呈放射状分布的水网。

苏州处于亚热带季风气候区,温和湿润,四季分明。全年接近三分之二的天数为无霜期,降水充沛而均匀。这为农作物生长提供了有利的气候条件。

明代苏州气候总体上是持续的寒冷。宋元时期持续了三个半世纪的温暖气候,自14世纪开始逐渐转寒,16世纪至19世纪世界范围内处于气候寒冷的小冰期,17世纪下半叶则达到低温谷底,这已被明清时期史籍中的物候记载所证实。[1]通过建立冬麦生育期所反映出的气候特征序列,进一步探讨明代长江下游地区气候的具体变化趋势,大体是以正德、嘉靖为界,前期寒冷而后期有所回暖。[2]在不脱离整体寒冷特征的基础上,前期和后期之间还存在着几个相对的寒暖波动。[3]

总之,明朝时期,在地势和地形上,苏州和苏城的山陵不多,但钟灵毓秀,成为自然与人文景观的融合实体,丰富着人口的日常生活内容。水泊众多,有浩淼的太湖,有繁忙的运河,有大小湖泊河塘沟渠,密布交织,通江达海,水质清佳,与山陵一起,构成有山有水、山清水秀的美丽水乡景观,蕴育了世代生活其地的人口的天生艺术文化气质。历久开发,农田沃壤,便于稻作农业生产,确保丰产高产,承担国家重赋,也为生计开拓、农业商品化发展提供了丰厚的环境资源。太湖腹地高度发达的农业以及农业商品化的发展为城镇工商业发展提供了良好的物质根基。川流不息的陆上驿道,四通八达甚至直通江海的河道,为南来北往的人口集聚,通过口口相传与书信频繁来往传播交流信息、传播城市习尚与市井文化,提供了极其便捷的交通条件。

四季分明的气候利于农业生产活动的开展,也使农民终年勤劳田间。不过,值得注意的是,明代江南总体偏冷的气候对于苏州人口与居民生产和生活环境的影响无疑是重要的。譬如,气候转寒直接导致海平面下降,太湖结冰现象较往代频繁,使得两宋时期以湖群扩张和水系缩并为特征的太湖地区水文环境急转而下,随之产生的新变化包括刘家港的开通以及黄浦江取代吴淞江获得排水通道的主干地位。[4]在苏州农业、工商业和服务业等经济活动及城市生活中能够

---

[1] 满志敏:《中国历史时期气候变化研究》,山东教育出版社2009年,第187—290页。
[2] 刘炳涛、满志敏:《从冬麦生育期看明代长江下游地区气候冷暖变化》,《中国历史地理论丛》2013年第3辑。
[3] 刘炳涛:《明代长江中下游地区气候变化研究》,复旦大学2011年博士学位论文,第209页。
[4] 满志敏:《中国历史时期气候变化研究》,山东教育出版社2009年,第255、264页。

顾及由于气候趋冷必将带来的新情况,以及在人口社会管理,包括乡村与城市管理、生活习尚变化等方面的举措变动,的确是十分有益的关注视角。

明代苏州也不时出现自然灾害。例如,景泰六年(1455)五月初六、十一月十一日,前后两次地震,并发生瘟疫,死者众多。[1]正德十三年(1518),"大雨弥月,漂溺室庐、人畜无算"。万历十六(1588)、十七年,"连大旱,太湖为陆地";十九年六月,大水"溺人数万"。[2]这些天灾直接影响人口生活生产、政府管理治理社会生活秩序。但是总的来看,历史上作为"人间天堂"苏州的天灾很少是毁灭性的。

二、行政设置

明代苏州在行政上是京畿之府,弹丸之地。《姑苏志》说:"苏财赋甲天下,然其土壤不甚广也,况江湖之间,水居其半焉。观其疆域可以知。"[3]

苏州在朱明王朝建立之前已经归属于朱元璋朱吴王(西吴王)政权。

朱元璋在其吴元年(元顺帝至正二十七年,1367)九月,派大将军徐达等经10个月攻围平江城,终于消灭了张士诚张吴王(东吴王)政权,完全实现对江南的统治。

对此,朱元璋踌躇满志,一方面将荡平张士诚视作平定江南的重大战役,一直耿耿于怀,小心谨慎应对,张士诚一日不除,如骨鲠在喉,同时又将消灭张士诚,统治苏州,建立吴政权,稳固富庶的后方基地,作为日后北伐中原、统一全国的起始。

> 吾昔渡江时,所得江东数郡而已。陈友谅据上流,张士诚为吾腹心之患,一有警报,首尾牵制,吾居中应之,实为艰难。今二人皆为吾所灭。然东南虽定,而中原尚扰。尤当相与戮力,未可遽为自安之计。[4]

他改张士诚统治的元朝平江路为苏州府,隶属江南行中书省,其下统辖则沿元之旧,领吴、长洲2县,昆山、常熟、吴江、嘉定4州,不过另外设置苏州卫指挥使司。次年(1368)元旦,在北伐中原推翻元朝节节取胜之时,朱元璋在应天正式即皇帝之位,建元洪武,开始明朝统治,并逐步统一中国。洪武二年,苏州府的4州都恢复为县。八年,改划扬州府崇明县隶属苏州府。孝宗弘治十年(1497)

---

[1]《明英宗实录》,台湾历史语言研究所校印本1962年,卷二五四《废帝郕戾王附录》卷七十二,景泰六年六月戊寅,第3页,总第5481页;卷二六一《废帝郕戾王附录》卷七十九,景泰六年十二月癸亥,第5页,总第5587页。

[2] 同治《苏州府志》卷一四三《祥异》,《中国地方志集成·江苏府县志辑10》,江苏古籍出版社1991年,第645—646页。

[3] 正德《姑苏志》卷七《疆域》,《天一阁藏明代方志选刊续编》11,上海书店1990年,第630页。

[4]《明太祖实录》卷二十五,吴元年九月己丑,台湾历史语言研究所校印本1962年,第6页,总第372页。

正月,割昆山、常熟、嘉定3县之地在太仓卫设置太仓州,领崇明县,仍属苏州府,这是太仓作为县级州领有的属县。

明初苏州府与应天等府直隶南京(后改为京师)的中书省,后直隶六部。永乐元年(1403)正月,朱棣建北京于顺天府,京师仍称南京。十九年(1421)正月,改北京为京师,以顺天等府州直隶六部,即为北直隶;南京名称不变,统应天、苏州等14府、4直隶州,即是南直隶。

明末崇祯十七年(1644)三月十九日,李自成大顺政权攻进北京,崇祯皇帝在煤山自缢身亡,一般而言,这标志着明朝灭亡。五月二日,清军进入北京。五月十五日,明神宗之孙福王朱由崧在南京称帝,宣告南明第一个小朝廷弘光政权建立,江南包括苏州成为福王政权的立足之地。次年即弘光元年(1645)五月十五日,南京被清军占领。五月二十六日,苏州正式归顺清朝。然而六月十三日,苏州爆发反剃发抗清的白头军起义,一直坚持到康熙初年。"苏州的向背,对江南地区的影响很大,与苏州同时因剃发而起兵者有常熟、太仓、嘉定、昆山、江阴、嘉兴、松江等处,斗争都非常激烈,开有清一代反清运动之先声。"[1]

从永乐迁都之后,到清军占领江南之前,明代苏州府凡领州1、县7,辖境一直不变。

历史上,苏州城除了周朝吴国作为诸侯国的都城外,只有张士诚建立的大周政权,再次短暂建都于此,改元平江路为隆平府(1356),而次年张士诚受元朝封册,复称平江路。其余大多数时间,苏州城或作为地方会城,如秦会稽郡,汉会稽郡,吴郡,隋朝苏州、吴郡,清代江苏(巡)抚城(即省城),是地方最高一级行政中心;或降低为地方二级行政单位,如唐代江南道苏州、江南东道苏州、浙西道苏州,宋两浙路苏州、江南道浙西路平江府,元江淮行省、江浙行省平江路。

明代苏州城仅仅是府城,地方二级行政机构驻地,先是京师、后是陪都南都的地方行政中心。具体行政归属,在明朝建立之前,苏州是朱元璋江南行省与朱吴王政权所辖之地(1367年九月到1368年正月一日,1年);明前期京师畿下之府(1368年正月一日洪武帝朱元璋建立大明,定都南京,到1421年永乐帝朱棣迁都北京,53年);明中后期南都畿下之府(1421年朱棣迁都北京,到1644年三月十九日崇祯帝自缢,明朝灭亡,223年);南明福王弘光政权首都时期的京师畿下之府(1644年五月朱由崧在南京称帝,到1645年五月清军攻占南京,南明弘光政权灭亡,1年)。在以上所有朱氏政权统治时期[从1367年九月开始,到1645年

---

[1] 陈生玺:《明清易代史独见》,中州古籍出版社1991年,第166页。

五月二十六日结束,比明朝(1368年正月一日到1644年三月十九日)时间略长],前后长达278年的时间里,苏州在行政上始终都是一个府级建制的地位。

朱氏政权时期的苏州,全府"东西五百四里,南北四百二里"[1],下领吴、长洲、昆山、常熟、吴江、嘉定县、太仓州及其辖属的崇明县,共七县一州,与元朝一样,辖境不变。它以弹丸之地,一直没有在行政级别上受到中央政府的重视并给予优惠,所以没有任何政治或行政上的优势可言。相比张士诚时期,其政治地位当然大大下降。此外,朱氏政权在刚刚接管苏州之时,由于苏州是劲敌的中心故地,在政治上便对它实施高压,而且时时处处加以防范,所以明初有了"洪武赶散",致使人口迁徙,工商凋敝,社会萧条,加上长期实施重赋重漕重役,在财政经济上对它既苛剥榨取,又严重依赖。这种政治与经济地位的极不对称,或多或少制约着苏州的正常发展。

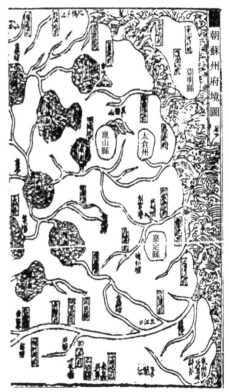

图0-2　明正德(1506—1521)苏州府境图

资料来源:正德《姑苏志》卷首《苏州府境图》,《天一阁藏明代方志选刊续编》11,上海书店1990年,第23—24页。

---

[1] 正德《姑苏志》卷七《疆域》,《天一阁藏明代方志选刊续编》11,上海书店1990年,第632页。

无论如何,对于从朱元璋到朱福王的朱氏政权而言,苏州地方虽小,行政地位不高,却是最重要的一个府域。

明代苏州府城位于苏州全府的西南部,基本沿袭了前代的城市布局。附郭县吴县、长洲县的县城与府城同在一城。

明代新设立太仓州,作为县级州,并辖领崇明县,反映太仓地区的地位上升,而且增厚了苏州府的地方实力,为清代太仓州升为府级直隶州,从苏州府分立出来,与苏州府并列,奠定了坚实的基础。

图 0-3 明万历十年(1582)苏州府县政区图

资料来源:谭其骧主编:《中国历史地图集》第七册(元明时期),中国地图出版社1982年,第47—48页。

明代苏州府治从吴元年(1367)始建,一直在府前街织里桥东,元初为江淮财赋提举司,后改都水庸田使司,又改平江路总管府,一改前代在子城的格局。洪武五年(1372),魏观上任苏州知府,复建府治,竟然获罪处死,从此无人再议回迁之事。清代延续不变。

明代苏城还驻设一些重要军政机构。

巡抚行台,在南宫坊鹤山书院(今三元坊书院弄清代江苏巡抚衙门故址),自永乐、宣德以来为巡抚大臣治事场所。正统十年(1445),知府朱胜在后堂北建来鹤楼三间。苏州府属昆山、常熟、吴江、嘉定县城也设立过巡抚行台。

察院，有3处。一在闻德坊，即元海道都漕运万户府，元至正末，张士诚改为分枢察院，洪武元年知府何质改置；一在前院右，即元渠堰所，称北西察院；一在明泽桥西，即旧吴县学基，初改军器局，知府贾奭改置，称西察院。

苏州卫指挥使司，吴元年立，隶中军都督府，下辖5个千户所，共统军士5 600名。卫署在饮马桥西卫前街，宋府仓基，元淮南行中书省故地。左千户所营在葑门内，右千户所营在阊门内，中千户所营在盘、胥二门内，前千户所营在娄、齐二门内，后千户所分立为嘉兴守御千户所。

苏松常兵备道，在道前街。

城西北浒墅关，当地简称浒（许）关，宣德四年（1429）明于此设户部分司，即钞关，后建关署。地当大运河要道，户部主事居此监收船钞，成为全国最重要的钞关之一，清代仍旧不变。

织染局，在天心桥东，洪武元年（1368）建[1]，专供皇室丝绸衣物制造，与杭州、南京织造局齐名，并称江南三织造衙门。

杂造局，在章家桥南，东向，洪武六年建。

水利分司，在明泽桥东，成化中设提督水利佥事，始居于此，后专为水利官居。

这些衙门的设置与存在，直通省府或中央，说明明代苏州政治、经济等地位重要，超过了仅仅是一个府城所具有的功能。

苏州府县下设立乡里图都村制，并有市、镇。所谓"今制，联民有乡里都图区保之名，虽与古异，亦先王乡田同井，使百姓亲睦之意也。若郊外民居所聚谓之村，商贾所集谓之镇，虽不列于官，亦以类附书焉"[2]。据《姑苏志》卷十八记

---

[1] 正德《姑苏志》卷二十一《官署上》，《天一阁藏明代方志选刊续编》12，上海书店1990年，第221页。而孙珮编《苏州织造局志》卷一《沿革》载："元，至正间建织造局于平桥南，遣官督理。明，洪武元年，建织造局于天心桥东。着地方官督造。"永乐开始，差遣内使督苏、杭织造，直至明末崇祯元年停止。"皇清，顺治三年，奉旨遣工部侍郎陈有明、满洲官尚志等，织造苏、杭。有明管总织局，志管织染局。"（江苏人民出版社1959年，第1—3页）依此，元、明设立的就是织造局。同书卷九《宦迹》载："尚志驻织染局，有明驻兵备道署，湫隘不称。谋之抚按，即明嘉定伯宅，改建总织局，规模壮丽，体制宏厂……其时织染局虽属尚志，而有明实总其成。八年，诏裁机户，撤回织染局官员，有明乃得专督焉。"（第88页）清初因满汉官员的关系，织造局有总织局、织染局二局，各领其一。总织局建在凤凰街带城桥下塘今市第十中学一带，崇祯周皇后之父嘉定伯周奎的宅邸，又称南局。织染局为北局，陈有明一并重修，自撰《建总织局记》《重修织染局记》（见同书卷三《官署》）。其实，明代洪武建立的是织染局，如所引正德《姑苏志》。文徵明在嘉靖二十六年（1547）撰写《重修织染局记》《重修织染局真武庙记》[见同书卷三《官署》、卷十一《祠庙》。但此二文在周道振辑校的《文徵明集》（上海古籍出版社1987年）中失载]，十分明确。孙珮编《苏州织造局志》卷四《机张》、卷十《人役》等，都开列明织染局，清织染局、总织局。因此，织造局是以清代合总织局与织染局的总称，而元、明只有织染局。孙珮书中用语前后不一，容易致人误解。

[2] 正德《姑苏志》卷十八《乡都 市镇村附》，《天一阁藏明代方志选刊续编》12，上海书店1990年，第77页。

载,吴县有乡24、图27、都37,市1、镇5(实际6),村214;长洲县有乡19、图22、都29,市5、镇4,村104;昆山县有乡6、保13、市4、镇5,村79;常熟县有乡9、都43,市9、镇5,村400;吴江县有乡6、都29,市3、镇4,村159;太仓州有乡5、都29,市10、镇4,村52。

明代苏州军事编制与布防值得一提,和地方防卫、抗倭战争直接相关。

> 吴非用武地,而滨江带海,亦东南要陲也。宋、元兵防颇详。自归附后,朝廷立制,守城备倭,分列营寨。又置巡检司,以事察捕。[1]

除了在苏城的苏州卫指挥使司之外,苏州还有另外2个指挥使司,作为明代正规军布防地方的最高建制。一是太仓卫指挥使司,隶前军都督府。初设10个千户所,共统军士11 200名。洪武四年并为左右中前后5个所。卫署在太仓城中镇民桥西,即元水军都万户府。一是镇海卫指挥使司,洪武十二年分太仓卫半数官军设立,隶前军都督府,统左右中前后5个所。卫署在太仓城内武陵桥北,即元市舶提举司。

另有守御千户所2个:崇明、嘉定吴淞江。有5寨:常熟白茆、刘家港、嘉定青浦(2个)、崇明水寨。有2营:长沙营、明威坊营,都在崇明。有墩台234个。有巡检司29个,也属于军事性质:长洲县吴塔(蠡口)、陈墓(陈湖东),吴县木渎、横金、甪头(洞庭西山)、东山,昆山县石浦、巴城(真义村),常熟县白茆、黄泗浦、福山港、许浦港,吴江县长桥、简村(充浦)、因渎(吴溇村)、震泽、平望、汾湖(芦墟村)、同里、烂溪(严墓村),嘉定县顾迳、吴塘、江湾,太仓州茜泾、唐茜泾港口、刘家港、甘草,崇明县西沙、三沙。

三、苏城城市布局与管理

自然环境的客观条件,行政设置的实际需要,以及前代的城市建设留存,形成了朱氏政权时期苏州城的城市布局。

在城市规划上,城市形态有广义和狭义之分。[2]此处所指是狭义的,主要指

---

[1] 正德《姑苏志》卷二十五《兵防》,《天一阁藏明代方志选刊续编》12,上海书店1990年,第427页。
[2] 狭义的城市形态"指城市实体所表现出来的具体的空间物质形态,主要包括城市空间结构(城市各个要素如物质设施、社会群体、经济活动和公共机构等的空间分布模式)和城市外部形状(城市外部的空间轮廓)这两个层面的内容"。广义的城市形态不但包括物质形态,也包括非物质形态的"城市社会精神面貌和城市文化特色、社会分层现象和社区地理分布特征以及居民对城市环境外界部分现实的个人心理反映和对城市的认知"。见陈泳:《城市空间:形态、类型与意义——苏州古城结构形态演化研究》,东南大学出版社2006年,第2页。

朱氏政权时期苏州府城外部轮廓形状、内部空间格局及其变动,也就是城市空间布局。在城市布局构成要素上,明清地方城市形态大致有"城墙、衙署、学校(包括书院)、坛庙、祠祀、街道、坊、市"[1]。不过,在城市体系中处于区域中心地位的若干重要城市,如苏州,私家园林、寺观、会馆和公所、剧场、茶馆等生活甚至生产场所,陆续成为不可缺少的组成部分。[2]

一般认为,目前的苏州城始建于公元前514年春秋时期的吴国,即伍子胥建造的都城阖闾大城,至今已有2 500多年的历史。虽然苏州自建城以来,城市的基本框架相对比较稳定,但也经历过相对的发展变化。陈泳将古代苏州城的发展划分为五个阶段:初创阶段(春秋战国时期)、休整阶段(秦汉六朝时期)、定型阶段(隋唐五代时期)、成熟阶段(宋元时期)和鼎盛阶段(明清时期),还将古代苏州城市的形态,即城市空间布局的演化概括为前期、中期和后期(见图0-4)。其中,前期和中期的划分以隋朝大运河的开通为标志,中期和后期的划分则是以元末子城的消亡为标志。[3]在他的划分中,明代是古代苏州城市形态的后期,达到自身在历史发展中的高峰时期。

苏州古城形态演化的分期标志[4]可从图0-4略见一斑。

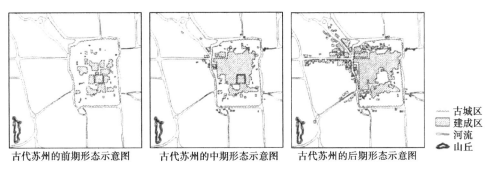

图 0-4　古代苏州城形态变迁示意图

资料来源:陈泳:《古代苏州城市形态演化研究》,《城市规划汇刊》2002年第5期。

由图所示可知,首先,苏州古城城市形态的骨架,即城墙及其内外的护城河、城内水陆基础格局,自公元前514年阖闾大城建成之后,经过历代兵燹,其城址、城周规模在迄今长达2 500多年的时间里,一直保持了高度的稳定,而水陆双棋

---

[1] 成一农:《古代城市形态研究方法新探》,社会科学文献出版社2009年,第11页。
[2] 刘凤云:《明清城市空间的文化探析》,中央民族大学出版社2001年,第165—278页。
[3] 陈泳:《古代苏州城市形态演化研究》,《城市规划汇刊》2002年第5期。
[4] 陈泳:《城市空间:形态、类型与意义——苏州古城结构形态演化研究》,东南大学出版社2006年,第55页。

盘式的城内格局自唐代基本定型后,亦在之后的10个世纪里继续得到维持。

除了隋朝开皇十一年(591)至唐朝武德九年(626)的36年之间,苏州州城、吴县县治曾经短暂迁出旧址,移往今城西的横山山麓的新郭以外,苏州城址并未发生明显变动。根据南宋绍定二年七月修葺(1229.7.22—8.20)之后绘制留下的《平江图》来看,苏州城整体轮廓形似"亚"字,而明正德《姑苏志·苏州府城图》与清乾隆《姑苏城图》也显示出类似的外形。

杜瑜对苏州府城城垣长度记载的正误进行过考辨,得知从13世纪前期至18世纪中期,苏州城城周始终与阖闾城大城的规模相差无几,[1]大致是明洪武初官方量定的"三十四里五十三步九分","总计四千四百八十二丈六尺五寸,而为一万二千二百九十三步九分",[2]比唐代乾符三年(876)重筑的大城周围四十二里三十步[3]、元代惠宗至正十二年(1352)重建苏城的四十五里,都要缩小。明代苏城南北12里,东西9里,城高2.3丈,女墙(城垛)高6尺,基广3.5丈,"高广坚致,度越畴昔",[4]巍峨雄壮。

在漫长的历史变迁中,苏州城的城墙兴建有所变化。五代梁朝龙德二年(922),实际控制苏州的钱镠吴越政权出于战略考虑,始以"砖甃,高二丈四尺,厚二丈五尺,里外有濠"[5]。这是苏州建城1 400多年之后城墙外表首次以砖易土,更为牢固。明初苏城由于战争破坏非常严重,必须修筑。阖闾城的陆上八门至宋初已废蛇、匠、平三门,葑、娄、齐三门都在南宋宝祐二年(1254)经过补建,加上阊、盘二门以及元末复开的胥门,构成了明代苏州卫官军日夜守卫的苏城六道城门。这六门除胥门外,都有水城门。城垣"各门上为画楼,周循雉堞,每十步为铺舍"[6],供守城士兵休憩。城垣内外开凿长濠,开阔几丈,就是内、外城河。各陆城门建钓桥,以通出入。水城门建闸门,随时关闭。门置官军,昼夜守卫,启闭锁钥,由苏州卫掌管。

明代苏城继续维持唐宋时期逐渐定型下来的水陆并行、河街相邻、前街后河的双棋盘格局,与宋《平江图》所示相似。在全国范围内,能够在骨架稳定性方面

---

[1] 杜瑜:《从宋〈平江图〉看平江府城的规模和布局》,《自然科学史研究》1989年第1期。
[2] 洪武《苏州府志》卷四《城池·郡城》,《中国方志丛书》,台湾成文出版社有限公司1983年,第229页;正德《姑苏志》卷十六《城池》,《天一阁藏明代方志选刊续编》12,上海书店1990年,第4页,二者完全相同。
[3] 陆广微:《吴地记》,曹林娣校注,江苏古籍出版社1986年,第14页。
[4] 正德《姑苏志》卷十六《城池》,《天一阁藏明代方志选刊续编》12,上海书店1990年,第3—4页。
[5] 洪武《苏州府志》卷四《城池·郡城》,《中国方志丛书》,台湾成文出版社有限公司1983年,第227页。
[6] 正德《姑苏志》卷十六《城池》,《天一阁藏明代方志选刊续编》12,上海书店1990年,第4页。

与苏州相提并论的古城只有成都。顾颉刚认为:"苏州城之古为全国第一,尚是春秋时物;其次为成都,则战国时物。其所以历久而不变者,即以为河道所环故也。"[1]正是环绕的护城河,对于苏城的城市格局长时间起到限制性保护作用。

传统时代的苏州城不仅具有重要的军事防御功能,而且以其地处水乡泽国,能成为一地交通、社会经济、民众生活以及行政的中心,王鏊等人认为,这离不开高明的积极营建。

> 凡设险守国必有城池。若夫支川曲渠,吐纳交贯,舟楫旁通,井邑罗络,则未有如吴城者。故虽号泽国,而未尝有垫溺之患。信智者之所经营乎?[2]

相较于苏城城市骨架结构的高度稳定,明代苏州府城的城内空间布局在延续前代的基础上发生了以下显著的变化:

元末战火的毁坏与明初府治回迁的失败,使苏城自建城以来直至宋元时期,一向居于城市核心作为官衙(张士诚也作王府)的子城,四周12里,从此由王(皇)府基变成王(皇)废基。

明英宗正统时期,玄妙观三清殿之北的高层弥罗阁建成之后,宗教建筑成为苏城新的空间构图中心。

在明代以前,苏城一直以子城作为核心,而明代子城地位的变动导致这些分区随之移位。唐宋位于子城西北部平权坊、干将坊一带的商业中心区在明代逐步移向府城西北,甚至跃出城外,朝更远的方向拓展,扩展出以阊门为起点至枫桥、虎丘的上塘、山塘以及阊门、胥门一带的商品集散与销售中心,使苏城西北部成为明清两代苏州城市的商业中心。同时,作为商业中心区西拓北移的连锁反应,苏城东北部成为以丝织业作坊为主的手工业中心区,西南部成为行政官署与文教机构集中的行政区,城南、城北则自唐宋以降一直保持园田与闲地的旧貌。[3]

明代苏州城内和城郊的街巷,据《姑苏志》卷十七著录,有343条,加上未著录的,估计有500余条;四处牌坊林立,苏城四隅历代有坊72座,明朝至正德时又建立82座。[4]树立牌坊,"表厥宅里,自周有之,所以贤其人也。后世乃以表

---

[1] 顾颉刚:《苏州史志笔记》,王煦华辑,江苏古籍出版社1987年,第37页。
[2] 正德《姑苏志》卷十六《城池》,《天一阁藏明代方志选刊续编》12,上海书店1990年,第1页。
[3] 参见高泳源:《古代苏州城市布局的历史发展》,《中华文史论丛》1984年第3辑,上海古籍出版社1984年。他根据《平江图》归纳出南宋苏州城市布局的三个特点:对称性的河街相邻结构,城市中轴线的树立,南北两端的闲地。
[4] 参见吴奈夫:《明代苏州的城市建设及其管理》,《扬州大学学报》2003年第4期。

科第。近又以表其官。此有司崇重激励之意。其亦盛矣!"〔1〕这是官府激励人才的产物,敦尚科第名宦,建功立业,扬名显亲,崇德重教,是人文兴旺的标志,变为城市一大人文物态景观。科甲之家,达官贵人,竞相建设,相沿成风。

作为水城的苏州市政交通工具,主要依赖舟船,同时也有马车、轿子,因而关津桥梁必不可少。

> 苏为泽国,环城内外皆水也,故桥多。乐天诗云"红阑三百九十桥",唐则然矣。自宋以来始甃以石,而增建益繁。〔2〕

政府和社会都注意桥梁兴筑。《姑苏志》卷十九记载,明代苏城桥梁有301顶,城外桥272顶。其中,城内桥明代修建的有108顶,除了由官府集资修建47顶之外,其余都由官府倡导,里人捐资修建。〔3〕

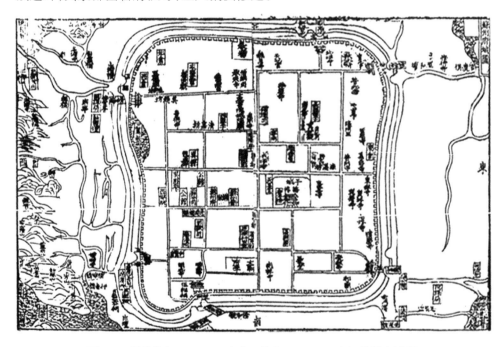

图 0-5 明弘治(1488—1505)末正德(1506—1521)初苏州府城图

资料来源:正德《姑苏志》卷首《苏州府城图》,《天一阁藏明代方志选刊续编》11,上海书店1990年,第21—22页。

明代苏城人口聚居的模式与分布,自唐宋之际由市坊制向坊巷制转变的过

---

〔1〕 正德《姑苏志》卷十七《坊巷》,《天一阁藏明代方志选刊续编》12,上海书店1990年,第37页。
〔2〕 正德《姑苏志》卷十九《桥梁上》,《天一阁藏明代方志选刊续编》12,上海书店1990年,第131页。
〔3〕 参见吴奈夫:《明代苏州的城市建设及其管理》,《扬州大学学报》2003年第4期。

程中逐渐扩大着开放性和自由度,这可以从《平江图》所列65个坊表的方位来看,城西以46座之多远远密于城东的19座,可见明代苏城"西狭东旷"的态势至少在13世纪前期就已经稳定下来了。

以上明代苏州城市形态对于生活与劳作于其中的广大人口,在日常生活和手工业生产以及商业贸易服务业等各方面会有所影响。譬如,城内水道的变迁直接关联着人们生活和生产的变化。南宋嘉定十年(1217),政府曾一度疏浚通达至运河、虽有淤塞现象但仍可通航大船的子城城濠即锦帆泾。[1]入明之后,随着前者的废用,可以通航的水域面积逐年减少,至明代中期仅仅保留了城东部习称为"濠股"的一段河道。[2]又据隆庆《长洲县志》记载,明初可通漕船的河道在经历了两百年来河埠民居的逐步侵占之后,整体通航能力已经大为减弱,部分甚至完全丧失。[3]明朝政府注重苏城三横四直河道治理,弘治六年(1493)通判应能、嘉靖元年(1522)佥事蔡乾、三十四年(1555)巡抚周孔教与把总王之义、万历四十五年(1617)巡抚王应麟,先后进行过4次大规模疏浚,"支河悉疏"。[4]

明末应天巡抚张国维在考察苏城河道变迁对于交通便捷、城市发展、经济繁盛、居民生计的影响时曾有精辟论述:

> 嘉靖以前,仕宦烜赫,居民丰裕,盖吴壤以水据胜,水行则气运亨利,更随巷陌舟楫通驶,凡载运薪粟,无担负之烦,殷殷富庶有以哉!隆、万后,水政废弛,两厓植木甃石,渐多侵占,及投瓦砾秽积,河形大非其故。生齿庐舍,西属吴邑者,貌似繁华;东属长洲,萧条光景不堪名状。而水流关系盛衰,实有征验。[5]

对于水城苏州而言,其形胜全在一个"水"字,其兴盛也全在这个"水"字。苏城河道"水行"的通畅与否,犹如"气运"。气运通畅,则财运亨通。张国维认为,明代苏城在嘉靖之前,一片富庶繁盛景象,而隆庆、万历之后,一旦"水政废弛",居民肆意侵占河道,加上毫无顾忌,人们向河中任意"投瓦砾秽积",使河道壅塞,便不可避免出现浮华幻境。显然,他是非常有见地的水利专家和干练官

---

[1] 范成大:《吴郡志》卷十八《川》,陆振岳校点,江苏古籍出版社1986年,第257页。民国《吴县志》卷二十《舆地志·水》,《中国地方志集成·江苏府县志辑11》,江苏古籍出版社1991年,第259页。
[2] 正德《姑苏志》卷十六《城池》,《天一阁藏明代方志选刊续编》12,上海书店1990年,第22页。
[3] 隆庆《长洲县志》卷十《水部》,《天一阁藏明代方志选刊续编》,上海书店1990年,第259页。
[4] 顾震涛:《吴门表隐》卷一,江苏古籍出版社1986年,第1页。
[5] 张国维:《吴中水利全书》卷一《苏州府城内水道图说》,蔡一平点校,浙江古籍出版社2014年,第11页。

员,抓住了苏州地利的要害。也确如学者所论,假若缺乏官府的有效管理和及时疏浚,城市河道的壅塞往往成为城市发展的自然结果。[1]而官府能否有效管理和及时疏浚河道,无疑跟时局、经济状况和地方官员个人能力等因素密切相关。城市河道的淤塞疏浚,不仅是城市居民日常生活和生产的影响所致,而且也成为衡量城市盛衰、经济兴败、官府治理能力强弱的表征,诚如张国维所谓"水流关系盛衰,实有征验"呵!

明代苏州城市建设从外观而论,包括修城、交通通讯,分四个方面,即修建府城之垣,增筑防御设施;修桥、补路、浚河,改善城市交通;健全驿传制度,确保信息畅通;营建宅第园亭,绿化城市环境。

明代苏州城市管理,有军事管理二项:驻扎重兵,守卫城镇;设置警铺,巡夜防盗。又有地方基层管理三项:编置坊厢,推行保甲制;建申明亭,彰善化民;赡养孤老,埋瘗遗骸。还有经济管理一项:管理市场,严禁诈骗。

城市管理有三项举措很有特色。

其一,警铺巡夜制度。苏城共设置61座警铺。宣德七年(1432)五月,苏州知府况钟对警铺设置,建立巡夜制度,明确四点要求,即修理巡警铺座,各铺设置铺长,每铺100户设铺长5名,朝开暮闭僻静小巷,协同捉拿水贼。[2]

其二,基层申明亭和老人教化制度。明初苏州设申明亭,府城"在城四隅各置一所,各县各都亦各设置,为里老听讼之所"。"嘉靖前尚存,后废。"申明亭是里老定期召集里人集会、训导、处理事务的场所,一作伦理教化,二作调解纠纷。苏城四周共设4所,各县乡村普遍设置,每里一所(乾隆《吴县志》说有511座)。[3]里老就是老人。明朝尊老,赋予其基层管理职责,规定"里设老人,选年高为众所服者,导民善,平乡里争讼"[4]。老人"导民善",具体举措是:表彰孝子、顺孙和节妇,规劝士绅约束子弟,填写善恶簿。老人制度对于移易社会风气,维护社会秩序,起过积极作用。但万历以后社会变化,老人教化制度形同虚设,申明亭逐渐被废弃。

其三,赡养孤老,埋瘗遗骸。洪武五年(1372)五月,明朝在全国设置养济院,作为官办慈善机构。苏城设置两所,一在吴县县治南侍其巷,一在长洲县治,

---

[1] 参阅余新忠:《清代城市水环境问题探析——兼论相关史料的解读和运用》,《历史研究》2013年第6期。
[2] 《况太守集》卷十二《严贼盗禁示》,吴奈夫等校点,江苏人民出版社1983年,第136页。
[3] 上引均见同治《苏州府志》卷二十二《公署二》,《中国地方志集成·江苏府县志辑7》,江苏古籍出版社1991年,第544页。
[4] 《明史》卷七十七,志五十三《食货一·户口》,中华书局1974年,第1878页。

旧府治鼓楼西北。苏州府属其他州县除了常熟有养济院2所之外，其余州县都有一所。[1]

明初全国各府州县设漏泽园和义冢，由官府拨地建立公共墓地，埋葬无地贫民。苏城漏泽园有两处，盘门外如京桥（今水关桥）南，胥门外怀胥桥（俗名大日晖桥，已拆除）右。[2]由于漏泽园面积有限，仍有无主尸体暴露街头和河浜。正德以后，明朝政府不止一次下令瘗埋遗骸。宣德七年（1432）二月，况钟要求按照朱元璋教民榜"乡里民人贫富不等，婚姻死丧吉凶等事，邻保相照周给"，由邻里好义者出地相助，"及有无主尸骨暴露者一体埋瘗"。[3]然而无地贫民"焚尸日亦不绝，造饰其语，谓之火葬。或拾其骨于煨烬之余而埋之，甚者直投之水而已"。苏城内外日夜焚尸扬灰，严重污染空气。弘治十年（1497），知府曹凤下令禁止焚尸，在府城六门外各置义冢一座。"其广皆百亩有奇，周植木为限，而大书门楣以表识之。"隆庆之"后渐为豪民所占"。崇祯七年（1634），巡抚张国维下令追回被豪民侵占的土地，又购地拓展，改名广孝阡。[4]及时埋瘗遗骸，禁止随便焚化尸体，利于净化城市空气，保护城市环境，[5]也是文明进步现象。

---

[1] 正德《姑苏志》卷二十一《官署上》，《天一阁藏明代方志选刊续编》12，上海书店1990年，第224—238页。

[2] 同治《苏州府志》卷五十一《冢墓三》，《中国地方志集成·江苏府县志辑8》，江苏古籍出版社1991年，第465页。

[3] 《况太守集》卷十三《谕民相助婚葬示》，吴奈夫等校点，江苏人民出版社1983年，第138页。

[4] 上引均见同治《苏州府志》卷五十一《冢墓三》，《中国地方志集成·江苏府县志辑8》，江苏古籍出版社1991年，第465—466页。

[5] 以上明代苏州城建与城管研究参见吴奈夫：《明代苏州的城市建设及其管理》，《扬州大学学报》2003年第4期。

第一章 洪武时期苏州社会恢复性发展

第一章 洪武时期苏州社会恢复性发展

明初明太祖朱元璋的洪武时代(1368—1398)是中国封建社会一个典型的政治上高度集权、经济上自给自足的小农时代。通过强大的封建国家的行政力量,朱元璋调整元末复杂动荡的社会生产和生活秩序,重建稳定的大一统政治制度,重新营造"牛郎织女"模式的安乐窝。一系列奖励垦荒,减轻赋税,兴修水利,发展手工业、商业的措施促进了社会经济的恢复与发展。田园诗般的农村呈现一片自然安宁的景象。处在农业氛围中的城市和集镇本身就是农村的一部分。那里的商业活动只是最原始的商品交换,作为农业生活的补充和调节,没有太多的利益诱惑或欲望刺激。城乡的平衡和一体化,贫富相对平均的状态,限制了人们进行商品经济交换的想法和行为。

在自然经济基础上建立的明朝君主专制力量异常强大。开国功臣被依次翦除。"独至明祖,藉诸功臣以取天下,及天下既定,即尽举取天下之人而尽杀之,其残忍实千古所未有。盖雄猜好杀本其天性。"[1]胡惟庸、蓝玉两起狱案诛杀近45 000人,元功宿将相继殆尽。朱元璋就势废除绵延千余年的丞相制度,从此实现君主大权独揽。通过迁徙豪族,尤其把苏州等吴越江南之地的豪族地主赶到穷乡僻壤的凤阳、苏北等地,或者迁居首都南京加以监督,砍掉了他们的社会和经济基础。借助"空印案"和郭桓案,朱元璋在财政上大肆敛财,民间中人之产之家大都破产,从此,大家都是穷人。

朱元璋的专制淫威也渗透到思想文化领域。他一方面笼络文人,开科举选人才,以朱熹解释的儒学为标准思想统一天下人心,或者不拘资历用人;另一方面实行文化高压政策:"寰中士夫不为君用,是外其教者,诛其身而没其家,不为之过!"[2]

文网严密,大兴文字狱,滥杀无辜士人。如明初著名诗人、苏州诗人"四杰"

---

[1] 赵翼著,王树民校证:《廿二史劄记校证》卷三十二《明史·胡蓝之狱》,中华书局1984年,第742页。
[2] 《御制大诰三编》,《苏州人材第十三》,《续修四库全书》862,上海古籍出版社2002年,第332页。

之一的高启,在洪武六年(1373)替苏州知府魏观营造府署作上梁文,因府署建在朱元璋的死敌东吴王张士诚的王府废基上,有"龙蟠虎踞"的赞语,触犯朱元璋的忌讳,竟然受到腰斩极刑。[1] 同死者还有苏州名士王彝。

元朝及张士诚政权在江南苏州等地都曾经加意宽待士人,多加笼络,这使暴戾疑忌的朱元璋在争取江南士人的归附方面受阻不小。在元朝和张氏政权下安享富贵荣耀的江南士子无法适应并接受朱明王朝的专制高压政策,他们以不合作态度,无意仕进,纷纷告隐,使朱元璋势必要敲山震虎,杀一儆百,严加警告。魏观、高启被杀,一是跟张士诚相关,更重要的是,高启参修元史,入职翰林,却借口辞官归养。朱元璋借魏观人头,主要打击对象恰恰是高启、王彝等与魏观相从甚密的苏州等江南士人群体。

苏州儒生姚叔闰、王谔被举人材,应征不至,被诛杀、籍没其家。在《大诰三编》里,朱元璋特别将此当作典型案例,宣传天下,其用意昭然。

> 苏州人材姚叔闰、王谔,二生皆儒学,有人以儒者举于朝廷,吏部行下苏州府取赴京师。朕欲擢用分理庶务,共造民福。二生交结本府官吏张亨等,暗作主文老先生,因循破调,不行赴京以就官位而食禄,匿于本郡作害民之源。事觉,枭令籍没其家。[2]

而魏观之后的苏州知府张亨,曾与姚叔闰、王谔结交,且默许他们不赴朝廷征召。张亨后因不察,被假千户沈仪伪造朝廷文书所骗,定了扰民作弊之罪,枭首。[3]

明初朱元璋对以苏州为首的江南地区不肯附己的士人采取严厉打击政策,连与其交往稍多的知府,如魏观、张亨,也不轻易放过。但高启易戮,士心难邀,即使在这样的政治高压下,苏州士人对朱元璋的抵触情绪也并未消弭。不过,整体上,思想文化高压造成明初思想文化界万马齐喑的局面,四处呈现的是歌颂升平的腔调。

建立自给自足的小农经济和社会秩序,以及相应为之服务的上层建筑,包括君权至上的政治制度和儒学一统的思想体系,即是洪武时期社会经济秩序或称洪武模式的最大特征。这种秩序经过明惠帝建文(1399—1402)、明成祖永乐

---

[1]《明史》卷二八五,列传一七三《文苑一·高启》,中华书局1974年,第7328页;《高青丘集·前言》,上海古籍出版社1985年。
[2]《御制大诰三编》,《苏州人材第十三》,《续修四库全书》862,上海古籍出版社2002年,第332页。
[3]《御制大诰续编》,《不对关防勘合第六十三》,《续修四库全书》862,上海古籍出版社2002年,第295页。

（1403—1424）共 26 年的统治延续下来，到"仁（熙）宣（德）之治"和正统时期臻于小农社会的盛世，前后长达 82 年，并经景泰、天顺、成化，延续到弘治（1488—1505）年间之后，才逐步趋于解体。

明史学界一般认为，从明太祖朱元璋建立明朝，改元洪武（1368），到明英宗正统十四年（1449）"土木堡之变"，是明前期；从"土木堡之变"开始，到明神宗万历九年（1581）张居正改革推行"一条鞭法"，是明中期；从张居正改革，到崇祯十七年崇祯帝在北京自缢身亡，明朝灭亡（1644），是明后期。

明初朱元璋重建了小农社会经济秩序。在其后的几位皇帝统治时期，洪武时期的社会经济秩序得到持续性发展，并进入"仁宣之治"的盛世。到明中期英宗正统年间，全国政治、经济、社会与此前相比，已经发生许多重大变化。从明武宗正德（1506—1521）开始，直到明末，这种社会持续性发展出现较为明显的变化，逐步发生社会转型。

以上明史三个阶段是依据明朝发生的国家政治大事的分期，与社会经济秩序变化的事实趋势在大方向上是一致的，反映了明朝建立、发展、兴盛、衰亡的过程，然而，观察视角却有差异，即后者从明朝社会经济秩序的恢复、持续、转型性发展三个方面，透视一代的变化发展。因为长时段的结构性的社会经济秩序变化是缓慢的，而一桩国家重大政治事件，毕竟容易迅疾发生。[1]

因此，明史的三个阶段，即明前期、中期、后期，与社会经济秩序的恢复性发展、持续性发展、转型性发展，会发生重叠交叉，很难找到泾渭分明的时点作为区分其前后不同阶段的界限。尤其是将明代史落实到作为区域的苏州地方，研讨与书写苏州区域明代断代史之时，只能更多地依据当地发生的历史事实来做过程变化的叙述。当然，同时期全国总体的背景总不能须臾忽视。明代苏州史的演进只有在全国范围里才能更加凸显其独有的地位与意义。

---

[1] 关于明代中国社会转型问题，学术界有所讨论。例如，张显清认为："中国近代化历程源远流长，从 16 世纪初叶（明代嘉靖年间）一直延续到 20 世纪中叶（中华人民共和国成立），其间 16 世纪初叶至 19 世纪中叶（清代鸦片战争）为其早期。"他以明代嘉靖至明末（16 世纪初叶至 17 世纪中叶）的明后期，作为"中国古代封建社会高度成熟并开始起步向近代社会转型时期"的"转型启始"时段，或"早期初始阶段"，从经济基础到上层建筑，进行全面"社会形态的转化"研究。他将洪武至天顺作为明前期，"是中国传统封建社会的延续和发展时期"；成化至正德作为明中期，"是社会转型苗头出现时期"，"但至嘉靖以后新的社会因素才比较普遍、显著地成长起来"。参见其主编的《明代后期社会转型研究》"导论"，中国社会科学出版社 2008 年，第 1—29 页。

第一节　洪武时期苏州社会经济秩序的建立[1]

明代苏州社会发展与全国相比,既有大方面的共性,又有自身发展的地域性。经过秦汉六朝以来江南人民的辛勤劳动和积极开发,全国经济重心逐渐转移到江南地区,尤其是唐代"安史之乱"之后,国家财富日益依赖江南,且以两浙为重,而浙西的苏州首当其冲。宋元时期,江南成为全国经济中心,苏州是其中的重心所在。朱元璋在江南建立政权、消灭张士诚政权之后,就采取了一系列特殊而有效的统治政策,在政治、经济、社会、文化等方面,加强了对江南包括对苏州地区的严厉控制。

朱元璋对江南包括苏州地区严加控制的根本宗旨,就是通过建立一套自给自足的小农经济体系,使国家直接有效地控制广大农户和土地,以便获取最大数量的赋税收入,保障国家机器的运行。因此,明朝政府必须在两方面着手整顿苏州地区的生产关系和社会秩序:一是严厉打击和严格限制宋元以来高度膨胀起来的豪强地主势力,彻底剥夺他们赖以建立社会地位和政治力量的经济基础,收其田为官有,转而租佃给农民耕种,调整生产关系,形成小农经济体系;二是建立一套行之有效的基层组织,恢复和发展这种小农经济,既要确保地方稳定,又应更好地支持中央政府统治。于是,洪武时期奠定了明代苏州社会经济格局,深刻影响了它以后的发展和变化。具体而言,这一时期采取了以下重大举措。

一、整顿吏治

朱元璋出自民间下层,深谙民生疾苦,万般痛恨贪官恶吏。为此,他立严刑,置酷法,整肃元末败坏的吏治,甚至设皮场庙,对贪官污吏剥皮实革。赵翼说:"明祖惩元季纵弛,特用重典驭下,稍有触犯,刀锯随之。时京官每旦入朝,必与妻、子诀,及暮无事,则相庆以为又活一日(见《草木子》)。法令如此,故人皆重足而立,不敢纵肆,盖亦整顿一代之作用也。"[2]对于苏州吏治,由于人多赋繁,与国家财赋主要收入直接关联,又是敌手张士诚的统治中心,他更是猜疑重重,

---

[1] 本节主要参照罗仑主编,范金民、夏维中著:《苏州地区社会经济史(明清卷)》,南京大学出版社1993年,第1—24、31—61页。凡有差异之处,均由本书笔者负责。为了行文叙述方便,此处有些事实的时间延续至后些。

[2] 赵翼著,王树民校证:《廿二史劄记》卷三十二《明史·明祖晚年去严刑》,中华书局1984年,第744页。引语不出《草木子》,见校勘记。

毫不留情地加以整治。

凡苏州府县正佐官员都被政府严密监督,稍涉贪墨,或偶有过失,轻则革职拿问,重则丢官丧命。以苏州知府而言,"考洪武中,苏守三十人,左谪者吴懋,坐事去者何昪、张亨,被逮者王暄、丁士梅、汤德、石梅、王绎、陈彦昌、张冠、黄彦端,坐赃黥面者王文,而子尚(金䌹)与魏杞山(魏观)皆坐法死"。出身于嘉兴明朝宰相之家的清朝博学鸿儒朱彝尊对此大为感叹道:"当日领郡者,亦不易矣!"[1]

他们或因经济原因,如无法完成催交苏州重赋,采用一时权宜之法;或施暴于民,像洪武三年(1370)知府陈宁,号为"陈烙铁";或用了软的一手,如洪武十九年(1386),知府王观,在荒年无法完赋,"乃延诸富室,集郡衙,饮食之,使各量出赀,以代贫困者之逋。众欢然如指,逋乃完"[2];而金䌹想均平官民田税则,却引起朱元璋不满,遭诛杀惨祸,还连累其支持者户部尚书滕德懋被杀。

一些苏州官员因在财赋重地涉及经济问题而遭严惩。朱元璋认为:"浙西所在有司,凡征收,害民之奸甚如虎狼。且如折收秋粮,府、州、县官发放每米一石,官折钞二贯,巧立名色,取要水脚钱一百文、车脚钱三百文、口食钱一百文,库子又要办验钱一百文、蒲篓钱一百文、竹篓钱一百文、沿江神佛钱一百文。害民如此,罪可宥乎!"[3]朱元璋怒将两浙民力未复,归咎于贪官污吏害民肥己,并以索取民物的罪名逮革苏州知府丁士梅。

吴江知县、进士张焘为踏水灾受钞32贯500文,戴徒罪读书;一次因水灾受钞60贯,绵布一匹,靴一双,戴流罪还职;一次为阻挡耆宿拿人赴京,戴斩罪还职。吴江县丞、进士周从善,因为水灾受钞50贯,戴流罪还职,又因阻挡耆宿拿人赴京,戴斩罪还职。[4]

有的官员因工作失误,造成经济损失,遭到严办。如苏州知府张亨、知事姚旭因不察"假千户沈仪赍伪造御宝文书至府,不行比对勘合承接,即便当厅开读,行下属县,意在通同扰民作弊"。沈仪并伴当4名被凌迟处死,知府、知事被枭令。[5]

---

[1] 朱彝尊:《静志居诗话》卷四《金䌹》,人民文学出版社1990年,第105—106页。
[2] 李濂:《苏州府知府王公观传》,焦竑辑:《焦太史编辑国朝献征录》卷八十三《南直隶·知府》,《续修四库全书》529,上海古籍出版社2002年,第416页。
[3] 《御制大诰》,《折粮科敛第四十一》,《续修四库全书》862,上海古籍出版社2002年,第254页。
[4] 《御制大诰三编》,《进士监生不悛第二》,《续修四库全书》862,上海古籍出版社2002年,第324、316页。
[5] 《御制大诰续编》,《不对关防勘合第六十三》,《续修四库全书》862,上海古籍出版社2002年,第295页。

洪武年间,苏州府不少官员戴罪任职。如知府王观,因踏水灾受钞30贯,戴罪上任。府推官吕宗敬、通判毕昱、经历王胪、府吏李俊等,也各以罪名上任。他们多数能在高压之下守法尽职。如王观,"为政严整,多所兴建,发奸摘伏,民惮之如神明"[1],与李亨[2]、魏观、姚善、况钟,成为贤明的"姑苏五太守"。

由于苏州为财富之区,"苏人不幸以富饶闻,凡官斯土者,轺车过传于斯者,京僚采办来斯者,日接踵弗绝,人人思饱其囊橐而去"[3]。朱元璋加强了对那些到苏州办事的中央官员的提防,更防备苏州地方官与中央官员互相勾结,通同舞弊。洪武十八年(1385)郭桓案,苏州府官黄文等人也被牵及,因黄文曾与浙西4府一起向郭桓行贿50万贯钱钞,从而少交税粮190万石,而地方官也从中得以舞弊。

朱元璋曾派进士秦昇、张子恭、王朴往昆山视察水灾,临行前详谕务必奉公守法,别受诱惑。但秦昇等人却与该县教谕漆居恭、巡检姚诚勾结,因受钱钞1 100贯及衣布银两等物,改将该县民熟田22 600亩谎报为灾田,被朱元璋察觉,已升户部左侍郎的秦昇、工科给事中的张子恭被处死。[4]

个别的因政治原因被严办。如蒲圻人魏观(1305—1374)。洪武初,苏州"时惩陈宁苛政,戎事倥偬,百物雕耗,礼文衰落"[5]。洪武五年(1372)三月,经廷臣交荐,魏观以礼部主事出任京畿重地苏州知府。他擅长治术,一年当中,严"惩陈宁苛政,锄暴树良,宽而且肃,敬老恤民,大建学舍,乃辟宣圣庙庭,举乡饮酒礼……乃能力挽躬行,风教勃兴,封部皞然,课绩为天下最"。因政绩卓著,赢得朝野上下一致推崇,次年三月,升任四川行省参政,未行。因"苏父老上疏愿留",[6]朱元璋"以苏州大郡,政务繁剧,非其人不可使理"[7],仍令魏观还任,而继任的王虎上任三日即去。洪武七年,魏观年近七十,因府治"地湫隘,还治旧

---

[1] 李濂:《苏州府知府王公观传》,焦竑辑:《焦太史编辑国朝献征录》卷八十三《南直隶·知府》,《续修四库全书》529,上海古籍出版社2002年,第416页。
[2] 《明史》卷一四〇,列传二十八《王观》作"季亨",中华书局1974年,第4007页。
[3] 《况太守集》卷十四《致仕乡官方献忱上太守书》,吴奈夫等校点,江苏人民出版社1983年,第149页。
[4] 《御制大诰续编》,《秦昇等怙终第八十三》,《续修四库全书》862,上海古籍出版社2002年,第302—303页。
[5] 唐枢:《国琛录》上卷,《丛书集成新编》第101册景明刻本《纪录汇编》卷一〇二,台湾新文丰出版公司1985年,第488页。
[6] 廖道南:《苏州府知府魏观传》,焦竑辑:《焦太史编辑国朝献征录》卷八十三《南直隶·知府》,《续修四库全书》529,上海古籍出版社2002年,第415页。
[7] 《明太祖实录》卷八十,洪武六年三月乙卯,台湾历史语言研究所校印本1962年,第4页,总第1453页。

基。又浚锦帆泾,兴水利"[1]。这两桩工程引发流言蜚语,触动了朱元璋敏感的政治神经。

张士诚据吴时,将元平江路衙门建成王宫,另在都水行司设置新府治。魏观把府治由都水行司迁回旧址,结果被人谗言,说他想要兴复张士诚已废王基。朱元璋派遣御史张度查访。张度"劾观:非时病民,且有危言"[2]。锦帆泾是早在吴王阖闾时于吴王宫西边开凿的城中重要河道。吴国被灭,王宫所在地夷为平地,名王废基。魏观疏浚锦帆泾,修葺府衙,正巧苏州遇上天灾民困,所以又被扣上"非时病民"的罪名。

朱元璋闻报震怒,立即下令逮捕魏观。当年九月,魏观被杀于京师。平日与他过从密切的苏州名士高启、王彝牵连受戮,其中"高被截为八段"[3]。

高启应征入朝编修元史,与魏观相识。"启在馆时,为学士魏观所知。"因学问相投,两人结为至交。魏观初任苏州知府,高启已辞官家居。为了方便交往,魏观"为启徙居夏侯里,交接甚密"。两年后,魏观重修府治,请高启作《上梁文》,"有龙蟠虎踞语,观由是得罪,连坐及启,遂见法,年三十九"。[4]

王彝是苏州才子名士,与高启一同应征修史。书成后,他以奉养老母为由,辞官回乡。因曾作《佳砚颂》给魏观,与高启一同连坐魏观一案。高启、王彝被杀,直接导因是为魏观作文,惹上因文生祸的文字狱。

魏观被杀后,朱元璋"寻悔,命归葬"[5],仍然命"令以礼遣葬,特赐谕祭。皇太子、诸王亦致祭焉"[6]。葬蒲圻灯窝山。

近四百年后,清中期苏州昆山人龚炜(1704—1769之后),依然替魏观与高启等人冤死愤愤不平。

> 明初,芥视臣僚,以非罪冤杀者无算。予于魏苏州观之狱,尤痛恨焉!魏公治郡有声,即其浚河道、修府治,亦政中所应有事。一经诬奏,致贤守、才士株连蔓抄,虽极暗之世不至此,明朝之谓何?[7]

---

[1] 《明史》卷一四〇,列传二十八《魏观》,中华书局1974年,第4002页。
[2] 正德《姑苏志》卷四十《宦绩四》,《天一阁藏明代方志选刊续编》13,上海书店1990年,第512页。
[3] 祝允明:《野记》卷一,《笔记小说大观》40编1册,台湾新兴书局1985年,第296页。
[4] 乾隆《长洲县志》卷二十三《人物二》,《中国地方志集成·江苏府县志辑13》,江苏古籍出版社1991年,第257页。此为影印乾隆十八年刻本,与苏州图书馆藏乾隆三十年重镌本都为34卷,而卷目内容有差别。
[5] 《明史》卷一四〇,列传二十八《魏观》,中华书局1974年,第4002页。
[6] 正德《姑苏志》卷四十《宦绩四》,《天一阁藏明代方志选刊续编》13,上海书店1990年,第512页。
[7] 龚炜:《巢林笔谈》卷五《明初冤狱》,钱炳寰整理,中华书局1981年,第117页。

明初苏州府吏胥势力强大,无恶不作。"江南赋税甲天下,而苏郡为最。小民嗷嗷终岁,罄南亩之所入不足以供上。而里老吏胥辈复倚为利薮,不至尽吸其膏髓弗止。"[1] 朱元璋对他们了如指掌,深恶痛绝,严惩不贷。他说:"人不能自生、终于取死者,无如苏、松、嘉、湖四府之吏。""民有不能修福而造祸者,无如苏、松两府市井良民中刁顽不良之徒,造祸有如是耶?人皆市井之徒,民有四业,此等之徒,一业不务,惟务好闲,结构官府。"苏州府坊厢中被清查出来的1521名市井之徒都被法办。他们无以为生,"帮闲在官,自名曰小牢子、野牢子、直司、主文、小官、帮虎,其名凡六",扰乱民间。[2] 他们有时竟敢对抗正官而不受其节制,如常熟县吏沈尚,竟敢当廷殴打知县邓源;又如昆山县皂隶朱升一等,不听本县官李均约束,竟敢殴打钦差旗军。苏州府吏胡达等,起解洪武十八年(1385)桑丝折绢,应有绢639匹,进纳时只剩13匹,竟然贪污626余匹。他们都被处了极刑。朱元璋还一次处理了9名更名后复充为吏的逃吏,其中5名为府吏,4名为常熟县吏,并把这些人的情况诏榜全国。为此,苏州知府张亨、常熟知县成茣(天)奇受到连累,遭受严惩。

为了严督吏治,朱元璋多次下令允许老百姓通过某些渠道告官、告吏。常熟县陈寿六率弟、甥三人,擒拿恶吏顾英,手执《大诰》赴京面奏告状,朱元璋"嘉其能,赏钞二十锭,三人衣各二件。更敕都察院榜谕市村,其陈寿六与免杂泛差役三年,敢有罗织生事扰害者,族诛"[3]。

《大诰》发布后,朝廷允许民众持此上京告状,朱元璋奖励了其中的大部分,对阻挠赴京告状的官吏却严厉惩处。嘉定县民控告杨凤春,途中被巡检勒索,结果,勒索者一被枭令示众,一被刖足枷令。吴县主簿阎文,吴江知县张焘、县丞周从善等,都因阻挠耆宿拿人赴京而获罪。

利用重典整肃吏治,既是朱元璋深谋远虑制定的国策,也使苏州政治统治秩序得到有效保障,为社会经济恢复与发展提供了行政力量的支撑,取得一时成效。但是,它归根到底属于人治,取决于治人威权的强大震慑力,一旦失控,吏治的腐败和恶化将又陷于无底,不可遏制。

---

[1]《况太守集》卷十四《致仕乡官方献忱上太守书》,吴奈夫等校点,江苏人民出版社1983年,第149页。
[2] 上引分见《御制大诰续编》,《续修四库全书》862,上海古籍出版社2002年,《逃吏更名第四十八》,第287页;《罪除滥设第七十四》,第299页。
[3]《御制大诰续编》,《如诰擒恶受赏第十》,《续修四库全书》862,上海古籍出版社2002年,第273页。

二、打击豪强地主

元末苏州等江南富户占有大量官田民地,社会经济力量已很强大。"至张士诚据吴之日,其所署平章、太尉等官皆出于负贩小人,无不志在良田美宅。一时买献之产遍于平江。"[1]张士诚政权中少数人强占田地,使得土地集中于豪强之手的情况更加严重。此外,一些富室为避战乱,流寓江南苏州等地,也竭力占据田地。

朱元璋建国,"惩元末豪强侮贫弱,立法多右贫抑富"[2]。苏州自南宋以来已成江南豪强地主核心区。苏州豪强地主又是全国豪强地主的领头羊。朱元璋要达到在全国实施这一政策的良效,则必须拿苏州豪强地主首开其刀。

朱元璋打击豪强富室,首先针对张氏政权敌对势力,没收张氏旧臣故交的地产,"一入版图,亦按其租簿没入之"[3]。并将其强行迁徙,于吴元年(1367)十月,"徙苏州富民实濠州"[4]。有的人因忠于元朝,如苏州儒生姚叔闰、王谔,与朱元璋敌对,应征不至,惨遭杀戮,那是政治罪,是极少数的例子。

朱元璋试图以良民治良民,让富民参与政府赋税征收,维护基层秩序,因而承认富民的地位。洪武三年(1370)二月,朱元璋召见诸郡富民,训诫他们不要欺凌小民,武断乡曲,"使富者得以保其富,贫者得以全其生。尔等当循分守法,能守法,则能保身矣"[5]。次年首先在江南苏州等地设立粮长。"粮长之设,首便于有司,次便乎良民,所以设立之时定殷实之家。"[6]

不久,这一尝试便告终止。朱元璋知道富民多豪强,便坚定地回到重击江南苏州等地豪强地主的轨道。也就在洪武三年二月召见诸郡富民之前,朱元璋问讯户部诸大臣:"天下民孰富,产孰优?"户部大臣对答:"以田税之多寡较之,惟浙西多富民巨室。以苏州一府计之,民岁输粮一百石已上至四百石者四百九十户,五百石至千石者五十六户,千石至二千石者六户,二千石至三千八百石者二

---

[1] 黄汝成:《日知录集释》卷十《苏松二府田赋之重》,秦克诚点校,岳麓书社1994年,第365页。
[2] 《明史》卷七十七,志五十三《食货一·户口》,中华书局1974年,第1880页。
[3] 黄汝成:《日知录集释》卷十《苏松二府田赋之重》,秦克诚点校,岳麓书社1994年,第365页。
[4] 《明太祖实录》卷二十六,吴元年十月乙巳,台湾历史语言研究所校印本1962年,第1页,总第383页。
[5] 《明太祖实录》卷四十九,洪武三年二月庚午,台湾历史语言研究所校印本1962年,第3页,总第966页。
[6] 《御制大诰续编》,《粮长金仲芳等科敛第二十一》,《续修四库全书》862,上海古籍出版社2002年,第276页。

户,计五百五十四户,岁输粮十五万一百八十四石。"[1]苏州府554户富户竟至承担了15万余石的税粮,说明土地惊人地集中!要对付江南豪强地主,这些富户就是朱元璋主要斩杀的肥羊。

"洪武十三等年,起取苏、浙等处上户四万五千余家填实京师。壮丁发各监局充匠,余为编户,置都城之内外,爰有坊厢。"[2]洪武二十四年(1391)七月,迁徙全国富民5 300户至应天。[3]三十年四月,徙富民14 341户于南京。所谓富户,标准越来越低,从豪强大户逐渐到一般中产之家。如洪武三十年已不分南北,除云南、两广、四川不取,包括浙江等9布政司、直隶应天等18府州,概以田赢七顷为限。[4]永乐时迁徙仍在进行。[5]

"夫自国初仿汉徙闾右之制,谪发天下之人,又用以填实京师。至永乐间,复多从驾北迁。当是时,苏州以富庶被谪发者盖数倍于他郡。"[6]郁瑜、伊氏、吴县韩氏、长洲徐氏、昆山邹氏、虞氏等,都属于被卷入这场迁徙浩劫的富户。

吴宽记载其祖、父两代人的经历,一定程度上反映了明初苏州富户迁徙以及社会经济的变化。他祖上是长洲县东吴上乡人,"自高、曾以来代有隐德"。吴宽的祖父吴寿宗,"尤以淳笃称。生值元季,逮国初,能晦匿自全"。50岁得独子,即吴宽的父亲吴融(1399—1475)。吴融"稍长,即善治生",却14岁丧父。吴宽写他"自顾无他兄弟,卓然以门户自任。当是时,所居城东,遭世多故,邻之死徙者殆尽。既荒落不可居,乃徙今集祥里,依从母之夫顾执中氏。顾方以赀雄里中,久而家渐衰。执中且病,呼府君,告曰:'吾视诸子鲜克承家者,吾即死,惟是舍宇勿为他人有也。'府君泣而诺之。及执中没,府君厚与之直,而仍居其子,不使他适,迄今盖五十余年。府君既以勤俭谨畏拓其家以大,而城东旧业然未尝一日敢忘而不经理之。晚岁益种树结屋,为终老之图,因自号东庄翁。及孤宽忝

---

[1]《明太祖实录》卷四十九,洪武三年二月庚午,台湾历史语言研究所校印本1962年,第3页,总第965—966页。

[2] 顾炎武:《天下郡国利病书》第八册《江宁庐州安庆》,引《上元县志·坊厢赋役》,昆山顾炎武研究会编,上海科学技术文献出版社2002年,第610页。

[3]《明太祖实录》卷二一〇,洪武二十四年七月庚子,台湾历史语言研究所校印本1962年,第2页,总第3128页。

[4]《明太祖实录》卷二五二,洪武三十年四月癸巳,台湾历史语言研究所校印本1962年,第4页,总第3643页。

[5] 洪武苏州等江南的移民有富户、小民二类,此处仅指富户。洪武七年迁徙江南14万人于凤阳,是民,还是富民;是人,还是户;洪武十三年《上元县志》所载移民的真实性问题,均可参见牛建强:《明代人口流动与社会变迁》,河南大学出版社1997年,第16—24页相关论证。

[6] 吴宽:《家藏集》卷四十二《伊氏重修族谱序》,《景印文渊阁四库全书》1255,台湾商务印书馆1986年,第371页。

科第,入翰林,为修撰,获以其官封府君,阶儒林郎,然不幸命下,则既遘病矣,卒以成化乙未八月戊子,年七十有七"。[1]

在吴宽笔下,他祖上世代布衣,祖父、父亲也都是勤勤俭俭、小心翼翼的农夫或兼商贾,不像"所居城东,遭世多故,邻之死徙者殆尽",躲过了明初富民迁徙的一大浩劫。到祖居"既荒落不可居",其父只得迁居城中集祥里,依附姨父顾执中,待得积累资产,再次发家,终于过上小康以上的生活。而且,其父亲的姨父生前经历富庶之后走向衰败,"方以赀雄里中,久而家渐衰",还嘱托并仰仗其父,得以保全家舍。而吴融追求的还是循规蹈矩的农夫隐居生活,在一片有着田野风光,尚且十分荒芜的地方,今城东天赐庄一带的"东庄",安度一生,很是满足的了。

朱元璋洪武年间强迫实施全国大迁民,用人口政策改变全国人口分布,苏州等江南之地是其中至为紧要的一大块,苏州称之为"洪武赶散",并且一直延续到永乐时期。其实这一政策由来已久,开始得很早,洪武建元的前一年,朱元璋占领苏州城之后立马就开始了。

朱元璋吴元年九月,大将军徐达攻克姑苏,俘获张士诚,朱元璋认为"张士诚兵强积富,今亦就擒",极度兴奋,于是,"平吴师还,论功行赏"之后,[2]随即与刘基等商议,"张氏既灭,南方已平,宜致力中原,平一天下"[3],将苏州地区平定看得很重。十月,立即"徙苏州富民实濠州"[4],作为加强稳定苏州地区社会秩序的一大举措。

这场强制性大移民力度之大,延续之久,影响之深,都是值得深刻铭记的。苏州地区在洪武元年至永乐时期一直继续的大迁民使得大量富民离乡背井,土著人口大为减少,社会经济结构因之发生剧烈变动。然而,就"洪武移民"而言,在明代史料中虽然有着零星记载,却没有"洪武赶散"这样的用词说法。相反,这种用词说法在民间广为流传。现今苏北很多方志、家谱中记载着不少姓氏家族在苏州阊门的祖根,使得苏州阊门因为靠近大运河,作为北上启程必经之地,

---

[1] 上引均见吴宽:《家藏集》卷六十一《先考封儒林郎翰林院修撰府君墓志》,《景印文渊阁四库全书》1255,台湾商务印书馆1986年,第573—574页。
[2] 《明太祖实录》卷二十五,吴元年九月辛丑,台湾历史语言研究所校印本1962年,第8—9页,总第376—377页。
[3] 《明太祖实录》卷二十五,吴元年九月癸卯,台湾历史语言研究所校印本1962年,第11页,总第381页。
[4] 《明太祖实录》卷二十六,吴元年十月乙巳,台湾历史语言研究所校印本1962年,第1页,总第383页。

因而成为中国移民史上一个著名的集散地、移民记忆的归宿。

苏州富民被迁徙濠州、苏北等地的事例虽然零散,留心之处,片言只语,却比比皆是。

清人顾公燮说其族祖、昆山顾德辉(1310—1369),"字仲瑛,读书好士,富甲江左",因帮助过张士诚兴兵,被朱元璋"借银助饷","将家产尽佐军饷"。"戊申(1368),从其子迁临濠。卒以子恩,封武略将军、钱塘男爵"。[1]其实,其子顾元臣任元朝水军副都万户,顾德辉才有此封职。他自己拒绝出任元朝和张士诚的官职,"断发庐墓,自号金粟道人",倾尽财力,筑园林名胜玉山佳处,主持玉山雅集10年,诗歌唱和,留下文学风流佳话,最终因为儿子任职元朝,"及吴平,父子并徙濠梁",他本人于洪武二年(1369)卒于编管之地。[2]"将发濠梁,因登虎丘",吟诗:"柳条折尽尚东风,杼轴人家户户空。只有虎丘山色好,不堪又在客愁中。"已经预感"此行亦不知何日还乡""南归",恐怕是有去无回的了。[3]

明中期王鏊记载凤阳人的事迹里,有洪武时期迁自苏州的,就是真切的案例。由成化进士官居户部尚书的顾佐,"顾之先,本吴人。国初徙民实临淮,公曾祖彦华在徙中,遂为临淮人,今凤阳也"[4]。

在仪征博物馆可以看到两块苏州人迁居的碑刻史料,十分难得,因为仪征一般不是人们关注的"洪武赶散"的目的地。一位来自昆山玉峰,张奂文(1352—1424),"产玉峰,老维扬"。

> 公讳某,字奂文。祖均寿,父良之,世居苏之玉峰西麓,咸潜德弗耀。公于昆季中最长,弟丙文、希文,相继而殁。洪武乙卯(八年,1375)涉江至瓜洲,居二十三年而迁仪真,乃今居也。

他24岁离家渡江,在瓜洲住了23年,到47岁迁居仪征,又住了26年,享寿73岁而卒。他经商很成功,生活富裕,子孙满堂,至死却不忘自己是吴产吴人,遗嘱儿子:身后一定要请吴人写墓志铭,结果找到了松陵吴镇。

---

[1] 顾公燮:《丹午笔记》之《金粟道人》,苏州博物馆等编,江苏古籍出版社1985年,第65页。
[2] 《明史》卷二八五,列传一七三《文苑传一·陶宗仪附顾德辉》,中华书局1974年,第7326页。顾瑛生平事迹详见其自撰《金粟道人顾君墓志铭》,殷奎:《故武略将军钱唐县男顾府君墓志铭》,载顾瑛辑:《玉山名胜集》《玉山遗什》卷上,杨镰、叶爱欣整理,中华书局2008年,第652—656页。
[3] 《顾瑛诗文辑存》卷七《登虎丘有感》,顾瑛:《玉山璞稿》,杨镰整理,中华书局2008年,第213页。
[4] 王鏊:《震泽先生集》卷二十四《资善大夫户部尚书赠太子太保顾公神道碑文》,载吴建华点校:《王鏊集》,上海古籍出版社2013年,第340页。

> 永乐二十二年九月十三日,张奂文卒,长子刚,其季子劲,自维扬走吴门,介予友范景中奉状泣拜丐铭墓中之石。
>
> 予辞曰:"维扬作者如云,剪秋水而补霞裾者比比也,子不之求而谋之仆者,何耶?"
>
> 对曰:"先人尝曰:'我吴产也。我殁,当请吴人为我铭之。'劲识弗敢忘,先生其无靳焉!"[1]

另一位叫张璧(1363—1430)。先世居住苏城。从小迁居太仓。35岁时被直接迁发仪真。

> 公姓张氏,讳璧,字廷璧,号云岗子。先世居苏城。幼从父迁于太仓。后以洪武丁丑(三十年,1397),公从盛于仪真,遂家焉。[2]

经过当代学者研究,认为明初苏北的"苏州"移民实际上不仅仅是来自苏州的土著,而且包括苏州附近的府县,甚至苏松杭嘉湖五府,都可以"苏州"来代指,主要是原来张士诚的统辖区。"苏州"的概念被放大了。大"苏州"移民被强制迁往苏北、凤阳等地。在安徽,主要是临濠、凤阳、滁州、和州等地。在广袤的苏北地区,则分布于当时的扬州、淮安府,主要是今天的扬州、淮安、盐城一带以及连云港,西部以京杭大运河为界,东部南通地区则几乎没有。"今扬州、邗江、江都、泰州、泰县、泰兴、高邮、宝应、淮阴、淮安、灌南、沭阳、宿迁、泗阳、涟水、盐城、响水、滨海、阜宁、射阳、建湖、大丰、东台、新浦、东海、灌云等县(市)皆有分布,从方言的现状和掌握的文献资料来看,其中以泰县、兴化最为集中。响水、滨海、射阳、大丰的范公堤以东地区,明初尚未成陆,这里的'苏州'移民显然是在苏北地区二次或三次迁徙的。在这片地域范围内,自称是苏州移民后裔的至少有80%。"[3]"明初苏北大约接收了共45万'苏州'移民"[4],对于推动苏北经济文化发展起到了重要作用。[5]

灌云、东海、沭阳、灌南、赣榆、涟水、洪泽、盐城、阜宁、响水一带至今还流传

---

[1] 上引均见《张处士墓志铭》(篆盖:故隐士张公奂文墓志),碑藏仪真博物馆。

[2] 《张廷璧墓志铭》(篆盖:云岗子张廷璧墓志铭),碑藏仪真博物馆。

[3] 黄继林:《苏北的阊门移民》,平龙根主编:《阊门寻根》,古吴轩出版社2012年,第155页。吴必虎还提到海安,见其《明初苏州向苏北的移民及影响》,平龙根主编:《阊门寻根》,古吴轩出版社2012年,第140页。

[4] 黄继林:《苏北的阊门移民》,平龙根主编:《阊门寻根》,古吴轩出版社2012年,第156页。

[5] 全文见黄继林:《苏北的阊门移民》,平龙根主编:《阊门寻根》,古吴轩出版社2012年,第146—159页,并可参见吴必虎:《明初苏州向苏北的移民及其影响》,平龙根主编:《阊门寻根》,古吴轩出版社2012年,第137—145页。

着"洪武赶散"的记忆传说。

兴化[1]、泰县(今泰州市姜堰区)、泰兴是移民较为集中的地区。如泰县王氏、沈氏、徐氏。泗阳元末明初从苏州迁入的姓氏家族有21个,其中有洞庭东山席氏、昆山唐氏、吴县枫桥朱氏。盐城凌氏、涟水与淮阴"铁船头"朱氏均在明初从苏州迁入。涟水孙氏、张氏,灌南汤氏多为明初洪武年间从苏南迁居的。金湖、阜宁也有不少明初迁自苏州的人口。海州周氏、沭阳大竹园洛安堂孙氏、东海张湾紫阳堂朱氏、赣榆沙河无锡堂孙氏、灌云东辛洛槐堂王氏以及下车乡戴氏(原居阊门五里十甲)均在明初自苏州迁入。

兴化及白驹场施耐庵家族施氏,兴化郑板桥家族书带草堂昭阳郑氏、任大椿家族经训堂任氏(另有迁东台、宝应支派)、韩氏、庆云堂徐氏、凤雏堂陆氏、天禄阁堂刘氏、百忍堂昭阳张氏,高邮菱塘杨氏,宝应朱氏、乔氏,邗江孟氏,均从苏州迁入,邗沟头桥乡黄氏从姑苏崇明迁居维扬安阜洲,江都邵伯王氏从苏州迁甘棠。[2]大丰县发现的淮南周氏与盐城周氏宗谱都讲是明初迁自阊门的,而江都马氏明初奉诏从阊门迁居广陵东乡吴家桥。[3]高邮王安国、王念孙、王引之训诂大师家族,"先世苏州人,明初始著籍高邮州"[4]。宝应东门刘氏一世祖刘寿在明初期迁自苏州,清代出现刘台拱、刘宝楠、刘恭冕祖孙三世《论语》世家。宝应清代状元王式丹先世明末迁自苏州。宝应乔氏始祖乔赫、卢氏始祖卢湛都是明初从苏州迁入的。郝贵四初从苏州迁居盐城郝荣庄,后于成化年间移居宝应曹甸。[5]泰县刘氏、葛氏,盐城北龙港张氏、朱氏也是明初自苏州迁居的。[6]兴化许、顾、张、朱、周、姚等氏原籍苏州,刘氏原籍昆山,均是明洪武初以及后来迁入的。[7]

---

[1] 顾颉刚:《苏州史志笔记》,王煦华辑,江苏古籍出版社1987年,第85页。载有"兴化人祖籍多苏州",解释洪武自江南移民江北,兴化人祖先多自明代苏州迁去,"甚有可能",只记得老家苏州是"交通中心、市廛最繁盛之阊门"居民,则"殊不可信"。

[2] 黄继林:《苏北的阊门移民》,平龙根主编:《阊门寻根》,古吴轩出版社2012年,第147—148、150页。

[3] 韦明铧:《俺自阊门来》,平龙根主编:《阊门寻根》,古吴轩出版社2012年,第161、164页。

[4] 程敦:《文肃王公行状》,是王安国的传记,载罗振玉辑:《高邮王氏遗书》之《高邮王氏六叶传状碑志集》卷一,凤凰出版社2000年,第5页。同卷王安国的传记还有夏之蓉《王尚书传》说"先世苏州人,迁高邮",第3页;汪由敦《王文肃公墓志铭》说"先世苏州人,明初迁高邮",第9页。

[5] 平龙根主编:《阊门寻根》,古吴轩出版社2012年,第95—101页。

[6] 吴必虎:《明初苏州向苏北的移民及其影响》,平龙根主编:《阊门寻根》,古吴轩出版社2012年,第140页。

[7] 张丙钊:《兴化方言志》,1988年油印本,转见曹树基:《中国移民史》第五卷,福建人民出版社1997年,第34页,参见平龙根主编:《阊门寻根》,古吴轩出版社2012年,第129页。

苏州金阊区阊门移民后裔寻访行动[1]搜集的部分苏北地区家谱记载元末明初迁自苏州阊门的姓氏有：兴化成氏、盱眙范氏、盐城积善堂符氏、淮安高氏、滨海双玉堂高氏、涟水九经堂谷氏、盐阜庙湾武陵堂顾氏、射阳庙湾顾氏、淮安马家江夏堂黄氏、盐城祁氏、大丰蝌蚪堂束氏、射阳倚桐堂施氏、泰兴全堂唐氏、东台三槐堂王氏、泰州东淘董桌垛王氏、滨海辛氏、泰县三凤堂薛氏、盐城爱莲堂周氏、涟水茂槐堂朱氏。此外，还有由苏州阊门于永乐年间迁居江都与高邮的三让堂吴氏、迁居泰县与江淮的汝南堂周氏、于正统年间迁居泰州与盐城的惜阴堂夏氏。[2]

据调查，元明时期从苏州迁居泰州的姓氏还有不少，如元代潘永临、元末王景隆；元末李重八迁泰兴柴墟，后一支迁居泰州鲍家坝，明末李彩迁自苏州；洪武初朱通甫、洪武时袁德先迁居泰兴，明初张福元从苏州桂花亭迁泰州；元末徐大岗为避兵迁于泰州，明初徐氏又从苏州迁居泰州海安；建文时仲子宣为避兵迁居泰州富安，后一支迁居城内；明初卢师孟迁居泰州新城，永乐元年卢千驷迁泰州；永乐时俞兴一迁居泰州北关外，卢氏、俞氏位列泰州三大望族；明初宋道真迁居泰州港口，后一支迁居城内；明初管全迁居泰州东台场；明初崔大亨避乱迁居泰州虎墩；明代陈贞迁居泰州城北西仓；嘉靖时刘华盛、明代刘奉诚迁泰州；嘉靖时蒋君英迁泰州南乡；明末万士玮、石盈山迁泰州，说明苏州人口迁居苏北地区自元末、洪武至永乐之后仍旧有零星的延续。[3]目前大丰发现43种家谱，其中29种明确记载祖先是明初来自苏州阊门。[4]

如皋白蒲顾氏，明初苏州移民，子孙蔓延到了第27代，至今保留"武陵世泽，吴郡家声"的门联；丁氏、严氏、周氏、黄氏在元末一起避乱迁居江安地区，开垦沙洲；李氏、谢氏、薛氏也是元末为避兵祸从阊门迁居的；沈氏，据说出自元末明初沈万三的兄弟三人。[5]阜宁等盐阜施氏源于明初阊门，始祖千一娶朱元璋马皇后侄女。[6]

明政府效仿秦汉迁徙豪强的办法，强迁江南苏州等地豪强地主，安置在凤阳、南京等似乎令人荣耀的地方，更多的则是在战后废墟凄凉、荒无人烟的江淮

---

[1] 当今苏州市政府在我国历史移民著名集散地苏州阊门码头修建了寻根纪念地、朝宗阁、望苏驿，以慰移民联谊思乡之情，并铭识苏州这段重大史实。
[2] 平龙根主编：《阊门寻根》，古吴轩出版社2012年，第209—210、72页。
[3] 平龙根主编：《阊门寻根》，古吴轩出版社2012年，第76—77页。
[4] 平龙根主编：《阊门寻根》，古吴轩出版社2012年，第8—9页。
[5] 平龙根主编：《阊门寻根》，古吴轩出版社2012年，第102—106页。
[6] 平龙根主编：《阊门寻根》，古吴轩出版社2012年，第108—111页。

地带。他们可以获得土地垦荒种植,或者烧海制盐,实际上在新的陌生环境,让他们无有任何社会经济根基,又便于监管,最重要的是,简捷了当,没收他们原有的财产,尤其是土地,收归国有,营造小农经济,开辟了一个洪武模式的新时代。许多苏州等江南地方的豪民富民素来养尊处优,转眼之间,朝代兴替,万贯家财烟消云散,他们被迫拖家带口,成家成族,背井离乡,变身农夫,或为灶丁,为了生计,艰辛劳作,虽然带去了农耕经验与技术,推动了当地生产发展,却得经历一番刻骨铭心痛苦转换的过程,才能完成世代在地化,成为新土著。

清代乾隆年间,苏州人顾公燮曾记载并评论凤阳人一种社会风俗,即喜欢做乞丐,源于明初洪武迁民。

> 明太祖念濠州为发祥之地,乱后人散地荒,徙江南富民十四万以实其中,私归者有重罪。凡民安土重迁,一旦驱之离乡,与放流何异?……相传濠州富民欲回乡省墓无策,男女扮作乞人,潜归祭扫,冬去春回,迄今沿以为例,届期不得不出,竟为生意,非省墓之谓也。[1]

朱元璋为了子孙的江山稳定,滥杀功臣,屡兴政治大狱,如洪武十三年(1380)胡惟庸案,十五年空印案,十八年郭桓案,二十三年李善长案,二十六年蓝玉案,并趁机打击富户,掠夺财产,"时严通财党与之诛,犯者不问实不实,必死而覆其家"[2]。不少苏州富室为此遭受灭顶之灾。如吴县于友,先因牵入胡党,充发凤阳屯种,后复还乡。洪武十八年(1385)任粮长,次年被告发,他本人被枭首,受牵连者20人。吴江陆和仲任洪武十八年粮长,因曾行贿府吏,压制他人告发,又亏欠税粮九千余石,按胡党处死。

最为著名的是江南巨富周庄沈万三案。"洪武初,征取天下富户,以苏州沈万山为首,公等数人随之同入京师。"[3]"洪武中,吴人有沈万三者,以资倾东南,家已籍,顾善自匿。至永乐中,犹称巨富,而尚惴惴惧不保,时入赂贵臣。是时,闾右以赀自焚者,十室而五。"[4]其实,周庄沈万三在元代发家,从沈富到曾

---

[1] 顾公燮:《丹午笔记》之《凤阳人乞食之由》,苏州博物馆等编,江苏古籍出版社1985年,第135页。

[2] 方孝孺:《逊志斋集》卷二十二《采苓子郑处士墓碣》,徐光大校点,宁波出版社2000年,第741页。

[3] 歙县《济阳江氏族谱》卷九《明恩奖博士偕寿公传》,引见张海鹏等编:《明清徽商资料选编》,黄山书社1985年,第392—393页。

[4] 引见张海鹏等编:《明清徽商资料选编》,黄山书社1985年,第49页。原文出自许承尧:《歙事闲谭》卷四《吴士奇〈征信录〉中之〈货殖传〉》,李明回等校点,黄山书社2001年,第109页。然无"尚"字,且"以赀自焚"作"以赀自焚"。

孙沈德全,祖孙四代,被三次抄家斩杀,直至倾家荡产,家破人亡。[1]

沈万三案还连累乡里,特别是沈万三赘婿顾学文与富土官序班的陈某之儿媳梁氏因奸情被诬蓝党时,穷极株连:"及蓝玉事发,序班从旁诬奏学文与蓝玉通谋,诏捕获严讯,词连妻父及其仇七十二家,转相援引,并及处士张琦,侍郎莫礼,员外郎张瑾,主事李鼎、崔龄、徐衍等,不可胜数,党祸大起,至五六年始息。梁亦为父所逼,令缢死。按《吴江县志》载,洪武三十一年二月,学文坐胡蓝党祸,连万三曾孙德全等六人并顾氏一门,同日凌迟,莫礼亦坐诛。"[2]吴江莫礼之家,素为望族,又为富家。"时莫氏以赀产甲邑中,所与通婚姻皆极一时富家。"[3]但以后富土改名同里,似以避富庶招显之嫌。

有些苏州等地富户在洪武十八、十九年,由于经济原因而受打击。如嘉定粮长金仲芳等三人,因巧立八项名目,科敛民财,被严惩。吴江粮长张镠孙、副粮长朱太奴,因多征税粮,被朱元璋借妄告叔舅的罪名处死。

这些苏州豪强富室纷纷被牵入政治大案,或者因经济等其他名目,遭受毁灭性打击。正是所谓朱元璋"疾兼并之俗,在位三十年间,大家富民多以逾制失道亡其宗"。"当是时,浙东、西巨室故家多以罪倾其宗。"[4]"皇明受命,政令一新,豪民巨族划削殆尽,盖所以鉴往弊而矫之也。"[5]江南"自唐以来生聚渐蕃,人工既施,地利斯尽"。"其税岁益月增,固已不胜其多矣。"经五代、南宋"浸淫至于元季,上弛下纵,兼并之家占田多者数千顷,少者千余顷,皆隶役齐民,僭侈不道。本朝任法为治,而其徒犹蹈前辙,不知自检,往往罹罪罟则戮其孥、籍其家,没入其田,令民佃之,皆验私租以为税之多寡"。[6]显然,从宋元到明初,中央政府对待苏州和江南富户及豪强地主的政策在演变,社会结构也处在调整之中。

此外,朱元璋为防止苏州、松江的人才出仕,通同乡人作弊钱粮,居然于洪武

---

[1] 详参陈兆弘:《江南巨富沈万三的致富和衰落》,陆允昌:《沈万三生卒年时辨考》,吴建华:《沈万三的名字和籍里考辨》,分见《江南巨富沈万三》,古吴轩出版社1994年,第19—25、183—188、138—152页。
[2] 光绪《周庄镇志》卷六《杂记》,《中国地方志集成·乡镇志专辑》6,江苏古籍出版社1992年,第586页。
[3] 吴宽:《家藏集》卷五十八《莫处士传》,《景印文渊阁四库全书》1255,台湾商务印书馆1986年,第545页。
[4] 方孝孺:《逊志斋集》卷二十二《故中顺大夫福建布政司左参议郑公墓表》《采苓子郑处士墓碣》,徐光大校点,宁波出版社2000年,第742、741页。
[5] 吴宽:《家藏集》卷五十八《莫处士传》,《景印文渊阁四库全书》1255,台湾商务印书馆1986年,第546页。
[6] 史鉴:《西村集》卷五《侍御刘公愍灾序》,《景印文渊阁四库全书》1259,台湾商务印书馆1986年,第802—803页。

二十六年(1393)下令:"浙江、江西、苏、松人毋得任户部。"[1]其中,苏、松以南直隶的两个府与浙江、江西两布政司并列,因其地位之重,而对其防范显得更严,将苏、松在南畿特殊化处理了。

朱元璋不惜采用军事、司法、经济、政治等手段,征服、屠杀、籍没、迁徙大量江南苏州等地豪强地主,铲除他们的社会经济根基,彻底削弱这股盘根错节的巨大社会势力,调整阶级关系和生产关系;抄没他们的田产,建立超越宋元的国有官田制度,以确保国家赋税收入,造成明清江南重赋格局,苏州首当其冲,遗患无穷;适当照顾贫民百姓的社会经济利益,缓和了阶级矛盾,通过里甲、粮长制管理基层社会,建立了小农经济体制,稳固了洪武模式的经济主干,却也使社会经济结构剧烈变动。因之,明初苏州社会经济结构处于剧烈变动时期,也是洪武模式确立时期,这与消灭旧豪强、打击豪强地主紧密关联,实是社会势力此消彼长的过程。

三、膨胀官田制度

苏州官田问题起源于南宋,因籍没韩侂胄等人的庄田为官田。南宋末,贾似道推行公田法,置官田所,在浙西路平江、江阴、安吉、嘉兴、常州、镇江等地强行派买公田达350余万亩。经元发展,不少民田被政府掠夺,以官田形式颁赐勋贵。如著名万户朱清、张瑄的田产被籍没,成为江南官田新的来源。官田到明初臻于极盛,征收重赋,形成江南苏州等地区的经济主干,极大地影响着明清苏州社会经济发展,也是学术界长期以来重点关注的课题。

明初苏州府官田增长是惊人的。洪武十二年(1379),全府田地总数67 490顷余,其中官田46 544.47顷,约占69%;民田20 945.51顷余(正德《姑苏志》卷十五《田赋》为29 045顷,疑误),约占31%。而官田有两项:官田、功臣还官田、开耕田共29 906.07顷余,约占44%;抄没田16 638.4顷余,约占25%。[2]

洪武二十六年(1393),苏州府田土总数为9 850 671亩(即洪武二十四年第

---

[1]《明史》卷七十二,志四十八《职官一·户部》,中华书局1974年,第1744页。建文帝曾议取消。建文二年(1400)二月,诏减免苏松过重田赋,"苏、松人仍得官户部"(《明史》卷四,本纪四《恭闵帝》,中华书局1974年,第63页)。整个明代,户部尚书确实很少苏、松、浙江、江西人,洪武诏令执行得很好。已知户部尚书籍贯者92人,这三个地区洪武二十六年以前仅有4人:苏州吴县滕德懋、昆山顾礼,江西鄱阳费震,浙江常山徐辉;洪武二十六年以后,仅江西吉安周忱、浙江上虞倪元潞。同时,这三个地区人才任职户部左右侍郎的情况与此相似,也是很少的。然而江浙人任户部胥吏应有不少。参见黄阿明:《明代户部尚书任职情况分析》,《史林》2006年4期。另王鏊曾任户部尚书,此文没提。

[2] 田数见洪武《苏州府志》卷十《税赋·田亩》,《中国方志丛书》,台湾成文出版社有限公司1983年,第425页。

二次编修黄册时汇总数)[1],比洪武十二年增加3万余顷。但其中官、民田数不详。

弘治十六年(1503),全府实征官、民抄没田地山荡等项共94 785余顷,其中官田抄没等项65 003余顷,占68.58%;民田34 697余顷,占36.61%(但据细数相加为99 700顷,原文如此)。

森正夫依据正德《姑苏志》考订苏州官田60 094顷,占62.98%,民田35 323顷,占37.02%,合计两项为95 417顷,略高于弘治年数,更接近洪武二十六年数。[2]于此可知,洪武十二年后,苏州府官田总数增加在18 459顷到13 550顷之间,增长在39.66%至29.11%之间。

无论如何,苏州府明初的官田数量不断增加,且官田数的比例总在60%以上,甚至接近70%。这种情况在全国罕见。[3]

除了继承宋元官田外,还有因逃亡、户绝以及其他形式遗留下来的无主荒田,其中有些荒地原本是官田,有些是民田、新涨田等,而明初苏州府的官田来源于大量的抄没田,或称籍没田。

上列洪武十二年苏州府抄没田约占25%,即1/4,内有"原额""今科"之分。原额应是宋元抄没田,今科应是明初抄没田。

明初苏州抄没田主要有两个来源:"初,太祖平吴,尽籍其功臣子弟庄田入官,后恶富民豪并,坐罪没入田产,皆谓之官田。"[4]说明抄没田一是张士诚及其功臣子弟之田,二是江南富户之田。

抄没,又称抄札、籍没,即政府对私有财产的没收。洪武二十六年的"抄札",详细规定抄没的人口、财产,包括金银细软、马骡驴羊(解部),笨重什物(变卖),牛只、农具、房屋、田地(入官,召人佃赁,照例当差)。"凡民间有犯法律,该籍没其家者,田土合拘收入官,本部书填勘合,类行各布政司府州县,将犯人户下田土

---

[1] 万历《大明会典》卷十七《户部四·田土》,广陵书社2007年,第302页。
[2] 数据详见正德《姑苏志》卷十五《田赋·田地》,并有嘉靖十七年原额全府官民课粮田地86 397余顷以及清隐田地数据,《天一阁藏明代方志选刊续编》11,上海书店1990年,第977—981页;[日]森正夫:《明代江南土地制度研究》,伍跃、张学锋等译,范金民、夏维中审校,江苏人民出版社2014年,第31页;并参见罗仑主编,范金民、夏维中著:《苏州地区社会经济史(明清卷)》,南京大学出版社1993年,第34—35页。
[3] 从梁方仲《明弘治十五年分区官、民田数及其百分比》看,全国只有大名府(99.51%)、松江府(84.52%)、湖广(78.73%)高于苏州府,但大名、湖广的官田数本身有问题,只有松江府的数据较为符合实情,也只是苏、松两府才成为明朝的赋税聚宝盆。参见梁方仲编著:《中国历代户口、田地、田赋统计》乙表40,上海人民出版社1980年;洪焕椿编:《明清苏州农村经济资料》,江苏古籍出版社1988年,第49页。
[4] 《明史》卷一五三,列传四十一《周忱》,中华书局1974年,第4212页。

房屋召人佃赁,照依没官则例收科,仍将佃户姓名及田地顷亩、房屋间数同该科税粮赁钱数目开报合干上司,转达本部知数。"[1]明初律令有奸党等6项罪名,《大诰》有揽纳等10项,应抄没。明初苏州府的抄没官田,实际上是明朝政府通过行政暴力手段,攫夺政敌或富户等社会最大宗财物的过程与结果。

关于这些官田的性质,从明代以来就长期展开了讨论,至今意见不一。主要有两种观点,一种认为,这些官田的所有权属于国家,是国有土地所有制的一种表现形式,而不是私人所有;农民耕种官田,就像民间佃种一样;耕种官田的农民向国家交纳租赋合一的官租,国家与耕种者存在着租佃关系。如顾炎武所言:"官田,官之田也,国家之所有。而耕者,犹人家之佃户也。"[2]

与此相反的观点认为,苏松等府官田就是民田,只不过是一种特殊性质的重赋民田。

其实,明初苏州等府官田确是一种特殊性质的土地所有形态,表面上,似乎兼有官田、民田的性质,容易引起混淆,让人们既能往官田上靠,又能往民田上去理解。

应该看到,明初苏松等府大量存在的官田,性质复杂。它与江南苏州等地其他形式的官田,如学田,并不相同,但也与一般的民田不同。因此,这官田既是官田,又非原来意义上的官田;既是民田,又不是原来意义上的民田。因为在法律上,这些官田所有权属于国家,禁止买卖,只有田地使用权的转移,而在赋役承担、具体经营上,它属于承佃户,并可以更佃,实即事实上的买卖;可以再佃,官田佃种者必须交纳沉重的官租,作为耕种官田的代价。"官田曰租,民田曰税,本不相混。"[3]这种官租是地租与赋税的合一,也造成江南苏州等地重赋。

因此,官田经营有两个阶层:一为农民,直接佃种官田,是官佃户,很像自耕农,其所耕官田税额高于私田,被国家直接征收重税。一为地主,其承佃官田税额较轻,与当地私租比,仍旧很低,外加有徭役优免,则经营官田还有利可图。这种现象早在南宋就出现过:"今所谓没官田者,于朝廷曾几何之入,而悉为强有力者佃之,某官某邸,某刹某府,率非能自耕者也,而占佃多至千百顷者,何也?有

---

[1]《诸司职掌》,《刑部职掌·都官科·抄札》《户部职掌·州县·田土》,分见《续修四库全书》748,上海古籍出版社2002年,第743、618页。
[2] 黄汝成:《日知录集释》卷十《苏松二府田赋之重》,秦克诚点校,岳麓书社1994年,第366页。
[3] 黄卬:《锡金识小录》卷一《备参上·田粮》。黄卬强调要知道官田之由来,官田来自民田,有官买之田与籍没豪右之田,原本没有官田,希望恢复"民田税粮,亩止五升"的传统。见《中国方志丛书》,台湾成文出版社有限公司1983年,第41—42页。

利焉耳!"[1]他们占田千顷,名义上是官田承佃者,实际上除极少部分自己耕种外,其余大部分仍再佃给无地可耕的贫民,收取私租后,再向政府交纳官租,从中获利。这种情况随着后来官田负担的日益沉重而有所改变。

综上所述,尽管明初苏州等府的官田具有官田、民田的特性,还是应被当作国有土地。明初政府通过继承宋元旧额官田以及大量抄没民田等手段,在短期内迅速积累了巨额官田,尤以江南苏州、松江等地区最为突出。通过官田这一国有土地形态,制定相应赋役制度,确保了政府对苏州等地攫取大量官租,作为中央政府重要的财政支柱,稳固了中央政权的经济基础。明初中央政府对江南苏州等地所采取的种种统治政策,都围绕建立和巩固这一地区庞大的官田系统,以及在此基础上形成的一整套赋税征收制度这一中心进行。这是中国封建社会中国家土地所有制的残余在明初苏州等地区的强固。它以强有力的中央政权为前提,但在封建土地关系相当成熟的苏州等地,又不可能像以前那样纯粹,从而带有种种特殊性。这就是明初苏州官田在很多方面与民田相类似的原因之一。由于官田制度的落后性,特别是在赋役负担上的严重不均,加以社会经济不断发展,江南苏州等地官田制度在明中期就逐步崩溃,到嘉靖时期最终消失,与民田无异。然而,明政府放弃江南苏州等地官田所有权的前提,就是苏州等地区原有的赋税总额必须保证不变。官、民田赋税的均平只是两者平摊了原来官田上过重的数额。

四、官田重赋

自六朝以来,在中原社会经济频繁遭受战乱破坏的同时,江南地区则持续不断地得到开发,中国经济重心从黄河流域逐渐转移到长江流域,到宋代彻底完成。以苏松为核心的江南地区在全国承担的赋税分量不断加多。明丘濬追溯论道:唐"韩愈谓赋出天下,而江南居十九。以今观之,浙东、西又居江南十九,而苏、松、常、嘉、湖五郡又居两浙十九也"。进而得出:"东南,财赋之渊薮也。自唐宋以来,国计咸仰于是。其在今日尤为切要重地。"[2]从唐代起苏州税粮处于上升状态。到元代,夏税丝22 495斤,秋租粮88.2万余石,"较其所入,与宋相

---

[1] 方岳:《秋崖集》卷十八《奏札》,《景印文渊阁四库全书》1182,台湾商务印书馆1986年,第350页。
[2] 丘濬:《大学衍义补》卷二十四,《景印文渊阁四库全书》712,台湾商务印书馆1986年,第336页。

倍蓰焉"[1]。元末张士诚统治时,苏州赋税一度超过百万石。

洪武十二年(1379),苏州夏税:丝254 302余两,大麦正耗10 127余石,小麦正耗51 816余石,豆、菜子、糙粳米若干石等;秋粮:正耗粮2 146 830石,黄豆正耗2 781石等。[2]与张士诚时期比,何止翻番!这种增长幅度在全国是绝无仅有的。

以后苏州税粮继续增长,实征米麦,洪武二十六年(1393)2 810 490石,宣德五年(1430)2 779 109石。宣德时期获得一次较大的减免,以后苏州府正额税粮基本维持在200余万石。如弘治十五年(1502)2 091 987石,万历六年(1578)2 092 560石。洪武二十六年、弘治十五年、万历六年,苏州府实征米麦数分别占同期全国总数的9.55%、7.81%、7.86%。[3]同期苏州平均每亩田征米麦数分别为28.53升、13.48升、22.51升。[4]同期实征米数,苏州府分别是全国的11.11%、9.20%、9.25%。[5]

从税粮总数、府征米数在全国的比例、亩平均赋税等指标上看,很明显,明代苏州府的负担或贡献,除了个别方面外,只有松江可以与其匹配,都是全国其他地区无法望其项背的。明初起,江南苏州等地形成的这种重赋奠定了明清苏州等江南重赋的基本格局,对社会经济等方面影响深远。明代苏松为重赋之区,名副其实。

正德时,王鏊等人检括苏州一地唐代以来田赋急剧增长,至明代号称空前之盛,既有可喜,又有可忧,提醒当政注意藏富于民,不能竭泽而渔。

> 今天下财赋多仰于东南,而苏为甲。然《禹贡·扬州》"厥田下下",唐天宝而后,东南财赋始增,至宋、元弥盛。然考之旧志,宋、元岁

---

[1] 洪武《苏州府志》卷十《税赋·税粮》,《中国方志丛书》,台湾成文出版社有限公司1983年,第436页。
[2] 洪武《苏州府志》卷十《税赋·税粮》,《中国方志丛书》,台湾成文出版社有限公司1983年,第436、439页。
[3] 梁方仲编著:《中国历代户口、田地、田赋统计》附表3、5,上海人民出版社1980年。同期松江府占全国的比重分别为4.14%、3.85%、3.87%,均不足苏州之半。常州府则为2.22%、2.84%、2.86%。
[4] 梁方仲编著:《中国历代户口、田地、田赋统计》乙表36,上海人民出版社1980年。此处弘治十五年苏州田地数按15 524 998亩计算,故平均每亩田征米麦数为13.47升。如依次年9 478 500亩计算,则为22.07升,较为合理。同期松江府分别为23.77升、21.87升、24.29升,比例上反而与苏州府有参差,在后来有反超。其后的常州府同期分别为8.19升、12.32升、11.85升,亩赋税额逐步上升。而全国情况,北直隶分别为2.01升、2.23升、1.22升,南直隶分别为5.70升、7.33升、7.77升,十三布政使司分别为3.26升、3.93升、3.48升。
[5] 梁方仲编著:《中国历代户口、田地、田赋统计》乙表37,上海人民出版社1980年。同期松江府分别为4.50%、4.24%、4.26%,位居第二。常州府为2.16%、2.74%、2.75%,位居第三。但苏、松、常之间差距愈大。

数在苏者,宋三十余万石,元八十余万石,国朝几至三百万。自古东南财赋又未有若今日之盛者也。夫聚于上者多则存于下者能无蹙乎?此为治者之所当念也。[1]

他的学生唐寅以文学笔调呈现姑苏民风清嘉、民性温良,而遭受重赋的状态:

> 长洲茂苑古通津,风土清嘉百姓驯。小巷十家三酒店,豪门五日一尝新。市河到处堪摇橹,街巷通宵不绝人。四百万粮充岁办,供输何处似吴民?[2]

明初苏州税额猛增,出现与唐宋元"多赋"不同的"重赋",完全源于朱元璋膨胀官田,重征赋税,确保国家财政收入。

南宋以来江南赋税数量的提升,与国家控制官田数量的提升,步伐一致,原因就是国家在所能控制到的官田上不断提高了赋税征收率,即官田田租。

明初苏州不仅拥有宋元官田,而且又膨胀了大量官田,官田比例高达60%以上,在全国绝无仅有。官田征税则例一般远高于民田。因此,赋税总额自然迅速增长。

即使朱元璋认识到对苏州等府租税征收太重,以至于在洪武七年、十三年、二十一年实行籍没官田改科减赋,苏州府租税也在每亩4斗,而民田一般都在5升之下。[3]

森正夫研究,洪武二十四年,苏州府宋元官田约占总数的31.34%,税则最重,每亩达4~8斗;抄没及断入官田约占31.64%,其中数量较少的抄没原额田税则很重,每亩在4~7斗,而占绝大多数的抄没今减科田税则较轻,每亩在4斗以下,而断入官田的税则每亩在5斗以下。民田约占37.02%,除极少数外,税则都在5升以下。[4]

---

[1] 正德《姑苏志》卷十五《田赋》,《天一阁藏明代方志选刊续编》11,上海书店1990年,第973页。
[2] 唐寅:《唐伯虎全集》卷二《姑苏杂咏》,北京市中国书店1985年影印大道书局1925年版,第28页。
[3] 洪武七年五月癸巳:"上以苏松嘉湖四府近年所籍之田租税太重,特令户部计其数,如亩税七斗五升者除其半,以苏民力。"(《明太祖实录》卷八十九,台湾历史语言研究所校印本1962年,第3页,总第1577—1578页)洪武十三年三月壬辰:"命户部减苏松嘉湖四府重租粮额。""旧额田亩科七斗五升至四斗四升者减十之二;四斗三升至三斗六升者俱止征三斗五升,以下仍旧。自今年为始,通行改科。"(《明太祖实录》卷一三○,台湾历史语言研究所校印本1962年,第4页,总第2065页)到洪武二十一年五月戊戌,朱元璋对比"江西群县地土颇跷瘠,止令输三斗,著为令",减了二斗,就是参照"两浙及京畿土壤饶沃者,输四斗"。(《明太祖实录》卷一九○,台湾历史语言研究所校印本1962年,第7页,总第2875页)
[4] [日]森正夫:《明代江南土地制度研究》,伍跃、张学锋等译,范金民、夏维中审校,江苏人民出版社2014年,第106—107页。

宣德五年（1430）七月，苏州知府况钟为秋粮奏，本府七县正额税粮 2 779 109 石，内官田粮 2 625 915 石，占总数 94.49%，"每田一亩科米不等，有一斗二升至三石止"；民田粮 153 194 石，只占总数的 5.51%，"每田一亩科米五升至二斗六升止"。[1]

显然，苏州税粮重赋就是来自官田重额科则的征收，民田不存在重赋问题。太仓人陆容（1436—1496）曾深刻评论苏州官田重赋：

> 苏州自汉历唐，其赋皆轻。宋元丰间，为斛者止三十四万九千有奇。元虽互有增损，亦不相远。至我朝止增崇明一县耳，其赋加至二百六十二万五千九百三十五石。地非加辟于前，谷非倍收于昔，特以国初籍入伪吴张士诚义兵头目之田，及拨赐功臣，与夫豪强兼并没入者，悉依租科税，故官田每亩有九斗、八斗、七斗之额。吴民世受其患！[2]

王鏊以居乡数年，深知吴中田赋徭役弊端，做出仔细剖析，在嘉靖元年（1522）建议巡抚李充嗣采取实际措施，解决民困国难，其中就有明初以来一直存在的重赋。

> 今天下财赋多出吴中，吴中税法未有如今日之弊者也。请备言之。吴中有官田，有民田。官田之税，一亩有五斗、六斗至七斗者，其外又有加耗，主者不免多收，盖几于一石矣。民田五升以上，似不为重，而加耗愈多，又有多收之弊也。田之肥瘠不甚相远，而一坵之内，只尺之间，或为官，或为民，轻重悬绝。[3]

关于苏州官田上有无重赋，迄今居然会尚无统一意见。一些人否定它，主张苏州等地官田的官租不属于赋，则不存在苏州重赋问题。[4] 这种观点引起学者商榷。[5] 他们认为，苏州重赋，应是它为国家承受的实际负担，而不论以何种形式、何种名目，上交给中央政府。明代苏州府虽不存在民田重赋问题，但更多性质特殊的官田承佃者或耕种者，要向国家交纳大大重于民田的官租。这种官租

---

[1]《况太守集》卷七《请减秋粮奏》，吴奈夫等校点，江苏人民出版社 1983 年，第 72 页。
[2] 陆容：《菽园杂记》卷五，佚之点校，中华书局 1985 年，第 59 页。
[3] 王鏊：《震泽先生集》卷三十六《吴中赋税书与巡抚李司空》，载吴建华点校：《王鏊集》，上海古籍出版社 2013 年，第 512 页。
[4] 如周良霄：《明代苏松地区的官田与重赋问题》，《历史研究》1957 年第 10 期。而黄仁宇的博士论文明显受周良霄观点影响，见其《明代的漕运》，中译本，新星出版社 2005 年，第 76—77 页。
[5] 如林金树：《试论明代苏松二府的重赋问题》，《明史研究论丛》第一辑，江苏人民出版社 1982 年，第 91—123 页。

直接交给国家(尽管在实际中存在轻则官田转佃的现象),不同于民田田租,要首先交给地主,再由地主交部分给国家。正是在这点实质上,官田佃种者交出的地租量与民田佃种者是同样的,甚至在绝大多数时候,后者所承担的正额田租即官租(漕运费用之类的加耗除外)要远远低于后者的田租即私租,但就整个苏州而言,为此所承受的赋税总额(或称之为经济负担)必然要重得多,因此对整个苏州而言,这就是重赋。

另有观点认为,自明初开国以来,江南田赋经常积欠而屡有蠲免,使苏、松重赋虽有其名,却无其实。杜宗桓上周忱书,排列从永乐到宣德年间松江税粮因重而拖欠,中央政府却多次蠲免,有"由此观之,徒有重税之名,殊无重税之实",希望改变办法,使"朝廷有轻税之名,有轻税之实"。顾炎武也加以引用。[1]这一说法后来又被不少人引用。

其实,减赋蠲免的一直存在,正好证明重赋政策造成的现实一直存在。正是由于苏州、松江两府赋额太重,无法完成,政府才采取不得已的蠲免减税等措施,甚至可以说,这正是政府为了维持这种重赋体系能够继承下去而采取的措施。

洪武七年、十三年都下令减赋,并没有改变苏、松重赋局面,而洪武二十六年的苏州税粮竟高达281万石,比洪武十二年的夏税秋粮220余万石高出60多万石。建文、永乐、洪熙朝,这种局面变化也不大。建文帝曾议减赋[2],永乐帝曾减赋,都是为了宽松苏、松。宣宗不顾大臣强烈反对,对江南重赋官田减科,苏州一府共减税粮721 203石,仍有200余万石。这一税额,无论从税粮总数,还是从亩平均数来讲,仍居于全国首位。

明初在宋元基础上大大增加的苏州重赋,虽有局部的税粮蠲免和减税,但在明代直到清代都没有重大变化。并且,这一由官田引起的重赋局面,也没有由于明中期以来江南官田的改革而消失,只不过由原来的官田单独负担转变成官、民田共同负担罢了。[3]

---

[1] 杜宗桓:《上巡抚侍郎周忱书》,正德《松江府志》卷七《田赋中》,《中国方志丛书》,台湾成文出版社有限公司1983年,第198页。黄汝成《日知录集释》卷十《苏松二府田赋之重》,秦克诚点校,岳麓书社1994年,第361页,文字作"国家有轻税之名,又有征税之实矣"。

[2] 建文二年二月诏:"国家有惟正之供,江、浙赋独重,而苏、松官田悉准私税,用惩一时,岂可为定则! 今悉与减免,亩毋逾一斗。"(《明史》卷四,本纪四《恭闵帝》,中华书局1974年,第63页)

[3] 吴缉华:《论明代税粮重心之地域及其重税之由来》《论明代前期税粮重心之减税背景及影响》,载其《明代社会经济史论丛》,台湾学生书局1970年,转引见罗仑主编,范金民、夏维中著:《苏州地区社会经济史(明清卷)》,南京大学出版社1993年,第51页。林金树:《试论明代苏松二府的重赋问题》,《明史研究论丛》第一辑,江苏人民出版社1982年,第91—123页;唐文基:《明代江南重赋问题和国有官田的私有化》,《明史研究论丛》第四辑,江苏人民出版社1991年,第78—99页。

此外，人们从表面上看，官田科则大多远远低于民田私租，进而否认苏州存在重赋，或者低估苏州重赋的程度，也是不妥的。税则上，明初大部分苏州官田要大大低于民田私租。但是，出于官田赋税的交纳方式而增加的种种负担，数额巨大，却决不能低估。苏州为官田赋税粮的运送付出了沉重代价，特别是永乐十九年迁都北京后，沉重的漕运负担更是正额税粮的数倍。

最后，有种传统的重赋说法影响极大，说朱元璋迁怒支持张士诚的苏州人，以重赋作为惩罚。清修《明史》言："惟苏、松、嘉、湖，怒其为张士诚守，乃籍诸豪族及富民田以为官田，按私租簿为税额。而司农卿杨宪又以浙西地膏腴，增其赋，亩加二倍。故浙西官、民田视他方倍蓰，亩税有二三石者。大抵苏最重，松、嘉、湖次之，常、杭又次之。"〔1〕这种观点还引征明廷官文一再表述，却不完全符实，明清以来就一直受人质疑。

万历时，王士性还有说重赋起源于抄没巨富沈万三时，与张王（士诚）不降，朱元璋以加赋取代了屠民一样，"皆不可晓"，然而吴人重赋则是肯定无疑的。

> 苏、松赋重，其壤地不与嘉、湖殊也，而赋乃加其什之六。或谓沉没万三时，简得其庄佃起租之籍而用之起赋，或又谓张王不降之故，欲屠其民，后因加赋而止，皆不可晓。毕竟吴中百货所聚，其工商贾人之利又居农之什七，故虽赋重不见民贫。然吴人所受粮役之累竟亦不少，每每佥解粮头，富室破家，贵介为役。海宇均耳，东南民力良可悯也。
>
> 今总吴中额赋：苏州县八，至二百二十六万四千石；松县三，至九十五万九十石；嘉县七，止六十一万八千石；湖州县六，止四十七万石；常、镇比嘉、湖虽过什之三，比苏松尚少十之六。〔2〕

客观讲，一方面，并不能绝对排除朱元璋的感情因素会干扰国家政策；另一方面，又不能完全将此重赋都归结于朱元璋的个人好恶，应该还有客观要素在起作用，即随着经济发展，苏州地区具有承受重赋的能力，使得国家政府虎视眈眈，通过用暴力扩大官田的方式，加大高额盘剥苏州的力度，使其重赋，减赋只是为了养鸡生蛋，使重赋延续的权宜之计。〔3〕

---

〔1〕《明史》卷七十八，志五十四《食货二·赋役》，中华书局1974年，第1896页。
〔2〕王士性：《广志绎》卷二《两都》，吕景琳点校，中华书局1981年，第32页。
〔3〕范金民研究明清苏松等重赋全面深入，可详参其《明清江南重赋问题》，见范金民主编：《江南社会经济研究（明清卷）》，中国农业出版社2006年，第858—899页；并可参见张志新：《读王鏊〈吴中赋税书与巡抚李司空〉——兼谈明代洞庭商人从商的原因》，《苏州大学学报》1985年第1期。

五、繁重的漕粮和漕运

明初苏州既要承担巨额正额税粮,即漕粮,还要为运送这些税粮提供费用,即漕运。永乐迁都北京之后,在明初形成的税外征税,即在正赋之外征收附加税以充运费,一直被明清政府沿用。

明初全国赋税征收以实物为主,而苏州夏税秋粮,以大米占绝对多数,另有麦、草料、丝等物。苏州税粮数额大,征收本色多,折色少,作为本地开支、储贮的存留粮少,运赴指定地点交纳的起运粮多,因而产生巨额附加税以及类似负担。

洪武时已确定纳税户必须承担税粮运费与人力的原则,将税粮运送到指定地点交纳。因京师在南京,距苏、松不远,苏州税粮运送负担并不很重。

明初苏州粮长负责税粮交纳,可能也负责税粮运输。运粮有专职的"送粮夫",如"诏松江、苏州等府于旧定粮长下各设知数一人、斗级二十人、送粮人夫千人,俾每岁运纳,不致烦民"[1]。以后改由农户自行运输税粮。"催粮之时,其纳户人等粮少者或百户,或十户,或三五户,自备盘缠,水觅舡只,旱觅车辆,于中议让几人总领,根随粮长,赴合该仓分交纳,就乡里加三起程。其粮长并不许起立诸等名色,取要钱物。"这是将运费按十分"加三"的比例,向纳粮户摊派。事实上还不止。

一个苏州粮长合法征收的税粮运费,每万石应有粮六千石,钱一万贯。如吴江粮长收费,"其钱一万贯,米六千石,更除包纳本户外,犹不能本彝伦而优亲长,岂不枭令于乡间! 其科也,一斛面粮三斗,一使用粮三斗,一水脚舡钱、神福钱一万贯"。[2] 斛面粮三千石,用于赴仓交纳时淋尖跌斛等陋规的损耗。使用粮三千石,用于租船和运户途中花费。神福钱一万贯,用于途中祭祀江湖诸神、税粮上仓脚钱等。但粮长会从中渔利,经常额外多征,名目繁多。如洪武时吴江粮长张镠孙、朱太奴,嘉定粮长金仲芳3人都额外加征。金仲芳征有定船钱、包纳运头米等18种。后来税粮运送方法稍有改变,运费必须由纳粮者承担却没有改变。

明初,大部分苏、松税粮运赴南京京仓。路线先走江南大运河,到镇江入长江,再至南京,距离不远。朱棣在永乐十五年第三次北巡后便不再南归,十九年

---

[1]《明太祖实录》卷八十五,洪武六年九月辛丑,台湾历史语言研究所校印本1962年,第1页,总第1507页。

[2] 上引分见《御制大诰续编》,《续修四库全书》862,上海古籍出版社2002年,《议让纳粮第七十八》,第300—301页;《粮长妄告叔舅第二十》,第275—276页。

(1421)正式迁都北京,南京成为陪都,税粮运输距离陡远,运费剧增。

朱元璋时,北方军需物运送主要靠海运,一般由军队承担。洪武三十年(1397),海运基本停止。永乐三年(1405),海运恢复,兼通陆运。但会通河未通,陆运困难很大。永乐九年,重凿会通河,开清江浦,到永乐十三年,大运河凿通,罢海运,税粮专由漕运。

南粮北运的漕运采取支运法:分二段,从淮安到济宁,从济宁到北京;淮安以前用民运,淮安以后用军运。漕军从淮安仓支粮,运往济宁进仓;另一部分从济宁支粮,直接运到北京。开始支运时,只限于苏、松、常、镇、杭、嘉、湖这江南7府及江北4府,后来逐渐扩大。永乐末,令民运至淮安、瓜洲等地,补给脚价(路费脚米),兑与军船领运,名为兑运。成化十一年(1475),始设改兑,令各军赴水次领兑。兑运法实施后,苏州税粮由民运至瓜洲,每石加耗米六斗,外加轻赍银,兑与官军,北运至京,费用还很高。

漕运实行后,苏州运送的粮食主要是京粮,其中分一般漕粮、白粮两种。一般漕粮用于军粮和京官俸禄,白粮供内府使用。

明初运送京师的漕粮未有定额。洪熙元年(1425),苏州税粮输送北京达60万石。成化八年(1472),全国始定400万石,此后成为常数,还被清代继承。其中南粮3 244 400石,而内中南直隶正粮180万石,苏州府正额约占69.7万石,耗粮在外。[1]据洪焕椿计算,苏州府漕粮额数占全国漕粮总额的17.82%;南直隶13府2州合计漕粮额为170万石,占全国的43.54%。[2]若此,苏州府漕粮占南直隶漕粮总额的41%。

苏州府民除了承担巨额的正常赋税、加耗、漕运费用外,还有许多其他漕运额外加征。如明令苏州府要抽取运军漕运船只。

从洪武起,苏、松、常、嘉、湖5府就要征收并运送白粮,而苏州数量最多。白粮主要是白熟细粳米、白熟粳米、糯米等,质量较好,上供宫廷、宗人府及京师百官享用。明廷迁都后,大部分白粮转运北京。这是特殊的漕粮,一般全征本色,终明一代,全由民收民解,很少被蠲免。成化以前,苏州白粮数额或多或少,没有定额。弘治时大概维持在每年5万石左右。白粮是苏州漕运中负担最重的部

---

[1] 万历《大明会典》卷二十七《户部十四·会计三·漕运·漕运总数》,浙江省兑运米60万石,苏州府为65.5万石(广陵书社2007年,第509页)。《明史》卷七十九,志五十五《食货三·漕运》作70万石(中华书局1974年,第1918页)。

[2] 见洪焕椿编:《明清苏州农村经济资料》,江苏古籍出版社1988年,第532页。同年,松江府漕粮额为23.295万石,占全国漕粮总额400万石的5.59%,占南直隶漕粮总额的13.7%。

分,加耗严重,还要纳户直接运送北京各衙门(部分送南京),在明中后期,它成为苏州一大困弊。

在苏州、松江之地,"田未没入之时,小民于土豪处还租,朝往暮回而已。后变私租为官粮,乃于各仓送纳,远涉江湖,动经岁月,有二三石纳一石者,有四五石纳一石者,有遇风波盗贼者,以致累年拖欠不足"[1]。苏州漕粮"由永乐间转输北京,饷道辽远,粮长以一征三,府二百七十万石,加征至八百一十万(笔者注:石)"[2]。苏州知府况钟于宣德六年(1431)奏称:"本府实在人户三十六万九千二百五十二户,宣德五年派拨北京、临清、徐州等处远运白粮粮米一百五十余万。大约每夫运粮一十石,共用人夫一十五万,计每户须出一人。其余该运南京衙门白粮、俸禄等米,并淮安等仓粮米,又该用七八万人。人户中单丁者,一身运粮,则一户之田粮谁任?"[3]可见,这巨额的漕粮远运,极重的运费、人力,严重危害明代苏州社会经济,成了一大弊政。

陆容也论及苏州漕运的严重后果:"洪武间,运粮不远,故耗轻易举。永乐中,建都北平,漕运转输,始倍其耗。由是民不堪命,逋负死亡者多矣。"苏州重赋官田和重漕徭役,成为"吴民积久之患也"。[4]

漕粮、漕运之外,苏州还要向中央政府无偿提供固定的"上供、物料"。上供进皇室,物料呈工部。如建文四年(1402)起,从苏州等府派粮借马,征收达几十年,每年苏州要付出240余匹的马价。又如,明初苏州杂造局每年造弓、箭、弦条等军器计41 920张、枝,该用匠料验里拘派全府7县办解,造完差人进送内府交用。再如,苏州府"坐派直隶苏州等卫所捕倭船只木料,各卫累差百户李让等带领旗军到县坐催,为因本处不系出产,用价买到木植送纳,故作不堪,刁蹬百端,不收本色。每名排年里长勒要银两、布绢,若或迟慢,被其捆打扑捉"[5]。苏州府为修理或新造苏州等卫捕倭船只,每年付出几千两白银,而船只年年修,年年坏。

更有繁多名目,属临时征派,加重了苏州人负担。如宣德六年(1431),中官

---

[1] 杜宗桓:《上巡抚侍郎周忱书》,正德《松江府志》卷七《田赋中》,《中国方志丛书》,台湾成文出版社有限公司1983年,第196—197页。
[2] 乾隆《江南通志》卷一一三《职官志·名宦二·况钟》引郑晓《名臣记》,《景印文渊阁四库全书》510,台湾商务印书馆1986年,第334页。
[3] 《况太守集》卷八《丁少粮多请免远运奏》,吴奈夫等校点,江苏人民出版社1983年,第85页。洪焕椿编《明清苏州农村经济资料》(江苏古籍出版社1988年,第535页)作"白粮、糙粮米"。
[4] 陆容:《菽园杂记》卷五,佚之点校,中华书局1985年,第59页。黄仁宇从漕运费用的比例比较,居然不承认苏、松等府的巨额漕运负担,这里有些问题,值得商榷。见其《明代的漕运》,中译本,新星出版社2005年,第77—78页。
[5] 《况太守集》卷七《备倭船及开浚河道奏》,吴奈夫等校点,江苏人民出版社1983年,第75—76页。

王宠、范禄坐派苏州700匹阔白三梭棉布。苏州不出产这样的高档棉布。当地铺行被迫以每匹3两,共出价2100两,交给使臣赴松江购买。没想到,王宠来年故伎重演,再次敲诈。经县民申诉,苏州知府况钟于宣德七年三月上奏揭发此事,"乞念非出产去处,永免科派,小民被恩,尤为便益"。经过争取,明宣宗下令免除了这项给苏州府棉纺织业者造成沉重负担的弊政。[1] 又如,有"促织天子"之称的宣德帝相中苏州促织勇猛,天下无敌,大肆征用,用作个人娱乐之用。宣德九年,苏州府一次上供内府促织1000个。这成为苏人一大负担,甚至还闹出枫桥一位粮长夫妻的人命。

> 宣庙好促织之戏,遣取之江南,其价腾贵至十数金。时枫桥一粮长以郡遣,觅得其最良者,用所乘骏马易之。妻妾以为骏马易虫,必异,窃视之,跃去矣。妻惧,自经而死。夫归,伤其妻,且畏法,亦经焉。[2]

明初苏州重漕重运对苏州农业生产经过一系列震荡之后逐步稳定下来,社会恢复性发展,起到负面作用。

以上明初恢复社会经济发展的措施,立足于贫苦农民和下层民众的利益,严厉打击豪强地主,剥夺富户的经济利益和社会地位,对于宋元以来的江南社会经济秩序进行彻底调整,建立了自然经济的小农秩序。

然而,以朱元璋为首的农民起义政权无可避免地实现了向地主阶级政权的转变,因此从明初起,朝廷就将处在小农经济模式下的苏州当作可以无偿榨取的肥硕羔羊,使苏州备受漕粮、漕运和额外加征等费用的重困。苏州的繁庶和人民的勤劳还能支撑这一局面。政府还有控制这种局面的能力。一旦过多加征超过了苏人所能承受的极限,苏州社会就会陷入危机,动荡不安。宣德时期,朝廷不得不委派周忱、况钟在江南苏州等地动大手脚,进行重大改革,就是在纠正以前存在的弊政。

六、完善与创新基层制度

以上明初对苏州的统治措施,有的是苏州特有的,有的则是太湖流域的江南诸府共同的。这些措施的实施有着基层组织与制度的切实保障。朱元璋深知苏州等财赋重地的基层稳定与否事关长久统治的大局。他在征服苏州之初已开始精心营建基层社会秩序的工程。随着一系列统治政策的推行,这些基层组织、制

---

[1]《况太守集》卷八《请免苛征折布奏》,吴奈夫等校点,江苏人民出版社1983年,第88页。
[2] 皇甫录:《皇明纪略》,《丛书集成新编》第85册影印《历代小史》卷八十五,台湾新文丰出版公司1985年,第255页。

度更加完善起来,或者就是创新。其中有的是全国政策的实验基地,有的成为向全国推行的样板。

土地、户口是封建国家的最大财产。明朝在开国之初对于财富重地苏州以及其他江南地区当然不会掉以轻心。朱元璋在立国之时立即对此展开行之有效的调查。

(一) 土地清查

洪武元年(1368)正月,朱元璋建国后,立即下令对包括苏州在内的浙西即江南地区的税粮、田地进行清理和登记。"诏遣周铸等一百六十四人往浙西覆实田亩。谓中书省臣曰:兵革之余,郡县版籍多亡,田赋之制不能无增损,征敛失中则百姓咨怨。今欲经理以清其源,无使过制以病吾民。"[1]

这次"覆实"土地应该基本上清理并登记了当时苏州等浙西各类田地及其赋税,初步编制鱼鳞图册。据洪武十二年(1379)的记载,当时苏州府属长洲等6县及新增崇明县共有田地67 490顷余,其中官田29 906.07顷,民田20 945.51顷,抄没田16 638.40顷,并有各类田地税则及夏税、秋粮总数等数字。[2]

洪武二十年(1387),浙江、苏州等府县鱼鳞图册编成。

> 浙江布政使司及直隶苏州等府县进鱼鳞图册。先是,上命户部核实天下田土,而两浙富民畏避徭役,往往以田产诡托亲邻佃仆,谓之铁脚诡寄,久之相习成风。乡里欺州县,州县欺府,奸弊百出,谓之通天诡寄。于是,富者愈富,而贫者愈贫。上闻之,遣国子生武淳等往各处,随其税粮多寡,定为几区,每区设粮长四人,使集里甲耆民,躬履田亩以量度之,图其田之方圆,次其字号,悉书主名及田之丈尺、四至,编类为册,其法甚备。以图所绘,状若鱼鳞然,故号鱼鳞图册。[3]

这次土地清理十分认真,结果相对可靠。据洪武二十四年(1391)的记载,苏州府田地总数为9 850 671亩[4],比洪武初年增加31 000多顷,增长近46%。

---

[1]《明太祖实录》卷二十九,洪武元年正月甲申,台湾历史语言研究所校印本1962年,第10页,总第495页。
[2] 洪武《苏州府志》卷十《税赋·田亩》,《中国方志丛书》,台湾成文出版社有限公司1983年,第425页。
[3]《明太祖实录》卷一八〇,洪武二十年二月戊子,台湾历史语言研究所校印本1962年,第3页,总第2726页。
[4] 即万历《大明会典》卷十七《户部四·田土》载洪武二十六年数,广陵书社2007年,第302页。

这些土地的增加,反映了明朝政府对苏州土地清理和控制十分严厉、有效,为的是确保赋税征收。至于这些土地的来源,则是多方面的,其中,通过行政暴力迁徙地主,籍没其土地,是最为省力和直接有效的。

(二) 户口调查

明初对于土地清理、编纂鱼鳞图册和对于户口清理、编纂赋役黄册是同步进行的。洪武年间,户口编审制度十分认真,在整个明代历朝也是最为可信的。洪武年间,苏州户口统计过程与情况大约如下:

洪武元年(1368),明朝就在应天18府州及江西3府推行均工夫图册[1],苏州也应在内。洪武三年,政府推行户帖制度,苏州府在洪武四年实行,即"洪武安民帖"。这次户口调查十分严格,也相对精确。据记载,苏州府户473 862,口1 947 871。时隔5年,洪武九年统计了户口,有户506 543,口2 160 463。[2]洪武十四年编纂黄册时,应又有新的户口统计,但未见留下数据。洪武二十六年(1393)的记载,应是洪武二十四年第二次编纂黄册时的统计数字:人户491 514,人口2 355 030。[3]

常熟县保留了洪武四年全县户口详数,总计62 285户,247 104口。其中儒户4户,僧户110户,道户4户;土工等匠38类共1 456户,内分住坐559户、轮班赴部存留本府织造各色857户两类;军户12 797户,其中事故9 750户,见在3 047户;马站夫68户,水站夫167户。[4]这是用元代的职业标准来整顿清理户籍的,十分详细,说明统计很严格周到。

(三) 粮长制度

在土地、户口清查基础上,朱元璋在地方基层建立粮长制度,用以保障政府有效实施赋役制度。

明朝立国后,先用元朝的都保制度来控制乡里。洪武四年(1371),朱元璋实施粮长制度:

---

[1] 韦庆远:《明代黄册制度》,中华书局1961年,第15页。
[2] 洪武《苏州府志》卷十《户口》,《中国方志丛书》,台湾成文出版社有限公司1983年,第421—422页。
[3] 万历《大明会典》卷十九《户部六·户口一》,广陵书社2007年,第342页。
[4] 万历《常熟县私志》卷三《叙户》,苏州图书馆藏(即常熟县图书馆抄笺)本,电子版总第308—311页。此处文字与洪焕椿编《明清苏州农村经济资料》(江苏古籍出版社1988年,第29—30页)引用南京大学图书馆传抄本多有出入,尤其是前者熟皮匠五户,与后者的一户,未知孰是。

上以郡县吏每遇征收赋税辄侵渔于民,乃命户部令有司料民土田,以万石为率。其中田土多者为粮长,督其乡之赋税。且谓廷臣曰:此以良民治良民,必无侵渔之患矣。[1]

设置粮长制度的理论基础是民有恒产者斯有恒心,以良民可以治良民,因而由粮长负责基层粮区税粮的征收、运送,并有下属人员。这一制度最早在浙江、南直隶苏松等处推行。[2]

洪武六年九月,在松江、苏州等府旧定粮长之下各设知数、斗级、送粮夫若干人,帮助粮长运粮。洪武十年五月,朱元璋因江南税粮繁剧,同意户部建议,在苏、松、嘉、湖及其他地方粮长所辖民租有万石以上者增加一名副粮长。

洪武十四年(1381)推行里甲制度,朱元璋尝试取消粮长制。如洪武十五年四月,罢革粮长,由黄册里甲人等催办税粮。但洪武十八年又恢复粮长,以民丁粮稍多者充任。洪武十九年,又因常熟粮长舞弊,用里长代之催办税粮,当时常熟有秋粮40万石,设粮长30余名。洪武二十四年黄册再次编纂,粮长与里甲组织的关系也理得较顺了。洪武三十年规定,每粮区设正副粮长3名,以区内丁粮多者充任,编定次序,轮流应役,周而复始。

(四)里甲制度

明初在农村推行里甲制度作为基层组织,而苏州里甲组织推行较早,对该地社会经济发展变化影响巨大。

明朝里甲制继承了前代农村基层组织的特点,又有了创新。它以宋元以来以自然村落为中心的乡都为前提。"凡编排里长务不出本都,且如一都有六百户,将五百五十户编为五里,剩下五十户分派本都,附各里长名下带管当差,不许将别都人口补凑。"[3]

据研究,吴江县洪武二年的530里与以后的里数相差不大,大约与洪武十四年在全国推行的里甲制具有相同的编制原则,亦即它成为以后的基础,时间上可能早于洪武三年湖州府的里甲编制。[4] 具体情况以吴江县为例说明如下:甲首

---

[1]《明太祖实录》卷六十八,洪武四年九月丁丑,台湾历史语言研究所校印本1962年,第5页,总第1279页。
[2] 参见梁方仲:《明代粮长制度》,上海人民出版社1957年,第54—59页。
[3] 万历《大明会典》卷二十《户部七·户口二·黄册》,广陵书社2007年,第357—358页。
[4] [日]鹤见尚弘:《中国明清社会经济研究》,学苑出版社1989年,第6页,转引见罗仑主编,范金民、夏维中著:《苏州地区社会经济史(明清卷)》,南京大学出版社1993年,第8—9页。

"每图十人。洪武初定制,民十户为一甲,曰甲首。又以丁田多者一户领之,曰里长。凡十甲,则一百一十户,谓之一里,编成一图;有余则附于各甲之后,曰奇零户。岁轮一甲应役,周而复始,谓之排年,谓之十年里甲。本县五百三十图,后增一十八图。凡里长五百四十八人,甲首五千四百八十人。按:洪武初五百三十图,时城郭六图,乡都五百二十四图。成化中则五百四十八图,时城郭九图,乡都五百三十九图也"[1]。

洪武十四年(1381),苏州府县与全国一样,统一编制黄册,实行里甲制度,但每里户数并不绝对一致。如常熟县约有 600 里(宣德年间是 530 里),以洪武九年户数计算,每里约 103 户,而吴江县则约 152 户;太仓、镇海设立的是卫,军民并治于一城,洪武二十四年太仓一城有 67 里,8 986 户,每里平均 134.12 户。可见,政府编制里甲,以每里 110 户为基本标准,又依据里不出都的原则,照顾到村落等实际情形,不足百户,即分入本都各里畸零户。

明初乡村基层里甲制度的设立完全是为了维护和保障洪武社会经济秩序的需要。朱元璋在前代乡村基层组织基础上,首先在苏州地区创新建立和整合里甲组织,较宋元时期对基层的统治更为广泛和严密,以后推广到全国各地。这完全是一种以村落为单位的自足性村落共同体,以乡村地主(如里长、甲首)为支柱,征收赋税,签派徭役,兴修水利,编纂黄册,进行社会教化、地方治安等各种社会、经济活动。同时,里甲又与粮长互相配合,在府州县各级官员领导之下,基本上建立起乡村控制秩序,让自给自足的小农经济体系得到有机恢复和发展,扎稳了新生政权的经济基础,也形成相当长时期稳定的乡村格局。

第二节 洪武时期苏州小农经济的恢复与发展[2]

一、兴修水利

"吴中之财赋甲天下,而财赋之源在农田,农田之源在水利。"[3]农田水利兴修是苏州等太湖地区农业的命脉。明初中央政府重视江南苏州诸府水利兴

---

[1] 乾隆《吴江县志》卷十六《赋役五·徭役》,《中国方志丛书》,台湾成文出版社有限公司 1975 年,第 436—437 页。

[2] 本节主要参照罗仑主编,范金民、夏维中著:《苏州地区社会经济史(明清卷)》,南京大学出版社 1993 年,第 25—31、61—82 页。凡有差异之处,均由本书笔者负责。

[3] 吴尔成:《水田修浚议》,载张国维:《吴中水利全书》卷二十二,蔡一平点校,浙江古籍出版社 2014 年,第 1090 页。

修,采用两条腿走路的方针,在组织大规模兴修江湖水利的同时,也发挥里甲、粮长等地方基层组织的功能,兴修、维持小范围水利工程,取得良好效果,保障了农业根基的稳定及洪武时期恢复建立的社会经济秩序的平稳运行与发展。

"盖浙西诸郡,苏、松最居下流。"[1]苏州、松江位于长江下游太湖流域的核心地区,地势最为低洼,海拔仅三五米。河道密布,素称水乡泽国,也成鱼米之乡。苏州城是水城,四周地区除有太湖(约占三分之二的面积)外,还有石湖、独墅湖、黄天荡、金鸡湖、阳澄湖等较大湖泊,运河、胥江、娄江、吴淞江、刘河、白茆等河流纵横交错。长期以来,从根本上讲,执苏、松等太湖核心地区水利之牛耳的问题是太湖泄水是否通畅。太湖水由苏松通江海,一旦遇到暴雨台风,泄水不畅、淤塞,苏松大部分地区辄遭水患。自宋以来,苏松地区低地开发,修筑大量圩田,而其耕作丰歉与水利须臾相关。倘失农田水利保障,苏、松等太湖流域农业高产、经济繁庶以及国家重赋征收等就将化成泡影。因此,明朝政府必然重视苏松水利兴修。

明初苏松等地水利状况严峻,政府也不得不重视兴修。元末张士诚曾整治白茆等河流,太湖泄水问题却没有根本解决。吴淞江淤塞使太湖水无法泄入江海,一遇雨涝,苏松变成水天泽国。元末战乱、农村基层水利组织瓦解等因素使苏松水利系统严重瘫痪,圩岸不修,沟洫不畅,而从洪武到永乐年间水患频发带来农田生产的灾难,国家赖以生存的农业根基岌岌可危。

朱元璋建国后重视农业,将江南水利作为全国水利的重点来抓。洪武时涉及苏州较大规模的水利工程主要有:洪武十年(1377)开凿常熟奚浦,直达塘堰坝;二十八年开凿昆山太平河;修筑海塘,南起嘉定,北跨刘家河等。这些水利工程属于局部整治,没有从根本上解决太湖泄水通道问题。根本解决太湖泄水通道问题要到永乐时期夏原吉举办疏浚吴淞江的大型工程。

明初政府还让粮长、里甲等组织农村基层整治圩塘沟浦,维持日常水利修护,发挥积极的作用。

由此,从明初开始,苏州等江南之地的水利兴修与维护就由国家政府和民间基层组织共同参与,形成一种基本模式,延续了很长时间,取得了极大效果,从而保证了农业收成和社会秩序的恢复与稳定。

---

[1] 夏原吉:《苏松水利疏》,载陈子龙等选辑:《明经世文编》卷十四,中华书局1962年影印本,第104页。

二、户口、土地变化

明初苏州户口、耕地面积有所增长,反映了经济的恢复与发展。

全府户口,洪武四年(1371),户473 862,口1 947 871;九年,户506 543,口2 160 463;二十六年,户491 514,口2 355 030。[1]这表明户数有盈缩,人口数量却一直增长。据此统计,平均每户人口,洪武四年4.11口,九年4.27口,二十六年4.79口,也在增滋。

全府统计官民田地,洪武十二年67 490顷,二十六年98 506顷,增加31 000余顷,增长近46%。清查隐额田地,加上新开垦田地,成为耕地面积增加的两大来源。但是,这种情况在江南苏州等府县难以为继。因为土地开垦已近极限,而豪强隐占土地在明初极为严厉有效的清查下应该得到了彻底解决,以后可能被新豪强地主隐占,而数量再次逐渐减少,才是其主要趋势。[2]

从以上统计可得人地关系,洪武十二年人均约3.12亩,户均约13.32亩[3];二十六年人均4.18亩,户均20.04亩,也在增大。这说明洪武年间,苏州人口、耕地都在增长,两者关系尚有发展余地,也表明社会经济在逐步恢复发展。

经过元末战乱、明初严厉打击豪强地主,形成大量官田,明初苏州土地关系变化很大。

全府占耕田三分之一的民田,基本上采用佃种或自种的形式,佃农要直接向地主交纳沉重私租。全府占耕地三分之二以上的是官田,官田户佃种官田面积与正常自耕农相差无几,成为国家佃农,一种特殊的佃农。例如,洪武三年,松江府华亭县胥浦乡五保坐字围民户孙真一,计妻女2人,表弟1人,全家为4口,事产草屋一间一厦,耕种官田19亩8分2厘。[4]这与洪武时苏州对抛荒官田、无主荒田实行计丁授田的田数基本相符。像宣德时巡抚周忱"尝以太仓一城之户

---

[1] 苏州全府户口数除单存户数外,现存户、口数还能见到:弘治四年(1491)户535 409,口2 048 097;弘治十六年(1503)户582 000,口2 009 300;万历六年(1578)户600 755,口2 011 985。据目前我国人口史研究结论,明代洪武以后南方户口数失真,故苏州府这些户口真实性应存疑。
[2] 苏州府弘治十五年(1502)土地15 524 997亩,难以理解,恐为错误。次年即为9 478 500亩,但少于此年官民田累计数9 970 000亩。万历六年(1578)9 295 950亩,比洪武年间减少。学界研究,明代洪武、万历两次土地清查,比较可信,而江南地区都是其中清查重点。
[3] 权以洪武九年户口数比较。
[4] 天启《平湖县志》卷十《风俗四·氏族》,《天一阁藏明代方志选刊续编》,上海书店1990年,第629页。

口考之,洪武年间,见丁授田十六亩"[1]。嘉靖初,朝廷还重申:"以抄没田房分给小民佃住,多不过三十亩。"[2]这种佃农直接向国家交纳沉重赋税,承担苏州90%以上税粮。宣德时民户大量逃亡,绝大多数就是他们。

总之,明初苏州形成了自耕农或半自耕农的小农经济,而地主经济依然会存在,因为三分之一的民田经营肯定有租佃的,但宋元时期作为大地主阶层的豪强地主势力已不复存在,代之以中小地主,占有土地规模则相应小了。

三、稻麦粮食生产

明初苏州农业生产以稻麦粮食作物种植为主,以桑棉经济作物种植为辅。

稻作。粮食作物已大面积实行稻、麦轮作,一年二季。苏州为江南鱼米水乡,水稻种植占粮食生产的绝对优势。长期以来,水稻形成很多品种,在耕收时间上有早稻即籼稻和中稻、晚稻,出产稻米便可分籼米、粳米、糯米。

江南早稻春分后种,大暑后刈,春莳秋获,一年一作。后为提高亩产,增加土地使用率,施行一年二作制,即在早稻外,大量增加中、晚稻。芒种及夏至后种,白露后刈,为中稻。夏至后十日内种,寒露后刈,为晚稻。南宋时,我国稻作区已培植大量籼稻(其中很大部分属于占城稻系)、粳稻、糯稻等品种,苏州等浙西路早、中、晚水稻都栽种。元末明初,以晚稻种植占优势,苏州府粳稻、糯稻品种较多,籼稻品种较少。洪武《苏州府志》记载,当时主要水稻品种有红莲稻、麦争场等籼、粳稻23种,金钗糯稻等10种。成熟时间上,一般早稻六七月份,中稻八月份,晚稻九十月份。

早稻大多生长期短,米质极差,但像金城、占城等稻,抗旱能力强,适宜地势较高、土质较差的田地生长。而且,早稻在青黄不接时能接续口粮,如瞒官糯、小籼禾。有的还能在收割后再种一季,如乌口稻,并耐冷。明初苏州农民普遍采用稻麦二作制,早稻种植不广,因早稻栽种太早,与冬麦成熟时间相冲突。另外,早稻籼米质次价低,只能充民食,不能输官粮,也是农民不愿多种的重要原因。

南宋以来,苏州晚稻种植相对早、中稻已是最广。生产安排上,晚稻与冬麦等春熟作物在时间上衔接,稻麦二作,能合理扩大利用地力,加上生长期长,米质好,产量高,被大量充交税粮。明初苏州府每年200多万石秋粮,几乎都用晚稻

---

[1] 周忱:《与行在户部诸公书》,载陈子龙等选辑:《明经世文编》卷二十二,中华书局1962年影印本,第176页。
[2] 《明世宗实录》卷二十七,嘉靖二年五月戊子,台湾历史语言研究所校印本1962年,第5页,总第760页。

米谷。而漕粮中白粮粳米的征收,也逼迫晚稻种植面积扩大。

不过,整体看,在农业技术和生产经营上,明初苏州水稻种植似无重大突破。生产工具、种子、肥料、经营方式、亩产量等方面,能继承、恢复到前代水平就不错了。所以,明初苏州农业发展主要体现在春熟作物如大麦、小麦种植面积扩大,使土地复种率提高,以及桑、棉等经济作物种植面积扩大方面。

麦作。至晚从唐代中期起,长江中下游地区已实行稻麦复种的一年二作制。北宋复种面积增加。南宋江南已普遍推广一年二作。不过,到明代以前,由于肥料来源不足,麦熟收割与水稻栽种有时间冲突,外加不少稻田低洼不能种小麦,这种耕作制尚未臻于顶点。换言之,在明代它存在继续增长的空间。稻、麦轮作正是经过明前期恢复,才为它在明中后期大发展打下坚实根基。

在麦类耕种逐步扩大的基础上,出现大量种植油菜、花草、豆类等春熟作物的情形,最终形成一系列春熟作物的现象,明清时称之为"春花",于是愈加完善了以稻麦复种为主的一年二作制,走向人口与土地关系紧张下农业集约化经营之道,深深影响着社会经济发展。

明初苏州官田重赋、民田重租,促使农民在交纳大量秋粮后,为了求生存,扩大利用地力,更愿意耕种大麦、小麦等春熟作物,渡过春季缺粮难关。因为直到明末崇祯十四年(1641),"吴中田亩,无麦租之例"[1]。春熟收获物一般全归耕种者拥有,大大调动了农民生产的自觉性和积极性。

洪武十二年(1379)以前,苏州麦类作物有大麦、小麦二类。"大麦曰牟,小麦曰来。"[2]除荞麦秋熟外,其余都是春熟。苏州府夏税有大麦正耗10 127余石,小麦正额51 816石。但这些夏税麦石,免收本色,改折成布征收。

四、桑棉经济作物种植与家庭丝棉纺织副业发展

明初苏州重视种植桑、棉等经济作物,有以下几个原因。首先与朱元璋立国经济政策相关。为了建立稳定的自给自足小农经济模式,明政府除了确保种植粮食作物外,还规定与鼓励农户家家种植一定数量的桑、棉、麻、枣等经济作物,并可享受免税,以满足日常生活之需。其次,明初赋税征收以实物为主,其中粮食最多,丝、棉、绢、布等物除额定征收外,还可用来折交额定正赋或补交欠赋,比例越来越大,财政地位不断提高,使粮食实物赋税地位动摇,促动苏州经济作物

---

[1] 叶绍袁:《启祯记闻录》卷二,《痛史》第13种,商务印书馆1911年,第11页。
[2] 洪武《苏州府志》卷四十二《土产》,《中国方志丛书》,台湾成文出版社有限公司1983年,第1701页。

种植扩大。此外,用棉、桑及其产品折征粮食,对于重赋下的苏州而言,可以大大减少漕运的沉重代价。再次,苏州土壤、气候等自然条件利于种植蚕桑,而且传统的基础很好;嘉定、昆山、常熟的土质、水利状况适合棉花种植,从毗邻的松江学习栽培棉花、纺织技术也很方便。

明初苏州蚕桑栽种面积在扩大。洪武十年(1377),全府"六县栽到桑一十五万一千七百七株,及蓝靛七千三百六十七斤"有奇。[1]夏税丝增加,反映蚕桑业发展。元"行经理之法,计亩起科。夏日税,丝计二万二千四百九十五斤一十两五钱七分"。洪武十二年,苏州府夏税"计丝二十五万四千三百二两九钱三分三厘"有余。[2]从元到明初,苏州府夏税丝增加近12倍。一方面可见税赋增加之重,另一方面,没有农村蚕桑业发展做支撑,这是定难承受的。

苏州种桑、养蚕普遍,丝织业水平也很高。但农村丝成品主要用于税赋,不用于自己经营丝织。夏税有丝,必须交纳(后折成绢匹),更多的是交给苏州织染局,用于官营的织造。洪熙、宣德以前,丝织业大概只限于苏州城内,农村没有这种高水平手工业。如吴江,"绫绸之业,宋元以前惟郡人为之。至明(洪)熙、宣(德)间,邑民始渐事机丝,犹往往雇郡人织挽"[3]。这些"郡人"工匠就是苏城工匠,在国家控制的官营作坊服役,生产技术精湛,却不易外传、推广。苏州织染局(清称织造局),元明清闻名的江南三织造之一,就是高水平的官营织染手工业机构。"苏郡织染之设,肇创于洪武,鼎新于洪熙。""京师惟尚衣监所司其事,然织染惟建局于苏、杭者何?夫大江之南,苏、杭财赋甲他郡,水壤清嘉,造色鲜美;矧蚕桑繁盛,因产丝纩,迄今更盛。"[4]依文徵明的诠释,既有财力之助,又有蚕桑丝纩土产之厚,加上水土清嘉,丝绸织染质量上等,得天独厚,因此,中央政府毫无疑问要在苏、杭设立织染局,特供皇室丝绸衣物用品了。苏州织染局依靠来源于下属府县的工匠,成为居于府城苏城的全府乃至全国著名的官营丝织业作坊。像常熟县就有到此局服役的工匠。洪武四年(1371),常熟县有各色工匠38类,"计匠户共一千四百五十六,住坐见在五百五十九户,轮班赴部、存留

---

[1] 洪武《苏州府志》卷十《税赋·农桑蓝靛》,《中国方志丛书》,台湾成文出版社有限公司1983年,第445页。
[2] 洪武《苏州府志》卷十《税赋·税粮》,《中国方志丛书》,台湾成文出版社有限公司1983年,第436页。
[3] 乾隆《吴江县志》卷三十八《风俗·生业》,《中国方志丛书》,台湾成文出版社有限公司1975年,第1132页。
[4] 文徵明:《重修织染局记》,孙珮编:《苏州织造局志》卷三《官署》,江苏人民出版社1959年,第13—14页。

本府织造各色八百五十七户"。其中攒线匠、络线匠、线匠、罗帛匠各1户,挑花匠45户,染匠65户,洗白15户,[1]共7类129户,都应是丝织业工匠。

苏州棉花种植相对于蚕桑在地理分布上较狭窄,农田也较少,由此发展的棉纺织业,虽比邻近的全国棉纺织中心松江府逊色,却与松江地块相连,既有利于自身产业的拓展,也推助了松江棉纺业的繁盛。

元初江南引种木棉,后来松江黄道婆从崖州黎族带回并改良出先进的纺织技术,推进棉植、棉纺业发展,使松江成为江南和天下纺织业中心。苏州府属各县棉植、棉纺在松江影响下得到发展,并由邻近松江的东部向西部慢慢推进。棉植主要在嘉定、昆山、常熟以及后来分治的太仓等不利于稻作的高地。棉纺织业则不限于这几县,苏州郡城也有,但是不很发达。洪武三年(1370),"户部奏赏单用布,其数甚多,请令浙西四府秋粮内收布三十万匹",被朱元璋驳回,认为苏州等3府不盛产棉布,不能折征,只有"松江乃产布之地,止令一府输纳,以便其民。余征米如故"。[2]

―――――――
[1] 万历《常熟县私志》卷三《叙户》,苏州图书馆藏本,电子版总第309—311页。
[2] 《明太祖实录》卷五十六,洪武三年九月辛卯,台湾历史语言研究所校印本1962年,第2页,总第1089页。

第二章 建文到弘治时期苏州社会持续性发展

明初经过 50 多年发展,到明成祖永乐后期,明太祖洪武时期恢复建立的社会经济秩序面临着困境,特别在以官田为主的苏州、松江等府,重赋压力集中,大户势力重新膨胀,迫使户口逃亡,赋税拖欠,引起国家财政危机,社会动荡不安,问题到了统治者非解决不可的地步。经过明仁宗洪熙(1425)、明宣宗宣德(1426—1435)、明英宗正统(1436—1449)、明代宗景泰(1450—1456)、明英宗天顺(1457—1464)、明宪宗成化(1465—1487)、明孝宗弘治(1488—1505)时期,明政府在赋税、漕运、水利、社会秩序等多方面接连不断地整治,苏州社会才保持了持续性发展。

第一节　苏州社会经济秩序的调整[1]

一、洪武时期的社会经济秩序在苏州面临的困境

从明初开始,苏州就出现朝廷重赋征收,地方难以按时交纳,积逋愈多的局面。为了维持官田制度,继续攫取重赋税收,明廷不得不在苏州不定期地减科和蠲免。除因灾害,于洪武三年五月[2]、四年[3]、七年[4]、九年[5]数次特诏减

---

[1] 本节相关内容主要参照罗仑主编,范金民、夏维中著:《苏州地区社会经济史(明清卷)》,南京大学出版社 1993 年,第 83—126 页。凡有差异之处,均由本书笔者负责。
[2]《明太祖实录》卷五十二,洪武三年五月丙辰,台湾历史语言研究所校印本 1962 年,第 10 页,总第 1029 页。
[3]《明太祖实录》卷六十五,洪武四年五月乙亥,台湾历史语言研究所校印本 1962 年,第 4 页,总第 1232 页。
[4]《明太祖实录》卷八十九,洪武七年五月己巳,台湾历史语言研究所校印本 1962 年,第 1 页,总第 1573 页。
[5]《明太祖实录》卷一〇七,洪武九年七月丁丑,台湾历史语言研究所校印本 1962 年,第 8 页,总第 1794 页。

免苏州逋赋外,并于洪武七年[1]、十三年[2]下令对江南官田减科。不过,官田科则既减,政治大狱屡兴,迁民增多,还官田、新没官田的数量仍在大量增加,包括苏州府在内的江南重赋局面并无实质性的改变。及至建文二年(1400),朝廷下诏"均江、浙田赋","亩毋逾一斗"。[3]不久永乐当国,尽革建文新政,这道减科令成为一纸空文。从永乐二十年(1422)至洪熙元年(1425),短短4年间,苏州府"欠粮三百九十二万石有奇"[4]。至宣德初,苏州通府"逋粮六七年,约七百九十万石"[5]。逋赋数额急剧上升,很大一部分原因在于国都北迁之后,漕粮运输费用随之陡升。本已严重的逋赋危机以及由此衍生出来的逃户问题越来越大地影响农业生产正常进行,同时,基层组织运转不灵,官民矛盾激化。明朝开国近60年来,苏州等江南之地的农村社会经济秩序从未面临如此严峻的挑战。

明朝最高层无法对税源重地的动荡局势无动于衷了。明仁宗于洪熙元年(1425)元月,特派广西右布政使周幹、按察使胡概、参政叶春巡视江南应天、镇江、常州、苏州、松江、湖州、杭州、嘉兴8府民瘼,十分关心这一国家财赋重地的实际情况。他们做了半年左右的深入调查,闰七月,回朝复命,向刚刚即位的明宣宗做了汇报,"臣窃见苏州等处人民多有逃亡者,询之耆老,皆云由官府弊政困民及粮长、弓兵害民所致",触及异常严重的行政与社会问题,并提出具体整治方案。主要内容如下:

第一,官府田租弊政困民。

> "如吴江、昆山民田,亩旧税五升,小民佃种富室田,亩出私租一石,后因没入官,依私租减二斗,是十分而取其八也。拨赐公侯驸马等项田,每亩旧输租一石,后因事故还官,又如私租例尽取之;且十分而取其八,民犹不堪,况尽取之乎?尽取则无以给私家,而必至冻馁,欲不逃

---

[1]《明太祖实录》卷八十九,洪武七年五月癸巳,台湾历史语言研究所校印本1962年,第3页,总第1577—1578页。但同年八月,又因"念诸功臣之家族属数多,岁禄恐不足赡,"于是有的"加赐公田"数量,有的"所拨公田仍依旧则,不许减科"(《明太祖实录》卷九十二,洪武七年八月乙卯,台湾历史语言研究所校印本1962年,第8页,总第1616页)。这道诏书实际上部分否定了五月的减科令。
[2]《明太祖实录》卷一三〇,洪武十三年三月壬辰,台湾历史语言研究所校印本1962年,第4页,总第2065页。
[3]《明史》卷四,本纪四《恭闵帝》,中华书局1974年,第63页。
[4]《明宣宗实录》卷七十四,宣德五年闰十二月辛丑,台湾历史语言研究所校印本1962年,第2页,总第1721页。
[5] 赵出贤:《议平江南粮役疏》,载陈子龙等选辑:《明经世文编》卷三九七,中华书局1962年影印本,第4288页。

亡,不可得矣。又……苏之昆山,自永乐十二年以来,海水沦陷官民田一千九百三十余顷,逮今十有余年犹征其租;田没于海,租从何出?"

"若欲斯民各得其所,必命有司将没官之田及公侯还官田租俱照彼处官田起科,亩税六斗;海水沦陷田地与农具车牛无存者悉除其税。如此则田地无抛荒之患,官府无暴横之征,而细民得以安生矣。"

没官田与还官田的田租,现在依照民田私租的80%～100%起税,亩收8斗到一石,佃农无法获佃,导致衣食无靠,根本无法生存,而昆山等地海水沦陷的官民田继续征租,更是荒唐,于是佃农不逃亡,才是咄咄怪事!

第二,粮长害民。

"粮长之设,专以催征税粮。近者常、镇、苏、松、湖、杭等府无藉(籍)之徒营充粮长,专掊克小民以肥私己:征收之时,于各里内置立仓囤,私造大样斗斛而倍量之;又立样米、抬斛米之名以巧取之,约收民五倍,却以平斗正数付与小民,运赴京仓输纳,缘(沿)途费用所存无几,及其不完,着令赔纳,至有亡身破产者;连年逋负,倘遇恩免,利归粮长,小民全不沾恩,积习成风,以为得计。"

"乞禁约粮长:不许置立仓囤、私造大样斗斛;止是催征,毋得包收揽纳。"

第三,弓兵害民。

巡检之设,从以弓兵,本用盘诘奸细,缉捕盗贼。常、镇、苏、松、嘉、湖、杭等府巡检司弓兵,不由府县佥充,多是有力大户令义男、家人营谋充当,专一在乡设计害民,占据田产,骗要子女;稍有不从,辄加以拒捕、私盐之名,各执兵仗,围绕其家擒获,以多浆(桨)快舡装送司监收,挟制官吏,莫敢谁何,必厌其意乃已。不然,即声言起解赴京,中途绝其饮食,或戕害致死。小民畏之甚于豺虎。

应对之策为:"巡检司弓兵从府县佥充,将佥过姓名榜示,以革其弊。民人出入,不许带伴当五人以上、乘四橹多桨船只。"

除了官田重赋问题外,周幹等所指粮长、弓兵害民问题,"此事虽小,而为害实大",是明初强力打击苏州等府豪强地主之后,在永乐后期、洪熙及宣德时期新起的社会经济问题。只有解决了这些问题,"则粮无侵渔之弊,豪强无暴虐之毒,而细民安业矣"。[1]

洪武时设的粮长本是职役,由基层富户轮充,后逐渐变为永充,职权大增,还交接官府,鱼肉乡里,中饱私囊,也败坏吏治。设的里长以及宣德时设立的圩长、老人等也通同作弊。这些基层大户势力重新抬头,利用职役便利,通过种种手段,或重科小民,或逃避徭役,或包庇人口,或霸占田地,侵蚀着洪武小农社会经济体系的根基。宣德帝对此豪右势力成长也采取措施加以阻遏。

> 宣德元年,以苏松嘉湖诸郡多豪右不法,命大理卿胡槩、参政叶春、锦衣卫使任启、御史赖瑛按治之,一时被没者凡数十家。[2]

洪武年间苏州等府官田激增,重征赋税,承担漕运费用,尤其是永乐北迁首都后,漕运费用倍增,一般从加一、加二、加三,并因几乎户出一丁,长年北运,无法农耕,民困严重,纷纷逃亡,致使土地荒芜。这是苏州等江南地区自洪武模式建立之初自身即已携带的问题,宣德时期只是明显地表现出来,所谓"独苏松二府之民,盖因赋重而流移失所者多矣。今之粮重去处,每里有逃去一半上下者,甚者则不止于是而已"[3]。况钟奏称苏州府在宣德五年(1430)7县户口应是474 263户,次年三月实在人户369 252户,[4]减失10万余户,竟占在籍总户数的22.1%。宣德六年末,苏州府共招抚复业逃户近38 000户,可见逃亡之严重。明政府以蠲免、赈济、设置专官等办法,试图解决永乐后期逃户严重问题,效果却不理想。

除了农户大量逃亡外,还有事故、充军、死绝户。如苏州府宣德五年有死绝户13 472户,宣德七年死绝达3万余户。他们留下大量田地无人耕种。例如,全家死绝等项人户一万余户,留下抛荒抄没改科官田地、滩涂荡近三千顷。有的田被大户霸占,不纳税粮,而官征税额未除,历年包荒征粮,粮长、里长只得逼令现在人户包纳。譬如太仓一城,洪武年间应有8 986户,宣德七年仅存1 569户,去除逃绝虚报之数,只有738户"现在",却要承担原先近9千户的税粮徭役,这根本无法施行,见在户口只有以逃亡为上策。

---

[1] 上引均见《明宣宗实录》卷六,洪熙元年闰七月丁巳,台湾历史语言研究所校印本1962年,第9—11页,总第164—167页。
[2] 皇甫录:《皇明纪略》,《丛书集成新编》第85册影印《历代小史》卷八十五,台湾新文丰出版公司1985年,第253页。
[3] 杜宗桓:《上巡抚侍郎周忱书》,正德《松江府志》卷七《田赋中》,《中国方志丛书》,台湾成文出版社有限公司1983年,第196页。
[4] 《况太守集》,吴奈夫等校点,江苏人民出版社1983年,卷七《请添设官员十六缺奏》,第71页;卷八《丁少粮多请免远运奏》,第85页。

由官田重赋重徭引起农户大逃亡以及死绝等导致土地抛荒,里甲、粮长等职役包荒征粮、飞洒赔纳又刺激农户更大规模逃亡,里甲、粮长等也受此赔累,甚至破家,因而无人愿意当此差役,于是瓦解着基层组织,使国家税粮征收落空。这就形成先从上到下,再从下到上的恶性循环。由此抗粮、抗税事件不断发生。如宣德五年(1430)九月,嘉定粮长黄贞被150余人执火围屋劫财杀死;十一月,长洲粮长韦恕因催征被杀。在苏州,一年之内竟连发两起农民伙杀粮长事件,说明在原有社会经济模式下,官民对立,引起社会矛盾激化,社会动荡不安,因此,对原有社会经济模式的调整和改革就势在必行了!明宣宗以后,自上而下,中央与地方致力于推动官田减赋运动,进而改革洪武时期的江南赋役制度与社会经济模式,成为主要方向。可是,这条道路行走坎坷,曲折复杂,江南社会与中央朝廷、地方政府为此付出了包括时间、精力、财力等在内的高昂代价。

二、苏州知府督征官田逋赋的努力

面对洪武以来苏州府大量官田田赋的重额征收,历任知府单靠自己的努力想要解决,显然是无法实现的,因此出现历年欠赋的巨量积压,知府也使出浑身解数去征收,结果却不相同,其中有几起突出的例子。

(一)欠赋被褫

洪武二年(1369),因为苏州一府逋赋税额超过30万石,户部奏请惩治守臣督管不力之罪。明太祖担心地说:"苏州归附之初,军府之用资焉。今积二年不偿,民困可知。若逮其官,必责之于民。民畏刑罚,必倾资以输。如是而欲其生,遂不可得矣。"[1]并未深究,还免除苏州所欠秋粮305 800余石。但是,这并不代表地方官催征税粮不力的罪责被朝廷忽略,这年苏州知府连连被更换即为明证。

先是,王暄被降为本府经历,后坐秋粮事被逮赴京师。接着,十二月初一,将"怠职不任事"[2]的户部尚书朱昭降为苏州知府。次年初,又改派朝中官员出知苏州。王暄的降职和被捕与逋赋干系很大,而朱昭作为户部大员降任苏州知府,更可见出朱元璋对他解决苏府逋赋问题寄予很大希望。但在短时期内两人相继去职,可见苏州府逋赋的解决难度之大。

---

[1] 陈梦雷原辑,蒋廷锡重辑:《古今图书集成·经济汇编·食货典》卷一四五《赋役部总论八·古今治平略二·明朝田赋》,中华书局、巴蜀书社1985年,第83666页。
[2] 《明太祖实录》卷四十七,洪武二年十二月壬戌朔,台湾历史语言研究所校印本1962年,第4页,总第935页。

（二）暴征害民

洪武三年正月，由中书参政坐事出知苏州府的陈宁，在督粮中急于求成，竟至"令左右烧铁，烙人肌肤"，以残暴体罚的方式逼催税粮。苏州百姓深受其害，称他为"陈烙铁"。

陈宁以朝廷命官，为了催征赋税，施暴于民，一方面与他严酷的性格直接相关。他初名亮，"通经有治才"，元末为镇江小吏，从军至金陵，因代所馆军帅上书，为朱元璋赏识，仕途顺畅，赐名宁。他为政"尚严酷，上尝切责之，宁不改。其子孟麟亦数以谏，宁怒，杖之数百至死"。为此，连以严苛治国的朱元璋都"深恶其不情"。[1]另一方面，这更是明初苏州府重赋难征、逋赋难补情状的直接反映。陈宁此前曾任松江知府，该府官田数量与重赋程度在全国仅次于苏州，逋赋问题同样突出。明朝建立后，"朝廷以江南要地，自牧守以至参佐，莫不慎择其人"[2]。朱元璋将为官严酷的陈宁先后派知松江（洪武元年任）、苏州两府，很难说没有借他之手扭转两地税粮征收不力局面的用意。但陈宁的暴虐征税手法可能奏一时微效，绝非长久之策，不但极易激化官民矛盾，反使明廷在此地民心相背，而且实际效果亦极为有限，并不能有效解决税粮征收问题。

（三）劝富代输

古、近额官田数量不改，朝廷重科田则方针不变，在此根本前提之下，要保证重赋如额征收，逋赋如期缴补，陈宁式的暴力催征固然不得民心，对贫民的盘剥空间也很有限，于是有知府便将注意力转向家境较好、财力稍裕的富户。

洪武十九年（1386），苏州大祲，遭逢天灾，农业歉收，出现大饥荒，逋赋危机较往年更为严重，而上峰催征压力丝毫未减。知府王观另辟蹊径，采取怀柔手法，力促富户能够输粮代偿。

> （王）观延诸富室，集郡衙，饮食之，谕之曰："有余、不足，天之制也。尔民贫富不齐，同是朝廷赤子，太守视尔郡民犹吾同室。尔等家有余粟，皆能守法奉公，太守甚为尔嘉。奈彼贫民凶年朝不谋夕，日受追呼敲朴之苦，甚可怜悯。尔等各有族党比闾之好，同井有相周之义，愿

---

[1]《明太祖实录》卷一二九，洪武十三年正月戊戌，台湾历史语言研究所校印本1962年，第3页，总第2047—2048页。

[2] 吴宽：《家藏集》卷三十七《镇江府重修儒学记》，《景印文渊阁四库全书》1255，台湾商务印书馆1986年，第314页。

敦仁让之风,人各量赀借贷,以急公上。贫者既受尔等推解之恩,太守亦受尔等父母一体之爱,上下得共休息,不亦美乎?"诸富室共闻太守言,欢然如指,一郡遒独早完。[1]

王观上任之初,便设计缚杀屡屡构陷长官的奸吏钱英,其发奸摘伏之举使得"境内奸豪屏迹,人皆称快",不但在百姓当中树立起赫赫威望,"民惮之如神明",而且获得太祖肯定,更"遣行人白思中赍敕褒之,且劳以酒"。[2]王观借此威望,以知府身份出面,礼请富户,到公堂聚餐,觞饮之间,推心置腹,开口借贷,又喻以大义,晓之利害:既行仁义之事,纾解乡里族党之难,又为一府逋欠找到了解决方法,最后达成了既定目标。这一权宜之法深为朝廷嘉许,以至于"嘉其能,榜谕天下,励怠政者"[3]。

如出一辙的事例于永乐初年再现。苏州知府汤宗当时处于棘手的境地:郡内连遭水患,导致细民流离失所。少一有地有差之人,即缺一办粮承役之人;税源枯竭,税粮无出,苏州通府竟至"逋租百余万石,无所出"。汤宗"不忍迫促,谕富民出米代输。富民知其能爱民,皆从其令,不三月,逋负悉完"。[4]

仿效王观、汤宗,苏州知府采取晓谕富户代输,富户配合完粮,进而解决逋赋危机的例子,自永乐以后再无记载。可见这样的权宜之法虽然效果明显,却难以一再实施。毕竟带有善意,救一时之急性质的行政谕富济贫,不可能永久,而自愿或者被迫的富户能力终究有限,也不具备无休无止的代输空间。他们与知府之间已知仅有的两次合作,均发生在天灾频生之时。此时若任由佃民因赋无所出而弃地背井流离,致使田无耕者,地无佃人,势必将影响到富户的切身利益。在这样的情况下,富户应谕代输,从长远来看,符合其自身的根本利益。但逋赋问题连年皆有,不特天灾之时,也不独苏州一府之事,富户代输的能力和意愿都是极其有限的,知府显然无法屡行此法,老是奏效。

---

[1] 尹守衡:《明史窃》卷一〇〇《守令列传·能吏第七十八》,《四库禁毁书丛刊》史部64,北京出版社1998年,第626页。

[2] 李濂:《苏州府知府王公观传》,焦竑辑:《焦太史编辑国朝献征录》卷八十三《南直隶·知府》,《续修四库全书》529,上海古籍出版社2002年,第416页。

[3] 朱国祯:《皇明史概·皇明开国臣传》卷八《太守王公(观)》,《续修四库全书》431,上海古籍出版社2002年,第429页。

[4] 《明宣宗实录》卷二十四,宣德二年正月癸卯,台湾历史语言研究所校印本1962年,第3页,总第632页。

(四) 请减赋税,祸连身家

明初法定的苏州官、民田科则,相差很大:民田起科从五斗三升至一升不等,而官田起科从七斗三升至三升不等,内中抄没田更有一石以上的超重之则。同时,苏州府"民田多归于豪右,官田多留于贫穷"[1]的田土格局,加剧了贫民与大户赋役负担的悬殊程度,不但阻碍着该府社会经济的正常发展,更是社会稳定的极大威胁。官田数量的膨胀自非知府之力所能抑制,而追求官、民田则的均平(均田)则成为知府努力化解治下重赋压力的措施。为此,不同知府的作为结果迥然不同。知府金绚请求均田减赋,解决苏州赋税逋欠,触动了朝廷大忌,竟至大祸临头。

洪武初出知苏州府的元末举人金绚,与户部尚书滕德懋见识相同,互相配合,向明太祖奏请均平官民田则:

> 金炯,嘉兴人,知苏州府(王志炯作绚)。以全府税粮官、民田轻重悬殊,相去有十倍者,欲均为一则,以便输纳,革吏胥之弊。谋于德懋,德懋曰:"此诚救民急务,君第上言,吾为君从中护行。"炯乃建言均田便宜数条。诏下户部详覆。德懋谓:"三吴民田税轻,官田税重,其则有数十百条,小民懵于计算,吏胥并缘以作奸,宜如炯言均之便。"上留其奏不下,而使使察炯家,其所有,民田少于官田。上怒炯挟私自利,罔上不忠,即郡城诛死(杀乐桥上)。吴人咸嗟悼之。并下德懋狱,坐以盗用军粮一十万石,死于都市。[2]

金绚为苏民请命,要求减科,惨遭身死,均田之事不成,这与当时的政治形势密切关联。

明朝立国不久,兵革未息,百废待举,皇家府库亟须富庶江南的贡献,苏州府更是军国资用所出的重地。明廷在苏州等江南地区不断扩大官田数量,就是为了达到增加财政收入的目的。而切身利益受到严重侵害的江南地主自然对此进行无奈的抵制,主要的方式就是拖欠田赋。朱元璋曾命户部榜谕,警告"有田而

---

[1] 王鏊:《震泽先生集》卷三十六《吴中赋税书与巡抚李司空》,载吴建华点校:《王鏊集》,上海古籍出版社 2013 年,第 512 页。
[2] 同治《苏州府志》卷一四六《杂记三》,《中国地方志集成·江苏府县志辑 10》,江苏古籍出版社 1991 年,第 703 页。有关金绚任职苏州知府的时间记载不一,正德《姑苏志》卷三《古今守令表中·知府》为"金绚,洪武四年。一作十九年",《天一阁藏明代方志选刊续编》11,上海书店 1990 年,第 199 页,为同治《苏州府志》(江苏古籍出版社 1991 年)卷五十二《职官一》,《中国地方志集成·江苏府县志辑 8》,第 496 页沿用,"王志"当是王鏊《姑苏志》,而卷一四六《杂记三》,《中国地方志集成·江苏府县志辑 10》,第 703 页,记洪武十年金绚上书请命被杀,则其任职当早于十年。此处金绚,原引康熙《苏州府志》均作金炯。

不输租,有丁而不应役"的两浙、江西之民,作为曾经的张士诚、方国珍、陈友谅等敌对势力的旧民,"宜速改过从善,为吾良民。苟或不悛,则不但国法不容,天道亦不容矣!"〔1〕在朱元璋看来,金绚奏请减赋的举动就是为欠税的苏州地主代言。另一方面,起身于社会底层的洪武皇帝,"昔在民间时,见州县官吏多不恤民,往往贪财好色,饮酒废事,凡民疾善视之漠然,心实怒之。故今严法禁,但遇官吏贪污、蠹害吾民者,罪之不恕!""若守己廉而奉法公,犹人行垣途,从容自适。苟贪贿罹法,犹行荆棘中,寸步不可移,纵得出,体无完肤矣! 可不戒哉?"〔2〕洪武年间,他以重典治吏,倡廉惩腐,对胆敢借公济私、贪贿蠹害民人的官吏"罪之不恕"。从嘉兴来的苏州知府金绚,家中拥有的官田数量竟然多于民田,这为好猜疑的朱元璋暗中派人查访,坐实了他的上书兼有借公谋私的嫌疑,不免遭受身家之祸了。吴民只能为他的体恤民情,竟至丧命,报以叹息而已。

滕德懋,吴县人,虽然早在洪武三年即"奏天下税粮惟苏最重,请减省",但朱元璋"以德懋苏人,乞减苏赋,疑有私,怒未发",并未应允所奏。此番作为金绚上书的支持者,滕德懋在劫难逃了,"量减苏州税额十万,缺军粮,有司拟盗用论,腰斩",居然比照盗用军粮十万石的罪名处死。朱元璋还逮捕其妻王氏,"廷鞫之曰:'若夫盗粮十万,当死,汝何言?'曰:'是固当死! 盗国家如许钱粮,而不以升斗养妻孥乎!'上曰:'尔何食?'曰:'藜藿耳。'剖其腹,果然。"朱元璋知道滕德懋"清忠","叹曰:'清吏也!'"赐葬吴县王山村,谥忠懋。〔3〕可见此狱实为一大政治冤案。不过,此后明廷规定,江浙苏松人不得为户部官,恐怕与金绚、滕德懋案有所关联。这个事件对后世苏州的治理影响很大,如嘉靖初,"李中丞充嗣巡抚吴中,欲均田赋,问其利害于一达官,答曰:吾不知利害,但闻国初有滕尚书者曾建此议,高皇怒其变乱黄册,腰斩于市。李公不敢更言均赋矣"〔4〕。

为了苏州减赋均田建言,一知府、一尚书,两位颇有先见之明、试图破解吴中重赋欠赋的官员惨遭身死。这说明,明初政治形势与明朝江南政策绝不容许改变苏州重赋。换言之,苏州等江南之地重赋欠赋的根源在于官田制度,朝廷心知

---

〔1〕《明太祖实录》卷一五〇,洪武十五年十一月丁卯,台湾历史语言研究所校印本1962年,第3—4页,总第2362—2363页。

〔2〕《明太祖实录》卷三十九,洪武二年二月甲午,台湾历史语言研究所校印本1962年,第9页,总第800页。

〔3〕 上引分见同治《苏州府志》,江苏古籍出版社1991年,卷七十九《人物六·吴县》,《中国地方志集成·江苏府县志辑9》,第130页;卷一四六《杂记三》,《中国地方志集成·江苏府县志辑10》,第703页,并对此事也有记载,对滕妻行刑后,"检其肠,惟粝食菜茹"。

〔4〕 皇甫录:《皇明纪略》,《丛书集成新编》第85册影印《历代小史》卷八十五,台湾新文丰出版公司1985年,第258页。

肚明,不过,减赋均田的火候远远没有成熟。谁提议,谁就往死路上去。苏州官田重赋成为最敏感的现实政治经济话题,就这样被搁下来了。

洪武年间在苏州等江南地区建立的社会经济秩序弊窦丛生,岌岌可危,频频更换的苏州知府,采取了种种办法:欠赋不追征,知府害了自己;试图按时完纳赋税,催征逋欠,严厉追征,则是知府代表朝廷在害民了,因而也没好结果;适当变通方式,如知府劝富代输,却很难长期奏效;已经有所触及欠赋的根本,在于官田重赋,知府请求必须更定科则,却遭遇身家之祸。这都表明:这种秩序到了非变不可的地步了。

三、周忱、况钟治苏

针对江南苏州等地明初以来社会经济陷入的困境,明宣宗痛下决心,派遣并大力支持周忱、况钟履任,重在清理赋税,从根子上下手,确保安抚民众。

宣德五年(1430)九月,"帝以天下财赋多不理,而江南为甚,苏州一郡积逋至八百万石,思得才力重臣往厘之。乃用大学士杨荣荐,迁忱工部右侍郎,巡抚江南诸府,总督税粮"[1]。临行,宣宗敕谕:"今命尔往总督税粮,务区画得宜,使人不劳困,输不后期,尤须抚恤人民,扶植良善。"[2]自此应天巡抚[3]成常设专职。周忱自宣德五年九月赴任,到景泰二年(1451)致仕,在任共21年。

另一位派往苏州的干将是况钟。宣德"五年,朝议天下九大郡繁剧难治,苏州尤甚,税粮甲于他省,民困吏奸,积逋日益。每差京官督催,累岁不能如额数,而流亡倍多。乃诏六部、都察院各保举郎中、御史之廉能有为、才堪牧民者,知九郡事。礼部尚书胡公濙暨吏部尚书蹇公义,交章荐公(况钟)。时三杨当国,首辅西杨,尤秉知人鉴,凡所识拔悉为名臣,然性严不轻于接物,公受知最深,遂奏擢公任苏州。赐敕书,假便宜行事,章奏得径达御前。复赐钞千贯为路费,驰驿之任。盖重其行,不以常格相待也"[4]。况钟自宣德五年七月赴任,至正统七年(1442)十二月卒于任,60岁,连任13年。况钟和周忱一样,"是一名同样干练的

---

[1]《明史》卷一五三,列传四十一《周忱》,中华书局1974年,第4212页。
[2]《明宣宗实录》卷七十,宣德五年九月丙午,台湾历史语言研究所校印本1962年,第3页,总第1640页。
[3] 应天巡抚全称"总理粮储、提督军务兼巡抚应天等府",包括巡抚南直隶应天、苏州、松江、常州、镇江、徽州、太平、宁国、安庆、池州共10府与广德州1州,因曾驻苏州,故又可称苏松巡抚。《明史》卷七十三,志四十九《职官二·都察院附总督巡抚》:"总理粮储提督军务兼巡抚应天等府一员。宣德五年,初命侍郎总督粮储兼巡抚。景泰四年,定遣都御史。嘉靖三十三年,以海警加提督军务,驻苏州。万历中,移驻句容,已,复驻苏州。"(中华书局1974年,第1775页)
[4]《况太守集》卷一《太守列传编年卷上》,吴奈夫等校点,江苏人民出版社1983年,第32页。

行政官和财政专家"。两人在"在宣德期间的改革方面发挥了重要作用"。[1]

况钟是江西南昌府靖安县人,以吏员入仕,在靖安县充吏8年,在礼部仪制司17年,阅历丰富,实干出色。他在苏州知府任上开展的经济改革大多是配合周忱的因时损益之举,而其整顿吏治的成绩斐然,更是建立在经年充吏所积累的阅历与经验基础之上。况钟由一吏员起家,能在天下剧郡的苏州主政13年之久,说明他的执政理念与朝廷保持了相当的默契,也深得地方民心。

这两位能臣廉吏不负重托,厉行改革,整治弊政,维持了苏州等江南之地的稳定,留下不朽治绩,是对洪武时期社会经济秩序在苏州等江南地区进行调整的大功臣。在苏州,他们改革的主要内容可概述如下:

(一) 减轻苏州大量重额官田税则

江南苏州等地官田税则比民田征收加重几倍甚至十几倍,于是税粮繁多,加上繁多的漕运费用,若完不成,唯有拖欠。蠲了旧欠,又见新欠。要彻底解决这一问题,根本办法就是降低官田重则,较大幅度地减少苏州法定税粮总额以及由此产生的巨额负担。

周忱、况钟在明宣宗坚决支持下,经2年波折,终于排除户部的强大干扰,从宣德七年(1432)起实现苏州府官田减租72万余石。

按《明史》记载,明太祖平吴之后,"尽籍其功臣子弟庄田入官;后恶富民豪并,坐罪没入田产",这两类土地都属于国家控制的官田,却"按其家租籍征之,故苏赋比他府独重。官民田租共二百七十七万石,而官田之租乃至二百六十二万石(笔者注:民田仅交15万石,占5.4%,因而佃种官田之民负担特重),民不能堪。时宣宗屡下诏减官田租,忱乃与知府况钟曲算累月,减至七十二万余石,他府以次减,民始少苏"。[2]这是明宣宗中央政府与周忱、况钟等地方官员合力推成的艰难而影响深远的改革举措。

宣德五年二月二十二日,宣德帝诏令:"各处旧额官田起科不一,租粮既重,农民弗胜。自今年为始,每田一亩,旧额纳粮自一斗至四斗者各减十分之二,自四斗一升至一石以上者减十分之三,永为定制。"[3]未料,户部在开示府县时,

---

[1] [美]牟复礼、[英]崔瑞德编:《剑桥中国明代史》,张书生等译,中国社会科学出版社1992年,第326页。
[2] 《明史》卷一五三,列传四十一《周忱》,中华书局1974年,第4212—4213页。
[3] 《明宣宗实录》卷六十三,宣德五年二月癸巳,台湾历史语言研究所校印本1962年,第8页,总第1489—1490页。

故意利用个别字句,歪曲诏书本义,只对洪武年间抄没的近额官田减征,将为数甚巨的宋元古额官田排除在外。这年闰十二月,苏州知府况钟上疏,奏请"不分古额官田……概行减免"[1],遭户部驳回。次年三月,应天巡抚、侍郎周忱再次奏请因松江府华亭、上海官田古额税粮太重,乞依民田起科,被户部尚书胡濙弹劾为"欲变乱成法,沽名要誉,请罪之"。在宣德帝保护之下,周忱才免于治罪。[2] 重额官田减赋一事,不特宣德帝明下诏令,周忱、况钟等亦相继上疏奏请,君臣上下主张一致,仍然遭到户部三番五次地顽强阻挠。江南减赋利于国家稳定与民生保障,却将减少朝廷明打明的财政岁收,影响户部这一职能部门的运作与政绩,这些官员的短视造成其硬抗软磨的敷衍,骨子里面就是不愿意执行赋役改革。可想而知,以苏州为核心的江南官田重赋体制及其经济模式的改革有多么艰难,何止步履蹒跚,动辄夭折,是轻而易举的。

当此减赋新政存亡之际,出于维护国家长期稳定、江南民生稳固的长远利益,宣德帝头脑清晰,坚定支持改革。宣德七年三月一日,宣德帝再次明确下诏,依宣德五年例,降减官田税则,这时又距宣德五年二月降减令过去两年有余:

> 近年百姓税粮远运艰难,官田粮重,艰难尤甚。自宣德七年为始,但系官田塘地税粮,不分古额、近额,悉依宣德五年二月二十二日敕谕恩例减免。中外该管官司不许故违。[3]

据此,苏州府应减官田税粮"七十二万一千二百零三石九斗二升五合,内古额官田减三十四万五千八百六十七石六斗四升零,抄没官田减三十七万五千三百三十六石三斗零"[4]。

同时,况钟强烈要求减免抛荒田粮和不合理派买漕船米粮。经几次论争,也在宣德七年得到户部批准。苏州府死绝人户3万余户,其抛荒田召佃改科,依民田起征,另有崩塌不存田地滩涂等,共减税粮米豆近15万石;免抽船506只;又免苏州府粮15万余石。宣德七年苏州府共减免税粮多达100万余石。此外,况钟还使苏州府远运临清仓的漕米减少60万石,并由此减少一笔数额相当大的耗

---

[1]《况太守集》卷八《再请减秋粮及抛荒粮抽取船只奏》,吴奈夫等校点,江苏人民出版社1983年,第81页。
[2]《明宣宗实录》卷七十七,宣德六年三月戊辰,台湾历史语言研究所校印本1962年,第3页,总第1786页。
[3]《明宣宗实录》卷八十八,宣德七年三月庚申,台湾历史语言研究所校印本1962年,第1页,总第2017页。
[4]《况太守集》卷八《核减浮粮实数复奏》,吴奈夫等校点,江苏人民出版社1983年,第86页。

米。总计苏州府减免税粮,"统计前项正额米、滥派米并征收运解耗米,每岁减省一百五六十万之数,俱永为定制"[1]。

此后百余年,苏州府官田税则大幅降低,税粮负担基本上保持在200万石左右。[2]虽然这一数量之大仍旧在全国各府遥遥领先,独一无二,却已减轻不少。因此,宣德七年自上而下的官田减赋推行,不唯缓解了苏州蠲旧欠新、恶性循环的逋赋危机,亦较大幅度减轻了苏州法定的巨额田赋负担,有利于永乐迁都以后陷入困境的苏州社会再度保持恢复性发展,为困顿中的苏州社会经济持续发展创造了必要的前提和基础,同时,也使洪武时期建立的社会经济秩序暂时得到调整,以重赋为本质的明代江南官田制度得以在弊窦丛生中再行延续百余年,明廷的财政系统赖之维系而不倒塌。

同为苏州知府,况钟的权责相比洪武时期的金绚并无大增,其请命减科之举,仅在减赋,少收或免税,相比金绚主张划一科则的均田减赋,应该说还倒退了,而况钟之成,金绚之败,两人大成大败,别如云泥,是由时势大局决定的。

首先,宣德七年苏州府重额官田减科最终能够成功实现的先决条件,在于明宣宗本人对此立场坚定,始终支持。皇帝个人的意愿在明代中央决策中居于至关紧要的地位,何况苏州等江南之地的官田重赋是自明太祖开国就已经定下的基调。若非明宣宗前后两年之中两次特下诏令,纵然地方高官再三再四上疏请命,江南减科之事要想成功实施,也是妄想空谈。苏州减赋最终实现,中间几番波折,遇到来自户部的强大阻力,都由明宣宗一一硬加排解。况钟于宣德五年七月初上任苏州知府,当月二十六日、闰十二月初三日,他两次上疏请依上谕蠲免,均遭户部驳回。若非明宣宗力排众议,再申前谕,力促其成,况钟的善政决不能实现。

其次,况钟、周忱对明宣宗减科令的积极响应与忠实执着地执行,是明廷重额官田减科令在苏州府见之实效的重要原因。当宣德五年二月"永为定制"的减科令在实际执行中被户部偷梁换柱时,甫任知府不到半年的况钟随即上疏,要求古、近额官田一体减科。虽然仍被户部驳回,但是作为地方官员强硬指陈户部不

---

[1]《况太守集》,吴奈夫等校点,江苏人民出版社1983年,卷二《太守列传编年卷中》,第37页;卷八《钦减浮粮及抛荒粮并免抽船只谢恩奏》,第87页。

[2] 参见《况太守集》卷二《太守列传编年卷中》,吴奈夫等校点,江苏人民出版社1983年,第37页。明英宗同意官田减科,"其官田准民田起科,每亩秋粮四斗一升至二石以上者减作二斗七升,二斗一升以上至四斗者减作二斗,一斗一升至二斗者减作一斗",见《明英宗实录》卷19,正统元年闰六月丁卯,台湾历史语言研究所校印本1962年,第1页,总第370页。正统元年(1436),周忱、况钟就英宗登基,再次请得削减官田税则,共减80余万石,但其结果应存疑。因正统年间苏州府税粮正额一直在200万石左右,未见减到近130万石。

遵诏谕的声音,一定程度上增强了明宣宗的信心,去排除户部阻挠,使宣德七年减科令收到实效。较之江南别府他县,况钟治下的苏州府县官田减科成果显著。苏州府辖吴江县,永乐十年秋粮共 551 600 余石,宣德七年凡减秋粮 152 486 石有奇[1];昆山县宣德十年"秋粮米为宽恤事"减除 153 744 石余[2];常熟县于宣德七年比减 103 598 石[3]正粮。而常州府辖江阴县,永乐十年夏税秋粮米麦共计 143 883 石余,宣德十年为 139 564 石余。[4]两相比较,减额并不明显。因为常州府官田重赋,原本就没有苏州府那么重。[5]

（二）招徕流移,耕种抛荒田地,安民生业

况钟设置专员,府设抚民官,县设抚民县丞,大力招抚逃户复业。到宣德七年三月,上报户部有 37 993 户逃户复业,未召回的仅 369 户,安民生业,收效显著。

在周忱支持下,况钟屡次上疏,要求依洪熙元年诏令,按民田科则起征抛荒田地,崩塌不存田地则取勘开除,宣德七年终于获准减除粮近 15 万石。

（三）恢复农村生产秩序,确保赋税交纳;整顿里甲组织,恢复基层社会秩序

为使抛荒田地得到耕种,交纳税粮,周忱首先在苏州等地清丈田地,追征索赔被强占的抛荒田地,接着实施"综核田粮","设法取勘,于每里量田粮多寡,拣选殷实之家,或五名,或十名,或十五名,充当田里,均匀分管见在并事故人户。但田甲内,有事故人户田地抛荒,就于甲内出力布种,办纳本年税粮。根寻其人,复业给还耕种。""由是田无抛荒占种之患,粮免包纳横敛之忧。"

最后采用"分催税粮"法,即改变原来里甲 10 年一轮,每年由排年里长率一甲 10 户值役的办法,把全里 110 户分作 10 串,由各里长率领值役。"将各图十年里长,自各分管本名下甲首十名并带管若干名,一应税粮,每年平均作十串,催征送纳。""由是该催里甲陪纳得以轻省,十串催征税粮亦得易完。"[6]

---

[1] 乾隆《吴江县志》卷十二《田赋一·额征》,《中国方志丛书》,台湾成文出版社有限公司 1975 年,第 319 页。
[2] 嘉靖《昆山县志》卷一《田赋》,《天一阁藏明代方志选刊》,上海古籍出版社 1963 年,第 14—15 页。
[3] 嘉靖《常熟县志》卷二《田赋志》,《中国史学丛书初编》,台湾学生书局 1965 年,第 170 页。
[4] 光绪《江阴县志》卷四《民赋·赋额》,《中国地方志集成·江苏府县志辑 25》,江苏古籍出版社 1991 年,第 158—159 页。
[5] 参见李济贤:《明代苏、松、常地区户籍人口消长述略》,《明史研究论丛》第四辑,江苏古籍出版社 1991 年,第 121—155 页。
[6] 《周文襄公年谱》宣德六年,"按部至苏州,综核田粮","分催税粮",转引见罗仑主编,范金民、夏维中合著:《苏州地区社会经济史（明清卷）》,南京大学出版社 1993 年,第 96—98 页。

与周忱呼应,况钟重惩苏州横行粮里的革役粮长、圩长、老人等,禁革粮长不法行为,将1 600余名圩长、圩老革除,还乘宣德七年重造黄册之机,严发禁令,大力整顿苏州里甲组织,维护基层社会秩序正常运作。

(四) 改革漕粮收兑和漕运

实物税部分改折。包括宣德五年之前苏州所欠税粮改折钞贯交纳;不产米而出产棉布的嘉定县官布20万匹,每匹折米1石;苏州府输往北京的马草,每束折银3分,输往南京的马草,"轻赍即地买纳"[1]。

正统时,"金花银"出现,是明朝最重要的折征,与苏州关联紧密,对明中后期社会货币商品经济发展影响巨大。明初官员俸禄领取实物,许多功臣勋戚的俸禄由通过朝廷钦赐的官田收取田租,抵作俸禄。洪武后期,这些官田纷纷归还朝廷,他们的俸禄改领禄米,由苏州、松江等府官田税粮内支取。永乐迁都后,他们仍需来南京领取禄米,而苏州等府官田纳粮户要运禄米到南京。如宣德五年,苏州运赴南京仓交纳税粮74万余石。宣德七年,周忱奏准实行"京俸就支法":京俸由原来在南京支取改为向苏、松、常三府支领。这种支领方法于官于民于朝廷都有益。正统元年(1436)八月,中央同意南直隶、浙江、江西、湖广、福建等6省将这些禄米折征,每石折银2钱5分,苏州府承担金花银191 206余两,折米764 826石。至此,苏州府税粮改折告一段落。

周忱的折征情况与弘治十五年(1502)苏州府改折数字基本相符,即夏税:京仓麦3万石,每石折银2钱5分。秋粮:京库阔白布19万匹,准米19万石;折银米76.6万石,每石折银2钱5分;折银草37万包,每包折银3分。[2]

它们有的由一种实物改折为另一种实物,如以布折米;有的由实物折成货币,如粮、马草改折成白银,但都把分量重体积大即运输不方便的实物,改折成体积小分量轻即便于运输的实物,就是"轻赍"。它为苏州节省了大量运输费用,还对官民田地负担的严重不均起到调节作用。

改革漕运方式。苏州漕粮运输本用"支运法",由纳粮户自运至规定的江北各水次交纳,再由运军支运。这是民、军合运方法。由于民运负担太重,影响田间生产,农民无法承受,支运局面很难维持。宣德四年(1429)规定:苏州税粮一

---

[1] 《明史》卷一五三,列传四十一《周忱》,中华书局1974年,第4214页。
[2] 万历《大明会典》卷二十六《户部十三·会计二·起运》,记载苏州府弘治十五年起运数目,基本同于周忱折征数,差异在全府金花银为191 500两,嘉定官布由20万匹降为19万匹。见广陵书社2007年,第473页。

律运至徐州仓。这一规定似乎没有很好执行。宣德五年七月,苏州仍运赴临清仓106万余石,北京白粮5万余石,徐州仓仅15万石。对此,况钟两次提出改革方案,都没获准。

主持漕政的平江伯陈瑄在宣德六年六月也提出改革方案,与况钟关于苏州白粮由官军加三带运的建议不谋而合,这就是"兑运法":"江南之民运粮赴临清、淮安、徐州上仓,往返将近一年,有误生理。而湖广、江西、浙江及苏松、安庆等官军,每岁以船至淮安载粮。若令江南民粮对拨附近卫所官军,运载至京,仍令部运官会计,给与路费、耗米,则军民两便。"[1]此方案经户部拟订,十月得到宣宗批准,即《官军兑运民粮加耗则例》,规定:"加耗之例,请每石湖广八斗,江西、浙江七斗,南直隶六斗,北直隶五斗。民有运至淮安兑与军运者,止加四斗,如有兑运不尽,令民运赴原定官仓交纳。不愿兑者,听自运。"[2]苏州在兑运初期所定耗米标准要略高于此中标准。漕运方式经过合理改革,虽运费仍不少,却确实节省了苏州大量运费,更节省了大量劳力,有利于发展农业生产。

苏州漕运在兑运法后仍有部分民运:除北京白粮外,包括南京各衙门俸米并公侯禄米、南京各卫仓粮米、临清广积仓粮米、扬州至淮安兑军攒运粮米等。

况钟、周忱为减少不合理损耗,减轻纳粮户负担,整顿了漕粮征收、运送、储存等环节。还建立两项新措施,防范粮里等在漕粮征收、运输时舞弊。

一是设置水次仓。宣德八年(1433),周忱奏准在苏州、松江、常州3府设立水次仓,是"将各府秋粮置立水次仓囤,连加耗、船脚一总征收"[3]。各县在水次置围,编囤聚于一处,推粮长一人总理,名曰总收,定加耗征平米入囤。每囤别立粮头一人,"以分粮长之势,眼同收掌,互相觉察"[4]。再设囤户一名。每年先计算各户夏税、秋粮、加耗,填注由单发给各户,由农户自行交纳上仓,再择人运纳。这样,有效遏制了粮长、里长以及里胥舞弊,因他们只负责催征税粮,而收纳则受粮头、囤户牵制,并受政府监督,可以避免从前粮长、里胥一面厚取于民,一面通过种种借口不输于官,造成巨额逋负,官府却无从追究。

二是整顿漕粮运输、交纳中的问题。针对不少人在漕粮验收、归仓诸环节存

---

[1]《明宣宗实录》卷八十,宣德六年六月乙卯,台湾历史语言研究所校印本1962年,第8页,总第1861页。

[2]《明宣宗实录》卷八十四,宣德六年十月丙子,台湾历史语言研究所校印本1962年,第10—11页,总第1948—1949页。

[3]《周文襄公年谱》宣德九年一月,转引见罗仑主编,范金民、夏维中著:《苏州地区社会经济史(明清卷)》,南京大学出版社1993年,第103页。

[4]《况太守集》卷二《太守列传编年卷中》,吴奈夫等校点,江苏人民出版社1983年,第38页。

在的不法行为,周忱、况钟设立纲运簿、领运则例,建立一套完整措施,对远赴各地官仓交纳漕粮所需运费、耗损、关节等各种费用都做了详细规定,切实防范了舞弊发生。

(五)创行平米法,设立济农仓与义役仓

宣德七年(1432)减赋的成功实行,暂且缓解了苏州府巨额逋赋危机,而官田制度依旧延续,官、民田之间赋役负担悬殊的难题并没有解决。自宣德后期至嘉靖年间,苏州官田制度发生重大变革的百余年间,苏州赋役改革的突破口在于利用加耗、折征等附加税的措置。这一阶段的改革以周忱、况钟推行"平米法"作为开端。

"平米法"的出现与永乐迁都前后苏州府漕粮运输格局变化密切关联。永乐十九年(1421)明朝迁都北京后,苏州往北京南北长距离的漕运负担陡然加重:一为苏州税粮在全国数额最大,更兼本色多而折色少,起运多而存留少,南北遥运而产生了巨额漕运附加税;二为苏州府承担了全国数量最多且直接供送两京衙署的白粮,极少蠲折,作为漕运负担最重的部分,渐渐成为当地一大弊政。正赋之外加征运耗,是税外增税,漕运又要抽调人丁,是与田争夫,这使本已不堪担负巨额正赋的苏州府愈益难于应付朝廷征求,贫困小民只能逃亡他乡,躲避重赋重役。

更有甚者,洪武、永乐以来,江南税粮拖欠严重,苏州府尤居其首,主要原因是:"苏松民俗,大户不出加耗,以致小户连年纳欠,节被追扰。""大户及巾靴游谈之士皆不肯纳粮,纵纳亦非白粮,且无加耗,不肯远运。况其请求干谒、刁挟营生之计皆待粮而出。椎髻秉耒,良善小民,被其驱迫,连年征扰而粮终不完。"〔1〕苏松地区耕种税轻役简的民田的豪绅大户,只顾自己厚利,不肯加耗,甚至不肯纳粮,造成税粮负担不均,下层农户深受其害。

有鉴于此,宣德八年(1433),周忱"精思民事,于是创为平米法,官、民田皆画一加耗。初年正米一石,加耗米七斗,计输将远近之费为支拨,支拨之余者存积县仓,曰余米。次年余米多,正米一石,减加耗为六斗。又次年,余益多,减加耗为五斗。最后令县各立仓贮余米,曰济农仓。数年之间仓米大饶"〔2〕。因为"凡隶赋额者曰正米。正米之外,飞挽所必需,岁用所难已者,曰耗米。正耗并

---

〔1〕《周文襄公年谱》景泰元年《上执政书》,转引见罗仑主编,范金民、夏维中著:《苏州地区社会经济史(明清卷)》,南京大学出版社1993年,第105页。

〔2〕万历《嘉定县志》卷五《田赋考上·田赋》,《中国方志丛书》,台湾成文出版社有限公司1983年,第334页。

举,而嘿袪偏累之弊者,曰平米"[1]。在况钟的鼎力配合下,平米法在苏州府得到了实施,调节了官、民田的赋役悬殊负担。

平米法规定不论官、民田,令大户、小民论粮一体出耗,平均负担,改变耗粮负担不均局面,不改变重则官田粮多耗多、轻则民田粮少耗少的局面,目的为确保赋税征收,所以是均征加耗法。平米法的实行以及在它基础上建立的济农仓,使地方政府积储一笔用于应付各种地方应急开支的稳定费用(余米),并可用加耗结合其他方法,如折征,来局部调节官、民田之间税粮负担的严重不均。如金花银、官布等改折轻赍,被周忱等分派给重则官田的耕种者,让这些贫困小户获得实惠。

苏州府各县所建的济农仓的稻米主要来源即为实行平米法后每年所积留的余米。宣德七年秋,"会诏旨以库藏之储平籴及劝富人出粟以待凶荒",周忱"与郡守况公同心同力,以全活穷民为己任",苏州一府六县(吴、长洲、昆山、常熟、吴江、嘉定县)的济农仓由官府通过各种途径,包括"库储籴米三万石,劝借富人九万石,樽节漕运浮费五万石,搜剔豪右侵占绝户田租一十二万石",总共筹集29万石粮食,每县分贮,各自设立60间仓库。而常熟储米又要多些,达5万多石,因而增加仓库40间,达100间。

这些粮仓总称为济农仓,取义大概出于"以农为天下本,苏松之农又为京邑本耳"。为了保障"京邑本",即京畿重地根本的苏松农民能够安于农本,正常从事农业生产,不受干扰,地方政府必须应付不时之需,如防备灾荒加以救济以及对付其他意外用途,免除临时加派地方农民的沉重负担。果然,济农仓设立的次年,江南大旱,赈灾发米,以及郑和第七次下西洋的船队归来,苏州府供应浩繁,人心惶惶,完全依仗济农仓渡过难关,确保了社会安定,民生得救。

> 明年(笔者注:宣德八年)夏,江南大旱,民无食,辍耕待毙。公(笔者注:况钟)发济农米赈之,因瘵者出死力以挽桔槔,枯槁者润泽,焦卷者始芃芃矣。
>
> 适遇海舶自诸蕃回,供费浩繁,库藏赤立,公私汹汹,惧弗克供。公以济农米廪食之,民不知费。边海军士乏食,公从容指画,馈饷相继,军民苏息,宜少安矣。[2]

---

[1] 顾炎武:《天下郡国利病书》常镇备录,引《武进县志·征输》,昆山顾炎武研究会编,上海科学技术文献出版社2002年,第505页。
[2] 张洪:《济农仓记》,载万历《常熟县私志》卷二十三《叙文三·田赋》,苏州图书馆藏本,电子版总第2588—2590页。

此外,鉴于苏州府必须频繁地承担供应军需颜料,况钟应常熟里老周伯琦等人的请求,于宣德九年(1434)五月奏准设立义役仓,以便解决坐派经费。义役仓的运行模式与济农仓类似,"每甲出米五十石……置立支、收交簿二扇,用印钤记。着令各仓场总收,并管区粮长收掌……遇有坐派军需颜料等项到县,照依时估,合用价钞,明白将所收米及货物支拨买办合用……如有多余,下年支用;不敷,另行均办"[1]。这种官收官用,革除了每次坐派军需颜料过程中科派不均、民多受扰的弊端。

平米法的实施,济农仓与义役仓的设立,实质上是周忱、况钟意图在明廷高度集权、以中央对江南地区尽行攫取为基础的财政体系之外,建立一个独立而灵活的地方财政系统,使得在过于集中的中央财政限制下缺乏必要张力的地方财政保持适度弹性,并希望使用这一系统所留贮的余米来解决地方各类突发公务和救济费用无出、总得临时摊派民众的难题,增强地方政府维护小农经济体系、稳定社会秩序的能力。

平米法是周忱、况钟莅任时最重要的改革措施,对后世社会经济发展影响最为深远,但由于得罪了新兴豪强地主势力,又建立一套地方收支系统,成为周忱后来屡遭朝野攻击的口实。济农仓作为存留地方用作各类突发公务和救济开支的专项储备米仓,则成为周忱、况钟在中国历史上接济资助农民、保证农业生产正常进行的创举。

平米法与济农仓的实施是建立在原有的官、民田田则不均制度基础上,以宣德五年之后朝廷对苏州地区官田税额有所削减为前提的相应改革措施。从宣德后期至天顺初年,尽管耗米取用难以避免的侵挪问题,地方独立收支系统的实际运营,时常成为朝野反对势力攻讦的焦点,但平米法这项便利江南民生的善政得以维系了十数年之久。

周忱、况钟同心协力,整治苏州等繁难的江南地区,体恤民生,抑制豪强,特别是赋役、财政改革,开创此后两百多年江南赋役改革新方向,宗旨都是为了恢复、维持自明初建立起来的以官田重赋为基础的小农经济体系,保障国家赋税征收,安定地方秩序,也的确收到实效,成功扭转苏州社会经济恶化的局势。例如,宣德八年之前,苏州府每年积欠税粮基本上在 100 万石以上,从宣德八年(1433)至正统十四年(1449)的 17 年间,苏州府每年交纳正额税粮 200 余万石,从无积欠,而苏州人家也基本过上了小农时代衣食无忧的小康日子。他们于国家有功,

---

[1]《况太守集》卷九《请设立义役仓奏》,吴奈夫等校点,江苏人民出版社 1983 年,第 100 页。

于地方民众有惠,政绩长留于青史,对他们,"苏民世世颂德"[1]。

周忱文襄公祠堂,清乾隆十年(1745)由巡抚陈大受改建在山塘街普济桥西,并立碑记。[2]

"郡守况钟抗章上请,得遵优旨,共减税粮七十二万余石。又得巡抚周文襄公存恤惠养,二十余年,岁丰人和,汔可小康。自后水旱相仍,无岁无之。"[3]"苏州赋役繁重,豪猾舞文为奸利,最号难治。"况钟刚正不阿,整顿吏治,除暴安良,精于断狱,平反冤情,兴利除害,为民做实事,《明史》称他"刚正廉洁,孜孜爱民,前后守苏者莫能及。钟之后李从智、朱胜相继知苏州,咸奉敕从事,然敕书委寄不如钟矣"。况钟行政,能同时兼得三者,即自身廉洁,关爱民生,又深受君主信托,实在难能可贵。况钟"虽起刀笔,然重学校,礼文儒,单门寒士多见振赡",如举荐邹亮,培养了人才。他真诚赢得苏州民心,受民爱戴,被尊为"况青天"。"尝丁母忧,郡民诣阙乞留。诏起复。正统六年,秩满当迁,部民二万余人走诉巡按御史张文昌,乞再任。诏进正三品俸,仍视府事。明年十二月卒于官。吏民聚哭,为立祠。"[4]苏州西美巷况公祠至今保护完好。苏州人把况钟当作乡亲。多年后,况钟后人来访王鏊,依依苏州,情意浓浓。王鏊赠诗记颂道:

> 姑苏入国朝,守也谁第一?况侯江右来,经纬气郁硉。蓷顽境界清,减税惸嫠殖。所以吴下人,至今感至骨。[5]

苏民在况钟、周忱身后立庙祭祀,世代供奉,香火不息,就是对他们政绩肯定的一种最好见证。[6]

周忱、况钟在赋役与财政改革举措中强化地方行政效能的努力,有效解决了苏州府自明初到宣德时期的经年积弊,却与明廷高度集权的取向背道而驰,这也是最终导致他们的改革新政在实行十数年之后,经朝廷强力干预,发生名实脱离的关键原因。

四、景泰至弘治年间苏州赋税、漕运改革

景泰帝迫于压力,于景泰二年(1451)诏令周忱致仕,却也清醒地认识到周

---

[1] 崇祯《吴县志》卷七《田赋上》,《天一阁藏明代方志选刊续编》15,上海书店1990年,第638页。
[2] 乾隆《虎阜志》,张维明校补,古吴轩出版社1995年,第281—282页。
[3] 陆容:《菽园杂记》卷五,佚之点校,中华书局1985年,第59页。
[4] 上引均见《明史》卷一六一,列传四十九《况钟》,中华书局1974年,第4379—4381页。
[5] 王鏊:《震泽先生集》卷七《赠况山人》,载吴建华点校:《王鏊集》,上海古籍出版社2013年,第137页。
[6] 况钟事迹详见蒋星煜:《况钟》,上海人民出版社1981年;王仲:《况钟》,古吴轩出版社2003年。

忱、况钟等人在江南的赋税、漕运改革势在必行,谕令周忱的继任者不要妄改周忱成法。因而况钟卒官、周忱去职后,他们在苏州府开创的田赋附加税改革并未出现人去政废的局面。自周忱、况钟开始,苏州等江南之府历任地方官员都在不同程度上将改革江南官田制度,解决官田与民田税役严重不均,大户与小民负担悬殊,作为赋役改革的主要内容。周忱改革之路虽在具体内容上多有被改之处,其改革的一致性原则却被保持下来。

官、民田赋役负担悬殊,不仅严重阻绊苏州社会经济的进一步发展,更潜伏了社会动荡的因子,这就决定了业已进行的赋税改革需要继续推进而非停顿,甚至倒退。自宣德中期至成化中期,江南地区的赋税改革主要在应天巡抚主持下渐次开展。他们的改革思路在于灵活运用加耗、改折等手段,调节官、民田耕种者之间的悬殊负担,其结果却导致官田制度在苏州府率先瓦解。这一时期赋税改革曲折反复,田则有三改,金花银折米率调而复旧,论粮、论田加耗办法有所反复,改革难度之大可见一斑,而以苏州知府领衔的地方政府居间推进,所起的重要作用充分凸显出来。

苏州知府被当作推动赋税改革必须倚重的执行和支持力量,这是由苏州府在江南地区首屈一指的经济地位决定的。应天巡抚作为江南苏州等府之上的官长,主导江南府县的赋税改革,他们推行的改革措施要取得实际效用,离不开各府县长官的积极支持与配合。周忱和况钟上下同心、通力协作,就是成功的绝佳范例。对于巡抚来说,赋税新政能否在苏州府有效贯彻执行,关乎江南赋税改革的大局,而担此重责的知府才干最为紧要。明英宗天顺二年(1458)就任应天巡抚的崔恭,一依周忱旧法,却否定了其前任的一系列改革成果,其后退之举迅速激化了社会矛盾。两年后继任的刘孜,重回原来的改革方向。他赏识镇江知府林鹗,"以镇江事简,而公才长于治剧,请与苏州知府姚堂两易其地"[1],借重林鹗的治才,来保证赋税改革在苏州府顺利推行。在林鹗之后接任苏州知府的琼州人邢宥,以后继刘孜、宋杰出任应天巡抚,是明代唯一先后担任过这两个重要职务的官员。由财赋首府的太守,升迁至最富裕区域的巡抚,邢宥肩负职责重大,并得到朝廷重用,可以想见。据王锜记载,他任知府深孚民望:"公素有爱人之心、通变之才,济以学术,所至有誉。"[2]在巡抚任上,邢宥除了在明宪宗成化四年(1468)重征税麦外,基本遵循刘孜的政策,政绩并非很突出,"声名颇减治

---

[1] 丘濬:《刑部右侍郎林公鹗墓志铭》,焦竑辑:《焦太史编辑国朝献征录》卷四十六《刑部三·侍郎》,《续修四库全书》527,上海古籍出版社2002年,第407页。
[2] 王锜:《寓圃杂记》卷三《记守令》,张德信点校,中华书局1984年,第22页。

郡时"[1]。

(一) 赋税改革

要解决苏州官、民田赋役负担的严重不均问题,顺利实现赋税改革,关键是如何使用加耗等技术手段。周忱、况钟赋税改革,以政府大幅削减官田税则,减少苏州税粮负担为前提,采用官、民田均征加耗,用这笔耗米应付地方政府各种开支,同时以折征、轻赍来局部调节官、民田之间的负担,没有触及最敏感、最根本的官、民田田则不均问题。

即便如此,景泰元年(1450),溧阳县民彭守学控告周忱多收耗米,恣意滥用,甚至假公济私,而下属吏胥盗用加耗羡余。景泰帝诏命清查、追征:"遣户部主事黄琛、王澍,监察御史李鉴,往苏松常镇嘉湖等府,追征尚书周忱所费粮以数十万计,皆远年耗用,于见在官吏、粮里追陪。给事中、御史请暂停止,户部尚书金濂执奏不从。"[2]因周忱、礼部尚书杨宁等官员坚决反对,景泰帝召回黄琛等人,但自正统十四年(1449)之后的所谓妄费耗米,就是要追征,以前的则予蠲免,即取消周忱、况钟平米法,加重以后苏州等府税粮负担。

次年周忱致仕,李敏接任苏松巡抚,景泰帝赐敕,告诫他:"凡忱所行法,果有便于官民者,不必轻易,但痛革其为弊之人。"[3]要他继承周忱改革的大方向。

李敏没改周忱平米法以及以此为基础的地方财政制度,余米继续被保留,却被户部收归中央朝廷所有。这些原来存留地方公库作为地方公务和救济支出来源的余米,本能使地方财政保持一定的弹性,经此变化,周忱此法实已变质,苏州等府赋役征收又出故障,而朝廷重启追征,使苏州经济再陷困境。此即周"忱既被劾,帝命李敏代之,敕无轻易忱法。然自是户部括所积余米为公赋,储备萧然。其后吴大饥,道殣相望,课逋如故矣。民益思忱不已,即生祠处处祀之"[4]。

景泰二年(1451)底,因镇守浙江的兵部右侍郎孙原贞、浙江右布政使杨瓒提出湖州等府官田改革方案,把官田重租分派到民田轻租之家承纳,同时归并则例,禁革分户,得到批准,苏松等地也被要求实行。景泰四年,"诏巡抚直隶侍郎李敏均定应天等府州官民田。先是,正统中,户部会官议,令江南小户官田改为

---

[1] 正德《姑苏志》卷四十《宦迹四》,《天一阁藏明代方志选刊续编》13,上海书店1990年,第526页。
[2] 《明英宗实录》卷二〇五,景泰二年六月丙子,台湾历史语言研究所校印本1962年,第7—8页,总第4396—4397页。
[3] 《明英宗实录》卷二〇五,景泰二年六月己巳,台湾历史语言研究所校印本1962年,第2页,总第4386页。
[4] 《明史》卷一五三,列传四十一《周忱》,中华书局1974年,第4217页。

民田起科,而量改大户民田为官田,以备其数。既又因御史徐郁奏,令所司均配扣算,务使民田量带官田办粮,以苏贫困,俱行巡抚侍郎周忱清理。然民田多系官豪占据,莫能究竟,其弊仍旧。至是郁复以为言,户部请从其议,命敏均定搭派,敢有恃强阻滞者,执治其罪。从之"〔1〕。

由于此法过分侵害民田所有者利益,必遭强烈反对,周忱没有采行。此时,也因官、民田分搭很复杂,故短时间内难以解决,直至景泰七年(1456),孙原贞、杨瓒提出具体办法,苏松等府也开始类似改革,却已由巡抚陈泰主持了。

景泰六年,邹来学接任李敏,"又令别征夏税及农桑、丝(麦每石加赠三斗五升,丝每两折收铜钱三十五文)",名誉遭损,却于次年正月去世。

九月,陈泰以右佥都御史出抚苏松,如何加耗仍是赋税改革焦点。与周忱以田赋正额一律均征加耗方法比较,陈泰之法有三处不同。

一是以田则轻重衡量加耗多少。"以官田粮太重,民田粮太轻,然富家多占民田,惟官田始为贫家有也。""而一体增米,则轻者固少,而重者愈多矣。"因此规定:税则越重之田,加耗愈少,甚至免耗,税则越轻之田,加耗越多:"乃议以正粮六斗以上,免其加赠。""故定正米一斗以下为一则;其一斗以上,每斗为一则。""自此下,每一斗次第而增,至一斗以下,则十倍之矣。"于是能更加改变官民田负担不均状况。

二是从上述征收方法看,每年各类田地的耗米增加量是固定的,即固定附加税额(耗米),并与正额赋税一并征收,不像周忱那么灵活,每年要依据上年余米使用情况来确定当年加耗数量。

三是余米的使用。虽也像周忱时大多用于夏税之类,"其夏税丝、麦、桑、麻、马草、水马贴役、户口食盐钞贯,悉以余米包办","不更赋于民,民甚便之。而官无储焉",〔2〕已无一套相对独立的地方财政体系。

这种方法介于论粮加耗与论田加耗之间,既非完全的周忱论粮加耗,而是有所发展,可称"阶段的论粮加耗",又与后来完全的论田加耗即均耗、征一,有很大距离,只可称论田加耗的开始。无论如何,陈泰这一"令民田五升者倍征,官田重者无增耗"的改革确保了"赋均而额不亏"。〔3〕

---

〔1〕《明英宗实录》卷二二九,景泰四年五月庚申,台湾历史语言研究所校印本1962年,第2—3页,总第5001—5002页。

〔2〕上引均见乾隆《吴江县志》卷十二《田赋一·额征》史鉴曰,《中国方志丛书》,台湾成文出版社有限公司1975年,第326页。参见史鉴:《西村集》卷5《论郡政利弊书(上太守孟公浚)》,《景印文渊阁四库全书》1259,台湾商务印书馆1986年,第784页。

〔3〕《明史》卷一七七,列传六十五《李秉》,中华书局1974年,第4711页。

天顺元年(1457),李秉接任陈泰为巡抚,共2年。他守陈泰之法,制定具体加耗细则,还调整夏税的不合理负担。他"以为夏税等项皆富民之所多也,而令贫民一体增米包办,未得其平"。即苏州夏税似乎都由轻则民田承担,官田只负担秋粮(官租)。当时加耗原则基本上论粮加耗,官田粮多,加耗也多;余米被用来交纳夏税诸项,所以官田耕种者即小户,为民田拥有者即富室豪右,代纳了这些负担中的大部分,是未得公平。"乃著令夏税丝、麦、桑、麻、马草、户口食盐钞贯折米并水马贴役米,悉令开写。其余正粮斗则,量为损益,一总填入由单,于其后总结曰:已上平米若干,以革粮长另征多科之弊。"就是把夏税另立开来折成米,与秋粮同时交纳。

此法"用意精密,立法详尽,最为得中"[1]平均,但存在操作技术困难,利于吏胥作弊,又极大损害富室大户利益的问题,会招致更多反对。十二月,李秉被劾"违例"荐官,又因言事,次年二月,改任大同巡抚。[2]

六月,崔恭继任,一改前任成法,退回到周忱当年加耗之法:不论官、民田地正粮斗则高低如何,一律以每石正额税粮加耗五斗进行,即反对通过附加税征收,来均平官、民田负担,使周忱以后的深入改革,原已逐步开始缓和的官、民田负担严重不均矛盾再趋激烈,遭到广大官田佃户强烈反对,"民嚣然不便之"[3]。

天顺四年(1460)底,刘孜接任崔恭,依据陈泰、李秉之法,继续整顿赋税。"又以陈、李二公所定,酌为四则(正粮六斗以上,加赠一斗;四斗以上,加四斗;一斗以上,加五斗五升;一斗以下,加一石二斗,后亦稍有增减)。仍包办夏税之类。"[4]

这是折衷之法,兼顾官、民田利益,既较多照顾轻则民田利益,轻则民田加耗幅度重于官田,又增加官田负担:原先六斗以上官田不加耗,他加一斗;原先夏税被李秉列出折米与秋粮同征,他用旧法由余米包纳。总体上,民田每亩负担远低于官田,官、民田负担还是不均。

但刘孜改革纠正崔恭倒退,缓和了官、民田矛盾,方法简略实用,又垦荒招民,因此使用时间较长,直到成化八年(1472),中间有宋杰、邢宥、滕昭任苏松巡抚,除成化四年邢宥征税麦,每石加赠五斗外,基本没大变化。

---

[1] 上引均见史鉴:《西村集》卷五《论郡政利弊书(上太守孟公浚)》,《景印文渊阁四库全书》1259,台湾商务印书馆1986年,第784页。
[2] 参见《明史》卷一七七,列传六十五《李秉》,中华书局1974年,第4711—4712页。
[3] 乾隆《吴江县志》卷十二《田赋一·额征》史鉴曰,《中国方志丛书》,台湾成文出版社有限公司1975年,第327页。
[4] 乾隆《吴江县志》卷十二《田赋一·额征》史鉴曰,《中国方志丛书》,台湾成文出版社有限公司1975年,第327页。

成化八年,毕亨巡抚苏松等地。十年,他对税粮进行重大改革。

首先从金花银折征率入手。"以为金花银一两折米四石,时价米二石上下,剩利太多,将启粮长权豪侵牟之心,贫民不沾其惠,乃减为三石,以余利一石,充为起运之费,减其赠米。"税粮实物如金花银、官布的折征,与周忱平米法关系紧密,也是周忱用来调节官、民田负担不均的重要手段。金花银折粮率每两银准米四石,要低于市价每两银可购米二石,差价一半。这种差价本可以维护小农利益,实际中"为粮长富家所侵牟,小民多不得利"。毕亨把金花银折米率由原先每两四石减为三石,既堵塞富家豪室舞弊之路,又把多余一石加补到耗米中,相对减少广大官田户耗米负担。"既平其价,又收其羡余以补加耗,故赠米号为最轻。豪富不复争,民均受其惠矣。"

其次,改变原先征耗不合理环节。刘孜分官、民田税则为四等,分等加耗,简便可行,却有弊端,如"又以三斗一则,有至三斗九升二合者,而混于一斗以上,计其赠米,反有多于四斗以上者",极不合理,"乃另立为则,通前为五则"。[1]毕亨改四则为五则,更趋精密合理。

之后的巡抚牟俸,在成化十二年(1476)恢复从前旧法:金花银仍按每两折米四石;分田为四则。十三年,命金花银只摊派给贫民和田稻受灾户,用心良好,实际上金花银多落入大户手中。十四年牟俸又令征米,各按田则加耗,再由官府按市价出售粮食,换取白银,交纳金花银。由于金花银按每两四石米征收,而市价每两仅为二石左右,官府能从中盈余。这些盈余被用作漕运、夏税诸项,也就相应减少加耗,减轻官田负担。牟俸虽然改掉了毕亨的两处加耗变动,却已围绕金花银折米率这一税赋改革的新突破口做行政文章了。

成化十五年(1479),王恕接任应天巡抚,苏州等府赋税改革进入周忱改革以来的关键时期。他"虑斗则繁多,里书易于作弊,而细民目不知书,何由知之!"于是进行三方面改革:

第一,不像之前长期使用的各种论粮加耗方法,"乃著令不问官田民田、粮轻粮重,每田一亩,赠米一斗二升"。即改成不按田则分类加耗,一律论田加耗;综计一府加耗,均摊于田亩,每亩加1.2斗。于是"简易可知,不烦计算","细民"免受蒙蔽。

第二,"其包办诸色,犹陈公也"。即夏税蚕桑、麦豆诸项仍用陈泰方法,由官府用加耗米的羡余米包办代纳。

---

〔1〕 上引均见史鉴:《西村集》卷五《论郡政利弊书(上太守孟公浚)》,《景印文渊阁四库全书》1259,台湾商务印书馆1986年,第784页;乾隆《吴江县志》卷十二《田赋一·额征》史鉴曰,《中国方志丛书》,台湾成文出版社有限公司1975年,第327页。

第三,"金花银折米,犹毕公也"。即仍用毕亨办法处理金花银折米,每两由折米四石降为三石,余下的一石充作耗粮。

王恕之法,无视官、民田巨额税则差异,一律论田加耗,并没有平均苏州等府官、民田的负担,甚至可能使原已逐步缓和的官、民田负担不均问题再趋严重。他用余米包纳本来应由民田负担的夏税诸项,也保护着民田所有者即富室豪右利益,损害官田贫困户利益,故"议者犹有损贫民之说者,谓包办诸色也"。[1]可是,论田加耗法具有均粮的初步形态,为今后改革奠定了基础,同时波及、促进了邻近地区如湖州的赋税改革,反过来又促进了苏州赋税改革。

以上苏州赋税改革,曲折反复,收效不一,却为嘉靖年间重大改革奠定了坚实基础。

(二)漕运改革

宣德时,周忱改漕运的支运为总运、支运相参。成化年间的长运法是以后最主要的改革。

宣德五年(1430)兑运法实施后,苏州北运漕粮并没有全部兑运,除白粮外,有部分须由民运到瓜洲、淮安等仓交兑。如正统元年(1436),奏准兑运加耗,"浙江、苏、松等府民自运至瓜洲者,三斗七升"[2]。正统十四年,因北方瓦剌战事紧张,朝廷退回漕军操守,苏松等府漕粮仍由民运京储。景泰年间恢复军运,直到成化七年(1471)没有改变。

成化七年,应天巡抚滕昭"奏准将江南应天府并苏松等府该起运瓜洲、淮安二处水次常盈仓粮俱拨官军过江,就各处仓场交兑,每石除原定加耗外,另加过江水脚米一斗。所以军得脚价,民免远运,彼此有益,交相称便"[3]。此即改兑法,或长运法。以前江南苏松等府漕粮由江南诸卫漕转兑运,剩余部分仍由民运过江,江北运军不能过江兑运,这时要求朝廷取消瓜、淮兑运,改由江北漕军过江赴江南水次直接兑运,但苏松等府民必须交纳运费。

---

[1] 上引均见史鉴:《西村集》卷五《论郡政利弊书(上太守孟公浚)》,《景印文渊阁四库全书》1259,台湾商务印书馆1986年,第784页。

[2] 万历《大明会典》卷二十七《户部十四·会计三·漕运·改兑加耗米》,广陵书社2007年,第511页。

[3] 王恕:《议事奏状》,载陈子龙等选辑《明经世文编》卷三十九,中华书局1962年影印本,第302页。然据洪焕椿编《明清苏州农村经济资料》(江苏古籍出版社1988年,第527页)载:"议罢瓜、淮兑运。里河官军雇江船于江南水次交兑,民加过江之费。瓜、淮官军过江兑运,除加耗外(改兑耗米,苏州每石三斗二升),每石添给脚米六升,此为改兑法。"主要是脚米加价有不同:六升与一斗。其中,"令瓜、淮官军过江兑运,除加耗外,每石添给脚米六升",而且兑运加耗米有变化。均见万历《大明会典》卷二十七《户部十四·会计三·漕运·改兑加耗米》,广陵书社2007年,第512页。

成化八年以前,全国各地运赴京师漕粮原无定额,至此始定为400万石,以后基本保持这一数量。其中,"南直隶正粮独百八十万,苏州一府七十万(石),加耗在外"[1],占到南直隶总数的38.9%,并超过浙江全省的60万石,负担可谓极重。

漕运改革让苏州为此付出沉重代价,而且仍未完全摆脱漕运这一繁重劳役。如弘治十五年(1502),白粮正额为54 800石,耗米很重。[2]又如王府白熟米正、耗多达10 107石,耗米尤重,这两项都由民运。运送南京白粮正耗米因路途近,负担较轻,而运送北京白粮正耗米,耗粮往往是正额的几倍,就连一般兑给运军的漕粮,耗粮几乎与正额相等。苏州为白粮重地,无法折征,长运法之后,民众仍然自运,负担极重。

成化漕运改革表明,明政府实施漕粮运输专业化,使苏州等地广大农民从繁重的漕运劳役束缚中解脱出来,尽管农民为此也付出了巨大经济代价,这是从劳役剥削转向经济剥削,但还是放松了对农民的人身控制,利于农村经济发展。

第二节　苏州社会经济持续性发展的情况[3]

一、水利持续兴修

"水利之兴废乃吴民利病之源也。"[4]从宣德到弘治,明代中央和苏州地方政府依然高度重视并有能力兴修江南苏州等地水利,利于促进社会经济发展,具体体现在政府、民间兴修两个方面。而明代苏州方志对于当地水利建设工程高度重视,予以详载,留下珍贵实录。如《姑苏志》说:"吴地卑下多水患,昔人治法详矣,今其书具在。虽地或变迁,古今异宜,而一时考订经画至为精审,近时建议者莫或逾焉。故历著其事而备载诸书,庶他日可考见云。"[5]

(一) 政府兴修水利

明朝政府延续洪武时期重视江南水利的政策,修建水利工程,进行了局部整

---

[1]《明史》卷七十九,志五十五,《食货三·漕运》,中华书局1974年,第1918页。
[2] 此处白粮正额是运往北京的,而耗米包括南京白粮正耗米,但路近,加耗少。
[3] 本节相关内容主要参照罗仑主编,范金民、夏维中著:《苏州地区社会经济史(明清卷)》,南京大学出版社1993年,第127—170页。凡有差异之处,均由本书笔者负责。
[4] 吕光洵:《修水利以保财赋重地疏》,载陈子龙等选辑:《明经世文编》卷二一一,中华书局1962年影印本,第2206页。
[5] 正德《姑苏志》卷十一《水利上》,《天一阁藏明代方志选刊续编》11,上海书店1990年,第777页。

治。如建文四年(1402),在嘉定县开凿吴淞江。但是,这还没有从根本上解决太湖泄水通道的问题。

明成祖即位,太湖流域大水。永乐元年(1403),朱棣任命户部尚书夏原吉专管苏州、松江、嘉兴、湖州四府水利,整治太湖流域水患。这是明初江南最大的水利工程,关系后世该地水利整修方向。

> 原吉请循禹三江入海故迹,浚吴淞下流,上接太湖,而度地为闸,以时蓄泄,从之。役十余万人……事竣,还京师,言水虽由故道入海,而支流未尽疏泄,非经久计。明年正月,原吉复行,浚白茆塘、刘家河、大黄浦。大理少卿袁复为之副。已,复命陕西参政宋性佐之。九月工毕,水泄,苏、松农田大利。(永乐)三年,还。〔1〕

> 拯治之法,要在浚涤吴淞江诸浦,导其壅塞,以入于海。但吴淞江延袤二百五十余里,广一百五十余丈,西接太湖,东通大海,前代屡疏导之。然当潮汐之冲,沙泥淤积,屡浚屡塞,不能经久。自吴江之长桥至夏驾浦约一百二十余里,虽云通流,多有浅狭之处。自夏驾浦抵上海县南跄浦口一百三十余里,湖沙渐涨,潮汐沙壅障,茭芦丛生,已成平陆。欲即开浚,工费浩大,且滟沙游泥,浮泛动荡,难以施工。臣等相视,得嘉定之刘家港,即古娄江,径通大海;常熟之白茅港径入大江,皆系大川,水流迅急,宜浚吴淞江南北两岸安亭等浦港,以引太湖诸水入刘家、白茅两港,使直注江海。又松江大黄浦乃通吴淞江要道,今下流壅遏难流,傍有范家洪至南跄浦口可径达海,宜浚令深阔,上接大黄浦以达泖湖之水,此即《禹贡》三江入海之迹。俟既开通,相度地势,各置石闸以时启闭。每时水涸之时,修筑圩岸以御暴流。如此则事功可成,于民为便也。〔2〕

原吉的治水计划全在疏通吴淞江支流,引太湖水入海,用了10多万民工,甚为巨大,几年辛苦,终于完工,苏松收到实效。然吴淞江长250余里,宽150余丈,工程浩大,无法疏浚其全程。因从夏驾浦至上海县南跄浦口(今上海市南汇境内)130余里的吴淞江长期淤塞,他放弃了太湖之水由此入海的计划,转而利用吴江县长桥至夏驾浦约120里长的吴淞江,南北分流,引其水由南注入嘉定刘

---

〔1〕《明史》卷一四九,列传三十七《夏原吉》,中华书局1974年,第4150—4151页。
〔2〕夏原吉:《苏松水利疏》,载陈子龙等选辑:《明经世文编》卷十四,中华书局1962年影印本,第104—105页。

河(即古娄江),径通大海,由北注入常熟白茆港,直接入江。为此目的,他疏浚了刘河、白茆,打通夏驾、新洋等塘浦。同时,为了解决大黄浦泄水,重新开凿、扩大了范家洪(浜),使之直达南跄浦口,径达于海。从此,大黄浦不必再利用吴淞江下段而直接把泖湖、淀山湖之水东泄入海,既起到分流太湖之水的目的,又利用大黄浦这一新的入海通道,分泄吴淞江上段之水。这一治水方案,在当时解决了太湖水不能顺利泄入江海的问题,但放弃吴淞江下段,为后世留下了严重后患。

吴淞江是太湖泄水最理想的通道,明初因泄水不畅而引起苏松水患,与吴淞江长期淤塞分不开。原吉治水,不开吴淞江源头,放弃吴淞江下段,采取分流手段,导致吴淞江淤塞更加严重。因水势被刹,不能冲刷,海口淤沙越积越高,积重难返;被淤塞的下段,仅存一脉,后来"土人以此称为漫水港"〔1〕。至正统五年(1440)周忱修治吴淞江正流、复通故道时,就因"淞江故道直流百里遂淤,民因开垦成田"〔2〕,吴淞江下段已不复存在。因此,原吉治水,取得一时成效,却治标不治本。

不仅如此,吴淞江分流的主要通道白茆、刘河也存在严重缺陷。白茆地势略高,不能尽泄太湖之水。更严重的是,随着后来长江入海口沙丘不断上涨,海潮之势被刹,刘河等入江口淤积严重,河水不能畅流入海。宣德时周忱出抚苏松,开始改变原吉整治水利的基本思路,回到恢复吴淞江下段,以泄太湖之水的路子上。而天顺崔恭、弘治徐贯、嘉靖李充嗣、隆庆海瑞等官员治水,无不顺着这一路子,大力疏浚、整治吴淞江,来保证苏松之水能畅流入海。

重要河流疏浚大都由中央派员监察,地方官员协助完成。这与嘉靖以后苏松水利多由地方政府主持明显不同。

除应天巡抚直接督管江南水利外,朝廷屡派官员前赴江南主持大规模水利工程,如工部、户部的主事、郎中、侍郎、尚书等。朝廷也在太湖流域设水利专官,提督监察。

自宣德七年(1432)苏州知府况钟要求中央派员勘踏水利,此后水利工程由巡抚与地方官共同主持,如正统时工部侍郎、巡抚周忱,景泰时户部侍郎、巡抚李敏,巡抚左都御史崔恭等。成化八年(1472),在浙江置佥事,专治苏松等府水利。十四年,巡抚都御史牟俸兼领苏松水利,专设分司。弘治七年(1494),工部

---

〔1〕 王士性:《广志绎》卷二《两都》,吕景琳点校,中华书局1981年,第32页。
〔2〕 顾祖禹:《读史方舆纪要》卷十九《南直一》,贺次君、施和金点校,中华书局2005年,第909页。

左侍郎徐贯提督水利,主事祝萃,应天巡抚都御史何鉴、知府史简等协助。八年,浙江按察司管屯田官带管浙西7府水利,仍设主事或郎中一员专管,三年更代。工部主事姚文灏、郎中傅潮都是这种专官。

苏州是明朝水利工程的重点地区。江河塘浦的疏浚一直在进行,还有几次大规模整治。苏州大规模水利工程主要是整治境内干流支河,疏导吴淞江、刘河、白茆塘等太湖泄水要道,开通塘浦泾浜等主要支流。因为它们有周期性淤塞,须定期开挖疏浚,因此就有几十年一次的大工程。这种工程若无国家组织和投入经费,则无法进行。因此有时专治一河,有时几河兼举。

嘉靖初年,王鏊总结家乡水利工程建设情况,把嘉靖以前苏州大规模整治江河分成5个阶段:永乐时户部尚书夏原吉,正统时应天巡抚周忱、苏州知府况钟,景泰时巡抚李敏、知府汪浒,弘治时工部侍郎徐贯、主事祝萃、巡抚何鉴、知府史简,正德末年至嘉靖初年工部尚书李充嗣、郎中林文沛。他指出:"今天下财赋多仰东南,东南财赋多出吴郡,而吴郡于东南地最下,最多水患。南方夏秋之间最苦多雨,苏、湖渺然辄成巨浸,故官多逋负,民多流殍。于是,在廷之臣争言水利,而以吴淞、白茆港为首,请设官专治。"〔1〕

苏松经永乐初夏原吉治水后,宣德时又出现河道堵塞、泄水不通,因而正统时周忱率苏松地方官疏浚吴淞江、刘家港、白茆塘等江河及一批塘浦。天顺初巡抚李敏、崔恭整治白茆、盐铁、吴淞江。崔恭主要在松江地区治理吴淞江,在吴淞江故道外另辟新道,力度很大,配合上游整治,解决泄水。成化八年(1472)到十年,巡抚毕亨与苏州知府等地方官配合,在嘉定、昆山境内挑挖吴淞江。弘治七年(1494)十一月开始,因苏松等地连年水灾,朝廷派工部左侍郎徐贯、主事祝萃,会同巡抚何鉴、苏州知府史简,再次大兴水利,次年二月完工,开凿吴江长桥太湖出水口,疏浚白茆塘、斜堰、七浦塘、盐铁塘等。此后姚文灏又兴修辅助工程。

江河干道的修理经费一般来自政府,人夫征集则经常通过里甲组织征发徭役,政府也以工代赈、计口授粮,征募饥民。

夏原吉治水,征用当地卫所军户,并用地方政府储粮来征募民工,以工代赈。周忱时,大规模工程费用来自因防灾而存留地方的税粮,地方性支河圩岸修理费用则由相应府县自理。李敏大概也用此法。崔恭修浚吴淞江,用工35 000余,

---

〔1〕 参见王鏊:《震泽先生集》卷二十四《吴郡治水之碑》,载吴建华点校:《王鏊集》,上海古籍出版社2013年,第346—347页。

以官粮作经费。

民工募役依靠里甲等基层组织进行。"往年开河,每里起夫二三十名,伤于太多。在家人户又无所助。虽或有之,亦是弱者。官府给米不过数斗。"[1]

徐贯、何鉴治理苏州等3府水利,苏州府征发11余万民工,开浚白茆、尤泾、七浦、盐铁4条河,开凿吴江长桥八五洪,何鉴用了"兑军留州禄米、军储诸费八十余万","又议治其地,即役其地之人,分地程功,分功赋粮。官赖民之力,故用米至二十八万而不为费。民赖上之济,故用人至五万而不为劳"[2]。起夫仍以里甲为基础,具体做法改为"因创差夫之法,一甲三人,而以其余为资给。又别给米,人一石,先食后役"[3]。即每甲派三人参加水利工作,不参加者出米贴补,官府也计口而食。政府具体出粮数则记载不一。

这种筹款方式仍有科扰之害。弘治九年(1496),由常州府通判升任工部主事提督浙西水利的姚文灏便提出设导河夫,不久就实行。这是设置专夫参与治水,经费列入预算,改变了里甲组织临时性征发人夫均派费用的做法,更为合理。

李充嗣以巡抚进太子少保、工部尚书,可以便宜从事,并有工部都水郎中林文沛、颜如环相辅助。李充嗣大规模治理苏松水利,提出并获准经费筹集来源:使用已有导河夫银,每亩课钱一文,浒关课钞、船钱的课银,两浙、两淮运司余盐银,赃官罚没银等。以后海瑞继承了这套方法,还参照宋代范仲淹做法,以工代赈。

(二) 地方基层兴修水利

从明初开始,政府在苏州等江南之地除了主持兴修大型水利工程,确保农业重地的生产外,还继续让粮长、里甲等农村基层组织负责整治圩塘沟浦,维持日常水利修护,发挥积极的功能,于是也形成作为全国农业重地命脉的水利工程由政府和民间基层组织协同参与共治的良好模式。

苏州与其他江南府县一样,除大规模整治江河塘浦外,农村广泛的小区域、小规模日常水利建设,即圩岸修筑、圩田排灌、沟洫疏通、支河疏浚等,主要通过基层组织,由粮长、里长、里甲来组织、主持。后来增设塘长、圩长以及圩甲系统,仍以原设里甲系统为基础。水利整修维护费用基本上通过里甲以徭役形式承担。

---

[1] 金藻:《三江水学》,载张国维:《吴中水利全书》卷二十一,蔡一平点校,浙江古籍出版社2014年,第990页。

[2] 王鏊:《震泽先生集》卷三十五《恭题何都御史巡抚南直隶敕》,载吴建华点校:《王鏊集》,上海古籍出版社2013年,第493页。

[3] 姚文灏:《浙西水利书》卷下《杨主事君谦治水纪绩碑文》,《景印文渊阁四库全书》576,台湾商务印书馆1986年,第128页。

"伏睹永乐年间,凡兴建水利,庶事皆责成粮长,而官则自为节度之。盖粮长之任,责在农功、赋税而已,其用心必专。"[1]这些费用如何解决,迄今弄不清楚。宣德七年(1432),苏州知府况钟训令:"各县高低田地不一,河道有淤塞者,岸塍有崩塌者,该管官吏、粮里人等随即修渠疏通,毋致误事,有妨农业。"[2]

从宣德到正统甚至更长时间内,苏州地方小范围水利工程一般由基层里甲组织进行。如周忱创立大棚车制度:"令概县排年里长,每名置官车一辆。假如某都某围田被水淹没,则粮长拘集官车若干辆,督令人夫,并工车戽。须臾之间,水去皆尽,而又官给口粮以赈之。"[3]就是依靠基层粮长、里甲,利用济农仓等经费,设立的惠民水利设施。周忱、况钟治苏,圩区救助水灾等工作,按照当该官吏、治农官、粮里、粮头、圩甲逐级领导,在里甲进行动员。圩岸修筑大概也靠此系统运行。这种水利人夫大多以里甲徭役形式、按照里甲抽派。政府也给予财力资助。同时,乡间富户即乡居地主起着巨大作用。

正统以后,随着中央政府在浙西诸府设置水利专官,更因粮长、里长越难应付水利事务,苏州等府为加强里甲组织在农田基础水利治理上的功能,逐渐在粮长、里长之外,增设塘长、圩长等,专管基层水利。弘治以前肯定已经普遍推行。

正德、嘉靖以后,里甲溃崩,水利荒废,塘长、圩长作用就不如以前大了。

苏州基层水利费用均摊是个重要问题,有个演变过程,并出现新趋势。

苏州圩围大则几千亩,小则上千亩,一个圩围就是一个独立水利系统。圩岸修筑、圩内沟洫疏浚、圩田排灌都由一个圩区协同进行。圩岸不修则不能防水,圩岸过高,旁圩之田(上丘)尚可车戽,而处于圩心之田(下丘)辄无法排灌。

一个圩区协同修治水利一直存在如何均摊人力、费用问题。其主要原因,一是圩岸之田多归大户,圩心之田多归贫困小户,形成大户不愿承担水利费用,贫困小户"斯民承积荒之后,多苦无食"[4],"一遭水涝,困于工力难继",无能力修治。二是"大户田连阡陌,病于顾理不周。间有小民佃种大户之田,谓非己业,在大户止图取租。彼此耽误,更不葺理"[5]。成化四年(1468)至十三年,圩田正

---

[1] 史鉴:《西村集》卷六《吴江水利议》,《景印文渊阁四库全书》1259,台湾商务印书馆1986年,第817页。
[2] 《况太守集》卷十二《严革诸弊榜示》,吴奈夫等校点,江苏人民出版社1983年,第134页。
[3] 弘治《吴江志》卷六《风俗》,《中国方志丛书》,台湾成文出版社有限公司1983年,第230—231页。
[4] 史鉴:《西村集》卷六《吴江水利议》,《景印文渊阁四库全书》1259,台湾商务印书馆1986年,第816页。
[5] 周凤鸣:《条上水利事宜疏》,载张国维:《吴中水利全书》卷十四,蔡一平点校,浙江古籍出版社2014年,第581页。

常收成只有 2 年,其余 7 年水溢,一年旱干,"固由天灾流行,然亦堤防圮坏,水不能御,旱不能蓄,有以致之。自国初以来,水之为害未有甚于今日者也"〔1〕。圩区基层水利修治因为费用问题,积重难返,出现前所未有的危机。

成化十一年(1475),佥事吴瑄、通判何唐修筑常熟尚湖西北赵段圩堤,长数里,用工役五万多,钱谷巨万,"财获于官,力借于民,抑聚敛也;伐石于山,运土于陆,因地利也",起夫办法是"量田授役,获利者倍出其工,邻壤者半焉。均徭役,较人力多寡,以为寻尺;验上筑虚实,以稽勤惰、课章程也"〔2〕。费用仍由官给资助,人役开始参照获利的田亩来派用,而圩内贫户无力应承的问题仍无法解决。

弘治时,苏州等地为解决圩区水利费用负担问题,一度推行田头制。当时松江人金藻力主实行此制,认为"随其田旁自修沟岸,不若计其畎亩,均其工程为善"〔3〕。富室大户多据傍岸依泾的上丘之田,他们应多承担圩田水利费用,优恤圩内贫困小户,维持农田水利,保证圩田正常耕种,圩田不修,则一体遭殃,这是一个利益共同体。

姚文灏在整顿圩甲、明确职责基础上,于弘治八年(1495)推行田头制,规定:"应修圩岸,该管排年量田高下,照依五等岸式,督率圩户各就田头修筑。不论有田多寡,但以田头阔狭为则……其圩心田户若有径塍者,自修径塍。无径塍者,与众同修逃户及沟头岸。排年则管修一图圩岸,粮者则管修一区圩岸,各县治农官则提督一县,各府治农官则提督一府……不论田头阔狭,但论有田多寡,照田出人,照人分岸,一总修筑亦可。"〔4〕

从正德后期起,"照田派役"成为徭役改革方向,苏州等江南之府也以此来兴修水利。而田头制的原则与此就格格不入,所以,弘治时其推行范围、持续时间都会很有限。

由上两方面可见,以里甲、粮长为主的农村基层组织在苏州水利运作过程中总是处于中心地位。作为里甲、粮长大头的乡居地主在这一时期水利兴修,尤其

---

〔1〕 史鉴:《西村集》卷六《吴江水利议》,《景印文渊阁四库全书》1259,台湾商务印书馆 1986 年,第816 页。原文"自戊子而至丁卯",丁卯疑为丁酉之误。
〔2〕 黄体勤:《赵段筑围纪略》,载乾隆《苏州府志》卷七《水利二》,苏州图书馆藏本,电子版总第492 页。原文有"工役则五万三十有奇"。
〔3〕 金藻:《三江水学或问》,载张国维:《吴中水利全书》卷二十一,蔡一平点校,浙江古籍出版社2014 年,第 992 页。
〔4〕 姚文灏:《修筑圩坦事宜》,嘉靖《江阴县志》卷九《河防记第七》,《天一阁藏明代方志选刊》,上海古籍书店 1963 年,第 13 页。参见[日]滨岛敦俊:《明清江南农村社会与民间信仰》,朱海滨译,厦门大学出版社 2008 年,第 172 页。

在农村基层水利兴修中发挥了重要作用。明初建立完整的里甲、粮长组织,实现了地主阶级在农村基层的统治,地主阶级也通过这一组织获得了自己在乡村的优势。一旦这一组织松弛或解体,处于洪武模式下的乡村秩序就面临崩溃。很明显,水利兴修的程度与农村基层组织的运行密切相关。明代前中期水利兴修能正常展开表明洪武模式的社会运行正常。

明朝苏州等江南之地的水利兴修与维护由政府和民间基层组织两方面共同举办,对于保证农业生产正常进行,休养生息,稳定社会秩序,取得了良性循环的效果。政府动用巨大财力人力兴建大中型水利工程是必不可少的,绝非一般民间基层组织的能力和效果可及。这是我国历代相承的依靠农业立国重农政策的体现,也是为了保障这一地区的农民民生,尤其是确保其田赋收入作为国家财政税收的重头来源。最大之利在于一旦兴工完成,往往收效明显,时间持续长久。但这样的工程不会是日常性的,必有迫切需求,又要高瞻远瞩,利在久远,能够筹措财力,又有得力官员专家亲临指挥,才能决断兴办。另外,端在技术和管理得法,因为工程浩大,必须科学规划,才能得当奏效,并且节缩开支,同时,务须合理合法的监督管理,采取切实措施,以便防止各级官员从中中饱私囊。

民间基层组织参与小规模水利工程兴修与日常水利维护,责任具体明确,因为关乎切身利益,能够尽心竭力,落在实处,这是最大优势。其最大弊端则往往在于以村乡本位利益至上,缺乏较大视野的工程协调整合意识,容易因小失大,反而损坏了水利兴修。当然,日常维护水利的经费开支能否妥善落实分担是至关紧要的。毕竟仅仅靠义务劳动支持,肯定难以行之长久,成不了制度性工作职责。归根到底,还是得由国家导引,需要建立健全基层水利维护制度与规范,使利益与职责合一,有法可依,有物质基础支撑,有力可行,使大户人家与小户农家构成的水利共同体得以有效存续。

在明朝小农经济模式之下,政府和民间基层组织两方面共同举办水利事业,由政府主导方向,负责主流工程,是积极有为的体现,而由民间积极参与,弥缝罅隙,无疑是互利双赢的。否则,国家与地方水利工程瘫痪,农业生产荒芜,农村生计凋敝,政府与农民只能双损双败,恶性循环。

二、农村经济发展

(一) 正德《姑苏志》所载丰富独特的农业资源

明代苏州农业生产经过前代持续不断的开发,积极探讨,积累了具有太湖流域鱼米水乡丰富独特的农业生产资源,分布在农、林(竹木)、牧、副、渔、果蔬、茶、花卉及药材业等方面,并且成为农业粮食生产之外的有机补充,开展农业商业化经营的重要领域,促使农户专业化和兼业化发展,市场交换兴旺,广大农户得以在一年四季的辛劳之中,有所收获,应付重赋之外,也提高了日常生活水平。

据明中期正德《姑苏志》记载,这些农业资源可以概述如下。取于天然的为"生植",是田地山荡自然土产,分22类,包括粳之属17种,糯之属12种,麦之属6种,豆之属6种,果之属9种,橘之属11种,梅之属12种,牡丹之属13种,菊之属36种,杂花19种,木之属6种,竹之属7种(附笋),菜之属13种,瓜之属6种,水实之属5种,溪茇之属4种,药之属24种,杂植13种,鳞之属21种,介之属6种,羽之属4种,石之属8种(石类见后述工艺)。

民以食为天,五谷丰登,丰衣足食,家和事兴,是农民太平生活的理想状态。农业时代,江南太湖流域平原水乡作为我国两大谷物(大米、小米)之一的稻作区,以大米生产为主。唐宋以来,苏州地区水稻种植经验丰富,稻种品类积累较多,取名符实优雅,产量高,米质好,农户注意保留育种,仅仅粳稻就有17种,糯稻12种。麦子种植也有相当大的量,作为食用大米的口粮补充,也作为农产品出售。种麦与种稻在时间上不相冲突,正好一田一年两季。当然,有双季稻则为三季。在同样的土地面积上增加了产量,满足口粮和商品粮出售,增加农家收入。这是天时地利人和,农民巧用智慧种田的结果,成为我国一份珍贵的农业遗产。

粳之属17种:

箭子稻。粒瘦长,雪色,味香甘,晚熟,稻品最高。

红莲稻。五月种,九月收,芒红,粒大。有早、晚二种。

糯秜稻。五月种,九月熟,色斑,粒微长。

雪里拣。秆软,有芒,粒大,色白。

师姑秔,即矮稻。五月种,九月熟,无芒,粒白。

早白稻。五月初种,八月熟,皮芒白,米赤。又一种九月熟,称晚白,又名芦花白。

麦争场。三月种,六月熟,与麦争登场。

六十日稻。四月种,六月熟,米小,色白,迟至八十日熟。又名早红莲、救工饥。

百日赤。四月种,六月熟,芒赤,米小而白。

金成稻。四月种,七月熟,米红而尖,性硬。

乌口稻。再莳,晚熟,下品稻。

再熟稻。一岁两熟。丰岁稻已刈,而根复发,苗再实,称为再撩稻。

早稻,即占城稻。二月中旬至三月上旬,用竹笼周以稻秆,置稻种其中,约五斗许。又覆以秆,入池浸三日。伺微热,如甲拆状,则出而布于地。及苗与谷等,别用宽竹器贮之于耕过田,细土停水二寸许,布之三日,决去水。至五日,视苗长二寸许,复引水浸一日,乃插莳,至八月熟。

中秋稻。四月种,八月熟。

紫芒稻。五月种,九月熟,紫谷,白粒。

枇杷红。皮薄,色如枇杷。

下马看。秀时最易。一名三朝齐。

糯之属12种:

金钗糯。粒长,宜酿酒。

闪西风。一名早中秋。

羊脂糯。五月种,十月熟。色白,性软,故名。

青秆糯。四月种,九月熟,宜良田。稃黄,芒赤,已熟而秆微青,故名。

秋风糯。一名瞒官糯。每岁代晚稻以输租,故名。

赶陈糯。四月种,七月熟,米粒最长。

矮糯。晚熟。一名矮儿糯。粒白而大,四月种,九月熟。

鹅脂糯。

川梗糯。四月种,九月熟,粒大,无芒。

虎皮糯。五月种,十月熟,色斑。

羊须糯。四月种,九月熟,谷多,芒长。

胭脂糯。五月种,九月熟,谷红,粒白。

麦品有6种:大麦、小麦、穬麦(有赤白二色)、荞麦、舜哥麦、紫秆麦。

豆之属6种:

白扁豆。俗呼为延篱豆,谓其引蔓而生。谚云:"延篱花开,挟纩子来。"言此花作寒候,可挟纩。

紫罗豆。五月种,九月熟,色紫,粒大,有青黑花纹,出嘉定。

豌豆。一名小寒豆。九月种,三月熟。蜀中以此豆不实的做巢菜,杂羸肉,作笼饼。

蚕豆。九月种,蚕时熟,故名。

江豆。赤黑色,四月种,六月熟,可为糕。又名沿江十八粒。

刀豆。以形名,可入酱为蔬。相传酱瓿中有发入,刀豆则化为水。

以上稻麦豆都是粮食类,占了五谷的三种。大米品种特多,且以粳稻最多,品种一流,并以糯稻取胜,这是江南鱼米之乡最具特色的粮食作物,更是政府重赋征收不能折色的首选品种。

农副产品由苏州本地山地水荡出产。太湖及湖中洞庭诸山与属县的水泽山林成为花果之乡,盛产水生果蔬,一年四季时鲜轮换应供,屡屡不绝,循环不息。这些美味佳肴丰富了社会日常生活消费,也提高着农家日用收入。

果之属 9 种:

杨梅。为吴中名品,味不减闽之荔支。出光福山铜坑第一,聚坞次之。

枇杷。出洞庭山。初接则核小,再接无核。

樱桃。出常熟的色微黄,名蜡樱,味尤胜。

林檎。一名来禽,俗呼花红。郡城中多有种植。

海杏。大杏。《地理志》云:范蠡宅在湖中,有杏大如拳者。"今吴下杏犹有如小儿拳者。"

栗。出常熟顶山,味香而美。比常栗小,名麝香囊。

银杏,即鸭脚子。亦多出洞庭。俗名白果。

柿。出常熟东乡的名海门柿。出虞山,蒂正方,色如鞓红,为方蒂柿。

梨。出洞庭西山有 10 种:密梨、林梨、张公梨、白梨、黄梨、消梨、乔梨、鹅梨(大柄)、金花梨、太师梨。出常熟韩丘名韩梨。

橘之属 11 种:

绿橘。出洞庭东西山,比常橘特大,深绿色,未霜,脐间一点先黄,而其味已全,可啖,故名。

平橘,即绿橘。差小,纯黄方可啖。其皮可入药。

蜜橘。品最上。

塘南橘。色红如血,有猪肝、鳝血二种。

脱花甜。

早红橘。其品稍下。

真柑。亦出洞庭山。虽橘之类,而品特高,香味超胜,浙东诸产悉出其下。其木畏霜雪,又不宜早,故不能多植。土人亦甚珍之。

匾橘。吴江村落间多有种植。实最大。以其形匾,故名。

金柑。实小,如弹丸,味带微酸。其本高三尺许,累累金色,一本千颗。惟常熟沙头(后割属太仓)最盛。别一种稍长,名牛乳柑。

橙。若柚而香，木有刺，可以苊鲜，可以渍蜜。

香橼。树高实大，类橙，色黄，形圆，而香芬袭人，可捣为汤。

梅之属12种：

江梅。遗核野生，不经栽接。一名直脚梅。或称为野梅。花疏瘦，有韵，实小。

早梅。胜江梅。二月初开，故名。

官城梅。圃人以直脚梅选择佳本嫁接，花才敷腴，亦佳，可入煎造。

消梅。与江梅、官城梅相似，实圆小，松脆，多液无滓。不宜熟，惟堪青噉。

古梅。樛曲万状，苔须垂于枝间，飘飘可爱。

重叶梅。叶重数层，花房独出，盛开如小莲花，为梅中奇品。结实多双，尤为瑰异。

萼绿梅。色纯绿，枝特青。大概因其清高，堪比九华仙人萼绿华。

百叶缃梅。又名黄香梅。亦名千叶香梅。花叶至二十余瓣，心色渐黄，花差小而繁密。别有一种，芳香比常梅尤浓美，不结实。

红梅。类杏，与江梅同开，红白相映，成为阁林初春绝景。《西清诗话》云，承平时，红梅独盛于姑苏。

鸳鸯梅。一蒂双实，多叶，也是红梅。

杏梅。比红梅微淡，结实匾，有斓斑色。

蜡梅。非梅类，开与同时，色似蜜，脾香又相近，故名。凡三种，以子种，不经接，花小香淡，其品最下，俗称狗蝇梅。经接花疏，虽盛开，花常半含，名磬口梅。其佳者为檀香梅，色深黄，如紫檀，出《范村梅谱》。

梅是食物，又是花品。梅兰竹菊共芬芳，在苏州文学书画园艺之乡储备充分，观赏雅致。

苏州牡丹、菊花品种丰富，有的很名贵，还有不少杂花等鲜花，作为园林家居装饰，美化生活，自是不可或缺。

牡丹之属13种：观音红、崇宁红、寿安红、王希红、叠罗红、风矫红（一名胜西施）、一捻红、朝霞红、鞓红、云叶红、茜金球、紫中贵、牛家黄。《吴郡志》旧传宋朱勔家园内万本，皆以饰金牌，记其花名。"今人家亦有传其种者。"

菊之属36种[1]：

胜金黄。一名大金黄。此品最为丰缛，而加轻盈，花叶微尖，条梗纤弱。

---

[1] 实际上只有35种。

叠金黄。一名明州黄。又名小金黄。花心极小,叠叶秾密,状如笑靥。

棣棠黄。一名金锤子。赤金色,酷似棣棠,他花不及,可称奇品。

叠罗黄。状如小金黄,花叶尖瘦,如剪罗縠,高枝丛出,意度潇洒。

麝香黄。花心丰腴,傍短叶密承之。亦有白似白佛顶,更加超胜。

千叶小金钱。略似明州黄,花叶中外叠整。

太真黄。花如小金钱,加鲜明。

单叶小金钱。花心尤大,开最早。

垂丝菊。花蘂深黄,茎柔细,风动处如垂丝海棠。

鸳鸯菊。花常相偶,叶色深碧。

金铃菊。一名荔枝菊。千叶细瓣,簇成小球,条长,可以揽结。

球子菊。如金铃而小。

又有小金铃。花极小,夏开。

藤菊。花密条柔,如藤蔓,可以为障,亦名棚菊,种于坡上则垂袅数尺,如璎珞,尤宜水滨。

十样菊。一本开花形模各异,又名十样锦。

野菊。丛生田间水际,单叶琐细。

甘菊。一名家菊。可供蔬茹,差胜野菊。

五月菊。花心极大,每枝一花,径三寸许,夏月开。

金杯玉盘。中心正黄,四傍浅白,花头径三寸,大菊不过如此。

喜容千叶。初开微黄,欣然丰艳,有喜色,久则变白,长可引至丈许,亦可揽结。

万铃菊。中心淡馓子,傍白花,叶绕之,花端极尖,香尤清。

莲花菊。如小白莲花,多叶而无心,花蕊萧散清绝,一枝只一葩,叶深绿。

芙蓉菊。开如楼子芍药。

茉莉菊。花叶繁缛似茉莉。

木香菊。多叶,似御衣黄。一名脑子菊。

酴醾菊。细叶稠叠,比茉莉差小而圆。

艾叶菊。单叶,长如蓬艾。

白麝香。似麝香,黄而差小,韵颇胜。

白荔枝。与金铃同,但花白。

银杏菊。淡白,时有微红,杏叶,全似银。

波斯菊。花枝倒垂,卷如鬓髻。

佛顶菊。初秋开白色,渐变微红。

桃花菊。未霜即开,最为妍丽,色在桃杏梅之间。

胭脂菊。类桃花,深红浅紫,比胭脂尤重。

紫菊。一名孩儿菊。花如紫茸,丛茁微香。

杂花 19 种[1]:

木兰花。

海棠。皆单叶。别有莲花海棠,重叶丰腴,如小莲花。范成大自蜀移归,吴中始有此种。宋吴人沈立曾撰《海棠记》1卷。

芍药。范成大北使过维扬,买栽于石湖。有深红紫白诸色,千叶、重台数种。

山茶。开于雪中,有单叶、千叶之异。别有一种深红名宝珠山茶。

辛夷。叶如柿。正二月生花,色白,带紫。春夏再开。初开如笔,故又称为本笔。

锦带花。长枝密花,如锦带。然虽在处有之,而吴中者特香。王禹偁云:《花谱》谓海棠为花中仙,此花品在海棠上宜名海仙。

石竹花。状如金钱。

莺粟花。即米囊花。有千叶、单叶之异。成畦种植,五色烂然。

楠李。小花繁缛可爱。

萱草。一名紫萱。又名忘忧草。王子年《拾遗记》云:吴中书生呼为疗结花。又麝香萱,即萱之别种。《述异记》云:香似红蓝,甚芳。"今吴下所植者淡黄色,比常萱差瘦,香类茉莉,为可贵也。"

鼓子花。皮日休诗云:"鼓子花明白石岸。"

水仙花。有单叶、千叶。

蔷薇。红白杂色,多生水边。别有金沙、宝相、刺红、紫玫瑰、金樱子、佛见笑,皆其类。又一种黄蔷薇,格韵尤高。

二至花。葩甚细色,微绀。开于夏至,敛于冬至,故名。又名如意花。

栀子。色白而香,即佛书檐卜花。

木香。细朵,淡黄色,垂条匝地。一名酴醿(荼蘼)。

百合。有红黄二种。

紫薇。夏开至秋暮,可三月不尽,故又名百日红。

长春。四时相继开,故名。

---

[1] 实际上 20 种。

芙蓉。红白二种,生多傍水,陆生者为木芙蓉。

以上花卉烂漫,品种繁多,达官贵人、富商巨贾广构园林,施展园艺,借为必需品;文人雅士借为题材,进行书画、诗歌文学创作,陶冶雅致情操;市民或平民生活装点,也作常见用物,美化生活,情趣盎然。

木之属6种:

桂。《吴郡志》云:桂本岭南木,吴地不常有之。唐时尚有植者。乐天(白居易)守郡日,谓苏之东城有桂一株,惜其不得地,赋诗喑之。近世以木犀为岩桂,诗人或指以为桂,非是。"按此,则桂与木犀当是二种。今吴中不复有桂。姑因旧志存之。"

柳。所在均有。吴中尝得凤州种,垂条拂地,婆娑可爱。

栝子松。虽产他郡,而吴中为多,故家有逾百年者。或盘结盆盎,尤奇。亦可沈子而生。又有桧树,亦可盘结。二种仅可供庭除之玩。

枫。似白杨,有脂而香,称香枫。厚叶弱枝,善摇,故字从风。叶作三脊,霜时色丹,又称丹枫。

槐。干似榆,叶细而长,花可染。郡中有槐树巷,即此种。又有一种盘结,名盘槐,多种官署中。

冬青树。所在均有。陈墓村落间为盛。土人种以取蜡。

竹之属7种:金竹、紫竹、斑竹、桃枝竹、凤尾竹、慈姥竹(丛生,俗名慈孝竹)、哺鸡竹。

附:笋,诸县皆有。范志所谓哺鸡竹笋,以其蔓延,如鸡之哺子。俗称杜园笋。

木竹是建筑装饰材料,竹笋又可食用。

菜之属13种:

菘菜。其性凌寒不凋,有松之操,故字从松。唐人所谓阔叶吴菘。

藏菜。出郡城。肥白而长,名箭干菜。冬月腌藏以备岁,故名。

乌菘菜。春末最盛,根盘尺余,叶干粗阔,可曝为干。

塌科菜。冬月烹芼最佳。

羊角菜。形如羊角。

油菜。冬种春初生,薹可食,至四月取其子压油。

芥菜。似菘,而有毛。其子如粟粒。三月间,薹长尺余,干大如指,亦可盐藏。又一种名黄衣芥,矮小,味极佳。

菠菜。根赤,叶如箭镞,味极甘美。相传其种来自波棱国,因名。北人所谓赤根菜。

蒜。处所均有。出崇明为佳。

葱。薤属,荤菜。出太湖上名湖葱,叶阔而须长。

韭菜。冬末春初细缕寸许,郡城为贵,市为荐新。

蘘荷。俗称甘露子。状如蚕蛹。冬日收藏,与菜并蓄,可辟蛊病。

蕈,即菌。多生西山松林下。二月生者名雷惊蕈,其色赤者名猪血蕈,味皆鲜美。

瓜之属 6 种：

西瓜。出跨塘荐福山为荐福瓜。出昆山为阳庄瓜。

香瓜。有金银二色。其形微长有棱,又名甜瓜。《述异记》云：吴威王时会稽生五色瓜。梁时吴中亦岁充贡。

酱瓜。如香瓜,而色青,可入酱,为菹醢之用。一种出嘉定清浦特坚脆。

东瓜、王瓜、生瓜。

以上为生活蔬菜,以下则为水乡水产植物、动物。

水实之属 5 种：

菱。王氏《武陵记》云：两角曰菱,四角三角曰芰,其叶似荇,白华赤实,其华昼合宵炕,随月转移,犹葵之随日也。旧说镜谓之菱花,以其面平,光影所成。又有红白二种,白者名馄饨菱,惟长洲一种出顾邑墓,特大而美,谓之顾窑荡；昆山一种如顾窑荡,而味略减,谓之娄县菱,今讹为留远。

芡实。叶似荷而大,俗名鸡头,因状类鸡首。出吴江壳薄,色绿,味腴。出长洲车坊色黄,有粳糯之分。

藕。出吴县黄山南荡为佳。唐苏州进藕,佳者名伤荷藕。或称叶甘,为虫所伤,以长其根。又多生重台莲花,大概藕嫩则易伤,食而无滓。他产不满九窍,此独过之。

荸脐（荸荠）,即凫茨。出华林色红味美,不能耐久。出陈湾村色黑而大,带泥,可以致远,性可软铜。

茨菇。本草名乌芋。生稻田中。

溪茇之属 4 种：

莼菜。出吴江,味甘滑。四月生,叶似凫葵,茎如钗股短长,随水浅深,名为丝莼,即张翰所思之物。

茭白,即菰。八九月间生水中,味美可啖,中心生薹,如小儿臂,名茭手,或名茭首,以根为首。各县均有。惟吴县梅湾村一种,四月生,名吕公茭。茭中生米,可作饭,即菰米饭。"然今未有作饭者。"

荇菜。似莼,所结子烂煮,味甘如蜜祭荇酥,士大夫不知,遂为野人渔父所食。

芹。生春泽中,洁白有节,其气芬芳。

苏州中草药材种植,与医药术高超的需求相关。吴医吴药互为一致,中草药栽培与提炼至关紧要。

药之属 24 种：

白芷。一名药香草。春生,多在下湿地,叶紫,花白,微黄,入伏结子,立秋苗枯,采其根曝干。《本草》云出吴地者良,故名吴白芷。

薄苛。出府学前南园为佳,称龙脑薄苛,岁贡京师。

紫苏。亦出府学前。其叶面、背俱紫。

蛇床子。生太湖旁。

牵牛。有黑白二种。

枸杞。一名仙人杖。岸侧水隈,弥望皆是,至秋则结子。

香附子,即莎草根。出梅李镇冈身路为佳。

天南星。出虞山。

常春藤。生太湖。一名千岁虆。青色为佳。

络石草。一名薜荔蔓。生缘树木,生如莲房。

麦门冬,即沿阶草。

香薷。

荆芥。细茎为佳。

吴茱萸。

天花粉,即瓜蒌根。

马兜铃。其根为木香。

陈皮。出洞庭。

泽兰。开白花,叶似火麻。其根名地笋。

兔丝子。苗名黄丝草。

王不留行。

鼠粘子。生水傍,大叶。一名牛傍子。

鬼箭草。出穹窿山中。茎有箭翎。

豨莶草。俗呼火杴草。春生苗,叶似芥而狭长,茎高二三尺,秋初有花如菊,秋末结实,颇似鹤虱。夏采叶曝干,用单服,甚益元气,治风疾。

牛顺头草。西山黄堰岭。

杂植 13 种：

扶芳。初生缠绕他木，叶圆而厚。夏月取叶，火炙香煮，以为饮，色碧绿而香。隋大业五年（609），吴郡贡二百本入洛京，植于西苑，当时居官尚食直长的谢讽造《食经》，具"四时饮"，其中春有扶芳饮。

芋，即蹲鸱。大者名芋魁，旁生小者为芋妳。其苗亦可作菹。一种出嘉定，名博罗。

香芋。出嘉定南翔，色微黄，味香美，可食。别一种引蔓生花，花落即生，名落花生。虽类香芋，而味不及。

山药，即薯蓣子。亦出南翔。土人种以为产，有粳糯二种。

杞柳。出城西枫桥及横塘为佳。其条柔，为栲栳，细者为箱箧。

席草。冬月种，小暑后刈。

灯草。种法与席草同，最宜肥田，瘦则草细。五月刈，曝干，以刀划开其心，作灯炷，皮制雨蓑。

苎麻，即织白苎布所用。正月栽，五月斫，为头苎。七月为二苎。九月为三苎。

黄麻。春初种，秋收，可为布。

黄草。如葛，性脆，可为布。

蓝。出崇明。叶如菘菜，土人无不栽，惟东沙为盛。四月下子，至五月剪其叶，浸水三两日，漉去粗，搅之成青靛，已而复生，如是者岁常三四收。出郡城者为杜蓝。

天蓝。苗若苜蓿。三四月开碎黄花。土人以其子播于大麦地，刈麦后则翻入于土，最能肥田。

菅草。生沙涂上，似蔺，用织席梱屦。

苏州水陆交汇，江海湖塘，水网密布，既利农业灌溉，又利交通，同时也是生活必须，靠水吃水，鱼虾蟹等水产品类繁多，江鲜、湖鲜、海鲜齐全，名品培育，走商业市场之路，利于兼业、副业发达。

鳞之属 21 种：

鲈鱼，即四腮鲈。出吴江长桥南者，味美，肉紧，缕而为鲙，经日不变。出桥北者三腮，味咸，肉慢。

鳜鱼。巨口，细鳞，状如松江之鲈。

鳊鱼。缩项，细鳞，味甚腴。出太湖者尤胜。

银鱼。形纤细,明莹如银,出太湖。土人多鲭以致远。

鲙残。出太湖。状如银鱼而大。相传吴王江行食鲙,弃余所化。冬月带子者名挨冰啸。

白鱼。出太湖。味腴。吴中芒种日谓之入梅,后十五日入时,于时白鱼最盛,名时里白。

鲚鱼。出太湖。狭薄,头大。其大者名刀鲚,带子者名鲏子。

鲤鱼。诸鱼中惟鲤最寿且大。吴人谓其小者为鲤花。

鲫鱼。冬月味美。吴俗有寒鲫、夏鲤之称。

鲭鱼。有二种:乌青、草青。

石首鱼。出海中。其色如金,俗名黄鱼,味绝珍。夏初则至,以楝花为候。

鲳鱼、鳓鱼、鲥鱼,皆出海中,惟鲥鱼味极美。

针口鱼。形如针口,有骨,半寸许。土人多取为鲭。

土附。似黑鲤而短小,附土而行,不似他鱼浮水,故名。或作鮒。

推车鱼。一名折船钉,冬月见于冰间。

箭头鱼。出新洋江,首阔尾狭,形如箭镞。

虾虎鱼。类土附,而腮红若虎,善食虾,俗名新妇女。

河豚鱼。有毒,烹调失宜能杀人。吴人甚珍之,谓其胁为西施乳。

斑鱼。似河豚而小,味亦腴。

介之属6种:

蟹。凡数种。出太湖,大而色黄,壳软,曰湖蟹。冬月益肥美,谓之十月雄。出吴江汾湖者,曰紫须蟹。出昆山蔚洲者,曰蔚迟蟹。又江蟹、黄蟹,皆出诸品下。吴中以稻秋蟹食既足,腹芒朝江为乐蟹。采捕于江浦间,承峻流,纬萧而障之,名曰蟹断。

蟛蜞。蟹属而小。吴人呼为彭越,盖语讹也。二三月出于海涂,土人以盐藏、货之。

蛤蜊。产于海口,有紫缘为佳。

蛏。出海边,似蚬而长。

白蚬。出白蚬江。

海蛳。出海中。土人熟而市之。

羽之属4种:

鸡鹡,水禽。黑襟,青胫,丹爪,嘴色几及项。

鹤媒。吴中弋人尝养一驯鹤,以草木叶为盾,挟弓矢以伺之。鸟见鹤同类,狎之无猜疑,遂为矢所中。

三黄鸡。出嘉定。味特美。喙、足、皮俱黄,故名。

黄雀。出海边。每岁冬初,西风急,则千百成群,自江外飞至。[1]

(二) 农业复种率增加,农村副业发展,生产集约化程度提高,租佃生产关系变化

粮食作物种植。苏州稻麦二作复种,从宋代推行,到明初水平已很高,但复种面积和内涵都没饱和,这为明代及以后发展留下了余地。

水稻是苏州主要粮食作物。水稻品种变化反映复种水平仍在不断提高。苏州早稻品种较少,中、晚稻品种较多,即籼稻品种少,粳稻、糯稻品种多,其中最重要的原因是为了协调稻、麦轮作时间,通过中、晚稻栽种,解决春季小麦收割与水稻栽种的矛盾,提高复种率。大量苏州府县志的物产记载表明,苏州糯、粳稻品种一直在增加,有的甚至增幅很大。这与明初以来苏州一直是朝廷白粮粳米重要供应地有关,也说明当地农民为了提高以稻麦为主的复种面积与产量于其品种方面一直在进行不懈的探索。

苏州麦类作物品种与明初类似,主要有大麦、小麦、荞麦、穬麦4种,但在冬小麦栽培技术、田间管理、肥料投入以及产量等方面应有较大发展。油菜作为春熟主要种物,可作蔬菜,可榨食油,可作燃料,已大面积栽种。开始时它可能是作为麦类补充作物,以后逐渐扩大,愈益重要。到明末清初,许多地区油菜种植与麦类作物不相上下,水稻后作作物由原先称"春熟"衍称为"春花"了。

宣德六年(1431)二月,苏州知府况钟说:"部定每麦一石二升,折收绵布一匹,民间得以自织输纳。"[2]夏麦折布,属轻赍,可免远运之苦;同时,用布折麦,可留麦于民,资春、夏之季接食之用。种植春熟麦类,以麦折布交税,对农户生计十分有利,小麦已是苏州农户重要的粮食作物。政府贸然改变这一陈例必将波及民生,冲击社会安宁。如宣德七年长洲等县粮老就状告,反对取消夏税之麦折布,以存民生。[3]

豆类作物,如蚕豆,被添入春熟作物,种植面积有所提高,能与麦、菜类春熟

---

[1] 以上苏州物产及引用均参见正德《姑苏志》卷十四《土产》,《天一阁藏明代方志选刊续编》11,上海书店1990年,第920—953页。

[2] 《况太守集》卷八《再请免抛荒粮及夏税科派奏》,吴奈夫等校点,江苏人民出版社1983年,第83页。

[3] 见《况太守集》卷九《再请夏税折布奏》,吴奈夫等校点,江苏人民出版社1983年,第95页。

作物套种,还能与其他作物,如棉花套种。明末棉植区如嘉定称之为"花豆"。万历时,嘉定有黄豆、青豆、黑豆等豆类22种。崇祯时,太仓有黄豆等几大类,仅黄豆就有苏州黄等6种。新的春熟种植有地区性,如吴江盛行油菜;太仓等棉植区种植田草,"州人不种麦则种草,故称春熟曰麦草"[1]。这田草就是草类植物金花菜,俗称草头,既可食用,大多却作肥料。

农业副业发展。作为家庭副业,苏州其他蔬菜类作物种植也增多,如青菜、白菜、菠菜等菜类,南瓜、西瓜、丝瓜、黄瓜等瓜类,刀豆、扁豆、豌豆等豆类等。苏州水乡水产丰富,如菱角、荸荠、藕、茭白(菰)等水生植物,被人工大量种植。鱼类繁多,使吴俗善渔,捕捞渔人与鱼入市,渔业作为农村副业普遍发达。苏州山地、丘陵农民多种果树,以太湖洞庭东、西山最盛。"湖中诸山,若桃、梅、柿、杏、林禽、樱桃、葡萄,往往被于他州。其最佳者有五焉,曰杨梅、曰枇杷、曰银杏、曰梨、曰橘。"[2]

农业复种率增加,农村家庭副业增多,提高了土地等农业资料使用率与合理化程度,推进了农村生产集约化和农业商品化发展。

农业生产方式变化。明代吴江县是苏州农业经济发达的稻作区,到弘治时,农民生产、生活以及农村状况,有如下记载:

> 四民之中,惟农为最劳,而吴农又劳中之劳也。
>
> 无产小民,投顾富家力田者谓之长工,先借米谷食用、至力田时撮忙一两月者谓之短工,租佃富家田产以耕者谓之租户。此三农者,所谓劳中之劳也。
>
> 晓霜未释,忍饥扶犁,冻皴不可忍,则燎草火以自温,此始耕之苦也。
>
> 燠气将炎,晨兴以出,伛偻如啄,至夕乃休;泥涂被体,热烁湿蒸,百亩告青,而形容变化,不可复识矣,此立苗之苦也。
>
> 暑日如金,田水若沸,耘耔是力,稂莠是除,爬沙而指为之戾,伛偻而腰为之折,此耘苗之苦也。
>
> 迨垂颖而坚粟,惧人畜之伤残,缚草田中,以为守舍,数尺容膝,仅足蔽雨,寒夜无眠,风霜砭骨,此守禾之苦也。

---

[1] 崇祯《太仓州志》卷五《物产》,苏州大学图书馆藏康熙补刻残本1册,卷五至卷七,第31页。

[2] 蔡昇编,王鏊修:《震泽编》卷三《土产》,《四库全书存目丛书》史部228,齐鲁书社1996年,第694—695页。

> 刈获而归,妇子咸喜,舂揄踩践,竞敏其事,若可乐矣。而一饱之欢,曾无旬日,谷入主家之廪,利归质贷之人,则室又垂罄矣。自此惟采茆为薪,捕鱼易米。而敝衣故絮,藜羹粝饭,曾不得以卒岁,岂不可怜也哉![1]

从中可知明中期农民辛劳,苏州农民尤其辛劳,而且一年四季忙碌,吃辛吃苦了,是心甘情愿,到头来还是贫苦。

吴江农村在生存压力和重赋之下,农业劳动力集约化程度与商业化程度在提高。水稻种植有犁田、插秧、耘田、除草、护谷、收获等环节,都得投入很多劳力。农村妇女大量参加生产,承担原来由男劳力承担的重活,像插秧、收割、车水等。[2]

小麦、油菜等春熟作物种植面积扩大,增加了农业集约化水平。秋天(一般九月)水稻收割之后,必须抢种麦豆、油菜等作物;种桑区还须在此时栽桑,万般忙碌。春夏之交,油菜、麦豆收割,翻地整田、插秧等农活,都须抢时间完成。因之劳力需求量极大。出卖劳力的农业雇佣劳动相当普遍,如弘治时有长工、短工,嘉靖时增加了忙工,特别是短工、忙工,属于农业季节性劳力,需求量更大。农民除耕种之外,还应因地制宜,于农闲时从事各种副业生产,辛勤繁忙,否则势将无以度日。

租佃关系。由吴江租佃关系记载也约可窥见一斑。

弘治前,佃种他人田地者称租户,不称佃户。

> 每田一亩,起租一石至一石八斗,每岁仲冬,租户以干圆好米纳还田主,田主亦备酒食以劳之,谓之租米。其小民乏用之际,借富家米一石,至秋则还二石,谓之生米。其铜钱或银则五分起息,谓之生钱。或七八月间,稻将熟矣,而急于缺食,不免举债,亦还对合。故吴人有"出门加一"之谚。所以富者愈富,贫者愈贫矣。吴农有言曰:"汁出赖赖,强如做债。"赖赖,盖谚语,犹言淋漓也。言稻半熟而有汁出淋漓者,刈而食之,胜如举债也。[3]

每亩租额从一石至一石八斗,每至仲冬,佃户以干圆好米送租上门,地主以

---

[1] 弘治《吴江志》卷六《风俗》,《中国方志丛书》,台湾成文出版社有限公司1983年,第225—227页。
[2] 参见正德《姑苏志》卷十三《风俗》,《天一阁藏明代方志选刊续编》11,上海书店1990年,第911页。引文详见本书第四章第二节一(四)。
[3] 弘治《吴江志》卷六《风俗》,《中国方志丛书》,台湾成文出版社有限公司1983年,第227页。

酒食相待。佃户也受高利贷剥削,乏食小民借米一石,秋季须交二石,钱、银利息以五分为息,相当高,所以不如自食青稻,以免举债难还。

宣德时,吴江、昆山"民田,亩旧税五升。小民佃种富室田,亩出私租一石"[1]。上述吴江弘治前,每亩租额一石至一石八斗,到嘉靖时下限降至八斗,上限仍足原数。一般而言,苏松"岁仅秋禾一熟,一亩之收,不能至三石,少者不过一石有余,而私租之重者,至一石二三斗,少亦八九斗"[2]。从明末亩产量来看,弘治前后的租率很高。

田租由佃户送到主家交纳,地主待他酒食,大约是普遍现象。这比元代浙西佃户形同奴役大大改进;比明初佃户地位提高,向田主叙少长之礼也改变;与明末张履祥描述地主每至秋收,往往踏看田亩收成,与佃户不相识,情形大不同;更与明末佃户动辄抗租,关系有霄壤之别。

佃农往往在秋收前,或春熟收成前,因乏食,更多因遭荒,也有因重赋,向大户、田主借贷,承受高利贷,即吴江称"生米""生钱",成化、弘治时利息很高。

嘉靖前,苏州与吴江佃户在农忙收获、交纳公税私租之后,十室九空,不得不增加春熟植物,从事其他副业劳动,图谋生计,说明广大佃户受经济剥削重,生活贫困,只能维持简单再生产。

(三)桑、棉经济作物生产扩大,促进农村家庭纺织业发展,农业生产商品化程度提高,农村交换活跃,市镇兴起

苏州棉花、蚕桑等经济作物种植面积增加,促使农村生产结构调整,农业商品化程度提高。

到宣德年间,苏州棉纺织业已有较大发展,这可以用秋税折征来印证。"洪武年间,因地定税。"夏税小麦不收本色,改折当地棉布征收。麦征一石二升,折收棉布一匹,"民间得以自织输纳"[3]。全府夏税大麦正耗 10 127 石、小麦正耗 51 816 石,则折布 51 619 余匹。这样的情况延续到宣德八年(1433),苏松巡抚周忱扩大苏州改折范围,从夏税扩至秋粮,原来折布的夏税,反而改折为银。

宣德时,周忱曾把嘉定县和与此毗邻的昆山县第 11、12、13 保三个区秋粮,

---

[1]《明宣宗实录》卷六,洪熙元年闰七月丁巳,台湾历史语言研究所校印本 1962 年,第 10 页,总第 165 页。
[2] 黄汝成:《日知录集释》卷十《苏松二府田赋之重》,秦克诚点校,岳麓书社 1994 年,第 369 页。
[3]《况太守集》,吴奈夫等校点,江苏人民出版社 1983 年,卷八《再请免抛荒粮及夏税科派奏》,第 83 页;卷九《再请夏税折布奏》,第 95 页。

以每石准布一匹折征,共20万匹,成为定制。据《嘉定县志》记载:"公(忱)见嘉定土薄民贫,而赋与旁邑等,思所以恤之,谓地产绵(棉)花,而民习为布,奏令出官布二十万匹,匹当米一石。"[1]这成为日后国家征收的苏州府税赋定制:京库阔白布19万匹,准米19万石。匹布当石米,全部折漕,这是嘉定和苏州税收大事,由于"地产绵花,而民习为布",棉植业、棉织业高度发达,如果赋税不行折征,民众会不堪承重的。而嘉定折漕,民心大快。

嘉定之外,昆山、常熟及后来的太仓等地,棉植业、棉纺织业已在逐步发展起来。

棉植增加,应是随着政治、社会经济变化逐步发展起来的。明初政府就提倡植棉;宣德以来苏州赋税改革,能以棉布折征税粮,使农民经营自主权增大;正统起金花银流通,以银折征,促进田赋货币化,为棉植业提供动力。

一般认为,作为农家家庭主业生产的补充,棉植应有较高经济收入,才可促进其扩大种植面积。实际上,稻作收入往往高于棉植,苏州并不都在改粮植棉。因而,棉植主要还是在土壤高昂、不适稻作之地。至于嘉定从部分植棉,尚种水稻,到全部折漕为布,与水利兴废关联极大,同时全县植棉风气更是助长由稻改棉。常熟、太仓、昆山的部分地区棉植兴起,水利废弛也起着促动作用。然而,植棉的经济收入较高,往往在于棉后生产加工成布出卖。这样,棉植促使家庭手工业发展,如同下述的桑蚕业促使丝织业发展一样,都引起江南苏州等府农村粮食作物种植结构变动,商品经济抬头。

苏州桑蚕种养集中在太湖周边各县,如吴江、吴县、长洲、常熟。宋元时,农家多有种桑、养蚕、缫丝,更高形式的丝织加工在农村并不普遍,而集中在苏州、杭州城等丝织中心。明代洪熙、宣德时,苏州丝织业才向乡村推广。"成、弘以后,土人亦有精其业者,相沿成俗。于是,盛泽、黄溪四五十里间,居民乃尽逐绫绸之利。"[2]

明政府从天顺四年(1460)开始,加派苏、松、杭、嘉、湖5府缎匹,于岁造7 262匹之外,增织7 000匹,负担加重一倍。成化、弘治年间,加派逐年增加。这种加派名义上由官织局承担,实际上由民间织户承担。大部分民间织户集中在苏州,承担加派大头,而苏州城外的城镇、乡村丝织业必定在发展,否则加派无

---

[1] 万历《嘉定县志》卷五《田赋考上·田赋》。后来"割地以置太仓,分布一万五千匹",正德末"以一万匹分之宜兴,以四万六千匹分之昆山"。《中国方志丛书》,台湾成文出版社有限公司1983年,第335—336页。

[2] 乾隆《吴江县志》卷三十八《风俗·生业》,《中国方志丛书》,台湾成文出版社有限公司1975年,第1132页。

法增加,也不可能完成。

由植桑养蚕到丝织业的发展,标志着农村经济作物种植到家庭手工业发展的提升。一方面,作为高档消费品的丝绸消费兴起;另一方面,作为经济收入增长的部分,蚕丝业容纳较多超越田间的家庭劳动力,因此得以逐步发展。

市镇兴起。从洪熙到弘治,江南苏州等地农村市镇开始兴起,为嘉靖前后市镇勃兴奠定了基础,这是明代前中期社会经济发展的大事。

吴江县到弘治时,共有3市4镇:县市、江南市、新杭市、平望镇、黎里镇、同里镇、震泽镇。[1]

同里,宋元已繁荣,明代继续发展。"宋元间民物丰阜,商贩骈集,百工之事咸具……明初居民千百家,室宇丛密,街巷逶迤,市物腾沸,可方州郡。"[2]平望,"明初居民千百家,百货贸易,如小邑然。自弘治迄今,居民日盛,货物益备,而米及豆、麦尤多,千艘万舸,远近毕集,俗以小枫桥称之"[3]。黎里、震泽由宋元村落,至明成、弘年间迅速发展。黎里至元始成聚落,"明成、弘间为邑巨镇,居民千百家,百货并集,无异城市"[4]。震泽镇,"元时村市萧条,居民数十家。明成化中至三四百家"[5]。

苏州其他地区市镇发展也与吴江基本一致。如太仓璜泾,为宋元时巨镇;明初遭兵燹,沦为废墟;"成化间,邑人赵璧盖屋数百间,招来商旅,邑渐以盛,咸称之曰赵市"[6]。

苏州市镇兴起情况,与同时的松江、嘉兴、杭州、湖州是一致的,反映江南太湖地区社会经济结构在成、弘年间发生重大变动,与农业生产结构调整、变化,商业活动展开,农村区域市场发展等密切相关。[7]

---

[1] 弘治《吴江志》卷二《市镇》,《中国方志丛书》,台湾成文出版社有限公司1983年,第78—82页。
[2] 乾隆《吴江县志》卷四《疆土四·镇市村》,《中国方志丛书》,台湾成文出版社有限公司1975年,第124页
[3] 乾隆《震泽县志》卷四《疆土四·镇市村》,《中国方志丛书》,台湾成文出版社有限公司1970年,第184页。
[4] 乾隆《吴江县志》卷四《疆土四·镇市村》,《中国方志丛书》,台湾成文出版社有限公司1975年,第123页。
[5] 乾隆《震泽县志》卷四《疆土四·镇市村》,《中国方志丛书》,台湾成文出版社有限公司1970年,第184页。
[6] 道光《璜泾志稿》卷一《乡域志·沿革》,《中国地方志集成·乡镇志专辑》9,江苏古籍出版社1992年,第127页。
[7] 明清包括苏州在内的江南市镇的兴盛是江南社会特色鲜明的现象,因而史学界对其研究起步早,成果多,影响大,如刘石吉、陈忠平、樊树志、陈学文、何荣昌、王家范、范金民、夏维中、川胜守、包伟民、吴建华、王卫平、陈国灿等,都有较重要的论著刊发,于此恕不一一列举。

(四) 地主势力抬头,社会结构变动

随着明初以来苏州等江南府县社会经济恢复和持续发展,在洪熙至正德年间,苏州等地的地主经济和社会势力重新抬头,使明代前中期农村社会结构发生重大变化。在明初打击殆尽的江南豪强地主,宣德以后通过缙绅的渠道抬头,正德、嘉靖时日益壮大,形成一个庞大阶层,以后势力愈来愈大,成为政治权力与经济实力相结合的缙绅地主阶层,操掌地方发展。同时,庶民地主也在成长,主要依靠农业经营,力田致富。

1. 豪民与苏州官府博弈

苏州地主豪右势力逐渐壮大,不仅掌控地方,还交结官员,勾连勋贵大臣,横凶霸道,甚至不把苏州知府放在眼里,可以与其公然抗争,使其丢官弃职。天顺三年(1459),在任期间深得民心的苏州知府杨贡因罪离任,起因就是常熟豪右钱晔。

钱晔因为"藉武臣求私觌。贡捕置于狱,摘其贼杀等十余事,将论如法。武臣为救解于巡抚。贡欲并举之。更构于朝。三年,朝遣武臣逮贡与豪(笔者注:指豪右钱晔),赴锦衣狱置对。贡不胜困苦,遂诬伏,勒归田里。远近冤之"[1]。苏州知府杨贡与地方豪右钱晔较量,输得很惨。

据杨循吉记载,"钱晔,常熟之富人也,入赀得授浙江都司都事,豪压一邑"[2]。这是个常熟富豪,字允辉,能真、隶大字,善吟咏。"吞得田土十万余,放债贩盐家愈肥。"通过经营高利贷与盐业,经商致富。"景泰间纳马助边",[3]又依靠财富获授浙江都司经历。杨贡对钱晔的印象由先敬而后转恶,出于这个捐官竟敢与自己并起并坐!

> 知府杨贡访朱汉房御史(笔者注:朱骥,字汉房,常熟人),晔在焉,衣服鲜美,而语言容止并复都雅,贡敬之。既去,问得是赀官,贡始悔恨曰:"此吾部小民,何敢与吾坐乎!"恶之。

钱晔暴富,依仗钱财得势,居住苏州城西繁华市区,生活豪奢,根本不把苏州卫军官何指挥当回事,竟然夺其游乐为己所用,由此愈加得罪苏州官场,被杨知

---

[1] 正德《姑苏志》卷四十《宦绩四》,《天一阁藏明代方志选刊续编》13,上海书店1990年,第524页。
[2] 杨循吉:《吴中故语·钱晔陷杨贡》,《笔记小说大观》25编,台湾新兴书局1984年,第2417页。
[3] 分见万历《常熟县私志》,苏州图书馆藏本,卷二十八《叙遗》,电子版总第3253页;卷十一《叙族二》,电子版总第1377页。

府找事逮捕。

> 晔之寓舍在泰伯桥下。先是,指挥何某呼角妓数人供宴,舟载经晔寓过。晔亦方筵客,截而有之。何由是衔晔,至是,每短晔于贡。贡既深恶晔,得何言,益怒。于是,以事收之,下府狱,吴人大喜。

钱晔被逮下狱,并旁逮钱昌、钱汸,给地方豪右传递了一个危险信号,先是狱囚夜间起哄,以至闻知县劝杨知府趁势棒杀钱晔。

> 初,晔之在狱,狱囚夜反。知县闻人恭白贡,请乘势棒杀晔。贡不肯,曰:"是何得好死狱中?"贡意盖欲显戮晔,并没其产也。

杨知府想借公开处置钱晔,即明目张胆地处死他,抄没其家产,杀鸡儆猴,达到威吓、抑制苏州已经崛起的地主豪强势力。

然而,平日与钱晔相结为友的豪民"大家",如刘以则(笔者注:刘效)等数人,"见晔败,有齿寒之惧",纷纷设计,筹划出力,各助银500两,"必欲胜贡"。钱晔"家僮奴数百人,多有有智能者"。他们一起努力,掰转败局。

首先,他们用非常手段窥探杨贡的奏本内容,以此在巡抚之处争取主动权,达到拖延时机的目的。

> 贡之本既发上道,晔家人随焉。诈为附舟者,与赍本吏一路游处。辛赂之,发封窃视,尽得其所奏情罪。辞吏先往,预以本进焉,一一皆破贡所论者也。后三日,贡本始入,同下巡抚都御史邹来鹤推勘。邹特欲扶晔,故迟之。以贡难抑,不敢决。

接着,钱晔通过贿赂权贵,将这地方事件升级到中央层面,通过规范的程序,诬告构陷杨贡。京中部司官吏贪腐纳贿成风,钱晔利用这一弊政,达到从身体上折磨杨贡,逼其诬服的目的。

> 晔遂使人以货谋于权贵,乞同提至京理对。于是,贡与晔皆就逮北行。及邹既为晔,狱久未成。初,将朝审,时方严寒,晔赂校尉。五更已缚贡,缚绳至骨,又不与饮,裸冻欲僵,莫能发一语。晔则饮酒披裘,至临入,始一缚焉。于是,贡辞不胜。贡至刑部,尚书某(笔者注:程大人)曰:"杨知府,汝作街头榜,用牌儿名缀语,此时已天夺汝魄矣!尚何言?"

刑部最终审理结果:杨贡与钱晔都是朝廷命官,知府与都司经历"事势相等",互相诘奏,均被革职为民。"吴人冤之。"杨贡出身正统四年(1439)进士,"诚清苦无所私。其收晔,亦深欲抑强而自立也。公不胜货,事遂以坏,惜哉!"杨"贡既去郡,贫甚,还家,布衣破帽,教授以自养,近始即世。晔无子,亦老死家中"[1]。

天顺之初,常熟钱晔家就蓄养"僮奴数百人",非但人多势众,财大气粗,还能以财买官,以钱贿官,将此官民查办案件转变为官官攻讦,打赢官司,扳倒知府,捍卫自身。可以想见,与他同时,在苏州当地具有这样身家的豪民在在不少,已成气候了。这是在苏州社会经济恢复之后,处于持续发展阶段出现的现象,预示着社会结构渐变,社会邪恶和政治污浊势力已在滋长,政府和社会必须适时寻找合理合法的对策,才能护持生民,护航社会良性发展。

2. 庶民经营地主成长

吴县王鏊记载,同邑吴苑乡陈舆(1443—1514)使用僮仆人等从事传统稻作生产,发家致富。"吴人多逐什一之利,君独课僮仆,力耕稼。久之,收入滋多,开辟浸广,腴田沃壤,弥跨湖埂。"[2]

吴江赵宽(1460—1505)记述,本地月湖王天祐,通过开发湖边圩田致富。王天祐数岁而孤,门阀萧然,先世留下的产业不多,"嗣而有之,伶仃孤苦,以自卓立。经传诸史多所涉猎,春秋耕稼之暇未尝废书也。尤善治生,动不失时,薄种厚获,力多食寡,居积贮储,日以益赢,田且数十顷,僮仆千指,盖既富矣"[3]。

常熟钱谦益六世祖兄弟三人开浚定居奚浦,修筑圩田,兴旺家族,逐渐形成奚浦市(镇)。

居于常熟白茆的归椿(1466—1536),是归有光曾祖父归凤的兄弟辈。夫妇晨夜力作,不像他人,独治贫瘠旱田,通溪置闸,用以灌溉,经营耕稼,辛勤发家。"田又日垦,人稍稍就居之,遂为庐舍市肆如邑居云。晚年,诸子悉用其法。其治数千亩如数十亩,役属百人如数人。"[4]形成归家市,被列入嘉靖常熟十六市。

上述明中期苏州地主经济发展的事例,有两个特点尤应注意:一是他们主要通过力田致富,似无商业活动。如陈舆,又如王天祐完全乡居,"独公闭门自

---

[1] 上引均见杨循吉:《吴中故语·钱晔陷杨贡》,《笔记小说大观》25编,台湾新兴书局1984年,第2417—2420页。
[2] 王鏊:《震泽先生集》卷二十六《陈封君墓表》,载吴建华点校:《王鏊集》,上海古籍出版社2013年,第372页。
[3] 赵宽:《半江赵先生文集》卷九《乐善堂记》,《四库全书存目丛书》集部42,齐鲁书社1997年,第247页。
[4] 归有光:《震川先生集》卷十九《归府君墓志铭》,周本淳校点,上海古籍出版社2007年,第481页。

守,不近末利,不逐时好,不通功而易事,足迹未尝至公府之门,教训诸子惟勤惟俭"[1]。二是他们使用的劳动力主要是家内僮仆等奴仆,如陈舆"独课僮仆",王天祐有"僮仆千指",钱宽"一门百口"[2],归氏"役属百人"。这些僮仆与地主人身依附关系强,不是明末清初该地经营性地主使用的农业雇工,而随着明代中后期苏州等江南之地缙绅地主势力膨胀,奴仆制也更发达。

三、城市经济发展

明朝建国以小农经济自给自足为主,城市经济居于次要、从属地位,城乡一体化,城市隶属于乡村,缺乏发展的政策导向。城市商品生产无法发展,商品交换十分有限。政府依靠超经济强制,确保各级行政统治者生活所需的农产品之外的消费品。

明初苏州城市经济同全国一样,各方面受到限制。像农村设里甲制度一样,城区被严格控制,编成厢坊制,各类商铺被编成铺户,牙行必须登记核准,各类工匠被纳入专门匠籍,商人虽非贱民,却事"末业",农民不能随便离开农村而流向城市经商。朱元璋还实行抑商政策,对市井之民,除"其良善者将本求利,或开铺面于市中,或作行商出入"[3]之外的,斥为市井之徒,曾以勾结官府、骚扰良民罪名,一次清理苏州城坊厢间1 521名市井之徒。在此大背景下,苏州城市经济回到传统中国社会相当长时间所处的状态。

乡村经济发展水平决定城市经济发展水平,城市经济发展是乡村经济发展的缩影。当宣德时洪武模式面临调整,意即自然经济逐步有所变化时,苏州城市经济才会随之启动。当然,能否走向城市主导农村发展,那就涉及经济发展模式的转变了。

苏州城市经济在正统(1436—1449)、天顺(1457—1464)时恢复,成化(1465—1487)、弘治(1488—1505)年间开始繁荣。王锜(1433—1499)隐居在长洲县城北郭太平地区,他以亲身经历,观察并记录苏州城市自明初以来的剧烈变化[4]:

---

[1] 赵宽:《半江赵先生文集》卷九《乐善堂记》,《四库全书存目丛书》集部42,齐鲁书社1997年,第247页。

[2] 钱谦益:《牧斋杂著·牧斋晚年家乘文·族谱后录上篇》,钱曾笺注,钱仲联标校:《钱牧斋全集》柒,上海古籍出版社2003年,第142页。

[3] 《御制大诰续编》,《市民不许为吏卒第七十五》,《续修四库全书》862,上海古籍出版社2002年,第300页。

[4] 张文献著《明朝中期的苏州:王锜年谱》(古吴轩出版社2012年),透过王锜所作《寓圃杂记》记述的他一生的轨迹,反映他同时期苏州社会发生的变化。

> 吴中素号繁华,自张氏之据,天兵所临,虽不被屠戮,人民迁徙实三都、戍远方者相继,至营籍亦隶教坊。邑里潇然,生计鲜薄,过者增感。正统、天顺间,余尝入城,咸谓稍复其旧,然犹未盛也。迨成化间,余恒三四年一入,则见其迥若异境,以至于今,愈益繁盛。[1]

其实,这正是长久积聚有所生发、经济发展的必然结果。归结起来,这时期苏州城市经济发展体现在三个方面。

(一) 商业繁荣

相比明初苏州城区官牙被官府严格控制,行商货船来苏必须先报牙行,才能销售,坐贾绝大部分被编成铺户或铺行,还要当行买卖,承担政府义务,从宣德开始,苏州各色人户从商者增多,官府禁止的私牙开始出现。这从一些苏州户口外逃,非法进入工商业领域,能得到佐证。[2] 苏州洞庭商人以后也开始崛起。

成化、弘治年间,苏州城市商业大多集中于府城西南一带,沿靠运河。苏州城内"闾檐辐辏,万瓦甃鳞。城隅濠股,亭馆布列,略无隙地。舆马从盖,壶觞罍盒,交驰于通衢、水巷中,光彩耀目。游山之舫,载妓之舟,鱼贯于绿波朱阁之间,丝竹讴舞与市声相杂"[3]。景观繁华,鳞次栉比,人口熙攘,歌舞升平。

(二) 手工业发展

苏州手工业发达,行业多,尤以丝织业最为著名。

洪武元年(1368),明承元旧制,在城中设官营织染局,改建在天心桥东。"建织造局于天心桥东,着地方官督造。"[4] 洪熙初增建。

洪武四年,单是常熟县有匠籍1 456户,住坐见在559户,轮班赴部存留织造各色857户。由此可见明初苏州织染局规模之一斑。洪熙时苏州织染局工匠人役达1 700人。[5]

苏州织染局轮班赴部存留匠户是拥有局籍的丝织工匠,称官织户,只占当地丝织匠户一部分,另部分为一般匠籍,称民机。官局差用他们的方法各不相同。

---

[1] 王锜:《寓圃杂记》卷五《吴中近年之盛》,张德信点校,中华书局1984年,第42页。
[2] 如周忱分析宣德时苏松户口失额的七大原因,就有"四曰军囚牵引"。见周忱:《与行在户部诸公书》,载陈子龙等选辑:《明经世文编》卷二十二,中华书局1962年影印本,第174页。
[3] 王锜:《寓圃杂记》卷五《吴中近年之盛》,张德信点校,中华书局1984年,第42页。
[4] 孙珮编:《苏州织造局志》卷一《沿革》,江苏人民出版社1959年,第1页。应称织染局。称织造局,误。考辨见本书"前言"另注。
[5] 万历《长洲县志》卷五《县治》,《中国史学丛书三编》,台湾学生书局1987年,第167页。

洪熙时,作为官织局的织染局匠役人数似乎是明代最多的。但民间机户工匠人数,洪熙以后应该不断增长。这点可用苏州丝绸产量增长来佐证。苏州织染局供赏赉所用的岁造,丝料由属县交纳,自天顺四年(1460)开始加派以后,因织染局规模不大,来不及织,只能专织加派,岁造改移局外领织。明代苏州领织何时开始不详,至迟于成化十九年(1483)已受太监王敬盘剥。嘉靖初期领织已经经常化。领织有官织户和民机,分领料加工索取工价和领取价银包织二种,同时,织染局倒专门织造袍服等物了。苏州领织制的施行,表明民营丝织业高度发展。

织染局与丝织业者关系密切,即使是没有直接隶属关系的民间机户也与它有着千丝万缕的联系。在整个洪武、建文时期,通过兼领织染局而对丝织业进行直接管理是知府的职责,岁造有定额,督织有常数,知府带管下的官营织染局,因"隶于有司,民不扰也"。

永乐年间,自明成祖派遣"太监阮礼督苏、杭织造,差遣内使自此始",地方官员无权过问其事。苏州织染局的常项任务是每年织造定额缎匹以满足朝廷需求。这些缎匹的样式、纹样都有明文规定,产品专织专用,"只供内府之用。赏给诸项概隶之府,而局不与焉",〔1〕并不进入市场流通渠道。

负责督理的织造内官为了迎合宫廷奢华生活的需求,往往在额定岁造之外任意加派,丝毫不考虑可能给地方社会带来的危害。如万历二十五年(1597),刑部侍郎吕坤上疏直陈织造之害;万历四十三年(1615),工部侍郎林如楚直接建议朝廷召回内官,回复到洪武时期地方官直管的模式。但一直到崇祯(1628—1644)初年,苏杭织造太监李实因党附魏忠贤,被拿问究治,明代苏州持续了两百多年的内官督理织染局面才告终结。

苏州另有杂造局,明初始在蒋家桥南设立,洪武六年(1373)移建于章家桥南,"专一造办朝廷军器,岁造弓、箭、弦条,计四万一千九百二十张、枝"〔2〕。杂造局地位不及织染局,自永乐十六年(1418)至宣德五年(1430)已停产,况钟治苏时曾予恢复,万历时却"止存屋三楹,廊庑已废"〔3〕。

苏州城还有不少其他手工业生产,致使物品精巧,商品繁多。"凡上供锦绮、文具、花果、珍羞奇异之物,岁有所增。若刻丝、累漆之属,自浙宋以来,其艺久

---

〔1〕 上引分见孙珮编:《苏州织造局志》,江苏人民出版社1959年,卷二《职员》,第4页;卷一《沿革》,第1页;卷四《机张》,第17页。
〔2〕 《况太守集》卷十三《造作官局禁示》,吴奈夫等校点,江苏人民出版社1983年,第142页。
〔3〕 万历《长洲县志》卷五《县治》,《中国史学丛书三编》,台湾学生书局1987年,第167页。

废,今皆精妙,人性益巧而物产益多。"[1]

苏州城市手工业生产的发展带动其周边城镇手工业发展,如郡城丝织技术开始推广至吴江等地,导致苏州属下丝绸专业市镇兴起。

(三) 城市生活方式、社会风尚开始变化,促进城市经济发展

宣德时,由于经济恢复发展,富室势力重新抬头,加上政府控制放松,就使得都市生活开始恢复,奢侈之风渐行。苏州知府况钟于宣德五年(1430)颁令,戒奢侈:

> 城市者,乡民之望;节俭者,裕财之原。苏郡素称富丽之地,然税粮浩大,采办殷繁。又复田地低洼,水则淹没,旱年立致枯槁。比户流亡,招难尽复。乃访得城市富民奢侈太甚,缙绅大族亦复有然。锦绣铺张,梨园燕饮,率以为常。而丧、嫁二事尤为浮荡之大者。不惟有逾品制,实乃暴殄天物,召灾致咎,未有不由乎此也。圣人云:"与其奢也,宁俭。"谨身节用,富而好礼,独不念乎? 当职忝司民牧,正俗为先。榜示之后,各崇俭朴,留有余之财以防不足。而在缙绅乡宦,尤宜以身作则,助官化民,共臻醇古,永革敝俗。须至榜示者![2]

过二年,七年(1432)三月,又出约束禁示:

> 尝谓父兄之教不先,子弟之率不谨,故教训子弟最为先务,而在绅士之家尤为要紧。该地习于奢侈,城市尤甚。有等子弟专习为奇巧工作,已足以妨农业,害女功。更有等浮荡子弟全然不务生理,或则穷日极夜开场赌博;或则戏房、妓室,鲜衣怒马,淫酗撒赖;或则擎鹰斗雀,引类呼群,勾惹恶少,恣行为非;或则恃能识字,交结蠹骨,代人做状,扛帮词讼。种种不法,身犯国宪,当职体察得皆是俊秀子弟,强半出绅士之家,先年有失教训,不农不士,不工不商,一向纵容,漫无稽察,以致败检如此,岂不有玷家门? 绅士等家不能齐,何以治国? 合行榜示,仰坊厢各老人挨户告谕,各加检束子弟。如犯,并将失教之父兄惩治。须至榜示者![3]

---

[1] 王锜:《寓圃杂记》卷五《吴中近年之盛》,张德信点校,中华书局1984年,第42页。
[2] 《况太守集》卷十二《戒奢侈榜示》,吴奈夫等校点,江苏人民出版社1983年,第132页。
[3] 《况太守集》卷十三《绅士约束子弟示》,吴奈夫等校点,江苏人民出版社1983年,第139页。

锦衣玉食,宴赌游荡,声色犬马,歌舞不休,争奇斗艳等社会风习张炽,丧嫁铺张浪费,互相攀比成风,更有甚者,缙绅子弟参与其中,领消费风气之先,在况钟看来,非但不节俭,且大违礼制,是陋习,所以仍在加以干预,还会有些收敛之效。但城市风气转变是商业经济发展的必然结果,并随商业经济发展、财富增加,愈至繁盛。况钟至少在二年中一再禁令戒奢,说明奢风日盛,苏城领先,绅士之家率先,已非原先经济社会样态了。弘治时,王锜所论苏州胜景,已以一副赞赏口吻笔录,除看到商业繁盛,生活安逸外,还注意人文浸渐兴起,鼓舞人心,深感欣逢其时了。[1]

城市商业管理。伴随着苏州城市工商业发展水平的渐次提高,市场活动中的不端行为也屡有发生。尽力维护稳定而有序的市场运营,不但是苏州城市商业健康发展的基础与前提,亦是苏州知府实施府政的应尽职责。恶意赊赖货款、强行揽截客货等商业诈骗行为,并不能在短期内通过市场自我调节进行有效遏制,地方政府居间的行政作为就显得尤为重要。

宣德七年(1432)四月初十日,知府况钟查实牙户曹伯英在商业活动中的不法行为,给予惩办,并发榜警示:

> 近年有等无籍之徒,四出远迎到家,公然匿税,各分货卖,经年累岁,不还价值。及至客人赴官告取,却捏匿税等词混赖。除将现在犯人曹伯英等拿问外,今后客商货物遇到,随即赴官投税。两相和议,发卖明白,付价中间。或有等诈称府县官、乡里亲识恐吓者,一体究问。[2]

第三节　苏州与"靖难之役"

建文元年到四年(1399—1402),明惠帝朱允炆在位,实际上也是燕王朱棣夺位的4年。朱棣从藩邸北平起兵,打着"清君侧""靖难"旗帜,发动谋夺其亲侄皇位的宫廷政变,最终登上天子宝座,成为永乐皇帝,即明成祖,或明太宗。这起事变对以后明代政治重大变故影响极大,其幕后最重要的策划者就是苏州长洲县湘城人姚广孝。而苏州隐士俞贞木、钱芹等,或出计谋,或为高参,支持时任苏州知府姚善,积极准备奋起兴兵勤王,对于朱棣军队予以坚决抗击,事迹壮烈,忠

---

[1] 王锜:《寓圃杂记》卷五《吴中近年之盛》,张德信点校,中华书局1984年,第42页。引文详见本书第二章第二节之三。

[2]《况太守集》卷十二《严革诸弊榜示》,吴奈夫等校点,江苏人民出版社1983年,第135—136页。

义可歌可泣。

一、姚广孝与"靖难之役"

姚广孝(1335—1418),本名天禧,后号独庵。祖菊山,父妙心,都行医积善。母亲费氏信佛。14岁因父母双亡,出家湘城妙智庵,名道衍,字斯道。18岁受戒为僧。先习天台教观,后改习禅。又从事湘城灵应宫道士席应真,学得阴阳术数之学。经过10余年参习叩访,尽得要旨,声名日著。出世首住临安普庆寺,后住杭州天龙寺、嘉定留光寺弘法。

曾经游嵩山寺,相士袁珙见后,惊说:"是何异僧!目三角,形如病虎,性必嗜杀,刘秉忠流也。"道衍大喜。

洪武中,曾应诏,以通儒书僧试于礼部,不受官,赐僧服还。洪武十五年(1382),马皇后崩,朱元璋选高僧侍诸王,为诵经荐福。道衍以僧人左善世宗泐推荐入选,燕王朱棣与他相语甚合,请随从至北平,住持庆寿寺。自此他出入燕王府中,与燕王形迹密契,燕王时时与他屏人而语。

朱元璋崩,惠帝立,以次削夺诸王。周、湘、代、齐、岷王相继得罪。道衍密劝燕王举兵。燕王说:"民心向彼,奈何?"道衍答:"臣知天道,何论民心!"并进荐袁珙及卜者金忠,助以法术,于是燕王起兵之意坚决,暗中选将校,勾军卒,收材勇异能之士。道衍在燕邸后苑操练兵马,日夜铸造军器,但畜养鹅鸭,乱其噪声。

建文元年(1399)六月,燕府护卫百户倪谅密报燕王反变。惠帝下诏逮捕燕府中官属。都指挥张信输诚于燕王,使燕王决策起兵。恰逢大风雨,檐瓦堕地,燕王色变。道衍说:"祥也。飞龙在天,从以风雨。瓦堕,将易黄也。"燕王遂以诛齐泰、黄子澄为名,号称"靖难之师"。道衍辅世子居守北平。十月,燕王袭击大宁,建文大将李景隆乘间包围北平。道衍守御坚固,击退对手,并乘夜缒下壮士,击伤南兵。等援师至,内外合击,斩首无算。李景隆等先后败遁。燕王围攻济南,因铁铉坚守,三月不克。道衍驰书:"师老矣,请班师。"燕王还师。再攻东昌,战败,大将张玉阵亡,复还师。接连挫折,燕王意欲稍事休整,道衍极力催促出兵。燕王于是多募勇士,击败盛庸,攻破房昭西水寨。道衍语燕王:"毋下城邑,疾趋京师。京师单弱,势在必举。"燕王于是连败诸将于淝河、灵璧,渡江入京师。

燕王即帝位,授道衍僧录司左善世。燕王在藩邸,结交都是武人,只有道衍能定策起兵。及燕兵转战山东、河北,燕王在军三年,或旋或否,战守机事皆决策于道衍。道衍未尝身临战阵,而燕王用兵,得有天下,道衍用力为多,论功以为第一。

永乐二年(1404)四月,拜道衍为资善大夫、太子少师。复其姓,赐名广孝,赠其祖、父如其官。成祖与广孝相语,只呼少师。命他蓄发,不肯。赐宅第及两宫人,他均不受。常居僧寺,冠带而朝,退朝仍服缁衣。出赈苏州、湖州,至长洲,将所赐的金帛全部散给宗族乡人。重修《明太祖实录》,以广孝为监修。又与解缙等纂修《永乐大典》。书成,成祖给予褒美。成祖往来两都、出塞北征,都由广孝辅助太子,留守南京。永乐五年四月,皇长孙(即日后宣宗)出阁就学,广孝侍从说书。

十六年(1418)三月,广孝赴北平朝觐,年已84岁,因病重不能朝觐,仍居庆寿寺。成祖车驾两次临视,相语甚欢,赐以金唾壶,并问有什么事想要说。广孝说:"僧溥洽系久,愿赦之。"溥洽是建文帝主录僧,燕王进入南京时,有说建文帝化装僧人隐遁,溥洽知情,有说匿藏在溥洽处所。成祖于是以他事囚禁溥洽,暗中命给事中胡濙等遍地物色建文帝下落,但久而不可得,溥洽却坐系狱中十余年。至此成祖以广孝之言,即命放出。广孝顿首致谢。二十八日,广孝卒。成祖震悼,辍朝二日,命有司为他治丧,以僧礼下葬;追赠推诚辅国协谋宣力文臣、特进荣禄大夫、上柱国、荣国公,谥恭靖,六月十一日赐葬房山县东北四十里(今房山区崇各庄乡长乐寺村);御制神道碑,志其功绩;官其养子姚继为尚宝少卿。

广孝自少好学,工诗。与诗人王宾、高启、杨基友善。文学名人宋濂、苏伯衡亦予推奖。"其诗清新婉约,颇存古调。"[1]晚年著《道余录》,颇毁先儒。他至长洲,探候同母姊,姊不接纳。访其友王宾,王宾亦不见,只是遥语:"和尚误矣,和尚误矣。"再易僧服前往见姊,被姊詈骂,广孝惘然。

洪熙元年(1425),加赠广孝为少师,配享成祖庙庭。嘉靖九年(1530),世宗谕阁臣:"姚广孝佐命嗣兴,劳烈具有。顾系释氏之徒,班诸功臣,侑食太庙,恐不足尊敬祖宗。"于是尚书李时,偕大学士张璁、桂萼等议,请将广孝移祀大兴隆寺,太常春秋致祭。诏曰:"可。"[2]

广孝以高僧不忘功名,成为明前期杰出政治家。自号逃虚子,有《逃虚子集》11卷,《类稿补遗》8卷,《姚少师集》1卷,《道余录》1卷。还有佛教著作《佛法不可灭论》1卷,净土教著作《诸上善人咏》《净土简要录》1卷。

广孝于永乐初退息其原出家地吴县(今吴中区)穹隆山,与建文帝可能出亡

---

[1] 永瑢等纂:《四库全书总目》卷一七五,集部28,别集类存目二,中华书局1965年影印本,第1552页。
[2] 参见《明史》卷一四五,列传三十三《姚广孝》,中华书局1974年,第4079—4082页。这些叙述明显带有清人的立场与判断倾向。

皇驾庵（今拈花寺），寺后是其皇坟，可能密切关联。[1]

嘉靖时，王鏊为广孝孙女、姚继女儿写圹铭，说道："初，少师以方外士佐太宗靖难，奇谟秘画，载在金匮，配飨太宗，为时宗臣。不娶，以继后。继，太宗赐名也，命侍东宫学。仁宗即位，即拜尚宝少卿。少师尝不愿其家恩数过盛，故位止此。"在王鏊眼里，广孝功绩异常，嗣子也尊享荣华，但广孝有自知之明，因此子孙绵延下来。"功高六出本无奇。一朝社稷归真主，还是臞然老衲师。"[2]

在明代政局和社会变动的重大时刻，姚广孝居然以其儒僧道合一的特殊身份，应时制宜，因才致用，辅助朱棣"靖难"起兵，成功夺得皇位，取得永乐帝的极度信任，享有至为尊崇的政治地位，并且能够参与国家重大文化建设工程，监修《永乐大典》等，并有可能暗中保护了建文帝，体现了他非常纠结的内心和行为。作为颇有争议的苏州名人，他毕竟在明朝政坛和文坛上留下了浓墨重彩的形象。

顾炎武《日知录》"朱子晚年定论"，将姚广孝与王阳明相比："少师（道衍）之才，不下于文成（王阳明）。"江灿腾指出，日本学者野上俊静等著《中国佛教史概说》，称姚广孝为"黑衣宰相"，意思是他穿着黑色僧服，以僧人出任宰相；商传《明初著名政治家姚广孝》（《中国史研究》1984年第3期）一文，认为他是明初风云变幻政局中一位带神秘色彩的重要历史人物，甚至协助燕王夺位，是为了替一些冤死于洪武苛政的好友复仇。江灿腾进而认为，道衍在永乐成功即位之后，仍不蓄发，上朝之外，法服依旧，不毁戒行，以僧侣本分终身不变，是有所为、无所求的纯正僧人；他以博通三教的实力，能诗能文能画，明初并不多见；最关心的仍是佛教思想，护持佛教，逐条驳斥二程朱熹儒家排佛；一生行头不改，又淡于功名利禄，就是实证；他以僧人身份改变了明朝的命运。[3]

正德时，吴县人都穆编成《壬午功臣爵赏录》共33人、《壬午功臣别录》，是"靖难之役"的重要资料。[4]

二、苏州知府姚善与义士抗击燕王

燕王起兵，明朝皇室内部的政治斗争波及江南。京畿苏州知府姚善担当大

---

[1] 可参阅徐作生：《建文帝亡命何方》，载《泛槎考谜录——12历史悬案揭秘》第六篇，学苑出版社2000年，第161—257页。
[2] 王鏊：《震泽先生集》，载吴建华点校：《王鏊集》，上海古籍出版社2013年，卷二十七《安人姚氏圹铭》，第385页；卷一《姚少师像》，第21页。
[3] 以上参见江灿腾：《晚明佛教改革史》，广西师范大学出版社2006年，第194—203页；郑永华：《姚广孝史事研究》，人民出版社2011年，第1—7页。
[4] 详见本书第五章第四节"明代苏州学术"之史学部分。

任,奉诏勤王,以太湖地区为支撑,坚决支持建文帝。未等他集兵勤王,京师已破,姚善被部下捉拿,缚绑献给新帝,最终不屈而死。明代中期苏城著名文人袁褧极力推崇姚善在建、永交替之际坚拒燕王、死不降顺的忠贞气节,认为江南地区在"革除间,北兵长驱,列郡皆望风迎降惟恐后,独姚公以苏州底节不下,伏剑而死,忠义之名施乎无穷,卒赖得士之助"[1]。原来得到苏州士人的鼎力佽助。

苏州知府姚善在任行政很得民望,名列"惠政及民"的明前期"姑苏五太守"[2]。他常常主动向当地士人求策问计,"好折节下士,敬礼隐士王宾、韩奕、俞贞木、钱芹辈"[3]。

长洲人王宾,字仲光,"博综文籍,经史、诸子、历数、兵政、百氏、小说,靡不该贯"。因为"制行奇狷,不娶不宦,貌甚寝,又以药点面及肘股为创,髽发[4]短衣,或箕踞道傍爬搔",以至于"虽知者亦不敢荐达"[5]。姚善主政苏州府,"躬往候见,舍车步从叩门。宾问为谁,对曰姚善,乃开门延语。及宾报谒,望门再拜而返。善自邀还,辞非公事,不敢入"[6]。

> 洪武末,苏州知府姚善闻郡有处士王宾,招不可。尝诣宾家。宾见其骑从在门,因语之曰,宾有老母在,不宜张声势以恐之。后善造宾门,必预下舆,徒步至门,剧谈今古,商确政事而退。善文章政事擅名一时,卒著忠义之节,殆亦得贤之助也。[7]

王宾孝顺母亲,又是一派名士风度。姚善知府居然能够礼贤下士,成全王宾一片孝心孝行,而得到王宾倾心辅助。

韩奕,"洪武中与王宾俱隐于医。宾既为郡守姚善所礼,乃复因宾致奕,奕终不往。一日,与宾诣之,奕走楞伽山。善随至,奕泛小舟入大湖。善叹曰:'韩先

---

[1] 袁褧:《皇明献实》卷八《姚善》,周骏富辑:《明代传记丛刊·名人类5》030,台湾明文书局1991年,第229页。
[2] 朱国祯:《皇明史概·皇明开国臣传》卷八《太守王公(观)》,《续修四库全书》431,上海古籍出版社2002年,第429页。
[3] 《明史》卷一四二,列传三十《姚善》,中华书局1974年,第4043页。
[4] 髽发:古代汉族妇人丧髻。以麻线束发。髽,zhuā:古代妇女服丧时用麻扎成的发髻;梳在头顶两旁的发髻。
[5] 正德《姑苏志》卷五十五《人物十六隐逸》,《天一阁藏明代方志选刊续编》14,上海书店1990年,第696页。
[6] 张朝瑞:《忠节录》卷四《苏州知府姚善》,《续修四库全书》537,上海古籍出版社2002年,第60页。
[7] 正德《姑苏志》卷六十《杂事》,《天一阁藏明代方志选刊续编》14,上海书店1990年,第1006—1007页。

生所谓名可得闻,身不可得而见也。'"[1]

这是两位特立独行的隐逸士人,不慕荣华富贵,不交官府达官,姚善则倾心敬礼,主动前往纳交。正是他的这番诚意,使他能够得到死士钱芹、俞贞木等为义牺牲。

吴县人钱芹直接为姚善起兵勤王建文出谋划策,与姚广孝相反,站到燕王对立的一面。

> 有钱芹,自守甚高。善初愿见不可得。会俞贞木以明经见重于善,月朔、望必延致学宫讲经书训士。一日,馈菜于贞木,误致芹所。芹受之。吏觉其误,诣贞木以告。贞木曰:"钱先生不苟取予,今受不辞,必仰府公之贤耳。"善喜,讶欲往候,使人先道意。芹对使者曰:"芹诚幸见公。然芹,民也,礼不可往见于庭。若明公弘下士之风,请俟月朔,胥会于学宫。"善如期至,迎芹坐上坐,延质经义。芹曰:"此士子之业,公今事有急于此者。"善益悚然,请问之。芹但出一简授善,竟不交言而去。视之,则皆战守制胜之策也。善心嘉之。时靖难兵已南狗,善于是密结镇、常、嘉、松四郡守,训练民兵,相约勤王,而荐芹为行军司马。[2]

钱芹的行伍生涯始自元末,明初曾"从大将军徐达出北平,绝大漠"。此后家居20年,"甘贫守道"。他的声名为姚善所知,双方经过颇具戏剧化的过程才正式接触。钱芹身为武人而非儒士,却恪守礼节,不在家中接见知府,约定学宫见面,关注的不是经义之类的"士子之业",而是干系甚大的时局变动,家居一隅,而心系天下大势。洪武末诏求遗逸,经姚善推荐,钱芹应诏召对,授户部司务,并三度从军。"北陲有警,署行军断事,从征虏将军咨谋。会军府遣芹入奏,道病,卒。濒卒,犹条边事缓急,上执政。"[3]所谓"北陲有警",就是燕王起兵兴"靖难之役"。

俞贞木在燕王起兵之初,就建议姚善举兵备战,富有洞察力。岂料由此蒙冤下狱,身心受损,志未行而身先死。

> 贞木禀性诚悫,尝潜心为己之学,故与众殊浮湛。至晚节,益清净

---

[1] 正德《姑苏志》卷五十五《人物十六隐逸》,《天一阁藏明代方志选刊续编》14,上海书店1990年,第695页。

[2] 张朝瑞:《忠节录》卷四《苏州知府姚善》,《续修四库全书》537,上海古籍出版社2002年,第60—61页。

[3] 正德《姑苏志》卷五十二《人物十名臣》,《天一阁藏明代方志选刊续编》14,上海书店1990年,第443页。

自娱。知府姚善方向文学，尊礼有道，以风民俗。数延致于庠序，行乞言礼，多荐达。贫士因以进者，往往而是。然饔飧不继，空乏愈甚，不以干意。靖难初，劝善举兵，因逮赴刑部狱。事白，患疾弗瘳。建文三年卒于京师，年七十一。[1]

镇江指挥童俊不战而降，导致江南门户洞开，无险可守，情势万分危急。姚善没有望风而降。他忠于守土职守，誓与苏城共存亡。乱局之中，他保持了忠义气节，实在难能可贵。他与苏州义士在这一精神层面上达成了高度一致。忠于建文帝、自溺而亡的常熟人、建文进士、礼科给事中黄钺曾预言："苏州知府姚善，忠义激烈，有国士风，然仁有余而御下宽，恐不足定乱耳。"[2]

> 是时，善奉诏还，兼督苏、松、嘉、常、镇五郡兵勤王。未及战，文皇即位，索子澄甚急。子澄走苏，约善共航海举兵。善谢曰："公可去，善不可去。公朝臣，可四往号召图兴复。善职守土，义当与城存亡。"子澄遂去。善为麾下许千户等缚见文皇。诘善曰："若一郡守，乃敢举兵抗我耶！"善厉声不逊，死之。时年四十三。[3]

正处于盛年的苏州知府姚善，与比他高一辈的苏州义士钱芹、俞贞木等，志同道合，在危难之时选择拥戴建文，忠义赴死，虽未成功，懿行长存，风励后世，成为传统民族精神的有机组成部分，也成就苏州官员和苏州布衣、士人与姚广孝反向而为的青史英名。

清朝乾隆年间，苏州珠明寺东仍有黄子澄、姚善祠，却无人整理。而黄子澄墓在昆山城隍庙四宜轩。乾隆五十年（1785），道士筑亭，掘地发现。原来黄子澄被杀戮后，其门下士拾骨葬此。[4]

第四节　郑和从刘家港"开洋"下西洋

从明成祖永乐三年六月十五日（1405 年 7 月 11 日）到宣宗宣德八年（1433），著名航海家、外交家郑和（1371—1433），奉命率领中国也是当时世界上

---

[1] 崇祯《吴县志》卷四十一《人物二德望》，《天一阁藏明代方志选刊续编》18，上海书店 1990 年，第 372 页。
[2] 乾隆《苏州府志》卷六十一《人物十五》，苏州图书馆藏本，电子版总第 4431 页。
[3] 张朝瑞：《忠节录》卷四《苏州知府姚善》，《续修四库全书》537，上海古籍出版社 2002 年，第 61 页。
[4] 顾公燮：《丹午笔记》之《黄子澄墓》，苏州博物馆等编，江苏古籍出版社 1985 年，第 177 页。

最庞大的船队,以高超的航海技术,克服重洋险阻等种种难关,经 28 年,前后 7 次远航[永乐三年六月十五日(1405 年 7 月 11 日)至五年、五年至七年、七年至九年、十一年至十三年、十五年至十七年、十九年至二十年及宣德五年至八年][1],和平出使,到达亚洲、东非等 30 多个西太平洋与印度洋的国家与地区,客观上扩大了海外贸易,加强了中外友好往来,传播了中华文明,留下《郑和航海图》这一世界上现存最早的航海图集,比哥伦布等航海探险早 80 多年,创造了辉煌的航海壮举,史称"三宝太监下西洋"。

郑和每次下西洋都从苏州娄东刘家河[2]扬帆起锚,必经福建长乐太平港停泊,等候季风再出港。这一点郑和在宣德六年(1431)第七次下西洋时,因年事已高,撰立碑记,回顾下西洋历程时,说得很清楚,首称"和等自永乐初奉使诸番,今经七次,每统领官兵数万人,海船百余艘,自太仓开洋,由占城国、暹罗国、爪哇国、柯枝国、古里国,抵于西域忽鲁谟斯等三十余国,涉沧溟十万余里"[3]。而郑和船队[4]每次返回,又都以太仓为收泊地。

位于长江入海口的刘家港是中国东部沿海与长江三角洲的良港。元代通番贸易兴盛,外商云集,百货齐备,已有"六国码头"之誉,成为中外经济文化频繁交往的前沿口岸,并是海运漕粮北上的重地。明初它离南京京师很近,通都大邑,交通方便;加上江南人口、人才、财富(尤其是丝绸)富庶等其他条件,利于做出洋准备,因此成为郑和出使西洋、进行大航海壮举的开船基地。他每次奉诏出使,从南京到此,集结船员,装载货物,补充给养,祭祀天妃,返航后又在此休整修船,宴劳犒赏,并在来往西洋时举行迎送外国使节的仪式等活动。当然,不排除郑和从太仓出使,具有禀令暗访建文帝下落,属于政治或军事性行动的主观动机。

郑和下西洋迄今在海内外依然留下许多佳话和众多纪念遗址。郑和在刘家港整修的天妃宫于 1985 年 7 月 11 日被太仓政府辟其后殿为郑和纪念馆,重竖

---

[1] 郑和七下西洋的时间与事迹,以郑和等自立刘家港天妃宫《通番事迹记》碑与长乐南山寺《天妃灵应之记》碑为准,但与明实录、《明史》等官方文献记载有出入,最大问题在于后者的第二次出使失载。学者对此解释,意见尚未统一。详见陈得芝:《郑和下西洋年代问题再探——兼谈郑和研究中的史料考订》,载其《蒙元史研究丛稿》,人民出版社 2005 年,第 599—612 页。宣德帝末年又想通西洋:"宣德间将命使通西洋诸国。会英宗践阼,不果。"见皇甫录:《皇明纪略》,《丛书集成新编》第 85 册影印《历代小史》卷八十五,台湾新文丰出版公司 1985 年,第 257 页。

[2] 即后来设置为太仓的刘家港,古称娄江,又称刘家河、浏河等。

[3] 郑和:《娄东刘家港天妃宫石刻通番事迹记》,载钱穀:《吴都文粹续集》卷二十八,《景印文渊阁四库全书》1385,台湾商务印书馆 1986 年,第 722 页。

[4] 郑和本人卒于末次远航归途中,因天热,无法葬归。南京牛首山南为其衣冠冢。

通番事迹碑。自 2005 年起,我国每年 7 月 11 日被定为中国航海节,以纪念郑和首次下西洋。已多次在郑和下西洋离陆始发地太仓隆重举行纪念活动和国际学术研讨会。

在郑和随员里,有位昆山人费信(1384—?),字公晓。[1] 费信年少家贫好学,自学精通阿拉伯文。永乐七年至十三年及宣德五年,任郑和的通事,四下西洋。英宗正统元年(1436),他著《星槎胜览》,记载西洋国家风土人情,采用《岛夷志略》较多,而其中一半是他亲身经历见闻。此书与会稽人马欢的《瀛涯胜览》、应天人巩珍的《西洋番国志》,成为郑和下西洋的 3 部珍贵文献。他另有《天心纪行录》1 卷,已佚。为了纪念航海家费信,南沙群岛有一岛被命名为费信岛。

1983 年,在太仓人民公园的树萱斋墙内发现《明武略将军太仓卫副千户尚侯声远墓志铭》,即《周闻墓志铭》,由太仓人李俊刻石。它记述墓主周闻(1385—1470),本姓尚,冒为周,名闻,字声远,先世淮西合肥人。他 18 岁时袭继同母兄周义的百户校尉武职,于建文四年从南宁迁调太仓。以武官选拔,"偕行"郑和,于永乐七年、十一年、十五年、十九年(中道取回)、二十二年(因明仁宗诏而停止)及宣德六年,六次奉命下西洋。第二次去后回来,"以劳,升本卫右所副千户,世袭,阶武略将军"。正统六年(1441)因"讹误",改任金山卫;八年,致仕。子孙甚众。葬于太仓城北寿安桥西的祖茔。周闻在 25 年(1409—1433)内,实际上 4 次抵达西洋诸国。他的事迹是郑和下西洋的珍贵史实。

嘉靖举人、吴县黄省曾撰《西洋朝贡典录》3 卷,纪西洋诸国朝贡事。正德十五年(1520)自序,称他"撼拾译人之言,若《星槎》《瀛涯》《针位》诸编,一约之典要,文之法言,征之父老,稽之宝训",为了明朝对外交流盛事,"不有记述,恐其事湮坠,后来无闻焉"。[2] 自占城以迄天方有 23 国,每国一篇,篇各有论。凡道里远近、风俗美恶、物产器用差别、言语衣服奇异,无不详载。黄省曾只就郑和下西洋所历国家,使用郑和随员记载的资料,编次成书,发表议论,涉及明前期西洋地理与中西交通。

永乐十年(1412),平江伯陈瑄到刘家河督办海运,奏请在刘家河海口东南涨沙上堆筑一土山,建烽火台,作为洋船海运船表识,五月完工。山高 30 多丈,周围 400 丈,称为宝山。在这"凡海舶往来,最为冲要"的土山,"上建烽堠,昼则举

---

[1] 费信,一作字公晚。方豪:《中西交通史》,上海人民出版社 2008 年,第 428 页:"自称昆山人,称兄籍太仓卫。"

[2] 黄省曾著,谢方校注:《西洋朝贡典录校注》黄省曾自序,中华书局 2000 年,第 8 页。

烟,夜则明火,海洋空阔,遥见千里","以为往来之望"。[1]当时,郑和海舶收启、西洋贡船来往,极为频繁,宝山烽堠引为标识,相当于后世导航塔,十分方便有效。而明成祖对此非常重视,亲自撰文竖碑,成为《宝山烽堠碑》,又称御制宝山碑、永乐碑。此碑现立上海浦东高桥中学校园六角亭,也是郑和下西洋的历史见证。

---

[1]《宝山烽堠碑》,载上海博物馆图书资料室编:《上海碑刻资料选辑》,上海人民出版社1980年,第50页。

◎ 第三章 正德到崇祯时期苏州社会转型性发展 ◎

第三章 正德到崇祯时期苏州社会转型性发展

从明武宗正德(1506—1521)元年开始,经过明世宗嘉靖(1522—1566)、明穆宗隆庆(1567—1572)、明神宗万历(1573—1620)、明光宗泰昌(1620)、明熹宗天启(1621—1627),直到明毅宗崇祯(1628—1644)明亡,这一长达139年的明代中后期,由于商品经济愈加发展,促使苏州社会逐步发生转型,至万历二十三年(1595),出现明清时期苏州经济发展的第一个高潮,社会现象纷杂,社会风气变化很大,同时,宣告洪武时期自然经济模式彻底解体。嘉靖时期外来倭寇侵略,又极大地破坏了苏州社会安定与生产正常进行。国内统治者愈加腐朽,朝政混乱,官场败坏,并加强经济掠夺,引起社会矛盾尖锐,冲突事项增多。这些致使苏州社会陷入困顿局面,制约社会正常发展步伐。

诚如顾鼎臣在嘉靖初年敏锐察觉的那样:

> 成化、弘治以前,百官承式,兆民乐业,治安百四十余年。至正德间,法制大坏,府州县总书、书手通同贪污;官吏上下之间关节相通,造作奸弊,无所不至。[1]

可以说,在"法制大坏",原有秩序破坏,社会转型期间,各种事项利弊并存,支持与反对并存,前行与倒退并存,国家管理、地方生活、社会秩序等国计民生事务都面临调整适应、建立新方式的过程。能否顺利完成自身的转型,建立一套人们普遍能够适应的社会新秩序,确立社会新价值观念,除了大势所趋、众心所归、内力推动外,还有外部客观环境条件的制约。

第一节 苏州地区政策调整与社会经济秩序的转变[2]

从正德到崇祯时期(1506—1644),苏州社会经济变化集中体现在赋役制度,

---

[1] 顾鼎臣:《顾文康公文草》卷一《陈愚见划积弊以裨新政疏》,蔡斌点校:《顾鼎臣集》,上海古籍出版社2013年,第41页。

[2] 本节主要参照罗仑主编,范金民、夏维中著:《苏州地区社会经济史(明清卷)》,南京大学出版社1993年,第171—203、309—334页。凡有差异之处,均由本书笔者负责。

水利兴修,土地关系,以及农业、手工业、商业、市镇等商品经济发展的各个方面。

一、嘉靖、隆庆年间赋役改革

从宣德周忱、况钟起,赋役改革一直是江南苏州等府地方政府以及中央政府行政的重要内容。随着政治、经济形势发展,经过很多官员谨慎摸索,艰难施行,逐步完成赋役制度改革,并为清朝施政奠定了基础。从嘉靖开始,江南苏州等地赋役改革越来越深入展开。

自金绚、况钟以来的苏州知府,有为者无一不以均平过于悬殊的官、民田赋役负担作为治政目标。可是,扒平官、民田则,不但直接影响朝廷的大宗税源,而且是事牵敏感的官田所有权问题,因此,此前所有赋税改革政策都不触及这一本质问题。至嘉靖年间,巡抚王恕在成化时实行的不分田则,一律论田加耗 1.2 斗的做法,在苏州府沿用了将近 60 年后,弊端丛生,显示了百余年来,江南历任地方官试图通过使用加耗等附加税手段,调节官、民田负担,这一改革思路已经难以为继。在持续 170 余年之后,明代江南官田制度终结于明世宗嘉靖十七年(1538)的赋税改革,朝廷在保证征收的赋税总额不见亏少的前提下,同意实行官、民田一则起科,即官田、民田统一科则征收田赋。

(一) 赋税改革,官田制度瓦解

从嘉靖到隆庆,江南苏州等地赋税改革围绕两方面进行:一是均粮。各县原先不同田则税粮不均,使之趋于一致。新税粮额以米的数量来表示,称平米,这一新方法叫均粮。二是征一。对品种繁多、数量混乱的各类实物种类和数量,一律统一为每征收单位纳米若干、纳银若干的形式。均粮、征一,消除了原有官、民田则的区别,由此而生的税粮负担差别也基本消失,江南官田制度从此崩溃。

由成化十五年(1479)开始,苏州税粮征收沿用巡抚王恕官、民田一律论田加耗 1.2 斗的做法,一直到嘉靖十七年(1538)苏州知府王仪实行重大改革。

应天巡抚欧阳铎、苏州知府王仪等人主持、推行了苏州赋税改革。

嘉靖十六年,欧阳铎召集下辖江南各府县长官到南京,面议论田加耗,以解决江南赋税征收危机。

> 查自嘉靖十五年以前俱粮上加耗,每正粮一石或加耗四斗,或五斗、六斗,此系该部各年坐派不一,故加耗因之重轻。至嘉靖十六年,巡抚欧阳公以粮上加耗,田有科则轻重不同,民户病在不均,行令府县掌

印官,带同书算,俱赴南京会议,悉照部札坐派算定,改议田上加耗,除五斗以上重额田亩不加外,其五斗以下者,每田一亩加耗米一斗二合,甚为得均,民亦称便。共算正耗平米一百三十万余石,其往年派征金花、粗细布、白粳糯米各项各色俱已削去,止派本、折银、米二项。[1]

这种举措与朝中呼吁改革江南官田制度是相互一致的。

这场江南官田制度改革的最终完成,由顾鼎臣于朝中上书,首发其端,应天巡抚欧阳铎、苏州知府王仪在地方遥相呼应,上下一致推动。王仪是顾鼎臣的门生,久任地方,行政经验丰富,他积极支持乃师的主张,在改革开始前就在府内清丈田地做了准备,之后抓住朝中上下呼吁改革江南官田制度的恰当时机,并得到朝中与地方大员的鼎力支持,措置得当,收到实效。

嘉靖十六年前后,彻底改革江南官田制度已经成为朝廷上下、君臣之间的共识,这是王仪在苏州府推行均粮改革的先决条件。

嘉靖六年(1527)、九年,昆山县籍朝官顾鼎臣两次上疏,依据自己"生长地方,目击弊蠹,每一兴思,辄叹诧愤塞"[2],详细揭示官吏种种贪污伎俩,要求清丈江南田土,以便整理田赋,彻底改革江南官田制度。

> 或私雕印信,诈领钱粮;或依访判笔,套写花押;或将上司坐派,增减数目;或将府州县案卷,追改年月;或将宥免,重复科征;或将暂征,概作岁办;或总数与撒数不符;或官簿与底簿不同;或将已征在官,支调侵分;或将私收入已(己),申报民欠;或将官田改作民田;或将肥荡改作瘦荡;或将蠲粮叩卖别区;或将正粮洒派细户。其泰甚者,城郭附近田涂虚报坍江、坍河、坍海,膏腴常稔地土捏作板荒、抛荒、积荒。

顾鼎臣剖析入微的这16种弄奸作弊、侵吞钱粮的方法,引起的后果非常严重:

> 每年粮额亏欠以千万计。负累概州县善良人户包补,日积月久,坐致困穷。奸顽得计,或有田无粮,或不耕而食,新旧要结,永享富乐。

这并非官场完全腐败不堪,而是无能为力,防不胜防。

---

[1] 陆树声:《上抚台减粮额书》,万历《青浦县志》卷八下《艺文志》,赵文友点校,《上海府县旧志丛书·青浦县卷》,上海古籍出版社2014年,第142页。

[2] 顾鼎臣:《顾文康公文草》卷一《申末议以裨国计拯民命疏》,蔡斌点校:《顾鼎臣集》,上海古籍出版社2013年,第47页。

> 虽间有聪明老练上司搜求问发,终莫能得其要领,闯其藩篱,以破其巢穴。何况州县官员初入仕途,百责所萃,未及三四年,升迁交代,孰能勾稽磨算以摘发其奸哉!加以催科不守旧法,抚字不下仁恩,贪暴诛求,豪强兼并,是以民农流亡,抛弃田土,聚有盐盗,诚有如明诏所言者。然前项积弊,流传已久,其势日甚。[1]

他急切指出:"今天下税粮、军国经费大半出于东南。苏松常镇嘉湖杭诸府每年均输、起运、存留不下数百万,而粮长、书手、奸胥、豪右通同作弊,影射侵分,每年亦不下十余万。"回乡扫墓时分,曾对巡抚说:"百姓种了田地,出赋税以供给朝廷,此正理也。年成灾荒,朝廷蠲免百姓几分税粮,此至恩也。今七府地方,每年有十余万钱粮,朝廷也不得,百姓也不得,却是中间一辈奸人影射侵分,以致奸蠹日肥,民生坐困,是可忍也孰不可忍!"[2]条陈救弊四事:暂议差官综理,查理田粮旧额,催征岁办钱粮,查复预备仓粮,至少恢复到周忱、王恕时候的状况。[3]

明世宗赞同他的意见,却没有下文,是不了了之了。

嘉靖十一年(1532),刑科给事中徐俊民上书,称要摆脱江南赋税困境,必须解决官田重赋问题:更定田赋,取消官、民田则的区别,当即被户部否决。

显然,他们这些建议势必触犯关系复杂的大户利益,阻力重重,因而难以被采纳执行。

嘉靖十六年,已升礼部尚书的顾鼎臣第三次上书,强烈要求清理苏、松、常、镇、杭、嘉、湖这江南最为重要的7府税粮。明世宗迫于国计大亏、财政危机的形势,采纳并下旨推行他的主张。同时,应天巡抚欧阳铎与苏州知府王仪积极呼应,奉旨清查田赋,最终引发江南官田的综合改革。

嘉靖十六年七月制定《赋役册》,规定改赋实施"征一法",即"总征银米之凡,而计亩均输之"[4],税粮(平米)一石,当本色米、折色银统一征收。为此,应先稽查税粮的登记土地原额,削除水没、荒废地及公共用地,确定田则,分项综核税粮、加耗及其总额,以及其中折色银、本色米、征收实物的数额,清理赋税收支盈缩,对各县起运、运余、存余等进行清理、审核等。

---

[1] 顾鼎臣:《顾文康公文草》卷一《陈愚见划积弊以裨新政疏》,蔡斌点校:《顾鼎臣集》,上海古籍出版社2013年,第41—42页。
[2] 顾鼎臣:《顾文康公文草》卷一《申末议以裨国计拯民命疏》,蔡斌点校:《顾鼎臣集》,上海古籍出版社2013年,第47页。
[3] 顾鼎臣:《顾文康公文草》卷一《陈愚见划积弊以裨新政疏》,蔡斌点校:《顾鼎臣集》,上海古籍出版社2013年,第42—45页。
[4] 《明史》卷七十八,志五十四《食货二·赋役》,中华书局1974年,第1900页。

赋役与官田制度改革在苏州府率先大功告成,与知府王仪措置得当密不可分。

王仪是嘉靖二年(1523)进士,初授凤阳府灵璧县令,因才能突出,嘉靖五年调知更为重要的嘉定县,这是他在苏州府任官的开始。在就任嘉定知县的两年中,王仪以"赋平讼简",赢得"循吏"的美名。[1]嘉靖十二年,王仪升任苏州知府。甫历三月,因牵涉宗室旧案,他被劾卸任,却已深得苏州民心。"仪去苏州,士民走阙下乞留,帝不许。既而荐起,知抚州。苏州士民复走阙下乞还仪,至再,不报。归诉于巡抚侯位。位以闻,帝乃许之。"[2]嘉靖十五年,王仪再任苏州知府。由于他在嘉定"曾为县令,深悉民所苦"[3],具备群众基础和治理经验,为此次来以嘉定为点推开苏州改革并获得成功提供了有力保障。

王仪在苏州府为赋役与官田制度改革进行了必要的较早的前期准备,因而南京会议之后就能迅速展开改革。两度知府苏州,王仪"至则叹曰:'苏赋当天下什二,而田额淆无可考,何以定赋?'乃履亩丈之,使县各为籍"[4]。在嘉定知县李资坤的支持与配合下,王仪以嘉定县为试点,清丈田地,随后在全府各县依次实行清丈。此前苏州知府希求实现的均平官、民田则改革在他的筹谋下得以展开。

顾鼎臣对门生在地方上遥相配合,积极贯彻自己的改革主张,予以强烈支持,赞许道:

> 近年止有苏州府知府王仪不畏强御,尽心竭力,督率州县正佐官员清查坍荒虚实,并产(划)去粮存各项积弊,已有端绪。间阎田野闻之欣欣若更生。其流散四方穷民亦有相率复业者矣![5]

正是由于顾鼎臣具有济世情怀,排除干扰,甚至不惜牺牲个人与家族利益,坚定推行改革江南赋役的实政,才最后赢得朝廷支持,促使江南赋役改革的成功。[6]

---

[1] 万历《嘉定县志》卷九《职官考下·宦迹》,《中国方志丛书》,台湾成文出版社有限公司1983年,第648页。

[2] 《明史》卷二〇三,列传九十一《王仪》,中华书局1974年,第5374页。

[3] 万历《嘉定县志》卷六《田赋考中·徭役》,《中国方志丛书》,台湾成文出版社有限公司1983年,第418页。

[4] 《明史》卷二〇三,列传九十一《王仪》,中华书局1974年,第5374页。

[5] 顾鼎臣:《顾文康公文草》卷二《悬乞天恩饬典宪拯民命以振举国大计疏》,蔡斌点校:《顾鼎臣集》,上海古籍出版社2013年,第58页。

[6] 参见廖峰:《嘉靖阁臣顾鼎臣研究》,巴蜀书社2012年,第116—125页。

王仪在苏州府"以八事定田赋,以三条核税课,徭役、杂办维均。治为知府第一……时巡抚欧阳铎均田赋,仪佐之,以治苏者推行于旁郡"[1]。又正是王仪的苏州改革举动,为嘉靖十六年欧阳铎倡导南直隶江南诸府的改革奠定了良好基础。

王仪改革主要有三个方面:征一,均粮,以及在后面叙述的役银。

征一。就是统一征税的种类和折率。具体而言,划一苏州正耗米的白细粳糯米、白粳米、糙粳米等种类,各种金花银、官布等项,加耗、折银等方式,米粮以外折征,都以米石为准,折征率又各不同。必须做到以下三点:一是固定一县耗米额,把原征税粮旧额中正米、耗米加以区分并固定;二是除米石实征以外的各种实物的白银折征,每县税粮米石换算率应统一,消除以往各种折征银与米石换算率的多样性,使平米额中的米粮数与折征银固定;三是每县一石平米应交米、银数确定后,纳粮户以此统一标准交纳钱粮。

苏州各县基本照这三个步骤实施改革。如吴县,征一后,税粮只用米、银二个种类统一征收,十分简化,本色米占总额的53%,折色银占47%。

均粮。就是在征一的基础上,摊平原先起科不一的各类田地税粮负担。因各县具体情况不同而有不同。总原则是把全县应科赋税田地,除去只征正粮的山荡,或其他生产条件较差的各类田地外,其余科税田都属于均粮加耗对象,即"该加耗肥瘠相等田",且归并科则,分成轻、重不同几类,原来科则重,即税粮负担重的重则田加轻耗,原来科则轻,即税粮负担轻的轻则田加重耗,亦就是减重增轻,使每亩水田平米额基本相同。

吴县均粮后,田地税则仅两种,即二则起科:自然条件较差的田荡山地为一则,免加耗只以正额起科;"加耗肥瘠相等田"为一则,每亩平均摊征平米3.44斗。苏州府其余各县也类似:长洲每亩征平米3.75斗;吴江每亩征平米3.76斗;昆山除低洼地外,每亩均摊平米3.35斗,歉薄之田为2.2斗;常熟清丈田亩后定为四则,其中每亩实征平米高乡2.18斗,低乡3.18斗,最重每亩征3.3斗;太仓每亩征平米2.8斗;嘉定每亩平米常田3斗,卤薄田2斗。

嘉靖十七年江南苏州等府税粮官、民田一则的改革实现,从根本上解决了长期存在的官、民田赋税不均问题,是周忱、况钟以来赋税改革的必然结果,标志着我国封建社会以招民佃种为经营形式的国有土地最终消失。经过官、民田田赋均则改革,明政府以放弃江南苏州等府数量庞大的国有官田的土地所有权为代

---

[1]《明史》卷二〇三,列传九十一《王仪》,中华书局1974年,第5374—5375页。

价,把由超经济强制获得的大量官田的官租转化为赋税形式转嫁给民田,保证新形势之下国家在该地区财政收入总额一点不少;而江南苏州等地以承担原先官田的经济负担为代价,对于纳粮户口来说,他们的经济负担并未有实质上的减轻,然而,江南官田制度瓦解,或官田消失,从长远来看,对该地区社会经济发展积极作用巨大,影响深远,陈旧生产关系已被剔除,解放了生产力,非常有益于苏州等江南地区的社会转型。

王仪的改革改变了周忱的方法,有的苏州地方士绅对此颇有微词,说明改革举措的思路不同,人们的认识就会不一致,总会贬褒不一,关键在于大方向不能错,而递加改进,行之有效,符合国计民生的大头之需。

> 嘉靖间,王守仪,锐意均之,节奉明诏,不顾也。
>
> 吾长洲田亩均三斗七升,水乡下田,十年不三四登者,大受其害,而高乡腴田亦不为益,何也? 文襄公之法,四斗、五斗额田半折白银,每银一两准米三石;六斗、七十(斗)而上全折花银,每银一两准米四石。征收之法先米,白银次之,花银又次之,故民力舒焉。今亩征米二斗,银八分五厘准米一斗七升,则银一两土折米二石,又一时并征,民不堪命。文襄之良法尽坏,而美意亦不复在民。
>
> 今计苏州多米万石,以明诏之故,不敢作正,故有司征收用新法,户部会计用旧额,巡抚者亦不究其故,上下相蒙以为利。[1]

此后苏州赋税征收改动很小。嘉定多改种棉花,无粮办漕,万历十一年(1583)开始改折漕粮,正兑米 10 万余石,每石改折银 7 钱;改兑米 6 400 余石,每石改折银 6 钱。几经反复,万历二十一年(1593)始定永制,是件大事。

在苏州府赋役改革成效的示范下,江南其他府县也进行了类似的改革。嘉靖二十六年(1547),嘉兴知府赵瀛对府内 7 县的官、民田地粮进行"扒平田则"[2]的改革,并得到巡抚欧阳必进等人的赞赏与支持。明穆宗隆庆元年(1567),杭州府海宁县知县许天赠"丈土均粮。以官田之米派于民田之上,以民田之夫派于官田地之中,上不失官民田地山荡之原额,而官田之米得民田而稍轻,民田之夫得官田而稍减。自此一则起科,无官、民之别矣"[3]。隆庆年间,

---

[1] 皇甫录:《皇明纪略》,《丛书集成新编》第 85 册影印《历代小史》卷八十五,台湾新文丰出版公司 1985 年,第 258 页。

[2] 万历《嘉兴府志》卷五《田亩》,《中国方志丛书》,台湾成文出版社有限公司 1983 年,第 264—268 页。

[3] 乾隆《海宁县志》卷五《食货志二·田赋》,《中国方志丛书》,台湾成文出版社有限公司 1984 年,第 602 页。

江宁府上元县、高淳县、溧阳县均对官、民田实行一则起科。[1]万历三年(1575),镇江一府"官民田地照亩起科……均为一则"[2]。

(二) 徭役改革

嘉靖十七年(1538),江南苏州等地官、民田田赋征收合则实现成为苏州地区始于明代嘉靖、延续至清代的均田均役改革的基础。从此,赋、役合并成为苏州等江南地区赋税改革的大趋势。

洪武建立的苏州徭役制度与全国一样,包括二种:一是以里甲组织为主的里长、甲首等正役,即里甲正役;二是其他杂役。此外,粮长等职役也是徭役。

因为江南苏州等府官田大量集中,赋税繁重,以里甲为基础的徭役征发制度到永乐后期就难以维持。所以,宣德时周忱巡抚江南,用耗米补贴里甲正役的巨大支用,苏州知府况钟建立义役仓以支应科派。他们想建立一个相对独立的地方财政系统,维持徭役的征发。

以后苏州徭役制度变化很大。如原属里甲正役的杂派,包括上供物料、轻赍脚米、户口盐钞等,都混入粮内征收,称为平米。杂役征派方式也有变化。景泰二年(1451),崔恭实行均徭法。它也应有银差、力差,每年大概要估算当年均徭的银、力差及当役户,分等排列当役户,对各种徭役的轻重进行分类等。

王鏊说,苏州主要以田产作为均徭的派役原则,即评定户等的依据。"今之所谓均徭者大率以田为定,田多为上户。上户则重,田少则轻,无田又轻,亦不计其资力之如何也。故民惟务逐末而不务力田,避重役也。"当时苏州重役主要有三:解户解军须纳颜料于内府,斗库供应往来使客,粮长督税输官。这三役繁重,不堪承担,后果十分严重。"三役之重皆起于田。一家当之则一家破,百家当之则百家破。故贫者皆弃其田以转徙,而富者尽卖其田以避役。近年吴下田贱而无所售,荒而无人耕,职此之故也。夫有田则有租,有身则有庸,有家则有调,今田既出重租,又并庸、调而归之,此民之所以轻弃其田者也。古之为政者驱末作归之田,今之为政,驱农民而归之末作。使民尽归末作,则国之赋税将安出哉?"[3]

苏州均徭法以田产为重要分摊标准,使以往不定期科派的杂役变成定期分

---

[1] 顾炎武:《天下郡国利病书》第八册《江宁庐州安庆》,昆山顾炎武研究会编,上海科学技术文献出版社 2002 年,第 608、623、628 页。
[2] 《明神宗实录》卷四十二,万历三年九月庚申,台湾历史语言研究所校印本 1962 年,第 9 页,总第 960 页。
[3] 王鏊:《震泽先生集》卷三十六《吴中赋税书与巡抚李司空》,载吴建华点校:《王鏊集》,上海古籍出版社 2013 年,第 513 页。

摊的杂役。同时,因里甲正役不断纳银化,原先根据户等向户分摊税役便转向丁、田一律科派。徭役征发转而重视人丁、田产,使各级政府在编造黄册时不再重视户、口数,江南苏州等地户、口统计由此几无可信。

嘉靖时,巡抚欧阳铎主要参照常州知府应槚《通编里甲均徭法》,改革徭役制:以一县徭役分摊于一县之丁、田,统一征银,一年一编,里甲均徭合并,定乡饮、定公费、定备用等。

王仪在苏州进行与巡抚欧阳铎一致的改革,主要是编审一县该征里甲均徭(丁田银两),分摊至人丁、田亩,标准统一,即统一征银。以苏州府嘉定县为例:

> 通计一县里甲备用之数,为银一千一百七十二两;均徭以银差者,为银四千二百五十五两有奇;以力差者,为银五千一百六十八两有奇。乃计丁而编之,丁出一分;计田而编之,亩出七厘七毫;计滩池涂荡而编之,亩出四厘。凡得一万一千六百九十一两有奇。适当前数,载之于书,曰赋役册。[1]

这些徭役费用支出主要有:里甲支费,共八事,包括丁田、庆贺、祭祀、乡饮、科贡、恤孤、公费、备用;均徭支费,共三事,包括银差、力差、马差。

欧阳铎、王仪推行的赋役改革意义重大,在明代苏州地区赋役制度史上具有承前启后的地位:既有赋役合并趋势,又大大改变原先徭役征收复杂繁琐更且不均的局面,使每亩、每丁所承担的徭役以统一标准征收,而徭役以银结算,部分摊入田亩,就是部分的摊丁入亩,早期的一条鞭法,为后续深入改革打下了基础。它深受百姓欢迎,却触犯缙绅地主利益,遭受攻击。

江南苏州等府赋役改革以后主要以此为基础不断深化、调整。

明代后期最具深远影响的赋役改革措施就是"一条鞭法"在全国范围渐次推行。早在嘉靖九年(1530),桂萼首次上奏建议整顿混乱的赋役征收秩序。[2]经户部讨论,提出具体实施办法。[3]这一整套革新思路在次年御史傅汉臣的上疏中明确定名为"一条鞭法"。[4]尽管嘉靖帝批准,并由户部下发,万历初期以前,

---

[1] 万历《嘉定县志》卷六《田赋考中·徭役》,《中国方志丛书》,台湾成文出版社有限公司1983年,第418页。
[2] 桂萼:《请修复旧制以足国安民疏》,载陈子龙等选辑:《明经世文编》卷一八〇,中华书局1962年影印本,第1835—1837页。
[3] 《明世宗实录》卷一一八,嘉靖九年十月戊寅,台湾历史语言研究所校印本1962年,第13—14页,总第2814—2815页。
[4] 《明世宗实录》卷一二三,嘉靖十年三月己酉,台湾历史语言研究所校印本1962年,第17页,总第2971页。

仅有少数地方官员真正实施过。

就苏州地区而言,嘉靖后期,巡抚周如斗、知府蔡国熙开始制定、推行"一条鞭法"。真正较有成效的两次清丈土地在隆庆、万历初年。其中隆庆三年(1569)六月二十四日(有闰六月)至四年二月二十五日(留任交接,到三月才离开),海瑞(1514—1587)在应天巡抚任内[1]"锐意兴革",开凿水利,"素疾大户兼并,力摧豪强,抚穷弱。贫民田入于富室者率夺还之。徐阶罢相里居,按问其家无少贷。下令飚发凌厉,所司惴惴奉行,豪有力者至窜他郡以避"。[2]

海瑞参照浙江巡按庞尚鹏的成法,大力推行一条鞭法,比欧阳铎、王仪更重视摊丁入亩的程度,即徭役的征发依据更重田产。他坚决主张占田额多的富室大户应承担更多徭役,宜当重差、当银差,无地、田少的贫者应予以相对减轻,宜当轻差、当力差,提出徭役均派,"不许照丁均役,仍照各贫富各田多少,贫者轻,富者重,田多者重,田少者轻,然后为均平也"。规定徭役均派,"田亩应其十,人丁应其一"。[3]并严格清丈土地,清查逃避赋役的隐田,限制缙绅地主的优免数量。他利用行政权力,"搏击豪强"[4],责令江南富民势豪退田还民,即使对罢相里居曾经厚恩于他的徐阶,也劝其退田,括查隐田的力度成效显著。他的强硬措施遭到江南缙绅地主强烈反对,最终导致他卸任。但他保护中下阶层利益,维护了江南社会经济秩序,民誉"海青天"。

万历九年(1581)后,首辅张居正积极肯定并支持"一条鞭法",在全国范围推广,苏州府其实早已实施了。这表明,苏州等江南经济重心之地的赋役改革走在了全国前面,并且引领着全国的赋役改革运动。

一条鞭法改变了赋税征收名目繁多的局面,纳税者交纳税银,自行投柜,手续简化,还可防止吏手作弊。它是在赋役合并、商品经济发展及不断纳银化基础上的重大改革,表明原先作为赋役征发的基层单位即里甲组织已逐步失去功能,日趋崩溃,因而对社会经济变化影响很大。

此外,嘉靖以来,苏州地区有两项举措与"一条鞭法"的赋役改革紧密关联,互相配合。

一是土地清丈。江南地区的官田自嘉靖中期逐步民田化,与此相适应,赋役征发的依据愈重田产。赋役改革的成败在相当大程度上取决于官府对田土占有

---

[1] 张德信:《明史海瑞传校注》,陕西人民出版社1984年,第132、164、183页。
[2] 《明史》卷二二六,列传一一四《海瑞》,中华书局1974年,第5931页。
[3] 《海瑞集》上编《兴革条例》,陈义钟编校,中华书局1962年,第61、119页。
[4] 梁云龙:《海忠介公行状》,《海瑞集》,陈义钟编校,中华书局1962年,第540页。

情况的掌握。既然官府对土地面积的掌握至为关键,土地清丈就必不可少。但是,土地清丈将直接剥夺占有大量田地的官绅地主利益,实际上要能做到做好,谈何容易!

嘉靖时王仪、隆庆初海瑞都清丈田地。万历九年(1581),首辅张居正在全国推行清丈,苏州府当然被列为重点地区,清出了部分隐田。太仓人陆世仪(1611—1672)讲:"万历时,江陵相公当国,丈量田地……然是时吴中经界久坏,赋役不均,得此始正,至于今赖之。"[1]知府蔡国熙、李充实积极配合,起着重要作用。

二是粮长、里甲等基层组织职能的变化。苏州粮长在明初由富户世袭永充。弘治时因粮长权势过大,加上漕粮征兑方式改革,便以中户轮充,后改成朋充。充任粮长,大多破家。隆庆二年(1568),苏州知府蔡国熙"详定南北运、柜收等役及仓兑,并五年一编,与十排年役各别挨轮"[2]。粮长应役职能开始下移里甲。这一改革在府辖各县推广,并在实际操作中有所损益。如万历十一年(1583),嘉定知县朱廷益"以里长排年充役,自一六而二七,而三八,而四九,而五十,十岁再更"。以排年里长轮充粮长,代行后者的职责。"亦会漕折事行,而粮长之祸几熄。"[3]万历二十四年(1596),吴县知县袁宏道也有类似改革,以每里(图)分成上下五甲,"催征条编折银,以上五甲属经催,下五甲属里长,免十排年,皆赴县听比"[4]。大约以五年为一周期轮流应役。万历二十九年(1601)嘉定知县韩浚说:"至粮长一役,自排年轮充以来已称至便,毋庸置喙。"[5]经嘉靖以来的赋役改革,粮长、里甲等基层组织的应役方式变化很大,而力役仍有不少被保留。

二、万历之后均田均役法逐步实施

明代徭役一般分里长、甲首等里甲正役,其他杂役,共两种。明代后期,许多地方徭役分里甲、均徭、驿传、民壮四差。均徭包括驿传、民壮之外的杂役,实际

---

[1] 陆世仪撰,张伯行编:《思辨录辑要》卷十六《治平类》,《景印文渊阁四库全书》724,台湾商务印书馆1986年,第132页。
[2] 崇祯《吴县志》卷九《役法》,《天一阁藏明代方志选刊续编》15,上海书店1990年,第839页。
[3] 万历《嘉定县志》卷六《田赋考中·徭役》,《中国方志丛书》,台湾成文出版社有限公司1983年,第410页。
[4] 崇祯《吴县志》卷九《役法》,《天一阁藏明代方志选刊续编》15,上海书店1990年,第839页。
[5] 万历《嘉定县志》卷六《田赋考中·徭役》,《中国方志丛书》,台湾成文出版社有限公司1983年,第428页。

执行上各地差别很大。均徭使官府佥派的正役往往数量繁重，几乎占去现年里甲全部劳力，而临时杂役则无人应役，于是，出现杂泛。杂泛指现年均徭之外，由排年人户的丁力供应，具体执行十分复杂。实施一条鞭法后，均徭、杂泛都应与田赋合一，官为佥募，实际上，徭役彻底纳银化没有实现，许多地区农民力役没有完全解除，江南苏州等地力差重役也十分严重。这些杂役主要与税粮征收、解运相关，如经催、解户、兑仓、斗级、柜头等。赋额繁重，这些力役负担就繁重，普通农户难以承受。苏州府赋额尤重，围绕赋税征收、兑运的徭役特别繁重，推行一条鞭法后，繁重力役仍存在，像南北白粮、官布、丝绢诸物，仍须民运民解；漕粮虽由官解，但仍由民收，而军民交兑时有种种弊端。

如万历后期，常熟县不在均徭银内佥点的杂役，也就是没有实施纳银化的力差有："北运，每年廿四名，户田三千五百亩者差。南运，每年十名，户田千五百亩者点。柜头，每年三十名，户田二千亩者点。德府船头，每年一名，户田千亩者点。轻赍解户，每年二名，户田八百亩者点。杨凤解户，每年二名，户田五百亩者点。"[1]

这些力役沉重，更因缙绅地主诡寄、花分、寄庄、投献、徭役优免特权扩大与滥冒等种种舞弊，绝大部分被压在中下层农民头上，使之往往破产，直接影响国家赋税征收，造成严重社会经济后果。"江南财赋最多者莫如苏松二郡。比州县佥役，则中产并支，下及窭户，倾赀疲困，靡所控愬（诉），致官课益亏。盖花诡日相沿习，避役之田多，承役之田寡矣。"[2]这是在嘉靖官、民田赋役严重不均难题解决以后，出现的又一严峻问题。

自张居正殁后，明朝全国自上而下的大规模赋役改革不再进行。可是，从万历中后期至崇祯年间，江南地区的均田均役改革在地方官员操持下仍未停滞。一是朝廷官员的考评特重钱粮。二就是徭役不均。官、民田科则合一，"一条鞭法"推行后，均徭、杂役本应与田赋合一征银，官为募办，但徭役彻底纳银没有实现，当地农民力役负担仍很繁重。在苏州府，因赋额特重，又衍生出如南北白粮、官布、丝绢诸项的运解和漕粮征收等力役。加上当地缙绅地主往往利用徭役优免特权，多行诡寄、投献、花分、滥冒等舞弊之举，"田连阡陌者许诸科不兴，室如悬磬者无差不至"[3]。中下层佃户往往不堪重负，甚至破产。

---

[1] 万历《常熟县私志》卷三《叙赋》，苏州图书馆藏本，电子版总第340页。
[2] 崇祯《吴县志》卷九《役法》，《天一阁藏明代方志丛刊续编》15，上海书店1990年，第856页。
[3] 罗伦：《与府县言上中户书》，载陈子龙等选辑：《明经世文编》卷八十四，中华书局1962年影印本，第747页。

晚明几十年,苏州、松江、常州、嘉兴、湖州都开展较大规模的役法改革,目的就在于解决一条鞭法后存在的徭役不均问题。这五府改革进程和结果各不相同。嘉、湖比较彻底,苏、松、常遗留问题较多。苏州府属各州县都进行不同程度改革,最后完成已在清康熙年间。

役法改革的核心就是均田均役,首先指把一条鞭法后残留力役进一步折成银、粮,尽管仍有力役存在;其次指清理各地承役田,把这些徭役平摊到这些承役田亩上(优免田地除外)。这是一条鞭法的继续,平均徭役负担。

明末苏州徭役改革有的与邻近府县同步,有的是独自做的。经过了提出限田之议、均田均役法具体实施两个阶段。

限田,就是在承认官绅特权的同时,对官绅优免加以限制,以扩大应役田面积。由于缙绅强烈反对,限田之举在江南苏州等地一直难以真正实行。

苏州等地均田均役法具体实施,始于万历二十九年(1601)嘉定知县韩浚。他认为:"役出于田,田均则役无不均。"但不可能笼统均田,应区别对待,以田为均役依据。"均田则可以均役。一县之田势不可得均。而就所在一扇之中,计田若干,应编排年若干,一以田为准。""大较以田百亩者率充排年,伍拾亩者率为帮贴。其叁佰亩以上至千亩、万亩者,不妨多编几名。二三十亩以下,止充甲首。贫里自愿朋充者,听。田数太少,自愿并图并里者,亦听。如此则既免摊拨之扰,亦无出入之虞,上下相安,彼此各适,贫民不受重役之累,而富室亦无偷安之弊矣。"[1]这是以田亩多者充重役,田亩少者充轻役或不充役。

这年吴江知县刘时俊也实施均役之法,有立烟门册,议贴役,议优免,塘长制。

晚明江南真正大规模均田均役改革在万历三十八年(1610),由应天巡抚徐民式主持,主要在苏州府长洲(知县韩原善)、常熟(知县杨涟)、吴江(知县冯任申)以及松江府华亭(知县聂绍昌)等重役县进行,通过清丈土地和限制优免等措施,实现均平徭役。

首先清查田地,把诡寄、寄庄、花分、投献手段避役的逃役田清查出来,佥充役差。长洲县原当差田不足20万亩,清丈后有55.69万亩。常熟县清出花诡田达15万亩。吴江县当差田由22.2万亩上升到90万亩。松江府华亭县由10万亩上升至34.5万亩。

---

[1] 万历《嘉定县志》卷六《田赋考中·徭役》,《中国方志丛书》,台湾成文出版社有限公司1983年,第411、427—428页。

其次制订新优免标准。这一标准远远超出法定数目,充分照顾了官绅利益,较以前无限优免滥冒,却是一大改进。万历三十八年《优免新则》标准十分详尽:进士照《大明会典》数加10倍,从京官一品,会典优免1 000亩,新则增为10 000亩,其余依次类推,到八品由270亩增至2 700亩;举人、恩贡生照会典加6倍,从京官二品800亩增为4 800亩,其余依次类推,到九品由200亩增至1 200亩;选贡照会典加4倍,从京官四品535亩增至2 140亩,其余依此类推,到九品由200亩增至800亩;粟监照会典加一倍,从京官四品535亩增至1 070亩,其余依此类推,到九品由200亩增至400亩;秀才、监生优免升为80亩;等等[1]。

清丈土地、限制优免,才能均平徭役。在吴县,"巡抚都御史徐民式题准均役。科甲贡儒,分别限田。因核本县,山多田少,人习经商,洞庭东、西两山并家资田地兼编粮差,仍分轻重,役为上、中、下三等,以田资多寡为差次"[2]。规定照田派役,即除优免额内之田可以免承徭役外,其余所有田亩都必须承役。派役以田地多寡为标准,田多者为上等户,其下分中等、下等户。户等高者承重役,户等低者承差役,或贴役。

徐民式均田均役改革让承役田都必须均承徭役,抑制官绅优免冒滥,均平原先十分不平的徭役负担。虽然改革者制订的新优免标准远远超过法定数额,但由于晚明江南苏州等府官绅阶层势力强大,阻止改革的力度依然很大。如上述土地清查,苏州府吴县、太仓、昆山、嘉定就无结果,除崇明例免外,只有长洲、常熟、吴江做得好。直到清初,江南绅衿遭到明季动荡冲击和清初政府严厉打击,这些改革措施才能真正施行。

相较于缙绅豪民阻挠赋役改革而言,万历以降,朝廷实行掠夺性赋役政策,对地方政府赋役改革的侵害更为致命。以地方官员承受的征税压力而言,自万历四年(1576)开始,张居正"又请行考成法,有司以征解为殿最"[3],考核地方官员的政绩以定黜陟,嗣后这种趋向日益显著。天启二年(1622),给事中方有度疏言:"自东奴发难有加派之征,近著令载入考成。自今有司爱民之心必不如爱官之心,敲骨剔髓,何所不至!民不堪命,群起为难,恐中国之忧不在奴而在萧墙之内也。"[4]崇祯即位,"便严于钱粮,部议知府非完钱粮不得升司道,推知非

---

[1] 万历《常熟县私志》卷三《叙赋·优免新则》,苏州图书馆藏本,电子版总第343—348页。
[2] 崇祯《吴县志》卷九《役法》,《天一阁藏明代方志选刊续编》15,上海书店1990年,第855页。
[3] 谷应泰:《明史纪事本末》卷六十一《江陵柄政》,中华书局1977年,第947页。
[4] 《明熹宗实录》卷二十二,天启二年五月丙申,台湾历史语言研究所校印本1962年,第1页,总第1083—1084页。

完钱粮不得与考选。于是松江方郡伯岳贡、苏州陈郡伯洪谧有住俸数十次、降至八十余级者"[1]。崇祯七年(1634)至九年在任的苏州知府陈洪谧,顶住"时郡多逋赋,考成严切"的巨大压力,以"百姓有余力,自乐输将"的惠民之心,不愿"以民命博一官",且在"东南旱、蝗频仍"的情况下,"悉蠲一切烦苛"。[2]他以一己之身,行保民之业,极不容易。

徐民式以后明末几十年,苏州府徭役不均、陈习陋规等依旧存在。白粮、漕粮的征收、兑仓、运输最为民困。地方官员虽加以整顿,漕粮禁约、白粮禁约的规条很多,但效果甚微。

漕米征解,弊重困民,往往需要知府在现行体制下加以变通筹措,才能纾解民困。天启年间,苏州府遭遇水灾,漕米征收和运解困难重重,有赖于苏州知府寇慎百计筹措,才渡过难关。

> 奉旨征漕,而大水之后粒米无出,百姓嚣然。巡抚既去,州县官并以朝觐赴京。公行香至城隍庙,万人群拥而呼。
>
> 公问之曰:"尔何为者?"
>
> 皆跪告曰:"漕米无从得尔。"
>
> 公曰:"奈京仓告匮,尔辈亦有晓事者,顾策将安出?"
>
> 众曰:"惟明公为民请命。"
>
> 公曰:"三百亩以上纳米,三百亩以下折银,可乎?"
>
> 众稽首曰:"敢不竭力以从!"
>
> 公乃亲巡属县,限以期会,而手自计之,尚亏额万余石。乃括任内赎锾公费及移借帑金,招商给帖入楚买米,兑军上船陆续至江。而巡漕御史受内指,以疏请折漕四分为前抚罪,并欲陷公,驳称米色不一,勒停江口。公亲往争之曰:"罪在知府,何与军民?且吴中无米,自楚买之,安得一色?愚不知太仓之米果皆一色乎?"御史辞屈,又廉知公清正,无可罪,乃许其过江。而民既诵公之德,且服公之才略矣。[3]

寇慎用折银为杠杆,调节贫富双方的漕米负担,减轻了占田有限的大多数农民的经济负担,有助于维护苏州社会稳定。此外,寇慎能够通过搜括公费,移借

---

[1] 李清:《三垣笔记》卷上《崇祯》,顾思点校,中华书局1982年,第8页。
[2] 吴山嘉:《复社姓氏传略》卷七,周骏富辑:《明代传记丛刊·学林类6》007,台湾明文书局1991年,第436页。
[3] 顾炎武:《中宪大夫山西按察司副使寇公墓志铭》,《顾亭林诗文集》《亭林余集》,华忱之点校,中华书局1983年,第157页。

帑金,来筹资招商,买米充漕,可见明末苏州知府能够依靠并调动地方财政实力,挖掘潜力,来解决朝廷征漕无出的难题,相比明初多倚赖朝廷蠲减来渡过危机的情形,可以说苏州地方社会抗风险能力提高了。面对巡漕御史假借职务之便,敲诈勒索地方,寇慎以其身正无邪,敢于据理力争,勇于担当,为治下百姓着实免去一场意外变故与负担。

直至明末,苏州等江南四郡每年要将白粮运送至京,仍是一大民弊。它由富民自己承运,水运途中风险莫测,加上吏胥盘剥,往往倾家荡产,因而被视为畏途。

> 明末,江南岁输白粮于京师,例用富民主运,往往至破产。官为五年一审定,先期籍富人名。诸富人隶籍中者,争衣褴褛衣,为羸人状,匍匐哀号,祈脱名,曰:"粮长不幸有覆溺者,则身家糜碎。而到京,吏胥需索诸费大率十六釜而致一石矣。"向例白粮二十万石,责之苏、松、嘉、湖,而他郡不与焉。其京仓耗羡、铺垫名色,岁溢月增浸假,而二十石致一石,则二十万石之供,实费二百余石。布衣陈某上书诉,诏减尖六米万余石,他费率减什五,而富民已受困不堪矣。[1]

民运白粮改革比漕运有成效。巡抚黄希宪的白粮征解改革于苏州之功最不可没。崇祯十三年(1640),有人题请民运白粮应改为官收官解,到崇祯十五年,由黄希宪题请获准。苏州府属各县纷纷改行此法。这项措施因为明亡在即,实施时间很短,后被清初继承,终于解除困扰苏州长达200多年的重役。苏州白粮官收官解,为清初改行漕粮官收官解提供了启示,引起漕运制度的重大变革。

苏州官田重赋的摊派、固定与持续性征收,从另一个侧面反映了当地农业生产逐步恢复,社会处于恢复性发展或转型性发展之中。中间接二连三地蠲免,只能说明这种负担实在太重了,大大超过了人民的承受力。官田重赋造成官田无人愿种,争抢民田,土地兼并剧烈,农民无法生存,只能采取逃亡的方式来被动应付。这样的逃亡流离实在出于生活逼迫无奈,无意中却促进了市镇工商服务业的兴起。但是,若将如此结果归功于重赋实施的压力,岂非荒谬之极!

> (赵)用贤长身耸肩,议论风发,有经济大略。苏、松、嘉、湖诸府财赋敌天下半,民生坐困。用贤官庶子时,与进士袁黄商榷数十昼夜,条

---

[1] 顾公燮:《丹午笔记》之《籍富民为粮长》,苏州博物馆等编,江苏古籍出版社1985年,第81页。笔者按,疑此段文字有误难释。

十四事上之。(申)时行、(王)锡爵以为吴人不当言吴事,调旨切责,寝不行。[1]

赵用贤是常熟人,袁黄是嘉兴籍吴江人。万历时期他们仍旧为困扰人的江南重赋设法去繁解忧,却被吴县申时行、太仓王锡爵两位大学士以避嫌为名,先是斥责,再是罢议不行。然而如此换来的只能是民众重赋不堪,被蒙鼓里,没有解决根本问题。

三、土地关系变化

嘉靖之后,苏州土地关系发生两大变化。

一是官田民田化。自周忱开始,经过长久改革,到嘉靖年间,江南官、民田赋税一则,负担基本持平,即官田负担减轻,终于实现官田的民田化,宋代以来的官田消失;同时,法律也不再禁止官田买卖,官田私有化了。原先因赋役不均,"富者不利官田之重而倍价以要民田,贫者欲利民田之价而改民以售官田"[2],造成"官田价轻,民田价重"。甚至出现"贫者利价之重,伪以官为民;富者利粮之轻,甘受其伪而不疑。久之,民田多归于豪右,官田多留于贫穷"之手,导致后果十分严重,"贫者不能供则散之四方以逃其税,税无所出则摊之里甲,故贫穷多流,里甲坐困,去住相牵,同入于困"[3]。到这时局面发生剧变。

二是官田成为土地兼并的主要对象。从嘉靖中期开始,江南苏州等地缙绅地主依恃其政治、社会特权,随着商品经济发展,转而疯狂投入土地兼并,利用超经济掠夺或投献等手段,建立畸形的大土地所有制。万历时,尚宝卿徐履样居阊门下塘,与其侄奉天府尹徐申"富甲三吴,宅大而广",并拥有长船滨为其账船所泊处。苏州齐门外钱槃"亦田跨三州,每岁收租九十七万"[4]。湖州南浔人、礼部尚书董份"富冠三吴,田连苏湖诸邑,殆千百顷。有质舍百余处,各以大商主之,岁得子钱数百万。家畜僮仆不下千人,大航三百余艘,各以号次听差遣"[5]。

---

[1]《明史》卷二二九,列传一一七《赵用贤》,中华书局1974年,第6002页。
[2] 钱薇:《均赋书与郡伯》,载陈子龙等选辑:《明经世文编》卷二一四,中华书局1962年影印本,第2239页。
[3] 王鏊:《震泽先生集》卷三十六《吴中赋税书与巡抚李司空》,载吴建华点校:《王鏊集》,上海古籍出版社2013年,第512页。
[4] 前引均见钱泳:《登楼杂记》,转引洪焕椿编:《明清苏州农村经济资料》,江苏古籍出版社1988年,第87页。
[5] 范守己:《御龙子集》22《曲洧新闻》卷二,《四库全书存目丛书》集部162,齐鲁书社1997年,第703页。

由于这种缙绅地主大土地所有制依靠特殊政治背景,所以极不稳定,造成田权转移迅速。它受到三方面因素的制约。第一,缙绅获得优免的政治、社会特权,若无科举保障就会立即丧失。"缙绅家非奕叶科等,富贵难于长守。"[1]如钱槃死后,子孙立即衰败,他仅存墓地半亩:"生前占尽三州利,死后空留半亩坟。"[2]第二,缙绅地主的大量田产以优免名义规避赋役,必将减少国家赋税收入,引起政府干预,像明后期江南均田均役、限田等项改革。湖州董份在苏州府占田甚多,却被吴江县令祝以华不畏权势,绳之以法。应天巡抚海瑞大力打击绅衿,清退占田。第三,一些缙绅地主,包括豪奴,骄纵不法,横行乡里,激化社会矛盾,引起社会冲突。如万历二十年(1592)吴江反董份斗争,影响极大,打击了缙绅势力,并是以后抗租、奴变的先声。

四、水利兴修变化

正德时期,明朝政府继续重视水利,延续以前兴修大型水利工程的举措。

正德八年(1513),明政府改设兵备副使兼太湖地区水利事宜,次年设郎中一员,专管苏松等府水利。十二年,遣都御史一员专管苏松等7府水利。十六年,遣工部尚书李充嗣巡抚应天等府地方,兴修苏松等7府水利,后又设郎中二员于白茆港、吴淞江,分理开浚,这是明代治理苏松等地水利派员的最高规格。嘉靖初,罢苏松等府提督水利郎中,仍由浙江管水利佥事带管。

正德末、嘉靖初,工部尚书李充嗣,郎中林文沛、颜如环,苏州通判孔贤等,大规模浚治吴淞江、白茆塘两大干河及许多支河,这一工程规模在明代罕见,收效很好。

然而,从嘉靖到万历中期,苏州水利兴修进入与以前不同的阶段。突出之处是:主要由地方官员主持兴修支河塘浦,规模小,却次数频繁;基层水利有所荒废,水利形势恶化。

(一) 政府兴修水利变化

洪焕椿统计,嘉靖元年(1522)到万历二十三年(1595),苏州由官方修治水利工程32次[3],大多收效明显。

嘉靖二十二年(1543)至二十五年,主要修治沟浦支河。巡抚吕光洵修浚苏

---

[1] 王士性:《广志绎》卷四《江南诸省》,吕景琳点校,中华书局1981年,第70页。
[2] 钱泳:《登楼杂记》,转引洪焕椿编:《明清苏州农村经济资料》,江苏古籍出版社1988年,第87页。
[3] 见洪焕椿编:《明清苏州农村经济资料》,江苏古籍出版社1988年,第320—322页统计表。

松诸水,修建海塘。巡抚欧阳必进整治七鸦浦等河。后因倭患等原因,水利大坏。

嘉靖末、隆庆初,主要修治吴淞江等干河及一些重要支河。隆庆初,巡盐御史蔚元康浚修常熟、太仓、嘉定境内七浦、杨林、盐铁、顾浦、青鱼泾等重要支河,规模较大。隆庆四年(1570),巡抚海瑞疏浚吴淞江、白茆港,通流入海,基本沿袭前人经费筹措方法,使用导河夫银、赃罚银、各仓储米谷、练兵银、溧阳乡宦太仆寺少卿史际捐赠赈济米谷,还以工代赈,既赈济大量水患灾民,又修治好水利。

万历初期继续修治吴淞江、白茆河。万历七年(1579),巡按御史林应训趁张居正改革务实之机,沿袭前人筹费办法,治理吴淞江,开挖自嘉定艾祁至昆山慢水港60余里,接通海瑞开挖的下段河;并用兴治吴淞江余款及留存宗人府银,开挖白茆河:自归家坟小石桥到横塘,长约45里,面阔12丈,底阔8丈,深1.2丈。白茆河水患基本解决,在以后20余年抗大旱大涝中发挥了重要作用。吴淞江修治却未收全功。万历十五年吴淞江再发水灾,次年工部郎中许应逵续治。他用人不当,徒扰民间,后患无穷,工程之差在明代水利史上也属罕见,一直遭受非议。

(二)地方基层兴修水利变化

正德以后,苏州基层水利如圩岸修筑、圩区排灌、小型沟洫疏浚等,与江南其他地区一样,日益荒废。除了倭乱等特殊原因外,"盖倭乱之后,河道淤塞,田地荒芜"[1],学界研讨已涉及里甲组织崩溃、乡村共同体关系解体、租佃关系演变、农村商品经济发展、徭役制度变化等众多方面,深刻反映明中后期江南苏州等地基层水利兴修与社会经济变动的密切关系。

里甲制度崩溃使基层兴修水利的基础倒塌,乡村共同体关系瓦解。如原来由大户或富户承担的许多赋役改由小户承担,将塘长之类的专职改由小户充任,没有号召力,也无财力,或破家,或敷衍,已难以发挥作用。

> 塘长权轻。塘长者,修浚之纲领也。权轻则人不听其呼召。年来更因大户多避役,每以小户充之,小户焉能起大户之夫!故为塘长者,往往破家而河工不就。[2]

> 所可恨者,业主坐享田中之利,而至于修筑之费茫然不加之意,

---

[1] 万历《嘉定县志》卷七《田赋考下·复熟缘由》,《中国方志丛书》,台湾成文出版社有限公司1983年,第519页。

[2] 万任:《嘉定县开河说》,载张国维:《吴中水利全书》卷二十,蔡一平点校,浙江古籍出版社2014年,第982—983页。

> 及使区图塘长小民为之。夫塘长之役不过念亩之家充之,其家计几何?[1]

里甲组织瓦解使农村基层无法再像以前那样用徭役形式征发人夫修治水利,也即基层无法筹措水利修治费用。自耕农等小户难以承受水利费用。耕种地主土地的广大佃户无力修治水利,且因所耕田地非自己产业,也不愿意出力修治。地主因田地已出租,一般不愿承担额外水利费用。

更有甚者,富户大家不愿出资兴治圩岸水利,还霸占淤塞河道、滩地等公共水利资源,并为追求此番厚利,竭力反对水利整修。官府即使整治他们,收效也微。常熟知县耿橘大兴水利改革,对此深感无奈:"但茭芦场俱占于大姓,纳百一之税,享十倍之利。人所不敢诘,官所不能问,处之为难。"[2]

一些地方官员仍然注意兴修水利,提出种种方案,如分圩治理、限制优免、改革水利费用等。

嘉定、太仓、昆山等棉作区在明中后期棉植繁盛,与水利兴废关联很大。一方面,这些地区本身地势高,在水利注意兴修时也种植水稻。明中后期苏松水利并重,整治以吴淞江、白茆塘为主的干道,而刘河的修治少,造成了田地荒废,深刻影响沿岸地区农业耕种结构。另一方面,因棉花经济作物种植收益一般优于粮食作物,这些地方对水利整治就会冷淡,反过来也促使水利不兴,棉花种植兴旺。而棉花种植后土质变化,"种棉久则土膏竭,而腴田化为瘠壤"[3],很难再适宜于水稻种植,更使水利修治严重荒废。

明中后期江南苏州等地水利兴修废弛,使农业生产失去最基本防御能力,带来社会经济重大损失,人民生活灾难,社会秩序紊乱。最直接的是水、旱灾害频繁发生。嘉靖元年(1522)到万历二十四年(1596),苏州发生政府赈济的水、旱、饥荒等大灾29次。[4]灾荒使米价上涨,民不聊生。万历十六年(1588)苏州饥荒。常熟大水、大疫,米价涌贵,"饿莩填塞街衢,而城濠浮尸无算,舟行再篙橹,为尸所碍。若吴门则尸积如山"[5]。

---

[1] 陈仁锡:《围田议》,载张国维:《吴中水利全书》卷二十二,蔡一平点校,浙江古籍出版社2014年,第1099页。
[2] 耿橘:《常熟县水利全书》卷1《筑岸务实及取土法》,转引见罗仑主编,范金民、夏维中著:《苏州地区社会经济史(明清卷)》,南京大学出版社1993年,第201页。
[3] 崇祯《太仓州志》卷十四《艺文》,王在晋:《水利说》,转引见罗仑主编,范金民、夏维中著:《苏州地区社会经济史(明清卷)》,南京大学出版社1993年,第202页。
[4] 见洪焕椿编:《明清苏州农村经济资料》,江苏古籍出版社1988年,第289—291页整理资料。
[5] 洪焕椿编:《明清苏州农村经济资料》,江苏古籍出版社1988年,第291页。

万历中期以后到明亡,因政治腐败、财政困难等原因,苏州、松江水利兴修变化,有几个特点。

一是再也没有中央政府组织大规模水利修治。重点河道吴淞江、刘河、白茆塘的修治基本停止,仅有崇祯十七年(1644)工部郎中朱子循修治吴淞江,吴淞江重要的干流夏驾浦仅在天启七年(1627)、崇祯十六年两次整修。太湖泄水入江的重要通道白茆港在万历初林应训修浚后,渐渐淤塞废坏,竟成平陆。

二是朝廷已很少委派专官督察水利。仅有工部郎中朱子循督治吴淞江。另有两次由巡抚协调修治水利,即天启七年巡抚李待问协调太、昆、嘉3县修治夏驾浦,一次在崇祯六年(1633)至十一年,巡抚张国维,巡按御史路振飞、王一鹗、王志举,兵备兼水利副使冯云飏,苏松兵备宋继登等,修治太、昆、嘉、吴江水利。水利工程改由州县地方官主持,主要是对支河沟洫的小规模水利建设,次数不少,但很少几县或几府联合行动,而且是在经费匮乏下非修不可的工程。

三是苏州各县水利兴修不平衡。常熟、嘉定、太仓、昆山等棉作区超过吴江、长洲、吴县等稻作区,因为后者水利条件好。

为解决农村基层组织瓦解,原先在水利建设中承担的力役征发与费用负担已无着落的问题,一些地方官员力图寻找新办法,如照田派役、限制官绅水利徭役优免等,其中以常熟知县耿橘的水利改革最为成功。

耿橘于万历三十二年(1604)至三十四年,在常熟地方财政十分困难的情况下,督民浚河筑岸,对白茆塘以下的4条干河、200余条支河的约近半数加以修浚,费用方面,干河官三民七共同负担,支河全部由民负责。

他运用弘治以来逐步形成的水利建设新规范,通过地方政权强势干预、劝说,解决了劳力征发和费用负担等问题,完全依照照田派役、不论优免、业食佃力这三个原则,还统一印制"工食票"发给佃户,作为凭证,严禁克扣,确保佃户获得工食。结果既解决了水利兴修的严峻问题,又协调了社会各阶层在水利修治中的基本利益关系,对后来江南水利运作影响很大。当时巡抚周孔教,清初陆世仪、陈瑚等苏州乡绅的治水政策和水利思想都深受其影响。清初苏州等地区的水利建设与改革基本上没有超出耿橘水利兴修规范的内涵和水平。

耿橘因常熟知县任上的政绩突出被行取御史,却遭受常熟地方乡绅的抵制与排斥,不久受弹劾而去职,家居病逝。[1]

---

[1] 耿橘研究参见[日]滨岛敦俊:《"邑民安,令侯危"——万历时期常熟知县耿橘的政绩》,《江南社会历史评论》第九期,商务印书馆2016年。

顾炎武曾作《常熟县耿侯橘水利书》诗，赞颂耿橘治理海虞水利的功绩：

> 神庙之中年，天下方全盛。其时多贤侯，精心在农政。耿侯天才高，尤辨水土性。县北枕大江，东下沧溟劲。水利久不修，累岁烦雩禜。疏凿赖侯勤，指顾川原定。百室满仓箱，子女时昏聘。洋洋河渠议，欲垂来者听。三季饶凶荒，庶征频隔并。谁能念遗黎，百里嗟悬磬？况多锋镝惊，早夜常奔迸。上帝哀悍婺，天行当反正。必有康食年，河洛待明圣。自非经界明，民业安得静？愿作劝农官，巡行比陈靖。畎浍遍中原，粒食诒百姓。[1]

耿橘采用的兴修水利新规范其实是赋役改革的必然结果。水利修治是一般徭役系统之外相对独立的一个徭役系统，在洪武模式下，农村基层制度严密，里甲组织承担大部分徭役征派，水利徭役被纳入徭役体系，独立性不很明显。当洪武模式瓦解，农村基层组织解体，里甲制度崩溃，徭役制度逐步改革后，水利徭役被排除出来，单列为一个徭役系统，运作越来越困难。原来的兴修水利办法必须改革，才能确保农业经济正常发展。明后期苏州等地区水利修治采用照田派役、限制优免、业食佃力的办法，与明中期以来整个徭役制度的改革精神是相同的，并且这三者是前后关联的。

因为在里甲制度下，徭役征发依据土地和人丁。里甲瓦解，徭役征发逐步改为重田地，轻人丁，由田地、人丁逐步向田地过渡，即向摊丁入亩演进。这种变化趋势既是社会经济发展的产物，又使社会经济发展模式呈现新的气象。从特殊的水利徭役、匠役到一般的徭役，都是如此。因而水利徭役征发，原先由人丁承担的部分也逐步摊入田地，由田主承担。佃户所种田地不是自己的产业，他们为这水利修治所出的劳力，就应由田主付与报酬，支付工食米或钱银，这就使"业食佃力"合理了。

明代苏松等地水利修治，凡江河干流、重要支流修浚的大型工程，涉及面广，费用大，一般由中央与地方政府出面主持，提供费用；凡基层水利工程，像圩岸修筑、圩区沟洫疏浚等，规模小，费用少，却是日常必需的，在后期就用上了新的水利兴修办法。

水利建设实施"照田派役"，弘治时有人建议，正德、嘉靖时又有"验田粮出夫""照田出夫""计田拨夫""计夫分工""随田起役"等，隆庆、万历初期，照田派

---

[1] 顾炎武：《顾亭林诗文集》《亭林诗集》卷一，华忱之点校，中华书局1983年，第283页。

役,各自施工,已基本确定。它必须在认同官绅例得政府优免徭役特权的同时,限制官绅在这方面非例得优免的特权,以保证承役田的数量,也就是让官绅在优免之外,出钱贴役,出财佐助水利兴修。由于贫困农户因田少或无田,只需稍应夫役,或不必出夫,大多数土地所有者(田主、业户)田多夫少难以出夫,不可能亲自赴役,必须依靠田地的实际耕种者即佃户,或佣工来代役,这就必须采用"业食佃力"来解决。这三个水利兴修新办法互相关联,关键是最后落实到经费和人工(人役),只有这样才能修治水利。

业食佃力,在江南水利徭役上,产生于正德、嘉靖年间,就是地方政府干预地方水利,介入地主、佃户关系,把租佃关系变通后用到水利兴修中去。就像佃户耕种地主田地,必须交纳税米,地主让佃户承担本应由自己承担的水利徭役,也应支付工食。万历初巡按林应训督治苏松水利,明确实行乡宦之田由田主出食,佃户出力,计工发给,即业食佃力的原则。

明中后期江南苏州等地水利变化引发国家赋税、徭役征收问题,政局滑坡,这是与明代出现第一次社会经济发展高峰并存的行政、社会、经济现象,也是衡量社会转型性发展的一个重要方面。

第二节　苏州商品经济繁盛与社会转型性发展[1]

一、农村商品经济发达

(一) 农作物商品生产

明中后期,苏州仍以水稻为最大宗农作物,只有常熟、昆山的少部分地区与嘉定、太仓因土壤、水利等特殊原因,种植棉花增多,减少水稻耕种面积,并且,更没有因为一般说的水稻经济价值低于棉花、桑蚕,弃稻而趋棉、桑。水稻仍以粳、糯稻为主,亩产量仍有增长。人口数量增加的压力迫使农家加大农田肥料投入,改良种子,提高农业复种率。先种水稻,再种麦豆、油菜等春熟作物,这样一年二作的普遍复种模式在明末苏州等地形成,以后推广到全国其他许多地区。以二季田间作物产量累计看,亩产量有较大幅度提高。

以蚕桑、棉花为主要农业经济作物的种植面积增加,加深和促进了农业商品

---

[1] 本节主要参照罗仑主编,范金民、夏维中著:《苏州地区社会经济史(明清卷)》,南京大学出版社1993年,第203—289页。凡有差异之处,均由本书笔者负责。

化程度。

明中期起,苏州棉花种植面积不断扩大,主要在嘉定、太仓、昆山和常熟地势高昂的冈身地区。到正德时,苏州府"木绵布,诸县皆有之,而嘉定、常熟为盛"[1],有力促进了明中后期苏州棉纺织业发展、社会经济结构变动和社会转型。

到万历十一年(1583),嘉定县因"三面濒海,高阜亢瘠,下注流砂,贮水既难,车戽尤梗。版籍虽存田额,其实专种木绵","堪种稻禾之田不及十分之二",变为棉作区。"土不宜禾,只产棉花、绿豆,往年兑军之日,百姓以花织布,以布易银,以银籴米,以米充兑,展转劳费。"经粮长、塘长、里老等役联名投状,中央和地方反复论证,允许改折剩余岁漕,以后三年一次题请。万历二十一年,县民徐行等又请永远改折剩余漕粮10.6万余石,后又经议准,自二十四年始该县漕粮全部改折。[2]因适种水稻耕地只占十分之七,太仓在正德、嘉靖时已改种棉花,崇祯时,"迩年郊原四望,遍地偕棉"[3]。昆山县靠近嘉定的11、12、13保三区,因冈身高阜,"不宜五谷,多种木棉,土人专事纺绩"[4]。

太湖沿岸的吴江、吴县、长洲、常熟等地,蚕桑种植迅速发展,则与邻近的湖州府同步。明中期前,这些稻作区的蚕桑种植仅是家庭副业,其成品主要是蚕丝,多以赋税形式被政府收购。明中期起,蚕桑种植规模扩大,如弘治十六年(1503),苏州府栽桑24万余株,比明初增加约9万株,以后应还有增加。但植桑的土壤条件不同于水稻、木棉,江南只有湖州府最好,桑丝业就最发达,吴江等县地势低洼,以圩田居多,种桑就不如湖州,而且吴江始终是苏州最主要产米县。

(二) 农村家庭副业商品生产

至晚明中期起,苏州棉花、蚕桑等农业经济作物种植增加,引起传统农村作为家庭副业的纺织业发展,纺纱、织布、养蚕、缫丝等兴盛,而棉花、棉布,桑叶、蚕丝、丝绸等作为商品流入市场,经济作物商品化了。农村家庭副业商品化程度的提高促进了农村商品经济发展。

太仓崇祯时,"东南乡多纺纱,织棉布。西北乡多缫丝,名绩绎,织夏布。然

---

[1] 正德《姑苏志》卷十四《土产》,《天一阁藏明代方志选刊续编》11,上海书店1990年,第964页。
[2] 万历《嘉定县志》卷七《田赋考下·漕折始末》,《中国方志丛书》,台湾成文出版社有限公司1983年,第481、494、503、496—510页。又见《嘉定粮里为漕粮永折呈请立石碑》《嘉定县改折漕粮本末记碑》,载上海博物馆图书资料室编:《上海碑刻资料选辑》,上海人民出版社1980年,第137—140页。
[3] 崇祯《太仓州志》卷十四《艺文》,王在晋:《水利说》,转引见罗仑主编,范金民、夏维中著:《苏州地区社会经济史(明清卷)》,南京大学出版社1993年,第208页。
[4] 归有光:《震川先生集》卷八《论三区赋役水利书》,周本淳校点,上海古籍出版社2007年,第167页。

棉布女工,夏布男工,皆昼夜勤作"〔1〕。苏州所产棉花、棉纱、棉布多数出售。苏布名重四方,著名的有药斑布、棋花布、斜纹布等,以常熟、嘉定等地为盛。

棉花、棉纱、棉布等各类棉织品直接进入市场。如生花交易,万历时嘉定每到秋天,"市中交易未晓而集"〔2〕。未经加工的生花多由牙行交易,去籽加工后,或供本地,或外运,供用纺纱织布。万历时,太仓每到九月,城中男子多有从事轧花生业。加工后的棉花有的被贩运南方。

棉花去籽加工后纺成棉纱,是织布原料,交易很盛。农家或用自产棉花,或从牙行买入棉花,或两者兼用,纺成棉纱,再卖给牙行,或再成坯布。可见这些棉纱多与市场相连。

苏州棉布交易已很兴盛。嘉定、常熟棉布很有名。如嘉定钱门塘丁娘子布,纱细工良,徽商僦居里中,收买出贩,后外冈各镇多有模仿,改为钱门塘布。外冈由此在万历时,"四方之巨贾富驵贸易花布者皆集于此,遂称雄镇焉"〔3〕。嘉靖时常熟出产大量棉布,多用于外销:"至于货布,用之邑者有限,而捆载舟输、行贾于齐鲁之境常什六。"〔4〕

苏州丝织业作为家庭副业也发展很快。成化、弘治年间,丝织技术由苏州府城向吴江农村传播,促使乡镇缫丝、丝织逐步发展:"有力者雇人织挽,贫者皆自织,而令其童稚挽花。女工不事纺绩,日夕治丝。故儿女自十岁以外,皆蚤暮拮据,以糊其口。而丝之丰歉,绫绸价之低昂,即小民有岁无岁之分也。"〔5〕吴江震泽、盛泽从成、弘时期起步,嘉靖年间已成丝绸生产、交易的专业市镇,镇上居民以及邻近乡村农民都以绫绸生产为业。这些丝织品主要外销,商业化程度很高。

粮食等农产品也逐步成为大宗商品而流通市场,连农家副业的小宗农产品也广泛进入市场,使农家乐意经营多种副业,增加家庭收入,如太湖洞庭山的橘、柚、茶叶等。有的地方以渔业、席草、花木、蔬菜等闻名,出现名优土特产,形成规模生产。〔6〕

---

〔1〕 崇祯《太仓州志》卷五《物产》,苏州大学图书馆藏康熙补刻残本1册,卷五至卷七,第28—29页。
〔2〕 万历《嘉定县志》卷二《疆域考下·风俗》,《中国方志丛书》,台湾成文出版社有限公司1983年,第154页。
〔3〕 崇祯《外冈志》卷一《沿革》,王健标点,上海社会科学院出版社2004年,第1页。
〔4〕 嘉靖《常熟县志》卷四《食货志》,《中国史学丛书初编》,台湾学生书局1965年,第385—386页。
〔5〕 乾隆《吴江县志》卷三十八《风俗·生业》,《中国方志丛书》,台湾成文出版社有限公司1975年,第1132页。
〔6〕 明代苏州等江南地区商品经济研究的成果颇丰,如傅衣凌:《明代江南市民经济试探》,上海人民出版社1957年;洪焕椿:《明清史偶存》,南京大学出版社1992年;陈学文:《中国封建晚期的商品经济》,湖南人民出版社1989年,《明清时期太湖流域的商品经济与市场网络》,浙江人民出版社2000年;范金民:《明清江南商业的发展》,南京大学出版社1998年;等等。

(三) 农业经营方式

到嘉靖、万历年间，苏州农业生产仍是以一家一户为单位的小农经营，包括拥有少量土地的自耕农，耕种地主田地的佃农，或者两者皆有的农户。

在吴江，民人安土重迁是普遍的民风和心理。"邑人重去其乡，离家百里则有难色。非公差、仕宦不远游，故无商贾而事农业。业虽最勤，然习而安焉，不之怨也。""又少隙则去捕鱼虾、采薪、埏植、佣作、担荷，不肯少休。及岁告成，公税、私租、偿债之外，其场邋空者什八九，然帖帖自甘，不知尤怨。"[1]

地主经营情况却有不同，大多数地主仍是出租土地，收取地租，少数地主使用奴仆、雇工生产。

明中后期苏州劳动力生产形式约有二种，一是农户为扩大某个劳动环节上的生产能力，采用曾有的形式，农户之间进行自愿劳动力互助。如明末，苏州农村遇大忙莳秧，"今田家或互相换工，或唤人代莳、包莳"[2]。苏州邻近地带情况也类似。这些劳力互助或协作是劳力组合的简单形式，层次较低。

另一种是农业雇工经营。弘治时吴江有"长工""短工""租户"："无产小民，投顾富家力田者谓之长工，先借米谷食用、至力田时撮忙一两月者谓之短工，租佃富家田产以耕者谓之租户。"[3]短工实是以力抵债，债务雇佣。嘉靖时，吴江"若无产者，赴逐雇倩，抑心殚力，计岁而受直者曰长工，计时而受直者曰短工，计日而受直者曰忙工，佃人之田，以耕而还其租者曰租户"[4]。相比弘治以前，在正德、嘉靖年间，吴江农业雇佣按照时间长短的计工报酬方式增多了，说明劳役束缚松了。短工已是劳动力雇佣。还出现忙工这一种新的雇工形式。[5]

这些农业雇佣劳动发展适应农业生产发展需要，与水稻、春熟复种率提高，劳动力集约水平更高的棉花、蚕桑等经济作物种植面积扩大等紧密相关，是农业生产实践的产物。

明中后期苏州地主经营仍以租佃经营为主要形式，但与前中期比，有所变

---

[1] 嘉靖《吴江县志》卷十三《典礼志三·风俗》，《中国史学丛书三编》，台湾学生书局1987年，第691—692页。

[2] 陆世仪撰，张伯行编：《思辨录辑要》卷十一《修齐类》，《景印文渊阁四库全书》724，台湾商务印书馆1986年，第93页。

[3] 弘治《吴江志》卷六《风俗》，《中国方志丛书》，台湾成文出版社有限公司1983年，第225—226页。

[4] 嘉靖《吴江县志》卷十三《典礼志三·风俗》，《中国史学丛书三编》，台湾学生书局1987年，第692页。

[5] 有关这方面的新经济成分可参见傅衣凌：《明代江南地主经济新发展的初步研究》，载其《明代江南市民经济试探》，上海人民出版社1957年，第57—77页。

化。这可从嘉靖吴江的情况来看:

> 农田计亩索租,下自八斗,上至一石八斗而止。佃户输之田主,田主具酒食,或就以粟劳之,名曰租米。其贫民春夏告贷于富室,至冬率以二石偿一石者,名曰生米。虽七八月贷出,息亦同,故吴人有"出门加一"之谚……其贷银钱者则出息五分,名曰生钱。按:此莫志(笔者注:莫旦弘治《吴江志》)所载,乃成化以前事。近年钱法不行,而银息自二分以至五分,米息自四分以至七分,绝无所谓倍偿之事。甚者或并其本而负之,虽租米亦然。时之不同,有如是夫。[1]

历经70余年,吴江货币借贷由原来银、钱两种变为银一种,利息由原来五分降为二至五分,米息由"倍偿"降为四至七分。非但绝无倍偿之事,"甚者或并其本而负之"。从中可以看出,利息浮动了,利于借方,佃户地位有所改善。

弘治前,"先借米谷食用、至力田时撮忙一两月者谓之短工"。这是以工还贷。嘉靖时,若有田租拖欠,要按高利贷收取罚息,榨取很残酷。但由此看出,嘉靖时货币化趋势加重,生活成本反而低于弘治前,处于社会新的变化发展期。

一些地主或其他身份的人使用雇工或奴仆等直接从事农业生产。他们的经营方式与一般租佃经营不同。一些庶民地主力田起家,不少人使用的是奴仆。这种情况在嘉靖、万历时继续存在。

另有使用奴仆、雇工经营的地主,不用传统租佃经营方式,自己在直接经营土地,剥削方式变了。

嘉靖时常熟湖南人谭晓、谭照弟兄利用乡民逃农而渔、湖田荒废,"佣饥者,给之粟",多种经营,勤俭发家致富。[2]常熟乡绅钱籍,别号海山,嘉靖十一年(1532)三甲进士,"家滨江,负势横行"。初任淳安知县"颇著秽声";入南台御史,考察被罢。他"归并田宅,谋夺子女如故",因放纵家人为恶地方,民愤极大,最终被籍没。"方其盛时,粮田四万亩,庄房七十二所,僮奴数千人,豪冠郡邑。"[3]"一等游惰顽民,或赁屋佣保,或佃种栖息,私相依藉。"[4]他将土地部

---

[1] 嘉靖《吴江县志》卷十三《典礼志三·风俗》,《中国史学丛书三编》,台湾学生书局1987年,第699—701页。
[2] 参见李诩:《戒庵老人漫笔》卷四《谈参传》,魏连科点校,中华书局1982年,第153—154页;《王叔杲集》卷十七《常熟谭晓祠议》,张宪文点注,上海社会科学院出版社2005年,第364—366页。
[3] 崇祯《常熟县志》卷十四《摭遗·佚事》,苏州图书馆藏本,电子版总第1779—1781页。为避崇祯名讳,此志"常熟"均作"尝熟"。
[4] 见李诩:《戒庵老人漫笔》卷四《海山覆败》,魏连科点校,中华书局1982年,第155页,并讲他"甲第庄所大小四十余处,课租田亩三万有余,财货山积,家口千计",与县志有出入。又言他在嘉靖丙寅(四十五年,1566)三月败,则其经营农业应为嘉靖时事。

分出租,小部分直接经营。这两个事例曾被用来证实明中后期苏州农业资本主义萌芽,影响很大,却也有学者反对。

明中后期,具体来说,从正德开始,到崇祯时期,苏州等江南之地的农业商品化程度加深,商品性农业专业、兼业迅速发展,根本上改变了洪武时期自给自足的小农经济状态,使苏州社会逐步发生转型,这是可以肯定的大趋势。而这种程度究竟有多大,影响有多深远,国内外学术界已进行很深入研讨,提出多种理论,如涉及农业资本主义萌芽、过密化等,引发多次激烈争辩,迄今仍无共识,值得继续研究,且总是个热门研究课题。

二、手工业商品经济兴旺与资本主义萌芽孕育

明中后期,苏州手工业有了长足发展,主要体现在三个方面:

(一)官营手工业趋向衰落,民营手工业逐渐成为主流

为了保证政府对手工业品的需要,我国历代封建王朝都建立官营手工业,把工匠纳入世袭的匠籍制度。明初也是如此。它建立以民军匠灶为主要户籍、士农工商四种良民为社会主要职业的人口管理制度,其中,向工匠征发徭役,分其成轮班、住坐,这与农业征收实物赋税的精神是一致的,也是洪武时期手工业的特点,只求满足基本需要,同时,却阻碍了民间私营手工业发展。

从明中期开始,随着社会经济变动,洪武社会经济秩序出现必要的调整,最终趋于解体,官营手工业体制势在必变,重要性下降,匠籍渐至解体。民间私营手工业则逐步发展,取代官营手工业的主流地位,既满足政府对产品消费的需求,又发展自己的经营,而政府也在通过市场,逐步调整徭役征发形式,实现新的控制。明后期,政府一旦过度横征暴敛,超越市场和工商业者的承受能力,就会激化社会矛盾,导致工商业遭挫,社会发展停滞不前。

正统元年(1436),明政府将南直隶、浙江等南方7省田赋的本色米麦粮食400多万石改成折色银,按"米麦一石,折银二钱五分",共"折银百万余两,入内承运库,谓之金花银"。[1]以后推广于全国。这标志着政府解除了明初以来"禁民间以银交易"[2]之令,允许贵金属流通,允许商品经济抬头,影响深远。成化二十一年(1485),工部奏准:轮班匠不愿当班者,出银代役,南匠每月银9钱,北

---

[1]《明史》卷七十八,志五十四《食货二·赋役》,中华书局1974年,第1895—1896页。
[2]《明史》卷七十七,志五十三《食货一》,中华书局1974年,第1877页。

匠6钱。这一法令把工匠徭役制度变成货币税,对手工业和社会经济影响极大。弘治十八年(1505),明朝取消南、北匠以银代役的差别,降低南匠负担。嘉靖四十一年(1562),规定全国轮班匠一律以银代役,每名每年4钱5分,即匠班银,手工业封建徭役完全转化为工匠的人头税,大大削弱了班匠对政府的人身依附关系,利于民营手工业兴盛。

苏州作为明代手工业重镇,官营手工业与匠籍制度变革基本上与全国同步,同时带着一些自身特征。

依明初规定,苏州匠籍工匠每三年一次到指定地点供役,就是轮班匠,具体数字在苏州各县方志有记载。看来这是很不错的待遇。因有些工匠如丝织业织匠,还被剥夺这一资格,改充住坐匠。这也因苏州等地工匠手艺高超,政府才会优先用匠。如工部内织染局织罗匠役,在缺少时,由外府取用,嘉靖四十四年时,由工部题行苏松两府各取20名,"随带家小,赴部审实送局"[1]。

以银代役后,苏州大部分行业轮班匠不再赴京师等地承担徭役。如嘉靖元年(1522),"岁额民弓、箭、弦,征价解部,于军器局雇匠团造"[2]。苏州与浙江、江西、福建、湖广的弓、箭轮班匠一样,交银后不用赴京服役。

但苏州织染局,作为与南京、杭州齐名的江南三织造之一,丝织业水平极高,工匠管理有特殊之处,匠籍制度变化有些不同。苏州织染局的应役工匠是工部存留的轮班匠,一种特殊轮班匠。"轮班有京师、清江堡、苏州府之异"[3],说明苏州轮班匠的地位与京师、清江堡的一样高。这既是一种荣耀,又是一种束缚极强的义务。他们是机籍或局籍轮班匠,织染局根据其机籍来佥补工匠,拘役在官,递年织缎匹,以供国用,使得苏松额有局匠,局匠向有定籍,局籍向有定制。而其他轮班丝织工匠仅有匠籍,是非局籍轮班工匠,除三年一次到京师供役外,其余时间都在家自由织造,与当地织局无关。

这两类机户名称不同,政府征用方法也不同。局籍机匠叫官织户,必须进局织造。非局籍机匠叫民机,派织任务太重时,由他们自愿参与领织。匠籍改革后,一般丝织轮班匠只要交纳代役银,就算承担匠籍义务;局籍织工却仍隶属织局,人身没有前者自由,生产上与一般匠籍机户还不同。

丝织业是苏州主要官营手工业,中心在织染局,洪熙年间最兴旺。以后在机

---

[1] 万历《大明会典》卷二〇一《工部二十一·织造·段匹·内织染局》,广陵书社2007年,第2704页。
[2] 万历《大明会典》卷一九二《工部十二·军器军装一·军器》,广陵书社2007年,第2606页。
[3] 乾隆《吴江县志》卷五《疆土五·户口丁》,《中国方志丛书》,台湾成文出版社有限公司1975年,第147页。

户人数、规模、产量等方面趋于衰落,不如民营丝织业兴旺。民营或私营手工业者逐步成为市场小商品生产者,以丝织业最为明显。

嘉靖二十六年(1547),丝织业"领织"制度实行,扩大了苏州知府对于丝织业的影响力。自此年开始,织造局打破"往年惟用本局匠役织造"的惯例,允许"民间机户,到府领织"[1]。织造中官在征选机户、制定价格、分派任务、解运织品等环节上尚需知府的配合。对于民间机户而言,他们的产品要打开局面,需要府衙筹谋与统筹。丝织品在明代是高档的日用产品,主要供皇室、官绅等社会中上阶层消费以及用于边境贸易等,市场需求空间随着社会商品经济繁盛与礼治松懈、民众生活消费的扩大而增加。因而,对民间丝织业者而言,他们的生产经营极易受到市场波动的影响。一遇天灾,粮价飙升,而手工业品市场萎缩,从业者生活立即陷入困境。天启间,苏州知府寇慎就遇到过因水灾,"城中机户数千人,以年荒罢织"的棘手难题。他抓住"宣大、延绥、甘肃遣官赍银数万互市缎匹"的时机,以工代赈,"设法俵散督之织造,以食业机之民"。[2]通过向丝织业者提供产品需求而达到解决其生计的目的,寇慎不但成功纾解了吴中水灾对民生的消极影响,同时也起到维护苏州社会秩序稳定的积极作用。这是苏州政府依据当地社会经济秩序变化,对于最具特色的手工业行业积极顺应的有效管理,也是苏州民间丝织手工业市场化运作程度提高、社会经济处于转型期的明显体现。

(二)城市与市镇纺织等手工业繁荣

棉纺织业。明中后期苏州棉纺织业兴起,主要集中在府东北部冈身高地的嘉定、昆山、太仓、常熟等地,由植棉区发展为棉纺织加工区,与松江府连成一片,共同成为江南棉纺织业中心。棉纺织业仍以农家为单位生产,却已是为了市场生产棉纺织商品,远销全国,于是改变了小农经济下它作为最重要的家庭副业的形式与地位。

正德时嘉定、常熟已是著名植棉区。嘉定县南翔、罗店、外冈、娄塘、钱门塘、诸翟、周庄、安亭、黄渡、江湾以及太仓、昆山、常熟等一些市镇,棉纺织业逐渐繁荣,发展成棉布生产的专业市镇。

在棉布种类上,苏州与松江差不多。宣德时苏州由周忱奏请改折的20万匹官布,比较高级,专供上解,出自嘉定,大概就是三纱木棉布,或称飞花布、丁娘子

---

[1] 文徵明:《重修织染局记》,孙珮编:《苏州织造局志》卷三《官署》,江苏人民出版社1959年,第14页。
[2] 顾炎武:《中宪大夫山西按察司副使寇公墓志铭》,《顾亭林诗文集》《亭林余集》,华忱之点校,中华书局1983年,第156页。

布。万历时嘉定棉布有紫花布、斜纹布、药斑布、棋花布、诸暨布、蓝靛布、胜花斑布等种类。当时一般农家经营的可能是大量比较容易生产的粗棉布,全国销售也容易。

丝织业。包括苏州城内与四周市镇在内的民营丝织业发展迅速,大量丝织品流入市场,以织染局为核心的郡城官营丝织业却在衰落。

苏州丝织业主要有两个中心,首先在苏州城内。它是明初以来的丝织业中心,以官营为主。明中期开始,苏州民营丝织业逐渐超过官营丝织业。

嘉靖年间,"绫锦纻丝,纱罗䌷绢,皆出郡城机房,产兼两邑,而东城为盛,比屋皆工织作,转贸四方,吴之大资也"[1]。到万历二十九年(1601)仍旧如此:"苏民素无积聚,多以丝织为生,东北半城大约机户所居。"[2]

丝织工匠数量上,洪熙(1425)时织染局各色人匠共计1 700余名[3],推算机张应约435张。嘉靖二十六年(1547),降为机杼173张,工匠667人。[4]这并不意味苏州丝织业整体水平下降,而是民营丝织业发展,取代了官营丝织业的很大部分位置。城中民营手工业数量只有资料旁证。万历二十九年,经税使横征暴敛,"吴中之转贩日稀,织户之机张日减",应天巡抚曹时聘目睹后奏称:"染坊罢而染工散者数千人,机户罢而织工散者又数千人。"[5]顾炎武说,天启(1621—1627)末苏州"城中机户数千人"[6]。据研究,嘉靖、万历时期,"苏州民间机户至少在3万家以上"[7]。这也正是海上私人贸易非常活跃的时期,说明外向型贸易的扩展对苏州丝绸的需求十分旺盛,刺激了丝织手工业兴旺,从业人数大增。

丝织产量上,首先体现在明后期加派改造数不断增加。

---

[1] 嘉靖《吴邑志》卷十四《土产·物货》,《天一阁藏明代方志选刊续编》,上海书店1990年,第1101—1102页。

[2] 朱国祯辑:《皇明史概·皇明大事记》卷四十四《矿税》,《续修四库全书》431,上海古籍出版社2002年,第171页。

[3] 万历《长洲县志》卷五《县治》,《中国史学丛书三编》,台湾学生书局1987年,第167页。

[4] 文徵明:《重修织染局记》,孙珮编:《苏州织造局志》卷三《官署》,江苏人民出版社1959年,第14页。

[5] 《明神宗实录》卷三六一,万历二十九年七月丁未,台湾历史语言研究所校印本1962年,第5页,总第6741—6742页。

[6] 顾炎武:《中宪大夫山西按察司副使寇公墓志铭》,《顾亭林诗文集》《亭林余集》,华忱之点校,中华书局1983年,第156页。

[7] 王毓铨主编:《中国经济通史·明代经济卷》"导论",中国社会科学出版社2007年,第17页。该"导论"由张显清执笔撰写,收入《张显清文集》,加题"明代社会经济发展状态及历史走向述论",上海辞书出版社2005年,第105—134页。

明代官营岁造有定数,定额之外为加派。英宗天顺四年(1460)开始有加派。成、弘年间加派渐多。正、嘉年间加派激增。嘉靖三十三年(1554)至隆庆六年(1572),每年平均派织至少6 287匹。万历三年(1575)至三十九年(1611)[1],派织改造696 920匹(其中改造45 390匹),平均每年18 836匹,约为嘉靖后期至隆庆年间的3倍。这仅是加派数字,织品是供应政府的,而民间销售的织品数量都不在内,故实际丝织品数量远远不止这些。

加派以织局名义承造,但织局只能完成岁造,加派必须利用民营力量来完成。万历、天启年间,江南加派额浙江占60%,苏松占40%,苏州占全额20%～30%。可以肯定,民营丝织业不发展,就难以完成加派。[2]

其次,体现在明中期开始,苏州民间丝织业兴盛,政府和外地织染局纷纷前来收买、督造。"若徽州、宁国、广德三府州皆系雇觅浙省并苏州等处积棍包揽承造,往往以稀松之缎抵塞,一奉驳换,而玩视如故。"[3]"江西、湖广、福建等处岁造缎匹,例用土产蚕丝",从成化起,往往在苏州、南京收买,引起苏州等地丝绸"价直太高",南京官员要求"如旧,仍于本处织造"。[4]成化二十年(1484)工部也奏准规定:"各司府设有织染衙门去处,不许另科价银,转往别处织买段匹,因而侵克钱粮,违者从重究治。"[5]正德时,朝廷在苏松一次就收买5 000匹缎匹。以后愈买愈多。嘉靖十四年(1535),刑科给事中王经上奏:"各省如金、衢、温、台、常、镇诸郡不习挑织者皆佣他处工匠。宜令诸郡征价,赴苏杭等处机匠领织,官为督发。"[6]后来,边用的缎匹等也多在苏杭一带收购。

苏州另一个丝织业中心在太湖沿岸一些市镇及其附近农村。

吴江在成化以后,因已掌握郡城丝织工匠传授的技术,大量从事丝织生产,

---

[1] 加派共9次,545 530匹。平均每年11 365匹,由直隶苏松与浙江杭嘉湖按四六分织。五府岁造缎匹8 861匹,加派数高于岁造数了。岁造缎匹价银每匹4两不到,加派价银约为岁造的3倍。参见范金民:《明代江南官营丝织业三题》,载范金民主编:《江南社会经济研究(明清卷)》,中国农业出版社2006年,第975页。

[2] 上见范金民:《明代丝织品加派述论》,《中国社会经济史研究》1986年第4期;可参见蒋兆成:《明清杭嘉湖社会经济研究》,浙江大学出版社2002年,第212—216页;段本洛、张圻福:《苏州手工业史》,江苏古籍出版社1986年,第3—4页。

[3] 陈起龙:《题请整顿缎匹军器疏》,载光绪《富阳县志》卷二十二《艺文志上》,《中国地方志集成·浙江府县志辑6》,上海书店1993年,第483页。

[4] 《明宪宗实录》卷一五五,成化十二年七月戊申,台湾历史语言研究所校印本1962年,第3页,总第2822页。

[5] 万历《大明会典》卷二〇一《工部二十一·织造·段匹·各处岁造段匹数目》,广陵书社2007年,第2707页。

[6] 《明世宗实录》卷一七二,嘉靖十四年二月乙巳,台湾历史语言研究所校印本1962年,第4页,总第3740页。

丝绵、罗、纻丝、绫、绸已很有名。盛泽、黄溪成为丝织专业区。一县还有地区分工,如盛泽主要出产绫、绸,震泽出产丝、苏经(供应府城机户织缎所用的经丝)。

明中后期苏州生产丝织品种类多,质地高低分明。高级丝织大多集中于苏州城区,用途特殊。城内官营织染局以及通过织染局组织民间机户生产的丝织品特供皇室与中央朝廷,如龙袍之类,为高档丝织品,工艺精湛,技术复杂,生产比重一直很大。其余如绸、绢、帛等属于平纹组织,比较简单,大多是素织。市镇乡村丝织品多属丝绸之类的普通产品,用于民间大众消费。

此外,明代中后期,苏州另一些手工业也有发展。像铁器生产,由原先手艺人或手艺人作坊阶段发展出专业市镇,如吴江庉村市、檀丘市。前者"明初以村名,有前后二村。嘉靖间始称为市。时居民数百家,铁工过半"[1]。

苏州城镇手工业发展引发消费和社会风俗变化,而且波及全国,使苏州成为天下倾慕与效仿中心。杭州府仁和县张瀚(1511—1593)曾断定,当时社会民间工巧成风,唯以江南三吴为风向标:生产高质量精美产品与追求高品位消费档次,互相促进,形成良性循环,提高生产水准,丰富日常生活,社会风气完全变了,人们审美与生活标准完全变了,超越了粗鄙简陋的层次,不仅仅满足于基本的生产与生活需求了。[2]这是社会城市化、商业化的体现,社会整体转型大运动的征兆。

(三)丝织业生产关系新变化

明代中后期,苏州发达的丝织业存在明显的雇佣关系。

长洲人陆粲于正德年间记里人郑灏,"其家织帛工及挽丝佣各数十人"[3]。

明成化、弘治以后,吴江盛泽、黄溪丝织业,"有力者雇人织挽"[4]。

隆庆前后,苏州城内出现机工寻求雇佣机会的固定劳动力市场,大户、小户之间形成松散的雇佣关系,属于列宁所论述的俄国工场手工业发展的第一阶段[5]。"我吴市民罔籍田业,大户张机为生,小户趁织为活。每晨起,小户百数人,嗷嗷相聚玄庙口,听大户呼织,日取分金为饔飧计。大户一日之机不织则束

---

[1] 乾隆《吴江县志》卷四《疆土四·镇市村》,《中国方志丛书》,台湾成文出版社有限公司1975年,第126页。
[2] 张瀚:《松窗梦语》卷四《百工纪》,盛冬铃点校,中华书局1985年,第79页。引用原文详见本书第四章第二节之四。
[3] 陆粲《庚巳编》卷四《郑灏》,谭棣华等点校,中华书局1987年,第43页。
[4] 乾隆《吴江县志》卷三十八《风俗·生业》,《中国方志丛书》,台湾成文出版社有限公司1975年,第1132页。
[5] 参见许涤新、吴承明主编:《中国资本主义发展史》第一卷《中国资本主义的萌芽》,人民出版社1985年,第155页。

手,小户一日不就人织则腹枵,两者相资为生,久矣。"[1]

万历二十九年(1601)七月,苏州葛成起义后,巡抚应天右佥都御史曹时聘疏报有:"吴民生齿最烦,恒产绝少。家杼轴而户纂组,机户出资,织工出力,相依为命,久矣。""吴民轻心易动,好信讹言;浮食奇民,朝不谋夕,得业则生,失业则死。臣所睹记,染坊罢而染工散者数千人,机户罢而织工散者又数千人。此皆自食其力之良民也。一旦驱之,死亡者也。"[2]"浮食奇民"不少应是"良民"中出卖劳动力的受雇者,有的就是染工、织工。

嘉靖年间,苏州丝织业出现"机房"名称。"惟以织造为业者,俗曰机房。"[3]但最初大约没有特殊含义,不像清代多指雇工的丝织作坊。

在小商品生产扩大过程中,有些机户因经营得法,发家致富,成为丝织业主,引起小生产者分化。苏州富民潘璧成,其先世"起机房织手"。至嘉靖年间,其祖父潘守谦"始大富,至百万"。[4]冯梦龙在《醒世恒言》中描写吴江盛泽镇丝绸机户施复,从"家中开张䌷机,每年养几筐蚕儿,妻络夫织",收得蚕丝利息,到"省吃俭用,昼夜营运。不上十年,就长有数千金家事。又买了左近一所大房居住,开起三四十张䌷机,又讨几房家人小厮,把个家业收拾得十分完美"。[5]虽是小说之言,却可能是纪实文学,从侧面反映社会事象。

这些事实在讨论资本主义萌芽时,与杭州张瀚的先世在成化末,是由机户发家一样,最为人们引用,并且,张瀚家的情况在太湖地区很普遍:

> 余尝总览市利,大都东南之利莫大于罗绮绢纻,而三吴为最。即余先世亦以机杼起,而今三吴之以机杼致富者尤众。[6]

这些开张二十余张或三四十张织机的机户,就是"大户",而没有生产工具和

---

[1] 蒋以化:《西台漫纪》卷四《纪葛贤》,《续修四库全书》1172,上海古籍出版社2002年,第53页。康熙《长洲县志》卷三《风俗》记载不同工种机匠劳动力市场与雇佣关系:"计日受值,各有常主",无主者黎明立桥以待唤,为乾隆《长洲县志》卷十《风俗》、卷十六《物产》与乾隆《元和县志》卷十《风俗》、卷十六《物产》以及民国《吴县志》卷五十二上《舆地考·风俗一》(均为苏州图书馆藏本)所沿载。黎澍认为是明代旧志所载。因此可能是明代后期情况。详见许涤新、吴承明主编:《中国资本主义发展史》第一卷《中国资本主义的萌芽》,人民出版社1985年,第157页下注①。
[2] 上引均见《明神宗实录》卷三六一,万历二十九年七月丁未,台湾历史语言研究所校印本1962年,第5—6页,总第6741—6743页。
[3] 万历《长洲县志》卷一《风俗》,《中国史学丛书三编》,台湾学生书局1987年,第56页。
[4] 沈德符:《万历野获编》卷二十八《果报·守土吏狎妓》,中华书局1959年,第713页。
[5] 冯梦龙编:《醒世恒言》卷十八《施润泽滩阙遇友》,陕西人民出版社1985年,第350、362页。
[6] 张瀚:《松窗梦语》卷四《商贾纪》,盛冬铃点校,中华书局1985年,第85页。因所织各样苎丝产品备极精工,每一下机,人争相购,常满户外,每次可获20%的利润,织机发展到20余张,因而家业大饶。

缺乏资本者,称"小户",就是"织工"。织工与机户的关系,是"机户出资,织工出力",小户织工受雇于大户机户,资本和劳动力的买卖关系,即劳资关系。小户及其家人的每日营生已经脱离土地,转而依赖玄妙观的雇佣劳动力市场,招揽生活,从事丝织工业,赢取工资。但这些事实零星,且仅限于丝织业。然而,这种现象反映的是马克思所说资本主义产生的第一条途径,即生产者变成商人和资本家的途径。

明代中后期,苏州、松江等发达纺织手工业中孕育的资本主义生产关系萌芽和成熟时期资本主义生产关系不能同日而语。它是微弱、稀疏的,发生在个别地区、少数手工行业,带有很多封建社会母体的痕迹。如苏州丝织业雇佣工人可能没有完全和土地分离,并受着官府和行会的严格控制,机户、机工之间的自由关系度欠缺。

而且,资本主义产生的第二条途径,即商人直接支配生产,投资可赢利的丝织业生产之事,或者地主以土地财富转向投资丝织工场,像常熟毛晋投资刻书坊一样,还没见到有关记载。不过,上述这些事实已经是直接或间接资料能够佐证的明代中后期资本主义萌芽情况的一个重要行业。[1]苏州丝织业生产关系的变化为我国明代社会经济结构变动的研究提供了极其可贵的素材和启示。

对于明中后期苏州手工业发展的评价,学术界存在严重分歧。有的学者认为它基本上与手工业技术改进无关,是通过增加生产人数而达到手工业品总量的提高,手工业各个行业的劳动生产效率并没有提高。

在苏州、松江、湖州等丝织或棉纺织业最为发达的地区,这两项重要手工业的基础技术像明中后期农业技术一样没有多少重大改进,与欧洲工业革命之前技术改革也一直在进行又有所不同。这对于手工业发展水平及趋势、内涵都产生了深远影响。

造成手工业发展这种状况的经济、社会等原因很复杂,主要有二:手工业始终未能从农业脱离出来形成一个独立的行业;人口增加起了重要作用。但纺织手工业的发展引起生产的结构性变化,即从生产是为了用于赋税交纳,或自家消费的自给自足模式,向为了市场赢利的商品生产转化,商品经济繁荣。不过,商品经济有无发展的增长,便引起像过密化、人口低增长、有无压力等重大理论性问题的争论。

明中后期苏州等江南之地农村手工业发展与农业生产商品化发展或重大结

---

[1] 参见许涤新、吴承明主编:《中国资本主义发展史》第一卷《中国资本主义的萌芽》,人民出版社1985年,第155—159、139—140页。

构性转变互为一致。农业生产的逐步转型不仅使农村容纳了更多人口,而且创造了更多农业收入,促进农村经济增长,这是我国传统农业取得的重大成就。

但是,这种在农业生产基础上发展起来的手工业的前途,与欧洲独立的自由农民发展起来的农村手工业不同。受土地制度、过重田赋的严重束缚,农民为了生存,随着明政府租税纳银化,市场化程度加深,便寻找到棉纺织业、丝织业的途径,发展商品生产,从而促进了手工业发展,使社会经济逐步转型,但结果农民、手工业者的利润很薄,难以富裕起来,一直为了生存而生产,无法完成普遍的资本原始积累,因而走不出资本主义萌芽状态。这或许就是苏州等江南模式的商品经济发展之路的特色。

三、商业经济繁盛

"繁华自古说金阊。"[1]卒于明嘉靖二年(1523),自小生长于苏城阊门吴趋坊的才子唐寅,写就很多这样的有关苏州市井的诗词,其中有白描商业盛况的《阊门即事》诗,脍炙人口:

> 世间乐土是吴中,中有阊门更擅雄。翠袖三千楼上下,黄金百万水西东。五更市买何曾绝?四远方言总不同。若使画师描作画,画师应道画难工。[2]

商业繁盛景况具体表现在以下几个方面。

(一)商品运销

明中后期,苏州大宗交易的商品主要是生活资料,如外销的手工业棉织品、丝织品等,输入的是粮食、棉花等农产品、原料。

苏州棉纺织品与松江府相似,除了销往江南之外,主要是华北、长江中上游地区。例如,嘉定棉布,"其用至广,而利亦至饶",成为入载县志农产品以外的新物产。"邑之民业首藉绵布。纺织之勤比户相属。家之租庸、服食、器用、交际、养生、送死之费胥从此出。"[3]万历初,外冈镇民稠繁庶,又因所产棉布质量高,四方花布商贾群集,遂成雄镇。常熟比户纺织,"工粗而杂恶者亦售",以弥

---

[1] 唐寅:《唐伯虎全集》卷二《姑苏杂咏》,北京市中国书店1985年影印大道书局1925年版,第29页。

[2] 唐寅:《唐伯虎全集》卷二,北京市中国书店1985年影印大道书局1925年版,第18页。

[3] 万历《嘉定县志》卷六《田赋考中·物产》,《中国方志丛书》,台湾成文出版社有限公司1983年,第476页。

补生计之不足。棉布运销"齐鲁之境常什六,彼氓之衣缕往往为邑工也"。[1]

苏州和湖州、杭州、嘉兴等府的江南丝绸,因其质量好,久负盛名,除了本地交易兴旺外,广销东北、西北、华北、四川等地,不少被用于边贸,并通过走私贸易和由葡人经营的果阿—澳门—长崎三角贸易网,被销往日本、欧洲,换取当时国内市场急需的大量白银。

粮食是苏州输入的大宗商品。明代中前期,苏松等府以粮食生产为主,承担巨额赋税,其中有大量本色米粮。明中期开始,由于人口滋生、流动增加,特别是城镇人口数量增长,更由于农业商品化生产加快,江南地区逐渐由一个余粮区变成缺粮区,需要从外省调入大量商品粮。南宋时谚传的"苏常熟,天下足"[2],出产大量米粮供应江浙福建,转而成为"湖广熟,天下足",全国商品粮基地移到长江中游的湖广地区。大量米粮通过长江水道运到江南,苏州因其地理位置,成为粮食中转大码头。这些米粮用于江南苏州等地消费、本色赋税交纳并再转运出去。这一局面持续到明末,崇祯十三年(1640),应天巡抚黄希宪说:"吴所产之米原不足供本地之用,若江、广之米不特浙属藉以济运,即苏属亦望为续命之膏。"[3]

大宗棉花输入。明代中期后,华北棉植大盛,由于纺织技术限制,棉纺织业不如江南发达,而江南纺织原料需求激增,大量棉花源源不断被运往江南,自动形成"吉贝则泛舟而鬻诸南,布则泛舟而鬻诸北"[4]的物资与商品对流局面。江南苏州等地成为棉花生产兼加工基地。

此外,其他生活消费品和奢侈品也输入江南苏州等地。

(二)商路与商业市场

因为交通地位优越,以苏州为中心的江南地区在全国性区域物资与商品市场对流中一直居于有利地位。苏州与外地物资与商品交流通道主要有南北向的

---

[1] 引见嘉靖《常熟县志》卷四《食货志》,《中国史学丛书初编》,台湾学生书局1965年,第385—386页。

[2] 一作"苏湖熟,天下足",后来又有"苏松熟,天下足"的说法。这些都说明处于太湖流域的核心江南地区粮食高产、富余,足以供应全国所需的商品粮消费。

[3] 黄希宪:《抚吴檄略》卷一《为祈饬遏籴之禁大沛邻郡封事准》(崇祯十三年五月二十九日移牒 苏州府长洲吴县檄),转引自樊树志:《明清长江三角洲的粮食业市镇与米市》,《学术月刊》1990年第12期。由于黄希宪著作多佚,其《抚吴檄略》8卷属于今藏日本内阁文库的明代珍稀史籍,这段话也被转引,见罗仑主编,范金民、夏维中合著:《苏州地区社会经济史(明清卷)》,南京大学出版社1993年,第253页,但题名作黄希宪:《抚吴檄略》《为祈饬遏籴之禁大沛邻封事》,文字上"济运"作"运济"。

[4] 徐光启:《农政全书》卷三十五《蚕桑广类·木棉》,《景印文渊阁四库全书》731,台湾商务印书馆1986年,第506页。

大运河与东西向的长江。在清代沙船贸易兴起之前,大运河是大部分南北物资与商品交流大通道。其中,江南运河既是江南与外部物资与商品流通主干道,又是江南内部商业活动要道、江南商业网络基础。宣德以后,沿大运河设立许多钞关征税,说明商业发达,利于商税。明中后期,商人活动范围扩大,大量商路书籍出现,其中从北京沿运河到浙江、福建驿路必经苏州,使苏州商业地位凸显。明代中后期商业地理书籍的刊刻出版与旺盛销售本身就是商业发展、商人需求增加的文化产物。[1]

长江中游两湖之米由江广商人、徽商及江南苏州等本地商人贩运,一般顺江而下,先在芜湖汇集,再分流。赴南京等地,在仪真附近集散。赴苏州集散的,由镇江进入大运河,到达枫桥镇、山塘街及葑、娄、齐门,或到达平望。它们供应江南各地,并转贩徽州、浙江南部、福建等地。这种米粮贸易格局到清中前期非但基本没变,并有较大发展。此一畅通的商路带来苏州商业市场繁荣。休宁人叶权(1522—1578)说,苏州枫桥、南濠名列"今天下大马头"。苏城内外相距10里,居然占了其中两席,在全国是独一无二的,而且二者自运河连接城河,结为一体,商运便捷,"最为商货辏集之所"。[2]在现今美国学者迈克尔·马默眼里,明代苏州成为全国货物汇聚之地,经济社会一片繁华。[3]

苏城在正德时形成月城市,从"阊门内出城,自钓桥西、渡僧桥南,分为市心",向南北延伸,是"两京、各省商贾所集之处。又有南、北濠,上、下塘,为市尤繁盛"。[4]这是苏州最发达的繁华商业区,以后一直如此。例如,清雍正七年(1729),广东举人、吏部员外郎何开泰路经姑苏,住宿其乡岭南会馆广业堂,眼里看出:"姑苏,江左名区也。声名文物为国朝所推。而阊门外商贾麟集,货贝辐辏,襟带于山塘间,久成都会。"阊门外上塘街广州岭南会馆始建于明万历(1573—1620)年间,清康熙五年(1666)廓新、雍正元年(1723)新建广业堂,属于仕商共建。历经150余年,中经明清换代,阊门商业繁华持续,广东仕商对它明眸青睐不变。因而何开泰说:"嗣是而仕与商广其业于朝、市间,则声名文物将与

---

[1] 对于明代江南商路、商书研究,可以参见陈学文:《明清时期太湖流域的商品经济与市场网络》第三、四章,浙江人民出版社2000年,等等;张海英:《明清江南商品流通与市场体系》第一章,华东师范大学出版社2002年,以及她后来刊发的相关论文。

[2] 叶权:《贤博篇》,凌毅点校,中华书局1987年,第22页。

[3] [美]迈克尔·马默(Michael Marme):《苏州:诸省货物汇聚之地》(Suzhou: Where the Goods of All the Provinces Converge),斯坦福大学出版社2005年。

[4] 正德《姑苏志》卷十八《乡都 市镇村附》,《天一阁藏明代方志选刊续编》12,上海书店1990年,第80页。

姑苏并垂不朽矣！"[1]

苏州市场的正常商业经营秩序受到苏州官府的积极管理。应对商人合法合理诉求，苏州官府及时整治市场不法行为，颁布法规，维护经营秩序，保护商人正当利益。例如，天启七年（1627）九月，苏州知府王时和应江宁府客商林□□、梅鼎臣等连名呈请，禁止府内牙行强行截留外地客货的不端行为。"南濠牙户先遣健仆使船，纠集□□党棍，预计屯扎中途湖口"，一遇有外地货船贩运物资，便"哨党蜂拥，丛打乱抢"。而被抢的外地货商本为"异乡孤客"，对此无能力阻止，只得"素手空回"。林、梅二人的遭遇并非孤例。据官府调查，"别省商民远贩土产货物，或顿于南濠，或停于枫桥"这两个大的商业码头。一经至苏，惯例是货商"自来投止"，但是府中"奸民罔兴垄断之举，遂行招揽"。他们的伎俩是，"一遇客航扬帆而来，蜂拥其船，指称某行"，致使货物被截夺的客商"纷纷泣诉，欲图堂法严禁"。以王时和为首的苏州政府对此立碑永禁，明确"自今以后，凡客货商航，任其自投"。若再有强行揽留的行为发生，"定以抢夺之条重惩，绝不轻贷"！[2] 这道碑示体现出苏州地方政府严厉抑制府中奸商不端之举，保护外地客商正当权益，保障市场活动有序进行的明确立场。这样的政府市场管理对于苏州商业中心的活动开展非常有利，也是苏州能够成为天下商业中心市场的一大支持因素。

苏州商业活动主要在市场体系内进行。理论上讲，明中后期，由于货币经济发展，苏州形成了一个比较完整的市场体系，即由不同等级市场构成的商品流通网络，包括四级：初级市场，即小生产者直接交换的集市原始市场，市镇初级市场，城镇专业市场，苏州城市中心市场。这些市场都有消费性特征，市场层次越高，消费特征愈明显。

实际情形很复杂。不能因为消费市场或集市（或市集）之类的市场无真正的商品流通而不予重视。无论其性质如何，这类市场是构成当时地区市场体系，甚至是全国市场体系的主要成分之一。同样，在明代或清代货币经济相当发达的年代，衡量市场性质的标准也不仅是市场的层次或范围，更是这一市场是否进一步促进手工业与农业的彻底分离，能否为手工业生产提供扩大再生产的原始资本积累等。在欧洲，区域性或世界性的大市场恰恰做到了这些，从而孕育、促进了资本主义发展。

---

[1] 何开泰：《岭南会馆广业堂碑记》(1729)，苏州历史博物馆等合编：《明清苏州工商业碑刻集》，江苏人民出版社1981年，第327—328页。
[2] 上引均见《苏州府永禁南濠牙户截抢商民客货碑记》，江苏省博物馆编：《江苏省明清以来碑刻资料选集》，生活·读书·新知三联书店1959年，第186—187页。

明清中国尽管存在比较发达的各级市场,甚至有人认为明代后期已形成统一的国内市场,但无论如何,它始终没有发挥出像欧洲那样的作用。因此,纯粹以市场是否属于国内或区域市场,作为市场发展与否的评判标准,甚至与资本主义萌芽的产生联系起来,具有局限性。

(三)商人与商帮

明代中期以后,苏州来自全国各地的商众繁多,形成商帮,开始设立会馆公所,促进了商业发展繁荣。

安徽商人人多势众,十分活跃,主要是徽州和宁国府商帮。史料记载徽商事迹繁多。他们遍布江南城镇,苏州是其重要经营场所,尤其到晚明,苏州商业由徽商主导,徽州当、米铺往往是徽商开设的。嘉靖、万历时期形成的宁国府(宣州)商帮,主要出自泾县、旌德县。安徽商人经营货物广泛,主要经营棉布及其加工(徽州布商闻名)、丝绸(苏城、盛泽)、米粮、盐、木材(多婺源商)、典当(多休宁商,在苏城及常熟等属县),还有茶、颜料、药材、漆、烟(宁国商人垄断)、瓷、油、干果、铁、酱、南北货、航运、麻、绳等,以及文化用品,如墨、纸、书籍。他们可以兼营几种行当,不断变换商品,流动地方,机动灵活,谋取最大利润。

福建商帮,出自福州、建宁、泉州等八闽之地。万历年间,以福州商人为主,他们在苏州胥门万年桥大街建立了三山会馆,延续至清代,不断壮大。他们经营松江、太仓、常熟、嘉定的棉与棉布,以及木材、靛蓝、丝与丝绸、洋货南货、纸张书籍等货物。

广东商人,主要来自广州、潮州、嘉应。万历年间,广州商人在苏州阊门外山塘桥西建立了岭南会馆,清朝扩建。广州府东莞县商人于天启五年(1625)在岭南会馆旁兴建东官会馆,后改名宝安会馆。他们春天运来潮糖,秋天运走棉花与棉布,还经营丝与丝绸等货物。

山西商人,来自平阳、汾州、蒲州等地,财力雄厚,特别是蒲州商人富甲山西,与在苏州等江南之地经营相关。他们经营棉布、丝绸、盐、铁等。

陕西商人,明成化时苏州就有米商。嘉靖时的绸布商主要是三原人。他们由布商起家,再到江淮经营盐业。

山东商人,明代苏州有山东半岛登、莱、青州三府的东齐帮,也称胶东帮,实力最强,主要经营粮食、海货。他们也把山东棉花销往江南,运回棉布。

江西商人,有到阊门开名气响亮的小木铺,贩运土产柑橘来苏州,再运回丝绸。万历时,饶州罗姓米商曾运米到枫桥米码头。

也有河南商人;湖广商人,像湖南贩运楠木、鱼苗到苏州的商人,但他们的影响较小。

浙商最为强势的是宁波、绍兴商人；其次为金华商人，主要集中苏州；还有衢州府龙游商帮，万历时有遍地龙游之称；杭嘉湖、温州、台州商人在苏州也不少，占有邻省的地利。经营品种上，如杭商的杭绸、龙游商的书籍纸张享有盛誉。

江苏商人，主要有苏州本地商人，以洞庭商帮为主体，财力雄厚，行商地域辽阔，货物无不经营，明后期"钻天洞庭"已经扬名天下；以明中期兴起的句容商人为主体的南京商；还有以无锡商人为主体的常州商以及镇江商、苏北商。江苏商人主要掌控丝及丝绸、棉布、米粮、琢玉等行业。天启时，苏州的南京商有贩运海蜇、鱼鲞等南北海货的。常镇人在苏州则有盐商，行销浙盐、淮盐。[1]

以上商帮在万历后，有的已在苏州建立会馆或公所，如福州三山会馆，广东岭南会馆、东官会馆。常熟虞山北麓有徽商明时始建的梅园公所。苏城打铁业在万历年间建立打铁公所。吴郡丝织业的机业公所早在元元贞元年（1295）建于玄妙观内，清乾隆八年（1743）重建于花桥阁。明葛成起义时，丝织业机户曾经汇聚玄妙观机神殿誓神，可见它仍是丝织业公所所在。会馆公所作为外出经商仕宦的同乡人联谊与经商商议的场所，表明商人实力增强，共谋商业发展，以及苏州作为商都具有的重要地位，这为清代苏州会馆公所居于全国领先地位打下坚实基础。

嘉靖以来，包括行商、坐贾、商业中间媒介牙行在内的商人队伍壮大，资本雄厚，在各级市场经营活跃，经营范围扩大，促进了苏州市场繁荣。

行商从事长途贩运，大多以地域为中心，形成松散的商帮，如晋商、徽商、洞庭商、江广商等。他们贩运多种商品，主要在江南苏州等地输出棉纺织品、丝织品，输入米粮。这些衣食商品都是人们生活必需，消费市场广阔，享有人口增加的红利，由此构成商业繁荣的基础。

"常熟虽僻远，其食与货常给乎外境。每岁杭、越、徽、衢之贾皆问籴于邑。其人弗至，则食之价平矣。"[2]嘉定南翔、外冈、罗店镇聚集徽商等四方商人贩运棉布。外冈遭受倭寇劫掠后，万历初再现民稠繁庶，布商操重资而来，使花布市场秋日一派繁忙："每夜半，各肆开列，悬灯张火，踵接肩摩，人语杂沓，道路拥挤，至晓而散。"[3]罗店，"今徽商凑集，贸易之盛几埒南翔矣"[4]。太仓鹤王

---

[1] 以上商人与商帮详见范金民：《明清江南商业的发展》，南京大学出版社1998年，第184—240页；《明清时期活跃于苏州的外地商人》，《中国社会经济史研究》1989年第4期。

[2] 嘉靖《常熟县志》卷四《食货志》，《中国史学丛书初编》，台湾学生书局1965年，第385页。

[3] 崇祯《外冈志》卷二《游赏》，王健标点，上海社会科学院出版社2004年，第33页。

[4] 万历《嘉定县志》卷一《疆域考上·市镇》，《中国方志丛书》，台湾成文出版社有限公司1983年，第125页。

市、嘉定新泾镇是棉花集散地。南方商人到鹤王购买大批棉花南运:"每岁木棉有秋,市廛阗溢,远商挟重资,自杨林湖径达而市之,沃饶甲于境内矣。"[1]因杨林塘岸上沙埴得宜,所种棉花上佳,"产鹤王市者较他处所产柔韧而白,每朵有朱砂斑一点,离市十里外即无"[2],"闽广人贩归其乡者,市题必曰太仓鹤王市棉花。每秋航海来贾于市,无虑数十万金,为邑首产"[3]。新泾在万历时,"为棉花管屦所集,顷年浸盛"[4]。

明末吴江盛泽镇丝绸贸易相当繁荣,"四方商贾来收买的,蜂攒蚁集,挨挤不开,路途无伫足之隙"[5]。苏州丝绸被民间商人贩运全国出售。嘉靖时,河间行商有从南京、苏州、临清贩缯的。万历时,口外宣大地方有江南苏州等地丝绸销售,称南京罗缎铺、苏杭罗缎铺。"张家口本荒徼,初立市场,每年缎布买自江南,皮张易自湖广。"[6]

嘉靖、万历时,徽商、江广商、苏州商人等积极参与从长江中上游往苏州长途贩运米粮,史实记载很多。

苏州城市商业繁盛,城西阊门、南濠、山塘到枫桥一带聚集大量本地和外地商人、商行,是主要商业区。洞庭商帮的王氏、席氏、沈氏等家族自明中期逐步发展,实力已很强大。

明清时期,苏州本邦商人以地处太湖之中的洞庭东山与西山的商人最为著名,形成商人家族性的商帮,即洞庭商帮,有所谓"钻天洞庭遍地徽"的美誉,在明清十大商帮中,堪与徽商媲美。这是明清苏州商业商帮与苏州家族的一大特色,值得在后面专节说明。

16世纪末,意大利传教士利玛窦赞美了姑苏盛况:"它是这个地区的最重要的城市之一。以它的繁华富饶,以它的人口众多和以使一个城市变得壮丽所需的一切事物而闻名。""经由澳门的大量葡萄牙商品以及其他国家的商品都经过这个河港。商人一年到头和国内其他贸易中心在这里进行大量的贸易,结果是

---

[1] 道光《增修鹤市志略》卷上《原始》,《中国地方志集成·乡镇志专辑》9,江苏古籍出版社1992年,第483页。
[2] 民国《镇洋县志》卷一《封域》,苏州图书馆藏本,电子版总第9页。
[3] 乾隆《镇洋县志·风土》,引见洪焕椿编:《明清苏州农村经济资料》,江苏古籍出版社1988年,第279页。
[4] 万历《嘉定县志》卷一《疆域考上·市镇》,《中国方志丛书》,台湾成文出版社有限公司1983年,第124页。
[5] 冯梦龙编:《醒世恒言》卷十八《施润泽滩阙遇友》,陕西人民出版社1985年,第349页。
[6] 黄景昉:《国史唯疑》卷八《隆庆万历》,陈士楷、熊德基点校,上海古籍出版社2002年,第232页。

在这个市场上样样东西都能买到。"[1]

苏州的县城商业也很繁荣。如常熟,"于苏为大邑,居江海水陆之会,有湖山膏腴之产。凡鱼鳖、米盐、布缕之属羡衍充斥,闾阎富乐,可以逐什一之利"[2]。徽商在此很活跃,嘉靖时建梅园公所,作为同乡停柩之处。

苏州城、各级市镇都有开设商号的坐贾,一方面为行商收购外运货物,另一方面销售行商运来的商品。他们自明初起就受明政府严格控制,被编成铺行,有承值当官等诸多义务,像苏州布行承值当官,到崇祯四年(1631)才在名义上解除。不过,明中后期,苏州城镇商业已发展起来,这与政策变化相关。

万历中,宁波人孙春阳,弱冠到苏州皋桥西偏吴趋坊北口,开一小铺,以后发展成天下闻名的孙春阳南货铺,延续几百年。"其为铺也,如州县署,亦有六房,曰南北货房、海货房、腌腊房、酱货房、蜜饯房、蜡烛房。售者由柜上给钱,取一票,自往各房发货,而管总者掌其纲,一日一小结,一年一大结。自明至今已二百三四十年,子孙尚食其利,无他姓顶代者。吴中五方杂处,为东南一大都会,群货聚集,何啻数十万家,惟孙春阳为前明旧业,其店规之严,选制之精,合郡无有也。"[3]正是这样经营得法的销售商店体系,汇聚百货,长期供应了苏州城乡生产资料和生活资料。

行商与坐贾之间进行交易一般依靠当地各类牙行或牙人。这些是商品交换中间人或中介组织,撮合交易,收取一定比例的佣金作为报酬。领有牙帖,得到政府承认,是官牙;没经官府核准,为私牙。私牙活跃,说明商业旺盛,但也会扰乱市场,烦恼官府。外地客商运货到苏州一般都投牙发卖。不法牙户屡屡勒索商人,纠纷不断,政府监管,常常出示严禁,以维持正常商业秩序。

苏州各种商品外销也由牙人、牙行作中介。如盛泽镇丝绸牙行,作为丝绸贸易中介,一面招揽丝绸生产者,收购丝绸产品,一面接纳来此收购丝绸的四方客商,在丝绸贸易中作用很大。像吴县钦允言,生而父殁,"赖母拊以长,辄克家治父故业,卓然而植,充然而肥也。其业主总商贾赀本,散之机杼家,而敛其端匹以归于商,计会盈缩低昂而出入之。刻时审度,彼此以济,皆信委帖服焉"[4]。这种丝绸居间商,牙人或经纪只要稍有资金,就会充当,有信誉,才会长久、壮大。

---

[1]《利玛窦中国札记》第四卷第四章,何高济等译,广西师范大学出版社2001年,第238页。
[2] 程嘉燧:《松圆偈庵集》卷下《明处士方君墓志铭》,《续修四库全书》1385,上海古籍出版社2002年,第773页。
[3] 钱泳:《履园丛话》二十四《杂记下·孙春阳》,张伟点校,中华书局1979年,第640—641页。
[4] 祝允明:《怀星堂集》卷十九《承事郎钦君墓志铭》,《景印文渊阁四库全书》1260,台湾商务印书馆1986年,第635页。

但明代这样的记载很少。丝绸牙行在清代发展成为机房。

棉纺织品、棉花贸易少不了牙人、牙行。一般情况下,生产者把成品投牙发卖,牙行以少积多,再卖与商人,由商人转贩四方。也有商人不通过牙行,走街串巷,收购棉布,直接与生产者零售。如明末时休宁人汪社生,因贫困奔驰吴越,肩布市卖。

成化年间,苏松纺织业发展,布牙已经产生。他们充当花、布贸易居间商。嘉定新泾镇,万历时因棉花而兴盛;崇祯时,"绵延数十里,历赖编屦营生,投镇易价度命,自向平买平卖,三尺无欺"[1]。棉花交易通过牙行积极进行。在嘉定,"每岁绵花入市,牙行多聚少年以为羽翼,携灯拦接。乡民莫知所适,抢攘之间,甚至亡失货物"。中间也发生银货不足[2]、把持行市等商事和社会纷乱,引得政府出面管理。

大约明末清初,苏松出现专业布号,就是在当地收购棉布的专业商号。它们有固定字号,有一定资本,在当地收购棉布后,发卖给远方客商贩运他处,实际上是商、牙结合,商人渗入棉布收购市场,也是必然趋势。如外冈丁娘子布,"因徽商僦居钱鸣塘收买,遂名钱鸣塘布"[3]。该徽商应该有着自己的布号招牌。这种经营方式至少在松江延续至清乾隆年间。

在繁盛的商业活动中,苏州码子这一记账符号系统被发明应用起来。作为简单而隐秘的记账工具,它对于商业金融的高效正常运作,无疑起到了至为重要的保障和支持作用。[4]

(四) 发达的海外贸易

朱元璋建立明朝后,与宋元发达的海外贸易、对外开放完全相反,实行中国前所未有的"海禁"政策,即禁止海外贸易,主要禁止民间海外自由贸易,官方贸易也被严格控制,限制于用国家垄断的"朝贡"贸易的形式进行。

永乐时海禁松弛,扩大朝贡贸易,郑和下西洋,声势浩大,影响深远,对外格局为之一振,明朝中国成为人类历史上第一个海上强国,也支持政府财政开支,国用不绌,同时,私人海外贸易也在暗中开展。

正德时采用抽分制,明朝正式收取了外贸税收,外贸形势大变。正德开始,

---

[1] 上海博物馆图书资料室编:《上海碑刻资料选辑》,上海人民出版社1980年,第82—83页。
[2] 均见万历《嘉定县志》卷二《疆域考下·风俗》,《中国方志丛书》,台湾成文出版社有限公司1983年,第154页。
[3] 崇祯《外冈志》卷二《物产》,王健标点,上海社会科学院出版社2004年,第27页。
[4] 详见本书第五章"明代苏州文化"第三节之五。

西方殖民者东来,亦商亦盗,明朝海禁废弛,外贸市场扩展,使民间外贸发展很快,沿海民人纷纷出海,私人海上贸易活跃,福建漳州、泉州最为著名。漳州月港成为商贩集聚的重要港口,贸易十分繁荣,所谓"饶心计者视波涛为阡陌,依帆樯为末耜。盖富家以财,贫人以躯,输中华之产,驰异域之邦,易其方物,利可十倍,故民乐轻生,鼓枻相续,亦既习惯,谓生涯无逾此耳",以至于"成、弘之际称小苏杭者非月港乎!"[1]

嘉靖二年(1523),日本藩道在浙东"争贡"祸乱爆发,明朝罢市舶绝贡,再次严令海禁,严重压制了外贸情势。沿海海商集团纷纷走私,实质上为了反抗海禁政策,甚至夹杂倭寇,张大势力,骚扰海疆,形成嘉靖倭患,毋庸置疑,这将明朝拖入了抗倭战争。

平倭之后,隆庆帝顺应形势与民心,在漳州月港率先部分开放海禁,私人海上外贸合法了,根本改变了明朝延续200年的海外贸易政策,"市通则寇转而为商,市禁则商转而为寇"[2]。虽然仍旧对日海禁,却促使民间私人外贸迅速发展,形成大型海商集团,经营对日本、东南亚、南亚以及欧洲等外贸,大量华人下南洋定居,形成华侨华人社会。大量白银内流,估计明末清初中国商船进出口贸易总额每年平均白银1647万两左右,每年顺差942万两。[3]更有估计,从万历元年至崇祯十七年(1573—1644),72年中,葡萄牙、西班牙、日本等国与中国贸易,输入银元至少在1亿元以上。[4]明朝由此解决了银荒问题,建立银本位,白银成为通货,政府赋役征收也改为征银,货币化了,这是中国货币划时代的变化,促进了国内商品经济繁盛,新生产关系滋生,社会新事物新观念萌生,[5]社会逐步转型,直到清朝入关,血腥平定江南,社会发展、外贸再次受阻停滞。明朝这种外贸政策与外贸经济变化过程,很多事件与现象在东南沿海、华南地区发生,而地处太湖流域腹地的苏州,以其手工业生产与商品交换中心、文化思潮与社会风气变动前沿地位,随时会出现敏感变化。

---

[1] 乾隆《海澄县志》卷十五《风土志·风俗考》引海澄首创的崇祯旧志,《中国方志丛书》,台湾成文出版社1968年,第171页。

[2] 许孚远:《疏通海禁疏》,载陈子龙等选辑:《明经世文编》卷四〇〇,中华书局1962年影印本,第4334页。

[3] 林仁川:《明末清初私人海上贸易》,华东师范大学出版社1987年,第267、272页。

[4] 梁方仲:《明代粮长制度》,上海人民出版社1957年,第128页。

[5] 参见晁中辰:《明代海禁与海外贸易》"前言",人民出版社2005年。明代海禁与开放海禁的原因,详见书中论述。隆庆开放后明朝外贸发展情况,详见书中"私人海外贸易的蓬勃发展""与日本的贸易""广州对外贸易的活跃",第230—243页。王毓铨主编:《中国经济通史·明代经济卷》"明代的海外贸易",中国社会科学出版社2007年,第496—514页。

明末清初,我国出口商品在传统的丝绸、瓷器等基础上增加到各种日常生活用品,种类繁多,品种齐全,大致分为手工业品、矿产品、水产品、农副产品、动物和肉制品、干鲜果品、文化用品、中草药等8大类230多种。其中丝织品、瓷器、食糖为三样大宗出口商品,主要出口东洋日本、菲律宾群岛(由马尼拉转售墨西哥、秘鲁等拉丁美洲国家及西班牙等世界各地)、西洋各国、欧洲各国。生产优质生丝的湖州及与其毗邻的吴江市镇,丝绸生产中心的苏州、杭州及吴江的市镇,自然在这场外贸出口大宗的品牌竞争中成为最大赢家,甚至可以说,中国对外丝绸贸易就是江南太湖地区苏州等地的对外国际贸易。

嘉靖三十六年(1557)之后,葡萄牙人以澳门为中转站,形成欧洲、中国、日本之间的三角贸易:先从欧洲运载西班牙银元,再到印尼群岛装上香料等货物,到澳门出售,换取销往日本的丝绸等物,得到日本便宜白银,回到澳门,购买从广州得到的丝绸、瓷器等,经印度果亚(阿)据点,由非洲好望角回到欧洲,牟取高额利润,至少在400%以上。实际上开辟了两条商路:中国澳门—印度果阿—葡萄牙里斯本;中国澳门—日本长崎,并且融为一体。

西班牙人1571年(隆庆五年)占领菲律宾马尼拉,以此为中转站,开通中国月港—菲律宾马尼拉—墨西哥,中国与拉丁美洲的跨太平洋航路,进行菲墨丝绸-白银贸易。

比葡萄牙人晚到中国的荷兰人,天启四年(1624)占领台湾作为据点之后,打败葡萄牙人,经营中国与日本、欧洲的中转贸易,同样在丝绸上获取暴利,至少100%~300%。

日本进口中国湖州生丝,从万历到清顺治年间,每百斤值银大约均值在377两,至少盈利200%以上,甚至高达10倍以上,远远高于销往吕宋的利润100%,至少翻1倍。从马尼拉运销西属美洲的生丝利润至少100%~300%。中国丝织品价廉物美,完全替代了西班牙丝织品的美洲市场,只有用银币来交换中国生丝及丝织品。运销欧洲的丝绸利润至少也应在1倍以上甚至几倍。大量白银从西班牙、墨西哥流到马尼拉,从日本流到澳门,最终流到了中国,包括丝绸产地的苏州等江南地区。[1]

---

[1] 具体研究参见林仁川:《明末清初私人海上贸易》,华东师范大学出版社1987年,第215—243、267—272页;范金民:《衣被天下——明清江南丝绸史研究》之"兴盛的对外贸易",江苏人民出版社2016年,第318—370页;范金民:《明清江南商业的发展》之"江南对国外的商品流通",南京大学出版社1998年,第98—129页;张海英:《明清江南商品流通与市场体系》之"世界市场与江南经济的发展",华东师范大学出版社2002年,第263—325页。

第三章　正德到崇祯时期苏州社会转型性发展

由于隆庆废除海禁,实行开放之后,仍然禁止与日本贸易,日本出产白银,只能以银从葡萄牙、荷兰以及走私海商手里获得急需的中国生丝、瓷器、药品,还有书籍等商品,并且 1635 年(崇祯八年)开始规定唐船限于长崎一港贸易,其中丝及丝绸、药材、书籍的输入都与江南产地直接相关。江南对日走私贸易即"通番"的商人,像杭州流行语"贩番之人贩到死方休",主要是福建、浙江人,也会有苏州人,不过大大不如闽浙人成规模,最不缺席的,应该是苏州的商品与市场,包括享誉天下的苏制商品,以及凭借苏州市场销售汇聚天下的商品。苏州的手工业者、经商者从中获取了一部分利润。太湖地区苏州、杭州、嘉兴、湖州等府及其下属县市镇盛产丝绸,苏州、松江出产"南京布",苏州、南京刊刻大量时新精美书籍,又是医药技术高超之地,商品都由日本称为"南京船"的南直隶的船只运送。

万历四十年(1612),兵部上报:"至通倭,则南直隶繇太仓等处以货相贸易,取道浙路而去,而通倭之人皆闽人也,合福、兴、泉、漳共数万计。"[1]太仓要道成为通番货物交易之地。万历三十八年至四十二年官方辑获的 7 起通番案,商品大多在杭州等地购置,内有万历三十八年杨二到苏州购买湖丝。万历四十年沈文通番案,下海商人有福建、浙江、南直隶 93 人,收买丝绢杂货。万历四十二年韩江通番案,有 95 人,其中有吴县 1 人。[2]万历四十五年,应天巡抚王应麟报称:"沿海民多造沙船,始贾装运之利,继为通夷之谋酿衅招尤,启岛酋叵测之大患,闽浙屡屡见告。"[3]应该包括江南之地在内。天启五年(1625),兵部呈报:"闻闽、越、三吴之人住于倭岛者不知几千百家,与倭婚媾长子孙,名曰唐市。此数千百家之宗族姻识,潜与之通者,踪踪姓名,实繁有徒,不可按核。其往来之船名曰唐船,大都载汉物以市于倭,而结连萑苻,出没泽中,官兵不得过而问焉。"吴中人定居长崎、筑前、博前,称大唐街,[4]与日人通婚,做贸易,显然有份的。

明后期中国北路海外贸易有书籍输入日本的主要是南京船与宁波船。书籍数量比较少,不是输入日本商品的大宗,却是海外贸易之中不同于南洋的南路贸易最具特色的地方,不同于丝、纺织品、药材与砂糖等生活用品,书籍可以长存传

---

[1]《明神宗实录》卷四九八,万历四十年八月丁卯,台湾历史语言研究所校印本 1962 年,第 4 页,总第 9389 页。

[2] 参见范金民:《明代万历后期通番案述论》,《南京大学学报》2002 年第 2 期,收入其论文集《国计民生——明清社会经济研究》,福建人民出版社 2008 年,第 133—148 页。

[3]《明神宗实录》卷五五七,万历四十五年五月己卯,台湾历史语言研究所校印本 1962 年,第 5—6 页,总第 10506—10507 页。

[4]《明清史料》乙编第七本,天启五年《兵部题行条陈彭湖善后事宜残稿》,上海商务印书馆 1936 年,第 605—606 页。参见傅衣凌:《明清社会经济变迁论》,中华书局 2007 年,第 332 页;王毓铨主编:《中国经济通史·明代经济卷》,中国社会科学出版社 2007 年,第 512 页。

世。据大庭脩研究,德川幕府统治日本的江户(今东京)时代(1603—1867),日中通商口岸限于长崎,汉籍输入非常丰富,其中有41年在明朝。例如,象征文化发展的辞书优先被日本收藏家搜集收藏,尾张藩主德川义直购入了明版51种,其中弘治本、正德本各1种,嘉靖本3种,大量的万历刻本,竟达34种,天启本3种,崇祯本2种,明刊6种,明抄1种,表明明朝文化尤其是万历文化影响日本为大。元刊明修《玉海》、明刊《太平御览》、明抄《册府元龟》都是明刊宋本。[1]

今见孔夫子网日本回流古籍,德川家光(1604—1651)幕府购藏毛晋汲古阁刻《十三经注疏》6种51册,含全本《公羊》10册、《尚书》5册、《论语》4册、《周易》6册、《周礼》20册、《孟子》6册,竹纸,品相尚可,有蛀蚀。书由幕府掌管衣着服饰、日常用品、杂物添置的官员小纳户陆续购买,封面铃"小纳户"藏书印,全套13种还没购全。《周易兼义》有崇祯十二年钱谦益序,回避崇祯帝朱由检名讳,"由"字一竖不到底,应在清初钱谦益著作没遭禁毁时流出,崇祯初刻初印本。书内夹有用毛笔书写校勘的笺纸,是根据嘉靖闽本(建本)《十三经注疏》和唐顺之《荆川稗编》做的校订。例如,"九,嘉靖刊本作几,《稗编》作九,盖九是"[2]。毛氏从崇祯元年开始刊刻十三经,一年一经,到十三年镌竣,逐年随刻随卖,随即流藏东瀛,并被认真校读,其反响之大,流布之广,于此可见一斑。

明后期汉籍及时大量流布日本,为日本汉籍文化交流,从以人种交流为自然通道的时期(6世纪—8世纪末)、以贵族知识分子为主体的平安时代(8世纪末—12世纪)、以禅宗僧侣为主体的五山文化(13—16世纪),进入以商业为主要通道,汉文化向庶民阶层推移的江户时代,[3]起了直接推动作用。

(五) 商业功能

明中后期,江南苏州等地广泛种植棉花、蚕桑等经济作物,带动纺织等手工业发展。这些农产品或手工业品进入流通市场,又刺激另一些农产品进入流通市场,于是提高了整个农业商品化程度。如明末太仓"木棉遂为天下饶。方盛时,不暇虑困阨,富商大贾挟重赀转输相厉,升斗之需仰给市廛勿为怪,故人饱于

---

[1] 参见[日]大庭脩(修):《江户时代日中秘话》,徐世虹译,中华书局1997年,第26—27页;王勇、[日]大庭修主编:《中日文化交流史大系9·典籍卷》,浙江人民出版社1996年,第135—138页;[日]大庭修:《江户时代中国典籍流播日本之研究》,戚印平、王勇、王宝平译,杭州大学出版社1998年,第19页。

[2] http://book.kongfz.com/item_pic_208690_564195172/。

[3] 参见严绍璗:《汉籍在日本的流布研究》第一章,江苏古籍出版社1992年,第3—65页。

花而饥于粟矣"[1]。

对于明中后期江南苏州等地商业繁荣与农业的关系,有观点认为,这与整个国家赋税制度改革密切相关。赋税改革后,原先以实物形式上交国家的丝棉织品等手工业产品大部分被改折,由政府以货币形式购买。明中期起江南士绅普遍城居化,他们用其收入购买商品,纯属消费,是地租的转化形式。城镇商业的繁荣主要反映了封建经济成熟,即地租量扩大,不一定是商品经济的真正发展。而农村普通贫困化,购买力相当低下。因此,这种商业没有突破传统范畴,仍属于封建经济范围。

对于明中后期江南苏州等地商业繁荣与手工业发展的关系,有观点认为,由于赋税、人口压力等因素,农村手工业从一开始就是作为家庭副业发展起来的,到赋税货币化以后,也始终没能摆脱与土地制度相关的补充生计的性质。因此,商业对农村家庭手工业的作用,除使其手工业产品成为商品进入流通外,更主要的是国家把家庭手工业作为掠夺的对象。就像徐光启所论,是发人深省的一种发展现象:

> 陶宗仪称松江以黄妪故,有棉布之利。而仲深(笔者注:丘濬)先生亦云:其利视丝枲百倍。此言信然,然其利今不在民矣。尝考宋绍兴中,松郡税粮十八万石耳。今平米九十七万石,会计加编、征收耗剩、起解、铺垫诸色役费,当复称是。是十倍宋也。壤地广袤不过百里而遥,农亩之入,非能有加于他郡邑也。所繇共百万之赋,三百年而尚存视息者,全赖此一机一杼而已。非独松也,苏杭常镇之币帛枲纻,嘉湖之丝纩,皆恃此女红末业,以上共赋税,下给俯仰。若求诸田亩之收,则必不可办。故论事者多言"东南之民勤力以事上,比于孝子顺孙",不虚耳![2]

其实,也正可以看到,苏松等江南家庭副业已经上升到足以与主业并驾齐驱,甚至有过之而无不及的地步,这是生产结构转变引起的社会变化。因此,上述商业与农业、手工业发展的关系值得斟酌。

四、市镇经济繁荣

明中后期江南苏州等地市镇发达,经济繁盛,构成鲜明的新经济现象,已经引起中外学者的强烈研究兴趣,研究硕果累累。

---

[1] 崇祯《太仓州志》卷八《赋役·秋粮》,转引见罗仑主编,范金民、夏维中著:《苏州地区社会经济史(明清卷)》,南京大学出版社1993年,第266页。

[2] 徐光启:《农政全书》卷三十五《蚕桑广类·木棉》,《景印文渊阁四库全书》731,台湾商务印书馆1986年,第506页。

(一) 市镇繁盛

明中期弘治前后,苏州等太湖流域的市镇进入新发展时期,嘉靖年间更加繁荣,继宋元之后到达又一个发展高峰。

村、市、镇的名称开始混淆,反映村、市、镇性质的商业性变化。"民人屯聚之所谓之村,有商贾贸易者谓之市,设官将禁防者谓之镇,三者名称之正也。其在流俗亦有不设官而称镇,既设官而仍称村者,凡县邑皆然。"[1]因此,还不如这样理解简单明了,即市是市场,货物交易场所,而"商贾所集谓之镇"。

正德时,苏州市、镇数量多,分布稠密。共计吴县1市6镇,长洲县5市4镇,昆山县4市5镇,常熟县9市5镇,吴江县3市4镇,嘉定县9市6镇,太仓州10市4镇,[2]全府共41市34镇。

市的级别低于镇,因而苏州此时市多于镇。一般先兴市,后升镇。万历以后,镇的设置标准降低,加上市镇自身不断发展,镇才逐渐增多,一般仍由原来的市升格而来。如嘉定县正德时9市6镇,万历时3市17镇,外加6行,正德时的娄塘、新泾、广福、纪王庙、真如等市都上升为镇。

吴江弘治2市4镇,正德3市4镇,嘉靖10市4镇,明末清初10市7镇。嘉靖时,新增七市为八斥、双杨、严墓、檀丘、梅堰、盛泽、庉村。明初大多是村落,居民数十户,成、弘年间逐渐发展。如盛泽镇,在南宋是吴江开国伯盛章的乡村食邑,成化时"居民附集,商贾渐通",嘉靖时升为市,后升为镇,明末清初跃居吴江第一镇,与苏州阊门比热闹。[3]

常熟市镇正德时有14个,嘉靖时22个(新增市镇部分属于太仓)。

明中后期,苏州地方志大多注意到这一经济社会新变化,及时加以记载。如吴江县,从明中期至清中期的方志都详列该县市镇数。

> 吾吴江之镇市村,其见于莫志者(莫旦弘治《吴江志》),村二百四十九,市三、镇四而已。徐志(徐师曾嘉靖《吴江县志》)之镇与莫同,而市增其七,村则互有详略。至屈志(康熙《吴江县志》)(笔者注:屈运隆

---

[1] 乾隆《吴江县志》卷四《疆土四·镇市村》,《中国方志丛书》,台湾成文出版社有限公司1975年,第122页。

[2] 上引及市镇数量均见正德《姑苏志》卷十八《乡都 市镇村附》,《天一阁藏明代方志选刊续编》12,上海书店1990年,第77—129页。

[3] 参见乾隆《盛湖志》卷上《舆地·沿革》,《中国地方志集成·乡镇志专辑》11,江苏古籍出版社1992年,第374页。

纂)而复增一市三镇焉。曰平望、曰黎里、曰同里、曰震泽,莫、徐之四镇也;曰县市、曰江南、曰新杭,莫之三市也;曰八斥、曰双杨、曰严墓、曰檀邱、曰梅堰、曰盛泽、曰庉村,徐所增之七市也;曰黄溪,屈所增之一市也;曰盛泽、曰芦墟、曰庄(章)练塘,屈所增之三镇也。凡镇七,市十。盖自明初至我朝三百余年间,民物滋丰,工商辐辏,月异而岁不同,此三志之市镇所以递有增易而村则小者日多,名亦益俗,固不可得而复增矣。[1]

市镇的规模与繁荣更是市镇发展的重要标志。嘉靖、万历年间苏州和江南市镇出现繁盛景况。如吴江县除少数市镇,像黎里、同里、平望,早在宋元或明初已很繁荣外,大多数市镇都兴起于成化、弘治年间,兴盛于嘉靖前后。

(二) 市镇分布特征与原因

明代中后期苏州市镇发展,既有太湖平原等江南市镇的共同特点,又有自身特征。

位于太湖东岸低地平原的吴县、长洲、吴江3县,属于江南著名的稻作区与蚕桑区,湖泊众多,水网密布,市镇大多沿运河及其支流分布。如长洲浒墅,吴县枫桥,吴江的县市、江南市、八斥市、平望镇、盛泽镇等沿运河分布;吴江同里、庉村、黎里、震泽等多沿水运线路分布。该地区在明代以前经济开发好,市镇发展也快一步,比冈身地带要发达,因而到正德时,市镇数量反而不多,市镇密度低于冈身地带。

嘉定、太仓、昆山等冈身地区,因受地形制约,元末明初,特别是明中叶以来,棉花被逐步广泛种植,推动棉纺织业迅速发展,商品经济与前述低地平原比,启动早,速度快,到正德前后,市镇发达,数量多,密度高,并因缺少类似江南运河的水运大动脉影响,水网分布就较为规则,市镇分布比较均匀。

常熟市镇数量多,密度大,万历年间达23个,与吴江、长洲、吴县等市镇相比,规模却小,市镇间距短,农耕自然条件优越,自给性成分大。

正德以后,太湖平原低地农业商品化得到发展,蚕桑种植扩大,丝织业发达,市镇发展进入新阶段,与冈身棉作区市镇一起蓬勃发展。

由上可知,整体讲,宋元、明代中后期这两个苏州等江南市镇产生与发展的重要阶段,都受到农村经济商品化的推动。具体讲,苏州市镇发展与分布又有更小范围地理条件、水陆道路、经济结构等差异。

---

[1] 乾隆《吴江县志》卷四《疆土四·镇市村》,《中国方志丛书》,台湾成文出版社有限公司1975年,第122—123页。

(三) 市镇人口结构与功能

市镇人口一般有手工业者、商人、牙人、服务业者与相当数量的原有农民以及一定数量的流动人口。有的市镇因其特色会略有差异,如粮食市镇有米行、牙行以及接船、斛手和脚夫等服务人员。丝织业市镇以牙行、客商、机户为主。棉织业市镇以客商、牙行与脚行为主,而商人又分花布商、牙行、长途贩运的商人、高利贷商人等。[1]

无论市镇规模大小、商业繁荣强弱,商品流通应是明代中后期苏州市镇的主要功能。市镇沟通着农村。江南市镇最初是基层商业市场,具有商品集散功能,既向农村销售商品,又收购、转销农村商品。以后市镇功能由单一向多元转化,有不同类型和优势。人们对市镇功能的认识也在加深。如长洲浒墅镇、吴县枫桥镇、太仓浏河镇、常熟福山镇等,作为流通型市镇,大多位于运道、港口,交通便捷,都因转输全国各地货物而著名。如盛泽、震泽等丝织业市镇,庄村、檀丘等冶金业市镇以及一些棉织业市镇等,是手工业生产型市镇。还有甪直、唐市、同里等则是消费型市镇。

按经济特色,可以把苏州市镇分为以苏州城为中心,吴江、吴县、长洲等地的丝织业生产与销售的市镇,嘉定、昆山、太仓、常熟等棉作区的棉纺织业生产与销售的市镇,平望、枫桥镇以粮食加工、贩运为主的粮食业市镇,且在明末成为江南粮食集散中心。

其实,市镇繁荣必然向社会经济综合体发展,具有社会、经济、文化等综合功能。因此,有从市场层级与网络角度,将市镇分为市镇初级市场、城镇专业市场、城市中心市场三级,分别相当于下、中、高级市场。小型市镇、消费型市镇大多属于初级市场,调剂农产品余缺,提供必需的日用品,是狭窄的农村娱乐场所,与全国各大区域市场联系较少。这类市镇数量多,以常熟最典型,是商品经济不算发达的产物。专业市镇是专业市场,与全国市场联系密切,互通有无,商人活动频繁,一般有一种或几种专业产品。中心市场一般指苏州中心城市。苏州城邻的枫桥、平望可以纳入粮食集散的中心市场,或既是专业市场,又是苏州中心市场的一部分。

明中后期江南苏州等府市镇勃兴与人口、粮食供应有密切关系,反映该地经济、社会结构等多方面变化,涉及该区域和中国都市化发展趋势与评价,是一个可以进行中外比较研究的重要课题。

---

[1] 可以参见本书第四章"明代苏州社会生活"之职业人口部分。

第三节　苏州抗倭战争

明朝建立以后,沿海就存在着日本浪人海盗集团的骚扰,即倭寇问题。由于政府积极防范,倭寇没有酿成大患。明中期嘉靖年间,倭寇再度骚扰中国沿海。因明朝政治统治腐败,海防不力,尤其对于闽浙东南地区造成极大祸害。苏州所在江南地区与浙东接近,在嘉靖三十一年至三十八年(1552—1559)的8年间,屡次遭受倭寇侵犯,社会正常性发展受到严重干扰。江南人民不仅饱受倭难,而且供奉明廷战争的应役负担很重。"迩岁海寇窃发,赋役繁兴,长民者略农事而议干戈,百姓苦于供应,日朘月削,咸有怨心。"[1]苏州军民也被迫英勇顽强地投入到伟大的抗倭斗争之中。

明廷抗倭,初用长洲人朱纨为浙江巡抚都御史,积极有为,但是他论劾贵官通番,风裁严峻,反被诬陷致死,倭寇从此肆无忌惮。

明中期起,苏州城逐渐繁华富庶,倭寇垂涎已久,多次侵扰,烧杀抢掠,无恶不作。如苏州浒墅民居被烧27 000余家;从嘉靖三十三年(1554)四月初七日到五月廿五日,昆山孤城被围45天,仅仅归有光耳目睹记,"被杀男女五百余人,被烧房屋二万余间,被发棺冢计四十余口",各乡村落不计,而归有光妻子南戴王氏家"有谱一卷,皆虞伯生(集)、欧阳元功(玄)、张伯雨(雨)之手书,甲寅(1554)之岁为倭夷掠去";[2]嘉定县陷落17次;崇明城乡备受侵袭;三十三年四月二十二日,倭人太仓璜泾镇长泾赵栋家,一门被杀30余人[3];嘉靖三十四年四月二十五日,倭寇在常熟"杀数人西去,甚惨"[4]。

嘉靖三十二年(1553),嘉靖二十三年三甲文进士出身、由知县迁任苏州同知的山西长治人任环,同副将解明道等,毙俘侵犯太仓的倭寇100多人。这年冬天,任环、总兵汤克宽还打退侵犯崇明、南沙、嘉定、南翔的倭寇。

三十三年二月,顾园、樊玂歼灭侵犯崇明的倭寇200多名。四月,重创侵犯嘉定的倭寇。

---

[1] 宋仪望:《重修上方寺记》,载周永年:《吴都法乘》卷十下之上《坛宇篇三》,1936年影印本,第1—2页。
[2] 引见归有光:《震川先生集》,周本淳校点,上海古籍出版社2007年,卷八《昆山县倭寇始末书》,第183页;卷五《题王氏旧谱后》,第121页。
[3] 道光《璜泾志稿》卷五《兵警志》引赵宫光:《家传》,《中国地方志集成·乡镇志专辑》9,江苏古籍出版社1992年,第166页。
[4] 李诩:《戒庵老人漫笔》卷四《常熟倭变》,魏连科点校,中华书局1982年,第129页。

同月,倭寇3 000多人,分乘50多条大船,从浏河口突袭昆山,大规模攻城3次。知县祝乾寿等率领昆山官民不畏强敌,英勇守城,长达45天,经历大小30余战,歼敌几百人,包括其头目"二大王"。倭寇于五月下旬只得败退海上,沿途步步损兵,在太仓被任环打死300多人,在浏河被张魁消灭400多人,最后所剩无几。

三十四年四月,在已升任右参政的任环率领下,常熟知县、嘉靖二十九年三甲文进士、顺天人王铁,与指挥孔焘分统军民3 000人,大败从常熟福山侵犯三丈浦的倭寇,破其巢,歼灭150余名,焚舟27只。但五月廿四日早上,复加细雨,倭寇卷土重来,王铁与常熟人参政钱泮(1493—1555)及耆民徐察、钱铸等在乘小艇追击倭寇时,于常熟县城北的让塘奋战,在隘口遭遇埋伏,"皆力斗死。铁陷淖,瞋目大呼,腹中刃死。泮被数枪,杀三贼而死"。明廷各赠其太仆少卿、光禄卿,荫锦衣世百户,立祠岁祀。〔1〕钱泮字鸣教,号云江,嘉靖十四年(1535)三甲进士。官至江西布政司参政。牺牲时已62岁,正遭父丧,回家丁忧。他与王铁交好,并受其嘱托组织乡民抗倭。在让塘同他一起奋勇杀敌、无畏战死的族人或村民团丁有钱铸、钱班、钱锡、徐督、宋涛等,不可胜数。〔2〕

五月,一股倭寇侵袭苏州娄门、枫桥、横塘、木渎。任环闻讯,立即从昆山、太仓前线赶来,重创倭寇。不久,倭寇登陆柘林(今属上海松江)。

六月初,任环得报倭船已到苏州城东30里的唯亭,便在城东十余里的陆泾坝设伏,大路正面是山西钩刀手,两侧埋伏邳州兵,水路有本地水兵,田野埋伏处州兵。面对一群赤脚倭寇,身穿白衣,手舞双刀,吹着海螺进军,并摆了蝴蝶阵,任环与总兵俞大猷率领部队沉着应战,勇猛杀敌,击退了倭寇。次日,更多倭寇倭船前来报复,遭到任环统率明军以火炮铜铳还击。两仗击毙、俘敌800余名,缴获战船30多只。

三十四年正月,吴江水兵毙伤流窜平望、盛墩的倭寇300人。盛墩由此改名"胜墩",至今留有抗倭胜迹。

吴江举人周大章,沉雄慷慨,具备文武大略。倭寇横行期间,他在家乡组织义勇教练,沉着指挥部署,俨然有老将之风。他建议知县杨芷设兵驻防平望、夹浦南北要冲。吴江义勇长于水战,异常骁勇,与倭寇多次作战:"一战于青阳江,

---

〔1〕 参见李诩:《戒庵老人漫笔》卷四《常熟倭变》,魏连科点校,中华书局1982年,第129页;《明史》卷二九〇,列传一七八《忠义二·王铁附钱泮》,中华书局1974年,第7437页。然钱泮《明史》作字鸣声。
〔2〕 钱泮等人事迹参见赵宗强、王兴亮编:《张家港名贤》,凤凰出版社2008年,第31—33页;万历《常熟县私志》卷十一《叙族二》,苏州图书馆藏本,电子版总1328—1330页。

再战于钱田,三战于石湖,四战于唐家湖,五战于莺脰湖、太湖诸处。"前后5年,其中最著名的战役是盛墩之捷,也就是王江泾之战。嘉靖三十四年(1555)五月,俞大猷、张经等统率明军在王江泾取得抗倭战功第一,即第一次大捷,自此扭转了战局,倭寇气焰开始衰退。盛墩距离王江泾仅一舍许,吴江水兵由此名声大振。

周大章弟周大韶与其兄长一样知兵,尤其精于水利,时任胡宗宪幕僚。倭寇自杭嘉而来,浙直各督抚在平望,以邻为壑,观望推诿,众议未决。周大章力排众议,提出当今天下一家,何分南北,以激励群臣,大事得以告成。周大章率兵在盛墩迎头痛击倭寇,捍御激烈,遏敌在前,使敌人不得北走,实收神奇之效,并且激励士气,人们开始知道倭寇易破,吴江水兵从此声名远扬。陈仁锡在《吴江水兵论》中说:"七县水兵,惟吴江为最,乃倭奴之所深畏也。"陈去病说:"谁谓吴人柔懦,不足以同仇敌忾哉!"〔1〕吴江水兵足以令倭寇闻风丧胆,吴江人抗倭立下不朽功劳。

三十四年秋天,倭寇从浙江登陆,窜犯徽州、宁国、芜湖、太平、南京,从溧阳、宜兴侵犯无锡、苏州,企图占领苏州附近的运河重镇浒墅关。明将曹邦辅等决定分兵三路迎敌,迫使倭寇遁向木渎、太湖之滨,又遭明军巡逻船袭击,再乘夜窜逃横泾,窝伏稻田,被明军发现,包围全歼。全仗共歼敌600余名,平定猖獗80天、横行数千里的倭乱。

三十五年,著名抗倭军队"严家兵"智取宝山敌堡。

苏州人民抗倭斗争英勇顽强,打退了敌人进攻,重创了侵略者,保卫了自己的家园。嘉定石童子深夜报警;吴县两义士赚敌上钩,一是横塘打油人,一是西跨塘屠户,舍身误引倭寇48人至郭巷绝地,因三面阻水,倭寇被明军围成三匝,饥饿三日,恼怒脔割两位义士,但最终被明军全歼;柳舍、吴舍农民用石块击退倭寇;虎丘山天际和尚持刀勇敢杀敌,都是其中的英雄壮举。

杨舍斜桥(明代隶属常州府江阴县,今属苏州张家港市)的布衣豪侠许蓉,字子城,号近川,受江阴县令钱镈邀请,聚集族人乡民千人,自发抗倭。嘉靖三十二年五月十八日,倭寇进犯太仓,许蓉派遣族叔许桭、义儿朱贵率领乡兵百余人驰援。许桭、朱贵驾舟杀入敌阵,英勇牺牲。次年四月二十八日,许蓉率领乡兵抗击来犯杨舍的倭寇,激战于三官堂。义仆陈周拼命保护许蓉,战死。第二天许蓉

---

〔1〕 以上详见张夷主编:《陈去病全集》《述吴江人之御倭》,上海古籍出版社2009年,第687—690页。

会合江阴官兵,杀得倭寇死伤累累,落海而逃。三十四年,让塘之战后,倭寇窜犯杨舍寻衅,烧毁许蓉家宅房舍90余间。三十七年春,御史尚维持疏允,邀请许蓉负责规划修筑杨舍堡城事宜。他捐家资,率领6个儿子,亲自挑土垒石筑城,不满3个月,城工告竣。城共3里,周广600余丈,高2.3丈尺,城门4个,有力抵御了倭寇侵扰,保护地方平安。[1]

任环将军起初只是一介书生,就任苏州同知时,"倭患起,长吏不娴兵革。环性慷慨,独以身任之"。他在战斗中奋不顾身,身先士卒,英勇拼搏,又能团结士兵,体恤民众,调度有方。《明史》称:"环在行间,与士卒同寝食,所得赐予悉分给之。军事急,终夜露宿,或数日绝餐。尝书姓名于肢体曰:'战死,分也。先人遗体,他日或收葬。'将士皆感激,故所向有功。"其母丧,被迫夺哀。倭平,才得以乞终制。逾二年卒,年仅40岁。他赢得苏州士民的高度敬仰,被载入方志。朝廷论功行赏,先后荫其两子为副千户,赠他为光禄卿,为他建祠苏州致祭,永远铭记。迄今枫桥仍存的抗倭敌楼(即堞楼),向世界来游客人昭示这段抹不去的辉煌记忆。[2]

苏城内东北张香桥曾有女子张香"拒倭寇,殉义于此";西南尧峰山有千人石,曾在上诛杀倭寇。[3]东阳人王铁墓留虞山,他重筑常熟城、抗倭殉难的英烈故事脍炙人口,长传不息。太仓云山塔,由埋葬被百姓奋勇击杀的倭寇尸体堆土为丘,上建塔镇倭而成,以保境平安,近经整修,为珍贵的抗倭纪念遗址。

苏州人长洲朱纨、太仓王忬,由文进士出身,在嘉靖时期先后以巡抚提督军务,受命负责东南抗倭,极有功绩。如朱纨严厉海禁,击杀倭寇以及走私通倭海商头目,王忬任用参将俞大猷、汤克宽等,防御得当,却因政治纷争,主见不同,均遭忌恨,惨遭烈祸。朱纨为此仰药自尽,以示抗议。朱纨"清强峭直,勇于任事,欲为国家杜乱源,乃为势家拘陷,朝野太息"。他发出真知灼见:"去外国盗易,去中国盗难;去中国濒海之盗犹易,去中国衣冠之盗尤难。"可以说,揭橥了嘉靖朝平定倭乱的真谛。他死后,"中外摇手,不敢言海禁事","未几,海寇大作,毒

---

[1] 许蓉等人事迹参见赵宗强、王兴亮编:《张家港名贤》,凤凰出版社2008年,第33—37页;叶长龄:《杨舍城志稿》卷一《建置·城池》,载《张家港旧志汇编》,凤凰出版社2006年,第20—25页。
[2] 任环事迹可参见《明史》卷二〇五,列传九十三《曹邦辅附任环》,中华书局1974年,第5418—5419页;李诩:《戒庵老人漫笔》卷四《任兵宪家书》,魏连科点校,中华书局1982年,第128页,记载家书一,诗三首,壮气浩天。又,以上苏州抗倭参见廖志豪等:《苏州史话》,江苏人民出版社1980年,第85—88页。
[3] 顾震涛:《吴门表隐》,江苏古籍出版社1986年,卷二,第22页;卷10,第134页。

东南者十余年"。[1]王忬则因严嵩专权当道,结党贪贿,被死冤狱。[2]而常熟人、游击宗礼在浙江崇德三里桥抗击徐海,三战三捷,最终战死,被赠都督同知,谥忠壮,赐祠皂林。[3]

昆山郑若曾入胡宗宪幕府,编纂《筹海图编》,成为抗倭与海防的重要文献。《筹海图编》13卷,《四库全书总目》署名胡宗宪撰,其实是郑若曾辑,胡宗宪厘订,于嘉靖四十一年(1562)在杭州付梓的。首载舆地全图、沿海山沙图,次载王官使倭事略、使倭针经图说、倭国朝贡事略、倭国事略,次载广东、福建、浙江、直隶、山东登莱以及辽阳沿海郡县图、倭变纪、兵防官考及事宜,次载嘉靖以来倭患总编、年表,次载寇迹分合图谱,次载大捷考,次载遇难殉节考,次载经略3卷,各分上下。凡会哨、邻援、招抚、城守、团结、保甲、宣谕、间谍、贡道、互市及一切海船、兵仗、戎器、火器无不周密。唐顺之、张时彻、俞大猷、茅坤、戚继光诸条议无不具载。这是介绍日本历史与倭患情况、明代海防的详备著作,对于军事、海防、中日交通留下珍贵经验资料。[4]

郑若曾撰《江南经略》8卷,专门为江南倭患而作,兼及防御土寇,包括兵务总要,江南内外形势,苏州、常州、松江、镇江四府所属山川险易、城池兵马,各附以土寇要害,战守事宜,战具战备,水利积储,苏、松浮粮。所列江海险要、道路冲僻、守御缓急,则地形水势足资后来考证,毕竟不是纸上空谈、检谱而角抵之书。[5]

曹允儒,字鲁川,太仓人。撰《握机经》3卷、《握机纬》15卷。王世贞序称,昆山明斋王氏与念庵罗公、荆川唐公,因倭变,力研穷探,而以其说尽授鲁川曹君。曹君向与戚大将军商讨,戚深以为然,数数向予称道。[6]

长洲人张焕,字扬华,一字茂实。嘉靖十七年(1538)二甲进士。官至督理南京仓储右副都御史。他初由刑部主事改吏部,擢南京太仆寺卿。时值倭寇进犯两浙诸郡,上《平倭疏》12策。转光禄寺卿,上《安攘八事》。擢右佥都御史巡抚福建,陈《明职守》《授成算》2疏。以上汇集为《平倭四疏》3卷,都为倭事而发。

陈禹谟任兵部司务时,撰《左氏兵略》32卷,疏进于朝。取《左传》叙及兵事,

---

[1] 上引均见《明史》卷二〇五,列传九十三《朱纨》,中华书局1974年,第5404—5405页。
[2] 《明史》卷二〇四,列传九十二《王忬》,中华书局1974年,第5399页。
[3] 《明史》卷二〇五,列传九十三《胡宗宪附宗礼》,中华书局1974年,第5411页。
[4] 参见郑若曾:《筹海图编》"点校说明",李致忠点校,中华书局2007年,第1—8页。
[5] 永瑢等纂:《四库全书总目》卷九十九,子部9,兵家类,中华书局1965年影印本,第839—840页。
[6] 永瑢等纂:《四库全书总目》卷一〇〇,子部10,兵家类存目,中华书局1965年影印本,第840页。

以次排纂,又杂引子史证明,断以己意,特借以谈兵。[1]

王世贞子王士骐,作《驭倭录》9卷,是他任兵部主事时,采明一代倭寇事迹,起洪武元年(1368)讫万历二十四年(1596)。凡当时所奉诏旨及诸臣章奏并中外战守方略,案年编纪,本末颇具。自序以为薛浚《考略》、王文光《补遗》、郑若曾《筹海图编》多取野史为证,往往失真,于是所录都从国史中拈出。[2]

第四节 苏州抗暴斗争

从万历开始,明王朝社会发展和政治统治出现巨大变化。一方面,明中期以来货币商品经济发展,引起经济秩序、社会基层局面变动;金钱价值观念盛行,冲击原有社会规范,新旧规范较劲、错动、交替。另一方面,尽管统治机构能够维持惯性运行,但管理模式在发生变化。

朝政混乱,宦官专权,统治者挥霍浪费,引起财政危机,以皇帝为首的统治集团公开面向工矿城市,纵容内监以督领矿产开发和榷征商税为名,大肆敛取民财,这既是通过市场,实际也是超经济的强制性掠夺。统治者加紧搜括民众,加派不断,人民负担沉重,引起社会矛盾尖锐,民族矛盾上升,明统治趋于崩溃。

在这种政治与社会大背景之下,苏州等江南商品经济繁荣之地更是统治者首选的掠夺对象,这必然加剧社会动荡不安,使社会发展陷于困顿不前,并且随之发生冲突和抗暴斗争,体现在城市民变、农民抗租、奴变、兵变等方面,涉及士大夫、城市工商业者或市民、农民、兵士等不同社会层面的基本诉求。这时社会出现的新奇变化是,在这些不同层面里,像士大夫与工商业市民,诉求具有共通之处,在实际事件发生时互相声援。

当然,士大夫阶层非常复杂,他们中的一部分人会挺身而出,介入方式一般比较温和,会通过合法通道,上书据理抗争,甚至不惜生命,为了道义,为民请命,体现了士人崇高的人文教养、对生命价值的追求、对社会的正义担当,却不会像下层民众那样,直截了当,怒吼街头,乃至忍无可忍,剧烈地进行暴力争斗。

苏州城市民变主要有万历二十九年(1601)六月、天启六年(1626)三月,两次反对税使敛财、反对权阉的斗争,或称为市民运动。学术界对此多有重视与研

---

[1] 永瑢等纂:《四库全书总目》卷一〇〇,子部10,兵家类存目,中华书局1965年影印本,第845页。

[2] 永瑢等纂:《四库全书总目》卷五十四,史部10,杂史类存目三,中华书局1965年影印本,第486页。

究,尤其是傅衣凌、刘志琴与巫仁恕,从不同角度加以创意性的论述。[1]

这种城市群体事件的发生,一方面体现了中国社会转型期间城市工商市民阶层的壮大,城市经济和社会生活与中央横征暴敛的矛盾,呈现了自我的早期城市性;另一方面其实质主要是反对专制皇权的斗争,具有中国社会特性,又与西欧市民运动似有差别。

这两起事件对于苏州府与中央朝廷的行政而言,是突发的重大社会公共危机,不啻关乎地方秩序,尤其关切国计民生,关涉天下舆论。时任苏州知府的山阴人朱燮元、同官县人寇慎临危不乱,及时出面,审慎管理,在汹汹民情中维系政府权威不倒,并采取得当措施,成功主导群体事件的走势,为事后朝廷的宽大处理争取了有利条件,不至于一味施暴弹压,血流成河,最终以朝野双方均乐见其成的方式收场。

一、织工葛成起义与朱燮元维和

(一) 葛成起义,驱杀税官

万历二十九年六月,苏州府城市民反抗税监孙隆对城市工商业横征暴敛,征收高额税款,导致苏州城市工商业凋敝,群情激愤,终于激起民变,成为全国范围强烈反对矿监税使风潮的一部分:如万历二十七年(1599)山东临清驱逐税监马堂;辽东几次反对太监高淮;湖北荆州、武昌等地3年内多次反对税监陈奉;万历二十九、三十年江西4次反对税使潘相;万历三十年,云南反对太监杨荣;万历四十二年,福建反对太监高寀。

万历二十九年六月上旬,来自昆山的织工葛成,领导以丝织业工人为主体的行动队伍,在苏州城内以极端暴力方式,惩罚税使孙隆及其爪牙委官。全场民变没有波及无辜民众。朝廷对此非常事件的处理,是将事后挺身而出独自承担责任、自投求戮的组织者葛成一人系狱,表面上并未追究其余参与者及地方官员的责任。相较之下,同年底爆发于武昌的同类事件最终恶化成一场持续两年有余、波及整个湖广地区的深刻危机,导致全省行政交通一度陷入瘫痪,多名湖广地方中高级官员受牵连被降罚、系狱,众多民众乃至绅衿的财产、生命安全受到威胁。

---

[1] 参见傅衣凌:《明代江南的纺织工业与织工暴动》《明代后期江南城镇下层士民的反封建运动》,载其《明代江南市民经济试探》,上海人民出版社 1957 年,第78—126 页;刘志琴:《城市民变与士大夫》,载《明清史国际学术讨论会论文集》,天津人民出版社 1981 年,收入其《晚明史论——重新认识末世衰变》,江西高校出版社 2004 年,第133—158 页;巫仁恕:《激变良民——传统中国城市群众集体行动之分析》,北京大学出版社 2011 年。

两地事件的表现和性质相同,而结局迥异,充分显现两地民性、社会风气与地方官员处置的差异。[1]

万历二十七年二月,已任苏杭等处提督织造、兼理税务的司礼监太监孙隆授命"带征苏松等府税课"[2]。为了解决"税务初兴,民咸罢市"的问题,即商民以罢市来抵制商税增加的不利局面,"在吴日久,习知民情"的孙隆改变加税方式,"分别九则,设立五关,止榷行商,不征坐贾",保全了地方商人的利益,一时"民心始定"。[3]

二十八年三月,孙隆向万历皇帝进贡内库银3万两[4],而没有引起明显的社会波动,说明孙隆在苏松征税有效。"然榷网之设,密如秋荼。"孙隆的参随黄建节,本地光棍汤莘、徐成等12人,"以榷征为奇货"。结果,孙隆在苏州府自募税官,设关榷征,重课行商的加税新法对以市场为导向的苏州手工业和商业的冲击极具毁灭性,植下二十九年六月葛成登高一呼、苏城民变的种子。

行商因避征税畏惧前来,在苏城丝织业生产的各个环节引起恶性连锁反应:丝织原料运输费用陡升,直接导致生产成本上扬,面向市场的手工业产品销路随之锐减,出现"吴中之转贩日稀,织户之机张日减"的萧条势态。织造产品无法外运,机户生产受到影响。到了万历二十九年,在商税减少的同时,天灾袭来,"大水无麦",又减少了苏州农田收成。"穷民之以织为生者岌岌乎无人路矣",[5]即依靠出卖劳动力为生的织工,随着机户生产减少,天灾影响日常生活,生存条件迅速恶化。

"其年水灾,丝价甚昂。苏民素无积聚,多以丝织为生。东北半城大约机户所居。"[6]在这个已是以丝织业、商业为主的工商业城市,税收征派非但对于国家财政至关紧要,也与工商业发展、工商户日常民生息息相关。与丝织业相关的人,包括从事生产的机户、织工以及经营丝与丝绸商贸的牙行、提供原料与销售丝织品的商贩。这是逐渐周密形成的生产商贸一条龙服务。

---

[1] 参见徐进、赵鼎新:《政府能力和万历年间的民变发展》,《社会学研究》2007年第1期。
[2] 《明神宗实录》卷三三一,万历二十七年二月戊辰,台湾历史语言研究所校印本1962年,第7页,总第6125—6126页。
[3] 《明神宗实录》卷三六一,万历二十九年七月丁未,台湾历史语言研究所校印本1962年,第5页,总第6741页。
[4] 文秉:《定陵注略》卷四《内库进奉》,北京大学出版社1985年,第18页。
[5] 上引均见《明神宗实录》卷三六一,万历二十九年七月丁未,台湾历史语言研究所校印本1962年,第5页,总第6741—6742页。
[6] 朱国祯:《皇明史概·皇明大事记》卷四十四《矿税》,《续修四库全书》431,上海古籍出版社2002年,第171页。

吴县学生钦叔阳,字愚公,一字叔子。年少补邑诸生,中岁入太学,7次应京兆试不利。博闻于文,最究心史事,谙练典故,雅正于诗,张大复说他"文章如虹,肝肠如雪"[1]。他当时就做《税官谣》13首,其中实录苏州人面临的天灾人祸:"四月水杀麦,五月水杀禾,茫茫阡陌弹为河。咨尔下民亦何辜?仰天天高不可呼!杀禾杀麦犹自可,更有税官来杀我!"[2]连续四五两月的夏收麦、夏种稻,由于大水泛滥,预示年成无收,忍饥挨饿,生活拮据,尚且人不至于死,而税官滥征商税,则在杀人!人祸甚于天祸啊。

五月初旬,眼看年度课税计划必将落空,孙隆积极谋求应对,入苏州,会议五关税收。他一方面与地方官接洽,挪借库银充补;另一方面加紧搜刮民财,额外加派。

> 额数不敷,暂借库银那解。参随黄建节交通本地棍徒汤莘、徐成等十二家,乘委查税,擅自加增。又妄议每机一张,税银三钱。人情汹汹,讹言四起。[3]

更有详细的记载,说黄建节投为参随,"交通土棍汤莘等十二人,擅自加征,妄议每机一张,税银三钱。讹言四起:有谓二家谋管一门者(笔者注:正好12人);有谓每段(缎)一匹税银五分,纱一匹税二分者;有谓所织纱缎悉付玄妙观用印,而后准发卖者"[4]。所谓"内监孙隆私设税官于江南津渡处。凡米盐、果薪、鸡豚之属,无不有税"[5]。"无赖尽投入其幕,奉札委称税官,苏城各门,门各立税,只鸡束菜,咸不得免。"[6]强行霸道,对商贩横收买路钱了。

孙隆在课税无出的巨大压力之下,靠些地痞无赖,想出了歪点子,即将打破只征行商、不征坐贾的前例,对本地数量庞大的丝织业生产者(包括机户与织

---

[1] 徐晟(曾铭):《续名贤小纪·钦太学愚公先生》,周骏富辑:《明代传记丛刊·综录类43》148,台湾明文书局1991年,第191—192页。
[2] 钦叔阳《税官谣》13首,详见崇祯《吴县志》卷十一《祥异》,《天一阁藏明代方志选刊续编》16,上海书店1990年,第80—85页。
[3] 《明神宗实录》卷三六一,万历二十九年七月丁未,台湾历史语言研究所校印本1962年,第5页,总第6742页。
[4] 朱国祯:《皇明史概·皇明大事记》卷四十四《矿税》,《续修四库全书》431,上海古籍出版社2002年,第171页。
[5] 陈继儒:《吴葛将军墓碑》,载江苏省博物馆编:《江苏省明清以来碑刻资料选集》,生活·读书·新知三联书店1959年,第415页。此碑立于康熙十二年(1673),碑文载《江苏省明清以来碑刻资料选集》,第415—417页;苏州历史博物馆等合编:《明清苏州工商业碑刻集》,江苏人民出版社1981年,第383—384页;徐文高编著:《山塘钩沉录》,上海古籍出版社2002年,第37—39页。碑文释读各有差异,可以互读补释。
[6] 文秉:《定陵注略》卷五《军民激变》,北京大学出版社1985年,第30—31页。

工)征收生产税,激起轩然大波。"于是,机户皆杜门罢织,而织工皆自分饿死。"[1]"众闻大惧,谓且罢织,人人饥死。一时哄聚,填街塞巷。"[2]"吴人罢市,行路皆哭。"[3]

在苏州,无论行商坐贾、牙行、机户(大户),还是小商贩、丝织业工人(小户、织工),都被这苛税折腾进去,备受肆虐之苦。而郡绅丁元复居然出重金贷于税棍,乘机图利。正当此"民不聊生,汹汹思乱"[4]的时刻,苏城"民变"爆发的社会和群众条件已经完全成熟,只差人点燃引爆线。葛成(贤)出现了。他是昆山人,"以织缯赁工于郡城",身为织工,租赁在苏城。正当为了税收,"众织工及市缯家均苦之,莫可为计"之时,葛"贤挺身曰:'吾当为首,为吴民剿乱!'相率数十人,人玄妙观,定约曰:'若辈举动,皆视吾手中芭蕉扇所指。'众曰诺。"[5]

另一种记载是,"遂期于六月三日诅[6]玄妙观。为首六十人,名曰团行。明日,不呼而集者万人"[7]。六月三日,为首的"机房织手"几十人在玄庙观"聚众誓神",密谋商定明日起事。"一呼饗(响)应",[8]以"不杀棍,不逐孙,不

---

[1]《明神宗实录》卷三六一,万历二十九年七月丁未,台湾历史语言研究所校印本1962年,第5页,总第6742页。

[2] 朱国祯:《皇明史概·皇明大事记》卷四十四《矿税》,《续修四库全书》431,上海古籍出版社2002年,第171页。

[3] 陈继儒:《吴葛将军墓碑》,载江苏省博物馆编:《江苏省明清以来碑刻资料选集》,生活·读书·新知三联书店1959年,第416页。

[4] 文秉:《定陵注略》卷五《军民激变》,北京大学出版社1985年,第31页。

[5] 沈瓒:《葛贤打税》,载其《近事丛残》《明清珍本小说集》,广业书社1928年,第2页,《哈佛燕京图书馆藏韩南捐赠文学文献汇刊》第八册,国家图书馆出版社2015年。承蒙明清小说研究网daren先生无偿提供电子文档,谨志铭谢。褚亨奭:《姑苏名贤后纪》《葛贤》:"义士葛贤者,吴城东工织纴小民也。""有打税之举,葛贤出为倡义,一呼相应,不日而聚者数千人。"当时,他"年甫弱冠"。"越二年,有司以义释之。僦居湖滨,以耕为业。海内好义若陈眉公辈深为推许,为之游扬。往来湖海间,乡人多称为葛将军。肖其像而祀之,甚灵验。贤舟过,见有称其号而祝者,大笑。为人慷慨尚义,苍颜劲骨,若长松矫矫,双眸炯炯,目光射人。"(《吴中小志续编》,陈其弟点校,广陵书社2013年,第81—82页)但据陈继儒《吴葛将军墓碑》(载江苏省博物馆编:《江苏省明清以来碑刻资料选集》,生活·读书·新知三联书店1959年,第416—417页)所记,葛贤"生隆庆戊辰(二年,1568)九月二十日,殁崇祯庚午(三年,1630)十月一十有二日,得季(年)六十有三"虚岁,"越十余年"得释,则万历二十九年(1601),葛贤34虚岁,说他"年甫弱冠",为误;拘囚"二年"而释,也误。陈继儒推崇他,则与其他史料相合。其相貌记载,则不知可否。另,苏州历史博物馆等合编《明清苏州工商业碑刻集》(江苏人民出版社1981年,第384页),将《吴葛将军墓碑》葛贤卒年识读为"十月二十有三日"。

[6] 诅,盟誓。

[7] 宋懋澄:《葛道人传》,载其《九籥集·九籥别集》卷4《稗》,王利器校录,中国社会科学出版社1984年,第288页。

[8] 前引均见《明神宗实录》卷三六一,万历二十九年七月丁未,台湾历史语言研究所校印本1962年,第5页,总第6742页。

休"[1]为目的。

当"时(黄)建节方踞莩关税。一卖瓜者,其始入城也,已税数瓜矣。归而易米四升,又税其一升。泣,则反挞之。适(葛)成等至,遂共击建节,毙之。时六月之六日也"[2]。"复击杀徐成等数人,还拥入市,火攻汤莘等家。"[3]"乃相率入汤莘等家,毁其屋,聚其橐而焚之。"[4]起义之中,乡宦丁元复及富室归某的家宅也被焚烧。"继往丁少参元复家及富室归某家,皆火其居,为其出贷重资于市棍也。且禁不得掠一毫财物。又分投往阊、胥二门外,凡税官之在地方者尽殴杀之。"[5]"毙黄建节于乱石之下,付汤莘等家于烈焰之中,而乡宦丁元复家亦与焉。"[6]丁元复祖上从太仓双凤迁居长洲县,中隆庆五年(1571)三甲进士。他们"恨其出母钱贷棍徒入税府"[7],因而焚烧其宅。

因为在大热天,"赤身空手",却能"不挟寸刃,不掠一物;预告邻同里,防其沿烧。殴杀窃取之人,抛弃买免之财","围逼织造衙门"。[8]"(葛贤)身往见府公(朱燮元)曰:'愿得孙税监而甘心焉。'府公但以好言慰止之,不敢问。及次日,众犹不散,曰:'必欲得税监乃已。'"孙隆在混乱中仓促躲藏进申时行申衙,受保护二天,才悄悄逃走杭州,"税监得乘间护送,逸去入杭"。[9]"方变作,隆走避申文定家,凡二日,乘小舟走杭州,从此不复至苏。隆辞税务,归之刘成,机户皆得免,专取盈商舟矣。"[10]也有说,初七日,孙隆慑于形势,仓促出逃,"孙税监

---

[1] 蒋以化:《西台漫纪》卷四《纪葛贤》,《续修四库全书》1172,上海古籍出版社2002年,第53页。
[2] 陈继儒:《吴葛将军墓碑》,载江苏省博物馆编:《江苏省明清以来碑刻资料选集》,生活·读书·新知三联书店1959年,第416页。
[3] 宋懋澄:《葛道人传》,载其《九籥集·九籥别集》卷四《稗》,王利器校录,中国社会科学出版社1984年,第288页。
[4] 陈继儒:《吴葛将军墓碑》,载江苏省博物馆编:《江苏省明清以来碑刻资料选集》,生活·读书·新知三联书店1959年,第416页。一说黄建节在觅渡桥指挥收税,飞砾裂脑,毙命。见宋懋澄:《葛道人传》,载其《九籥集·九籥别集》卷四《稗》,王利器校录,中国社会科学出版社1984年,第288页。其实葑门往南是觅渡桥,相隔不远。
[5] 沈瓉:《葛贤打税》,载其《近事丛残》,《明清珍本小说集》,广业书社1928年,第2页,《哈佛燕京图书馆藏韩南捐赠文学文献汇刊》第八册,国家图书馆出版社2015年。
[6] 《明神宗实录》卷三六一,万历二十九年七月丁未,台湾历史语言研究所校印本1962年,第5页,总第6742页。
[7] 蒋以化:《西台漫纪》卷四《纪葛贤》,《续修四库全书》1172,上海古籍出版社2002年,第53页。
[8] 前引均见《明神宗实录》卷三六一,万历二十九年七月丁未,台湾历史语言研究所校印本1962年,第5—6页,总第6741—6743页。
[9] 前引均见沈瓉:《葛贤打税》,载其《近事丛残》,《明清珍本小说集》,广业书社1928年,第2页,《哈佛燕京图书馆藏韩南捐赠文学文献汇刊》第八册,国家图书馆出版社2015年。
[10] 朱国祯:《皇明史概·皇明大事记》卷四十四《矿税》,《续修四库全书》431,上海古籍出版社2002年,第172页。

孙隆乘夜急走杭州以避。如是者三日,诸税官皆次第芟尽。至第四日(初九日),六门各有榜文,云税官肆虐,民不堪命,我等倡义,为民除害。今事已大定,四方居民各安生理,无得藉口生乱等语。连日合城寂然,路无行人。第五日(初十日),道府始下令捕诸为乱者。有葛贤者挺身投官,曰:'倡义者我也,以我正法,足矣。若无株连平民,株连则必生乱。'当事者乃止就葛贤具狱论死"[1]。

以上就是诸家记载的葛成起义基本过程。

入清后编纂的《苏州织造局志》记载此事更为详细,尤其是六月六日到八日的三天,与文秉(1609—1669)记载的时间相似。

面对孙隆驻苏城督税,"积棍纳贿,给札营充委官,分列水陆要冲,乘轩张盖,凡遇商贩,公行攫取,民不堪命。又,机户、牙行广派税额,相率改业。佣工无所趁食",只能失业。这些丝织业工人开始自发聚集起来,惩罚税官:

> 集众徐元、顾云、钱大、陆满等二千余人,推昆山人葛成为首,分作六队。每队一人前行,摇蕉扇为号,后执绞棍随之。矢誓倡义,不取一钱。先从葑门起,于觅渡桥捶毙王(黄)建节,午间又毙徐怡春。长洲知县邓云霄先擒委官头目汤莘(莘)、徐成下狱。众忿不息,昼夜不辍。

> 至七日,又拥潘行禄、周仰云、顾松、郭岩、顾泽、张宜、莫皂隶及孙、顾等十家,毁其室庐,毙其戚属。云霄见势汹涌,再械辛、成二凶于圆妙观。众殴立死,裂其尸。吴县知县孟习孔以利害晓示,众指为阉党。转逼隆署。隆越墙走,匿民舍得免,潜遁杭州。

> 八日,又言诸税官从东城巨室贷金营委,各执炬,焚其居第。[2]

看来"娄门机工"[3]徐元、顾云、钱大、陆满是织工领袖,而葛成威望更高。

钦叔阳《税官谣》有:"千人奋梃出,万人夹道看。斩尔木,揭尔竿,随我来,杀税官!"稍后的记载也说全城贴满针对税官、倡义除害的榜文[4]。可见此事斗争矛头直指税使、税棍及相与勾结者,对其他居民及其财产没有冲击。先以织工等丝织业者为主,后有不少"市人"加入,确实"原因公愤"。[5]

据一般记载,民变首领是昆山人葛成。他参与了起事准备,亲自指挥暴动:

---

[1] 文秉:《定陵注略》卷五《军民激变》,北京大学出版社1985年,第31页。
[2] 上引均见孙珮编:《苏州织造局志》卷十二《杂记》,江苏人民出版社1959年,第105—106页。
[3] 顾震涛:《吴门表隐》卷八,江苏古籍出版社1986年,第105页。
[4] 文秉:《定陵注略》卷五,北京大学出版社1985年,第31页。
[5] 《明神宗实录》卷三六一,万历二十九年七月丁未,台湾历史语言研究所校印本1962年,第6页,总第6743页。

"攘臂而起,手执蕉叶扇,一呼而千人响应。"[1]他"素抱侠骨,遂为戎首",说:"吾宁拼死救此一方,但当死清白。"大约在六月十日(据文秉《定陵注略》),或者从六月三日起计算,"越八日"[2],为保全众人,他挺身而出自首,独自承当责任。

而文秉记载:"本月初六日,忽有二十七人,蓬头跣足,衣白布短衫,手各持一芭蕉扇,遍走诸税官家,焚毁其室庐长物,执其人榜之通衢,无不立毙。虽二十七人乎所至如风雨,人莫敢撄其锋。即高墙峻宇,首者执扇一挥,诸人皆立跃而上。"[3]据此,至少有27人领头,有一个较大规模的领导集体,他们是什么身份却不清楚。这与参加"团行"者有60人的说法,确切人数是不同,而有几十人的首领团体则是一样的。

宋懋澄在松江名士陈继儒家亲见被释放出狱的葛成。据他记载,葛成不是首先参与谋划并现场指挥起义的"戎首",而是事后为了平息苏城击杀十几名税官,不让苏城成为战场,挺身而出,独当罪责,请求免殃他人的将军英雄。机户王秩参与玄妙观盟誓,与牙人敖祯一起,被孙隆、丁元复授意玄妙观道士张景和诬告,成为谋反首领,结果王秩系狱而死,敖祯充军,还是有其他人抵了死罪的。葛成一直被关押,最后遇赦被释放。这样看,丝织机户、牙人都是有着一定财产的人,跟丝织工人一样,站在抗税一边,利益完全一致。

起义"同事有王秩老人,年八十矣。玄妙盟神之日,秩亦与焉。道士张景和识秩面,闻众称团行,而不知所盟何事。及义士(葛成)诣官自诬,众犹屯聚。(吴县、长洲县)二令见秩年老,谕秩代官慰众。秩忻然慰舆人曰:'贵口谆谆,我等何忧而不解散?'于是众遽引去。有司嘉其功,故抚台之疏不及。已而景和承丁绅旨,遂揭秩与牙人敖祯首倡乱谋。秩坐辟死狱中,祯亦遣戍。盖出谗口,非其罪也"。这事在陈继儒的文稿中也被他修改全收,并议葛成适合称为葛道人。[4]但令人疑惑的是,陈继儒书写《吴葛将军墓碑》,明显突出葛成的领导角色,丝毫未提王秩、敖祯之事。

---

[1] 陈继儒:《吴葛将军墓碑》,载江苏省博物馆编:《江苏省明清以来碑刻资料选集》,生活·读书·新知三联书店1959年,第416页。
[2] 宋懋澄:《葛道人传》,载其《九籥集·九籥别集》卷四《稗》,王利器校录,中国社会科学出版社1984年,第288页。
[3] 文秉:《定陵注略》卷五《军民激变》,北京大学出版社1985年,第31页。
[4] 宋懋澄:《葛道人传》,载其《九籥集·九籥别集》卷四《稗》,王利器校录,中国社会科学出版社1984年,第289页;陈继儒:《白石樵真稿》卷二十二《偶然杂著》《书葛道人》,《四库禁毁书丛刊》集部66,北京出版社1998年,第393—394页。

（二）朱燮元维和

至少从六月六日到八日,接连三天,苏州两千多丝织手工业者被有目标、有组织、有约束地动员起来,殴毙税官,围逼税使,焚毁其居室。如何紧急应对这一突发群体事件成为对苏州最高行政长官知府朱燮元的一大考验。

一般而言,此时动用武力坚决迅速镇压最为普遍。事实上,孙隆也纠集地方兵丁以防自身不测。"孙召集卫军及地方兵勇,扬兵示威以为备。贤等亦聚众趋税监门,幸与兵不相遇。日暮各散。"[1]而"兵备按察使邹墀自太仓闻变驰至,檄捕首从"[2],威势凌然,箭在弦上。然而,此时已经擢升、尚未成行的朱燮元坚决拒绝动用兵弁镇压平民。

> 当事闻之,惊,谋御之以兵。【独】太守朱公燮元曰:"不可! 兵以御外寇者也。吾不能锄奸,以至召乱,若又击之,是重其毒也;且众怒难犯,若之何抱薪救火哉!"[3]

> 知府朱燮元偕推官朱一龙以恩义劝谕,始解散。[4]

选择罢兵而非镇压,采用安抚的决策,被事实证明是极为明智的。当时郡城军队几无可用。当起义队伍"义声大震,从者益广"[5],声势浩大,此时已经移驻句容的应天巡抚却调走了苏城士兵。"郡城之兵皆番直抚院于句容,郡中无一卒可使者,猝遇民变,任其猖狂而莫之谁何。"[6]而罢兵不弹压,赢得了防止事态扩大的第一步。为了有效控制街头暴力行为,朱燮元直接与起事民众见面,不去斥责问罪,反而予以宽慰,并认可先前长洲知县邓云霄及时拘捕恶棍的行为,进而赢得了民心。

> 乃率僚属,连骑入市,呼诸百姓而慰之。杖汤莘等而系之于狱,众皆悦服。

浙江山阴人朱燮元,万历二十年(1592)进士,授大理寺评事。经五载,迁寺

---

[1] 沈瓒:《葛贤打税》,载其《近事丛残》,《明清珍本小说集》,广业书社1928年,第2页,《哈佛燕京图书馆藏韩南捐赠文学文献汇刊》第八册,国家图书馆出版社2015年。
[2] 崇祯《吴县志》卷十一《祥异》,《天一阁藏明代方志选刊续编》16,上海书店1990年,第80页。
[3] 陈继儒:《吴葛将军墓碑》,载江苏省博物馆编:《江苏省明清以来碑刻资料选集》,生活·读书·新知三联书店1959年,第416页。
[4] 孙珮编:《苏州织造局志》卷十二《杂记》,江苏人民出版社1959年,第106页。
[5] 陈继儒:《吴葛将军墓碑》,载江苏省博物馆编:《江苏省明清以来碑刻资料选集》,生活·读书·新知三联书店1959年,第416页。
[6] 申时行:《赐闲堂集》卷四十《杂记》,《四库全书存目丛书》集部134,齐鲁书社1997年,第822页。

正,出为苏州知府。他才干卓越。"苏财赋甲天下,凡属邑赋应输府藏者邑先为赢羡,资吏干没。燮元立条程,使邑自封识,不关决吏手,即属邑亦无名征民羡余矣。"他处理这次群体事件技巧高超:预先让人溷入起事人群,假冒听太守劝谕,伺机行事,解散集众。

> 是时税使横征,课及蔬鲜。葛成等万余人擒委官,当市糜煮之,人啖一碗。拥至中贵署,将缚出屠戮之。诸大吏惊惶不知所出。时燮元已升川南道,苏人咸曰:"非朱太守不能戢此乱!"诸大吏飞檄委之。燮元出署中臧获暨牙役数百人杂入人丛中,授以意。太守单骑至,好言慰谕。诸臧获及牙役齐声言:"太守言是,吾辈当跪听之。"数百人先屈膝,众皆举头抢地矣。不数言而立解散去。[1]

葛成为了收场,声称既然以义为民除了害,已经惩恶,而杀人者偿命,法所应当,为了避免波及其余,甘愿认罪,就系正法。朱燮元却劝他走,并自揽过失。

> (葛)成因请于太守曰:"始事者,成也。杀人之罪,成愿以身当之,幸毋及众也。"遂请就狱。
> 太守曰:"我实不德,以致于斯,尔民何罪?壮士其无辱。"
> 成曰:"为民除害,义也;杀人抵罪,法也。无义则乱,无法亦乱。成固当死,敢逃刑乎?公若不诘,请自杀也。"乃自投于阶下。
> 太守不得已而听焉。乃改其名曰贤,诚贤之也。[2]

葛成自请入狱,独担重责,这一举动使地方政府在保护事件参与者身家安全的同时,能够合理回应中央朝廷的责任追究,最后不经流血,息事宁人。

朱燮元处理葛成起义善后之事的方式不是他独自的意思,可以说代表了朝野士大夫的主流意愿。不同于孙隆在事发之后向万历帝疏言,"乱民葛贤等造言聚众,焚掠劫杀,围逼织造衙门,要挟罢税,其词颇激",时任巡抚应天右佥御史曹时聘"以苏州民变事上闻",则本着息事宁人,怀体恤之意,不加扩大,严惩首恶,稳定地方赋税的精神,最终得到万历帝的同意,结果既惩又疏。

因为"有司往谕,则伏地请罪,曰:若辈害民已甚,愿等而甘心焉?不敢有他也。及汤莘等被责枷示,一挥而散。葛贤挺身诣府自首,愿即常刑,不以累众。

---

[1] 上引均见张岱:《石匮书后集》卷七《朱燮元列传》,《台湾文献丛刊》第282种,台湾银行1970年排印本,第91页。

[2] 陈继儒:《吴葛将军墓碑》,载江苏省博物馆编:《江苏省明清以来碑刻资料选集》,生活·读书·新知三联书店1959年,第416页。

其愤激之情亦可原矣"。吴民并非想谋反,只是反抗横征暴敛的税官税使。确实因为税收太重太细了,让人人波及,无法生存,曹时聘说:"臣窃悼之。四郡额赋岁不下数百万,何有于六万之税不亟罢之,以安财赋之重地哉!"

七月,万历帝谕旨:"苏州府机房织手聚众誓神,杀人毁屋,大干法纪,本当尽法究治,但赤身空手,不怀一丝,止破起衅之家,不及无辜一人;府县官并税监出示晓谕,旋即解散,原因公愤,情有可矜;召祸奸民汤莘及为首鼓噪葛贤等八名,着抚按官严究正法具奏,其余胁从俱免追究,以靖地方。"[1]

"召祸奸民汤莘及为首鼓噪葛贤等八名"首恶必惩,胁从不问。这里包括两类人,一时地痞税官汤莘等,已被打死,也属活该;另一类则是起事之人,除了自首担责的葛成,也应有王秩、敖祯等在内。"事闻,天子为罢织珰,而并徼(撤)诸关之税,四郡以宁。"[2]至此,轰动全国的苏州"民变"落下帷幕,被民众愤恨击杀、被官府当即抓捕的税收恶棍,则是自取其辱,罪有应得,而起事首领葛成也被拘捕。"葛成等欣然就狱,受绑笞无悔。爰书(笔者注:判决书)成,具奏,拟编管穷徼。"[3]

如果没有朱燮元居间顺势引导,大规模的兵民冲突可能在所难免,而且朝廷也将从严究治。这是葛成起义最为严峻的未来发展方向。正是苏州知府朱燮元的理性应变,才多少影响了事件处理的结果,稳定了地方时局。

(三) 高义葛将军

在民众和舆论的压力之下,葛成没有被处决。"既入狱,哭泣送之者万人。其以酒食相馈者日以千计。辞不获,悉以散于诸囚。四方商贾之慕义者酿百金遗之,坚却不受,曰:'我罪人也,焉用诸?'皆再拜而退。"[4]

"道人系狱十余年。历讯鞫,第谢曰:'成不忍姑苏之遂为战场,故不难以死解之。'语载三县令爰书。盖实录也。"[5]

---

[1] 上引均见《明神宗实录》卷三六一,万历二十九年七月丁未,台湾历史语言研究所校印本1962年,第5—6页,总第6741—6743页。因记载歧义,一说汤莘是被官府拘捕后示众玄妙观才被民众打死,一说是未被拘捕已被民众打死。

[2] 陈继儒:《吴葛将军墓碑》,载江苏省博物馆编:《江苏省明清以来碑刻资料选集》,生活·读书·新知三联书店1959年,第416页。实际上,到万历三十三年才罢,还有几年。

[3] 孙珮编:《苏州织造局志》卷十二《杂记》,江苏人民出版社1959年,第106页。

[4] 陈继儒:《吴葛将军墓碑》,载江苏省博物馆编:《江苏省明清以来碑刻资料选集》,生活·读书·新知三联书店1959年,第416页。

[5] 宋懋澄:《葛道人传》,载其《九籥集·九籥别集》卷四《稗》,王利器校录,中国社会科学出版社1984年,第289页;陈继儒:《白石樵真稿》卷二十二《偶然杂著》《书葛道人》,《四库禁毁书丛刊》集部66,北京出版社1998年,第394页。

"至四十一年,巡按御史房壮丽特请矜宥。吴人义之,讳其名,改为贤。"〔1〕从万历二十九年至四十一年(1601—1613),经关押12年,葛成最终遇赦得释。沈德符称为"市人葛成倡义"〔2〕。"缙绅皆待以宾礼,称曰义士。"〔3〕如松江大名士陈继儒与他交往,让他在自家居住,如同家人,叮嘱名士宋懋澄撰写《葛道人》传,又改动宋文,收入自著《白石樵真稿》,撰写苏州《吴葛将军墓碑》却不称葛道人,墓碑记生卒年月详细。

文秉也说:"后遇赦得出,越三十年而贤尚存。叩以当日事情,颇多支吾。或曰:倡义者实非葛贤,但其束身就狱,为民请命,亦自有足取者。"〔4〕

葛成"高五人之风,庐于墓侧,卒葬其旁",是钦敬下文所说的颜佩韦等五人之高风,在其墓旁,山塘街青山绿水桥畔,结庐而居,于崇祯三年(1630)去世的,得年63岁。〔5〕他被改名葛贤,人呼葛将军,成为苏州官民士人一致认可的正面人物——抗暴除奸的贤人、仗义勇为的英雄！赢得社会舆论支持,留下丰富文献记载的一位普通工人。

"道人既自诬服,兵使者杖之濒死。吴民感其义,无不流涕,咸谓圣怒莫测,必无生理,皆称葛将军,拟其死而为神,镂画图赛之。"〔6〕江淮之间有的地方早为葛成修建纪念祠了,"称为将军而不名"〔7〕。里士为他立庙虎丘东山,名"东山副司庙",他成了土地神,以徐元等人为衬。〔8〕有的人在家供奉他的牌位或画像。他生前住处苏州山塘街修了墓地,立墓碑(现与五人墓在一起,1956年列为江苏省文物保护单位),文震孟(后任大学士)大书"有吴葛贤之墓",立于崇祯三年。复社领袖张溥为他写碑立传。诗人钦叔阳作《税官谣》,著名文士陈继儒(1558—1639)撰《吴葛将军墓碑》,为人传诵。陈继儒并有《题葛贤墓》诗,钱谦

---

〔1〕 孙珮编:《苏州织造局志》卷十二《杂记》,江苏人民出版社1959年,第106页。
〔2〕 沈德符:《万历野获编》卷二十三《士人·张幼于》,中华书局1959年,第582—583页。
〔3〕 朱国祯:《皇明史概·皇明大事记》卷四十四《矿税》,《续修四库全书》431,上海古籍出版社2002年,第172页。
〔4〕 文秉:《定陵注略》卷五《军民激变》,北京大学出版社1985年,第31页。确切地说,葛成从出狱到逝世,从万历四十一年到崇祯三年(1613—1630),实际存世28年。
〔5〕 上见顾禄:《桐桥倚棹录》卷五,上海古籍出版社1980年,第67页;陈继儒:《吴葛将军墓碑》,苏州历史博物馆等合编:《明清苏州工商业碑刻集》,江苏人民出版社1981年,第384页。
〔6〕 宋懋澄:《葛道人传》,载其《九籥集·九籥别集》卷四《裨》,王利器校录,中国社会科学出版社1984年,第289页;陈继儒:《白石樵真稿》卷22《偶然杂著》《书葛道人》,《四库禁毁书丛刊》集部66,北京出版社1998年,第394页。
〔7〕 陈继儒:《吴葛将军墓碑》,载江苏省博物馆编:《江苏省明清以来碑刻资料选集》,生活·读书·新知三联书店1959年,第416页。
〔8〕 顾震涛:《吴门表隐》卷八,江苏古籍出版社1986年,第105页。

益作《葛将军歌》。明吴江进士沈瓒《近事丛残》专条《葛贤打税》,秀水大学士朱国祯《皇明大事记》《涌幢小品》卷九《王葛仗义》,文震孟子文秉《定陵注略》,都是明代最早记载葛成抗暴事迹的重要史料。葛成还不慕财色,光明磊落。在明代中国历史与文学戏曲史上,葛成都留下辉煌的一笔。而虎丘山石经幢原有一部佛经上刻有孙隆署名,后被清查出来,彻底铲除。

丁元复及另一富豪归氏均因助资税官,在葛成事件中遭到焚宅。丁绅又有击杀领头请愿保护葛成的太学生张献翼(幼于)之嫌疑。

> 吴中名士张幼于,率士民为文生祭(笔者注:指葛成),旨甚激亢,词多不载。复作书致丁绅及当事,祈宽之。时有作《蕉扇记》讥丁。丁疑幼于。顷之,有盗夜踰垣刺杀幼于。狱未成,盗乘间溺河死以自灭口,事载《幼于传》中。[1]

当时有《蕉扇记》讽刺丁元复。明末有申时行门人李玉,曾遭申门遏制,愤作《万民安》,颂扬葛成起义事件,可惜原本不存,只见剧本提要了。[2]

葛贤出狱后,又为东林人士陈文瑞受冤之事奔走京师解救。陈文瑞得释,出任吴县令,遇上周顺昌被逮,发生五人高义事件,加以周旋。

"后成又以贤令陈公文瑞事,走京师鸣冤。朝绅因【见】而交义之。陈即令吴、值周忠介公被逮、五人倡义、周旋患难者也。五人死后五年,而成始以病终。先是,其犹子天民,家于五人之墓傍。傍有隙地,属曹。曹甥两文学朱君陛、王君宋,请割于舅氏,而迎奉将军葬焉。""五人前死继后劲,将军后死实前茅。"陈继儒引用朱国祯诗句为墓铭文:"吴中义士气如云,留得余生代有闻。东海长虹挂秋月,丹青齐拜葛将军。"[3]

---

[1] 宋懋澄:《葛道人传》,载其《九籥集·九籥别集》卷四《稗》,王利器校录,中国社会科学出版社1984年,第289页;陈继儒:《白石樵真稿》卷二十二《偶然杂著》《书葛道人》,《四库禁毁书丛刊》集部66,北京出版社1998年,第394页。沈德符:《万历野获编》卷二十三《士人·张幼于》,中华书局1959年,第582—583页,说张献翼因妓女事而罹非命。

[2] 董康编著:《曲海总目提要》卷十六《万民安》,人民文学出版社1959年,第757—763页。葛成事迹与研究,参见廖志豪等:《苏州史话》,江苏人民出版社1980年,第137页;吴奈夫:《关于葛成领导的苏州织工斗争》,《江苏师院学报》1981年第4期,收入其《史志文论集》,陕西人民教育出版社2010年,第150—160页;潘树广:《万历苏州织工斗争在文学上的反映》,《文学遗产》增刊,十五辑,中华书局1983年,第179—189页;罗仑主编,范金民、夏维中著:《苏州地区社会经济史(明清卷)》,南京大学出版社1993年,第295—296页及脚注。

[3] 陈继儒:《吴葛将军墓碑》,载江苏省博物馆编:《江苏省明清以来碑刻资料选集》,生活·读书·新知三联书店1959年,第416—417页。阙字据苏州历史博物馆等合编《明清苏州工商业碑刻集》(江苏人民出版社1981年)、徐文高编著《山塘钩沉录》(上海古籍出版社2002年)所录碑文释补。《明清苏州工商业碑刻集》"迎奉"作"即奉","继后劲"作"实后劲"。

第三章 正德到崇祯时期苏州社会转型性发展

万历二十九年六月的苏城织工反税使起义对于官府和社会都有深刻影响。

起义尽管迅即被平息,但它对苏城生活与苏州社会秩序的冲击无疑是不可避免的。赋闲家居的状元、前首辅申时行目睹了这次事件骤兴遽息,并保护了孙隆,让他顺利逃出苏州,而且当时就对知府朱燮元"以书趣之,令亟出抚谕",实质影响了朱知府的决策,以抚代剿,和平宁息,事后却心有余悸,记载道,城内"磔裂死者数人,焚荡者数家,几有揭竿挺锄之变!"〔1〕

苏州社会稳定与经济发展干系朝廷岁收极大。应天巡抚曹时聘向万历帝呈报就建议息事宁众,主动以罢除新加的6万税收为代价,以安定国家财富重地。这既是朱燮元临阵应变的明确目标,亦应是朝廷最终从宽处置这起民变的根本原因。

税官税棍被杀被抓,税使孙隆逃匿,苏州织工起义顺利达成了既定目标。这场胜利惠及了邻近的松江府与江南其他地方。坚决抵制住孙隆在松江跨塘桥设关榷税的松江知府许维新(绳斋),自计将被孙隆弹劾,申文请求离职。此时,恰"会苏人葛诚倡义,因题请于朝,议设税关于浒墅,两郡始得宁息,许亦留不去"。〔2〕

苏州反税使事件来年再起,此时苏松常镇税务改由太监刘成掌管。万历三十年(1602)五月,万历帝病笃,本已传旨召回矿监税使,旋即因其病愈,立刻收回成命。"因陆邦新等营干机务,众机户嫉之。土人管文等藉口激变,煽众抢掠。地方官擒治首恶,解散余党。抚臣曹时聘以闻。"苏州机户反对陆邦新。而在土人管文领导下,以"天子无戏言,税监可杀"为口号,再次驱逐税使税官。知府周一梧也采取了"擒治首恶,解散余党"的措施,很快将此平息。但户科都给事中姚文蔚疏:"矿税传罢旋行,中外人心惶惧,苏州之变意在雪憾……如欲收人心、振纲纪,惟撤中使、罢矿税,力行仁爱之政而已。"〔3〕

万历三十一年,工科都给事中白瑜上奏,旗帜鲜明,反对万历帝同意太监孙顺建议:"请将常州、徽州、宁国、扬州、广德五处选殷实机户先纳后领,每匹扣羡余四钱,随段解进",推荐内监鲁保兼管浙直等处,认为这是"神奸借每匹四钱之小术,开半壁天下之大网",借公私谋,官民两不便。"不但不便官民,富室一空,织造日少,且损龙袍正额。不但损正额,家家闭户割机,贫匠倚织为命,酿乱焚庐,苏州葛贤可鉴!不但苏州衅端一开,陕西之羊绒,山西之潞绸,闻风皆欲归并

---

〔1〕 申时行:《赐闲堂集》卷四十《杂记》,《四库全书存目丛书》集部134,齐鲁书社1997年,第821页。
〔2〕 吴履震:《五茸志逸随笔》卷二,《四库未收书辑刊》10辑12册,北京出版社2000年,第54页。
〔3〕 《明神宗实录》卷三七二,万历三十年五月戊辰,台湾历史语言研究所校印本1962年,第3页,总第6977页。

内监,在在皆为乱阶矣。不报。"[1]

万历四十四年(1616),松江发生"民抄"董宦董其昌事件,有民人金留,一时奋起,在现场"当众夸许,自谓葛成",引领群众,后被斩首。[2]

南京工科给事中徐宪卿在天启时疏奏:"臣犹记神祖时,葛贤以监税藉口偏袒,一呼千人立聚,白昼将丁乡官家抄抢一空。"[3]

(四)朱燮元解决民变的苏州特性

比较万历中后期爆发于临清、湖广、江西、辽东、云南与福建类似的民众反对矿监税使事件,葛成领导的苏州手工业工人起义呈现出明显的特征,这些特征成为其温和解决的基础。

一是起义的抗争目标明确,为了惩罚断其生路的恶暴税使和委官,从未公然挑战朝廷与地方政府的权威。

事件之初,葛成明白宣"誓于众曰:'今日之事,为朝廷除民害也。若因以为利,则天下其孰能说之?有听吾约束者,从;否,则去。'众皆许:诺"[4]。惩罚行动进行三天之后,平日作威作福触犯众怒的税使委官基本被除尽,他们便在苏城六门贴出榜文,即时阐明心声:"云税官肆虐,民不堪命,我等倡义,为民除害。今事已大定,四方居民各安生理,无得藉口生乱等语。"[5]这表明起义的组织者与参与者希望通过这样的方式让官府将此次行动的定性与民众叛乱行为区别开来。

二是起义秩序井然,始终力图避免损害地方士绅与普通民众利益,扩大了社会同情和支持的基础。

事件高潮之中,"万人不持矛刃,遇金帛悉投火中。有掠物者,随挤之火。张空拳往来,惟罪人是讨。四民寝食不惊,欢声沸溢"[6]。"有窃得口[7]古鼎者,

---

[1]《明神宗实录》卷三八〇,万历三十一年正月乙亥,台湾历史语言研究所校印本1962年,第3页,总第7156页。
[2]《民抄董宦事实》,载《明武宗外纪》,上海书店1982年复印神州国光社1951年版,第231—232页;吴建华:《"民抄"董宦事件与晚明江南社区的大众心态》,《中国社会经济史研究》2000年第1期。
[3]《明熹宗实录》(梁本)卷四十六,天启四年九月,台湾历史语言研究所校印本1962年,第5页,总第2443页。
[4]陈继儒:《吴葛将军墓碑》,载江苏省博物馆编:《江苏省明清以来碑刻资料选集》,生活·读书·新知三联书店1959年,第416页。
[5]文秉:《定陵注略》卷五《军民激变》,北京大学出版社1985年,第31页。
[6]宋懋澄:《葛道人传》,载《九籥集·九籥别集》卷四《稗》,王利器校录,中国社会科学出版社1984年,第288页。
[7]徐文高编著:《山塘钩沉录》,上海古籍出版社2002年,第38页;吴奈夫:《关于葛成领导的苏州织工斗争》,《江苏师院学报》1981年第4期,均释读为"一"。

(葛)成即搏而杀之。于是义声大震,从者益广。"[1]他们列队分行,以扇为号,群行群止,直击斗争对象,极有组织纪律性。这在以下事例中表现得淋漓尽致:

> 次日(初七日),误入一民家。其家以经纪为业,无他过犯,跪而迎之门请罪。首者取腰间手折视之,曰误矣。盖一税官家与其人俱与腐店为邻故也。首者即率诸人罗拜,惊谢恐。仍趋彼税官家。税官惧,投于河。诸人从河中捞起击之。两眼俱突出,犹拳殴不已,至死乃已。有童某者为州判,拥赀数万,亦充税官,收刘河税,及民变起,泗河奔避,中寒死。[2]

一方面惊扰无辜而彬彬谢过,一方面惩恶冷酷严狠,这两种情感与行为犹如霄壤之别,形成鲜明对比。这种巨大威力迫使童州判这样的税官自我惊恐,大热天泗水会中寒而卒。

毋庸置疑,苏州织工起义与同一时期频发于全国各地的驱逐矿监税使的"兵变""民变"一样,根源在于反对万历帝恣意加税、掠夺人民的弊政。

万历二十四年(1596),万历帝寻找借口:"连年征讨,库藏匮竭,且殿工典礼方殷,若非设处财用,安忍加派小民?"[3]越过户部,直接派遣内官充任矿监税使,到全国各地为皇家内库敛取民财。继当年七月二十日、十月二十二日先后派出首个矿监和税使之后,三年之内,"随奏随准,星火促行"[4],结果遍及全国各主要矿产地和商业发达地区的矿监税使全部派出[5]。这些内监既奉旨公然与民众夺财争利,"凭藉宠灵,擅作威福",甚至"以势凌抚、按,使不敢一问其出入;

---

[1] 陈继儒:《吴葛将军墓碑》,载江苏省博物馆编:《江苏省明清以来碑刻资料选集》,生活·读书·新知三联书店1959年,第416页。

[2] 文秉:《定陵注略》卷五《军民激变》,北京大学出版社1985年,第31页。

[3] 《明神宗实录》卷三三〇,万历二十七年正月戊戌,台湾历史语言研究所校印本1962年,第2页,总第6098页。万历二十年至二十七年,明廷先后对宁夏、朝鲜和播州用兵,军费甚巨。此外,二十四年,乾清、坤宁两宫火灾;二十五年,皇极、建极、中极三大殿大灾,此"两宫三殿"之工役费用极大。尽管如此,自万历中期以来朝廷财政困难的根源更多归因于皇室的奢侈浪费。据工科都给事中王德完说:"近岁宁夏用兵,费百八十余万;朝鲜之役,七百八十余万;播州之役,二百余万。今皇长子及诸王子册封、冠婚至九百三十四万,而袍服之费复二百七十余万,冗费如此,国何以支?"(《明史》卷二三五,列传一二三《王德完》,中华书局1974年,第6132页)

[4] 《明神宗实录》卷三三一,万历二十七年二月丁丑,台湾历史语言研究所校印本1962年,第11页,总第6133页。

[5] 万历中后期矿监税使派出的详细情况参见南炳文、汤纲:《明史》,上海人民出版社1991年,第747—753页。

以刑劫有司,使不得一加其调停",[1]更兼有地方大户及豪民奉贿相投以充其委官及参随,"借开采以肆饕餮,倚公役以拓私囊"[2],极大地侵害了各地社会经济正常发展以及民众的切身利益。

葛成起义的万历二十九年六月之前,苏城生业凋敝,大半归咎于税使孙隆的横征暴敛。民怨已结。起义群众主要斗争目标当然是税使及其委官,罢免其私权,即使击杀税官,也是孙隆参随黄建节与私委的苏州地痞无赖,不会直接上升到对抗官府与皇帝。

同时应该看到,孙隆等税使与委官专横插手苏州税收事务,使得地方政府必须为税使扩税提供行政便利,引发社会动荡,并承担由此引发的恶果。显然,地方官员与税使的立场容易背离。以朱燮元为代表的苏州地方政府能够依靠自身的力量控制住失序的乱局,从而为争取朝廷的宽大处理创造条件,最后成功地将民变对苏城生活与苏州社会正常秩序的冲击减少至最低程度。这与湖广地区的地方各级官员在处理反抗税使陈奉过程中的处处被动状况形成了鲜明对比。研究者认为这与"民变"爆发前后两地政府能力的强弱相关。[3]

万历帝因"少为不从中使之言,不足以厚集其利"[4],在地方官吏同矿监税使的冲突中坚决站在后者一边,于是导致很多旨在维护地方社会秩序稳定而裁抑中使的官员遭到惩处。据刑科都给事中杨应文统计,截至万历二十九年四月,"自税珰开钳结之祸,而缇骑四出,为藩司,为守令,为推官、经历、举人、生员,为武弁、齐民,被逮者不下百五十余人"[5]。这些地方官员、士人、士兵、平民不畏强暴,奋起抗争,气节彪炳青史,体现了立场的一致性。但是,在湖广与苏州,他们的表现方式有所不同。

税使陈奉在湖广招致不少地方官吏公开抗击:

> (万历二十九年二月)己丑,武昌兵备冯应京参陈奉大逆十罪。逮至京,下于理,削籍。奉欲开矿青山,枣阳知县王之翰以近显陵,拒之。

---

[1]《明神宗实录》卷三三一,万历二十七年二月丁丑,台湾历史语言研究所校印本1962年,第11页,总第6133页。

[2]《明神宗实录》卷三〇二,万历二十四年九月己亥,台湾历史语言研究所校印本1962年,第2页,总第5660页。

[3] 关于政府能力与苏州、武昌民变走势的关系论述,参见徐进、赵鼎新:《政府能力和万历年间的民变发展》,《社会学研究》2007年第1期。

[4]《明神宗实录》卷三四九,万历二十八年七月己酉,台湾历史语言研究所校印本1962年,第8页,总第6529页。

[5]《明神宗实录》卷三五八,万历二十九年四月丁亥,台湾历史语言研究所校印本1962年,第5页,总第6688页。

因诬及襄阳通判邱宅、推官何栋如,俱削籍,逮下狱。之翰寻毙。[1]

在万历帝偏袒之下,陈奉的权力随着反对他的湖广官员的接连被斥而次第扩大。当此言之必砭的非常时局,湖广当局既然无力阻止陈奉及其委官征税的种种劣迹,也无威望能够调解民情,失去了民心和公信力,于是税使引惹众怒,爆发民变,局势失控,地方大乱。

孙隆在苏州的情形与陈奉在湖广一样,横征暴敛商众工人,致使工商业者怒目侧视,怨恨积胸,正义士大夫也持异见,以至于葛成振臂一呼百应。但是,以朱燮元为首的苏州政府不像陈奉在湖广处处遭受官员抵触与抨击,相反曾经协助过孙隆征税,却仍有民心威望,存在政府公信力,因而事发之时,苏州府和长洲县能够当机立断,出马调停,左右时局,既主张安抚,主动承担职责,阻止用武力解决民变,赢得民心,又能连同应天巡抚一起,在葛成自首之后,最终让中央与万历帝权衡利弊,做出裁决,顾忌地方秩序,顾及国家利益,惩罚元凶首恶,和平解决了事端。在苏州社会转型性发展期间,社会秩序与民众管理呈现出鲜明的地方特性,葛成起义或民变之时也同样折射出来。

二、五人高义与寇慎善后

(一) 开读之变

自嘉靖"大礼议"开始,明朝中央渐显内阁首辅之争;至万历年间,围绕"争国本""三案",党争趋于激烈。著名首辅吴县申时行、太仓王锡爵,都因"争国本"事件,倾向于由皇帝对此自作抉择,引起言官弹劾,先后辞归故里。而所谓"东林党"人一堂师友,确实代表工商业者要求,抨击腐败朝政,伸张正义,在天启朝又同宦官及其阉党邪恶势力展开殊死抗争,壮怀激烈,洗涤乾坤,惨死的"前六君子"中有常熟顾大章,"后七君子"中有吴县周顺昌、吴江周宗建,彪炳史册。长洲文徵明玄孙、状元大学士文震孟与探花陈仁锡,常熟探花钱谦益,更是巍科"东林党"人。[2]

---

[1] 谷应泰:《明史纪事本末》卷六十五《矿税之弊》,中华书局 1977 年,第 1016 页。
[2] 学术界对于"东林党"是否存在有着截然相反的意见,一般认为以无锡东林书院为核心形成了清明的政治派别即"东林党",而樊树志认为这是政敌迫害正直士人的口实,东林非党,何来"东林党"人。见其《东林非党论》,《复旦学报》2001 年第 1 期。对他这种观点质疑的有李庆(《"东林非党论"质疑》,《中国典籍与文化》2004 年第 3 期)、阳正伟(《对东林性质的再审视——从文献学角度的考察》,《昆明学院学报》2013 年第 4 期),而表示赞同的有张秉国(《"'东林非党论'质疑"的质疑》,《聊城大学学报》2006 年第 5 期)等。

天启六年(1626)苏州民众暴动,直接起因于权阉魏忠贤下令逮捕周顺昌。

周顺昌,字景文,吴县人,居于县城,万历四十一年(1613)三甲进士。授福州推官,敢于捕治扰乱民生的税监高寀爪牙。后任吏部文选司员外郎,署理选事。"力杜请寄,抑侥幸,清操皭然。"天启二年辞官归省。他"为人刚方贞介,疾恶如仇",不肯党附且公开蔑视魏忠贤,又积德于乡,勇于为乡人冤屈之事打抱不平,陈说官府,声誉很好。"好为德于乡,有冤抑及郡中大利害,辄为所司陈说,以故士民德顺昌甚。"〔1〕

天启六年二月二十五日,苏杭织造太监李实参奏,原应天巡抚周起元"抚吴三载,善政罔闻,惟以道学相尚,引类呼朋。而邪党附和逢迎者则有周宗建、缪昌期、周顺昌、高攀龙、李应昇、黄尊素,俱与起元臭味亲密"〔2〕。这是公开诬告高攀龙、周宗建、缪昌期、黄尊素、李应昇、周顺昌等东林人士。魏忠贤矫诏逮捕周起元等7人。三月初,缇骑衔命四出抓捕。

三月十五日,锦衣卫千户张应龙、毛之炳率缇骑抵达苏城抓捕周顺昌,与巡抚毛一鹭、巡按徐吉等计议,拟于十八日开读诏书,正式逮解。此前,先由苏州知府寇慎、吴县知县陈文瑞拘捕周顺昌,关押于吴县县衙。

周顺昌被捕的消息在苏城迅速传开,苏民既愤懑缇骑蛮横,更替周顺昌打抱不平,各个阶层的民众在共同的正义感驱使下,自发积极地行动起来。市民颜佩韦、杨念如、马杰、沈扬、周文元5人,激于义愤,保护周顺昌,和当地居民万余人一起,与缇骑发生大规模冲突,击杀了缇骑。这就是正式宣读逮人圣旨的"开读之变"。〔3〕

> 诏使至苏,吏部慷慨自若,而苏民无少长皆愤,五人其最烈云。五人者,曰颜佩韦,曰马杰,曰沈扬,曰杨念如,曰周文元。佩韦,贾人子,家千金,年少不欲从父兄贾,而独以任侠游里中。比逮吏部,郡人震骇罢肆,而诏使张应龙、文之炳者虐于民。民益怒,顾莫敢先发。佩韦于是爇香行泣于市,周城而呼曰:"有为吏部直者来。"市中或议,或询,或泣,或切齿詈,或搏颡吁天,或卜筮占吉凶,或醵金为赆,或趋装走京师挝登闻鼓,奔走塞巷衢,凡四日夜。洎宣诏,诸生王节、杨廷枢、文震亨、徐汧、袁徵等窃计

---

〔1〕 上引均见《明史》卷二四五,列传一三三《周顺昌》,中华书局1974年,第6353—6354页。
〔2〕 《明熹宗实录》卷六十八,天启六年二月戊戌,台湾历史语言研究所校印本1962年,第29页,总第3268页。
〔3〕 美国贺凯(Charles O. Hucker)所著《1626年,苏州与魏忠贤的朋党》(《明史论文两篇》,密执安大学1971年),论述苏州市民与以魏忠贤为首的阉党抗争。

曰："人心怒矣。吾徒当为谒两台以释众怒。"又谓父老母（毋）过激，激只益重吏部祸。父老皆曰诺。乃相与诣西署，将请于巡抚都御史（毛一鹭）。

三月十八日是原定正式开读诏书逮捕周顺昌的日子。当天，颜"佩韦率众随之，而马杰亦已先击柝呼市中，从者合万余人。会天雨，阴惨昼晦，人挹香如列炬，衣冠淋漓"，群情激奋。城中生员起初主动起来平抚事态，防止市民过激行为对周顺昌不利，因而对巡抚、巡按的居中调停寄予期望，主动前去请示。事实上，如若后者能够稍顾民情，开读之变未必不能避免。但是，巡抚毛一鹭厕身阉党之列，对生员请呈闪烁其词，敷衍塞责，最终丧失了围堵人群的基本信任。于是，杨念如、沈扬"攘臂直前诉且泣"，却遭缇骑怒叱，接着马杰直呼魏忠贤逆贼之名，将被缇骑逮捕，气氛紧张，现场局势失控。自发聚集在开读现场围观的上万民众与缇骑之间突发激烈的肢体冲突：

> 吏部舆人周文元者，先是闻吏部逮，号泣不食三日矣，至是，跃出直前夺械。缇骑笞之，伤其额。文元愤，众亦俱愤，遂起击之炳。之炳跳，众群拥而登，栏楯俱折。脱屦掷堂上，若矢石落。

> 自缇骑出京师，久骄横，所至凌轹，郡邑长唯唯俟命。苏民之激，愕出不意，皆跟跄走。一匿署阁缘桶，桶动，惊而堕，念如格杀之。一踰垣，仆涥中，蹴以屦，脑裂而毙。其匿厕中翳荆棘者，俱搜得杀之。一鹭、吉，皆走匿。[1]

这既是三天来苏城市民同情周顺昌无辜被逮，痛恨缇骑蛮横欺众，情绪不断积聚，当开读诏书之际，找寻到宣泄口的自然反应，更是几年来魏忠贤专权黑暗统治下的苏民不堪忍受，奋起抗暴的结果。

此外，衔命到浙江逮捕黄尊素的校尉，乘船行至苏州胥门时，不知城内发生民变而骄横如故、索需如常，"强市酒肉，瞋目叱市人"[2]，结果被不堪其扰的民众"焚其舟，投其橐于河"[3]。

开读之变的发生事属突然，却有着深刻的政治与社会背景。宦官专权，政治黑暗，而商品经济发展，代表工商业利益的东林君子勇于与权阉、阉党腐朽势力

---

[1] 上引均见吴肃公：《街南文集》卷十五《五人传》，《四库禁毁书丛刊》集部148，北京出版社1998年，第253—254页。

[2] 汪琬：《钝翁前后类稿》卷三十六《周忠介公遗事》，载《汪琬全集笺校》，李圣华笺校，人民文学出版社2010年，第738页。

[3] 文秉：《先拨志始》卷下，上海书店1982年复印神州国光社1951年版，第188页。

以生命抗争,赢得了民心,此为最大的社会转变。

开读之变次日,巡抚毛一鹭密奏民变经过,主张严惩元凶。结果在西察院前处斩颜佩韦等5人,收王节(贞明)等诸生13人遣戍[1],平息事态。与万历二十九年的葛成织工起义事件不同,开读之变并非事先筹划周详、目标明确的群体行动,事后被定为"首恶"就戮的苏城"市人"[2]颜佩韦、马杰、沈扬、杨念如、周文元,5人的职业、身份各异,如颜佩韦是"枫镇巨族"[3]、商人之子,周文元是周顺昌的轿夫,其余都是普通市民,他们事前并不相识,没有串联,只是出于义愤,不约而同,成为"义人"[4]。这就使得这一事件的进程存在相当大的不可控因素。假若没有望重得民之人出面调停,为数甚多的民众在一腔愤懑驱动之下殴毙缇骑之后,结果不可预知,苏城生活与苏州社会秩序可能面临变数。苏州知府寇慎当此非常之期,以其平日治苏政绩取信于民,运用智谋,成功化解突发群体事件对苏州社会的冲击,是朱燮元之后苏州知府又一次积极发挥行政主动性的事例。

(二)寇慎应对

苏州知府寇慎在开读现场完整目睹了整个事件的爆发。作为一府长官,他无法推卸协助朝廷外派人员完成差使的职责,然而,维护苏城生活与苏州社会秩序,保境安民,更是当务之急。当朝廷和治下的诉求发生严重冲突,即如民变突发之时,对于寇慎来说,不啻进退维谷:一意逢迎当权,势必尽失苏民信任,将被视同阉党,遑论有所作为;而缇骑奉诏来苏,不乏敲诈勒索、欺凌地方的恶行,但毕竟身为朝廷办差之人,地方知府有责任给他们以协助和保护,不可能任由民众殴杀而坐视不理。如何既能交付上命,又能安民息怨,寇慎的作为可谓重要而微妙。

时方14岁的昆山人顾炎武知晓天启苏州事件的骤然发生与缓解过程。隔了54年之后,他为寇慎撰写墓志铭,备述称道他以知府"救一方之困,而定仓卒之变"的功绩。如同朱燮元一样,寇慎以维护苏城生活与苏州社会秩序稳定为基本目标:他没有命令兵弁进行强力镇压,而是以一人之力,"周旋上下之间,化大事为小事"[5],竭力避免事端扩大。这是符合苏城生活实际和苏州社会及民众根本利益的。

---

[1] 顾公燮:《丹午笔记》之《五人墓》,苏州博物馆等编,江苏古籍出版社1985年,第75页。
[2] 《明史》卷二四五,列传一三三《周顺昌附颜佩韦等》,中华书局1974年,第6355页。
[3] 顾公燮:《丹午笔记》之《五人墓》,苏州博物馆等编,江苏古籍出版社1985年,第75页。
[4] 顾公燮:《丹午笔记》之《五人墓》,苏州博物馆等编,江苏古籍出版社1985年,第75页。
[5] 上引均见顾炎武:《中宪大夫山西按察司副使寇公墓志铭》,《顾亭林诗文集》《亭林余集》,华忱之点校,中华书局1983年,第156、158页。

首先，民变突发之时，现场的地方官员中，寇慎官阶虽非最高，却因他与知县陈文瑞平日"素得民"[1]，使他在民变乱势中还保有威信，可以出面调停劝说。

> 公挺身入，从容语曰："今日周吏部赴京，未必便死。汝等作此举动，反贻之害。不如各散归家，本府与上台计，具疏保救，庶或可全。"至日晡时，众始退。[2]

对寇慎来说，当务之急就是迅速控制住民众愤怒之下暴力蔓延的势头。得益于平日勤政善民所积累的公信，在巡抚、巡按已经失去民众信任，事端发生，"不能语"[3]的情况下，正是寇慎与吴县知县陈文瑞出面，"复数为温言辟之"，才初定乱局，"众乃解去"。[4]这是解决现场混乱的第一步。

其次，寇慎依靠自己的民望和官信初步稳定现场秩序后，苏民与缇骑的紧张对立态势并未弭解，"苏人之围守校尉及周吏部者，街巷之间千百为群，屯聚不解"，极有可能再起冲突，发生命案。对在民变中受伤的缇骑，寇慎"命医疗其伤者，以兵守之"。经驿丞奔告胥门缇骑被殴后，寇慎亦迅速"出城慰谕"，发现有"匿舵尾下，幸不死"的校尉，则"具衣冠，送之出境"。苏民与缇骑的矛盾焦点集中在周顺昌的逮捕上，这是民变爆发的导火索。如何设法力保缇骑完差离苏返京，不仅是寇慎作为知府的职责，也是最终平息民变的必由途径。

> （寇慎）阴具舟于河。数日天雨，围者少息。公亲往西察院，谓校尉曰："可去矣。"馈之赆并死者之槥，宵行，送之出境。然后宣旨，令周吏部就逮入京。而兵守空署如故。越一日，众始知已行。

随着缇骑离苏，周顺昌被解进京，开读之变参与者的聚集态势却没有纾解，主要原因在于担心官府降罪广捕。开读之变事体甚大，最后的黜陟大权虽非操于寇慎之手，他的作用并不是微乎其微的。在阉党权衡如何处置民变期间，寇慎尽己所能，动员一切力量，力争朝廷宽大处理。

其一，亲历民变全过程，侥幸脱身，且受信于魏忠贤的应天巡抚毛一鹭，关于

---

[1] 汪琬：《钝翁前后类稿》卷三十六《周忠介公遗事》，载《汪琬全集笺校》，李圣华笺校，人民文学出版社2010年，第738页。

[2] 顾炎武：《中宪大夫山西按察司副使寇公墓志铭》，《顾亭林诗文集》《亭林余集》，华忱之点校，中华书局1983年，第157页。

[3] 《明史》卷二四五，列传一三三《周顺昌》，中华书局1974年，第6354页。

[4] 汪琬：《钝翁前后类稿》卷36《周忠介公遗事》，载《汪琬全集笺校》，李圣华笺校，人民文学出版社2010年，第738页。"辟"作"譬"，见汪琬：《尧峰文钞》卷三十六《周忠介公遗事》，《景印文渊阁四库全书》1315，台湾商务印书馆1986年，第587页。

民变的疏报将在很大程度上决定魏忠贤最后处理的态度。寇慎"知抚、按素与织监善,说之,令求解于忠贤,疏中委曲其事"。

其二,寇慎"密诇得首事者颜佩韦等五人,以他事摄之下狱。乃榜曰:'罪人已得,余无所问。'于是一麾而散"。[1]因惧罹罪而在缇骑离苏后仍然聚集的民众终于自愿放心散去,紧张对立的态势及时结束,无疑是在向处理意见未趋明朗的朝廷传递一种积极信号,力促其不加深究。

开读之变事件前后,朝廷实权操掌于宦官与阉党之手。他们对明确发出反抗之声的苏州民变不会不既存忌惮,又势必要做出严惩。但苏州的确不同于其他府县,作为国家财税重地,朝中阉党亦有人意识到漕粮"运期在迩,地方有事,正当示以宽大,而复以严旨激之,果有他故,谁任其咎?"拟旨中,更"有'本日解散,姑不深究'之句"。[2]于此可见,寇慎远略卓识,委实不虚。

纵观寇慎在处理开读之变事件全过程的言行作为,可以说,没有在缇骑和民众任何一方有明显偏倚。正是这样一种貌似中允的立场,让他能够突破各方对弈的紧急态势,以暗助缇骑完差出境,押解周顺昌回京复命,交付了上命,同时,又未动兵戈,达到消解民变的最终目的。即使是被其逮捕下狱进而问斩的颜佩韦、周文元、杨念如、马杰、沈扬5人在临刑时"延颈就刃",还对寇慎说:"公好官,知我等好义,非乱也。"[3]

寇慎能够办到这一切真不容易。"向非公平日之恩素结于民心,当此众怒如水火之时,焉知不激之挺而走险,以成意外之患耶?"[4]顾炎武此一句慧见卓识,岂非点出了寇慎善后开读之变对于苏城生活秩序与苏州社会稳定的非凡意义!

(三) 五人义

崇祯元年(1628),因李实诬劾周起元一疏,崇祯帝谕令将他械送京师究问。李实辩解说:"诬陷五臣系魏珰差人至杭,将司房黄日新印空头奏本,令(李)实填之以上。后恐事泄,仍杀日新以灭口。其本皆李朝钦、李永祯所草,而孙升书之,砟以墨盖,可辨也。"[5]结果李实减死充军。他任苏杭织造时令机户建造的

---

[1] 上引均见顾炎武:《中宪大夫山西按察司副使寇公墓志铭》,《顾亭林诗文集》《亭林余集》,华忱之点校,中华书局1983年,第157、158页。
[2] 文秉:《先拨志始》卷下,上海书店1982年复印神州国光社1951年版,第188—189页。
[3] 《明史》卷二四五,列传一三三《周顺昌附颜佩韦等》,中华书局1974年,第6355页。
[4] 顾炎武:《中宪大夫山西按察司副使寇公墓志铭》,《顾亭林诗文集》《亭林余集》,华忱之点校,中华书局1983年,第158页。
[5] 孙珮编:《苏州织造局志》卷十二《杂记》,江苏人民出版社1959年,第106页。

杭州西湖与苏州山塘魏忠贤生祠在魏阉败后立马被毁。

颜佩韦等普通百姓五人的高义也得到了高度评价,永载史册。开读之变事发当时,就有士大夫捐50金,得其首,合其尸,而太仆寺卿吴默等于事隔11月后,已是崇祯年间,魏忠贤垮台了,将其殓葬在山塘原魏忠贤的生祠废址,吴默亲题"五人之墓",碑为韩馨(贞文)8岁时所书。解元杨廷枢大书"义风千古"坊,至今高高耸立,肃穆端庄。复社领袖张溥撰《五人墓碑记》,[1]以后被选入《古文观止》,传播广泛。文中称颂"五人生于编伍之间,素不闻诗书之训,激昂大义,蹈死不顾"。崇祯七年(1634),"东林党"人、状元文震孟倡议募助抚恤五人后裔,并在《五人义助疏碑》中赞扬道:"逆珰肆虐,善类蒙冤,举世无一人敢吐气者,而颜佩韦等五人义愤所激,遂以身殉,嗣此缇骑绝迹,稍有宁宇。顾、厨、俊、及,犹存孑遗,不至遂为东汉之续,皆其赐也。"[2]苏州派剧曲大家、吴县人李玉(约1612—1681)创作时事剧《清忠谱》传奇,歌颂与阉党邪恶势力抗争不屈的周顺昌与五人大义凛然,风靡一时,家喻户晓,妇孺皆知。清乾隆年间,奉特旨钦旌,送五人入颜回复圣祠从祀。[3]

其实当时苏州还有一批义士,激于义愤,不畏强暴,主动站在反对阉党一边。

直隶巡按御史徐吉上奏揭帖、提出处分挺击缇骑的市人,一共13人,除了颜佩韦等5人之外,还有另外8人。这份珍贵公牍被人递传赠藏200余年,直到晚清完好如初。有吴时信、刘应文、丁奎参与挺击之事,戴镛、杨芳、季卯孙、许尔成、邹应桢都参与焚烧前往浙江出胥门外的缇骑之舟。结果丁奎、季卯孙、许尔成均受杖徙,杨芳、邹应桢受杖,戴镛死于狱中。[4]

朱祖文,字完夫,自号三复居士,长洲人。祖父都督朱先。朱祖文少负气节,

---

[1] 均见顾禄:《桐桥倚棹录》卷五,上海古籍出版社1980年,第66页。浙江处州人苏抚毛一鹭,魏忠贤干儿子,天启年间在虎丘半塘建立魏珰生祠,祠名普惠。据顾公燮称:"五人首枭示六门,吴闇卿默,令人窃其首,藏罨中,标记姓名,葬于花台上。珰败后,吴氏拆毁逆祠,改为甘露寺。九间楼裁去二间。"吴默与文震孟在此北首营建五人墓。"亦有窃其身而藏者,出而合葬,春秋崇祀。"五人中只有杨念如有曾孙守墓,其余都无后。毛一鹭革职家居,白昼惊怖而死。见顾公燮:《丹午笔记》之《五人墓》,苏州博物馆等编,江苏古籍出版社1985年,第75页。

[2] 碑文载江苏省博物馆编:《江苏省明清以来碑刻资料选集》,生活·读书·新知三联书店1959年,第414—415页,颜佩韦作颜佩韦;苏州历史博物馆等合编:《明清苏州工商业碑刻集》,江苏人民出版社1981年,第376—377页;徐文高编著:《山塘钩沉录》,上海古籍出版社2002年,第36—37页,碑文释读各有差异,可以互补。

[3] 顾公燮:《丹午笔记》之《五人墓》,苏州博物馆等编,江苏古籍出版社1985年,第75页。

[4] 俞樾:《春在堂诗编四·甲丙编·明巡按御史揭帖歌》,《续修四库全书》1551,上海古籍出版社2002年,第378—379页。汪琬说:"忠贤复矫旨杀佩韦等五人,杖戍马信等七人,又黜诸生王节等五人。"则有17人,又多4人。见汪琬:《钝翁前后类稿》卷三十六《周忠介公遗事》,载《汪琬全集笺校》,李圣华笺校,人民文学出版社2010年,第738页。

与周顺昌友善。顺昌以阉祸被逮,祖文间行诣都,为纳馕粥汤药。及征赃令急,又为其奔走称贷。顺昌榇归,祖文哀痛发病死。后人将他配食顺昌祠。《明史》亦附载于周顺昌传。祖文北行时手记《北行日谱》1卷,由其子朱寿阳刊行。[1]

在天启开读之变中,苏州士大夫与苏城平民立场一致,站在一个阵营说话做事,弘扬民族与文化正义正气,抗击黑暗腐朽政治势力,社会变化的中心区域地位于此可见一斑。这种精神与行为前后一致,得到了延续。例如,万历三十一年(1603),苏州府生员反抗知府周一梧。崇祯六年(1633),太仓州知事刘士斗被劾解任,因他居官清正,太仓城诸行一并歇业,以示抗议,用石头堵住城门,阻止他返京。同时,苏州府生员义愤聚集,对弹劾刘士斗的苏州代理知府周之夔加以驱逐。[2]崇祯十七年(1644),常熟县乡绅赵士锦横暴乡里,生员与民众捣毁其家。

三、府试殴逐主考

据姚宗仪辑录的万历《常熟县私志》记载:

> 癸卯正月,郡守周公一梧主试童子。有衿士护送子弟者,肩摩趾错,而童不得前。公(笔者注:常熟县令谭昌言)于院门执簿叙名,方苦诸生哗。而周呼:"童何以不入?"公曰:"无奈诸生何?"周公曰:"何不缚诸生来?"公执一孙生入,周扑之十。

> 时诸邑待试者无虑数千辈,谓"士可杀,不可辱,有司何以挺士!"一唱百和,遂攻门入。鼓噪登堂,欲欧(殴)太守。守与诸阅卷令俱谨匿厨閪中以免。

> 事闻,诏停常熟科,仍逮系太仓、常熟、昆山诸生数人,有瘐死者。周解绶去,而公亦改婺源,晋兵部,迄今士民无不叹失怙恃也。[3]

癸卯年是万历三十一年(1603),正月廿五,山西长治县人、苏州知府周一梧在府学主试童生。

考试当天,常熟与太仓童生一起应考,考生与送考人员众多。"两学诸生护送子弟,肩摩趾错,填塞街巷。"因周一梧部署考场秩序不得要领,考场大门打开

---

[1] 永瑢等纂:《四库全书总目》卷六十四,史部20,传记类存目六,中华书局1965年影印本,第574页。
[2] 太仓州推官周之夔在明末激烈复杂的政治之中向来被认为官声人品皆差。他自己也有辩白。详见其文集《弃草二集序》,载《弃草集》,江苏广陵古籍刻印社1997年,第1181—1185页。
[3] 万历《常熟县私志》卷七《叙官》,苏州图书馆藏本,电子版总第855—856页。

后,大家"一拥而入,哗声鼎沸"。周一梧让唱名按顺序进门,没想到秩序更加混乱。"周令唱名序进,则前列者或尚未入,而在门以内者或非唱所及也。哗益振。"接着,周一梧"始取干撒,卒抶之;不止,又令五百[1]呵止,乱楦之;又不止"。周一梧嘱咐在场的常熟县令谭昌言"执一生以示威。适一生方巾在侧,挥扇谈笑,执去,乃孙汝炬也。榜之十,哗少定。乃散卷出题,门亦掩矣"。[2]

孙生,沈瓒《近事丛残》写作孙炬,常熟秀才,送子考试的。他被谭知县执持,不论他与谭知县是否发生口角,还是谭知县执行周知府指令,他被周知府杖责十下,看来可以肯定,因为至少两种文献都如此记载。

> 有一生孙炬者,送子入试,阑入行马中,驱之不出。常熟令谭公昌言怒。彼亦有詈言。谭不堪之,执以入白府公。府公责之十。[3]

儒生邵濂,前有私事生恨谭昌言,此时见状心生不平,厌恶谭知县听命执法,趁机泄愤,"乃大呼于门曰:'县令杀秀才,诸君未可退也!'一呼而集者几百人。濂乃取一纸大书,揭院门及诸通衢,曰:'青衿被杀,通学共愤,愿从诸同袍,击杀青衿者!'"

因为周一梧平日"为人刚狠多欲,郡人呼为'周欲刚'",[4]且榜执无辜孙生,不少人刚刚目睹。加上考前几天,录取吴江考生时候发生一事,怨愤会聚一时。吴江庠生石世瑛有亲戚为苏州府书吏,周一梧"录考已过",他"传言曰:'今年府考甚有弊。凡生员之文佳者皆为他人损妒,反颠置后列。'一时庠友信之。有吴焕、顾廷植辈连名具呈于学。学据以呈县。县虽不申府,府公亦渐知之,大不满吴江"。[5]

吴江、常熟、太仓三学生员义愤填膺,迅速被激发出来,酿成冲击考场、殴打主考官的暴力事件。

当时苏州各县童生待试的有数千人,"由是,府三学诸君纷纷后先蚁集,几数

---

[1] 干撒,干麻秆。卒,同猝,突然。抶,打。五百,地方官府差役兵卒。
[2] 徐复祚:《花当阁丛谈》卷五《书癸卯事》,《续修四库全书》1175,上海古籍出版社2002年,第101页。
[3] 沈瓒:《石秀才》,载其《近事丛残》,《明清珍本小说集》,广业书社1928年,第1页,《哈佛燕京图书馆藏韩南捐赠文学文献汇刊》第八册,国家图书馆出版社2015年。
[4] 上引均见徐复祚:《花当阁丛谈》卷五《书癸卯事》,《续修四库全书》1175,上海古籍出版社2002年,第101页。
[5] 沈瓒:《石秀才》,载其《近事丛残》,《明清珍本小说集》,广业书社1928年,第1页,《哈佛燕京图书馆藏韩南捐赠文学文献汇刊》第八册,国家图书馆出版社2015年。

百矣"[1]。许多生员迅速聚集在一起,"谓'士可杀,不可辱,有司何以挞士!'一唱百和,遂攻门入"[2]。他们又得到门内考试的童生群起呼应。"外之群生大哄,持砖石排门乱殴。内之儒童辈复应之。"[3]

周一梧静坐考场,一丝一毫没有察觉几百生员群情激奋,会聚攻入,事态严重紧急。当生员开始击门,守门人向他汇报时,他认定集众"是必告考者,听之,当自退",不予多管。他误判了。

> 未几,抉门入,鼓噪登堂。周尚指挥五百捍之。印吏前白曰:"盍少避?人众,锋不可犯。"周始起,入后堂。群少年尾而拳殴之。赖印吏背披,不甚伤,止断其腰带,绝其两裾。院址故倚城,则又从城上抛掷砖砾,乱下如雨。周匿迹溷中,始得免。夜半,乘昏微服归衙。[4]

周一梧与各阅卷知县"谨匿厨溷中以免"[5],仓皇逃避,狼狈情状可想而知。周一梧侥幸逃难,躲过生死一劫。生员群起鼓噪,考场闹事,殴打考官,直接威胁一府正官的人身安全,"而考过之卷皆破箱毁掷无遗。至貂裘银杯之在笥者皆盗之出。于是,府公申文告乱"[6],定性为士"乱",依法严惩闹考生员。

经知府、学院申奏,最后处理结果是:不仅常熟县生员停考一科乡试会试,科举前途推迟,而且逮捕太仓、常熟、昆山诸生数人,即逮生童孙汝炬、朱曾唯、钱时位,毙于狱。而戴其功、金范、顾龙光、周元、陈显芳、朱颜卓"俱未减",系狱很久才释放。这是府试当晚发生的"劫场之变"。[7]"就逮诸君轻者配,重者遣,贫而无给者、不胜捶挞者往往庾死请室[8],历数年而不解。""周府公(周一梧)谓是非之起由于吴江,乃并究造言具呈之人。石(石世瑛)、吴(吴焕)、顾(顾廷植)三

---

[1] 徐复祚:《花当阁丛谈》卷五《书癸卯事》,《续修四库全书》1175,上海古籍出版社2002年,第101页。
[2] 万历《常熟县私志》卷七《叙官》,苏州图书馆藏本,电子版总第856页。
[3] 沈瓒:《石秀才》,载其《近事丛残》,《明清珍本小说集》,广业书社1928年,第1页,《哈佛燕京图书馆藏韩南捐赠文学文献汇刊》第八册,国家图书馆出版社2015年。
[4] 徐复祚:《花当阁丛谈》卷五《书癸卯事》,《续修四库全书》1175,上海古籍出版社2002年,第101—102页。
[5] 万历《常熟县私志》卷七《叙官》,苏州图书馆藏本,电子版总第856页。一说"遁入厅后夹道内幸免",见沈瓒:《石秀才》,载《近事丛残》,《明清珍本小说集》,广业书社1928年,第1页,《哈佛燕京图书馆藏韩南捐赠文学文献汇刊》第八册,国家图书馆出版社2015年。
[6] 沈瓒:《石秀才》,载其《近事丛残》,《明清珍本小说集》,广业书社1928年,第1页,《哈佛燕京图书馆藏韩南捐赠文学文献汇刊》第八册,国家图书馆出版社2015年。
[7] 万历《常熟县私志》卷四《叙灾》,苏州图书馆藏本,电子版总第456页。
[8] 请室,监牢。

人皆发社三年。吴、顾始复,而石竟以远行失辩,未复矣。"〔1〕吴江敢于言事、质问周一梧考试公正的生员受到牵连,而"传言"的石世瑛因外出不在家,疏于自辩,居然照实"发社三年"〔2〕,够惨了!

没有想到,周一梧不久被解职,大约为平民愤吧。最令常熟人同情惋惜的是,因此事而被"劣调"婺源的谭昌言,他执行周一梧指令,执系了孙汝炬,引发生员闹事,似乎被定为直接责任人。"以谭公之仁慈恺恻,真万民父母,近代所希觏者,亦竟以劣调去,阖邑衿绅靡不惜之。"邵濂散布过激言论,领头呼唤生员不平而起,"此举不过挟众以快其私耳",对此事件的发生负有不可推卸的责任,却逃脱了惩办。

苏州生员公然冲击府学考场殴打考官事件,无论就规模还是影响,均不能与前述苏州万历、天启间两件抗暴事情相提并论,但是朝廷的处理却明显严厉得多,这样的差异在很大程度上应当归结于周一梧的民心所背与应变无能,无法与朱燮元、寇慎相提并论。周一梧性格刚狠多欲,曾经以强硬手段平息过管文领导的织工抗税民变,奏效明显,却留下后遗症:他的做法与前任朱燮元的晓谕主抚态度形成了鲜明对比,对崇文尚雅的苏州百姓,尤其是士人而言,他显然不是以一个符合传统意义上的"贤守"形象出现的知府。一次普通的整顿考场秩序举动,因为过于刚狠,竟然迅速演变为生员与学生群起驱逐知府的恶性事件,而后更是发生了一连串的负面后果,给苏城生活与苏州府正常的社会秩序造成了很大影响。邵濂借题发挥,谣言惑众,挟公利私,其行为"酿祸甚巨,甚惨,亦甚久",诚然是事件发生的重要诱因,而周一梧本人民望不孚,事先就有流言蜚语说他考试不公正,事发之时,他临变大意,的确导致局势失控,自己险遭不测,必须负责。

确切而言,周一梧原本不是兴事者邵濂的攻击目标。邵"濂意在谭公。而谭公平日则人人所爱而敬者,故得不犯。而快心于周,亦以其平日欲刚之故云"。〔3〕在事态发展过程中,周一梧被迅速取代了据称诬杀了秀才的谭县令,成为生员的攻击对象。

明朝开国,崇尚科举,经过长期右文养士,士气涵养充沛,晚明时分,科举士

---

〔1〕 沈瓒:《石秀才》,载其《近事丛残》,《明清珍本小说集》,广业书社1928年,第1页,《哈佛燕京图书馆藏韩南捐赠文学文献汇刊》第八册,国家图书馆出版社2015年。
〔2〕 发社,罚在社学肄业。
〔3〕 上引均见徐复祚:《花当阁丛谈》卷五《书癸卯事》,《续修四库全书》1175,上海古籍出版社2002年,第102页。

人力量膨胀,敢说敢做,涉及并主导多方面的社会事务。江南作为全国科举士人的密集之区往往具有领头羊的示范效应。在晚明众多民变当中也夹杂了士人的身影与声音。不过,科举士人群体复杂,其身份等级高低不同,利益诉求不一。以儒生与秀才功名为主体的低级士人群体人数众多,权益不大。以举人、进士为主体的中高级士人群体人数较少,权益较大。尤其加上在出仕前程上,这两者差别很大,因而在社会生活中两者也会发生矛盾,甚至冲突。[1]前者往往容易加入民众事变之中,发出利益诉求。周一梧事件的扩大,傅衣凌将它看作是在"市民阶层集中的""苏州各府的下层知识界和平民群众反抗封建统治的一种表现形式"。[2]

像周一梧主试苏州府学儒童,因处置秩序不当,遭到低级士人群体中生员的会攻,发生大闹考场的事件,确实是突发偶然的,而周一梧竟然为此丢官,反过来印证了他的官声不佳,"刚狠多欲",应变失当,非但不得士心,不得民心,也不得帝心了,毕竟他不适合担当苏州知府职位,坐镇全国财富重地、文化中心之区、社会风化之首的苏州。

晚明苏州生员士人抗暴斗争,考场袭击周一梧,受罚也严酷,只是其中一例。但这种风气炽盛,既有过激悲壮,付出惨重代价的;延续到明末清初,奋击权阉阉党,抗击清兵,则又壮怀激烈,可歌可泣。

四、奴　变

明初全国规定只有功臣、官员才能蓄养奴仆,且有数量限制。洪武"二十四年定:役使奴婢,公侯家不过二十人,一品不过十二人,二品不过十人,三品不过八人"[3]。明中后期,官僚、乡绅蓄奴成风,并远远超过法定人数,造成僮仆普遍存在。

明中期起,江南人文开始发达,科甲鼎盛,社会重现缙绅阶层,它包括现任、致仕官员,获得从生员、举人到进士等各类科举功名的人员。尽管他们之间有所差别,有的没有蓄奴条件,却应承认,这一层次势力日益强大是奴仆广泛存在的重要原因。通过高利贷、投献等方式,他们掠夺或占有人口作为奴婢;通过上下

---

[1] 如万历四十四年(1616)松江民抄董宦董其昌事件,十分明显地体现了生员与举人、进士群体之间的立场区别与矛盾。见吴建华系列论文,如《"民抄"董宦事件与晚明江南社区的大众心态》,《中国社会经济史研究》2000年第1期。
[2] 傅衣凌:《明代后期江南城镇下层士民的反封建运动》,载其《明代江南市民经济试探》,上海人民出版社1957年,第111—112页。
[3] 龙文彬:《明会要》卷五十二《民政三·奴婢》,中华书局1956年,第969页。

串通从中舞弊以及诡寄等手段,他们设法扩大优免,逃避赋役。

苏州等吴地奴仆人数众多,动辄成百上千。嘉定县"大家僮仆多至万指"[1]。"人奴之多,吴中为盛。原注:……今吴中仕宦之家有至一二千人者。"奴仆众多形成社会阶层,引发严重的社会问题。"其专恣暴横亦惟吴中为甚。"[2]

明代缙绅享有优免特权,但明初仅限于优免徭役。正德时定《优免则例》,嘉靖初对它重订,扩大优免范围,包括田赋和丁银,这为规避赋役提供了条件,使得一些人因重赋、重租等原因被迫为奴,但也有为寻求经济利益甚至社会地位愿意投献为奴的,成为豪奴、悍仆。因此,特权阶层蓄奴,为主人,贫穷与无权势者投献,为奴仆,两者互动,反映政治、经济与科举社会风气的变化。"为士者而膺乡荐,即有殷实小民赍二三十金跪献为进身之阶。登甲科,则进身之资又加多矣。渐登显要,必捐百金始得厕身群仆中。"[3]"至于豪奴悍仆倚势横行,里党不能安居,而市井小民计维投身门下,得与此辈水乳交融,且可凭为城狐社鼠。由是一邑一乡之地挂名童(僮)仆者什有二三。"[4]但主仆关系的维持也不容易,一旦社会秩序波动,主人地位变动,一些长期处于被压迫状态的奴仆就会奋起反抗。

江南苏州等地奴变是奴仆争取自身自由的运动。以万历三十三年(1605)嘉定奴仆向主家索要卖身契为较早,规模较大。明末清初,奴变达到高潮。崇祯十六年(1643),松江上海县奴仆聚集,胁迫主家巨室。翌年四月,镇江府金坛县奴仆沈绍本率奴仆攻打县城,没有成功。五月,嘉定华氏奴仆群集,拷打家主,索还身契。六月,吴淞江东岸奴仆群集反抗主家大族,波及昆山。上海县祝圣尧家僮仆大规模袭击大户,攻入县城,拷打家主,索还身契。清顺治二年(1645),金坛县、太仓州奴变成风。

这一时期苏州府的两次大规模奴变值得一提。

崇祯十七年(1644)六月,北方已是李自成推翻明朝、清兵入关之后,而嘉定县奴仆暴动,乘时而起。事情起于"嘉定华生拷奴酷,遂激变"。"适村民见弑于

---

[1] 万历《嘉定县志》卷二《疆域考下·风俗》,《中国方志丛书》,台湾成文出版社有限公司1983年,第151页。

[2] 均见黄汝成:《日知录集释》卷十三《奴仆》,秦克诚点校,岳麓书社1994年,第497页。

[3] 谈修:《避暑漫笔》卷上,转引见谢国桢选编:《明代社会经济史料选编》下册,牛建强等校勘,福建人民出版社2004年,第421页。

[4] 顾公燮:《消夏闲记摘抄》卷上《明季缙绅田园之盛》,《丛书集成续编》第96册,上海书店1994年,第689页。

仆,并其家七人皆被杀。"而"各大姓奴同时起",形成"酒佣灶养皆起为乱。什什伍伍,白昼持兵,迫胁主父使出券以献"。具体做法是:"缚主,杖之踞坐,索身券,或杀或辱。所至数万人,百里内如沸。"平日里主仆上下森严,此时情形完全颠倒:"仆坐堂上,饮噉自若;主跪堂下,搏颡呼号,乞一旦之命。幸得不杀,即烧庐舍,攸钱物以去。不三日,而火及城之南隅。"最后,苏松巡抚祁彪佳残酷镇压奴变:"密发标兵,授苏道方略,悉擒之,斩凶首数十人,磔尸。"[1]

次年,太仓奴仆暴动,遍及城乡,仍是前期奴变的延续。"乙酉(1645)乱,奴中有黠者倡为索契之说。以鼎革故,奴例何得如初? 一呼千应,各至主门,立逼身契。主人捧纸待稍后时,即举火焚屋。间有缚主人者虽最相得、最受恩,此时各易面孔为虎狼,老拳恶声相加。凡小奚细婢,人主在所者立牵出,不得缓半刻。有大家不习井灶事者不得不自举火。自城及镇及各村,而东村尤甚。鸣锣聚众,每日有数千人鼓噪而行。群夫至家,主人落魄,杀劫焚掠,反掌间耳。如是数日而势稍定。"刹那间,奴仆变主人,似换人间,扫荡地主威风,摧荡社会秩序,而奴变领袖气概非凡,负有历史使命的意识,如太仓城所谓:"城中倡首者为俞伯祥,故王氏奴,一呼响应,自谓功在千秋,欲勒石纪其事。"[2]

五、抗租、抢米风潮

由于江南苏州等地租额繁重,地主对佃户高利贷盘剥,明中后期农业结构改变造成粮食不断商品化,官、民田均摊赋税使民田负担增加,加上辽饷、练饷等加派,增多赋税征收,地主加重剥削佃户,导致租佃关系紧张、冲突,而里甲制度崩溃,政府没能建立新体制等众多社会经济因素影响,遇上水旱天灾,江南苏州等地方政府往往无法及时有效地应对。因此,从明代中期起,苏州就和全国其他一些地区一样,抗租、抢米斗争兴起。如嘉靖年间,苏州等地已见抗租端倪。明末,抗租、抢米则演变成一种风潮,加剧了苏州社会动荡不安。

天启四年(1624)四五月,大雨下到五月底,持续几十天,田亩一片汪洋,造成歉收,"乡民不辨荒熟,概不完租"。次年五月,常熟佃户抗租,"因米贵民贫,旧岁水灾而不准荒,漕院催粮急迫,民得藉口生乱故也"。最后,为首七人

---

[1] 参见黄淳耀:《陶庵全集》卷二《送赵少府还郡诗序》,《景印文渊阁四库全书》1297,台湾商务印书馆1986年,第633页;王季重:《祁忠敏公年谱》,于浩辑:《明代名人年谱》第12册,北京图书馆出版社2006年,第272页。
[2] 《研堂见闻杂录》,载《烈皇小识》,上海书店1982年复印神州国光社1951年版,第274—275页。

被诛。[1]

崇祯十一年(1638)十月,因天灾不断,吴县横金镇乡民抗租。先是长期大旱,庄稼无法及时栽种,八月又遇蝗灾,而政府加征紧逼。出于无奈,入秋,农户、佃户纷纷抗租。有一乡居地主强行征租,家室被焚,家产被劫。十月,横金镇附近三十几村佃户联合抗租,声势壮大,并有领袖、有组织。

> (崇祯十一年)十月,横金奸恶唐左耕、王四、李南洲、查贤、韩佛寿等借蝗灾为蠚,讹言倡众,纠合沿湖三十余村刑牲誓神。村推一长,籍罗姓名,约佃农勿得输租业主。业主有征索,必沉其舟,毙其人。愚民煽惑,挥戈执械,鸣金伐鼓,聚及千众,焚庐劫资。知县牛若麟计图方略,李南洲适赴县侦探,亟擒下狱。其党复约千人,束薪负背,持挺入城,托言告灾,意实叵测。若麟一面榜谕,胁从听其自新,一面获左耕等五人,解扭军门正法,事遂息。[2]

抗租威胁地方社会经济秩序稳定,直接影响国家赋税征收,打击封建统治。佃户、地主、国家三者关系密切,王锡爵对此洞悉透彻:"所谓大户无米、小民匿租,乃目前有司切肤之累。而有司但知急责大户,不知其为小户之母,低昂一不得平,而官民俱困矣。"[3]租佃关系稳定牵涉到政权稳定,所以,像前述政府镇压抗租斗争决不手软,并将它作为血腥教材威吓百姓。应天巡抚黄希宪再三颁布禁租告示,也表露此意无遗:"照得军兴孔棘,各项京道练饷钱粮正当上紧征解。第赋出于租,租出于佃。今幸秋成丰裕,万宝告成,尔佃户各宜照亩纳租,以资国课。或中间果被旱、蝗损伤,亦须明告田主验减;其业主亦须酌量体恤。敢有奸顽倡言纠众、致误上供者,重典具在。昔年唐左耕、陵复庵等之覆辙可鉴也。速宜深思省,勿令噬脐无及。特示。"[4]

抢米,又称米骚动。在粮食紧密依赖市场调运的情况下,天灾人祸时,米市波动,粮价上扬,民食无着,人心惶惶,为了求生,极容易发生米骚动。

苏州乡民聚众胁迫富户减价平粜,如万历四十八年(1620)反对徽商屯米,

---

[1] 叶绍袁:《启祯记闻录》卷一,《痛史》第13种,商务印书馆1911年,第2、4页。
[2] 崇祯《吴县志》卷十一《祥异》,《天一阁藏明代方志选刊续编》16,上海书店1990年,第101—102页。
[3] 王锡爵:《王文肃公文集》卷十九《书·乔聚所御史》,《四库禁毁书丛刊》集部7,北京出版社1998年,第435页。
[4] 黄希宪:《抚吴檄略》卷五,崇祯十三年八月二十六,刊示,转引见罗仑主编,范金民、夏维中著:《苏州地区社会经济史(明清卷)》,南京大学出版社1993年,第306页。

"因遏籴米腾,一二饥民强借徽商之米,有司稍绳以法,而随有万人屯聚府门,毁牌毁役,几致大变"[1]。"七月四日,城中游手成群,抢掠米铺,又纵火烧唐龙池面店。米麦罢市月余。巡抚都御史胡应台擒为首三人笞毙,攘夺始息。乡绅大户亦将蓄米平粜,接济民饥。"[2]

即使丰年米贵钱贱,吏商勾结,民众忍无可忍,也会轰然抢米。崇祯十二年(1639),"亦丰年也,第米贵而钱贱,小民始不聊生。夏四月,巡抚黄公至(名希宪,江右人),下令禁米出境,不能禁止。而吏胥因缘为奸,米遂腾涌"。六月初九日开始,苏州城内抢米劫舍不断;到十五、十六日,城中富户被劫一空;十八日,浒墅镇民人焚抢施家。[3]

政府启用平粜、禁米出境等措施,只能应一时之急。如崇祯十二年新任巡抚黄希宪下令禁米出境,稳定米价,反致湖广籼米不至,粮价持续上涨。崇祯十三年,大旱,蝗虫大发,秋粮严重歉收,大饥,而富家巨室囤积居奇,哄抬米价,社会再生动乱。这年在吴江县,"米价腾涌,富家多闭籴。乱民朱和尚等率饥民百余人强巨室出粜,不应则碎其家,名曰打米。各村镇皆然。有借以修怨贾利者。一邑骚动"。巡抚"黄希宪取朱和尚正法,此风稍息"。[4]

叶绍袁亲历并详述此事:"吴江缺县令,府经历董,署其任,力不能大创乱民,故松陵之烧劫尤甚。抚院赫怒,发兵以往,民遂闭城以拒,几成大乱。陈太尊亲往抚慰之,力请撤兵归,而民心始安。亦从事平粜,事乃徐定。大抵六月望后,民间枪棍蜂起,不约而同。予时在青浦之金泽镇,目睹乡民之聚众,迫胁富户之减价平粜,一如吴郡。"[5]

地方政府采用设厂赈饥,平粜仓米、官米,打击奸牙,减租,镇压等手段,解决此种危机。[6]

---

[1]《明熹宗实录》(梁本)卷四十六,天启四年九月,台湾历史语言研究所校印本1962年,第5页,总第2443页。

[2] 崇祯《吴县志》卷十一《祥异》,《天一阁藏明代方志选刊续编》16,上海书店1990年,第90—91页。

[3] 徐树丕:《识小录》卷二《庚辰民变》,《笔记小说大观》40编3册,台湾新兴书局1985年,第209—210页。

[4] 乾隆《吴江县志》卷四十《灾祥·灾变》,《中国方志丛书》,台湾成文出版社有限公司1975年,第1182页。

[5] 叶绍袁:《启祯记闻录》卷二,《痛史》第13种,商务印书馆1911年,第7页。

[6] 以上二、四、五,参照罗仑主编、范金民、夏维中著:《苏州地区社会经济史(明清卷)》,南京大学出版社1993年,第296—309页。凡有差异之处,均由本书笔者负责。

六、张溥与复社活动

明末,文人学子为考科举,以文会友,砥砺学问,结社成风,有的还积极参与政治活动。江南文社最盛。艾南英倡豫章社,陈子龙倡几社,最为著名。张溥与张采倡立复社。复社就是文人结的文社,在东林之后,名声极大,在当日声望动天下[1]。

崇祯二年(1629),复社由十几个小文社联合而成,以太仓张溥、张采为宗。他们春秋集会,尤以尹山大会(1629)、金陵大会(1630)、虎丘大会(1633)为盛。以后又有崇祯十年(1637)、十五年(1642,张溥已逝)的虎丘大会。当然,复社也有局部地区社员的雅集,有利用寿宴、社丧、会吊等其他形式的雅集。社员多为青年士子,不断登第入仕,如太仓吴伟业联捷会元榜眼,钦赐归娶,天下为荣。复社成员盛时多达二千多人,声势遍及海内,代表着比较正直的政治和社会力量。

张溥(1602—1641),字乾度,改天如,号西铭,太仓人。父翼(有作翊)之,太学生,生10子。伯父辅之,南京工部尚书。张溥因是婢女金氏所出,"不为宗党所重"。张辅之家人对他尤其无礼造事,张溥"洒血书壁,曰:'不报仇奴,非人子也!'奴闻而笑曰:'塌蒲屦儿,何能为!'溥饮泣,乃刻苦读书,无分昼夜。尝雪夜已就寝,复兴,露顶坐而晓,因鼻衄"[2]他自幼嗜学,所读书必手抄,抄完朗诵一遍,立即焚掉,又抄,这样反复六七次才罢。右手握笔管之处指掌成茧。冬日手皲,每天浇温水几次。因此,他后来命名读书之斋为"七录"。

他独与同里张采(1596—1648),字受先,志同道合,订交共学齐名,且为姻家。张溥性宽,重名义,泛交博爱。张采尚节概,特严毅,喜甄别可否,人有过,曾当面叱责。因张溥居西郊,张采居南郊,人称西张、南张,合称"娄东二张"。

曾任首辅的昆山人、阉党领袖顾秉谦,因里人恨他,无法在乡居住,避到太仓,张溥、张采率领里中诸生将他驱赶出去,刊布的檄文脍炙人口,两人从此为天下所重。

崇祯元年(1628),张溥以选贡生入都,张采刚成三甲进士,两人名彻都下。不久,张采官临川知县。张溥归,二年,集郡中名士,结文社,名复社,提倡兴复古学,推崇前、后七子的文学理论,却又不拘泥单纯追求形式、模拟古人,主张"务为

---

[1] 永瑢等纂:《四库全书总目》卷二十三,经部23,礼类存目一,中华书局1965年影印本,第184页。
[2] 陆世仪:《复社纪略》卷一,载《东林始末》,北京古籍出版社2002年,第202页。张溥初字乾度,一般书籍不记载,参见蒋逸雪:《张溥年谱》,齐鲁书社1982年,第1页;张溥:《七录斋合集》,曾肖点校,齐鲁书社2015年,"前言"。

有用",并反对公安、竟陵派逃避现实的文风。

四年,张溥成三甲进士,改庶吉士。以葬亲乞假归,读书若经生,无间寒暑。六年,复社召开虎丘大会,规模庞大。四方啖名之人争先恐后,奔走其门,全部名为复社。张溥也倾身结纳,交游日广,声气通朝右。为人品题甲乙,很能有高下荣辱之效。奔走附丽之辈则纷纷自矜:"吾以嗣东林也。"复社继承东林遗绪,坚持和阉党斗争,下启几社,明亡后,复社文人成为抗清复明斗士,死国殉难,不可胜数,如陈子龙、夏允彝、杨廷枢等,也有许多社员甘心终身自隐于布褐,不被新朝一丝一粟。〔1〕

但当时执政大僚有些厌恶张溥。于是发生陆文声、周之夔攻击张溥、张采结社乱政事件,险些酿成大狱。张溥里人陆文声,输赀为监生,求入复社,不许;张采又曾以事鞭打他。文声诣阙说:"风俗之弊皆原于士子。溥、采为主盟,倡复社,乱天下。"湖州乌程人温体仁正当枋掌国事,令事下所司查问。迁延很久,提学御史倪元珙、兵备参议冯元飙、太仓知州周仲,连言复社无可罪。这三人都遭贬斥,严旨穷究不已。闽人周之夔曾任苏州推官,因事罢去,怀疑是张溥所为,恨之入骨。听闻文声讦告张溥,伏阙上言张溥等把持计典,自己罢职实是因其所为,并及复社恣横情状。章下,巡抚张国维等讲周之夔罢官不干张溥事,亦被谯让。

直至十四年,张溥已卒,而事情犹未结束。刑部侍郎蔡奕琛因党薛国观连坐下狱,不知张溥已卒,仍讦告张溥遥握朝柄,自己得罪也因张溥缘故,便弹劾张采结党乱政。诏责张溥、张采回奏。张采上言:"复社非臣事,然臣与溥生平相淬砺,死避网罗,负义图全,谊不出此。念溥日夜解经论文,矢心报称,曾未一日服官,怀忠入地。即今严纶之下,并不得泣血自明,良足哀悼!"这时候首辅温体仁先前已罢,后继的张至发、薛国观都不喜欢东林,因而有关衙门不敢复奏。张至发、薛国观亦相继罢去,由周延儒当国。他是张溥座主,再获宰相之任,张溥实有出力,故周延儒采疏上奏,事情立刻得以化解。

明年,御史刘熙祚、给事中姜采,交章上言张溥砥行博闻,所纂述经史有功圣学,宜取用备观。崇祯帝御经筵,经周延儒对答张溥、张采"二人好读书,能文章",帝颔首,于是有诏征张溥遗书。有司先后录上张溥3 000余卷,崇祯帝全部留览。

张溥学问赅博,涉及经、史、集。诗文敏捷。四方来人征索时,他不起草,对客挥毫,迅即成章,以故名高一时。卒年才40岁。〔2〕私谥仁学。著作丰富,主要

---

〔1〕 参见邓实:《复社纪略·跋》,载《东林本末》,北京古籍出版社2002年,第287—288页。
〔2〕 以上张溥事迹参见《明史》卷二八八,列传一七六《文苑四·张溥》,中华书局1974年,第7404—7405页。

有《七录斋集》,尤其以删定《名臣奏议》及《汉魏六朝一百三家集》为巨帙。辑录《汉魏六朝一百三家集》118卷,"搜罗放佚,采摭繁富,颇于艺苑有功"[1]。每集前均写题辞,借以阐明文学主张。"州分部居,以文隶人,以人隶代,使唐以前作者遗篇,一一略见其梗概。""元元本本,足资检核。"张溥"遗书,固应以此为最矣"。[2]著名的《五人墓碑记》由张溥于崇祯元年所写。

张采到福王时又被起为礼部员外郎。《明史·文苑》将他附于张溥本传。

天启四年(1624),张溥、张采、顾梦麟、杨彝、朱隗、吴昌时、王启荣、周铨、周钟、钱旃、杨廷枢共11人在唐市成立应社,仅是尊经复古,分工评骘五经文字,矫治文风,研讨制艺技巧,以提高科举考试成功概率的同人文社或学术团体。以后扩大为广应社。到崇祯二年(1629),由此扩展成以兴复古学、务为有用为宗旨的复社,则不仅仅是文学社团了,已经订立了道德自律与政治理想的目标。他们以儒家经典为本,从治经开始,立德践行,塑造高尚人格,端正学风与士风,希望培养人才,不是热衷于功名利禄,而应立志致君泽民。复社以怀想夏商周三代盛世为其社会理想,崇尚忠孝节义,重塑士林精神,以振国家之气;以经世致用为治学原则,注重实学济世,贯通经史,编纂大量史书以彰显节义,并且逐步介入政治纷争,具有政治主张与倾向,侧重维护社会稳定,关切民瘼,体现民本思想;设立乡约,维护公序良俗;惩治刁民,打击黑恶势力。

作为全国性文人社团的联合体,复社既是文社,又是具有政党性质的社会组织,具有忧国忧民意识,弘扬士大夫精英正直谏言、关心国事的精神,秉持东林遗风,同阉党余孽坚决斗争。最为轰动的是,崇祯十一年(1638)由顾宪成孙顾杲、黄尊素子黄宗羲为首,多达140人联合署名,公开反对阮大铖复出,在南京发表《留都防乱公揭》,因而被称为小东林,太仓和苏州于是成为天下舆论中心。

事实上,与东林相比,复社在人文精神和经世学术上继承了东林人的高风亮节,除了在教学上的声响因没有书院为基地不如东林外,在经史学术和文学上著作宏富,成就巨大,在政治上向近代政党雏形的演变与作为更是远远超过被组织被党化的东林学派,如组织完整,纪律严明,有全国联络渠道与方式,组织大规模集会,积极参与国家政治活动,像阻止阮大铖复出,促成薛国观下台、周延儒复相以及影响地方政务,至于组织与投身抗清斗争,谱写忠义悲壮,可歌可泣,更是两

---

[1] 永瑢等纂:《四库全书总目》卷三十,经部30,春秋类存目一,中华书局1965年影印本,第250页。

[2] 永瑢等纂:《四库全书总目》卷一八九,集部42,总集类四,中华书局1965年影印本,第1723页。

千年来文人集团的第一次。[1]

如抗清志士杨廷枢,字维斗,吴县人,崇祯三年(1630)解元。他在复社以"文章声气主盟一时"[2],意气风发。甲申之变后,面对清军剃发令,他气节凛然,主张头可断,发不可断! 宁死不从,被杀。其绝命词:"人生自古谁无死? 留取丹青照汗青! 正气千秋应不散,于今重复有斯人。"[3]一如文天祥《正气歌》,充满浩然之气。学者私谥为"忠文先生"。清朝吴江人张方湛作《忠文靖节编》,陈去病将它辑录于《陆沉丛书》,称为《杨公维斗血书》,并题词:"落日孤墟掩寺门,芦中人去只存村。荒荒一片汾湖水,呜咽徒闻吊国魂。"[4]

明代苏州人与朝廷政局相连紧密。在朝政紧要关头,或者重大事件发生之时,总有苏州人的踪影闪现。例如,明前期燕王"靖难之役"之时的军师姚广孝,明中期英宗"夺门之变"大功臣赏封武功伯的徐有贞,明武宗时与宦官刘瑾抗争不阿的王鏊,嘉靖抗倭名臣朱纨、王忬,明后期东林君子顾大章、周顺昌、周宗建以及东林领袖钱谦益等,万历朝"争国本"中的首辅申时行、王锡爵,明末复社领袖张溥、张采,抗清名臣瞿式耜等。他们不仅能够通过科举步入仕途,经邦济世,无愧于国家栋梁之材,进入权力核心,又能够应时而起,为时所用,勇于担当国家与民族的道义和职责,以其信念、睿智、志节与气魄建功立业,载入史册。还有普通工商民众,如反矿监税使的葛成、管文,市民运动的苏州五人高义,临危不惧,因义而起,彪炳千古。明代不少苏州人站到时代的风口浪尖,也带领明代苏州处于敏锐的当口。

---

[1] 参见丁国祥:《复社研究》,凤凰出版社2011年;顾公燮:《丹午笔记》之《文社之厄》,苏州博物馆等编,江苏古籍出版社1985年,第87—88页。
[2] 张方湛:《忠文靖节编》,《丛书集成续编》第31册,上海书店出版社1994年,第631页。
[3] 张夷主编:《陈去病全集》《杨公维斗血书》,上海古籍出版社2009年,第690—692页。
[4] 张夷主编:《陈去病全集》《忠文靖节编绘图题词》,上海古籍出版社2009年,第219页。

◎ 第四章 明代苏州社会生活 ◎

社会生活实态的内容丰富,事项繁杂,既有历史的延续性,又有发展变化的创新性。一般而言,社会生活既与同时的政治、经济、文化发展相适应,又能及时反映政治、经济、文化的变化,甚至本身也是其中的一部分。前述广义的明代苏州社会变化的三个阶段在其社会生活之中深刻体现出来。于此,通过人口、风尚、宗教、民间信仰、宗族共5个专题的研讨,试图展现明代苏州社会生活最主要的情况。

第一节　明代苏州人口状况

户口数量的增减与世道治乱兴衰密切关联。明正德《姑苏志》说:"夫户口之登耗,世之治乱见焉。爰节旧志所书历代可考者,本朝则载国初与近岁所上之数,他可推矣。"[1]

明代苏州社会经济发展离不开人口的基础,包括人口数量与人口质量。人口数量源于两个部分,即本地人口自然增长与外地迁入人口的规模。明代江南人口增长速度,人口数量、质量与社会经济的关系,应该成为重要的研究课题,苏州更是居于重中之重的位置。然而,由于历史人口资料及其性质与现今差别很大,我们根本不能进行类似现代人口学的历史人口的全面研究。仅仅是人口数量情况就足以带来巨大的困惑。

明代全国人口数量及其增长速度,自从何炳棣进行现代人口学术研究以来,在中国人口史中已经进行了不少研究,一致认为明初人口是可信的。其后南方人口数量一直呈现减少势态,与北方人口数量呈稳步增加势态,截然相反,是不正常的。因此学者设法重估,认为在万历年间到达人口高峰数值,在1亿到1.5亿之间。[2]然而,近来学者对江南人口社会研究认为,太湖流域地区社会经济发

---

[1] 正德《姑苏志》卷十四《户口》,《天一阁藏明代方志选刊续编》11,上海书店1990年,第917页。
[2] 参见[美]何炳棣:《1368—1953中国人口研究》,葛剑雄译,上海古籍出版社1989年,第261—262页;曹树基:《中国人口史》第四卷《明时期》,复旦大学出版社2000年,第200—201页。

展,倒使人口低增长成为可能。[1]不管该地方人口增长速度是快是慢,在人口基数较大的前提下,其人口数量的绝对增加与人口高密集产生的绝对人口压力,总是存在的。[2]这相反的估计为我们考虑明代苏州等江南之地的人口与社会经济发展打开新的思路。

至于明代苏州府与苏州城的具体人口规模以及分布、职业结构的情况,除了本书第一章所述明初人口情况之外,我们只能在已有研究基础上做个大概估测。

一、著籍户口与意象人口

目前有关传统中国城市人口数量的认知,大致有以下3种途径:著籍的附郭县赋役户口;当时人描述,即所谓"人口意象"[3];学人在解读前两者基础之上形成的不同判断。显然,这三者之中最为基本的是著籍户口。由于我们拥有的存世人口记录绝非现代人口统计学意义上的,不具有系统完整性与精确性,是零星含糊的,而描述人口意象的语词也往往无法超越认识的局限性。[4]

美国迈克尔·马默(Michael Marme)使用明代苏州府吴县、长洲县的官方户口统计资料,参照现代人口学方法和研究成果,大胆地依据平均每户6.24人的规模推估明代苏州府、吴县、长洲县的人口数量,重建明代这一地区的人口真实增长,并解释相关问题。但其口数的推算仍然建立在颇为可疑的明代户数调查的基础上,没做细致的分析就全部采用,以致重建的口数中大多数年份仍是扩大规模的人口下降势态,少数年份根据户数可以推得比原来记载增多一些的口数。[5]因而,这是否可能是另一种形式的非真实的人口发展轨迹?

---

[1] 李伯重:《"最低生存水准"与"人口压力"质疑——对明清社会经济史研究中两个基本概念的再思考》,《中国社会经济史研究》1996年第1期;《江南的早期工业化(1550—1850年)》,社会科学文献出版社2000年,第398页;《多视角看江南经济史(1250—1850)》,生活·读书·新知三联书店2003年,第144—145页。

[2] 吴建华:《明清江南人口社会史研究》,群言出版社2005年,第82—135页。

[3] 包伟民在《意象与现实:宋代城市等级刍议》(《史学月刊》2010年第1期,收入其著《宋代城市研究》第六章"人口意象",中华书局2014年,第304—323页)一文中,将宋代存世文献所反映的宋人关于城市人口规模的描述视作"人口意象",通过比较意象人口与实际人口规模的差异与联系,进而探讨两宋时期城市发展过程中行政层级与城市地位的总体匹配与局部脱节现象。

[4] 面对这些既无法深究其统计口径又不能明辨其来源的信息,学者只能通过间接途径以寻求答案,例如,在上下限区间内取中、相近规模的城市人口数字的移用,而对缺乏官方单列统计数据的市镇人口的估计,可以参照所在或邻近地区的城市化水平。这些方法无法规避在多重假设之下累积起来的数据的风险与误差,所得人口数字的比较意义亦远甚于其自身的价值。

[5] Michael Marme: Population and Possibility in Ming(1368—1644) Suzhou: A Quantified Model, Ming Studies, No.12, 1981, Univ. of Minnesota, USA.

（一）苏州与苏城著籍户口数量

明正德《姑苏志》抄录记载苏州自古以来到明中期的户口情况，表明对苏州人口增长的看法：

> 按《史记》泰伯奔于荆蛮，义而从之者千余家，数亦略已。
>
> 西汉，吴郡凡户二十二万三千三十有八，口一百三万二千六百有四。
>
> 东汉，户十六万四千一百六十有四，口七十万七百八十有二。
>
> 晋，户二万五千。
>
> 宋，户五万四百八十有八。
>
> 隋，户一万八千三百七十有七。
>
> 唐，贞观八年，户一万一千八百九十有九，口五万四千四百八十有一。
>
> 天宝元年，户七万六千四百二十有一，口六十三万二千六百五十有五。
>
> 宋初，户二万七千八百八十有九。
>
> 祥符间，户六万六千一百三十有九。
>
> 元丰三年，户一十九万九千有奇，口三十七万九千有奇。
>
> 宣和间，户四十三万。
>
> 南渡后，至淳熙十一年，户一十七万三千有奇，口二十九万八千有奇。
>
> 德祐元年，主客户三十二万九千六百有奇（僧道不与）。
>
> 元至元二十七年，始括户口，至四十六万六千一百有奇（僧道亦不与）。
>
> 国朝洪武四年抄籍，计户四十七万三千八百有奇，口一百九十四万七千八百有奇。
>
> 九年，实在户五十万六千五百有奇，口一百一十六万四百有奇。
>
> 弘治十六年，户五十八万二千有奇，口二百万九千三百有奇。

明朝立国，调查户口严格，建立黄册制度，得到的户口数据比较可信。"国初每户各给户帖，备开籍贯、丁口、产业于上，俾民执照。军、匠籍例不分户，缺役，以丁男代补。每十年一造册，丁口老死、田产卖去，开除；成丁小口、新置产业，收入。"

《姑苏志》作者纵观苏州历代户口增减大势,得出认识,尤其是元明之际到明中期户口变化轨迹,由明初政策迁民到因重赋导致的明中期人口大逃亡:

> 历观户口减耗,唯唐、宋初年为甚。时更大乱,非死而徙耳。若国初,户数与元末略等。盖张氏据吴,务诱其民,民多归之。及天兵入城,不妄戮一人,故虽更乱,犹故也。百余年间宜乎倍蓰,而所登不满十万,则有由矣。盖洪武以来,罪者谪戍,艺者作役,富者迁实京师,殆去十之四五。近年则又不能无脱漏及流徙他境耳。[1]

顾颉刚认为苏州唐以前不盛,到吴越及北宋始盛,与都城距离近些、取给物资有关系,并记载唐宋苏州户口,以北宋宣和43万户,户均5口计,则为215万,户口甲于全国了。[2]

追溯宋元以来的苏州人口数量规模,可以更好地认识明代苏州府和苏城人口数量状况,这也是明代苏州社会经济与文化发展的人口数量基础。

依据现存资料,可以列出宋元明时期(10世纪后期至15世纪前期)共11个时点的苏州府及其附郭县的著籍户口。

表4-1 宋元明苏州及附郭县在籍户、口数

时间	类别	苏州	长洲县	吴县	资料出处
宋太平兴国(976—984)	主客户	35 195			《太平寰宇记》卷九十一
大中祥符四年(1011)	户	66 139			《吴郡图经续记》卷上
元丰三年[3](1080)	户	199 892			《吴郡图经续记》卷上
	丁	379 487			
崇宁(1102—1106)间	户	152 821			《宋史》卷八十八
	口	448 312			
淳熙十一年(1184)	户	173 042			《吴郡志》卷一
	口	298 405			
德祐元年(1275)	主客户	329 603			洪武《苏州府志》卷十

---

[1] 上引均见正德《姑苏志》卷十四《户口》,《天一阁藏明代方志选刊续编》11,上海书店1990年,第917—920页。顾颉刚:《苏州史志笔记》,王煦华辑,江苏古籍出版社1987年,第106—109页。
[2] 顾颉刚:《苏州史志笔记》,王煦华辑,江苏古籍出版社1987年,第105、108—109页。
[3] 另据王存《元丰九域志》卷五《两浙路·苏州》(王文楚、魏嵩山点校,中华书局1984年,第210页),主客户数分别为158 767、15 202,总数173 969。梁庚尧怀疑客户存在脱漏,导致总户数偏少。

续表

时间	类别	苏州	长洲县	吴县	出处
元至元二十七年(1290)[1]	户	466 158			《元史》卷六十二
	口	2 433 700			
明洪武四年(1371)[2]	户	473 862	85 868	60 335	洪武《苏州府志》卷十
	口	1 947 871	356 486	245 112	
洪武九年(1376)	户	506 543	86 178	61 857	洪武《苏州府志》卷十
	口[3]	2 160 463	380 858	285 247	
洪武二十六年(1393)	户	491 514			万历《大明会典》卷十九
	口	2 355 030			
宣德六年(1431)	户	369 252			《况太守集》卷八

上表由正史、方志、政书提供的宋元明苏州著籍户口[4]并不出自同一个人口登记系统，所以只能反映大概的人口数量情况。一般而言，在传统中国时代，统治王朝的著籍户口来自官方基于征赋佥役的目的而进行的层层调查，因而就不是实际的全体人数。相当一部分独立于州县编民体系之外的特殊人户并不是制度设计的登记对象。[5]即使是应该纳入政府统计范围的户口，也可能普遍存在全范围的严重脱漏现象。因此，我们可将这些著籍户口视作实际人口规模的谷底值。

---

[1] 《元史》卷六十二，志十四《地理五》，中华书局1976年，第1493页。这一数据未明确年份。洪武《苏州府志》卷十《户口》只有至元二十七年户数，与《元史》卷六十二《地理五》相同。因此，将口数看作是至元二十七年的。

[2] 此洪武四年"抄籍数"实际可能是元末人口。

[3] 正德《姑苏志》卷十四《户口》将洪武九年全府口数记作"一百一十六万四百有奇"，李济贤、曹树基都认为这是将"二"百万误作"一"百万，见李济贤：《明代苏、松、常地区户籍人口消长述略》，《明史研究论丛》第四辑，江苏古籍出版社1991年，第124页，他还注意到康熙《江南通志》卷十六《户口》延续此一错误；曹树基：《中国人口史》第四卷《明时期》，复旦大学出版社2000年，第49页。我们考查同治《苏州府志》卷十三《田赋二·户口》引述该条时已改正为"二百一十六万四百六十三"，见《中国地方志集成·江苏府县志辑7》，江苏古籍出版社1991年，第340页。

[4] 据万历《嘉兴府志》卷一《建置》(《中国方志丛书》，台湾成文出版社有限公司1983年，第50页)可知：后晋天福四年(939)立秀州，嘉兴、华亭、海盐、崇德4县从此不再隶属于苏州。因而此前苏州人口数字并不适用于与后世类似记载进行直接比较，我们在存世文献中追索苏州人口记载便从宋代开始，且因明代中期以后的户口数据往往与赋役单位深度纠葛以至于利用困难，故不纳入比较。

[5] 寺观户、女口、工匠、乐户、官户、奴婢等特殊人户是否作为著籍人口的一部分纳入统计范围，在不同的时期与区域各有不同，如上文所列德祐元年、至元二十七年苏州著籍户口即注明剔除僧道户，但据明洪武二十四年黄册条例来看，僧道户明确被列为应役人户。此外，明代苏州卫治与府治同城，额定卫所军户与随军家属没有包含在著籍的州县人口内。

两宋苏州户口数据或源于《太平寰宇记》等国家地理总志及元修宋代正史，或袭自旧志，或引时人所述。

元代苏州著籍户口是明初国史、府志追记的。[1]其中至元二十七年(1290)的口数在243万以上，是唐末以来苏州著籍人口的最高峰，超过同期集庆、常州路著籍户口的两倍。一般认为，这与元朝在清查隐漏户口方面力度颇大有关。这一元朝官方正式确认的苏州著籍人口自13世纪末起跃上200万的台阶，反映苏州经济发展水平与城市地位在全国范围内逐渐领先，为明清苏州人口和社会经济发展打下了坚实基础。经元明兵燹，改朝换代，明初洪武年间社会经济虽正在恢复，但苏州全府人口数量尚未超越这一水平。

关于苏城的人口数量情况，除去设置录事司机构管理城中人户的元代外，苏州城内户口从未成为官方户口调查的专门对象，但元代苏州既未修成任何府志或附郭县志，明清府志也没有收录前代录事司户口数，于是我们对宋元明苏城人口数量的蠡测都是建立在间接文献基础之上的。

以梁庚尧按户数为南宋城市所划的等级，苏州(平江府)无论在北宋时期，还是在南宋时期，都被归入5万户以上的第一等级大城市。[2]结合上表所示宋代苏州著籍户数，可知这一地位应当是在11世纪晚期(全府近20万户)开始才逐渐明朗化的。

按照宋代人口史研究中通行的户均5口折算的比率，在两宋时期大部分时间里，苏城人口至少在25万以上。然而，这与上表所示宋代著籍口数发生了矛盾，不过相较户数而言，宋代的著籍口数普遍被视作纳税丁数而非实际人数，因此与所得结论应无太大的龃龉。了解梁庚尧通过昆山《玉峰续志》修撰者对时局转衰描述的分析，那么上表创记录的南宋末德祐间苏州户数(33万户)还不是两宋时期峰值的反映。[3]因为依据吴松弟、包伟民估计，宋代苏城人口峰值超过10万户[4]，也就意味着宋代苏城人口数量的上限要在50万左右。

元代苏城人口数量全无文献可征，却可凭借存世元代杭州、建康、镇江5路

---

[1] 梁庚尧认为洪武四年苏州户数可视为元末的反映，吴松弟亦持此议。分见梁庚尧：《宋元时代的苏州》，载其《宋代社会经济史论集》上册，台湾允晨文化实业股份有限公司1997年，第345页；吴松弟：《中国人口史》第三卷《辽宋金元时期》，复旦大学出版社2000年，第319页。
[2] 梁庚尧：《南宋城市的发展》，载其《宋代社会经济史论集》上册，台湾允晨文化实业股份有限公司1997年，第515页；吴松弟：《中国人口史》第三卷《辽宋金元时期》，复旦大学出版社2000年，第600页。
[3] 梁庚尧：《宋元时代的苏州》，载其《宋代社会经济史论集》上册，台湾允晨文化实业股份有限公司1997年，第345页。
[4] 吴松弟：《中国人口史》第三卷《辽金宋元时期》，复旦大学出版社2000年，第590页；包伟民：《意象与现实：宋代城市等级刍议》，《史学月刊》2010年第1期。

录事司户口记录进行间接推估。

关于南宋临安城人口数量的估计,各家认为在43万至250万之间不等,差异极大!较为接近的意见集中在120万至150万之间。[1]无论这些估计是否符合实际以及在多大程度上符合实际,毋庸置疑,作为都城的临安城人口数量在南方诸城市保持着绝对领先地位。即使宋元之交改朝换代,临安失去都城地位之后,临安城的人口数量优势在江南也应该不会很快跌落得太后。由此,可以将至元二十七年(1290)前后杭州路所辖4录事司约计的12万余户、61万余口[2]近似地视作元代平江(苏州)城内户口的上限。

建康路(府)在南宋时虽然与平江府同列户口超过5万户的第一等级大城市,但就北宋后期各自府城著籍户口的高峰比较来看,在入明以后获得都城地位之前,它的户口仍然与苏州存在相当大的差距。由此,可以将至元二十七年建康路在城录事司在籍的18 205户、94 992口[3]近似地视作同时期平江路城的户口下限。

由上得知,元代前期苏城人口大约可以推定在10万至60万之间,而不属于录事司管辖范围内的附郭县的其余城市人口,以建康路(府)的户口变迁来看,应当是一个可观的数目。[4]

明代苏州著籍人口的可信记载也属寥寥,不过与前代相比,洪武四年(1371)、九年(1376)的户口记载具有格外重要的意义:苏州全府户口与包括附郭县在内各县户口完整、系统开列的情况自唐宋以降仅此二例,并且洪武时期著籍户口数据的可靠性亦向为中国人口史学者所认可。

由于洪武四年苏州著籍户口实际上可能是元末户口调查的反映,因而明初"户数与元末略等"就无疑义。而从洪武九年的苏州人口数据也可以大致估计元末明初附郭县户口在全府总数中所占的比例。

总体上,长洲县著籍户数与口数在全府总额的比重均以5%左右的优势领先于吴县,在17%~18.3%之间。此外,除去吴县口数外,附郭县的户数与口数比重自元末以至明初都有小幅下降,这可能与洪武八年(1375)崇明县划归苏州而导致全府户口数的增加有关。

---

[1] 包伟民:《意象与现实:宋代城市等级刍议》,《史学月刊》2010年第1期。
[2] 韩光辉:《12至14世纪中国城市的发展》,《中国史研究》1996年第4期。
[3] 至正《金陵新志》卷八《户口》,《中国方志丛书》,台湾成文出版社有限公司1983年,第1872页。
[4] 元代录事司户口统计范围从制度层面已较两宋时期收缩。据吴松弟统计,在未经战乱、持续发展的前提下,元代前期建康路录事司户口仅为近两百年前江宁府坊郭户口的三四分之一,见其《中国人口史》第三卷《辽宋金元时期》,复旦大学出版社2000年,第592页。

洪武二十六年(1393)的明朝户口数据一向被作为明清时期可信的中国人口数据之一。此年苏州全府约有49万户,235.5万口。换言之,在明初最为接近元末至元二十七年46.6万户、243万口户口规模。

设若此年苏州府各县著籍户口分布态势并未发生明显变动,可推知此年苏州附郭的吴县、长洲两县的户数大致介于14.4万~15.2万,口数则介于71.1万~74.2万。如果将苏府境内驻扎的卫所军籍人户纳入考虑,上述两个数字仍可加增不等。

然而有关明初苏州附郭县人口的占比情况,一直没有形成较为清晰可信的判断。一种意见认为,洪武四年、九年苏州附郭县著籍人口约有半数生息于苏州城。[1]如果这种看法能够成立,则意味着明朝开国伊始,苏城著籍人户至少在7.4万户、33.3万口以上,几乎是40年前镇江录事司所辖户口的5倍左右。[2]不过以元末明初苏州附郭两县人口比率接近50%的估计,无论是与傅崇兰根据清顺治十年(1653)杭州附郭县著籍市民、乡民人丁数进而推测城市人口比例约计15.32%的观点进行同比对照[3],还是与明崇祯三年(1630)吴江县11%的城市化水平进行环比对照[4],都显示出过大的差距。

明永乐至宣德时期,苏州府著籍户数并未随着时间推移而同步增长,甚至出现了大幅减少现象[5],反映出15世纪前期苏州人口变动的新态势。"洪武赶散"以来,苏州人口"殆去十之四五"[6],这绝对不是人口自然增长的常态,而是明初政治形势与政策直接干预的严重结果。以政治原因获罪的世家大族、以一技之长供役于官府的匠工以及迁往南京、凤阳、苏北的富户,很多就是苏城人口的重要组成部分。这批人口在短期内被大规模集中外迁,无疑成为苏城著籍户数在入明百余年后仍然增加"不满十万"[7]的关键原因。

最近20多年来,16世纪后期至17世纪前期,苏州府城人口当在50万以上

---

[1] 曹树基:《中国人口史》第四卷《明时期》,复旦大学出版社2000年,第310页。
[2] 至顺《镇江志》卷三《户口》,杨积庆等校点,江苏古籍出版社1999年,第86—98页。《户口》之下包录事司的5项户、口数,即土著、侨寓、客、单贫、僧道,"驱"未计在内,累计分别为15 758户、62 078口,则户为4.69倍,口为5.36倍。由于"客"口数缺,引起倍数增大,保守估计在5倍左右。
[3] 傅崇兰:《中国运河城市发展史》,四川人民出版社1985年,第226页。
[4] 曹树基:《中国人口史》第四卷《明时期》,复旦大学出版社2000年,第324页。
[5] 宣德六年苏州户数出自时任知府上奏公文,但并未被任何一部后修府志采用。
[6] 正德《姑苏志》卷十四《户口》,《天一阁藏明代方志选刊续编》11,上海书店1990年,第920页。
[7] 曹树基:《中国人口史》第四卷《明时期》,复旦大学出版社2000年,第309、310页。参见前引正德《姑苏志》卷十四《户口》。

的观点一直是研究者之间共识度较高的[1],并越来越经常地充当其他相关论题的背景知识。在更有说服力的人口事实被发现之前,欲要修正这个结论的难度与证实它是同等的。

有了以上苏城人口超过 50 万的数量估计,可以进一步考察其人口密度。苏城的面积,环护城河之内的可以近似地视为 14.18 平方公里;若将山塘、上塘沿线附近地带一并计入,则扩大至 19.56 平方公里。那么,明后期苏州府城的人口密度当介于每平方公里 2.56 万~3.53 万人之间。

据包伟民估计,南宋临安城在淳祐(1241—1252)年间、咸淳(1265—1274)年间的人口密度分别达到每平方公里 2.1 万人与 3.5 万人。[2]可以看出,明后期苏州城人口密度的估值与此大致相似。13 世纪中后期的临安城与 17 世纪前期的苏州城的人口密度,不但至少是当今通行的世界大城市城区人口密度每平方公里 1 万人标准的两倍以上,而且即使与 2012 年上海市中心城区(含黄浦、徐汇、长宁、静安、普陀、闸北、虹口、杨浦共 8 区)人口密度每平方公里 2.44 万人[3]比较起来,也具有绝对的领先优势。换言之,尽管受限于前工业化时代城市建筑的形制与物质、技术水平,明代后期苏州城的人口密度却远远超过当今中国与世界上任何一个大城市的中心城区,而与 3 个世纪前的南宋临安都城的人口密度旗鼓相当。难怪乎无论元代西人旅游家马可·波罗,抑或明后期西方传教士利玛窦,都要惊羡苏州、杭州的举世繁华了。

人口异常稠密地居住于"人间天堂"苏杭,人气充足,保证了拉动工商业的内需动力充沛。

(二)苏城意象人口规模

苏州著籍人口与户口自 10 世纪后期至 15 世纪前期各自经历了不同形式与速率的同比增减,但在这 4 个多世纪中,苏城人口意象却一直没有变化,一直作为"十万户"之城出现在唐宋元明人的诗文之中。事实上,就在两宋时期,苏城户口峰值可能已经超过 10 万户。[4]

在 10 世纪以前,苏城著籍户口规模极可能与时人诗咏之"十万户"不相匹

---

[1] 参见曹树基:《中国人口史》第四卷《明时期》,复旦大学出版社 2000 年,第 311 页;李伯重:《工业发展与城市变化:明中叶至清中叶的苏州(中)》,《清史研究》2002 年第 1 期。
[2] 包伟民:《宋代城市研究》,中华书局 2014 年,第 364 页。
[3] 上海市统计局、国家统计局上海调查总队编:《上海统计年鉴(2013)》第二篇《人口》表 2.2 "各区、县土地面积、常住人口及人口密度(2012)",中国统计出版社 2013 年,第 30 页。
[4] 吴松弟:《中国人口史》第三卷《辽宋金元时期》,复旦大学出版社 2000 年,第 590 页。

配,却在时人有关城市人口意象的等级序列中已经获得仅次于都城一等的位置。

今本《吴地记》提供的苏州 7 县户数,从政区设置、撰者生平以及书内行文三方面来看,反映的是唐僖宗乾符三年(876)之前或稍后的情况,书内所载吴、长洲、常熟、昆山 4 县,亦即宋元以降苏州府管辖之地的著籍户数,合计 82 862,其中吴县(包括后立吴江县地)与长洲县的户数合计 55 061。[1]但在唐人诗咏中,类似皮日休(约 834—902 后)"全吴缥瓦十万户"、吴融(850—903)"姑苏碧瓦十万户,中有楼台与歌舞"[2]的表述并不罕见。皮日休曾在苏州游幕,而吴融则是相距苏州不太远的山阴人,他们都不会缺少亲身感受苏州城市氛围的经历。他们笔下意象人口的诗句与著籍户口的实际应该不会产生明显的差别。实际上,苏州城内大约有户 38 434,户均 8 口计,则口为 307 422。[3]

除了苏州之外,曾在时人笔下以"十万户(家)"名世的唐代城市,还有成都、洪州、魏州,此外虽未有明确记载但亦可推测户口规模与前述"十万户"诸城相埒的城市,还有扬州、广州、杭州、太原、汴州等。[4]结合唐人以"百万家"之人口意象赋予京城长安的惯例[5],可见当时仍旧管辖着宋代以后秀州在内的苏州州治之城,已经稳稳跻身于唐帝国境内仅次于都城的最重要城市之列。

11 世纪至 13 世纪,诗人笔端最常拈来形容苏州(苏州城)人口规模的,仍然是"十万户"。据上文所述,苏城人口规模在这 3 个世纪里已经逐渐增长到与 10 万户相符的程度。比如范仲淹(989—1052)所描述的"吴都十万户,烟瓦亘西南"[6]情景,以及王洋(1087—1154)所肯定的"自古吴门十万户,莫疑开口告人难"[7]中的"吴都""吴门"。但赵蕃(1143—1229)"城中十万户,历问无乃劳"[8]之句,已明确将平江城内户数定位在"十万户"之众。值得注意的是,

---

[1] 陆广微:《吴地记》,曹林娣校注,江苏古籍出版社 1986 年,第 33、45、52、54 页。
[2] 皮日休、陆龟蒙:《奉和鲁望早春雪中作吴体见寄》,《松陵集》卷 6,《景印文渊阁四库全书》1332,台湾商务印书馆 1986 年,第 224 页。吴融:《风雨吟》,《唐英歌诗》卷下,《景印文渊阁四库全书》1084,台湾商务印书馆 1986 年,第 39 页。
[3] 参见刘丽:《7—10 世纪苏州发展研究》第四章"唐代苏州户口发展探析",中国社会科学出版社 2013 年,第 116—134 页。
[4] 冻国栋:《中国人口史》第二卷《隋唐五代时期》,复旦大学出版社 2002 年,第 505—507 页。
[5] 包伟民:《意象与现实:宋代城市等级刍议》,《史学月刊》2010 年第 1 期。
[6] 《范仲淹全集》之《范文正公文集》卷五《苏州十咏·虎丘山》,李勇先、王蓉贵校点,四川大学出版社 2002 年,第 104 页。
[7] 王洋:《东牟集》卷六《僧求诗往平江》,《景印文渊阁四库全书》1132,台湾商务印书馆 1986 年,第 396 页。
[8] 赵蕃:《淳熙稿》卷二《平江寻吴恭叔不获》,《景印文渊阁四库全书》1155,台湾商务印书馆 1986 年,第 38 页。

大约一个世纪之后,唐元(1269—1349)有"吴城百万家"[1]的表述。此处"吴城"应指平江城,这是笔者经眼文献中首次以"百万家"意象指称苏城人口规模。

17世纪前后,苏城人口意象为"十万户"(户均5人计,则为50万人)的在时人笔下愈加普遍,这与当今学者取得万历后期苏州府城人口超过50万的共识高度一致。如申时行(1535—1614)"阊阖城中十万户,争门出郭纷如麻"[2],杨照(1617—1692)"吴城十万户,几处坐调筝"[3]。不过,元时已开先例的"百万户"意象,自16世纪到18世纪中期,余响缕缕不绝。如张大复(1554—1630)"吴城百万户安枕无恙"[4],以及袁景辂(1724—1767)"吴都百万家,一线围埤堄"[5]。但张大复是为万历二十九年(1601)府城声势浩大的反税监事件而说,清末俞樾(1821—1907)追记此事时,强调的却是"姑苏城中十万户,十万户人齐焚香"[6],反而缩减了90%的户口人家。可见,文人诗文之中的苏城或苏州府域人口规模常常被夸大或缩小,并不一定符合人口真实。这是我们在阅读和利用文献资料之时必须牢牢记住的差异。

其实,著籍人口数量与意象人口数量有着极大关联。前者是后者的实际验证结果,后者是前者的印象与经验认识。没有人口密集、著籍人口数量规模庞大的事实,就不会形成诗文感性夸张与大概推测。没有后者对人口繁多的感性认知,就不会形成对于这些繁华世间的赞叹惊羡。大凡人口聚集之地总是经济社会发达之区,人才汇聚,文化繁荣,社会机会增多,而实际人口统计存在调查和经验感知的差异,这是同方向而两路子把握的结果。

关于府城及关厢之外的附郭县其余城市人口。众所周知,市、镇在明清著籍户口调查、记录体系中始终没有获得独立的专门位置。有关市、镇户口的文献记载几乎都是成百上千的意象之数,因而并不具备足够精确的可信度。然而,区分市镇人口的乡村成分与城市成分却是一桩迫切而繁难的任务。

---

[1] 唐元:《筠轩集》卷二《登上方寺望吴城怀古》,《景印文渊阁四库全书》1213,台湾商务印书馆1986年,第453页。
[2] 申时行:《赐闲堂集》卷二《吴山行》,《四库全书存目丛书》集部134,齐鲁书社1997年,第38页。
[3] 杨照:《怀古堂诗选》卷四《寒月》,《四库未收书辑刊》8辑25册,北京出版社2000年,第239页。
[4] 张大复:《梅花草堂集》卷十三《杂文·题葛将军画像后》,《续修四库全书》1380,上海古籍出版社2002年,第568页。
[5] 袁景辂:《登云岩寺浮图》,载徐世昌辑:《晚晴簃诗汇》卷86,《续修四库全书》1631,上海古籍出版社2002年,第35页。
[6] 俞樾:《春在堂诗编四·甲丙编·明巡按御史揭帖歌》,《续修四库全书》1551,上海古籍出版社2002年,第378页。

有一点可以肯定,明清江南市镇一般而言,大多指的是京城、省城、府城、县城等行政机构驻地以外由市而成的镇,也即市场商业化的镇居多,可能按城建置起来,政府也设立巡检司机构加以管辖。

明代苏州城市和乡村的流动人口规模。虽然这些成千上万的人口在政府户口调查册里没有留下太多的痕迹,但他们确乎无疑在明代苏州城乡劳作、生活过。从不少碑刻文字中的职业人口或时人浮光掠影的记叙中可略见一斑。

李洵研究明代流民,曾粗略估计,从15世纪中叶到16世纪中叶发生了全国性流民运动,较为严重的地区有南直隶。全国流民人数在五六百万,甚至上千万。弘治末南方平均每户流民3.5口,比北方2.7口还多。全国户口总数上,"不足十人中,就有一人为流民了",他们是从农户中来的。[1]在流民运动的方向中,苏州既是本地农民流出地,又是吸收外来流民地。

从当时众多有关苏州或苏城"五方杂处"说法中,我们不难了解,明代特别是明代中后期,苏城流动人口绝不是少数,甚至可以说规模相当庞大。比如,晚明的一份公牍指出:"吴中五方聚处,日食甚繁。"[2]这种局势一直延续着。另一则清人议论说得更为明确:"吴中五方杂处,有强宾压主之势。其久居者犹或可同于齐民,其岁时假寓、倏来倏往者莫不指托贵势,挟其徒党,以为横于乡里,居人莫敢谁何。"[3]

二、人口职业结构

以维持个人与家庭生计的首要来源而言,明代苏州人口的职业构成大致有两大类,即军政部门人口与产业经济部门人口。

军政部门人口指军事和行政部门人口,主要包括三个部分:苏州府及附郭县自正官以至吏胥的各级文职、武职、教职官吏及其家属,以及万历三十一年(1603)至明末驻扎苏州城的应天巡抚并其家属[4];常驻于府城6门内的苏州卫4个千户所的军人及其家属;或长或短居于府城及其关厢或附郭县的市镇、

---

[1] 李洵:《明代流民运动——中国被延缓的原始资本积累过程》,原载《中国古代史论丛》1981年第2辑,收入其《下学集》,中国社会科学出版社1995年,第88—89页。
[2] 黄希宪:《抚吴檄略》卷一《为祈饬遏籴之禁大沛邻封事准》(崇祯十三年五月二十九日移牒苏州府长洲吴县檄),转引自樊树志:《明清长江三角洲的粮食业市镇与米市》,《学术月刊》1990年第12期。
[3] 黄中坚:《保甲议》,载魏源:《魏源全集》第17册《皇朝经世文编》卷七《兵政》,岳麓书社2004年,第127页。
[4] 范金民:《明代应天巡抚驻地考》,《江海学刊》2012年第4期。

领取俸禄的丁忧官员及其家属。而受明皇室派遣至苏州负责采办上供物料以及自永乐至崇祯初督造苏州织染局的内臣及其僚属等,也应当归入此类。作为南畿之地,有明一代苏州府城没有分封任何一个藩王进而成为封国之地。[1]这使苏郡以流官为主体的军政人口具有较大的流动性。

现代产业经济部门的人口职业可以细分为农业、手工业、商业服务业。而至少秦汉以来的传统中国时代,一般以士农工商这四民作为社会主要职业。

明代按职业或身份划定户籍,继承了元朝制度,却更简单,分成民、军、匠、灶4种基本户籍,还有官籍、监籍或署籍、站籍或驿站籍(包括水站籍、马站籍)。民籍有专门的儒籍、生员籍、医籍、捕户籍、民盐籍、阴阳籍、富户籍、商籍[2],其中的儒籍、生员籍属于士的职业人口。值得注意的是,军、匠、灶户是世袭的。当然,换个角度看,民籍一般也是"世袭"不变的。明代苏州由于地理环境的关系,没有灶籍户口,存在军籍、匠籍户口和民籍中不少类别的户口。

必须注意,在四民之中,农、工、商既是职业分类,又是身份归属,而士,一方面会依靠专门知识与技能谋生,像跻身仕途,成为政府各级机构人口,从事教职,以文字及医卜字画等技艺营生,也可以从事农工商业,成为农业人口、工业人口、商业人口等。例如,主要生活在 16 世纪前期的吴县人黄省曾(1490—1540)观察到,当时"吴中缙绅士夫多以货殖为急"[3]。半个世纪之后,在官至礼部尚书的山东人于慎行(1545—1608)的印象里,也是"吴人以织作为业,即士大夫家多以纺绩求利。其俗勤啬好殖,以故富庶"[4]。他们观察到的是吴中士大夫主动积极经营纺织业(主要应是丝织业)与商业高利贷,是士与工商业人口的兼合。四民中士、工、商的兼合,实际上改变了四民社会士、工、商任一的四民单一职业人口状况。

此外,与上述人口职业保持忽即忽离的松散联系,或者全然游离于人口职业结构之外的失业与无业人口,也是明代苏州人口不可忽视的组成部分。这些人口前者包括雇工、佣工,后者包括帮闲、无赖、流氓、恶棍等各类游民。[5]

---

　　[1] 永乐初,第一代宁王朱权曾请求改封至苏州,成祖以苏州为南都"畿内"之地驳回。见《明史》卷一一七,列传五《诸王二·宁王权》,中华书局 1974 年,第 3592 页。
　　[2] 参见朱保炯、谢沛霖:《明清进士题名碑录索引》"编例·附表",上海古籍出版社 1980 年。
　　[3] 黄省曾:《吴风录》,《丛书集成新编》第 91 册,台湾新文丰出版公司 1985 年,第 210 页。
　　[4] 于慎行:《榖山笔麈》卷四《相鉴》,吕景琳点校,中华书局 1984 年,第 39 页。
　　[5] 陈宝良:《中国流氓史》,上海人民出版社 2008 年,第 136—140、151—152 页;[韩]吴金成:《明末清初江南的城市发展和无赖》,《第六届中国明史国际学术讨论会论文集》,1995 年 8 月 11—16 日,安徽凤阳,第 632—652 页。

宋代以后,许多江南城市除了行政功能继续强大外,经济功能正在逐渐上升。傅衣凌认为:"明清时代由于封建经济的发展,城市经济也在发展之中。当十六、十七世纪前后中国出现有不少的大城市,集中有一定数量的人口,也有很繁荣的工商业,如两京、苏、杭、扬州、临清、开封等。这说明明清社会已在向着自己的合理道路前进。其中,苏、杭、扬州、临清工商业发展很值得注意。"他认为"明清时代的城市经济大约可以分成两个不同的类型":一类是"苏杭型城市","工商业的比重较大","还有不少和工商业生产直接有关的新兴市镇",成为其两大特征。另一类是"开封型城市","典型的亚洲的消费城市","工商业是为这个城市的地主服务","工商业是贵族地主的附庸,没有成为独立的斗争力量,封建性超过了商品性"。由此,在江南城市,也就是"在明代社会里虽在部分地区出现有清新、活泼、开朗的气息"的地方,〔1〕工商业的繁荣被认为是确立并保持苏州位居全国最重要工商业城市之列的名实相符的首要因素,也是"苏杭型城市"地区的人口职业结构的最大特征。

明代苏州、杭州没有藩王封国,皇族与贵族世袭人口缺失,却成为以工商经济繁盛为主要标识的明清新兴"苏杭型城市"在人口构成方面的共同之处。苏州地处南都,又是国家财赋渊薮,对于中央朝廷来说,控制其财赋最为重要,因而与杭州一样,没有封藩于此膏腴之地。〔2〕

将明清苏州等江南之地工商业碑刻文献上有关手工业、商业、服务业等职业人口加以统计,进行个案考察,可以大致了解一些主要的手工业、商业人口的职业分类。这些人口首先是城市市镇的职业人口。另外,毋庸置疑,农业人口在当时肯定居于首位。〔3〕

苏州郡城以及属县市镇集中了不少工商业人口,这些人口来自农业,由农民改业转化而来。

早在15世纪,江西吉水人周忱(1381—1453)久于江南巡抚之任,熟谙苏松等江南地方的民情,道出一番颇可发人深省的话语:由于重赋压力,苏州、松江不少农业人口被迫背井离乡,进入城镇,弃农改易工商服务业。

> 天下之农民固劳矣,而苏、松之民比于天下,其劳又加倍焉;天下之

---

〔1〕 上引参见傅衣凌:《明清社会经济变迁论》,中华书局2007年,第340—348页。

〔2〕 洪武初原封于杭州的周王以杭州为财赋之地而改开封;永乐初,宁王请改封于苏州、杭州,亦不许。分见《明史》卷一一六,列传四《诸王一·周王橚》;卷一一七,列传五《诸王二·宁王权》,中华书局1974年,第3565—3566、3592页。

〔3〕 参见吴建华:《明清江南人口社会史研究》,群言出版社2005年,第205—210、214—218页。

农民固贫矣,而苏、松之农民比于天下,其贫又加甚焉;天下之民常怀土而重迁,苏、松之民则尝轻其乡而乐于转徙;天下之民出其乡则无所容其身,苏、松之民出其乡则足以售其巧。

忱尝历询其弊,盖有七焉。何谓七弊?一曰大户苞荫,二曰豪匠冒合,三曰船居浮荡,四曰军囚牵引,五曰屯营隐占,六曰邻境蔽匿,七曰僧道招诱。[1]

隆庆元年(1567年)举人、常熟人蒋以化记述道:

我吴市民罔籍田业,大户张机为生,小户趁织为活。[2]

侨居苏城的松江华亭人何良俊(1506—1573)经过细致观察,得出的估计十分惊人:

余谓正德以前,百姓十一在官,十九在田,盖因四民各有定业,百姓安于农亩,无有他志。官府亦驱之就农,不加烦扰。故家家丰足,人乐于为农。自四五十年来,赋税日增,繇役日重,民命不堪,遂皆迁业。昔日乡官家人亦不甚多,今去农而为乡官家人者已十倍于前矣;昔日官府之人有限,今去农而蚕食于官府者五倍于前矣;昔日逐末之人尚少,今去农而改业为工商者三倍于前矣;昔日原无游手之人,今去农而游手趁食者又十之二三矣。大抵以十分百姓言之,已六七分去农。[3]

正德以后四五十年以来,即16世纪以后,太湖流域农业人口由于繁重的赋税与徭役,原先90%的务农人口,纯农业社会,已经变为60%~70%的农人去农,其中的很多人成为居于城市与市镇的人口,换言之,农村人口只剩下20%~30%。他们有的被迫离乡背井,逃离农村,进入城市市镇,改业工商,从事自己不熟悉的新行业,这样的工商人口增加了3倍,改变了身份与收入,改变了生活方式。有的投充乡官,为其家人,而原先乡官家人不多,这时增加了10倍。有的主动替官府服务,谋个生路,靠吃官府的,这样的人数增加了5倍。还新增一种人口,即脱农无业,游手好闲谋食的,占了20%~30%。他们应该主要生活在城市市镇之中。因此,大量农业人口流失已经成为普遍社会现象。

---

[1] 周忱:《与行在户部诸公书》,载陈子龙等选辑:《明经世文编》卷二十二,中华书局1962年影印本,第174页。
[2] 蒋以化:《西台漫纪》卷四《纪葛贤》,《续修四库全书》1172,上海古籍出版社2002年,第53页。
[3] 何良俊:《四友斋丛说》卷十三《史九》,中华书局1959年,第111—112页。

人口职业结构发生重大变动，动摇了纯农业社会的根基，改变了务农人口占绝对大头的行业状况。虽然投充人口在去农人口中占得最多，他们有的可能仍在务农，但其性质已经不同，不会再是自给自足的小农了，有的还在替投充的主人官家从事工商金融业活动。为官府劳作已经不是服役的强迫性义务，而是主动谋生了。真正从事独立工商业的逃离农村人口增加了3倍，无疑一是社会人口职业变动的需要，二是他们选择了自己的用武之地。这些工商业者成为城镇市民，同那些游手好闲者一样，改变了居住空间和生活环境，促使农业社会发生实质性转型。

明代苏州郡城的工商业人口分布具有集聚特性。郡城有吴县、长洲县两个附郭县，"东、西分治。西较东为喧闹，居民大半工技。金、阊一带比户贸易，负郭则牙侩辏集"[1]。这应该是苏城明代中后期的工商业实况。凭借毗邻大运河的交通优势，吴县城西北隅的阊门石路地带自南宋以降逐渐取代位于府城中心位置的乐桥地带，成为明清两代苏城最繁华的商业中心区。因此已知明代37家苏州书坊几乎全部位于金门、阊门一带[2]，珠宝玉器作坊集中开设于阊门内专诸巷与天库前。"公廨官署、士夫商贾多聚于西"，导致郡城在16世纪前期已经形成的"东旷而西狭"格局长期延续。[3]不过，作为丝织业机户聚集区，位于苏城中心的玄妙观地区和东部城区，无论是职业人口规模，还是人口密集程度，势必随着手工业的发展而同步增加。

大约在总体上，就明代苏州郡城及其两个附郭县的手工业职业人口分布而言，资本、劳动与技术密集度较高的珠宝玉器业、纸张加工及印刷业、丝织及丝织品加工业、棉布加工业、铁器制作业基本集中在郡城及其城厢附郭，而与日常生活直接相关的碾米、酿酒、榨油等食品加工业以及草编、砖瓦等生产行业，则一般以靠近府城或原料产地的市镇作为主要产地。后者可以参见以下吴县、长洲县的市镇手工业简表，府县志记载的明代苏州附郭县所辖有5市、10镇。

---

[1] 顾炎武：《肇域志·南直隶·苏州府》，谭其骧等点校，上海古籍出版社2004年，第261页。
[2] 张秀民：《中国印刷史》，上海人民出版社1989年，第369—372页。我们统计书坊为40家，见本书第五章第五节之"刻书"。
[3] 嘉靖《吴邑志》卷首，曹自守：《吴邑城郭图说》，《天一阁藏明代方志选刊续编》，上海书店1990年，第705页。

表 4-2 明代苏州附郭县的市镇手工业简况

县	市镇	地理方位	手工业
吴县	月城市	阊门内外,商贾汇集	
	横塘镇	县西南 13 里	酿酒、榨油
	新郭镇	县西南 15 里	酿酒、榨油
	横金镇	县西南 30 里,驻有巡检司	酿酒
	木渎镇	县西南 30 里,驻有巡检司	麻布纺织
	光福镇	县西 50 里	草席编织
	社下镇	县西 110 里	
长洲县	黄埭市	县北 40 里	
	相成(城)市	县东北 40 里	
	王墓市	县东 20 里	
	尹山市	县东南 20 里	
	甫里(角直)镇	县东 40 里	草席编织
	陈墓镇	县东南 55 里,驻有巡检司	砖瓦烧制
	许市(浒墅)镇	县西北 25 里,户部置钞关	草席编织
	陆墓镇	县北 20 里	窑器烧制

资源来源:正德《姑苏志》,上海书店 1990 年,卷十四《土产》,《天一阁藏明代方志选刊续编》11,第 967、972 页;卷十八《乡都 市镇村附》,《天一阁藏明代方志选刊续编》12,第 80—81、90—91 页。崇祯《吴县志》卷十《风俗》,《天一阁藏明代方志选刊续编》15,上海书店 1990 年,第 895 页。崇祯《横溪录》卷三《风俗》,《中国地方志集成·乡镇志专辑》5,江苏古籍出版社 1992 年,第 278—279 页。光绪《光福志》卷四《土产》,《中国地方志集成·乡镇志专辑》7,江苏古籍出版社 1992 年,第 35 页。民国《木渎小志》卷五《物产》,《中国地方志集成·乡镇志专辑》7,江苏古籍出版社 1992 年,第 520 页。

由上表可知,地理上,明代苏州郡城与附郭县的手工业及其职业人口呈现以苏城为中心的四周分布态势。吴县、长洲县这两个苏郡的附郭县治同在府城,县城自然集中了不少工商业人口。除去百里之外的社下镇,其余 14 个市镇中有一半(7 个)与府城距离不超过 25 里。

第二节 明代苏州社会风尚的渐变

风尚、风气、风俗、习尚、习气等用语,虽侧重点有些差异,但基本上有着同一含义,指某个时期社会生活的主要倾向和人们共同的精神与心理状态,由政治、经济、文化等因素互相交织、发生作用而形成。

随着货币商品经济的发展,社会结构必然发生变迁。社会结构性变动往往首先在人口相对固定集聚并且又有较大流动性的大城市的社会风气和生活习尚上体现一些新的动向,而随着人口流动,城市生活风气与习尚又会向社会其他地区逐渐扩散开来。明代正处于中国本土长期发展的一个历史转折时期,主要是明代中后期社会变动加大,社会正在自生转型性发展,城市市镇工商业成长,因而特别到晚明,社会风气发生极大变化。而地处江南的苏州,因其人口聚集,经济条件优越,城市市镇发展迅速,城市生活丰富多彩,社会民众的生活习惯与社会风气也较其他地区更容易发生变化。

一、正德《姑苏志》所记明代苏州风俗变化

明武宗正德元年(1506),《姑苏志》修竣。这是自明成化以来,在明代苏州乡贤俊才编修积累的基础上,"历三十余年,更六七郡守,而卒成"于知府林世远任上的。由吏部右侍郎、国史副总裁、时在家居的王鏊主持,再经8个月修纂。它上继明初洪武十一年(1378)刊印吴县教谕卢熊编纂的洪武《苏州府志》,也是终明苏州修竣的又一部府志,更是前接南宋范成大《吴郡志》之后的第三部苏州整体志书。《姑苏志》叙事只记到明代中期正德以前,自明初以来近130年"人物、文章、制度因革损益"及社会变动却不少概见。[1] 以社会风俗而言,《姑苏志》一面记述着历来延续的苏州风俗特质,另一面言简意赅,及时记载了社会变动真相。它认为"大江以南风俗大抵略同,而亦与时为高下,不能齐也。若夫岁事、农渔、市井、歌舞、方言,皆其俗之可验者,因具列焉"[2]。就着这些方面,它指出了以下突出之处:

(一)苏州区域社会风俗变迁大势以及民风民俗民性特征

> 吴之先,杂于蛮夷。泰伯、仲雍居之,断发文身,以同其俗,陋可知矣。其后申公巫臣教之骑射,子胥、孙武又能以武强其国。黄池之会,与晋争先,而干将、要离又以铸剑击刺,擅于国中,故有"吴王好剑术,国人多瘢疮"之语。一时所尚可见。至楚汉时,其子弟尚能随项氏北破秦兵,虽曰土绵力薄,其风亦壮矣。然春秋时,季扎(笔者注:札。下同)聘

---

[1] 引见王鏊:《重修姑苏志序》,正德《姑苏志》,《天一阁藏明代方志选刊续编》11,上海书店1990年,第6、3页。

[2] 正德《姑苏志》卷十三《风俗》,《天一阁藏明代方志选刊续编》11,上海书店1990年,第893页。

上国,观周乐,逆知[1]列国之强弱,存亡于数百年之后。言游[2]北学,以文学列于孔门。吴民之秀而文,盖已肇于此。

汉世称大江之南、五湖之间,其人轻心。由今观之,吴下号为繁盛,四郊无旷土,其俗多奢少俭。有海陆之饶,商贾并凑。精饮馔,鲜衣服,丽栋宇。婚丧嫁娶,下至燕集,务以华缛相高。女工织作,雕镂涂漆,必殚精巧。信鬼神,好淫祀。此其所谓轻心者乎?

然自孙氏有江东,顾、陆名宗,多出吴下。典午[3]南渡,衣冠来归。当时已有君子尚礼、黎庶敦厖[4]、土风清嘉之称。盖自朱买臣、陆机、顾野王之徒显而人尚文;支遁、道生、慧向之俦起而人尚佛。至赵宋时,俗益丕变。有胡安定(胡瑗)、范文正(范仲淹)之遗风焉。及宋南渡,中原文献半随而南。国朝又升为京辅郡,百余年间礼义渐摩,而前辈名德,又多以身率先,如吴文恪(吴讷)之廉直,杨睥颜(杨蒨)之醇厚,叶文庄(叶盛)之清严,吴文定(吴宽)之渊靖,又皆以文章前后振动一时。今后生晚学文词动师古昔,而不梏于专经之陋,矜名节,重清议,下至布衣韦带之士,皆能擒章染翰,而间阎畎亩[5]之民,山歌野唱亦成音节,其俗可谓美矣。

唯夫奢侈之习未能尽革,亦惟在位长民者有以化导之耳。

从吴地和苏州历史发展的角度概述了苏州社会风尚由落后野蛮走向先进文明的过程,从尚武到尚文的转变,文化斯文的历程,伴随着经济发展的支撑,先贤楷模的教化,由士人到民众,普遍风化,"土风清嘉",民俗纯美。而现实"多奢少俭",使得移易"奢侈之习"成为王鏊等人期待施政者的理想举措。

郡城之俗大校[6]尚文,而其西过华,其东近质。郊郭下县则依山者多俭,或失之固;依水者多智,或失之讦;滨海者多阔疏,或失之悍。善者,君子之教也。失者,细人之习也。

苏城呈现文明景象,西面商业为主,街市繁荣,因而风俗华丽,东面手工业区为主,民风质朴。下属县份,因山水海滨的地理环境差异,出现民风区别。教善

---

[1] 逆知,预知。
[2] 言游,言偃,字子游,即言子。
[3] 典午,司马,指晋朝。典,司;午,马。
[4] 敦厖,敦率,即遵守,恪守。
[5] 畎,同畎,田间的沟。畎亩,指田间,田地。
[6] 大校,同大较,指大概。

以便移易民性,成为王鏊等人判断民风而提出的应世对策。

到明代,苏州民风总体偏向"柔蒽",即软弱温和,畏惧怕事,即便碰到怠慢冷淡、急躁横暴,也往往不去计较,能够容忍隐瞒。

> 孔子谓:"宽柔以教,不报无道,南方之强也。"斯言尽之,终古不易。今吴民大率柔蒽,或遇上慢下暴往往容隐,弗之校焉。

孔子在《中庸》里早就比较过南北方民风之"强",指出"南方之强",在于用宽容柔顺教人,即使别人蛮横无道,也不去报复,风气柔弱,以容忍胜人为强,"君子居之",是忠厚之道。"北方之强"则是"衽金革,死而不厌,而强者居之",把兵器当卧席,死而不悔,强力者信守,是强道。南北民风一柔一硬,一弱一强,都不符合中道。

由此可见,南方这种"柔蒽"民风民性偏向于文,不偏向于好武勇力,先秦就形成了。其实,不同社会阶层的人实在会有区别的。所谓"少者易剽,富者易汰,贫者易羞[1]",说明少年容易逞勇滋害,与年龄身体状况相关,而富人容易骄奢,穷人相形见绌,羞愧难当,则由其经济状况制约。但是,"贵贵而尊上,厌常而喜新,好品藻[2]而善讥评",一方面社会风气尊重礼仪,另方面人们喜新厌旧,趋时逐尚,倒是社会变动快,心灵明敏,主意多变,并且善于舆论放送,鉴赏人物,形成新的气象,不是安分守己,事不关己,高高挂起的样子了。

(二)"最重节物",即重视岁时令节

岁时令节,社会活动频繁,既与生产活动、日常生活关联,具有物质文明,又有精神文明,与精神生活交往相关。

> 迎春日,啖春饼、春糕,竞看土牛,集于卧龙街,老稚走空里。
> 元日,饮屠苏酒,作生菜春盘、节糕。士女集佛宫道观,烧香答愿。
> 正月八日,昏时,看参星,占岁水旱。(谚云:上八不见参星,下八不见红灯。笔者注:原文为注。下同。)
> 十三日,以糯粒投焦釜,老幼各占一投,以卜终岁之吉凶,谓之爆孛娄,亦曰米花,又曰卜流(言卜流年也)。
> 上元,作灯市,采松竹叶结棚于通衢,下缀华灯。灯有楮练、罗帛、

---

[1] 剽,抢掠。汰,骄奢。羞,羞耻。
[2] 品藻,鉴别流品,品评人物。

琉璃、鱼鲙、麦丝、竹缕诸品,皆彩绘刻饰人物故事,或为花果虫鱼动植之像。其悬剪纸人马于傍,以火运之,曰走马灯。藏谜者曰弹壁灯。宋时有万眼罗、琉璃球,尤妙天下。其夕会饮,以米粉作丸子、油饦之属。行游五日而罢。十三日试灯。十八日收灯。……

二月始和,楼船载箫管游山。其虎丘、天平、观音、上方诸山最盛。山下竹舆轻窄,上下如飞。

寒食,戴麦扫墓。

清明,插柳。

四月八日,浮屠氏浴佛,偏[1]走闾巷。

端午,酿角黍,作雄黄、昌阳饮。儿女辈彩索缠臂,长者簪艾叶、榴花以辟邪。

夏至,复作角黍,食李以解注夏之疾。(范云:以李核为囊,带之云疗饐[2]。)

七月七日,为乞巧会,以青竹戴绿荷,系于庭。作承露盘,男女罗拜月下,谓之小儿节。饤果皆曰巧。(如巧饼、巧果之类。)又以绵刺针孔,辨目力。明日,视盘中蜘蛛含丝者谓之得巧。余皆举露饮之。

十五日,僧舍多营斋供,举村荐亡,作盂兰盆会,亦谓之鬼节。

重九,饮鞠[3]酒,用面裹肉炊之,曰重阳糕,一曰骆驼蹄。

十月朔,再谒墓,谓之烧衣节。是日不问寒燠,炽炭开炉。

尤重冬至,三日罢市,驰贺等一如元旦。入腊,并力舂一岁粮,藏之窠囷。经岁不蛀坏,呼为冬舂米。〔范成大太(冬)舂行……〕微黄曰囷心黄。

十二月十六日,妇祭厕。男子不至。

二十四日,男祀灶,女子不至。祀用糖饼,以为灶神言人过于天帝,取胶牙之意……祀灶之明日,用赤豆杂米为粥以辟瘟。家之大小皆遍餐。家人或出外者亦覆贮待之,名曰口数粥……是夕,爆竹、观傩……各燃火炉于门外,焰高者喜。古谓之籸盆……田间燃长炬,名照田蚕……

二十七日,扫屋尘,曰除残。

---

[1] 偏,通遍。
[2] 饐,食物腐败发臭。
[3] 鞠,即菊。

> 除夜,复爆竹,焚苍术,及辟瘟丹[1]饮,曰守岁酒,饧曰胶牙饧。……夜分,祀瘟,易门神、桃符,更春帖,画灰于道,象弓矢,以射祟。其祝词为打灰堆……
>
> 一岁风俗,大略如此。

冠婚丧等礼仪习俗"概多弥文",换言之,普遍喜欢文饰,追逐夸张虚词,并且繁缛奢靡。

> 吉凶仪典,概多弥文。冠、笄,则为绶带糕以馈遗。婚礼,则有知节、跨鞍、迎龙、牵彩、传宝、坐床、升座、掠鬓之目,特为烦猥。(初婚,复以双鸡。逆女,谓之合啼鸡。每査奁中,以彩系钉胶杂布,取胶固之意,尤可笑者。)举丧,则先致吊者练帛[2]。皆靡习也。

以王鏊的取舍判断,尽管持否定态度,却因这些属于社会习气的新现象,做了简略记载。

(三) 苏州地区鱼米之乡的经济行业与职业特色

一是农业生产关系变化,最为显著。

> 农人最勤而安分,四体焦瘁,终岁不休。若无产者,赴逐顾倩,受直而赋事,抑心殚力,谓之忙工。又少隙,则去捕鱼虾、采薪、埏埴、佣作、担荷,不肯少自偷惰。至于收获之余,公税、私租、偿责之外,其场遽空者十八九,然而帖帖自甘,不知尤怨。

二是农业发达。传统农业生产工具繁多,生产技巧得到积累。

"农器纤悉[3]皆有名号。"唐代陆龟蒙《耒耜经》就做了总结。对于农家命脉的耕牛爱惜备至。"耕牛未用时,则为牛宫以避湿。冬寒,即牛入栏。"

三是渔业发达,自是江南鱼米之乡的最大特色。

"吴俗善渔,以其生长江湖,尽得水族之性,矢鱼之具尤多。"唐代陆龟蒙、皮日休就曾为《鱼具》诗,序其事。

> 太湖渔人以三等网行湖中,最下为铁脚,鱼之善沉者遇之。中为大丝网,上为浮网,以截鱼无遗。秋风大发,以舟载钓,系饵沉之,巨浪中

---

[1] 辟瘟丹,中药方剂。
[2] 练帛,熟帛,即煮练过的帛。
[3] 纤悉,细致而详尽。

取白鱼,谓之钓白。天寒以火自炙,投石穴,取鲂鱼。方春,鱼游食,则药之,令尽浮。其在溪浦者,为箪。港浃,为罾。芦苇之间者,为义。列于海澨,曰沪。数舟连络,发其匿而得之者,为艋艘。艋艘则众扣竹器以出之。薪而招之者为芫。皆穷极巧妙以。与鱼遇,其舟则或方行,或反行,或前后首尾。其相尾者为舴艋。已捕而贮之,有筍,有筒,有笒之属。渔人以鱼入市,必击皷(鼓)卖之。其卖者,旧以鱼斗数鱼,以二斤半为一斗……今不复击皷,用斗,男女老于舟中,足盘辟不伸,市中自辨。

四是商业繁华,行业繁多,各有名目标志作为分别,而市井交易必须讲究心机技巧,甚至虚花蒙混欺诈,也在所难免。

> 市井多机巧繁华,而趋时应求,随人意指。缛采银黄[1],相射于市,而亦多轻脆。始与交易,必先出其最廉者。久扣之,然后得其真。最下者视最上者,价相什百,而外饰殊不可辨。(如泥头、货郎头之类。)其行卖于市者,或扣金,或击竹,装檐皆分色目,见其装则知其所藏。

(四) 生产经验积累,副业、兼业盛行,非纯农社会出现

其一,农业专精,经验丰富。主要体现在占候农谚上,有"吴中田家五行",是苏州农民世代传授的种田经验总结,体现人力与天时地利的利用与协调关系,十分宝贵。

> 农既专力,其用心自精。占测气候详密多验。由元旦至于岁暮,凡风云旸雨之变,潦暵[2]丰歉之兆,趋避弛张之宜,咸有口诀韵语,汇类极繁,谓之吴中田家五行,大略亦有可纪。
>
> 元旦侵晨[3]占风云。(风自东南来,则岁大稔。东风次之。东北又次之。西则歉。西北有红黄云则稔。白黑则歉。)
>
> 以瓶汲水,日准其重轻为水旱。(自元日至十二日,而当一岁之月,重则其月多水,轻则旱。)
>
> 建一尺五寸之表,以候雨旸。(《负暄野录》载:吴侬以正月十五夜月明时建木表于地,据表之长而中分之,为七寸半者。二月影适及为

---

[1] 缛采,缛彩,绚丽色彩。银黄,银与金。
[2] 暵,干旱。
[3] 侵晨,黎明。

丰,不及则旱,过则水。)

二月八日,祭祠山之神,候西南风,而知有秋[1]。

四月十六日,望晴雨以候岁。(是日晴,则水。大雨,则旱。惟阴云为佳。)

芒种后得壬日为梅。始梅日则多雨,故亦谓之梅天。夏至日起时。(时分三节,共十五日。)中时有雷,则雨仍多,谓之倒黄梅。凡梅时皆滋田之日也。

春夏甲申日雨,知米贵。

四月二十日为小分龙,五月二十日为大分龙,皆忌雨霓。

立秋日忌雷鸣。

秋后虹见,为天收。(言收数减也。)

八月二十四日,为稻稿生日。雨则虽得谷,藁亦腐。重九晴,则藁干。小雪日雪,则谷贱。

又,三月三日听蛙声:午前鸣者,高田熟;午后鸣,低田熟。(唐人诗:"田家无五行,水旱卜蛙声。")

又有"虾荒蟹乱"之语。

余不胜载。

其二,手工业发达,打破男耕女织自然经济局面。女性不仅做家务,也下田干农活,男性也擅长纺织,成专业。

勤稼穑,故女亦从事莳刈、桔橰,不止饷饁而已。工纂组,故男藉专业,家传户倩,不止自给而已。

其三,农民副业、兼业普遍,从事专向市民服务的生活行业,而市民乐意花钱消费,经济依赖市场运作。家无积蓄,全都用于市场购物,进行生活品消费了。于是形成商品生产、流通、消费的有机循环。市场体系运作,改变财赋的分配。

虎丘人善于盆中植奇花异卉、盘松古梅,置之几案间,清雅可爱,谓之盆景。春日卖百花,更晨代变,五色鲜秾,照映市中。其和本卖者,举其器。折枝者,女子于帘下投钱折之。三四月卖时新,率五日而更一品。(如王瓜、茄、诸色豆、诸海鲜、枇杷、杨梅,皆迭出。)后时者价下二

---

[1] 有秋,农家秋收丰盛。

三倍。五月五日卖花胜[1]，三伏卖冰，七夕卖巧果，皆按节而出。喧于城中，每漏下十余刻，犹有市。(杜荀鹤诗《夜市卖藕菱》)大抵吴人好费乐便，多无宿储，悉资于市也。

一年四季，卖鱼、卖花、卖冰、卖巧果等，花色不断，随季节变换翻新，苏州城乡交换的市场构成地方特色浓郁的商贸方式，维持社会生活有序运行，且乐趣不断。

(五) 歌舞、方言、方音，赋予鲜明的吴文化特色，显露江南经济与民性情状、风气清嘉或浑浊

"吴音清柔，歌则窈窕洞彻，沉沉绵绵，切于感慕。故乐府有《吴趋行》《吴音子》，又曰《吴歈》，皆以音擅于天下。佗郡虽习之，不及也。陆机《吴趋行》亦因古曲之余，以道吴地之淑美。"

"吴音至后代渐缺。唐初歌者多失其清婉。议者求吴人习之，还得其本音。贞观中有赵师者，称吴音清远，若长江广流，绵绵徐游，有国士之风。亦有《白纻舞》《拂舞》《白符舞》《白鸠舞》。纻，本吴中物，用以制衣。故有巾袍之言，俳歌所谓'皎皎白纻'是也。"

"又有《子夜歌》《子夜四时歌》，晋人赋之最众。以女子名子夜，故作此词，调与《白纻》同。其《拂舞》《白符舞》皆有歌。盖为时政所激，多怨词。如兔、鸠，亦江乡水国之物，吴人每见之，形于词。其余若《江南曲》《黄竹子歌》《江南弄》《采莲曲》《采菱曲》，皆乐府所定。按诸曲之音可以验风气之清嘉矣。大凡五音惟商最清，故《子夜》《江南》皆入商调。余可类推。"

吴歌、吴舞，传承古曲、古舞，含有优秀文化元素，成为歌舞典范。

有方言，有方音。大氐语必有义，最为近古。

方言有特色，不少词语渊源深厚，能找到文献记录的依据，保留古语古音古义，是独特的苏州传统文化的活化石。如相谓曰侬(谁侬、我侬、你侬)，谓中州人曰伧，谓不慧曰獃(今简为呆)，问为何如曰宁馨，谓虹曰鲎，谓罢必缀一休字，又如曰事际(举事之际，《南史》)，蔑面(素昧平生者，《左传》有蔑心蔑面)，伙飞(恶少矫捷者。伙音侧。汉代)，受记(欲责人，姑且以警谕，以伺其悛改。《夷坚

---

[1] 花胜，妇女花形首饰，剪彩做成。

志》亦记),薄相(嬉劣无益,儿童作戏。薄音如教凡),哉(已然将然皆曰哉,北人之曰了)。又如吴江之曰蹇(每语绝,必缀。可能源于《楚辞》),常熟之曰且(音若嗟,诗中句尾助音),曰遐个(何人。《诗·大雅·旱麓》与《棫朴》:"遐不作人?"遐,何)。

方音上,最为特殊的是:

> 灰韵入支。(来音如厘之类。陆德明至用以释经。)支韵入齐。(儿若倪。古曰兒。倪亦然。)庚韵入阳。(羹音若冈之类。)宥韵入寘。(又音若异之类。)虞韵入麻,又入东。(呼小儿为孥儿。孥,子孙也。常熟以吴塔为红塔。)[1]

可以肯定,到明代中期,这些词语、发音不仅仍在使用,而且有的沿用至今不变,彰显着苏州话的无穷魅力。

苏州音乐舞蹈、语言语音,背后隐藏着深厚的文化底蕴。它们作为人们日常生活的元素与习惯,不经意地表现出来,由此延存了文化,形成独有的区域文化环境,熏陶世世代代。

其实,以上所述的正德《姑苏志》风俗,反映明代苏州社会风尚有传承有变化只到中期,后期变化更加繁剧,当然仍有延续不变的地方特性要素,否则不成为苏州特色的风尚了。明代苏州社会生活方式、社会风尚与城市生活风气,随着政治环境变动,经济发展,人口思维观念演变,从前期到中、后期,渐渐发生很大变化。这种变化速度的缓慢与其变化程度的深刻并不完全一致。这一变化过程大约可以分为以下三个阶段。

二、洪武时期社会风尚简朴

明初洪武时期(1368—1398)的31年,社会恢复性发展,社会风尚简朴。

明初江南地区和全国一样,从洪武年间开始,建立自给自足的小农社会经济体系,处于高度集权的封建政治体制统治之下,国家将道德礼教和刑律相结合,构建一张社会生活的大网,严密控制和干预思想意识形态、社会生活,人们的经济活动、文化教育、衣食住用等日常生活都不能越雷池一步。

明初,政府编订《大诰》《大诰续编》《大诰三编》,对全国臣民的日常生活方式做出严格规定,禁止僭越,否则将受重罚。

---

[1] 以上史料引文均见正德《姑苏志》卷十三《风俗》,《天一阁藏明代方志选刊续编》11,上海书店1990年,第893—916页。

> 民有不安分者,僭用居处、器皿、服色、首饰之类,以致祸生远近,有不可逊(逃)者。
>
> 诰至,一切臣民所用居处、器皿、服色、首饰之类,毋得僭分!敢有违者,用银而用金,本用布绢而用绫锦纻丝纱罗,房舍栋梁不应彩色而彩色,不应金饰而金饰,民之寝床、舡(船)只不应彩色而彩色,不应金饰而金饰,民床毋敢有暖阁而雕镂者,违诰而为之,事发到官,工技之人与物主各各坐以重罪![1]
>
> 凡官民房舍、车服器物之类各有等第。若违式僭用,有官者杖一百,罢职不叙。无官者笞五十。罪坐家长,工匠并笞五十。
>
> 若僭用违禁龙凤文者,官、民各杖一百、徒三年。工匠杖一百,连当房家小,起发赴京,籍充局匠。违禁之物并入官。
>
> 首告者,官给赏银五十两。
>
> 若工匠能自首者免罪,一体给赏。[2]

衣食住行都有恪守不紊的等级礼制,违者无论有无官职,甚至家长,以及工匠,都得受重刑罚。洪武元年二月,朱元璋"诏复衣冠如唐制"[3],对全国官宦百姓的衣饰,从形制、质地、颜色到上面的花纹、图案均做出严格规定。饮食内容、消费标准、餐具等次、饮宴规格和筵席礼仪等均有明确规定与限制。官员、百姓以及寺观庵院房屋的规模及式样有严格详细的限制,直到正统之后稍微放宽。

> 庶民庐舍,洪武二十六年定制,不过三间五架,不许用斗栱、饰彩色。三十五年复申禁饬,不许造九五间数。房屋虽至一二十所,随其物力,但不许过三间。正统十二年,令稍变通之,庶民房屋架多而间少者不在禁限。[4]

明初房屋庐舍一直保持着朴实无华,恪守制度,习俗淳朴。

这一法令规定与士人记载是一致的,说明实际生活就照此进行。

---

[1]《御制大诰续编》,《居处僭分第七十》,《续修四库全书》862,上海古籍出版社2002年,第297页。

[2] 万历《大明会典》卷一六五《刑部七·律例六·礼律·仪制·服舍违式》,广陵书社2007年,第2308页。

[3]《明太祖实录》卷三十,洪武元年二月壬子,台湾历史语言研究所校印本1962年,第10页,总第525页。

[4] 此引及百官第宅规制详见《明史》卷六十八,志四十四《舆服四·臣庶室屋制度》,中华书局1974年,第1671—1672页。

> 太祖高皇帝于开国之初,凡官民房屋、衣服器皿之类即定有制度。上得兼下,下不得僭上,违者各治以罪。其居处僭上用者至处死籍没。立法之意盖甚严矣。彼时百姓初脱乱离之苦,凡百用度取给而止,奢僭甚少。中间奢僭犯礼者不过二三豪家。[1]

法度谨严,礼教张炽,已说得言简意赅,十分透彻。官民士庶不得僭用,违者处以重刑。

与全国其他地区不同,江南苏州等地的小农社会经济秩序,不仅在于朱元璋征服较早而建立,还接着将此地作为统一全国的后方牢固之地,并经过严厉打击与迁徙豪强,整顿吏治,丈量土地,统计户口,建立基层组织,成为全国的样板,而且由于实施官田、重赋、重漕等措施,已成为全国赋税重心区。城市工商经济发展当然也由此受到严重制约,只维持最简单的商品交换,城市生活习尚与农村十分相似。

哲学意识形态上,明前期国家崇尚朱熹理学,即新儒学,极力保护文化思想的高度一致性,出现"高皇帝(朱元璋)立教著政,因文见道,使天下之士一尊朱氏为功令。士之防闲于道域而优游于德圃者非朱氏之言不尊"的局面。推行选拔人才的科举考试以朱子《四书集注》为钦定标准答案。如果舍弃朱子之学,读书人就无法厕身于学者之列,取得声名威望。因此,整个社会"当时有质行之士而无同异之说,有共学之方而无颛门之教"。[2]朱子理学内含强力的稳固性,维系和解释着平稳的现实世界;重义轻利,从思想意识上维护小农经济基础的永久合理性,彻底扼杀了人们本能的趋利欲望,压抑着城市经济生机勃勃的内动力驱使、城市生活习尚的自然发展和领先的新潮的变化。

明初苏州士人处于朱元璋推行的文化高压政策之下,先有儒生姚叔闰、王谔被举不至,被视为存心对抗,惨遭诛杀,籍没其家,[3]后以明初著名文学家、苏州诗人"四杰"之一的高启冤案最为恐怖[4],此后服服帖帖,循规蹈矩,歌功颂德,成了士人与社会生活包括城市生活的主导风气。

总体来说,明初政治权力的强化,小农经济水平的制约,以及人们被迫适应,

---

[1] 何瑭:《民财空虚之弊议》,载陈子龙等选辑:《明经世文编》卷一四四,中华书局1962年影印本,第1440页。
[2] 何乔远:《名山藏》《儒林记上》,《续修四库全书》427,上海古籍出版社2002年,第379页。
[3] 《御制大诰三编》,《苏州人材第十三》,《续修四库全书》862,上海古籍出版社2002年,第332页。
[4] 《明史》卷二八五,列传一七三《文苑一·高启》,中华书局1974年,第7328页;《高青丘集·前言》,上海古籍出版社1985年。

使得这种形式的社会生活局面能被有效维持。经过洪武时期的休养生息,明朝社会生产得到恢复和发展,小农经济社会稳定。这期间,苏州社会风尚朴茂,内敛谨严,循规蹈矩,城市生活习尚简朴。

洪武时期苏州郡城和苏州社会状况,在长洲太平人王锜眼里,朱元璋消灭张士诚,占了苏州,打击苏州,历经这么大的变故,苏州从"素号繁华"沦落到"邑里潇然,生计鲜薄",直至正统、天顺年间,城里景象"咸谓稍复其旧,然犹未盛也",处于将兴未盛的过渡期。[1]

以苏城城市经济和生活习尚为衡量标杆的苏州社会状况在王锜笔下留下难得的实录:明初高压与迁徙豪强政策,建立自然经济秩序,带来的是城乡一片萧条衰败、死气沉沉的景象,人民生活艰辛,也只能简单朴素,素来的"繁华"之地遭受了毁灭性的打击。

三、建文到弘治时期社会风尚日趋开放

从建文到弘治时期(1399—1505)的107年,苏州社会持续性发展,社会风尚日趋开放。

建文到永乐后期,洪武时期确立的小农社会经济秩序面临困境,特别是在以官田为主的苏州、松江等府。经过从洪熙至弘治时期多方面整治,苏州社会才保持了持续性发展。这期间,江南社会商品经济有所发展,苏州社会风尚日趋开放,走向外露,城市生活习尚更是起了领头羊作用,从简朴醇厚开始讲究消费,人心渐趋奢华。

自宣德开始,由于经济恢复发展,富室势力重新抬头,加上政府控制放松,苏州城市生活率先恢复,城市生活方式、社会风气开始变化,奢侈之风渐行,也促进了城市经济发展。

按照相关史料记载,明代苏州府的"奢侈"现象主要有以下三方面内容:其一,"苏郡俗喜夸诈,好兴作"[2],指某些土木工程建设项目并不必要,完全出于苏州普遍存在的夸耀自吹、虚浮不实的奢侈"俗"尚,号称"苏空头",在滥用钱财。其二,"吴承元俗,僭靡违式"[3],具有前朝习气,在日常生活消费方面违反

---

[1] 王锜:《寓圃杂记》卷五《吴中近年之盛》,张德信点校,中华书局1984年,第42页。引文详见本书第二章第二节之三。

[2] 丘濬:《刑部右侍郎林公鹗墓志铭》,焦竑辑:《焦太史编辑国朝献征录》卷四十六《刑部三·侍郎》,《续修四库全书》527,上海古籍出版社2002年,第408页。

[3] 张朝瑞:《忠节录》卷四《苏州知府姚善》,《续修四库全书》537,上海古籍出版社2002年,第60页。

官定章程或仪礼规范,靠了拥有钱财。其三,吴人"志于富侈"[1],"去农而改业为工商","去农而游手趁食"[2],即大家意向都是追求富裕,奢侈浪费,弃农本,业工商,游手趁食,日益普遍,不利于安劳本分、务农生计的自然经济秩序的维持。

实际上,这些"奢侈"现象本身伴随着明代苏州社会经济的恢复与发展渐次产生与演进,特别是城市生活有着最为明显的领头羊作用。生活过度消费成为普遍现象,也就是成为社会风尚,客观上需要以社会财富的相当积累作为基础,同时,较为宽松的政治社会环境也不可缺少,而在明初洪武时期,这两个条件显然都不具备。

对于社会风气这一变化,著名清官、苏州知府况钟是看不惯的。况钟自宣德五年七月至正统七年十二月,连任13年苏州知府。在任期间,针对社会风气和城市生活趋于奢侈,他三番五次下了禁令。例如,他于宣德五年、七年分别颁令,严戒奢侈。[3]这些禁令既是苏州社会生活方式、社会风尚变化的明证,也是他执政所持标准与自我心态的体现。全社会消费风气的变动以城市缙绅子弟最为灵敏快捷。在况钟看来,他们违背礼制,奢侈享乐,带头堕落,必须禁止,才能挽救时尚,复归节俭。

明英宗正统(1436—1449)皇帝冲龄即位,不谙国事,大权旁落于太监王振手中,酿成正统十四年(1449)的"土木堡之变",皇帝被蒙古部落首领也先俘获,京城危机;景泰帝在于谦等支持下坚拒也先,保卫住了北京,但大明国力明显削弱,促使一系列政策顺势调整。从正统开始,明政府使用"金花银"征收赋税,正式宣告朝廷对金银贵金属货币流通禁令的失效,改变了从洪武开始把实物作为征收田赋和发放俸禄的做法,促使商品交换进行、商品思潮抬头并日趋活跃,冲击了明前期僵硬的小农经济体制,社会结构已在悄悄蠕动。

从成化开始,苏州社会渐趋繁华,生活消费方式变化较大,城市生活方式的变化领先特别明显。

弘治时,王锜游观苏城之后,比较说:"迨成化间,余恒三四年一入,则见其迥若异境,以至于今,愈益繁盛。"因此,要用一副赞赏的口吻笔录下来。除看到商品繁多、人生安乐外,他还注意文化昌明、人才辈出等积极的一面:"至于人材辈

---

[1] 张瀚:《松窗梦语》卷四《百工纪》,盛冬龄点校,中华书局1985年,第83页。
[2] 参见何良俊:《四友斋丛说》卷十三《史九》,中华书局1959年,第111—112页。
[3] 《况太守集》,吴奈夫等校点,江苏人民出版社1983年,卷十二《戒奢侈榜示》,第132页;卷十三《绅士约束子弟示》,第139页。引文详见本书第二章第二节之三。

出,尤为冠绝。作者专尚古文,书必篆隶,骎骎两汉之域,下逮唐、宋,未之或先。此固气运使然,实由朝廷休养生息之恩也。人生见此,亦可幸哉!"〔1〕从成化间苏城三四年一变化,已经够得上"迥若异境"了,以至于到弘治时,"愈益繁盛",他不禁欣欣然深感生逢其时了。

衣服装饰上,据陆容(1436—1497)描绘,突破明初礼制无疑,穿金戴银成为流行趋势。

> 今女人金银臂环累累,有节而拳曲,正如蜀形。〔2〕

与正德之后相比,这不过是苏城与苏州社会剧烈变动、城市商业经济繁荣、文教昌明、人才辈出、文艺发达、风尚趋盛的肇端,而且,其繁胜之间的差距还是很大的。

社会经济持续发展,追求锦衣玉食、吃喝玩乐,讲究婚丧嫁娶排场,花钱崇祀民间神灵祈福消灾等社会之风不断滋长,便不可避免,而在况钟之后,自正统后期以降,苏州知府出台抑制社会生活上奢靡风气的做法也一直延续着。

宜宾人李从智,正统十年由大理寺正改知苏州府。他"性刚果。郡人信巫觋,多淫祀,署小庙于门,交遍衢巷。从智出行见之,一日毁去"〔3〕。只有经济条件许可,人们才能花钱求巫觋,崇祀宽泛神灵。李知府果敢断绝了民人的痴妄念想,削去了不少铺张浪费的花销。

天顺间,因政绩突出由镇江改任苏州知府的黄岩人林鹗,推崇平简安静的为政治道:

> 公一切镇之以静。其所建革必详审至再,然后施行。苏人以公有雅望,责旦夕效,于是,颇有后言。久而见公所处置事一一各有深意,然后帖然大服……苏学庙像岁久多剥落,或欲因其旧而修饰之。公奋然曰:"塑像非古,我太祖于太学易以木主,百年夷俗乃革。彼未坏者犹当毁之,幸遇其坏,易以木主,有何不可?"或以坏圣贤像为疑。公曰:"此泥土耳,岂圣贤?孔子生于佛教未入中国之前,乌识所谓泥像哉!况古人席地而坐,政不如此?"闻者皆服。〔4〕

---

〔1〕 上引均见王锜:《寓圃杂记》卷五《吴中近年之盛》,张德信点校,中华书局1984年,第42页。
〔2〕 陆容:《菽园杂记》,佚之点校,中华书局1985年,第104页。
〔3〕 正德《姑苏志》卷四十《宦绩四》,《天一阁藏明代方志选刊续编》13,上海书店1990年,第522页。
〔4〕 丘濬:《刑部右侍郎林公鹗墓志铭》,焦竑辑:《焦太史编辑国朝献征录》卷四十六《刑部三·侍郎》,《续修四库全书》527,上海古籍出版社2002年,第408页。

这是在土木工程的兴作上尽量简省民力财力,当做则做,没有顾忌,避免公堂浮夸消费。

成化初起复为苏州知府的文昌人邢宥也是如此。他"率以俭约,诸游宴亭馆、老佛殿阁,一莫之顾"[1]。又如府中成例,"岁首迎春务逞华靡,所费动逾千金",弘治元年,以监察御史出任知府的鄱阳人贺霖,生"性俭素",不喜奢华,"至是尽屏之"。[2]他节省了一笔数量颇为可观的公帑。

弘治十年(1497)由御史擢升苏州知府的新蔡人曹凤,上任后,一方面因"苏州富饶甲天下,俗乃奢靡,且崇祀非鬼,亲死则多火之。公下车,首置义冢以畀贫者而禁火葬,定婚丧礼不得过制,凡钱迎时序一切务从俭素,违者刑之"[3];另一方面,"毁淫祠,逐倡优,禁赌博,政平讼理"[4]。他从贫富两方面制定具体生活措施,抑制奢侈之风蔓延。

苏州知府能够身体力行,秉持节俭,值得赞赏,而其行政又在屡屡干预奢靡风气,这从另一个侧面证实,明代中期社会经济经过调整、得到持续发展的过程之中,苏州的奢侈之风实在也是屡禁不息的。既然屡禁不止,那么何必一直要多此一举去禁止呢?究竟是民众社会生活现象的不合理,还是决策者所持行政理念的导向有问题,其实很值得深思,再做抉择。

四、正德到崇祯时期社会风尚张扬

从正德到崇祯时期(1506—1644)的139年,苏州社会转型性发展,社会风尚张扬。

(一) 社会演变与社会风尚渐变

经过"弘治中兴"的18年,从明武宗正德开始,到明末崇祯时期,朝政多故,皇帝大多奢侈淫逸,昏庸怠惰,让有野心的宦官伺机攫取行政大权,或使佞臣小人乘势阿谀求进,飞黄腾达,淆乱朝纲。明朝政治危机重重,社会经济秩序发生变动,文化思潮风起云涌,社会风气张扬。

---

[1] 彭华:《彭文思公文集》卷五《中宪大夫都察院左佥都御史邢公墓碑铭代文宪公作》,沈云龙主编:《明人文集丛刊》第11册,台湾文海出版社有限公司1970年,第375页。
[2] 乾隆《苏州府志》卷四十四《名宦三》,苏州图书馆藏本,电子版总第3218—3219页。
[3] 韩邦奇:《苑洛集》卷四《嘉议大夫都察院右副都御史西野曹公墓志铭》,《景印文渊阁四库全书》1269,台湾商务印书馆1986年,第385页。
[4] 乾隆《苏州府志》卷四十四《名宦三》,苏州图书馆藏本,电子版总第3221页。

1. 从正德到万历初

明武宗 15 岁即位,正当新航路开辟,西方殖民者东来,国际上新情况出现,国内形势变更的关键时期,他却好佚逞勇,四出巡游,荒淫无耻,害己误国,侵扰百姓,造成朝政混乱,宦官刘瑾擅政,佞臣钱宁、江彬就势弄权,宁夏安化王朱寘鐇、江西南昌宁王朱宸濠乘机叛乱。危机虽被平复,却损伤了国家元气。随后的明世宗嘉靖帝以湖广藩王侥幸继位,起初还图谋作为,因"大礼议"朝臣纷争,违逆其心意,大大消耗了他的精力与意志,以后转向静养修身,迷信道教长生不老的仙术,经年不理朝政,而内阁首席大学士(即首辅)职位的激烈争夺,加剧了政局混乱不安。严嵩、严世藩父子把持朝政,广植党羽 20 余年,祸国殃民,正值明朝"南倭北虏"极盛,即南方倭寇骚扰沿海、北方蒙古贵族向关内侵扰最为严重的时期。嘉靖时期倭寇侵略,极大地破坏了苏州社会的安定与生产的正常进行,干扰了城市正常生活与市场有序运行。

这时期,明朝封建国家机器仍然运行在洪武开国体制固定的轨道上,国家高层权力争夺和行政管理松懈已使统治产生了危机。封建统治阶级逐渐丧失忧患意识,加重朘削百姓。加上人口数量持续增长,粮食与其他生活资源发生了短缺,民众生存负担加重,社会危机迭兴,流民四起,而政府对此强行干预,又引发农民反抗,激化社会阶级矛盾。封建官僚队伍的有识之士顺应社会和财政需要,适时推出利国利民的改革措施,暂时稳定了摇荡的政局。

明神宗万历初年,张居正在首辅任内大力改革,调整政治、经济、军事、文化教育等系统功能,全国实施一条鞭法以征办赋役,适应明中期以来社会经济结构的变化,开始完成封建社会千余年来的赋税制度大变革,放松对人口流动控制,革新洪武小农经济秩序,实现封建统治的自我调整,为社会日趋多元化和社会转型创造着条件,也替明朝统治注射了一针强心剂。

由上述明朝发展的势态看,从明英宗正统(1436—1449)开始,明朝社会经济秩序的变化渐渐增加,却仍在持续性发展的路子上。而从 16 世纪初期,即明武宗正德(1506—1521)起,这一变化在加大,已经从持续性发展的路子上发生转向。人口流动增加,城镇工商业服务业人口结构变动,社会经济、生活取向、生活风尚等变化显著,几乎使正德时期成为明朝中后期与明朝前中期政治、经济、文化变化的分水岭。

正德之前,风俗淳朴,人们崇尚勤俭节约,安分守己,没有很大的经济实力去享乐生活,自我约束较多,也同时约束了社会与别人的举动;正德之后,所谓风尚奢靡浇漓。在保守者眼里,人心不古,世风日下。人们贪图新异,追求人生享乐、艳丽生活。往昔宣传普及的道德说教已经失去了神圣尊严,仿佛一夜之间土崩瓦解。轻松地感受生活,对世俗幸福的企求,驱使新一代奋不顾身,亟亟跳入物欲人欲场中,去拼力搏斗。

前述松江华亭人、曾居苏州的何良俊笔下描绘出这样一幅苏松等江南地区的图景:农村人口流动,流向城镇,从农业转向工商业,进而引起社会结构悄悄变化,结果引起农村里甲组织解体,基层秩序变更,"地方将有土崩瓦解之势矣"。[1]

思想文化上,以王阳明为代表的"心学"逐渐由异端邪说居于官方哲学的主流。这一思潮的一个意外结果就是启发思想,解放了心性,使礼教束缚的能量衰减,而追逐金钱名利愈来愈成为社会思潮和风尚,是具有正当性的个人行为,这在城市生活方面得到最为集中充分的体现。于是,原有社会规范错位,社会秩序面临新旧之间的交杂和整合。

在以苏州为核心的江南经济、文艺、社会观念变化的大潮之中,率先出现生活在城市的桑悦、杨循吉、祝枝山、唐伯虎、张灵等一批藐视礼法的士人,特立独行,我行我素,无视社会舆论的讥讽,反过来,他们"出格"的言行举止也潜移默化地搅动城市生活习尚,使社会风气慢慢变换。

明初确立的官民房屋、衣服器皿之类用度礼制壁垒森严,如有僭越,违者受惩罚酷烈。到嘉靖初年,这些礼制已经彻底瓦解,发生转向,由节俭转向奢侈成为风行时尚。

自国初至今百六十年,承平既久,风俗日侈,起自贵近之臣,延及富豪之民,一切皆以奢侈为尚。

不过,仍有像何瑭(1474—1543)等坚持保守立场不动摇的,坚决主张申明祖宗旧制,对违背者处以问罪、没官、罚费等手段,严禁奢侈,杜绝这"耗民财之根本",不使官贪,不使民夺,起到正风俗、定民志的社会功效。[2]

探花出身的苏州东山阁老王鏊,在正德年间的诫子书里,谆谆关照的还是做好人,守法度,谨慎持家,管教下人,勤读书,考科举,忠廉勤政,体现出成弘以来的社会有了变化,可没有失控,礼法照旧具有极其强大的约束力,清醒的吴中士

---

[1] 何良俊:《四友斋丛说》卷十三《史九》,中华书局1959年,第111—112页。引文详见本书第四章第一节之二。
[2] 上引详见何瑭:《民财空虚之弊议》,载陈子龙等选辑:《明经世文编》卷一四四,中华书局1962年影印本,第1440—1441页。

大夫之家还能做到文质彬彬,言传身教,作为社会楷模,起着表率作用。[1]

面对商品经济大潮,从士大夫到庶人,社会上普遍刮起趋利之风,无论依靠一味道德自律,宣传继续节俭的禁欲,还是通过重申行政法令与礼教,禁止奢靡享乐,都已经不再是上策。关键在于社会转型与社会风气的变换之中,道德自律和行政法令必须随时而变,与时俱进,在坚守伦理与法律底线的同时,赋予其新标准新内涵,才能有效管理社会生产秩序,引导社会生活和谐美满。

被况钟所指"专习为奇巧工作,已足以妨农业,害女功"之人,宣德年间大多出于绅士之家。正德以后,这类脱离农业生产转而投身于手工业与商业的现象极为普遍。苏州府赋税之重的现实客观上促使地方官往往对府内百姓弃本逐末的择业变动予以默认,已经不像况钟那样屡出告示,严厉禁止了,甚至干脆化禁为导,采取开放姿态,顺其发展,从行政管理转向治理,运用社会力量,支持政府管理,政府调控着社会杠杆,因时而为,顺势管理。

2. 从万历亲政到崇祯

从万历帝亲政(1582)开始,到南京南明福王弘光政权灭亡(1645),明朝进入后期或晚期。万历帝亲政长达38年,经过泰昌1年(实际是29天)、天启7年、崇祯17年,再加弘光1年,前后共5朝64年。由于商品经济更加蓬勃发展,市场作用力度增大,促进苏州社会转型性发展加快,并在万历二十三年(1595)出现明清时期苏州社会经济发展的第一个高潮,宣告洪武时期的小农社会经济秩序彻底解体,然而社会现象错综纷杂,社会风气变幻加快,时尚迭出,体现人心活跃。

万历皇帝贪图享乐,挥霍浪费,怠惰行政,以储位立太子,造成朝中"争国本"的紧张,使得地域党派之争不断,加上向全国矿山、城市派出矿监、税使直接进行经济盘剥,引起市民抗争不断,而传教士东来,带来东西大交通,却没有受到高度重视;倭寇侵略朝鲜,抗倭援朝,进一步消耗了国家元气;建州女真崛起,势力不断壮大,也应对不力。国势衰落,不可阻遏。

天启年间,宦官魏忠贤一手遮天,号称九千岁,趋附他的阉党势力恶气喧阗,迫害以东林为名义的正人君子,政治黑暗腐朽。然而,以江南为主阵营的"东林党"与齐党、楚党等地域政治集团,与大宦官魏忠贤及其阉党的斗争日趋激烈,以致于你死我活,水火不容。"东林"人代表社会中下层地主和工商业者利益,不畏权势,宁死不屈,高风亮节,震撼朝野。随后的复社、几社继承这一传统,为社

---

[1] 详见吴建华:《明代王鏊诫子书浅析》,《江南社会历史评论》第七期,商务印书馆2015年。

会正义开路,直至在明朝灭亡、家国残破之时,奋起抗清,抵御强敌,捐躯赴难,毫不畏惧,杀身成仁,谱写了一曲曲历史壮歌。

明末社会矛盾和民族矛盾交织导致明末农民战争爆发,在建州女真与农民起义两股力量共同作用下,明朝加速崩溃。清朝入关,建立对全国又一轮封建统治。这晚明清初确实是个"天崩地解"的宏大时代,也是社会经济沿着明中期以来走向更加开放、更加自由的时期。以苏州为核心的江南地域无疑成为全国社会变动的中心地带和前沿之地。

明后期,尽管统治者愈加腐朽,朝政混乱,并增强经济掠夺,引起社会矛盾尖锐,冲突事项增多,这些都使苏州社会陷入困顿局面,制约社会正常发展步伐,破坏城市生活自我发展、走向兴旺发达,可是,不得不承认,苏州社会风气变化很大,总的取向是个性自由,显性张扬,无拘无束,奢靡虚荣,城市生活习尚奢华,竞相消费成为时髦,甚至成为社会思潮,陆楫等提出著名的尚奢消费主张,乃至于今有学者提出晚明江南形成"消费社会"[1],这点在苏州城市生活习尚方面表现得最为显著。

这一时间,农业、手工业生产水平提高,社会经济趋于繁荣,商品货币经济空前发达。虽然封建君主专制在总体上丝毫没有松懈,贪污腐败的蚀损已使这部机器的运转现出疲惫。于是,明政府被迫在控制方式上有所变通,以便适应社会经济基础和结构的变化,不像原来那样,单一从农业人口身上征收赋税银两,转而从城镇商品交换大潮中榨取更为直接可观的金钱利益。万历皇帝为了填充内府帑藏,干脆直接派遣大量心腹太监充当矿监、税使,到全国矿山、工商业城镇,坐地掠夺钱财,最为赤裸裸地进行饕餮的暴力剥削。这既是社会转型期朝政变动的体现,又是污浊政治对转型期社会发展的严重阻碍,对转型期的经济和社会正常运行造成严重破坏,加上辽饷、剿饷、练饷"三饷"的加派加剧,结果激起各地市民反抗、农民起义,动摇着明朝统治根基。

这期间,苏州等江南地区曾经风雨激荡,既是政策的重灾区,又是社会变幻的风向标,城市生活快进敏捷变动的领头羊。社会经济结构变动引发人口观念变化,社会风尚移易。人们纷纷追逐工商之利,讲究豪华奢侈享受。狂热的拜金思潮和行为蚕食着明初千方百计建立起来的自然经济的母体。从正德以来思想文化方面的个性独立解放思潮正在朝深度和广度蔓延拓展。

---

[1] 巫仁恕:《品味奢华:晚明的消费社会与士大夫》,中华书局2008年;《优游坊厢:明清江南城市的休闲消费与空间变迁》,台湾近代史研究所2013年。

哲学意识形态领域,从"王学"阵营中分化出来的"左"派异端思想,由王艮的平民哲学,到李贽否定圣贤权威,愈来愈激进,富有颠覆性。受到"王学""左"派思潮影响的文学家袁宏道、汤显祖、冯梦龙等,在文学创作上都主张个性解放。

其实,社会和哲学思潮的变动最先体现在文学上。当前后"七子"倡导秦汉古文运动,以"复古"旗号主宰文坛之时,嘉靖时重拾唐宋散文的"唐宋派"就与此对立,主张抒发对生活的真挚感受,不被佶屈聱牙的空洞文字所束缚。而李贽以"童心说"反对文学"复古"。受到李贽的极大影响,以袁宗道、袁宏道、袁中道三兄弟为首的"公安派"文学,和以钟惺、谭元春为首的"竟陵派"一样,提出文学"性灵说",反对清规戒律,主张任性抒情,幽深孤峭,为现实感怀捉笔。[1]这些文学流派其实都在不同角度试图改革文学现状。他们在形式上已步步发展,越来越直抒己见,走向立足现实,追求开放、独立、自由的个性创作之路。

"王学"移易心性世俗,在嘉靖朝形成完整的哲学体系,臻于极盛阶段,广为传播,占据官方哲学的主导地位,以后却渐渐分流。由于"王学"崇尚心性顿悟的修养认识方法,近于禅理,难免空疏清谈,游谈无根,脱离实际。一批明智的士人洞察这种倾向的危险性,主动挺身疾呼,矫正"王学"弊端。同时,针对受"王学"熏陶之士的狂狷举动,在儒学阵营涌现出一批保持理性、自律严格的士人,力图从道德上挽救这股"衰败颓风",以正人心,端士习,进而否认现实时尚和新潮。他们通过讲学,砥砺品行气节,标榜清操,在复兴传统伦理时寓入积极进取之道,这是经历明中期"王学"影响、心性解放之后的自然拨位复归。

在这两种类型学者的合力作用之下,明后期社会悄悄兴起一股实学思潮,并影响了清初学风士习。徐光启、张居正、顾宪成、董其昌、刘宗周、黄道周、黄宗羲、顾炎武、钱谦益等官员儒士,就是这股经世实学思潮的代表人物。他们推动儒学发展,摆脱"王学"分流带来的社会信仰危机,重新为国家意识形态找到出路,也在文学艺术、哲学思潮、学术风气、社会风尚和精神风貌等方面另创一番新格局。

在这场思想、文艺与社会风习的挼转过程中,很自然地,苏州与江南其他一些地区的士人学者又一次适时敏感而发,勇敢地站出来,与全国其他地区的时代弄潮儿不约而同,一起主动积极地酝酿着一场改变中国学术取向及士人与社会风尚的核心运动,并经明清时代嬗变,得到有效的延续。

明代中后期,由社会经济结构变动引发的文化思潮活跃,社会风尚变化,进

---

[1] 郭绍虞:《照隅室古典文学论集》《性灵说》,上海古籍出版社1983年,第447—467页。

一步诱导社会生活趋于功利化,社会风气呈现多样、自由的特性,城市生活兴奋高亢,多姿多彩。这点在苏州等江南地区表现得尤其明显。当然,了解这一变化过程,也可加深对明朝中后期苏州文化取得辉煌成就的理解。

(二) 社会风尚渐变的表征与认识转变

杭州人张瀚(1510—1593)曾断定,明代中后期全国社会与民间的工巧奢靡成风,僭越与追求奢华迅速在全国上下扩散,而在衣食住行方面反映社会变动最快。

衣饰上,"今男子服锦绮,女子饰金珠,是皆僭拟无涯,逾国家之禁者也"[1]。民间服饰追求使用靓丽丝绸,华丽珠宝,款式新颖,即使普通人家女子,购置超规格的首饰,往往如南京顾起元(1565—1628)所言:"家才儋石,已贸绮罗;积未锱铢,先营珠翠。"[2]明代晚期,人们的服饰更加标新立异。秀水沈德符(1578—1642)记载,长洲"奇士"张献翼(幼于)与俩兄弟同赴南京乡试,考官为了避同时录取他三兄弟之嫌,独独抑裁了他。他"归家愤愤,因而好怪诞以消不平,晚年弥甚"。"至衣冠亦改易,身披采绘荷菊之衣,首戴绯巾,每出,则儿童聚观以为乐。"张献翼"异言异服"不要说了,"独红帽乃俘囚所顶,一献阙下,即就市曹,大非吉征"。又改名为"敉",其兄张凤翼说"亦似杀字,吾方深虑之"。"同时,吴中有刘子威(凤),文苑耆宿也,衣大红深衣,遍绣群鹤及獬豸,服之以谒守土者。"他"曾为御史,迁外台以归,故不忘绣斧。诸使君以其老名士,亦任之而已。"张献翼、刘凤的衣着"可谓一时服妖"[3]。可见奇装异服成为士人率先穿着打扮、标榜个性的标志。

住宅建筑上,顾起元引王丹丘《建业风俗记》称:

> 嘉靖十年以前,富厚之家多谨礼法,居室不敢淫,饮食不敢过。后遂肆然无忌,服饰器用、宫室车马僭拟不可言。又云正德已前,房屋矮小,厅堂多在后面,或有好事者画以罗木,皆朴素浑坚不淫。嘉靖末年,士大夫家不必言,至于百姓有三间客厅费千金者,金碧辉煌,高耸过倍,往往重檐兽脊如官衙然,园圃僭拟公侯,下至勾阑之中亦多画屋矣。[4]

---

[1] 张瀚:《松窗梦语》卷七《风俗纪》,盛冬铃点校,中华书局1985年,第140页。
[2] 顾起元:《客座赘语》卷二《民利》,谭棣华等点校,中华书局1987年,第67页。
[3] 沈德符:《万历野获编》卷二十三《士人·张幼于》,中华书局1959年,第582页。
[4] 顾起元:《客座赘语》卷五《建业风俗记》,谭棣华等点校,中华书局1987年,第170页。

沈德符也记述,在嘉靖末年太平时分,一些士大夫生活消闲,纷纷治园、玩曲,并涉足古玩。[1]

从嘉靖开始,人们的衣食住行突破了等级限制,社会僭越之风兴起。人们追求物质上的享受,趋于华美,追赶时尚。行政规定的尊卑贵贱用度在金钱力量冲击下不再维持,衣食住行没有明显的规定界限。

以城市为标的来论,唯以江南三吴尤其是苏州为风向标:

> 自金陵而下控故吴之墟,东引松、常,中为姑苏。其民利鱼稻之饶,极人工之巧,服饰器具足以炫人心目,而志于富侈者争趋效之。[2]

> 至于民间风俗,大都江南侈于江北,而江南之侈尤莫过于三吴。自昔吴俗习奢华、乐奇异,人情皆观赴焉。吴制服而华,以为非是弗文也;吴制器而美,以为非是弗珍也。四方重吴服,而吴益工于服;四方贵吴器,而吴益工于器。是吴俗之侈者愈侈,而四方之观赴于吴者,又安能挽而之俭也?[3]

吴人聪慧,吴服、吴器最为工巧精美,行销市场,进而获得财富,风靡生活,成为时尚,引起天下求富与追求奢侈者的仿效趋驰。天下"四方"以苏州为中心,将吴服、吴器等生活物质享受作为最高标准,这反过来促进了吴服、吴器作为品牌名牌意识的精益求精,杜绝假冒伪劣坑蒙拐骗的短期经济行为。只有在市场氛围下,讲求物质生产与社会风气、人们心态之间的长效良性循环,才能如此。

这是一种基于人性趋利自发的市场运动。其结果必然是建筑在市场基础上的消费享乐风行,进而取代在自给自足基础上的一味节俭风气。"四方重吴服,而吴益工于服;四方贵吴器,而吴益工于器。是吴俗之侈者愈侈,而四方之观赴于吴者,又安能挽而之俭也?"多么敏锐的洞察力!以市场为主与以自给自足为主,以城市为主与以农村为主,这两种不同类型的社会经济模式,此时正在发生转换。

万历二十年(1592)进士、福建长乐人谢肇淛(1567—1624),对苏州士习民风显然抱着浓厚偏见,他评论说:

> 姑苏虽霸国之余习,山海之厚利,然其人儇巧而俗侈靡,不惟不可都,亦不可居也。士子习于周旋,文饰俯仰,应对娴熟,至不可耐。而市

---

[1] 引文见沈德符:《万历野获编》卷二十六《玩具·好事家》,中华书局1959年,第654页。
[2] 张瀚:《松窗梦语》卷四《百工纪》,盛冬铃点校,中华书局1985年,第83页。
[3] 张瀚:《松窗梦语》卷四《百工纪》,盛冬铃点校,中华书局1985年,第79页。

> 井小人百虚一实,舞文狙诈,不事本业。盖视四方之人皆以为椎鲁可笑,而独擅巧胜之名,殊不知其巧者乃所以为拙也。

他又不得不承认,苏州人民在重赋压力之下没有崩溃,却压出了趋利之风,大量的农业人口被迫竞相脱离"本业"而追逐"末利",不仅具有巨大的社会功能,利于维持社会秩序正常运行,而且使普通人口文化素质提高。

> 三吴赋税之重甲于天下,一县可敌江北一大郡,破家亡身者往往有之,而闾阎不困者何也?盖其山海之利所入不赀,而人之射利无微不析,真所谓"弥天之网,竟野之罘,兽尽于山,鱼穷于泽"者矣。其人亦生而辩晰,即穷巷下佣,无不能言语进退者,亦其风气使然也。[1]

谢肇淛记载了吴民日常生活里的好斗蟋蟀风俗,认为他们如痴如醉,不计输赢,实在愚昧可笑。

> 三吴有斗促织之戏,然极无谓。斗之有场,盛之有器,必大小相配,两家审视数四,然后登场决赌,左右袒者各从其耦。其赌在高架之上,只为首二人得见胜负,其为耦者仰望而已。未得一寓目而输直至于千百不悔,甚可笑也。[2]

他不理解,这是市场发展、商品经济之下的一种社会风气,游乐生活之中,寓含公平地输赢的金钱分配观念。

就连苏州人家祭祀灶神的传统风俗,在他看来,也充斥着太重的市侩习气和过于功利的气息,认为是临时抱佛脚,没有用处。这就有点忘却所有信仰不外乎祈福、求吉去凶的基本功能了。他过于苛刻地看待作为异地的苏城民俗了。

> 俗皆以十二月二十四日祀灶,谓灶神是夜上天,以一家所行善恶奏于天也。至是日,妇人女子多持斋。余于戊子岁(万历十六年,1588)以二十五日至姑苏,苏人家家烧楮陌、茹素,无论男妇皆然。问其故,曰:"昨夜灶神所奏善恶,今日天曹遣所由覆核耳。"余笑谓:"古人媚灶之意不过如此。然不修行于平日,而持素于一旦,灶可欺乎?天可欺乎?"[3]

---

[1] 上引均见谢肇淛:《五杂组》卷三《地部一》,郭熙途校点,辽宁教育出版社2001年,第52页。
[2] 上引均见谢肇淛:《五杂组》卷九《物部一》,郭熙途校点,辽宁教育出版社2001年,第196页。
[3] 上引均见谢肇淛:《五杂组》卷二《天部二》,郭熙途校点,辽宁教育出版社2001年,第31页。

诸如苏州等江南之地社会崇尚奢华、人性孜孜逐利的评论,在明中后期的文献中比比皆是,以至于清吴县生员顾公燮(1734—？)忍不住对此大发感慨,阐释商品经济发展与国计民生、生活方式变化及社会风尚变迁的内在连锁关系：

> 即以吾苏而论,洋货、皮货、绸缎、衣饰、金玉、珠宝、参药诸铺,戏园、游船、酒肆、茶店,如山如林,不知几千万人。有千万人之奢华,即有千万人之生理。若欲变千万人之奢华而返于淳,必将使千万人之生理亦几于绝。此天地间损益流通,不可转移之局也。

他主张应该允许奢侈消费存在,而不是硬性规定限制奢靡,就能有利于维护社会风俗：

> 况此种暴殄浪费之徒率皆骄盈矜夸,不知稼穑艰难。使必定以限制,不得逾越,势必尽归于嫖赌一途。是外虽不奢华,而其实比奢华尤甚。谚云："救了田鸡饿杀蛇。"窃恐田鸡未能救,而蛇先饿死矣。故圣帝明王,从未有以风俗之靡而定以限制者也。[1]

崇尚消费的奢侈之风,反对抑奢,以消费拉动经济,增加就业,这种消费经济思想在明代松江人陆楫(1515—1552)那里则早就是公开提出的主张,他以苏杭为例发现的一条规律,即"势",与传统黜奢论大相径庭,节俭是利于个人家庭,却不利于社会国家,市场兴旺正是致富、崇尚奢侈的外在表征,像孟子所说的社会不同职业阶层之间的有机互助交换,崇尚节俭则势必驱逐工商之人复归于传统小农。

> 予每博观天下之势,大抵其地奢则其民必易为生,其地俭则其民必不易为生者也。何者？势使然也。今天下之财赋在吴、越,吴俗之奢莫盛于苏、杭之民。有不耕寸土而口食膏粱,不操一杼而身衣文绣者,不知其几何也,盖俗奢而逐末者众也。只以苏、杭之湖山言之,其居人按时而游,游必画舫肩舆、珍羞良酝、歌舞而行,可谓奢矣,而不知舆夫、舟子、歌童、舞妓仰湖山而待爨者不知其几。
>
> 故曰："彼有所损,则此有所益。若使倾财而委之沟壑,则奢可禁。不知所谓奢者,不过富商大贾、豪家巨族自侈其宫室、车马、饮食、衣服之奉而已。彼以粱肉奢,则耕者、庖者分其利;彼以纨绮奢,则鬻者、织

---

[1] 上引均见顾公燮：《消夏闲记摘抄》卷上《苏俗奢靡》,《丛书集成续编》第96册,上海书店1994年,第700页。

者分其利,正孟子所谓通功易事、美补不足者也,上之人胡为而禁之?若今宁、绍、金、衢之俗最号为俭,俭则宜其民之富也,而彼诸郡之民至不能自给,半游食于四方。凡以其俗俭而民不能以相济也。要之,先富而后奢,先贫而后俭。奢俭之风起于俗之贫富,虽圣王复起,欲禁吴、越之奢,难矣。"

或曰:"不然,苏杭之境为天下南北之要冲,四方辐辏,百货毕集,使其民赖以市易为生,非其俗之奢故也。"噫!是有见于市易之利,而不知所以市易者正起于奢。使其相率而为俭,则逐末者归农矣,宁复以市易相高耶?[1]

顾公燮、陆楫的看法与传统观念相左,却颇具时代性,亦不无道理。他们的声音代表了工商业经济发展中的得益者。换个角度看,这就是城市性的集中体现,只有在工商业经济发展兴旺的城市与地区才可能集中呈现出来。

以吴江而论,清代人总结它在明代的社会生活与风尚的前后变化十分鲜明,靡费与僭礼的情形在明中后期司空见惯。

邑在明初风尚诚朴,非世家不架高堂,衣锦(饰)器皿不敢奢侈,若小民咸以茅为屋、裙布荆钗而已。即中产之家,前房必土墙茅盖,后房始用砖瓦,恐官府见之以为殷富也。其嫁娶止以银为锦,外衣亦止用绢。至嘉靖中,庶人之妻多用命服,富民之室亦缀兽头,循分者叹其不能顿革。万历以后迄于天、崇,民贫世富,其奢侈乃日甚一日焉。[2]

以苏城为中心,人们在衣食住行、文化娱乐等生活消费上追求奢侈、新奇、享受,以城居的地主、士大夫阶层和大商人阶层为中坚力量。他们或通过地租剥削、兼营工商,或由巨额商业利润获得大量财富,进而追求时尚消费,从上层而下层,移易社会风气。

休宁人叶权目睹苏州市井繁华消费盛况,说苏州枫桥、南濠的"牙行经纪主人率赚客钱,驾高拥美,乘肥衣轻,挥金如粪土,以炫耀人目,使之投之"[3]。

嘉靖时华亭名士何良俊形容当地士大夫宴会风尚,并大为感慨:

---

[1] 陆楫:《蒹葭堂杂著摘抄》,《丛书集成初编》,商务印书馆 1936 年,第 2—3 页。参见傅衣凌《明清社会经济变迁论》的分析,中华书局 2007 年,第 335—337 页。
[2] 乾隆《震泽县志》卷二十五《风俗一·崇尚》,《中国方志丛书》,台湾成文出版社有限公司 1970 年,第 919 页。乾隆《吴江县志》卷三十八《风俗·崇尚》,《中国方志丛书》,台湾成文出版社有限公司 1975 年,第 1120 页,文字全同。
[3] 叶权:《贤博篇》,凌毅点校,中华书局 1987 年,第 22 页。

> 今寻常燕会动辄必用十肴,且水陆毕陈,或觅远方珍品,求以相胜。前有一士夫请赵循斋,杀鹅三十余头,遂至形于奏牍。近一士夫请袁泽门,闻殽品计百余样,鸽子、斑鸠之类皆有。尝作外官,囊橐殷盛,虽不费力,然此是百姓膏血,将来如此暴殄,宁不畏天地谴责耶?然当此末世,孰无好胜之心?人人求胜,渐以成俗矣。[1]

饮酒之风盛行。苏州三白酒开始出名,在邻郡松江销售居冠,原先称霸的金华酒成为"两厌"之一,迎合着社会生活中饮酒之风开始风行的需要。

> 隆庆时,有苏人胡沙汀者携三白酒客于松,颇为缙绅所尚,故苏酒始得名。年来小民之家皆尚三白,而三白又尚梅花者、兰花者。郡中始有苏州酒店。[2]

万历时,"江南之三白不胫而走半九州矣",苏州人为的就是"急于求售"。[3]

城市富室大贾在饮食方面讲求美食,山珍海味,珍馐美馔,一尝为快,一掷千金,引发中产之家纷纷向慕效尤,一席也常耗数月之食。如明后期苏州府嘉定县,"若夫富室召客,颇以饮馔相高,水陆之珍常至方丈,至于中人亦慕效之,一会之费常耗数月之食"[4]。

苏州人家饮食之风极盛,待客普遍颇多讲究。

> 肆筵设席,吴下向来丰盛。缙绅之家或宴官长,一席之间,水陆珍羞多至数十品。即士庶及中人之家,新亲严席有多至二三十品者,若十余品则是寻常之会矣。然品必用木漆果山如浮屠样,蔬用小磁盘添案,小品用攒盒,俱以木漆架架高,取其适观而已。即食前方丈,盘中之餐为物有限,崇祯初始废果山碟架,用高装水果;严席则列五色,以饭盂盛之;相知之会则一大瓯而兼间数色,蔬用大铙碗,制渐大矣。[5]

游冶娱乐,消费成风,已是苏州人日常生活的内容。虎丘中秋夜,全城清赏,久已成为苏州民俗盛会。

> 虎邱八月半,土著流寓,士夫眷属,女乐声伎,曲中名妓戏婆,民间

---

[1] 何良俊:《四友斋丛说》卷三十四《正俗一》,中华书局1959年,第314页。
[2] 范濂:《云间据目抄》卷二《记风俗》,上海申报馆仿聚珍版印光绪版,第4页。
[3] 谢肇淛:《五杂组》卷十一《物部三》,郭熙途校点,辽宁教育出版社2001年,第222页。
[4] 万历《嘉定县志》卷二《疆域考下·风俗》,《中国方志丛书》,台湾成文出版社有限公司1983年,第150页。
[5] 叶梦珠:《阅世编》卷九《宴会》,来新夏点校,上海古籍出版社1981年,第193页。

少妇好女,崽子娈童及游冶恶少,清客帮闲,傒僮走空之辈,无不鳞集。

这种一夜壮观盛景,"使非苏州,焉讨识者?"这"虎邱故事"到崇祯七年(1634)还被杭州在蕺山亭模仿着呢。[1]

而酷暑时分在苏城东南郊黄天荡举行的荷花赛会则成一年之胜景。著名文人张岱亲历之后留下了生花妙笔:

> 天启壬戌(二年,1622)六月二十四日,偶至苏州,见士女倾城而出,毕集于葑门外之荷花宕。楼船画舫至鱼艖小艇雇觅一空。远方游客有持数万钱无所得舟,蚁旋岸上者。余移舟往观,一无所见。宕中以大船为经,小船为纬,游冶子弟轻舟鼓吹,往来如梭。舟中丽人皆倩妆淡服,摩肩簇舄,汗透重纱。舟楫之胜以挤,鼓吹之胜以集,男女之胜以溷,歊暑燀烁,靡沸终日而已。荷花宕经岁无人迹,是日士女以鞍鞯不至为耻。袁石公曰:"其男女之杂,灿烂之景,不可名状。"大约露帏则千花竞笑,举袂则乱云出峡,挥扇则星流月映,闻歌则雷辊涛趋。盖恨虎邱中秋夜之模糊躲闪,特至是日而明白昭著之也。[2]

这种游乐风气熏染了邻近地区。如松江,"嘉靖时,四门绝无游船。自隆庆初年,仅数航入郡。而松人用以设酒者无虚日,自是游船渐增。而夏秋间泛集龙潭,颇与虎丘河争盛矣"[3]。

(三) 苏州风尚领潮流

苏州地区,主要是苏城,生活消费习尚也就是苏州风尚引领全国。

1. 苏样与苏意

苏州时髦产品被称为"苏样",就是苏州式样,包括服装、器物等。各类精巧"时玩"被江南其他地区和全国其他地区钦羡、模仿。由时髦服装款式派生出一个新名词"苏意",就是苏州创意,原先没有,只有苏州才开始新造的,进而泛指"一概希奇鲜见"之物,成为一种思维新概念,沉淀在语汇之中,成为社会文化新现象。

"苏意",非美谈,前无此语。丙申岁,有甫官于杭者答窄袜浅鞋人,

---

[1] 上引见张岱:《陶庵梦忆》,马兴荣点校,中华书局2007年,卷五《虎邱中秋夜》,第64页—65页;卷七《闰中秋》,第89—90页。
[2] 张岱:《陶庵梦忆》卷一《葑门荷宕》,马兴荣点校,中华书局2007年,第17页。
[3] 范濂:《云间据目抄》卷二《记风俗》,上海申报馆仿聚珍版印光绪版,第4页。

枷号示众,难于书封,即书"苏意犯人",人以为笑柄,转相传播。今遂一概希奇鲜见,动称"苏意",而极力效法,北人尤甚。[1]

苏州发式称为"苏州头",在北京城也很流行,有诗为证:

> 白袷裁衫玉满头,短檐鬞髻学苏州。侬家新样江南曲,纵是愁人不解愁。[2]

至于昆曲兴盛,通俗文学繁荣,园林营造,其他生活名物用具的讲究,消费品、工艺品的制造与时尚追求,民间收藏热络成风等,很多都是从苏城吴中开始,再蔓延开来,风靡全国的。

明中期后兴起收藏"时玩",收藏成风后,又导致赝品制作泛滥。这方面苏州成为主导全国收藏风气的中心,制定品评鉴赏标准的权威。既有文化素养,以真功夫懂真鉴赏,又有金钱懂真珍藏,还要做到弃俗称雅,而天下书画古玩的风"雅"与否,毕竟由苏州人说了算,天下才认同的,否则,只是俗不可耐的。

> 姑苏人聪慧好古,亦善仿古法为之。书画之临摹,鼎彝之冶淬,能令真赝不辨。又善操海内上下进退之权,苏人以为雅者,则四方随而雅之;俗者,则随而俗之。其赏识品第本精,故物莫能违。
>
> 又如斋头清玩、几案、床榻,近皆以紫檀、花梨为尚。尚古朴不尚雕镂,即物有雕镂,亦皆商、周、秦、汉之式,海内僻远皆效尤之,此亦嘉、隆、万三朝为盛。
>
> 至于寸竹片石摩弄成物,动辄千文百缗,如陆于匡之玉、马小官之扇、赵良璧之锻,得者竞赛,咸不论钱,几成物妖,亦为俗蠹。[3]
>
> 骨董自来多赝,而吴中尤甚,文士皆借以糊口。近日前辈,修洁莫如张伯起(凤翼),然亦不免向此中生活。至王伯穀,则全以此作计然策矣。[4]

苏州书画仿作水平极高,一般人很难识别真假,有一专门名词叫"苏州片子"。城西金门、阊门之间的专诸巷,虎丘,城北桃花坞,成为名人古旧书画临摹

---

[1] 薛冈:《天爵堂笔余》卷一,王春瑜点校,载《明史研究论丛》第五辑,江苏古籍出版社1991年,第326页。薛冈生于嘉靖四十年(1561),约卒于崇祯年间,则丙申年为万历二十四年(1596)。
[2] 《钦定日下旧闻考》卷一四七《风俗》引《小东园诗集》,《景印文渊阁四库全书》499,台湾商务印书馆1986年,第279页。
[3] 王士性:《广志绎》卷二《两都》,吕景琳点校,中华书局1981年,第33页。
[4] 参见沈德符:《万历野获编》卷二十六《玩具·假骨董》,中华书局1959年,第655页。

作伪的专门市场。仇英曾以画"苏州片子"起家。沈周、文徵明、唐寅等大书画家的很多作品都一直在被伪造之列,以沽高价,并有很多假名品成为珍藏品的。[1]

2. 苏州知府与苏州风尚

当然,面对吴俗普遍习惯奢靡的现象,即使到隆庆时候,仍有苏州知府持否定态度,并采用行政举措予以抑制。像苏州知府永年县人蔡国熙,"以吴俗浮靡,躬行俭约,下禁约二十七章,采古今贤哲懿行数十事,为图于府治两庑。定婚丧礼,禁民间奢僭及焚尸者,置义冢于六门,各百亩"[2]。

纷繁热闹的虎丘游乐景象之余,不免出现"游人喧杂,流荡淫佚",不合礼法之事。为此,隆庆二年(1568)十月,知府蔡国熙立石规定:

> 照得虎丘山寺往昔游人喧杂,流荡淫佚,今虽禁止,恐后复开,合立石以垂永久。今后除士大夫览胜寻幽超然情境之外者,住持僧即行延入外,其有荡子挟妓携童、妇女冶容艳妆来游此山者,许诸人拿送到官,审实,妇人财物即行给赏。若住持及总保甲人等纵容不举,及日后将此石毁坏者,本府一体追究![3]

居然人为地划定士大夫游览与"荡子挟妓携童、妇女冶容艳妆"游览,目的迥异,必须严格区分,试图运用苏州知府的行政权力,剥夺后者游览名胜的权利。因为按照蔡知府的思维逻辑,后者来游虎丘,不是浪荡公子、流氓混子、妓女娈童,就是妖艳妇女,都是不良分子,素质低下。他们来到风景名胜之区,大庭广众,居心叵测,谈吐肮脏,举止轻佻,必定会做出不雅事情,有伤风化,还是禁止他们抛头露面游览为好。他没关心这些人众也在娱乐消费。

万历二十二年(1594),苏州知府平湖人孙成泰更是由于"恶吴俗好佚游虎邱诸山,严为之禁"[4],一棍子打死得了,可谓少见的最为极端的做法了。

纵使灾荒时节,政府出台救荒之策,差别也会很大,有的鼓励消费,像宋范仲淹杭州救荒,宴游兴造,以有余之财拉动穷人生计[5],而有的则以遏制奢侈消费

---

[1] 可参阅董粉和、吴建华、丁双平:《明代书法篆刻史》第十一章第四节"明代书法作品的作伪与鉴别",载史仲文主编:《中国艺术史·书法篆刻卷》,河北人民出版社 2006 年,第 1697—1703 页。
[2] 乾隆《苏州府志》卷四十四《名宦三》,苏州图书馆藏本,电子版总 3226 页。
[3] 王国平、唐力行主编:《明清以来苏州社会史碑刻集》《苏州府示禁挟妓游山碑》,苏州大学出版社 1998 年,第 565 页。
[4] 乾隆《苏州府志》卷四十四《名宦三》,苏州图书馆藏本,电子版总 3228 页。
[5] 详见沈括:《梦溪笔谈》卷十一《官政一》,江苏古籍出版社 1999 年影印元大德本,第 14—16 页。

风尚,换取艰难度日。

> 万历时,吴苏大荒,当事者以岁俭,禁游艇。富家儿率治馔僧舍为乐,而游船数百人皆失业流徙。[1]

明初朱元璋在江南地区建立起以自给自足的小农经济体系为基础的政治经济统治秩序,强调民安农本,并基于身份等级差别,在社会生活领域的各个方面严格设定礼制规范。朝廷的既定统治方针即是苏州知府的基本政治立场。面对奢侈之风不止,僭越现象屡生,苏州知府严申朝廷禁令,限制奢靡,安民固本,移风易俗,以保证国家税源,是其职责所在,理所当然,无可厚非。自况钟以至明亡的62位到任苏州知府中,据我们目前所见,计有8位苏州知府,确曾采用不同方式整治风俗,因而显然不是绝大多数知府的共同行为。这一态势显示,自明中期以来,尽管陆续有知府试图使用行政权力,人为扭正苏州社会愈益偏离朝廷礼法规范的"奢侈"风气,却谈不上有什么成效可言,抵不住社会自生性的以城市生活为导引的变化。

前面关于吴俗"奢侈"之风的三方面内容,苏州知府能够通过行政手段进行有效调控的领域,仅仅是衙门土木兴作,而民间致力于土木兴建,民众普遍弃农业商,追逐物质功利,以及社会生活各个方面僭越礼法的靡费现象,则是明中后期商品经济大潮裹挟而来的必然结果,远非知府甚至朝廷等封建统治者强力禁止所能扭转的。唯有适时因势利导,边管边治,变管理为治理,才能很好地促进社会的城市性发展,推动传统农业社会向工商业社会逐步转型。正德以后到明末,中国传统的封建社会向近代社会开始转型,苏州社会经济和社会风尚领域的前后变化过程正是这一社会转型肇端的先声。

3. 城市性是苏州风尚领潮流的实质

关于冠名"苏样""苏意""苏式"等"苏"字头的苏州生活习尚与社会风气盛行,范金民经过仔细的资料搜罗和周详分析后,首先定义道:

> 所谓苏意、苏样、苏式,就是苏州风格。流行四方,则各地唱苏州戏,饰苏州头,穿苏州样式服装,用苏州式样器物,行为举止如苏州人状,亦步亦趋,惟妙惟肖,尽量体现出苏州风格。

他得出了综合结论:

---

[1] 顾公燮:《丹午笔记》之《救荒相异》,苏州博物馆等编,江苏古籍出版社1985年,第132页。

"自明代中期直到太平天国战争爆发,江南的苏州是全国经济最为发达的地方,无论社会发展,还是生活时尚,都处于引领潮流的突出地位。诚如万历时浙江临海人王士性所说:'苏人以为雅者,则四方随而雅之,俗者,则随而俗之。'时人将这种现象或潮流称为'苏样'、'苏意'。"

"明代后期流行起来的'苏样'、'苏意',是苏州风尚的代名词,从生活方式到行为方式,举凡服饰穿着、器物使用、饮食起居、书画欣赏、古玩珍藏、戏曲表演、语言表达,无所不包。自明后期至清中期绵延了近三个世纪之久的苏州风尚,不仅仅是一种炫耀性的风尚,而且还是品位和身份、意蕴和境界、风雅和脱俗的象征。在长期的慕仿效法过程中,全国各地持续保持着对苏州的仰慕、崇敬以至迷信的状态,亦步亦趋式地效仿和追随。苏州时尚的风行,苏州强大无比的影响力,是由苏州人刻意制造出来的。苏州人擅长发挥和利用各种有利条件,始终牢牢控制着时尚的话语权,制定着适合自身、有利自己的苏州标准,操控着海内上下进退之权,而且还以无形的力量开拓和营造着有形的商品市场,使得苏州的商品生产始终走在前列。"

他看到"苏样""苏意"的深刻影响席卷着全国:

"世人以苏州为标准,于是将所有物事一概冠以苏州或吴地字样。"

"不独服饰,但凡稀奇新鲜少见之物,即是'吴样',即是'苏意'。"

"总之,苏样、苏式、苏意,不仅指妇女服装头饰,也不仅指苏州饮食器用,而是全方位的,无论服装头饰,饮食器用,屋宇布置,歌娱宴乐,生活好尚,以至言行举止,思想观念,但凡新奇新鲜新潮新样时髦少见之物,体现了风尚,就是苏意、苏样,苏意已经深入到时人的心境中,浸淫渗透到时人的骨髓中,涵盖了时人社会生活的每一个方面。而观其盛况,也断断不仅是王士性时代所能见到的,嘉、隆、万三朝为盛,天启、崇祯时代,明朝虽已趋向衰亡,而苏式、苏意的推崇,却日盛一日,无所底止。"

范金民还将中国"苏样""苏意"的明清时代和法国路易十四时代相比,认为这一崇尚消费奢侈的时代在中西具有同一性,只是法国比中国苏州及江南晚了一个世纪以上。

颇有参考价值的是,法国路易十四(1643—1715年在位)时代,法国进入了奢侈和时尚时代,发型、时装、拖鞋、靴子、菜肴、咖啡馆、香槟、钻石、镜子、折叠伞、古董、香水、化妆品、古龙水,以及娱乐方式、夜生活,都进入了时尚视野,法国式大行其道。德国律师和哲学家克里斯蒂安·托马修斯在1687年宣称:"今天我们希望所有的一切都是法国式的。法国服装、法国菜、法国家具。"由法国国王路易十四带头兴起的法国时尚,其状况与16世纪后期江南的流行时尚何其相似乃尔,只是其劲风鼓荡的时代,晚了中国江南整整一个世纪以上。

其实,这种以苏州标准为城市生活和社会习尚的风气从明代中后期延续到清代中期,推动了苏州工商业生产发展的良性循环,推进了全国工商业发展和生活方式的变化。

最后,范金民得出结论:

> 当代美国学者若昂·让德认为,"我们正在按照路易十四的文化定义着我们的生活质量。我们希望凡尔赛统治者们掌握得极好的亮点也能为我们自己的生活增色"。套用其语,明后期至清中期,全国在一定程度上是按照以苏州为中心的文化定义着自己的生活方式。[1]

显然,这种城市生活方式与农村生活方式是全然不同的,讲究消费,崇尚生活,这就是苏州城市生活包含的城市性。

引"领潮流"的"苏式""苏样""苏意"是苏州生活方式的高度概况性称谓,是苏州城市生活方式体现在社会风尚上的城市性。它可以分为两个层次:一是吴服吴器,器物上的称谓,物质状态的苏州样式;一是苏意,精神上的称谓,精神观念上的苏州样式,实现了从器物层面到观念精神层面的凝练与升华,内中的生命力就是创意设计,通过苏州风格的呈现,实现其魅力的天下传播,使得明清时期苏州奠定了其在中国社会物质文化和精神文化方面领头羊的地位。

正是这种城市生活包含的城市性才使得苏州生活方式能够产生如此广大而内力无穷的影响力,引起城市生活习尚的流变,造成天下羡慕并纷纷仿效的轰动效应,形成新的社会生活风气,同时也引起争议多端的评论以及行为上的支持或反对及抵制。

明代苏州风尚引领江南地区乃至全国的潮流,这样的态势并非偶然,而是与苏州在全国所处的经济地位相匹配的社会存在。宣德以来苏州出现的社会奢侈

---

[1] 上引均见范金民:《"苏样"、"苏意":明清苏州领潮流》,《南京大学学报》2013年第4期。

风气,不仅没有在知府的言行提倡与行政干预下偃旗息鼓,反而在正统以后愈益繁盛,从府城延伸到县乡,从苏州扩展到邻近区域,乃至辐射全国,成为社会生活潮流的发源地。

预兆未来中国社会即将发生翻天覆地变化的传统社会自生的城市性元素或城市性因子,在传统社会母体商品经济的催生之下悄然滋生成长,在明代中后期直到清代中期(中间因为清朝入关,王朝更替,有所中断,然后再行恢复)的江南苏州等地区生发出潜在变革的爆发力,松懈或逐步瓦解明代前期的社会经济秩序,体现在行政管理、经济发展、文化风貌与质地、社会风尚等全方位变动,引发社会结构变迁,社会转型性发展。这是中国社会自然发生的历史性大变局。在全球化萌动、一体化世界形成初期,这种城市性无疑呈现了中国正在迈进的同步节奏及拥有的全球性的独特地位。

可以肯定,明代中后期苏州社会生活和社会风尚变化的程度,从城市、市镇到乡村会依次递减;从社会上层、富室豪户开始,影响了社会各阶层,如中产之家、城镇居民,农民则是变化最小的,处于边缘的状态;许多风尚源于苏城,源于苏州,辐射全国,又促使苏城苏州继续前行,发生更多更大变化,引领全国风气之先,成为江南与全国社会的先导地区,社会率先发展的中心地区。

明初洪武时期形成的自然经济体制变化乃至瓦解,政治与社会经济结构变动,商品货币经济发展,基层社会组织瓦解,人口流动增加,社会控制松动,促使人们思维观念与人口行为变化,都是明中期以来苏州等江南地区社会生活方式与生活习尚变动的主要因素。[1]

第三节 明代苏州宗教

明代苏州宗教以佛教、道教最为兴盛,尤其是佛教,佛教中的禅宗,最为发达。此外,有伊斯兰教、天主教等。

一、佛教与道教发展概况

朱元璋从小在皇觉寺出家,为僧8年,以后参加红巾军反元,不断壮大实力,直到开府江南,建立明朝,扛着宗教旗号,因而深知宗教的社会功能巨大,尤其是

---

[1] 明中后期以苏州为中心的江南地区消费风尚的研究,可以参见徐泓、陈学文、王家范、巫仁恕等的研究。而本节相关内容参考罗仑主编,范金民、夏维中著:《苏州地区社会经济史(明清卷)》,南京大学出版社1993年,第334—348页。

元朝极为盛行的佛道两教，其影响不亚于儒学。洪武时期，明廷对于佛道宗教一方面优惠、扶植，给予保护；另一方面限制、控制，使之为政权所用，这成为有明一代宗教政策的基调。从建文到崇祯，随皇帝的好恶，佛教、道教的地位有所升降。建文帝限制二教，永乐帝重用僧道，宣宗加强限制二教，英宗以后保护、扶植有余，限制不足，如正统到弘治基本崇佛，武宗喜好番教，而世宗迷恋道教，抑制佛教，穆宗崇佛，万历、天启佛道并崇，崇祯帝因为尊奉西方科学技术，先是抑制佛道，后来又改为尊奉佛道。对于民间秘密宗教，明廷一直严禁，残酷镇压。[1]在明政府宗教政策与措施的推行过程中，苏州明代宗教发展主要体现为佛教盛行，道教持续发展。

明初政府为了维持社会秩序，维护政权稳固，大力整顿控制佛道发展，设立了各级僧道机构和僧道官员，严格度牒发放，限制僧伽（出家团体）数量，严禁私建寺庙、私度僧尼。洪武五年（1372）颁行《周知板册》。十五年（1382）颁行《归并条例》，明令汉地佛寺分为禅（禅寺，禅僧，由禅僧住持）、讲（讲寺，是天台、华严、唯识、净土诸宗寺院通称，教僧，由教僧住持）、教（专门从事瑜伽显密法事的寺僧，又称瑜珈教、瑜珈僧）三类，取代唐宋以来通行的禅、讲、律（律寺，律僧，由律师住持）。教寺教僧有现实济世教化功用，而律寺、律僧明初十分衰落，因而被排斥在主流佛教类别之外，丧失了官方认可的地位。[2]全国寺院大力裁并，20人以下小寺庵全部归并于大寺。很多寺院从此自行废圮。二十四年（1391），颁发《申明佛教榜册》，编造颁行《寺院名册》。二十七年（1394），颁布《榜示僧教条例》。这些措施的实行显示政权严格控制着教权。明中期以后，政府重开售牒制，许多明初废圮寺院有所恢复，佛教各宗才再度复兴。[3]

"吴中多佛、老之区，虽更洪武归并，而其庐故在也，既不可废，则列其丛林，而诸归并者各附见焉。"[4]据正德《姑苏志》卷二十九、卷三十《寺观》记载，明代苏州佛寺、道观极盛，密布城乡。尽管不少寺、院、庵被归并到大寺之下，不少观、宫、道院被归并到大观之下，而苏州佛道繁盛，一如既往。

据正德《姑苏志》的记载进行统计，得到寺观数量及分布如表4-3。

---

[1] 参见南炳文主编：《佛道秘密宗教与明代社会》上篇"明代的宗教政策：保护和限制"，天津古籍出版社2002年，第7—93页。
[2] 参见刘晓玉：《明朝初年裁撤律寺之辨考》，《法音》2014年第5期。
[3] 任宜敏：《中国佛教史·明代》第一章"导论"，人民出版社2009年，第5—6页。
[4] 正德《姑苏志》卷二十九《寺观上》，《天一阁藏明代方志选刊续编》12，上海书店1990年，第617页。

表 4-3 明代苏州寺观数量和分布表

名称	丛林寺数	归并寺数	归并院数	归并庵数	寺院合计	观数	宫数	归并观数	归并宫数	归并道院数	道观总数
苏州在城	18	15	8	74	115	2		8	1	16	27
在城尼寺	4	0	0	0	4						
苏州郭外	40	31	11	172	254	3		0	0	0	3
昆山县	10	2	0	13	25	1		2	0	6	9
常熟县	10	3	6	38	57	1		1	2	2	6
吴江县	21	5	5	123	154	1		2	0	6	9
太仓州	11	4	5	30	50		1	0	0	6	7
合计	114	60	35	450	659	8	1	13	3	36	61
嘉定县	24	6	4	35	69		1	0	0	4	5
崇明县	4	0	0	0	4	1		1	0	1	3
合计	142	66	39	485	732	9	2	14	3	41	69

资料来源：正德《姑苏志》卷二十九《寺观上》、卷三十《寺观下》，《天一阁藏明代方志选刊续编》12，上海书店 1990 年，第 617—857 页。

注：(1) 苏州在城丛林寺原载 17 个，实际 18 个。(2) 昆山县丛林寺原载 9 个，实际 10 个。(3) 嘉定县归并道院由宫并。(4) 崇明县归并道院由宫统。

由上表可知，明代至正德年间，在今苏州范围，共有寺院 114 所，道观 9 所；连同被归并的寺庙，合计则有 659 所，道观 61 所。加上嘉定、崇明，在当时苏州范围，则共有寺院 142 所，道观 11 所；连同被归并的寺院，合计则有 732 所，道院 69 所。可见，经过洪武年间整顿佛寺道观，佛道机构组织更为精干简明，便于政府统一管理，保证宗教组织秩序稳定。

分县看，寺院以苏城内外属于吴县、长洲县的最多，有 62 大寺 373 所。其次是吴江县，有 21 大寺 154 所，也是极端地崇佛。再次是太仓州，有 11 大寺 50 所。常熟有 10 大寺 57 所。常熟虽然大寺比太仓少 1 个，寺院总数实际上比太仓多 7 所。昆山有 10 大寺 25 所，在苏州属县中最少，与太仓相比，还不如太仓州供佛兴盛。

在这些寺观之中，不乏声闻海内外的梵宇古刹，规模宏大，地位重要。

苏城之内有盘门内开元禅寺（下院有报国院[1]）、瑞光禅寺、城北报恩讲寺

---

[1] 此处列举归并的只是较为著名的下院，而不是全部数量。下同。

(即北寺,下院有东华严寺)、万寿禅寺(下院有普门寺)、城东南隅正觉禅寺(即竹堂寺,下院有洞庭西山包山禅院、城东北隅崇庆庵即百花庵)、承天能仁禅寺(初名广德重玄寺,下院有狮子林庵、休休庵)、灵鹫教寺、东禅教寺、永定讲寺(下院有景德寺、西禅寺、天王寺)、齐门内北禅讲寺(下院有昭庆寺、无量寿寺、普福院、佛慧庵、天龙庵)、南禅禅寺(下院有大云庵,一名结草庵;妙隐庵,改为韩蕲王庙)、双塔禅寺(下院有圆通庵)、定慧禅寺、跨塘桥宝光讲寺、广化教寺(下院有龙兴寺、天宫寺、宝林寺、定光庵)、积庆禅寺(下院有禅兴寺、福庆庵)、宝幢讲寺(下院有吉祥庵即猛将庙)、泗洲寺等。

尼寺有朱明寺、西竺寺、妙湛寺、资寿尼寺。

苏城郭外有虎丘禅寺(下院有长荡东的归源寺)、半塘寿圣教寺(下院有普福庵)、迎湖教寺、陆塘白莲教寺、洞庭东山灵源教寺(下院有余坞南兴福寺)、上方山下治平教寺(下院有横山下宝积寺)、上方山上楞伽讲寺、穹窿山穹窿禅寺(下院有宝华山宝华寺、荐福山下荐福禅寺)、穹窿山西白马禅寺(下院有邓尉山南圣恩庵)、灵岩山上灵岩禅寺、尹山崇福教寺、蠡塘灵淀教寺、大姚山大觉教寺、胥山南天宫教寺、锦峰山昭明教寺、邓尉山光福讲寺、长山教寺、香山西实相教寺、洞庭东山法海寺、枫桥寒山禅寺(下院有南峰寺,即古支硎寺)、东山莫厘山翠峰禅寺、洞庭西山上方教寺(下院有五峰岭下祇园寺、缥缈峰下无碍泉所在水月寺、缥缈峰北的西小湖天台教寺、鼋山金村普济庵)、天平山白云禅寺(下院有支硎山东麓即古报恩寺的观音寺、横金延庆寺、穹窿山北麓姚广孝曾住的海云庵)、阳山西莲花教寺(下院有七宝泉所在七宝泉庵)、黄芦宝寿教寺(下院有在城武状元坊内本周瑜故宅的雍熙寺)、黄埭兴国教寺、甫里保圣教寺、陈湖永寿教寺、冶长泾觉林教寺、阳山下澄照教寺、阳山北竹青塘甄山教寺、斜塘法华教寺、甫里白莲讲寺、南濠利济教寺(下院有南濠石佛净土寺)、阳山南黄村口觉教寺、陈湖之北碛砂禅寺(旧名延圣禅院)、章练塘崇福教寺、娄门外接待教寺、天平山之东牛头峰坞内普贤教寺、周庄全福讲寺等。

昆山有县治景德教寺、马鞍山下慧聚教寺、马鞍山华藏讲寺、荐严资福禅寺(下院有石浦镇无相禅寺)、能仁教寺、报国讲寺、沪渎圣像教寺、延祥教寺、赵灵兴福教寺、碛碨村福严禅寺等。

常熟有县治慧日禅寺(下院有虞山之麓宝严禅寺、练塘市练塘寺)、虞山北岭下破山兴福寺、圣寿东灵寺、东塔崇教兴福寺(下院有梅里镇默林东塔院)、虞山维摩禅寺(下院有支塘市明因禅寺、顶山小岭之外上方院)、河阳山寺有宝物"三绝"的永庆教寺、莫城妙清教寺、福山镇大慈教寺、梅里镇胜法寺、李墓村智林教寺(下院有白茆塘如存院)等。

吴江县城有圣寿禅寺(即北寺)、无碍讲寺(即西寺)、宁境华严讲寺、九里村法喜教寺、双杨泾奉先教寺、七都半泾村妙智寺、六都倪林里双林教寺、震泽镇东南应天教寺、南麻村明庆教寺、充浦崇吴教寺、平望莺脰湖之滨殊胜教寺、震泽镇普济禅寺、二十二都积庆讲寺、曹村宝觉讲寺、八赤永福教寺、黎里镇罗汉讲寺、荒浦村永定教寺、芦墟村泗洲教寺、东门外南津口接待教寺(俗称南寺)、简村海云禅寺、梅堰显忠教寺等。

太仓州有州城大西门内隆福教寺、州东二十里崇恩禅寺、鹜山南麓鹜山法轮讲寺、陆河市陆河圣像教寺(因泛海石佛而名)、双凤乡法轮教寺(因晋支道林开山有名)、直塘市广安教寺、州东北五十里广孝讲寺、在城武陵桥西海宁禅寺、城南一里普济教寺、在城大东门报本禅寺、城北二里淮云教寺等。

道观,苏城内外的吴县、长洲县最多,尤其集中在城内,总数达27所。其次是昆山、吴江,各有9所。再次是太仓,有7所。常熟最少,6所。值得注意的是,太仓灵慈宫,是宫的级别,比观要低一级,且归并的6处道院原来统属于昆山清真观,后来才独立出来。这说明昆山太仓地带的道教信仰风气很盛。

苏城有玄妙观(下院有东城下会道观、清真观、白鹤观、相城灵应观、灵岩山下韩世忠所建希夷观、承天寺西崇真宫、修真道院、回真道院、陈墓镇通神道院)、城西北隅福济观(下院有在城中街路三茅观、阊门外义慈巷内朝真观、支家巷内清微道院、阊门外南濠佑圣道院、太一宫);城外有灵祐观(林屋洞所在)、仙坛观与上真观,都在太湖之中洞庭西山;昆山有会仙桥东清真观(下院有石浦镇真如观、泗桥镇修真道院);常熟有虞山南岭下致道观(下院有虞山北乾元宫、双凤乡普福宫);吴江有县治东北衍庆昭灵观(下院有庀村瑞云观、同里镇仁济道院、震泽镇奉真道院);太仓城有周泾桥北灵慈宫[本为元至元二十九年(1292)海道万户朱旭建,为天妃祝厘之所];等等。相对佛教而言,道教势头要弱小得多。

这些寺观有的在苏州城内外,有的在县城州城,有的在市镇乡村,有的在名山湖滨。它们有的是南朝以来名寺,历经兴废,香火不息,体现僧侣持续不断、执着传道的精神,以及苏州善男信女虔诚朝拜、祈福发愿、布施供奉的信仰。同时,假如没有明代苏州商品经济发达、城市市镇繁荣、市民阶层壮大并由此提供的丰厚经济条件,寺宇道观要想在苏州地区长久兴旺发达是根本不可思议的。吴宽就直截了当地指出了苏州人自觉奉戴佛道教的原因:

夫吴自六朝来,佛老之宫相望于郡中,穹门广殿,长廊杰阁,王(土)

木之功，穷极侈丽。所以成此者岂皆其徒之身之所出哉？出之人而从其说，以为福田利益者也。[1]

与正德《姑苏志》记载的明代苏州寺观情况相比较，可知有的寺庙属于后来者居上，兴旺发达，如西园寺。它本是元至元时期开山的小寺归元寺，正德《姑苏志》作"归源寺，在长荡东。元至元间，里人曹姓者为虎丘僧建。后归俗。其子曹聚增建。陈旅记"。属于虎丘禅寺下属寺。明嘉靖年间，太仆寺卿徐泰时构建东园（今留园）时将它改建为西园。其子徐溶舍园为寺，复名古归元寺，并于崇祯八年（1635）延请茂林禅律师主持，改为戒幢律寺，也称西园戒幢律寺。

位于常熟虞山第三峰的三峰清凉禅院为齐梁古刹。明万历三十八年（1610），汉月法藏禅师于此开山，使它成为"东南一大丛林"[2]。清康熙三十八年（1699），"敕赐寺额"，"尊为祖庭"，缁徒两倍于兴福禅寺的百人之众，居于常熟寺院僧众之首，成为禅宗圣地。[3]

晚明江南佛教大盛，苏州也成为佛教文化中心。很多魏晋以来的古刹名寺在明代得到恢复，进入稳定持续发展期。

据明初卢熊《苏州府志》概括记载："东南寺观之胜莫盛于吴郡。栋宇森严，绘画藻丽，足以壮观城邑。"[4]这说明，一是东南地区佛教与道教中心在苏州；二是这些佛寺道观的建筑规制严整肃穆，令人望而敬畏，而雕梁画栋，装饰精美，佛道宗教文化灿烂辉煌，已经成为苏州城市市镇的一大景观，融入社会生活，丰富了人们的日常精神世界。

成化时吴宽说："萧梁氏好佛，其下化之。一时佛寺，江左为盛，然尤莫盛于吴中。若承天（寺），又吴中之特盛者。"[5]情况基本上与元末一致。

然而，正如申用懋（1560—1638）所言："余按吴中梵刹林立棋布，创自我明者百无一焉。非天子不赐额，非敕建不名寺，甚巨典也。"[6]明政府对于寺观控制十分严格，很少有当朝创立的，因此他在明后期撰写敕建明泰禅寺碑记时深有

---

[1] 吴宽：《正觉寺记》，载周永年：《吴都法乘》卷十上之上《坛宇篇一》，1936年影印本，第35页。
[2] 王国平、唐力行主编：《明清以来苏州社会史碑刻集》《饭僧田碑记》，顺治五年（1648）十一月，苏州大学出版社1998年，第424页。
[3] 王国平、唐力行主编：《明清以来苏州社会史碑刻集》，苏州大学出版社1998年，《三峰祖堂记》，乾隆三十一年（1766）十二月，第431页；《斋田记》，乾隆六年（1741）十一月，第427页。
[4] 洪武《苏州府志》卷四十三《寺观》，《中国方志丛书》，台湾成文出版社有限公司1983年，第1740页。
[5] 吴宽：《承天寺重建大雄殿记》，载周永年：《吴都法乘》卷十上之上《坛宇篇一》，1936年影印本，第63页。
[6] 申用懋：《敕建明泰禅寺碑记》，载周永年：《吴都法乘》卷十上之下《坛宇篇二》，1936年影印本，第110页。

感触,止不住发之于笔端。

对于不少苏州人家而言,热衷虔诚礼佛,甘奉家财,将庙宇用作社会活动与生活场所,成为普遍之风。宋仪望于嘉靖二十七年(1548)由进士出任吴县知县,后来撰写《重修上方寺记》,称:"吴中以财赋甲天下,佛宇琳宫遍满乡邑,富室巨贾施佛饭僧,一无悭惜。田野细民终岁力作,不能俯本,至语以奉佛,即倾囊无所顾。盖习使然也。"[1]

例如,作为文化世家的分湖叶家埭叶绍袁家,就设家庵圆通庵。此庵创于元代至正(1341—1368)年间,由叶绍袁祖母和母亲鼎力资助大远和尚修复,叶绍袁撰写碑记。[2] 离叶家埭五里不到的大义村西方庵,则由沙门海如舍宅捐田17.683亩修建,为其女笞华修道场所。海如与弟海奉也早已弃家从佛。此庵比丘尼住持法名德安,法号净心。叶绍袁撰文,沈宜修书写,夫妻合璧作《西方庵碑记》,以便为德安保护庵产。[3] 沈宜修好作诗,因为叶母不喜欢,"由是益弃诗,究心内典,竺乾秘函,无不披觌"。后来"儿女累多,禅诵之功或偶辍也。家奉杀戒甚严","儿女扶床学语,即知以放生为乐"。[4] 一家内外充满了浓厚的佛教氛围。清初顺治二年(1645),叶绍袁阖家逃难,"诸妇女可寄西方尼庵",希望女眷寄居西方庵,借为暂时栖息之所,而他出家为僧,带4个儿子,临行前家人在圆通庵告别,并托付庵主达元代为保存他家人遗像、家谱、诰敕及书稿等物品。[5]

明代苏州山清水秀的自然环境之中,存在许多自东吴六朝以来兴建,历史非常悠久、传承有绪、文化内涵丰富的梵宫琳刹,也有经过元末战火毁废之后重建的寺观,形成蔚为壮观的苏州宗教文化,且有的寺观地位极高,影响极大,久已蜚声海内外。

明代苏州寺观繁盛,是苏州经济、文化中心的一大表征,对外联络交往的一个文化渠道。佛寺道观作为苏州社会生活的显著建筑形态,不仅成为庄严肃穆的弘法讲经之处,终年香火缭绕,引人敬拜不绝,而且与世俗相接,吸引信徒主动

---

[1] 宋仪望:《重修上方寺记》,载周永年:《吴都法乘》卷十下之上《坛宇篇三》,1936年影印本,第1页。

[2] 《湖隐外史》第六《祠寺》,载叶绍袁原编,冀勤辑校:《午梦堂集》附录一,中华书局1998年,第1042页。资助及家庵之说,参见任星火:《北库的文物古迹》,http://www.doc88.com/p-8522941441181.html。

[3] 王国平、唐力行主编:《明清以来苏州社会史碑刻集》《西方庵碑记》,崇祯七年(1634)夏,苏州大学出版社1998年,第422页。

[4] 叶绍袁:《亡室沈安人传》,载《甲行日注(外三种)》,毕敏点校,岳麓书社1986年,第168页。

[5] 叶绍袁:《甲行日注》乙酉八月二十五、二十六、二十七日,载叶绍袁原编,冀勤辑校:《午梦堂集》附录一,中华书局1998年,第918—919页。

输捐物资财富,加上寺观之内园林胜迹众多,成为文人雅士诗赋唱和、民间交游交流、休闲娱乐的去所,这些都深刻影响着苏州民众的个人与家庭等日常生活,充实其精神信仰,也对苏州社会风气沿袭、社会救济慈善方面做出了一定贡献。

明代苏州佛教人事不断。譬如,唐寅备尝人生曲折之后,潜心学佛,自号六如居士,在桃花坞修筑桃花庵居住。崇祯十一年(1638),承天能仁寺浚井,意外获得徙居苏州的南宋爱国"孤臣"郑思肖(号所南,1241—1318)的诗文集,即封藏于铁函的《心史》。这部千古奇书在眢井湮没长达350多年终见天日。临济三十二世、明末爱国高僧弘储(1605—1672)先在常熟三峰寺从汉月法藏出家,自清顺治二年(1645)起寓居灵岩山寺,策划抗清大业,弟子有熊开元、徐枋、髡残、董说等。

晋代所建山塘半塘圣寿教寺,晋竺道生曾于此诵法华经,有童子死,葬于此。元代寺僧善继,号幻天,从至正乙巳仲春六日,到至正丙午季秋八日(1365年2月6日至1366年9月8日),历时一年七个月,刺血抄成血经《华严经》,成为珍藏的佛教至宝。血经后面有题跋7册,自元至民国,历代名家瞻仰题跋,其中明代有明初宋濂,正德十六年辛巳(1521)正月虞阳子陈惟明,安希范、朱鹭、李维桢、钟惺、王志坚、董其昌、陈继儒、毛晋等。他们能看到这血经原本,已经感到是莫大荣幸了。

周永年(1582—1647),字安期,吴江人。曾祖周用,弘治十五年(1502)三甲进士,官至吏部尚书,赠太子太保,谥恭肃,有《周恭肃集》。弟周宗建。周永年年少即负才名,工诗文,晚年遭乱,居住西山。他淡泊名利,清节力学,虔诚佛教,以著述为务,有《邓尉圣恩寺志》《吴都法乘》等。《吴都法乘》12卷,辑吴中释氏典故,分12篇。涉及江南地域,不仅是苏州吴中地区,而且通代叙述佛教,断代的少,用力甚勤,堪称以苏州或吴中为核心的江南佛教史。

明代苏州也留下珍贵的佛教文物。如成化泥金写法华《普门品》、五十三参图像(宪宗皇帝序)、寒山寺成化十八尊鎏金铁罗汉和明初塑寒山拾得像、成化末重修北寺楠木观音殿,即不染尘观音殿。旧传其菩萨像以金银等"七宝末和泥而成,端严妙丽,飞尘不集其上,故称不染尘观音。四方之客至者必求观焉"[1]。

---

[1] 杨循吉:《重创不染尘观音殿记》,载周永年:《吴都法乘》卷十上之上《坛宇篇一》,1936年影印本,第56页。

二、佛门高僧

明代苏州佛教高僧辈出,一些是外来的,不少就是本地人。

明初长洲湘城人道衍(即姚广孝,1335—1418),以高僧度世,出入功名,于巅峰权力之间游刃有余,成为明前期杰出政治家。他成功策划、辅佐明成祖取胜"靖难之役",被称为诸葛再现,运筹帷幄,是最大功臣,受到永乐帝重用,复姓赐名,令他还俗辅政,俨然帝师,成为元代由临济宗禅僧入阁的刘秉忠第二,并教导皇太子皇太孙,却未改僧服。他兼修禅宗、净土,以佛斥儒,影响明初佛学之盛;监修《明太祖实录》,与解缙等纂修《永乐大典》,又悠居文化重臣之位。工诗,本为高启北郭十友之一。所著初名《独庵集》,没后吴人合刻其诗文,名《逃虚子集》11卷。后人掇拾放佚,称为《类稿补遗》8卷。事迹详具《明史》本传。[1]

日人称姚广孝为"黑衣宰相",是穿僧衣执掌国政的奇特人物。商传称他为报复洪武年间朱元璋滥杀无辜,极力支持永乐帝夺位成功,翻转乾坤,挽回人心。江灿腾则认为姚广孝成为太子太师,写《道衍录》反对排佛,看穿功名利禄,只做和尚,不忘自己出家人身份。大红大紫之时,儒者攻评他用佛参政,不僧不俗;俗世嘲讽他不德不伦,难以猜测到他是如何处置建文旧主的;君主仁宗恭送他入太庙,世宗又将他扫地出门。参见本书"姚广孝与'靖难之役'"一节。

溥洽,字南洲,山阴人,姓陆氏。洪武间住北禅寺,后应召,为僧录司右讲经,升左善世。道衍以辅翊燕王举事成功,召主教事。溥洽逊位于道衍而自居右。后溥洽在诏狱,道衍已位少师,临终时,永乐帝乘舆临视,问所欲言。道衍以请释溥洽为言,不及他事。溥洽得释。所著有《金刚经注解》并诗集行世。

苏州延庆寺释善启,永乐时也曾应召,纂修《永乐大典》,校《大藏经》。[2]

大祐,字启宗,号蘧庵,俗姓吴。幼开悟,闻诵楞严咒,随口成诵。12岁出家寄心庵。年壮,为泽天泉司忏。又到武林,从及公参禅。洪武间,征召参与蒋山广荐会,迁北禅寺。历僧录司左右善世。建文之难,他弃归穹窿。永乐初,起修释书。凡括大般若义600卷及平生所著《净土指归》《净土真如礼文》《弥陀金刚二经直解》《天台授受图》《法华撮要图》《净土解行二门图》行世。

晚明众派弘传,华严宗匠苍雪住支硎山讲经,文震孟、钱谦益等极为景仰。茂林住报国寺、归源寺弘扬律宗。

---

[1] 参见《明史》卷一四五,列传三十三《姚广孝》,中华书局1974年,第4079—4082页;永瑢等纂:《四库全书总目》卷一七五,集部28,别集类存目二,中华书局1965年影印本,第1552页。
[2] 参见南炳文主编:《佛道秘密宗教与明代社会》,天津古籍出版社2002年,第33页。

明代佛教高僧辈出,据任宜敏《中国佛教史·明代》统计,出自苏州的至少有30人。

禅宗最盛,临济宗"之善系"的苏州高僧有:

昙石禅师,名德祺,俗姓胡,太仓人。早年出家。建太仓净慧庵,说法度人,晚年又开法慧日寺。

空叟禅师(1337—1391),名忻悟,俗姓钮,吴县人。9岁出家。元末惠帝曾赐予他尊号。洪武初起应。曾住杭州中天竺,主灵隐寺法席。被逮赴京,于洪武二十四年(1391)卒于道途。

独庵禅师(1335—1418),名道衍,号独庵、逃虚子,俗姓姚,长洲人,就是姚广孝。14岁出家。事迹见本书第二章第三节"姚广孝与'靖难之役'"。

南石禅师(1345—1418),名文琇,俗姓李,昆山人。早年出家。曾住苏州灵岩山寺与万寿山报恩禅寺,主杭州余杭径山禅寺。因诏参修《永乐大典》三年。纂成《增集续传灯录》6卷。嗣法弟子宗谧,后住洞庭翠峰禅寺。

性海禅师(？—1409),名善法,别号无说,俗姓顾,吴县人。幼年出家。曾住太湖秀峰寺、灵岩山寺。

白庵禅师(1327—1373),名力金,字西白,俗姓姚,吴郡人。自幼颖悟异常,凡书一览就能记忆。7岁开始一直要求父母送他出家,不怕受苦。后被送到吴县宝积寺。11岁受戒。不满先学的名相之学,到杭州余杭径山寺改习禅事。出世苏州瑞光寺、嘉兴天宁寺。受元惠帝所赐尊号。洪武时受朱元璋召见。洪武四年(1371)、五年,两次主持在南京钟山建广荐法会,后次朱元璋临幸听法,大为赞赏,令他罢道辅政,但他断然谢退。不久,笃志称病,拒绝医药饮食,委顺而逝,年才47岁。

临济宗"居简系"的苏州高僧有:

介庵禅师(1317—1371),名辅良,字用贞,俗姓范,吴县人。自幼聪慧颖悟,喜读佛书。15岁出家。元末曾起废兴复灵隐寺。

大欿愿证(1338—1374),号观幻子,俗姓李,姑苏人。觉原慧昙禅师的及门弟子。自幼出家,颖悟异常。作《观幻子内外篇》,阐发儒释一贯之理。洪武六年(1373)受宋濂举荐良僧,得朱元璋召见,赐官翰林,赐第太平门,令闭门读中秘书籍。次年坐化,年才37岁。

其他临济宗禅师有愚溪禅师(？—1391),名弘智,别号蘽室,吴江人。洪武时,升主杭州净慈法席,任湖州僧纲司都纲。后辞职而坐化。

临济宗"祖先系",有空谷禅师(1393—1466),名景隆,字祖庭,俗姓陈,苏州洞庭鼋山人。出世吴兴碧岩禅寺,弘法度众。著《尚直编》1 卷,驳斥儒士攻击佛教。著《尚理篇》1 卷,驳斥道士妄言黄龙诲机禅师深羡吕洞宾道法。又著《空谷集》30 卷。说明他儒释道通贯,事理交融。

古拙禅师(1317—1407),名俊明,吴江松陵人。生不茹荤腥。幼年从母诵《妙法莲华经》,10 岁就能日诵一部。13 岁出家。主席杭州东天目山昭明禅寺。针对禅门末学庸流弊端,要求学历代佛祖,刻苦励志,真实履践,不惜身命,妙悟亲证,不虚度此生。他门下弟子英才荟萃,以性天如皎、无际明悟最负盛名。

时蔚,号万峰(1303—1381),乐清金氏子。得长千岩之传,参学甚广。至吴,喜邓尉山(与玄墓山本为一山)山水盘结,驻锡于此,阐扬佛法 30 余年,成大伽蓝,名圣恩,为禅寺,弟子众多,以宝藏普持、无念胜学、果林首座最为著名。洪武十四年(1381)正月,有诏起用,他已预知,趺坐说偈而逝。使者至,他死已 7 日。

月江禅师(1401—1479),名觉净,俗姓沈,姑苏双阳人。15 岁出家。远屏世缘,刻苦修炼,道行精深,高风信著,请法者众多。

海舟普慈(1355—1450),俗姓钱,常熟人。世宗儒业,22 岁出家。拜万峰时蔚,求"实义",结庐洞庭山坞 29 年,不与世交。奔安溪谒见东明慧昌禅师,才得彻悟,不久继席东明禅寺。

宝峰禅师(?—1472),名智瑄,俗姓范,吴江人。由木匠"范作头"出家。发愤正修,后开法金陵高峰,遐迩闻名,学子云集,有著名弟子天琪本瑞等。

林皋禅师(1588—1646),名本豫,别号晦夫,俗姓陈,昆山人。19 岁出家。弘法苏州、杭州、镇江等刹,有《林皋豫禅师语录》《宗门诫范》4 卷。

箬庵禅师(1604—1655),名通问,俗姓俞,吴江人。24 岁逃婚出家。晚年承接磬山法席。有《五会语录》《续灯存稿》《磬室后录》。

石奇禅师(1594—1663),名通云,俗姓徐,太仓人。曾刺血书写《大方广佛华严经》。主持多处佛寺,名闻两淮吴越之地。门庭严峻,始终直捷行令,枯淡自持,珍重付授,不将佛法做人情。归于自幼出家太仓南广寺示寂。有《雪窦石奇禅师语录》15 卷。

牧云禅师(1599—1671),名通门,俗姓张,常熟人。20 岁出家。历主兴福等法席。有《牧云和尚语录》《懒斋别集》等。

不明嗣承的尊宿有:

宝昙禅师(1334—1392),名示应,俗姓王,吴县人。自幼喜欢礼佛、趺坐。受朱元璋召见,敕住大天界寺。特遣住持峨眉山普贤菩萨道场,长达 8 年,深得布施,立铜铸普贤巨像于绝顶光相寺。病卒于回京复命,朱元璋特遣致祭。

永隆和尚(1360—1392),俗姓施,姑苏人。尹山寺僧。自幼茹素。刺血书写《大方广佛华严经》《妙法莲华经》。洪武二十五年(1392),朝廷度僧。因有僧人不能记得佛经而请度牒,朱元璋大怒,令当时在京三千多沙弥全部充军。正当干旱祷雨,永隆奏准焚己之身以赦免沙弥,在雨花台自焚。他至雨花台,望阙再拜。取瓣香,书"风调雨顺"四字,对中使说:"为我奏之。"既焚,雨即大澍。朱元璋喜悦地说:"此真永隆雨也。"制落魄僧诗,表彰他。称为隆菩萨。[1]

天台宗高僧有九皋法师,名妙声,吴县人。元末居景德寺,后居常熟慧日寺,又主平江北禅寺。能文善诗,与袁桷、张翥、危素等相友善,所作颇有士风,"有诗名"[2],是诗僧文僧,有《东皋录》3卷。清人认为:"当元季扰攘之时,感事抒怀,往往激昂可诵。杂文体裁清整。四六俪语亦具有南宋遗风。在缁流之内虽未能语带烟霞,固犹非气含蔬笋者也。"[3]洪武三年(1370),他与释万金同被召进京说法,深得朱元璋赏识。次年坚请回苏,居石湖示寂。

万金,字西白,宝积寺僧。洪武中住天界寺,与宗泐等奉诏注《楞伽》《金刚》《心经》。所作有《淡泊斋稿》。

日章法师(1309—1379),名祖祢,别号用拙,俗姓张,常熟人。12岁出家。博闻强记。曾住苏州永定寺、上天竺寺。朱元璋多次召见,赐号慈仁法师,备顾问。后得允回苏居城北,向慕者甚众。

东白法师(1369—1443),名善启,别号晓庵,俗姓杨,长洲人。幼年礼佛。出家后穷研大藏。永乐时应召与修《永乐大典》,预校《大藏经》。赐予金镂袈裟一袭。后住南禅寺。儒释兼通,诗书并佳。

天台宗"觉先系"竺隐法师(1315—1392),名弘道,别号存翁,俗姓沈,吴江澄源里人。自幼聪慧,遵父命出家。助校新刊天台《教苑清规》。应朱元璋召问鬼神事情及笺注《心经》等三佛经。住持天竺灵山寺,重建光明忏堂,从此忏悔法又行。任杭州僧纲司都纲,又擢任僧录司左善世长达9年。以年老准辞,因请住天禧寺讲演教义。

天台宗"怀坦系"启宗法师(1334—1407),名大佑,别号蘧庵,俗姓吴,吴县

---

[1] 正德《姑苏志》卷五十八《人物二十二释老》,《天一阁藏明代方志选刊续编》14,上海书店1990年,第859页。

[2] 正德《姑苏志》卷五十八《人物二十二释老》,《天一阁藏明代方志选刊续编》14,上海书店1990年,第858页。

[3] 参见永瑢等纂:《四库全书总目》卷一六九,集部22,别集类二十二,中华书局1965年影印本,第1467页。

人。父母长期持斋茹素。他12岁出家,颖慧读书。应召南京蒋山广荐法会。升住苏州北禅寺,开讲《心经》等三佛经,建大雄宝殿。朱元璋召见,授僧录司右善世,升左善世,考核僧徒,受到奖次。建文元年(1399)告老还苏。永乐三年(1405)召修佛典。有佛教著作《净土指归集》等9种。

天台宗其他法师有妙峰法师(1537—1589),名真觉,号百松,俗姓王,昆山人。21岁出家,已有妻室。因请长住天台,直到圆寂,开演经疏。有《法华披荆钺》等著作。冯梦祯为他写塔铭。被尊为天台宗第十八祖。

守庵法师(？—1606),名性专,俗姓张,昆山人。早年出家。发愤进修。住天台石城寺。嘉靖间兵燹,寺内始于南齐、历经三世而成、高达14米的弥勒佛像金身剥落,他重新上金,并为它建石殿。

律宗高僧有隐微、隐含兄弟。

隐微律师(？—1637),名性理,俗姓王,苏州人。自幼好佛。万历四十三年(1615)在苏州遇到古心如馨律师,拜师侍从回寺,弘律弘经20多年,成为金陵古林寺第二代住持。

隐含律师(1569—1646),名性璞。与隐微律师为同母兄弟。自幼随兄出入寺院。万历四十三年与兄一同前往古林寺,弟子中年龄最小。隐微律师示寂,将法席传于隐含,他成为古林寺第三代住持。恪守祖制,大弘律学,四方学子风闻而来。崇祯帝特诏宫中赐紫。清顺治帝闻名,也特诏问道赐紫。隐含律师以释典律学竟然受到两朝帝王礼遇。[1]

明代中后期,苏州历经社会经济文化发展,社会转型变化加剧。这一环境变动特征也体现在佛教发展态势上。浓郁的礼佛氛围使一些敏慧孩童从小对于佛教产生天性上的好奇,并且随着年龄和知识增长,愈发强烈,难以遏制,往往步入佛门,专事追究。苏州经济与文化中心的地位吸引天下名僧频繁来往传道与募捐,而他们的到来又使苏州有心从佛之人起步就在较高台阶,容易得到高僧指点,以后在佛界修炼成功,成长为杰出佛僧。另一方面,士大夫居士与高僧大德交往方便,水平一流,士僧各自著述不断,儒佛思想融通,整体提高了文化水准,丰富了中国文化宝库。当然,苏州山水清嘉的自然条件与便捷的交通位置也利

---

[1] 上述高僧记录参考任宜敏:《中国佛教史·明代》,人民出版社2009年,第93—94页昙石,第96—102页空叟、独庵、南石、性海,第107—109页白庵,第112—113页介庵,第119页愿证,第129—130页愚溪,第162—165页空谷,第166—167页古拙,第197页时蔚,第201—203页月江、普慈,第205—206页宝峰,第215—217页林皋、箬庵,第233—234页石奇、牧云,第327—328页宝昙、永隆,第350—353页九皋、日章、东白,第361—362页竺隐,第367—368页启宗,第372—374页妙峰、守庵,第451—452页隐微、隐含。

于僧俗交游交流,建造寺宇,弘大佛法。这些苏州僧人经过励志苦行,声名卓越,又带动全国人士前来向慕学习,或在外地开门传法,进一步壮大了苏州佛教的阵营。这种良性循环在苏州佛教人才中得到证实,也反映了苏州明代人才蔚然成长的多种多样性。

明末四大高僧,即杭州莲池袾宏(1535—1615)、吴江太湖人紫柏真可(1543—1603)、全椒憨山德清(1546—1623)、吴县木渎人蕅益智旭(1599—1655),影响极大。其中真可、智旭是苏州人。

真可,字达观,世号紫柏大师,俗姓沈。生性豪放,17岁仗剑远行,在吴门枫桥遇到虎丘僧明觉,跟从出家。20岁受具戒。此后游方各地,到过北京、五台、峨眉等地名刹。始居吴江楞严寺,后居北京潭柘古寺,重兴梵刹15所。立志恢弘禅宗,但不出世不开堂,即不以禅师自居而领众传法。"与袁司马公心宗(袁了凡)密友也。司马家多藏书,故大师在湖(笔者注:分湖)上闭关三年,尽司马公诸书而去,以此益名闻天下。凡偈、颂、诗、文,操笔立就,皆琳琅金石。"[1]真可在京结交士夫公卿,如陆光祖、冯梦祯、曾同亨、瞿汝稷。他还直接推动刊刻《径山藏》,即《嘉兴藏》,得到他们和南北僧众支持,最终成就明末清初民间私刻大藏经这一宗教文化壮举。[2]慈圣太后特赐他紫伽黎。真可游石经山,得隋僧净(静)琬所藏佛舍利三颗,被慈圣太后迎入宫中供奉3天。他同德清对谈40昼夜,相交最厚,开始合修明《传灯录》。德清因私建寺院被发配充军,他奔走营救。真可出家不忘救世,反对万历二十四年(1596)朝廷开始派遣的矿监税使制度。

三十一年(1603)十一月十二日,讥刺郑贵妃恃宠想立己子福王为太子以及万历帝也会更易太子的"妖书"案突发,真可被牵连,十二月初一日被捕下狱,备受拷讯,十七日愤死。待命6日,坐风露中,颜色不改,徒身浮葬慈慧寺外。次年春夏,归葬杭州余杭径山。德清为撰《塔铭》,董其昌、钱谦益等撰颂赞。著有《茹退集》《长松茹退》2卷,是他别撰语录,间及物理,不尽为释氏之言。李日华《六研斋笔记》称佛经以牛粪为茹退,因而该书取名新异。[3]门人将其著作编为《紫柏尊者全集》30卷。32年后钱谦益补纂《紫柏尊者别集》4卷。

---

[1]《湖隐外史》第二十七《飞锡》,载叶绍袁原编,冀勤辑校:《午梦堂集》附录一,中华书局1998年,第1069页。

[2] 这项浩大工程历经多人协力,从万历十七年(1589)开刻,历时88年,直到清康熙十六年(1677)才告完刻。而万历二十一年密藏病卒,万历三十一年真可死于北京。

[3] 永瑢等纂:《四库全书总目》卷一四五,子部55,释家类存目,中华书局1965年影印本,第1240页。

紫柏大师入室弟子众多,以士大夫居多,著名的如陈瓒、冯梦祯、陆光祖、陶望龄、焦竑、袁宏道、董其昌、瞿汝稷、王肯堂、吴用先、汤显祖、马邦良、曹学程、曾同亨、沈德舆。钱谦益也是他的私淑弟子。密藏道开、体玄如奇、澹居法铠是他最为著名的出家弟子。

在真可的著作中,他强调文字的重要作用,指出当时佛法大患在七大错,和会禅教、性相,主张佛门非空门,万物唯心,泛论理、性、情、心,谈唯识宗教义,谈《华严》和华严宗四法界,谈《法华》和天台宗开佛知见,谈对于《心经》的见解,谈三教同源与佛化五常。这些表明,真可弘扬禅学,调和各宗,兼融禅教性相及儒释道思想。[1]

智旭,原名钟际明,别号八不道人(对古代的儒、禅、律、教,不敢为;现世的儒、禅、律、教,不屑为),晚称蕅益老人。7岁茹素。12岁就儒,属文辟异端,发誓灭释老。17岁读莲池《自知录》《竹窗随笔》,一改辟佛,焚烧前著《辟佛论》。20岁父亲死,有心出世。24岁正式出家,次年在杭州云栖山受具戒。来年再到云栖受菩萨戒。此后在吴门首次阅读《律藏》,知道举世积伪。母故,在吴江松陵闭关。遍读佛教各宗,来往江浙皖赣闽,有志振兴佛门。

因禅、教互谤,智旭深痛禅宗之弊,非天台宗不能救,但天台又排斥禅宗,他于是摒除门户之见,究心天台宗,却不肯为台家子孙。智旭继承莲池等会通诸宗思想,以菩萨沙弥身份,强调戒、定、慧三学一源,禅、教、律同条共贯,共为一体,不可支离,不容支离,讲佛著述,教观齐运,解行双彰,以心印教,以教印心,回归佛陀兴慈运悲、垂教设化的本怀,但终身不登坛,不收徒。他愤批当时佛教儒学之弊,以至于举世若儒、若禅、若律、若教,都对他疾若寇仇。晚年定居浙江孝丰北天目灵峰山,灵骨塔也在此。

智旭一生前后阅读《律藏》三遍,大乘经二遍,小乘经、大小乘论著、中印撰述各一遍。历时27年,撰成《阅藏知津》,是完备的藏经提要。著作多达50多种。门人分类编成《释论》42种200余卷,《灵峰宗论》38卷。这些著作体现智旭的主要思想有:唯心主义世界观;慨叹禅门堕落;融会性、相,不可分隔;兼通禅、教;兼重禅、教、律;推崇净土;以佛释儒,以儒附佛,儒佛一家,曾以禅解《易》;三教同源。智旭被后人奉为净土宗第九祖,却著《法华经会义》16卷等,成为弘

---

[1] 以上事迹及思想详见郭朋:《明清佛教》第二章"明代的佛教"第三节"明代佛教四大家真可",福建人民出版社1982年,第190—218页;任宜敏:《中国佛教史·明代》第四章"明末'四大高僧'紫柏真可",人民出版社2009年,第287—296页;南炳文主编:《佛道秘密宗教与明代社会》第四章"佛教:禅宗一枝独秀"第四节"明末四大高僧",天津古籍出版社2002年,第126—132页。

扬天台宗教义的大家。

明末四大高僧针对佛教分立、宗派林立的局面,立志重振改革,会通各宗,禅教合一,不专属一宗,又在著作、思想方面做出重要贡献,使佛教混杂,更加本土化。[1]

此外,苏州僧人能诗能文、通晓书画的,还有释睿略、释本以,都是当地人。

释睿略,字道权,号简庵。有轩扁"松月",人呼为松月翁,著诗集《松月集》1卷。前有洪武二十六年(1393)俞贞序,后载姚广孝塔铭,称其诗格高趣远,绝肖唐人制作,无一点尘俗气。[2]

释本以,字以轩,别号亦已,又号师岳叟。著《兰叶笔存》,又题《慎辞录》,大抵随笔纪录,后人抄合为帙。论淳熙秘阁续帖,于《黄庭内景经》点画形模,辨析丝毫,大概即姜夔兰亭偏旁之意。其余多谈书画,亦偶及杂事。称引以焦竑、董其昌语居多。中后杂载除了自作诗20余首外,大多属于明末山人语。[3]

更有奇僧异行影响苏州之事。如赵头陀,自言终南山人,不知其所参修。成化间游吴中,啖肉一顿,尽十数斤,或一鹅一猪头,秋饭至斗许。食毕饮水,亦一二斗。肉食大多自己亲手烹煮,极洁。宿承天寺,数年后坐苑桥上,大呼一声,化去。诸僧具威仪荼毗(火化),亦得数颗舍利。

三、知名道士

道教方面,明后期苏州发生过一件突出的事,是太仓王焘贞,号昙阳子,因聘夫早夭,转而修建昙阳恬淡观,矢志修道练气功,主张清心寡欲,淡泊养真,并收其父亲王锡爵以及文士王世贞兄弟等人为信徒。她于万历七年(1579)九月九日羽化,年仅22岁,实是辟谷绝食而死,约十万人围观,炫极一时,对于文坛与社会影响极大。王世贞为她作传。王锡爵为此受到弹劾,并牵连王世贞。[4]美国学者沃特纳专门研究过她。其实她也有佛教色彩,至多是民间女冠,因其身份特殊,事件诡谲,因而引发轰动效应。

---

[1] 以上事迹及思想详见郭朋:《明清佛教》第二章"明代的佛教"第三节"明代佛教四大家智旭",福建人民出版社1982年,第262—290页;任宜敏:《中国佛教史·明代》第四章"明末'四大高僧'蕅益智旭",人民出版社2009年,第315—327页;南炳文主编:《佛道秘密宗教与明代社会》第四章"佛教:禅宗一枝独秀"第四节"明末四大高僧",天津古籍出版社2002年,第126—132页。

[2] 永瑢等纂:《四库全书总目》卷一七五,集部28,别集类存目二,中华书局1965年影印本,第1552页。

[3] 永瑢等纂:《四库全书总目》卷一二八,子部38,杂家类存目五,中华书局1965年影印本,第1106页。

[4] 参见永瑢等纂:《四库全书总目》卷五十八,史部14,传记类二,中华书局1965年影印本,第524页。高琪:《王锡爵》,西泠印社出版社2008年,附录《王文肃公年谱》,第172、177页,与记为万历八年(1580)不同。

太仓王世懋著《望崖录》2卷，内篇1卷，谈佛理，自称以三教归一，与林兆恩、屠隆所见相同，反映明中叶以后士大夫见解。外篇1卷，记师事昙阳子事。[1]

周玄真，字玄初，正德《姑苏志》作嘉兴人。年12入紫虚观，从杜道坚弟子李太无，为道士。元至正八年（1348），来居葑门外报恩道院。能以符篆召鹤，居处取名来鹤轩，自号鹤林先生。虽身寓方外，但事母至孝。他从曹谷神学受灵宝经法，又因顾养浩从步宗浩受五雷秘文。明洪武元年（1368），京师大旱，太师李善长迎玄真致雨，有应。三年，朱元璋想问鬼神情状。嗣天师、玄真同被召，赐宴光禄。又明年，朱元璋召问雷霆所以神的缘故，他对答："天地之间，阴阳运转，故有神。神，与人合者也。雷非人，无以知雷之天。人非雷，无以知人之天。天人相乎，同一理尔。"[2]朱元璋听后喜悦。五年，三月不雨，右丞相汪广洋命玄真致祷，其应如初。八年，又旱，玄真祷，亦应。冬，无雪，又命玄真祈祷。十二年，授领神乐观事。玄真平日亦好兴建利物，曾造安里桥，重构报恩道院，修致道观丹井。卒，葬于莫起炎号月鼎墓次。莫起炎弟子有吴下玄妙观张雷所，雷所再传步宗浩，宗浩传周玄初。

道士郭本中、步履常同编《鹤林类集》，记述其师周玄真的灵异事迹。周玄真曾居玄妙观，以雨旸祈祷，颇有应验，一时文士多以诗文投赠。他所授五雷法本于宋道士王文卿、莫起炎，因而该书卷首先列两人绘像及事迹碑传像赞，以明渊源所自。[3]

郭守源，字本中。幼从张简学诗，因慕周玄初之道，前往师事而得其秘诀。洪武初，选居神乐观，授天坛奉祀。朝廷有大醮祠，则敕守源副嗣天师蒇事，眷赐甚隆。永乐初，擢道录司左，至灵佐，领天下玄教，住持朝天宫。卒，皇太子制文谕祭。

杨中立，字玄微，号海沤，也是步宗浩弟子。少入玄妙观，嗣宗浩为太极五雷坛正宗。志尚简素，名所居为一枝巢，郑元祐为文作记。洪武中，掌道纪司。

道士以道术显能，求雨作法之类，神秘兮兮，不足为道，而治病求人，应有独到秘术；精研养生之道，也有理论；至于行善救济，在在不少。

---

[1] 永瑢等纂：《四库全书总目》卷一二五，子部35，杂家类存目二，中华书局1965年影印本，第1074页。

[2] 正德《姑苏志》卷五十八《人物二十二释老》，《天一阁藏明代方志选刊续编》14，上海书店1990年，第906页。

[3] 永瑢等纂：《四库全书总目》卷一四七，子部57，道家类存目，中华书局1965年影印本，第1263页，但作吴县人。《四库全书总目》"玄"作"元"，避康熙帝玄烨之讳。下同，不另注。

第四章　明代苏州社会生活

赵枢生，字彦材，太仓人。撰《含元（玄）子》12卷，仿《庄子》体例，自一卷至八卷为内篇，九卷、十卷为外篇，十一卷、十二卷为余篇。内篇大旨言习静养生、修仙修佛之说。以为心中真灵种子，毫末不许外佚，则吾身之气与天地之气淡漠而合一。外篇多言历代帝王之事，间及饮食植物之类，是随笔杂记。余篇意主发明五经，而究多剿袭，亦时伤穿凿。如论《易》卦，圣王纯乾，佛纯坤，仙复，水仙姤，僧剥，道士夬，清人认为"于义亦难通"。[1]

黄道渊，号孤山，钱唐人。曾遇鄞人卫淡丘，传授修真要法及医药方伎。南游武夷，师事金华潘雷鉴，挟其术北上。后归憩吴下。郡人严德昭抱疾，无医能疗，于是建清真坛祀玄帝，朝夕恳祷。正巧道渊至，怜其精诚，投药病愈。于是道渊留主坛宇。嗣天师为奏，赐观额。道渊医术高明，其徒传其药。

金善信，字实之。少好老氏学。父母为他纳妇，有子。当时张雷师能以符箓捕逐鬼物，他转而师事学道。听闻莫洞一剧饮酒醉则诟骂，人呼雷役云，亵狎如儿戏，又前往尊事，尽得其秘，于是他与徒弟研核妙旨。他认为："心神至虚，无所汩没。诸阴销尽，诸阳自集。盖有形者阴，无形者阳。阳益胜阴，气益调精。我得清净，去道无难矣。"[2] 有独到见地。以荐，任广德路道录，仍畀师号。

席应珍，字心斋，号子阳子。常熟人。从少辞家学老氏法，经箓丹法靡不洞究，兼涉儒籍，尤其精邃《易》。释典方术都能旁通。奉母很孝顺，葬祭时痛哭仍如初丧。有人说出家，亲爱既然割舍了，何必这样徇礼，过分了。应珍说："吾法当割爱人道，然世间岂有不孝之神仙也哉！"[3] 这是以儒家世俗人情解释出家人的亲情伦理。他先任提点常熟普福宫，迁苏郡白鹤观及相城灵应宫。洪武中卒。

胡道安，字安谷，吴江人。为玄妙观道士。晚遇至人，授青城太乙雷书，及斩勘魃魔秘旨。洪武末，吴中秋旱，郡守延道安致祷。道安登坛，醉酒诟骂，怒发冲冠，令下，阴云四合，雷雨大作。性佯狂人，人呼胡风子。

胡道安徒弟张皮雀，名道修，长洲人。少有异相。年17，父母为他议婚，不从。前往礼拜胡风子为师，尽得其术。宣德八年（1433）夏，常州祈雨。十年，昆山旱，县令请祷雨。治疗"戴氏子疾昏谵语""马氏妇为祟冯，狂叫乱走"[4]，方

---

[1] 永瑢等纂：《四库全书总目》卷一四七，子部57，道家类存目，中华书局1965年影印本，第1264页。
[2] 正德《姑苏志》卷五十八《人物二十二释老》，《天一阁藏明代方志选刊续编》14，上海书店1990年，第909页。
[3] 正德《姑苏志》卷五十八《人物二十二释老》，《天一阁藏明代方志选刊续编》14，上海书店1990年，第910页。
[4] 正德《姑苏志》卷五十八《人物二十二释老》，《天一阁藏明代方志选刊续编》14，上海书店1990年，第911—912页。

法独特。正统五年(1440),年61无疾而死。

四、辅教鸿儒[1]

明代士大夫大多会通儒释,不少名流学者甘作居士,与僧道交往,援佛释儒,使儒学更加易于传播,不少高僧也以佛通儒,使佛教文化愈加内化于本土。这两者互相唱和,相得益彰,促进儒学佛教发展,使佛教根深叶茂,洗涤社会风气,陶冶人性人心。著名的佛门辅教居士有金华宋濂(1310—1381),内江赵贞吉(1510—1582),常熟严讷(1511—1584)、陈瓒(1518—1588)、瞿汝稷(1548—1610),平湖陆光祖(1529—1597),袁了凡(1533—1606),太仓管志道(1536—1608),江宁焦竑(1541—1620),鄞县屠隆(1542—1605),华亭董其昌(1554—1636),绍兴陶望龄(1562—1609),公安袁宏道(1568—1614),吴县姚希孟,杭州虞淳熙,桐乡庄广还,建昌黄端伯(？—1645)等。其中苏州鸿儒主要有以下数人,作一简介。

严讷(1511—1584),字敏卿,常熟人。举乡试,因主司试录触忌,一榜都不得会试。嘉靖二十年(1541)成进士,改庶吉士,授编修,迁侍读。三吴数中倭患,又遭大祲,平民死徙几半,朝廷征敛愈急。严讷疏陈民困,请求蠲贷。嘉靖帝得疏感动,报如其请。不久,他与李春芳入直西苑。撰青词,超授翰林学士。历官太常少卿,礼部左、右侍郎,改吏部,皆兼学士,仍直西苑。所撰道教斋醮青词深得嘉靖帝欢心。礼部尚书郭朴迁升吏部,以严讷代理。郭朴遭父丧,严讷代他为吏部尚书。

首辅严嵩当国,吏道污杂。严嵩败,严讷雅意自饬,首辅徐阶亦推心任用。严讷便与朝士相约,有事白于朝房,毋谒私邸。慎择曹郎,务抑奔竞,力振淹滞。又以资格太拘束,人才不能尽用,仿照先朝三途并用法,州县吏政绩优异者破格超擢,铨政一新。加太子太保。

嘉靖四十四年(1565),严讷兼武英殿大学士入参机务,仍掌吏部铨政。嘉靖帝斋居西苑,侍臣直庐都在苑中。严讷晨出理部事,暮宿直庐,供奉青词,小心谨畏,以致成疾,久不痊愈。这年冬十一月,乞归。逾年,世宗崩,他不再复出。

严讷掌管吏部选人大政2年,与首辅徐阶、吏部考功郎陆光祖同心协力,举无失人。严讷归里,晨夕洁餐孝养父母,人以为荣。家居20年,卒于万历十二年

---

[1] 以下内容参考任宜敏:《中国佛教史·明代》第七章"辅教居士",人民出版社2009年,第587—595页袁了凡,第614—619页严讷、陈瓒,第621—623页管志道,第626—628页瞿汝稷,第634—636页姚希孟。

(1584),享寿 74 岁。赠少保,谥文靖。[1]

严讷家居敬信佛法,归心净土。居乡好施与,出语唯恐伤人。遇到饥荒,致书当局,再三请求蠲免,乡民感怀他的恩德。

严讷子严澂,字道彻,号天池山樵。师从管志道,与瞿汝稷参究宗乘。父亲入阁,他侍从母亲归乡,一路有馈金,一概不受。后荫官中书舍人,仕至邵武知府。晚年家居,信从莲池大师教诲,刻印《龙舒净土文》分送亲属故旧之交。

陈瓒(1518—1588),字廷裸,常熟人。嘉靖三十五年(1556)三甲进士,授江西永丰知县。治最,擢刑科给事中。劾罢严嵩党羽祭酒王才、谕德唐汝楫。迁左给事中。弹劾文选郎南轩,请录因建言被废斥的官员。嘉靖帝震怒,廷杖 60 下,除名。

隆庆元年(1567),起官吏科给事中,请恤杨最、杨爵、罗洪先、杨继盛,而诛杀制造沈鍊冤狱的奸党。隆庆帝认可,杨顺、路楷都被逮治。冬,擢太常少卿。高拱厌恶陈瓒由徐阶引荐,陈瓒已移疾归家,竟坐浮躁,谪洛川丞,不赴。万历中,累官刑部左侍郎。

陈瓒先被高拱厌恶屏斥,张居正柄政亦厌恶他,不召复官。张居正死,才以荐举起为会稽县丞。其后官侍郎。稽勋郎顾宪成疏论时弊谪官,陈瓒就去责问大学士王锡爵。陈瓒前后直言,忤逆执政,一向如此。卒官,赠右都御史,谥庄靖。[2]

陈瓒家居时候着力进修净土法门,乡人多有受他感化,但他也遭禅宗禅师诘难。

袁了凡(1533—1606),名黄,字坤仪。初号学海,后改了凡。浙江嘉善籍,迁居吴江赵田。自幼好读书,童年丧父,遵母命,弃举业习医。15 岁遇到云南相士孔先生,劝他读书,并预测其科名次第、仕途、命中子嗣、寿命等,谨记如数,深信不疑。

隆庆三年(1569),袁了凡落第南归,到南京栖霞山拜访高僧大德云谷法会禅师。两人对坐一室,三昼夜不瞑目。云谷禅师对袁了凡相信宿命观不以为然,告诫他修善立命,命由我作,福自己求,善自获福,恶自受殃,开导他用积极的道德行为掌握自己的命运,先天命运可由后天修善加以改变,并出授《功过格》,嘱咐他每天就寝前自己检点一天行事,善加一点,恶则减一点,增减记数,是一种道德

---

[1] 参见《明史》卷一九三,列传八十一《严讷》,中华书局 1974 年,第 5116—5117 页。
[2] 《明史》卷二二一,列传一〇九《魏时亮附陈瓒》,中华书局 1974 年,第 5821 页。

自律工具。实际上是践行佛门果报义理与儒家修身自律伦理的合一。这是袁了凡人生的重大转折点,彻底改变了他的宇宙观和人生观。当日,他改号了凡,意味觉悟立命之说,不再堕入凡夫窠穴。从此他践行功过格,行善修德,人生道路走得通畅,完全改变了孔先生的神算。

万历十四年(1586),袁黄中三甲进士,授宝坻知县。他省徭役,减田赋,垦荒地,课耕作,开水利,种柳树积成海堤,政绩卓著。擢任兵部职方司主事。倭寇侵犯朝鲜,经略宋应昌奏准他军前赞画,兼督援朝兵。平壤大捷后,袁黄因指责提督李如松的行径,两人不和。他机智击退倭寇袭击,但被李如松参劾,导致削职,返回家乡。从此,袁黄专精诵佛修行,修德布施,著书立说,著作等身,有《阴骘录》《两行斋集》《历法新书》5卷、《皇都水利》1卷、《评注八代文宗》《群书备考》等22种。卒于万历三十四年(1606)。天启元年(1621),朝廷追叙征倭功劳,赠袁黄为尚宝司少卿。

早在万历七年(1579),袁了凡对幻余法本说,明代官刻《南藏》《北藏》不易看到,不如改刻方册本,容易刻印,也好保存。幻余法本赞同,却未实行。紫柏真可听说后,极力促动幻余发起刻藏。紫柏的侍者密藏道开后来参与,专任其事。得到陆光祖、陈瓒、冯梦祯等居士赞助,以及居士同盟发愿募款,万历十七年(1589),终于开刻。

《阴骘录》就是《了凡四训》,包括立命之学、改过之法、积善之方、谦德之效,共四篇。它本是袁黄69岁所作《诫子文》,教子书,推心置腹,体悟真切,言辞谆谆。自明末到民国初年,该书一再刊行,成为劝善良书,家喻户晓,有力地传播了儒佛结合的传统文化,激励人们每日记录功过格,简单易行,积善祛恶,通过自我修身,积德行善,改造命运,创造幸福,获取成功,对于社会道德素质塑造、移风易俗起到了不可估量的作用。

袁黄融通儒家修身自律与佛家行善果报的思想与做法在当时引起一些士人反感,即使同处江南的无锡人、刑部主事陈幼学也无法接受,以至于公开站出来批驳他。这种思想认识差异还可以理解,但幼学还坚持上疏弹劾他,要置之死地。《明史》记载:"嘉兴人袁黄妄批削四书、《书经集注》,名曰《删正》,刊行于时。幼学驳正其书,抗疏论列。疏虽留中,镂板尽毁。"[1]万历帝没有上心计较袁黄,但还是书版禁毁。袁黄人身无事,就算躲过一次劫难了。

管志道,事迹参见后叙学术章节。他早年以选贡进北京,寓居西山碧云寺。

---

[1]《明史》卷二八一,列传一六九《循吏·陈幼学》,中华书局1974年,第7218页。

阅《大方广佛华严经·世主妙严品》而悟《周易》"乾元用九"之义,即"见群龙无首,吉"。从此主张儒释道互融,但他认为三教各有教理之圆、教体之方,各有条理条贯。教理互融,教必不滥。应当以儒治儒,以释治释,以老治老;儒不碍释,释不碍儒,以至于事事无碍,并育并行;儒不滥释,释不滥儒,以至于法法不滥,不害不悖。实际上是站在儒学角度,以宽容心胸维护佛教存在,主张三教并行。

管志道作为著名辅教居士,对佛法金汤(保护固若金汤)具有前所未有的独特见解。佛法可分为教内的内护,国王大臣的外护。儒者必然身正,才能护持正法。必须做到三重,即德行要密,大到忠孝全德,细到辞受纤行,都无败缺;愿力要坚;知见要正,有慈有威,不以小仁贼大仁。三重缺一不可,无论宗彻五纲,学通三藏,舍宅施饭,倾家荡产,都不属于如来正法,何况败类宰官,虚声居士,尘羹途饭之余赞扬佛事!就是要做到理论与践行的高度统一。他自己一生笃学力行,晚年更以真实修证为事,究心《楞严经》,领悟元奥,穷玄极微,妙语诚恳,激发四众。

瞿汝稷(1548—1610),字元立,常熟人。父景淳,8岁能属文,却久困诸生间,以教授里中自给。嘉靖二十三年(1544)会元、榜眼,由编修官至礼部左侍郎,卒赠礼部尚书,谥文懿。清介自持,不阿大学士严嵩。隆庆时总校《永乐大典》,侍经筵,修嘉靖实录。有汝稷编《瞿文懿制敕稿》1卷,《制科集》4卷,都是应试策论,《诗文集》16卷。景淳制义名盛一时,有王、唐、瞿、薛之称,古文则非所擅长。[1]汝稷弟汝说,5岁而孤。万历二十九年(1601)二甲进士,官至湖广提学佥事。以刚正闻名。汝说子式耟,《明史》单独有传。[2]

汝稷好学,工属文,以荫补官。三迁刑部主事。扶沟知县鞭挞不法宗人,万历帝令从重拟刑,瞿汝稷禀称:"是宗人微服至县府公堂,知县自以为打的是扶沟小民。"结果开释。

历官黄州、邵武、辰州知府。永顺土司彭元锦帮助其弟保靖土司彭象坤,与酉阳冉跃龙互相仇杀。汝稷驰檄彭元锦解兵去,三土司相安无事。迁官长芦盐运使,以太仆少卿致仕。不久,卒。有《瞿冏卿集》14卷、《石经大学质疑》《兵略纂要》等。[3]

汝稷号幻寄道人、槃谈、那罗延窟学人。自幼奇慧,博闻强记,好读佛书。后

---

[1] 永瑢等纂:《四库全书总目》卷一七七,集部30,别集类存目四,中华书局1965年影印本,第1593页。

[2] 上并参见《明史》卷二一六,列传一〇四《瞿景淳附子汝稷汝说》,中华书局1974年,第5696—5697页。

[3] 熊平:《瞿汝稷研究》,上海师范大学2014年硕士学位论文。

在竹堂寺闻禅法于管志道,得到开导,终于内外之学贯通。紫柏真可与密藏道开、幻余法本等倡议刊刻方册本《大藏经》,以便流通。汝稷积极响应,撰《募刻大藏唱导文》,与曾乾亨、傅光宅、唐文献、曾凤仪、徐琰、于玉立、吴惟明、王宇泰、袁了凡共10人,相约作为居士,同盟发愿,担任募款。

在内典中,汝稷最喜欢禅宗禅师语录。万历二十三年(1595),他著成《指月录》32卷,集录禅宗世代传人事迹与语录,以便由指见月,亲证实相。二十九年(1601),严澂坚请付梓,撰《刻指月录发愿偈》。汝稷在次年题名《水月斋指月录》授梓,盛传后世。

姚希孟,字孟长,吴县(一作长洲)人。出生10个月父亲过世,由恭敬奉佛的母亲文氏励志鞠育。希孟与舅父文震孟同学,负有时名。万历四十七年(1619)中三甲进士,改庶吉士。深受座主韩爌、馆师刘一燝器重。两人执政,遇大事对他多所咨决。天启二年(1622),文震孟状元及第,入翰林,甥舅并持清议,名望更重。不久,希孟请假归家。四年冬还朝,东林人赵南星、高攀龙等都去位,宦官魏忠贤及其阉党专权,迫害东林人士,希孟郁郁不得志。明年,以母丧归居。刚出都门,给事中杨所修弹劾他是东林人缪昌期的死党,于是削籍。

崇祯帝即位,清除魏忠贤,阉党倪文焕惧诛,派人持厚礼贿赂希孟想求解,希孟执而鸣官。崇祯元年(1628),他起官左赞善。历右庶子,为日讲官。

三年秋,希孟与谕德姚明恭主持顺天乡试。有武生二人冒籍中式,给事中王猷弹劾他。因希孟雅为东林推重,韩爌等定魏忠贤阉党逆案,他参与其议,群小嫉恶他,预谋先发制人。华允诚弹劾温体仁、闵洪学,两人怀疑疏出希孟之手。首辅温体仁便借冒籍之事趁机报复他。于是拟旨复试,黜革两生下所司治罪,追究考官,拟停俸半年。温体仁意犹不满,令再拟。希孟已迁詹事,贬二秩为少詹事,掌南京翰林院。不久,希孟移疾归,家居2年,卒。[1]

希孟有游记《循沧集》2卷等著作多种,文风全沿公安、竟陵,率性自然,抒写性灵。

母亲卒后,希孟蔬食3年,昼夜诵佛经不息。在南京任官,收集古印度到宋元时期历代护法人士事迹语录,著《佛法金汤征文录》10卷,主张外护与内护一样,心光即是佛光,彰德修度。江都僧人智观居吴兴双髻峰,其《中峰诗稿》与文震孟、姚希孟诸人有酬倡之作。江都人戴光启、邵潜同编《关帝纪定本》4卷,崇祯元年刊刻,希孟作序。

---

[1]《明史》卷二一六,列传一〇四《姚希孟》,中华书局1974年,第5718—5719页。

五、伊斯兰教

伊斯兰教来苏州较早。据崇祯《吴县志》记载,元泰定帝(1324—1328)时期,西域人在西馆桥建立礼拜寺,明初移建支家巷,又在阊门外义慈巷建立一寺。日久倾圮,另建板寮巷、砂皮巷、丁家巷等礼拜寺。明末清初,苏州穆民张中作为伊斯兰教学者与经师,在扬州、苏州等地执教讲学,著有《归真总义》《四篇要道》等。明清苏州穆民主要来自南京、甘肃、山东等地,多数或因经商,有的或因仕宦,定居下来。[1]

明初,苏州礼拜寺住持米里闪思丁行善地方,在永乐五年(1407)得到永乐帝的"嘉尚",特别颁发谕旨,给予传教的保护。现将全文迻录并标点如下:

> 大明皇帝敕谕住持米里闪思丁:
>
> 朕惟人能诚心好善者必能敬天事上、劝率善类、阴翊皇度,故天锡以福,享无穷之庆。尔米里闪思丁早从马哈麻之教,笃志好善,导引善类,又能敬天事上,益切忠诚,眷兹善行,良可嘉尚。今特授尔以敕谕护持。所在官员军民一应人等毋得慢侮欺凌。敢有故违朕命,慢侮欺凌者,以罪罪之。故谕!
>
> 永乐五年五月十一日。

上面并刻有"敕令之宝"。

这是苏州伊斯兰教历史上的大事,充分证明明政府实行宗教开放的政策,允许伊斯兰教在当时属于京畿之地的苏州这样的大城市传播,也可以看出苏州工商业发展,以包容姿态吸引、接纳了穆斯林文化,居民同经商服务谋生在苏的穆斯林教徒和睦相处,同时说明在苏穆斯林已经具有一定的影响力,因而能够获取来自朝廷最高权力的支持。至今这块珍贵的碑刻仍然竖立在石路太平坊清真寺内,作为苏州伊斯兰教发展的历史见证。

六、天主教

明武宗正德年间,随着新航路开辟,西方殖民者东来,罗马天主教耶稣会士抵达中国。而万历年间,利玛窦主动改僧易儒,积极用儒学解释基督教教义,实现天主教中国化,成功打开在明朝传播天主教的大门。传教士由南向北,江南是

---

[1] 参见苏州市地方志编撰委员会编:《苏州市志》第五十二卷《宗教》第五章"伊斯兰教",江苏人民出版社1995年,第1155—1157页。

天主教传播重镇。明末天主教在中国传播的三大柱石,即上海徐光启,钱塘杨廷筠、李之藻,都是江南士大夫。实际上,推动利玛窦走天主教中国化、实现传教成功转型的师爷是苏州常熟人瞿太素。

明末天主教传播苏州,常熟是最早最盛的。江南地区天主教徒人数急剧增加也与士大夫积极洗礼入教,学习和传播西学,有着极大关联。

常熟人瞿汝夔(1549—1612),瞿景淳之子。字元化,号太素,邑庠生。他劝在韶州传教的利玛窦改服僧人打扮为儒士衣冠去传教,走自上而下容易发展、使天主教中国化的道路。利玛窦在江南苏州等地有不少传教与文化交流互动。《利玛窦中国札记》记载,意大利耶稣会传教士利玛窦于万历二十七年(1599)1月到苏城小住。此前,利玛窦绘制的《山海舆地全图》由应天巡抚赵可怀在苏州翻刻。

万历三十三年(1605),57岁的瞿太素正式由葡萄牙人罗如望神父受洗入教,教名依纳爵,成为常熟第一个天主教徒。天启三年(1623),瞿太素儿子瞿式穀(教名玛窦)请意大利人艾儒略神父到常熟传教,正式开启常熟天主教的历程。瞿式穀的从兄瞿式耜(1590—1650,万历四十四年三甲进士)也经艾儒略洗礼入教,洗名多默。作为常熟名门望族,瞿氏热心天主教,成为信奉天主教的领头人,影响当地民众入教。

常熟另一位科举仕宦名人南京右副都御史吴讷(谥文恪)的11世孙著名画家吴历(1632—1718),字渔山,自幼受洗。其家族受瞿氏影响,明末已经信奉天主教。其祖居隔壁的子游宅明末就是天主堂。[1]

外籍教士郭居静、毕方济、罗如望等先后到苏州传教。明末江苏省范围天主教堂至少有12处,其中8处在苏州地区,可见苏州人接受天主教较为开放灵敏,苏州已成为天主教在江南传播的重要地区。天主教初到苏州吸收的教友较多是仕宦缙绅或巨商富户。苏州城内有诸、孙、庄、沈、韩、姚氏6家,城外有朱、许、殷氏3家,最为有名。[2]

---

[1] 章文钦笺注:《吴渔山集笺注》之前言"吴渔山的生平及其著作",中华书局2007年,第5页。
[2] 参见苏州市地方志编撰委员会编:《苏州市志》第五十二卷《宗教》第四章"天主教",江苏人民出版社1995年,第1152—1154页。

第四节　明代苏州民间信仰

民间信仰[1]与传统的教团宗教不同。它源于万物有灵论,是流行于民间的一些崇奉信仰,既可以是抽象的精神心理,又可以是有形物体的具体行为,却没有规范的传人、教义、组织,不是宗教和民间宗教。被崇奉的民间神祇众多庞杂,有全国各地历代延续的,有特定时期特定地方存在的,有国家允许的公祀的,有国家禁祀的私祀的,有宗教神演化的,有非宗教神祇而是土生神祇原生神祇,并且无疑具有较强的社会功利性,总有某种理由促使它存在,似乎信奉了可以预兆吉凶,不然不会吸引人们倾心膜拜,虔诚崇奉,风靡社会,成为俗尚。因而它具有多种特点,既有神秘性、庞杂性、融合性、多变性、顽强性,也有群众性、普遍性、时代性、地方性、多样性、功利性。民间信仰历来是社会民众尤其是下层民众精神生活的重要组成部分。

一、数量与分布

(一) 民间祠庙的数量

江南吴地自古以来便有"俗信鬼神、好淫祀"[2]之风,民间信仰庞杂而兴盛。唐代狄仁杰任江南巡抚使,"奏毁淫祠千七百所,所存惟夏禹、太(泰)伯、季子、伍员四庙"[3]。然而民间信仰并未因此销声匿迹。到了明代,苏州民间信仰在前代基础上有了进一步发展,对百姓的社会生活产生了极大影响,社会上很多人信奉欲行事,必卜鬼神,如对神祇不敬,必遭报应的观念。《万历野获编》有这样一则记录:"此地(笔者注:吴城某坊)故有社公庙,顾君(笔者注:号一庵)欲拓为别业,已撤废月余矣……顾方盛年丰硕……居数日陡病,遂不起,盖社公挟私仇。"[4]顾某"陡病"本与鬼神无关,但时人将这两件事看作有必然的联系。从

---

[1]《辞海》(上海辞书出版社1999年,第5120页)将它界定为:"民间流行的对某种精神观念、某种有形物体信奉敬仰的心理和行为。包括民间普遍的俗信以至一般的迷信。它不像宗教信仰有明确的传人、严格的教义、严密的组织等,也不像宗教信仰更多地强调自我修行。它的思想基础主要是万物有灵论,故信奉的对象较为庞杂,所体现的主要是唯心主义,但也含有唯物主义和科学的成分,特别是民间流行的天地日月等自然信仰。"

[2] 范成大:《吴郡志》卷二,陆振岳校点,江苏古籍出版社1986年,第8页。

[3]《范仲淹全集》之《范文正公文集》卷十二《碑·唐狄梁公碑》,李勇先、王蓉贵校点,四川大学出版社2002年,第283页。

[4] 沈德符:《万历野获编》卷二十八《果报·仇鬼下隶》,中华书局1959年,第716页。

顾君毁神祠而突遭报应的传闻足见苏城百姓对鬼神十分敬畏。

明代从朱元璋建国就进行了大规模的礼制改革。从国家祭祀而言，洪武元年（1368）朱元璋命中书省下文郡县，"访求应祀神祇：名山、大川、圣帝、明王、忠臣、烈士"[1]，并须将其具体事迹详细罗列上报，经过礼部审核，才允许列入祀典，由各级相关官员每年定期祭祀。但由于民间信仰的顽强性，一时政令的禁止并不可能将祀典之外的信仰斩草除根，到正德、嘉靖时期更是势成燎原。这一时期，针对不合礼制的民间信仰，一部分官员重提取缔淫祠。嘉靖年间中央又进行了大规模的礼制改革[2]，全国各地兴起了不同规模的禁毁淫祠活动，例如嘉靖初年广东学政魏校进行的大规模毁坏淫祠活动就是一例。因此正德、嘉靖年间基本上没有中央王朝对神灵及其祠庙加封的现象。但到了万历年间，这一现象又开始增多。如万历《常熟县私志》所载："关王庙，近城闉间悉有，一在鲇鱼口，一在三丈浦。旧在三元堂，天顺间徙岳庙左。按，王即蜀云长。公生平忠义烂于汗青，未暇论。论其为神，于文则棘围之司命也，于佛则丛林之护法也，于道则统天兵、斩蚩尤，功著盐池……于武则助顺锄逆，依忠鼓孝家户是焉……今上尊为协天大帝，又敕三界伏魔大帝、神威远振天尊、关圣帝君，兼赐冕旒玉带，则至尊无上也。"[3] 关公，儒佛道都拜，是国家与民间共尊神祇。于此可见，万历一朝在对待祠祀的态度上有了转折。

根据上述变化，可以将有明一代大致分为前期、中期、后期三个阶段，同时根据所掌握的方志资料，分别以洪武、正德嘉靖、万历崇祯几朝资料为基础，统计出明代苏州民间信仰祭祀点的情况，列出下表。

表4-4 明代苏州民间信仰祭祀点数量与分布

数量单位：个

县名	明前期	明中期	明后期
吴县 长洲	476	1 307	1 421
昆山	87	520	326
常熟	400	669	681
吴江	609	688	684

---

[1]《明太祖实录》卷三十五，洪武元年十月丙子，台湾历史语言研究所校印本1962年，第3页，总第632页。

[2] 国内外不少学者对此皆有研究，如[日]小岛毅：《嘉靖の礼制改革について》，《东洋文化研究所纪要》第117册，1992年。

[3] 万历《常熟县私志》卷六《叙神》，苏州图书馆藏本，电子版总第659—660页。

(续表)

县名	明前期	明中期	明后期
太仓	——	13	10
嘉定	525	543	523
崇明	47	59	58
总计	2 144	3 799	3 703

资料来源:洪武《苏州府志》卷十五《祠祀》,《中国方志丛书》,台湾成文出版社有限公司1983年,第571—619页。正德《姑苏志》卷二十七《坛庙上》、卷二十八《坛庙下》,《天一阁藏明代方志选刊续编》12,上海书店1990年,第509—616页。同治《苏州府志》卷三十六至三十八《坛庙祠宇一》至《坛庙祠宇三》,《中国地方志集成·江苏府县志辑8》,江苏古籍出版社1991年,第96—216页。嘉靖《吴邑志》卷六《境内坛庙祠宇》,《天一阁藏明代方志选刊续编》,上海书店1990年,第865—880页。崇祯《吴县志》卷十九《坛庙》、卷十九至二十一《祠庙上》《祠庙中》《祠庙下》,《天一阁藏明代方志选刊续编》16,上海书店1990年,第475—746页。隆庆《长洲县志》卷十一《坛祠》,《天一阁藏明代方志选刊续编》,上海书店1990年,第291—321页。万历《长洲县志》卷十一《坛祠》,《中国史学丛书三编》,台湾学生书局1987年,第317—349页。弘治《吴江志》卷四《祀典》、卷七《庙宇》,《中国方志丛书》,台湾成文出版社有限公司1983年,第155—162、293—302页。嘉靖《吴江县志》卷十二《典礼志二·祀典》、卷十五《典礼志五·祠庙》,《中国史学丛书三编》,台湾学生书局1987年,第591—680、785—814页。嘉靖《昆山县志》卷二《坛庙》,《天一阁藏明代方志选刊》,上海古籍书店1963年,第8—13页。弘治《太仓州志》卷四《祠庙》,宣统元年(1909)《汇刻太仓旧志五种》本,苏州图书馆藏本,电子版总第91—96页。弘治《常熟县志》卷一《叙地理·坛壝》、卷二《叙宫室·祠庙》,《四库全书存目丛书》史部185,齐鲁书社1996年,第39—41、76—91页。嘉靖《常熟县志》卷四《祠祀志》,《中国史学丛书初编》,台湾学生书局1965年,第335—360页。万历《常熟县私志》卷六《叙神·坛庙祠》,苏州图书馆藏本,电子版总第643—703页。万历《皇明常熟文献志》卷十二《纪载志上》、卷十三《纪载志下》,苏州图书馆藏本,电子版总第747—866页。崇祯《常熟县志》卷三《祀典志》,苏州图书馆藏本,电子版总第231—300页。

从上表可以看出,明代苏州地区民间信仰祭祀点数量繁多,并且总数基本成递增态势。需要说明的是,由于各县下辖各乡厉坛基本为一里一建,而厉坛亦是各地通祀中不可缺少的部分,故而上表加入了苏州府所辖府、邑、乡厉坛的数字。另外明弘治十年(1497),割昆山、常熟、嘉定3县地建太仓州,故前期太仓州所述地界的祠庙分别计入昆山、常熟、嘉定3县,吴、长洲2县则合并统计。但表中数字并非绝对,一来由于部分资料自清初方志而来,对前朝的追述未必准确,二来民间信仰有着很大的随意性,山石草木、花鸟精怪皆可为神,祭祀地点也并不拘泥于庙宇祠殿,千年古樟、湖边奇石亦皆可拜祭,此类信仰则根本不会记入方志,故更难以统计。仅仅列入方志的祭祀点数目便如此之大,可见江南好鬼神,苏州十分突出。

由上表也可以看出,虽然明朝经过几次大规模的毁禁淫祠活动,但民间信仰祀点的数量有增无减,到嘉靖朝,各县民间信仰祀点的数量都达到了明代的峰值。

（二）民间祠庙的分布

民间信仰祠庙数量与人口多寡有关。任何信仰，无论属于何种宗教，或是山精野怪，能够发展流传的首要条件即是信众。没有人关注的信仰是无法生存的。关于民间信仰的主体，学界基本持两种不同观点：一种认为民间信仰本身"不入流"，所以主体必然只包括普通百姓，与缙绅士子无关；另一种则认为在传统社会中，民间信仰是一种最广泛的由全民共享的信仰，人们身份地位与信仰无碍。[1]在此我们更倾向于后一种观点，但显然缙绅士子与普通百姓在对待民间信仰上有着不少差异，这在后文中将进一步阐释。在这里需要指出的是，信众是支持信仰的关键因素。在明代苏州地区，信仰主体基数越大，民间信仰的祭祀点便越多。以明代中期为例，对较有代表性的苏州城区（吴县、长洲县）、常熟县、昆山县、吴江县的人口进行考察可得出下表：

表 4-5　明代中期苏州部分地区户口

县　名	户数（户）	口数（人）
苏州城区（吴县、长洲县）	190 518	648 990
常熟县	73 641	381 949
昆山县	85 792	144 797
吴江县	86 866	259 657

资料来源：嘉靖《吴邑志》卷四《乡图都分户口田赋并杂附等》，《天一阁藏明代方志选刊续编》，上海书店 1990 年，第 795—812 页。嘉靖数据：户 74 731，口 354 874。隆庆《长洲县志》卷七《户口》，《天一阁藏明代方志选刊续编》，上海书店 1990 年，第 224—225 页。隆庆五年数据：户 115 787，口 294 116。嘉靖《常熟县志》卷二《户口》，《中国史学丛书初编》，台湾学生书局 1965 年，第 159 页。嘉靖元年数据。嘉靖《昆山县志》卷一《户口》，《天一阁藏明代方志选刊》，上海古籍书店 1963 年，第 9 页。嘉靖元年数据。嘉靖《吴江县志》卷九《食货志一·户口》，《中国史学丛书三编》，台湾学生书局 1987 年，第 438 页。嘉靖三十六年数据。

由表 4-5 可知，吴县、长洲无论是户数或是口数都几乎倍于他县，对比表 4-4，则不难发现明代中期城区祭祀点的数量也远多于常熟、昆山、吴江 3 县。这一时期，昆山县人口最少，其户数虽与吴江县相近但口数仅为吴江县的 55.8% 左右，再对比此时城区祭祀点多达 1 307 处，而昆山仅为 520 处，较常熟县、吴江县更低。需要再次指出的是，本组数字中包括了府、县、乡厉坛的数字，厉坛为一里一建，其数量与地域面积直接相关，城区面积大于昆山等县也是造成祭祀点数

---

[1] 详见蒲慕州：《追寻一己之福：中国古代的信仰世界》，上海古籍出版社 2007 年，第 10 页。

量差距悬殊的因素之一。

虽然人口数量不等于信众数量,但古代中国百姓多敬鬼神,故人口多说明潜在的信众群体更大,民间信仰赖以生存的土壤更加肥沃,发展也更加旺盛。因此综合以上两表不难得出民间信仰祠庙数量与人口多寡成正相关的结论。

民间信仰祠庙数量与距离府治远近有关。府治是一府的行政中心,是连接下辖各县乡与上级、中央的枢纽,无论是中央政府的政策或是地方官员出台的政令,府治所在地的实施力度相较其他县、乡更大。常熟、吴江2县离府城距离较近,昆山、太仓、嘉定、崇明等距离相对较远。

比较表4-4,可以看出,吴县、长洲因为除了苏州府、吴县、长洲县衙门,尚有中央等派驻机构,官府监管力度大,虽然对于民间私祀禁毁取缔更严格,但是对于官方所倡导的民间信仰新建、新修数量也比下属州县更多,故城区民间信仰祠庙数量多、增长快。同理,距离城区相对较近的常熟、吴江2县在数量上仅次于城区,其余州县因地处偏远又次之。其中尤其太仓州在明代中期尚为新辟,且辖区狭小,崇明仅为一岛,地偏民少,此二地亦离府治最远,故祠庙数量远远小于其他县。

详细来看,官员、士人较为倡导祭祀先贤类的民间信仰。因府治所在地各级官员缙绅士子相对集中,在他们的倡导、影响下,先贤类祠庙也相对更多,而随着与府治距离的增加,先贤类祠庙的数量也呈递减态势。下表数据正说明了这一情况。

表4-6 明代中期苏州先贤类祠庙情况

单位:个

吴县　长洲县	昆山县	常熟县	吴江县	太仓州	嘉定县	崇明县
36	15	30	17	3	0	1

资料来源:正德《姑苏志》卷二十七《坛庙上》、卷二十八《坛庙下》,《天一阁藏明代方志选刊续编》12,上海书店1990年,第509—616页。

虽然一县祠庙数量与当地官员的政策倾向、执行力度及百姓的关心程度等许多因素直接相关,但是由以上列表,依然不难得出结论,在明代苏州地区,一县祠庙数量多寡与其距离行政中心的近远大致成正相关。

二、类型与特点

(一)民间信仰的类型

1.按照民间信仰崇祀的性质分类:官祀和私祀

此处所论民间信仰大体可分为官方祭祀与民间私祀两类。前者或为通祀或载入祀典,后者则多由山野百姓自发祭祀。[1]值得一提的是部分祠庙虽由官员及乡绅创建,但由于未入祀典,故一并算入民间私祀之内。

表4-7 明代苏州官方祭祀与民间私祀数量

单位:个

名称	明前期	明中期	明后期
通祀	19	23	23
祀典	13	29	63
先贤	59	102	143
土人私祀	30	154	178
总计	121	308	407

资料来源:洪武《苏州府志》卷十五《祠祀》,《中国方志丛书》,台湾成文出版社有限公司1983年,第571—619页。正德《姑苏志》卷二十七《坛庙上》、卷二十八《坛庙下》,《天一阁藏明代方志选刊续编》12,上海书店1990年,第509—616页。同治《苏州府志》卷三十六至三十八《坛庙祠宇一》至《坛庙祠宇三》,《中国地方志集成·江苏府县志辑8》,江苏古籍出版社1991年,第96—216页。嘉靖《吴邑志》卷六《境内坛庙祠宇》,《天一阁藏明代方志选刊续编》,上海书店1990年,第865—880页。崇祯《吴县志》卷十九《坛庙》、卷十九至二十一《祠庙上》《祠庙中》《祠庙下》,《天一阁藏明代方志选刊续编》16,上海书店1990年,第475—746页。隆庆《长洲县志》卷十一《坛祠》,《天一阁藏明代方志选刊续编》,上海书店1990年,第291—321页。万历《长洲县志》卷十一《坛祠》,《中国史学丛书三编》,台湾学生书局1987年,第317—349页。弘治《吴江志》卷四《祀典》、卷七《庙宇》,《中国方志丛书》,台湾成文出版社有限公司1983年,第155—162、293—302页。嘉靖《吴江县志》卷十二《典礼志二·祀典》、卷十五《典礼志五·祠庙》,《中国史学丛书三编》,台湾学生书局1987年,第591—680、785—814页。嘉靖《昆山县志》卷二《坛庙》,《天一阁藏明代方志选刊》,上海古籍书店1963年,第8—13页。弘治《太仓州志》卷四《祠庙》,宣统元年(1909)《汇刻太仓旧志五种》本,苏州图书馆藏本,电子版总第91—96页。弘治《常熟县志》卷一《叙地理·坛壝》、卷二《叙宫室·祠庙》,《四库全书存目丛书》史部185,齐鲁书社1996年,第39—41、76—91页。嘉靖《常熟县志》卷四《祠祀志》,《中国史学丛书初编》,台湾学生书局1965年,第335—360页。万历《常熟县私志》卷六《叙神·坛庙祠》,苏州图书馆藏本,电子版总第643—703页。万历《皇明常熟文献志》卷十二《纪载志上》、卷十三《纪载志下》,苏州图书馆藏本,电子版总第747—866页。崇祯《常熟县志》卷三《祀典志》,苏州图书馆藏本,电子版总第231—300页。

根据方志记载,前两类属于官方祭祀,后两类则属于民间私祀。需要指明的是属于通祀的各县厉坛数量多且随辖区面积变化而变化,但其职能几乎没有变化,故在此之后的统计不再将厉坛计入。先贤祠一类兴废多与地方官员、当地乡绅有关,与私祀一类相比更多地体现出当时中央、地方的政策导向。但由于官府

---

[1] 正德《姑苏志》卷二十七《坛庙上》、卷二十八《坛庙下》将所记载的民间信仰分为通祀、祀典、先贤、土人私祀四类。本处据此将前两类归为官方祭祀,后两类归为民间私祀。王健讨论了相关概念的界定,认为官方祭祀同样属于民间信仰,并且私祀的地位处在官方祭祀和淫祀之间,时有变化。详见其《利害相关——明清以来江南苏松地区民间信仰研究》,上海人民出版社2010年,第28页。

并未直接参与它们每年固定时期的祭祀,故仍将它们算作民间私祀一类。

由表中的数字可以直观地看出流传于百姓间的私祀要比官方每年固定时间举行的祭祀多出一倍有余。

洪武三年(1370)六月,朱元璋不仅下令要求改正神号,更颁令禁淫祠:"'朕思天地造化,能生万物而不言,故命人君代理之。前代不察乎此,听民人祀天地祈祷,无所不至。普天之下,民庶繁多,一日之间祈天者不知其几,渎礼僭分莫大于斯。古者天子祭天地,诸侯祭山川,大夫士庶各有所宜祭。其民间合祭之神,礼部其定议颁降,违者罪之。'于是,中书省臣等奏:凡民庶祭先祖、岁除祀灶、乡村春秋祈土谷之神。凡有灾患,祷于祖先。若乡属、邑属、郡属之祭则里社、郡、县自举之。其僧道建斋设醮,不许章奏上表、投拜青词,亦不许塑画天神、地祇。及白莲社、明尊教、白云宗、巫觋、扶鸾、祷圣、书符、咒水诸术,并加禁止。庶几左道不兴,民无惑志。诏从之。"[1] 按此规定,唐宋以来被授予的祠庙及神灵的封号全部被废除,平民只能祭祀祖先、灶神及土谷之神。正是受中央政策的影响,明代前期的官方祭祀数量很少,仅约占中期或晚期的50%,而此时的民间私祀约占同期总数的73.6%,这更能体现出民间信仰极强的自发性、庞杂性和顽强性,其数量的多寡变化与百姓生活紧密相关,并非靠政府行政力量所能控制。不仅如此,在明中期,祀典与先贤一类增长比较稳定,大约都比前期翻了一倍,但土人私祀则比前期增长了5倍,可见民众更热心于此类祭祀。

从明中期至明后期,朱元璋颁布的神号改正诏及禁淫祠令沦为有名无实的制度,万历帝对神灵的封赐更使得上行下效。此后诸帝沿袭,中央政策再无大的变化。与明中期相比,明晚期载入祀典的祠庙数量增长了117.2%,翻了一倍有余。试举一例以见祠庙兴复:

> 复圣祠,在枫桥西十里,祀圣配颜子……本朝成化二十年,裔孙工部郎中颜泾请之巡抚都御史彭韶檄吴县知县陈振重建。正德元年,裔孙广西佥事颜栎修。嘉靖三十三年,倭乱,专祠、家庙并毁。崇祯十三年,知府陈洪谧、知县牛若麟修,举祀典。[2]

许多祠庙或已久存或为新建,在万历、崇祯年间被官员举入祀典的不胜枚

---

[1]《明太祖实录》卷五十三,洪武三年六月甲子,台湾历史语言研究所校印本1962年,第3页,总第1037—1038页。
[2] 崇祯《吴县志》卷十九《祠庙上》,《天一阁藏明代方志选刊续编》16,上海书店1990年,第506—507页。

举,但原本几乎都属于先贤一类,鲜有百姓私祀鬼狐神怪成功"升级"的范例。可见统治者的需要、官员政策的引导仍然是决定官方祭祀的重要因素,这也解释了后期先贤祠的数量增幅为何仍有 40.2% 左右。但士人私祀一项则由于民间信仰的变化不定致使祠庙兴废无常,总数的增长并不明显,增幅约为 15.6%,相比前中期的增幅有不小的缩水。

苏州亦有官方设立的孤魂坛祭祀,自朱元璋攻克苏城开始,比较特殊。

> 吴中自张士诚乱后死者枕藉,积骨如山。明太祖命聚瘗于六门隙地焚之,筑为大坎瘗焉,名为孤魂坛。三元节中迎神祭之。[1]

2. 按照民间信仰的功能分类

从民间信仰的功能而言,明代苏州民间信仰大致可以分为纪念类、综合类、专门类,具体数量详见下图。

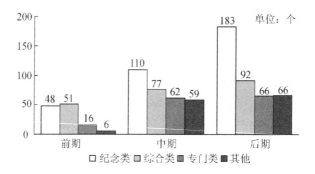

图 4-1 明代苏州民间信仰的类型与数量

资料来源:洪武《苏州府志》卷十五《祠祀》,《中国方志丛书》,台湾成文出版社有限公司 1983 年,第 571—619 页。正德《姑苏志》卷二十七《坛庙上》、卷二十八《坛庙下》,《天一阁藏明代方志选刊续编》12,上海书店 1990 年,第 509—616 页。同治《苏州府志》卷三十六至三十八《坛庙祠宇一》至《坛庙祠宇三》,《中国地方志集成·江苏府县志辑 8》,江苏古籍出版社 1991 年,第 96—216 页。嘉靖《吴邑志》卷六《境内坛庙祠宇》,《天一阁藏明代方志选刊续编》,上海书店 1990 年,第 865—880 页。崇祯《吴县志》卷十九《坛庙》、卷十九至二十一《祠庙上》《祠庙中》《祠庙下》,《天一阁藏明代方志选刊续编》16,上海书店 1990 年,第 475—746 页。隆庆《长洲县志》卷十一《坛祠》,《天一阁藏明代方志选刊续编》,上海书店 1990 年,第 291—321 页。万历《长洲县志》卷十一《坛祠》,《中国史学丛书三编》,台湾学生书局 1987 年,第 317—349 页。弘治《吴江志》卷四《祀典》、卷七《庙宇》,《中国方志丛书》,台湾成文出版社有限公司 1983 年,第 155—162、293—302 页。嘉靖《吴江志》卷十二《典礼志二·祀典》、卷十五《典礼志五·祠庙》,《中国史学丛书三编》,台湾学生书局 1987 年,第 591—680、785—814 页。嘉靖《昆山县志》卷二《坛庙》,《天一阁藏明代方志选刊》,上海古籍书店 1963 年,第 8—13 页。弘治《太仓州志》卷四《祠庙》,宣统元年(1909)《汇刻太仓旧志五种》本,苏州图书馆藏本,电子版总第 91—96 页。弘治《常熟县志》卷一《叙地理·坛壝》、卷二《叙宫室·祠庙》,

---

[1] 顾公燮:《丹午笔记》之《孤魂坛》,苏州博物馆等编,江苏古籍出版社 1985 年,第 105 页。

《四库全书存目丛书》史部 185，齐鲁书社 1996 年，第 39—41、76—91 页。嘉靖《常熟县志》卷四《祠祀志》，《中国史学丛书初编》，台湾学生书局 1965 年，第 335—360 页。万历《常熟县私志》卷六《叙神·坛庙祠》，苏州图书馆藏本，电子版总第 643—703 页。万历《皇明常熟文献志》卷十二《纪载志上》、卷十三《纪载志下》，苏州图书馆藏本，电子版总第 747—866 页。崇祯《常熟县志》卷三《祀典志》，苏州图书馆藏本，电子版总第 231—300 页。

首先是纪念类。该类型多为先贤崇拜，从性质来看这类应当是最符合国家祭祀要求的。以泰伯庙为代表。在狄仁杰毁淫祠于江南时，泰伯庙便是为数不多存留下来的祠庙之一。到了明代，该庙自洪武至崇祯一直被列入祀典。此外较早的还有春申君、周康王、王禹偁、范仲淹等祠，稍后则有夏原吉、周忱、海瑞等祠。无论是历代的功臣名将，或是有功于地方的明朝官员，都成为百姓纪念的对象。

其次是具有综合功能的神灵。无论是家宅平安、风调雨顺，或是些日常生活中的婚丧嫁娶、祷病禳灾，甚至梦兆凶吉等，似乎都在其掌管的范围之内。其中最主要的莫过于土地与城隍。

明初，朱元璋为了加强对基层的控制，在建立里甲制度的同时，又设立了里社，每里 100 户，立坛一所，祀五土、五谷之神，企图使这两者成为共同协作的一套制度。但是实施起来并未获得成功。在明代江南地区，许多地方神庙在里社的"庇佑"下得以生存，其中所供之神便是所谓的土谷神。"何山庙在何山南，祀白龙并土社神；纸钱庙在灵岩山西伏龙冈下；白马庙在香山西白马寺前，皆祀本境土谷之神。"到明前中期，又有许多先贤在本地有了显灵的传说，能够护佑地方，而被祀为地方土神。如"吴王庙在香山南址……今为土神"。关于东山庙也有类似的记载："东山庙在虎丘山门内东麓，祀晋司徒王珣……今居民皆祀为土神。"[1] 显然，这些神祇并没有因为中央政令而消亡，而是利用政令的漏洞，用另外一种面目生存了下来，苏州的土地神也因此变得五花八门。

城隍的情况略有不同，吴地自古便重城隍。"城隍神，祀典无之，吴越有之。风俗，水旱疾疫必祷焉。"自洪武起，城隍便被列入通祀，但朱元璋仍对城隍祭祀进行了一系列改革，除去了唐宋时期城隍的封号，仅成为某地城隍之神，并且详细规定了神庙的规格。"我朝洪武元年，诏封天下城隍神……四年，特敕郡邑里社各设无祀鬼神坛，以城隍神主祭，鉴察善恶。"[2] 但这一措施显然并未受到民间的认可和执行。比如在常熟，就有人将城隍像私藏，以至于在官府建立的城隍

---

[1] 上引分见正德《姑苏志》卷二十七《坛庙上》，《天一阁藏明代方志选刊续编》12，上海书店 1990 年，第 561、531、538—539 页。

[2] 上引分见叶盛：《水东日记》卷三十《城隍神》，中华书局 1980 年，第 296、297 页。

庙之外又出现了所谓的社稷城隍。[1]更有甚者,到了明中晚期,苏州地区除了府城隍、县城隍,还出现了相当数量的镇城隍、村城隍。在不少乡镇志中可以看到,几乎每一个乡镇都有自己的城隍庙。[2]这样的情况不仅出现在民间,相当一批地方官员都非常重视城隍祭祀。洪武"三年,乃正祀典……未几,又令各处城隍庙内屏去闲杂神道。城隍神旧有泥塑像在正中者以水浸之,泥在正中壁上,却画云山图。神像在两廊者泥在两廊壁上。此令一行,千古之陋习为之一新。惜乎今之有司多不达此,往往望(塑)为衣冠之像,甚者又为夫人以配之"[3]。由此可见,洪武时期之规定已形同虚设。弘治十三年(1500),苏州城隍庙的主持向知府曹凤要求重修城隍庙,曹凤表示:"唯神与予分理吴郡,予理其明,神理其幽。吴下频年风调雨顺,稻麦丰登,寇攘帖息,疫疠不作,兹神之赐,予其敢忘!"即刻"下令,境中愿新神庙者听。又令义官某等董其役……明年春正月始事,至九月僝工……会曹侯迁去,东广林侯世远继之,求予(笔者注:王鏊)纪其事"。[4]不仅地方官员不再固守洪武礼制,身为士大夫的王鏊被邀请写碑记,也并未对翻修城隍神庙提出任何异议。此后城隍信仰一直在苏州长盛不衰。

除此之外,在明代苏州地区香火极盛的还有东岳神。范成大《吴郡志》中记载苏州东岳庙在"常熟县福山镇"。据宋徽宗政和七年(1117)《重修岳庙记》可知,此庙始建于宋仁宗至和(1054—1056)年间。[5]这是可查找的关于苏州东岳庙最早的记录。根据嘉靖《常熟县志》记载,东岳行祠一在福山,一在县治西一里。[6]吴江亦有东岳行祠,弘治、正德年间记载有东岳行宫七八处[7],到清康熙年间记载已有12处之多[8],可见东岳庙在民间地位之重。

再次,是专门类。苏州是鱼米蚕桑之乡,也是商业和手工业极为发达的地区,故而以行业神为代表的专门类神灵也为数极伙。在明代苏州地区,所谓"夫功之大者其报同。是故一器之制,工人不敢忘其巧;一谷之播,农夫不敢忘其

---

[1] 道光《虞乡志略》卷三《祠庙》,苏州图书馆藏本,电子版总第188页。
[2] [日]滨岛敦俊:《明清江南城隍考》,《中国社会经济史研究》1991年第1期。
[3] 陆容:《菽园杂记》卷五,佚之点校,中华书局1985年,第55页。
[4] 同治《苏州府志》卷三十六《坛庙祠宇一》,《中国地方志集成·江苏府县志辑8》,江苏古籍出版社1991年,第99—100页。
[5] 范成大:《吴郡志》卷十三《祠庙下》,陆振岳校点,江苏古籍出版社1986年,第180页。
[6] 嘉靖《常熟县志》卷四《祠祀志》,《中国史学丛书初编》,台湾学生书局1965年,第344页。
[7] 弘治《吴江志》卷七《庙宇》,《中国方志丛书》,台湾成文出版社有限公司1983年,第295—296、298页;正德《姑苏志》卷二十八《坛庙下》,《天一阁藏明代方志选刊续编》12,上海书店1990年,第606页。
[8] 康熙《吴江县志续编》卷三《庙宇》,苏州图书馆藏本,电子版总第90页。

勤,是皆有祀焉以报之"[1]。还有各种商业类神灵。由于明中后期苏州地区商业繁荣,商人们往往寄托于神灵的庇佑,关帝、晏公、汪华大帝、金龙四大王等应运而生。万历朝关羽被授予帝号,而在苏州,他的主要职责是保护商业贸易。根据清初顺治六年(1649)《都督杨公新建娄门关帝庙碑记》记载,人们之所以祭拜关帝为的便是求"市廛不悚"[2],可见关帝已经成为商人群体的保护神。

晏公是一位不可小觑的保护神。他的职能与天后类似,主要保护水运的平安。苏州地区河道纵横,濒江临海,水运发达,加之苏州地区漕运负担沉重,船只航行的安全不仅关乎商人利益,更关乎百姓身家,故而不仅民间对其信奉祭拜,连官兵也不例外。正德《姑苏志》有记:"晏公庙多在阊、胥二门军营内。元以其阴翊海运,封平浪侯。今漕运官兵犹祈赛之。"[3]

除了商业性神灵之外,其他行业也各有所祀,如水炉业的协天三官大帝、木业的鲁班、玉器业的周宣灵王、士人的职业神灵文昌神、梨园业的唐玄宗等。

除了行业类神灵之外,亦有其他功能单一的神灵,例如财神。在明代苏州,作为财神的除了赵公明之外,另有五通神。五通神的确切来源已不可考,但是在苏州地区的影响却颇为深远,几乎每家必祀。"吴俗所奉妖神号曰五圣,又曰五显灵公,乡村中呼为五郎神。"《夷坚志》称一名独脚五通。"家家置庙庄严。""贫者绘像于板事之,曰'圣板'。""虽士大夫家皆然。小民竭产以从事,至称贷为之,一切事必祷。"[4]直到清朝亦沿袭了这种风俗。"民间家祀户祝,饮食必祭。妖邪巫觋创为怪诞之说,愚夫愚妇为其所惑,牢不可破。"[5]而上方山的五通神因其尤为"灵验",香火络绎不绝,引起了官府的重视,到清代康熙前期发生了著名的汤斌毁五通等淫祠事件。这也从侧面印证了五通神信仰对民间影响之巨。

龙神在苏州主要是以水神的形象出现。与晏公、天后不同,水神的主要功能是保佑风调雨顺、五谷丰登。正如焕灵庙祝文所云:"变化莫测,应感有期。雨旸

---

[1] 吴宽:《家藏集》卷三十二《长洲县学田记》,《景印文渊阁四库全书》1255,台湾商务印书馆1986年,第257页。
[2] 王国平、唐力行主编:《明清以来苏州社会史碑刻集》第334号碑,苏州大学出版社1998年,第463页。
[3] 正德《姑苏志》卷二十七《坛庙上》,《天一阁藏明代方志选刊续编》12,上海书店1990年,第560—561页。
[4] 陆粲:《庚巳编》卷五《说妖》,谭棣华等点校,中华书局1987年,第51页。
[5] 乾隆《长洲县志》卷三十一《艺文一》,汤斌:《奏毁淫祠疏》,《中国地方志集成·江苏府县志辑13》,江苏古籍出版社1991年,第380页。

时若,滋我民物。"[1]根据正德《姑苏志》,苏州地区有官方记载的水神、龙神庙便有13处,如吴江的顺吉龙王庙、嘉定的沪渎龙王庙、吴江的圣妃白龙母娘娘庙等。长洲的灵济庙和常熟的焕灵庙更载在祀典,春秋祭祀。

除了以上三大类型外,还有一些祠庙由于记载缺失、兴废无常,很难判断所祀之神究竟所司何职,这种情况基本上只见于不入祀典甚至不被官方认可的民间私祀之中,故而暂且将这一类列入"其他"一栏。这四大类祠庙的变化情况可见图4-1与表4-7。需要说明的是,该图与表4-7同样未将数目庞大的府、县、乡厉坛计入其中。

在明前期,朱元璋雷厉风行推行的一系列制度使得许多祠庙被取缔、许多祭祀被简化,故而在这一时期专门类和其他类数量都很少,综合类因为包括了列入祀典的社稷坛、城隍庙等而占到总数的42.1%,纪念类则由于能够适合官府教化百姓的需求,故而裁撤相对较少,这一时期也占到了总数的39.7%。

到了明中期,情况发生了变化。对于民间信仰,一些地方官员的行政导向有所变化。如曾于弘治时期先后在昆山和常熟就任知县的杨子器,便是这一行政变化的推动者。他取缔许多不被官方认可的私祀淫祠,重修、新建了许多先贤寺庙以图教化地方。这一时期纪念类祠庙的数量增加了一倍有余。与此相对,民间私祀也因为苏州地区商品经济的发展、百姓生活的变迁而有了巨大的变化。此时专门类神灵与记载不详的各种神祇分别较先前增长了387.5%和983.3%,令人咋舌。

明晚期较之前相比,最令人瞩目的仍是纪念类祠庙的增长。这一类祠庙在大大小小的禁毁淫祠之中比较容易被保留下来,故而基本可以说是有增无减,仍然增长66.4%,占到总数的45%。相较之下,其他三类祠庙的增长都比较平缓,期间祠庙虽有变化,但有些遭到官府打击,有些由于不甚灵验渐渐断了香火,故而从数字上来说变化不大,这也体现了民间信仰兴废无常的特点。

由此可见,民间信仰的发展变化与不断改变的政治、经济、文化等密不可分。

(二) 民间信仰的特点

综合史料记载及史学界已有的研究成果[2],可以认为明代苏州民间信仰具

---

[1] 正德《姑苏志》卷二十八《坛庙下》,《天一阁藏明代方志选刊续编》12,上海书店1990年,第583—584页。
[2] 如[日]滨岛敦俊:《明清江南农村社会与民间信仰》,朱海滨译,厦门大学出版社2008年,第14—62、83—237页;王健:《利害相关——明清以来江南苏松地区民间信仰研究》,上海人民出版社2010年。

有以下几个鲜明特点:

其一,与航运相关的神灵信仰特别发达。苏州地区濒江临湖,水系四通八达。明代苏州既是田赋重地,又是全国的商业中心,无论是田赋的输送(漕运),还是商品的流通,航运都是主要的运输方式。为祈求旅途平安,与漕运、航运相关的神灵信仰便特别发达。如天妃,清人顾公燮说:"旧闻吾苏自枫江以下,河面阔有里许,两岸植芙蓉,故名芙蓉塘。行舟过此,必祀天妃,其险可知,今之娘娘浜是也。大抵唐宋年间事,沧桑变易,顾第勿深考。"[1]苏州一府记载确凿的水神类祠庙多达30多处。其中固然多有全国性或多地域信仰的神灵如龙王、金龙四大王、天后(天妃、妈祖)、晏公等,也不乏苏州地区土生土长的特有神祇,其中影响最大、最具典型性的莫如金总管。尤其值得注意的是,有的神并非苏州土生土长,但传入苏州后,却被苏州人根据自己的需要进行了改造,赋予了护航护漕的职能,其中最典型的是起源于浙江长兴的土神李王。李王在长兴一带本来只司祛病禳灾,传入苏州地区后,逐渐演变成漕运的保护神,关于这一变化将在后文详述。

其二,形成独特的城隍信仰体系。城隍之神"至宋始为通祀,穷乡下邑,有城有隍者罔不立庙肖像,奔走严事"[2],是一位全国性的神祇。同时,城隍在道教诸神中也占有重要一席。但是,城隍在民间的影响远远超出了道教的范围,被各地民众根据自己的需要进行了改造,成为民间信仰的一部分。洪武初年,将城隍神引入国家正祀之中,并产生了首次由国家政权制定的城隍制度。洪武三年(1370),将其设定为京都(应天府)、府、州(县)三级。据此,只有县级以上的行政层次才有资格建立城隍庙。吴地自古重城隍,至少到明朝的中晚期,开始突破国家体制,形成了自己独特的城隍信仰体系。首先,经过明代的发展演变,至晚到清中期,苏州已有自己完整的城隍系列,"府、县各有城隍",除了苏州府及吴、长洲、元和3县的4座城隍庙之外,"又为三治司。又以都城隍为巡抚,以财帛司为布政,又造阴按察;又以相王为织造,以小财帛为理问;尚缺粮道,乃以金总管当之,往天师府求敕封不允,则以总管位尊,不可以道宪亵之也。而娄东土人以真君堂有神(里人呼为'小爷爷'),总管弟也,常熟道署中人访得之,乃具牺牲迎之。尚缺一中军,于是中军衙署人以驸马府为中军。每春秋祭坛,都城隍入坛,

---

[1] 顾公燮:《丹午笔记》之《芙蓉塘》,苏州博物馆等编,江苏古籍出版社1985年,第103页。
[2] 顾沅辑:《吴郡文编》三,卷七十四《坛庙一》,牛若麟:《吴县城隍庙记》,上海古籍出版社2011年,第27页。

则中军必跪迎。然系(张)士诚公主,本属女像而改为男装,殊可怪也"[1]。城隍祭祀时,神像出巡,大量模仿人间官府仪制,以体现神祇的威仪。其次,出现了"城隍下移"的现象。明代中叶以后,随着市镇经济的发展,市镇的政治诉求和话语权也在提高,体现在城隍信仰系统,就是在苏松地区出现了大量的市镇一级的城隍庙,有的镇甚至有两三个城隍庙。原来直属于县城隍管辖的土地庙,则成为镇城隍的下属,形成上下级庙的关系。集中体现镇城隍权威的则是"解钱粮"习俗。当然,除吴地外,其他地区也有个别的市镇设有城隍,如山西就有几个市镇建有城隍庙,但一则这些城隍庙的设立并不是以经济实力提高为基础,而是带有浓厚的政治、军事性质,二则就其普遍性及在民间的影响力而言,也不可同日而语。

其三,家族造神的现象突出。江南特别是苏松一带多世家大族,这些家族为保证其世代繁盛,除了高度重视科举功名外,也十分重视家族造神活动,由此导致苏州地区先贤祠、乡贤祠、家庙逐渐增多。此类现象,大致有以下几种情况:

(1)通过各种方式,使自己的祖先进入先贤祠或乡贤祠,提高本家族的政治地位,然后通过祭祀等活动,扩大影响,为祖先涂上"神"的光环,升格为"神"。

(2)把家庙、家祠附设于寺观或其附近,借助寺观的祭神、庙会等活动,或广造声势,或附会神迹,甚至进而"鸠占鹊巢",使某些民间寺观成了家族的私产,其祖先也进而跻身于"神"的行列。

(3)不仅是本族家庙,某些家族还通过资助寺观或修护某寺观,使其实际上成为家族的私产,成为其家族的保护神,并从中攫取经济利益。如常熟望族王氏与祭祀刘琦的刘太尉庙(即猛将庙)、严氏与真武庙即是此类关系。这点王健在其著作中述之甚详。[2]世家大族如此,平民家族亦然。实际上,江南土生土长的土神大多可从中看到家族造神的影子。最典型的莫如金总管,甚至世代成神,形成了家族神的系列。正如滨岛敦俊说:"并非是'神'的故人曾经在世上生存过,然后有子孙,而是先有子孙,然后子孙把祖先改造成神。换言之,没有子孙的话,也就没有'神'本身。"[3]

其四,与民间习俗有着明显的共生共盛关系。民间信仰往往有鲜明的地域性,即便是相同的神灵,在不同地域也有着不同的表现形式,或者被赋予不同的

---

[1] 张紫琳:《红兰逸乘》之《琐载》,《丛书集成续编》第51册,上海书店1994年,第907页。
[2] 详见王健:《利害相关——明清以来江南苏松地区民间信仰研究》,上海人民出版社2010年,第156—161页。
[3] [日]滨岛敦俊:《明清江南农村社会与民间信仰》,朱海滨译,厦门大学出版社2008年,第37页。

职能。有些神灵虽然职能相同,在不同地区的影响力也存在着很大的差异,而有些神灵则往往只适应于某地区特有的政治、经济、地理环境和独特的民间习俗,形成该地区特有的民间信仰。就苏州地区而言,这样的例子也常见。

端午节与伍子胥。伍子胥死后成神,其庙各地都有,但因其功在吴地,死后吴民怜悯他,故而端午节,全国各地皆祀屈原,唯独苏州坚持端午节祭祀伍子胥,并形成端午龙舟竞渡的习俗来纪念他。

"轧神仙"。每年农历四月十四日,苏州有"轧神仙"的习俗。据说该日乃吕纯阳(吕洞宾)生日。吕纯阳为道教诸仙之一,但经过长期演变,实际上已成为民间信仰的一部分。而"轧神仙"活动,不过是借吕纯阳为由头,成为一种吴地特有的重要习俗。

五通神崇拜。五通神的来源说法甚多,难以详考。该神起始并非苏州特有,但随着时间的推移,在苏州的影响却经久不衰,甚至日益扩大。特别是上方山的五通神庙会,已成为明清时期苏州民间习俗的重要组成部分,虽官方以强力手段屡次禁绝,也收效甚微。上方山石湖"春秋佳日,游人稠杂,画舫接连,盖因山之上有五通神祠。起于宋末,滥于明季,家祀而户尸之,以其能祸福人也,故人人惑之。病者之而祷焉,饮之食之,俚语名其山曰'肉山',名其湖曰'酒海'。吁,可叹也!"

此外,诸如起源于常熟的周孝子崇拜,或虽非起源吴地,但在吴地影响颇大的刘猛将崇拜等祭祀活动,皆已融入民俗之中,共生共盛。如常熟虞山之阴有周孝子祠,民众"信神者如信父母,岁而拜祷,如贾赴市"。[1]

三、兴盛的原因

明代苏州民间信仰有其独有的特点与生存样态,一方面其与明代苏州地区百姓生活息息相关,在生活的各个方面起着不同的重要作用,对社会产生多方面的影响;另一方面也由于人们对待民间信仰的态度与行为使得明代苏州地区民间信仰的影响力不断加强。

(一)社会生活中的民间信仰

民间信仰具有社会生活的功能,是社会生活不可或缺的一部分,并且与社会

---

〔1〕 上引分见顾沅辑:《吴郡文编》三,上海古籍出版社2011年,卷七十五《坛庙二》,缪彤:《毁上方山神祠记》,第44页;卷八十三《坛庙一〇》,钱通:《宋周孝子庙碑》,第184页。

生活的其余部分紧密地结合在一起。或者可以说,民间信仰本身就是一种生活方式。而民间信仰的变迁也总是与外部社会经济环境的变化相联系,与天灾人祸、经济发展、风土民情互相融合,互相作用,任何因素都不可能单独发挥作用,这种复杂关系的合力塑造了明代民间信仰独特的形态。

1. 消灾解难

泰伯奔吴之时,苏州是一片水天泽国,过于潮湿的气候甚至并不适宜生存。虽然经过千年沧桑,吴地在当地百姓的辛勤劳作不辍耕耘下日益繁荣,但是天候却没有因此眷顾这一方水土。根据万历《常熟县私志》记载,由永乐三年(1405)至万历四十六年(1618),常熟地区便有风霜雨雪之灾54次、兵旱蝗疫之灾38次、其他各类灾难16次,213年间共计大小灾异108次,大概每2年有1次,对人们的生产生活必定产生影响。[1]

更甚者,一年之中春夏大旱,秋冬则淫雨连绵。如史鉴记载:"成化十七年(1481),春不雨,夏又不雨,地坼川涸……秋七月丙戌,雨,飓风大作,拔木发屋。八月戊午以往,连大雨。常州阳山崩,太湖水溢,平地深数丈,荡民庐舍。九月壬申朔,大风雨,昼夜如注。自此至冬十二月,无日不雨。"[2]此一年田间稻禾全没,百姓深受其害。

大灾之后常有大疫。如明正德五年(1510),"岁在庚午,吴会大饥,怨气薰蒸,疫乃大作。小民死者百余万人,饿莩满野,尸阗于川"[3]。

这样的记载在明人文集笔记之中屡见不鲜,如严讷记载苏州大水重灾情状:"入春雨雪浃旬,菜麦黄槁。自闰四月既望至五月上旬,大雨连绵,昼夜倾盆,兼之潦积潮涨,洪水横溢,小暑前后,狂风淫雨骤至加甚。往岁之水可谓大矣,而今岁水痕更增尺许,一望巨浸遍野。行舟圩岸珊塌而川原莫辨,屋庐飘荡而依栖无所。禾苗之已蒔者尽入波涛之中……疫札枕藉,殍殣载道。"[4]

"(万历)十六年(1588),春霖,夏暵,大疫。米斗钱三百二十,比银一钱六分……莩(殍)塞路。城濠浮尸,篙橹为碍。"[5]

---

[1] 万历《常熟县私志》卷四《叙灾》,苏州图书馆藏本,电子版总第450—468页。
[2] 史鉴:《西村集》卷五《侍御刘公愍灾序》,《景印文渊阁四库全书》1259,台湾商务印书馆1986年,第803页。
[3] 魏校:《庄渠遗书》卷三《与张巡抚》,《景印文渊阁四库全书》1267,台湾商务印书馆1986年,第729页。
[4] 严讷:《严文靖公集》卷十一《水灾与师相太岳书》,《四库全书存目丛书》集部107,齐鲁书社1997年,第710页。
[5] 万历《常熟县私志》卷四《叙灾》,苏州图书馆藏本,电子版总第462—463页。

天灾未歇,人祸更至。有明一代国家统一,相对而言社会比较稳定,战乱兵祸之灾不多,但处于东南沿海地区的苏州,却是倭寇侵扰的重灾区。倭寇所到之处烧杀抢掠,市井为墟。"自倭衅起嘉靖之壬子(1552)而稍息于壬戌(1562),十年之间大者破城邑,小者躏闾井。"[1]倭乱并未止于嘉靖朝,而是肆虐于明代中晚期,致使百姓谈倭色变、人心惶惶,稍有风闻便草木皆兵。"(万历)十九年(1591)大水,七月十日海滨讹传倭至,富家大族、少妇幼女俱褰裳涉水,多溺死者,市镇一空。城门昼闭,次日乃息。"[2]仅是传闻,便避之唯恐不及,战祸远在朝鲜,便全城戒严,可见倭祸对吴中百姓的影响之大。

岁在凶年之时,天灾人祸相继为虐,长洲县"自中倭以来,旱潦之灾相踵为虐,民生日蹙,公私之费日增"[3]。此时地方官员本应挺身而出,练兵筑城,抵御倭寇,减免赋税,开仓赈灾,而现实中却是有些县府官员不忧灾祸横行百姓艰难,只担心年内赋税不齐乌纱难保。苛政猛于虎,灾年之中一如常年的征税纳赋成了百姓最难以渡过的关口。成化十七年(1481)先旱后雨,禾稼大多腐烂,余者也尽漂没无遗,而吴江县丞王瑾、苏州知府刘珵等反而讳言有灾,以图渔利。"有司之欲厉民以觊宠者建议以水不为灾,既有以足税,余尚可充民食也。由是交相掩覆,讳言灾矣。百姓陈乞万端,不见听。"御史刘魁尽管慨然上疏,请加愍灾,却因任满去职,未及实行,酿成大饥惨死无数。[4]凶岁若更遇倭寇犯境,则除却日常赋税徭役外另有加派。"自岛夷发难,濒海绎骚,征兵转饷,岁靡虚日,民始嚣然失其乐,而有创夷蹂籍之患。"[5]

天灾人祸接连而至,百姓无处可逃无力可抗,便只能祈求上天怜悯,祈求有神相助。民间信仰从本质上而言一定是体现了百姓的某一种心理需求,对于现实状况的手足无措便产生了强烈的精神需求。尤其是当科学尚不发达,人们对于异常现象并不能从科学角度进行解释,亦缺乏对抗自然灾害的手段与技术,祈祷似乎是在走投无路时唯一可行也最可能奏效的方法,于是乎,上至官府,下到平民,无不幻想神灵庇佑以度凶时。如《涌幢小品》记载:"窃观本朝故事,凡改

---

[1] 王世贞:《弇州四部稿》卷七十六《文部·记十首·江阴黄氏祠记》,《景印文渊阁四库全书》1280,台湾商务印书馆1986年,第281页。
[2] 万历《常熟县私志》卷四《叙灾》,苏州图书馆藏本,电子版总第463—464页。
[3] 申时行:《赐闲堂集》卷十二《赠长洲邓侯考绩序》,《四库全书存目丛书》集部134,齐鲁书社1997年,第249页。
[4] 详见史鉴:《西村集》卷五《侍御刘公愍灾序》,《景印文渊阁四库全书》1259,台湾商务印书馆1986年,第802—805页。
[5] 申时行:《赐闲堂集》卷十五《寿虞母金太孺人六十序》,《四库全书存目丛书》集部134,齐鲁书社1997年,第316页。

元之初及水旱灾伤,则致祭岳镇海渎之神,例命翰林院撰文,各分遣廷臣以往。"[1]

大旱之年,多由官府出面撰文祭天祈雨,以求惠泽大地霶霈生民。在归有光文集中便有祭文7篇,其中4篇与祈雨相关,内容大致皆为希求神祇降临,"特赐一日之泽,以慰三农之望"。另有祭文3篇皆与倭乱有关。"惟神不独保护县邑,又以为能司祸福之柄,故民之趋走奉祭无虚日焉。今倭寇临境,虔刘我民,其惨毒极矣。神必思所以庇覆之……民之事神勤矣,纤芥之事无不有求于神。今纵其犬羊以噬啮于民而神不闻知,此神之所耻也!惟神鉴之!"[2]此文中的神指城隍,从祭文中可以看出城隍作为护佑一方的地方神灵,百姓事无巨细皆去求助,平日里或是祈求五谷丰登,或是祈求如意平安,而在此时则是由官府出面求神护佑一方百姓生死,足见其地位之重,亦可见百姓对神灵的期望之殷。民间信仰任意性与普遍性的特点又使得平日里各家各户皆有不同的祭祀仪式、不同的祭祀对象,更有不同的许愿发誓。"正德辛未(1511)夏,疫疠盛行。葑门琼姬墩西居民顾镇家,老幼皆染疾,因祈于神,誓合家茹素以禳灾。"[3]

蝗灾是吴地又一种比较普遍的自然灾害。据万历《常熟县私志》所载,常熟自明初至万历年间,共有蝗灾等各类虫害8次,如"(成化)十七年(1481),春夏旱,秋潦,蝗食禾";"(嘉靖)八年(1529),蝗,春夏雨,秋旱";"(嘉靖)十五年,春夏雨,秋蝗"[4];等等。但较之同期其他省份,诸如永乐元年(1403)六月,"浙江、金华、兰溪、台州飞蝗自北来,禾穗及竹木叶食皆尽",嘉靖三十二年(1553)"云南富民飞蝗蔽天",[5]或较之同一时期吴地为害更甚的水旱之灾而言,苏州的蝗灾似乎显得并不特别严重。即便如此,有司蝗之职的苏州猛将庙在明朝依然香火鼎盛。根据崇祯《吴邑志》记载,猛将庙、猛将行祠已增加到了10处。其中值得关注的是隆庆《长洲县志》记载:猛将庙,神姓刘,"封吉祥王,福祸显应,邑人皆家祀之"[6]。虽然在明朝猛将庙始终未被列入祀典,但隆庆初神又"显灵"后重建的猛将南庙,却取址于"盘门营内"[7]。可见不仅平民百姓,而且驻

---

[1] 朱国祯:《涌幢小品》卷一《祀庙石函》,《续修四库全书》1172,上海古籍出版社2002年,第590页。
[2] 上引分见归有光:《震川先生集》卷三十《祈雨文》《告昆山县城隍神文》,周本淳校点,上海古籍出版社2007年,第679、678页。
[3] 陆粲:《庚巳编》卷三《顾镇》,谭棣华等点校,中华书局1987年,第35页。
[4] 万历《常熟县私志》卷四《叙灾》,苏州图书馆藏本,电子版总第451、457、458页。
[5] 转引自马万明:《明清时期防治蝗灾的对策》,《南京农业大学学报》2002年第2期。
[6] 隆庆《长洲县志》卷十一《坛祠》,《天一阁藏明代方志选刊续编》,上海书店1990年,第316页。
[7] 崇祯《吴县志》卷二十一《祠庙下》,《天一阁藏明代方志选刊续编》16,上海书店1990年,第731页。

苏官军亦祀刘猛将,而政府对于猛将庙的态度也与其他"淫祀"大有不同,非但任其发展未予取缔,反而允许士兵参与祭祀。猛将信仰也得以在苏州地区繁衍生息,至今不衰。

在马斯洛的需要理论中,将人类的需要分为两个层次(基本、发展)五种类型,处在需要金字塔底端的是生理需要、安全需要,属于基本需要,满足人们生活的最低要求。归属和爱的需要、自尊需要和自我实现的需要,依次是发展需要的一级级层次,只有当基本需要得到满足之后,才会逐步产生。[1]对于民间信仰的信众来说,其中自然不乏有人通过成为会首、观主等,以赢取普通信众的拥戴和尊重(归属和爱的需要、自尊需要),掌握权势,成为地方的头面人物(自我实现的需要)。当然,祈求能成神成仙(如昙阳子)也属于自我实现的需要层次。但是,对于大多数普通信众来说,生存才是第一位的。天灾人祸紧系人们生存,祈求一年平安无病无灾无祸属于生理需要及安全需要,是所有百姓共同的生存基本需要。这种需要处在金字塔最底层,是所有其他需要的根基,这也就不难理解为何与消灾解难相关联的民间信仰不仅数量庞大,而且特别受重视。据万历《常熟县私志》记载,蝗灾的发生频率约是水旱灾荒的八分之一,即便如此,刘猛将以其治蝗之功依然能够令吴地家家争祀,更遑论因苏州发达的水系、沉重的漕运负担、频繁的水旱灾害而产生的水神信仰了。

2. 水运

明代苏州府的赋税为全国之冠。明中期,吴江人周用如此记载:"臣惟国家财赋取给于东南,而江南各府出办莫重于苏州、松江、常州、镇江等四府。四府之中又莫重于苏州一府。缘苏州一府所属止七州县,每年实征平米二百八十万九千七百三石有零。"[2]较宋元有大幅的增长。

然而百姓的负担还远不止此。吴中所征钱粮上缴朝廷靠的是水路漕运。洪武年间,明朝定都南京,故而运粮路近,耗损亦少。永乐中,迁都北京,漕运转输的难度数倍于往昔。每年田赋全部需要通过京杭运河运往京城,所需物力不言自明,而这尚在其次。每年运粮上京往返需耗时数月,这期间运粮的男丁无法从事生产,水运的风险也随路途增加,船行江中若遇到风浪天气甚至可能人船俱倾。此外,途中的损耗也大大增加了。

---

[1] [美]亚伯拉罕·马斯洛:《动机与人格》,许金声等译,中国人民大学出版社2007年第3版,第15—29、71—75页。

[2] 周用:《周恭肃公集》卷十六《江南灾伤疏》,《四库全书存目丛书》集部55,齐鲁书社1997年,第139页。

如果单纯依靠农业,百姓无以为生,只得在本业之外发展多种副业来满足生活需要。因此,苏州工商业独步海内。此时的苏州地区工商业门类繁多,可粗略地分为丝绸刺绣业、棉布洋布业、造纸印书业、土木建筑业、木器制造业、油漆业、铜锡铁器业、金银珠宝业、金融典当业、杂货百货业、粮食业、南北货业、酱酒菜厨面饼行、柴炭煤烛业、渔业、烟草业、生活服务业、交通运输业,共18个工商行业。[1]其中丝织业十分发达,无论是织工或织机的数量都已具有相当的规模。明朝苏州的资本主义萌芽便产生在丝织业中。

不仅手工业,苏州的其他行业也十分兴旺,产品营销四海,如盆景花卉。顾起元称苏州盆景运销南京之后,使盆栽花木的种类丰富了许多:"几案所供盆景,旧惟虎刺一二品而已。近来花园子自吴中运至,品目益多。虎刺外有天目松、璎珞松、海棠、碧桃、黄杨、石竹、潇湘竹、水冬青、水仙、小芭蕉、枸杞、银杏、梅华之属,务取其根干老而枝叶有画意者,更以古瓷盆、佳石安置之,其价高者,一盆可数千钱。"[2]吴中所产盆景不仅品种繁多、式样精美,更讲求其他什物器具的搭配包装,创造的财富价值远在一般务农之上,所以成为一门专业。

丰饶的物产和发达的手工业又促进了商业的繁荣,不仅本地商人足迹遍于海内,大批外地商人亦梯山航海而来。吴地水系发达,水运较陆运不仅便捷,且成本更低。因此,江河湖海的水运便成为商家主要采用的方式。无论是漕运,还是商品运输,为了祈求路途平安,与航运相关的神灵层出不穷,甚至原本并没有相关功能的神灵也延伸出了为漕运经商船只保驾护航的功能。根据正德《姑苏志》记载,当时苏州一府规模较大、记载确凿的水神类祠庙多达30处,每县都有分布。其中比较著名的是金总管庙和李王庙。

正德《姑苏志》记载有总管庙:"在苏台乡真丰里。神汴人,姓金。初有二十相公,名和,随驾南渡,侨于吴,殁而为神。其子曰细,第八,为太尉者,理宗朝尝著灵异,遂封灵祐侯。灵祐之子名昌,第十四,初封总管。总管之子曰元七总管,元至正间能阴翊海运。初皆封为总管,再进封昌为洪济侯,元七为利济侯。"[3]苏台乡真丰里即现在的周庄镇。考嘉靖《昆山县志》,同样能够发现这样的记录,印证了府志的记载。"总管堂,在景德寺东。谨按:总管金姓,名昌,其子名

---

[1] 此据苏州历史博物馆等合编《明清苏州工商业碑刻集》(江苏人民出版社1981年)的分类,分析见吴建华:《明清江南人口社会史研究》,群言出版社2005年,第205—206页。洪焕椿据碑刻资料大略统计出明清苏州手工行业有29个,可见当时手工业成为不少苏州百姓的主要生产行业。详见其《明清史偶存》,南京大学出版社1992年,第556页。
[2] 顾起元:《客座赘语》卷一,谭棣华等点校,中华书局1987年,第18页。
[3] 正德《姑苏志》卷二十七《坛庙上》,《天一阁明代方志选刊续编》12,上海书店1990年,第560页。

元七,殁皆为神。元至正间阴翊海运,俱封总管。今其子孙尚在,自当祀之,非小民所宜滥祭也。"[1]看得出两处方志的记载传说构架基本一致,可以确认到嘉靖年间,昆山仍有金总管的子孙存在,金总管也颇受当地民众信仰。

但当我们向前追溯时,在洪武《苏州府志》中却没有任何有关金总管的记载。据滨岛敦俊考察,宋元时期同样没有总管堂,或类似祠庙的记录。根据金总管出现的时间可以判断,明代洪武时期尚未形成专司漕运的金总管信仰。到了永乐之后,日渐沉重的漕运负担催生了金总管信仰的诞生,逐渐地金总管不但保佑漕运平安,同样也能够护佑海运。常熟望族子孙、正统七年(1442)进士朱骥,字汉房,任广西布政司左参议时有着遇到金总管显灵于海的说法:

> 岛夷数百飘风触广,巡者指为盗,欲兵之。骥验无一矢寸铁,悉活之。尝浮海,遇一舰,投刺者曰:"金爷过访。"及晤语,见其红布抹额,心异之。且嘱曰:"我船可先行,生之船须缓行。"遂别去。骥欲报访,而舰已飑去,第见标帜为金七总管。顷之,风怒浪号,他舟多败,而骥独全⋯⋯公还朝,闻于上,赐员帽,易红抹,令绘像世奉云。[2]

由此说法的产生和流传可以看出,永乐之后,漕运逐渐成为苏州最严苛的负担,可以保护漕运保护湖海航行安全的神灵传说也因此复苏。

除了金总管之外,海神李王也是明代苏州百姓信仰的一位水神。正德《姑苏志》记载海神李王祠在常熟致道观,所祀李王起源于长兴(属湖州),本是当地的土神。传入苏州之后逐渐演变为海神。弘治《常熟县志》记录了这一过程:"长兴李烈士庙,在致道观西庑下⋯⋯海虞之民有祠于李王者为之言曰:当王之显于吴兴也,故宋嘉定十七年(1224)始。生于吴兴之长兴⋯⋯王生时有灵,民以雨旸祸福之事扣之必应。年十八,告于乡人曰:'吾勤王事,将适山东之胶西,无还期也。'即匡坐而逝。民以为神化无方,其去也固不可测,当其归也将何以栖其灵乎?于是设嘉祠,树荣木,以俟神之归。及其祷也,如响斯答。有司上其事。是以锡赉屡至,民皆仰焉。宝庆初,理宗既践阼,以其兄为济王,赐第吴兴。含山人潘壬、潘丙,潜通李全,将挟济王以北渡。全兵误期不至,潘惧谋泄,亟立济王于吴兴。丞相史弥远闻知,请其师以屠其城。师出,理宗梦有白衣者抵揭而告曰:'臣李姓,吴兴土神也。臣知之,夫使济王以僭窃者,二潘也。潘有罪,宜加其身,屠其城则一城之人草薙而禽狝,无辜之杀,岂忍为之?'理宗怪其事,召丞相

---

[1] 嘉靖《昆山县志》卷二《坛庙》,《天一阁藏明代方志选刊》,上海古籍书店1963年,第13—14页。
[2] 万历《常熟县私志》卷十《叙族一》,苏州图书馆藏本,电子版总第1211—1212页。

史告之。史曰：'臣梦亦如之。'遂命班师，止戮二潘。吴兴之民得完，皆戒子孙以奉王，盖感于中者厚而发于外者至也。今患天下之民，佐水衡，卫海漕，时雨旸，息灾厉。宜乎著之礼部，加封爵于无穷也。且虞山海尤近，故知王之能显于海漕，无如兹民乃即致道观西庑像事之，祷者肩摩踵接。"

在此甬东顾盟所记之后，另有郑东的碑记说："海虞去吴兴为近，神之利泽通畅流播，故其民祀神之盛拟于吴兴……国朝财用之巨，岁漕吴楚诸郡之粟凡三百万石，道辽海而达畿，冒涉险远，涛风蛟鱼，变骇仓卒，惟神济危以安，导险以平。万艘连连，卒以无事，神有功于朝廷有如此者。"〔1〕

就上述传说来看，李王在长兴逝世之后成神，并能够保佑地方百姓安危，这是一般土神都具有的功能。但这么一个并不突出的土神传播到常熟之后却变成了保佑漕运的海神，这与常熟通江靠海这一特殊的地理位置有着密切关联。从元朝开始常熟一直是江南海路漕运重地，尤其是太仓没从常熟等县在弘治年间分置之前，明代重赋使得常熟所担任的漕运职能更为凸显，在漕运第一线的常熟诞生李王这样的漕运保护神就不难理解了。

一直到明代晚期，海神李王能够护佑水运、保护漕运的传说仍有流传。万历《皇明常熟文献志》就有类似的记载。常熟西偏致道观，"万历癸巳（二十一年，1593）腊月，羽士不戒于火，延及观门……望见烈焰中有一巨舟，横亘殿庭间，楼橹帆樯及篙师汹汹般辟状，秋毫皆具，火不能越而北，须臾遂灭"〔2〕。这则记载看似写的是防火的传说，但不能忽视的是，李王显灵之时在火焰中屹立不倒的是巨大的神舟，可以看得出李王和水运是息息相关的。此文的作者是隆庆五年（1571）进士钱岱，像这样正统的士大夫也公然记载李王显灵的传说，可见李王信仰并不仅局限于下层民众，而是在各个阶层都深入人心。

繁荣的经济和发达的水路运输渐渐改变着苏州民众的生活，但人类的生理需要和安全需要是不会改变的，不管是总管也好李王也罢，哪怕还有龙神、天妃，苏州的赋税并不会因这些神祇而减少，海上的风浪也不会因这些神祇而止息，但为了满足最基本最强烈的心理需要，这些神祇自然是香火不断。在酬神、敬神中为了得到神灵的庇佑，人们不惜一掷千金，不知不觉中民风也发生了变化。

3. 吴俗

元末，苏州为张士诚盘踞。朱张争战，苏州自不能免于战火，故洪武初立，吴

---

〔1〕 上引均见弘治《常熟县志》卷二《祠庙》，《四库全书存目丛书》史部185，齐鲁书社1996年，第90页。

〔2〕 万历《皇明常熟文献志》卷十三《记载下》，钱岱：《神舟记》，苏州图书馆藏本，电子版总第861页。

地乃是一派萧条景象。直至明前中期之交,苏州才慢慢恢复生气。前引长洲县人王锜留下的珍贵记载表明他见证了姑苏繁华日盛的过程。[1]

随着苏州商业的发展,"苏式""苏样""苏意"的苏州制造,即"吴制""苏制"产品远销各地,成了品位与身份的象征。吴俗尚奢是明代许多人的共识,他们谈及苏州的话题时,常围绕着苏州的华服美袍、精致器具,类似记载屡见不鲜,其中以明代杭人张瀚《松窗梦语》的记载最为著名。[2]

平日里尚且如此,若值节日则倍于平常。正德《姑苏志》记载了上元灯节苏州火树银花不夜城的热闹景象。[3]

除灯饰之外,每逢年节,烟花也是必不可少的,被绚烂烟花照亮的夜空甚至成了苏州百姓引以为傲、值得夸耀的谈资。张岱记载了兖州鲁藩烟火妙绝天下之景,但其中有这样一段:"昔有一苏州人自夸其州中灯事之盛,曰:'苏州此时有起火亦无处放,放亦不得上。'众曰:'何也?'曰:'此时天上被烟火挤住,无空隙处耳!'人笑其诞。于鲁府观之,殆不诬也。"[4]这是夸大妄语。不过,在张岱眼里,这是可能出现的盛景,节日时苏州城内百家烟火齐绽是不容置疑的。

根据正德《姑苏志》记载,苏州一年之中大小节日十分频繁,是吴地习俗的重要组成部分。其中与各种信仰、祭祀相结合的占了很大一部分。元日烧香答愿。正月八日看参星,占岁水旱。十三日,以糯粒投焦釜,卜终岁之吉凶。四月八日,浮屠氏浴佛。七月七日为乞巧会。十五日,僧舍多营斋供,举村荐亡。十二月十六日,妇祭厕。二十四日,男祀灶。祀灶之明日,用赤豆杂米为粥以辟瘟。除夜,复爆竹,焚苍术,及辟瘟丹饮。[5]

以上仅是方志中记载的一年较为正式的节日。民间所流传的诸神寿诞,吉凶之日更是不胜枚举。在这些日子中,吴地民众或斋戒沐浴拜神祭祖,更多的则是举办各种迎神赛会、祭神庙会之类的活动。人们往往举家出游,士女如云,车轿塞途,举城若狂。浙中名士张岱苏州一行,便目睹了一场葑门外荷花荡狂欢

---

[1] 王锜:《寓圃杂记》卷五《吴中近年之盛》,张德信点校,中华书局1984年,第42页。引文详见本书第二章第二节之三。

[2] 张瀚:《松窗梦语》卷四《百工纪》,盛冬铃点校,中华书局1985年,第79、83页。引文详见本书第四章第二节之四。

[3] 正德《姑苏志》卷十三《风俗》,《天一阁藏明代方志选刊续编》11,上海书店1990年,第897—898页。引文详见本书第四章第二节之一。

[4] 张岱:《陶庵梦忆》卷二《鲁藩烟火》,马兴荣点校,中华书局2007年,第24—25页。校勘记"起火"一作"烟火"。

[5] 详见正德《姑苏志》卷十三《风俗》,《天一阁藏明代方志选刊续编》11,上海书店1990年,第897—903页;本书本章第二节一之(二)。

盛会。[1]这天既是荷花神生日,也是二郎神生日、雷尊诞辰,十分热闹。

根据隆庆《长洲县志》记载,六月二十四日是祀二郎神生日。"清源妙道真君行祠,在晏公庙内,国朝土人所创。神姓赵名昱,灌州人也。幼从异人学仙。大业中,召为嘉州守。曾握剑入江斩阴蛟害,寻隐去不知所终。后嘉州江水泛溢为害,神显迹平之……宋贞(真)宗时进今封。邑中患疠者祷之辄应。相传六月二十四日为神生辰,倾城男女奔赴以祈灵贶云。"[2]二郎神是道教神仙体系中的一员,其行祠却被安放在晏公庙内,但百姓似乎毫不介意神灵们混杂居住,只要有信仰的理由便相视无二。同样根据隆庆《长洲县志》的记载,晏公庙在葑门西营内。张岱所目睹的这场盛会正是为了祭祀清源妙道真君而举办的。在这一天,无论男女都可以前往参与祭祀活动。之后便往荷花荡,舟船相交也颇能体现苏州特色,盛会期间见到的不是香雾缭绕虔诚祈祷,而是轻舟鼓吹千花竞笑,显然在这种风气的演变中,原本的神祇信仰活动起了推波助澜的作用。

苏州自明代起已有轧神仙的习俗,并延续至今。"四月十五日相传为吕纯阳诞日。吴中福济观每年遇是日设大会,游人往来,箫鼓不绝。观主老道士为余言:是日必晴,虽阴霾亦必开霁。"[3]"轧神仙"已成为苏州由民间信仰衍生出来的主要民俗活动之一。吕纯阳虽然为道教神祇,但民间信仰与中国传统宗教有时很难严格区分开来,我们也看不出轧神仙与道教的崇拜、传播有多大关系,不过是民间活动的一个由头而已。

苏州的民间信仰与民间习俗紧密相连。两者的结合形成了强大的生命力,代代相沿、绵绵不绝,成为灿烂的吴地文化的重要组成部分。而民间信仰也因此具备了经济、娱乐等多种新的职能。尤其是其中的娱乐职能,已经超越了人类的生理需要和安全需要,上升到了归属和爱的需要,在庙会上人们能够放松自我,结识好友,获得快乐。追寻快乐是人的本能,这也是为何日益奢侈的庙会屡禁不绝的原因之一。

明代苏州民间信仰在当时百姓的观念中有现实而具体的作用,无论消灾解难、庇护航运还是日常习俗都与民间信仰息息相关。此种作用使得明代苏州民

---

[1] 张岱:《陶庵梦忆》卷一《葑门荷宕》,马兴荣点校,中华书局2007年,第17页。引文详见本书第四章第二节之四。
[2] 隆庆《长洲县志》卷十一《坛祠》,《天一阁藏明代方志选刊续编》,上海书店1990年,第318—319页。
[3] 都穆撰,陆采辑:《都公谭纂》卷下,《续修四库全书》1266,上海古籍出版社2002年,第673页。一说四月十四日为吕祖诞辰。现今苏州神仙庙即福济观从宋仙洲巷迁址南浩街(即旧名南濠街),"轧神仙"庙会在十四日举行。都穆居住南濠街,而记作十五日,不详其原委。

众对民间信仰有着独特的态度与行为。

(二) 对待民间信仰的态度与行为

与现代社会相比,明代社会生态虽然要简单得多,但也是一个复杂的系统。总体上有统治者与被统治者即官与民。而同属于民,在贱民之外,又可分为士、农、工、商四大职业群体。这其中,士又与其他民众在社会地位、思想观念、行为方式等方面存在着重大区别。此外,传统的佛道二教也存在着庞大势力,与看似杂乱无章的民间信仰既有共同点,也存在着种种差异。这些社会关系在研究明代苏州地区民间信仰时也应该仔细梳理。明代苏州地区这些不同的社会力量对待民间信仰的态度与行为实际上关系到民间信仰的兴废盛衰。

1. 地方绅士与民间信仰:儒与神的纠结

明代苏州教育发达,人才辈出。根据吴建华研究,明代苏州共出进士1 016名[1]。根据顾鼎臣所记,正德中,"吾苏二甲进士一时授工部主事者七人,舆论为之哗然。自后仍讹袭弊,苏士官工部者什之五六,刑部什之四五,礼部百之三四,户部不得为,吏与兵盖绝迹焉"[2]。记载虽重在说明朝廷对于苏籍进士为官的限制,但是不难看出,苏州所出人才在科举考试中所占优势,以至于需要限制苏州士子在朝中六部要害部门任职,以防徇私舞弊,集结党羽。明代苏州由科举而进入官宦体系的士子在全国逐渐独占鳌头,因此也在吴地形成了庞大的缙绅势力。这批人无论身处庙堂之高或江湖之远,都联系着地方大族及朝中大员,使得当时苏州地方名家大族势力盘根错节,不但左右着苏州的政治、经济发展,对于民间信仰与民间习俗也有着不容忽视的影响力。故又有人称:"故家大族实有与国相维持者,系风俗世道之隆污,所不可不重也。"[3]

缙绅士子中有不少人对于佛道巫觋持否定态度,恪守孔子所谓"子不语怪、力、乱、神"。对于与儒家思想观念相左的那些民间信仰,作为孔圣门下的读书人理应表示明确反对。如莫旦明确说:"礼曰:民不祀非族。非族,即所谓淫祀是也。淫祀岂皆不正之鬼哉? 不当祀而祀者,如季氏之旅泰山是也。"[4]按照这样的定义,儒家弟子对于未经官府认可的祭祀活动是不应当也不可以参与的,也确

---

[1] 吴建华:《明清苏州、徽州进士的文化素质与文化互动》,《史林》2004年第2期。
[2] 顾鼎臣:《顾文康公文草》卷五《送工部都水司主事张君公仪序》,《四库全书存目丛书》集部55,齐鲁书社1997年,第361页。卷五为蔡斌点校《顾鼎臣集》(上海古籍出版社2013年版)所阙。
[3] 归有光:《震川先生集》卷二《华亭蔡氏新谱序》,周本淳校点,上海古籍出版社2007年,第39页。
[4] 弘治《吴江志》卷七《庙宇》,《中国方志丛书》,台湾成文出版社有限公司1983年,第293页。

实有相当多的士绅在个人的笔记文集中流露出了这样的观点。他们对于不信巫觋的人事,无论是地方士绅或是普通妇孺,都表示赞赏。明代苏州第二位状元吴宽称赞感楼先生"平生不信浮屠,不尚巫祝。凡邪妄不经之事一切屏去。曰:'吾知尽人事而已。'"[1]可见尽人事而不求神明,在吴宽心中是一种正确且值得称赞的处事态度。"处士性不好佛,凡造寺饭僧一介不与,曰:'吾岂贿僧侫佛求福田者耶?吾有钱将以济饥寒无告之人耳。'及疾革,遗嘱无作佛事。盖其所见之明如此。"[2]这是在已故处士伊宗肇行状中所记载伊氏生平所为。他对于造寺饭僧尚不可为,遑论俗祀小神。

虽然反对者不少,在苏州有数的几次打击淫祠的活动中,也有部分地方士绅的身影,但总体上讲,苏州士绅中纯粹的无神论者是极为少见的,相当一部分人笃信佛教、道教,或祈求来生高贵,或希冀白云飞升。对于民间信仰,则多抱着包容甚或倡导的态度。以此,吴地的私祀既从未绝迹,反而越来越多,迎神赛会活动也愈演愈烈,以至于根深蒂固。即便在日常生活中,士绅学子也有对鬼神之说、巫医之术身体力行的。归有光记述其友嘉定人唐钦尧这样一段故事:"(唐钦尧)尝就试海虞(常熟),忽心动,亟归。母方遘危疾,祷于县之神以求代。疾良愈。每至岁旦,必焚香拜庙以答神贶。"[3]此中并未记载唐氏如何寻医问药,而是记其如何求神如何还愿,可见士人对于鬼神之说有多笃信。

对于先贤,地方士绅更加重视。在昆山,"乡先生没而祭于其社"。此礼废后,"后世以义起礼,往往即其遗墓所在而祠之"。元至正廿四年(1364),州人管善为乡贤3人捐熟秄田35亩,又认为"诸贤之墓不可无祭,祭不可以无田,于是复割田为祭祀修葺之用"。[4]祭祀乡贤但其祠墓无田,则割熟田以为祭,可见地方士绅对于先贤祭祀相当重视、支持。曾经在苏为官、留有惠绩的官员更是受到地方士绅的感戴。王叔杲于万历元年(1573)晋升湖广按察使司副使、整饬苏松常镇兵备,期间助苏城百姓抵御倭寇侵扰,离任之后百姓感其恩德,为他修建生祠,并请来王世贞作记。"吾曹之祀公,终始为三吴储胥德而已。余乃又曰:'善

---

[1] 吴宽:《家藏集》卷四十五《寿贺感楼先生序》,《景印文渊阁四库全书》1255,台湾商务印书馆1986年,第402页。

[2] 徐有贞:《武功集》卷四《故处士伊君行状》,《景印文渊阁四库全书》1245,台湾商务印书馆1986年,第176页。

[3] 归有光:《震川先生集》卷十八《抚州府学训导唐君墓志铭》,周本淳校点,上海古籍出版社2007年,第451页。

[4] 殷奎:《强斋集》卷三《昆山州先贤墓祭田记》,《景印文渊阁四库全书》1232,台湾商务印书馆1986年,第410页。

哉言也！夫不背,德厚也;不私,德公也。祀以报之,像以征之,文以永之。'"[1]显然在王世贞看来,王叔杲之所以值得建祠祭祀,不仅因其惠政,更因其德厚德公,能为表率,激励后来之人。不仅如此,营建、修缮先贤祠庙,本身也被士绅视作惠政之一,值得称颂。例如,归有光为吴郡丞徐公作惠政记,说他"又捐俸以助修学宫及诸神祠之倾圮者,多有出于格令之外"[2]。这些先贤祠庙在士绅的倡导鼓励下,愈加受到官民的重视,其中有不少被列入祀典,每年春秋定期由官员固定祭祀。以《姑苏志》记载为例,苏州府下辖各州县共有16处祠庙被载入祀典,其中属于先贤类的便有11处[3],占到68.8%,足见其重要性。

考察明代士绅与民间信仰时可以发现一个有趣的例子,便是万历七年(1579)九月初九日22岁的"昙阳白日飞升"事件。太仓昙阳子(1558—1579),俗名王桂,更名王焘贞,王锡爵次女。居常好写《阴符经》,曾写经赠学使徐某,又为时任廷尉的王世贞(元美)写《心经》,笔迹龙文,若出造化,由宣城文人梅鼎祚作跋。她17岁许配直塘浙江布政司参议徐廷裸之子徐景韶,未嫁,景韶死,居家守贞。她好佛道之术,自称昙鸾菩萨化身,取法名昙阳,获得大批民众信仰,据称得道化去。这看似只是一个普通的得道成仙的故事,却因为主角身份的特殊而变得意义非凡。王锡爵后来官居万历年间首辅,是明代太仓历史上官位最高的一品大员,对于神仙之事却十分笃信。昙阳子在世之时便号称自己已修得正道,成为仙人,之后王锡爵更是拜在女儿门下。投入昙阳门下的,除了她父亲,尤多一时名士,如王世贞、王世懋兄弟,屠隆、沈懋学、冯梦祯、瞿汝稷,轰动一时。

王世贞与王锡爵同居太仓邑城,两家分别是琅琊王与太原王,却成为世交。王锡爵女昙阳子据说得道仙去,王世贞为她作传,说:"师又曰:'若欲一接圣师及列真乎?'学士(笔者注:王锡爵,侍读学士)则又大喜,曰:'幸甚!'师乃期以三月之望,召学士于楼之外门,掩门隙屏息以俟……寻群真入……元君、真君每出入故缓,若使学士识之……将行,呼法水洒四壁……而是时,师要世贞上誓帛,则上誓帛。其文在师所,真君见而语师曰:'新弟子可怜也,为日使之一见,可乎?'乃以孟夏之二日,呼世贞偕学士见,见状及洒法水具如前……盖群真别而门启,世贞入,叩首庭中。师启一扉曰:'王君,尔闻真君之诲乎哉?'世贞复再拜。

---

[1] 王世贞:《弇州续稿》卷五十七《文部·记·整饬兵备右参政旸谷王公生祠记》,《景印文渊阁四库全书》1282,台湾商务印书馆1986年,第747页。

[2] 归有光:《震川先生集》卷十六《吴郡丞永康徐侯署昆山县惠政记》,周本淳校点,上海古籍出版社2007年,第411页。

[3] 参见正德《姑苏志》卷二十七《坛庙上》,《天一阁藏明代方志选刊续编》12,上海书店1990年,第509—615页。

乃少与谈化事及以龛见托。语毕,出。盖世贞始获谒师,其唇朱,独貌黄金,色稍淡,不尽如学士纪。"从王世贞此文中不难看出他对于昙阳子得道一事深信不疑,并且是诚心拜入师门的。

为昙阳子事件添上最后浓墨重彩一笔的,是她本人预言了自己九月初九日羽化飞升。王世贞称:"九月侍仙师羽化于直塘。"[1]当时万人围观,一时间传得沸沸扬扬。在昙阳子羽化成仙之后,王锡爵、王世贞等人依然祭拜、信仰昙阳子。当年十一月二日,为王焘贞移龛,"(王世贞)时捐家累入昙阳观,与妻儿益疏。王锡爵、钱隆魁偕之"[2]。除此虔心奉道之外,王世贞、王锡爵这两位信徒还有更异常的行为。"初,昙阳化去,弇州(王世贞)与相公(王锡爵)俱入道,退居昙阳观中,屏荤血,断笔砚,与家庭绝。其弟麟洲(王世懋,字敬美)、和石(王锡爵弟王鼎爵)两学宪亦在其家熏修焚炼,谓骖鸾跨鹤特剩事耳,如是数年。""和石初于昙阳事与弇州俱不甚信,后屡著灵异,弇州遂北面,而和石亦息喙矣。"[3]

王锡爵、王世贞此二王,后来一位是明朝阁老,一位是文坛领袖,足见当时的士绅对于怪力乱神之事非但未深恶痛绝,更热心参与,成为其中的领军人物。王世贞更是至死都念念不忘仙师:"夜来卧小楼,楼之下非常三响,恐非仙师警策?唯有节饮省荤,俟尽而已。""我于本月十三日夜四更,大声发于中楼之下楹,若轰炮,又似鼍鼓者三,侍者皆魄夺。为之揽衣起坐而思曰:得非仙师示警耶?将钟鸣漏尽时耶?甲申(笔者注:万历十二年,1584)之末示验矣。死亦何足畏?"[4]此事看似到此为止了,但是在若干年之后仍留有余波,《万历野获编》中便有《假昙阳》一文,假昙阳依然愚弄了不少人[5],可见昙阳信仰的影响之深。

在昙阳子事件中,诸人意在追随昙阳成仙,但荒诞的行为引起了公愤。万历九年五月,台谏论劾王世贞、王锡爵因昙阳子事件诪张为幻,物论汹汹。虽然王世贞尊昙阳子为师,但如果昙阳子当真位列道教仙班,那么信仰道教并不出格,道教诸神也并非淫神鬼怪,加之嘉靖帝本身便是道教的虔诚信徒,虔心道教绝不足以引起同僚反对,正因为昙阳子非佛非道,真正属于所谓"怪力乱神",方才引

---

[1] 上引分见王世贞:《弇州续稿》,《景印文渊阁四库全书》,台湾商务印书馆1986年,第1283册,卷七十八《文部·传·昙阳大师传》,第146—147页;第1284册,卷二〇五《文部·书牍·曾子澄,又》,第886页。
[2] 郑利华:《王世贞年谱》,复旦大学出版社1993年,第277页。
[3] 沈德符:《万历野获编》卷二十三《妇女·娄江四王》,中华书局1959年,第594页。
[4] 王世贞:《弇州续稿》卷一八八《文部·书牍·寄敬美弟,又》,《景印文渊阁四库全书》1284,台湾商务印书馆1986年,第689页。
[5] 沈德符:《万历野获编》卷二十三《妇女·假昙阳》,中华书局1959年,第593—594页。

起这场轩然大波。

昙阳子事件虽是个例,但这一部分上层士人的反应与作为可以说明,地方士绅和普通百姓一样,对于神明首先便抱有崇敬、敬畏的心态,并且对于神灵有所祈求,希望通过对神祇的信仰满足自己的某些需要。这些需要在当时而言无非是对生命延续、家族繁衍或是对功名利禄的渴望。如果神祇灵异显著,那么神祇的身份并不是问题。究竟是人是仙,由何人成仙,似乎都不能左右他们虔诚的信仰。

除了祈祷自身得偿的诉愿之外,民间信仰还有其他延伸出来的诉求。"吾昆(昆山)进士未曾如此少,一者学中风水为杨华所坏,二者山上近为山精侵损之故。昨杨中堂乃云:'山精往往假托盛族名目,故难禁耳。'……岂可容小人射利以损害大计乎?"[1]这种假借山精等神怪名目牟利的情况比比皆是,名门盛族则是重要的参与者。

地方士绅、故家大族不仅假借神鬼名义牟利,而且直接参与造神活动。万历年间,常熟文人管一德曾经记载自己祖先成神的过程:"洪武季年,副七公卒。生平忼直义侠,言动悉模古人。永乐中,公凭里人为祟,已渐露灵异,里中相传呼,谓公真已归神,乃再新庙貌,中三神(笔者注:二郎真君、张巡、许远)如故,而塑公像于左偏。里中被桧雩禜,辄尔灵应。缘此遂忘二圣双忠,而直名之曰管七庙。"[2]这里明确记载管一德的七世祖开始只不过袝祀于其他的祠庙里,但是后来经过灵异传说的注解丰富,管副七变成地方性神灵,得到百姓的信仰,甚至"击败"了原来祠庙中的"正牌"神祇。这当中不难看出管氏家族直接修祠造神活动的身影,此点在前已有论述。

当然,地方士绅支持或者反对民间信仰有的时候症结并不在于信仰与否,而在于信仰什么。例如,还在元至正十三年(1353),殷奎记载娄侯庙的修葺得到昆山知州的大力支持,支持的理由是"崇典祀,去淫祠,风厉臣子之尽忠,将顺朝家之美意"[3]。在地方士绅眼中,祠庙、信仰除了能够满足自身的需要之外,树表仪、章既往、扬先哲、训后人、厉风化、醇民风也是重要的功能。这一点无疑与执政一方的地方官员的诉求相一致。

---

[1] 顾鼎臣:《顾文康公文草》卷十《寄孔安侄》,蔡斌点校:《顾鼎臣集》,上海古籍出版社2013年,第176页。
[2] 万历《皇明常熟文献志》卷十三《记载下》,管一德:《管七庙记》,苏州图书馆藏本,电子版总第864—865页。
[3] 殷奎:《强斋集》卷三《昆山州作新娄侯庙事状》,《景印文渊阁四库全书》1232,台湾商务印书馆1986年,第417页。

2. 地方官员与民间信仰：疏与堵的选择

明代中期至晚期，苏州经济日益繁荣，百姓生活也有所改善，但重赋依旧，加上倭寇侵扰、灾害频作，诸般因素综合作用，导致民风也在潜移默化中发生了变化。沈德符评价吴江为："俗嚣浮好讼，比于他邑为难治"[1]。可见为官苏州虽然是一件美差，要当好这一方父母官却并不容易。对苏州有惠政、受百姓景仰的地方官员大多在三个方面成绩较为突出，一是治水，二则减赋，三即正民风。如况钟，"其视民事如己事……请减浮粮及抛荒、积欠、远运诸粮，岁至一百六十余万石……以及兴水利，恤蝗旱，劝婚葬，籍善恶，防虚伪，杜需索……为百姓计长久者，事在耳目之前，而用心在数十百年之后，尤以风俗人心为本"[2]。况钟之所以能够世代被苏州百姓称颂，正是因为在这三方面的突出政绩，而其中正风俗、宁民心也为地方士绅所赞扬。

要厉风化、正民风，除了禁奢华、倡古礼之外，理清吴地混乱的民间信仰，尤其是百姓间的私祀也是非常重要的手段。顾潜曾指出士大夫对于祭祀、信仰应有的态度："乡贤祠如有敝坏者，所司即为修葺，毋得徇情滥置庸流于内。按历至日，该学仍具各贤应祠实迹，或录所存碑志开报，以凭稽考。"[3]从中不难看出祭祀对于维系礼教的重要性，但问题是，怎样才算是"滥置庸流"？这就首先要求明确什么是淫祠。明初学者叶子奇提出"郊社所以祀天地，是天子之职。宗庙所以祭祖先，是子孙之职。祭必受福，职之所当也。淫祀无福，职之所不当也"[4]。叶子奇认为天子祀天地、百姓祭祖先都是应当职责，而除此之外的祭祀则都是淫祀，即便信仰了也不会得到任何福祉。按照这样的观点，忠臣良将似乎也不应当列入祭祀的范围内。而事实上朱元璋在下诏正祀典后又补充道："天下凡祀典神祇，有司依时致祭。其不在祀典，而常有功德于民、事迹昭著者，虽不致祭，其祠宇禁人撤毁。"[5]明太祖之诏成为明代地方官员禁毁淫祠的政策依据。除了洪武时期之外，比较大规模的有成化元年（1465），巡抚湖广左佥都御史王俭疏请"禁革淫祠"："凡天下鬼神不系礼典所载及当代祀典者，并宜撤其庙宇，

---

[1] 沈德符：《万历野获编》卷二十七《释道·吴江异人》，中华书局1959年，第688页。
[2] 《况太守集》卷首，陈文述：《记一》，吴奈夫等校点，江苏人民出版社1983年，第13页。
[3] 顾潜：《静观堂集》卷八《申严条约事》，《四库全书存目丛书》集部48，齐鲁书社1997年，第532页。
[4] 叶子奇：《草木子》卷二上《原道篇》，中华书局1959年，第25页。
[5] 《明太祖实录》卷三十八，洪武二年正月辛丑，台湾历史语言研究所校印本1962年，第3页，总第760页。

毁其像设。"〔1〕弘治元年(1488),礼科给事中张九功奏请厘正祀典,拆毁"淫祠";礼部尚书周洪谟等官员也建议除难以废除的,或者应当予以正名的民间信仰之外,其他非有功德于民、不合祀典的,都令革去,孝宗允行。〔2〕

具体到苏州地方,由于资料所限,很难考察清楚明代中央几次轰轰烈烈的禁毁活动对于苏州究竟有多大的影响,苏州的地方官员又有多少人在多大程度上落实了这些政策。但根据王健统计,苏州地区禁毁淫祠的活动大致有13次,时间周期基本上与全国范围是一致的。〔3〕在这些活动中,府、县官员无疑是发动者与执行者。其中执行力度比较大的有嘉靖年间的苏州知府曹凤。吴宽称赞曹凤所为:"太守升堂朝出令,民心敬信犹蓍龟。争持神象出门毁,烈火三日焚无遗。端如人醉今始醒,风化顿觉随时移。"〔4〕

尤为突出的是弘治年间先后出任昆山、常熟县令的杨子器,执政期间,"表章先贤祠墓,撤毁淫祠百区,悉取土木像投诸水火,禁绝僧道巫祝游民及四月十五日山神会,尚鬼之俗为之一变"〔5〕。杨氏履任之初,即对当地尚鬼神好巫觋的风俗不满,有意改革,适逢"天子初即位,用臣下言,撤天下佛庐之私建者,君(杨子器)承诏而喜曰:吾志可成矣!"〔6〕杨子器贯彻朝廷指令可谓雷厉风行,如在昆山时禁止每年祭祀马鞍山神的庙会活动。这山神庙始于唐代,明朝"止称昆山之神,每岁四月十五日祀之,俗遂讹传此日为神生辰,遍集城隍诸神,奔走街巷为会,邑人如狂者三日,弘治中知县杨子器悉禁绝之"〔7〕。为官常熟时,他将淫祠所祀神像投入火中烧毁,"炳灵公庙,弘治中乡社击鼓迎神赛于市。令杨子器以为淫祠,悉火之"。

杨子器的毁淫祠、灭神像活动看似大刀阔斧,其实并非不分青红皂白。作为一名官员,其行为的出发点只有一个,即维护礼教秩序。因此,对于民间信仰,他的态度可概括为有毁、有改、有建。根据时人对淫祠的普遍认识及朝廷的政策,

〔1〕《明宪宗实录》卷十四,成化元年二月己卯,台湾历史语言研究所校印本1962年,第2页,总第308页。
〔2〕详见《明史》卷五十,志二十六《礼四·吉礼四·诸神祀》,中华书局1974年,第1307—1310页。
〔3〕参见王健:《利害相关——明清以来江南苏松地区民间信仰研究》,上海人民出版社2010年,第190—206页。
〔4〕吴宽:《家藏集》卷二十五《美曹太守毁淫祠》,《景印文渊阁四库全书》1255,台湾商务印书馆1986年,第192页。
〔5〕嘉靖《昆山县志》卷九《名宦》,《天一阁藏明代方志选刊》,上海古籍书店1963年,第14—15页。
〔6〕吴宽:《家藏集》卷三十六《叶文庄公祠记》,《景印文渊阁四库全书》1255,台湾商务印书馆1986年,第300页。
〔7〕嘉靖《昆山县志》卷二《坛庙》,《天一阁藏明代方志选刊》,上海古籍书店1963年,第10页。

先贤祠纪念有功于民,可为民表率者的祠、庙并非淫祠。杨子器在任期间改建了不少这类祠庙。常熟何孝廉"祠在县南,邑令杨子器即翊圣庙撤温将军像而祀之";张修撰"祠在文学桥左,杨子器即东殿圣王庙改祀张修撰";微显祠"在儒学西十步,宏治戊午(十一年,1498),令杨子器建,以祀陆节妇"[1]。

这些祠庙中原有的神祇既非佛道神灵,亦非有功于地方的保护神或是仁人志士,经过杨子器的改造,祠庙所祀或是曾在苏州为官有过惠政的历朝官员,或是值得乡民效仿的先贤节妇。改造之外,杨子器新建的祠庙也不少。昆山"事贤堂,在景德寺西,知县杨子器建,祀唐县令王纲,宋县令潘友文、张方平、程沂、韩正彦、巫自修,元知州王安贞、潘昂霄"。"叶文庄公祠,在儒学后,弘治二年(1489),知县杨子器建。"[2]常熟章御史祠,"在县治北,杨子器建,以祀全名公珪"[3],表彰章公珪的服官风节。对于当祀的则是加以鼓励。此外,他还曾在常熟为吴文恪公祠拨祭田30亩。杨子器的行为完全符合叶子奇对于当祀与不当祀的分类判断。

相较杨子器,苏州名留青史的贤守令况钟又是另一种态度。"况公之守吴也,首建泰伯庙,续建县学、社稷坛、五贤祠、韦苏州祠、范文正公祠,洎及广、惠诸庙。先成民而后致力乎神,若此者指不胜屈。所谓五显之祀,庙食于吴者久矣。公固爱民如子者,闻神能荫庇吴民,爰就故宋庙貌葺而新之,以进诸山川社稷之祀也,亦固其所。"[4]况钟对于吴地的祠庙宽容了许多,不仅将通祀、列入祀典的祠庙修葺一新,将先贤祠庙亦加以整修,甚至连五显神祠这类后来定为淫祠的亦不予革除。此处五显神即五通神,清代汤斌废淫祠便自上方山五通庙开始。况钟的态度可以说是对地方庙祠保护利用大于整饬。除了财政上的支持,况钟平日里对于祭祀之事亦颇为重视,凡过祠庙皆谒之。《太守列传编年》记载:"公(况钟)下车谒范文正公祠毕……查访其所置义田,力为清理,仍奏修葺其祠……苏有阳山白龙祠……公下车谒祠……为修治焉。胥门有伍公祠……公谒祠。"[5]在况钟看来,修庙宇、葺祠堂有助于顺民意、正民心,是符合民众要求的。当时鬼神之论盛行,贩夫走卒平民妇孺鲜有不信鬼神,在况钟看来若要淳正

---

[1] 上引分见万历《常熟县私志》卷六《叙神》,苏州图书馆藏本,电子版总第658、686、691、701页。
[2] 上引分见嘉靖《昆山县志》卷二《坛庙》,《天一阁藏明代方志选刊》,上海古籍书店1963年,第12、13页。
[3] 万历《常熟县私志》卷六《叙神》,苏州图书馆藏本,电子版总第692页。
[4] 《况太守集》卷首,陈裴之:《改建明苏州府知府况公专祠碑》,吴奈夫等校点,江苏人民出版社1983年,第16页。
[5] 《况太守集》卷三《太守列传编年卷下》,吴奈夫等校点,江苏人民出版社1983年,第49页。

民风,除旧布新,最好的办法便是利用疏导,所以对于民间的祭祀颇为重视。"城隍庙、社稷、风、云、雷、雨及无祀鬼神坛,并应合祀典神庙,提调官吏常加省视。遇有损漏,即为补葺。务要坛场洁净,墙垣严饰,以崇祀事,毋致崩坏,亵渎不便。"况氏的作为体现了"拳拳以爱民为心,切切以安民为本"[1]的执政理念。但是,况钟的做法也有不少的负面作用,对于淫祠泛滥无疑起了推波助澜的作用。他在任期间,由于对地方豪强、奸胥猾吏采取了严厉的打击手段,情况尚可控制。他离任之后,则导致了"师巫邪说,假神惑众"之风日盛一日,"不特劳民伤财,且为人心风俗之害"[2]。

在众多官府支持、推崇的神庙中,常熟县的周孝子可谓十分典型。常熟人周容为神,最早的叙述出现在元末至正年间的《重修琴川志》。到了明代,据吴宽记载,周孝子在宋元时期即有保佑健康、除蝗、驱虎、救水旱灾异、抗盗寇侵扰的神迹。[3]明代周孝子信仰在常熟得以兴盛主要是由于官府的推动和支持。孝是儒家传统道德观念的核心,所谓百善孝为先,周容的事迹正好迎合了官府的需要。为此,在洪武时期大刀阔斧改革祭祀礼制之时,周孝子庙非但没有被革除,反而被封为"宋周孝子之神,每岁秋九月祀之"。正如祝文所说:"德成于己,孝感于天。旌之祀之,敦我民俗。"[4]之后不唯有官府倡导,经常筹措经费修葺祠庙,周孝子在民众中的影响也非常大。吴宽说:景泰以来,"凡有所求,争走庙下。每旦,庭宇如市,顾其庙既卑隘,祷者益多,至无所容足"[5]。

杨子器的斩钉截铁也好,况钟的扶持利用也罢,都是为了使苏地民风转浇为淳,敛华为实,在当时都起到了一定的效果,但皆非正本清源之法,所以当他们离任后一切又故态复萌。弘治九年(1496),杨子器在常熟毁温将军庙,改祀何孝廉,但事实上何孝廉祠在杨子器离开常熟后几经变迁,"业一变为社学,再变为医肆,三变而牟蚀于居民,迄今甫三十禩,瓦木不存,湫秽实甚,识者愤之"[6]。正

---

[1] 引见《况太守集》卷十二《严革诸弊榜示》,吴奈夫等校点,江苏人民出版社1983年,第135、133页。

[2]《况太守集》卷首,陈裴之:《改建明苏州府知府况公专祠碑》,吴奈夫等校点,江苏人民出版社1983年,第16页。

[3] 吴宽:《家藏集》卷三十三《周孝子庙记》,《景印文渊阁四库全书》1255,台湾商务印书馆1986年,第269页。

[4] 正德《姑苏志》卷二十八《坛庙下》,《天一阁藏明代方志选刊续编》12,上海书店1990年,第586页。

[5] 吴宽:《家藏集》卷三十三《周孝子庙记》,《景印文渊阁四库全书》1255,台湾商务印书馆1986年,第270页。

[6] 万历《常熟县私志》卷二十四《叙文四·祠宇》,陈察:《海虞令何子平祠记》,苏州图书馆藏本,电子版总第2718页。

如吕楠所言:"古者圣人之以神道设教也,自天地六宗山川帝王,载在祀典,固以观天下矣。又祀其先正之有勋庸贤能者于其乡,所以广教也。"[1]无论后续效果如何,作为地方官员对祠殿庙宇或毁或建都是以教化民众为目的的。

3. 传统宗教与民间信仰:教与"怪"的较量

位于太湖流域的苏州,在明代经过前期的恢复与发展,到中期以后可谓众商汇集,百业兴旺,市镇规模不断扩大,风俗由俭入奢,成为全国经济文化中心。手工业和商业的不断发展也带动了宗教信仰的演变,除了土生土长的民间信仰外,各种传统宗教也得到了发展,宗教活动渗入日常生活习俗中,成为人们精神生活的重要组成部分。在这样的背景下,民间信仰也不断与佛教、道教等传统宗教相结合,盘根错节,互有消长。

根据正德《姑苏志》所记,明代前中期苏州共有308处祠殿庙宇(厉坛除外),其中有26处或建于寺观之中或附于寺观之内。[2]例如灵济庙在阳山澄照寺、江东神祠在报恩寺、慧感夫人祠在承天寺等。当中比较值得关注的是常熟的海神李王庙。李王庙坐落于常熟的致道观西庑,根据正德《姑苏志》所载,它始建于元朝。从元朝到明代,李王庙并不是专庙,而是仅仅将李王像置于致道观之中。弘治《常熟县志》中致道观的条目更明确记载:元泰定间,道士邓道枢"立李神祠于西庑以护法"[3]。李王信仰在14世纪传播到常熟。一开始似乎并不受重视,而是作为致道观的护法存在,没有专祠也没有固定司职。不过如前文所述,李王在被赋予了保护湖海航运的职能之后,即使位于致道观中,也一样拥有无数的信众,香火日盛,到了清末,致道观更被俗称为李王宫,此消彼长之势颇为显著。[4]

类似的情形也见于周孝子庙。周孝子作为常熟土生土长的神灵,也被称为常熟土神。据载,庙"在县治东南百步……后报慈寺僧耀观主增置寝室,奉神父母像于庙"[5]。与李王庙本身附于道观不同,周孝子因为颇著灵响惠及乡里,乃由寺院僧人在寺庙之内祭奉周神父母。周孝子信仰显然不属于佛教体系,但是

---

[1] 吕楠:《泾野先生文集》卷十四《赠太师左柱国谥端毅吏部尚书王公祠堂记》,《四库全书存目丛书》集部61,齐鲁书社1997年,第103页。
[2] 正德《姑苏志》卷二十七《坛庙上》、卷二十八《坛庙下》,《天一阁藏明代方志选刊续编》12,上海书店1990年,第509—615页。
[3] 弘治《常熟县志》卷二《宫观》,《四库全书存目丛书》史部185,齐鲁书社1996年,第103页。
[4] 参见[日]滨岛敦俊:《明清江南农村社会与民间信仰》,朱海滨译,厦门大学出版社2008年,第27—43页。
[5] 宝祐《重修琴川志》卷十《叙祠·庙》,苏州图书馆藏本,电子版总第247页。

连佛寺僧侣都因信仰周神而甘愿祭祀其父母,足见周神信仰已深入民心。至明代虽未见同样的记载,但根据周孝子信仰在常熟的发展,这种状况势必会延续下去。

从以上史料记载中不难看出苏州百姓不论僧俗,对于宗教、信仰并没有非此即彼的排外观念,无论是佛、道或是民间信仰,只要能著灵应,不妨统统为己所用。

在民间信仰与寺观结合的例子中,占绝对多数的是先贤祠与寺观的组合。正德《姑苏志》记载共有18处,占了所有民间信仰与寺庙相结合例子的69.2%。时人文集笔记中也多有相关记载。方鹏记载,唐代诗人陆龟蒙因曾居住于甫里(今甪直),故自号甫里先生。当地百姓为纪念陆龟蒙而建祠,选址正是在白莲寺内。同样,昆山县里贤祠也建造在当地新渎里集庆庵中。[1]

周天球在尧峰资庆寺"睹一像庑间,黳黯不辨,类非神佛者,怪之。以问寺僧。僧曰:'嘻!此故宗伯吴文定公像也。往公读书结社于此,登朝乃去,寺且圮矣,赖公垣之而新,故肖貌为祠以报。而祠竟毁,独遗像存焉,然莫能复焉"。吴文定公即状元吴宽,是周天球老师文徵明的老师。因吴宽曾读书于资庆寺,寺内便一直留有吴宽祠。周天球于是慨然出资兴祠。"以衡山先生配,而买田若干亩畀寺僧掌之,曰:令世世香火之奉与兹山俱永毋绝也。"从僧人所述不难发现,非但吴宽祠建于寺内,日常祭祀更是全部由僧人掌管,希望此祠庙与尧峰共久长。

与此相对,也有不法游僧企图通过祭祀而霸占祠殿的情况。御史中丞毛珵(砺庵)选中华山天池为自圹,"构祠宇数重,使僧守之,曰:'岁时烝尝在子孙,朝夕香火在守者。'后数十年,僧既数易,守益懈。其黠者顾攘臂而相告,言有司未之察也。最后,游僧蚁聚,欲窃其籍,据而有之。于是,中丞公之裔孙某等十余曹诣有司言状事"。[2]值得瞩目的是毛公祠并非由当地官员或是后裔子孙掌管祭祀,而是交托给僧人,由于官府并未按时祭祀,于是游僧蚁聚,企图霸占祠宇,直到毛氏子孙上告有司,由官府出面解决,认定毛公祠归毛氏后人所有。

以上两则事例都说明民间信仰虽与传统宗教不同,不能纳入传统宗教的体系,但与佛道并非泾渭分明,僧人亦可参与乃至掌管民间信仰的祭祀活动。除了

---

[1] 分见方鹏:《矫亭存稿》,《四库全书存目丛书》集部61,齐鲁书社1997年,卷五《重建甫里先生祠堂记》,第560页;卷六《里贤祠记》,第572页。

[2] 上引分见申时行:《赐闲堂集》卷十六《尧峰景贤祠记》《中丞砺庵毛公祠堂记》,《四库全书存目丛书》集部134,齐鲁书社1997年,第333、334页。

先贤祠之外,地方大家望族的家庙、宗祠与寺观结合的例子也比比皆是。

唐宋时期,百姓不得祭祀四代以上的祖先,因此地方望族为了能够祭祖,通常将祖宗祠庙建于寺庙之中。到了明代,这一制度仍在延续。明朝规定官员可以在祠堂中供奉四代祖先,但是庶民只能在家中祭祀祖父母与父母,两代而止。嘉靖十五年(1536),礼部尚书夏言奏请改革家庙制度,提出认同始祖、先祖祭祀。之后民间设立家庙的政策放宽了,各地名门望族建立宗祠的数目也多了起来。

"嘉定何氏世居娄江之阴,自宋元间富甲一方……国初籍其家,仿其租为岁额,以是子孙散处四方,几不复振。县境之北有永寿禅寺者,俗称何庄,何氏之所建也。有报亲庵者,何氏之所以祀其先人也……庵在正德间犹无恙……嘉靖中乃毁于兵燹,唯神龛一主在耳。有顾氏者逐僧而有之,因鬻于隆福寺之僧。至癸未(万历十一年,1583),中书从孙选,成进士,起家南昌令,擢为侍御史……壬寅(万历三十年,1602)夏……复捐金偿其直而取其券,树石为绰楔,曰何氏报亲祠。前为殿以奉观音大士,后为屋以居僧寮,皆仍其旧也。再入为新堂三楹,中楹更设神椟,合远祖共为一位……今祠屋既葺,不以付族之人而仍付之僧,盖待以人之常情而不虞其变也。"〔1〕从何氏建宗祠的例子中可以看出原本何氏所建为寺庙,在政府开放了祭祀祖先的政策之后,何氏并不是单单修建了家族宗祠,而是先恢复寺庙旧貌,在前殿主奉观音,在新堂中祭祀远祖,并且祭祀之务也交给了寺僧,而非何氏后裔。这样做显然也有特殊的意义,即想借佛教菩萨之力庇佑家族人丁旺盛,繁荣发达。当然,家庙非神祠,祀主也非神,但祖宗崇拜与民间信仰是密不可分的。这与先贤祠当属异曲同工。

将民间信仰的神灵先贤供奉于佛寺道观或许是一件有违常理的事,而在明朝人眼中这完全不足为奇。最典型的要数城隍神。城隍原本属于道教众仙体系,专司冥界。但苏州的城隍神又明显与其他道教诸神仙有所不同,并非一个固定的神祇,而是由生前有功于地方民众的官员死后担任的。城隍爷不但要负责保佑一方百姓不受水旱疫病各种灾难的侵扰,也要监察管理官员是否清正廉明以掌赏罚。更重要的是城隍也和普通阳间地方官一样会新旧交替。如正德《姑苏志》记载:"春申君庙在子城内西南隅,祀楚黄歇也。唐天宝十载(751),郡守赵居贞重修,自唐以来祀为城隍神,今废。惟东城土社神尤称春申君云。"〔2〕可

---

〔1〕 唐时升:《三易集》卷十二《何氏重修报亲祠记》,《四库禁毁书丛刊》集部178,北京出版社1998年,第157—158页。

〔2〕 正德《姑苏志》卷二十七《坛庙上》,《天一阁藏明代方志选刊续编》12,上海书店1990年,第533页。

见春申君的城隍职位到了明代已经被"撤销"了,这与其他神灵成仙之后便获得"铁饭碗"大有区别。更奇妙的像黄瑜记载的城隍报梦:"正统末,吾邑多鬼物,有白昼见形、抛砖弄瓦者。予先府君祷诸城隍,梦神云:'时方大乱,可诵《妙法莲华经》。'觉而饭僧,先府君因谙诵焉。"[1]梦中本为道教神灵的城隍居然要求其父诵读佛经以趋吉避凶,可见在其心目中重要的是城隍保佑去灾辟邪,而神祇究竟属于佛教、道教或者其他民间诸神根本一点也不重要。

另一个相类似的例子是前文已经提过的昙阳子。昙阳子潜心修仙而后得道飞升的传说显然符合道家向人们宣扬的学说,然而,在昙阳子虔诚的徒弟王世贞的笔下,昙阳子也与佛教有关。

昙阳子的弟子道印上人原本信佛,弃家披剃,师从伴松"时时习禅观……已,游金陵,听讲《华严经》,抄自僧守愚;已,又游径山,听讲《法华》《楞严》诸经于僧东涵;已,又西北游,止五台、少林二丛林者各若干夏"。"我师昙阳子之谒金母而归也,谓不佞贞与元驭(王锡爵)盍治一室而奉我观世音大士以母配乎?请母号,则手书一赫蹏,曰西池元始玄真女真教主太阴金母。"[2]金母就是西王母,昙阳子让王世贞将她与观音放在一起敬拜,说明昙阳子亦佛亦道的倾向。她不仅《阴符经》写得好,《心经》也写得出神入化,又道又佛的。

那么昙阳子信仰究竟算是佛教还是道教?或根本就是混合了佛道的四不像。昙阳子无论再怎么羽化成仙空前绝后,也不可能被道家所承认。而从其传说来看,已经与佛家所倡修来世相违背,即便昙阳子本人信佛,这一点也无法改变。昙阳子信仰恐怕永远都只能算作民间纷乱的巫觋淫祀之一,永远得不到正名。

因此,祠庙殿宇建于佛寺道观也好,梦中神祇呢喃佛经也罢,如果民间信仰作为宗教信仰的一部分,或许和传统宗教有着诸多不同,但是在平民百姓眼里属于民间信仰的神祇与佛教道教等并无多大区别,就如同昙阳子事件依然造成很大的影响,众多颇有名望之士都纷纷拜她为师,再次证明了信众关心的是神祇能否给自己带来福祉,而根本不在于神祇原本是什么,或者原本应当位列何处仙班。

综上所述,民众消灾解难、庇佑安康、追求幸福的强烈精神需要,地方士绅和地方官员对民间信仰的态度与作为,传统宗教与民间信仰的相互渗透等精神因

---

[1] 黄瑜:《双槐岁钞》卷六《祷神弭寇》,魏连科点校,中华书局1999年,第109页。
[2] 引见王世贞:《弇州续稿》,《景印文渊阁四库全书》1282,台湾商务印书馆1986年,卷六十一《文部·记·昙阳先师授道印上人手迹记》,第803页;卷六十六《文部·纪·金母纪》,第863页。

素的交互作用,使得民间信仰成为明代苏州民众社会生活的重要组成部分。它已深深地融入了吴地民俗之中,成为吴文化不可分割的重要内容,制约着人们的思想和行为,因而也对明代社会产生了巨大影响。

四、社会影响

民间信仰具有正、负两方面的功能与影响,其积极功能在于促进社会发展,增进社会凝聚力,但其消极功能也会阻碍社会进步,拖累社会前进的步伐。

(一)积极作用

民间信仰作为社会生活的一部分,与社会整体中的其他部分有着千丝万缕的联系,如果它对社会发展仅起消极作用,便不可能在社会中长期存在也不可能产生如此强大、深远的影响。即使遭到过言辞激烈的抨击、淫祠之禁不断上演,其正面功能依然客观存在并发挥着作用。这种作用具体可从以下几个方面来叙述。

1. 规范民众行为,维护伦理道德

社会整合是通过对社会规范的影响和约束,使人们按照一定的规范行事,令社会有条不紊,整体有序。在明代,具体到民间信仰上则表现为人们所信仰的神灵要求人们惩恶向善、孝顺父母、友爱兄弟、戒荤茹素等,只有这样做才会有所谓的"神迹"降临。同时国家政府利用各种在百姓间颇著灵应的神灵作为宣传教育的工具,为全体百姓梳理共同的价值体系和行为标准,以图使社会不要脱离儒家传统的伦理规范。明代一些士大夫对苏州民风尚奢好讼、逐利颇为不满,大叹人心不古。祠先贤、祭孝子、崇烈女,树立榜样,纠正散乱的祭祀系统,正是仿古、效古、复古的手段之一。

社会平稳运作需要社会成员通力合作,区域社会也是如此。社会安宁稳定需要所有乡人团结一致,同心同德。而民间信仰的祭祀仪式正好通过全体成员一致行动使得所有参与者具有共同目标和同一利益。在这两者作用下,协调行动、凝聚人心的目的才能达到。洞庭东山人信奉刘猛将神,"每岁孟陬行赛祷之礼,旗鼓逶迤,明糦清酤,以裸以荐,士女诜诜,摩肩踵而塞迤路者旬有五日而止,若为祈为报为焚修者又岁无旷辰"[1]。从"摩肩踵""塞迤路""为祈为报为焚修

---

[1] 严果:《天隐子遗稿》卷九《重修灵祐庙记》,《四库全书存目丛书》集部141,齐鲁书社1997年,第131页。

者又岁无旷辰"等字句中,不难看出民间信仰对民众的导向作用。

由于民间信仰较之制度性宗教具有更大的现实功利性,使得人们对于遵守神灵所规定的"准则"有了更大的积极性,因为在现世可以立刻获得回报。民间信仰所传达出的社会规范有一定神圣性,使人们认为不仅应当遵守,而且必须遵守,否则就会受到神灵的惩罚,从而产生一定的自律作用。民间信仰的这种整合功能并不与官吏所持的儒家道德观念相违背,尤其是在两者相重叠的部分,民间信仰能够配合儒家道德观念并为之服务。看似杂乱的民间信仰以其神圣性把社会上不同的阶层、不同利益的民众的价值观统一起来,形成共同遵守的规范,从而起到整合社会稳定社会的效果。

在明代,人们对自然规律的认识有很大的局限性,对于神秘的神灵有着高度的信仰和敬畏。如前文所述,明代苏州灾异不断,无论是旱涝不均或是疫病猖獗,都是当时人们无法对抗的,共同的目标便是驱灾解祸,于是民间信仰中那些形形色色的神祇便成了此时人们的希望所在。但由于民间信仰的世俗性,仅仅如佛教、天主教一般祷告是不行的,要许以现实的利益方有可能得到神的眷顾。正德年间瘟疫横行,葑门外琼姬墩西居民顾镇几乎全家染疾。为了渡过难关,顾家向神灵祈祷,并且许愿以合家终生茹素为代价,希望神灵保佑一家健康。但是顾镇似乎并没有将许愿一事太放在心上,终于有一次"于肆中买鱼三尾、酒一壶,饮啖毕,附舟而归,不以语家人也。是日感疾不食,顷而终。家人见三小鳑鮍蛰其背,及殓,又见三鱼跃入棺中,索之则不复有矣。问之同入城者,乃知镇前所食正此物也,神盖以示警云"[1]。顾镇死因不能明确,但肯定与神诫无关,传闻如此,则是给所有信仰者上了生动的一课:诚信、守诺乃为人准则,神祇面前亦是如此。

社会控制是一个很宽泛的概念,包括对社会生活的各个方面加以影响,协调人与人、人与社会之间的关系,以此来保持社会的相对稳定和平稳发展。而人们面对社会规范通常会表现出意志的薄弱性,面对个人利益或者违反规范所能够获得的利益,往往抵抗不住诱惑。这时信仰或者神灵的神秘力量就可以约束人们的行为,祛邪扶正。政府官员为了维护礼教秩序,往往通过建立包括家族名贤在内的各类祠庙,树立榜样来引导、约束民众,从做人之道出发,将民众的行为划入官府所期望的框架之中,达到规范百姓行为的教化目的。正如《礼记》所谓"是故人道亲亲也。亲亲故尊祖,尊祖故敬宗,敬宗故收族,收族故宗庙严,宗庙

---

[1] 陆粲:《庚巳编》卷三《顾镇》,谭棣华等点校,中华书局1987年,第35页。

严故重社稷"[1]。历代统治者都把祭祀列为头等大事,民间自然上行下效,尤其苏州吴地好巫觋、信鬼神,民间信仰也因此拥有了旺盛的生命力。

2. 慰藉民众心灵,维持社会稳定

社会成员的心理稳定与平衡是社会能够正常运行的先决条件之一,但是世界无时无刻不在变化。古代社会生产力低下,人们对于自然的认识、控制和利用能力均有限。在自然灾害面前,人们往往束手无策;在不断变化的社会中,人们也往往难以把握自己的命运,时刻感受到生存的压力。此时,民间信仰的神从凡人中走了出来,比制度化宗教更为"亲民"的神祇们,就成了人们心灵的寄托和精神的慰藉。在面对天灾时,人们希望神灵护佑安然渡过;在面对兵祸时,人们祈求神灵能够驱贼宁祸;在日常生活中,人们祷之告之,请求神灵保佑家族兴旺、富贵安康、官运亨通。人们不同的需要造就了不同的神灵。根据滨岛敦俊的研究,吴中的土神几乎都不是自然神,不是从天而降,也不是崩石裂海而现的,而是由生活在吴地的名人死后幻化而成的。[2]如前所提及的金总管、周孝子无不如是。然而人死如灯灭,之所以会"显灵",会"保佑地方",会逐渐衍生出各种不同的职能,正是出于人们不同层次的需要。江南漕运任务繁重就诞生了各式各样的水神,即使原本不具有此功能的神祇也因为人们的需要而具有了新的功能。这种需要不仅仅是人们现实利益的需要,也是人们心灵寄托的需求。

"陈元善,苏之娄门人。情度潇洒,尤好奉道,多学为请仙召将诸术,自称法名洞真。往来嘉定,诸大家子侄与为狎友。"[3]此段记载中,元善信奉的虽是道教,但由上文所述吴地信仰的混杂性,不能完全排除其中有民间俗神的影响。元善招仙最后遇见的并非道家飞仙而是院中鸡精,鸡亦能成精更体现了民间信仰的任意性。更重要的是这条资料体现出了人们信仰各种神祇的具体需要,从行为上看,元善是为了请仙招将,而结果则是因此出了名,诸大家子侄纷纷与他交友。从文中看不出元善出身名门望族或有功名在身,而一介平民能够与豪族子侄交为朋友,在元善看来是一件值得得意的事,元善的身份也因此提高了。从马斯洛的需要理论角度而言,借助这种信仰,元善不仅满足了其自尊需要,甚至可以说在他心目中实现了他所谓的自我价值。

民间信仰也可以消除人们的怨怼与怒气,从精神上补偿在社会上遭遇的不

---

[1]《礼记》卷六《大传第十六》,陈澔注,上海古籍出版社1987年,第191页。
[2][日]滨岛敦俊:《明清江南农村社会与民间信仰》,朱海滨译,厦门大学出版社2008年,第83页。
[3] 陆粲:《庚巳编》卷四《鸡精》,谭棣华等点校,中华书局1987年,第46页。

公平。面对社会现实的种种缺陷,人们在心理上难免感到不满,感到现实与理想的落差。许多制度化宗教在教义中教导人们,提倡宽容与忍让,帮人们抚平心中的愤懑,与此相比,民间信仰的效果则更具现实性。"里人郑灏……失去一银杯,重数两。其家织帛工及挽丝佣各数十人,欲自明其非盗也,相率列名书状为誓,投之城隍神祠。"[1]郑家织工的行为显然是认为郑灏会将银杯丢失一事怪罪在他们身上,虽然对这种状况极为不满,但却无法自示清白,于是只能求城隍爷作证。如前所述,明代苏州的城隍神并非单司冥职,职能极为宽泛,这里便承担起了执掌公义的职责。事后城隍是否显灵,无从知晓,即使有神迹,也可以断定是有人附会。但可以肯定的是,织工们因为已经上禀城隍而更加坦然,也略微消除了心中的焦虑与愤懑。

由以上史料不难看出民间信仰具有的心理调适功能。除此之外民间信仰还具有愉悦身心的功能。

法国社会学家涂尔干认为:"膜拜的基本构成就是定期反复的节日循环。现在,我们已经能够理解这种周期性倾向是从何而来的了;实际上,它就是社会生活节奏所产生的结果。只有将人们集中起来,社会才能重新使对社会的情感充满活力。"[2]苏州各地不断举行的各种赛神会、庙会等,对于百姓而言正是一种节日的循环,在节日里可以抛却生活的烦忧,可以暂时卸下生活的重担,在神灵所构建的空间内过着兴奋而快乐的生活。每当到了赛神会的日子,苏城的百姓聚集在一起上香、巡游、演戏,使得平时无聊的生活忽然变得焕然一新。

王穉登曾经描写过他目睹的吴地赛神会盛况:"凡神所栖舍,具威仪,箫鼓杂戏迎之,曰会……会有松花会、猛将会、关王会、观音会……今郡中最尚,曰五方贤圣会。"这些盛会举行时并不只是简单拜神,也并不只有庄严肃穆的香烟缭绕,而是真真切切的一场狂欢。"优伶伎乐,粉墨绮缟,角觝鱼龙之属,缤纷陆离,靡不毕陈。香风花霭迤逦,日夕翱翔去来,云屯雾散。"[3]由此完全可见,对于吴地的百姓而言,赛神会已经远远超出了祭祀的目的。通过这一场场诞自民间信仰的盛会,人们举家出游,赏戏观灯,载歌载舞,排遣了平时生活中的苦闷,获得了极大的身心愉悦。值得一提的是,这样的盛会是不分贫富贵贱都可以参加的。

---

[1] 陆粲:《庚巳编》卷四《郑灏》,谭棣华等点校,中华书局1987年,第43页。
[2] [法]爱弥儿·涂尔干:《宗教生活的基本形式》,渠东、汲喆译,上海人民出版社1999年,第457页。
[3] 上引均见王穉登:《吴社编·会》,《丛书集成新编》第91册,台湾新文丰出版公司1985年,第206页。

比如昆山县正月"初三日,无论贵贱俱赴城隍祠,名谒庙"[1]。即使是平日里从事卑微工作、日日受人白眼与轻贱的贩夫走卒,在这样的日子里也可以借由神祇的名号,兴高采烈地度过几天快乐美好的时光。

民间信仰像支镇静剂,给了平民百姓暂时的精神安慰,使他们能够缓解生活压力和心灵的苦闷。虽然这种调剂并不能使其生活在本质上有什么彻底的改变,但是对于满足人们的归属和爱的需要、自尊需要、自我实现等发展性需要而言却有不可估量的作用。

当然,必须看到的是,不少民间信仰在当时被执政者利用,以便维护统治秩序、伦理规范,促使人们安守于纲常伦理。这在如今看来显然有悖科学、有悖人道,但是在当时的社会条件下,这些民间信仰依然给无从亦无力反抗的百姓们一丝心灵的慰藉。

3. 促进行业经济,繁荣地方文化

信仰属于精神领域,但也有很高的社会现实价值。明代苏州等江南地区经济繁荣发展是诸多因素综合作用的结果,宗教和民间信仰也有其推动作用。

首先,各种祭祀活动促进了行业的发展和工艺的革新。一场赛会的顺利举办,可以说是多行业多人齐心协力参与的结果,大至建筑业、雕塑业,小至蜡烛锡箔生产、丝织刺绣等等,少了任何一行,赛会都必然逊色不少。明代嘉靖、万历年间苏州五方贤圣会最为崇尚,多达20多处。"会首以主其事,次之助会、接会、打会、妆会、走会诸条。其'舍会'谓:稚齿孩提、弱龄髫龀,令佩刀跃马,执鞭持橐,至遣闺秀以耀市观,惜哉!其'观会'曰:'家窥则朱门锦席,水览则白舫青帘。''绪论'所谓'翠钿遗陌,游女盛于桑春;丹制塞途,窥夫多于灯夜'者也。曰色目、曰杂剧、曰神鬼、曰人物、曰技术、曰缠结、曰乐部、曰珍异、曰火器、曰祭品、曰散妆,凡十有一则,无不明艳柔曼,奇巧怪异,眩视骇听,荡心溅魄,能罩书妄举不经、淫祀无福者也。"[2]从隆庆《长洲县志》的这段概述王穉登《吴社编》记述的当时五方贤圣会的盛况,不难看出盛会之时并非有神有庙即可成会,而是需要火器制造、服装戏服绣制、戏曲乐曲创作等行业通力合作,从更广的范围而言,尚包括珠宝珍奇雕刻、所供祭品生产等。一场赛会带动了各行各业,形成了产业链条,环环相扣,不断发展。

从具体工艺而言,吴中制品向来崇尚精细华美,无论是迎神赛会或是风俗活

---

[1] 嘉靖《昆山县志》卷一《风俗》,《天一阁藏明代方志选刊》,上海古籍书店1963年,第5页。
[2] 隆庆《长洲县志》卷一《风俗》,《天一阁藏明代方志选刊续编》,上海书店1990年,第39—40页。

动对相关工艺的要求日益提高,从而促使工艺不断革新。如正德《姑苏志》中记载的苏州上元节即元宵节的灯会盛况,无论从灯节的灯饰种类,或是灯饰花样的精致繁复,都不难看出为了一年一度的上元灯会,所有制灯业的能工巧匠耗尽心力,极尽可能地制作出了花样百出的灯饰品种。其造型之华美、机关之精巧,令人叹为观止。[1]不难想象,制灯业之外的其他行业也会在祭祀活动中费尽心思,使产品精益求精,质量大幅提升,技术也得以发展。

其次,为商品流通和交易提供了平台。除去宗教功能外,一场大型的庙会其实便是一场商品交易会,一处特定时地的闹忙集市。明代苏州赛会往往持续数日方休。民以食为天,仅是人们参加赛会时的食品便是一个庞大的需求。"会行迂缓,弥日不休,行者不及赍粮,乃有盛壶浆、积果实、制汤饼于门间迎劳之者。南濠之柿脯十石,冶坊之包子、麦屑千斤,徐氏之酒巨罂五十,计口分遗,一物一觞,不能遍逮。"除了食品之外,衣物、饰品、生活用具无不琳琅满目,不难看出一场盛会交易量之巨。

再次,促进相关行业人才就业。如前所述,一场祭祀活动的筹备、举行需要诸多行业的协作,也正因如此带动了这些行业从业者的就业。无论是寺院、戏馆还是青楼、游船,无论是舆夫、舟子还是脚夫、戏子,都以此为食。"虎丘赤壁画小舫,令壮夫羿之。舟中苏公、二客及两长年并皆屏稚,歌喉清妙,而长年能唱竹枝,琤琮袅袅,有破烟出峡之声。""技术则傀儡、竿木、刀门、戏马、马上橇、走索、弄伞、广东狮子。"[2]此两段史料同样记载的是苏州五月间的五方贤圣会,简单的几句话中便包括了船夫、戏子、舞狮、马戏各色人等,与单纯的信众、凑热闹的百姓相比,这些人更加依附于民间神灵。他们的信仰除了为自身谋求福祉之外,同时也是一种赖以生存的手段。

除促进经济之外,民间信仰对文化繁荣也有一定的激励作用。传统制度化宗教留下许多经典,并且在历史长河中形成了独有的文化,形成佛教道教文化等,在一定程度上影响着社会。与此相比,民间信仰力量显得薄弱得多,但亦不可忽视。首先,某些祠堂庙宇很可能成为一地的文化景观。例如位于苏州穹窿山的汉会稽太守庙,正德《姑苏志》记载:"在吴县木渎北穹窿山南,祀汉朱买臣也。世传买臣负薪往来木渎,尝藏书于此,故传此为藏书庙。今肖像衣冠犹存汉

---

[1] 正德《姑苏志》卷十三《风俗》,《天一阁藏明代方志选刊续编》11,上海书店1990年,第897—898页。引文参见本书第四章第二节之一。

[2] 上引分见王穉登:《吴社编·舍会》,《丛书集成新编》第91册,台湾新文丰出版公司1985年,第208、207页。

制。"[1]时至今日,朱买臣祠堂与朱买臣读书台都是穹窿山的著名景点。

明代学校,无论乡学、社学或是义塾,也有建于祠堂庙宇之中的。常熟"南社学,在阜民门外东偏,旧为怀德生祠。嘉靖二年(1523),(县)令王继礼改为社学,门三间,堂一间"。常熟"范文正公祠堂,在县治书院后之西隅东向"[2]。可见许多祠庙也可以承担当地的文化建设功能。

另外不能忽视的,便是众多祠庙多建于山清水秀风景如画之处,如崇祀范文正公先人的忠烈庙便建于天平山白云寺。游览名山大川历来便是文人墨客的雅兴,路过先贤祠堂挥毫泼墨作记赋诗自是题中应有之义。仅吴江县三高祠便有包括范成大、苏轼、高启等13人留下的题记、诗赋。[3]这些作品或载入文集,或镂刻砖石,无论以哪种形式保留下来,都是一笔宝贵的文化财富。

最后不得不提的是,无论哪一场赛会祭祀,搭台唱戏都是百姓喜闻乐见的娱乐方式。根据王穉登记载,一场赛会之中,仅杂剧便有"《虎牢关》《曲江池》《楚霸王》《单刀会》《游赤壁》《刘知远》《水晶宫》《劝农丞》《采桑娘》《三顾草庐》《八仙庆寿》"[4]。这对于戏曲的创作、演出都有很大的促进作用。由此可以看出,民间信仰以及围绕信仰产生的一系列活动本身就是一种特殊的文化现象,与教育、文学、艺术等也有着千丝万缕的联系,促进了多种文化的繁荣发展。

(二) 不良影响

所有社会功能都有一个明显特征,即其两面性,具有正面功能的同时必然会带有负面影响。民间信仰也是如此。尤其苏州地区民间信仰既多且杂,其中不免良莠不齐。下面拟从三个方面来分析明代苏州地区民间信仰的负面影响。

1. 回避现实

马克思指出:"宗教是人民的鸦片。"[5]这是指宗教使人们超脱出现实,生活在建造于意识中的幻想世界里,同时凭借这种幻想来自我安慰。传统制度性宗教通常宣扬来世,让今生今世承受不幸并且无力改变生活的人们抱以希望,使

---

[1] 正德《姑苏志》卷二十七《坛庙上》,《天一阁藏明代方志选刊续编》12,上海书店1990年,第535页。
[2] 引见嘉靖《常熟县志》,《中国史学丛书初编》,台湾学生书局1965年,卷四《公宇志》,第443页;卷四《祠祀志》,第346页。
[3] 正德《姑苏志》卷二十八《坛庙下》,《天一阁藏明代方志选刊续编》12,上海书店1990年,第593—602页。
[4] 王穉登:《吴社编·舍会》,《丛书集成新编》第91册,台湾新文丰出版公司1985年,第207页。
[5] 马克思:《黑格尔法哲学批判导言》,载《马克思恩格斯全集》第一卷,人民出版社1956年,第453页。

他们忍耐、行善,不抱怨、不反抗,以此来换取来生再世的幸福。显然,这并不是一种积极对待生活的态度,所得到的解脱注定是缥缈的。正如列宁所言:"对于辛劳一生贫困一生的人,宗教教导他们在人间要顺从和忍耐,劝他们把希望寄托在天国的恩赐上。"[1]民间信仰无疑也有类似的功能,它虽然不像佛教许以来世,或如道教讲求修仙,但依然用特有的方式为人们编制美好而虚无的梦境。

民间信仰所造就的精神避风港不在未来不求来生,而是在当下实际的诉求。当人们在现实中遇到迈不过去的坎时往往从精神上寻求寄托。这种寄托虽然如前所述,有一定抚慰人心的作用,但过于依赖这种精神力显然对现实生活有害无利。"母(浦氏)缘目眚丧明,君罔医不求,靡神不举,夙夜忧皇,致废寝食。闻周、杨二孝子祠灵应,竟二十里余徒跣拜叩,已而母目豁然。"[2]这是严果记载的吴县枫津里陆桂的事例。其母浦氏复明,断然与神灵无关,但陆桂和时人显然将此归功于孝感于神。这只是一个极偶然的事例,大多数人恐怕就没有这种运气,否则也不值得文人大书特书了。

吴宽记载其妻兄陈汝中(纶)去世时的境况:"始,君抱疾,更数医治之,不效,然其势未剧也。有以浮屠善医荐者,君惑其说,求速愈而已。取其药饮之,呕血一升,遂死。"[3]陈汝中所患应当不是会即刻毙命的顽症,只不过需要长期就医而已,但病人往往格外渴求迅速恢复健康,稍有蛊惑便有可能上当受骗。墓志铭中记载的浮屠僧人肯定是个骗子。陈汝中在中医治疗不见速效之下丧失耐性,病未急却乱投医,听其蛊惑,不信真医而信所谓"善医"的僧医,正是表现了希望借助佛教神灵的力量来逃避现实苦难的心理,结果中了这个僧"巫"之术,显然在这种心理的操纵下后果是可悲的。

这样的例子绝不在少数,以至于信鬼神不信郎中成了一方的风气,民间有人患病纷纷效仿,祈求巫祝。"吴江之俗信鬼神,人病率不饮药,惟巫言是听。祀神礼巫之费殆不可胜计,富者倒困仓,贫者鬻田屋,弗惜也,故其巫日肥而民日瘠,虽以衣冠之家亦习以为常,莫有悟其非者。"[4]由此可见,愚昧是多么的可怕!而当愚昧成为大众一致的选择,成为一种社会风习时,就更加可怕,造成的后果

---

[1] 列宁:《社会主义和宗教》,载《列宁全集》第十二卷,人民出版社1990年第二版,第131页。
[2] 严果:《天隐子遗稿》卷八《赠陆氏母子节孝膺宠服序》,《四库全书存目丛书》集部141,齐鲁书社1997年,第103页。
[3] 吴宽:《家藏集》卷六十二《陈汝中墓志铭》,《景印文渊阁四库全书》1255,台湾商务印书馆1986年,第588页。
[4] 史鉴:《西村集》卷五《诛巫序》,《景印文渊阁四库全书》1259,台湾商务印书馆1986年,第801—802页。

也必然是灾难性的。

除了肉体上的病痛,精神上的苦闷更加让人难以排解。大千世界,芸芸众生,能出人头地者毕竟是少数。当衣绯服紫、鲜衣怒马成为社会的普遍追求时,郁郁不得志者又何其多耶!当某些人在现实生活中无法满足自己的追求,无法实现自己的价值时,往往会采取避世的态度,这时候宗教与信仰成为他们最好的精神寄托。归有光回忆亡友方思曾不得志于当世,只能沉溺于神佛营造的幻想世界中,借宗教信仰而狂放的事。"闻为佛之学于临安者,思曾往师之,作礼赞叹,求其解说。自是遇禅者,虽其徒所谓堕龙、哑羊之流,即跪拜施舍,冀得真乘焉。而人遂以思曾果溺于佛之说,不知其有所不得志而肆意于此。以是知古之毁服童发、逃山林而不处,未必皆精志于其教,亦有所愤而为之者耶!"[1]虽然文中方思曾是借佛教而避世,但作者也表示,自古以来利用各种不同信仰,以奉道敬神为借口,掩饰自己落寞的人不在少数,而这些人未必是真正信仰什么神灵什么宗教,只不过是需要一个精神避风港罢了。

民间信仰通过超自然的力量帮助人们缓解心中的苦闷,但是同时也让人们变得或者愚昧迷信,或者逃避现实,屈从于命运,只在幻想世界中寻求慰藉,而不再思考如何改造现实,如何与命运抗争。

2. 耗费财物

明代迷信鬼神之风举国皆然,非苏州吴地所独有。然而释道之外,苏州民间信仰神灵之多之杂,庙宇观堂分布之广、数量之巨令人侧目。举凡龙王、水神、城隍、土地、名宦、良将、先贤、清官、孝子、烈妇,以及传说中的神怪,文学作品中的人物,乃至山精树怪,都可为神。至于其祭祀点,曰庙、曰寺、曰庵、曰观、曰祠、曰堂、曰坛,更是林林总总,不一而足。论分布则遍及城镇要衢、山野穷陬,数量众多。至于信众数量则根本无法统计,可以说凡有人群处,必终岁香烟缭绕,四季参拜不辍。如此众多的庙宇,如此众多的信众,如此众多的巫觋之流,到底耗费了多少社会财富,难以胜计。

宗教和民间信仰耗费社会财富主要表现在以下几个方面:

其一,庙宇建造耗费巨大。苏州吴地迷信鬼神之风盛极一方,凡邑中龙王、水神、城隍、土地,包括名臣、先贤,大多建立庙宇祠殿,香烟袅袅,四季信众参拜不息,明代苏州祠庙之数不可谓不巨,各类寺院更是星罗棋布。"吴俗敬鬼神而

---

[1] 归有光:《震川先生集》卷二十三《亡友方思曾墓表》,周本淳校点,上海古籍出版社2007年,第540页。

尚巫觋,故庙宇无不崇焕。"[1]庙宇巍峨,建造的费用自然极为惊人。王世贞记载了吴郡北寺重修九级浮屠的状况:"为工三万余,为木石礐垩之费直金万余,高三十七丈,延袤二十八丈八尺,虽九级之尊毋改旧观,而壮丽夸巨,俨然若揽化人之袪而造天中矣。如金(笔者注:游僧之名)又能贾其余力,化造能仁丈六金像及圆通妙相、慈氏应身,种种悉备。"[2]可见不仅对于祠庙外观建筑十分考究,对于所供奉的佛像也是极尽奢华之能事。一庙一塔之费如此,所有的庙宇何以为计?

其二,祭祀活动的耗费惊人。吴地赛神会频多前文已有提及,现在来看万历年间一场周孝子的赛神会。"万历戊午(四十六年,1618)周神赛会,前扮二十四孝台阁,备极富丽,如舜耕历山,珍珠作笠,翠叶为蓑之类。后扮十八国临潼斗宝,各国一君,文武二臣俱马队,又台阁四座,中列文王鼎、高珊瑚、大奇楠、韩四郎、金刘海及诸骨董,宝光陆离,令人目眩,通邑若狂。自是以后罕有能及矣。"[3]仅是赛会中的出会台阁,布置都要极尽奢侈,珍珠作笠、翡翠为蓑,可以想象整个会场又是何等珠光宝气,家资丰厚者更出手阔绰,一掷千金毫不吝啬。这种风俗在苏州周边地区乡镇早已存在。如"至万历庚寅(十八年,1590),各镇赁马二三百匹,演剧者皆穿鲜明蟒衣靴革,而幞头纱帽满缀金珠翠花。如扮状元游街,用珠鞭三条,价值百金有余。又增妓女三四十人,扮为寡妇征西、昭君出塞,色名华丽,尤甚其他。彩亭、旗鼓、兵器,种种精奇,不能悉述。街道桥梁皆用布幔以防阴雨。郡中士庶争挈家往观,游船、马船拥塞河道,正所谓举国若狂也。每镇或四日,或五日乃止,日费千金"[4]。这段材料描写的是松江赛会的盛况,显然,苏松地区风俗较为一致,以至于会出现"年来风俗之薄,大率起于苏州,波及松江"的说法,"二郡接壤,习气近也"。[5]

清代两江总督兼管江苏巡抚事陈宏谋(1696—1771)在其《风俗条约》中对于苏州的赛神会也有详细的记录。非但"今日某神出游,明日某神胜会","一年之中常至数会"。"数十百里之内,人人若狂。一会之费动以千计。"[6]陈宏谋

---

[1] 张紫琳:《红兰逸乘》之《琐载》,《丛书集成续编》第51册,上海书店1994年,第907页。
[2] 王世贞:《弇州续稿》卷六十二《文部·记·吴郡北寺重修九级浮屠记》,《景印文渊阁四库全书》1282,台湾商务印书馆1986年,第807页。
[3] 刘本沛:《虞书》,丁祖荫辑:《虞阳说苑乙编》,民国虞山丁氏初园校印本,苏州图书馆藏本,电子版总第58页。
[4] 范濂:《云间据目抄》卷二《记风俗》,上海申报馆仿聚珍版印光绪版,第9页。
[5] 何良俊:《四友斋丛说》卷三十五《正俗二》,中华书局1959年,第323页。
[6] 同治《苏州府志》卷三《风俗》,《中国地方志集成·江苏府县志辑7》,江苏古籍出版社1991年,第148页。

记录的虽是清代乾隆之事,但民风相继,一脉传承,此般盛况显是沿自明朝。对于豪门望族,或许一掷千金并不算什么,但这般耗费对于贫苦百姓而言是一笔不小的开支。"家公便道:娘呀,目下无柴少米,做生意咦介无赚处个孔方;春季屋钱要紧,米钱又无啥抵当。烧香虽则是个好事,算来要费介二钱个放光(白银曰放光)。姐儿听得子个句说话,心火爆出子个太阳,天灾神祸骂子几句,乌龟亡八也骂子千万百声。"[1]山歌中一位苏州农村主妇为了到穹窿山还愿烧香,不惜与劝阻她别去花钱的丈夫大吵一场。在迎神赛会成风的社会环境下,为了一场烧香,得费钱财,夫妻吵架,这对于家庭和睦生活和社会发展而言无疑弊大于利。

其三,巫觋神棍、土豪劣绅、奸胥猾吏借此搜刮压榨信众,聚敛财富。迎神赛会活动之所以愈演愈烈,主要是由于巫觋煽惑,豪绅支持,以此谋生之神棍之流推波助澜,奸胥猾吏则假公济私、上下其手。百姓因趋福避祸的心理作用而受其鼓动。这其中,虔诚笃神礼教者固然有之,而更多的组织者、推动者则将其当成聚众敛财、中饱私囊的手段。"署中衙役争为会首,纠众醵钱,假公济私,募缘不足则勒派之,杜撰之神诞,又造夫人诞,演剧排宴,以畅其醉饱。惟出于衙役,故一衙奉一神。"[2]名目众多,花样百出。平民百姓或不明真相,受其蛊惑,堕入骗术之中;或迫于种种压力,不得不随众奉应,愚昧者甚至举债借贷,倾家荡产而不悔。借民间信仰之名行搜刮聚敛之实,此等行径并非只在迎神赛会之时,平日里也屡见不鲜。"吴风淫靡,喜诡尚怪,轻人道而重鬼神,舍医药而崇巫觋,毁宗庙而建淫祠,黜祖祢而尊野厉。呜呼!弊也,久矣!"[3]"乡民疾病,信鬼不求医药,专事巫祝,竟日彻夜大排牲醴,舞蹈歌唱,以为禳解。巫师神婆听其剖断,今日请一神,明日送一鬼;幸而病愈,又须破产酬谢;即或不愈,只云前求未善,不悔昨非。""吴中疾疫者祷之,大有灵验。俗又相传五月十八日为(五龙)神生日,先期赛社,结绮为亭,旗鼓喧阗,举神遍走街巷,以祈禳灾疫焉。"[4]在一些有识之士看来,这种做法是极其荒谬的,但当时不少苏州百姓对此深信不疑,不免令人痛心疾首。

其四,祭祀活动影响生产,造成社会财富的间接耗费。王健详细研究了民间祠庙日常运作所需耗费,包括庙基所占土地、用于补贴祠庙活动相关经费的田

---

[1] 冯梦龙:《山歌》卷九《杂咏长歌·烧香娘娘》,《冯梦龙全集10》,凤凰出版社2007年,第94页。
[2] 张紫琳:《红兰逸乘》之《琐载》,《丛书集成续编》第51册,上海书店1994年,第907页。
[3] 王穉登:《吴社编》,《丛书集成新编》第91册,台湾新文丰出版公司1985年,第206页。
[4] 上引分见同治《苏州府志》,江苏古籍出版社1991年,卷三《风俗》,《中国地方志集成·江苏府县志辑7》,第148页;卷三十七《坛庙祠宇二》,《中国地方志集成·江苏府县志辑8》,第145页。

地、专门供养庙中僧众的庙田等。[1]这些田地上的田粮或是由信众代为交纳,或是被免科。除了不动产之外,祠庙尚有香火收入、日常法事活动收入及地方商户信徒捐献等收入。那么大量的祠庙究竟占用了多少土地、耗费了多少民脂民膏,又令多少正值壮年的劳动力脱离生产,终日与香烟神像为伴,虚度光阴,恐怕是谁也无法具体统计的。迷信鬼神,淫祠泛滥,一些正直士绅和政府官员都会对此深恶痛绝,痛加斥责。每逢庙会,"哄动远近,男妇群聚往观,举国若狂,废时失业,田畴菜麦蹂躏无遗"。每次赛会的巨大花费"皆百姓火耕水耨辛苦所致,恣其浪费"。[2]

总而言之,民众的信仰活动,虽如前述,有促进经济发展的一面,同时其对经济的消极影响也是极为明显的,不仅直接耗费了广大信众胼手胝足创造的财富,更对农业和手工业生产造成了一定破坏。再深入研究下去,我们还会发现,由于大量的资金流入非生产性的造神、祭神活动,有可能造成一些行业无法扩大再生产,影响经济长远发展。

3. 庙会嘈杂

一个闭塞而缺乏人际交流的社会总是相对稳定的,而民间信仰的祭祀活动,以及由此产生的盛大社会性活动促进了人与人之间的交往,固然给社会带来了活力,同时也可能带来不安定因素。

其一,有的市井无赖、地痞流氓借庙会从事犯罪活动。"十步之内必有恶草,百家之中必有莠民。其人或心志凶虣,或膂力刚强,既不肯勤生力穑以养身家,又不能槁项黄馘而老牖下。于是恣其跳踉之性,逞其狙诈之谋,纠党凌人,犯科扞网,横行市井,狎视官司。如向来有以所结之众为绰号,曰十三太保、三十六天罡、七十二地煞者,又或以所执之器为绰号,曰棒椎、曰劈柴、曰槁子者。赌博酗酱,告讦打抢。间左言之,六月寒心;城中有之,日暮尘起。即有尹赏之窨,奚度之拍,恬焉而不知畏者众矣。"[3]生产劳动的艰辛和投机取巧的心理滋生了一批游棍地痞、市井无赖。这些人平日里坑蒙拐骗、架讼构隙、为害乡里,而迎神赛会之类的活动更为其提供了作奸犯科的机会。"每春夏之交,妄言神降,于是游手逐末、亡赖不逞之徒张皇其事,乱市井之听,惑稚狂之见,朱门缨緌之士、白首耄

---

[1] 详见王健:《利害相关——明清以来江南苏松地区民间信仰研究》,上海人民出版社2010年,第51—62页。
[2] 同治《苏州府志》卷三《风俗》,《中国地方志集成·江苏府县志辑7》,江苏古籍出版社1991年,第145、146页。
[3] 顾启元:《客座赘语》卷四《莠民》,谭棣华等点校,中华书局1987年,第106页。

鳌之老、草莽铺笠之夫、建牙罴虎之客、红颜窈窕之媛,无不惊心夺志,移声动色,金钱玉帛川委云输,百戏罗列,威仪杂遝,启僭窃之心,滋奸慝之行,长争斗之风,决奢淫之渐,溃三尺之防,废四民之业,嗟乎!是社之流生祸也。"[1]会社赛神活动环境混乱,人员复杂,难免成为诱发犯罪的渊薮,令百姓深受其害。

其二,官府与神职人员勾结地方恶势力。有时官府在此时并没有起到惩恶扬善的作用,而往往与恶人沆瀣一气。史鉴用犀利的文辞批判了这一现象。"狐绥绥,鬼为侣,夜啸丛祠作神语……社公土伯望尘拜,白望横行九州界。万民皇皇讹且惊,市肆昼闭空其城。群巫四出假神命,搜括逮捕何纵横?巫言神君去天咫,民命由来主张是。神令下界来求珍,敢有不共殒死?"[2]文中看似写的是狐妖作祟,群巫共谋,搜刮百姓,实在控诉中使与巫觋妖人相互勾结,肆无忌惮搜刮民间珍宝,压榨百姓膏血。类似的事情绝不在少数,打着僧道巫术等旗号招摇撞骗,谋人钱财,屡见不鲜,故而顾鼎臣在家书中告诫子孙:"不可听僧、道、尼姑、道婆、卖婆、童子哄骗。"[3]可见这是有识之士的共同认识。长此以往,民众有冤无处申,有苦无处诉,变了味的信仰活动自然成为社会不稳定因素之一。

其三,对民众尤其是妇女的人身安全可能带来隐患。与平日的祭祀活动相比,迎神赛会活动更易受到妇女的喜爱。每值这样的活动,妇女们总是显示出与传统女性形象不同的样子来,借口参加信神活动,满足平日里无法企及的外出游玩的愿望。上文提及冯梦龙在其所编《山歌》中详细记述了一位农村妇女为了参加赛神会兴致勃勃、四处借来服装饰品精心打扮,甚至不惜与丈夫对抗的故事。女子烧香是明代苏州妇女生活的特色之一,这也是最受道学家抨击的淫秽陋俗。"三月二十八日,俗传东岳天齐圣帝诞辰……二十七日夜,先有妇女宿殿上,谓之坐蒲墩,此最近亵。"[4]这样的妇女行为显然令传统文人士大夫无法忍受。妇女参加庙会难免引得轻薄浪子指指点点,一来二去眉目流转,人山人海肢体相接,可谓伤风败俗。这种风俗随着苏州明代中后期商品经济发展而兴盛,虽经明清易代、康熙时汤斌禁革,并未停息,到乾隆时期广西临桂人陈宏谋巡抚江苏之时,也将仍旧流行的这一女性烧香拜佛明确地列入禁令,写入其所订立的《风俗条

---

[1] 王穉登:《吴社编》,《丛书集成新编》第91册,台湾新文丰出版公司1985年,第206页。
[2] 史鉴:《西村集》卷一《狐绥绥并引》,《景印文渊阁四库全书》1259,台湾商务印书馆1986年,第704页。
[3] 顾鼎臣:《顾文康公文草》卷十《附家书》,蔡斌点校:《顾鼎臣集》,上海古籍出版社2013年,第173页。
[4] 嘉庆《黎里志》卷四《风俗》,《中国地方志集成·乡镇志专辑》12,江苏古籍出版社1992年,第162页。

约》:"妇女礼处深闺,坐则垂帘,出必拥面……何乃习于游荡,少妇艳妆,抛头露面,绝无顾忌,或兜轿游山,或灯夕走月,甚至寺庙游观,烧香做会,跪听讲经,僧房道院谈笑自如。又其甚者,三月下旬以宿神会为结缘,六月六日以翻经十次可转男身,七月晦日以点肉灯为求福,或宿山庙求子,或舍身于后殿寝宫,朔望供役,僧道款待,恶少围绕,本夫亲属恬不为怪,深为风俗之玷。"[1]这一观点在现在看来,显然是对于妇女人格和社会地位的不尊重,但不得不承认在当时的社会条件下,综合考虑妇女的身体素质、教育程度等因素,妇女更容易成为混杂的庙会中犯罪活动侵害的对象,造成财产的损失或是人身伤害。这样看来,民间信仰也可能带来一定的负面影响。从此角度而言,伴随民间信仰而来的负面影响也是不可忽视的。

传统文化瑕瑜互见,精华与糟粕并存,这是不争的事实。作为传统文化一部分的民间信仰亦是如此。同时,社会的变动必然带来民间信仰的变化,其各种功能也不断处于此消彼长之中。并且,当地方官采取较为合理的打击与疏导相结合的政策时,其正面功能则更加凸显,民间信仰的社会整合与控制作用效果也更加显著。当地方官员采取放任自流甚至推波助澜的态度时,则其负面功能明显放大,随之而来的社会问题就越来越多。经过长期的积淀和行政管理,明代苏州民间信仰经历了不断的扬弃和升华,精华多于糟粕,积极作用大于消极作用,其积极作用不断发扬,对明代苏州的社会稳定发展起着促进作用。[2]

第五节　明代苏州家族

明代苏州家族或宗族有很多著名姓氏,经过前代漫长的时间逐渐累积成长起来,到明代,一些成为土著,也有一些新近迁入的姓氏家族成为新的名门望族。他们之中有的是科举仕宦望族,有的是耕读名族,有的是商业家族。

明代苏州家族的发展,除了具有全国政策影响下的一致性之外,还有作为江南地域社会中家族发展的特殊性,具有地域政治、经济、社会、文化等诸多因素的制约。

明初,朱元璋在江南尤其是苏州地区政治上实行高压政策,打击富家大族,

---

[1]　同治《苏州府志》卷三《风俗》,《中国地方志集成·江苏府县志辑7》,江苏古籍出版社1991年,第146—147页。
[2]　本节有关内容参考[日]滨岛敦俊:《明清江南农村社会与民间信仰》,朱海滨译,厦门大学出版社2008年;王健:《利害相关——明清以来江南苏松地区民间信仰研究》,上海人民出版社2010年。

迁移人口；经济上没收大量豪族土地为官田，营造小农社会，实行官田重赋政策，这使苏州家族组织与家族制度遭受沉重打击。

从建文朝开始明朝逐渐调整对苏州等江南地区的统治措施，社会经济持续发展，家族活动的环境比起明初逐步好转。天顺、成化以后，随着政治环境逐步改善，经济逐步发展，苏州地区家族组织活动逐步活跃，家族制度不断健全起来，但仍然受到商品经济发展之下功利思潮与实用心理的冲击，以及竞奢逐侈的社会风尚，信鬼神、好淫祀的地方信仰等因素的影响。一些士大夫奋起倡导家族活动，激发人们血缘的良知，提出家谱修纂方法。嘉靖朝"大礼议"之后，朝廷允许民间祭祖直接激发了社会修家祠祭祖、修家谱联宗、设家族义田救济族人的根性热情，家族活动成为苏州社会生活中必不可少的内容，苏州文化发展与社会活动的展开都烙上家族的印迹。

一、姓氏宗族的来源

明初学者昆山籍人卢熊（1331—1380）编纂了洪武《苏州府志》，专列《氏族》，详载吴中氏族，被正德《姑苏志》、乾隆《吴县志》等一体沿承，成为苏州方志编修的一大特色，其中记载姓氏宗族源流的资料对于了解苏州人口的渊源流变、人口素质都有着十分宝贵的参考价值。

卢熊列出"吴之著姓氏三十余。自汉以来，朱、张、顾、陆望于郡，故有'朱文、张武、陆忠、顾厚'之目。又云'虞、魏、顾、陆，吴之旧姓'。或云'虞、魏之昆，顾、陆之裔；岐嶷继体，光成弈世'。陆士衡云：'八族未足侈，四姓实名家。文德熙淳懿，武功侔山河。'猗欤盛矣！"这可以看作元末明初苏州姓氏宗族的实况，成为明代苏州宗族的基干。

卢熊注重的是作为苏州世代望族的姓氏，共有37家：

> 朱张顾陆，暨归寿赏。儿姚虞吴，孙诸冀言。
> 帛笮岑阎，容鞠（曲）汤崇。沃冷是钱，范富严章。
> 武傅蒲，胥门（胥）、角里（角）。[1]

毫无疑问，这些姓氏宗族是开发江南吴地和苏州的先驱，贡献巨大，人才辈出，因而得到社会尊崇，成为吴地名门望族。虽说其中一些古老的姓氏以后并没见到其子嗣繁衍茂盛，如暨、寿、赏、儿、冀、帛、笮、沃、用里、是氏等，却至今仍有

---

[1] 上引均见洪武《苏州府志》卷十六《氏族》，《中国方志丛书》，台湾成文出版社有限公司1983年，第639—649页。

第四章 明代苏州社会生活

延续,他们虽人口数量稀少,但血脉衍续悠久,自必有其特异的能力,才会长存于世。而朱、张、顾、陆、吴、钱、范等姓氏则如茂林修竹,声势浩大,遍布江南各地,并蔓延至海内外。

正德《姑苏志》列出氏族33家:

> 朱张顾陆,暨归寿赏。
>
> 儿姚虞吴,孙诸冀言。
>
> 帛笮岑阁,鞠(曲)汤崇沃。
>
> 胥门、甪里、冷、是,钱范富章傅。

相比洪武《苏州府志》,可知少了4家,即容、严、武、蒲,而氏族的陈述次序略做调整,基本照旧。赞语词也基本照录下来,更为精炼些。

> 吴之著姓凡三十余。自汉以来,朱、张、顾、陆望于郡,故有"朱文、张武、陆忠、顾厚"之目。又云"虞、魏、顾、陆,吴之旧姓"。或云"虞、魏之昆,顾、陆之裔;岐嶷继体,老成奕世"。陆士衡云:"八族未足侈,四姓实名家。文德熙淳懿,武功侔山河。"正谓此也。

正德志将洪武志"吴之著姓氏",改为"吴之著姓",更加明确。陆士衡的赞誉之后,加上"正谓此也",点评精到。补充了一些苏州著姓人口在正德时候的现状,愈加真切具体,例如:

> 寿氏,吴王寿梦之后。吴大夫寿越。又有寿于姚。今吴中尚有此氏。
>
> 儿氏,吴郡有语儿,生而能语,子孙氏焉。
>
> 言氏,孔子弟子言偃,吴人。今后裔多居常熟。
>
> 胥门氏,《左传》吴大夫胥门巢。巢居吴门胥,以所居为号。其后遂为氏。今作胥氏。[1]

正德志继承洪武志记载苏州名门氏族传承这一特色,高度认可这些宗姓人口对于地方社会文化所做历史功绩,略有加减增损,虽然没有整体调查的功夫,详尽记录当时姓氏宗族情况,不免留下缺憾,但雪泥鸿爪,也极其珍贵的了。

现代苏州学者王謇(1888—1969)熟谙苏州掌故,著作斐然。他对卢熊做的

---

[1] 上引均见正德《姑苏志》卷三十五《吴世家·封爵氏族附》,《天一阁藏明代方志选刊续编》13,上海书店1990年,第240—253页。

吴中氏族志认真考补,把 37 家著姓扩展到了 149 家:

> 成开燕佐,芮梅蓝尚。邢富暨诸,笪汤阎严。
> 章蒲邬皋,仰艾吾支。居麋光白,倪祝丁余。
> 林潘顾边,常王李朱。樊尹胡夏,彭谢薛陈。
> 姚唐仲曹,杨郭万蔡。邹苏蒋颜,魏萧罗童。
> 官金叶姜,毛褚葛张。翁施周方,董刘华程。
> 徐高席沈,单卢钱尤。管奚孙吴,乔马范许。
> 陈包郑陆,何石练杜。畲赵宋谭,韦季许黄。
> 吕师闵盛,浦江中柳。史郁蒯安,仕纪革屯。
> 俞牢曾秦,虞冯袁凌。殷戴滕薄,祁车独。
> 上官,侍其,闾邱,司马,公孙,夏侯。[1]

上述苏州明代初年的 37 家著姓,历经明清两代,到民国时期,已达到 149 家,增加了 112 家,增幅为 3 倍。

顺着这些姓氏来迁吴门的轨迹,我们可以感知明清江南人口逐渐增多,全国人口空间流动和分布格局重新塑造的历程。这 149 个姓氏,还只是苏州一地的名门著姓,远远不能囊括人口密集的姑苏全部姓氏宗族的情况,只是人海一粟,血脉几条而已。

家谱、族谱或宗谱都会交待自己的姓氏来源、延续情况,子孙的迁移分布,有的甚至专列迁徙志。明代苏州宗族或家族的基本情况,可以依据迄今调查之后编纂得比较详细的《中国家谱总目》[2]里记载的苏州家谱,经过整理而大概得知。这些宗族分为两种情况,第一种是在明代之前包括明代,一直在苏州成长起来的;第二种是在明代之前包括明代,由外地迁入苏州之后成长起来的。当然,它们都不包括在清代、民国时期形成的宗族,却在清代、民国时期是一直存在的。今天经过众多曲折之后得以存留家谱的宗族,肯定只是历史上编纂过家谱的家族的一部分,尤其是还要经过清代、民国以来的变化,是从家谱上去得知它们的。因此,明代苏州地区编纂过家谱、形成过宗族的整体情况目前只是倒推的,以后还须不断探究,才会更加清楚完整。

以下将明代苏州宗族或家族首先按照它们的来迁地点(照今日省市行政区划),然后按其来迁时间的先后分别叙述,共得 102 个。

---

[1] 王謇:《宋平江城坊考》,江苏古籍出版社 1986 年,第 314—346 页。
[2] 王鹤鸣主编:《中国家谱总目》(10 册),上海古籍出版社 2008 年。

江苏23个,其中,南京3个:

(1) 吴县刘氏,元。先祖世居河南。始祖德基,字海峰,随宋室南渡,仕广州统领,居建康(今南京)。始迁祖顺之,原名厚,字和甫,号钟山,仕元为平江路榷茶批验提领,遂由建康移籍长洲。

(2) 苏州东汇潘氏,明初。始迁祖留孙,原籍金陵(今南京),明太祖洪武(1368—1398)初宦居苏郡齐门东汇。

(3) 苏州马氏,明后期。先世居陕西武功县。裔孙应祯,字明宇,明熹宗天启(1621—1627)间仕于南京,因家于此。其子良才,转徙苏州。

镇江3个(句容、镇江、丹阳各1个):

(4) 莱阳分支太仓延陵支(吴氏),南宋。始迁祖庆,字安礼,行三,南宋时自句容徙居昆山湖川乡,其地后改属太仓。

(5) 常熟虞山宗氏,元。始祖泽,字汝霖,行友五,北宋末谪居润州。始迁祖世臣,元顺帝至正(1341—1368)间自润州(今镇江)徙常熟。

(6) 苏州谈氏,不详。始祖戬,谥令公,原籍河南,寄籍曲阿(今丹阳),唐开元进士,官长洲,解官后卜居长洲十士江(今属苏州)。始迁祖懋文(字勉吾,一字从周)、懋武(字宗起),戬二十一世孙,徙居长洲邑西遵天、东明。

常州5个(常州4个,溧阳1个):

(7) 苏州洞庭东山万氏,南宋。始祖虞恺,南宋高宗建炎(1127—1130)间自汴梁(今河南开封)避地毗陵(今常州),后携仲子禹思至洞庭东山,居张巷。

(8) 苏州洞庭明月湾吴氏,南宋。始迁祖咸,原名挺,字韫和,号雅然,世居于蜀,南宋宁宗嘉泰(1201—1204)初迁常州晋陵县,旋再迁太湖洞庭东山明月湾。

(9) 苏州洞庭秦氏,南宋。始迁祖宗迈,更名进,字益之,南宋时由常州迁居洞庭西山秦家堡。

(10) 苏州夫椒丁氏,宋元之际。始迁祖升,字文六,号肖阳,宋元之际因避兵乱,自常州徙居夫椒古竹里。

(11) 常熟狄氏,明末。始祖天锡,宋室南渡时寓溧阳。始迁祖奉严,明末自溧阳再迁常熟县下宅翼。

无锡9个(无锡4个,江阴3个,宜兴2个):

(12) 苏州蒋氏,北宋。始迁祖堂,字希鲁,号遂翁,行四十三,原籍常州宜兴,北宋仁宗景祐四年(1037)徙知苏州,仁宗皇祐元年(1049)复官苏州。仁宗庆历(1041—1048)间治第吴县(今苏州)杉渎桥西侍其巷,后更名灵芝坊。

（13）苏州永昌里薛氏，明初。始迁祖遆，字遆喜，行千六，于明太祖洪武（1368—1398）初避兵自江阴迁苏州茂宛永昌里。

（14）常熟虞山史氏，明前期。始祖驹，南宋绍兴间自溧阳徙居宜兴白塘。始迁祖寿六，明成祖永乐（1403—1424）年再迁居常熟虞山。

（15）常熟严氏，明前期。始迁祖志道，明成祖永乐（1403—1424）间由江阴赤岸迁居常熟花庄。

（16）常熟海虞袁氏，明中叶。始祖党，宋代迁居江苏江阴。始迁祖良本，明中叶自江阴河塘桥迁常熟。

（17）苏州李氏，明。始迁祖性泉，明代自无锡迁苏州。

（18）苏州雷氏，明。始迁祖唐，明代自江西迁江苏常熟，后迁无锡；嗣源，清代自无锡又迁吴县。

（19）常熟浦氏，不详。出于无锡前涧西街分。宗谱上溯北宋晋（字德昭，行伯一）为第一世，前涧始迁祖振为第十一世，而以第十六世应熊（字祥卿）为该族始祖。应熊曾孙遂（字侍溪）由无锡迁居常熟任阳，为常熟任阳一支始迁祖。

（20）常熟石墩武陵顾氏，不详。始迁祖肇，由无锡张泾桥迁居常熟石墩里。

扬州1个：

（21）昆山贞丰里戴氏，元末。始迁祖仲明，原籍江都，以居址稍近琼花观，故世号为琼花戴氏。元末避兵于吴，卜居茂苑之贞丰里（今昆山周庄）。

泰兴1个：

（22）常熟海虞季氏，明。始祖陵，字延仲，南宋高宗建炎（1127—1130）间自括苍（今浙江丽水）龙泉卜居常熟许甫。始迁祖尚钗，乳名酉，字凤溪，明代自泰兴迁居常熟小东门。

南通1个（如皋）：

（23）常熟蒋氏，元末。始迁祖坚民，字祯祥，元末自如皋迁居常熟季王宫前。

上海8个（吴淞浦里1个，嘉定2个，崇明2个，松江3个）：

（24）太仓平原陆氏，元末。始迁祖善卿，元末避兵由黄龙浦东（今上海松江黄浦江东九峰）卜居太仓双凤乡。

（25）苏州刘氏，明前期。先祖籍隶嘉定娄东。始迁祖溥，字原博，号康民，明太医，明成祖永乐（1403—1424）中自娄东徙吴郡，家金阊城壕之北康里桥。

（26）苏州长洲宋氏，明末。始祖胜二，元代人。始迁祖泰，字克贞，号坦庵，行二，明季自吴淞浦里移居长洲荺溪。

（27）苏州湖田杨氏，明。始迁祖升，字起同，明代自崇明移居苏州。

（28）昆山赵氏，明。始祖成，世居杭州，元季武进士，官至山东指挥使。其子栋，字柱峰，行一，明代自松江移居上海县真茹镇。始迁祖铉，字白田，栋曾孙，太学生，明季又徙昆山留荫村。铉八世孙昶，再迁信义镇。

（29）苏州吴郡浦氏，明末人，清初迁居。始祖踩，晋国大夫。至明季，有之诰（浩），字子华，明世宗嘉靖二十年（1541）三甲进士，为嘉定始祖。始迁祖延秀，字文甫，明神宗万历四十年（1612）生，清世祖顺治（1644—1661）间自嘉定徙居吴郡胥门内寿凝里。

（30）苏州平原陆氏，不详。以东周齐宣王少子通为始祖。始迁祖为通六十世孙铭（字自新），由松江迁至苏州。

（31）太仓顾氏，不详。始祖宪，字仲仁，南宋高宗建炎（1127—1130）初与其子兴、孙洪扈驾南迁，卜居崇明镇西沙道安乡。始迁祖福山，字仲喜，五世孙，由崇明徙居太仓东隅。

河南17个，其中郑州1个：

（32）苏州包山郑氏，隋末。始祖晔，号南阳，后魏人。始迁祖白麟，字嘉征，隋末徙郑州，南来宅于吴。

笼统称中原或河南的4个：

（33）苏州延陵吴氏，南宋。始迁祖谦，行七，南宋初避兵自中原迁居太湖洞庭东山白沙里，以墓旁有古柏，遂称古柏吴氏。

（34）吴县洞庭翁氏，南宋。始迁祖德裕，南宋初自中原南迁洞庭东山白沙。

（35）昆山王氏，两宋之际。始迁祖玄，字吉夫，北宋名相旦之侄，两宋之际自中原移居昆山积善乡。

（36）苏州葑门陆氏，明。始迁祖域，明代自河南迁居苏州葑门。

开封10个：

（37）昆山砂山王氏，宋。始祖皋，字子高，世居汴东（今河南开封），北宋靖康（1126—1127）间南渡，徙居苏州狄扁村。始迁祖易，字吾置，行五十四，皋长子，南宋时析居昆山沙头，为东沙始祖。

（38）吴县东山郑氏，两宋之际。始迁祖钊，字公远，行季一，汴人，北宋哲宗（1086—1100）时以世家应聘尚顺德公主，为驸马都尉，靖康、建炎间，扈跸南迁，卜居吴县洞庭东山，墓在武山。

（39）苏州莫厘王氏（又称太原王氏），南宋。始迁祖行百三、百八，南宋初自开封移居吴县（今苏州吴中区）洞庭东山。

（40）苏州徐氏，南宋。先世宋高宗建炎（1127—1130）间扈驾南渡，自汴梁卜居洞庭西山李湾。

（41）苏州平江盛氏，南宋。始迁祖岫，一作平江公，宋高宗建炎（1127—1130）间自汴扈跸南迁，官平江府通判，解祖后隐居吴江儒林里。

（42）苏州纪革叶氏，南宋。始迁祖寿三，宋室高宗建炎（1127—1130）南渡，自汴梁（今河南开封）迁居东洞庭纪革。

（43）苏州洞庭煦巷徐氏，南宋。始迁祖素行，汴梁人。南宋高宗建炎三年（1129）随驾南迁，卒于官，葬洞庭西山可盘里的后屏风坞，子孙遂家于此。

（44）昆山槎溪陆氏，南宋。始迁祖在安，世居汴京，南宋高宗绍兴（1131—1162）间尝居岳飞幕府，飞死，遂隐居昆山南翔里，自号槎溪野叟。

（45）常熟临海屈氏，元末。始迁祖裳，字崇益，南宋初由开封封丘移居常熟。八世孙彦文，元季徙居城南，为城南支祖。

（46）苏州金氏，不详。始祖琦，宋承德郎，南宋初自汴南渡。始迁祖宏业，携二子移家吴县下保。

安阳1个：

（47）昆山琅琊安阳支（王氏），元末。始迁祖安贞，字吉卿，河南安阳人，元末知昆山州事，后裔家于此。

汝南1个：

（48）苏州吴门袁氏，元。始迁祖宁一，字惟允，先世居汝南，元至元间迁至吴县。

山东兖州1个：

（49）太仓杨氏，元末。始祖绑义，字希稷，行一，南宋初年抗金殉难，谥忠襄。始迁祖堂，字国珍，号春堂，邦义十世孙，原居山东兖州府邹县，袭爵海漕万户侯，元末侨居平江路昆山州新安乡（今太仓）。

浙江37个，其中泛称浙江1个：

（50）吴江松陵陆氏，明中叶。始迁祖雄，明中叶自浙江占籍吴江。

杭州11个（杭州10个，浙江桐庐、建德1个）：

（51）苏州包山后埠支陆费氏，宋。始祖陆通，宋代自浙江武林（今杭州）迁居吴县洞庭西山，为包山后埠支始迁祖。

（52）苏州葛氏，南宋。始迁祖乾，字万和，行万五，南宋高宗建炎（1127—1130）间自杭州迁居吴县洞庭武峰。

（53）常熟清河张氏，南宋。始迁祖万十，宋室南渡时自临安（今杭州）复归常熟水潭头。

（54）苏州包山戚氏，南宋。一世祖廷玉，南宋初自汴梁（今河南开封）迁临安（今杭州），后落叶苏州城外酒坊。再传至孙敬元，复自郡城迁居洞庭西山（一名包山）马城里。

（55）苏州蔡氏，南宋。始祖源，宋高宗建炎（1127—1130）初扈从南渡，徙居杭州。始迁祖维孟，字太伯，号洞庭遗逸，源长子，南宋时徙居洞庭销夏湾西里，为西蔡支祖。

（56）苏州东园徐氏，南宋。先祖裹，一名棻，号汴河，宋靖康（1126—1127）间自大梁迁居杭州小湖州市，寻迁至光福里。至八世孙万一，于南宋理宗宝祐（1253—1258）间迁居洞庭东园里。

（57）苏州洞庭劳氏，元末。始迁祖日达，字福九，元末自武林（今杭州）迁居苏州洞庭西山。

（58）苏州陈氏，明末。始迁祖思美，明崇祯（1628—1644）间自浙江杭州移居苏州。

（59）苏州武林赵氏，明末。始迁祖明殿，明末自浙江杭州府仁和县平安五图迁居吴郡武林津里。

（60）古吴昆山井亭乡马氏，明末。一世祖敬愚，明代人。始迁祖应元，字爱愚，敬愚子，明末由杭州迁居昆山井亭镇。

（61）吴江严氏，不详。始迁祖名不详，自浙江桐庐、建德一带迁居吴江境内。至惕安始定居同里镇。

嘉兴 6 个（嘉兴 2 个，海盐 1 个，嘉善 3 个）：

（62）吴江汾湖陆氏，南宋。始祖汝辑，字济明，宋时为汾湖通判，居嘉善下保东区。第五世明一，南宋迁居吴江芦墟镇，为芦墟始迁祖。

（63）吴江汾湖陆氏，南宋。始迁祖大猷，南宋江浙儒学提举，原籍嘉兴，南宋度宗咸淳（1265—1274）间归隐于江东南汾湖之滨。

（64）吴江史氏，不详。先祖崇，字伯勤，东汉人。始祖惟则（字天问，行一）、怀则（字超宗，号从绳，行二），北宋初由溧阳迁居嘉兴思贤乡史家村。惟则子成，迁四明；另有子迁、通，仍居嘉兴。传至九世孙居仁（字由义，号东轩），迁居吴江黄家溪，为该族大宗。

（65）苏州高氏，明中期。始迁祖守耕，明世宗嘉靖（1522—1566）间自浙江海盐迁居吴县相城东郊四十里田泾。

（66）吴江赵田袁氏，明后期。始祖颢，字孟常，号菊泉，明永乐、弘治间人。

始迁祖黄,原名表,字坤仪,号了凡,明神宗万历(1573—1620)间由嘉善陶庄迁居吴江赵田庵。

(67)吴江徐氏,明。始迁祖富,字富一,明时自嘉善迁居吴江南麻村。

湖州12个(湖州11个,武康1个):

(68)苏州吴中叶氏,北宋初。始祖逌,字造亥,一字绍全,先世括苍松阳人,北宋初徙居乌程(今浙江湖州),有别业于苏州吴中洞庭。

(69)苏州洞庭沈氏,南宋。始迁祖钦,字逸素,号寿年,行万八,宋孝宗隆兴(1163—1164)间与父禾自浙江武康迁居洞庭镇,其后禾归于浙。

(70)吴江黄钮同宗,宋末元初。始迁祖月礀,宋末元初人,世居吴兴(今湖州)华林村,赘于吴江麻源黄氏,生二子,以长子绎继黄氏,次子兀璘仍姓钮。

(71)常熟京兆归氏,元。吴中太仓始祖罕仁,南宋度宗咸淳(1265—1274)年间宦居湖州府城。始迁祖荣四,元代自湖州府城迁居常熟县白茆浦(今白茆镇)。

(72)太仓凌氏,元末。元末蒙自浙江吴兴迁居常熟北乡,后其地划归太仓,遂为太仓直塘凌氏。

(73)苏州范氏,元末。始祖良裘,南宋时宦游长洲(今属苏州),遂家于此。子士衡,移居浙江吴兴南浔。始迁祖桂卿,元末仍归故里,筑居长洲野阳泾南桥。

(74)苏州曹氏,明初。始迁祖瓛,字廷用,号思贻,本姓吴,明初自浙江乌程县(今湖州)入赘吴县八角亭村曹氏,改姓曹。

(75)吴江苏溪朱氏,明中期。始迁祖肇基,字双桥,行二,朱熹十七世孙,明世宗嘉靖(1522—1566)中自湖州南浔迁居吴江苏家港。

(76)苏州洞庭东山潘氏,明后期。始迁祖秀,字近溪,明神宗万历(1573—1620)间由吴兴怀七里移居洞庭东山唐股村。

(77)吴江竹溪沈氏,明后期。始祖子敬,号余庆,原居归安(今湖州)千金村,元顺帝至正八年(1348)赘居吴兴(今湖州)竹溪村。始迁祖洪田,明神宗万历(1573—1620)间自竹溪迁居吴江震泽。

(78)苏州唐氏,明。始迁祖一璞,字昆江,号完庵,明代自吴兴(今湖州)迁居苏州。

(79)苏州吴郡陆氏,不详。始祖贽,字敬舆;龟蒙,字鲁望,皆唐代人。裔孙宁,字康侯,号希安,明代自浙江平湖迁居归安(今湖州)双林。始迁祖侪,字少泉,由双林迁居吴郡。

绍兴3个(嵊州、上虞、绍兴各1个):

（80）苏州城南朱氏，宋。先世吴人，至朱明，官县尹，始居剡（今浙江嵊州）。明三传至滋（字润德），唐末至宋初人，仍居剡，宗谱奉滋为一世祖。滋三传，复自剡迁回吴郡。

（81）苏州杨氏，明。始祖廷辅，字南泉，行一，明代自浙江绍兴府上虞县移居杭州。

（82）苏州谢氏，不详。始祖善现，字子名，行尚三，元末迁居会稽孟葑。始迁祖洪明，字德阳，自绍兴孟葑迁吴。

金华3个（东阳、金华、兰溪各1个）：

（83）苏州吴门滕氏，宋末。始祖令琮，一作司业公，唐开元初国子司业。始迁祖甫，字元发，宋季自东阳迁居苏州。

（84）常熟海虞宋氏，元末明初。始祖子琪，原名准，字文英，元代人，世居浙江金华。始迁祖国宾，子琪孙，元明之际移居海虞（今常熟）。

（85）苏州吴中贝氏，明中叶。始迁祖佚名，字兰堂，世居浙江金华兰溪县，明中叶迁吴县。

衢州1个：

（86）具区销夏湾徐氏，南宋。始迁祖圻，字于庭，号麓庵，行义四，南宋时由衢州游洞庭西山，遂卜居销夏湾。

安徽12个，其中泛称徽州1个：

（87）常熟考川胡氏，明后期。始迁祖乐虞，明神宗万历（1573—1620）间自徽州徙常熟。

歙县3个：

（88）苏州皋庑吴氏，明中期。始迁祖敏学，字彦行，号朴林，先世歙县人，明朝官苏州府学教授，因卜居金阊至德庙东皋桥里。

（89）苏州萧江氏，明。始祖桢，唐代居歙县黄墩。始迁祖师威，明代迁居吴县。

（90）吴江江震殷氏，明末清初。始迁祖士乔，字侍桥。明熹宗天启（1621—1627）初避水，自歙县迁居吴江县澄湖浜，以宅遭回禄之变，其子子山于清世祖顺治元年（1644）再迁长田港南富圩。

绩溪1个：

（91）苏州汪氏，不详。苏州始迁祖懋琳，字子英，原籍安徽绩溪。

休宁5个：

（92）苏州枫江金氏，元。始祖质，字叔坚，唐代人。始迁祖传心，字道一，元代自休宁迁居苏州枫江。

（93）常熟琴川后乐堂范氏,明后期。始迁祖英扬,明后期自休宁移居江苏阳湖(今属江苏常州武进)。

（94）太仓毕氏,明末。始祖国志,明崇祯(1628—1644)时由休宁移居昆山县。始迁祖祖泰,国志子,清代再徙太仓。

（95）昆山乐安孙氏,明末。始祖万登,世居山东青州,唐末避乱,迁居新安休宁唐田。始迁祖太和,明末自新安迁居娄邑枫泾镇。

（96）苏州程氏,明。始迁祖旸,字静轩,明代自徽州休宁县荪溪迁居苏州府城。

马鞍山1个：

（97）太仓席氏安定简庵公支,不详。第二十六世锡钰,字大成,号简庵,行三。国学生。始迁太仓。葬归原籍马鞍山猛猛尖土名石门滩。生五子。

凤阳1个：

（98）苏州陶氏,明。始迁祖俊,字靖侯,明代自凤阳定远宦居苏州。

江西清江1个：

（99）苏州彭氏,明初。始迁祖学一,先世江西清江县崇学乡人,明太祖洪武(1368—1398)间迁来吴地,隶籍苏州卫。

福建建阳2个：

（100）昆山建阳朱氏,元末。始迁祖彬,字惟志,号墨洲,又号南坡,朱熹六世孙,元季自建阳徙居昆山。

（101）常熟海虞朱氏,元末。始迁祖锐,字子原,朱熹八世孙,世居建阳,元顺帝至正(1341—1368)间迁居海虞(今常熟)。

湖南衡山1个：

（102）苏州文氏,明初。始迁祖惠,字孟仁,号存心老人,元镇远将军俊卿之孙,明初自湖南迁苏州。

显然,以上102个家族或宗族,与王謇的149个姓氏宗族相比,数量上还是少的,主要反映的是清代之前历代迁入苏州的家族,换言之,它们确实是明代苏州的姓氏家族。

按照上述来迁的地点,明代苏州宗族以浙江迁入的姓氏最多,达到102个总数中的37个,占比36.27%,尤其以湖州、杭州、嘉兴为多；其次是江苏,23个,特别是无锡、常州；再次是河南,17个,主要是开封；安徽12个,主要是徽州；福建、山东、江西、湖南则较少。还有上海,其中嘉定、崇明,在明代本身是隶属于苏州府的。

将这 102 个宗族或家族,按照来迁的时间,分地域看,则苏州有 59 个:

隋代 1 个:苏州包山郑氏,隋末。

宋代 22 个:北宋 2 个,南宋 20 个,特别是在两宋交替之时的靖康、建炎年间,许多河南与开封家族姓氏为避金兵南迁,定居苏州,不少落难在洞庭东西两山,从此蔓延壮大,成为望族。

具体是,苏州吴中叶氏,北宋初,最初也在东山;苏州蒋氏,北宋;苏州葛氏(西山),南宋;苏州包山戚氏,南宋;苏州蔡氏(西山),南宋;苏州东园徐氏,南宋;苏州洞庭东山万氏,南宋;苏州洞庭明月湾吴氏,南宋;苏州洞庭秦氏,南宋;苏州延陵吴氏,南宋;吴县洞庭翁氏,南宋;吴县东山郑氏,两宋之际;苏州莫厘王氏(又称太原王氏),南宋;苏州徐氏,南宋;苏州平江盛氏,南宋;苏州纪革叶氏(东山),南宋;苏州洞庭煦巷徐氏,南宋;具区销夏湾徐氏,南宋;苏州洞庭沈氏,南宋;苏州城南朱氏,宋;苏州包山后埠支陆费氏,宋;苏州吴门滕氏,宋末。

宋元之交 1 个:苏州夫椒丁氏,宋元之际。

元代 5 个:苏州枫江金氏,元;吴县刘氏,元;苏州吴门袁氏,元;苏州洞庭劳氏,元末;苏州范氏,元末。

明代 24 个:苏州彭氏,明初;苏州文氏,明初;苏州东汇潘氏,明初;苏州永昌里薛氏,明初;苏州曹氏,明初;苏州刘氏,明前期;苏州皋庑吴氏,明中期;苏州高氏,明中期;苏州吴中贝氏,明中叶;苏州马氏,明后期;苏州洞庭东山潘氏,明后期;苏州长洲宋氏,明末;苏州陈氏,明末;苏州武林赵氏,明末;苏州萧江氏,明;苏州程氏,明;苏州陶氏,明;苏州杨氏,明;苏州唐氏,明;苏州李氏,明;苏州雷氏,明;苏州湖田杨氏,明;苏州葑门陆氏,明;苏州吴郡浦氏,明末人,清初迁居。

另有时间不详,姑且也断为清代之前的家族,最晚到明代已经在苏州成为家族的 6 个:苏州谈氏,不详;苏州平原陆氏,不详;苏州金氏,不详;苏州吴郡陆氏,不详;苏州谢氏,不详;苏州汪氏,不详。

常熟 16 个:

常熟清河张氏,南宋;常熟蒋氏,元末;常熟临海屈氏,元末;常熟虞山宗氏,元;常熟京兆归氏,元;常熟海虞朱氏,元末;常熟海虞宋氏,元末明初;常熟严氏,明前期;常熟虞山史氏,明前期;常熟海虞袁氏,明中叶;常熟考川胡氏,明后期;常熟琴川后乐堂范氏,明后期;常熟狄氏,明末;常熟海虞季氏,明;常熟浦氏,不详;常熟石墩武陵顾氏,不详。

昆山9个:

昆山王氏,两宋之际;昆山槎溪陆氏,南宋;昆山砂山王氏,宋;昆山贞丰里戴氏,元末;昆山建阳朱氏,元末;昆山琅琊安阳支(王氏),元末;古吴昆山井亭乡马氏,明末;昆山乐安孙氏,明;昆山赵氏,明。

吴江11个:

吴江汾湖陆氏,南宋;吴江汾湖陆氏,南宋;吴江黄钮同宗,宋末元初;吴江松陵陆氏,明中叶;吴江苏溪朱氏,明中期;吴江竹溪沈氏,明后期;吴江赵田袁氏,明后期;吴江徐氏,明;吴江江震殷氏,明末清初;吴江严氏,不详;吴江史氏,不详。

太仓7个:

莱阳分支太仓延陵支(吴氏),南宋;太仓平原陆氏,元末;太仓杨氏,元末;太仓凌氏,元末;太仓毕氏,明末;太仓顾氏,不详;太仓席氏安定简庵公支,不详。

依据以上情况,做出明代苏州按照行政区域划分的姓氏宗族来迁时间表,并计算出各自所占总数的比例(表4-8)。

表4-8 明代苏州姓氏宗族来迁时间

朝代	苏州	常熟	昆山	吴江	太仓	总计	%
隋	1					1	0.98
宋	22	1	3	2	1	29	28.43
宋元之际	1			1		2	1.96
元	5	5	3		3	16	15.69
元末明初		1				1	0.98
明	24	7	3	5	1	40	39.22
明末清初				1		1	0.98
不详	6	2		2	2	12	11.76
总计	59	16	9	11	7	102	100
%	57.84	15.69	8.82	10.78	6.86	100	

由上表可知,明代苏州宗族从迁移的角度看,最早迁入的是隋末苏州包山郑

氏,最晚的在明末清初,像吴江江震殷氏、苏州吴郡浦氏。整体数量上,以明代迁入的最多,达 40 个,占比 39.22%;其次是宋代,29 个,占比 28.43%;再次是元代,16 个,占比 15.69%。这些宗族不包括久已定居的旧族,如朱、张、顾、陆等土著姓氏名门。

细察之下,这些姓氏宗族来迁苏州的原因是多种多样的,大致其先祖或因战乱避难,或因官,或因当兵驻屯,或因婚姻,或因经商,或因喜爱风景,或因隐居,还有先侨居,后来子孙定居下来的,以及建有别业,后世子孙迁居而来的,等等。笼统可以归纳为职业、婚姻家庭、个人兴趣爱好、天灾人祸的社会环境变动等。也有空间上的方便,比如江浙皖沪的姓氏来迁苏州成族,地理位置临近是最大优势。河南姓氏来迁苏州成族,主要在宋室南迁时期,而安徽姓氏迁居苏州,以经商的徽州最为突出。

在传统农业时代,安土重迁是人们生产与生活方式的主流,背井离乡,打拼天下,毕竟至少三代以上才能另立家族,繁衍子嗣,开辟新生路,创造新生活天地,并为此必须付出巨大的努力。以上这些明代苏州姓氏宗族都历经世代拼搏,终于在苏州立稳脚跟,为苏州社会做出贡献,自身已经融入苏州社会,跻身苏州土著姓氏名族行列,成为新名门望族。这些来迁人口将带来的外地文化与在地的苏州文化相结合,传承发展,创造出新苏州文化,出现异彩纷呈的景象。明代苏州姓氏家族的发展离不开其族人人口与人才的发展,并且为清代以降的苏州人口姓氏家族发展奠定了坚实的基础。

二、制约家族活动的环境

明朝初年,朱元璋对苏州地区采取了强制迁徙、打击富家大族等高压政策,征收重税,建立完善的基层组织,实行强力控制,这些政策和措施限制了明代苏州家族组织活动的开展。

(一)明初政府高压政策与家族沉沦

朱元璋于 1367 年打败张士诚后,强迁江南富户填实南京、凤阳、苏北,后来陆续又有几次。这一强制迁徙政策一直持续到永乐年间才停止。明中期王鏊作为深谙家乡在明朝立国以来变化的哲人,敏锐地归结了导致苏州人口家族社会衰落的政治原因在于法网密植,使人获罪充军,工匠服役,富民迁徙。[1]明初强制富户迁徙对江南人口社会影响极大,苏州尤其成为重灾区。伴随强制性人口迁移,加上明初"党祸"屡兴等一系列政治事件,许多苏州富家大室不仅人口受到重大损失,财产也被强制充公,沦落漂泊,能够保命就是大幸了。

吴江莫氏在元代明初本是富庶名族,因为莫禧莫辕父子在明初被逮入狱,莫禧因此而死,莫辕祖父莫湜、叔父莫礼在明初党祸中牵连被杀,其他家人纷纷被谪戍幽闭,"一家无能免者",莫辕之兄完伯夫妻也在这场家祸中病死,遗留两侄儿尚在襁褓中。等到建文帝继位,莫家被谪戍的人得到赦归时,"故居荡然无遗",名门不复当初了。[2]

昆山方氏家族"赀雄一乡,颇事武断,洪武初籍没其产,子孙皆戍宁夏"[3]。方氏人财两失,就此没落,直到明中期方鹏、方凤兄弟时才重新振兴。两宋以来苏州名族范氏在长洲拥有2 000多亩义田,只因为当时义庄主计范元厚"违误"秋粮交纳,竟然几乎全被没收。另外,范氏从第十世到十三世的不少族人被处以"戍"刑,强制迁徙到云南、北京、湖广辰州、辽东等地。[4]洪武十二年(1379),苏州有官田29 906.07顷。到洪武后期,官田增加到60 094顷,新增30 187.93顷。这些新增加的官田基本上都是被新抄没的豪强田土。[5]如此大规模籍没田产的行动必然导致为数众多的世家大族衰落。

明中期苏州人吴宽(1435—1504)直截了当地说:"皇明受命,政令一新,豪民巨族划削殆尽。"[6]这分明在说,就是因为明朝政治取向,实行暴力高压政策,造成许多豪门巨族财产被强征,人口四散奔命,家族散乱,无法凝聚,只能趋于没落。即便幸免迁徙、背井离乡得以留居本地的人们,也战战兢兢,心存疑虑,惶惶然不可终日,唯有循规蹈矩,缩手缩脚,小心翼翼,哪有心思和胆量去抛头露面,张扬先世名目,张罗家族事务。

---

[1] 参见正德《姑苏志》卷十四《户口》,《天一阁藏明代方志选刊续编》11,上海书店1990年,第920页。

[2] 吴宽:《家藏集》卷五十八《莫处士传》,《景印文渊阁四库全书》1255,台湾商务印书馆1986年,第544—546页。

[3] 方鹏:《矫亭存稿》卷九《代族长祭二祖》,《四库全书存目丛书》集部61,齐鲁书社1997年,第605页。

[4] 参见[日]井上彻:《中国的宗族与国家礼制——从宗法主义角度所作的分析》,钱杭译,上海书店出版社2008年,第142—143页;《范氏家乘》左编卷24《流寓录》,清光绪二十五年(1899)木活字本,苏州图书馆藏本,电子版总3780—3792页。

[5] 范金民:《江南重赋原因的探讨》,《中国农史》1995年第3期。

[6] 吴宽:《家藏集》卷五十八《莫处士传》,《景印文渊阁四库全书》1255,台湾商务印书馆1986年,第546页。

明初政府镇压富民豪族的政策在很长一段时间内使全国家族活动处于停滞状态,苏州也不例外。人们为了生计为了活命而终日奔波,无能力也无心思进行家族组织活动。这种高压政策还给许多人埋下了巨大心理阴影,给社会文化发展带来负面作用:"明兴,芟夷豪族,诛求巨室,于是人以富为不祥,以贵为不幸,或举秀才辄相仇雠,故多废诗书而略典礼。"[1]惧怕因家族门庭富贵而被镇压遭发配迁徙的灾难再次发生,人们没有机会也不敢积财聚族,苏州家族发展整体上裹足不前。

(二)朝廷重赋与家族瘫痪

明代前中后三个时期,通计苏州府大约以占全国平均1.34%的土地面积交纳土地税额却平均占全国8.41%;明代苏州府亩平均税粮是0.244石,而全国亩平均税粮为0.039石,苏州府亩平均税粮高达全国亩平均税粮的6.3倍。这已经足以说明明代苏州府田亩赋税之重。另外,正粮之外还有各种额外加征,明代苏州农民实际负担的赋税还要更高。参见下表(4-9)。

表4-9 明代苏州赋税负担

名　称	洪武二十六年 (1393)	弘治十五年 (1502)	万历六年 (1578)	平均
苏州田地(亩)	9 850 671	9 478 500	9 295 951	
全国田地(亩)	850 762 368	622 805 881	701 397 628	
苏州府田地占全国(%)	1.16	1.52	1.33	1.34
苏州米麦税额(石)	2 810 490	2 091 987	2 092 560	
全国米麦税额(石)	29 442 350	26 792 260	26 638 414	
苏州府税粮占全国(%)	9.55	7.81	7.86	8.41
苏州府亩均税粮(石)	0.285	0.221	0.225	0.244
全国亩均税粮(石)	0.035	0.043	0.038	0.039

资料来源:据范金民《明清江南重赋问题述论》(《中国经济史研究》1996年第3期)整理并核计制表。

在重赋压迫之下,地主和农民都是受害者。家居吴江黄溪的史鉴(1434—

---

[1] 乾隆《吴江县志》卷三十八《风俗·崇尚》,《中国方志丛书》,台湾成文出版社有限公司1975年,第1119—1120页。

1496)说出了重赋给出任粮长之家造成的巨大负面影响:

> 时郡县多逋负,朝廷遣使督之,员众,馆传不能容,散处祠寺中悉满,供廪日靡不赀。邑又当要冲,道过者无宁日,求索不问有无,咸取办于长。长复箕敛民以应,不宁厥居,往往遁去。税入愈不充,督者继至,吏卒手文檄,日叫嚣道路间,逮捕盈狱。凡为长,多家破。[1]

史鉴所在的吴江县地处大运河交通要道,朝廷督赋催征欠粮,使者来来往往,川流不息,都要粮长筹备接待;粮长当然得摊派给里中农民,里民不堪应承,纷纷逃逸;如此更加征收不到逋欠,连正常税粮也落空了;朝廷再派使者来严厉催征,动辄抓人威吓,被捕入狱的不仅是逋赋的小民,也包括许多出任粮长的富民,更有许多粮长因为无法应承赋役而"家破"。这是明初政府重赋政策之下苏州基层社会秩序和日常生活呈现的一种恶性循环,直接导致社会解组。

昆山龚氏在嘉靖以前曾是地方大族,龚乾"以编户长乡赋。正德庚午(五年,1510),岁大侵,县官不为蠲贷,尽责之长赋",他"罄其产输不足,则尽室以逃"。邑人归有光(1506—1571)说:"今数十年来,吴民困于横暴之诛求,富家豪户往往罄然。"[2]重赋重徭迫使吴中许多"富家豪户"倾家荡产。不仅富民担任基层职役不堪重负而破家,普通农家更是深受其苦,一年辛劳耕织不足以供税,以至于卖儿卖女,最后无奈,只能逃离家园。"以是农夫蚕妇冻而织,馁而耕,供税不足则卖儿鬻女。又不足,然后不得已而逃,以致民俗日耗,田地荒芜,钱粮年年拖欠。"[3]昆山张大复记载他高祖半闲翁曾"困于徭,不遑著述"。家族其他成员"频年以来,死丧疾疫,转徙流离,时居其半"。还有人"方迫逐于米盐,竟为不终日之计"。

繁重赋税与差役的压迫使明代苏州人生活于水深火热之中。在为生计辛苦奔波之时,苏州人对于家族事务就只能如张大复所说:"子姓兄弟中,故有心知其然、力不能举其事者矣。"[4]即使有心,也捉襟见肘,很难抽出财力与精力开展家族活动。

---

[1] 史鉴:《西村集》卷八《先考友桂府君行状》,《景印文渊阁四库全书》1259,台湾商务印书馆1986年,第866—867页。

[2] 引见归有光:《震川先生集》,周本淳校点,上海古籍出版社2007年,卷二十一《龚母秦孺人墓志铭》,第511页;卷十四《陈母倪硕人寿序》,第359页。

[3] 杜宗桓:《上巡抚侍郎周忱书》,正德《松江府志》卷七《田赋中》,《中国方志丛书》,台湾成文出版社有限公司1983年,第197页。

[4] 上引分见张大复:《梅花草堂集》卷一《张氏族谱序》《张氏奉祀凡例序》,《续修四库全书》1380,上海古籍出版社2002年,第295、296—297页。

（三）社会风尚、地方信仰与家族事务推延

王鏊在正德时指出当时苏州风俗主要有两个特点：一是繁盛的寸金地，人们殚精竭虑，商品经济发达，形成"多奢少俭"竞奢逐侈的社会风尚；二是"信鬼神、好淫祀"的地方民间信仰。[1] 这两个方面都对明代苏州家族事务的开展产生了负面影响。

1. 盛行竞奢逐侈，冷落家族事务

按照苏州人王锜《寓圃杂记》中记述的明代前期苏州发展状况[2]，苏州地区在艰难渡过了明初的萧条后，于正统、天顺年间开始逐渐恢复，至成化年间，已经重现繁华景象。工商业不断发展，商品经济活跃，人们物质生活水平提高。经济发展和人们生活水平的提高有利于促进家族组织活动的进行，也为人们的奢侈生活提供了物质基础。豪民世家，甚至普通小民，都开始追求奢靡的物质生活，人与人之间，家与家之间，互相攀比，竞奢逐侈。这种社会风尚一定程度上也影响了家族活动的进行。

豪民世家拥有雄厚的经济基础，在追逐物质享受方面自然更加肆无忌惮。

明中期，长洲人陆粲（1494—1551）为亲家王延喆写墓志铭，详细描写了王延喆年轻时候的生活：

> 君年未二十归吴，即慨然欲恢拓门户。当是时，吴中富饶而民朴，畏事自重，不能与势家争短长，以故君得行其意，多所兴殖，数岁中则致产不訾。诸贳贷子钱，若垆冶邸店，所在充斥。起大第西城下，前堂列优笑，钟鼓笙弦，后庭比房数十，歌舞靡曼，穷日夕为娱乐。时出，从所善客驰骋燕游，舆马鼓吹，纵横道中。贵游子弟望见君，侧行屏气，不敢疾驱。君视之蔑如也。[3]

王延喆是王鏊长子，父亲由探花入仕，在京城为官，不顾生计，家产败落，而王延喆年轻有为，敏于货殖，迅速积累起大量财富，于是爱好图书古玩（详见本书第五章第五节藏书刻书、第六节收藏），还起高宏大第，整日笙箫歌舞，驰骋燕游，

---

[1] 正德《姑苏志》卷十三《风俗》，《天一阁藏明代方志选刊续编》11，上海书店1990年，第894页。引文详见本书本章第二节一之（一）。

[2] 王锜：《寓圃杂记》卷五《吴中近年之盛》，张德信点校，中华书局1984年，第42页。引文详见本书第二章第二节之三。

[3] 陆粲：《陆子馀集》卷三《前儒林郎大理寺右寺副王君墓志铭》，《景印文渊阁四库全书》1274，台湾商务印书馆1986年，第616页。

生活奢靡。为此王鏊以宰相之身，一再警告他小心言行，注意遵从礼制法度，不要自惹是非，害己又害家害族，而王延喆听从父训，也能改过自新，说明明中期朝廷礼法尚尊，威慑仍在，廉能官员注意涵养家教，形成严正的门风族范，官宦子弟还能敛手屏足，有所顾忌，纨绔之风有所抑制。[1]

到明后期，文史大家太仓王世贞出身官宦世家，曾上《乞恩勘辩诬蔑，仍正罪削斥，以明心迹，以伸言路疏》，列数自己六条"罪过"，其中第三条和第四条为：

> 情事既与人异，不能攻苦服素，以追先哲独行之风；吴俗修口腹，臣不能以恶草具奉客，而有酒食之累，臣罪三也。
>
> 性好泉石，治一园而出，后为家干，有所增饰而弗能毁；雅嗜图籍，因傍置古器，先产尽挫，臣罪四也。[2]

以上表明王世贞既享有官宦子弟的优越，无须清苦攻读，也染上世俗风尚，喜好饮食、园林、图书、古玩。他的痴迷，极力追求，罔顾家资，传下以一座庄园交换宋版两《汉书》的藏书佳话，甚至到了爱好古玩鉴赏"先产尽挫"的地步。其后世子孙秉此特性不改，且有过之而无不及，败家堕身者在在有之。

像王延喆和王世贞这种情况在苏州相当普遍，富人子弟往往在居室、宴饮、穿戴、游玩、收藏等方面竞相攀比，穷奢极欲，引领江南和全国社会的文化消费。不仅是他们这样的官宦富家子弟，就连普通小民，在这些方面也尽其所能地追逐，甚至有些人脑子发热，盲目跟风，不顾自身经济和文化鉴赏实力，败家破产，也在所不惜。这种社会风气受到商品经济的驱使，也是商品功利的直接体现，但同时也抬高了文化鉴赏品位。

上述只是日常生活，而一遇节庆、婚丧嫁娶、寿宴等，不论富家大族还是普通百姓，都大事铺张，务求隆重。明后期，祖籍长洲的娄坚（1567—1631）为姻亲撰写寿序，说道：

> 而吾吴之俗日趋为靡，会客则争致贵势以为荣，张筵则务穷水陆以为腴，倡优在前，宾主终日揖让以为礼，固非衰老之所堪也。夫古之人尝以每食四簋追往悼今，若五鼎则大夫之享矣，而近世民间燕会或多至

---

[1] 参见吴建华：《明代王鏊诫子书浅析》，《江南社会历史评论》第七期，商务印书馆2015年。
[2] 王世贞：《弇州续稿》卷一四二《文部·疏·乞恩勘辩诬蔑仍正罪削斥以明心迹以伸言路疏》，《景印文渊阁四库全书》1284，台湾商务印书馆1986年，第86—87页。

百味,盖人子之不诚于献寿为日久矣。[1]

家庭喜庆宴会,请客要请显贵名流,饮馔要极尽丰盛,倡优笙歌燕舞,宾主彬彬有礼,成了互相炫耀、争相摆阔的平台。人们追求排场,追求物质享受,已经蔚然成风。由此,奢靡风俗,习以为常,社会彻底打破了明代初期以来的礼制束缚。

在竞相追逐财富、竞相享受奢靡生活的风尚之下,人们将财富主要用于广置田地,修建豪宅、园林台阁,游玩宴饮,与此同时,疏远亲情,冷漠家族事务,对于家族发展产生了不利影响。

明中期陆粲说:

> 今世富人子能辜较财利,斥广田庐,辄自谓贤,人亦贤之,语及其先世,鲜不懵焉者。《传》有之:"禽兽知母而不知父。野人曰:父母何算焉?"今冠裳而邑居,积锱贯朽,卧起其间,至于老死,而忘其身之所自出也,此何人哉?[2]

明后期,昆山人张大复(约1554—1630)感叹当时风气:

> 又多懒散不急之游,安知礼意?[3]

苏州状元宰相申时行熟稔家乡风俗,对于轻浮奢靡与淡漠家族事务的关系一针见血地评论道:

> "吴俗轻靡浮荡,故鲜世家,不讲于氏族之学,有崛起隆贵而不知其所自出者。"
>
> "晚近以来,士大夫溺于形家之说,慎终哀死之心不胜其择便利徼福泽之心,然至于时世推移,陵谷变易,则虽崇冈乐丘、牛眠而马嘶者,亦且鞠为榛莽,牧儿莞竖踩蹋其间,盖雍门之泪不胜掬矣。"[4]

湖广桃源的江盈科(1553—1605)晚明时期出任长洲县令长达6年,以苏州赋税之重甲于天下,体察下情,同情民瘼,并详谙当时民风,指出一个家族成员,

---

[1] 娄坚:《学古绪言》卷六《姻家陆翁寿序》,《景印文渊阁四库全书》1295,台湾商务印书馆1986年,第72—73页。

[2] 陆粲:《陆子馀集》卷七《题汤氏小宗图卷》,《景印文渊阁四库全书》1274,台湾商务印书馆1986年,第677页。

[3] 张大复:《梅花草堂集》卷一《张氏奉祀凡例序》,《续修四库全书》1380,上海古籍出版社2002年,第296页。

[4] 上引分见申时行:《赐闲堂集》,《四库全书存目丛书》集部134,齐鲁书社1997年,卷十八《题王氏族谱》,第376页;卷十六《中丞砺庵毛公祠堂记》,第334—335页。

富贵贫贱之间非但不能体恤救济,而且有着天壤之别:

> 近世士夫,即崇阶峻秩,禄厚家温,当其退闲,所极意夸斗者,非宫室第宅之雄,则园亭池馆之丽。其族人贫者、贱者、稍疏远者,从舆骑左右窥伺觑睍,有如天神,不敢望见,敢相与齿列祭祀宴飨,以明出自一身之义耶?[1]

这些文献表明,明代中后期的苏州社会由于竞奢逐侈风行,人们将贪求物质享受作为人生乐事,互相攀比,笃信阴阳风水,不知家世,不念父母祖宗,"不讲于氏族之学",对族内骨肉漠不关心,如遇途人一般。儒家士人记载这种社会实情,也反映着他们对此反省、批评和担忧的心情。

2. 好信佛道鬼神,冷淡祖宗睦族

苏州地区魏晋以来佛教、道教发达,古寺名观众多,像报恩寺、寒山寺、玄妙观等,规模宏大,历史悠久,天下闻名。小型佛寺道观在全境城镇乡村更是星罗棋布。众多的梵宇琳宫反映了苏州人对佛道的大肆崇信。特别是佛教,信徒众多。明代苏州佛道崇祀依旧兴旺。弘治《吴江志》描述了当地佛教信仰风俗:

> 四都人民酷信佛法,以为真有天堂地狱之设者。家惟留长子立户,余悉为僧。其父母死,僧归荐之,则人皆歆艳曰:"某人不枉出家,今父母已超升矣。"或俗人请僧荐其父母者,则又歆艳曰:"某人不枉生此好子,今已在天堂矣。"或有一人不作因果者,乡党已为贬议,共目为不孝之人。以故服缁黄而持锡钵者相煽成风,接踵而去,弥满于他处。其不出家者亦皆诵经礼佛,甚至烧香燃指者,俗名墨行。遗爱割恩,惟四都为然。谚谓吴江四都"小西天",哀哉![2]

吴江佛教发达,民众信奉来世果报,孝顺父母与否以僧人超度来衡量,因而每家除了长子留守门户,其他儿子出家盛行,遍布他乡,高僧众多,而世人在家也虔诚礼拜,尤其以四都为最,被誉为"小西天"。

信奉佛道,出家无家,这与儒家学说倡导的入世为人、婚丧嫁娶、成家立业、慎终追远,过上正常人生活,传宗接代、崇奉祖宗香火格格不入,南辕北辙。家族由同一父系血缘关系的各个家庭组成,在祖先崇拜与宗法观念的规范下组成了

---

[1] 乾隆《长洲县志》卷三十三《艺文三》,江盈科:《埭川顾氏祠堂记》,《中国地方志集成·江苏府县志辑13》,江苏古籍出版社1991年,第433页。此文又名《姑苏顾氏祠堂记》,《江盈科集》,黄仁生辑校,岳麓书社1997年,第359页。

[2] 弘治《吴江志》卷六《风俗》,《中国方志丛书》,台湾成文出版社有限公司1983年,第228—229页。

社会组织。以血缘为基础的祖先崇拜是维系一个家族存在的重要纽带。家族成员在共同祖先的名义下进行家族活动,维系家族作为一个完整的社会群体而存在。倘若人们将自身和家庭的主要精力财力粘附于佛教道教信仰,而祖先崇拜退居其次,憧憬来世天堂仙国的美好,个人转运的重要性远远大于祭祀在阴司地府的祖先,同族之间的血肉亲情关系必然趋于淡漠。烧香拜佛,从日常生活的持续不断到节庆日的大肆庆祝,在牵扯精神的同时,还要花费大量财力物力。家中遇到红白喜事之类都要请僧道作法。比如,"吴俗有丧必供佛饭僧,动以千百计,至有废家荡产,因循累年不能举者"[1]。大量的钱财用于"供佛饭僧"等活动,有的人死后将财产捐置饭僧田,也不捐置家族义庄田,将自己托付佛门,也不呆在世俗家族墓田,毫无疑问,这不仅影响个人与家庭的物质生活,也影响到家族组织活动的正常进行。

除了佛道宗教之外,还有"信鬼神、好淫祀"的吴风苏俗,冲击着家族事务的开展。

明中期王鏊《姑苏志·风俗》中"信鬼神、好淫祀"之语记载着苏州吴地由来已久的民间信仰,并且成为风俗习惯。如南宋苏州人范成大说:"其俗信鬼神,好淫祀。父子或异居,大抵然也。"[2]崇祯《常熟县志》记载:"即号称素封,大抵勤于身,俭于家,缩衣节食,仰奉县官,其安土重迁,崇信巫鬼,则贫与富皆然。"[3]不论贫富勤俭,好信鬼神具有普遍性,没有什么差异。

苏州民间信仰的鬼神有多种多样,有的是地方特有的(详见本书前述专节)。除却佛道神仙信仰外,五通神、周孝子等地方民间信仰的崇拜也很普遍隆重。弘治《吴江志》有对五通神信仰的详细记载:

> 谄神佞佛虽在在为然,而吴人为甚。俗重五通之神,家立小庙,朝夕礼敬。凡疾病危笃则盛设筵席以飨之,谓之待圣;巫觋歌舞,以鼓乐为娱。其献酬之礼与生人无异,自夜达旦,或自朝至莫而罢。愈则归功于巫,不愈亦无怨悔。[4]

苏州西郊名胜石湖之畔上方山的五通神庙祀,唐宋以来至明代,历经演变,香火一直旺盛,期间经过官府多次捣毁,尤其是清初汤斌毁"淫祠",严禁崇拜,

---

[1] 朱存理:《珊瑚木难》卷五《钱伯行墓志铭》,王允亮点校,浙江人民美术出版社2012年,第432页。
[2] 范成大:《吴郡志》卷二《风俗》,陆振岳校点,江苏古籍出版社1986年,第8页。
[3] 崇祯《常熟县志》卷三《风俗志》,苏州图书馆藏本,电子版总第401页。
[4] 弘治《吴江志》卷六《风俗》,《中国方志丛书》,台湾成文出版社有限公司1983年,第228页。

才变身五路财神、正月初五迎接的民俗,延续至今。[1]

周孝子信仰在苏州民间也很广泛。宋孝宗乾道(1165—1173)时常熟人周容,平生好义,奉母朱氏至孝,卒后保护乡间、为国效力,因而民人在常熟和苏城东南都建庙奉祀。

上举明代苏州地区五通神和周孝子的信仰状况,无非表明地方神灵的信仰十分普遍,以至于出现下列情况:

> 家自为庙,祝非其鬼。人小有疾则指以为祟,往往杀羊、豕以大飨之。其歌讴欢笑,俯仰跪起,类乎生人之宴,而卜筮巫祝之徒假以获利者皆是。[2]

人们对地方神灵十分崇信,这种崇信和对佛道等宗教信仰一样,必然弱化人们对家族祖先的崇拜,限制了家族活动的开展。

对于鬼神的信仰不只是简单地供奉和拜祭,在某些情况下,这种祭祀隆重奢侈,需要花费大量财力物力。即使如此,普通小民和富裕士绅对此仍是趋之若鹜。史鉴在《诛巫序》中记述吴江地区的鬼神信仰:

> 自异端妖妄之说兴,蚩蚩之民狃于耳目之习,利害交战于中,胶胶扰扰,其惑也固宜,而高明宏博之士乃亦溺而信之,又有口议其非,躬蹈其迹者,甘心而不悔。良由不达乎死生之理,不明乎祸福之机,而天理卒为人欲所胜故耳。间有守道不惑者,群邪反从而姗笑之。

人们信奉鬼神,生病之后"惟巫言是听",宁愿花费钱财,卖田卖屋,倾家荡产,请巫师巫婆装神弄鬼,驱除病魔,也不请医不吃药,而这种情况不仅见于不通文理的普通小民,就连"衣冠之家亦习以为常,莫有悟其非者",[3]甚至有些"高明宏博之士"沉溺其中,恪信不疑,"口议其非",却"躬蹈其迹"。小民、士人迷惑于此,则人欲战胜了天理,理智遭到挑战,儒家伦理社会秩序和理想面临危机。

万历年间,太仓时任礼部右侍郎的王锡爵之女王焘贞诡称得道,自号昙阳大师。王焘贞在一个士大夫家族中做出如此诡异怪诞之事,在当时不仅没有受到"高明宏博之士"的谴责,反而得到了许多士夫名流的赞许和膜拜。王世贞还亲

---

[1] 详参吴建华:《汤斌毁"淫祠"事件》,《清史研究》1996年第1期。
[2] 吴宽:《家藏集》卷三十三《周孝子庙记》,《景印文渊阁四库全书》1255,台湾商务印书馆1986年,第270页。
[3] 上引均见史鉴:《西村集》卷五《诛巫序》,《景印文渊阁四库全书》1259,台湾商务印书馆1986年,第801—802页。

撰《昙阳大师传》"刊布远近"[1],为王焘贞进行宣传。

明代苏州地区社会各个阶层对于多鬼神的信仰不仅普遍,而且态度坚决,深信不疑,以至于那些不信鬼神的少数派反而成为被"姗笑"的对象。

明代苏州人多信仰佛道或鬼神,毫无疑问影响到了对于祖先的崇拜和信仰。弘治《吴江志·风俗》说:

> 丧惑浮屠,小民多溺于火葬,祭祀薄于先祖,厚于亲姻,急于鬼神。[2]

好火葬,放弃土葬,用的是佛教葬俗,背离了入土为安、慎终追远这一主流的本土儒家伦理的做法。而且姻亲关系一般人视作重于同祖同宗同族关系,而冷落了一脉相承的骨肉宗亲,湮塞了木本水源。地方民间信仰不但在精神层面,同时也在物质层面,对家族活动造成不利影响。

3. 松散宗族关系,冷漠宗族活动

以上国家政策、社会风尚与地方民间信仰影响家族事务开展,包括宗法祭祀、家谱编修、家族救济等,尽管不是绝对对立排斥、非此即彼的,却也是顾此失彼,多少有所冲击的,结果就是宗族关系松懈,宗情淡漠,家族事务开展不易,必须依赖士大夫以及民间有识之人的呼吁和身体力行,才能造成声势与风尚。而兴办家族事务,开展家族活动,在宋代开始家族社会化、小家族化之后,大多是断断续续进行的。

娄坚在考察苏州社会状况后,指出"吴人不能聚族"的原因:

> 盖予尝深思其故,以谓吴人之不能聚族者非其性然,习俗使之也。俗之失有二:曰鄙,曰奢。奢则不务循乎分,故益冒于利;鄙则不务洁乎名,故轻去其宗。凡贵盛之家,所赖其力而与之昵者,虽亲兄弟或不如僮奴也。及势去家落,遭不肖子,荡然不复。顾其家世,容有不再传而去为人奴者矣。嗟夫!不变其俗,则何族之能聚哉?[3]

正是"鄙"和"奢"这两种社会习俗,即包括上文叙述的竞奢逐侈的社会和地方民间信仰,导致宗族关系松散,限制了苏州地区家族事务的开展。

---

[1] 许重熙:《嘉靖以来注略》卷七《万历注略》,万历九年五月,《四库禁毁书丛刊》史部5,北京出版社1998年,第152页。
[2] 弘治《吴江志》卷六《风俗》,《中国方志丛书》,台湾成文出版社有限公司1983年,第231页。
[3] 娄坚:《学古绪言》卷一《徐氏宗谱序》,《景印文渊阁四库全书》1295,台湾商务印书馆1986年,第9页。

在明代苏州的物质生活中,人们竞奢逐侈;精神信仰中,崇信佛、道和鬼神。这在一定程度上造成了宗族关系的松散,家族组织活动开展受到限制。归有光描述了当时归氏家族情况:

> 归氏至于有光之生而日益衰。源远而末分,口多而心异。自吾祖及诸父而外,贪鄙诈戾者往往杂出于其间。率百人而聚,无一人知学者;率十人而学,无一人知礼义者。贫穷而不知恤,顽钝而不知教;死不相吊,喜不相庆;入门而私其妻子,出门而诳其父兄;冥冥汶汶,将入于禽兽之归。平时呼召友朋,或费千钱,而岁时荐祭辄计杪忽;俎豆壶觞,鲜或静嘉;诸子诸妇,班行少缀。乃有以戒宾之故而改将事之期,出庖下之馂以易荐新之品者,而归氏几于不祀矣。[1]

归氏家族中许多人追逐物质生活,宁肯花费千钱"呼召友朋",也不愿在祭祀祖先时多花一分。私溺妻子,诳骗父兄,淡漠族亲,宗支久远,支派衍分,"口多而心异",宗族关系松散,归氏家族到了"几于不祀"的衰败境地,有的族人已经不是人,归于禽兽了。

除归有光之外,当时许多文人,如张大复、江盈科、常熟顾大韶(1576—?),也有这方面的记载:

> 世衰道丧,人心如狼虎,据食则露龈相狠。出本于昆弟,算及锱铢。无论高明之家、遥华之胄,饮食豪华,无非贵游朱履。遇族长老而色变,踽踽去之。见鹑衣露肘,恨然发声,谓此辈辱我先,不复名所何人,可胜道哉!可胜道哉![2]

> 夫自古宗法之坏也,林总之众昧所从出,一门之内一再传之,后率途人相视。于是少凌长、卑狎尊,浸引蔓延,淫蝶狠傲,各遂其性。所号称宗长者傍睨不敢出一语,乃始攘臂构难,狱讼日繁,而棰楚日不胜用。[3]

> 然且人各有心,口自为议,萃之以祭,而不举其祖者有矣;合之以食,而捺兄之臂者有矣。居常则摘短长而相揶揄,伺衅则操旷林之戈而

---

[1] 归有光:《震川先生集》卷十七《家谱记》,周本淳校点,上海古籍出版社2007年,第436页。
[2] 张大复:《梅花草堂集》卷五《昆山朱氏义田记》,《续修四库全书》1380,上海古籍出版社2002年,第401页。
[3] 乾隆《长洲县志》卷三十三《艺文三》,江盈科:《埭川顾氏祠堂记》,《中国地方志集成·江苏府县志辑13》,江苏古籍出版社1991年,第433页。此文又名《姑苏顾氏祠堂记》,《江盈科集》,黄仁生辑校,岳麓书社1997年,第358—359页。

下石焉者,数数然也。[1]

一家之内,兄弟之间会拳头相向。一族之内,再世之后,族人稍繁,居处稍远,家族成员于是各顾各自生活,漫无往来,严重的出现"少凌长,卑狎尊",尊卑失序。甚至在有些家族中,家族成员之间经常会有纠纷,宗长在处理这些事情时往往软弱无力,失去权威,只能讼之官府,任凭处置那些祖宗骨肉。在有些家族中,宗族关系松散,人们对家族事务的热情不高。

以上从政治、经济以及社会等方面着重说明了明代苏州家族发展所处社会环境中的不利因素,既有全国政局变动引起的大变化,也有地方社会的特有因素。明初政府对苏州世家大族在政治上高压和经济上的重赋政策严重影响了明初苏州地区家族事务的开展。成化以后,随着政治环境改善,经济不断发展,明代苏州地区许多家族都具备了开展家族事务的条件,而竞奢逐侈的社会风尚和崇神信佛道的宗教与民间信仰又成为限制家族事务开展的重要因素,这导致一些家族宗族关系松散,家族组织活动的进行受到了限制。但必须看到的是,不论是明初的不利环境,还是后来竞奢逐侈的社会风尚和崇神信佛道与民间地方信仰,都不能使家族发展的脚步停止。明初以来,苏州儒家士大夫中总有对此有着清醒认识的人,他们对这些阻碍家族发展的不利环境进行了反省、批评,在中国历史文化传统中,高扬儒家伦理社会大旗,传承家族文化,恪守士大夫的济世职责,沉思、构建、宣扬各自的家族理论并努力付诸实践,聚合家族,祭祀祖先,编修家谱,兴办家族事务,开展各种家族活动,在当时人们的思想中仍是积极主流,并且引导社会风气的转换,回到崇尚人伦、营建孝顺和睦社会的轨道上。

三、士大夫的家族思想

家族活动作为一种社会性事务,超越了一家一户的狭小畛域,必须在国家政策和社会环境允许的前提条件之下才能成为社会风气,同一家族里只有出现既有爱心又有公心之人,愿意无偿付出时间、精力与财力,舍己为族,施行慈善,在缺少社会保障社会福利的传统农业时代,救济保障族人,纯粹为了水源木本,同出一祖,维系祖宗血肉之情,激发族人尊祖敬宗的根性朴素情愫,把家族活动当作自己责无旁贷的事业,才能积极主动地兴办起来。

面对族人亲情淡漠、宗族关系涣散、家族事业发展缓慢的局势,从明代中期

---

[1] 顾大韶:《炳烛斋稿》《陈氏族谱序》,《四库禁毁书丛刊》集部104,北京出版社1998年,第551页。

开始,苏州许多家族开始积极寻求改变。一些热血有识人士,特别是士大夫,在儒家文化伦理的熏陶和积累的基础上,尝试通过复兴宗族,开展一家一姓的家族组织活动,防止家族泯没,确保世泽不斩,同时兼可教化世俗,建立合理和谐的伦理社会秩序,维护行政和社会管理的稳定。由于士大夫在地方社会的政治和经济地位都较高,往往能领风气之先,对家族的理论认识不但可以直接影响同一阶层的家族活动,也可以影响整个社会家族活动的实践。通过明中期王鏊(1450—1524)的家谱修纂论、魏校(1483—1543)的家族思想以及归有光(1506—1571)的家族论,可以窥见明代苏州士大夫的家族思想之一斑,进而容易把握明代苏州家族发展的理论基础。

(一) 王鏊的家谱修纂论

王鏊,字济之,号守溪,人称震泽先生。吴县洞庭东山陆巷人。父琬,光化知县。王鏊16岁随父进京读书,国子监诸生争相传诵其文。侍郎叶盛、提学御史陈选称他为天下士。宪宗成化十年(1474)乡试,明年会试,俱第一。廷试第三,授编修。杜门读书,避远权势。弘治时官至吏部右侍郎。

武宗正德元年(1506),入内阁,进户部尚书、文渊阁大学士。加少傅太子太傅,改武英殿大学士。持正不阿,与权阉刘瑾多有斗争,并能力保善类,然而武宗重用刘瑾,于是奉身早退。正德四年(1509),三疏乞归,得许。家居14年,廷臣交荐不起。

世宗即位,嘉靖元年(1522),派遣行人存问,将召用。王鏊疏谢,因上《讲学》《亲政》二篇。嘉靖帝优诏报闻,官其一子中书舍人。嘉靖三年(1524),复诏有司存问。他忽然遘病,竟卒于里第。嘉靖帝闻讣,为此辍朝一日,谕祭,诏工部遣官营葬,加赠太傅,谥文恪。

王鏊自幼聪颖,博学有识鉴,文章尔雅,议论明畅。晚年著《性善论》一篇,王守仁见后说:"王公深造,世未能尽也。"年少善制举义,后数典乡试,程文魁一代。取士尚经术,险诡者一切屏去。弘治、正德年间文体为之一变。[1]

王鏊通过科举鼎甲成为贤相。他为人正直,为官清廉,正色立朝,难进易退,经学通明,文章名满天下。他不仅以八股文名重身前,风靡明代中后期,成为制艺大家,更是思想家、文学家,还是方志学家、家谱学家、书法家、刻书家等。他著有诗文集《震泽集》36卷,笔记《震泽长语》《震泽纪闻》等,纂修《震泽编》、正德

---

〔1〕 参见《明史》卷一八一,列传六十九《王鏊》,中华书局1974年,第4825—4827页。

《姑苏志》《太原王氏家谱》等。他在明代政坛、明代及中国文化史上都占有重要的地位。

据宣统王氏《太原家谱》卷十八的王鏊年谱，弘治九年（1496），王鏊47岁，其父王琬修《王氏家谱》成。[1]

王琬，贡生。曾任湖广襄阳府光化知县，廉直为民，得罪上官。恰遇王鏊探花及第，从此家居不仕，以高寿终老。他以对于家族的高度责任感，念念不忘传承家族祖先的记忆，想要编纂本家家谱，而因事实久远难征，一直未成。致仕之后，修谱成为他尽心致力的夙愿工程。实际上，该家谱系王琬依据祖上传承故实，正式创谱，[2]而王鏊参与完善的。王鏊与其父同心协力，到这时，经历17年之久，终于将家谱共同修成了。[3]

王鏊当时在翰林院任职侍读学士、日讲官，地位清要。他代父撰谱序，从北京寄回发刊[4]；写后跋[5]，取谱辈世数排行诗[6]；家谱初刊之后，又叮嘱大弟王铨（字秉之），先送去北京自己阅看[7]。因而，这部家谱更多地体现了王鏊的谱学思想与实践经验。不过，王鏊让名，尊其为父撰，冠父之功而已。

王鏊家族的家谱从此以后，经明、清，到民国二十六年（1937），屡续不辍，以至于后嗣在连篇累牍的谱序谱跋之中，凡是讲本族编修家谱，一般除了提到光化公王琬外，都必提到文恪公王鏊，甚至有的只讲是文恪公创编家谱。可见，单靠王鏊父亲的能力，此王氏家谱编纂完竣，恐怕还得怠以时日，甚至可能无法完成，

---

[1] 王氏弘治宗谱《光化公序》署名为"宏治九年岁次丙辰十一月十有六日，诰封奉直大夫、右春坊右谕德、前知湖广襄阳府光化县事朝用谨序"。清道光七年（1827），十二世族孙王仲鏊识曰："按此序系文恪公代作，载《震泽集》中。"均载民国《莫厘王氏家谱》卷十二《宏治宗谱序例》，1937年石印本，第1页。"弘治"作"宏治"，避清乾隆帝"弘历"之讳。

[2] 如王季烈民国二十六年（1937）所修《莫厘王氏家谱》卷一《宗谱下》（1937年石印本，第15页）："此宗谱一卷，光化公所订。"是为旧谱，记载到王鏊ို及吏部右侍郎、生二子。

[3] 如二十四世孙王季烈讲："我王氏于宋建炎初由汴迁吴，至明宏治间，先十五世祖光化公及先十四世文恪公始撰家谱……且我家旧谱惟先文恪所撰宗谱谨严有法。"民国《莫厘王氏家谱》卷一《序》，民国辛未年（1931），1937年石印本，第1页。

[4] 王鏊：《文恪公与秉之公书》："家谱序文已奉去，不见回报，何也？"宣统《太原家谱》卷二十八《杂文类下编》，1911年木活字本，第51页。

[5] 王鏊：《宏治宗谱》文恪公跋，民国《莫厘王氏家谱》卷十二《宏治宗谱序例》，1937年石印本，第2—3页。

[6] 王鏊：《文恪公世数排行诗》："延有（原作祐，避明孝宗讳改）国祚，斯显奕世。伯仲希仁，叔季守义。民彦思忠，元良允庆。太平（原作大明，鼎革时改）万年，臣子素志。"王季烈识："右诗八句，共三十二字。一字为一世，凡三十二世。吾王氏子孙遵而行之，不独合宗睦族，抑且尊卑有序矣。"民国《莫厘王氏家谱》卷十二《宏治宗谱序例》，1937年石印本，第3页。

[7] 王鏊：《文恪公与秉之公书》："《王氏家谱》可为我印三五本来。"宣统《太原家谱》卷二十八《杂文类下编》，1911年木活字本，第52页。

或者总是停留在谱稿状态,无法刊行。

王鏊为此谱所作《王氏家谱序》,全文 500 多字,在王鏊的诗文集与王鏊家族的《王氏家谱》或称《太原家谱》(宣统元年)、《莫厘王氏家谱》(民国二十六年)均有刊载。这篇谱序是王鏊结合考察历史上宗法、家族、家谱的发展与当时社会家族、家谱纂修的现状,经过认真思考,斟酌修饰,提出并具体体现在修谱实践之中,成为留给自己后裔与族人的宝贵文献。它与王鏊其他几篇谱序等文字一起,系统表达了阅历日广、学识日远、身体壮实与精力充沛时期的王鏊对于家谱修纂的观点,也奠定了他一生对于家族、家谱认识的基础。对这些文字经过仔细研读,可以将王鏊有关家谱编修的主要论述概括出来,大致有以下三个方面:

1. 修谱目的与价值

王鏊文字里透露出修谱大约有三大目的与价值:

(1) 知祖先,知姓氏根底,则修谱刻不容缓。

> 维昔天子,因生赐姓。命之以氏,厥宗攸定。[1]

王鏊借其父亲之口,讲述家谱的重要地位。

> 大夫公曰:"谱之作也,溯吾宗之所自出,支之所由分,使后之人继焉,绵延不穷,而还于一者也……王氏,盖尝有谱而亡焉。予始作此谱,旁搜细勘,历十有七年而后成。"[2]

时值王鏊所在的明代中叶,社会普遍不重家谱,因而不明祖宗,不知自出。

> 今委巷之人,三世以前,希不懵焉耳!夫士也,十世以前,希不懵焉耳!夫为人之子孙,而不知其祖;为人之祖,而不知于其[3]子孙,非大不幸耶?则谱之作,其可缓哉?[4]

王鏊留心观察并概括了明代中期社会对于祖先的普遍认知情况:普通民众对于自己三世之前祖宗全然懵懂无知,专门掌握知识、知道礼仪的士人稍微好

---

[1] 王鏊:《震泽先生集》卷三十二《敦叙堂铭》,载吴建华点校:《王鏊集》,上海古籍出版社 2013 年,第 459 页。

[2] 王鏊:《宏治宗谱》文恪公跋,民国《莫厘王氏家谱》卷十二《宏治宗谱序例》,1937 年石印本,第 2 页。

[3] 于其,万历《王文恪公集》(明万历三槐堂刻本)作"其于"。乾隆《景印摛藻堂四库全书荟要》第 414 册(世界书局 1985 年)、《震泽集》、乾隆文渊阁《四库全书》之《震泽集》均作"于其"。

[4] 王鏊:《震泽先生集》卷十《王氏家谱序》,载吴建华点校:《王鏊集》,上海古籍出版社 2013 年,第 194 页。

些,可是对于自己十世之前祖宗同样懵然无知。他认为这种现状无论对于子孙或其祖宗而言都是很不幸的。造成这种现状的原因就是家谱修纂的缺失。因此,编修家谱刻不容缓。

检索王鏊在其诗文集中撰写的谱序,除了他本家的外,就是山东滕氏族谱,再加题写的浙江东湖(平湖)屠氏宗谱,另有文集未收的题武山葛氏家谱。至于在碑状、传记的世系以及铭记等文字里,体现他有关家族家谱思想也有很多。这些内容集中体现的修谱思想与他在本家谱序里的完全贯穿一致。

> 人之生也必有所始,不可不知也。而世次漫衍,支分派别,亦不可得而尽知也。於乎!昔之不纪,今无以据;今之不纪,后将奚传?吾恐后之不知今,亦如今之不知古也。此谱之所以不可无也。子夏曰:"禽兽知母而不知父。野人曰:父母何算焉?都邑之士则知尊祢矣。大夫、学士则知尊祖矣。"夫所贵乎学士、大夫者,非以其能知所自出乎?不然,与禽庶奚择焉?[1]

有家谱,才令人知本根所始,古今一体,不因世衍支分而离散。王鏊甚至将它提高到作为儒家意识中人类文明进步的标志,不仅像禽兽那样知母,而且超越禽兽,知道了父系。于是,知母更知父便成为人伦所在、区别于禽兽的地方。一般士人知道尊崇亡父(即祢)。学士、大夫之所以超越粗人,贵能表率庶民、一般士人,就是因为知道尊祖,"其能知所自出",而纂修家谱。家谱成为人类文明的结晶,承载人类文明的标志。学士、大夫则成为修谱尊祖的领头羊,在传递文明使命时承担着重大职责。

> 古之君子,其责望也重以周,其忧虑也深以远。重以周,故作为无一而不宜。深以远,故宗嗣愈久而弗失。慨自宗法不明,至唐之衰,谱学益废,士大夫多不能知其所由来,而迄今尤甚。予深悲之!

然而,士大夫也不是个个会热衷于纂修家谱,担当社会传承文明,堪为庶民、士人表率的。时及明代中叶,社会上家族衰落,家谱逸亡,家法荡然,许多士大夫泯没自己的人伦职责、文明昌化的传承使命,这不得不引起王鏊的极度忧虑。于是,那些家谱修纂的热心者,尤其是身为士大夫,孜孜矻矻,汲汲无欢,无怨无悔,乐于奉献,就格外令人肃然起敬了。

---

〔1〕 王鏊:《震泽先生集》卷十四《东莱滕氏族谱序》,载吴建华点校:《王鏊集》,上海古籍出版社2013年,第229页。

吴县洞庭武峰葛世旸身为一介平民,心怀亲族之虑,热心热肠,纂成家谱。王鏊则以大学士身份亟亟予以表彰:

> 武峰葛君世旸,修德乐善,世美家声,虑祖远而或日忘,惧族众而或日疏,乃加意于是,纂为家谱。……其亦深长于水木之思者乎? 语云:"亲者毋失其为亲。"吾于葛氏之谱见之矣![1]

对于受父亲葛世旸遣派,前来求作谱序的葛佩,王鏊极为嘉赏。所谓"谱成,世旸君命其子佩,持以乞言于予。予嘉其少年笃学,将大振厥族,遂书以归之"。出于鼓励下一代接触谱牒,振兴家族,王鏊才立即满足了他的要求,并寄予厚望。

像浙江平湖屠司寇倡修家谱,以水源深、木本长之喻,知道自身本根来源,激发族人同体一心之思,就是士大夫的典范。

> 今司寇乃独能加意于此,水木之思深且长矣。[2]

正是由于平民之流的葛世旸,学士、大夫之属的屠司寇,在家族中衰之际,于日常忙忙碌碌之余,心智透亮,热心家族公益事业,修谱竣工,才使家族之线缕缕延绵,使人性之光阐幽发微,岂非远远超越于腰缠万贯却是脑满肠肥之徒,即使高官厚禄却是整日蝇营狗苟之辈!

(2) 修谱旨在"尊祖""合族",教民"孝""睦",具有重大社会建设功能。

> 夫谱,何为者也? 物莫不有所始,有所分。自吾而溯之,为考,为祖,为曾,为高,以至于无穷,其始也。始者常患于洇[3]而难稽。自吾而推之,为期,为缌,为袒免,为无服,其分也。分者常患于散而无统。君子由是而泝之。泝之而上,必有本也,故尊祖。尊祖,教民孝也。由是而推之。推之而远,必有分也,故合族。合族,教民睦也。谱其为是作乎?[4]

编修家谱,用文字记载姓氏血系的来源,书写族系的蔓延发展,即使有最好

---

[1] 上引均见王鏊:《题武峰葛氏家谱》,正德十三年(1518)题,《葛氏家谱》卷一,清乾隆二十年(1755)刻本。

[2] 王鏊:《震泽先生集》卷三十五《题东湖屠氏宗谱》,载吴建华点校:《王鏊集》,上海古籍出版社2013年,第499页。

[3] 洇,万历《王文恪公集》(明万历三槐堂刻本)、乾隆《景印摛藻堂四库全书荟要》第414册(世界书局1985年)《震泽集》均作"洇",乾隆文渊阁《四库全书》之《震泽集》作"湮"。

[4] 王鏊:《震泽先生集》卷十《王氏家谱序》,载吴建华点校:《王鏊集》,上海古籍出版社2013年,第194—195页。

的脑子记忆也无法取代。在家谱上世系有始有终,让子孙知道根本和分支,"湮而难稽","散而无统",都可以避免。由下而上,寻根溯源,知有本源,故能"尊祖";由上而下,族众繁多,自分而合,故能"合族"。由此,由"尊祖"而知自发激励内心,激发行"孝",由"合族"而能自发宽容敦"睦"。在社会基本结构与基层的家族之中,人们"孝""睦"已行,团结一体,社会秩序便能井井有条。于是,家谱的文化建设功能其实承载了社会建设的需求,具有重大的社会实际职能,不容忽视,这是从历史发展过程之中得出的符合人之本性与心理、有益于社会治理的经验。当然,它体现了儒家以孝治天下的人伦治国理念。

(3)修谱为了传承与弘扬优秀的家风族范,进行家族文化建设,利于社会精神文明建设。

王鏊总结了自宋以来自己王家的繁衍昌大历程。自汴京南迁苏州太湖之中的洞庭东山之后,之所以王氏子孙由武转商,默默无闻,却能世代相传,并能日益昌大,正是因为依赖于家族门风的形成与弘扬光大,即山人指为"忠厚王家"。"忠厚"二字,吃亏在眼前,在表面,在社会俗眼之见,而得益却在长远,在实处,在质地,在超越常人俗见。

修谱不仅让族人知根知底,莫忘祖宗根本、子孙族人散逸,以便团结在祖宗的旗号之下,同心同德,服务社会,度过安逸与有益的人生,而且更是为了通过总结记载累世积累、逐步形成、不断继承与弘扬的姓氏家风族范,即总结家族文化精神,传承优秀的姓氏家族文化,利于社会精神文明建设。这既是王鏊主张的修谱与家族团结、开展家族活动的理性归宿,又是王鏊认为自己"忠厚王家"的特色形成、王氏得以绵延昌大的真正"心法",子孙足以继承永葆。所谓以"忠厚"积德,福佑子孙,其实王鏊是有所保留的。但不可否认,那将蕴含一种有利于子孙和谐发展的环境,却是毋庸置疑的。因此,在家谱序中,王鏊明确要求子孙"世守之"。

> 於戏!王为巨姓,自百八以来,虽未闻有甚显焉者,而世以忠厚相承,山人指为"忠厚王家"。识者谓其后将大也。其果然乎?吾庶几见之。而忠厚一脉绵绵延延,则王氏相传之心法也,要不可泯焉。吾子孙其尚世守之![1]

山东东莱滕氏家谱记载滕氏先贤,王鏊赞叹它一方面传承了中原历史文化,

---

[1] 王鏊:《震泽先生集》卷十《王氏家谱序》,载吴建华点校:《王鏊集》,上海古籍出版社2013年,第195页。

弘扬精神气质,另一方面家谱世代相传,道德善行屡载不绝,它本身就是中原文献得以传播下来、具有生动活力的体现。

> 金、元乱华,中原文献荡然,人贸贸焉莫知身之所自出。于斯时也,有能纪载先世而不迷其所自出若滕氏乎?固君子之所深嘉而屡叹者也。吾又安能已于言哉?然吾闻滕之世,远有代绪。文王之子叔绣,始封于滕,所谓郜、雍、曹、滕者也。汉明帝朝有九江都尉抚,三国时有丹阳太守胤,宋有中正、元发、宗谅,皆名臣。宗谅,范文正公所为志其墓者也。志称宗谅,河南人,非与东莱同所出乎?而可遗耶?又有讳茂实者,靖康之变絷于金,首可斩,冠不可易;有讳膺者,方腊之乱身可杀、城不可破,其精忠大节耿然天地间。若是者所宜大书特书,为兹谱重。而侯(笔者注:滕谧)为政京口,政声流闻,亦当嗣书之;后之人有善焉,亦当嗣书之,将不一书而已也。然则中原文献之传,其不在兹乎?不在兹乎?[1]

2. 修谱原则

明确了上述家谱修纂的宗旨与价值,那么,怎样才能修好家谱呢?

王鏊与其父在修纂王氏家谱时关于先祖定夺的对答,可以说明他修谱原则的取舍态度。

> 鏊既受以卒业,有间进曰:"详矣明矣,诚王氏之世宝矣。其尚可少进乎哉?退乎云:'王氏皆王者之后。'自宋以来,皆称三槐后裔。而吾千七将军扈宋南渡,自汴迁焉,其承绪尚可考也。世之为谱,必有显者焉为之先,且非独今也。苏洵氏、欧阳修氏、班固氏、司马迁氏,谱其先皆然。故曰:'其尚可少进乎哉?'"

> 大夫公(笔者注:王鏊父王琬)曰:"来!小子。尔其未知吾作谱之意乎?其未知尔祖之意乎?尔祖之言曰:'遐乎邈哉!吾王氏之所自出。然十世而上,不可得而详矣。不可得而详,则不可得而谱矣。昔狄青不附梁公,崇韬诣拜子仪之墓,二者何居乎?故吾断自其可知而谱之。夫耻其无闻而妄为援据者,诬;诿于不可知而止不为者,惰。惰者忘其祖,诬者祖人之祖。忘其祖者吾不敢,祖人之祖者吾不为。吾惟因

---

[1] 王鏊:《震泽先生集》卷十四《东莱滕氏族谱序》,载吴建华点校:《王鏊集》,上海古籍出版社2013年,第229—230页。

吾所知而谱之。后之人亦因其所知而谱之勿替焉。'是尔祖之意也。吾何敢加焉？且夫必以显者为之先，岂藉其名位焜耀，以为兹谱重乎？吾先人之所以为重，要不在是。惟后之人，有能勉焉使焜耀有闻焉，则其为重也不已多乎？"[1]

王鏊结合亲自参与修谱的理论认识与躬行实践的检验，这里明确提出了两条原则：

一是不"诬"，重信实，不"惰"，勤勉而为。

编修家谱，应该秉承不"诬"，即"纪信"[2]的原则。作为家族历史的真实记载，家谱是历史的一种书写体裁，因而真实可信是其基本属性。这是从历史客观真实性的角度出发来认识家谱，并提出修谱要求的。显然，这样编修的家谱追求客观真实，可信第一，问题是如何做到"纪信"？

首先，反对妄编事实，攀附名人，冒认祖宗，焜耀家谱。这不同于那些出于社会关系扩大的需要，进而开展联宗活动，将家谱血缘关系淡化，做成拟血亲制的家谱的类型。其实，每个姓氏家族都有悠久历程，不然无法同样长久地延续下来。家谱缺失，记载遗忘，使得一些家族姓氏历史苍白，属于十分正常的现象。恰恰只有加强家谱兴修才能弥补这一缺陷。倘若自重有为，完全无须依赖他人名望来充装自家门面，玷污了真实的祖宗颜面。宋狄青不附唐狄仁杰，成为百世流馨的美谈，而后唐郭崇韬诣拜唐郭子仪之墓，则贻为千秋笑料。

晚年王鏊反省、补写了他的家世和先人事迹，作为对于原修家谱先世不足的补充。到他父子出仕，他鼎甲翰林，官居一品，封赠荫子之时，王氏实现由农耕之家、洞庭商人家族转为科举之家，书香气息洋溢于农商门庭，大约历经了11代，真正实现了自强自大的目标。他既感无比荣耀，功成名就，踌躇满志，又诚惶诚恐，将其归因于"圣恩"及祖德。

> 王氏家洞庭，世以忠厚相承，盖十有一世矣，而未有显者。乃今发于不肖孙，位跻一品，封及三代，纶音下贲，光及泉壤。鏊之不肖何以及此？今老矣，惧终无以报，因具列褒封之等于丽牲，以识其荣且遇，又以

---

[1] 王鏊：《宏治宗谱》文恪公跋，民国《莫厘王氏家谱》卷十二《宏治宗谱序例》，1937年石印本，第2—3页。

[2] 王鏊：《震泽先生集》卷十《王氏家谱序》，载吴建华点校：《王鏊集》，上海古籍出版社2013年，第195页。

著圣恩所及皆先德之遗,而非不肖之所能致也。[1]

其次,关键在"尊所出"[2]。每个家族都会知道直接的祖宗。尊敬直接可知的祖宗,而非遥接历史同姓名人,或者攀附迷糊不清的祖宗。家谱虽简单,篇幅虽单薄,却祖宗一系,信实可靠。

然而,家谱编纂往往并非一蹴而就之事,而是一项家族公益工程。对于创兴家谱而言,万事开头难,它是十分艰巨的事。而对于续修家谱而言,同样需要费力费财,采访编纂而成,来不得马虎与虚伪。于是,勤勉而不懒惰,不仅是修谱首要的心理准备,也是实践过程之中必须坚忍不拔、持之以恒的行为习惯。

二是简捷,易于操作。

"故吾断自其可知而谱之。"

"吾惟因吾所知而谱之。后之人亦因其所知而谱之勿替焉。"[3]

从可知的直接血缘家族祖宗开始修谱,省略了间接相关的姓氏资料,克服了操作上的或茫然不知所措,或难于取舍。在实际修谱中简略明了,方便操作,易于成谱,同时可保证家谱的较高质量,具有家族史的史实与姓氏、民族文化价值。这既是通过努力,修谱修成信史的体现,又是得以轻便操作的指导原则与途径。

3. 修谱操作途径

修谱不仅需要纂修原则作为指导思想,而且更需要具体切实的修谱技术性步骤。在王鏊的家谱文字里含有以下修谱时值得采用的技术手段,与上述修谱原则互为表里。

第一,正本清源,避繁就简,弃远就近,去模糊,取真切,务实求是。

所谓正本清源,就是坚持修谱"纪信"原则。具体而言,先要做到原姓之始。

以王姓为例。王氏王姓能够成为当今中华姓氏中人口最多之姓,毫无疑问,这是该姓在历史上长期形成发展的结果,因而来源众多,支派兴盛,统绪繁杂,绝非轻易可以理清通顺。不像一些稍小的姓氏,或者具有独特来源的姓氏那样,容易取得祖根先世的认同。在王鏊所处的明代中期,王姓源流业是如此。所以,大

---

[1] 王鏊:《震泽先生集》卷二十三《先世事略》,载吴建华点校:《王鏊集》,上海古籍出版社2013年,第336页。万历《王文恪公集》(明万历三槐堂刻本)"略"后有一"附"字。
[2] 王鏊:《震泽先生集》卷十《王氏家谱序》,载吴建华点校:《王鏊集》,上海古籍出版社2013年,第195页。
[3] 王鏊:《宏治宗谱》文恪公跋,民国《莫厘王氏家谱》卷十二《宏治宗谱序例》,1937年石印本,第3页。

凡王姓家谱编纂，这是第一只拦路虎。

王鏊对此有着充分认识。本着避繁就简的原则，他在考察《姓苑》所载王姓起源之后，根据"有姒姓之王、姬姓之王，又有虏姓之王"，得出"王于姓最蕃，而其出不同"的客观结论，倾向于选择"自舜后封陈王齐。齐灭，世号王家。此吾王姓之始"。[1]这样，就避免了韩愈所言"王氏皆王者之后"的模糊不清与虚假附会。王鏊在修谱时，关于以何人作为自己家族先祖，曾与父亲有纪实性对答，结果就做了明确的选择。

接着要原姓之流。王氏王姓在历史发展之中人口迁徙广播，支派兴盛，名门繁多，郡望响亮，所谓得姓之后，"迁于琅耶，望于太原，蔓于山阴"。然而，这些分支与自己家族有何关联？必须经过仔细考察后才有选择。假如只是泛泛而言，具体弄不清楚，还不如一笔带过。

再就是要原己之始，此为修谱确定本根的核心。王鏊王氏随南宋南渡徙居苏州吴县洞庭东山陆巷，后成王巷。"而家于震泽之洞庭山，则自宋南渡徙焉，亦莫详其所始。"[2]采用实事求是的写法，没有堆砌显赫的先祖，没有杜撰虚华的词藻，仅仅叙述已知明确的先世，却是其他虚构世系所无法比拟的，因而真实可信。尽管略知王氏王姓的来源，认同于王氏王姓大家庭，甚至以"三槐堂"为家族名号，却已经只是认同个姓氏象征符号而已，决然不是宋代汴京三槐堂之直接后裔了。

第二，重始迁祖，应用小宗修谱法。

在求信修谱原则的指导之下，进而达到从简捷，易于修谱成谱的最终效果，意味着必须尊重家族与社会历史变迁，遵从家族发展历程，反对攀援、摆显、诡随，最好的办法就是采用以始迁祖为真实始祖，应用小宗操作的修谱法。

使用此种方式实际上顺应了宋代以来家谱学转型、家族社会发生的变化。我国家族或宗族社会发展约略可以划为三个阶段，即商周宗法家族、秦汉魏晋六朝隋唐贵族家族、宋元以来的社会家族。

> 於乎！先王宗法废，民散，久矣。唐衰，谱学复废，虽士大夫，多不

---

[1] 上引均见王鏊：《震泽先生集》卷十《王氏家谱序》，载吴建华点校：《王鏊集》，上海古籍出版社2013年，第194页。

[2] 上引均见王鏊：《震泽先生集》卷十《王氏家谱序》，载吴建华点校：《王鏊集》，上海古籍出版社2013年，第194页。

能自知其所出。[1]

> 自周衰而宗法废,尊祖合族之义不行矣。唐亡而谱牒废,尊祖合族之义不明矣。[2]

> 唯生有宗,唯死有庙。享祀烝尝,各致其孝。世虽云远,宗乃不移。秩秩绳绳,百世可知。其后世衰,宗法随圮。迁徙东西,仕多崛起。数祖而忘,族焉能理?

对于人心思散的心理与由此而生的社会结构变动,王鏊则抱以务实明智的态度,认为政治社会环境变动了,物质基础消失了,统同别异的宗法"势"不可能复,"俗"坏不可拯:

> 先王知势之必至于是也,于是乎有道焉联之使不散,则宗法是矣。古者自天子达于官师莫不有庙,而宗法于是立焉。有百世不迁之宗,有五世则迁之宗。百世不迁者,所以统其同;五世则迁者,所以别其异。故世虽弥远,而系出昭穆,秩焉其不乱也。士之有志者非不欲复古,而其势未能。盖后世士无世禄,庙且不能立,而宗法恶乎行?此俗之所以益坏而莫之拯也。[3]

商周时代,社会建立在以血缘为纽带的父系宗法制度上,宗族最为发达,于是,政治上推行一家一姓的父权家天下的分封制度。秦朝开始,以郡县制替代了分封制,建立了中央集权。然而,社会上,秦汉六朝的贵族宗族制度十分发达,官方掌握了修谱大权,谱牒学发达,这是政治性的需要。因而修谱仍旧是政治性的等级修谱。待到隋唐科举制度兴起,逐步改变用人制度,科举新世家渐渐形成,特别是唐末战争,彻底摧毁了旧士族社会的根柢,贵族宗族社会瓦解。宋代以来,经过长期的家族复兴,家族社会化、小家族化已经成为主流,家谱改为私修,由苏洵、欧阳修创为两种体式,成为后世修谱的型范。可是,家谱修纂由此也就不是强制性的政治活动,往往成为社会上少数家族活动热心者在财力、人力等方面的无偿奉献,也并非所有族人、所有姓氏、所有地方、所有社会都会参与的一种社会文化活动。自然而然,很多人因此失去了祖宗记忆。

---

[1] 王鏊:《震泽先生集》卷三十五《题东湖屠氏宗谱》,载吴建华点校:《王鏊集》,上海古籍出版社2013年,第499页。

[2] 王鏊:《震泽先生集》卷十四《东莱滕氏族谱序》,载吴建华点校:《王鏊集》,上海古籍出版社2013年,第229页。

[3] 上引均见王鏊:《震泽先生集》卷三十二《敦叙堂铭》,载吴建华点校:《王鏊集》,上海古籍出版社2013年,第459页。

这就是王鏊洞察我国宗族制度发展、家族社会变迁的阶段之后,大为感叹的一个方面:

> 於戏!宗法废,天下无昭穆矣,其犹有谱牒焉。谱牒废,人忘其先矣。人忘其先,而天下无孝矣。[1]

王鏊借用宜兴人大学士徐溥创立"保义堂"义庄时深思熟虑的话:"唯予宗日滋,势日以邈,未之克合……吾闻'难合而易离者,人;难成而易败者,事'。吾创之,吾安能保?后之人不有隳吾约者乎?"[2]对于家谱家族之事奉行之难深以为然。人心易散不易聚,家族易离不易合,此是社会历史发展之"势"的验证,符合心理正常发展的一种取向。

> 於戏!民之散,久矣。士于族属,一从二从,尚知近而亲焉;三从则远矣;五从则漠焉如途人,况又其远乎?非独莫之亲,亦莫之知也。故士有端委庙堂,而其族混于马医、夏畦之间。盖非独士之罪也。世愈久则生愈蕃,生愈蕃则族愈散。散则远,远则疏,疏则忧不吊,喜不庆,亦其势然也。[3]

由宗法严密,祭祀森严,降至赖以谱牒维系,再堕落至谱牒荡然无存,则造成三大恶果:一是尽忘其初所自出,祖先尽失其名,宣告家族制度瓦解;二是不知祖宗,则不祭祀祖宗,尽忘"尊祖合族"之义,不行"尊祖合族"之道,意味人伦孝道沦丧;三是连士大夫也大多不知其所出,不知修谱牒,失去表率庶民的文化与社会功能。于是,社会失范,引发一系列社会问题。这是家族活动热心者们所最为感叹,进而热衷奉献于祖先与族人的基点。

宗法宗族讲究大小宗,序昭穆,由政治权力直接维系,又支撑着政治权力。贵族宗族讲究门第族望,分寒庶族,分配政治权力,又有政治权力支撑、控制。一旦进入社会化的宗族,宗族发展的社会生态环境彻底改观,宗族活动不仅不是国家政治活动的必选内容,既失去了政治特权,也失去了政治权力的强力保护,政权与族权的关系松懈了,家族转为全靠自生自灭了,家族活动更多地充满社会文

---

[1] 王鏊:《震泽先生集》卷十《王氏家谱序》,载吴建华点校:《王鏊集》,上海古籍出版社2013年,第194页。

[2] 王鏊:《震泽先生集》卷十五《保义堂记》,载吴建华点校:《王鏊集》,上海古籍出版社2013年,第241页。

[3] 王鏊:《震泽先生集》卷三十二《敦叙堂铭》,载吴建华点校:《王鏊集》,上海古籍出版社2013年,第459页。

化活动的色彩。如果没有或没有及时修纂家谱,很多人忘记自己祖先,忘记自己姓氏来源,得不到任何惩罚,也没有任何约束,也就成为普遍现象了。

> 今夫开先受姓,其来远矣。世之人有能知其所自者乎?

如何应对宋代以来谱牒不修、祖先遗忘缺失的事实?以王姓而言,王鏊认为只有因时因人的记忆修谱而已。家谱是家族历史记载,记载历史真实,当然要真实可信,取信于后代。即使王姓人多族众,人才荟萃,名人辈出,若与自己关系不清,只能放弃不载,不攀龙附凤,这样才能坚守住"信"的历史底线。

> 王自受姓,显者实多,晋、宋尤盛,不书,纪信也。

没有商周宗法制家族的大宗之法,只能从家族所知的记忆出发,编修的家谱只会是小宗家谱,奉行的是小宗之法。明代立国之初诏命官宦之家只能祭五代祖宗,就是小宗之法。王鏊的修谱祭祖主张符合社会普遍的祖宗记忆事实,又符合了大明法规,两者兼顾。

> 始百八,尊所出也。疏以五支,小宗之遗意也。[1]

由此,王鏊家族的始迁祖定为宋室南迁的王百八公。

> 家君谕德大夫公谱王氏,自始祖至于今,为世凡十有一,为支凡五,自宋建炎迄今大明宏治,为年凡三百有奇。[2]

其实,王鏊的家谱第一世有百三、百八两人。不过,除了这个排行,没有任何可知的信息记载。百八生千七将军。千七将军生三子:万六将军、万七、万八。万八生一子胜五。胜五生二子:福十一、福十二。福十二生二子:廷玉、廷宝。廷宝生二子:彦祥、彦祺。彦祥字伯英,生五子:升(字惟善,东宅,生一子琮,即孟方支)、礼(字惟德,生二子,传长子即克美支,传二代止)、敏(字惟贞,生二子,传长子即希振支,传三代止)、逵(字惟道,北宅,生三子:璋即公荣支,传四代止;琛即以润支;琬即光化支)、谨(字惟能,南宅,生二子,传长子即友泽支)。后裔由孟方、以润、光化、友泽,加上辑遗支,共分为五房。

莫厘王氏到清乾隆时续修家谱,千七将军以下各支,仅记伯英一支,其他各支后系,皆无从查考。彦祥即伯英,是王鏊曾祖。王琬即王鏊之父,生四子,后代

---

[1] 上引分见王鏊:《震泽先生集》卷十《王氏家谱序》,载吴建华点校:《王鏊集》,上海古籍出版社2013年,第194、195页。

[2] 王鏊:《宏治宗谱》文恪公跋,民国《莫厘王氏家谱》卷十二《宏治宗谱序例》,1937年石印本,第2页。

最盛,共分七支,其中长子铭,即安隐支;次子王鏊,生四子分四支:延喆即尚宝支,延素即思南支,延陵即中书支,延昭即卓峰支;三子铨,即中隐支,传一代止;四子镠,即进之支,无后。

王鏊晚年撰写《先世事略》,进一步言简意赅地认定:

> 王氏之先,自汴扈宋南渡,世家太湖之东洞庭山,至今人名其处曰王巷。事见《家谱》。[1]

他这支王氏以后衍分五房支,延续至民国二十六年(1937)王季烈修谱,已经繁衍了近万人了,蔚为大观。[2]实际上,已不是五代则迁的小宗之法了:针对明代王鏊父子修谱时的以前是小宗,针对以后他们王氏家族的发展,仍是一统后续,超越了小宗之法。应该说,这种做法是顺理成章的,也是宋代以来小规模化的家族重建活动的适时且无奈之举。

纪始迁祖,由小宗化,这样操作的修谱路径确实简捷明快,涉及的姓氏学、谱牒学知识较少较浅,易于着手,易于收工,收成谱合族、传子诫孙之效。

镇江知府、山东东莱滕谧,请王鏊序其家谱时说:

> 吾家本汴人。宋靖康间,始祖以武功大夫佐定海,因家焉。后又徙东莱,载其声光,世有闻人。今自十五世合为一图,盖大宗之法也。又五世各为一图,小宗之遗也。[3]

大宗之法显然无法全部照搬,只能施行小宗之法,行之有效,也符合王鏊修谱的操作设想。

武峰葛世旸编纂家谱,"仿欧阳文忠公例,以五世纂为一图,上下其世次,旁行其事迹,明白易见,无异指掌。溯其自,则肇于始祖万五公,而前此不知其详,皆阙而不录,即其实也"[4]。断从宋代靖康南渡始迁祖葛万五开始,采用欧阳修的五世一图谱式,叙录分派,篇幅虽小些,却章法严谨,信实可考,且能聚族有序。王鏊誉称他:

> 序燕、吴两籍之根源,为胤嗣奕叶之凭藉。原同辨异,秩然长幼之

---

[1] 王鏊:《震泽先生集》卷二十三《先世事略》,载吴建华点校:《王鏊集》,上海古籍出版社2013年,第335页。

[2] 王氏家族五支情况参见吴建华:《明清江南人口社会史研究》,群言出版社2005年,第389—391页。

[3] 王鏊:《震泽先生集》卷十四《东莱滕氏族谱序》,载吴建华点校:《王鏊集》,上海古籍出版社2013年,第229页。

[4] 吴惠:《葛氏家谱序》,成化二十年(1484),《葛氏家谱》卷一,清乾隆二十年(1755)刻本。

不差,恍然祖先之在目矣。矧不攀援,不崇显,不诡随,有伦有序,可稽可证![1]

平湖人屠司寇作小宗家谱,即使是浙江屠氏也分辨明晰,毫不含糊,使王鏊十分钦赞,可谓善谱。

> 屠于姓最寡,而今为特盛。八座之中凡二人焉。其一为大冢宰、掌都察院事字朝宗,其一为大司寇字元勋。其余登甲科、官郎署者累累有焉,而皆浙人也。其亦盛矣。
>
> 司寇殁后人莫知其受姓之源流,乃自谱其所出为一大帙。予受而读之,乃知浙之为屠者,其所出自不能一。虽平湖之屠亦或不能一。盖其辨之严如此。
>
> ……考受姓之源则推其所以同,自解元府君而下则辨其所以异,原其同则不迷于所出,辨其异则不混于所施,可谓善为谱也。《易》曰:"君子以类族辨[2]物。"屠氏之谱有焉。[3]

镇江丹徒人、大学士靳贵"作先庙于第之东,春秋飨祠如礼。已,又作敦叙堂于祠之前,以为利成、亨餕合族之地"。对于他这样卓有声望的医国手而言,事虽属小,却收到敬宗收族的实效。尽管仍是小宗之法,却已寓有行宗法之意了。

> 公于流俗颓弛之余,独能奋然自信,悖行古礼,上及祖祢,下及子孙,旁及昆弟,而母族亦覃及焉。所谓尊祖故敬宗,敬宗故收族者,公其有焉。虽未能尽如古宗法,而于宗法亦何大相远乎?[4]

4. 王鏊家谱修纂论的特色

从王鏊的家庭家族环境上讲。王鏊自小受到父祖影响,朦胧知道一点自己姓氏家族历史;童蒙以后,走上科举仕途,明白古今姓氏文化、家族历史变迁、家谱编纂变化;又能身体力行,参与了自家家谱修纂,因而深深明白修谱之繁难。

---

[1] 王鏊:《题武峰葛氏家谱》,正德十三年(1518)题,《葛氏家谱》卷一,清乾隆二十年(1755)刻本。

[2] 辩,万历《王文恪公集》(明万历三槐堂刻本)同嘉靖《震泽先生集》,乾隆文渊阁《四库全书》之《震泽集》改为"辨"。

[3] 王鏊:《震泽先生集》卷三十五《题东湖屠氏宗谱》,载吴建华点校:《王鏊集》,上海古籍出版社2013年,第499页。

[4] 王鏊:《震泽先生集》卷三十二《敦叙堂铭》,载吴建华点校:《王鏊集》,上海古籍出版社2013年,第459页。

在载录于王鏊文集的代父作《王氏家谱序》,以及王"鏊再拜以退,因识谱后"[1]的《宏治宗谱》跋中,都能看到王鏊关于家族、家谱较为全面一致的认识主张。

作《王氏家谱序》时,王鏊47岁,在弘治九年(1496),时任侍读学士、日讲官。作弘治谱跋时,王鏊署官为"嘉议大夫、吏部右侍郎、文华殿日讲、前詹事府少詹事兼翰林院侍读学士、同修国史、东宫讲读官"。王鏊在弘治十一年擢升詹事府少詹事。十三年,进吏部右侍郎,仍兼日讲。直到正德元年(1506),始以吏部右侍郎兼翰林院学士,入阁办事,不久,升户部尚书、文渊阁大学士、国史总裁、同知经筵事。则弘治谱跋,至少是王鏊在弘治十三年、51岁之后所作。

以王鏊的探花、翰林身份与学识,尚且如此难以寻求自己姓氏家族的久远起源,要经过17年之久,才与父亲一起最终完成王氏家谱,何况一般民众修谱呢?因此,必须寻找一条简捷有效的修谱之道。

王鏊从父祖辈那里也学到、见识到不少有益的修谱经验。

> 古者诸侯世国,大夫世家,其昭穆之次,虽百世不待考而知也,今亡矣。自汉魏以来,虽不复世其爵土,然国有状,家有谱,其承授之次,虽百世犹可考而知也,今亡矣。唯士大夫家犹或能为谱以自纪其世。[2]

以上王鏊记述的父亲教诲关于家族历程、家谱修纂的内容,与他的认识主张完全一致。它包括了家族历经宗法、谱牒两个阶段,人们对于家族世系的记忆,祭祀活动得以展开,以及以后只剩一些士大夫能以家谱记其世系。我们很难分清这是王鏊本人的原创性想法,借用代序、识跋的手法写出的,还是其父祖的想法,被他继承下来、加以发挥的。然而,它们毕竟都成了王鏊家谱编纂论的有机组成部分。

从王鏊所处时代政治社会环境上讲。王鏊所在的明代成化、弘治、正德年间,官员、民众可以修纂家谱,立祠堂,祭祀祖宗,但并非礼制松弛瓦解,修谱立祠到达完全放开、没有等级顾忌的程度。嘉靖"大礼议"以后,政策明确允许并倡导民间祀祖,修家谱,立祠堂,从此如火如荼,相袭成风。所以,王鏊所处的时代,对于祠堂祭祖、修谱联族仍是过渡阶段,活动可以,而须有分寸,绝不能做得太过

---

[1] 王鏊:《宏治宗谱》文恪公跋,民国《莫厘王氏家谱》卷十二《宏治宗谱序例》,1937年石印本,第3页。

[2] 王鏊:《宏治宗谱》文恪公跋,民国《莫厘王氏家谱》卷十二《宏治宗谱序例》,1937年石印本,第2页。

分。[1]这个时代的礼制与社会秩序反映在修谱上,应该就是采用小宗之法,而非大张旗鼓、盲目联宗修谱。

王鏊应该比其父祖光从本家族小范围立场看待家谱兴修要深远提高得多,能在宏观上,从国家治理、社会秩序、民族文化发展的角度来认识家谱学的问题。这是王鏊家谱修纂论的高明之处。尽管我们看到他的谱论与其他人有类似之处,不可能全是创见,却不能否认其地位与作用。在明代中期,正是由于王鏊这样的政治名臣、文章大家对于家谱的肯定、修纂与提倡、鼓励,士大夫积极参与,家谱兴修才得以持续开展,家族活动得以延续于宋元代之后,到明后期形成新的高峰。

王鏊在谱序等文字中表达的修谱论述反映他所处时代的家谱修纂与家族活动。当重征信,避免假大空或者模糊牵扯等奇异现象,王鏊的睿智卓见以及简易可行的做法,无疑是一笔珍贵的传统谱学文化遗产。

(二) 魏校的家族思想

魏校,号庄渠,昆山人。弘治十八年(1505)进士。官至太常寺卿、掌国子监祭酒,谥恭简。著名理学家、思想家、教育家。著作等身,弟子众多。入《明史·儒林》。事迹详见本书第五章第二节。

魏校先世本姓李,长洲人,自曾祖琳"鞠于姨夫昆山魏家而蒙其姓",改姓魏。后魏氏庶出有子,魏校父魏奎开始试图复姓,魏校也上《复姓疏》,都没有得到允许。魏校对此深以为憾,故"言必称庄渠,人多称为庄渠先生,乃为李氏统宗、族属谱,祭则合族以申其义,而于无告者有赈"[2]。魏校在父子谋求复姓而不得官方合法允许的情况下,依旧耿耿于怀,祖宗族缘萦绕,于是孜孜矻矻,戚戚于魏姓之后,汲汲于李姓家族建设,主动修纂李氏统宗谱和族属谱,并不断通过祭祀和赈济族人以合族,达到尊祖敬宗睦族的目的。在这一过程中,魏校的家族思想得

---

[1] 王鏊《与尚宝公书》作于正德初年,叮嘱长子延喆收敛,绝不可以因自己入内阁而妄生事端,其中有:"吾前在家分付尔小心,及至此,千言万语,诲诫谆谆……如何又在家妄作开河改路?置妓在家,每日画船箫鼓?尔这等所为,果是要求死也?今御史、主事尚且枷号,吾恐汝所为必不免。"严切责改。又,"闻汝在家造屋未休,不知汝有几个身体、多少子孙,而为不知止之事乎?""但闻改盖房子过于高大……今南方房屋违式者恐不能无,慎之!慎之!""千言万语,教汝守法度。""近日法度之严,陈宗让所见,可问之。杭州之钱都、沧州之强都,其家可鉴也。"分见民国《莫厘王氏家谱》卷13《杂文》,1937年石印本,第18—19、19、20、20、21页。这些事情可以作为王鏊所处时代高官显宦多少还具有畏惧法度礼制,进而主动约束子弟行为的佐证。

[2] 徐中行:《明太常卿赠正议大夫资治尹礼部右侍郎恭简魏公墓碑》,《明文海》卷四四四,《景印文渊阁四库全书》1458,台湾商务印书馆1986年,第391页。

到了实施。具体来看,魏校的家族思想分为复兴大宗小宗、修纂宗族谱两个主要部分。

1. 复兴大宗小宗,尊祖敬宗

北宋儒学思想家十分重视宗法复兴。著名思想家张载撰写《宗法》篇,提出"管摄天下人心,收宗族,厚风俗,使人不忘本,须是明谱系、世族与立宗子法。宗法不立则人不知统系来处。古人亦鲜有不知来处者"[1]。在大的层面上,宗法起到"管摄天下人心""厚风俗"的作用,是国家社会管理的一种有效手段;在小的层面上,宗法可以"收宗族","使人不忘本","知统系来处",作为维系家族的内部制度而存在,在家族建设中无可替代。复兴宗法的具体做法,就是"明谱系、世族与立宗子法"。

宗法有大、小宗法的不同。《礼记》说:"别子为祖,继别为宗,继祢者为小宗。有百世不迁之宗,有五世则迁之宗。百世不迁者,别子之后也。宗其继别子之所自出者,百世不迁者也。宗其继高祖者,五世则迁者也。"[2]换言之,凡是别子作为其后裔的始祖,继承别子的嫡长子是大宗,继承别子的庶子的是小宗。有百世不迁之宗,即大宗。有五世则迁之宗,即小宗。百世不迁的大宗就是别子的嫡长子那一支。继承别子的嫡长子那一宗支就是百世不迁的大宗。只能继承高祖的宗支就是五世则迁的小宗。这是对于大宗小宗之法的经典解释。

东汉史学家班固说:"宗其为始祖后者为大宗,此百世之所宗也。"[3]清代著名学者万斯大说:"其谓之大宗者何? 五世内外,凡族人之同吾太祖者尽宗之,所宗者大也。谓之小宗者何? 唯五世之内,族人之同高祖者宗之,所宗者小也。"[4]班固和万斯大根据秦汉之后宗法变化的事实对大宗做了阐释,都认为在一个家族中,以始祖或太祖为宗,就是大宗;同高祖为宗,在五世之内,就是小宗。

一般而言,大宗之法存在于先秦分封制和世卿世禄制的时代。自秦汉以降,"别子为祖,继别为宗"的大宗之法已经不存在。后世特别是宋元以来,社会上实行的多是小宗之法。北宋谱学名家苏洵说:"凡今天下之人,惟天子之子与始为大夫者而后可以为大宗,其余则否。独小宗之法犹可施于天下。故为族谱,其

---

[1] 张载:《张载集》《经学理窟·宗法》,中华书局1978年,第258页。
[2] 《礼记》卷六《大传第十六》,陈澔注,上海古籍出版社1987年,第191页。
[3] 陈立:《白虎通疏证》卷八《宗族》,吴则虞点校,中华书局1994年,第394页。
[4] 万斯大:《学礼质疑》卷二《宗法一》,《皇清经解》卷49,清咸丰庚申(十年,1860)补刊本,第5页。

法皆从小宗。"[1]苏洵认为大宗即使存在,也只能存在于"天子之子与始为大夫者",庶民家族不能实行;因而能施行于普天之下的只能是小宗。南宋理学大家朱熹也持同样的看法,主张"大宗法既立不得,亦当立小宗法,祭自高祖以下"[2]。随着宋末以来朱子理学地位的提高,朱熹有关家族小宗之法的主张在后世得到了有力施行。

魏校的宗族思想在他的《大宗小宗图说》以及数篇谱序里有着集中的体现。他在自家《庄渠李氏统宗谱序》开篇就说:"古之人尊祖故敬宗,敬宗故收族,而宗法立焉。"认为确立宗法才是收族和达到尊祖敬宗目的的方法。宗有大宗,有小宗。魏校主张要达到合族以及尊祖敬祖的目的,必须同时复兴大宗和小宗:

> 大宗立,百世不迁,以统族之亲疏。小宗立,亲者弥相亲也,盖五世亲尽乃迁。宗法亡,天下无善俗。好古君子顾念其本根,则谨修其谱牒以合族,而谱学惟欧、苏二家传。
>
> 校稽诸古国史,奠系世,辨昭穆,家之有谱,如国有史,乃立统宗谱,自我庄渠一世祖始,而尽于其五世孙,别起为图,五世至九世则玄孙,各为高祖自系,厥后以禅于无穷。正適(嫡)直继而系前,支庶区别而次后,族之亲疏咸在也,而无失其伦。盖取诸欧阳氏,继以世谱,于正適详焉。曰:其犹有古大宗之遗意乎?
>
> 则又立族属谱,爰起自我高祖彦行府君而下,尽于吾之族昆弟。凡宗人有服属者咸在,吾与族昆弟之子若孙,生则附之。亲属始竭,犹未忍相弃也。盖取之苏氏,复取祖系,亲尽者奠诸前。曰:其犹有古小宗之遗意乎?
>
> 二法相为经纬,瓜瓞绵绵,百世如指诸掌。[3]

上述引文清晰地表明,魏校要复兴大宗,所以用欧阳氏谱法修统宗谱。他在另一篇文章谈到欧阳氏谱法时说:"大宗小宗,隐隐其中;形分而气连,末异而本同。"[4]认为用欧阳氏谱法修统宗谱,虽然仍是以小宗之法为主,但大宗之法也

---

[1] 苏洵著,曾枣庄、金成礼笺注:《嘉祐集笺注》卷十四《族谱后录上篇》,上海古籍出版社1993年,第380页。
[2] 黎靖德编:《朱子语类》卷九十《礼七·祭》,王星贤点校,中华书局1986年,第2308页。
[3] 上引均见魏校:《庄渠遗书》卷七《谱牒·庄渠李氏统宗谱序》,《景印文渊阁四库全书》1267,台湾商务印书馆1986年,第816—817页。
[4] 魏校:《庄渠遗书》卷八《宗法·宗谱》,《景印文渊阁四库全书》1267,台湾商务印书馆1986年,第844页。

隐含其中了。这充分说明魏校具有复兴大宗的思想。魏校虽有复兴大宗之意，限于条件，复兴小宗仍是基础，所以用苏氏谱法修族属谱。大宗百世不迁，年代久远而不断，能一以贯之，"统族之亲疏"，而小宗五世则迁，世代历历可数，情感在目，"亲者弥相亲"，大宗小宗以欧阳式、苏式两种谱法结合，长短互补，两者"相为经纬"，以达到"奠系世，辨昭穆""瓜瓞绵绵，百世如指诸掌"的合族和尊祖敬宗的效果。

但上文已经讲过，宋元以来家族通行的是小宗之法，大宗之法实际上已经不存在，而仅仅存在于人们的理想与意识之中。同时，明朝以朱熹《家礼》为蓝本制定的《大明集礼》明确规定：

> 国朝品官庙制未定，于是权仿朱子祠堂之制，奉高、曾、祖、祢四世之主，亦以四仲之月祭之。又加腊日、忌日之祭，与夫岁时俗节之荐享。至若庶人，得奉其祖父母、父母之祀，已有著令。而其时享于寝之礼，大概略同于品官焉。[1]

在明代，礼制规定官员只能在祠堂中祭祀高祖以下到父亲的四世祖先，而庶人只能于居室祭祀祖、父两世祖先。不论是庶人还是官员，对始祖的祭祀被一律禁止。虽然嘉靖朝"大礼议"之后，对始祖祭祀有所松动，但官方并未正式认定。因此，明代祭祀始祖和奉行百世不迁的大宗之法是不被允许的。魏校对当时的家族现实状况有着清醒的认识，他要想在复兴小宗之法的同时也复兴大宗之法，就必须另辟蹊径：

> 封建废，天下无世家矣，而宗法亦因以亡。合族群居，势当有所统壹，古犹今也。礼可义起，谓宜推本始祖一人。世存墓祭，仿古之别子，其世适仿古继别之宗。族人虽不敢为服，固当以所事大宗者事之。乃若今制，有爵延及后嗣者，自当复古大宗之法。[2]

魏校所说的"封建废，天下无世家矣，而宗法亦因以亡"中的"宗法"，即是大宗之法。魏校认识到大宗之法已经消亡，但他认为大宗之法"礼可义起，谓宜推本始祖一人"，在不违背朝廷规定的前提下"仿古"，一直往上追溯，直到姓氏家族始祖一人的根本。即始祖祭祀采用墓祭，由宗子主持，家族成员对宗子虽限于

---

[1] 徐一夔等撰：《明集礼》卷六《吉礼六·宗庙·品官家庙》，《景印文渊阁四库全书》649，台湾商务印书馆1986年，第172页。《四库全书》题名《明集礼》，本文沿用此原称。
[2] 魏校：《庄渠遗书》卷七《谱牒·大宗小宗图说》，《景印文渊阁四库全书》1267，台湾商务印书馆1986年，第817—818页。

国家规定"不敢为服",但本来"当以所事大宗者事之"。

魏校在《庄渠李氏统宗谱序》中也说:"于法固不敢立为大宗,而事之自当加隆焉耳矣!此统宗谱所为作也。"[1]在另一篇谱序中,他再一次提到编修统宗谱的目的时说:"校之立统宗谱以合大宗也,则始祖以为主代,上下相承无间也。其道曰尊尊,详适而略庶,则又立族属谱以厚吾小宗也。"[2]由此可见,魏校编修统宗谱的目的就是为了"合大宗",统宗谱是作为复兴大宗的一种实现形式而出现的。另外,魏校还特地提到了当时明制规定有爵位可以传给"后嗣者",这些家族具有成为百世不迁的世家大族的潜力,是复兴大宗的重要对象,他们尤其应当积极复兴古代的大宗,实施真正完善的宗法制。

总之,魏校主张在复兴小宗之法的基础上复兴大宗之法。复兴大宗之法虽与当时国家制度规定不合,但魏校认为"礼可义起",不求诸形式而只求其实际效果,从而复兴大宗以大合族,达到尊祖敬宗的目的。这种设想符合宗法制瓦解之后社会化小家族中人情之需的实际,所言大宗也无政治权力,只是表面上"复兴",实际上是仿古作制的开新,以已知真实之始祖,自此莫忘,长久统宗睦族,团结一心,凝聚一体。

2. 编修统宗族谱,不忘本始,以惇孝悌

后世基本上想在小宗基础上修成大宗谱,反而使大宗为虚,多为追根溯源的姓氏源流,未必真实,以心理认同的凝聚为上;而小宗为实,多为直接脉络的派系源流,具体可靠,以血缘传承的事实为上。

在家族事业实践的具体环节上,魏校以复兴大宗之法为目的,编修了自家的李氏统宗谱,就是大宗谱、世谱;以小宗之法为指导,编修了自家的李氏族属谱,就是小宗谱、族谱。在这两种宗谱族谱的谱序以及他写的其他数篇谱序中,可以清晰地看到魏校对于修谱的认识,宗谱族谱与宗族家族的重要关系。

魏校站在家史等于国史的历史高度来认识编修家谱,族谱之于家族就像国史之于国家一样重要,将尊祖敬宗落到扎实可信的实处。"家之有谱,如国有史。"因而必须十分严谨修纂家谱。

首先,修谱首要目的是不忘"本根",以便"合族"。

> 好古君子顾念其本根,则谨修其谱牒以合族,而谱学惟欧、苏二

---

[1] 魏校:《庄渠遗书》卷七《谱牒·庄渠李氏统宗谱序》,《景印文渊阁四库全书》1267,台湾商务印书馆1986年,第817页。

[2] 魏校:《庄渠遗书》卷八《谱牒·庄渠李氏族属谱序》,《景印文渊阁四库全书》1267,台湾商务印书馆1986年,第827页。

家传。[1]

族谱之所以能使人不忘"本根",知所由来,是因为族谱是一个家族的世系记录。家族成员"父子相仍,兄弟联次,族之亲疏咸在也,而无失其伦"[2],凭借家谱可以理清成员之间的世系和亲疏关系。魏校在自家李氏统宗谱序的末尾说:"凡我后之人,尚其顾念我祖宗,而毋疏远骨肉也哉!"[3]在族属谱序的最后也表达了同样的意思:"凡我族人,其毋忘本哉!"[4]既担忧后人可能"忘本"根,因此再三提醒,也殷切期望后人做到"毋忘本"。另外,魏校在为高墟王氏和吴越钱氏写的谱序中也都提到相似的观点。

其次,修谱可以惇孝悌,崇礼让,宗族和睦。

魏校在数篇谱序中都强调了这一点:

> 族散而无统,骨肉且将漠如涂之人。吁,可忧哉!……其世笃孝敬,守坟墓,厚亲戚,修谱牒而勿替之,则天下咸称愿然曰:斯其文献故家也,祖宗有光矣。[5]

> 呜呼!天地之大德曰生人也,而弗念厥祖,弗哀其父母劬劳,自戕贼其心也。昆弟而路人,自瘃痹其手足也。是岂人之性也哉?其无乃俗流失与?物欲迷与?亦教之孝弟而已矣。[6]

> 若也生不相闻,死不相吊,恝如行路之人矣。所贵乎故家者,谓其能惇孝弟也,不邪?谓其能崇礼让也,不邪?[7]

魏校对于家族没有统系,家族成员之间感情淡漠、关系疏远的担忧在以上引文中表露无遗。他认为世风流俗以及人们对物质财富的追求造成了勿感念祖宗

---

[1] 魏校:《庄渠遗书》卷七《谱牒·庄渠李氏统宗谱序》,《景印文渊阁四库全书》1267,台湾商务印书馆1986年,第816页。

[2] 魏校:《庄渠遗书》卷八《宗法·宗谱》,《景印文渊阁四库全书》1267,台湾商务印书馆1986年,第844页。

[3] 魏校:《庄渠遗书》卷七《谱牒·庄渠李氏统宗谱序》,《景印文渊阁四库全书》1267,台湾商务印书馆1986年,第817页。

[4] 魏校:《庄渠遗书》卷八《谱牒·庄渠李氏族属谱序》,《景印文渊阁四库全书》1267,台湾商务印书馆1986年,第828页。

[5] 魏校:《庄渠遗书》卷七《谱牒·庄渠李氏统宗谱序》,《景印文渊阁四库全书》1267,台湾商务印书馆1986年,第816—817页。

[6] 魏校:《庄渠遗书》卷八《谱牒·庄渠李氏族属谱序》,《景印文渊阁四库全书》1267,台湾商务印书馆1986年,第828页。

[7] 魏校:《庄渠遗书》卷八《宗法·宗谱》,《景印文渊阁四库全书》1267,台湾商务印书馆1986年,第845页。

父母、"昆弟而路人"的现象,绝非人之本性。要改变这种状况,就必须"惇孝弟""崇礼让",而修家谱以大合族就具有这样的功能。

魏校《题吴越钱氏世谱》回答钱某关于谱法的问题时说:

> 夫谱,何为也哉?所以尊祖敬宗而大合族,油然生其孝友之心也,非以夸美于人也。[1]

在魏校看来,修谱的目的是为了大合族以尊祖敬宗,能使家族成员"油然生其孝友之心",而不是拿来向别人炫耀先世如何如何的。只有做到了惇孝悌以睦族,才能避免不知感恩祖宗父母、"昆弟而路人"状况的发生。

再次,纂修族谱最重要的就是建立可信的世系,也就是魏校所说的"奠系世,辨昭穆"。

魏校曾为其祖母宗族高墟王氏纂修家谱,发现王氏得姓来源不详,明代以前的世系并不清楚。

> 校惟王氏得姓远矣,则未知姬姓之王与?妫姓之王与?其居于吴,则未知晋东渡者与?宋南渡者与?文献一无可征。[2]

他只能考论世次,将洪武年间编于户籍的福三定为始祖。

> 谱法无他,信以传信,著以传著,而疑以阙疑,其赝者乎有削而无笔。[3]

魏校秉持把家谱修成家族"信史"的理念,将建立客观可信的世系作为纂修家谱最重要的原则,不能作假臆断,以讹传讹。

他考论自己的先世源流,面对"李姓蕃衍于四方,代有显者,世远莫详我所自出"的情况,采取实事求是的做法:"故今不敢纪诸远,纪其近而可知者。"对于考索无征的庄渠始祖之祖父,魏校使用"故传疑焉,而录其可传信者于谱最"[4]的方法来解决。

---

[1] 魏校:《庄渠遗书》卷八《谱牒·题吴越钱氏世谱》,《景印文渊阁四库全书》1267,台湾商务印书馆1986年,第842页。
[2] 魏校:《庄渠遗书》卷八《谱牒·高墟王氏族谱序》,《景印文渊阁四库全书》1267,台湾商务印书馆1986年,第840页。
[3] 魏校:《庄渠遗书》卷八《谱牒·题吴越钱氏世谱》,《景印文渊阁四库全书》1267,台湾商务印书馆1986年,第842页。
[4] 魏校:《庄渠遗书》卷七《谱牒·叙录》,《景印文渊阁四库全书》1267,台湾商务印书馆1986年,第818页。

与此同时,魏校激烈批评了修谱时冒姓他人、攀附显贵的行为。

> 微而冒他人之显者,是弃吾祖宗也,其不孝上通于天矣,非吾祖宗之子孙也。谓他人显而强攀附,他人亦谓吾显推而附吾,是诬吾祖宗也,其不孝亦上通于天矣。[1]

冒姓他人是弃祖,攀附我姓是诬祖。无论是自己假冒他人显贵祖宗,抑或他人假冒自己显贵祖宗,都是"上通于天"的"不孝"行为,要遭天谴、受阴损的。

不论是复兴大宗以大合族,还是不忘本根以惇孝悌、崇礼让、和睦宗族,主张严谨客观公正修好信谱,魏校这些有关家族建设的理论都是直接为现实服务的。

> 江右礼俗,吾甚爱之慕之。乡约须与俗约并行,更与乡士大夫讲究宗法、谱法。欲大合族,必立宗子、族长、族尊、族正,相辅而行。乡约亦须立尊。盖礼俗须是士大夫倡率,则上行而下效也。[2]

在《答王郡守子正》中他赞赏道:"明公复以书请士大夫举行族约、乡约,讼当自简矣。"[3]

由此可见,魏校提出上述宗族思想,目的不仅局限于单个的家族,更指向整个社会。他很看重并爱慕江西讲尚乡约的良好礼俗,进而提出应当在士大夫的表率引领之下,通过讲究宗法、谱法,将血缘家族的族约与乡里地方的乡约结合在一起,从两个不同角度着力,一起管理好社会基层。以"大合族"的导向,推动开展家族活动,使人惇孝悌、知礼义,与乡约的主旨是一致的,都为了让整个社会移风易俗收到良效。

(三)归有光的家族论

归有光,号震川。嘉靖四十四年(1565)进士,官至南京太仆丞。著名古文大家、文学家、水利学家、经学家、八股文大家。入《明史·文苑》。事迹详见本书第五章第二节。

---

[1] 魏校:《庄渠遗书》卷八《谱牒·题吴越钱氏世谱》,《景印文渊阁四库全书》1267,台湾商务印书馆1986年,第842页。

[2] 魏校:《庄渠遗书》卷四《书·答林相》,《景印文渊阁四库全书》1267,台湾商务印书馆1986年,第761页。

[3] 魏校:《庄渠遗书》卷十二《拾遗·书·答王郡守子正》,《景印文渊阁四库全书》1267,台湾商务印书馆1986年,第905页。

1. 家族背景

归有光在晚年才得中进士步入仕途,因而一生绝大多数时间都在家乡昆山及其附近的安亭度过。居家期间,他平时除了读书论道,讲学授徒,对地方事务也很关心,《三吴水利录》的写作即体现了这一点。另外,他十分留意一些故家大族的兴衰历史,曾说:"予居乡无事,好从长老问邑中族姓。"得到的结论是:"能世其家业、传子孙至六七世者,殆不能十数;世其家业、传子孙绵延不绝又能光大之者,十无三四焉。"归有光在大量亲自观察和寻访之后说:"吾观吴中无百年之家者,倏起倏仆,常不一二世而荡然矣。"又说:"吾吴中无百年之家,久矣。"[1]即苏州地区缺少长达百年大约绵延三代的故家大族的存在。

他所属的昆山归氏家族以及其戚族夏氏等在短时间内的盛衰给了他最直观的感受。明代成化、弘治年间,源于唐代的吴中名族归氏挨得上昆山世家大族。

> 吾归氏虽无位于朝,而居于乡者甚乐。县城东南,列第相望。宾客过从,饮酒无虚日。而归氏世世为县人所服。时人为之语曰:"县官印不如归家信。"高祖同时诸昆弟并驰骋,因为武断者,或有也。高祖与诸弟出,常乘马,行者为之避道。其后县令方豪,年少负气,士大夫多为所陵,然曰:"惟归氏得乘马,余人安可哉?"[2]

由归有光的记述可知,归氏虽无官位,隐居乡间,耕读为业,在昆山却聚居成族,豪爽待客,靠的是诚信,故能居于地方名族之列,在高祖一辈骑马出行,连县令也得尊让三分。但是从归有光的祖父归绅开始,归家开始衰落。归绅"仅仅能保其故庐,延诗书一线之绪,如百围之木,本干特存,而枝叶向尽,无复昔者之扶疏"。到归有光之时,归氏日益衰落,"几于不祀矣"。[3]

归有光祖母的娘家昆山夏氏,在归有光外高祖夏㫤于明英宗正统年间出任太常寺卿时,家族十分兴盛。夏氏"世有惇德,而家最为饶,高闳大第,相望吴淞江之上",被称为吴中"富贵孝友之家"。而"子孙富贵,多绮纨之习"。到夏㫤曾孙夏集的时候,"夏氏犹盛。其后中微,君独守寒素,为诸生。兄弟有争产

---

[1] 上引分见归有光:《震川先生集》,周本淳校点,上海古籍出版社2007年,卷13《同州通判许半斋寿序》,第311页;卷14《王氏寿宴序》,第364页;卷13《张翁八十寿序》,第327页。
[2] 归有光:《震川先生集》卷二十八《归氏世谱后》,周本淳校点,上海古籍出版社2007年,第638页。
[3] 分见归有光:《震川先生集》,周本淳校点,上海古籍出版社2007年,卷十三《叔祖存默翁六十寿序》,第345页;卷十七《家谱记》,第436页。

讼"。[1]夏氏已经颓败衰落,降成寒素之家,甚至出现兄弟为财产争讼于官府的不礼让不光彩的事情。

归有光对于自家以及祖母家族的衰败十分上心,希望能够找到合理可行的方法改变这种状况。正是这种地方家族生活的直接经历和寻访的感悟,促使归有光在宗法、修谱与合族等方面总结认识,提出了自己的宗族主张。

2. 宗法论

归有光与魏校同为昆山县人,其妻魏氏就是魏校从弟魏庠之女。他又"师事同邑魏校"[2],作为魏校的晚辈学生兼姻亲,与魏校交谊甚厚,得到魏校的赏识。在宗法家族思想方面,归有光主张复兴大宗,明显受到了魏校的影响。

早在嘉靖十六年(1537),归有光32岁,撰写"《冠礼》《宗法》二书"[3],其中《宗法》应该是探讨家族宗法的,说明他青年时期已经存心研究家族理论与实践,可惜该书已经散佚无传。但从《谱例论》《平和李氏家规序》等文章中仍可以观其宗法主张的大旨。

归有光仔细研究过欧阳氏和苏氏谱法,对两者进行了一番辨析。

> 世之为谱学者称欧阳氏、苏氏。予考二家之书,小异而大同。盖其法使族人各为谱而各详其宗。夫人各详其宗,则谱大备而可以至于无穷,此其善也。

他认为欧阳氏和苏氏谱法异曲同工,编纂的表面形式小异,而其本质大同,都是"族人各为谱而各详其宗",以不同编纂方式实现各个家族姓氏的宗系的记录和传承,最终世代绵绵衍衍,达到"谱大备而可以至于无穷"的效果。这是家谱记录宗族传承情况起到的社会和文化功能。很明显,归有光这里所说的谱是"小宗之谱",而宗也是"小宗之宗"。这是复兴小宗之法的做法。因为欧阳氏和苏氏谱法都强调本着知其所知、就其所简的原则,来撰写家谱,而不是无限制地去追根溯源,万世一系,舍近求远,勉强凑合甚至杜撰家族的历史和先人事迹,这在北宋家族复兴的社会与文化背景之下十分适用,操作也很便捷,有着实用价值。归有光虽对欧、苏谱法复兴小宗的做法进行褒扬,但紧接着话题一转,对苏洵说的"古者,惟天子之子与始为大夫者,而后可以为大宗,其余则否。独小宗之

---

[1] 分见归有光:《震川先生集》,周本淳校点,上海古籍出版社2007年,卷十四《良士堂寿谯序》,第365页;卷二十八《夏氏世谱》,第634页;卷19《抑斋先生夏君墓志铭》,第459页。
[2] 《明史》卷二八七,列传一七五《文苑三·归有光》,中华书局1974年,第7382页。
[3] 张传元、余梅年:《归震川年谱》,商务印书馆1936年,第17页。

法犹可施于天下,故为族谱皆从小宗而虚其大宗之法",反对复兴大宗,提出了异议。

> 夫古者有大宗,而后有小宗,如木之有本,而后有枝叶。继祢者、继祖者、继曾祖者、继高祖者,世世变也,而为大宗者不变。是以祖迁于上,宗易于下,而不至于散者,大宗以维之也。故曰大宗以收族也。苟大宗废,则小宗之法亦无所恃以能独施于天下。[1]

> 宗法废,而天下为无本矣。而儒者或以为秦汉以来无世卿,而大宗之法不可复立,独可以立小宗。余以为不然。无小宗,是有枝叶而无干也;有小宗而无大宗,是有干而无根也。[2]

归有光认为祖迁于上、宗易于下的小宗是"世世变"的,而承继始祖的大宗却永远不会变。小宗对于未出五服的家族成员具有很强的凝聚力,但对虽为同一始祖,却已经超出五服,血缘关系疏远的家族成员缺少向心力。为了凝聚这些家族成员,就必须依靠百世不迁的承继始祖的大宗。大宗的作用之大,非小宗可以替代,就是能够凝聚始祖以下的所有家族成员,从而达到完整意义上的收族。

大宗与小宗紧密关联,先大后小,有大有小,两者不可偏废。有光曾打过两个譬喻,一是大小宗如木本与枝叶的关系,二是大小宗如树根与树干的关系。先有大宗,后有小宗,意味着没有大宗,就没有小宗,树木没有根本而有枝干,小宗就是枝叶飘零,无处着落了。同样,只有小宗,没有大宗,意味着大宗得不到支撑,就像树木只有根本而没有枝干一样,光秃秃的,不符合生物学生长规律,最终也得枯萎。

这样的比喻形象地表达了归有光眼中大小宗的关系。大宗承始祖,是与始祖具有最直接和明确的直系世系关系的家族成员,是始祖在世间的化身,是家族成员与始祖发生联系的桥梁。小宗依附于大宗,大宗废,小宗之法就会失去其根基,不能施行于天下。要复兴宗法,不能只是单独复兴小宗,更必须复兴大宗。他将宗族复兴置于全面的历史场景加以认识,回到宗法分封制得以实现的本源上来,这种认识是辩证的正确的。而主张只恢复小宗的做法,显然得过且过,只是家谱和宗法的权宜之计,时间一长,人们必然不会满足于此,自然会对家族姓氏追根溯源。

归有光提出复兴宗法,并不是儒家学者单纯迂腐的复古行为,去恢复宗法分

---

[1] 上引均见归有光:《震川先生集》卷三《谱例论》,周本淳校点,上海古籍出版社2007年,第60页。
[2] 归有光:《震川先生集》卷二《平和李氏家规序》,周本淳校点,上海古籍出版社2007年,第39页。

封制,其最重要的落脚点则是现实需要。

首先,复兴大宗可以达到合族的目的。

> 余因论君之为家规,盖本于不忍祧其始祖之心。既为始祖立庙,则不得不立宗子;立宗子,则不得不为法以合族而纠宗。夫义之所出,不可已者。[1]

在中国古代,关于官员和庶民的祭祖问题向来有着严格规定。南宋《朱子家礼》制定了"君子将营宫室,先立祠堂于正寝之东,为四龛,以奉先世神主"[2]的祠堂制度,反对庙祭始祖,提出墓祭始祖的主张。这些主张陆续为后世士大夫所践行。明代礼制完全以《朱子家礼》为蓝本制定,不允许官员和庶民立始祖庙。平和李氏的做法违背了朝廷规定。归有光却对平和李氏"为始祖立庙","立宗子",进而"为法以合族而纠宗"的做法加以赞扬,认为这虽与法不合,却是出于"义"不可无的行为,值得肯定。显然,这时朝廷的家族礼法在社会实践中已经有所松懈。

其次,复兴宗法可以移风易俗。

> 故宗法明而礼俗成,权度量衡、文章、服色、正朔、徽号、器械、衣服,由此而出。[3]

> 古人所以立宗子者,以仁孝之道责之也。宗法废,而天下无世家;无世家,而孝友之意衰。风俗之薄日甚,有以也。[4]

归有光认为与国家礼制、生活名物等相关的许多东西都与宗法有关。没有宗法,天下也就无世家,无世家也就无世教,从而人与人之间也就没有了孝友之道,风俗也就越来越差。宗法制度下的宗子,其责任就是对家族成员督之以孝道,从而使人人知道孝悌之意,拥有友爱之心。宗法关系一旦得以确立,日常生活的各种秩序也就十分明确,好的礼俗自然就会形成。归有光站在关系国家治乱兴衰的高度上看待宗法,认为宗法是天下之本,确立了宗法,天下自然能够长治久安。

> 古者宗以族得民,盖天子所以治天下,壹本于是,以能长世而不乱。

---

[1] 归有光:《震川先生集》卷二《平和李氏家规序》,周本淳校点,上海古籍出版社2007年,第38页。
[2] 朱熹:《家礼》卷1《祠堂》,《景印文渊阁四库全书》142,台湾商务印书馆1986年,第531页。
[3] 归有光:《震川先生集》卷二《龙游翁氏宗谱序》,周本淳校点,上海古籍出版社2007年,第40—41页。
[4] 归有光:《震川先生集》卷十七《家谱记》,周本淳校点,上海古籍出版社2007年,第437页。

宗法废,而天下为无本矣。

归有光在《平和李氏家规序》的末尾说:

> 夫礼失而求之野。宗子之法虽不出于格令,而苟非格令之所禁,士大夫家闻李氏之风,相率仿而行之,庶几有复古之渐矣。[1]

他真诚希望李氏这种做法可以在士大夫之中起到表率作用,进而通过士大夫阶层的仿行和推动,复兴宗子之法,就是大宗之法。

3. 谱论

归有光的谱论,一是宗法与族谱的关系。他主张族谱是宗法的外在形式,宗法是族谱的内核。族谱的核心在于要能体现宗法,而不是如何编纂的具体方法。

他在《谱例论》中阐述自己与欧阳氏、苏氏谱法的不同时说:

> 予又以为,谱者,载其族之世次、名讳而已。其所不可知者无如之何,其所可知者无不载也。夫使世次、名讳之既详,则不必县定以为宗法,而宗法存焉耳。故欧阳氏、苏氏以有法治无法,吾以无法寓有法,是吾谱之所以异也。[2]

> 亲亲而宗法立,宗法立而谱系自明,非独以谱也,谱之盛也。[3]

在归有光的思想中,族谱最重要的就是诚实可信地记载一个家族可知的"世次、名讳",做到这点,则"宗法立而谱系自明"。宗法虽没有明确列于族谱,但已经寓于其中了。这就是"欧阳氏、苏氏以有法治无法,吾以无法寓有法",归氏不同的家谱修纂法。

二是族谱与故家大族的关系。归有光虽然认为宗法是族谱的内核,族谱是宗法的外在形式,但这并不表示他认为族谱不重要。相反,归有光认为,族谱是宗法所系,是人知所自出和一个家族成为故家大族的重要凭借。这在他写的数篇谱序中均有表述:

> 盖自唐谱学之废,而故家大族迷其先世者多矣,可胜叹哉![4]

> 魏、晋之失也,至于谱亦不存,而学士大夫莫知其所自,而仁人孝子

---

[1] 上引均见归有光:《震川先生集》卷二《平和李氏家规序》,周本淳校点,上海古籍出版社2007年,第38—39页。
[2] 归有光:《震川先生集》卷三《谱例论》,周本淳校点,上海古籍出版社2007年,第60页。
[3] 归有光:《震川先生集》卷二《龙游翁氏宗谱序》,周本淳校点,上海古籍出版社2007年,第41页。
[4] 归有光:《震川先生集》卷五《题王氏旧谱后》,周本淳校点,上海古籍出版社2007年,第121页。

之心茫乎无所寄,岂不重可叹哉![1]

> 然自魏以来故家大族,盖数百年传系不绝,可谓盛矣。士大夫崇本厚始之道,犹为不远于古也。今世谱学尤废,虽当世大官,或三四世子孙不知书,迷其所出,往往有之,以谱之亡也。孰知故家大族实有与国相维持者,系风俗世道之隆污?所不可不重也。况孝子仁人木本水源之思乎?[2]

归有光对"数百年传系不绝"的故家大族之繁盛的赞叹,伴随着他对从唐代谱学荒废之后,连士大夫都"迷其所出"的痛心感慨。他不但将族谱视作关系人所自出的重要文献,更将其视为维系故家大族存在的依据,而"故家大族,实有与国相维持者,系风俗世道之隆污"。换言之,正是故家大族,才形成良好的家门风范,成为关系社会风俗好坏、左右世道兴衰的重要力量,而故家大族的存在与否全在于家谱的编修与传承。

三是修谱与合族的关系。归有光曾说明他纂修家谱的目的:

> 有光学圣人之道,通于六经之大指,虽居穷守约,不录于有司,而窃观天下之治乱,生民之利病,每有隐忧于心。而视其骨肉,举目动心,将求所以合族者而始于谱,故吾欲作为归氏之谱,而非徒谱也,求所以为谱者也。[3]

归有光将纂修族谱视为合族亲、和骨肉的一种途径,并寄希望于通过这一方式达到天下大治的理想和谐的大同世界,这也体现了归有光作为一个普通儒家学者对修齐治平人生理想的自觉追求。他修归氏之谱何啻为了修谱,而是为了让族人在看到家谱时求得他所以修谱的这片苦心孤诣呵!

总起来看,归有光身处明初以来江南故家大族兴衰不常的社会环境之后,自身家族及戚族在短时间内的荣枯给了他很大感触,因而开始探究改变这种状况的方法。在宗法方面,他提倡复兴宗法特别是复兴大宗,而不是单纯地复兴小宗。他和魏校一样,认为复兴宗法,世家累累,族范规矩,门风整肃,能起到合族、移风易俗、平治天下的重要作用。关于纂修族谱,归有光认为族谱是宗法的外在形式,宗法是族谱的内核。因此,纂修家谱信谱,弘扬宗法,内外一致,具有合族的功用。他也希望借助宗法家谱,辅助现实社会治理,达到天下大治的理想大同

---

[1] 归有光:《震川先生集》卷二《龙游翁氏宗谱序》,周本淳校点,上海古籍出版社2007年,第41页。
[2] 归有光:《震川先生集》卷二《华亭蔡氏新谱序》,周本淳校点,上海古籍出版社2007年,第39页。
[3] 归有光:《震川先生集》卷十七《家谱记》,周本淳校点,上海古籍出版社2007年,第437页。

世界,进而也就实现了自己作为一个儒家学者修齐治平的人生抱负,履行了士大夫应有的济世职责。

王鏊、魏校和归有光三人的家族思想有很多相似之处,尤其后两人还有师承关系,反映了明代中后期苏州的士大夫在同一江南社会文化环境之下,针对明初以来家族陵替,族人不和,家谱失修,孝道淡漠,风俗功利化,社会问题丛生等现状,亟迫地要将修谱睦族提到议事日程上来。他们在传统社会家族发展历程之中深切关心并构建了基本的家族建设理论、家谱编修方法,而且身体力行,高举编修信谱的大旗,都将其家族思想理论付诸实践,编纂了自己的姓氏家谱,积累了实践经验,还将其记录下来,为社会其他家族修谱、合族活动树立了榜样。

作为自幼饱读儒家经典一生走科举道路获得成功的士大夫,他们重视谱学与宗族的社会文化功能,其实就在自觉弘扬中华悠久优秀的文化传统,而在社会交往中积极宣传自己的家族思想,希望在现实社会得到应用,并大力推广,让人们的日常生活秩序能够在宗法理论指导下,通过编修家谱、建置祠堂并祭祀祖先等具体措施来聚合家族。他们都认为,无论大宗小宗,修纂家谱、聚合家族,本质上除了在细微角度讲都是为了永葆家族世泽不斩、兴旺发达、长久积极向上发展之外,在深远恢弘的角度上讲,可以使人惇孝悌而知礼义,移风易俗,走世道兴隆的正道,进而有效维护国家统治秩序。他们倡修家谱,重建宗法家族,终究还是受到儒家伦理治国模式长久熏陶的结果。

正是由于明初家族活动的基础受到摧折,环境恶劣,人们只能压抑家族活动的内心诉求。一旦家族活动的政治与经济条件成熟,士大夫精英便在优秀传统文化宝库中率先找到了根性认知的工具,积极倡导并推行于社会,使本土社会延续那打不烂、斫不断的血缘情愫。于是,社会上,家族事务被提上了议程,家族活动开展起来了。修家谱以共同历史记录团结族人,建祠堂以祭祀共同始祖,设义田以物质实际利益救济通族族人,最为紧迫,行之有效。

四、家族活动的开展

明代苏州地区的士大夫以宗法理论为指导,通过敦宗睦族来移风易俗,以求达到维护社会秩序的目的,他们积极进行家族活动,组织推展家族事务,在族谱编修、祠堂建置和义田设置等方面都进行了具体实践。在有志于家族发展的士大夫的倡领下,明代苏州家族事务逐渐开展起来,家族事业兴旺起来,延续了历史上家族发展的脉络。

（一）家谱编修

家谱本是家族史研究的第一手资料，但限于苏州地区家族保存下来的明代家谱数量很少，同时由于家谱序跋包含了大量有关家族的信息，也相对较易查找，因此，此处以四库系列丛书[1]中属于苏州地区的65篇家谱序跋为基础，加上万历《常熟县私志》中属于常熟县的6篇家谱序跋，总共71篇，结合明代苏州地区其他方志资料，从修谱者身份、家族认知、不同类型家族的族谱编修等方面，从个案角度考察明代苏州家族族谱编修情况及其特征。[2]

1. 修谱者身份

编修族谱记录家族发展历程，费时费力，花费不菲，是事关家族延续的庞大文化工程，族人世世代代，前赴后继，必须作为家族头等事业，持之以恒地进行。同时，编修族谱也需要一定的文化水平。根据统计，71篇家谱序跋所涉55个家族中有54位族谱编修者。其中文化水平较高的38人，占总人数的十分之七。在这38人中，官员有20位，既有像咸阳教谕殷奎这样的低级官员，也有像内阁大学士王鏊、申时行这样的极品高官。未出仕的士人有18位，大多数只是普通读书人，也有像张大复那样的知名文人。需要注意的是，这38位只是在文章中明确表明其身份者，其余的16位未表明身份的族谱编修者中，有一定文化知识的当也不少。以上统计情况表明，文化水平较高的士人在族谱编修活动中起着主导作用，是主要的族谱编纂人。

编纂常熟沙溪《吕氏族谱》的吕道燨和太仓《周氏族谱》的周砥都是以大宗的身份来修谱的，这在54位族谱编修者中显得十分特别，因为其他编修者均未表明是否出自大宗。实际上，族谱编修工程，宗族大宗子并不是主要的实施者，大多数家族由有经济实力和文化知识的人在主动自觉操办。明代苏州象征祖先嫡系血统的大宗子的家族事务实际地位已经下降，由既有经济基础又有文化水平的族人取而代之，成为家族事务的积极倡导者和具体推动者，在家族内部拥有了更大的发言权，这在家谱编修上显著体现出来。这是宋元以来家族社会化平民化的必然结果。

---

[1]《景印文渊阁四库全书》，台湾商务印书馆1982—1986年；文渊阁《四库全书》，上海古籍出版社1986—1990年；《四库全书存目丛书》，齐鲁书社1994—1997年；《续修四库全书》，上海古籍出版社1996—2003年；《四库禁毁书丛刊》，北京出版社1997—1999年；《四库未收书辑刊》，北京出版社1997—2000年，均为影印本。此处出版信息依据复旦大学图书馆古籍部编：《四库系列丛书目录·索引》，上海古籍出版社2007年，第2页。

[2] 本节资料线索参考了宗韵：《明代家族上行流动研究》，华东师范大学出版社2009年。

2. 不同类型家族的家谱编修

族谱主要记载家族成员的世系传承和人口繁衍情况,兼及家族以及族人生产、生活等内容,是家族发展的百科全书。编修族谱是一个家族最为重要的共同事务之一。不同类型不同身份和水准的编修者编修的家谱在内容和质量上存在很大差异,使家谱的价值高低差别也很大。

上及71篇家谱序跋所涉55个家族反映了明代苏州不同类型家族在族谱编修方面的实况。这55个家族在为官、经济以及文化三个方面差别较大。可以将世代有多位族人出仕的作为官宦家族;将族人出仕不足三代、为官不足3人,却有较好经济基础和文化水平的作为富裕家族;将没有族人出仕,经济条件较差,仍有一定文化水平的作为庶民家族。

(1) 官宦家族修谱

明代苏州地区文化教育发达,读书入仕者如过江之鲫,特别是经过明初社会恢复以后,到明代中后期,各种人才辈出,科举人才蔚为大观。根据吴建华统计,苏州明代进士共有1 016名。[1]这些进士大部分步入仕途,担任中央或地方各级官职,从事实政,执掌权力,拥有政治和社会文化地位。在这些考取进士等科举功名进入官场的士人之中,许多人出自同一家族,或有更近的父子、祖孙、兄弟等等血缘关系,在数十年或者更长时间内都有人在朝廷任官,使家庭和家族发展具有良好基础,容易上升发达,家族力量壮大,成为官宦家族。明代苏州科举功名成功,官宦业绩显赫的世家较多,声名远扬,在全国政治和社会文化舞台上起到重要作用。

例如,王世贞称道吴江吴洪家族的繁盛:

> 又四世而为孝子公璋,璋子宫保公洪,洪子宫保公山,凡八坐二人,藩岳郡二千石四人,甲第六人,乡进士、赀郎、上舍若干人。百二十年来,其缨弁绅衿之盛辉映吾三吴,几可以称世家。[2]

明初从衡山迁入苏州的文氏家族很快崛起,不仅成为吴中科第官宦世家,更是苏州和天下文化世家。文家最闻名的是文徵明,他和两子文彭、文嘉都有科举

---

[1] 吴建华:《明清苏州、徽州进士数量和分布的比较》,《江海学刊》2004年第3期。因为统计范围等的差异,据范金民统计,明代苏州府进士1 025人,如不计嘉定、崇明则为948人,详见其《明清江南进士数量、地域分布及其特色分析》,《南京大学学报》1997年第2期。另外,根据李嘉球统计,明代苏州进士1 072人,详见其《苏州状元》附四,上海社会科学院出版社1993年。

[2] 王世贞:《弇州续稿》卷五十四《文部·序·吴江吴氏家乘序》,《景印文渊阁四库全书》1282,台湾商务印书馆1986年,第708—709页。

功名或官职,其父亲文林、叔父文森,通过科举入仕,其曾孙文震孟更是状元及第,入阁拜相。

吴江盛氏家族从御医盛寅开始,在明代先后有 6 人中进士,多人出任医官。吴宽称赞说:

> 惟盛氏在吴中为大族,子孙散居郡邑,多以医为业。当皇明永乐间见用于朝,若太医院御医启东、叔大二先生尤著者,其次亦多为郡邑医官。至于业儒而出,往往为名进士,仕于内外者不绝。故人指为衣冠家。〔1〕

明代苏州像这样的科举官宦世家数量众多。作为地方名门望族,他们编修家谱责无旁贷,刻不容缓,无论在财力还是才力上都具备充足条件。的确,他们中间很多家谱及时修成了,并成为其他家族家谱修纂时的楷模。

然而,尽管官宦家族具有编修家谱的有利条件,有些却没有编修家谱。文徵明就说:

> 近世氏族不讲,谱牒遂废。非世臣大家,往往不复知所系出。今吴中士夫之家有谱者无几,或以世次不远,远者又文献无可征,遂皆不复著录。〔2〕

比文徵明长一辈的乡贤吴宽早就说:

> 族谱之当作,固也。若世次之远,审而可信;族人之蕃,混而或遗,必作之,使近且少焉。虽士大夫不以为意,盖以为其族易知,不必作尔。孰知数世之后,近者远,少者蕃,后人欲作之,则已无及矣。〔3〕

稍后的娄坚则说:

> 虽世所号为能文章者,欲一见其谱牒而可不得也,问之则曰世远而湮已矣。〔4〕

由此可见,明代苏州许多官宦家族没有及时编修族谱,主要有两个实际原

---

〔1〕 吴宽:《家藏集》卷四十三《盛氏重修族谱序》,《景印文渊阁四库全书》1255,台湾商务印书馆 1986 年,第 380 页。
〔2〕 《文徵明集》卷二十二《题香山潘氏族谱后》,周道振辑校,上海古籍出版社 1987 年,第 544 页。
〔3〕 吴宽:《家藏集》卷四十三《越溪卢氏族谱序》,《景印文渊阁四库全书》1255,台湾商务印书馆 1986 年,第 382 页。
〔4〕 娄坚:《学古绪言》卷一《徐氏宗谱序》,《景印文渊阁四库全书》1295,台湾商务印书馆 1986 年,第 8 页。

因,一是因为其中许多都是新近崛起的科举官宦家族,代数少,就是"世次不远",族人稀少,家史不长,没有必要修,不需要族谱就可以序昭穆,辨伦次;二是有些家族源远流长,但由于世代遥远,信息渺茫,前世遗留文献少,家史无从征考,就是"文献无可征",无法编修族谱。

有鉴于此,许多对进行家族事务持积极态度的官宦家族开始寻求改变。族谱编修费时费力,更需要一定的经济基础和文化水平。这在官宦家族都不成问题。一般而言,士大夫在家族事务中拥有较高的地位,号召力强,影响力大,可以起到核心组织作用,可以支持或组织族人进行族谱编修。他们或因公务繁忙,或不在家居,无暇顾及,往往叮嘱族中办理,并运用自身政治与文化优势,自己或请托一些名人撰序作传,支持族谱编修。

吴中科举官宦家族不修谱,不会因缺钱或缺人手,却各自面临修谱窘境,关键还是认识问题。就像吴宽所言,若是世次久远的经考订挑可信的写,为以后打好基础,而世次太近的先做好记录,以免后世人多族繁,再次形成年久失修,家谱何愁不成久远可信!

上及71篇家谱序跋所涉55个家族,从家谱序跋的内容来看,至少有三分之一可以归入官宦家族。正是这些明代苏州地区官宦家族致力于改变家谱不修的局面,成为家谱编修的重要力量,才在家族事务开展和修谱方面起到社会示范效应。

(2)富裕家族修谱

这一类型的家族一般在科举仕宦方面成就并不显著,却拥有一定的财产和文化水平,在社会上有一定地位,包括有些可能凭借财产在地方上的声誉颇高,有些可能既有一定财产又人口众多,有些可能人口不多,但在财产和科举方面已经取得了一定成就等。在71篇家谱序跋所涉55个家族中,根据序跋内容粗略统计,约有五分之三属于这一类型。

例如,昆山周氏家族自周砥之后,"世世虽受儒而不废医,其儒以医夺之,故不能取官位"[1]。昆山周氏作为儒医世家,依靠行医,在经济方面颇为富裕,但也因医夺儒,科举仕途没有成功,确实也是地方社会的富裕家族。

昆山张大复张氏家族也属于富裕家族一类:

> 张之先,世居昆山五保古渡头,皆隐耕不仕,未有谱牒。自予五世

---

[1] 王世贞:《弇州续稿》卷四十七《文部·序·周氏族谱序》,《景印文渊阁四库全书》1282,台湾商务印书馆1986年,第615页。

祖耕云翁以仲子赘杨庄顾氏,遂为杨庄人。一传至高祖半闲翁,始徙城居,困于徭,不遑著述。至曾大父唐文先生励志读书,补博士弟子,与兄兴业公力起家声为务。兴业后以赀入太学,宦游四方。而曾大父早世,予大父梦江先生称孤,甫三岁耳。大父补弟子员有声,而予父九川先生益昌其学,每怀永叔有待之志,蹉跎岁月,未及编次,而予不肖荷天之戮,中道弃业,且颠毛种种矣,夫又何待而不以示我后之人,予罪滋甚![1]

张大复祖上五世祖以前"皆隐耕不仕",世代农夫,至其曾大父唐文兄弟俩开始有志于举业,考上秀才,改换了门庭。张氏家族虽然几代人汲汲于科举入仕,但最高功名止步于秀才,离科举辉煌还很遥远。张大复高祖半闲才从上代赘居的顾氏杨庄迁居县城,因徭役太重,无法专门读书著述。但家业很快重新振起。张大复的伯曾祖父兴业能够用钱财捐上太学生,并由此走上仕途。其祖父读书,也得了秀才。其父亲也能继承家学,书香勿替。到张大复,读书作幕著述,可惜40岁失明,身体多病。可见张氏家族在经济方面相当富裕,确实由农耕之家逐步转身为世代书香门第,不过其家谱兴修毕竟只是近五代可知的事情。像张氏富裕家族,家底殷实,足以支持读书,再加上子孙励志科举,只要坚持努力,一旦取得科举甲乙榜,就发展成为官宦家族,迈入地方世家行列,家谱便会面目一新。

吴县越溪卢氏家族在卢纲编修族谱之时尚是一般富裕之家。吴宽说:"其子纲居乡业医……纲有子曰雍,修谨好学,往年予家居,持所业来见,已嘉之……卢氏世次之近,族人之少,此谱不作,可也。"[2]这是因为"世次之近,族人之少",职业行医的家族,修谱实在没有必要。卢纲业医,却在经济方面颇为富裕,支持子弟读书科举。卢纲之子卢雍"修谨好学",有品肯学,终于考中正德辛未(1511)进士,官至四川提学副使;卢雍之弟卢襄中式嘉靖癸未(1523)进士,官至陕西右参议。兄弟两个工诗文,[3]与当时苏州文人多有交游,时相唱和。至此,卢氏家族由普通富裕家族跻身地方官宦家族行列。吴县越溪卢氏家族的发展轨迹说明,有一定经济基础和文化水准的富裕家族是官

---

[1] 张大复:《梅花草堂集》卷一《张氏族谱序》,《续修四库全书》1380,上海古籍出版社2002年,第295页。

[2] 吴宽:《家藏集》卷四十三《越溪卢氏族谱序》,《景印文渊阁四库全书》1255,台湾商务印书馆1986年,第382页。

[3] 同治《苏州府志》卷八十《人物七·卢雍》,《中国地方志集成·江苏府县志辑9》,江苏古籍出版社1991年,第153、154—155页。

宦家族的基础,富裕家族修谱与官宦家族修谱其实本质上是一致的,很可能是以一种自然递进方式,推动地方家族事务发展,修谱成风。富裕家族修谱的优越条件是财力充裕,劣势是人才不足,更要有见识能负责出面张罗的家族热心人士出现。

编修好族谱,富裕家族尽管不如官宦家族,却不论在经济方面还是文化知识方面应该都是有能力的,又因这类家族数量会多于官宦家族,故成为明代苏州地区族谱编修的主要力量,占据着主导地位。这类家族虽然在科举入仕方面没有什么显著成就,却拥有发展成为官宦家族的潜力;虽然无法像官宦家族那样光宗耀祖,但其尊祖敬宗以合族之心却并无二致。对于这类家族而言,"散而整,微而不泯,则谱力矣"[1],族谱可以使他们的家族延绵不绝,即使家族难有什么显赫成就,也不至于在数世之后,族人相视如途人。因此,富裕家族在族谱编修方面态度积极,愿意投入力量。

(3) 庶民家族修谱

庶民家族没有科举仕宦显贵优势,普普通通踏踏实实过日子,社会地位不高,人口多少不定,文化水平一般较低,但编修族谱的基本条件即具有一定财力和文化知识,小家族时代的庶民之家往往也能做到,或者自己尽力修,或者花钱请专人修,修谱质量不一定很高,却也是热心的家族编修实践者。在71篇家谱序跋所涉55个家族中,约有十分之一属于庶民家族。

昆山泗桥潘氏家族在明初富甲一方,资财雄厚,因明初政府强令迁徙而没落。郑文康记述了潘氏的困境:

> 由是(潘)绍宗之子日新在遣。自后少者未立而老者继殁,事殊世异,家遂凋落矣。此潘之大略也。亭子之殷,罔究伊始,自遭劫后,未几何时,星散烟灭。一支徙居常州城中,今不知何在。潘氏虽微,而日新之子奇,号桂林,更守儒业,开门授徒,觅饘粥自赡,不知殷氏其先何为而遽尔也。[2]

潘氏在桂林之时虽然还能恪守儒业,靠做塾师谋生,门庭衰落却是一发不可收拾,寒微不知何时见底,才能再度振兴。

---

[1] 王世贞:《弇州续稿》卷五十四《文部·序·题姜氏家乘后序》,《景印文渊阁四库全书》1282,台湾商务印书馆1986年,第711页。
[2] 郑文康:《平桥稿》卷六《泗桥潘氏姓源记》,《景印文渊阁四库全书》1246,台湾商务印书馆1986年,第571页。

陆粲所述吴县汤氏家族,编修家谱的汤衡穷困潦倒,家徒四壁,只能编修小宗谱,他遗憾地对陆粲说:"姑著吾志,其它则非吾力所及矣。"

一般而言,庶民家族在经济方面无力负担家谱编修的大量花费,汤衡无力编修大宗谱而只能编修小宗谱的事例就是很好的说明。但应该看到,正如昆山潘氏和吴县汤氏那样,有些庶民家族为了改变地位而积极投身科举,即使是在极其艰苦的境况下,哪怕可能一无回报,他们也坚持不懈,花费极大人力成本,消耗不堪负担的财力。在追逐举业的坎坷路程中,他们也会获得编修家谱的文化知识,一旦稍有机会,就有可能付诸行动。

庶民家族在编修家谱方面的不懈努力成为一些儒士倡导家谱编修的正面教材。陆粲在《题汤氏小宗图卷》的篇末说:

> 子衡,虽濩落食贫,君子矜其志,曰"汤氏之贤子孙",可也。[1]

本着"齐家"思想的儒家学者对那些有能力编修家谱却不肯积极实行的家族给予尖锐批评,包括一些"富人"之家和"冠裳"之家,即富裕家族和士大夫官宦家族,有钱财,有文化有人才,有头有脸,有作为有出息,却罔知祖宗先世,沦落禽兽一路,而对庶民家族即便"濩落食贫",仍然汲汲于家谱编修的汤衡予以褒扬,体现了明代苏州儒士对家族事务发展的重视。

(二)家族祠庙与始祖崇祀

家族祠庙包括家庙、祠堂及墓祠,是家族祭祀祖先、开展家族活动的场所。明代苏州地区家族祠庙在建置、维护以及祭祀始祖等方面,都有一些新变化。

1. 家族祠庙的建置与维护

明初制定的《大明集礼》规定了品官及庶人的祠庙和祭祖礼制。这一礼制被明中期的正德《大明会典》和明后期的万历续修《大明会典》所沿用。按此规定,只有品官可以建立家族祠庙,庶人无权建置。即使到嘉靖时期,夏言提出家庙制度改革方案,庶人也是无权建置的。明代苏州官员数量众多,更有许多著名的官宦家族,他们按照礼制都有权建置祠庙。根据部分地方志和明人文集等资料,我们搜集到43例明代苏州地区的家族祠庙,列表如下:

---

[1] 上引均见陆粲:《陆子餘集》卷七《题汤氏小宗图卷》,《景印文渊阁四库全书》1274,台湾商务印书馆1986年,第677页。

表4-10 明代苏州家族祠庙举例

编号	祠名	地点	修建人	修建时间	祠制	所祀祖先
1	徐氏袭庆庵	吴县	徐良辅	明初		墓祠,祀先祖
2	金氏墓祠	苏州	金德明	洪武十四年		祀其父金兴宗
3	郑氏祠堂	昆山		永乐甲辰	郑文康于景泰四年重修	
4	刘氏先祠	吴县	刘铉	正统五年		祀高祖以下四世
5	龚氏祠堂	昆山	龚珩	正统十一年	系重建,正寝之东,四室	祀高祖以下四世
6	刘氏祠堂	太仓	刘吴	成化十二年		
7	韩氏祠堂	吴中	韩襄	弘治以前		
8	陈氏祠堂	吴县	陈冠	弘治十年	制如五品之式	祀始祖及高祖以下
9	杨氏墓祠	吴县	杨循吉	正德四年或稍晚	堂三楹	祀高祖以下四世
10	毛都宪祠	吴县		嘉靖间		墓祠
11	汝氏家祠	吴江		嘉靖间		
12	王文恪公祠	吴县	王延喆	嘉靖十一年	祭田四十八亩	
13	吴氏祠堂	吴县		嘉靖十一年		
14	吴氏墓祠	吴县	吴松隐	嘉靖十一年	堂三间	祀始祖及四小宗
15	吴氏家庙	昆山		稍早于嘉靖三十五年	堂三楹	
16	徐文敏公祠	吴县	徐玄素	嘉靖四十二年	堂三楹	徐缙专祠
17	王氏家庙	吴江	王哲	嘉靖四十三年	正寝之东	
18	卢公祠	吴县		隆庆四年		
19	沈氏祠堂	吴县		隆庆四年		
20	徐迪功祠	吴县	宋仪望	万历四年	堂三楹	旧有祠,加修
21	顾氏家庙	常熟	顾耿光	万历二十二年	附于圆通佛阁,重建	祀始祖以下五世祖
22	顾氏祠堂	长洲	顾九思	万历二十四年	堂一,寝一,阁一,门二	祀始祖伯仁公以下
23	申文定公祠	吴县	陈吁谟	万历四十五年		
24	张氏祠堂	吴县	张世伟	崇祯八年	堂五楹,中设龛	祭祖父、曾祖
25	陆氏祠堂	太仓	陆兆允	崇祯十六年		
26	吴氏祠堂	吴县	吴融			祀高祖以下四世
27	周氏祠堂	吴县	周纲			
28	徐氏祠堂	吴县			正寝之东	

(续表)

编号	祠名	地点	修建人	修建时间	祠制	所祀祖先
29	崔氏祠堂	吴江	崔文			
30	魏氏祠堂	昆山	魏奎		正寝之东,前为同堂,后为四室	祀高祖以下四世
31	唐氏祠堂	吴县	唐琼			
32	盛氏家庙	吴江				
33	于氏祠堂	吴江	致远			祀五世祖以下
34	史氏祠堂	吴江	史晟			
35	文氏先祠	长洲				
36	薛氏祠堂	昆山	郑文康			祀薛将仕,郑氏外家
37	方氏祠堂	昆山	方凤		正寝之东	祀始祖及四小宗
38	方氏先祖行祠	昆山				祀始祖及先祖
39	潘氏祠堂	吴县	潘德怀			
40	王氏家庙	太仓	王倬			
41	王氏祠堂	昆山	王衡			
42	徐氏家庙	吴江				
43	赵氏祠堂	太仓	赵德巽		正寝之东,堂四室	祀始祖及高祖以下四世

资料来源:1. 徐有贞:《武功集》卷四《徐氏袭庆庵重修记》,《景印文渊阁四库全书》1245,台湾商务印书馆1986年,第151—152页。2. 王行:《半轩集》卷三《金氏墓祠记》,《景印文渊阁四库全书》1231,台湾商务印书馆1986年,第341—342页。3. 郑文康:《平桥稿》卷十八《告祠堂祝文》,《景印文渊阁四库全书》1246,台湾商务印书馆1986年,第674页。4、8、10、16、18、20. 崇祯《吴县志》卷二十《祠庙中》,《天一阁藏明代方志选刊续编》16,上海书店1990年,第663—691页。12、23、24. 崇祯《吴县志》卷十九《祠庙上》,《天一阁藏明代方志选刊续编》16,上海书店1990年,第598—611页。5. 王直:《抑庵文集后集》卷一《龚氏祠堂记》,《景印文渊阁四库全书》1242,台湾商务印书馆1986年,第315—316页。6、25. 道光《璜泾志稿》卷一《营建志·祠院》,《中国地方志集成·乡镇志专辑》9,江苏古籍出版社1992年,第129页。7. 吴宽:《家藏集》卷三十七《韩氏立后记》,《景印文渊阁四库全书》1255,台湾商务印书馆1986年,第318页。9. 朱存理:《野航文稿》《杨氏修墓记》,《景印文渊阁四库全书》1251,台湾商务印书馆1986年,第620—621页。11. 嘉庆《黎里志》卷三《祠庙·汝氏家祠》,《中国地方志集成·乡镇志专辑》12,江苏古籍出版社1992年,第148页。13、19. 民国《乡志类稿·艺文》,《中国地方志集成·乡镇志专辑》8,江苏古籍出版社1992年,第372页。14. 沈云:《重修墓祠记略》,载《洞庭吴氏家谱》卷一,清乾隆七年(1742)刻本,国家图书馆藏本,第77—78页。15. 顾梦圭:《疣赘录》卷五《吴氏家庙记》,《四库全书存目丛书》集部83,齐鲁书社1997年,第109页。17. 周用:《周恭肃公集》卷十三《王氏家庙碑》,《四库全书存目丛书》集部55,齐鲁书社1997年,第97—98页。21. 王国平、唐力行主编:《明清以来苏州社会史碑刻集》《补溪顾氏重修家庙记》,苏州大学出版社1998年,第516—517页。22. 乾隆《长洲县志》卷三十三《艺文三》,江盈科:《埭川顾氏祠堂记》,《中国地方志集成·江苏府县志辑13》,江苏古籍出版社1991年,第432—433页。26. 吴宽:《家藏集》卷五十六《上京告祠堂文》,

《景印文渊阁四库全书》1255,台湾商务印书馆1986年,第521页。27. 吴宽:《家藏集》卷七十一《文林郎融县知县周君墓表》,《景印文渊阁四库全书》1255,台湾商务印书馆1986年,第692页。28. 娄坚:《学古绪言》卷一《徐氏宗谱序》,《景印文渊阁四库全书》1295,台湾商务印书馆1986年,第8—9页。29. 祝允明:《怀星堂集》卷十四《崔氏祠堂碑》,《景印文渊阁四库全书》1260,台湾商务印书馆1986年,第566页。30. 魏校:《庄渠遗书》卷七《谱牒·世谱》,《景印文渊阁四库全书》1267,台湾商务印书馆1986年,第824页。31. 韩雍:《襄毅文集》卷十《唐氏宗谱序》,《景印文渊阁四库全书》1245,台湾商务印书馆1986年,第733页。32. 陆粲:《陆子馀集》卷四《明故资善大夫都察院右都御史盛公行状》,《景印文渊阁四库全书》1274,台湾商务印书馆1986年,第629页。33. 释妙声:《东皋录》卷中《于氏祠堂记》,《景印文渊阁四库全书》1227,台湾商务印书馆1986年,第619页。34. 史鉴:《西村集》卷八《先考友桂府君行状》,《景印文渊阁四库全书》1259,台湾商务印书馆1986年,第866—869页。35.《文徵明集》卷三十《亡兄双湖府君墓志铭》,周道振辑校,上海古籍出版社1987年,第711页。36. 郑文康:《平桥稿》卷六《薛将仕祠堂记》,《景印文渊阁四库全书》1246,台湾商务印书馆1986年,第570页。37. 方凤:《改亭存稿》卷六《新祠成迁主文》,《续修四库全书》1338,上海古籍出版社2002年,第359页。38. 方凤:《改亭续稿》卷二《方氏行祠之碑》,《续修四库全书》1338,上海古籍出版社2002年,第436—437页。39. 民国《木渎小志》卷三《人物四·文学·潘奕》,《中国地方志集成·乡镇志专辑》7,江苏古籍出版社1992年,第496页。40. 王鏊:《震泽先生集》卷二十四《通议大夫南京兵部右侍郎王公神道碑》,载吴建华点校:《王鏊集》,上海古籍出版社2013年,第345页。41. 郑文康:《平桥稿》卷十二《王以平墓志铭》,《景印文渊阁四库全书》1246,台湾商务印书馆1986年,第625页。42. 王世贞:《弇州续稿》卷一五〇《文部·像赞·徐师曾》,《景印文渊阁四库全书》1284,台湾商务印书馆1986年,第177—178页。43. 程敏政:《篁墩文集》卷十四《赵氏祠堂记》,《景印文渊阁四库全书》1252,台湾商务印书馆1986年,第243页。

上表43个明代苏州地区的家族祠庙,包括5个墓祠,6个专祠。6个专祠中,申文定公祠和徐迪功祠由官员建置,似乎已是地方先贤专祠,超出了一家一姓自建的家族祠庙的范围,但又像王文恪祠一样,也是一家一姓的家族名人专祠,姑且也列于此。在祠庙名称上,23个称"祠堂",6个称"家庙",1个称"家祠",2个称"先祠",1个称"行祠"。显然,以"祠堂"为最多,体现了朱熹《家礼》对后世家族祠庙建置的影响。

尽管上表未列出家族祠庙修建人的身份,但资料表明,他们中大多是官员,少数是庶民。例如,昆山王氏祠堂由王衡建造,郑文康(1413—1465)写的墓志铭称他"善记历代诸史盛衰兴废之迹"[1],并未提及有过一官半职;吴江史氏祠堂由粮长史晟建置[2];常熟赵氏祠堂的修建者赵德巽,仅仅"用恩例得冠带"[3]。这三个祠堂的修建者本人没有官职,其家族先世也没有官职,属于庶

---

[1] 郑文康:《平桥稿》卷十二《王以平墓志铭》,《景印文渊阁四库全书》1246,台湾商务印书馆1986年,第625页。

[2] 史鉴:《西村集》卷八《先考友桂府君行状》,《景印文渊阁四库全书》1259,台湾商务印书馆1986年,第866页。

[3] 程敏政:《篁墩文集》卷十四《赵氏祠堂记》,《景印文渊阁四库全书》1252,台湾商务印书馆1986年,第243页。

民无疑。还有几例,家族曾有官员,修建者本人没有官职。如建造吴江崔氏祠堂的崔文,先世有居官、有太学生,而他是处士,只是庶民。[1]

上面所举两类事例都是庶民修建家族祠庙的,实际上违反了明朝政府《大明集礼》的规定。可是,为他们书写祠堂碑记或者为修建者撰写墓志铭的作者,都一致极力称颂他们修建家族祠庙的行为。这些作者多是饱学之士,像郑文康、程敏政(1445—1500)更是朝廷命官,他们对政府在这方面的礼制规定肯定是熟识的。士大夫对民间庶民兴修家族祠庙都持赞许态度,显然,明朝政府也默许了这一事实,明代中期开始,明代礼制已被冲破,失去制约力了,社会祭祀家族先祖了,家族事务兴起,家族活动的范围也在拓展。

以上明代苏州地区43个家族祠庙,从地域分布看,吴县19个,昆山8个,吴江7个,太仓4个,常熟1个,长洲2个,苏州1个,吴中1个。明代吴县(连同苏州、吴中)家族祠庙数量21个,约占同期苏州地区总数的49%,远高于同府其他县州。这一方面会受到搜集的资料影响,另一方面,家族事务的开展会对同一地域的人们有所影响,感切成风。

从时间分布看,这明代苏州43个家族祠庙的事例有确定建置时间的25个,其中,洪武年间1个,永乐年间1个,标为明初者1个,正统年间2个,成化年间1个,弘治年间2个,正德年间1个,嘉靖年间8个,隆庆年间2个,万历年间4个,崇祯年间2个。嘉靖年间的8个占了明代苏州有确定建置年份的25个家族祠庙的32%,说明嘉靖朝的"大礼议"事件对地方家族祠庙建设起到了一定的推动作用。按照常建华和日本井上徹的研究,嘉靖十五年(1536)夏言提出家庙制度改革方案之后,社会上出现了一股建置家族祠庙的热潮。[2] 嘉靖以后,苏州地区家族祠庙建置迅速发展,数量不断增加,随机样本达到16个,在25个有确定年份的家族祠庙里占到64%。另外,从洪武到嘉靖以前,苏州社会上一直存在建设家族祠庙的现象,是否都是品官家族的也值得再去考查。

家族祠庙的建设过程十分艰巨,不仅需要家族内部筹集足够的经费支持,而且需要打通与外部社会和官府的关系,甚至不得不花费精力和财力,排除奸恶刁滑胥吏为了乘机渔利,从中作梗,设置种种阻挠。例如,王鏊长子王延喆筹划要为王鏊建祠于今苏城景德路,曾受到地方奸吏的百般刁难。"郡故有景德废寺,

---

[1] 祝允明:《怀星堂集》卷十四《崔氏祠堂碑》,《景印文渊阁四库全书》1260,台湾商务印书馆1986年,第566页。

[2] 常建华:《明代宗族研究》,上海人民出版社2005年,第12—22页;[日]井上徹:《中国的宗族与国家礼制——从宗法主义角度所作的分析》,钱杭译,上海书店出版社2008年,第87—170页。

廷平公(王延喆)既输价将以为公祠,而里胥阴构郡丞,故诡他端挠持,因以为利。"但王延喆并不气馁,"廷平乃三疏请于朝,扶服万里,糜金百镒,始获遂其初志"。[1]

家族祠庙平时的维持和其建置一样,也需要花费大量的人力和物力。因此,除非是非常富裕的家族,否则即使建置了家族祠堂,也无法长久维持祠堂的存在和运行。明代苏州地区的家族祠庙和其他地区一样,既有官宦家族也有庶人家族,肯定都是具有财力才能建置成功的。然而,一个家族能否长时间维持自身家族祠庙的存在,跟家族是否能够长久保持富裕,以及家族后代对家族祠庙的关心程度有关。在上表所列家族祠庙事例中,有几家有能力重修家族祠庙的,像昆山郑氏、龚氏。

嘉靖年间,吴县毛氏家族按照都御史毛珵的生前要求,在华山天池修建了毛氏墓祠。毛氏墓祠在初建时有"祠宇数重",规模可谓不小。为了能够更好地维护墓祠和享祭,毛氏请僧人居住其中,常年守护。但数十年后竟被僧人强占。于是中丞公裔孙毛堪等十余人"诣有司言状,事久不决。抚台巴郡赵公至,阅故牍","乃敕有司,录游僧出诸境,曰:'今日必达其祠宇!'属毛氏子孙曰:'今日必授于是!'"僧人因数次更换,加上受到物欲的诱使,"欲窜其籍,据而有之",到万历年间,擅自将毛氏墓祠彻底变为僧人寺庙。而毛珵裔孙毛堪领头为此向官府提起诉讼,官府在很长时间内都没有决断,直到巴郡人赵可怀巡抚莅任,才最终将这一诉讼了结,毛氏后人才能继续在墓祠中祭祀祖先。[2]从这一事件中可以看出,毛珵后人对毛氏墓祠一度管理不善,数十年后,产权不清,导致居于祠内的僧人企图谋夺,连官府都不能轻易判定其归属,毛氏墓祠面临易主的危险。但毛氏后人并未放弃,仍旧积极寻求支持,幸好在"巴郡赵公"的秉公处理下,毛氏子孙最终艰难地保住了墓祠。

以上事例说明,家族祠庙的建置与维持虽然会遇到重重困难,家族往往都会力克艰难,将这一家族事业顽强做下去,努力使家族延续兴旺起来。

2. 礼以义起:家族祠庙的始祖祭祀

从上表"所祀祖先"一栏可知,明代苏州地区家族祠庙的祭祖大多数都遵从了朱熹《家礼》祭祀高祖以下四世小宗的主张,即高祖、曾祖、祖、父四代,符合明

---

[1] 崇祯《吴县志》卷十九《祠庙上》,《天一阁藏明代方志选刊续编》16,上海书店1990年,第602页。
[2] 申时行:《赐闲堂集》卷十六《中丞砺庵毛公祠堂记》,《四库全书存目丛书》集部134,齐鲁书社1997年,第334—335页。崇祯《吴县志》卷二十《祠庙中》(《天一阁藏明代方志选刊续编》16,上海书店1990年,第676—679页)申时行《毛都宪祠记》的文字与其文集本略有出入。

初制定的《大明集礼》有关祭祖的礼制规定。不过,至少吴县陈氏祠堂(弘治十年建)、太仓赵氏祠堂、常熟顾氏家庙、昆山方氏先祖行祠,都祭祀了始祖,突破了祭祀五代先祖的规定。显然,明朝政府关于禁祭始祖先祖的规定在苏州地区并没有全被遵行。当然,也不排除它们有的建于嘉靖十五年之后。像昆山方氏先祖行祠,始祖与先祖共祭,根据《方氏行祠之碑》[1]推断,应晚于嘉靖十五年。这应当受到夏言提议家庙改革方案允许祭祀始祖、先祖的影响。

昆山方氏是地方素有名望的官宦家族,到方鹏、方凤兄弟由科举仕途中兴,不仅建有祭祀高祖以下四代祖先的家族祠堂,还建有祭祀始祖和先祖的行祠。方鹏说:"鹏兄弟幸从大夫之后,得祭四代,而我始祖、先祖之祀独缺焉。乃敢窃取程子之意,岁祀二祖。因合族人享余,且计口给粟,庶几尊尊亲亲,一举两得,子孙当世守之勿替云。"[2]昆山方氏家族为了更好地表达尊祖敬宗之心,礼以义起,"窃取程子之意",援引宋儒程颐"祭先之礼,不可得而推者,无可奈何。其可知者,无远近多少,犹当尽祭之。祖又岂可不报,又岂可厌多?盖根本在彼,虽远,岂得无报?"以及"冬至祭始祖,立春祭先祖"的主张,[3]认为"岁祀二祖"是符合人情的。祭祀始祖、先祖既遂了为人子孙者的尊祖之心,又达到了合族的目的,可谓"一举两得"。有了宋儒程颐理论上的支持,加上明政府对这一情况的默许态度,像全国其他地方一样,明代苏州出现了一些家族祠庙祭祀始祖的情况。

(三)家族义田的设置和管理

家族义田的设置是家族活动的重要方面,义田收入主要用于祭祀祖先,编修族谱,赡养族人,资助婚丧,赞助读书科举,奖掖德行等。义田对于家族实现组织化制度化,促进家族事业兴旺发达,具有基本保障,意义重大。

在中国古代社会,土地作为最大宗财富,价格一般比较昂贵。宋代以来,家族变得社会化小型化,失去了分封制时代国家政府给予的土地保障以及人口和财政支持,完全依靠族人唤醒同祖宗的根性自觉,以建置族田,获取稳定长久的收益,支持家族事务。

---

[1] 方凤:《改亭续稿》卷二《方氏行祠之碑》,《续修四库全书》1338,上海古籍出版社2002年,第436—437页。

[2] 方鹏:《矫亭存稿》卷九《代族长祭二祖》,《四库全书存目丛书》集部61,齐鲁书社1997年,第605页。

[3] 引见朱子编:《二程遗书》,《景印文渊阁四库全书》698,台湾商务印书馆1986年,卷十七,第144页;卷十八,第194页,均是伊川先生程颐之语。

因此，义田建置需要大量财力，不是一般族人所能承担的。能够做得到的这种家族除了有人拥有财产之外，还得拥有具有远见卓识的人才，有条件化私为公，愿意无偿奉献个人财产作为家族共同福利，在没有国家与社会保障制度的时代，在家族小范围之内建立福利保障制度。同时，义田设置后，更需要合理与妥善地管理，才能对家族发展起到长效作用。

基于从地方志搜集的资料，可以探讨明代苏州地区家族义田的建置和管理状况。

1. 义田设置

北宋苏州吴县范仲淹捐置义田设立范氏义庄，救济族人，敦宗睦族，成为宋元明清民国时期人们纷纷仿效设置义庄义田的典范。

宋仁宗皇祐元年(1049)，范仲淹出任杭州知府，次年，他以官俸所得，与已经居于苏州的兄长范仲温商量后，在吴县、长洲两县置买上田10顷，[1]制定了有关义田收入分配的13条规则[2]，将收入租米主要用于赡养宗族、婚丧、置屋等支出，称为义庄。宋神宗元丰二年(1079)，范仲淹之子范纯仁继续购置天平山周边1000亩土地，作为祭田，[3]收入除供祭祀祖先外，也用于赡养宗族等支出。经过不断增置，至宋理宗嘉熙四年(1240)，苏州范氏义庄共设义田3168多亩，其中长洲2271.3亩，吴县897亩，享受免课优待，得到政府明文保护。[4]

到明朝初年，由于战争和洪武年间对苏州富家大族的高压与迁徙政策，范氏义庄盛况已不复当初。吴宽提到：

> (范氏)国初有犯法者，田悉没于官。今所存义田皆非旧物，特续置者耳。成化间，其族有举进士京师者上疏乞复其田，所司谢曰："待子异日居当道，自复之未晚，吾不能也。"竟格不行。[5]

吴宽提到的犯法者，指当时义庄主计范元厚。洪武十七年(1384)，他因违误

---

[1]《范仲淹全集》之《范文正公文集》卷十五《太子中舍致仕范府君墓志铭》，李勇先、王蓉贵校点，四川大学出版社2002年，第370页。据《范氏家乘》左编卷十四《义泽记·义田总数》，则为3000余亩，清光绪二十五年(1899)木活字本，苏州图书馆藏本，电子版总第1651页。

[2]《范仲淹全集》之《范文正公集续补》卷二《书断·义庄规矩》，李勇先、王蓉贵校点，四川大学出版社2002年，第797—799页。

[3]《范氏家乘》左编卷十四《义泽记·义田总数》，清光绪二十五年(1899)木活字本，苏州图书馆藏本，电子版总第1652页。

[4]《范仲淹全集》附录四《历代制敕公文·与免科籴提领浙西和籴所帖》，李勇先、王蓉贵校点，四川大学出版社2002年，第1086—1087页。

[5] 吴宽：《家藏集》卷五十二《书陈氏复义庄记后》，《景印文渊阁四库全书》1255，台湾商务印书馆1986年，第479页。

秋粮交纳,致使在长洲的义田几乎全被没收。[1]和苏州地区其他故家大族一样,毋庸置疑,明初范氏义庄受到政府毁灭性的打击,田地充公,成为官田了,甚至还被豪强侵占,造成家族式微,家族事业凋零。

吴宽所言"今所存义田皆非旧物,特续置者耳",指范仲淹十三世孙范舜臣增置的义田。徐有贞记述了这件事:

> 比年以来,官没私侵,寖消寖废,范之族日以敝。舜臣,公之十三世孙也,以是忧愤自责,曰:"吾祖功利及天下,而吾子孙不能存其族、重其家法,吾可以坐视哉?"遂与宗子原理图之。上书于前巡抚大理胡公、今巡抚侍郎周公,请修复义庄以立范族。二公以先贤之后而又义其所为,皆予之、成之。其族人因举其为义庄提管。舜臣于是益自刻励,焦思竭力,不惮其劳以营,为之前后复故所失田凡若干亩,藏书遗墨之为他姓得者悉购复之。[2]

宣德五年(1430),周忱出任工部左侍郎巡抚江南,范舜臣增置义田的事就发生在前后不久,得到他和前任胡巡抚的大力支持,"二公以先贤之后而又义其所为,皆予之、成之",说明当时官府部分同意了范氏家族恢复义田的诉求,而且以重新购置的可能性为大。这是将范家树个样板,支持家族义庄义田事业,尤其是周忱的支持,应该比胡巡抚更为坚决,反映当政者蓄意减少苛虐,营造稍微宽松的社会环境,安抚人心。之所以说是部分同意,是因为前引吴宽的话提到,成化(1465—1487)年间,范氏子孙再次上疏,要求允许恢复范氏义田,结果遭到当道委婉的讥讽和拒绝。他们哪敢同意发还义田,翻了开国皇帝的旧案!天启五年(1625),范仲淹十七世孙、云南学道范允临增置义田千亩,将义庄进一步扩大。[3]经过宣德年间周忱等支持范氏清理义田,以及范舜臣、范允临等增置义田,到明末,范氏义庄共有土地2 000多亩,规模比南宋时期小了,对于整个范氏家族来说,总算又恢复了祖宗设立义庄义田的初衷,实现救济睦族的社会福利和保障功能。很明显,历经元明改朝换代,明代范氏义庄走的是重新建设发展的道路。

---

[1] 乾隆《长洲县志》卷四《官署·范氏义庄》,《中国地方志集成·江苏府县志辑13》,江苏古籍出版社1991年,第44页。

[2] 徐有贞:《武功集》卷三《记范舜臣承泽卷后》,《景印文渊阁四库全书》1245,台湾商务印书馆1986年,第111页。

[3] 乾隆《长洲县志》卷四《官署·范氏义庄》,《中国地方志集成·江苏府县志辑13》,江苏古籍出版社1991年,第44页。

从"苏州方志库客户端"提供的几十部地方志中,除范氏义庄外,还找到26例明代苏州地区家族义田建置事例,简单情况如表4-11。

表4-11 明代苏州家族义田事例

序号	名称	建置人	建置人身份	地点	时间	义田规模
1	吴氏义田	吴之良	监生	吴县	万历二十八年	膏腴六百亩
2	席氏义庄	席本桢	商人	吴县	崇祯	
3	申氏义庄	申时行	官员	长洲	万历	附郭田一千一百四十多亩
4	顾氏义庄	顾存仁	官员	长洲	万历	六百亩
5	伍氏义田	伍袁萃	官员	长洲	万历	
6	陈氏义庄	陈仁锡	官员	长洲	崇祯三年	附郭田三百亩
7	沈氏义庄	沈瓒	官员	吴江	万历三十年	四百三十亩
8	吴氏义田	吴秀	官员	吴江震泽镇	万历	数百亩
9	徐氏义田	徐后曾	乡绅	常熟梅李镇	万历十七年	
10	钱氏义庄	钱仁夫	官员	常熟东湖		
11	钱氏义田	钱邵	乡绅	常熟		两千亩
12	王氏义田	王锦	乡绅	常熟		
13	严氏义庄	严讷	官员	常熟城南		
14	范氏义田	范来贤	官员	常熟		
15	金氏义田	金谏	乡绅	常熟		
16	范氏义田	范延祚	商人	常熟钓渚		五百亩
17	张氏义田	张寰	官员	昆山		
18	朱氏义田	朱舜臣	乡绅	昆山		三百四十亩
19	魏氏义田	(魏)文江	乡绅	昆山		数百亩
20	徐氏义田	徐朴	商人	太仓直塘里	弘治或稍早	田百亩
21	周氏义庄	周在等	生员	太仓三家市	正德三年	常稔田七百亩
22	王氏义田	王德显	乡绅	太仓东洋泾	正德十六年	
23	毛氏义田	毛在	官员	太仓	万历	两百亩
24	钱氏义庄	(钱)给谏	官员	太仓沙头里	崇祯	附郭田三百亩
25	王氏义庄	王倬	官员	太仓		田千亩
26	闻氏义庄	(闻)爱亭	乡绅	太仓		五百亩

资料来源:1. 崇祯《吴县志》卷四十九《人物十三义侠》,《天一阁藏明代方志选刊续编》19,上海书店1990年,第322页。2. 民国《乡志类稿·建置类二·义庄》,《中国地方志集成·乡镇志专辑》8,江苏古籍出版社1992年,第150页。3. 乾隆《苏州府志》卷二十一《坛庙》,苏州图书馆藏本,电子版总第1510页。4. 乾隆《长洲县志》卷二十四《人物三》,《中国地方志集

成·江苏府县志辑13》，江苏古籍出版社1991年，第284页；王世贞：《弇州续稿》卷一三〇《文部·神道碑·中大夫太仆寺卿东白顾公神道碑》，《景印文渊阁四库全书》1283，台湾商务印书馆1986年，第809页。5. 乾隆《长洲县志》卷二十四《人物三》，《中国地方志集成·江苏府县志辑13》，江苏古籍出版社1991年，第290页。6. 乾隆《长洲县志》卷六《坛祠》，《中国地方志集成·江苏府县志辑13》，江苏古籍出版社1991年，第65页。7. 乾隆《吴江县志》卷三十七《人物十四·别录》，《中国方志丛书》，台湾成文出版社有限公司1975年，第1092—1093页。8. 道光《震泽镇志》卷九《节义》，《中国地方志集成·乡镇志专辑》13，江苏古籍出版社1992年，第432页。9. 潘镐：《梅李文献小志·集文·明》，《中国地方志集成·乡镇志专辑》10，江苏古籍出版社1992年，第268页。10、11. 万历《常熟县私志》卷十一《叙族二》，苏州图书馆藏本，电子版总第1331、1386页。12. 万历《常熟县私志》卷十三《叙族四》，苏州图书馆藏本，电子版总第1574页。13. 万历《常熟县私志》卷十四《叙族五》，苏州图书馆藏本，电子版总第1635页。14. 万历《常熟县私志》卷十六《叙族七》，苏州图书馆藏本，电子版总第1887页。15. 康熙《重修常熟县志》卷二十一《耆硕》，苏州图书馆藏本，电子版总第2039页。16. 单学傅：《钓渚小志》，《中国地方志集成·乡镇志专辑》10，江苏古籍出版社1992年，第237页。17. 归有光：《震川先生集》卷二十三《通政使司右参议张公墓表》，周本淳校点，上海古籍出版社2007年，第543—546页。18. 张大复：《梅花草堂集》卷五《昆山朱氏义田记》，《续修四库全书》1380，上海古籍出版社2002年，第400—401页。19. 申时行：《赐闲堂集》卷十七《魏氏义田记》，《四库全书存目丛书》集部134，齐鲁书社1997年，第345—346页。20. 道光《直塘里志》卷四《志传人·耆行》，苏州图书馆藏本，电子版总第76页。21. 光绪《昆新两县续修合志》卷二十九《孝友》，《中国方志丛书》，台湾成文出版社有限公司1970年，第492页。22. 乾隆《沙头里志》卷三《义田义庄》，《中国地方志集成·乡镇志专辑》8，江苏古籍出版社1992年，第558页。23. 嘉庆《直隶太仓州志》卷二十六《人物·列传一》，苏州图书馆藏本，电子版总第1716页。24. 钱谦益：《牧斋有学集》卷二十七《钱氏义庄记》，载《钱牧斋全集》伍，钱曾笺注，钱仲联标校，上海古籍出版社2003年，第1034页。25. 嘉庆《直隶太仓州志》卷二十六《人物·列传一》，苏州图书馆藏本，电子版总第1697页。26. 王世贞：《弇州续稿》卷一二一《文部·墓志铭·明处士闻爱亭君暨配姚合葬志铭》，《景印文渊阁四库全书》1283，台湾商务印书馆1986年，第698页。

表中明代苏州地区家族建置义田26例，其中11例的义田附设于义庄之下，其余15例则直称义田。[1] 有的家族义田义庄都有，义田是义庄的重要内容，而仅仅设置义田的家族，家族事务尚不完整，义田规模可能较小，不过能够设置义田还上了县志，已经颇著影响了。这26个家族义田事例按县州划分，分别是常熟8例，太仓7例，长洲4例，吴县2例，昆山3例，吴江2例。常熟和太仓相对较多。

建置年代上，26家义田，可以确定建置年代的有14例，其中弘治或稍早1例，正德2例，万历8例，崇祯3例。由此可见，苏州地区家族义田建置，明弘治以前大约基本上是真空期，像范仲淹家族敢于请示，居然得允，属于个案特例，也是多么艰难，得冒多少风险；弘治、正德年间开始零星出现，到万历时期形成了小高潮。如果根据义田建置人的生活年代推断，至少其余12例不详确切建置年

---

[1] 范金民统计明代苏州共有义庄8处：周氏义庄、万氏义庄、顾氏义庄、李氏义庄、沈氏义庄、申文定公义庄、吴氏继志义庄和陈文正公义庄。见其《清代苏州宗族义田的发展》，《中国史研究》1995年第3期。

代的义田中有9例属于这一时期建置。天启、崇祯年间,由于灾荒、变乱等天灾人祸的影响,家族义田发展受到一定程度的制约。不过,越是灾荒乱离,族人越是需要救助,家族义田设置事例不断,可见其现实功用之大。因此可以断定,明代苏州家族义田设置从明中期开始逐步兴起,到明后期已有很大发展。

这一发展势头持续到清代,没有经过明清改朝换代的重大打击,就像宋元之际没有受到巨大冲击一样,至清代晚期达到义庄义田设置的鼎盛时期。[1]

明代苏州义田规模,包括范氏义庄在内,可以查明的共15例(吴江吴氏、昆山魏氏数百亩的不计),总计土地10 710多亩,平均每个家族义田714亩左右。其中规模最小的为太仓徐氏100亩,规模最大的有吴县范氏、常熟钱氏2 000多亩。根据上表,常熟钱邵建置的钱氏义田、长洲申时行建置的申氏义庄、太仓王倬建置的王氏义庄,加上范氏义庄,共有义田6 140多亩,占已知15例总数的57%。这4大家族义田的规模远大于其他家族。刨除这4个家族义田外,其他11个家族义田规模都较为接近。将这11个4 570亩的家族义田再平均,则每个家族义田在415亩左右。这一数量规模也不小了,它足以反映大凡记录在县志上的义田规模总是一县比较有名成规模的,而更多细小的义田应该会普遍存在,却可能没有被记录在案。

崇祯三年(1630),陈仁锡建置陈氏义庄,"计通籍八载,叨列日讲,荷沾赐锡,兼积俸银,计六百余两,契买附郭田三顷"[2]。以一顷等于100市亩计算,陈家捐置义田300亩,则每亩土地的价格约银2两。如果建置一处附郭田415亩的义田,约需银830两。假如不是附郭田,可能会便宜些,而膏腴田又得昂贵些,但动辄数百两银子,肯定是一笔不菲开支,绝非一般个人或庶民家族所能承受的。何况明末苏州地价在明朝已经下跌。如果将不知具体规模的其他12例家族义田每例以415亩计,共有4 980多亩,再加上包括范氏义庄义田在内的共15例10 710多亩,则明代苏州地区至少共有家族义田15 690多亩。弘治十六年(1503),苏州府1州7县共有田9 478 500亩,刨除嘉定县的1 463 000亩和崇明县的895 300亩之外,其余今天苏州范围的1州5县共有土地7 120 200亩。[3]在这些土地中,每1 000亩土地约有2.2亩是家族义田。在人多地狭的明代苏州,这一义田规模用作家族社会人口的公共福利和保障,已然可观。

---

[1] 详见范金民:《清代苏州宗族义田的发展》,《中国史研究》1995年第3期。
[2] 徐达源:《吴郡甫里人物考》卷七《陈仁锡》,苏州图书馆藏本,电子版总第119—120页。
[3] 数据参见正德《姑苏志》卷十五《田赋》,《天一阁藏明代方志选刊续编》11,上海书店1990年,第978—979页。

从建置人身份看,上表26个家族义田的建置人,官员有13人,乡绅(包括监生、生员各1人)10人,商人3人。官员占了一半,说明他们是明代苏州家族义田建设的主要力量,起了主导作用。其中,长洲申时行家族和太仓王偁家族的义田规模都在1 000亩以上。以诸生、乡官、处士等为主的地方乡绅约占总数的38.5%,也是明代苏州家族义田建置的重要参与力量。这些地方乡绅在家族中具有尊崇地位,在经济上较为富裕,因而也是家族社会从事家族事务具有较强实力的阶层。

2. 义田管理

择贤任能,对家族义田进行有效管理,是维护家族义田义庄长久存在与兴旺发达的重要途径。

明代吴县范仲淹范氏义庄再次设置多达2 000多亩的义田,使义庄义田的管理不是一件简单的事情。除了范仲淹等制定的义田收入分配方案外,还需要管理者秉公进行实际操作。范氏义庄负责管理的是范氏家族的主奉。主奉是总负责人,其下还有主计、提管等。范氏义庄的管理者并非一定要嫡系,也不世袭,包括主奉在内的所有义庄管理人员均由范氏家族成员选举产生。前文提到的范舜臣,就因与当时范氏家族主奉宗子范原理一起上疏周忱等,请求恢复范氏义庄义田,而被公推为义庄提管。范氏家族的这种管理方式传承数百年,被公认为是行之有效的,因而得到了其他家族的认可和仿效。

例如,正德三年(1508),太仓周在等人建置周氏义庄,让"贤而能为纪集以司出纳",管理义庄。正德十六年,太仓王德显建置王氏义田,"择族之长而贤者主其计,而时其出纳焉"。[1]崇祯三年(1630),长洲陈仁锡在建置陈氏义庄之初就"公举宪旌善人、礼部儒生、叔允昌,董其出入",并规定后来的义庄管理者主计也都必须公举"本族贤能堪任者"担任。[2]

通过上述事例可知,明代苏州建置的家族义田大多效仿范氏义庄的管理模式,采用族内公举贤能者管理的方式,家族宗子或建置人后裔并不具有优先特权。

通过对家谱编修、祠堂建置和义田设置这三方面进行查考,得知明代苏州家

---

[1] 均见乾隆《沙头里志》卷三《义田义庄》,《中国地方志集成·乡镇志专辑》8,江苏古籍出版社1992年,第558页。然据光绪《昆新两县续修合志》卷二十九《孝友》(《中国方志丛书》,台湾成文出版社有限公司1970年,第492页),周氏义田作800亩,其中周埜遗田400亩,周在兄弟各自出田,增400亩,而此处《沙头里志》作700亩,周在兄弟共出田300亩。

[2] 徐达源:《吴郡甫里人物考》卷七《陈仁锡》,苏州图书馆藏本,电子版总第120页。

族事务的发展大致经历了三个阶段：明初至成化以前是第一阶段，家谱编修和祠堂建置数量都不多，义田设置方面，除却范氏义庄外几乎没有；成化至嘉靖以前为第二阶段，随着苏州经济的恢复和发展，家谱编修和祠堂建置开始增多，义田设置也开始零星出现；嘉靖至明末为第三阶段，万历年间，苏州家族在家谱编修、祠堂建置和义田设置等方面的活动达到了高峰。虽然明代苏州社会存在许多不利于家族事务开展的客观因素，但在士大夫的积极倡率之下，人们主观努力，家族事务逐渐处于上升的过程中，并趋于正常化，基本接续上了中国历代家族社会发展的路子，保持传统中国家族社会的众多特色。

五、家族与地方社会发展

家族作为中国古代社会长期存在的社会组织，其发展向来受到地方社会以及国家因素的制约，反过来，家族以其家国的高度同一性一直支持地方社会的各个方面，有些高门大族更可以对国家行政产生影响。通过文化教育、社会慈善与保障、洞庭商帮商业经营这三个不同层面，可以看到明代苏州家族对苏州地方社会发展起着显著作用。

（一）家族与文化教育

宋元以来，江南地区文化高速发展，取得了辉煌成就。有明一代，作为江南核心区域的苏州，人文荟萃，成为文化中心，在文化教育方面的成就蜚声天下。在这一文化创造发展过程中，家族特别是世家大族发挥了重要作用。吴建华按照家族成员的主要职业，将明清江南家族分为官宦型、耕读型、商业型、幕僚型等家族。[1]其实还有军人家族。他们都可以产生优秀人才，有的家族由此上升，通过教育途径，成为科举成功的士大夫家族、书香门第、文化望族。江庆柏认为，苏南望族"是一种以内在文化质量为稳固核心的家族"。这种家族类型的基本特征是："家族以实现本家族的文化性为自己的追求目标，家族成员具有强烈的文化意识，他们所从事的职业也以文化型为主，或具有文化特征；家族具有良好的文化环境和文化习惯，充满浓厚的文化气氛；家族具有相当的文化积累，并有一定的文献储存；家族内进行着广泛的文化交流。"[2]徐茂明将苏州文化世族分为官宦型文化世族、学术型文化世族和儒商型文化世族。[3]严迪昌认为："世家大

---

[1] 吴建华：《明清江南人口社会史研究》，群言出版社2005年，第250页。
[2] 江庆柏：《明清苏南望族文化研究》，南京师范大学出版社1999年，第12、39页。
[3] 徐茂明：《明清时期苏州的宗族观念与文化世族》，《史林》2010年第6期。

族作为封建社会的细胞结构群体,其存在意义和作用固然务必予以重视,至于他们绝续兴替的衍变过程则更是人们考察历史文化发展中顺逆走向的重要参照系。"[1]因此,明代苏州的家族,特别是那些世泽绵延、根深叶茂、家风淳厚、重文尚教的家族,对苏州文化发展具有重要影响。

1. 家族与文化传承

文化传承亦称文化继承,是文化事物或现象从一代人传到另一代人的过程,按时间轴纵向传播,有人为性、时间性、延续性和继承性的特点。家族作为中国传统社会普遍存在的一种社会组织,其发展也具有时间性、延续性和继承性等特点。因此,家族发展成为文化传承的重要依托,这在许多著名的文化世家表现得尤为突出。

长洲文氏是明代苏州著名文化世家。明初,文惠随父自湖广衡山迁居苏州,成为苏州文氏始祖。他弃武从文,开创文氏家族以后世代业儒。在他督促下,儿子文洪勤奋好学,"补博士弟子,为经师,从游者日众"[2],并于成化元年(1465)考中举人,成功转型为科举之家。文洪有三子,其中文林为成化八年进士,官至温州知府;文森为成化二十三年进士,官至右佥都御史。文家自此成为科举仕宦之家。文林长子文奎,聪明强记,好读书。文奎长子文伯仁,善画山水、人物,亦能诗。文林次子文徵明,师从吴宽学文章,师从李应祯学书法,师从沈周学画,诗文书画篆刻"四绝",造诣精深,独立成家,名列绘画"吴门四家""吴中四才子"。作为长洲文氏在文学艺术方面的集大成者,使文氏成为苏州乃至中国文化世家的巨子,文徵明虽然9次乡试不中,在吴中这块肥沃的文化土壤上却能极好地继承了中国悠久文化的精华,经年累月勤奋培育,终于生根开花结出文化硕果。文徵明长子文彭,除了在书法绘画上弘扬家学之外,还在中国篆刻史上开创"三桥派"。次子文嘉,书画俱精,尤其擅画山水,在书画鉴赏等领域也颇有成就。文彭之子文肇祉、文元发,文嘉之子文元善,在诗文书画方面成就虽不如前两代高,但都能不堕家学。文肇祉之子文从龙,万历十年(1582)举人,长于古体诗,善画山水。文元发长子文震孟,初名从鼎,字文起,号湛持,长年会试失利,最后夺得天启二年(1622)状元及第,官至礼部左侍郎兼东阁大学士,刚正不阿,与魏忠贤及其阉党邪恶势力坚决斗争,名列"东林党",尽管做官时间不长,却官品人品俱佳,福王政权追谥文肃。他家学渊源深厚,擅长书画,书法有文徵明风格。

---

[1] 严迪昌:《明清新兴世族与吴文化发展》,《苏州大学学报》1992年第1期。
[2] 乾隆《长洲县志》卷二十三《人物二》,《中国地方志集成·江苏府县志辑13》,江苏古籍出版社1991年,第269页。

文元发三子文震亨,字启美,工诗善画,十分精通音乐。文元善长子文从简,文伯仁孙文从昌等,在诗文书法,特别是绘画方面也都传承家风,颇有成就。

长洲文氏从文惠开始,世代业儒,致力于科举与文化事业。文徵明与文彭、文嘉父子都在以文学艺术为代表的中国古典文化方面取得很高的成就。文氏家族弃武从文,既体现了想要以诗文光耀门楣的主观要求,也呈现出社会发展的客观影响。从文惠开始受儒,到文林取得科举成功,文氏家族成功发展为苏州地方文化望族。文林、文森的科举成功为日后文氏家族在文化方面取得重大成就奠定了坚实基础。文徵明作为文氏家族在文学艺术方面的巅峰人物,其成功离不开前几代人的不断积累,离不开家族文化环境的熏陶,而继文徵明之后,文氏家族代代出现文学艺术方面的佼佼者,文徵明的示范和影响起了非常重要的作用。诚如严迪昌所说,文氏家族数世的文化昌盛,离不开"家传庭学的载托文化性格的重要作用"[1]。

在明代苏州,像吴江沈氏家族、叶氏家族,太仓王世贞家族等文化世家望族,其发展轨迹与文氏具有相似之处。诚然,明代苏州地区的文化家族已经成为区域文化发展的一种重要依托,发挥着重要作用,并在中国文化史上占据一席辉煌之地。

2. 家族与文化交流

文化交流作为社会交流的一种,必然依托于不同群体或个人之间的人际交往,具有人为性、共时性等特点。潘光旦曾指出,婚姻能讲类聚之理,能严选择之法,经过遗传与环境所造成的优良品性,自然地形成望族。[2] 婚姻选择改造血缘因子的遗传,可以促进望族形成,也促进不同家族之间的文化交流。像全国其他地区一样,明代苏州地区的文化世家大族往往互相通婚,姻亲之间频繁交往,必然带动文化交流。由于这些互相通婚的文化家族有许多成员在文学艺术等领域很有造诣,他们之间的交流往往会伴随着不同文化旨趣、不同文化形式、不同文化潮流之间的碰撞,这必然会大大促进文化交流与文化发展。

以明代吴江汾湖叶氏为例,叶氏与吴江松陵沈氏的通婚至少有4起:沈玩之女、沈璟侄女沈宜修嫁叶绍袁为妻,叶绍袁和沈宜修的第三子叶世榕娶沈宜修之弟沈自炳的女儿沈宪英为妻,叶绍袁的次女叶小纨嫁沈璟之孙沈永祯为妻,沈永祯的女儿沈树荣嫁给叶小纨的族侄叶舒颖为妻。

---

[1] 严迪昌:《"市隐"心态与吴中明清文化世族》,《苏州大学学报》1991年第1期。
[2] 详见潘光旦:《明清两代嘉兴的望族》,上海书店1991年影印商务印书馆1947年版,第128—129页。

吴江松陵沈氏和汾湖叶氏都是天下闻名的文化世家。汾湖叶氏科举兴旺，文化人才如群星闪耀。沈氏起家为宦族始自正德十六年（1521）二甲五名进士沈汉。沈汉之后，沈位于隆庆二年（1568）又中三甲进士。从万历二年到三十二年（1574—1604）的30年里，沈氏先后有沈璟、沈珊、沈琦、沈琉、沈珣5人中进士，被乡里誉为沈家"五凤"。五凤之后，沈氏"自"字辈有沈自继、沈自徵、沈自友、沈自籍、沈自炳、沈自然、沈自酮、沈自东8人负有才名，被称为沈家"八龙"。沈氏自沈璟创作传奇、开创昆曲理论的吴江派，族人不断创作昆曲剧本，影响很大，如沈自晋（沈璟侄）作《望湖亭》等，沈自徵（沈宜修胞弟）作《渔阳三弄》（《鞭歌妓》《簪花髻》《灞亭秋》），沈自昌有《紫牡丹记》，沈永令有《桃花寨》。此外，沈自南著《艺林汇考》，沈宠绥著《度曲须知》。他们犹如镶嵌在中国戏剧史上一颗颗耀眼的明星，因而被称为戏曲世家。

吴江沈氏与汾湖叶氏的女性也多有诗文才情，而叶小纨将家事情感寄托于创作《鸳鸯梦》杂剧，更是少见的才女戏剧家。

汾湖叶氏与松陵沈氏通婚必然带动两个家族文化的交流。郝丽霞认为："累世联姻将他们各自家族深厚的文化修养、传统教育方式密切地联系在一起，对他们各自的文学创作产生了深远的影响，并产生了中国古代戏曲史上第一个女戏曲家叶小纨。"[1]

与汾湖叶氏通婚的家族除沈氏外，还有吴江赵田袁氏、吴江黎里毛氏、昆山顾氏、昆山张氏、常熟严氏等，这些都是诗书传家的文化家族。[2]

吴江汾湖叶氏与这些文化世家门当户对，缔结秦晋之好，带动了家族之间的文化交流，而不同家族之间错综复杂的婚姻关系将整个苏州地域社会都覆盖在内，以不同家族之间建立的婚姻纽带为依托，以他们之间的交往唱和为载体，文化获得了流动性，既塑造各个家族的文风，也引导整个苏州地区的文化走向，促进地域文化发展，成为全国文化中心，推动全国文化出现崭新面貌。

3. 家族与教育

明代苏州人文荟萃，不论是科举方面还是文学艺术方面都取得了辉煌成就，而这些成就的取得都离不开人们对教育的重视。根据吴建华统计，苏州明代文进士共有1 016名。[3]归有光曾说："吴为人材渊薮，文字之盛甲于天下。其人

---

[1] 郝丽霞：《吴江沈氏文学世家研究》，复旦大学出版社2009年，第160页。
[2] 王晓洋：《明清江南文化望族研究——以吴江汾湖叶氏为中心》，苏州大学2004年硕士学位论文，第35—40页。
[3] 吴建华：《明清苏州、徽州进士数量和分布的比较》，《江海学刊》2004年第3期。

耻为他业,自髫龀以上皆能诵习,举子应主司之试,居庠校中有白首不自已者。江以南其俗尽然。"[1]这既是重视教育的结果,也是影响和促进家族重视教育的重要原因。科举时代,一个家族要想向上流动,跨入地方望族行列,科举成功是最佳选择,而科举的成功又离不开家族教育。文徵明说:"诗书之泽,衣冠之望,非积之不可,而师资源委,实以兴之。"[2]意思是一个家族要想诗书传家,成为衣冠望族,教育是最根本的方法。奖励在学习、科举方面做出成就的人是家族重学的一个重要方面。重教重学为了育才兴族,进而兴邦强国,治理社会。

明代苏州建立的许多义庄都有奖励上进的规定。例如长洲陈氏义庄"设向善、力学、守节三规,岁举优给",对"力学"者予以奖励。家族通过对力学者的奖励,激励族中子弟主动读书,更好地完成学业,进而在科举仕途方面取得成功,反过来再促进家族地位的提升和长远发展。

对于大多数读书人来说,走由科举成才这条公平竞争之路绝非平坦,而是充满荆棘,只有少数人历经艰辛,才能获取成功。有鉴于此,明代苏州许多家族实行业儒登科为主与因材施教相结合的原则。这一方面出于科举入仕的巨大诱惑,另一方面是对家族儒学传承的认同,同时也是基于现实的考虑。

例如,吴江盛氏家族主张对下一代的教育首先要看其资质,然后决定因材施教。盛僎抚养几个幼弟,"诸弟虽幼,不敢毫发有欺焉,教之各因才以成其器"[3]。盛僎让有志于经史的盛佽跟从大儒和有德行的人学习儒学,后盛佽中了进士。盛伦对其子说:"吾宗本儒也,而流于医。医可继,而儒不可以弗复也,吾将复之。"他对两子采取区别教育,"乃以医授昱,而使昺从儒",成进士。[4]盛暟(用美)"载籍固已旁披而博览。其意欲决科第,取资级,以起天下之废疾,久矣。不幸而不遇。因稍出其家学,而时出以试之。未久,名隐然起吴下"[5]。这种教育上的不同应当是根据个人的资质,并不是简单的选择。实施以业儒登科为主,以因材施教为辅的教育策略,既保证了族中大多数子弟可以拥有一定的文化素质,让有才能者在科举方面继续发展,又不至于因过度专攻科举而导致

---

[1] 归有光:《震川先生集》卷九《送王汝康会试序》,周本淳校点,上海古籍出版社 2007 年,第 191 页。

[2] 《文徵明集》卷十八《相城沈氏保堂记》,周道振辑校,上海古籍出版社 1987 年,第 476—477 页。

[3] 王鏊:《钝庵盛府君墓表》,载《盛氏家乘初稿》卷三十《文献六·墓志行状上》,清同治十三年(1874)木活字本,国家图书馆藏本,第 37 页。

[4] 参见徐有贞:《盛芝严寿意图序》,载《盛氏家乘初稿》卷二十七《文献三·名贤赠文下》,清同治十三年(1874)木活字本,国家图书馆藏本,第 1 页。

[5] 吴宽:《家藏集》卷三十九《赠盛用美序》,《景印文渊阁四库全书》1255,台湾商务印书馆 1986 年,第 340 页。

贫困。

明代苏州地区的家族借助代际发展和婚姻关系来影响文化的传承和交流，进而影响地域社会的文化旨趣和发展方向，促进文化家族形成与发展兴旺。而家族对教育的重视态度以及务实的教育实践推动了地方教育事业发展，更是明代苏州科举入仕者众多、文化繁荣的一个重要原因。

在教育过程中，家庭教育不仅开始得早，早期教育影响大，并且它是潜移默化、伴随人一生的。那些希望子女在科举与文化方面能获取成就而又有文化素养的父母，往往对子女的早期教育尤为关心。昆山归有光记其母亲周氏督课的情形："有光七岁与从兄有嘉入学。每阴风细雨，从兄辄留，有光意恋恋，不得留也。孺人中夜觉寝，促有光暗诵《孝经》，即熟读，无一字龃龉，乃喜。"[1]明代常熟直塘（后属太仓）人徐朴早年攻读，后弃学经商20余年，"贸易江湖，家大饶沃"，"晚岁倦游，始创别业为逸老计，遂自号寻乐老人，日惟以训子为务，宗族子弟亦为延训之"[2]。早期家庭教育为家中子弟一生的发展奠定了基础，对其未来的成长起了非常重要的作用。

在苏州，"三不朽"乡贤范仲淹享有极高声望。他除了为地方子弟兴学重教，培育人才，改变苏州宋代以后文风，由尚武转向尚文外，还捐资建立义庄义学，教育范氏子弟，使范氏在很长一段时间内科举文化人才辈出，名列宋代以降的苏州科举文化望族。后人纷纷赞誉范仲淹设置义学的举措，并竞相仿效，往往义庄义学并举。吴江征君史鉴"广祭田，以备春秋礼；严宗族，设义塾，以淑子弟，教普亲疏"[3]。常熟王锦"设义塾，群宗党子弟躬为督诲"。常熟严讷"设义塾教贫子弟"[4]。昆山周在"立义塾以教族之子弟"[5]。像这样的事例还很多，此不一一列举。设置家塾、义塾，教育贫困族人子弟，其目的是为了保证家族的长远发展，尽可能地提高族人的文化水平，改善人口文化素质，有机会的话，还可以在科举仕宦方面取得成就，进而保障家族在地域社会中的威望和地位。

值得注意的是，有些家族义塾不光教育族中子弟，家族所在乡里的邻人子

---

[1] 归有光：《震川先生集》卷二十五《先妣事略》，周本淳校点，上海古籍出版社2007年，第594页。
[2] 分见道光《直塘里志》，苏州图书馆藏本，卷四《志传人·耆行》，电子版总第76页；卷五《志艺文·文征》，都穆：《徐寻乐墓表》，电子版总第100页。
[3] 史鉴：《西村集》卷首《乡贤申文》，《景印文渊阁四库全书》1259，台湾商务印书馆1986年，第693页。
[4] 分见万历《常熟县私志》，苏州图书馆藏本，卷十三《叙族四》，电子版总第1574页；卷十四《叙族五》，电子版总第1635页。
[5] 光绪《昆新两县续修合志》卷二十九《孝友》，《中国方志丛书》，台湾成文出版社有限公司1970年，第492页。

弟,往往也被允许入学其中。吴县金元英"开义塾以教乡间,吴中推为长者"[1]。常熟人钱鏏"集里中儿,设义塾教之"[2]。家族义塾是家族在重教观念下采取的实际措施,不仅为本家族的发展奠定了文化基础,同时也促进着地方教育和文化事业的发展,人口文化素质改良。

(二)家族慈善与区域社会保障

社会保障是一种社会稳定机制。不同时期、不同地区因自然环境、经济条件、文化背景等的不同,社会保障往往也不相同,具有很强的地域特色。就整体而言,传统中国时代虽然有些制度性的与历史性的救助措施,却没有国家建立的社会保障制度,家族范围以及有些地方上自发设立的社会福利与保障举措已经是抗衡天灾人祸的最好机制了。明代苏州家族延续了宋代范仲淹开创的义行传统,捐置义庄义田义学,开展力所能及的救助,在社会保障中扮演了重要角色。家族设立的这种慈善救济的社会保障功能主要体现在两个方面,一是家族内部的周贫济困,包括对鳏寡孤独的生活保障,对婚丧嫁娶的资助,以及对读书科举德行等资助或奖励;二是参与救助乡里邻人,如周济贫困,赈济饥荒,建置公共设施等,参与地方社会保障,也是乡里社会救助保障的重要部分。

1. 义庄义田和族内救助

对贫困族人的救助是家族社会保障功能的主要方面,依靠的是家族义田的经济收入或族人其他捐助。早在北宋,范仲淹就在苏州捐建了中国历史上第一个义庄。范义庄的初衷是"岁给宗族,虽至贫者不复有寒馁之忧"[3]。为此,范仲淹在吴县、长洲买田千亩,设立义庄,制定了义田收入分配规则。范义庄在明初一度受到严重打击,陷于瓦解,以后在范氏族人的苦心张罗和地方有识官员的积极支持下基本恢复起来,到明末也达到 2 000 亩的义田规模,虽比宋代时候的小,在苏州地区却也是一流的规模了。在范氏义庄率先示范之下,明代苏州人家纷纷效仿,尽力建立义庄义田,至少有 26 个家族建立了以救助族人为目的的义庄义田,加上范氏义庄,共有义田 15 690 多亩,义田的平均规模大约在 415 亩左右。至于那些规模小,没有记载的家族义庄义田应该不在少数。这些义田收入为族内救助提供了强大的物质保障。

---

[1] 康熙《吴县志》卷五十《人物九·卓行》,苏州图书馆藏本,电子版总第 3014 页。
[2] 万历《常熟县私志》卷十一《叙族二》,苏州图书馆藏本,电子版总第 1327 页。
[3] 《范仲淹全集》之《范文正公文集》卷十五《太子中舍致仕范府君墓志铭》,李勇先、王蓉贵校点,四川大学出版社 2002 年,第 370 页。

家族救助有了得以开展的物质基础,还必须建立合理的收入分配机制。大多数义庄义田收入的分配规则都是仿照范氏义庄的。例如,申时行之子申用懋、申用嘉手定《义庄规条》说:"相与反覆订议,一则取法范文正手定之家规,一则曲体先公(笔者注:申时行)历年已行之旧例,期于亲疏有别,赒给惟均,衍泽敷恩,永久勿替。"[1] 昆山魏氏义田收入分配"略如范氏之法"[2]。范来贤建置常熟范氏义田,也是"仿文正家法""以赡族之贫者"[3]。苏州范氏义庄在范仲淹建置之初制定了13条"规矩",具体严格规定义田收入的使用,主要有以下几个方面:

(1) 日常生活:家族内部按房计口给米,5岁以上男女族人,每人每天可领白米1升;每人每年发放冬衣布1匹;10岁以下、5岁以上减半。

(2) 婚姻:嫁女支钱30贯,再嫁20贯;娶妇给钱20贯,再娶不支。

(3) 丧葬:尊长有丧,共支钱25贯;次长有丧,支钱15贯;19岁以下至15岁支7贯,15岁以下支3贯,10岁以下2贯,7岁以下自理。

(4) 在乡里以及亲戚因贫穷、灾荒等无法维持生计时进行救助。

(5) 预留储粮以备凶荒。[4]

上述5个方面,最主要的是第一条,是经常性的,涉及日常生活的度过,其他婚丧备荒等应急性的救助,毕竟是特定时候的。必须明确的是,虽然范义庄建立之初的"赡族"措施"并不限于贫困族人,而是惠及宗族所有成员,奉行普遍福利的原则",[5] 但随着家族发展和扩大,范义庄也由普遍福惠演变为赒恤族内贫困成员为主,主要救济对象为贫困鳏寡孤独和遇婚丧嫁娶者。

这一变化在其他家族制定的义庄义田规则中体现得更加明显。太仓周在兄弟建置周氏义庄,"贫无以给婚丧诸费者,量厚薄之宜,制隆杀之等,而用给之"[6]。万历三十年(1602),吴江沈瓒建立沈氏义田,制定义田收入分配规则,主要内容有:"每岁上熟,租入六百余石,去其二为赋役之供,去其一备凶荒、婚

---

[1] 道光《申氏世谱》卷八《义庄规条》,清道光二十一年(1841)刻本,第1页。
[2] 申时行:《赐闲堂集》卷十七《魏氏义田记》,《四库全书存目丛书》集部134,齐鲁书社1997年,第345页。
[3] 万历《常熟县私志》卷十六《叙族七》,苏州图书馆藏本,电子版总第1887页。
[4] 详见《范仲淹全集》之《范文正公集续补》卷二《书断·义庄规矩》,李勇先、王蓉贵校点,四川大学出版社2002年,第797—799页。
[5] 王卫平:《从普遍福利到周贫济困——范氏义庄社会保障功能的演变》,《江苏社会科学》2009年第2期。
[6] 乾隆《沙头里志》卷三《义田义庄》,《中国地方志集成·乡镇志专辑》8,江苏古籍出版社1992年,第558页。

丧、什器之用,而存者三百余石。乃次第族人之户,除家产百金及有田二十亩以上者,别为上贫、中贫、下贫三等,刻期量给。其年高有德及寡妇之守节者倍焉,其不孝不弟、游惰无业者斥弗给。若遇嫁娶丧葬,则以所备用者量等助之。如下熟或小饥,复量米每户递减。"[1]长洲陈仁锡建置陈氏义庄,"设极贫、次贫二则,核实均赡。更设向善、力学、守节三规,岁举优给"[2]。周氏、沈氏和陈氏在义庄义田收入分配方面体现出两个新特征:一是将族人按照贫富不同分为不同等级分配财物,富裕者不在分配计划之内;二是奖掖德行和上进,"不孝不弟、游惰无业者"则被排除在分配计划之外。这种资助导向对于家族发展壮大十分重要,同时也在培养人才,涵养人口素质,养成良好社会风气,和国家与社会的伦理治理导向是别无二致的。另外,值得注意的是,家族义庄义田在周贫济困方面对所有族人并非完全均施,亲疏不同,分配数额也不同,要"量厚薄之宜,制隆杀之等,而用给之"。这一方面固然受了儒家"君子之泽,五世而斩"观念意识的影响,另一方面也确实得顾及有限的财力,毕竟这是在家族范围之内,依靠部分族人化私为公,自发建立的救助机制。

2. 义庄义田与乡里保障

家族社会保障功能不仅体现在对族内成员的基本生活保障,有些家族还延伸了这一功能,对地方乡里进行一定程度的生活保障,包括救助邻里贫困、助役应差、赈济饥荒、建置公共设施等。晚明著名文人王世贞的祖父王倬就是一例。

> 吴中苦粮役,往往破家,人争规避。公独曰:"吾家多受国恩,敢辞公役?"乃会族人粮多寡,割田千亩,分番应役。公无负租,族无缧系。其余故旧、僚友、师资,下至戍卒、役氓,饥冻患难,有告者必获所济。[3]

王倬非但自己按时完粮,如前所述,他还设立了义庄义田家庙,开展家族事务,救助族人,帮助族人完粮,并能够及时救济乡里人等。当然,他有雄厚家财作为行善的根基。

明中期常熟人徐朴"置义田百亩以赡族人。后移郡城之西,复置助役田百亩,同里咸受其惠。宏治庚午[4]出粟赈饥,被命锡冠带。卒年六十七。其助役

---

[1] 乾隆《吴江县志》卷三十七《人物十四·别录》,《中国方志丛书》,台湾成文出版社有限公司1975年,第1092—1093页。
[2] 徐达源:《吴郡甫里人物考》卷七《陈仁锡》,苏州图书馆藏本,电子版总第120页。
[3] 王鏊:《震泽先生集》卷二十四《通议大夫南京兵部右侍郎王公神道碑》,载吴建华点校:《王鏊集》,上海古籍出版社2013年,第345页。
[4] 弘治无庚午年,只有正德五年(1510)是庚午年,相距最近。此处有误。下同。

田旋为人侵没,孙元正捐资复旧额"[1]。吴县人夏臣"尝置义田以助区役,又设义塾以教里中子弟。愤薄俗之火厝,买山劝葬,凡远迩无所瘗埋者悉归焉。周贫赙丧,殷殷不倦"[2]。由上述事例可见,当时地方上许多富裕乡绅,像徐朴等,不但置义田赡养族人,对本族贫困成员给予生活救济,还将这种救助行为延伸到地方上的相邻乡亲。

到明末,由于连年灾荒和战乱,这种家族参与地方乡里的社会保障的事例更多:

> 崇祯末,岁饥米贵,小民相率掠富家,几成大乱。(吴)允夏慨然发粟赈济,全活甚众。尝感火葬非古,作《广孝哀言》以警众。因自置义冢一区,瘗浮尸若棺无主者,至是道殣相望,允夏募人掩埋,半岁间得五千有奇。知县叶翼云重其行,遣使致羊酒,谢不受。[3]

> 崇祯末,旱、蝗交作,连岁大祲,江南尤甚。(席)本桢捐金八千,市粟荆襄,储吴以平其直。□而叹曰:"岁既如此,又安所得直乎?"遂计户分赈之。又遍及金陵、云间、济宁、临清,诸尝所贸易地,赈之如吴。发聚万余,捐金二万,其所活全者不可胜计……立义庄以赡族姓,设义学以训子弟,置义冢以安露骸。他如赈贫疗病,施惠周用,善端难以悉举。[4]

> (毛在)置义田二顷,以一顷赡于人,余以助贫者区役。[5]

> 明季旱、蝗相继,岁荐饥,(金元英)设法赈济,全活甚众。[6]

上述事例中,对地方社会的救助一般都是在本家族得到保障的前提下进行的。族内保障基于亲缘关系,在救助中属于优先保障,当然也是首级社会慈善义行。而家族对地方的社会保障基于地缘关系,是比家族更大范围的次级社会慈善义行,只能是有德行者在身有余力的情况下实施的。对地方的社会保障主要是赈济饥荒、助差应役,同时附带建置义塾义冢义井等,主要以实施者家族所在乡里为主。像东洞庭山席本桢,因为经商关系,将救助保障扩展到其经商所及的

---

[1] 道光《直塘里志》卷四《志传人·耆行》,苏州图书馆藏本,电子版总第 76 页。
[2] 崇祯《吴县志》卷四十九《人物十三义侠》,《天一阁藏明代方志选刊续编》19,上海书店 1990 年,第 302 页。
[3] 道光《震泽镇志》卷九《节义》,《中国地方志集成·乡镇志专辑》13,江苏古籍出版社 1992 年,第 432 页。
[4] 康熙《吴县志》卷五十《人物九·卓行》,苏州图书馆藏本,电子版总第 3015—3016 页。
[5] 嘉庆《直隶太仓州志》卷二十六《人物·列传一》,苏州图书馆藏本,电子版总第 1716 页。
[6] 康熙《吴县志》卷五十《人物九·卓行》,苏州图书馆藏本,电子版总第 3014 页。

金陵、云间、济宁、临清等地,然而这种情况真是少之又少,因而留存史书,更是值得传播歌颂的救急济世的恩惠。明代苏州这种家族对于族人和乡里救助的慈善义行,正是儒家倡导人人都有不忍人之心伦理的具体体现,也可以见到当时社会风尚之一斑。

昆山人周勉"自念吾今日族人之盛,安能保异日之愈盛愈结而无意外之虞乎?乃慨然有于文正公活族之事,惜其未及举事而卒"[1]。其子周在兄弟继承周勉遗志,完成周氏义田建设。家族实行族内救助,解决贫困族人生活困难,赡养鳏寡孤独,资助婚丧嫁娶等,这为家族成员提供了基本生活保障,一定程度上改善了贫困族人的生活质量,而实行族内保障的最原始目的是敦宗睦族,保证家族的长远发展。家族或某些家族成员参与地方社会保障,平时助差应役,灾荒年份赈济饥荒,这样做有利于提升家族在地方上的权威和名望,增强对地方社会事务的发言权和控制力。家族保障与地域保障相互交叉,兼顾血缘和地缘两重关系,既实现了家族安定也维持了地方稳定,而家族与地方本身就是密合在一起的客体。

家族实行族内救助的初始目的是敦宗睦族,保证家族长远发展,更深层次上则体现出维护国家统治的意愿。吴江沈氏的救助,"其年高有德及寡妇之守节者倍焉,其不孝不弟、游惰无业者斥弗给"。长洲陈氏"更设向善、力学、守节三规,岁举优给"。在周贫济困的同时奖掖德行,非常注重道德教化,把提供物质生活保障与要求遵守传统伦理紧密结合。钱谦益在太仓《钱氏义庄记》中说:"自今以往,钱之后人食义田之粒,必将曰:此一升一龠,莫非国家之粟米也?衣义田之桑,必将曰:此一丝一缕,莫非国家之布帛也?"[2]要受助族人在接受救助之时,意识到所受之米帛皆来自国家,要对国家感恩,这就超越了家族意识,上升到家国一体的认知。只要天下家族都建置义田,救助赈济,敦宗睦族,统治者就"可不劳而治,而颂声可作也"[3]。而家族慈善义行扩展到地方乡里,参与了地方社会保障,维护地方稳定,除提高家族在地方社会的地位之外,更是维护国家统治的一种具体表现,是族权对政权的一种大力支持。

---

[1] 《周氏义田碑记》,乾隆《沙头里志》卷三《义田义庄》,《中国地方志集成·乡镇志专辑》8,江苏古籍出版社1992年,第558页。

[2] 钱谦益:《牧斋有学集》卷二十七《钱氏义庄记》,载《钱牧斋全集》伍,钱曾笺注,钱仲联标校,上海古籍出版社2003年,第1034页。

[3] 《周氏义田碑记》,乾隆《沙头里志》卷三《义田义庄》,《中国地方志集成·乡镇志专辑》8,江苏古籍出版社1992年,第558页。

（三）钻天洞庭商人商帮及其家族经营

明代中期开始，全国各地以地域为划分标准，形成了许多著名的地域商帮。苏州太湖东、西山的洞庭商帮即是其中之一。明末著名作家、苏州人冯梦龙描述道："话说两山之人，善于货殖，八方四路，去为商为贾，所以江湖上有个口号，叫作'钻天洞庭'。"[1]他所说的就是苏州洞庭商人，已经天下闻名。

明代中期，东洞庭山陆巷人王鏊在描述他熟悉的东、西洞庭两山的风俗民情时说：两山居人"以商贾为生。土狭民稠，民生十七八即挟赀出商，楚、卫、齐、鲁，糜远不到，有数年不归者"。"兄弟析烟，亦不远徙，祖宗庐墓永以相依，故一村之中同姓者至数十家或数百家，往往以姓名其村巷焉。"这说明尽管经商人口多，流动性大，但是以老家为大本营，聚族而居的现象在东、西洞庭山仍旧普遍。同时，东、西洞庭山存在着"凡嫁女娶妇不适他境，皆近村比境，如古朱陈之类乎"的婚嫁习俗，[2]使得婚姻关系局限于本地，以家族为主，以姻亲为辅，形成了相对固定的社会关系网络。这种较为稳固的血缘与姻亲关系对洞庭商人的商业经营十分有利。

1. 主要洞庭商人家族

明中后期著名文人昆山归有光说："洞庭人依山居，仅仅吴之一乡，然好为贾，往往天下所至多有洞庭人。"[3]洞庭两山的人口大多来源于各处的移民，尤其是扈从宋朝南迁的中原世家较多。山水清嘉，如同世外桃源，适于避难隐居。然而世代居住于太湖岛上，人口繁衍，山地狭隘，农业生产严重不足，生活压力随之加大。于是洞庭人像徽州人一样，往往从小开始就被迫外出经商谋生，或兄弟一起，或父子相继，许多姓氏家族更是数代人从事商业，商路商事固定，熟门熟路，形成了许多著名的经商家族。

以洞庭东山翁氏为例，明代中期，翁毅、翁永福父子相继经商，开始崛起为新的商人家族。翁永福子翁参（号春山）、翁赞（号梅林）以山东临清（别称清源）为经营中心，尤其是翁赞，"化居达百货之情，审参伍之变，权本末之宜，能择人而任时"[4]。他们经营有方，名声远扬，家族不断昌大。至翁参之子翁筵、翁䥩，翁

---

[1] 冯梦龙：《醒世恒言》卷七《钱秀才错占凤凰俦》，陕西人民出版社1985年，第125页。
[2] 上引均见蔡昇辑、王鏊修：《震泽编》卷三《风俗》，《四库全书存目丛书》史部228，齐鲁书社1996年，第689—690页。
[3] 归有光：《震川先生集》卷二十一《叶母墓志铭》，周本淳校点，上海古籍出版社2007年，第522页。
[4] 分见乾隆《洞庭东山翁氏宗谱》卷十一《传志状表诔略》，清乾隆三十年（1765）刻本，上海图书馆藏本，王世贞：《春山公暨配吴孺人合葬墓志铭》，第25—27页；王穀祥：《梅林公墓志铭》，第28—29页。

赞之子翁爵、翁鼎在临清经营布业时,翁家商业经营发展到达高峰时期。翁笠,号少山,"挟赀渡江逾淮,客清源。清源,百货之凑,河、济、海、岱间一都会也。隐君(笔者注:翁笠)治邸四出,临九逵,招徕四方贾人,至者褵属,业蒸蒸起已。察子弟僮仆有心计强干者,指授规略,使贾荆襄、建邺、闽粤、吴会间,各有事任,大都遂时颇仰,权子母为出入,而又时时戒之无朘求,无罔取,无杂良楮,人人遵用其教,所至常获倍息云"。《林屋民风》引述此申时行所作为"志略",文字上又有扩展,称翁笠"以布缕、青靛、棉花货赂,往来荆楚、建邺、闽粤间,甚至辽左、江北闻其名,非翁少山布勿衣勿被。于是南北转毂无算,海内有'翁百万'之称"。[1] 在明末,还有翁笠之子翁启明、翁启阳,翁罍之子翁启端,翁爵之子翁启祥,继续从事棉布经营。总之,明中后期,洞庭东山翁氏一直称雄布业,成为海内布业大亨。像翁氏一样的洞庭经商家族还有很多。翁氏和许氏(志问)成为明后期东山最富有的洞庭商家。[2] 现将东、西洞庭山的部分商人家族列表如下:

表4-12 明代主要洞庭商人家族

姓氏	经商时段	主要商人	主要经商行业或地域
王氏	明中期	王敏、王璋、王胜、王士俊	江淮一带
翁氏	明中后期	翁毅、翁永福、翁参、翁赞、翁笠、翁罍、翁爵、翁鼎、翁启明、翁启阳、翁启端、翁启祥	布业,临清等地
席氏	明中后期	席森、席端樊、席端攀、席本广、席本久、席本祯	布业,临清、朱家角镇等地
叶氏	明	叶道恒、叶湘、叶良辅、叶秀林	布业,临清、淮北一带
严氏	明中后期	严经、严渔溪、严果、严宇相、严宇春	布业,南京等地
万氏	明中后期	万章、万格、万大经、万大纶、万灉、万俊、万润	布业,湖北、嘉兴、朱家角镇
郑氏	明中后期	郑春溪、郑浦	山东等地
葛氏	明中后期	葛景升、葛友竹、葛钺、葛符、葛篆、葛承瑾	齐鲁、荆襄、南京、徐淮之地
秦氏	明中后期	秦怡松、秦宥、秦仁、秦绅、秦淮、秦隆	齐鲁、荆襄之地

---

[1] 分见申时行:《少山公墓志铭》,乾隆《洞庭东山翁氏宗谱》卷十一《传志状表诔略》,清乾隆三十年(1765)刻本,上海图书馆藏本,第30—31页;王维德:《林屋民风》卷九《人物二·货殖》,《四库全书存目丛书》史部239,齐鲁书社1996年,第473页。

[2] 王维德:《林屋民风》卷九《人物二·货殖》,《四库全书存目丛书》史部239,齐鲁书社1996年,第473页。

续表

姓氏	经商时段	主要商人	主要经商行业或地域
徐氏	明中后期	徐礼、徐原德、徐樻、徐俊、徐征秀、徐征贤	荆襄等地
邓氏	明末清	邓文、邓秉巨、邓学敏、邓学海、邓廷芳、邓士瀛、邓玉相、邓大木	荆襄等地
蒋氏	明中后期	蒋稼、蒋程、蒋世业、蒋寅、蒋士和	均州、荆襄等地
沈氏	明	沈季文、沈铠、沈南溪、沈冕、沈宾、沈棠、沈九华	荆襄等地
孙氏	明后期	孙炳、孙大璇兄弟三人、孙经	米粮,湖广等地

资料来源：根据范金民《明清洞庭商人家族》（《中国社会历史评论》第五卷,商务印书馆2007年）整理。

2. 洞庭商人家族的经商

（1）经商地点和行业

洞庭商人贸于四方,行商坐贾兼有,除江南区域之外,主要集中在以山东临清为中心的运河沿岸和以汉口为中心的长江沿线。东洞庭山商人最最活跃于以临清为中心的运河沿线,主要从事棉布的长途贩运买卖,而西洞庭商人最最活跃于以汉口为中心的长江沿线,主要从事米粮以及丝绸棉布的长途贩运。这样的经营特色符合苏州等江南之地与淮河、山东、湖广地区商品交易的需求。

（2）经商资本运作与盈利模式

洞庭商人大多从事棉布和米粮的长途贩运,许多人既是坐贾又是长途贩运商,掌握人人少不得的衣食命脉,但是,这需要有足够的资本、人力和有效的管理等才能顺利进行,而以家族为核心的宗亲关系在其中发挥了重要作用。

洞庭商人的经营方式主要有独资经营、领本经营、合资经营三种模式,最具有特色的是领本经营。

清代康熙时人王维德熟悉洞庭风俗,专门撰写《林屋民风》,说道:"凡经商之人未必皆自有货本,类多领本于富室者。盖平日勤俭忠信有余,虽无立锥之地,而千金重托不以为异,恒例三七分认〔出本者得七分,效力者者（笔者注:原衍一字）得三分,赚、折同规〕。富家欲以货本托人谋利,求之惟恐不得也。"[1]

---

[1] 王维德：《林屋民风》卷七《民风·领本》,《四库全书存目丛书》史部239,齐鲁书社1996年,第444页。

王维德虽是清代人,但这里所说洞庭商人经营资本的聚集方式应该明代已经存在了。原来洞庭商人经商之初,不仅可以利用家族关系来聚集资本,更重要的是依靠个人建立的人品与信誉,本山人可以从本族或他族富人那里获得资金支持,获利后与富人三七分成,亏损按此比例同样承担,于是出资与出力,合作经营,事先约定,同心协力,取得双赢格局,使洞庭商人势力犹如滚雪球般壮大发展。这种方式的根基主要建立在同族同乡的知根知底可信牢靠之上。不同经商家族之间不断通婚,亲密了地缘基础上的血缘关系,足以打破商业壁垒,在相对集中的经营区域有利于各个家族之间商业信息交流,商品互通有无,大大加速了商业资本流通,最终促进了洞庭商帮发展。同时,来自同一地域,具有姻亲关系的数个家族还可以建立商业团体组织,与其他地区的商帮进行竞争或进行商业垄断,以保证洞庭商帮的顺利发展,做强做大。

(3)经商经验总括

洞庭商人家族累代经商成功,积累并传承了一整套宝贵的经商经验,主要体现在以下方面。

首先,经商经验的传承。

在商业经营活动中,有无商业经验直接关系到经营的成败。洞庭商人在其商业经营中,往往父带子,兄带弟,有些则跟从姻亲外出经商。例如,从明中期的翁毅到明末的翁启明一辈,翁氏先后有5代人一直从事布业经营。东洞庭山另一经商家族万氏,开创者万章(私谥道显),"客游荆襄"20年,"资累裕饶,爱树家业"。[1] 万章之子万格等后来都继承父业,经商在外。万格长子万大经(号左峰)因科举失利,"受贾于父","收责(债)下邳";另一子万大纶(号定湖)"贾于由拳"。[2] 洞庭东山金氏,前后有金汝鼐、金孝植父子为汝鼐舅家席氏经商。按洞庭人的风俗,"且子弟弱冠而不能业儒者,即付以小本经营,使知物力艰难。迨其谙练习熟,然后付托亲朋,率之商贩,则子弟之迫于饥寒者鲜矣"[3]。在这种经营模式下,既然读书科举无望,不如以血缘关系为基础,年轻后辈无经验者在长辈带领下进行学习,积累经营经验,为以后的商业经营做好准备。

洞庭商人在经商中往往依托同一家族的成员或者姻亲,"择人而任时",是商

---

[1] 史经:《万道显先生墓志铭》,同治《洞庭东山万氏宗谱》卷后,清同治十年(1871)刻本,第1页。
[2] 董其昌:《处士左峰万君墓志铭》,葛一龙:《明故处士定湖万公墓志铭》,分载同治《洞庭东山万氏宗谱》卷后,清同治十年(1871)刻本,第7、10页。
[3] 王维德:《林屋民风》卷七《民风·教子》,《四库全书存目丛书》史部239,齐鲁书社1996年,第440页。

业成功的重要条件。在商业伙伴的选择中,有血缘关系的宗亲,自然最受信任,也最容易进行组织和管理。

上述东洞庭商人翁笾,观察选择能干的子弟僮仆,"指授规略",委以货物,运销荆襄、建邺、闽粤、吴会之间,既培养了人才,同时壮大了翁氏家业的经营。

洞庭席氏席端樊与席端攀,"兄弟学贾松江,善治生。年十七父卒。协力运筹策,遣宾客子弟北走齐、燕,南走闽、广,不二十年赀累巨万"[1]。席端攀之子席本祯,任用外甥金汝鼐为其经营。据汪琬记载,金汝鼐"年十一而孤。稍壮,弃儒佐席氏贾。翁故席出也,门下诸客行贾者数辈,其舅独知金甥公廉可任,礼之在诸客右,命诸客悉听翁指……凡佐席氏者三十年。所遣客岁走四方,往则受指于翁,返则报命,其子本悉集翁所,席氏不复问其出入,然未尝取一无名钱"[2]。金汝鼐为席氏经商30年,颇受席氏信任,后金汝鼐之子金孝植继续为席氏经营。

东洞庭山万澹,除自己在朱家角镇经营布业之外,曾经代中表翁氏操持商业。

叶氏家族叶懋,结婚仅三个月,即外出为同宗富人作伙计。[3]

洞庭商人经营范围逐渐广泛,往往集长途贩运与坐贾于一身。像席氏家族,不但在临清拥有众多店铺,还从事长途贩运,这就需要雇佣众多伙计。面对激烈的商业竞争,洞庭商人必须加强对商业集团的组织和管理。雇佣族中子弟或姻亲作为伙计,充分利用家族和姻亲关系的纽带,大大促进了洞庭商帮的商业发展。

洞庭商人在实际经营之中,形成颇为显著的礼貌待客、顾客至上、随机应变等经营观念,非常重视信誉,货真价实,积累具体的经营手段,主要有预测行情,注重市场信息;因时而变,经营不同商品;薄利多销,加速资金周转;选择优质商品,追求高额利润;稳中求成,经营大宗商品;等等。[4]

其次,经商成果的传承。

任何一个商人家族的发展都不是一朝一夕的事。一个商人家族必然要经过几代人的艰辛努力,不断累积资源资本人脉,才会成功。东山翁氏自明中期翁毅开始经商,到翁启明、翁启祥一代称雄布业,用了5代人的时间。从第三代经商

---

[1] 王维德:《林屋民风》卷九《人物二·货殖》,《四库全书存目丛书》史部239,齐鲁书社1996年,第473页。
[2] 汪琬:《钝翁续稿》卷二十六《观涛翁墓志铭》,载《汪琬全集笺校》,李圣华笺校,人民文学出版社2010年,第1605页。
[3] 归庄:《归庄集》卷七《洞庭三烈妇传》,中华书局1962年,第425页。
[4] 详见范金民、夏爱军:《洞庭商帮》,黄山书社2005年,第92—107页。

者翁参、翁赞开始,翁氏便以山东临清为中心经营布业。至第四代时,在临清经营布业的有翁参5个儿子中的翁笠、翁罍,翁赞3个儿子中的翁爵、翁鼎。期间,翁家经营规模达到了鼎盛时期。翁参长子翁笠在临清有多处店铺,招徕四方商人,各地前往者络绎不绝。到第五代时,翁笠长子翁启明和次子翁启阳、翁罍长子翁启端、翁爵儿子翁启祥,大多将父业继承了下来,并且将先辈事业不断扩大。正是有了一代代人商业经验的积累与传承,翁氏才能在明中后期长时间称雄于布业这一关系国计民生的重要商业领域。

综上而言,在洞庭商帮的商业发展过程中,不论是商业资本的形成,还是经商经验与成果的传承、经商管理、商业信息的共享,与其他地域商人的商业竞争方面,以血缘为基础、以家族为核心的宗亲关系都发挥了非常重要的作用。这也是同时代如徽商、晋商等其他中国地域商帮共同的特征,也是中国商人的社会特征。

苏州钻天洞庭商人商帮家族是从明代中期开始逐步崛起壮大的,成为中国商帮史上唯一以县邑之内小山命名的"山人"商帮。正是在商业活动中充分借助了血缘关系的力量,洞庭商人商帮较容易获得经营上的成功。洞庭商帮及其家族以其艰辛持续的商业活动,获取了丰厚利润,通过回报故土家园,开展文教与社会慈善活动,形成风气和普遍心理,进而改变了人多地少、农业生活拮据的现状,营造了两山在海宇之内遐迩闻名的卓著声望。[1]

---

〔1〕 参见傅衣凌:《明代江苏洞庭商人》,载其《明清时代商人及商业资本》,人民出版社1956年,第92—106页;范金民、夏爱军:《洞庭商帮》,黄山书社2005年。

◎ 第五章 明代苏州文化 ◎

明代文化发展离不开政策导向,文化成就的取得更离不开各类文化主体尤其是其中的人才的积极作为,自然创新。人才涌现离不开教育与选拔制度。明代选拔人才的正途是科举制度。它要求学生主要通过自学成才,逐级参加科举考试,成为国家教育培养和选拔的人才。通过科举制度的阶梯,莘莘学子最容易取得成功,获得荣耀,从而成为政府与社会普遍公认的人才。当然,这是科举时代的人才标准。科举指挥棒促进社会流动,在主流文化意识形态引导之下,文化多阶层化创造,随着时代的脚步前行,成为社会的文化,而社会文化教育水平提高,促使社会成为文化的社会。

在前代文化长期积累创造的基础之上,明清江南文化进入了极其辉煌的时代,在很多方面堪称中国传统文化的典范。其中,位于江南三角洲核心地带的苏州取得的文化成就又占据了十分突出的地位。那些文化之花既是全国文化发展演变与创新的必然产物,又在中国江南的一个地域上集中绽放,绚丽斑斓,引人注目,成为我国传统社会文化的瑰宝,留下丰厚的精神财富。[1]

第一节 兴盛的教育、科举与人才

朱元璋立国,实行以儒治国,尊师重教,将科举教育作为选拔人才的导向,奠定有明一代教育体制。明代苏州教育和全国一样,首先指正规的学校教育,以府、县学为主要渠道,由明政府官方办学,委派学官,府有教授(自宋始置)一员、

---

[1] 在迄今为止的几部有关苏州史的著作中,尽管还是比较简单,却确实对于明代苏州文化成就做了很好的探索与叙述,有的是文化专题式的,有的是断代式的。前者像廖志豪等的《苏州史话》(江苏人民出版社1980年)、苏简亚主编的《苏州文化概论》(江苏教育出版社2008年);后者像王卫平、王建华的《苏州史纪(古代)》(苏州大学出版社1999年)、王国平主编的《苏州史纲》(古吴轩出版社2009年)的相关章节。

训导(元增置)四员,县有教谕一员、训导二员,卫学设教授一员、训导二员,县级州设学正一员、训导三员,成为教师,录取童生,成为生员(俗称秀才),但明代起学额固定,数量十分有限,因而入学竞争异常激烈,不过就此围绕科举,进行儒学教育,培养人才。其次是官方与民间兴办社学教育,作为基础教学的辅助。再有少量书院设置,由官方许可,民间兴办,开展教育。"民间教育、官方教育和书院教育构成了有明一代多层次相关联的教育体系,明代的各种文化现象几乎都与这种教育体系有着不可分割的关系。"[1]至于家庭教育、家庭家族与民间的家塾塾学教育,则是社会日常性的机制,发挥着不可或缺的教育功能,它们在明代江南广泛普及,成为重教风尚形成的有机组成部分。

一、学校教育

明代苏州全府学校有苏州城的府学,苏州府下属各县县城的县学,包括吴县、长洲、昆山、常熟、吴江、嘉定、崇明县学,以及弘治年间新设县学建制的太仓州州学。

清光绪进士、镇洋人王祖畲任过汤阴知县,纂修太仓州志,曾总结我国地方郡县儒学兴起,充分肯定明代的功绩。

> 郡、县学创自李唐,沿及宋元,法未具。明兴,至正统以后,天下府州县卫所皆立学,教养之法大备。[2]

苏州的府学、县学的设立一般可以追溯到北宋兴学。文庙与儒学,即庙学的合一,到明代未变。"国朝之制,县必有学,学必有庙,天下皆然。"[3]只有昆山庙学始自唐代为最早。明代苏州许多地方官员以兴办儒学为己任,修葺整治前代学宫,使得学校面貌一新,甚至赢得天下称羡。也有另谋新地,改建学校,扩大规模的。例如长洲县学,因地方湫隘,嘉靖时期择地迁建新学,规制宏大,十分突出。

明初苏州遭受政治、经济、文化上的重大打击,教育与科举遭受挫折,一蹶不振,子弟畏惧读书出仕。"初,(洞庭)山人闻为弟子员,则恐惧亡匿。"像王鏊父亲王琬那样喜欢读书,愿意一改同时期书生的做法,被提取到吴县县学,成为秀

---

[1] 商传:《明代文化史》,东方出版中心2007年,第201—202页。
[2] 民国《太仓州志》卷九《学校下》,1919年刊本,第14页。
[3] 赵宽:《吴江县重修庙学记》,陈昉:《吴中金石新编》卷一《学校》,《景印文渊阁四库全书》683,台湾商务印书馆1986年,第108页。

才读书,以后由贡生出任湖广襄阳府光化知县,属于凤毛麟角的了。[1]到明代中期,苏州社会元气已经恢复,教育也经过涵养培植,走上正轨,日益发达起来,科举再次具备吸引力,科举人才因而也逐渐变得兴旺。

(一) 府学与县、州学教育

苏州府学始于北宋范仲淹(谥文正)兴学,延请泰州胡瑗(称安定先生)前来掌教,自此移易苏州尚武习气,开创文风,披及后世。至明代苏州,论起教育,仍然首推范胡之功,并且苏州府学闻名天下,人才杰出,领先全国,而作育人材,敦行教化,营造良风良俗,离不开行政官员。

> 今天下言学校必首苏,盖有范文正、胡安定之风焉。其中岛池亭榭尚多吴越元璙之遗,其胜亦他郡之所鲜也,况人才往往为天下先乎!若夫作兴敦率,使教化行、风俗美,则不能无望于上之人焉。[2]

永乐时,金幼孜根据当时教育科举发展状况便已经声称:"苏为东南都会,学校人材实为诸郡先。"[3]

明代苏州府的府学以及所属吴县、长洲、昆山、常熟、吴江、嘉定、崇明县学都继承了前代规制,除了教官属于官派,知县、知府、巡抚、学官等地方官员捐俸倡导,加上有些民人助学,持续不断地维修校舍,或拓展校区,改善学校环境,拨付办学经费,崇祀儒学楷模与乡贤人物,加强训导生员,从学校教育的外部硬件设施与内部学习动力上着手,有力推进学校教育,培养科举人才,勃发进取,蒸蒸日上,带动社会读书好学,彬彬有礼,蔚然成风。

1. 苏州府学

在城南,延袤19 000丈,周150亩。

苏州府学始自北宋仁宗景祐元年(1034)范仲淹兴学。

> 按《唐史》李栖筠增学庐,宋《祥符图经》[4]子城西南有文宣王庙,俱不言学所在。景祐元年,范文正公(仲淹)守乡郡,因州人朱公绰等请,始为奏闻,立学今所(地故广陵王钱元璙南园,公得其一隅,将为宅。

---

[1] 《王鏊年谱》,载吴建华点校:《王鏊集》附录四,上海古籍出版社2013年,第721页。
[2] 正德《姑苏志》卷二十四《学校》,《天一阁藏明代方志选刊续编》12,上海书店1990年,第357页。
[3] 金幼孜:《重修苏州府庙学记》,陈昉:《吴中金石新编》卷一《学校》,《景印文渊阁四库全书》683,台湾商务印书馆1986年,第97页。
[4] 此处《祥符图经》指宋《祥符州县图经》,下同。宋真宗大中祥符三年(1010)成书。北宋李宗谔、王曾奉敕纂。是全国方志,1 566卷,目录2卷。已佚。

相地者谓当踵生公卿。公曰:"吾家贵,孰若中吴之士咸贵其无已乎?"遂以为学)。仍给田五顷以赡学徒。延安定胡先生(瑗)主教事。[1]

嘉祐中,刑部郎中富严建六经阁。熙宁中,校理李绖又割南园地增广校区。元祐中,生徒日众,朱公绰之子朱长文执掌教事,商议将全部南园余地拓为斋庐。正好范仲淹子纯礼制置江淮漕事过家,为此奏请。诏给度牒十纸充费。户部郎中刘瑾、直龙图阁王觌大修。朱长文自为记。[2]

南宋建炎兵毁。绍兴十一年,直学士梁汝嘉建大成殿。十五年。直学士王晚绘两庑像,复建讲堂,辟斋舍。乾道四年,直秘阁姚宪辟正路,疏泮池,立采芹亭。九年,直秘阁丘崈建直庐。淳熙二年,修撰韩彦古作仰高亭。十四年,修撰赵彦操即六经阁废址建御书阁,藏宋高宗御书石刻六经。堂左建五贤堂,祀陆贽、范仲淹、范纯礼、胡瑗、朱长文。

宝庆三年七月,大风,殿阁坏。绍定二年,复学田租,获得新修的资金。郡守直秘阁林介、朝请郎王与权、朝请大夫王斌(当作栻)、直宝谟阁李寿朋,相继新修。淳祐六年,待制魏峻兴葺。李起记,称"吾乡学宫甲于浙右。仪门正殿,授经之堂,肄业之室,直庐廊庑,莫不雄深巨丽,殆非一人一日之力"[3]。宝祐三年,学士赵与篯拓地凿池,作桥门,建九斋,取名敏行、育德、中立、就正、隆本(教宗室子弟)、立武(教习武举之士)、养正(教童子)、兴贤、登俊(教士之俊秀)。阁后建堂,名成德、传道。堂后建泳涯书堂、立雪亭。右土阜上建道山亭。山南园故丘即朱长文所题泮山。

元大德初,殿宇坏。治中王都中谋于郡人两浙盐运使朱虎,以私财撤旧新修,并修学宫。延祐间,重建六经阁,取张伯玉记文首句,名尊经。至治元年,总管师朵列秃重修。二年,总管钱光弼修庙学。至正五年,总管吴秉彝修学。十五年,监郡六十筑庙垣,共570丈。十九年,总管周仁修学。二十六年,总管王椿建乐轩。

在宋元以来苏州官府一些睿智官员如此持续重视府学兴办的良好基础之上,明代苏州不少知府等官员同样十分重视修葺府学,使府学规模日益宏壮。

---

[1] 正德《姑苏志》卷二十四《学校》,《天一阁藏明代方志选刊续编》12,上海书店1990年,第358页。同治《苏州府志》卷二十五《学校一》(《中国地方志集成·江苏府县志辑7》,江苏古籍出版社1991年,第585页),"子城西南"作"子城东南",诏苏州立学作"二年"。其实应作"子城西南"。

[2] 同治《苏州府志》卷二十五《学校一》(《中国地方志集成·江苏府县志辑7》,江苏古籍出版社1991年,第585页),作"前后守刘珵、王觌"大修。

[3] 正德《姑苏志》卷二十四《学校》,《天一阁藏明代方志选刊续编》12,上海书店1990年,第362页。

明洪武三年(1370),重建道山亭。六年,知府魏观上任次年,在成德堂旧址捐俸倡建明伦堂,置敏行、育德、隆礼、中立、养正、志道六斋,恢复被民人侵占地540丈,扩展灵(棂)星门以临南衢,后"复命补其墙墉四千八百尺有奇"[1]。宋濂、王彝记。王彝记载道:

> 惟苏州学肇基于范文正公父子,学之左,别有庙,而灵星门南不十数步,即画于邻垣。于是旁趋东偏为门,而地势郁塞弗称。邻垣之地广袤若干亩,在宋为钱氏园,及元而业更宁氏。先后为郡者屡欲拓之,然不可以力得。至正间,郡守六十公贸其地于宁开,得其三之一。
>
> 曁入国朝,前国子祭酒魏公以正学硕德出守兹土,政修令行,大修庙学,开说公化,尽以其地归焉。公因命教授贡颖之绘图而经营之,郡士愿出私钱以助,乃通道自灵星门以极于南城之涂,凡若干丈。
>
> 故有洗马池,适当其前,遂表文庙之道于洗马池南,而架梁以入。道南北之半,故又有假山。山之阴有池,曰来秀。其水自太湖入南城,沿至南园之小河而注之学,自来秀南流,则进之洗马而止;其北流,则归泮池而止。又即来秀池南,辟假山遗址为门,以正南面焉。
>
> 至是,学与庙出入之道殊矣。故入其门,则循池之东以趋于庙,出其门则折而西,又折而北,为梁者再,以达泮池之梁,始趋于学,示神、人之不可杂也。方庙、学造成,翰林侍讲学士金华宋公既为之记,金谓以为此一役也,范公所未得为,而魏公乃得为之,始终几三百年,而庙、学大备。

宋濂则强调:

> 唯庙、学之前,乃吴江宁开之园,局于封畛,蹙迫殊甚,至是从化,尽以其地六百尺入于学宫,始获辟门于前,用正地势。内历洗马、来秀二池,架梁以通往来。外临康庄。左右有坊,曰状元,曰昼锦。其嘉名符契,若有开必先者。阁后之地,夺于比邻久矣。公察知其奸,其地乃归。又惧远而或堙也,遂图庙、学四疆,勒坚珉以志之。[2]

这是自北宋范仲淹父子兴学以来苏州府学最大规模的拓展。此次最大的功

---

[1] 宋濂:《苏州府重修孔子庙学碑》,陈昞:《吴中金石新编》卷一《学校》,《景印文渊阁四库全书》683,台湾商务印书馆1986年,第94页。
[2] 上引均见正德《姑苏志》卷二十四《学校》,《天一阁藏明代方志选刊续编》12,上海书店1990年,第369—370页。

绩是,魏观能够利用他的行政威望,将文庙西面的学前民地征买下来,使灵星门之南通畅,进出自如。并且恢复民夺学地,将庙学四至画图勒碑为证,永作学产,以绝后患。[1]

十五年,知府张冠塑圣贤像。王鸣吉记。

永乐十五年(1417),知府刘麟重建尊经阁。二十三年,教授陈孟浩等向巡按御史李立建白重修庙学,宣德二年(1427)又建议巡按御史陈敏把泮池梁换作石梁,为七窦,象征七星。大理寺卿胡概、陈孟浩都有记。

宣德八年,知府况钟重建大成殿,止善堂易名至善。建毓贤堂于后。教授何澄记。

正统二年(1437),况钟重建明伦堂五间,宏壮逾旧;建四斋,左为隆礼、中立,右为养正、志道。斋后有室,是训导授业所。斋上、下建两廊、学舍。胡俨记。九年,知府李从智筑墙630丈。何澄记。

景泰元年(1450),知府朱胜建会馔堂。三年,知府汪浒在毓贤堂后增建学舍30间。

范文正公及先贤、文昌三祠本在大成殿后,天顺四年(1460),知府姚堂徙范文正与先贤二祠于泮池南,撤文昌祠,改易隆礼、中立二斋名成德、达材,在学门内建杏坛,并建亭覆盖,还重建道山亭。教授黎扩记,称"苏为南圻大郡,其学制之雄丽,池圃之幽邃,为江南诸学之冠"[2]。又立状元、解元二坊。六年,知府林鹗改建庙,两庑诸贤塑像岁久且坏,开始改易木主。

成化二年(1466),知府邢宥重建泮桥,移射圃到学后。徐有贞记。四年,知府贾奭作游息所,前凿方池,布桥,立众芳坊,前垒石为山,名文秀峰,改观德亭为厅。

大成殿自宋元至明,经过3次改作,仍旧狭隘不称。成化十年,知府丘霁大规模改造,建殿重檐五间,三轩两庑四十二间,撤旧材,作戟门七间,掖门二间。[3] 学门原本东向,历庙道,折而南入,仍出厚价购买居民地,加以拓展,建灵星门于大成殿之南,门殿并直,由是基址方整,规制大备。丘霁去任,知府刘瑀接继其事,最终完工。这是明代府学改造的大手笔。乡人、"故学之诸生"、学士吴

---

[1] 王焕如的郡学志称领军千户宁玉家吴江,买地助郡学。其孙宁开,洪武初感知府魏观德化,克承祖志,全部捐已地归学。同时助义绅耆莫礼、葛德润。见同治《苏州府志》卷二十五《学校一》,《中国地方志集成·江苏府县志辑7》,江苏古籍出版社1991年,第586页。
[2] 正德《姑苏志》卷二十四《学校》,《天一阁藏明代方志选刊续编》12,上海书店1990年,第371页。
[3] 同治《苏州府志》卷二十五《学校一》(《中国地方志集成·江苏府县志辑7》,江苏古籍出版社1991年,第586页),作"戟门五间,左右掖门各三间"。

宽作记道：

> 苏有学于城南，实创于魏国范文正公，更五百年来，所以修葺而开拓者，惟贤守是赖。至于今日，规模益壮，天下之言学者莫能过之。故四方之贤士大夫之道郡中，以一游其地为快。然犹病文庙与学之弗称也。其制似非特视学为陋，岁久且敝尔。乃成化壬辰，鄱阳丘侯霁来知府事，政既克举，境内悉治，叹曰："事神，吾职也。有如文庙敝陋，孰任其过？"乃请于巡抚左副都御史毕公，从之。则计财度工，择日而从事。始改作大成殿于旧址之北，而侵西者工丈有奇。复作灵星门，南与殿直。以甲午三月兴工，功垂成，侯报政之京，遂去任矣。其年，蠡吾刘侯瑀自监察御史来代，乃毕其事。……
>
> 初，学门在庙街之东，凡出入于学，必涉街以行。丘侯以神、人之分当严也，顾旁近多居民。民既喻其意，皆乐徙去。乃徙其门于灵皇之西，更为门于泮池之北，以达于庙。然后，庙左学右，截然以正。后有贤守以庙学为事者，尚修之葺之，以无隳其成功也哉！[1]

二十一年，巡按御史张淮修学，知府李廷美建泮宫坊。陆钶记。

二十三年，又以先贤祠分为名宦、乡贤各一祠。名宦祀宋王旦、富弼、欧阳修、苏轼、王唤、富严、王焞、赵希怿、陈垲、倪普、赵与𥲤、叶适、李侗、陆九渊、杨简、魏了翁，明周忱、夏原吉、况钟、孙鼎、陈选。乡贤祠祀唐陆元朗、陆贽，宋滕元发、朱长文、周南、王蘋、滕茂实、陈长文，明陈镒、陈继、陈祚、刘铉、杜琼。韦应物有特祠在文庙旁。

弘治三年（1490），知府孟俊认为胡安定宜有专祀，建祠范文正公祠左。十二年，知府曹凤建嘉会厅于学门外，为师生迎候之所，增建会元坊。十七年，知府林世远以朱长文有功于学，迁入安定祠。

正德元年（1506），知府林世远建东西二门，东为跃龙，西为翔凤。移嘉会厅于东门外，改旧厅为安定书院。三年，知府林廷㭿重塑两庑先贤像。顾鼎臣记。十二年，巡按御史孙乐、提学御史张鳌山，协恭修建府学，仍令郡守徐赞主持此事。

嘉靖二年（1523），知府胡缵宗重建大门，改跃龙名龙门，翔凤名凤池。以嘉

---

[1] 正德《姑苏志》卷二十四《学校》，《天一阁藏明代方志选刊续编》12，上海书店1990年，第373—374页。乾隆文渊阁《四库全书》本"工丈"作"五丈"，"灵皇"作"灵星"，见正德《姑苏志》卷二十四《学校》，《景印文渊阁四库全书》493，台湾商务印书馆1986年，第433页。

会东厅为十贤堂,奉祀王充、韦应物、白居易、刘禹锡、王旦、韩琦、欧阳修、苏轼、李侗、陆九渊。七年诏天下建敬一亭,十一年诏将宋元文宣王庙改称先师庙,庙后建启圣祠。于是在大成殿后造祠,六经阁前建亭。教授钱德洪在道山亭前以湖石垒岩洞,题文秀峰为南园遗胜,自为记。十七年,巡按御史陈蕙罢十贤祠,仍名嘉会厅。二十八年,知府金城买学门西边民地,建徂徕堂,自为记。三十七年,巡按御史尚维持、知府温景葵修庙学,就旧游息所改建敬一亭,易泮宫坊额为斯文在兹,移三元坊于龙门北,建万世师表、三吴文献二坊,分列庙学门外。张衮、王庭各有记。

隆庆五年(1571),巡抚都御史陈道基修庙学。严讷记。

万历四年(1576),兵备副使王叔杲在灵星门内植松柏。七年,知府李充实重筑杏坛。叶春荣记。十八年,知府石昆玉听从教授张惟方请求,修庙学,浚泮池、玉带河。三十一年,知府周一梧请得巡抚都御史曹时聘等同意,大修庙学。三十八年,教授陈圭请移廨到毓贤堂之后。

天启三年(1623),巡抚都御史周起元修,重建祭器、乐器二库。提学孙之益、巡按御史潘士良、巡盐御史傅宗龙,各自输金助修。教授刘民悦记。六年,为飓风摧坏。

崇祯四年(1631),知府史应选修明伦堂。六年,风更烈,乔木、周垣全部仆倒。巡按御史祁彪佳修庙、库、名宦祠。七年,巡抚都御史张国维修学门、乡贤祠。十二年,推官倪长圩大修,十四年竣工。张世伟、倪长圩各有记。

据《姑苏志》,正德时,苏州府学格局规制是:前临通衢,衢南一片平郊。

左庙。外为灵星门。平郊当门处垒土为小岗,隐约而起。入门,为洗马池(上有石桥,是吴越钱氏故迹),为神道。道左、右有二碑亭:一宋濂修学记,一旧庙学图。又北,为红门,为神厨、省牲所、省牲亭。又北,为戟门。门西为神库,置祭器(铜器1 560,竹器340,木器65)、乐器(琴瑟等96,乐舞生冠带66,衣280)。门内广庭高陛。历露台,始至殿。

右学。外为嘉会厅,与学门相直。门前为泮宫坊。入门,东则杏坛,直北为来秀桥。入钟秀门,路左、右,名宦、乡贤二祠。又北,范成大文定祠。又北,泮池,上有石桥。又北,仪门。门内有大池,跨长桥名七星桥,桥有石洞七个。过桥始上露台(台上有范文正公手植二柏,存一)。登明伦堂,堂后至善堂,又后毓贤堂,又后尊经阁。阁后过众芳桥,至游息所,左采芹亭,有小池;右道山亭,前有大池。直北射圃,中有观德亭,教官廨宇,诸生庾厨,布分画列其后。又有池沼畦圃,长松古桧,望而不见边际。

2. 吴县县学

宋景祐时始立。在旧县治东南,明代的三皇庙基。绍定初,县令赵善翰(瀚)改立于旧贡院之南,即明代的南察院。讲堂为明伦,四斋为登贤、升俊、育德、尚志。司宪林介拨公产赡养。南宋理宗重视朱子理学,嘉熙四年(1240),知县魏廷(庭)玉、主学孔烨重修。淳祐三年(1243)立夏节日,施清臣记,有称:

> 国于东南三辅之邦,倚郭分学,惟吴有之。吴学肇端于景祐初,自后两邑皆附郡泮。吴最壮县,台府鼎屹,赋舆租簿,急符终讼,文书程上者日有千绪,虽强敏者救过不赡,奚暇以教养为急?[1]

正是县令,永嘉人进士赵善瀚、宛陵魏庭玉,前后两任踵继,致力于兴学,与主教席的孔烨同心协力,才重振县学。

淳祐七年,知县赵汝证(澄)又修,建采芹亭、风雩坛。

元至正间,县长马祖宪再新殿堂斋舍,更塑宣圣、四配像,绘两庑先贤像;总管周仁、县尹张经为灵星石门。县尹杨彝又修,四周缭垣。俱有记。

这些做法都是吴县官府积极动用公费积余,不费民财民力的,被明朝继承。

明洪武二年(1369),知县蒋玉、曹文纲相继修。姜渐记。五年,知府魏观辟射圃,建观德亭。

宣德九年(1434),巡抚侍郎周忱、知府况钟因县学地逼西城,且低隘,迁于升平桥东官地,殿庑堂斋,鼎然一新。他们运用官费积余,主动及时营建新县学校舍,彻底改善了教学环境,极大利于吴县学子安心学习,积极成才。杨荣记道:

> 吴县学旧在城西南隅宾兴坊,其地卑隘,庙、学皆简陋,旁逼军营,喧杂相接。春夏水潦四集,墙壁倾仆,诵习常辍。郡县之长贰暨师生往往兴慨,欲改之而未有能当其任者。
>
> 宣德七年,工部右侍郎庐陵周君忱,奉命抚巡东吴诸郡,偕知府豫章况君钟,同谒庙学,见其不称,因协谋更造之。得隙地于县治西南,视旧学地广四倍,高爽平旷,众咸谓宜。况君具其事,得请于朝。二君复相与议曰,是役不可重费吾民。遂计郡之诸仓岁积,苇席得五十余万,鬻米可五千余石。凡木石陶冶之资,匠作力役之需,悉于是取给,而一毫不干于民。复择耆民王信等董其事。

---

[1] 正德《姑苏志》卷二十四《学校》,《天一阁藏明代方志选刊续编》12,上海书店1990年,第377—378页。

> 经始于宣德九年冬十月,讫工于明年夏五月。以日计之,二十三旬有奇,成功速而人不知其劳。享礼有殿,讲诵有堂,藏书有阁,宴休有亭,以及门庑斋舍庖湢,各以序列,通为屋以间计之,二百三十有余,材用坚而人不知其费。[1]

成化八年(1472),知县雍泰重建灵星门,墙壁都用板石。

弘治十年(1497),知县邝璠以学门回曲,与仪门不相直,于是徙教谕、训导廨宇于射圃,又买民居,拓广学前地。门内凿泮池,上作石桥。于学东得长洲民沈钰舍地,作射圃,建观射亭。吴宽记称:

> 苏多属县,惟吴之建最古。县皆有学,惟吴学之迁为近。盖学初迫于西城,甚陋。宣德乙卯,周文襄公巡抚吴中,与知府况侯,始迁于今升平桥东,可谓美矣。然人复以为有可改作者,门偏而不直尔。前令仍旧,皆未暇及。会监察御史海阳吴君一贯巡按至,诸生言之,君以为宜。于是任丘邝君璠以进士来为县,曰此费不甚,固无难者。未几,规制端整,径亦不迁,而学益美矣。君又以校官宅舍填塞门内,而藏书阁后有菜圃,复筑而迁之。学前旧有隙地,独缺其西南,又购民居以广之。至于跨池以作梁,临衢以树表,凡所倾坏,无不修治。

吴宽认为:"如学校之设,聚人才于斯,明人伦于斯,自昔惟患居上者不之务耳。盖鼓舞振作,使游息之士感动其心,自有不能已于学者。此正教养之机也。"[2]

官府行政的重要职责之一,是贵在重视积极办学,维护或改良教学条件,进而唤醒学子学习良知,激发求知潜能。吴宽的言论代表了弘治时期在朝在野的苏州士大夫支持重教兴学的理念。

正德元年(1506),知县刘恒相地势,填平污池,移门稍东偏,折旋以入。修葺明伦堂、两斋、馔堂,在庙前表绰楔名为儒宗。林符记。二年,在学外购屋24间为外号,以待携家来学的士人,自为记。

嘉靖元年(1522),知县刘辅宜修。刘缨记。四年,巡抚都御史吴廷举檄知府胡缵宗、知县杨叔器尽撤旧构新造,还改儒宗坊为状元坊,跨街立会元、解元二

---

[1] 正德《姑苏志》卷二十四《学校》,《天一阁藏明代方志选刊续编》12,上海书店1990年,第380—381页。
[2] 上引均见正德《姑苏志》卷二十四《学校》,《天一阁藏明代方志选刊续编》12,上海书店1990年,第381—382页。

坊。六年,知县苏祐完竣此役。十一年,周宠即咏春亭为启圣祠。二十年,知县张道移启圣祠于庙门东。朱希周记。改状元坊为首邦文献,东为仰圣,西为兴贤。二十一年,张道与知府王廷在东斋为前训导尹爽作教思亭。陆粲记。二十六年知县宋仪望、三十九年知县曹自守、四十五年知县魏体明,迭有修葺。

万历九年(1581),知县傅光宅重建尊经阁,修庙庑堂署。杨成记。二十八年知县孟习孔、二十九年推官署县事郑郭,接踵修葺。巡抚都御史曹时聘、巡按御史何熊祥、知府朱燮元都有助。掘土得濂洛关闽五先生像碑,建亭覆盖。申时行记。三十二年,知县曹汝召移首邦文献坊于县治前。四十三年,知县周尔发修。

崇祯元年(1628),知县陈文瑞修,复奸民侵地,浚内外河。申用懋记。九年,知县杨云鹤、教谕计鸿勋出赎锾缮葺,重建启圣祠。李模记。十四年,庙梁坏,知县牛若麟修,与郑敷教各有记。

吴县及苏州府官员以兴儒学重教育为己任,注重在任职期间不断修葺、及时缮修文庙县学,使明代吴县县学规模宏大,愈来愈具有江南文化昌明、教育发达郡府的首县人才辈出的恢弘气度。这些官员的兴学业绩也因此明载吴县和苏州辉煌的教育史册。

据《姑苏志》,正德时,吴县县学规制是:

左,灵星门,次戟门,中为大成殿,夹以两庑。灵星门之左为杏坛。戟门之右为慈湖杨先生(文元)祠。殿后为咏归亭。四围凿方池,甃文石,围栏楯。池后有石桥,入射圃(桥木外通大河,以受太湖之水)。后为校官廨宇。

右,学门,内为泮池,跨以石桥。次仪门,为明伦堂,旁列两斋,东为升俊,西为毓德。斋上、下皆学舍。堂左为先贤祠,堂后为时雨堂,为藏书阁。阁左为廪庾,右为会馔堂。正统间,邑人王信、许美捐田18亩,在县十一都,以供月朔释菜。

3. 长洲县学

长洲县宋初未有学,士附肄府学,名丽泽斋。南宋理宗景定三年(1262),"诏县增主学,用丕儒教"[1]。主学宋楚材率邑人请于郡守陈均,即广化寺藏室改建,在明朝的府城东北。讲堂称礼堂,四斋为富文、贵德、广业、博学。建景文堂,以企慕乡贤范文正公,故名。建友德堂,墙壁上绘学中士子登大魁的黄由、阮登炳图像。这是在唐代设置长洲县300余年之后才设立的县学,印证着南宋切实崇尚儒学的实际影响。八年,提刑洪起畏拓地,辟门南面,后毁。

---

[1] 同治《苏州府志》卷二十六《学校二》(《中国地方志集成·江苏府县志辑7》,江苏古籍出版社1991年,第626页),考订作宋度宗咸淳元年(1265)。此据正德《姑苏志》卷二十四《学校》(《天一阁藏明代方志选刊续编》12,上海书店1990年,第384页),俞琰记。又,此处引文亦见俞琰记。

元初,即县驿舍为至圣庙。大德六年,县移郡治侧,于是即县治故址为学。至元三年,县长元童,俾教谕顾元龙、耆儒边景元,劝徽州路教授、郡人陆德源输赀创建,并设学田。[1]

明洪武七年(1374),知县宋敏文、张翔相继修葺,在庙右辟学门。旧有孔子燕居像(席地坐如踞,颜渊、子路立侍),又有先贤祠(祀季札、韦应物、陆龟蒙、范仲淹、魏了翁、文天祥)。俱废。

成化九年(1473),知府丘霁认为地隘,拓地东南,加以改建。夏时正记。

据《姑苏志》,正德时,长洲县学学制:

庙左。前为灵星门,次戟门,中为大成殿,夹以西庑。外为泮池,跨以石桥,旁列二碑亭。

右为学。门内甬路,左、右列教谕、训导廨宇;次仪门,中为明伦堂,周伯琦篆匾。两斋旁峙,东为进德,西为修业,左右皆学舍,东会馔堂,西厨房、仓房。射圃在大成殿东。成化十年,邑人华昷捐田20亩,为月朔释菜,田在习义乡二十三都第九图。

正德十二年(1517),提学御史张鼇山以广化寺地全部归学。十六年,知县郭波建尊经阁。

嘉靖十五年(1536),知县何府重修,增建名宦、乡贤祠。文徵明记。

二十年(1541),诸生与教谕萧文佐商议,以此地湫隘,不称伦魁,向巡按御史舒汀建白,谋求迁学。知府王廷"密与谋议,嘿为规度。仲冬,猝举事废福宁寺为学。官饬工就,谋事遂克举"。这次嘉靖苏州府迁建长洲县学规制空前,立为新学,非旧学可比。"规模爽闿,甲于天下。"[2]可是事件显得颇具戏剧性,可能为了排除某种巨大的干扰,否则无须密谋筹划,骤然成事。[3]

---

[1] 正德《姑苏志》卷二十四《学校》(《天一阁藏明代方志选刊续编》12,上海书店1990年,第385—386页),陈旅记,作"至元之三年三月经始,明年十月告成"。但此处正文误作"至正三年"。同治《苏州府志》卷二十六《学校二》(《中国地方志集成·江苏府县志辑7》,江苏古籍出版社1991年,第626页),已作纠正。

[2] 正德《姑苏志》卷二十四《学校》,《天一阁藏明代方志选刊续编》12,上海书店1990年,第前16页,总第387—388页。此为嘉靖增补内容。废福宁寺大概就是万寿废寺,见同治《苏州府志》卷二十六《学校二》,《中国地方志集成·江苏府县志辑7》,江苏古籍出版社1991年,第626—627页。

[3] 寺院成为青衿士子静心读书之地,而书生与寺院情感不止霄壤之别。王鏊21岁时读书吴城天王寺,50年后宦成过此,辄兴感徘徊不能去,作诗及《吴子城赋》,有联句刻石。见吴建华点校:《王鏊集》,上海古籍出版社2013年,附录四,第723页;《震泽先生集》卷七、卷一,第149,7—8页。福建侯官诸生舒汀在嘉靖年间寓居万寿寺读书,遭遇寺僧势利无礼,于是立誓驱逐。不久,嘉靖十四年(1535),他成进士,巡按江南,限令一日尽行驱逐,并奏请将长洲县学从孔谷桥移往万寿寺内。见顾公燮:《丹午笔记》之《万寿寺改新学》,苏州博物馆等编,江苏古籍出版社1985年,第70页。

二十二年，巡按御史徐恪修。四十三年，知府徐节重修。

隆庆二年（1568），知县周良臣、教谕李国珍建腾蛟、起凤塞门。

万历中，巡抚都御史陈道基更有营造，使规制齐备。十七年（1589），巡按李尧民修。

新县学规制：庙左学右，门皆南向。

庙前为棂星门、戟门。中为大成殿，殿后有启圣祠、六经阁。阁后有土阜，建亭其上，名道山亭。

学前有门，有仪门，有明伦堂，有两斋，名进德、修业。庭有碑亭。右有射圃。创桥，跨玉带河。河阴有乡贤祠。祠后山丘有亭三楹，置御制《敬一箴》其上。河阳有名宦祠，有嘉树馆、小淇园。玉带河东为云川书院，西为宰牲所，教谕、训导廨舍分列左右。

学之外有升龙桥，面阳树绰楔，名万代宗师。东为玉带桥，有会元坊，西为折桂桥，有状元坊。吏部尚书朱希周、侍郎徐缙有记。[1]

4. 昆山县学

起初在县治东面。唐有文宣王庙，庙堂后有学室，以兵火废。唐代宗大历九年（774），县令王纲在庙垣之右始建县学，设博士，训学徒。梁肃记，有言：

> 学之制，与政损益，故学举则道举，政污则道污。昆，吴东鄙之县，先是，有文宣王庙，庙之后有学室。中年兵馑荐臻，堂宇大坏，方郡县多故，未遑缮完。其后长民者或因而葺之，以民尚未泰，故讲习之事设而未备。大历九年，太原王纲以大理司直兼县令，既释奠于庙，退而叹曰："夫化民成俗，以学为本，是而不崇，何政之为？"乃谕三老，主吏整序民，饬班事，大启室于庙垣之右，聚五经于其间，以邑人沈嗣宗躬履经学，俾为博士。于是，遐迩学徒，或童或冠，不召而至，如归市焉。

此为昆山县"经艺文教之所以兴也"。[2] 在苏州全府范围，昆山县有孔庙有儒学，开始最早。

五代时，庙学废毁。

宋太宗雍熙四年（987），县令边仿因遗址重建庙堂，门阙壮丽。王禹偁记县

---

[1] 正德《姑苏志》卷二十四《学校》，《天一阁藏明代方志选刊续编》12，上海书店1990年，第15—第前16页，总第386—388页。此为嘉靖增补内容。

[2] 上引均见正德《姑苏志》卷二十四《学校》，《天一阁藏明代方志选刊续编》12，上海书店1990年，第389—390页。

大夫边公兴学,有称:

> 吴之诸郡,姑苏称其尊。郡之属邑,昆山出其右,杂以鱼盐之利,溉乎朝夕之潮。昔在皇唐,是为名邑。降及钱氏,兹惟上腴距海之田,民斯阜矣。然而庠序或缺,儒素弗兴,实仓廪而礼义未知,既富庶而教化不至,为邑之长得无咎乎?[1]

景祐四年,郡守范仲淹请立郡庠兴学,诏县更置学,丽先圣庙。[2]元丰四年,庙学被风潮毁坏。元祐初,知县杜采(操)迁建至明朝县治的西南,作庙堂斋庑、公廨庖廪,共40楹。绍兴二十八年,知县程沂重修,辟垣墙外门。郡守蒋璨名讲堂为致道。乾道元年李结,淳熙间叶子强、周承勋,绍熙间李禂,任知县时相继新修。庆元五年,知县章万里又修,改致道堂为明伦堂。莫子纯记,有道:

> 壮哉!昆山之为县也。撩结峻绝,白石如玉;沃野坟腴,秔稻油油;控江带湖,与海通波;山川孕灵,人物魁殊,则所谓玉人生此山,山亦传此名,著于荆国、文正公之咏,岂徒竦荣于往号,抑亦延光于将来也。
>
> 洪惟我朝用儒立国,考辟雍泮宫之制,京师、郡国皆立学,饰祠庙以奉先圣,阐黉宇以育多士,崇稽古之洪道,茂长世之善经,由是文治勃兴,炳然与三代同风,犹虑湛恩未广,声教之未洽也,申命县司,更置学先圣庙如郡国之制,景祐四年之诏也。[3]

嘉定十四年,知县巫似修重建大成殿。淳祐初,知县徐闻诗修,知县袁钦(琪)增建直舍,斋六:居仁、由义、教忠、履信、致道、成德。十二年,摄令吴坚建尊道、贵德二祠。尊道祠祀周子、二程子、张子、朱子、南轩张氏。贵德祠祀陆龟蒙、张方平、范仲淹、李衡。咸淳十一年,知县林桂发建主学厅,在尊道祠增祀邵子、司马温公、吕东莱。贵德祠则移张方平至守令祠,增范成大、卫泾、陈振。明朝俱废。

元至元间,典教王梦声修。元贞二年,昆山县学升为州学。延祐元年,昆山州治移太仓,州学随迁。至正十七年,州复旧。知州费复初仍建州学于昆山州治。

明洪武二年(1369),昆山州学改为县学,额定东西二斋:居仁、由义,辟射

---

[1] 正德《姑苏志》卷二十四《学校》,《天一阁藏明代方志选刊续编》12,上海书店1990年,第390页。
[2] 同治《苏州府志》卷二十七《学校三》,《中国地方志集成·江苏府县志辑7》,江苏古籍出版社1991年,第640页。此处记载范仲淹兴学在景祐四年,而前述苏州府学处记载在景祐元年,两者有差异。
[3] 正德《姑苏志》卷二十四《学校》,《天一阁藏明代方志选刊续编》12,上海书店1990年,第392页。

圃,建观德亭。

宣德元年(1426),同知张徽将大门移建戟门外,教谕曹昇修戟门。

正统(1436—1449)初,知县罗永年修两庑。

景泰元年(1450),知县吴昭改建大成殿。二年,在学门外增建号舍。

成化十四年(1478),知县余玑重建明伦堂。十九年,巡按御史张淮购地拓基,创新易敝,通计为屋139楹,垣230丈。

弘治五年(1492),知县杨子器建尊经阁。

正德四年(1509),知县邓文璧修。

嘉靖三年(1524),教谕杨华倡捐重修,五年春讫工。方鹏记。十五年,知县杨逢春重建教官廨舍,添设号房。十六年,教谕吴宗周重建射圃、观德亭。方鹏记。

隆庆六年至万历三年(1572—1575),知县申思科历加修葺。陈允升记。

万历二十四年,知县聂云翰重修。

崇祯二年(1629),巡按御史张淮建于成化十九年的育贤堂因风雨圮毁,教谕洪应绍等捐赀重建。十三年,知县叶培恕,教谕吕兆龙,训导张鹏翼、周秉绪修。顾锡畴记。

据《姑苏志》,正德时,昆山县学学制:

左庙。前为灵星门,次戟门,中为大成殿,夹以两庑。神库在东庑北。神厨在戟门外。

右为学门。中为明伦堂、后堂(匾为育贤),后为尊经阁。两斋东为居仁,西为由义,各有学舍。北为退省堂,西会膳堂、仓库具备。射圃,共8亩。堂东、西为教官廨宇。

从昆山自唐至宋,经济迅速发展,县政地位提高,县学从宋代开始,屡次兴建整葺,儒学得到重视,不难想见,明代昆山科举何以能出4位文状元,居于同期全府半数之多了!

5. 常熟县学

在县治东南,前临运河。"河东、西俱通潮,朝夕到学门,相值中止。"[1]宋《祥符图经》称,县东五十步有文宣王庙,初不言学,创始莫考。仅有旧屋梁题"至和"(1054—1056)纪年,应为宋仁宗时期。南宋孝宗淳熙十年(1183),知县曾棨增葺,建堂取名进学。绍熙五年,知县叶知几改名明伦,自书匾。立九斋:

---

[1] 正德《姑苏志》卷二十四《学校》,《天一阁藏明代方志选刊续编》12,上海书店1990年,第395页。

崇德、时习、好谋、朋来、利仁、隆礼、育英、守卓、隆德。不久,改四斋,名尚志、尚德、尚贤、尚文。宋宁宗庆元三年(1197)七月,知县会稽人孙应时在学宫讲堂东偏建吴公子游祠。朱熹记。[1]开禧三年,知县叶凯修庙学。端平二年,县令王爚仿郡学制重建,东为庙,徙吴公祠于后,建六先生祠(濂溪、横渠、明道、伊川、晦庵、南轩);西为学,扁堂为明德,设六斋:志道、据德、依仁、游义(艺)(以馆士)、稽古(储祭器、祭服、官书)、象贤(为小学,教言氏子孙),总计120楹。

元元贞二年,常熟县学升州学。至大、皇庆间,邑人杨伯麟、曹南金输赀修整。至正二十二年,知州卢镇修筑石堤,学宫南树墙7尺,修30丈。

明洪武二年(1369),常熟州学复改县学。八年,在子游祠东建先贤祠,奉祀范仲淹、胡瑗、王爚,辟射圃,建观德亭。

宣德九年(1434),教谕罗汝宽、县丞李子廉、主簿郭南重修。

正统元年(1436),郭南知县事,修两庑、学门,在泮池上建石梁,拓明伦堂基,并予新修。后又买县学左右民地,徙建射圃、观德亭于左,西北建官廨、馔堂。大学士杨荣记。二年,知府况钟修两斋。六年,郭南与教谕赵永言、县丞陈澄倡捐,在东南建成尊经阁以便藏书,共五间二夹室。吴讷记。

成化二年(1466),知县甘泽修庙学,建礼门3楹。徐有贞记。自后迄弘治间,知县黄庆、祝献相继修,增建东、西号舍。

弘治七年(1494),教谕徐朝翰建教官宅。八年,巡按御史刘廷瓒重修。学士李杰记。十三年,知县杨子器重修。

嘉靖三十四年(1555),县丞钮纬修。知县王铁记。三十七年,巡按御史尚维持重修。瞿景淳、沈应魁记。

万历(1573—1620)间,署丞徐育德输地,筑宫墙。二十四年(1596),西舍火灾,知县何节、教谕许成器重建两廊、号舍。三十七年,知县杨涟修复大成乐。顾宪成记。

崇祯(1628—1644)间,邑人王梦鼎筑观射亭。

---

[1] 朱熹:《平江府常熟县学吴公祠记》,载朱杰人、严佐之、刘永翔主编:《朱子全书》卷八十,第24册,上海古籍出版社、安徽教育出版社2002年,第3816—3818页。朱熹引证《史记》肯定子游是常熟人,认为子游的文学与后世的文学不同,"知有本",子游不仅有文学,而且有行事治政。李卓颖以朱熹撰写常熟县学新建子游祠堂记为入口,考索苏州理学薄弱、文学发达的地方文化传统,到明代,苏州文化昌明,学者反而立足于子游嫡传孔门,以文学弘扬仲尼之道学,文学是形器,道学是根本,文学道学本为一体,两不分离,因而道学一直存在,丝毫没有理学湮没或薄弱的气象。这反映明代苏州教育文化的核心取向和心理价值进行理论上自我重新塑造的过程,地方文化地位提高的变化,外来理学通过合理解释,有机融铄于本土文化传统之中。参见李卓颖:《地方性与跨地方性——从"子游传统"之论述与实践看苏州在地文化与理学之竞合》,台湾历史语言研究所集刊第82本第2分,2011年6月。

按《姑苏志》记载,正德时,常熟县学学制:

左为大成殿,夹以两庑。神库、厨具备。

右为学门,次仪门,中为明伦堂,旁列两斋,东名致道,西名据德。斋上、下皆学舍。又有射圃、尊经阁、会馔堂。

常熟县学因奉祀孔门弟子南方夫子言偃子游而名扬天下。南宋朱熹记称:

"此县有巷名子游,有桥名文学,相传至今。《图经》又言公之故宅在县西北而旧井存焉,今虽不复可见,而公为此县之人盖不诬矣。"

"公之追爵自唐开元始封吴侯,我宋大中祥符改封丹阳公云。"[1]

6. 吴江县学

在县治东南。初有文宣王庙,在县治西。宋真宗大中祥符五年(1012),诏天下郡邑修庙学,县令李恭、尉聂复,始为作新。庆历七年,县令李问、尉王庭坚想重建庙学,劝民输钱数百万,遇诏停止,无果而终,于是以其财建长桥。元祐间,知县程端始竟其事,立学。建炎时,金兵毁。绍兴间,知县石辙即东门外开江营旧基改建,邑人王份献地增广,即明朝的县学地址。淳熙(一说乾道)初,知县赵公广拓其地,建斋30楹,岁入米几千斛,钱若干,以给学费。讲堂为明伦,四斋为兴贤、进德、日新、时敏。淳熙五年,知县陈蓁修。嘉定八年,知县孙仁荣重建大成殿。十年,知县吕祖宪修。淳祐初,学长王南在学左建登龙桥。宋季,全毁于兵。

元至元十三年,驻兵镇吴江的都元帅宁玉、校尉杜福重建殿宇,塑绘圣贤像。三十一年,知县王柔建讲堂斋舍。元贞二年,升吴江县为州,县学改州学,立四斋。大德二年,教授谢起东建两庑,绘从祀诸贤像。四年,知州李玘建灵星门。七年,州判王英重饰圣贤像。延祐四年,知州高仁修建仪门、屏墙。至治三年,教授孔文栩即仪门增载24。至正十一年,知州邵万(子敬)重修。十二年,达鲁花赤札牙进建戟门,置大成乐。

明洪武二年(1369),吴江州学仍改县学。定为东、西二斋,名日新、时习。在学西南立射圃。八年,置观德亭。三十年,教谕汪茂实修。

正统十三年(1448),巡抚周忱、知府朱胜以县学地隘,徙左右民居,以展宫墙,重建庙殿。

景泰六年(1455),巡按御史赵缙建后堂及学舍,共36楹。知县贾亮于堂左

---

[1] 正德《姑苏志》卷二十四《学校》,《天一阁藏明代方志选刊续编》12,上海书店1990年,第396、397页。

建庙。

成化八年(1472),知县王迪又迁徙民居,以拓庙庭。

弘治十年(1497),知县郭郛修。赵宽记。

正德十年(1515),巡按御史唐凤仪改建明伦堂。

嘉靖三年(1524),知县王纪修。周用记。十六年,知县林应麒在学宫前建泮宫坊。二十二年,知县杨芷建时化、射圃二亭。周大章记。

万历九年(1581),知县徐元修庙。十八年,知县赵梦麟修两庑及明伦堂。顾大典记。二十七年,知县孙大壮修五门。沈季文记。三十九年,知县冯任重修庙学,建泮宫门楼。周道登记。四十二年,知县魏士前重修。吴默记。四十八年,署县事同知康元和即时化亭改建尊经阁。

崇祯二年(1629),知县熊开元将启圣祠从仪门外西南移建于庙后,改建明伦堂及东西两庑。六年,署篆同知伍维新移建启圣祠于庙阴,扩展其地,以广名宦、乡贤祠。十四年,知县叶翼云于射圃亭址建观德堂。

据《姑苏志》记载,正德时,吴江县学学制:

左庙。外为灵星门,次戟门,中为大成殿,夹以两庑,傍有宰牲房、神厨、神库。

右学。外为门,次仪门,中为明伦堂,次为后堂,两斋左日新,右时习。斋上、下都是学舍。堂后为膳堂,厨房、仓房齐备。戟门左为乡贤祠。射圃在学南一里。

7. 太仓州学

在州治西。元仁宗延祐元年(1314)三月,平江路昆山州移治于太仓。明年,知州相台人王安贞得士绅支持,"请各视其力,相与成之,不以烦公家。度地治所之北",即在后来清朝太仓直隶州治之北,迁建旧庙学,成为昆山州新学。通共为屋50余楹,置养士田10顷有余。[1]至正四年,知州王世杰重修。九年,知州史文彬新葺。十七年(1357),州复旧,徙昆山马鞍山南,学废。

明洪武初,设太仓、镇海二卫。正统元年(1436),卫人查用纯请建学教两卫子弟。巡抚周忱度地陈门桥东,在元水军万户府第始立卫学,即其堂宇,为明伦及后堂,新作灵星戟门、大成殿、两庑,以及祭器等。张益记。景泰三年(1452),增建神厨、神库、宰牲房及学舍。教授李亨记。天顺四年(1460),训导徐璧于戟

---

[1] 民国《太仓州志》卷八《学校上》,龚璛:《昆山州新学记》,1919年刊本,第1页。又见李修生主编:《全元文》卷七四二,第24册,江苏古籍出版社2001年,第5页。

门右建乡贤祠,祀宋郏亶,元余诠、马麐、郭翼、殷奎、陆仁、郑明德,明卢熊、项驾、秦约、袁华、陈潜夫、文质、王履、沈璛、杨濂夫。成化六年(1470),巡抚滕昭增建学舍。十年,巡抚毕亨重建明伦堂。

弘治十年(1497),始立太仓州,卫学改为太仓州学,知州李端增造两斋。自后终明,州学共四修。

嘉靖九(1530)、十年,知州陈璜增修,鼎建启圣祠、尊经阁,为泮池、射圃。姜龙记。

万历三十七年(1609),学正萧思似修,自有记。四十三年,知州陈腾凤修复明伦堂的东序,预先撙节,未需公帑。顾士琦记。

天启二年(1622),署知州、进士、豫章张公出镪金整修。黄元会记。

据《姑苏志》记载,正德时,太仓州学学制:

右为灵星门,次戟门,中为大成殿,旁为两庑。神库、神厨、宰牲房齐备。

右为学门,中为明伦堂,两斋左忠义,右孝敬。学舍若干。堂右有文会堂,后有射圃及教官公廨。学田共223.2亩,租111余石,亦周巡抚所置。

正统初周忱设置学田养士,以后不断增添。嘉靖十七年知州林塈、四十三年巡盐御史温如春,万历十一年巡按御史宋公、四十一年同知许尔忠以羡银,又有州绅通判吴公捐助,崇祯间主事张大猷以羡银,都添置了学田。

成化时,苏州儒学兴修,徐有贞作记,非常自豪地赞誉道:

> 苏为郡甲天下,而其儒学之规制亦甲乎天下,是盖有泰伯至德之化、子游文学之风、安定师法之传在焉,不徒财赋之强、衣冠之盛也。

他认为苏学自宋创修以来,依赖贤明地方官员不时兴复:

> 学之建自有宋,越有元,至于我有明,几五百载,其间废而复兴,毁而复修,惟牧守之贤是赖,其人在郡志可考已。

而办学成功,大致有三个原因:

> 夫学之作兴在乎君长,化导在乎师儒,而进修之功则在诸生之自勉焉尔。

"君长",即以君以官长为代表的国家政府的政策导向、教育需求与强有力的物资支持,"师儒",即教师教育,以及"诸生"自勉奋进。换言之,教育的学校规制、经费与师资等硬件设施,必须和学生主观努力这一"软件"功能一起共振,才能有效呈现其教育能量,作育人材。因而他展望未来,殷切期望,在成化修葺府学之后,该地学校、该府人才与该府郡取得同样的地位:天下第一。

> 使世之论者谓吾苏也,郡甲天下之郡,学甲天下之学,人才甲天下之人才。伟哉!其有文献之足征也,斯于作兴化导之意为无负矣。[1]

而比他稍早,天顺时,王直就说:

> 苏为东南大郡,土沃民繁,家衣冠而户弦诵,泰伯揖让之风俨存,然性颇轻脱,间好争讼,亦有夫差之遗意焉。苟非学校之教,提撕警觉,又何以矫其轻而归诸厚哉![2]

显然,他看到苏州经济发展、文风披靡之下,社会风气与民性"轻脱"的移易,必须依赖教育,而且十分紧迫。政府注重兴学校,办教育,既是职责所在,又是义务必须,为的是提高人口文化素质,作育人材,形成社会文明新风。

(二) 社学教育

元代规定,以50家为一社,每社设立一学,作为乡校,建立社学制度,成为小学蒙养的基层教育机构。至正九年(1349),苏州共有社学130余所。[3]明代继承元代社学制度。洪武八年(1375),明政府诏府、州、县每50家设一社学。苏州府城市乡村共建737所。岁久渐废。

正统十二年(1447),知府、金华人朱胜,总建一所共社学,在清嘉坊东,雍熙寺桥西,堂5间,两斋12间。中为正学堂,东西各斋舍6间。左立朱文公祠,外立升俊、育英二坊,选长、吴二县民间俊秀子弟300余名在内教育。

徐珵作共社学记,称道朱胜重视蒙养小学教育,打好学习基础,循序以进大学,是行政"知先务者哉!"

> 初,侯之至也,既行三学,率儒官敦教事,则又以谓古之学者,必自小学而入大学,蒙养既正,而后进之以成德,故其所至之大,非后世之士所可及焉。今乡校不立,小学教弛,士业失序,躐等以进,安望其才之古若也?乃行视郡城清嘉坊之东有地焉,负阴面阳,挟吏擅而临高明。卜之食,谂之地主缪贤氏。贤固善士,亦乐以为学宫也,遂献之。

---

[1] 上引均见徐有贞:《苏郡儒学兴修记》,陈昉:《吴中金石新编》卷一《学校》,《景印文渊阁四库全书》683,台湾商务印书馆1986年,第98—99页。

[2] 王直:《苏州府重修儒学记》,陈昉:《吴中金石新编》卷一《学校》,《景印文渊阁四库全书》683,台湾商务印书馆1986年,第99页。

[3] 廖志豪:《苏州的府学、书院、社学与义塾》,《铁道师院学报》1993年第2期。

> 侯乃鸠工庀材，审方定位，中作讲堂，旁辟两斋，又相其左建祠以祀先师朱子，而以乡先生之应从祀者配焉，缭以周垣，键以重门，廪库庖湢无不饬具。经始于正统丁卯之秋，落成于戊辰之冬。
>
> 礼聘闻儒郑镠德辉、陈宽孟贤，以主师席；选吴、长二邑蒙士之秀者充弟子员而教之。遇三学之士有阙员者，则进其良以补焉。侯于临政之暇辄至学，引师儒坐讲堂，进诸生亲课之。以故民间俊秀彬彬焉兴于学，有古邹鲁之风。[1]

成化二年（1466），提学御史陈选修。嘉靖末废，共社学改为学道书院。

社学在明初洪武时期极盛，明中期已经衰落。像苏州知府朱胜、提学御史陈选仍在促成办学，十分不易。作为基层小学，社学确实具有普及教育的功能，而科举时代重在个人自学成才，官府行政。对于小学教育制度的建立与维持，全凭政策的力度，官员的个人作为，才有成效。诸如社学的经费、师资、生源、校舍与管理等问题，没有明确固定制度作为运营实施的支撑，缺乏有效会计、督促、考成，政策日常天久，一旦疏于强调，官员对此轻忽，社学便已荒废。即使朱胜动用知府权力，"选吴、长二邑蒙士之秀者充弟子员而教之。遇三学之士有阙员者，则进其良以补焉"，如此与科举生员结合，用心良苦，措施也好，而等到他被调派离任，后任不接上去做，这一办学善政必将难以为继。嘉靖末，共社学最终瓦解，就是明证。

苏城与苏属各县社学也都是成化二年提学御史陈选修建。幸而，以后明代苏城与苏府属县的社学依赖一些热心的官员与民间人士的资助一直持续存在，没有完全湮灭不见。

苏城（包括吴县、长洲县）的社学有普济社学，在普济桥西。明初苏州卫奏建，以教官军子弟。成化二年陈选修，兼育民间俊秀。隆庆元年（1567），知府蔡国熙、知县魏体明重修。

利济社学，在阊门南濠利济寺左。成化二年陈选建。内有顾野王祠。隆庆元年，蔡国熙、魏体明修。崇祯三年（1630），知府史应选重修，自为记。

此外，丽泽社学，在城西丽泽坊。崇正社学，在华严寺东。义慈社学，在阊门外义慈巷。盘门社学，在吴门桥下。这些社学都是成化二年陈选建，隆庆元年蔡

---

[1] 正德《姑苏志》卷二十四《学校》，《天一阁藏明代方志选刊续编》12，上海书店1990年，第412—413页。乾隆文渊阁《四库全书》本"吏撜"作"爽垲"，见正德《姑苏志》卷二十四《学校》，《景印文渊阁四库全书》493，台湾商务印书馆1986年，第444页。

国熙、魏体明所修。

养正社学,在采云里,八都九图。万历十一年(1583),榷关员外郎张世科创建,并置田20亩。金应徵记。

昆山社学,在儒学东。成化四年提学御史陈选立。弘治四年(1491)知县杨子器重修。

常熟社学,在县治西。成化间知县甘泽建。弘治八年,知县王绘重建于慧日寺西。十年,知县杨子器再拓展。万历中,知县张集义构门庑,复旧制。知县杨涟延塾师教贫民子弟。

吴江社学。元代吴江州学,在县治东北。元至正十九年,知州赵仁以学宫远在城外,而生徒多家城中,因此别立州学,以便于学子。置二斋:曰新、时习。苏大年记。明成化五年,提学御史陈选即此州学旧址重建,成为吴江社学。吴骥记。吴江各都共建社学127所。

吴江还有同里社学,在同里镇。弘治五年,知县金洪奏革岁课局改建。史鉴记。八年,里人顾宽增建。

太仓社学。卫西社学,成化七年,提学御史戴珊督昆山知县杨子器建。茜泾镇社学,昆山知县杨子器毁茜泾东岳庙改设。璜泾、沙头、双凤镇三处社学都是常熟知县杨子器毁庵院改建。其中,王成宪有双凤乡社学记。

(三) 书院教育

依照正德《姑苏志》记载,明代苏州书院初时共6家,设官主教事的4家,即学道、文学、和靖、甫里;子孙奉祠事的2家,即文正、鹤山。这些书院在宋、元时期创立,明代延续下来,招收家族或者邻里子弟读书,属于初级教育水准。正德时期,苏州府只有文正、鹤山书院留存,而鹤山书院又为巡抚公署,仍以其后屋为祭所。

1. 学道书院

为吴公言偃立。初在苏州府城东北隅,即明旧长洲县学南。南宋度宗咸淳五年(1269),知府赵顺孙营度武状元坊北普贤子院故址,未成,去任。黄镛继任,奏以学道为额,选言氏与先贤后及民间俊秀加以教育;别建殿,取名燕居,以奉先圣;建讲堂,名师友、渊源;建四斋,即正己、选贤、问礼、知本,拨官田以赡士。又别置育材庄,专充孔、颜、言氏子孙费,非土著者不预。六年,落成。黄镛行释菜礼,山长陈宗亮升堂讲学,解释"爱人"的含义。堂讲颜尧焕、胡应清分讲

《论语》《孟子》。"衣冠森列,听者充然"[1],场面壮观,声势很大。陈宜中记。七年,知府常琳在讲堂西建先贤祠,祀颜、曾、思、孟,左次澹台子羽,两序列周、程以下九贤。

元初,僧杨琏真伽总统据为僧司,田悉夺去。至元二十九年,山长祖宗震、金德修,共买徐贵子桥高氏园第改创(即明代书院),寻废。儒职刘德刚诉复学田,不果。

明嘉靖二年(1523),知府胡缵宗阅览郡乘,记载书院4所,而独存文正、鹤山为祠,其余都结民庐,于是以景德废寺改建书院,其前为门,匾为东南邹鲁,仪门名学道书院,塞门为学得精华,堂为学孔堂,内塑吴公言子像。夹以两廊,各有30余号舍。其后又为堂3楹,作讲堂。堂后有楼,名弦歌楼。楼前各有屋3楹。他并自记。他"每课士,频莅此地,学道爱人之旨,谆复不倦。一时文学勃兴,甲于东南。识者盖亦知有自云"[2]。书院之东因割隙地为王文恪(鏊)公祠。

十八年巡按御史赵继本、十九年巡按御史舒汀踵继修葺。三十年,知府金城改为督粮道署,迁书院于共社学。[3]

2. 文学书院

在常熟县行春坊内。元至顺二年(1331),县人曹善诚建。祀吴公言偃,为言子祠。辟讲堂,列斋舍。有司上其事,省部准设山长。翰林待制杨刚中、黄溍记,宣慰使王都中题匾。至正末毁于兵。明宣德九年(1434),知县郭南改建于儒学西。巡抚侍郎周忱更其额为学道。嘉靖十一年(1532),知县徐溱改为学中射圃。四十三年,知县王叔杲得废圃于县治西北,去吴公墓二百步,辟书院,仍名学道。万历十年(1582)废。三十四年,知县耿橘倡建,更名文学,构弦歌楼,前凿墨井,筑方塘。堂中镌先圣像,两庑镌贤哲像。申时行、王锡爵记。天启六年(1626),魏珰矫诏拆毁。崇祯六年(1633),言氏后裔恢复,知县杨鼎熙重建有本、学道二堂。

3. 甫里书院

唐陆龟蒙鲁望先生故第,在府城东南,明长洲县治东。元至顺(1330—1333)中,总管钱光弼因唐陆龟蒙故居,奏建书院于甫里。元统二年(1334),陆龟蒙裔

---

[1] 正德《姑苏志》卷二十四《学校》,《天一阁藏明代方志选刊续编》12,上海书店1990年,第415页。
[2] 正德《姑苏志》卷二十四《学校》,《天一阁藏明代方志选刊续编》12,上海书店1990年,第417页。此为嘉靖增补内容。
[3] 同治《苏州府志》卷二十六《学校二》,《中国地方志集成·江苏府县志辑7》,江苏古籍出版社1991年,第622页。

孙陆德原请移建于郡城,自己出赀建立书院,增广建构,建陆龟蒙专祠,有宣圣殿,燕居殿,明伦堂,大、小学二斋,设山长主教事。

4. 文正书院

在禅兴寺桥西。南宋度宗咸淳十年(1274),郡守潜说友在范氏义宅之东奏立祠,祀范文正公及其四个儿子,拨公田300余亩,以范仲淹大宗子孙主奉祠事,岁时率僚属致祭。元惠宗至正六年(1346),廉访佥事赵承僖、总管吴秉彝奏范文正有道学功,请改祠为书院,不设教官,以范文正嫡嗣主持。李祁记。明朝列于祀典,子孙世守其所,属于官府与范氏宗族共同管理修葺的书院祠堂,只因"先贤祠宇,风化所关",不仅是官员推崇儒学楷模的职责,而且将它作为社会教育的场所。[1]

文正书院在明代由官府与范氏家族屡屡修葺,留下丰富文献。宣德九年(1434),知府况钟修。成化二年(1466),巡抚都御史刘显孜修。十六年,巡按御史刘魁、巡盐御史戴仁、知府刘瑀修,祝颢记。嘉靖四年(1525),知府胡缵宗、知县苏祐修。四十二年,巡按御史温如璋重修,创建三公堂,祭祀范文正先世三代。四十五年巡按御史董尧封、万历二年(1574)巡按御史邵陛相继作成,袁洪愈记。邵陛又建先忧阁,皇甫汸记。四十四年,巡盐御史胡继升修。崇祯六年(1633),飓风摧圮,裔孙参议范允临、主奉范安柱重修。

5. 和靖书院

祀宋尹焞(和靖)。尹焞于宋绍兴(1131—1161)间曾经读书虎丘西庵,题斋为三畏。嘉定七年(1214),士人黄士毅请于知府陈希(一作苪),于西庵空隙地建祠,绘像崇祀。后二年,孟猷改建于通幽轩南。南宋理宗端平二年(1235),胡淳请即其地为学。仓司曹豳因奏立书院,以和靖为额,四斋,即三省、务本、朋来、时习。后来提举马述建君子堂。嘉熙四年,提举陈振孙作藏书堂。景定二年,陈淳祖建曹豳祠。咸淳初,提举李芾建燕居堂,以奉先圣,建时习斋、持敬亭。这是苏州最早兴办的书院。

元初,书院被云岩寺僧占据。延祐元年,开始移置在明长洲县治东,乌鹊桥北,即宋常平提举司故址。至元中,郡守道通(童)建殿庑门堂,总共若干间,后废。

明嘉靖二年(1523),郡守胡缵宗以吴县学生多在湖山,往复险阻,然憩寓假

---

[1] 参见祝颢:《文正书院记》,陈昉:《吴中金石新编》卷七《杂纪》,《景印文渊阁四库全书》683,台湾商务印书馆1986年,第204页。

赁,靡所宁止,弗称养士,因学后有龙兴寺废基,改复和靖书院。堂宇庑舍仍旧而加修饰。其后吴县知县汪旦认为尹焞专祠当在虎丘,请于巡按御史何春,以后堂3楹设立,并内置义夫马瑢木主。

6. 金乡书院

在西市坊内。明嘉靖三年,知府胡缵宗以长洲学诸生多家川泽,来则就舠艛,不获栖息,开示永定寺僧:僧残寺废,今改建书院,庶寺废而僧存,于是因殿宇为门庑亭馆,使穷乡僻处的士子始入城郭,犹若宁家,安心肄习。建寓公堂,奉祀澹台灭明。孔子弟子灭明东游,寓居吴门讲学,后封金乡侯,因以名书院。又以吴之寓贤宋代尹焞、魏了翁附祀。后为正大堂,旁列号舍。这是明代嘉靖时新设的书院。胡缵宗有记。万历(1573—1620)初废。崇祯九年(1636),巡抚都御史张国维即书院旁理刑公署改复旧规。后堂祀赠翰林院待诏朱陛宜。

7. 鹤山书院

在南宫坊内(今书院巷),宋魏了翁赐第。魏了翁是蜀之蒲江人,仕至参知政事。当朱熹理学遭禁之时,他"黜异端,崇正理",正色立朝,弘扬理学,讲学于蜀之白鹤山下,学者称为鹤山先生,同时与真德秀并称"真魏"。端平三年(1236),宋理宗亲书"鹤山书院"四字相赐。赐第宅于苏州城南,有高节堂、事心堂、靖共堂、读易亭。后致仕卒,谥号文靖。葬城西。元文宗至顺元年(1330),魏了翁曾孙魏起,请于朝,愿意即其苏州故居教学奉祠,学士虞集奉敕题鹤山书院额,并作记。明宣德(1426—1435)间,改为巡抚行台,书院移至东南隅。弘治十一年(1498),魏了翁十世孙、长洲县民魏芳具疏奏,礼部议奏得允,将魏了翁列入官祭专祠,显示明朝"崇儒重道","表章先贤",超越了元代尊崇他,"亦不过其子孙世奉祀事而已"。[1]嘉靖四年(1525),巡抚都御史吴廷举修葺。

明代苏城后来又建立了一些书院:方鹏在嘉靖时建浒墅镇文正书院;碧山书院,在苏城西城桥北,明吏部侍郎徐缙建;广济桥南芥隐书院,原系吏部尚书袁洪愈安节祠堂;毛珵建天池山天池书院;黄鹂坊桥道南书院,原是明南京吏部尚书杨成庄简专祠。

常熟阜成门外有虞溪书院,明参政周本建,祀周虞仲。弘治间,知县计宗道颜其堂,名"让德"。

在昆山,马鞍山南麓有玉峰书院。宋卫文节泾藏修。元赵孟頫书额。明代

---

[1] 参见吴宽:《敕祀鹤山先生魏文靖公记》,杨循吉:《宋太师鹤山先生文靖魏公祠堂碑》,陈昕:《吴中金石新编》卷五《祠庙》,《景印文渊阁四库全书》683,台湾商务印书馆1986年,第183—185、178—179页。

可能遗存。清废。富春桥北富春书院,天顺间,道士黄彦辉以祀其父黄子澄及高士龚诩。荐严寺东石湖书院,宣德间为巡抚行台。后为提学御史校试之所。车塘东寺右有可贞书院,明周伦(谥康僖)读书处。

明代苏州书院具有官营官允性质,又同名贤后裔关联,已经不像唐宋时期那样作为学术交流的讲学场所。但嘉靖十六(1537)、十七年,万历七年(1579)张居正,天启五年(1625)魏忠贤,前后4次拆毁书院,禁止讲学,打击了书院发展,越来越带有政治斗争的色彩。

(四)义学教育

明代义学,也应该由于明初朝廷倡导,地方有所设立。按照明初宋濂为长洲尹山练氏作义塾记的说法,义塾关系劝化习俗,由地方官员按时督教,有官学,也有私塾。

> 皇上建大号之八年,以为天下既已安辑,而化民善俗之道犹有未备,乃下诏郡县,凡闾里皆启塾立师,守令以时程督之。于是虽穷乡陋壤,莫不有学。吴郡长洲县之尹山,民居繁庶,习俗嗜利,久不知教。有司偶遗不举,大姓练则成,自谓其父文达由睦来居,尝有志而未果。今明诏如此,而塾不时立,恐非朝廷淑斯民意。乃与弟箴谋,夷土治材,作堂三楹,间以为讲习之所;旁为四室,以供寝处庖湢;延儒士高平范焕为师,俾里中子弟就学焉;割田三十亩以食之。始于洪武十一年正月,越七月而后成,具以其状白于县若郡,郡许以为宜。[1]

另有地方绅士家族自建义学。例如,范氏义塾,宋范文正建,教族人子弟,后废。元至元十四年(1277),范文正裔孙、义庄主祭范邦瑞、提管范士贵改建在天平山,距三太师墓二里许。为屋30楹,内祀文正,会讲堂名清白,东斋知本,西斋敬身,大门名义学。明代存在,清废。

长洲浒墅关义学,在南津桥弄。嘉靖九年(1530),钞关户部员外郎方鹏创建。春秋丁祭。监生沈完捐田40余亩,自有记。三十四年废。四十四年员外郎王以缗重建。万历十一年(1583),员外郎张世秋修,并置田30亩。十四年,里人

---

[1] 宋濂:《长洲练氏义塾记》,陈焯:《吴中金石新编》卷七《杂记》,《景印文渊阁四库全书》683,台湾商务印书馆1986年,第205—206页。参见廖志豪:《苏州的府学、书院、社学与义塾》,《铁道师院学报》1993年第2期;范裴裴:《明清时期江南地区义学研究》,南京师范大学2010年硕士学位论文,以清代为主,明代义学涉及不多。

朱基捐田 20 亩。十五年，里人徐滔捐田 8 亩。四十二年，主事李佺台恢拓旧址，大加修建，一如郡邑庙学规制。

昆山魏氏义学，在真义镇，魏校（谥恭简）居第东。明嘉靖中，魏校从子魏希明建。明季改为土神祠。清乾隆时设为崇文书院。

常熟杨氏义学，在三十七都沙头里。元泰定二年（1325）杨伯麟仿范文正义学，筑室为学舍，置田供租。清废。

吴江古塘义塾，在蒲圩村。成化十八年（1482），邑人姚芳建，置田 80 亩。莫震记。

吴江震泽镇学，在镇。宋宝祐元年（1253），邑人沈义甫以著作王苹、教授陈长方、中书舍人杨邦弼居游之地，建祠立学。元设教谕主学事，生徒 25 名。明初才废。

太仓甘泉坊义塾，景泰（1450—1456）初，百户程顺建。[1]

二、科举与人才

《姑苏志》称："地之重以人才，才之用以荐进，肇自汉代，以迄于今。"[2]

明政府科举继承元代程式，以朱熹《四书集注》为教材，以八股文为体裁，三年一次开科取士，依次循环。但明初江南地主受严厉打击，人才横遭摧折，科举没有大的吸引力，因而人才不兴，而国家重用的人才也非南直隶、浙江人。明中期开始，江南苏州等府科举走上正轨，科举人才开始崛起，在全国政坛渐露头角，并有一发不可收拾之势，逐步改变明前期全国人才使用格局。苏州科举人才巍科连绵，政治、经济、军事、文化等人才辈出，壮大苏州人才摇篮的声望，奠定清代苏州状元文化特盛的根基。

当然，科举教育兴盛与民间社会重教是一致的，前者并以后者为平台才能成功。科举人才繁盛实际上反映民间社会人才储备的雄厚，是其中一部分向慕科举，取得大大小小的功名桂冠，或步入仕途。由于科举名额紧张，也有许多苏州才子几十年科举应试失利，仕途无望，或以诸生继而专心改业文化的其他门类，如文徵明等，或以举人身份，做出巨大文化贡献的，如祝允明、唐寅等。也有布衣

---

[1] 以上学校教育内容参见正德《姑苏志》卷二十四《学校》，《天一阁藏明代方志选刊续编》12，上海书店 1990 年，第 357—426 页，包括嘉靖增补内容；同治《苏州府志》卷二十五至二十七《学校一》至《学校三》，《中国地方志集成·江苏府县志辑 7》，江苏古籍出版社 1991 年，第 585—665 页；民国《太仓州志》卷八《学校上》、卷九《学校下》，1919 年刊本。

[2] 正德《姑苏志》卷五《科第表上》，《天一阁藏明代方志选刊续编》11，上海书店 1990 年，第 315 页。

人才,如沈周出于儒士之家,隐逸终身,却以书画名闻遐迩,而仇英则由社会下层漆工,成为一代艺术名家。

"国朝取士,三年一举,中式者谓之乡贡。明年会试中式,御策之,谓之进士。余则有岁贡,每岁行之。又间行贤良方正、经明行修等科,法亦尽矣。吾苏号多士,不可得而悉书也,惟列乡贡、进士二者于篇。"[1]列于正德《姑苏志》。

明代人才离不开科举,科举是出人才大头的重要渠道。明代全国正常取中文进士88科,苏州中式文进士1 016名,约占全国进士总数4%有余。按县分,乡贯或户籍均为苏州的,苏州卫8人,吴县191人,长洲190人,昆山199人,常熟187人,吴江124人,太仓87人(卫3人、州84人);非苏州乡贯30人。[2]

明代全国共有89名文状元,其中,出产2名状元的县(或单位)有14个(福建长乐、闽县、莆田、浙江钱塘、山阴、会稽、慈溪、南直华亭、长洲、吴县、宜兴、河南杞县、江西永丰、南京),3名的2县(江西泰和、浙江余姚),4名的1县(南直昆山),5名的1县(江西吉水)。这43人18县占89人的48.31%。苏州吴县(施槃、申时行)、长洲(吴宽、文震孟),各为2人县,昆山为4人县(毛澄、朱希周、顾鼎臣、沈坤),位居分县第二,仅次于5名县江西吉水,但整体上,苏州各县与江西吉水、泰和及浙江余姚相比,还有距离,说明单个县还不占绝对数量优势。这主要因为在明前期,苏州遭受政治上的严厉打击,文风遭挫,科举萎靡,直到建明后71年,正统四年(1439)才出了第一位状元、吴县洞庭东山商人之子施槃。此前苏州无一鼎甲、传胪,仅有洪武二十一年(1388)会元常熟施显。但自此以后,苏州科举、考状元蒸蒸日上,已渐跃居全国前列,至明末共得状元8名,占全国总数的8.99%,比本地唐代7名,宋代4名,已有进阶,即在全国,已不容小觑其状元竞争力了。尤其是昆山这一并非附郭之县,人口又少,以农业为主,居然

---

[1] 正德《姑苏志》卷六《科第表中》,《天一阁藏明代方志选刊续编》11,上海书店1990年,第401页。

[2] 包括崇祯特科进士。此处比例据全国24 878人估计为4.08%。若按24 866人计为4.09%。参见吴建华:《科举制下进士的社会结构和社会流动》,《苏州大学学报》1994年第1期。因统计口径和范围的差异以及明代全国进士名录的资料关系,明代全国和苏州进士数量存在差别。此处苏州进士数量据吴建华:《明清苏州、徽州进士数量和分布的比较》,《江海学刊》2004年第3期。据范金民统计,明代苏州府进士1 025人,其中吴县195人,长洲188人,吴江101人,昆山189人,常熟171人,太仓州104人,嘉定73人,崇明4人。如不计嘉定、崇明进士共77人,则为948人。见其《明清江南进士数量、地域分布及其特色分析》,《南京大学学报》1997年第2期。依据李嘉球《苏州状元》(上海社会科学院出版社1993年)一书"附四"苏州进士名录加以统计,得明代吴县226人,长洲202人,昆山205人,常熟186人,吴江144人,太仓109人,内吴县、长洲、常熟、吴江各有崇祯特科进士1名,共4名,总数1 072人。他统计依据的是地方志的科举名录。一般而言,方志记载的科举人才会多一些。这是地方志的记录与书写习惯造成的人才增多的特色之一。

有出4名状元的好成绩,不得不令人惊讶!这种势头为清朝苏州文盛出状元26名,打下了坚实基础。[1]

明代苏州榜眼7人:长洲陈鉴,常熟瞿景淳,昆山陆钶,太仓王锡爵、王衡父子与吴伟业,苏州卫籍江西峡江人刘瑊。

明代苏州探花6人:吴县王鏊,长洲陈仁锡,常熟钱谦益、赵士春,昆山顾天埈、顾起元。[2]

合计明代苏州三鼎甲共21人,是全明全国267人的7.87%,低于状元的比例,说明苏州士子在一甲一名上的优势高于三鼎甲统算的优势。

明代苏州科举人才多才多艺,有政治、军事、经济、文化、科技等各种人才。在最后署名张廷玉的清修《明史》人物列传中记载的苏州人物,有科举文臣,有武将,有文学士人,也有下层平民。科举出身的文臣士人占了其中最大部分,很多成为名臣,并且,他们个人往往兼有几方面才干,取得多方面成就。现将大部分人分县分类列名如下,以见人才特别是科举人才的大概盛况。

列入人物列传:吴县徐有贞、陈祚、王鏊、王献臣、申时行[3]、陈镒、姚希孟、袁洪愈、周顺昌、文震孟、陈于王;长洲姚广孝、刘铉、孔镛、韩雍、吴宽、陆完、吴一鹏、朱纨、陆粲、金士衡、徐汧;常熟黄钺、吴讷、徐恪、蒋钦、严讷、陈察、瞿景淳、许士柔、赵用贤、翁宪祥、顾大章、瞿式耜;昆山卢熙、叶盛、周广、毛澄、朱希周、顾鼎臣、蔡懋德、顾济、顾锡畴、杜桐、朱天麟;吴江叶绅、盛应期、周宗建;太仓姜昂、王忬、王锡爵、凌云翼、李继贞。

列入人物列传之附传:吴县滕德懋、严德珉、许思温、陈继、杨翥、柳华、贺泰、陆俸、伍袁萃、叶初春、徐如珂、申用懋、申用嘉、申绍芳、周茂兰、颜佩韦、周文元;长洲仰瞻、王汝玉、孔友谅、练纲、刘荣、韩世能、吴之佳、刘锡元、卢渭、杨廷枢[4];常熟杨集、程序、宗礼、陈逅、徐栻、陈瓒、瞿汝稷、瞿汝说;昆山卢熊、王永和、秦鳌、徐申、诸寿贤、张栋、顾咸建、朱集璜、胡甲桂、夏万亨、杜松、杜文焕、杜弘域;吴江周用、沈汉、潘志伊、周道登、王景亮、吴易、张孝起;太仓姜龙、张

---

[1] 参见李嘉球:《苏州状元》,苏州大学出版社1999年,第231—233页。历代文状元45名,加上武状元宋5名,明1名,则苏州历代文武状元共51名。不过,应当注意,由于唐代状元的资料较少,统计比较复杂,这是一个低估的数据。

[2] 参见李嘉球:《苏州状元》,上海社会科学院出版社1993年,榜眼、探花传,而苏州卫籍江西峡江人刘瑊未计在内。

[3] 《明史》卷二一八,列传一〇六《申时行》(中华书局1974年,第5747页),作长洲人;进士题名录作吴县人,榜名徐时行。

[4] 在张廷玉《明史》出现3次,籍贯一为苏州,一为吴县,一为长洲,均在附传。一般作长洲人。他中解元,是复社中名士,向污浊朝政、阉党攻击的斗士。

寅、顾存仁、王鼎爵、王在晋、王湛。

人物列传提及：苏州江用楫、苏兆人；长洲顾珍、顾中尧；昆山顾天埈；吴江盛昶；太仓进士顾同寅、生员孙文豸，因抗暴被杀。

人物列传附传提及：吴县邹奕；长洲诸生卢渭，史可法幕客，不屈，死难于扬州；吴江王鎏、沈同和；太仓陆文声。

循吏列传附传：吴县范希正、昆山张准。

儒林列传：昆山魏校。儒林列传附传：长洲王敬臣、昆山王应电。

文苑列传：吴县王行[1]、徐祯卿；长洲高启、刘溥、文徵明、皇甫涍、王穉登；昆山王志坚；太仓张泰、王世贞、张溥。

文苑列传附传：吴县杨基、张简、杜寅、滕用亨、杨循吉、蔡羽、唐寅、周砥、王宠、黄鲁曾、袁袠、周天球、钱榖；长洲徐贲、张羽、[2]宋克、傅著、谢徽、谢恭、邹亮、祝允明、陈道复、王榖祥、彭年、陆师道、文彭、文嘉、陈仁锡、皇甫冲、皇甫汸、皇甫濂、张凤翼、张燕翼、张献翼（吴人语曰："前有四皇，后有三张。"）；常熟桑悦；昆山顾德辉、陈则、夏昺、夏㫤、沈愚、陆钶、俞允文、归有光；吴江王叔承；太仓陆容、张采。

文苑列传提及：吴县韩奕、李鸿、伍袁萃（又入人物列传之附传）、郭仁、黄省曾与子姬水。

忠义列传：吴县许琰；长洲龚元祥；昆山张振德、王焘。忠义列传附传：长洲宋学朱、龚元祥子炳衡；太仓沈云祚。

孝义列传：昆山李文咏，太仓王在复。孝义列传附传：吴县顾琇，常熟虞宗济。孝义列传提及：苏州卫张阿童，长洲朱灏，昆山徐协祥。

隐逸列传：长洲沈周。

方伎列传：吴县倪维德，长洲葛乾孙，昆山王履，吴江盛寅。方伎列传附传：吴县张颐，常熟缪希雍。

列女列传：吴县王妙凤、须烈妇、余布妻吴县人马氏、吴县卫廷珪妻孙氏；昆山尤氏、王贞女；吴江周应祁聘妻秀水人项贞女。

后妃列传：苏州人永乐帝之王贵妃、崇祯帝之愍周皇后。

外戚列传：苏州周奎，崇祯周皇后父。

---

[1] 应误。王行为"北郭十友"之一，当属于长洲县。
[2] 徐贲家城北望齐门外；张羽入明初长洲"北郭十友"，故入长洲。杨基家天平山南赤城下，故入吴县。事见钱谦益：《列朝诗集小传》甲集《杨按察基》《张司丞羽》《徐布政贲》，上海古籍出版社1983年，第75—78页；《明史》卷二八五，列传一七三《文苑一·王行》，中华书局1974年，第7330页。

也有几个败类。阉党列传正传：昆山人首辅顾秉谦是阉党领袖，乡居如丧家之犬，到太仓又被复社士人奋起驱逐。阉党列传田尔耕列传附传：杨寰，吴县人，田尔耕心腹，魏忠贤"五彪"之一，为虎作伥，伏诛。佞幸列传附传：昆山人进士朱隆禧，大计被黜，试以方术图进。

能够名列《明史》，作为精修的一代正史的人物，尽管其选录刻烙着时代标准，大部分是正面人物，少量是反面人物，可是，无论其字数有多少，应该都是在各自领域具有一定地位或影响力的。但是，对这些人物的看法明显具有特定的标准，应当重新审视其合理性。例如，对于状元宰相顾鼎臣的评判，《明史》本传沿用《明实录》的说法："充位而已"，并加上"素柔媚，不能作为"，贬得很重，根本无视他中和祥平，以经筵影响嘉靖初年政局，成为嘉靖帝的股肱大臣；积极推动嘉靖朝江南赋役变革，解决明初以来积弊；昆山筑城，日后有效御倭的巨大功绩，并对明代社会宗族建设起到极大推动作用，在民间崇祀，佳话流传。[1]

当然，这也绝不可能是一张全面的人才清单。譬如，建筑大师"蒯鲁班"吴县蒯祥在明实录有记载，在《明史》中没有提及。通俗文学大家冯梦龙、"百戏之祖"昆曲的创始作家魏良辅，《明史》都没有名字。长洲人盛年，字大有，盛茂煜之子，"吴下弈手第一"人，父子善画。[2]若是结合明实录、各级地方志以及文集、家谱、艺文志等文献材料，可以考察的明代苏州人才的名单无疑会更长。然而，人才影响力的等级则是可以区分出来的。

明代除了明初之外，以科目选人任官成为一大特色，因而名列《明史》的不少人物都是科班出身。明代列入《明史》的苏州人才也有这个特色。除了大量科举人才，明代苏州各类其他人才也有不少，尤其在明中后期。时论已有"苏郡文物甲于一时。至弘、正间，才艺代出，斌斌称极盛，词林当天下之五。厥后昌谷（徐祯卿）少变吴歙，元美（王世贞）兄弟继作，高自标誉，务为大声壮语，吴中绮靡之习因之一变"[3]。

工程浩大的《江苏艺文志》8卷15册，记载现今江苏省范围，明代本地与流寓作者共计4 634人，其中南京677人，镇江221人，常州333人，无锡864人，苏州1 700人，扬州368人，南通208人，盐城64人，淮阴123人，徐州55人，连云港21人。明代苏州府作者占到全省三分之一以上（36.7%），为最大比重，具体

---

[1] 参见廖峰：《嘉靖阁臣顾鼎臣研究》，巴蜀书社2012年。
[2] 钱思元：《吴门补乘》卷六《杂艺》，朱琴点校，上海古籍出版社2015年，第262页。
[3] 《袁宏道集笺校》卷十八《叙姜陆二公同适稿》，钱伯城笺校，上海古籍出版社2008年，第695页。

分布在苏州633人,常熟366人,昆山316人,吴江255人,太仓130人。[1]他们留下了大量内容丰富的著作。很多人创新性十足,在文化上做出杰出贡献,使苏州文化在原有肥沃的土壤上,恢复发展,走向繁荣昌盛,于许多方面取得灿烂辉煌的成就,在中国文化的明清江南时代,占有举足轻重的地位,留下丰厚的文化遗产。[2]

各行各业人才的涌现是社会多方面因素的结晶。把握人才兴衰情况可以更好地展现社会全面发展的图景,尤其是社会文化方面的情况。明清江南文化发达,人才辈出,其中,苏州已成为全国和江南的人才与文化重镇。明代苏州科举和非科举人才的大量涌现,主观上与个人积极奋发上进,客观上与政治环境变化、经济基础积累、物质资本的支撑、"人间天堂"的生活环境、文化底蕴深厚、教育发展兴旺、社会重文重教风气浓郁、家学能量传承,以及便于交流的地理位置、开放的思维观念、人口教育观念积极上进,等等,都有密切关联。人们能够心无旁骛,以文化创新为己业,既可以成名,又可以盈利谋生,这更离不开市场繁荣、商品经济的推动。

从以上明代苏州科举人才与非科举人才的抽样清单,可以看到明代苏州人才一定程度上的全面性、多样性、独特性与颖异性。很多人堪称当时的顶级人才,遍布科举仕宦、思想学术、文学艺术、科学技术、医学、工艺、出版收藏等各个方面,所谓行行出状元,得到极大体现。不仅单个卓越人才涌现,以世家方式呈现的人才群体也如群星闪耀,出现了一大批文化世家,如科举官宦世家、综合的文化世家与专门的诗文文学世家、戏曲文学世家、书画艺术世家、中医世家、工艺世家、藏书世家、书画文物藏鉴世家、著作世家、教育世家等等,也有商业世家、巨商世贾,不过,最为缺少的是现今概念上的自然科学世家(部分中医、工艺技艺世家可以划属),并不占社会主流地位。这与明代整个国家与社会重视人文学科的主流导向密切关联。

当然,明代苏州的人才首先离不开科举人才。而科举人才又与官员仕途相连。尽管这是科举时代衡量人才的政治地位和社会地位所持有的一般标准,然而,科举功名、仕宦以外的大量人才显然被忽略了。不过,将科举人才与清修《明史》中入选的各类苏州人才结合起来,还是可以抓大头,首先摸清其中的基本情况的。

---

[1] 缪咏禾:《明代出版史稿》,江苏人民出版社2000年,第62—63、76页。
[2] 明代苏州文化成就的概述,可以参见吴建华撰写、王国平主编的《苏州史纲》第四章第四节(古吴轩出版社2009年);吴建华:《明代苏州文化成就述论》,载《传统中国社会与明清时代》,天津人民出版社2013年;吴建华:《简论明代苏州文化成就的特色》,《江南社会历史评论》第五期,商务印书馆2013年。

第二节　璀璨的文学艺术

明代苏州文学发达,书法、绘画、戏曲等艺术繁荣,涌现出一大批文学家、书法家、画家、篆刻家。名家如星映耀,明初有文学"吴中四杰",中期有吴门画派的"明四家"或"吴门四家","四大才子"或以诗,或以诗与书法,或以诗书画全能而闻名,还有吴门书派的三大家、四大家,以及吴门印派,中后期有诗古文秦汉派、唐宋派等,并且有不少诗书画印兼通的全才、诗文戏曲并举创作的大家,在中国文化史上写下绚丽斑斓的一页。

一、文学的巅峰

范培松、金学智主编《苏州文学通史·明代苏州文学》,分十章概览苏州文学盛况及其在明代文坛上举足轻重的地位。诗歌,有走出台阁体的吴宽、王鏊,"吴中一时之秀"皇甫(冲、涍、汸、濂)"四杰",著名布衣诗人王穉登,抗清死难的瞿式耜,等等。散文,有吴江莫旦《苏州赋》,归有光的唐宋派散文,袁宏道、江盈科在苏州任县令与晚明性灵小品,张溥的作品,等等。戏曲文学,有魏良辅等昆山腔改革,梁辰鱼、张凤翼、沈璟与吴江派、从徐复祚到叶小纨等昆曲作家。作为边缘文学的园林文学,包括园记、咏园诗、《园冶》。专设"吴中四杰",吴门画派(沈周、文徵明、唐寅及祝允明)诗文,王世贞并附王世懋,冯梦龙,吴江汾湖午梦堂叶绍袁、沈宜修夫妻及子女家族文学群体,都穆《南濠诗话》与徐祯卿《谈艺录》的理论批评。[1]有关苏州的作品,明钱榖辑《吴都文粹续集》56卷,比宋郑虎臣辑《吴都文粹》10卷,篇幅大为增加,而且苏州作家比例已在上升。于此,仅突出若干文学大家及其成就。

(一)明初"吴中四杰"

"明初,吴下多诗人。"高启、杨基、张羽、徐贲,互为诗友,有诗名,都由元入明,明初因征荐任官,遭遇不幸,诗多怀旧、题咏之作,又均有文名,留有文集,称"四杰",与唐初王、杨、卢、骆"四杰"相配,[2]"世号高、杨、张、徐"[3]。"四杰"之中尤以高启声名为盛。

---

[1] 范培松、金学智主编:《苏州文学通史》第四编,江苏教育出版社2004年。
[2] 上引均见《明史》卷二八五,列传一七三《文苑一·高启》,中华书局1974年,第7328页。
[3] 黄暐:《蓬轩吴记》卷上,王稼句点校编纂:《苏州文献丛钞初编》,古吴轩出版社2005年,第199页。

高启(1336—1374),字季迪,长洲北郭人。张士诚在苏州时,他依居外家,隐住吴淞江青丘,自号青丘子。洪武初被荐,与同县谢徽应诏纂修《元史》,任翰林院国史编修官,又命教授诸王。三年(1370)秋,朱元璋御阙楼,高启、谢徽入对,擢高启为户部右侍郎,谢徽为吏部郎中。高启自陈年少不敢当此重任,谢徽亦坚决推辞,均被允许,赐白金放还。高启曾经赋诗,有所讽刺,朱元璋嗛而未发。高启归居青丘,教书自给。

苏州知府魏观为他移家郡城夏侯里,且夕延见,相聚甚欢。魏观在张士诚王府旧址改修府治,被人告发,遭贬谴。朱元璋见高启所作上梁文,上有"龙蟠虎踞"之语,大发雷霆,命将高启腰斩于市,年才39岁。

高启才华横溢,博学工诗,家北郭时,与王行比邻,与徐贲、高逊志、唐肃、宋克、余尧臣、张羽、吕敏、陈则"卜居相近,号北郭十友,又称十才子"[1]。他善学古人,文学各体兼优。尤其擅长七言歌行,豪放清逸,个性强烈。能文章。有《高青丘集》。

胡应麟《诗薮》称:"当明之初,吴中诗派昉于高启,越中诗派昉于刘基,闽中诗派昉于林鸿,岭南诗派昉于孙蕡,而江右诗派则昉于(刘)崧。"[2]在明初全国诗坛上,高启属于排头兵。王世贞评论吴中诗歌发展,说:"吾吴诗盛于昌穀(徐祯卿),而启之则季迪(高启)。"[3]

杨基(1326—?),字孟载,号眉庵。先祖因官吴中,由原籍嘉州(今四川乐山)迁居。他生长吴中。元末隐居赤山。张士诚辟为丞相府记室,不久辞去。客于饶介之处。明军下平江,杨基以饶氏客安置临濠,徙河南,洪武二年(1369)放归。起为荥阳知县,谪居钟离。被荐为江西行省幕官,以得罪省臣,落职。六年起官,奉使湖广。召还,授兵部员外郎,迁山西副使,进按察使,因被谗夺官,罚作劳役,卒于工所。

杨基9岁能背诵六经,及长,著《论鉴》10万余言。会稽杨维桢客吴中,以诗自豪。杨基于座上赋《铁笛歌》,维桢惊喜,一起东归,对从游者说:"吾在吴,又得一铁矣。若曹就之学,优于老铁学也。"[4]从此名声远扬。杨基诗风纤巧,神致隽爽,善于咏物。兼工书画,擅山水、竹石。有《眉庵集》。

张羽(1333—1385),字来仪,后以字行。本浔阳(今江西九江)人。从父宦

---

[1]《明史》卷二八五,列传一七三《文苑一·王行》,中华书局1974年,第7330页。
[2] 永瑢等纂:《四库全书总目》卷一六九,集部22,别集类22,中华书局1965年影印本,第1467页。
[3] 王世贞:《弇州续稿》卷一六四《文部·墨迹跋·有明三吴楷法二十四册》,《景印文渊阁四库全书》1284,台湾商务印书馆1986年,第371页。
[4] 杨维桢,字廉夫,号铁崖,山阴人,徙居松江。以诗名擅一时,号铁崖体。事见《明史》卷二八五,列传一七三《文苑一·杨维桢》,中华书局1974年,第7308—7309页。

江浙,因兵阻不能回去,与友徐贲相约,卜居吴兴。元末领乡荐,为安定书院山长,再徙于吴。洪武四年(1371)征至京师,应对不称旨,放还。再征,授太常司丞。朱元璋重其文,十六年(1383),自述滁阳王事,命张羽撰庙碑。不久,张羽坐事被窜岭南,未至半道召还,他自知不免,投龙江死。

张羽文章精洁有法,尤长于诗,深思冶炼,朴实含华。书法纤婉有异趣,隶书法唐人韩择木,楷书法右军《曹娥碑》,行书法《兰亭》。作画师小米。有《静居集》。

徐贲(1335—1379),字幼文,号北郭生。先世蜀人,徙居常州,再迁吴门。与张羽隐居吴兴。张士诚辟为属官,不久谢去。明初谪徙临濠。洪武七年(1374)被荐至京。九年春,奉使晋、冀,有所廉访。还朝,检其橐,惟有纪行诗数首,朱元璋喜悦,授给事中。改御史,巡按广东。又改刑部主事,迁广西参议。以政绩卓异,擢河南左布政使。明军征洮、岷,过其境,坐犒劳不及时,下狱瘐死。

徐贲工诗,诗律谨严,情喻幽深。善画山水、林石,清润恬雅。楷笔秀整端慎,法钟繇、虞世南。草书雄紧跌宕,出入张旭、怀素,淋漓快健。有《北郭集》。[1]

(二)明中期台阁体名家张泰

张泰(1436—1480),字亨父,太仓人。陆钶,字鼎仪,昆山人。陆容,字文量,太仓人。3人年少齐名,号"娄东三凤"。张泰中天顺八年(1464)三甲进士,选庶吉士,授检讨,迁修撰。3人都入《明史·文苑》。

张泰"为人恬淡,独喜为诗。初与李东阳齐名。后李东阳久持文柄,所学弥老弥深,而张泰不幸早终,未及成就,故声华销歇,世不复称"[2],诗名亚于李东阳。弘治间,艺苑皆称李怀麓、张沧洲。东阳有《怀麓堂集》,张泰有《沧洲集》10卷、《续集》2卷,属于台阁体名家。[3]清人认为:张泰《沧洲集》"大抵圆转流便,而短于含蓄。正如清水半湾,洮洮易尽。视东阳《怀麓堂集》实相去迳庭。故东阳作序亦云:'将极于古人,而不意其遽止云。'"[4]一代诗才,名声已盛,却中道阻谢,未及老成大发。

---

[1] 吴中四杰事迹可参见《明史》卷二八五,列传一七三《文苑一·高启附杨基等》,中华书局1974年,第7328—7329页。

[2] 永瑢等纂:《四库全书总目》卷一七五,集部28,别集类存目二,中华书局1965年影印本,第1560页。

[3] 参见《明史》卷二八六,列传一七四《文苑二·张泰附陆钶陆容》,中华书局1974年,第7342—7343页。

[4] 永瑢等纂:《四库全书总目》卷一七五,集部28,别集类存目二,中华书局1965年影印本,第1560页。

(三)"吴门四才子"之一的徐祯卿

明代中期苏州4位才华横溢、性情洒脱的文人唐伯虎、祝枝山、文徵明、徐祯卿,一般被称为"吴门四才子",又称"江南四大才子"。这是才子群体的一种代表。在江南苏州等地商业经济变动和社会发展背景下,他们领时代风气之先,勇于创新,各自张扬个性,在文化上留下杰出贡献,其中,唐伯虎、文徵明的诗文书画三才俱绝,又名列绘画"明四家";祝枝山以能文,尤以书法胜;徐祯卿独以吴中诗冠与诗学理论,成为名望仅次于李梦阳、何景明的"前七子"之一。

徐祯卿(1479—1511),先字昌国,更字昌穀。生于常熟双凤乡,割隶太仓,为军籍,迁居郡城,入籍吴县。曾从长洲县学应试,便也有作长洲人。天资颖特,家里不蓄一书,而无所不通。自为诸生时已工诗歌,沉酣六朝,散华流艳,与里人唐寅友善。唐寅言于沈周、杨循吉,祯卿因此知名。举弘治十八年(1505)二甲进士。孝宗遣中使问祯卿与华亭陆深之名,陆深得馆选,而祯卿因貌寝不与。正德初授大理寺少卿,因失囚徒连坐,贬为国子监博士。卒于京师,年33岁。墓在虎丘西麓,由王守仁撰墓志铭。

"祯卿体癯神清,诗熔炼精警,为吴中诗人之冠。"年少时与祝、唐、文齐名,号"吴中四才子"。他为诗喜白居易、刘禹锡。登第后与李梦阳(献吉)、何景明(仲默)交游,后悔少年时的诗作,改趋汉、魏、盛唐,与李梦阳(献吉)、何景明(仲默)、边贡为"弘(治)正(德)四杰",又加康海、王九思、王廷相,并称"弘(治)、正)德七子",即明中期"前七子"。然而故习犹在,梦阳说他守而未化,故存蹊径。"年虽不永,名满士林。"梦阳刻其生前手自编写的《迪功集》行世。[1]《谈艺录》是他的诗论名著,主张诗以情致,深情高韵,是清初王士祯"神韵说"的渊源。沈德潜《明诗别裁集》四才子诗录文徵明2首,徐祯卿有23首。[2]朱彝尊引顾璘(华玉)论诗:"弘治间诗学始盛,献吉、仲默、昌穀各有所长。李气雄,何才逸,徐情深,皆准则古文,锻琢成体。"[3]

---

[1] 参见《明史》卷二八六,列传一七四《文苑二·徐祯卿》,中华书局1974年,第7350—7351页,说他年23而卒,误。范志新:《谈艺录笺注·徐祯卿年谱》,贵州人民出版社1993年,第1—9、147—153页。
[2] 见沈德潜:《明诗别裁集》卷六,《四库禁毁书丛刊》集部97,北京出版社1998年,第153、144—146页。
[3] 朱彝尊:《明诗综》卷三十六《徐祯卿》,《景印文渊阁四库全书》1459,台湾商务印书馆1986年,第860页。

(四) 古文大家归有光

归有光(1506—1571),字熙甫、开甫,号震川、项脊生。昆山人。9岁能属文,弱冠尽通五经、三史等书,师事同邑名家魏校。嘉靖十九年(1540)中举人,8次考进士不第。徙居嘉定安亭江上,读书谈道。学徒常常数百人,被尊为震川先生。

他关心时政民生,考察三江古迹,提出疏浚吴淞江,解决太湖东向入海通道,最为紧要,著《三吴水利书》,成为以后海瑞兴修水利,疏通吴淞江的重要参考。嘉靖三十三年(1554)倭乱,他入城筹备守御,作《御倭议》。

四十四年(1565),归有光60岁,始成进士,授长兴知县。他为政清廉,重视用古训教化。倘若大吏之令不便,则寝阁不行。有所击断,直行己意。因此大吏多厌恶他,调顺德通判,专辖马政。

明代进士为县令,没有迁通判副贰的,故名为迁任,实为重抑。隆庆四年(1570),大学士高拱、赵贞吉雅知有光,引为南京太仆丞,留掌内阁制敕房,与修《世宗实录》。隆庆五年(1571)卒于官。归葬县城东南门内金潼里。

有光为古文,原本经术,好太史公书,得其神理。当时王世贞主盟文坛,有光力相抵排,目为妄庸巨子。世贞大憾,后来却内心折服有光,推重他:"千载有公,继韩、欧阳。余岂异趋,久而自伤。"归有光与王慎中、唐顺之、茅坤等,抵制盲目拟古,矫以提倡唐宋古文,被称为文学"唐宋派"。他散文朴素简洁,善于叙事,很有感染力。他是"唐宋八大家"与清代"桐城派"之间的桥梁。有《震川先生集》等。为表纪念,清道光八年(1828),江苏巡抚陶澍奏准,建立震川书院,今成为安亭中学。今昆山市区有震川路,特意命名纪念这位乡贤。

归有光精于易学,湛深经术,卓然成为制举义大家。以后德清胡友信与他齐名,世人并称"归、胡"。[1]

(五) 文坛领袖王世贞

王世贞(1526—1590),字元美,号凤洲、弇州山人。太仓人。生有异禀,书过目,终身不忘。举嘉靖二十六年(1547)进士,授刑部主事。好为诗古文,官京师,加入王宗沐、李先芳、吴维岳等诗社,又与李攀龙、宗臣、梁有誉、徐中行、吴国伦等相倡和,绍述何、李,名声日盛。

世贞屡迁员外郎、郎中。奸人阎姓犯法,藏匿锦衣都督陆炳家,被世贞搜得。

---

〔1〕 参见《明史》卷二八七,列传一七五《文苑三·归有光》,中华书局1974年,第7382—7383页。

陆炳通过严嵩说情，不许。杨继盛下狱，世贞时进汤药。其妻为夫讼冤，世贞代草讼文。继盛冤死，世贞为他棺殓。严嵩对世贞大恨。吏部两拟世贞任提学，都不用，改为青州兵备副使。

父右都御史王忬曾经抗倭有功，以滦河失事，被严嵩构害，论死下狱，死于西市。世贞兄弟哀号欲绝，持丧归。隆庆元年（1567）八月，世贞兄弟伏阙诉讼父冤，得平反。吏部用言官之荐，任世贞为大名副使，累迁为太仆卿。

万历二年（1574）九月，世贞以右副都御史抚治郧阳。张居正枋国，以世贞为同年进士，有意援引，世贞不很亲附。正巧世贞迁南京大理卿，被给事中杨节弹劾，即取旨罢其官。后起世贞为应天府尹，又被劾罢。

居正殁，世贞起为南京刑部右侍郎，以疾辞不赴。很久，与他友善之同邑王锡爵秉政，起他为南京兵部右侍郎。擢任南京刑部尚书，因被劾，他五疏移疾请归。十八年（1590），卒于家。

世贞以诗文闻名，初时，与李攀龙狎主文盟，等攀龙殁，独操柄20年，成为"后七子"时代的文坛领袖，把反对台阁体的文学复古运动推向高潮。他才最高，地望最显，声华意气笼盖海内。一时士大夫及山人、词客、衲子、羽流莫不奔走其门下。得其片言褒赏，声价骤起。他倡导文学复古，振刷文坛风气，文必西汉，诗必盛唐，大历以后书勿读，因而藻饰太甚。晚年，攻者渐起，世贞反而深有所悟，诗文渐造平淡，文学主张没那么偏狭。病急时，刘凤往视，见他手持苏子瞻集，讽玩不置。

世贞也是明代国史大家，藏书家，著述丰赡，如诗文集《弇州山人四部稿》174卷、《弇州山人续稿》207卷，史学著作《弇山堂别集》100卷。文艺名著《艺苑卮言》12卷，其中对戏曲也有研究，论述南北曲时有创见。有说传奇《鸣凤记》是他的作品。

世贞弟世懋（1536—1588），字敬美。嘉靖三十八年（1559）成进士，即遭父忧。父冤昭雪，始选南京礼部主事，历迁至太常少卿，先世贞3年卒。好学，善诗文，文学主张与世贞大致相同，名亚其兄。世贞竭力推引，以为胜己，李攀龙、汪道昆等因称他为"少美"。有《王仪部集》及诗话《艺圃撷余》等。

世贞子士骐，字冏伯，举乡试第一，登万历十七年（1589）进士，终吏部员外郎，坐妖书案逮捕入狱削籍。亦能文。〔1〕

---

〔1〕 以上参见《明史》卷二八七，列传一七五《文苑三·王世贞》，中华书局1974年，第7379—7382页，然言其19岁考中进士，万历二十一年卒，均误。五疏请归，见郑利华：《王世贞研究》，学林出版社2002年，第140页。

（六）明后期苏州文坛坛主王穉登

王穉登（1535—1612），字伯穀、百穀等。江阴人，移居长洲。4岁能属对，6岁善书擘窠大字，10岁能诗。长益骏发，负有盛名。寓山塘半塘寺，额为"半偈庵"，以诗词、书法闻名。

嘉靖末，穉登入太学，游京师，客于大学士袁炜家，任记室。作紫牡丹诗有警句，超过诸庶吉士，袁炜十分称意。推荐穉登于朝，没成功。隆庆初，穉登再游京师，徐阶当国，很与袁炜修憾。有人劝穉登不说是袁公客，他不听从，刻《燕市》《客越》二集，反而备书其事。

穉登曾随文徵明、黄姬水、周天球学习书法。行草儒雅媚秀，平实自然；篆隶也精，隶书遒古，胜于真草。"闽粤之人过吴门者，虽贾胡穷子，必踵门求一见，乞其片缣尺素，然后去。"[1]

吴中自文徵明后，风雅无定属。穉登曾及徵明门，遥接其风，振华启秀，嘘枯吹生，主词翰之席30余年。嘉靖、隆庆、万历年间，布衣、山人以诗出名的有十几人，俞允文、王叔承、沈明臣等尤其为世所称，然声华烜赫，以穉登为最。申时行以元老里居，对他特相推重。王世贞与同郡友善，但不很推重他。等世贞殁，其仲子士骕因事下狱，穉登为倾身救援，人们重其风义。万历中，诏修国史，大学士赵志皋等推荐穉登及其同邑魏学礼、江都陆弼、黄冈王一鸣。有诏征用，未上京，而史局罢。著《吴郡丹青志》等。[2]

（七）通俗文学大家冯梦龙

冯梦龙（1574—1646），字犹龙，又字子犹，号龙子犹、顾曲散人、墨憨斋主人、吴下词奴、前周柱史等。吴县籍长洲县人，居于葑溪。梦龙生于理学名家，幼年起治《春秋》，长达几十年，深明经学。兄弟三人都有文名，有"吴下三冯"之说。兄梦桂善画；弟梦熊善诗，太学生。梦龙排行老二，曾"逍遥艳冶场，游戏烟花里"[3]，自失歌妓侯慧卿，便绝青楼之好。他屡试不中，久困诸生间，落魄奔走。30多岁，曾应邀到湖北麻城田氏家讲授《春秋》。50多岁，可能曾任丹徒县

---

[1] 钱谦益：《列朝诗集小传》丁集中《王校书穉登》，上海古籍出版社1983年，第482页。
[2] 以上事迹参见《明史》卷二八八，列传一七六《文苑四·王穉登》，中华书局1974年，第7389页。
[3] 王挺：《挽冯犹龙》，载高洪钧编著：《冯梦龙集笺注》，天津古籍出版社2006年，第11页。王挺是太仓王时敏之子。又，高洪钧认为冯梦龙死在福建可能性最大，见同书第340—344页。冯梦龙《寿宁待志》卷下《官司》自署"直隶苏州府吴县籍长洲县人"，家住葑溪旁，有"吴下三冯"之称，见同书第361—362页。

训导。编写《麟经指月》《春秋衡库》等经学应试书，获得很大成功，并完成"三言"编纂。崇祯三年（1630）考取贡生。十年，任福建寿宁知县，任满大概仍归故里。明清之际，编写《甲申纪事》《中兴实录》和《中兴伟略》。《中兴伟略》还迅速被日本翻刻。73 岁去世，死因猜测多种：有说参加南明福建唐王政权殉难，有说在苏州忧愤而死，甚至被清兵所杀，有说流落日本老死。

梦龙文思敏锐，诗文藻丽，一生主要从事小说、戏曲、民歌、笑话等通俗文学的创作、搜集、整理、编辑，为我国文学发展做出了独异贡献。这些著作大约有：话本讲史类（长篇历史演义）6 种；话本小说类（短篇小说）3 种，即《喻世明言》《警世通言》《醒世恒言》，是短篇白话小说宝库；民歌和拟民歌类 3 种；笔记类 8 种，如《智囊》《古今谭概》《情史》《笑府》；传奇类 19 种，其中创作《双雄记》《万事足》，改订《一捧雪》等 17 种；散曲、诗词集、曲谱类 7 种；时事类 5 种；经史应举类 6 种，如《春秋衡库》《麟经指月》；其他 5 种，如《寿宁待志》。

在文学创作和编撰作品中，梦龙提出许多文学和社会新见解。他认为，文学应将教化和怡情高度和谐结合，文学作品在于求真，尤其是文学必须通俗化，重视通俗文学的社会功能，奠定它在中国文学史上的地位。晚于他的另一位苏州才子金圣叹与他成为苏州通俗文学的双子星。梦龙提倡戏曲创新，反对"人翻窠臼，家画葫芦"；主张遵守曲律，语言从容自然，属于吴江昆曲一派。

此外，梦龙还有许多切实可行的治世之道，如人本主义施政原则，赋税、盐政、漕运、货币、军徒等管理，以及用人之长、任人唯贤的人才观，节制生育、控制人口的主张："不若人生一男一女，永无增减，可以长久。若二男二女，每生加一倍，日增不减，何以养之？"[1]

历经明末清初政局变故的常熟钱谦益、太仓吴伟业等，以诗文雄踞文坛，成就卓然。

二、艺术的黄金时代

（一）绚丽的书法艺术

明代苏州书法名家辈出，刻帖成风，书学理论著作不断，推进书法进入盛期。

---

[1] 此主张见《太平广记钞》卷七《古元之》批语，参见吴申元：《中国人口思想史稿》，中国社会科学出版社 1986 年，第 204 页。其余参见范培松、金学智主编：《苏州文学通史》第四编第八章，缪咏禾执笔，江苏教育出版社 2004 年，第 869—873 页；聂付生：《冯梦龙研究》上编第二章，学林出版社 2002 年，第 32—64 页。据高洪钧编著《冯梦龙集笺注》（天津古籍出版社 2006 年，第 358—424 页）之《冯梦龙年谱》：45 岁讲学麻城，58 岁任丹徒训导，61 岁升寿宁知县，到 65 岁返里，73 岁病卒于福建。然在较早的马廉《墨憨斋著作目录》《冯犹龙氏年表》（载刘倩编：《马隅卿小说戏曲论集》，中华书局 2006 年，第 154—171 页）中，均有差异，可作参考。

王世贞称:"天下法书归吾吴,而祝京兆允明为最,文待诏徵明、王贡士宠次之。"[1]这一书派影响晚明松江书派崛起和清代书风,在明代和中国书法史上占有重要地位。近些年学者提出"吴门书派"概念[2],与"吴门画派""吴门印派"并列。其实,他们用的若是地域概念,指以苏城为中心的大苏州范围,则是广义的,艺术人才数量群体庞大;若是着重于师承关系,则是狭义的,艺术人才数量就少得多。

明代苏州"吴门书派"可以追溯到明初宋克。"书盛于希哲(祝允明)、徵仲(文徵明),而启之则仲温(宋克)。"[3]中间徐有贞、沈周、李应祯、吴宽、王鏊是关键人物。他们中只有沈周是一介布衣,其余都是显贵,但都基本上摆脱了台阁体书风,探索书法新路,从而影响苏州后辈的书法风貌。到祝允明、文徵明、王宠为代表的"吴门书派"三大家出现,以及唐寅、蔡羽、都穆、朱存理、杨循吉、黄省曾、陈淳、文彭、文嘉、文伯仁、文元善、文元发、文震孟、文震亨、文从简等徵明家族几十人,周天球、钱穀、王穀祥、黄姬水、王穉登、陆治、居节、陆师道、彭年、皇甫汸四兄弟、张凤翼三兄弟、袁褧六兄弟、赵宧光等数十人,苏州书法进入极盛阶段,并延续着书派。

明代苏州书法家有的兼善绘画、篆刻,像沈周、文徵明、唐寅等,将放在绘画中介绍;有的为文学巨子,已在文学成就里提到,如高启等"吴中四子"、王世贞。这里仅介绍几位大书法家。

宋克(1327—1387),字仲温、克温,号东吴生。家在长洲北郭南宫里,又号南宫生。他躯干高大,博涉书史。年少任侠,跌宕不羁,好驰马试剑。家产素饶,结客饮博。壮年谢却酒徒,习兵法,究韬略,以气自豪。张士诚慕名,欲罗致属下,不就。禀性抗直,他人有过,面折无有少容。与人论议,授事析理,援古切今,期于必胜。洪武初,任凤翔同知,卒。擅画竹石,诗文也有名,作诗秀逸凝练。

他最突出的是,"杜门染翰,日费十纸",其书法在王穉登《吴郡丹青志》中是与唐寅、文徵明、张灵并列第二等的"妙品",而最终以善书,名满天下。[4]书法

---

[1] 王世贞:《弇州四部稿》卷一五四《说部·艺苑卮言附录三》,《景印文渊阁四库全书》1281,台湾商务印书馆1986年,第483页。
[2] 参见刘启明、廖志豪执笔:《吴门书派》,载王友三主编:《吴文化史丛(下)》,江苏人民出版社1996年,第528—561页;葛鸿桢:《葛鸿桢论书文集》,中国文联出版社1999年,第90—104页。
[3] 王世贞:《弇州续稿》卷一六四《文部·墨迹跋·有明三吴楷法二十四册》,《景印文渊阁四库全书》1284,台湾商务印书馆1986年,第371页。
[4] 参见《明史》卷二八五,列传一七三《文苑一·王行附宋克》,中华书局1974年,第7331页;隆庆《长洲县志》卷十四《人物》,《天一阁藏明代方志选刊续编》,上海书店1990年,第447页。

学于名书家饶介,在元人书风的基础上,上法魏晋,深得钟、王之旨,笔墨精妙。擅长小楷。又善草书,当时与宋广并称"二宋"。章草尤好,在元代复苏章草后,他写得最好,成为汉晋之后章草大家之首,以60岁所作《急就章》最为杰出。他将章草揉入狂草,个性鲜明,以《杜甫壮游诗卷》为代表,在当时走着独创性探索之路。

宋克的楷书与草书对明初书坛,特别是苏州、松江等吴地书法影响极大,松江华亭陈璧、沈度、沈粲等,与他一脉相承。

徐有贞(1407—1472),初名珵,字元玉,号天全翁。吴县人。宣德八年(1433)二甲进士,选庶吉士,授编修。正统时官侍讲。天顺时治河有功,迁左副都御史。因拥戴英宗复辟有功,加兵部尚书,封武功伯兼华盖殿大学士,掌文渊阁事,得英宗倾心委任,独揽朝中大权。诬杀少保于谦、大学士王文。但与将军石亨、宦官曹吉样不和,反遭诬陷下狱,谪居金齿为民。天顺五年(1461)曹吉样败死,英宗诏释他归家。宪宗成化初,他复冠带,闲住。

有贞才华绝世,为人短小精悍,多智数,喜功名。凡天官、地理、兵法、水利、阴阳方术之书无不谙究。[1]工书画,善山水,清劲不凡。书法所学以唐宋诸家为宗:真书学欧阳询;尤精行草,行书遒美,杂有褚遂良、米芾之法;草书出入张旭、怀素,奇逸遒劲,却能呈现自家面貌,天真率意,古雅雄健,名重当时。他提携吴宽、祝允明,对他们的书法有直接影响。

李应祯(1431—1493),以字行。长洲人,生于京邸。自少警敏。景泰四年(1453)举人。成化元年(1465)授中书舍人。弘治四年(1491)任南京太仆寺少卿。居官廉直,喜面折人过,人多为畏。卒日,无以为殓,友人文林、史鉴等为他营地以葬。他好古博学,文词简健。尤善书法,篆、楷都入品格。[2]书法初在台阁体,后由元上追唐宋,真书学欧阳询、颜真卿,得蔡襄用笔之法。真行草隶,清润端方,力求个性,自成一家。祝允明、文徵明受他书法亲炙。

吴宽(1435—1504),字原博,号匏庵,长洲人。自少笃学励行,以文行有声诸生间。成化八年(1472)会元、状元,授修撰。弘治八年(1495)擢吏部右侍郎,十六年进礼部尚书。当时词臣名望以吴宽为最重,然被刘健所抑,未能入内阁。卒于官,赠太子太保,谥文定;其长子吴奭授中书舍人,次子吴奂补国子生,已是异数。

---

[1] 事迹详《明史》卷一七一,列传五十九《徐有贞》,中华书局1974年,第4561—4564页。
[2] 参见隆庆《长洲县志》卷十四《人物》,《天一阁藏明代方志选刊续编》,上海书店1990年,第467页。

吴宽行履高洁，静重醇实，不为激矫，而自守以正。于书无所不读，诗文有典则。成、弘间，以文章德行负天下望达 30 年。[1]有《家藏集》。他兼工书法，以楷、行行世，一改当时书法，直接上学赵宋，单纯宗法苏东坡，浓颜厚面，又有心得。他与沈周交往密切，两人书法都直接宋人，当时书名在沈周之上，又是文徵明文学老师，因此，对吴门书派形成影响很大。

王鏊（1450—1524），也是著名书法家。事迹详见本书第四章第五节"王鏊的家谱修纂论"。他的书法取法晋、唐，擅长行草，用笔清劲峭拔，个性鲜明，不同时尚。

王鏊以阁老家居 16 年，引领家乡文学学风，流风披及，深远悠长。与吴宽、沈周交往深切，与唐寅、文徵明、祝允明为师生。他与吴宽是明代吴中人文崛起的领袖人物。

祝允明（1460—1526），字希哲，长洲人。生于七世儒宦之家。祖颢，正统四年（1439）进士。由给事中历官山西参政。

允明生而枝指，故自号枝山，又号枝指生。5 岁能写径尺大字，9 岁能诗。年稍长，博览群集，文章有奇气，当筵疾书，思若涌泉。弘治五年（1492）举于乡，久应会试不第，56 岁任广东兴宁知县。约过 5 年，稍迁应天通判，正德十四年（1519）谢病归，至嘉靖五年（1526）卒。

允明豪爽洒脱，才华横溢，无拘无束，不拘小节。喜好酒色六博，善新声，前来求讨文字及书法的人接踵而至，很多通过贿赂妓女而掩得。厌恶礼法之士，亦不问生产，有所收入，辄召客豪饮，费尽乃止，或分人持去，不留一钱。晚年日益贫困，每次出门，追呼索逋的相随于后，他愈加自喜。著《怀星堂集》，杂著百余卷。撰《兴宁县志》稿。

允明尤工书法，名动海内。[2]书学有家承，从 2 到 13 岁，一直与外祖徐有贞在一起，5 岁以后，时时受到有贞教育，书法风格受其影响极深。随祖父与当地名士交往，才华早显。娶李应祯长女为妻，从岳父学书十几年，书法受岳父影响很大。曾拜王鏊为师，受到沈周、刘珏、吴宽、周臣、朱存理等熏陶，与唐寅、文徵明、都穆、杨循吉等为友，周身艺术氛围浓厚。

---

[1] 参见《明史》卷一八四，列传七十二《吴宽》，中华书局 1974 年，第 4883—4885 页；隆庆《长洲县志》卷十四《人物》，《天一阁藏明代方志选刊续编》，上海书店 1990 年，第 471 页。
[2] 以上参见《明史》卷二八六，列传一七四《文苑二·徐祯卿附祝允明》，中华书局 1974 年，第 7352 页。然祝颢作祝显，现据明进士题名碑录；隆庆《长洲县志》卷十四《人物》祝颢条，《天一阁藏明代方志选刊续编》，上海书店 1990 年，但该书祝允明条作灏，见第 458、473 页。

允明书法上效魏晋至宋元诸家,于书无所不学,学亦无所不精。擅长各体。早年就有李应祯的楷笔谨严、徐有贞的草法奔放,即兼二父之美。他以小楷为上乘,得于钟繇、王羲之晋法正脉,谨严端整,笔力稳健。行书主要师法二王一脉,包括苏、黄、米、赵(孟頫)。草书得于怀素、黄庭坚等。正是底蕴深厚,晚年才能集众家之长,变化出入,风骨烂漫,天真纵逸,自成一家。狂草独特,笔势雄强,被誉为明代草书之冠。有《书述》作为书学论著,强调沿晋游唐,守而勿失,又不能成为奴书。

允明的书学理论和书法实践将学古与创新结合,在深厚的书学传统基础上,富有个人特色,领一代风骚。允明是吴门书派领袖人物,与文徵明、王宠为明中期三大家,或"吴中三子",又称祝、文、王、陈淳为"吴中四名家"。他才智过人,与唐伯虎、文徵明、徐祯卿并称"江南四大才子",或"吴门四才子"。

王宠(1494—1533),字履仁,更字履吉,别号雅宜山人。吴县人。8次应乡试不第,由诸生贡入国子监。年仅40卒。

王宠资性颖异,于书无所不窥,尤详于群经。文学艺能,卓然名家,为文非司马迁、班固不学,诗必盛唐。著《雅宜山人集》《东泉志》等。

王宠"高朗明洁,砥节而履方。一切时世声利之事,有所不屑。偎俗之言,未尝出口。风仪玉立,举止轩揭,然其心每抑下,虽声称振叠,而酝籍自将。对人未始言学,盖不欲以所能尚人,故人亦乐亲附之。性恶喧嚣,不乐居廛井"[1]。学书法刻苦专精。年少与兄王守(履约,后中进士)学于林屋山人蔡羽[2],居太湖洞庭西山3年,曾读书石湖20年,非岁时省侍则不进城。以后从文徵明游,受祝允明书法影响。子子阳,太学生,娶唐寅女为妻。

王宠书名隆盛,与祝允明、文徵明并称,是吴门书派三大家之一。明人就给他很高评价:"衡山之后,书法当以王雅宜为第一。盖其书本于大令,兼之人品高旷,故神韵超逸,迥出诸人之上。"[3]他书法初学蔡羽,后规范晋唐,尽管小楷、行草从阁帖摹出,未从真迹入手,却很有节奏、韵味。楷书师虞世南、智永。行书学王献之,融会贯通,疏拓秀媚,充满隐逸之气。青年时行草多不连续,晚年一变书风,大开大合,姿态横出,婉丽遒逸。小楷尤精,得力于钟太傅、二王、智永、虞

---

[1]《明史》卷二八七,列传一七五《文苑三·文徵明附王宠》,中华书局1974年,第7363页;周道振辑校:《文徵明集》卷三十一《王履吉墓志铭》,上海古籍出版社1987年,第713—715页。

[2] 蔡羽,字九逵,由国子生任南京翰林院孔目。自号林屋山人。工诗文,自负甚高。善书法,当时与文徵明齐名,正楷、行书遒劲,常以秃笔取劲,姿尽骨全,个性强烈。参见《明史》卷二八七,列传一七五《文苑三·文徵明附蔡羽》,中华书局1974年,第7363页。

[3] 何良俊:《四友斋丛说》卷二十七《书》,中华书局1959年,第252页。

世南等,晋韵十足,简远空灵,高古典雅,形成自家风格。

吴门书派四名家三人有师承关系,又各有个性,尤其以文徵明与王宠、陈淳师生声响最大,并有徵明甥昆山王同祖(1497—1551),子文彭(1497—1573)、文嘉(1499—1582),文彭长子文肇祉(1519—1587),文嘉之孙文从简(1574—1648),徵明曾孙文震孟(1574—1636),震孟弟文震亨(1585—1645)等子孙30多人,王毂祥(1501—1568)、彭年(1505—1566)、钱穀(1508—1578)、陈鎏(1508—1581)、黄姬水(1509—1574,黄省曾之子,曾学书于祝允明、王宠)、周天球(1514—1595)、陆师道(1517—1580,传徵明四绝)、许初(？—1573)、王穉登(1535—1612)等苏州俊秀弟子,直接继承诗文书画等技艺。他们不仅将吴门书派艺术发扬光大,而且盛传吴门画派,开创吴门印派,在吴门绽开全面的艺术奇葩。

此外,吴门书派包括文氏再传弟子以及受他们影响的其他吴地等地书家。在苏州就有昆山俞允文(1513—1579,入嘉靖"广五子"),吴县张凤翼与献翼、燕翼兄弟"三张",太仓王世贞与弟世懋,太仓王锡爵(1534—1611)与其独子榜眼王衡(1562—1609)、孙王时敏(1592—1680)等。还有其他书家,如吴县唐寅等,一起推动吴门书法艺术鼎盛。

有些明代苏州书法家与"吴门书派"没有师承关系,成就也很突出,如明初滕用亨,明后期赵宦光、范允临(1558—1641)、陈元素等。明代整个书法界篆隶不兴,不成主流,但一直有书家在从事临摹和创作,文徵明父子、子孙和弟子也有所重视。而非"吴门书派"的滕用亨、赵宦光这方面尤其值得一提。

滕用亨(1336—1409),初名权,字用衡,苏州人。精六书之学,正书学虞世南,篆法之妙,高出近世。永乐三年(1405)以精篆、隶书被荐,年已70岁。召见时,大书"麟、凤、龟、龙"4字,又献《贞符诗》3篇。授翰林院待诏,与修《永乐大典》。用亨善于鉴古,曾经侍从永乐帝观画卷,未结束,大家认为是赵伯驹作品,用亨说:"此王诜笔也。"至卷尾,果然。[1]

赵宦光(1559—1625),字凡夫、水臣,号广平、寒山子。太仓人。遵父愿,葬父于苏州城西荒芜的寒山,便偕妻陆师道女卿子,隐居于此。足不至城市,读书稽古,夫妇皆有名于时。他与儿子前后赓续,将居住地开辟成今寒山景区。

宦光著书数十种,尤专精字学,有《说文长笺》等。精于书法,有书学论著《寒山帚谈》,讲结字古法,重运笔、结构,提倡有灵感即兴作书。笃意仓、史之学,对

---

[1] 参见《明史》卷二八六,列传一七四《文苑二·沈度附滕用亨》,中华书局1974年,第7340页。

《天发神谶碑》情有独钟,在篆书中掺入草书笔意,创作草篆,用笔简率,富有个性。

宧光撰《寒山帚谈》2卷、《拾遗》1卷、《附录》1卷,本在所撰《说文长笺》中,析出别行。帚谈,取家有敝帚,享之千金之意。上卷4目:权舆,论15种书;格调,论笔法结构;力学,论字功书法;临仿,则力学余绪,析而为篇。下卷4目:用材,论笔墨纸砚及运用法;评鉴,论辨识浅深;法书,论古帖;了义,论书家秘谛。《拾遗》1卷,阐发未尽之意,各注某条补某篇某字。《附录》则金石林、甲乙表及诸论。清人认为:"《长笺》穿凿附会,且引据疏舛,颇为小学家所讥。而篆文笔法,则差有偏长,故此编犹为后人所重。"[1]在清人眼里,赵宧光小学功夫欠缺,而篆文书法有功。

在晚明书坛行草成风之时,赵宧光独能用心篆隶;也是文人篆刻家,别立门户,气度豪迈;加上品行高洁,由字学作篆书,知篆书而作印,字、篆、印三位一体,顺理成章,自成一家,不仅影响当时篆刻艺术,如休宁朱简以草篆入印,开篆刻新风,导致日后丁敬创立浙派篆刻,而且对清代篆隶书潮有先导作用。

(二) 篆刻艺术的新台阶

篆刻是用篆书刻成印章,既实用,又是艺术品。我国篆刻艺术在世界上独树一帜,方寸之间,气象万千,完美结合书法、章法、刀法,已有二三千年历史。战国、秦汉、六朝是其第一个高峰,主要用玉石、金、牙、角为用料。唐宋元因楷书应用替代篆书,官印私印分家,篆刻处于衰落阶段。明清篆刻走向其第二个发展高峰,延至近现代,流派纷呈,其中,文彭、何震起了重要推动作用。

文彭(1498—1573),字寿承,号三桥。长洲人。徵明长子。以诸生年次久,选为贡生,授秀水县训导,擢南京国子监博士。有《博士集》。他继承家学,善书画。字初学钟、王,后效怀素,晚年全学孙过庭,真、行、草并佳,尤精于篆、隶,能自成一家。墨竹老笔纵横似文同,山水苍郁似吴镇,亦善写花果。

文彭精于篆刻。起初刻印多作牙章,往往自先落墨,命金陵人李文甫镌刻,不失笔意,故其牙章半出李手。在南监时,他偶然发现当时用来制作妇女装饰物的灯光石冻石可做治印材料,便用这种软石刻印,风格雅正,质朴平和,直追秦汉,恢复汉印古风。他还首创印章边款,风神流动。于是篆刻彻底脱离与专业刻工合作,文彭开创了文人自篆自刻,书、画、印艺术三足鼎立的新局面。从此,灯光冻石被引进篆刻界,文人石印篆刻流行,扭转秦汉以来篆刻艺术颓势。文彭被

---

[1] 永瑢等纂:《四库全书总目》卷一一三,子部23,艺术类二,中华书局1965年影印本,第964页。

公认为明清文人篆刻印石鼻祖,刻印原则被后人奉为金科玉律。习文彭篆刻,形成"吴门派"或"三桥派"。婺源何震受他影响极大,二人亦师亦友,交往密切。习何震篆刻,形成"徽派"或"新安派"。文彭与何震被称"文何"。[1]

印史著作出现。徐官,字符懋,吴县人。魏校门人。魏校作《六书精蕴》,以篆改隶,又以古篆改小篆。徐官继承师说,著《古今印史》1卷,于摹印一事动引六书为词。但清人不认可魏校与他的著作,批他"实于摹印无所解,于六书亦无所解"[2]。

(三) 绘画的黄金时代

明代苏州画坛极盛。据徐沁《吴门画史》记载,从晋到清,较著名的吴门画家有1 221人,而明代有800余位,占到至少65.52%,并形成"吴门画派"这一中国画史上最大的画派。[3]

周臣(? —1535),字舜卿,号东村,吴县人。师从陈暹,擅画山水,取法李唐,笔法严整工细;也学马远,气势奔放遒劲。兼工人物,古貌萧散。他是"院体画"高手,又将院体画与文人画融通,影响吴门画派极大,唐寅、仇英是他两大弟子。他画作丰产,有的被假冒唐寅"唐画"。

"吴门画派"与"明四家"

"吴门画派""作为中国古代画史上规模最大、最具影响的一个流派",指从艺术师承上,吴门(苏州)画家从明中期沈周开始,文徵明集大成,以后相继延续,余绪如缕,不限于吴门,存在画风师承关系,形成的新颖绘画流派。

沈周、文徵明,加上唐寅、仇英,是同时苏州画坛四大代表人物,称"吴门四家"或"明四家"。"吴门四家"并非全是"吴门画派",师承与画风有别。文、唐师从沈周,从元人画风,而唐、仇师从周臣,又近南宋院体派。唐、仇画与沈、文画有区别。唐寅不列"吴门画派",属院体派,仍属文人画,地域划分则入"吴门四家"。仇英属院体派,只入"吴门四家"。[4]

---

[1] 书法人才事迹可详见黄惇:《中国书法史·元明卷》,江苏教育出版社2001年,第256—313页。
[2] 永瑢等纂:《四库全书总目》卷一一四,子部24,艺术类存目,中华书局1965年影印本,第979页。
[3] 徐沁:《吴门画史》,江苏省立苏州图书馆校印1939年。其书统计数据参见单国强:《"吴门画派"名实辨》,周积寅:《"吴门画派"与"明四家"》,载故宫博物院编:《吴门画派研究》,紫禁城出版社1993年,第88、103页。吴门,是苏州古称,广义指今大市区,狭义指今古城区、园区、新区、吴中区、相城区。
[4] 参见单国强:《"吴门画派"名实辨》,周积寅:《"吴门画派"与"明四家"》,载故宫博物院编:《吴门画派研究》,紫禁城出版社1993年,第88—95、96—103页。谢建华:《唐寅绘画宗南宋院体探》,《南京艺术学院学报(美术及设计版)》1997年第3期。

明初期的苏州文人画作者杜琼、刘珏、陈汝言、徐贲、陈暹等人是"吴门画派"前驱,承元画,讲情趣,影响沈周。

"明四家"继承宋元绘画传统,又各有师承,形成自我风格,山水画突破元四家、南宋院体画,人物、花鸟画有所创新,在院体和浙派之后成为画坛主流,开创一代画风,标志文人画走向极盛时期,影响后世极大。

沈周(1427—1509),字启南,号石田,晚号白石翁。长洲相城人。祖、父、伯父都是高隐,工诗善书画,家富收藏。

沈周11岁游南京,作百韵诗,上巡抚侍郎崔恭。面试《凤凰台赋》,他援笔立就,崔恭大为嗟异。年长后书无所不览。诗文书画造诣精深。文摹左氏,诗拟白居易、苏轼、陆游。

沈周擅画山水、人物、花鸟,以山水画最负盛名。早年有家学,随父恒吉、伯父贞吉学画,兼师杜琼、赵同鲁,取法黄公望、吴镇等,上溯董源、巨然等。笔墨继承宋院体、明浙派的硬度和力感,又保留元人含蓄笔致,苍秀刚柔合一,改变元人软中带硬,避免浙派过分外露。最终融汇变通,自成风格:平淡、质朴、宏阔。秃笔中锋,景色繁复,山石作披麻兼牛毛皴。坚实豪放,沉着浑厚。细笔谨密,人称"细沈"。花卉、鸟兽擅用重墨浅色,别有丰韵。王穉登《吴郡丹青志》列名地位最高的"神品",就他一人。

沈周书法不如其画,早期学沈度台阁体,端庄秀丽。因家藏黄庭坚真迹,便转向字仿黄庭坚,遒劲奇倔,与其山水画相配合。他与吴宽都专攻宋代文人书法一家,崇尚意趣,从宫廷庸俗的台阁气转向文人书卷气,推动苏州书法,意味深远,形成"吴门书派"。

沈周以文人职业书画家,名重当时,开创"吴门画派"。景泰年间,苏州知府汪浒"欲以孝廉荐"[1],沈周"筮《易》,得《遁》之九五,遂决意隐遁"。他以一介布衣,奉亲至孝,以母亲之故,终身不远游,隐逸终身,被列入《明史·隐逸》。[2] 他收文徵明为徒,唐寅、仇英都受他影响。他们4人并称"明四家"。他有《石田集》《客座新闻》等著作。

作为"吴门画派"的领军人物,沈周德高望重,文艺馨香,誉满朝野。他曾经被作弄者暗底具名,以布衣画工被征召,充当官府"贱役"。当时,他完全可以通过交游权贵,请他们跟地方政府打个招呼,立马免除。沈周不以为然,反而认为

---

[1] 刘凤:《续吴先贤赞》卷十三《艺事·沈周》,周骏富辑:《明代传记丛刊·综录类46》148,台湾明文书局1991年,第699页。
[2] 参见《明史》卷二九八,列传一八六《隐逸·沈周》,中华书局1974年,第7630—7631页。

身为庶民,就当充任,应役尽责,于是欣然赴役,毫无怨言。

> 后有曹太守(曹凤)者新构察院成,欲藻绘其楹壁也,而罗致诸画史。有侮先生者阴入其姓名,出片纸摄之。
> 先生谓摄者曰:"无恐老母,第留某所当画者,旦夕赴事,不敢后于他人。"
> 或曰:"此贱役也,谒贵游可以免。"
> 先生曰:"义当往役,非辱也,而求免于贵游,不已辱乎?"
> 遂潜往。讫工卒,先他人终,亦不见曹而还。

沈周名声极广,知府曹凤终究通过一种别致的方式获知了沈周。

> 无何而曹乃入觐。铨曹问曰:"亦知沈先生无恙否?"则漫应曰"无恙"。
> 已而见相国西涯李公(李东阳),复问曰:"君来,沈先生有书乎?"则错愕对曰:"有而未至,当附诸从事来耳。"
> 时吴少宰(吴宽)方在詹府,曹仓皇走谒,问谁谓沈先生者,其人能作何状。
> 吴乃具语之故,曰:"此其人名重朝端,五侯七贵不足齿也。"〔1〕

曹凤入觐京师,连遭包括相国在内的吏部、内阁两位朝官相问治下沈先生事而全无印象,最后还是苏州状元吴宽为他释疑解惑,并协助他在当朝国相面前顺利应付过关。

> 太守曰:"可奈何?"
> 宽曰:"沈先生画,仆多有之。公代之缄而致之,第言沈先生病,不能书也。"
> 太守送东阳所。返,遍谪吏卒。
> 吏卒曰:"沈周也,公故使图院。"
> 太守叱咤曰:"我不知沈先生则已矣,汝辈不为我一言乎?"〔2〕
> 太守抵吴,未至郡斋,先谒周。一见,似曾识面。
> 周曰:"某,曾陪诸工丹青贵署矣。"

---

〔1〕 上引均见张时徹:《沈孝廉周传》,焦竑辑:《焦太史编辑国朝献征录》卷一一五《艺苑》,《续修四库全书》531,上海古籍出版社2002年,第520页。

〔2〕 何乔远:《名山藏》《高道记·沈周》,《续修四库全书》427,上海古籍出版社2002年,第516页。

太守惭谢。[1]

此幕极富戏剧性,以至于现存沈周传记多有记载,情节亦无大出入。苏州知府对平民大画家优加礼遇,惭愧致歉,反映明中期苏州文化兴旺之时,文化人才地位显著提高,文化资本的影响力大大增强了。这与明初毫不手软地严惩苏州文化名人的情况相比,已经发生了兜底翻转的变化。

唐寅(1470—1523),字伯虎、子畏,号六如居士、桃花庵主、逃禅仙吏。吴县吴趋里人。父母在皋桥开设酒肆。

唐寅天性颖利,16岁以童生参加县试、府试、院试,均第一名中秀才。但他与同里狂生张灵友善、纵酒,不好好从事诸生读书本业。经祝允明规劝,闭户有年,用功读书。

弘治十一年(1498),唐寅举应天乡试第一。座主梁储奇异他的文章,还朝后出示给学士程敏政。敏政也表示奇异。不久,敏政任会试总裁。江阴富人徐经贿赂敏政的家僮,得知试题。事情泄露,言官弹劾敏政,牵连唐寅,命下唐寅诏狱,谪罚为浙东吏役。吴宽帮助他,唐寅以此为耻辱,弃不就任,归家更加放浪。千里壮游名山大川,以卖画为生。性情不羁,有时用"江南第一风流才子"印。文徵明诚意规劝他,不听,两人疏远3年。

南昌宁王朱宸濠招罗名士,派人以重金聘他。唐寅去后,察觉他有反叛异志,图谋脱身,佯狂使酒,露其丑秽。宁王不能忍受,放他还苏。正德四年(1509),唐寅筑室桃花坞,与客日般饮其中,寄情诗文书画,直到54岁贫困凄苦而卒。

经科场冤案,唐寅尽丧功名仕宦前程,而他希图另辟蹊径,以得政治重用,到头来竟是宁王府里靠机智险中逃生。政治险恶污浊,使唐寅人生坎坷,心理蒙上巨大阴影,却造就他一代艺术大师的辉煌。

其实,在成弘年代,依照唐寅的个性,科举功名受阻,心情沮丧,是早晚的事情。据《吴郡二科志》记载:

> 唐寅,字伯虎,一字子畏,吴县吴趋里人。有俊才,博习多识。善属文,骈骊尤绝,歌诗婉丽,学刘禹锡。为人放浪不羁,志甚奇,沾沾自喜。衡山文林自太仆出知温州,意殊不得,寅作书劝之,文甚奇伟。林出其书,示刺史新蔡曹凤。凤奇之,曰:"此龙门燃尾之鱼,不久将化去。"寅

---

[1] 查继佐:《罪惟录》,列传卷二十七《艺术列传·沈周》,《续修四库全书》323,上海古籍出版社2002年,第427页。

从御史考,下第,凤立荐之,得隶名。未几,果中式第一。[1]

弘治十年(1497),唐寅在苏州府参加方志主持的提学考试,险些被黜除名,丧失参加乡试资格。当此关键时刻,向他伸出援手的是弘治十年至十二年担任苏州知府的河南新蔡人曹凤。

浙江鄞县人方志是进士出身,以监察御史巡视南直隶,主持提学试,主张以德行为先,文艺为次,厌恶古文辞。唐寅天资聪颖,好为诗词书画,行为处事不拘一格。凡此种种,均为方志不喜。他"察知寅,欲中伤之"。[2] 预录取时将唐寅排除在外。

正是由于苏州乡贤文林以文识才,并引荐给以监察御史外任苏州知府的曹凤(1457—1509),得到曹凤称赏为"龙门燃尾之鱼"。他是一个爱才之人,能够宽容唐寅的藐视礼法,独行个性,并有能力斡旋方志,施加影响,才扭转唐寅考试面临的窘境,赢得次年应天解元,才子美名。

唐寅从南昌轻身归来,从此彻底绝意仕途,任心书画,通过发达的书画商品市场交换,依靠艺术谋生度日,也形成了自我艺术风格,创作出大量佳品传世。

他的诗文起初崇尚才情,文以六朝为宗,诗初多秾丽,中尚平易,学刘禹锡、白居易,晚年颓然自放,不拘成法,说后人知我不在此。后人辑《六如居士全集》。吴中自祝枝山辈以放诞不羁,为世所指目,而他们以文才轻艳,倾动流辈,传说者增益附丽,如"唐伯虎三点秋香"等,往往有出名教之外。[3]

唐寅擅画山水,早年师法沈周,后拜周臣为师,多取法南宋李唐、刘松年院体画派,在南宋风格中兼采元人笔法,一变斧劈皴为细长清劲线条的皴法,结构简洁严谨,细劲中锋,风骨奇峭,水墨淋漓,清润空灵,自成一家。他并工人物、花鸟,尤擅仕女画,工笔、写意俱佳。唐寅画近似院体,功力深厚,又具文人画趣味,被誉"唐画",为人喜欢,为后世所宗。

他善书法,学怀仁集王羲之《圣教序》,兼采李北海、欧阳询,尤其取法赵孟𫖯,融化一炉,奇峭俊秀,风情潇洒。尽管其师承与沈周、吴宽无关,风格与祝允明、文徵明不同,一般不列于吴门书派,却风姿独立,同样促成吴门书家之盛。

---

[1] 上引均见阎秀卿:《吴郡二科志·文苑·唐寅》,《笔记小说大观》18编,台湾新兴书局1977年,第2358—2361页。

[2] 阎秀卿:《吴郡二科志·狂简·张灵》,《笔记小说大观》18编,台湾新兴书局1977年,第2378页。

[3] 事迹参见《明史》卷二八六,列传一七四《文苑二·徐祯卿附唐寅》,中华书局1974年,第7352—7353页。参见范莉莉、姚惟尔、吴建华:《"唐伯虎现象"的传承与应用透视》,载王卫平主编:《明清时期江南社会史研究》,群言出版社2006年,第115—157页。

文徵明(1470—1559),初名壁,字徵明,42岁后以字行,更字徵仲。号衡山、停云。长洲人。

父文林,成化八年(1472)进士,历官太仆寺丞,卒于温州知府任,有廉声。擅书法,潇洒率意,有宋人意趣。

徵明幼年不慧。稍长,就外塾,颖异挺发。20岁从沈周学画,22岁从李应祯学书,26岁从吴宽学文。他们都是其父友。徵明又与祝允明、唐寅、徐祯卿辈互相切劘,学业大进,以义气相得,以志业相高,以功名相激昂,名声日著。徵明为人和而介。宁王朱宸濠慕其名,派人贻赠书币聘请,他辞病不赴。

徵明功名不顺,自26至53岁,9次乡试不中。以岁贡生于嘉靖二年(1523)授翰林院待诏,预修《武宗实录》,侍经筵,不近其父亲的学生张璁与故旧杨一清两位权臣。经3年,终于获准致仕,故称文待诏,自此成为职业书画家。他有斋名停云馆,有《停云馆刻帖》传世。卒后被私谥贞献先生,墓在今相城区陆墓。

"吴门四才子",书称祝枝山,画称唐寅,诗称徐祯卿,各以专技精诣,唯独徵明三者皆长。他诗宗白居易、苏轼,以温厚和平为主;为文醇雅典则,其谨严处一字不苟。有《甫田集》。徵明40岁,沈周去世;57岁,祝允明去世。因此,他以高寿和高艺,对吴门书坛、画坛的影响最深最广。

徵明擅长山水,自成一格,青绿、水墨、工笔、写意多能。既学沈周,又师法宋元,吸取赵孟頫、王蒙画法,构图平稳,呈粗、细两种风貌。兼擅人物、花卉。花卉以兰竹为主,以风意画兰,以雨意画竹。墨兰潇洒飘逸,名"文兰"。他与沈周奠定吴派文人画基调,注重以笔墨表现感情色彩、幽淡意境,格调平和恬静。

徵明学字受李应祯、沈周、吴宽影响,初从苏轼入手,后习欧阳询,从宋元上溯晋唐。临写智永千字文,上追王羲之,成为赵孟頫之后,除缺少章草,能备众体的集大成书家。

他诗文书画四绝,艺文布满海内外,家传人诵。传世书画很多。"四方乞诗文书画者接踵于道,而富贵人不易得片楮,尤不肯与王府及中人。"徵明说:"此法所禁也。"周王、徽王等以宝玩相赠,徵明不启封而退还。"外国使者道吴门,望里肃拜,以不获见为恨。文笔遍天下,门下士赝作者颇多,徵明亦不禁。"当时日本、朝鲜也知藏他墨迹,甚至朝鲜书坛兴起学他书法之风。

徵明是明代苏州文化崛起之后的中坚传承者和文坛领袖。"吴中自吴宽、王鏊以文章领袖馆阁,一时名士沈周、祝允明辈与并驰骋,文风极盛。徵明及蔡羽、黄省曾、袁袠、皇甫冲兄弟稍后出。而徵明主风雅数十年,与之游者王宠、陆师

道、陈道复、王穀祥、彭年、周天球、钱穀之属,亦皆以词翰名于世。"〔1〕

此外,文家子孙几十人,世以书画传家。徵明长子文彭,字寿承,国子博士。次子文嘉,字休承,和州学正。一并能诗,工书画篆刻。还有文伯仁,文彭孙震孟、震亨等。他们和他人一起鼎力,将吴门书画推向极盛。

仇英(约1498—1552),字实父、实甫,号十洲。太仓人,迁居苏州。早年为漆工,兼为人彩绘栋宇,后拜周臣学画。以善画结识许多当时名家,与文人交往,为文徵明称誉,知名于时,以卖画为生,是职业画家。

他从南宋院体画入手,远追北宋名家,善作青绿山水和工笔人物,精工妍丽;又受文人画熏陶,文雅清新;终能博聚众长,自成一家。山水着力于赵伯驹、刘松年,被董其昌称为赵伯驹后身,青绿重彩,细润,风骨劲峭。善花鸟,擅人物,尤长仕女;既工设色,尤善水墨、白描。晚年客于收藏家嘉兴项元汴处,临摹历代名迹,落笔乱真,留下很多尺幅巨大的副本珍品。

仇英是绘画异才,精力出众,勤奋惊人,传世作品极多。其女号杜陵内史,擅画。沈硕、程环、沈完、尤求等继承仇英画法。

"吴门画派"形成之后,世代相传,其中文徵明子孙和学生就有几十人。陈淳、陆治、钱穀、陆师道、周天球等人都是其中佼佼者,并有持续创新。如陈淳的水墨写意花卉,周之冕的钩花点叶小写意花鸟,陆治的工整妍丽花鸟,谢时臣的粗笔山水,尤求的白描人物,周天球的水墨兰石等。

陈道复(1483—1544),名淳,以字行,更字复甫,号白阳、白阳山人。长洲大姚人。祖陈璚,南京左副都御史。父陈钥,友善文徵明。陈淳少有逸气,奉父命,受业于徵明,器业日进。但正德十一年(1516)父卒,他哀毁过伤,从此性格大变,放荡不羁,渐与徵明疏远。36岁前后,以诸生游太学,卒业,归居故里。以文行著,诗步晋唐,善书画。有《陈白阳集》。

他早年受沈周、文徵明影响,画以元人为法,擅长泼墨山水、花鸟写意。中年放纵后,突出师门,独创新风,尤其是大写意花卉,明代苏州自沈周之后,陈淳与陆治齐名,后来还与山阴徐渭并称"青藤、白阳",影响后世深远。

陈淳早年真、行细笔小书,极其清雅,有文徵明风韵。晚好李怀琳、杨凝式、

---

〔1〕参见《明史》卷二八七,列传一七五《文苑三·文徵明》,中华书局1974年,第7361—7362页,然言其初名璧,误。一些事实辩诬,参见周道振、张月尊辑《文徵明年谱》(百家出版社1998年):学画、书、文之事,分别参见第41、45、68页;乡试9次,非10次,弘治十四年丁父忧未往,见第68—328页;授待诏事,《明史》误,见第332页。英国柯律格(Craig Clunas)2004年出版《雅债:文徵明的社交性艺术》(刘宇珍等译,生活·读书·新知三联书店2012年),从社会交往的场域研究伟大艺术家文徵明的书画成就。

林藻,出入米芾、蔡襄,既有文徵明影响,又敢于越出师门,笔气纵横,天真烂漫,自成飞动豪放的草书,接近祝允明,犹如写意花卉,或大写意的粗笔山水,却不同于文徵明小楷、行书精工入微好像细笔山水。因而,他能成为吴门书派四大家之一,将明中期书法推向高潮,影响晚明浪漫书风。

(四) 昆曲奇葩

1. 昆曲的兴起与发展

昆曲,即昆山腔,简称昆腔(吴歈),清朝起称昆曲,后又称昆剧,产生于苏州昆山一带。宋元时戏曲有南北之分,南曲在各地唱法不同。元末明初,世居昆山的千灯人、太学生顾坚善于阐发南曲之奥,把昆山一带南曲腔调整理改进,形成昆山腔,朝向典雅化进展。弘治、正德时期,昆腔已在吴中盛行。

嘉靖年间,魏良辅改革原来昆山腔的声律、唱法,吸取海盐腔、弋阳腔等南曲长处,吸收北曲严谨结构及演唱方法,以曲笛、箫、笙、琵琶为伴奏乐器,形成细腻优雅的水磨调,通称昆曲。

梁辰鱼在魏良辅的基础上继续改革昆腔,编演第一部昆腔传奇《浣纱记》,将昆曲变成昆剧,扩大了昆腔影响,使此后昆腔创作、学习者日益增多,称为苏州戏。昆腔与浙江海盐腔、余姚腔,江西弋阳腔并称南戏四大声腔。

昆曲在嘉靖初年传入北京,万历时期传入宫廷。万历末,昆曲从长江三角洲流传至北京、福建、江西、广东、湖广、四川、河南、河北等地,成为雅部。"自吴人重南曲,皆祖昆山魏良辅,而北调(指北曲杂剧)几废。今惟金陵存此调。"[1]北方则在万历三十八年(1610)之前,出现"迩年以来,燕、赵之歌童舞女咸弃其捍拨,尽效南声,而北词几废"[2]的情况。看的是昆曲传奇。[3]更细的研究说,至少从天启开始,到崇祯后期,由苏州织造(染)局进女乐,苏州昆曲进入宫廷演出。[4]

明末清初,昆剧折子戏出现,演出更加灵活机动。到清中叶乾隆年间,原来的北曲消亡,昆曲成为全国性声腔剧种,"昆剧称雄明清剧坛达二百多年,开创了

---

[1] 见成书于万历三十四年(1606)之前的沈德符:《万历野获编》卷二十五《词曲·北词传授》,中华书局1959年,第646页。
[2] 王骥德:《曲律》卷一《论曲源》,《中国古典戏曲论著集成》,中国戏剧出版社1959年,第四册,第56页。
[3] 详考参见李真瑜:《明代宫廷戏剧史》,紫禁城出版社2010年,第251—258页。
[4] 李真瑜:《明代宫廷戏剧史》,紫禁城出版社2010年,第178—179页。

我国戏剧史的又一个黄金时代"。[1]很多剧种在它的基础上发展起来,它被誉为"百戏之祖"。

昆曲具有很完整的表演体系,典雅婉转,细腻悠扬,载歌载舞,抒情性极强,在我国文学、戏曲、音乐、舞蹈史上有着重要地位。2001年被联合国教科文组织命名为人类口述遗产和非物质遗产代表作,2006年被列入第一批国家级非物质文化遗产名录。

2. 昆曲名作家

昆曲的形成与发展繁荣离不开诸多音乐戏剧家的贡献,在苏州,最值得称道的是以下几人:

魏良辅(1501—?),号尚泉、上泉。豫章(今江西南昌)人,迁居太仓南关(元时属昆山)。

良辅熟悉音律,擅长北曲清唱,到了南戏北曲活跃的太仓,转而钻研南曲。他从北曲改唱南曲,作为江西人本来就有弋阳腔的根底,而太仓流行余姚腔,属于南戏系统,受此影响,他便参合海盐腔,拜师学习,改订昆山土戏唱调。他与南曲专家、太仓卫百户过云适,弦索、北曲专家却是戍卒的张野塘[2]结为挚友,还招野塘为婿,切磋曲艺,商讨乐理。在昆山腔本身流丽悠远的基础上,良辅融合南北曲之长,费近10年,终于创造出一种完整的唱法新声,即用水磨调或水磨腔,冷板曲,以清唱形式,伴奏上在琵琶、弦索(三弦)之外,加用笛、箫、笙、琴等管弦乐器,原有三弦改为窄柱圆鼓,唱法上讲究平上去入,抑扬顿挫,启口轻圆,收音纯细,旋律上悠远流畅,舒缓细腻,因而格调新颖,用吴侬软语歌唱,委婉动听,受人欢迎,成为魏派昆山腔,就是敏妙的昆腔、时曲。

良辅有《曲律》,即《南词引正》,论述昆腔唱法及南北曲流派。他由民间乐工、曲师成为戏曲音乐家。尽管晚景凄凉,穷愁潦倒,以致双目失明,但他将苏州地方民间俗曲的昆山腔改造成全国性的昆曲,为丰富社会文化生活和艺术发展做出了杰出贡献。因此,昆山之派以魏良辅为祖,他是"昆曲之祖",在曲艺界更有"曲圣"之称。[3]

梁辰鱼(1519—1591),字伯龙,号少白、仇池外史。太学生。先人元德,元

---

[1] 参见王永健:《中国戏曲文学的瑰宝——明清传奇》,江苏教育出版社1989年,第1—5页。
[2] 嘉隆年间,以张野塘为主组成规模完整的丝竹乐队,用工尺谱演奏,由昆曲班社、堂的名鼓手兼奏,后逐渐形成丝竹演奏的专职班社。万历末形成"弦索"新乐种,可说是江南丝竹前身。江南丝竹于2006年列入第一批国家级非物质文化遗产名录。
[3] 参见周贻白:《中国戏曲史讲座》,中国戏曲出版社1958年,第132—133页。新的研究认为魏良辅是昆山人,与同名同姓的江西豫章或新建人相混。详见本丛书人物卷魏良辅条考证。

朝知昆山州,从河南移居昆山。曾祖纨,泉州同知。祖父鸣鹤,高唐州判。父介,平阳训导。辰鱼嗣叔父鸣鹏,身长八尺,虎颧虬髯。为人豪爽,落拓不羁。好任侠,喜读史谈兵。工诗及行草。尤善度曲,精于音律。后七子领袖李攀龙、王世贞赞扬他。胡宗宪闻其名,招入幕府。然他壮志未酬,归家后不久,胡宗宪遭劾。以后他在金陵结社,品诗度曲。他曾师从魏良辅,又与郑思笠等精研音理,继续改革昆山腔,颇负曲坛盛名,成为著名戏剧家。

辰鱼有《鹿城诗集》,散曲《江东白苎》,杂剧《红线女》《红绡伎》(已佚),传奇《浣纱记》等,改编传奇《周羽教子寻亲记》。

《浣纱记》取春秋吴越兴亡故事,考订元剧,自翻新调,是辰鱼用水磨调昆山腔精心编写的第一部传奇剧本,把音乐革新成果与艺术实践相结合,将散曲清唱的昆曲搬成舞台昆剧,使昆山声腔定型、成熟,达到戏曲音乐的空前高度,是昆曲发展的里程碑。[1]

嘉隆间至明末,以梁辰鱼为首的昆腔曲派是昆剧第一个创作流派。昆山腔由此发扬光大,渐居南戏声腔之首,迅速流传,甚至出现天下歌曲皆宗吴门的局面。

张凤翼(1527—1613),字伯起,号灵墟、冷然居士。长洲人。与弟献翼、燕翼并有才名,号为"三张"。嘉靖四十三年(1564),他与燕翼同举乡试,中解元。万历五年(1577),凤翼第四次会试不第,放弃仕途,以卖字鬻书自给。为人狂诞,擅长诗文翰墨。尤善度曲,自朝至夕,口中呜呜不已。亦能粉墨登场,曾与仲子合演《琵琶记》,自饰蔡伯喈,其子饰赵五娘,宅在干将坊,观看者填门,他毫不在意。晚年好撰乐府新声,很受人们喜爱。《明史·文苑》附见皇甫涍传末。

凤翼才识渊博,肆力著述,有《处实堂集》等。戏曲创作有传奇《红拂记》《祝发记》《窃符记》《灌园记》《扊扅记》《虎符记》,合称《阳春六集》,盛传于世,尤其是《红拂记》传演全国。另有《平播记》《芦衣记》《玉燕记》,均无传本。[2]

凤翼不仅是文学家,而且受梁辰鱼影响,是昆山派戏曲作家,《红拂记》与昆山郑若庸《玉玦记》、梁辰鱼《浣纱记》等,同属骈绮派风格,为昆曲创作发展做出了贡献。

沈璟与吴江派

沈璟(1553—1610),字伯英,晚字聃和,号宁庵、词隐生。吴江人。万历元

---

[1] 参见《梁辰鱼集》"前言""附录",吴书荫编集校点,上海古籍出版社1998年,第1—6、665—669页。
[2] 参见《张凤翼戏曲集》"校辑说明",隋树森等校点,中华书局1994年,第1—3页。

年(1573)应天乡试第17名举人,次年会试第三名,廷试二甲五名进士。十六年(1588),升光禄寺丞。次年任顺天乡试同考官,因才录取首辅申时行女婿李鸿,遭人攻击,辞官家居不出。天启初,追赠光禄少卿。

沈璟家居20余年,转而潜心词曲,考订音律,与王骥德、吕天成、顾大典等共同切磋、创作、研究戏曲。他提出格律论和本色论,前者重视声律,主张合律依腔,后者强调文字朴素,语言通俗易懂,反对雕琢辞藻。他编辑工具书《南九宫十三调曲谱》22卷,归纳、总结80多部南戏、传奇、当时戏曲与散曲作品及部分唐宋词,考订曲名来历、句式、板拍、四声、韵脚,共652支曲牌,成为传奇作家、演员可以遵循的规范标准。通过固定的曲牌为桥梁,将作家创作与演员演唱联系起来,可以成功进行舞台演出,从此解决了传奇发展的瓶颈问题。

沈璟撰有《遵制正吴编》《唱曲当知》《论词六则》《南词韵选》《北词韵选》等曲学著作,探讨具体问题;创作属玉堂传奇17种,现存《红蕖记》《埋剑记》《双鱼记》《义侠记》《桃符记》《坠钗记》《博笑记》,余均失传。另《同梦记》又名《串本牡丹亭》,为了削改汤显祖《还魂记》。他是明代传奇创作数量最多的作家。由于将戏剧创作实践和理论相结合,率先提倡场上之曲,扭转案头之曲的道路,自此南曲具有基本格律,昆曲传奇中兴,走向全国,进入繁盛,沈璟不仅被推为昆曲吴江派领袖,更被尊为明代曲坛盟主。沈璟著《云巢诗钞》10卷。有今人辑校本《沈璟集》。曲学由此成为吴江沈氏一门的家学得到传承,曲家多达40多位。[1]

因为戏剧理论主张的侧重点不同,沈璟探讨戏曲内部艺术规律,临川派汤显祖则重视戏曲文学的社会功能,崇尚才情,主张情必胜理,于是双方展开了严厉的辩争,结果从不同角度共同推动了昆曲艺术走向繁荣兴旺。

传奇和南杂剧都属于昆山腔新声系统。苏州昆曲作家数量很多,作品极盛,成就极高。除了上述作家作品外,著名的还有不少,如吴县李日华、长洲陆采,都以南曲改编王实甫《西厢记》,成《南西厢记》,陆采还有《明珠记》《怀香记》等戏曲。吴江派剧作家有吴县袁于令,作《西楼记》《珍珠衫》《瑞玉记》《玉符记》等传奇。吴江沈自晋有《望湖亭》《翠屏山》等传奇。另外,有归属争议的吴江顾大典,创作《青衫记》《葛衣记》《义乳记》等传奇。常熟徐复祚所作传奇有《宵光剑》《红梨记》《投梭记》等,南杂剧有《一文钱》《梧桐雨》(已佚)。王穉登有传奇《全德记》《彩袍记》(已佚),南杂剧《相思谱》。长洲许自昌有传奇《水浒记》《橘浦记》。常熟孙柚有传奇《琴心记》。太仓王衡以专作南杂剧最有名,有《郁轮

---

[1] 周巩平:《江南曲学世家研究》,上海文化出版社2013年,第49页。

袍》《没奈何》《再生缘》等。沈璟从侄自徵有《渔阳三弄》南杂剧三种。自徵外甥女、叶绍袁之女小纨有《鸳鸯梦》杂剧,为伤妹小鸾之作。[1]

沈宠绥,字君徵,吴江人。因为度曲家沿流忘初,往往声乖于字,调乖于义,作《度曲须知》2卷、《弦索辨讹》3卷,以厘正音调。共分26目,剖析颇详。《弦索辨讹》载《西厢》2卷、《杂曲》1卷,各加标记,以明北曲字音特殊,属于《九宫谱》之流亚。[2]

明代开始的苏州曲学世家就有曲坛盟主吴江沈璟、沈自晋沈氏,吴中叶绍袁、叶小纨叶氏,吴江顾大典顾氏,太仓两王氏,即王世贞琅琊王氏与王锡爵太原王氏,以及其他与吴江沈氏通婚的家族:吴江烂溪周氏、吴门袁氏、吴江吴氏、吴江赵氏、吴江陈氏、吴江梅氏、吴江潘氏,与吴江沈氏没有婚姻关系的苏州文氏,冯梦龙、冯焌父子。[3]

吴中曲调昆曲自魏良辅兴起之后,苏州成为时尚戏曲最为繁荣的地区,隆庆、万历间,"精妙益出,四方歌曲必宗吴门,不惜千里重赀致之以教其伶伎,然终不及吴人远甚"[4]。上海潘方伯与华亭顾正心、陈大廷相继"从吴门购戏子,颇雅丽",加上松江人从崇尚到厌恶弋阳戏,转而"又争尚苏州戏,故苏人鬻身学戏者甚众"。[5]

晚明苏州成为昆曲艺术中心,职业戏班、家乐戏班与民俗演剧、虎丘曲会,三路齐发,形成富有地方特色的新艺术文化、游乐文化。[6]万历中后期,苏州名臣显宦与世家大族尽享太平景象,退居林下,闲暇时间广蓄声伎,遍选梨园,建立家班,沉浸于昆曲歌舞,尤其是申时行、王锡爵以科举鼎甲宰相身份为吴中之冠,波及士人民众,形成热衷观戏听曲的社会风气,促进了昆曲表演艺术水平的提高,推动传奇创作,深化戏剧理论研究。"吴中故相国申文定家所习梨园,为江南称首。"[7]申家班从万历到清康熙朝持续四代人,名角云集,有周铁墩、沈娘娘、管舍、张三等。申家擅演《鲛绡记》《西楼记》《西厢记》《明珠记》等经典剧目,其中

---

[1] 详见范培松、金学智主编:《苏州文学通史》第四编第三章,王永健执笔,江苏教育出版社2004年,第646—676页。吴梅列出明人"传奇中佳者尽此",共43种,不少是苏州作者,见其《中国戏曲概论》,岳麓书社1998年,第154—155页。
[2] 永瑢等纂:《四库全书总目》卷二〇〇,集部53,词曲类存目,中华书局1965年影印本,第1836页。
[3] 参见周巩平:《江南曲学世家研究》,上海文化出版社2013年,第15—298页。
[4] 徐树丕:《识小录》卷四《梁姬传》,《笔记小说大观》40编3册,台湾新兴书局1985年,第661—662页。
[5] 范濂:《云间据目抄》卷二《记风俗》,上海申报馆仿聚珍版印光绪版,第4页。
[6] 参见刘召明:《晚明苏州剧坛研究》,齐鲁书社2007年,第235—360页。
[7] 褚人获辑撰:《坚瓠集》《坚瓠癸集》卷一,李梦生校点,上海古籍出版社2012年,第738页。

《鲛绡记》是看家戏。王锡爵家乐较早上演《牡丹亭》。其子王衡以养亲为名,早早家居,经营家乐。以后王家连续四代征歌度曲,直到清康熙时候,家乐长盛达百多年,只有申家堪与媲美。洞庭东山平民朱必抡蓄养家班,在明末清初很新颖。此外,万历时期,吴江沈璟、顾大典,常熟钱岱、孙七政,苏城许自昌、范允临、徐泰时,昆山顾琰,崇祯时期吴县徐汧、文震亨等,都设有家班。文献记载晚明苏州家乐戏班至少有35家(内含嘉定3家)。[1]

(五)音乐舞蹈艺术

音乐艺术方面成就突出的是虞山琴派,创始人是一代琴宗严澂。严澂(1547—1625),字道澈,号天池。常熟人。大学士严讷次子。以荫官中书舍人,仕至邵武知府。历三年,归里(古称琴川),甘隐于琴。他在离城的山林筑室云松巢,设琴斋松弦馆,还另建妙明馆,弹琴读书。他会聚琴友,结琴川琴社,追求清、微、淡、远的琴风,风行海内。编《松弦馆琴谱》2卷,收22个曲目(《四库全书总目》称录曲28只),无文。他认为古乐湮而琴不传,所传为声而已;近世一二俗工,取古文词用一字当一声,而谓能声;又取古曲随一声当一字,属成理语,而谓能文;今世所传操古琴,传其词而非其声。

两宋之际叶梦得著《避暑录话》,称庐州崔闲、姜琴所弹30余曲,想请他(叶梦得)各为填词,这是宋代《琴谱》有声无词的明证。因此,严澂所论最为近理。"故琴派各家不一,而清微淡远,惟虞山为最。"此谱之后,相继有徐谼《大还阁谱》。天池、青山二家于是成为虞山派大宗。[2]虞山琴派也被琴界奉为正宗。严澂主张不借文辞,以音乐直接表达感情的琴学理论,刻意复古,一时被奉为楷模,影响清代与后世。严澂生四子,第三子严栻字大年,继承父亲琴学,精于琴理,成为琴川社的中坚人物。

严澂弟子太仓城徐上瀛(约1582—1662),号青山。明亡改名谼,号石泛山人。主要活动在万历到崇祯年间。弃武习琴,有《溪山琴况》,继承并张大了虞山琴学理论和琴艺,还编订《大还阁琴谱》收录32首琴曲曲谱传世。他在明亡后参加抗清,失败后则隐居穹窿山。今太仓恢复建造大还阁琴馆,是国内第一家古琴馆。[3]

---

[1] 周巩平:《江南曲学世家研究》,上海文化出版社2013年,第69—70、218页;刘召明:《晚明苏州剧坛研究》,齐鲁书社2007年,第315—319页、第383—384页"晚明苏州家乐戏班一览表"。
[2] 永瑢等纂:《四库全书总目》卷一一三,子部23,艺术类二,中华书局1965年影印本,第970页。
[3] 参见何振球、严明:《常熟文化概论——吴文化的定点研究》,苏州大学出版社2001年修订版,第243—249页;凌鼎年:《江苏太仓旅游》,上海人民出版社2003年,第240—241页。

以严澂、徐上瀛为代表的虞山琴派是明清之际最重要的古琴流派,对后世琴家、琴派、琴风、琴乐、琴学、琴乐美学思想方面都有深远影响,为我国古琴音乐的传承创新做出了极大贡献。[1]

韦焕,常熟人。嘉靖中官福建仙游县教谕。著《雅乐考》20卷,杂引前代论乐之事,抄撮成编。六羽条下,称祀孔子当增武舞,具有见地。[2]

张敉,初名献翼,著《舞志》12卷,共12篇,分《舞容》《舞位》《舞器》《舞服》《舞人》《舞序》《舞名》《舞音》《舞什》《舞述》《舞议》《舞例》。大旨以韩邦奇《志乐》为本,而杂引史传以畅其旨,颇为详备。[3]有乐书而无舞书,献翼独创舞书,弥补空白。黄虞稷《千顷堂书目》说:"乐有书而舞无书,幼于创为之。"顾颉刚以为此书"今不传,可惜也"。[4]

第三节 科学技术的新辉煌

明代苏州科学技术在前代基础上继续发展,通过世代的智慧认识与经验积累,在医学、建筑、园艺、各种工艺以及其他一些领域创造了许多杰出的新成就,成为古典中华文明的瑰宝和遗产,有的就是当之无愧的科技典范。

一、吴门医派

明清苏州中医称为"吴医"。明中期吴县杨循吉专谈"吴中医派"之由来,已说:"今吴中医称天下,盖有自矣。"源于元代义乌名医朱震亨(字彦修,号丹溪)。明代吴县儒生王宾(字仲光)慕学金华名医、朱彦修弟子戴原礼的医术,近乎偷学自练,最终成功,"仲光之医名吴下,吴下之医由是盛矣"。[5]"吴中多良医,吴医多著述,吴中又是温病学说的发源地之一",这是苏州传统医学的三大特点。苏州历代名医辈出,有记载的多达千余家,其中医官、御医百余人。明代也有不

---

[1] 以上严澂、徐上瀛事迹考订及琴学贡献参见章华英:《虞山琴派研究》,中国艺术研究院2002年硕士学位论文。
[2] 永瑢等纂:《四库全书总目》卷三十九,经部39,乐类存目,中华书局1965年影印本,第334页。
[3] 永瑢等纂:《四库全书总目》卷三十九,经部39,乐类存目,中华书局1965年影印本,第333页。
[4] 顾颉刚:《苏州史志笔记》,王煦华辑,江苏古籍出版社1987年,第156页,"张献翼《舞志》"条,引用黄虞稷《千顷堂书目》记载。但查阅《千顷堂书目》(瞿凤起、潘景郑整理,上海古籍出版社2001年,第56页),无此注语。
[5] 前引均见杨循吉:《苏谈·吴中医派》,王稼句点校编纂:《苏州文献丛钞初编》,古吴轩出版社2005年,第160页。

少,至少有 242 人。[1]他们既有高超临床技术,又将医疗实践提炼成医学理论,文化素质高,善于著书立说,留下大量内容丰富的医学著作,历代吴医书籍有 600 余种,现存 400 多种。[2]明代《医经溯洄集》《薛氏医案二十四种》《神农本草经疏》就是其中的名著。吴医在温病、仲景、外科、杂病四大特色的流派上取得重大医学成就,形成公认的吴门医派。

吴医尤其以温病学说为主流,占有中国医学史上的重要地位。它由元末明初王履、明末清初吴有性开启先端,清代盛大发展,走向辉煌,不仅精于诊断,而且善于用中药治疗,出现许多名方名药,并长时期在抗感染治疗学方面居于世界科技领先地位。[3]

王履(1332—1391),字安道,号奇翁、畸叟、抱独老人。昆山人。年少业儒,博通群籍,教授乡里。从金华朱丹溪(彦修)学医,尽得其术。洪武四年(1371)起,任秦王府良医正 10 余年。曾讲张仲景《伤寒论》为诸家之祖,后人不能出其范围。且《素问》说人伤于寒为病热,是言常不言变,至仲景始分寒热,然义犹未尽。于是备常与变,作《伤寒立法考》。著《溯洄集》共 21 篇。又著《百病钩玄》20 卷,《医韵统》100 卷,为医家所宗。[4]子伯承,能世其业,永乐中医名传至南北两京。

作为温病学派名医,王履明确提出"温病不得混称伤寒","乃感天地恶毒异气","热自内达外",应以治里为主。他用刘河间以泻火为主,主张伤寒"治以辛温解表",温病"治以辛凉苦寒",为后世温病治疗突破《伤寒论》,寻到新方向。

王履工诗文,壮年好画。洪武十七年(1384),访医秦中时,壮游华山,完成《华山图册》共 40 幅、《记》4 篇、诗 150 首,为华山游、图、记、诗,古今一人,并有画论《重为华山图序》《画楷叙》,在元末明初山水画领域,提出"吾师心,心师目,目师华山"等个性鲜明的见解。[5]

吴有性,大约生于明万历前期,卒于清初顺治年间。字又可,号淡斋。吴县洞庭山人。崇祯十四年(1641),南北直隶、山东、浙江瘟疫流行,众医用伤寒法

---

[1] 据俞志高编著的《吴中名医录·明》(江苏科学技术出版社 1993 年,第 21—120 页)统计,已除去今属无锡、江阴及流寓的名医人数。
[2] 以上三大特点、吴中名医、医集数据参见《吴中医集·温病类》"出版说明",江苏科学技术出版社 1989 年。
[3] 吴门医派于 2013 年被国家确定为"首批全国中医学术流派传承"项目。
[4] 参见《明史》卷二九九,列传一八七《方伎·王履》,中华书局 1974 年,第 7638 页。
[5] 薛永年:《王履》,载《中国历代画家大观——明》,上海人民美术出版社 1998 年,第 1—45 页。全书共收 12 名画家。俞志高编著:《吴中名医录》,江苏科学技术出版社 1993 年,第 23—24 页。

治疗，一无疗效，甚至造成瘟疫患者被失治、误治而迁延丧命。有性亲历疫情，推究病源，依据治验所得，于次年刊行自著《温疫论》2卷86篇。

有性认为瘟疫病与伤寒症状相似，病因病理、症候表现等方面却完全不同，古书从未分别，故"守古法不合今病"。伤寒感天地之正气，病因是风寒暑湿燥火六气，为六淫之邪所致。六气有限，现在可测。瘟疫非风、非寒、非暑、非湿，乃天地间别有一种异气所感。此为时疫，感天地之戾气，或疠气，是杂气无穷，茫然不可测，致病更多于六气。它无形可求，无象可见，无声无臭，来无时，着无方，触之即病。且各随其气发为诸病，都是传染病。它有九种传变，传变不常，或表或里，各自为病，有各种临床症状，特别凶虐。治疗应区别对待，因症而知变，因变而知治。有性创订达原、三消等则，示以疏利、分消之法，以逐邪为第一要义，急证急攻，因证数攻，控制感染最为关键，当用积极抗感染疗法。他制方有著名的达原饮、三消饮等，临床治疗收效很好。

《温疫论》是我国第一部传染病学研究专著，影响稍后温病学说崛起。此书风行宇内，历久不衰，刻本达46种。清康熙间日本有刊本。有性以其毕生治疫经验和体会，求实创新，大胆提出疠气致病说，实际上已走到细菌病原说前沿，再前进一步，就是找出这种物质本体。他因而成为吴门医派瘟疫学说的先驱，对世界传染病学有重要贡献。[1]

仲景学派名医张璐

张璐(1617—1700)，字路玉，号石顽老人。祖籍昆山，移居长洲。年少颖悟，博贯儒学，深究医药之书。明末避战乱，隐居洞庭西山10多年，参究医药，著述自娱。以后回苏，边行医，边著述，临症经验丰富，医著很多。他研究伤寒学说精深，自幼起遍读伤寒书，深感诸家歧义不一，潜心研讨30年，著刊《伤寒大成》6卷，《伤寒缵论》《伤寒绪论》各2卷。另有《诊宗三昧》1卷、《本经逢原》4卷、《医通》16卷、《千金方衍义》30卷等。[2]他论伤寒兼及温病，对温病学发展有着推动作用。

苏派外科名医薛己

薛己(1486?—1558)[3]，字新甫，号立斋，吴县人。父子名医。

父薛铠，字良武。弘治中官太医院医士。著《保婴撮要》8卷，分门纂辑，对

---

[1] 具体内容可参见吴有性：《温疫论》，俞大祥点校，载《吴中医集·温病类》，江苏科学技术出版社1989年，第3—47页。
[2] 参见俞志高编著：《吴中名医录》，江苏科学技术出版社1993年，第124—125页。
[3] 盛维忠主编：《薛立斋医学全书》，中国中医药出版社1999年，生卒年作1487—1559年。

幼科证治最为详悉。他论乳下婴儿有疾,必调治其母,母病子病,母安子安。且说小儿苦于服药,亦当令母服用。药从乳传,其效自捷。这些都是发前人所未发。其子薛己又以自己所治验附于各门之后。[1]

薛己是诸生,正德时任御医,升南京太医院院判,嘉靖时为院使。

他性敏颖异,读书过目能诵,精通方书,内、外、妇、幼、口、本草之学无所不通,认为十三科要旨皆一理。先精疡科,见外科之医固执局方,不循表里、虚实、经络之宜,而误人甚众,主张以内外合一之道,以内科方药辨证施治外科病症,随手得效。后以内科闻名,以虚证立论,认为诸病皆以脾胃、脾肾亏损,命门火衰为要,治疗重在固护脾胃,补益肝肾,喜用八味、六味,直补真阴真阳之不足。多用古方治病,出入加减在一二味中。

薛己著作等身,自著内科有《内科摘要》2卷,共载医案200余例。外科、骨伤科、口腔科有《外科发挥》8卷、《外科心法》7卷、《外科枢要》4卷、《外科经验方》1卷、《正体类要》2卷、《口齿类要》1卷。传染病有《疠疡机要》3卷,为麻风病专著。妇科有《女科撮要》2卷。本草有《本草约言》4卷,内药性本草、食物本草各2卷,共载药物594种。注解、校释医书各6种。有《薛氏医案》24种、16种、8种及《家居医录六种》行世。[2] 今《薛立斋医学全书》收12种。

《薛氏医案》78卷(通行本)收书16种,含薛己自著《外科枢要》4卷、《原机启微》3卷、《内科摘要》2卷、《女科撮要》2卷、《疠疡机要》3卷、《正体类要》2卷、《保婴粹要》1卷、《口齿类要》1卷、《保婴金镜录》1卷;订定旧本,附以己说,有陈自明《妇人良方》24卷、《外科精要》3卷,王纶《明医杂著》6卷,钱乙《小儿真诀》4卷,陈文中《小儿痘疹方》1卷,杜本《伤寒金镜录》1卷,及薛己与其父薛铠合著的《保婴撮要》20卷(薛己续后10卷)。

薛己医术高明,涉及科目全面。原本疡医,后以内科得名,老竟以疡卒。诟病者说他温补之弊,终于自戕。然而,薛己治病务求本原,用八味丸、六味丸直补真阳真阴,以滋化源,自他发明开始。他治病多用古方,出入加减,具有至理,多在一两味之间见神明变化之妙。其后赵献可作《医贯》,执其成法,以八味、六味通治各病,甚至以六味丸治伤寒之渴,胶柱鼓瑟,流弊滋多。清徐大椿因并集矢于薛氏,其实不是薛己本旨。世行别有一本,增益十四经发挥诸书,实际非薛己

---

[1] 永瑢等纂:《四库全书总目》卷一○五,子部15,医家类存目,中华书局1965年影印本,第884页。

[2] 参见俞志高编著:《吴中名医录》,江苏科学技术出版社1993年,第74页。

所著,也非其所校,是坊贾务新耳目,滥为增入。[1]

薛己对中医文献资料的继承和发扬贡献较大。《口齿类要》是现存较早口腔、喉科专著。他对吴门后世中医外科启发很大,善用温补,启发王氏全生派治疗阴疽;内外合一,启发高氏心得派。张景岳十分推重薛己外科,其《景岳全书》引用他外科论述、医案极多。

杂病流派名医葛乾孙、缪希雍

葛乾孙(1305—1353),字可久,长洲人。父应雷,以医闻名。当时北方名医河间刘守真(完素)、易水张洁古(元素)之学未行于南。有李姓为中州名医,官吴下,与应雷谈论,应雷大为骇叹,因授以张、刘之书。自此江南传有二家之学。

乾孙体貌魁硕,好击刺战阵法。后折节读书,兼通阴阳、律历、星命之术。屡试不偶,乃传父业。文、武、医药兼通,却不肯为人治疾,有时施治,则著奇效,名气与金华朱丹溪相埒。他疗病有奇中。如一富家女病四支痿痹,目瞪不能食,众医治理无效。乾孙命全部去掉房中香奁、流苏之类,掘地坎,放女其中。好久,女手足动,能出声。投药一丸,明日女自坎中出来。此女嗜香,脾为香气所蚀,故得此症。[2]

乾孙考究方脉30余年,著《医学启蒙》《经络十二论》(已佚)、《十药神书》。后者为治疗肺痨专书,是他遇一异人,同处三月,拜师所得秘方,晚年用三余暇日,将它整理,并有自己日用决效之法[3],包括十灰散、花蕊石散、独参汤、保和汤等10首方剂,对肺痨早期治疗收效很好,为明清医家较多引用、治疗。从此我国肺痨治疗开始有一套可循之法。

缪希雍(1546—1627),字仲淳(醇),号慕台。常熟人,长期侨居长兴,移居并老于金坛,卒葬宜兴,子孙迁葬归虞山。他幼年体弱多病,17岁患疟疾,久治无效,自检方书,试服而愈。从此立志医学,刻苦自学,又师从无锡名医司马铭鞠,博采众长,医业大进,名声远扬。《明史·方技》附见李时珍传。

希雍与会稽名医张介宾(1563—1640,号景岳)同时,治病处方立法,介宾守法度,他颇能变化;介宾尚温补,他颇喜寒凉,各有得力。他善于辨证审因,以脉与症试方,不以方尝病,不泥于古,故每奏良效。朱国祯《涌幢小品》记载,天启元年(1621),国祯患膈病,上下如分两截,中痛甚不能支。希雍至,用苏子五钱

---

[1] 永瑢等纂:《四库全书总目》卷一〇四,子部14,医家类二,中华书局1965年影印本,第873—874页。

[2] 参见《明史》卷二九九,列传一八七《方伎·葛乾孙》,中华书局1974年,第7635页。

[3] 参见俞志高编著:《吴中名医录》,江苏科学技术出版社1993年,第13—14页。

即止,足见其医技高超。[1]他十分重视气血之间的关系,对气血病症论治,有治气三法、治血三法、吐血三要,非常精辟,成为后人临床治疗的经典指导。

希雍电目戟髯,谈论古今国事、兵家成败,大声殷然,而察脉审证,四顾踟蹰,甚细甚虚甚小心。好交游,重气节,与"东林党"人相友善。天启中,王绍徽作《点将录》,以东林诸人分配《水浒传》108人姓名,以希雍精于医理,称为神医安道全。

希雍著《神农本草经疏》30卷,认为本草出于神农,譬如五经。其后又复增补别录,譬如注疏。可惜朱墨错互,于是,沉研剖析,以《本草》为经,《别录》为纬。他以《神农本经》为主,加上自己发明,附以名家主治药味禁忌,次序全依宋大观《证类本草》,部分混杂的,则加以移正。希望据经以疏义,缘义以致用,参互以尽其长,简误以防其失。希雍医名卓著,此书影响广大,所谓《经疏》出而《本草》亡,反而害了《本草》传播。当然,其议论也有纰缪,并且有多用石膏之弊。[2]

另有《续神农本草经疏》12卷、《炮炙大法》。还有《先醒斋广笔记》4卷,初名《先醒斋笔记》。长兴丁元荐取希雍所用医方裒为一编,为《缪仲醇先生医案》3卷。[3]希雍又增益群方,兼采本草常用药,还增入伤寒温病时疫治法,故名《广笔记》,共编入常用药439种,多有独见。

祝允明曾经赞颂道:"本朝医伎多出吴,其授受成就灿然,诸家牒互传之。"他专作成化年间苏州人材传记,医术高明的有张豫御医与人品高洁的王敏。[4]

二、蒯祥与香山帮"苏式"建筑

据明代王世贞《弇州史料》记载:"明工部侍郎蒯福墓在香山吴璠村。福,永乐初以木工得官。又有蒯祥、蒯钢、蒯义,并至侍郎。蒯璘官至少卿。"[5]

蒯义,工部左侍郎;蒯钢,右侍郎,俱木工,吴县人。见王世贞《异典述》。蒯福,亦吴县木工,能大营缮,永乐中为木工首,以告老退,子祥代之。蒯璘,香山人,以匠鸣于时,见张昶《吴中人物志》。四蒯,志俱未载。福应附子祥传,义、钢、璘,疑为福族人。今香山蒯姓尚多。[6]

---

[1] 永瑢等纂:《四库全书总目》卷一〇四,子部14,医家类二,中华书局1965年影印本,第876页。
[2] 永瑢等纂:《四库全书总目》卷一〇四,子部14,医家类二,中华书局1965年影印本,第876页。
[3] 参见俞志高编著:《吴中名医录》,江苏科学技术出版社1993年,第98—99页。
[4] 祝允明:《成化间苏材小纂》《方术纂附》,《吴中小志丛刊》,陈其弟点校,广陵书社2004年,第99—100页。
[5] 见顾震涛:《吴门表隐》卷四,江苏古籍出版1986年,第46页。
[6] 钱思元:《吴门补乘》卷六《杂艺》,朱琴点校,上海古籍出版社2015年,第262页。参见王世贞:《弇山堂别集》卷十《皇明异典述五》,魏连科点校,中华书局1985年,第178页。

清代道光年间,仍"有上蒯、下蒯二村,子孙聚族于此"[1]。21 世纪初,蒯氏聚居之地因建设规划需要已被拆建。顾颉刚 1953 年读书按语说:"蒯氏之像,予于故宫博物院见之,图作北京城全形,午门之外,八象对立,蒯氏纱帽红袍立于左,人形特大,与建筑比例不称,盖明帝重其人,所以纪念之也。今在苏南文管会中又见之,谓得自宜兴某家。疑蒯氏别画一轴,示其荣宠,遂流至他邑耳。故宫一图书有人名,特不忆其为福为祥矣。"[2]他不能确定蒯福蒯祥的关系,实际上是父子关系,更不能确记明代营造北京城与皇宫图上的特大人像是蒯福蒯祥,因而读书笔记取条目名"造北京城之蒯福"。我们依据明实录记载,可以解开这道疑惑。

蒯祥(1398—1481),字廷瑞,吴县香山(今吴中区江苏太湖国家旅游度假区)渔帆村人。父蒯福能,长于大营缮,永乐中为木工首。蒯祥随父学艺,父年老告退,他继任木工首,也"能主大营缮"[3]了。

明成祖于永乐十五年(1417)营建北京宫殿,蒯祥参加建筑设计,其中有宫廷正门承天门(即天安门)。"自正统以来,凡百营造,祥无不预。"参预众多重大皇室工程。如英宗正统(1436—1449)时,负责重做三大殿(即后来的太和、中和、保和殿),新建乾清宫、坤宁宫、文武诸司衙署,参预宣宗景陵营建。英宗天顺八年(1464),主持英宗裕陵的建造。

蒯祥"以木工起,隶工部,精于其艺"。积劳累官至营缮所丞、太仆寺少卿。代宗景泰七年(1456)七月升工部右侍郎,仍督工匠。宪宗成化二年(1466)七月,因九年考满,由工部右侍郎升左侍郎。十一年五月升正二品俸。后又以考满,升俸一级,即从一品俸。"祥为人恭谨详实,虽处贵位,俭朴不改,常出入未尝乘肩舆。既老,犹自执寻引,指使工作不衰。"[4]自年逾70以上,每三年考满,吏部都提他致仕,均被宪宗复职留任,照旧办事。十七年(1481)三月,卒于位,享寿84岁。赐祭葬如例。

---

[1] 顾震涛:《吴门表隐》卷四,江苏古籍出版社 1986 年,第 46 页。顾震涛生于清乾隆十五年(1750),道光年尚存。《吴门表隐》道光十四年(1834)梓版。
[2] 顾颉刚:《苏州史志笔记》,王煦华辑,江苏古籍出版社 1987 年,第 148—149 页。
[3] 崇祯《吴县志》卷五十三《人物二十·工技》,《天一阁藏明代方志选刊续编》19,上海书店 1990 年,第 608 页。据《明嘉议大夫工部右侍郎蒯公合葬墓表》(碑存今蒯鲁班墓园),蒯祥父蒯福能。此为蒯祥祖父蒯明思暨配顾氏合葬墓表。蒯明思有曾孙 8 人,其中有蒯刚,营缮所丞。黄瑜《双槐岁钞》卷八《木工食一品棒》称,蒯祥"父福能主大营缮",蒯祥"尝赠及祖父母、父母,其子为锦衣千户,又荫为国子生。其禄寿,盖为木工者所罕见也"(魏连科点校,中华书局 1999 年,第 155—156 页)。参见施晓平《故宫"总工"蒯祥,你被误读了多少?》,微信公众号"吴中悠悠看",2018 年 11 月 17 日。魏连科标点"蒯福能",他得自于张建雄的发现。
[4] 上引均见《明宪宗实录》卷二一三,成化十七年三月辛丑,台湾历史语言研究所校印本 1962 年,第 7—8 页,总第 3710—3711 页。

蒯祥建筑学水平十分高超。精通尺度丈量,善于营建工程。每当宫中有所营缮,中使引导他进去,他大略用尺丈量,若不经意,等造成后放置原所安装,则毫厘不差。他指使群工,如有违背自立一套的,就出差错,说明他对用料、施工的位置、距离、大小尺寸等掌握精确。他几何原理和绘制技巧娴熟,"能以两手握笔画双龙,合之如一"。榫卯技术尤其出色。我国古建筑大多为木结构,主柱和横梁之间的合理组合十分关键。蒯祥的榫卯骨架结合准确、牢固,巧于应变,成功创设"金刚腿",创造许多建筑奇迹。"上(宪宗)每以蒯鲁般呼之。"[1]他还巧妙采用苏州彩画、琉璃金砖等江南建筑技艺,使皇宫殿堂楼阁建设得富丽堂皇。有关他鬼斧神工神奇建筑的事迹被广泛传播,蒯祥由此成为香山帮"苏式"建筑(即苏州古典建筑)工匠群体的鼻祖,一代建筑宗师,被尊称"蒯鲁班"。

与蒯祥同时,香山蔡某由营造宫殿官至尚宝司丞,石工陆祥授官工部左侍郎。早在明代,对于以蒯祥为代表的苏州香山建筑水平就有很高评价,以至于由工匠出任高官,称为"匠官",[2]类同科举进身,让一些人无法接受,竟然引来非议之声。

> 京师有蒯侍郎衔(衙)衖(胡同)。蒯为吴香山人,斫工也。永乐间召建大内,凡殿阁楼榭以至回廊曲宇,随手图之,无不称上意者。位至工部侍郎,子孙犹世二业。弘治间有仕为太仆少卿者。
>
> 今江南一工,巧工皆出于香山。近七陵九庙等功成,工匠为卿者多矣,而工曹亦被滥恩。时谓工官转迁,何异斜封墨敕?[3]

蒯祥归葬渔帆村祖茔,墓侧立有天顺二年(1458)钦赐蒯祥祖父蒯明思、祖母顾氏的"奉天诰命"碑。当地政府于1963年重修蒯祥墓,列为江苏省重点文物保护单位,1994年建立"蒯鲁班墓园"。蒯祥在北京居住的巷子被称为蒯侍郎胡同,迄今尚存。

三、园林与造园艺术

谚称"江南园林甲天下,苏州园林甲江南"。苏州以园林名胜久誉中外,迄今

---

[1] 崇祯《吴县志》卷五十三《人物二十·工技》,《天一阁藏明代方志选刊续编》19,上海书店1990年,第609页。

[2] 上引参见徐礥先:《香山小志·人物》,《中国地方志集成·乡镇志专辑》7,江苏古籍出版社1992年,第443—444页,然而,称蒯"祥子福,弘治间太仆寺少卿"。民国《木渎小志》卷四《人物七·工伎》,《中国地方志集成·乡镇志专辑》7,江苏古籍出版社1992年,第513页,记载与此相同。

[3] 皇甫录:《皇明纪略》,《丛书集成新编》第85册影印《历代小史》卷八十五,台湾新文丰出版公司1985年,第256页。

不仅保留一批宋元明清时的名园,有的已被列为联合国世界文化遗产,而且曾出现了一些造园名家和总结造园实践的理论名著。

明代是苏州园林和造园艺术的重要发展时期。据统计,明代苏州园林有276处[1],让苏州成为十足的园林之城。明中期,"江南名郡,苏杭并称,然苏城及各县富家多有亭馆花木之胜,今杭城无之"[2]。苏州园林多为私家庭园,一般面积不大,既为居住,兼作游览。苏式园林布局自然,章法多样,巧于变化,移自然于园庭,合人文于实体,允称中国建筑一大流派。

拙政园,位于今古城娄门内东北街178号,苏州现存面积最大的古典山水园林,是现今苏州宋元明清四大名园之一。

明武宗正德四年(1509),弘治进士、嘉靖御史王献臣由仕途归隐老家苏州,买地于此,聘请文徵明参与设计,历时16年建成,取西晋文学家潘岳之言:"筑室种树,逍遥自得……灌园粥蔬,以供朝夕之膳……此亦拙者之为政也。"[3]取园名"拙政"。文徵明作《拙政园图》《拙政园记》《拙政园咏》传世,有31个景点,勾画出园林风貌。不久,王献臣去世,其子一夜豪赌,把园输于徐氏。以后园子屡屡易主。崇祯四年(1631),东部归侍郎、山水画家王心一,经修葺后取陶渊明诗,改名"归园田居"。清代数经传承分合,直到20世纪50年代,全园合一,才恢复"拙政园",占地62亩。

中部主景区为全园精华所在,以开阔的水池为主;池中堆山,以远香堂主厅为宴饮宾客之所;环池建有楼台亭榭,参差错落,却仍保留天然浑厚、质朴疏朗的明代格局。东部、西部经过多人多次改造,景物名胜增多,愈加精致;庭院错落,曲折多变。全园一年四季以花草林木为胜,自然山水与诗情画意融会一体,步移景易,无不宜人,堪称苏州园林典范。

艺圃,位于今古城西金阊之间的文衙弄5号。

嘉靖二十年(1541),袁祖庚始建为醉颖堂,门额书"城市山林"。万历四十八年(1620),园为文徵明曾孙震孟购得,堂名世纶,园名药圃。清顺治十七年(1660),归山东莱阳姜埰,名颐圃,又称敬亭山房,其子姜实节易为艺圃。以后园屡易主。道光十九年(1839),绸缎业于此设立七襄公所。

园地仅五亩,呈南北狭长的矩形,分住宅、花园两部分。宅有五进,布局曲折,厅堂古朴,有世纶堂、东莱草堂。园在宅西,以五分之一的池水为中心,池北

---

[1] 邵忠编:《苏州园墅胜迹录》,上海交通大学出版社1992年,第56—91页。
[2] 陆容:《菽园杂记》卷十三,佚之点校,中华书局1985年,第156页。
[3] 萧统:《文选》卷十六《闲居赋》之序,上海书店1988年影印本,第209页。

多建筑,以博雅堂为主;池南为假山,临池以湖石叠成绝壁、石径。池水东南的乳鱼亭为明代遗物。

全园开朗质朴,山水交融,树木葱茏,既有奇秀之美,又有山林野趣,作为明代特色浓郁的庭园建筑,十分珍贵。

拙政园与艺圃现在都被列入全国重点文物保护单位,联合国世界文化遗产。

文震亨与《长物志》的园艺

文震亨(1585—1645),字启美,长洲人。文徵明曾孙,震孟弟。天启五年(1625)恩贡生。崇祯初任中书舍人,以善琴供奉武英殿。能书法,善绘画,颇有家风。明亡,他绝粒死,后被谥节愍。

震亨喜爱园林,深谙园艺,吟诵、绘画不断,居家也自造园林。他于明末写成《长物志》12卷,分室庐、花木、水石、禽鱼、书画、几榻、器具、位置、衣饰、舟车、蔬果、香茗12类。长物,取《世说》王恭语。凡是闲适玩好之事纤悉毕具,尤其注重赏玩园林。大致远以赵希鹄《洞天清录》为渊源,近以屠隆《考槃余事》为参佐。其中,室庐、花木、水石、禽鱼、蔬果,与园艺直接有关,书画、几榻、器具、衣饰、舟车、位置、香茗,与园林间接相关。这是物质文化经文人高度精致园艺化的代表作品。

在清人眼里,明季山人墨客多以此类清供赏玩相夸。然有人矫言雅尚,反增俗态。震亨世以书画擅名,耳濡目染,与众本殊,故所言收藏赏鉴诸法亦具有条理。所谓王谢家儿,虽复不端正,亦奕奕有一种风气。且震亨捐生殉国,节概炳然,其所手编,当以人重,尤不可泯没。故特地录存,以备杂家一种。[1]

英国研究明代中国物质文明史的重要学者柯律格,多所关注明代苏州主题,以文震亨《长物志》为例,从物品视角切入艺术史,跨越学科界限,参照社会文化理论,研究明代文化消费,影响很大。[2]

计成与《园冶》

计成(1582—?),字无否,号否道人,吴江人。明末杰出造园家。少年时以善画山水知名,性好搜奇,最爱五代画家关仝、荆浩笔意,画画时常有所取法。喜欢游历,到过燕京、两湖。中年回吴地,择居镇江。镇江山水佳胜,有好事者将奇巧的山石布置在竹木之间,叠成假山。他提出以真山形态叠假山,并巧合地堆成壁山,形象逼真,俨然佳山,从此他以叠山技巧,播名远近。天启时,应常州吴玄邀

---

[1] 永瑢等纂:《四库全书总目》卷一二三,子部33,杂家类七,中华书局1965年影印本,第1059页。

[2] 柯律格(Craig Clunas):《长物:早期现代中国的物质文化与社会状况》,高昕丹、陈恒译,生活·读书·新知三联书店2015年。

请,在其城东宅基 15 亩中营造约 5 亩的庭园。崇祯前期,营建仪征县汪士衡寤园、南京阮大铖石巢园、扬州郑元勋影园。

根据丰富的造园经验,计成于崇祯四年(1631)写成《园冶》,七年(1634)刊行。他依靠高超的造园技术谋生,但社会地位低下,贫穷一生,"愧无买山力,甘为桃源溪口人也",而且二子无知,于是将造园经验刊行于世,光大人间,所谓"涉身丘壑,暇著斯'冶',欲示二儿长生、长吉,但觅梨栗而已。故梓行,合为世便"。计成不仅能画,能以画意造园,而且工诗文。

《园冶》共 3 卷,插图 235 幅,是我国最早、最系统的造园艺术专著,被誉为世界造园学最早的名著。第一卷《兴造论》《园说》,叙述造园意义,是全书纲领。《兴造论》提出"园林巧于因借,精在体宜";《园说》认为"虽由人作,宛自天开",并分别从相地、立基、屋宇、装折,以及第二卷栏杆,第三卷门窗、墙垣、铺地、掇山、选石、借景,全面总结他冶园独创见解,具有可操作性,显示了极高的造园理论和艺术水平。[1]

释道恂《师子林纪胜》

师子林在苏州城东。元至正中,天如禅师居寺中,倪瓒叠石成山。地址逼仄,而起伏曲折,有若穹谷深岩,成为胜地。山顶一石,状若狻猊,故名师子林。胜流来往,题咏至多。释道恂裒编成集,撰《师子林纪胜》2 卷,为苏州园林增胜留下宝贵记载。[2]

四、独特的苏工苏作工艺创新

(一) 正德《姑苏志》所载苏工苏作工艺

明中期的正德《姑苏志》说:"吴中物产甚富,往往有名天下者,或以土地所宜,或以人力工巧,乃知东南之美,不特竹箭而已。"[3]把苏州物产分成天然的和人力加工的两种。天然的为"生植",是田地山荡自然土产,分 22 类,见本书第二章所述。人工的为"造作",就是工艺,分 5 类,即帛之属 7 种,布之属 8 种,器用之属 10 种,饮馔之属 22 种,工作之属 11 种。体现到明中期苏工苏作工艺独特创新的,有"生植"部分的石之属 8 种,"造作"部分的帛、布、器用,尤其是

---

[1] 参见《园冶注释》,陈植注释,杨伯超校订,陈从周校阅,中国建筑工业出版社 1988 年第 2 版。
[2] 永瑢等纂:《四库全书总目》卷一九三,集部 46,总集类存目三,中华书局 1965 年影印本,第 1762 页。
[3] 正德《姑苏志》卷十四《土产》,《天一阁藏明代方志选刊续编》11,上海书店 1990 年,第 920 页。

"工作"一类。

石之属8种：

太湖石，出西洞庭，生水中，玲珑剔透，名满天下，十分独特。

鼋山石，出洞庭湖鼋山，充碑碣柱础用。

昆山石，出昆山县马鞍山。

巉村石，出灵岩山下，可砚，佳者不减歙材。

苑山石，出常熟县，亦可为砚。

褐黄石，理粗，发墨不渗，类夔石。土人刻成砚，以草束烧过，仍用慢灰火煨，色变紫，用起来与不煨者同，亦不燥。即米芾《砚史》所云苏州褐黄石砚。

锦峰石，出锦峰山，色紫，充杂器用。永乐间造南京报恩寺塔取此石刻佛像，以其天阴雨不润，可妆采色。

砂石，诸山俱出，而以出天池的为佳。

另外，白石脂，出秦余杭山，有五色。苏州土贡有赤白二色。白磻，出阳山，洁白如粉，可用涂垩，亦堪入药。山东北有坑，深数十丈，转为隧道，危险不可逼视，土人凿而取用。

造作中，帛类7种：

"锦，惟蜀锦名天下。今吴中所织，海马、云鹤、宝相花、方胜之类，五色眩耀，工巧殊过，犹胜于古。宣德间，尝织昼锦堂记如画轴，或织词曲，联为帷障。又有紫白落花流水充装潢卷册之用。"

纻丝。出郡城。有素，有花纹，有金缕彩妆。其制不一，皆极精巧。《禹贡》所谓织文。上品名清水，次帽料，又次倒挽。四方公私集办于此。

罗。出郡城。花纹者为贵，素次之。别有刀罗、河西罗。

纱。出郡城。素者名银条，即汉所谓方空。花纹者名夹织。亦有金缕彩妆诸制。轻狭而縠文者曰皱纱。

绫。诸县皆有，而吴江为盛。唐时充贡，谓吴绫。《旧唐书》载，天宝中吴郡贡方纹绫。唐大历六年（771），禁织龙凤、麒麟、天马、辟邪等纹，其薄而鸾鹊纹者，充装饰书画之用。

"绢。《左传》杜预注：吴地贵绢，郑地贵纻。今郡中多织生绢，其熟者名熟地〔1〕，四方皆尚之。花纹者名花绢。又有白生丝织成，缜密如蝉翼，幅广有至四

---

〔1〕 乾隆文渊阁《四库全书》本改为"熟绢"，见正德《姑苏志》卷十四《土产》，《景印文渊阁四库全书》493，台湾商务印书馆1986年，第306页。

尺余者,名画绢。又有罗底绢,稍厚而密。"

绅。诸县皆有,即缯绞。线织者曰线绅。撚绵成者曰绵绅。比丝攒而成者曰丝绅。

布之属8种:

木绵布。诸县皆有,而嘉定、常熟为盛。

药斑布,亦出嘉定县境及安亭镇。宋嘉泰中,有归姓者创为之,以布抹灰药而染青,候干去灰药,则青白相间,有楼台、人物、花鸟、诗词各色,充帐幔衾帨之用。

"苎布。绩苎为之,漂而熟者名洗白,生者为生苎,通行天下。出太仓者为上,昆山次之。别有杜织,缜密坚久,名腰机,盖古有《白苎词》,其来久矣。"

缣丝布。出诸县。合苎与丝比而织成。

綦花布。用青白缕相间织成。

斜纹布。出嘉定。

麻布。绩麻制成,精粗不等。别有熟麻成者,曰熟苎。

黄草布。缕黄草制成,下品布。

织了布,就会有加工服装的布作,即裁缝行业,成衣服务,为人们生活必需。

器用之属10种:笺、兔毫笔、灯、纱巾、纱帽胎、扇骨、席、藤枕、柳箱、蒲鞋。

笺。唐有鱼子笺。宋颜方叔曾创制诸色笺,有杏红、露桃红、天水碧,俱砑花竹、鳞羽、山林、人物,精妙如画,亦有金缕五色描成者,士夫甚珍之。范成大云,蜀中粉笺,正用吴法。元有春膏、水玉二笺,鲉色尤奇。又以茧纸作蜡色,两面光莹,多写大藏经,传流于世。故有宋笺、元笺之称。"近年所造者幅小于昔,虽便于用,而无古法。"

兔毫笔。大者为全肩,次为半肩,羊毫,为大小落墨。其法传自吴兴,颇精,亦行于四方。

灯。往时吴中最多。范成大诗有琉璃球、万眼罗二灯为奇绝。他如荷花、栀子、葡萄、鹿、犬、走马之状,及掷空有小球灯,滚地有大球灯,又有用鱼鲉、铁丝及麦秆制作。"一种名栅子灯,在鱼行桥,盛氏造,今不传,即云南所谓缭丝灯也。"

纱巾。吴中漆者最佳。南渡后多尚此。又以黄练相衬,取其耐裹无掀动之患。范成大曾制石湖巾使北,以遗馆伴田彦皋,由是传于四方。

纱帽胎。织藤而成,颇精绝,虽两京不逮。

扇骨。出陆墓。

"席。出虎丘者佳,其次出浒墅。或杂色相间,织成花草、人物为帘,或坐席。

又一种阔经者出甫里。"

藤枕。治藤而成,颇精。出齐门。

柳箱。出吴县横塘。髹漆为妆奁之用。

蒲鞋。吴人以蒲为鞋,草为屦。

饮馔之属有22种,都是当地土特产,经过巧手能厨烹制,成为美味佳肴,天堂独特食品,并成为商品流通,推进商业繁荣。

"酒。唐有五酘酒。宋有木兰堂洞庭春。今其法不传,惟煮酒,以腊月酿贮小缾,旋卖,名生泔。蒸过泥封,为煮酒,可以经岁,或入木香、荳蔻、金橘诸品,则各以其类名之,香冽超胜,转贩四方,谓苏州酒。别有白酒,名秋露、白莲花、白杜、茅柴。"

顾颉刚称,三白酒,即白米、白水、白曲,娄关顾氏创造。宋顾克先名勤始造,开老白酒之先。[1]

茶。出吴县西山,谷雨前采焙极细者贩于市,争先腾价,以雨前为贵。"昔洞庭出茶,尝入贡。水月院茶,载《图经续纪》。"

鮸鱼干脍。出海中,鳞细,紫色,无细骨,不腥。隋大业六年(610),吴郡献鮸鱼干脍十四瓶。浸一瓶,可得径尺盘十所。又献作干脍法,五六月海中取其鱼,缕切晒干,盛以瓷瓶,密封泥。欲食,开取,以新布裹大盆,盛井底,浸久,出布,洒却水,则敷然散著盘上。又献鲈鱼干脍法,如鮸鱼。

海虾子。隋大业六年,吴郡献四十挺,挺一尺,阔二寸,厚寸许。先取海中白虾子,以小布袋盛末,监封后,日晒,夜则平板压干,破袋取出,包如赤瑠璃,美胜鲭子。"又云白虾一石,仅约五升,暴殄之酷,无烈于此。今鲭子犹存,而虾子则人不忍作矣。"

蜜蟹拥剑。隋大业六年,吴郡所献蜜蟹、糖蟹之类。拥剑,即《吴郡赋》所谓"乌贼拥剑"。

鲤腴鲊。出太湖。隋大业二年,吴郡献,纯以鲤腴制成,一瓶用鱼四五百头,味过鳣鲔。以上诸法皆不得,因旧志所载,《姑苏志》存载。

"炙鱼。《吴越春秋》云:吴王僚嗜炙鱼,子胥荐专诸于公子光。专诸去从太湖学炙鱼法,三月得其味,因刺王僚。盖吴地产鱼,吴人善治食品,其来久矣。"

水晶鲙。以赤尾鲤净洗,鳞去涎,水浸一宿,用新水于釜中谩火熬浓,仍去鳞滓,待冷即凝,缕切,沃以五辛,醋味最珍,俗云喋子。

---

[1] 顾颉刚:《苏州史志笔记》,王煦华辑,江苏古籍出版社1987年,第149页。

鱼鲊。出吴江。以荷叶裹而煮熟,味胜罂缶,名荷包鲊。或有就池中荷叶包裹。

庖鳖。鳖,所在均有,而吴中庖烹为佳食,市以为奇品。

蜜煎。以杨梅、枇杷、青梅、橙橘之属,蜜渍后成煎。出郡城。

熏杨梅。家造尤精。

松花饼。春夏之交,山人取松花调蜜做饼,颇为佳胜。僧家尤贵之。

糕。捣黍制成。"楚词有粔籹,其注曰环饼。吴人谓糕曰膏,环亦谓之寒具,方言谓之糕,凡数品,雪糕、花糕、生糖糕、糖松糕、焦热糕、甑儿糕之类。又有峰糕,谓之重阳糕。"

角黍。箬裹糯米而成。或用菰叶。

油堆。用粉下酵,裹糖,制如饼,油煎而食。

圆子。搦粉为丸。范成大诗:"搦粉团圆意二品。"俱为元宵节物。

骆驼蹄。蒸面制成。其形如驼蹄,重阳节物。

冷丸。用极细粉裹糖,煮熟,入冷水而食,为寒食节物。

饧。以麦芽熬米制成。古谓饦餭。楚词注谓饴。唐人有胶牙饧。见陆鲁望《祀灶解》。"今俗尤所尚,总名曰糖。"出常熟直塘市,名葱管糖。出昆山,如三角粽者,名麻粽糖。

"牛乳。出光福诸山。田家畜乳牛,善饲以刍豆,取其乳,如菽乳法,点之,名乳饼,可以致远,四方贵之。别点其精者为酥,或作泡螺、酥膏、酥花。"

苏州乳酪名气响亮。"苏州过小拙和以蔗浆霜,熬之、滤之、钻之、掇之、印之,为带骨鲍螺,天下称其至味。其制法秘甚,锁密房,以纸封固,虽父子不轻传之。"[1]是秘传的高超家庭饮食工艺。

"豆生。用豆粉揉和如面,干而䴰之。"

工作之属11种,具体分类可有:

"绣作。精细雅洁,称苏州绣。"

"裱褙,自两京外,惟吴中为得法。"宋米芾《画史》有苏州褙工之名,其来已久。

金属工艺:

银作。出木渎。元朱碧山蟹杯甚奇,其法不传。

针作。出郡城。

---

[1] 张岱:《陶庵梦忆》卷四《乳酪》,马兴荣点校,中华书局2007年,第51页。

"铁作。自欧冶子铸剑,吴中铁工不绝。今出灵岩山下数家,能炼铁成钢,制刀者资之。"

锡作。亦出木渎。旧传朱象鼻所制为佳。

铜作。亦出木渎王家。其制香球及锁皆精巧。又有嵌银壶瓶、香炉诸品出常熟。

建筑装饰:

漆作。有退光、明光。又剔红、剔黑,彩漆,皆精。

"木作。出吴县香山。永乐时造北京宫殿,有蔡某,官至司丞;蒯某,官至侍郎,皆香山人。"

"泥水作,即韩子(韩愈)所谓'圬者'。亦出香山。"

"窑作。出齐门陆墓,坚细异他处。工部兴作,多于此烧造。"[1]

以上这些其实就是手工业生产的细分行业,如采石加工业、棉纺丝织业、生活器具制造业、食品加工业、建筑装饰业等,体现了手工业生产的丰富多样,工匠的聪慧精细灵敏,丰富了人们日常生活,也赢取着巨大利润,促进了消费水平提高。

（二）突出的苏工苏作工艺

随着人口流动与汇聚、商品经济和文化艺术发展,明代苏州工艺之花全面绽放,成为天下著名的工艺之都,创新设计日新月异,手艺名气响亮,家喻户晓,留下丰富的工艺经验、精品和文物遗产。依据当今分类,苏州民间手艺大约分为七类,即织绣、雕塑、装饰、文化用品、扇子、玩具、金属工艺。[2]这些民间工艺既有技术经验积累,符合科学,又有艺术涵养,先导审美趣味更新,在人们日常生活和文化之中,首先有着实用价值,具备大众或高档的消费基础,因而能形成独到性专门行业,吸引一定数量规模的工匠从业,其中有些工匠用心专研,精进技艺,家族或师徒传授发展;其次讲究文化艺术品位,拥有艺术欣赏性,具备收藏价值,成为传世珍宝。

苏州手工艺品精巧,特色明显,品种繁多,在明代就有名闻全国、必定声垂后世的。

吴中绝技:陆子冈之治玉,鲍天成之治犀,周柱之治嵌镶,赵良璧之

---

[1] 以上苏州物产及引用均参见正德《姑苏志》卷十四《土产》,《天一阁藏明代方志选刊续编》11,上海书店1990年,第953—972页。

[2] 参见张澄国、胡韵荪主编:《苏州民间手工艺术》,古吴轩出版社2006年。

治梳,朱碧山之治金银,马勋、荷叶李之治扇,张寄修之治琴,范昆白之治三弦子,俱可上下百年保无敌手。但其良工苦心,亦技艺之能事。[1]

张岱提到的"吴中绝技"关联到琢玉、犀角诸雕刻、金属工艺、梳子、扇子、乐器等手工艺行业,仅仅是当时行业中为数极小的顶尖手艺人的杰作。还有很多行业与名家高手。他们有的土著,有的来迁,为了养家糊口,习成一技一艺,依靠勤勤恳恳,踏踏实实,孜孜不倦,精益求精,在市场经济氛围里,在各行各业,有的佼佼者成名成家,尽管他们的事迹记录只言片语,零星散落,却都为苏州科技发展和中华文明做出了杰出贡献,凝结着苏州工艺精细典雅美观的独特风格,从而永载史册。

当今苏州政府已正式申请将苏绣、缂丝、桃花坞木刻年画、苏州宋锦四大工艺列为世界文化遗产。

1. 苏绣

苏绣即苏州刺绣,与湘绣、蜀绣、粤绣并称中国四大名绣。苏绣起源于苏州吴县一带。刺绣必需绚丽多彩的锦缎,五光十色的花线,该地蚕桑、丝绸业高度发展,提供了支持。春秋时吴国服饰已有刺绣。宋代苏绣水平已很高。明代苏绣进一步发展。主要原因是,明代中后期,随着社会经济发展,商品化趋势加大,社会消费需求增加促进商品绣规模扩大。苏州作为全国丝织业中心,能生产足够的优质丝绸,提供刺绣原材料,又有沈周、唐寅等一批吴门名画家提供丰富多样的优秀画作,既有文化意味,又符合市民审美品位,可以入绣,再加上受嘉靖(1522—1566)时上海露香园顾绣的影响,吸收其特长,苏绣承前启后,图案秀丽,色彩文雅,针法活泼多变,绣工精细雅洁,愈加完善。集中体现在利用高端画作,以针作画,进行刺绣再制作,成为仿画绣,绣品的刺绣针法与绘画的色彩调和和谐统一,相得益彰,巧夺天工;在原料、针法、绣工、色彩、图案等方面形成苏绣独特风格,直接推动清代苏绣的繁盛。

苏绣既是高档艺术消费品,具有观赏和收藏价值,更是日常生活装饰用品,有着实用价值。有以刺绣作为消遣的闺阁绣、宫廷绣,有作为谋生的民间绣。从城镇到农村,刺绣都是女红普遍的工艺,也可以是家庭副业。家家养蚕,户户刺绣,传统工艺流衍,使苏州成为历史悠久的锦绣之乡。

---

[1] 张岱:《陶庵梦忆》卷一《吴中绝技》,马兴荣点校,中华书局2007年,第20页。崇祯《吴县志》卷五十三《人物二十·工技》,据钱允治《序略》,周柱作周治,见《天一阁藏明代方志选刊续编》19,上海书店1990年,第610页。

苏绣品种繁多。服饰、被面、枕袋、帐幔、靠垫、鞋面、香包、扇袋等,都能刺绣。明代已分欣赏品、日用品、戏衣三类。刺绣图案花纹常常以喜庆、长寿、吉祥之类居多,如鸳鸯、荷花等花鸟,山水楼阁,人物、观音等,生动有趣,针法活泼,绣工精细,色彩秀雅。

万历皇帝的缂丝衮服,孝靖皇后的刺绣百子衣,都由苏州制作,在1986年苏州市建立的中国苏绣艺术博物馆陈列了复制品。刺绣名家,如明末有吴江吴母,擅绣观音,技艺精绝,每幅一金。侍御钱岱家女教师薛氏,苏州人,钱家人称薛太太,工刺绣,擅丝竹,享年50有余。

苏绣有种不同于丝绣的发绣,以发代线,用料奇特,保存长久,永不褪色,制作时间也长,工艺更复杂,在刺绣艺术园地一枝独秀。迄今知道最早的是现存英国伦敦博物馆的《东方塑像》,相传为宋高宗妃刘安所绣。有明代发绣作品,被视为典藏的稀世珍宝。如2005年中国嘉德春季拍卖会,元、明发绣《十八尊者册页》以人民币500多万元成交。明代苏州发绣名家,如邢慈静,善墨花,作发绣大士像,极为工整,在色丝之外另辟蹊径,被时人诧为针神。夏永,字明远,用头发绣出滕王阁、黄鹤楼图,细如蚊睫,被叹为鬼工。日本收藏夏永的发绣册页《界画楼阁》绣工极精。《唐宋元明名画大观》有影印。

2. 苏州缂丝

缂丝,又称刻丝,正反面图案一样,细密精巧,轮廓清晰,色彩斑斓,是通经断纬的丝织品编织工艺。苏州缂丝与苏绣并称姐妹工艺,源于西域缂毛织法,至晚唐代已有。南宋苏州、松江成为缂丝生产重心,以临摹名人书画为主,将丝织工艺与绘画艺术巧妙结合,由日用装饰品兼具艺术欣赏品价值。

明初戒奢,缂丝生产受到限制,只有诰敕、船符等小件。从宣德开始,缂丝生产有所发展,摹缂名人书画较多,缂丝艺术有了进一步发展,而苏州缂丝的规模相当大,还具备自我独特的风格。城北陆墓、蠡口与城西光福、东渚一带的民间作坊创造出装饰味很浓的凤尾戗、双子母经缂丝法,色彩线配制也有创新,有加织金线、孔雀羽线、双股强拈丝线等,流行以孔雀羽线作为缂织原料,将孔雀翎毛上的羽绒一根一根与丝绒拈合而成,织出花纹金翠耀眼,永不褪色。定陵出土万历皇帝缂丝龙袍,故宫博物院藏明代缂丝椅披、桌垫龙纹图案等,都用孔雀羽缂织龙纹。

明代缂丝纹饰有举世罕见的巨幅缂丝作品,如存世明代缂丝最大件《缂丝瑶池集庆图轴》,画心高260.3厘米,宽205厘米。《赵昌花卉》缂丝图轴,长244.5厘米,宽44厘米。可见当时织机巨大,工程浩繁。

明代缂丝品种,除画轴、书法、首卷、佛像、裱作等外,还有各式袍服、裤子、朝靴、铺垫、椅披、桌围、挂屏等。不仅有花鸟、山水图案,而且有人物故事作品,如故宫博物院藏《长生殿》缂丝图轴。与宋代缂丝典雅庄重风格不同,明代缂丝秀丽细致。嘉靖以后,缂品过多使用补色,用丝不细,织造也较粗糙。

明代苏州缂丝出现两个新特点,一方面,进献朝廷御用,制作皇帝龙袍;另一方面,写实与装饰相结合,包括山水、花鸟、人物、书法等题材,以小幅册页为主,极具装饰性,尤其是缂织人物,可称为一大创举。

缂丝名家吴门吴圻,字尚中,缂织的沈周《蟠桃仙》《戏婴图》人物生动,栩栩如生。上面织有"吴门吴圻制""尚中"印。缂丝织造名工、长洲人朱良栋缂制《瑶池献寿图》,轮廓清晰,工艺精绝。上面织有"长洲朱良栋制"款。[1]

缂丝用料讲究,工艺复杂,技法独特,原为农村副业,技艺父子世代相传。清末只有苏州尚传。至今相城张花村以缂丝村闻名。

3. 桃花坞木刻年画

苏州桃花坞木刻年画,与天津杨柳青、山东潍坊木刻年画是我国三大民间木刻年画,与杨柳青年画并称"南桃北柳",成为南北两大年画中心,生产极具乡土生活气息的实用艺术品。

它源于宋代雕版印刷工艺,由书籍绣像插图演变成木版画单独印成年画。明代苏州刻书业繁盛,版刻工艺精湛,促使年画也形成独特的工艺制作程序与艺术风格,称为"姑苏版"年画。传说唐伯虎《风流绝畅图》是其最早的年画。但现存最早桃花坞木版年画是日本刊《支那古版画图录》收录的《寿星图》,有"万历念五年"(1597)刊记。作品构图、刻工、印制的水平相当高。

明末清初,桃花坞木版年画十分繁盛,内容与形式都非常丰富。画铺约有四五十家,分布在枫桥、山塘街、虎丘、阊门内桃花坞至报恩寺塔一带。现存桃花坞年画上有当时年画铺的名称,如张星聚、吕云台、宏泰、王荣兴、陈同盛、陈同兴、吴太元、鸿云阁等。画幅上署名的有桃坞主人、桃溪主人、墨浪子、墨林居士、吴友如、周梦蕉、何俊元、嵩山道人等。主要作品有《姑苏万年桥》《姑苏阊门图》《山塘普济桥》《三百六十行》《百子图》《一团和气》《端阳喜庆》《花开富贵》《蚕

---

[1] 朱良栋缂制《瑶池献寿图》,疑即今北京的故宫博物院"镇院之宝":清宫旧物底账名称《缂丝瑶池集庆图轴》(对)。曾被清乾隆帝珍赏,加盖五枚御印。《石渠宝笈》卷九著录:"附刻丝画轴次等:《瑶池献寿图》一轴(次等,天一),明本,五色织,款云:'长洲朱良栋制。'"贮于乾清宫。见《景印文渊阁四库全书》824,台湾商务印书馆1986年,第258页。参见《缂丝瑶池集庆图轴》,《紫禁城》2014年第7期。承林锡旦先生赐教,谨谢。

猫逼鼠》《姑苏玄妙观》《虎丘灯船胜景图》等。出产年画从十几万到上百万张，销往江南各地及江西、湖北、山东、河南、东北、南洋等地，还流传日本、英国、德国，特别对日本民间画派浮世绘艺术影响很大。

桃花坞年画以木版雕刻、套印，以门画、中堂、条屏为主要形式，题材以民间故事、吉祥喜庆、神像、戏文、时事风俗居多，采用象征、寓意、夸张手法，并与吴地民俗民风紧密相连，反映人们的美好愿望。构图均衡丰满，刻绘精美，简练明快，生动质朴，色彩鲜艳，装饰性强，具有浓郁的乡土气息，是独特的民间艺术，深受民众喜爱。

4. 苏州宋锦

苏州织锦始于五代，宋代水平已很高。宋室南渡后，苏州出现用于装裱书画的织锦，极薄极细，多达40多个款式，与书画一起保存。纹样精细，平服挺括，图案精美，色彩典雅，因而称宋锦，流传后世。

宋锦织造工艺独特，分大锦、合锦、小锦三大种类，主要用于装裱书画、古籍，裱制锦盒，装潢礼品，也用于妇女衣料。元末明初战争使苏州织锦工艺严重衰落，到宣德（1426—1435）年间才逐步恢复，织出海马、云鹤、宝香花、方胜等品种。不过由于宋锦图案失传，许多花色在明代没能传承下来。书画艺术品的保藏与传播离不开宋锦工艺的辅助。苏州宋锦与南京云锦、成都蜀锦并列，称为我国三大织锦。

除了上述四大苏州工艺之外，在明代尤其值得称道的苏工苏作还有：

5. 明式家具

明式家具主要用紫檀木、黄杨、酸枝木、枸梓木（鸡翅木）、花梨木等硬质木材（通称红木）制作，是硬木家具。它上溯宋代，形成于明代中叶，尤其指从明嘉靖、万历到清康熙、雍正时期，又因是以苏州为中心的江南地区的家具代表，称为苏式家具，包括红木家具、红木小件，"材美工良，造型优美"，精制"家具的质和量达到了高峰"，在艺术价值上，则是我国传统家具的"黄金时代"，各种类型和品种已经齐全，苏州"到了明晚期更是制造贵重家具的中心"。

嘉靖时，松江"民间止用银杏金漆方桌"，书桌、禅椅等细木家具很少。万历时，松江名士莫是龙与顾、宋两家公子"用细木数件，亦从吴门购之"。他们都从苏州购买细木（椐木与硬木）家具。隆庆、万历以后，松江"虽奴隶、快甲之家，皆用细器"，而豪奢之家，嫌"椐木不足以贵，凡床橱几桌皆用花梨、瘿木、乌木、相思木与黄杨木，极其贵巧，动费万钱，亦俗之一靡也"。连皂快家中也有书房，陈设"细桌"，红木家具使用普遍了。

明式红木家具按其功能,可分床榻类、橱柜类、桌椅(凳)类、几架类、屏风类以及箱盒等,[1]大件多,实用性强。

明式红木家具以苏州为典范,称为苏式,是经济发展、文化艺术繁荣、文人参与,由木工艺人精湛制作的结晶。明代苏州作为江南经济、文化中心,许多退职官员、士绅、富商定居苏州城镇,兴建第宅园林,需要大量名贵高档的硬木家具做陈设,也具有高消费能力,而许多国内与东南亚的优质木材可供取用,大量文人墨客崇尚高雅的审美观念,促进了苏州家具生产在继承宋元家具工艺传统,甚至受到日本家具、小件制作工艺影响的基础上,能够精湛发展,在实用性基础上抬高了艺术性水准。

著名画家周天球(字公瑕)的坐具,紫檀木,通高三尺二寸,纵一尺三寸,横一尺五寸八分。靠背板上刻:"无事此静坐,一日如二日。若活七十年,便是百四十。戊辰冬日周天球书。"下有"周公瑕氏""止园居士"二印。[2]这或许就是张普通的红木坐具,由于写刻上一首人生参悟的五言小诗,加上名章二枚,诗书印三全,顿时光彩四射,高雅绝俗,文化趣味盎然,成为珍贵的文物收藏,并留下细致的文献佐证。

常熟严澂设计蝶几,撰《蝶几谱》1卷,因《燕几图》而作变通。燕几以方几长短相参,此则以句股之形,作三角相错,形如蝶翅,名《蝶几》。其式有三,其制有六,其数十三,其变化之式凡一百有余,比《燕几图》极巧。[3]严澂把蝶几放在自己书斋赖古斋里,由13只大小不同不等边三角形小几组成,像蝴蝶翅膀,可以随意增减,组合多变,得到100多种不同的排列方式,思密精巧,情趣丰富。

明代苏州红木家具制作销路广泛,艺人数量呈现较大规模,以至于到清代在廖家巷设立三义公所,也称红木梳妆公所。明代红木家具著名艺人有苏州人江福生,字春波,能以瘿木、树根、古藤等雕刻制作各种家具,受到文徵明、祝枝山、唐寅等才子的赞赏。

红木小件,指用红木、紫檀、乌木等硬质木材制作的厅堂陈设品、书房用品的

---

[1] 以上均参见王世襄编著:《明式家具研究》,生活·读书·新知三联书店2010年,第6、7页,第10—11页引用、分析范濂《云间据目抄》卷二记载,第20页。其全书将明式家具分为五类:椅凳类、桌案类、床榻类(附脚踏)、柜架类、其他类(屏风、柜橱、箱、盒、盘、架等)。杨耀将明式家具(不止红木家具)分为六大类,即坐具类(杌椅类)、几案类、橱柜类、床榻类、台架类、屏座类。见其《明式家具研究》,中国建筑工业出版社1986年,第28、41、44—45页。

[2] 张廷济:《清仪阁杂咏》《周公瑕坐具》,《丛书集成续编》第93册,台湾新文丰出版公司1997年,第14页。

[3] 永瑢等纂:《四库全书总目》卷一一六,子部26,谱录类存目,中华书局1965年影印本,第998页。

通称。与家具相比,它们体积小,故称小件。由于小巧玲珑,为巧木作,侧重观赏性多,工艺要求就更高。红木小件品种繁多,主要分为几架类、灯罩类、盘匣类、文具类、座子类、其他类。或者按其功能分,有实用性的摆件(屏风、几案)、配件(坐垫、架子)、挂件(灯、框、鸟笼)、盘盒箱匣等器皿,有属于纯观赏性的木雕艺术小品(人物、草虫、鸟兽、车船等)。

明代苏州制作红木小件的工匠较多,到清代这一行业延续兴旺,还成立巧木工所。明代苏州有批红木小件制作高手,如江春波,擅用藤瘿古木制作砚山、笔架之类,摩弄光泽照人。鲍天成、袁友竹、邬四,三人同时,精造小件,称一时良工,有一代妙技。徽人鲍天成寓居苏州,擅用犀角、象牙、紫檀等雕制图章匣、香盒、扇坠等物,奇巧超迈前人。吴县袁友竹擅作方件,相反,吴县邬四擅车旋,作圆件。吴县刘永晖则精制文具,即放置笔、墨、砚、图章、印泥等的小柜,风行一时。

苏式家具、小件的外形与内部构造都非常合适、美观,其风格特征在于四字:简、线、精、雅。就是造型简练,不求绚丽繁琐;以线条为主,不事过分雕饰;做工精细,结构合理;气韵雅重,整体和谐。

具体而言,结构上科学,使用传统的上千年的攒边做法,卯榫、楔丁使用极为精密合理,坚固牢实;造型上大方,比例适度,由结构成样,配合人体,简单、合度、雅韵。其韵味体现在,外形轮廓舒畅质朴或忠实,各部线条雄劲流利,各部曲度的比例与人体形态处处适应,符合人体力学,方中见圆,圆中见棱,稳固美观,除了各种线、洞运用之外,雕刻、线脚也处理得当,画龙点睛;工艺上,精选材料,做工精细,不差分毫,摩弄光洁,表里如一,充分显示这些质地坚硬木材特有的自然美丽纹理与柔润色泽,[1]将审美性、合理性、实用性、装饰性高度统一,使艺术形式和科学性都达到高峰,并和谐统一。它蕴涵丰富的文化内涵,艺术风格鲜明,地方特色浓厚,享有极高的声誉和收藏价值,成为我国古典家具的里程碑。

6. 雕刻

雕刻种类很多,苏州传统雕刻以玉雕、木雕(尤其红木雕)、漆雕三雕最为著名。

苏州琢玉,就是玉雕。我国玉文化源远流长。玉器既有实用性,又极具观赏性,成为高档工艺品,收藏文物佳品。苏州出产玉器,玉雕十分古老,称苏琢,以

---

[1] 参见邬西濠:《苏式初探》,载苏州市工艺美术研究所编印:《苏州工艺美术》(内部资料)1963年,第203—223页;杨耀:《明式家具研究》,中国建筑工业出版社1986年,第9、25页。

小件的瓶炉、人物、花卉、鸟兽居多。新石器时代就有琢磨、穿孔的玉器。唐、五代已有琢玉行业。明代苏州琢玉普遍,工巧全国闻名。到明末,公论"良玉虽集京师,工巧则推苏郡"[1]。苏城城西阊门内专诸巷、天库前、周王庙弄,南到学士街,集中着玉器店、作坊,处处可见碾玉之家。

玉雕艺人技艺高超。嘉靖、万历年间,玉工陆子刚(冈),原籍太仓,移居吴县横山,擅制玉簪,雕刻精湛,售价极高。他"造水仙簪,玲珑奇巧,花茎细如毫发",深得文人赞赏,被张岱《陶庵梦忆》称为"吴中绝技"。徐渭称他为"碾玉妙手",又作《水仙》诗:"略有风情陈妙常,绝无烟火杜兰香。昆吾锋尽终难似,愁杀苏州陆子刚。"[2]他其余作品有玉觯、玉水中丞、玉印池等。传世实物有青玉婴戏纹执壶、青玉合卺杯、青玉山水人物纹方盒、茶(水)晶梅花花插等,都珍藏于北京的故宫博物院。

例如,北京的故宫博物院收藏的青玉合卺杯,由两只圆筒形杯子捆扎连成。玉杯正面有刻隶书"万寿"二字,杯一侧刻铭文:"湿湿楚璞,既雕既琢。玉液琼浆,钧其广乐。"末署"祝允明"三字。上方有"合卺杯"三字。另一侧铭文:"九陌祥烟合,千香瑞日明。愿君万年寿,长醉凤凰城。"上面与"合卺杯"相对之处刻篆书"子刚制"三字。[3]

子刚"年未六十,忽有方外之思,为僧治平寺,十余年不入城市,亦奇人也"[4]。

子刚的玉雕大多精选和田青、白玉,制作实用工艺品,创意十足,技法多样,技艺高超,造型丰富,纹样生动,精美绝伦。他自己文化涵养较高,又与文人多有交往,因而富有文化气息,作品配刻诗词铭文,风格独特。一旦有作品出手,立刻成为达官贵人、文人学士竞相购藏的奢侈珍品,也使后人仿冒很多,真赝难辨。后世琢玉艺人尊他为鼻祖。当今影响全国的苏州琢玉界举办子冈杯设计大赛,以此衡量玉雕工艺的最高水准。

制玉高手苏州人王小溪,善琢玛瑙。明末苏州人雕琢工刘谂,字子分,制作水晶、玉石、玛瑙诸器,均摹古式,极人物、花鸟之巧,作品有八瓣莲花青玉双耳杯、白玉觯。现藏苏州博物馆的明代玉雕有白龙双耳圆杯、碧玉双耳八骏番莲大洗,造型典雅,做工精细,反映一代玉雕水平。

---

[1] 宋应星:《天工开物图说》卷下《珠玉第十八》,玉,曹小鸥注释,山东画报出版社2009年,第541页。

[2] 均见《徐渭集》《徐文长三集》卷十一《水仙六首》,中华书局1983年,第399页。

[3] 周南泉:《明陆子冈及"子冈"款玉器》,《故宫博物院院刊》1984年第3期。

[4] 民国《木渎小志》卷四《人物七·工伎》,《中国地方志集成·乡镇志专辑》7,江苏古籍出版社1992年,第513页。

红木雕刻。苏州红木雕刻历史悠久，明代就很有名，成为提升苏式家具高雅艺术品位的重要手段，在木雕中最富有特色。它造型简练，线条挺括，做工精良，磨清光亮。如前所述，明代苏州红木家具及红木小件称为"苏式"家具，当然离不开木雕工艺。苏州红木雕刻十分讲究，具有精、细、雅、丽的独到风格，与安徽、南京、宁波并称为四大流派。蒯祥建造北京皇宫巧做金刚腿的故事是以雕补拙的妙用，反映蒯祥等木工木雕技能的高超。

石雕。苏城西部天平、灵岩、金山出产花岗岩美石，洞庭东西山出产青石，适于建筑、雕塑、装饰，用于陵墓、寺院、桥梁、牌坊。金山、藏书一带开山采石，金山石受压最大，尤其名闻天下，而当地石匠聪慧好古，擅长石雕石刻细活，历代能工巧匠辈出，特色手艺久负盛名，留传优秀佳作，至今成为石雕艺术之乡。明代金山石匠陆祥(匠)因为参加营建北京皇宫的石艺工程有功，被授官工部左侍郎。现存苏州北寺塔不染观音殿须弥座、吴山申时行墓石人石首、东山王鏊墓石兽及城内景德路王鏊祠正厅的石础等，都是明代石雕杰作，简练精细，工艺高超。

砖雕。嘉靖时，苏州砖雕技艺已经很高了。城北陆墓御窑烧制上好金砖，细腻坚实，作为优质材料，通过水磨磨光，上描图案纹样，采用平雕、半圆雕、浮雕、镂雕、透雕等技法，雕刻出内容丰富工艺精美的苏州砖雕。

苏州门楼砖雕技艺特色鲜明，一般像两堂神龛，有的像戏台那样有斗栱挑出，上作飞檐翘角，下有飞鸟形设计，两旁点缀花篮式挂落。

苏州砖雕赋有江南水乡特色，细腻圆润，线条流畅，清秀精美，古朴雅致。明代苏州砖雕现存天官坊梵门桥弄陆宅门楼照壁、东山明善堂、瑞霭堂等样板。

漆雕。苏州漆器以讲究选料，别致造型，流利线条，精美彩绘，典雅色泽，名誉天下。明清苏州漆艺精致，漆工名匠辈出。如明代苏州人漆匠蒋回回，擅于模仿倭漆制法，用铅钤口，用金银花片、螺甸嵌作树石，泥金、描彩漆器精美。常熟人杨士廉擅雕漆、斫琴，还工草书。

根雕。明清根雕技艺成熟。明代不仅"吴中以枯木根作禅椅"[1]，而且雕刻竹根(竹刻)形成了工艺流派，其一为苏州嘉定派。根雕艺人用木根、竹根雕刻家具等实用品以及观赏艺术品，受人欢迎。仇英的画作就有细致描绘的根雕艺术品，如树根太师椅、树根拐杖。苏州人亦一直珍爱明代根雕艺术，如明末如皋名士冒辟疆的一堂树根椅曾被收藏于苏州，过云楼后人顾笃璜藏有明代郎榆花瓶根雕精品。

---

[1] 谢肇淛:《五杂组》卷十二《物部四》，郭熙途校点，辽宁教育出版社2001年，第253页。

微雕,最为精细微小,堪称雕刻工艺的奇葩。苏州微型雕刻始于竹刻工艺,延伸于象牙等材质,形成核雕、发刻等类别。明代苏州微雕水平极高。

核雕。常熟民间雕刻家王叔远,号初平山人,到过宁波,刻微型木雕天封塔。嘉善魏学洢(约1596—约1625)写《核舟记》,记载他"能以径寸之木为宫室、器皿、人物以至鸟兽、木石,罔不因势象形,各具情态"。天启二年(1622)秋,王叔远在长"不盈寸"的桃核上雕成"大苏泛赤壁","为人五;为窗八;为箬篷,为楫,为炉,为壶,为手卷,为念珠各一;对联、题名并篆文,为字共三十有四"。构思精巧,形象逼真,魏学洢情不自禁,连赞这"奇巧人""技亦灵怪矣哉!"[1]苏城沈君玉擅长核雕,刻一驼背老人,长有胡须,头戴棕帽,衣肩打补丁,手执一扇,扇上刻有四句诗,十分精致。自明之后,苏州核雕技艺代代相传,至今不衰。

竹刻。江南多竹,人们取材竹子,精雕细琢,使竹刻成为独到工艺。但竹子肉薄,不像木头,因而竹刻相对木刻又有自身特色。隆庆、万历时,竹刻风行,自成工艺流派,有以濮仲谦为代表的金陵派与以朱鹤为代表的嘉定派。从华亭徙居嘉定的朱鹤(号松邻)与其子朱缨(号小松)、朱缨季子朱稚征(号三松)祖孙三代,成为从正德到乾嘉长达300余年著名的竹刻世家。朱鹤曾为文彭捉刀刻竹。刘銮称濮仲谦是苏州人,竹刻木刻等都擅长。"苏州濮仲谦水磨竹器,如扇骨、酒杯、笔筒、臂搁之类,妙绝一时,亦磨紫檀、乌木、象牙,然不多。或见其为柳夫人如是制弓鞋底板二双。又或见其制牛乳潼酪筒一对末矣。"[2]可见濮仲谦、朱鹤的竹刻工艺都与苏城相关,何况嘉定当时属于苏州府。

明代吴中周丹泉,名秉忠,字时臣。多才多艺,是画家,也造园、制瓷、雕刻。他曾以老竹根精心制作一只拂尘柄,状似福建龙虾,须根宛然,坚滑晶莹,有如黄玉。

吴中人张希黄,始创留青竹刻(皮雕)技艺,就是去除竹皮厚薄,分出竹皮留存本色,妙造自然。因其工细绝伦,他成为一代竹刻大师。其留青竹刻工艺一脉以后在苏州及苏南其他地方传承至今。

印纽。明中叶后,文人书画兴盛,石质印章被广泛使用,印纽造型日益丰富。苏州出现文彭为代表的篆刻三桥派,更是推动印纽讲究,独特的纽雕工艺发展。

---

[1] 张潮:《虞初新志》卷十,魏学洢:《核舟记》,《四库禁毁书丛刊》子部38,北京出版社1998年,第540—541页。

[2] 刘銮:《五石瓠·濮仲谦 江千里》,《昭代丛书》别集卷五十五,世楷堂藏版,第27页。但张岱称"南京濮仲谦","其技艺之巧,夺天工焉"。见张岱:《陶庵梦忆》卷一《濮仲谦雕刻》,马兴荣点校,中华书局2007年,第21页。线索源自邓之诚著、邓珂增订点校:《骨董琐记》,中国书店1991年,卷五《濮仲谦》,第147页,并载钱谦益赠诗濮仲谦;《骨董续记》卷一《濮仲谦水墨器》,第291页。

几百年内,纽雕名手辈出,佳作繁富。

7. 苏扇

苏扇古老,有绢宫扇、折扇、檀香扇三大类。综合造型、装裱、雕刻、镶嵌、髹漆等工艺,制艺雅致精巧,称为苏州雅扇。实用性和观赏性合一,丰富了苏州文化和日常生活。

绢宫扇最古老,称宫扇。扇面有绫、罗、绢,又称纨扇、罗扇。有圆形、六角形、长方形、腰圆形等10多种扇形。因多圆形,又称团扇。扇面以绢为主,有书画,有刺绣。以素竹,或湘妃竹、象牙、玳瑁做扇柄。扇柄上有雕镂,或用彩绘;坠以流苏,轻盈秀雅。

元、明苏州绢宫扇的制作工艺水平较高,由历来宫中使用之物开始成为文人雅士在扇面赋诗作画的文化生活用品,品位顿增,风行市井。沈周、唐伯虎、文徵明、仇英吴门四大家都曾绘制扇面,并有咏叹团扇的轶事流传。明末清初,更形成苏州绢宫扇轻巧明丽的独特风格。虎丘、阊门山塘街一带有十几家作坊,是绢宫扇集中销售之地。每逢夏秋,香客、游人购买苏州绢宫扇作为纪念品,渐渐成为习俗。绢宫扇因此成为苏州著名工艺品。

折扇,用则散开,收则折叠。明代"聚骨扇,一名折叠扇,一名聚头扇,京师人谓之撒扇"[1]。张大复指出我国扇的演变:"古团扇可卷怀,不施书画,班婕妤所称白团扇是也。纨扇以纨,蒲葵扇不可卷,王右军为姬书蒲葵六角扇是也。今之扇,箑也。其制出日本,高丽人亦多为之,若尚苏州,故不知所始。"[2]其实苏州在南宋便已制造折扇。明永乐帝喜欢折扇卷舒之便,曾命内府大批制作,于时日渐普及。明代苏州折扇形成精细雅致多变的风格,称为吴扇。折扇扇骨材料非常讲究。万历时,"今吴中折扇,凡紫檀、象牙、乌木者俱目为俗制,惟以棕竹、毛竹为之者称怀袖雅物。其面重金亦不足贵,惟骨为时所尚"[3]。可见苏州折扇不是一味炫耀材料的贵重珍稀,而以通常的竹制见长,贵在俗中见雅。其中有一种水磨骨竹折扇,更称上品。

折扇品种繁多。扇面有素面、画面两种,尤以素面为主。因为文人在上面可以题诗作画,相尚成风。文震亨说,折扇中,"姑苏最重书画扇,其骨以白竹、棕竹、乌木、紫白檀、湘妃、眉绿等为之,间有用牙及玳瑁者,有员头、直根、绦环、结

---

[1] 沈德符:《万历野获编》卷二十六《玩具·折扇》,中华书局1959年,第663页。
[2] 张大复:《梅花草堂集·笔谈·孙静原扇》,《笔记小说大观》32册,江苏广陵古籍刻印社1983年,第305页。
[3] 沈德符:《万历野获编》卷二十六《玩具·折扇》,中华书局1959年,第663页。

子、板板花诸式,素白金面,购求名笔图写,佳者价绝高"[1]。乌竹骨泥金扇是其杰作。明中叶,朝鲜、日本、越南等使节、商人特来苏州,以素面花重金请求文徵明、唐寅、祝允明作书画画,奉作至宝。在绢宫扇、折扇扇面上作画,有山水、花鸟,或题诗书法,使扇面书画成为书画新品种,促进了书画艺术发展。

明代苏州涌现出一批折扇制作的驰名高手。张大复与他们多有交往,又亲睹他们制作的精致折扇。"扇推李昭、马勋、刘玉台,我皆识之。"[2]

> 李昭者,不数骨,坚厚,无注䯻,挥之纯然。见外舅顾孚承家有陈白阳手笔兰花水仙,对人欲笑。

> 马勋者,见仇十洲为周氏写《六观堂图》,如丝如发,宫室、竹树、器皿、畜牧毕具,堂外广庭,不盈咫;庭中母鸡哺数子,嘴距宛然,不碍庭广。其致圆根疏骨,阖辟信手。

> 刘玉台者,旧藏颇多。曾识其人于徐庆生汪园中,喜讴善酒,好纵博。手削竹如风,聚竹秤之,轻重政等,不差杪忽。刘语我:"吾妙在用胶,得我法,用之则开,舍之则藏,不劳腕力,如蜀府扇也。顾我法莫能传吾子矣。"其言如此,不能知其所以然。

> 刘之先又有曹大本者,取材甚长,要于整净。见王秦孺家有其家理之先生书画,颇自矜秘。今观女家所藏,即大本亦未一二也。周东村笔既疏宕,文待诏书特弘放可喜,旧扇中三绝也。[3]

曹大本制扇很长,而且整洁,与周臣的画、文徵明的书法成为扇之三绝。

明末清初陈贞慧也记载:"宣、宏间,扇名于时者,尖根为李昭,马勋为单根圆头。又,方家制方,相传云:文衡山非方扇不书,川扇、戈扇以地著。后又有蒋三苏台荷叶、李玉台柳、邵明若、李文甫燿、濮仲谦,雕边之最精者也。远者百余年,近亦四五十年物。即一扇之制而精坚脆薄,其为升降也具矣。"[4]

这些制扇高手在当时文人笔下虽然只有零星的记载,却能反映折扇工艺与社会喜好的变化,并且以苏州最具代表性。具体说,宣德、成化、弘治年间,李昭擅制尖头折扇,称李尖头。清王士禛说:"成、弘间,留都扇骨以李昭制者为最。"

---

[1] 文震亨:《长物志》卷七《器具·扇 扇坠》,《丛书集成初编》,商务印书馆1936年,第57页。
[2] 张大复:《梅花草堂集·笔谈·孙静原扇》,《笔记小说大观》32册,江苏广陵古籍刻印社1983年,第305页。
[3] 张大复:《梅花草堂集·笔谈·箑》,《笔记小说大观》32册,江苏广陵古籍刻印社1983年,第309页。
[4] 陈贞慧:《秋园杂佩》,《丛书集成初编》,商务印书馆1936年,第5页。

王士禛说这话起初据顾清《东江集》，后见到周晖《金陵琐事》记载："李昭、李赞、蒋诚制扇骨极精工"，称为"良工"。[1]李昭可能是从南京到苏州从事折扇行业的。马勋擅制单根圆头折扇，人称马圆头。沈德符说："往时名手有马勋、马福、刘永晖之属，其值数铢。近年则有沈少楼、柳玉台，价遂至一金，而蒋苏台同时，尤称绝技，一柄至直三四金，冶儿争购，如大骨董，然亦扇妖也。"[2]较李昭、马勋稍晚的蒋苏台，制扇技艺称绝。他排行第三，人称蒋三，或蒋三苏台。他与沈少楼制扇扇头"方圆并精，各擅其巧"[3]。邵明若，约与蒋苏台同时，制扇名手。方氏制作的折扇深受文徵明赞赏。

文震亨说，姑苏折扇制作"其匠作则有李昭、李赞、马勋、蒋三、柳玉台、沈少楼诸人，皆高手也。纸敝墨渝，不堪怀袖，别装卷册以供玩，相沿既久，习以成风，至称为姑苏人事，然实俗制，不如川扇适用耳"[4]。看来苏扇追求的风格不仅仅是实用，还有赏玩的趣味。

柳玉台，张大复称为刘玉台。文震亨、陈贞慧称为柳玉台、玉台柳。也有作柳玉堂。他擅制方头折扇，人称柳方头，善于用胶，很擅长裱扇面。

沈少楼，与柳玉台同时，两人制作的折扇，每把一两银子。

刘永晖，除了精制红木小件技艺高超，也是正德年间苏州制扇名手。嘉兴名士李日华于万历三十八年（1610）"六月九日过真如牧隐房看盛德潜疾"，获赠"正德中吴人刘永晖所制阔板竹骨扇一柄"。盛德潜说："扇工虽琐细，然求如此浑坚精致者，其法绝矣。"扇上有陈继儒题书一绝，"诗意既清迈，书法亦苏、黄、米相杂"。[5]扇工精艺与名士诗书结合，大大提高了固化的物质工艺水准，增强了工艺藏品的价值。

张芝山，制扇名手。"王文肃为人书扇，问是张芝山白篁否？张家篁岁满天下。"[6]王文肃就是太仓王锡爵阁老。他替人书写扇面，要先问是否张芝山所制白扇，否则不肯动笔。当然张家扇要名满天下了。

---

[1] 王士禛：《香祖笔记》卷八引《金陵琐事》，《笔记小说大观》16册，江苏广陵古籍刻印社1983年，第38页。周晖：《金陵琐事》卷三《良工》，张增泰点校，南京出版社2007年，第124页。蒋诚，《香祖笔记》作蒋诚。
[2] 沈德符：《万历野获编》卷二十六《玩具·折扇》，中华书局1959年，第663页。
[3] 崇祯《吴县志》卷五十三《人物二十·工技》，《天一阁藏明代方志选刊续编》19，上海书店1990年，第610页。
[4] 文震亨：《长物志》卷七《器具·扇 扇坠》，《丛书集成初编》，商务印书馆1936年，第57页。
[5] 上引均见李日华：《味水轩日记》卷二，光绪《啸园丛书》本，第3—4页。
[6] 张大复：《梅花草堂集·笔谈·白酿白篁》，《笔记小说大观》32册，江苏广陵古籍刻印社1983年，第305页。

万历中杭元孝善制扇,仿高丽式,精整绝伦。生平所制折扇有限,海内鉴赏家视若珍宝,虽悬重价不可收得。可惜他的技艺没能后传。

裱扇面既属书画,又属折扇,胡得芝"所用楮褶,自得心手相应之妙"[1]。

马小官制作扇子不论价钱,人们争相购买。

此外,还有纸团扇,从古代沼扇演变而来。明末清初,市场上出现一种仿沼扇,俗称黑漆洋扇。扇面用猪血乌煤打底,后为美观起见,改为贴金纸剪花,又称贴金纸扇。民国初年,上海九华堂裱画店将仿沼扇改为圆形白纸扇面,采用国画印于扇上,称为纸团扇。

汤氏,横山西麓孙庄人周寿民妻,制麦柴团扇,紫竹柄,香心,极工巧,他人仿作不能及,四远都来购买,成为山中之赘。[2]

由于扇子是人们日常生活必需品,从业工匠较多,到清时,苏州建立了折扇业公所,并且收藏折扇已经成风。明代时折扇传入欧洲,17 世纪中叶风靡法国上流社会,更加刺激对它的需求,推动生产规模扩大。

8. 装裱工艺[3]

明代中后期,书画装裱十分发达,这是随着经济文化发展而来的书画艺术繁荣的需要与结果。达官豪贾竞收字画名迹,必须聘请高手考究装潢,而装裱艺人纷纷尽心竭力,争奇斗艳,高手辈出,同时也是为了获取高额报酬。作为丝绸之都,苏州生产绫绢量多质好,为装裱就地取材提供了极大方便,而文人书画名家鉴藏家热情参与,所谓"嘉靖以前,书画名家多指授工人著浆运帚,卷册广狭展舒并得法"[4],使装裱工艺水准提高得到保障。

宣德以后,苏州裱褙业繁荣,技艺高明,称"苏裱""吴装"。"吴装最善,他处无及焉。"[5]跃居全国装潢图书、书画之首,在嘉靖、万历时臻于全盛,影响京师和宫廷装裱。"装潢能事,普天之下,独逊吴中。"这与苏州书画艺术、书籍刊印

---

[1] 崇祯《吴县志》卷五十三《人物二十·工技》,《天一阁藏明代方志选刊续编》19,上海书店 1990 年,第 610 页。

[2] 崇祯《吴县志》卷五十三《人物二十·工技》,《天一阁藏明代方志选刊续编》19,上海书店 1990 年,第 612 页;民国《木渎小志》卷四《人物七·工伎》,《中国地方志集成·乡镇志专辑》7,江苏古籍出版社 1992 年,第 513 页。

[3] 可参阅董粉和、吴建华、丁双平:《明代书法篆刻史》第十章第二节"书画装潢艺术及其对明代书法的影响",载史仲文主编:《中国艺术史·书法篆刻卷》,河北人民出版社 2006 年,第 1659—1668 页。

[4] 崇祯《吴县志》卷五十三《人物二十·工技》,《天一阁藏明代方志选刊续编》19,上海书店 1990 年,第 611 页。

[5] 胡应麟:《少室山房笔丛》卷四《经籍会通四》,《景印文渊阁四库全书》886,台湾商务印书馆 1986 年,第 209 页。

兴旺密切相关。吴中从业书画装潢者达"千百之家",开着专门店铺,出现一批艺有渊源、传承有素的名家和世家,甚至国手,其中汤氏、强氏尤为名家世传。"吴中千百之家,求其尽善者亦不数人。往如汤、强二氏,无忝国手之称。"

一些书画大家,如文徵明、震亨文氏父子祖孙以及都穆、王世贞等,主动参与书画装潢实践,与裱工交往切磋,出谋划策,提高了装裱质量和审美趣味,也使裱工素质改进,地位提高。"王弇州公(世贞)世具法眼,家多珍秘,深究装潢。延强氏(百川)为座上宾,赠贻甚厚。一时好事靡然响风,知装潢之道足重矣。汤氏(杰)、强氏其门如市。强氏踪迹半在弇州园。"

装潢书画在明代足以成为专门职业,走向社会化和民间化,改变以前1 100多年只在宫廷皇室和上层的风气,从事者可以养家糊口,可以成名成家。如庄希叔与汤杰、强二水齐名,同行公认,无所嫉妒,只有羡慕和钦佩。

宋代米芾《画史》已提到吴中裱工。在米芾装裱的基础上,经过苏州书画家与裱工合作努力,苏裱风格形成,体现为选料精良,配色素雅,装制熨贴,形式多样,裱工精佳,技术全面。

明末出现了我国第一部书画《装潢志》,分前言与42节,由长期寓居苏州的淮海周嘉胄著写,填补了装潢书画的理论空白。他在苏州跟随收藏鉴赏与装潢大家顾元方,步入装潢工艺之林,熟知吴门书画和装潢界内情,故能系统总结明代苏州吴派装潢经验,记述苏州装潢的气候、物产、人文环境特色,是明代盛行书画装潢实践的记录。他将装潢书画看得至关紧要,其水平高低事关书画艺术珍品的存亡:"装潢优劣,实名迹存亡系焉。窃谓装潢者,书画之司命也。""古迹重装如病延医",装裱技师如医生,"俾古迹一新,功同再造"。[1]

装裱字画、古籍,装裱艺人被称为书画郎中,最简单的是裱画,往往由书画家要求裱工以著浆运帚的装裱艺术,对卷册的宽狭舒展亲作裁定。裱字画外,扇面、册页、刺绣品边框等也可装裱。

一般字画装裱可选绫裱、绢裱、纸裱,形式有全绫、半绫、边绫,做工有镶、嵌、挖、补,格式上,上下镶嵌尺度、左右边缘宽窄配置应当得宜。重裱无价之宝的古画难度最大,要20多道细致复杂的工序,一般裱工根本无法胜任。它包括观色去污,揭裱绝艺,纸绢修补,接笔全色。裱工除了装裱技巧过硬之外,还得掌握画技,平日留心备藏历代各种绫、绢、纸。

---

[1] 上引分见周嘉胄:《装潢志》,杜秉庄、杜子熊编著:《书画装裱技艺辑释》本,上海书画出版社1993年,第8、114、2、7页。

嘉靖、万历年间,苏州人中裱工艺人高手不少,最负盛名的,嘉靖间有徐三泉、王后溪,加上墨拓妙手尤敬,3人替文徵明装裱《停云馆帖》,擅名一时;万历年间还有汤时新,曾裱马湘兰《墨兰》小卷,落款"万历丙子(四年,1576)中伏日吴门汤时新装于半偈庵中"。

万历时强百川、虞猗兰、汤毓灵同负盛名,对嘉靖以前装裱之法能"颇得遗意,相继殁,而装演无能手矣"[1]。汤杰曾为晚明大收藏家歙县丛睦里汪景纯装裱书画精品。庄希叔侨寓南京,装裱水准能与汤、强二氏并驾齐驱。

9. 其他工艺

除了上述种类外,在明代值得称道的苏州工艺还有很多,现在略加列举如下。

织绣方面,另有花线,就是刺绣绣线,随着苏州刺绣而诞生。刺绣必用绣线。汉代、三国苏州刺绣已很盛行。宋代苏州有专门制线工场,形成专业坊巷。苏州邻近的荡口、后宅、大墙门等地成为历来花线产区。明代苏州花线成为繁荣高超刺绣的有力支撑。

蓝印花布,手工印染制成。蓝底白花或白底蓝花的花布又称药斑布、浇花布、蓝斑布。周代有专人从事印染和染料生产,称染人、掌染草。秦汉织染业发展。蓝印花布由秦代夹缬印染法发展而来。明初洪武年间,苏州由嘉定一带传入了蓝印花布制作技艺。

水乡妇女服饰,以苏州东部平原水乡的用直最为典型,起源很古老。服饰分三部分:包头巾、拼接衫、鞋子,延续至今,很有特色。

雕塑方面,与木雕工艺一样,在建筑和生活上互相配套,使用各种材质,雕刻成优异的用品,形成石雕、砖雕、漆雕、根雕、微雕、(印)纽雕、竹刻、泥塑以及仿真木船等品种,其中明代实物繁多,做工精致别裁,佳作丰富,名工杰出,令人目不暇接,很多成为珍贵遗物。除了前述雕刻工艺品种之外,明代苏州雕塑工艺还有碑刻、泥塑、仿真木船值得一提。

碑刻,就是刻碑。明代苏州碑刻技艺兴盛,有文徵明书《心经》碑、周天球书《文丞相信国公祠碑》等名作。刻碑高手很多,如章文、章藻父子传承。章文,字简甫,以字行,工镌刻。文徵明所书石非简甫刻石不快。子章藻,字仲玉,继承父业,曾刻《墨池堂帖》《停云馆帖》。身为碑刻工匠,章藻还擅长书法,自书自刻虎

---

[1] 崇祯《吴县志》卷五十三《人物二十·工技》,《天一阁藏明代方志选刊续编》19,上海书店1990年,第611页。

丘《金刚般若波罗密经幢》,立于万历二十年(1592),这样的人事实为古今罕见。明末,苏州马士鲤、马廷父子亦精于刻石,崇祯二年(1629)刻《五人墓碑记》。在现存众多明代碑刻上可以查询到不少苏州刻工姓名。他们用精湛手艺展现苏州辉煌历程,留存文献,并且与此同芳。

泥塑,苏州传承悠久,技艺超群。吴地佛像雕塑称苏帮,与徽帮、甬帮、宁帮并称四大流派。泥塑中的捏相,又称塑真,是掌上捏塑小品,与大型泥塑如佛道尊神一样,以人像为主,讲究写实传神。明清虎丘、山塘一带成为制卖泥人的集结之地,虎丘捏相闻名天下。一则虎丘粘土独特,称磁泥,土质细腻胶粘,适宜捏塑;二则虎丘名胜为苏州标帜,吸引天下游人如织,捏相因而销路旺盛,成为一种专门职业,加上艺人水平高超,作品造型别致,深受人们喜爱。

明代苏州泥塑高手绝艺,相传艺人邱弥陀塑造东山紫金庵大殿后壁关帝、文昌等八尊塑像,栩栩如生;苏州王竹林工于塑作,擅塑肖像;刘总管,官三品,曾塑虎丘二山门天王像及五台山三大士像。

仿真木船。苏州水网密布,历来交通以舟为主。明代苏州造船业发达,技艺高超。仿真木船造型成为工匠的技艺之作和人们的趣味赏玩工艺品,颇具水乡特色。

装饰用品方面,有灯彩。苏灯名气早就响亮。明清苏州灯节兴旺,灯品众多。正德《姑苏志》记载,有荷花灯、栀子灯、葡萄灯、鹿犬灯、走马灯、栅子灯、夹纱灯等,阊门一带灯铺集结。明代制灯艺人高手,如太仓人顾后山擅长用麦秆擘丝制灯;苏州人盛某,住鱼行桥,擅做栅子灯,可惜以后都失传。

剪纸。明清剪纸已很普及,苏州农村妇女基本上会剪纸。苏州灯彩常用刻纸进行装饰。嘉靖中灯彩艺人赵萼擅制夹纱灯,用剡纸刻成花竹禽鸟形状,随即经过轻浓晕色、溶蜡涂染,用轻绡夹起来,做成灯,"映日则光明莹彻,芬菲翔舞,恍在轻烟之中,与真者莫辨"。后人学他的技法越造越工巧。[1]

绢花,亦称时花,像生花,被视为吉庆花。像七月七日乞巧节,妇女自制绢花,展示手巧。苏州盛产绫绢锦绢,制作绢花的原材料得天独厚,因而从元代开始就有绢花生产,供应需求。

民俗挂件。唐至明清,流行绣品挂件,如荷包、香袋之类,并逐渐取替玉挂件。

---

[1] 崇祯《吴县志》卷五十三《人物二十·工技》,《天一阁藏明代方志选刊续编》19,上海书店1990年,第609页。

女红(针线),作为传统生活技艺,苏州亦不例外,更兼具水乡特色。

珍珠工艺。苏州湖泊池塘到处有河蚌,素来盛产珍珠。唐宋以来,连珠成串,做头饰、手镯、项链等工艺品,并有珍珠衫、珍珠塔等,都在美化装饰。明嘉靖间,同里已有珍珠塔工艺品。

苏南花烛。洞房花烛夜,人生得意事。结婚点花烛必不可少,至今苏南农村流行,使花烛需求一直旺盛。花烛成为苏南特有的工艺品,而制作花烛自是苏州独特的手工技艺。

金箔、金线。把黄金或白银捶成极薄叶片,称为金箔或银箔。把金箔粘于纸,切成细长条,捻在棉纱线外面,就是金线。汉唐有织物加金,建筑、佛像饰金,杯盘器皿用金银装饰,且服饰用金成为时尚。技法有销金、镂金、盘金、织金、金线等18种。后来用金更为增多。明代织金锦闻名于世。唐、五代苏州金箔、金线技艺很高。明清苏州织造府几乎生产了宫廷所需的所有金箔金线。

金砖,指苏城北齐门外陆墓御窑村一带生产的特大细料、精致地面方砖,多为一尺七到二尺见方。由于质地密实细腻,断裂坚细无孔,敲击清脆,发出金石声,专为皇宫烧制,初称京砖,也铺设于金銮殿上,俗称金砖。

明永乐十五年(1417)营建北京,工部在陆墓余窑村一带兴作御窑,"始造砖于苏州,责其役于长洲窑户六十三家",专为工程烧制各类砖瓦。余窑村改名御窑村。嘉靖间重建皇宫三大殿,工部郎中、山东庆云人进士张问之驻扎苏州3年,督造金砖5万块运到京师。因"窑户有不胜其累而自杀者",张问之"乃以采炼烧造之艰,每事绘图贴说",在嘉靖十三年(1534)撰成《造砖图说》1卷,"进之于朝,冀以感悟,亦郑侠绘《流民》意也"。此书后世不存,而烧造金砖的程序在《四库全书总目》中以提要的方式被记载下来,显示出烧造的细致、复杂和艰辛。

> 砖长二尺二寸,径一尺七寸。其土必取城东北陆墓所产干黄作金银色者,掘而运,运而晒,晒而椎,椎而春,春而磨,磨而筛,凡七转而后得土。复澄以三级之池,滤以三重之罗,筑地以晾之,布瓦以晞之,勒以铁弦,踏以人足,凡六转而后成泥。揉以手,承以托版,斫以石轮,椎以木掌,避风避日,置之阴室,而日日轻筑之,阅八月而后成坯。其入窑也,防骤火激烈,先以糠草薰一月,乃以片柴烧一月,又以棵柴烧一月,又以松枝柴烧四十日,凡百三十日而后窨水出窑。或三五而选一,或数十而选一。必面背四旁色尽纯白,无燥纹,无坠角,叩之声震而清者,乃

为入格。其费不赀。[1]

自明永乐到清光绪,陆墓御窑一直是官府定点烧制皇家砖瓦的主要基地。京城宫廷、皇陵,江南官宅、府第、园林、寺庙的砖雕门楼等,都大量使用陆墓金砖。现存北京故宫太和殿、中和殿、保和殿和十三陵定陵铺墁的大方砖上,留着明清历朝年号及"苏州府督造"印章字样。金砖督造规定了严格行政程序、拨付工价,层层监督。金砖制作要经过8道工序,并形成一整套习俗,包括祭祀窑神,是男窑师傅,严禁妇女进入窑等。《天工开物》专载金砖制作图,保留了工序,称为北窑货。"细料方砖以墁正殿者,则由苏州造解。"[2]

文化用品方面,有文房四宝、书籍刻印等大宗商品,也有专业的戏曲用品。

苏州湖笔。湖州善琏一带生产的山羊毛锋颖好,用来制毛笔笔锋尖锐,修削整齐,丰硕圆润,劲健有力,书写得心应手,挥洒自如。明代湖笔制造技术传入苏州,湖州笔工迁居苏州,苏州湖笔由此闻名天下。

姚思善,世家儒医,工于制笔。[3]

明代著名笔工陆用之,由吴兴迁居娄江。精于制笔。陆用之外甥顾秀岩,继承其制笔技艺。顾秀岩外甥张蒙,则得到顾秀岩制笔真传。漳州、泉州、广州、海州等地商船纷纷前来苏州,高价购买张蒙笔。文人孙大雅作《赠笔生张蒙序》。

笺纸。"吴笺名闻天下。"宋代"蜀中所造,正用吴法"。明初,出现"近年有春膏笺、水玉笺,绝佳"的记载。[4]明中期以后,苏州文化发达,文人雅士对笺纸使用讲究。明后期,出现"近日可用作书者,吴中无纹洒金笺纸为佳"[5]的境况。文震亨《长物志》记载了吴中洒金纸。[6]洒金、洒银印花笺的制法:以姜黄汁、云母粉使纸呈黄色或银白色,再用压花板使纸呈凹凸花纹。用金银粉末在彩色笺纸上描出花鸟等图像,洒上金银粉末,为了使笺纸光泽绚丽,无疑增添了其富贵雅致的文化品位,若无商品经济的动力,则难以做到。

制砚。苏州石质澄泥砚始于三国。历代制砚高手辈出。最著名的有明末顾

---

[1] 上引均见永瑢等纂:《四库全书总目》卷八十四,史部40,政书类存目二,中华书局1965年影印本,第727页。
[2] 宋应星:《天工开物图说》卷中《陶埏第七》,砖,曹小鸥注释,山东画报出版社2009年,第271页。
[3] 崇祯《吴县志》卷五十三《人物二十·工技》,《天一阁藏明代方志选刊续编》19,上海书店1990年,第608页。
[4] 洪武《苏州府志》卷四十二《土产》,《中国方志丛书》,台湾成文出版社有限公司1983年,第1725页。
[5] 高濂:《遵生八笺》卷十二《燕闲清赏笺》中,王大淳整理,浙江古籍出版社2015年,第679页。
[6] 文震亨:《长物志》卷七《器具·纸》,《丛书集成初编》,商务印书馆1936年,第60页。

道人、清初其子顾圣之、顾圣之子顾启明。顾启明早死,其妻邹氏继承,人称顾二娘。她继嗣的娘家侄子顾公望为北京宫廷制砚。顾公望无子,顾家琢砚技艺由此中断。

版刻图书。详见本书第五章第五节内刻书部分。

剧装戏具方面。明中后期昆曲在苏州兴起,直接带动剧装、戏剧道具、民乐器具等手工制作行业兴旺,工艺精进,世代传承,并从器物文化层面推动与保障昆曲艺术提高,走向辉煌。

剧装。就是戏剧服装,又称戏衣行头。昆曲的形成与繁荣为明清苏州剧装勃兴创造了契机,各种脚色需求的行头极大地丰富了剧装制作的种类。苏州丝绸手工业发达,工艺精致优美,加上刺绣工艺也精湛,搭建了制作丰富绚丽剧装的高级平台。万历二十五年(1597)袁宏道在吴县写有诗句:"梨园旧乐三千部,苏州新谱十三腔。假面胡头跳如虎,窄衫绣裤挝大鼓。金蟒缠胸神鬼装,白衣合掌观音舞。"[1]形象地勾画出昆曲景况,记下了演员穿戴的窄衫、绣裤、金蟒、白衣之类剧装。苏州从事戏衣业工匠数量不少,在观前街、阊门一带开设店铺。到清末他们成立了霓裳公所。顾颉刚说:"戏剧本以苏州为最盛,故戏衣业即萃于是,农村妇女藉是以为其副业。自昆曲消沉,戏剧中心不复在苏,然戏衣业中心则仍未移。"[2]

民族乐器。我国最早创立乐器声学。苏州民族器乐作为江南器乐体系的丝竹音乐代表久负盛名,这与乐器制作工艺的精致密切相关。明代南戏流传,形成四种主要声腔,即弋阳腔、余姚腔、海盐腔、昆山腔(昆腔、昆曲)。昆腔以苏州、太仓为中心辐射传布,成为百戏之祖。除了曲调与声腔优美之外,它还依托笛、箫、笙、琵琶与鼓、板、锣等江南丝竹乐器的引声托腔,能够保证演出具有固定场景与节奏,可以模仿。同样,昆曲盛行与民间音乐发达相关,并促进苏州民族器乐制作水平不断提高,打击、吹奏、弹拨、拉弦四大类乐器日益丰富完善。

明代苏州民族乐器制作高手有张寄修,善于制琴;范昆白,擅制三弦。张岱在《陶庵梦忆》中曾大加赞誉。顾颉刚也说:"音乐器具如箫、笛等,亦以苏制为善。"[3]

木偶戏道具。我国木偶戏又叫傀儡戏,出现时间久远。傀儡戏在汉代丧葬演乐中已见,唐代成熟,宋代全盛,元明清十分流行。明天启(1621—1627)年

---

[1]《袁宏道集笺校》卷三《迎春歌和江进之》,钱伯城笺校,上海古籍出版社2008年,第153页。
[2] 顾颉刚:《苏州史志笔记》,王煦华辑,江苏古籍出版社1987年,第115—116页。
[3] 顾颉刚:《苏州史志笔记》,王煦华辑,江苏古籍出版社1987年,第116页。

间,苏城闹市区玄妙观游人汇聚,称"白相玄妙观",吃喝玩乐,各色人等,一应俱全。木偶戏、变戏法、耍猴、看西洋镜、唱小热昏、卖拳头、说露天书等走江湖的娱乐节目演出受到游人喝彩。到玄妙观看木偶戏成为苏州消闲一大风景。因之,木偶戏道具制作也是有销路的独特工艺品,配合了大众娱乐需求。

玩具方面。娱乐游戏是人的天性,娱乐从来不缺产品销路与市场。娱乐少不得玩具。玩具种类繁多。好的娱乐游戏有益于身心健康,玩具制作体现着手艺人的高超想象力和手工技能,供人玩耍,增添生活乐趣,在游乐中开发智力,获取新知。

狭义玩具,民间称耍货,可用纸、泥、木、竹等材料做成。苏州虎丘、山塘一带集中玩具生产与销售,称虎丘耍货。其中,作为泥塑的虎丘泥人明代技艺很高,艺人在短时间内能够面对面做出真人捏相,又叫塑真。

九连环。明清流行极广,成为京都四百四十行之一。民间很多人会做九连环,作为智力游戏,后传入宫廷、官宦之家。

蟋蟀盆。苏州陆墓泥土独特,黏性足,杂质少,细腻,除了用来制作御窑金砖之外,还用来制作蟋蟀盆,光滑细洁,透气吸水,加上工匠心灵手巧,善于造型,受人喜欢,销售广泛,被业内视为上品,特别是以御窑、南窑、金窑、日益四村制作的为最佳。

南宋末年,陆墓蟋蟀盆就被贡入皇宫。权相贾似道用的蟋蟀盆全是陆墓所产。明宣德帝嗜斗蟋蟀,引发斗蟋蟀在京城风行,促使陆墓蟋蟀盆销量旺盛。现今在北京的故宫博物院珍藏的许多蟋蟀盆就是明宣德陆墓盆。

明代苏州人善治蟋蟀盆,又叫蛐蛐罐,名家如永乐时彩山窑常德盛(胜)[1],宣德时陆墓人邹、莫二姓,尤其是邹大秀、小秀姊妹,在蟋蟀盆上雕镂人物,妆彩精妙。"宣德时苏州造促织盆,出陆墓邹、莫二家。曾见雕镂人物,妆采极工巧。又有大秀、小秀所造者尤妙,邹家二女名也,久藏苏州库中,正德时发出变易。"[2]

鸟笼。明清苏州鸟笼精妙雅致。紫檀木、象牙、竹等都可以用来制作考究的鸟笼。

风筝。放风筝是我国喜闻乐见的娱乐活动。苏州放风筝历来很普遍。放风

---

[1] 邓之诚:《骨董琐记》卷六《蛐蛐罐》,邓珂增订点校,中国书店1991年,第202页,记载民国时北京发现11只。《这是永乐时期的苏州蟋蟀盆?》,苏州《城市商报》2012年12月23日,苏州发现的实物,上面为"常德胜"。

[2] 李诩:《戒庵老人漫笔》卷一《陆墓促织盆》,魏连科点校,中华书局1982年,第9—10页。

筝俗称放鹞子,因为扎鸟形风筝,像鹞鹰一样放飞上天。艺人巧手扎风筝既成为一道实用工艺,也是一种玩具商品。

草编、棕编。苏州水乡盛产编织材料,如蔺草、黄草、蒲草、棕榈叶、稻草、麦草。吴人聪慧手巧,利用这些材料编成生活用品,开发草编工艺品,既有实用性,又有贴补家用的经济价值。隋唐以前苏州编织草席就有名气。北宋、明清已作为贡品,以虎丘、浒关的蒲席、箴席为最佳。此外,还盛传竹编工艺,配合竹刻艺术,雅俗两道齐放光彩。

周定,业屦,蒸稻薪制作的鞋子极为坚久。购买者先期定制,非几月不可得。"远方名贵多闻而致之。袭以绫绢,为山中之赘,赝者犹能市善价。"[1]这一周氏草鞋编制工艺质量之高、名声之响、市场之广、售价之高,在赢得经济效益的同时,创出了吴中工艺著名品牌。

金属工艺方面。金属是人们生活用品必不可缺的材质,金属工艺则是金属矿石加工之后的再加工。苏州不是矿产资源之地,却历来不缺金属加工的能工巧匠,依靠智力和手工进行再创造,赢得市场份额与卓越声名。

仿古青铜器。青铜,称金、吉金,是红铜与其他化学元素的合金。铜锡、铜铅合金最为常见。因呈青灰色,故名青铜。青铜熔点低,容易铸造,硬度大,可以根据硬度需要,加减锡(铅)比例。其熔液流畅快,无气泡,密度大,适宜铸造锐利锋刃,精细花纹。

我国夏商周铸造生产工具和生活用具,创造了辉煌的青铜文明。明代苏州手工业发达,手艺繁多,技艺竞相争胜,也包括仿古青铜器。

宣德间,苏城仿古铜器盛行,具有规模生产,形成铸炉流派。

正统时,苏州仿宣德炉精美巧妙,称"苏铸",就是仿铸古青铜器,成为一门独特工艺。蔡文甫炼铜有法,敷色无误,制作鱼耳、蚰耳两式仿宣德炉最好,晚年的制作还要名贵。

万历时名工涌现,吴中胡四,擅制铜炉,仿古青铜器有绝技,铸造彝鼎之器与旧铸难辨。苏城徐守素、蒋彻、李信、邹英也擅制仿古青铜器。高濂高度评价了苏州等高手所仿造精美古铜器对于生活与文化的价值:吴中"若出自徐守素者,精致无让,价与古值相半。其质料之精、摩弄之密,功夫所到,继以岁月,亦非常品忽忽成者。置之高斋,可足清赏,不得于古,具此亦可以想见上古风神,孰云不

---

[1] 崇祯《吴县志》卷五十三《人物二十·工技》,《天一阁藏明代方志选刊续编》19,上海书店1990年,第612页。

足取也？此与恶品非同日语者,鉴家当共赏之"[1]。

明代苏州仿古铜器名手还有木渎铜工王某,制作香球、锁都精巧。相传他在洪武初还独应召募,开外国进贡的蟹锁,得赐冠带归里。此外,木渎锡工朱端,衣冠修楚,宣德间造锡器,制作奇古,时称"朱象鼻"。[2]铸镜艺人薛怀泉,籍贯不详。1956年虎丘明王锡爵墓出土铜镜一面,上有"薛怀泉造"。苏州甘文台,回族人,人称甘回子,善仿宣德炉,"烧铜色等分两,与宣铜款致分毫无二,俱可乱真",与北铸如施银匠,成南北两大流派。[3]

仿古钟。尽管到清康熙时,苏州机械钟制造业兴起,然而明代宫廷钟制造就已有名气。居住萧家巷的苏州人郝氏母女,制作錾花面板最好最有名。

手炉。明清苏州手工业发达,善于生产生活用品,精致耐用。明清手炉制作普遍。苏州手炉称为苏式、苏造,成为全国样板。明初苏州手炉就很有名,吴县木渎一带最为集中生产,清初铜作坊转到阊门久福里一带。像吴中人徐守素,擅制手炉,仿制古铜器,精巧无暇。

金属镂刻。明清苏州金属镂刻工艺极高。北京故宫的熏炉、对鹤等都由苏州艺人制作。作品即样品,以致有"苏州样,广东匠"之称。显然,苏州样,就是指苏州造设计新颖,出样精致,广东则具体制造仿造加工。例如,苏州手炉,镂刻精细美观,令人爱不释手,被人仿造。

金属丝镶嵌。镶嵌工艺十分古老,叫错。有错金、错银、错金银、金银错。镶是以物相配合。嵌是以物陷入。春秋战国已有金银丝镶嵌工艺。明清木器的金银丝镶嵌十分普遍,工艺高超。苏州园林、第宅林立,富贵雅致的红木家具与红木小件常用金银丝镶嵌。大人家日用器物也有金银丝镶嵌。

嘉靖中人周治,"精于雕镂嵌空,以金玉、珠母、石青绿嵌作人物、花鸟、老梅古干,玲珑奇巧,宛如图画"。赵良璧,嘉靖中铸造锡壶,称为绝技,后人多假托其名仿造。[4]

金银饰品。明清苏州金银饰品堪称一流。高濂记载万历时苏州制造的细嵌

---

[1] 高濂:《遵生八笺》卷十一《燕闲清赏笺》上,王大淳整理,浙江古籍出版社2015年,第603页。
[2] 两人事迹均见崇祯《吴县志》卷五十三《人物二十·工技》,《天一阁藏明代方志选刊续编》19,上海书店1990年,第608页。事迹被乾隆《吴县志》卷七十九《人物·工伎》(苏州图书馆藏本,电子版总第3007页)、民国《木渎小志》卷四《人物七·工伎》(《中国地方志集成·乡镇志专辑》7,江苏古籍出版社1992年,第512—513页)袭载。
[3] 张岱:《陶庵梦忆》卷六《甘文台炉》,马兴荣点校,中华书局2007年,第72—73页。
[4] 均见崇祯《吴县志》卷五十三《人物二十·工技》,《天一阁藏明代方志选刊续编》19,上海书店1990年,第610页。

金银碧瑱鼎炉、细嵌天鹿辟邪象罐、镂金观音弥勒等作品,"种种色样,规式可观,自多雅致"。[1] 万历时吴江银工孙德、沈伯、金仙、顾德在银器上留下了姓氏。1977年北京八里庄明墓出土4只银元宝,其中一只刻"苏州府吴江县万历十三年(1585)京库金花银五十两整。知县江钟廉、吏冯应祥、银匠孙德",其余三只分别刻"银匠沈伯""银匠金仙""银匠顾德"。

蟹八件。苏城东北面阳澄湖盛产大闸蟹,青背、白肚、金爪、黄毛,肉质鲜、肥、嫩、实,向来是美味佳肴。太湖等湖荡同样出产鲜美的大螃蟹。为了方便食用,据传明朝苏州工匠发明了吃蟹的八件金属工具,细微精巧绝妙,沿用至今。

五、其他科学技术新进展[2]

随着六朝以来江南经济持续开发和全国经济中心南移,苏州等江南地区的科学技术也在发展,到明代仍有进一步提高,一些领域居于全国前列。

造船与航海技术。苏州地处江南水乡,江海河渠要道,因交通运输和航运贸易的需要,居民习惯以舟代车,依赖船只,素来重视造船,造船业成为重要行业。明前期郑和从太仓出洋,一是说明苏州所占航海地位重要,二是离不开苏州等江南地区工匠舟师长期积累的高超造船、航海技术。

郑和船队使用大型宝船62艘,辅助船100多艘,在南京龙江船厂及镇江、苏州、松江各处建造。宝船长44丈,宽18丈,九桅十二帆,在南京出土的舵杆长达11米。苏州府造船场在太仓,造船可载人上千,载重达几万斤。郑和主要属员及所带水手有的是苏州人,如昆山人费信,著《星槎胜览》;常熟人医士匡愚,著《华夷胜览》。派遣官兵选自江南属卫,熟悉江海,便于舟楫。他们能在逆风时走斜行的"之"字形路线前进。自宝船厂开船到南海,使用罗盘并参考沿岸地形、岛屿导航。进入印度洋后,观日月升坠,以辨东西;星斗高低,度量远近,即依靠观察北极星、华盖星(小熊座 β,γ)及织女星、灯笼骨星(船底座 α)等以定船位,这是牵星术。"苏州马怀德牵星板一副十二片,乌木为之,自小渐大。大者长七寸余,标为一指、二指以至十二指,俱有细刻若分寸然。又有象牙一块,长二尺,四角皆缺,上有半指、半角、一角、三角等字,颠倒相向,盖周髀算尺也。"[3]

---

[1] 高濂:《遵生八笺》卷十一《燕闲清赏笺》上,王大淳整理,浙江古籍出版社2015年,第603页。
[2] 本处参见张橙华《吴地科技文化》第三、四章相关内容,载王友三主编《吴文化史丛(下)》,江苏人民出版社1996年,第123—139页。也可参见本书工艺部分,有的工艺技术就是科技进步。
[3] 李诩:《戒庵老人漫笔》卷一《周髀算尺》,魏连科点校,中华书局1982年,第29页。校勘记有"长二尺",一作"长二寸","未知孰是"。

使用时以手持板伸直,使其下缘齐水平线,上缘对某星,就得到高度角。在印度洋各处的天文导航要点在《顺风相送》中都有记录。

天文学:常熟古星图。我国具有代表性的古星图实物主要在江南发现,反映古人观测恒星的水平。其中,宋末到明末古星图只有常熟的天文图,由知县杨子器于正德元年(1506)翻刻苏州天文图,实际上,汇考甘、石、巫氏经订正而成。此图有1 466颗星,改正了苏州天文图一些错误,但总的精度稍差一些。

数学:苏州码子。工商业发展需要数学知识的普及与计算技术的简化,这使得应用数学有很大发展,并构成中国传统数学的重要方面,其中,明代苏州码子的数码字非常流行。它从南宋数学家杭州人杨辉数学著作中所用数码字传用而来。由算筹演化而来的一二三×〇〒〢〣〤〇,其中表示4、5与9的×〇〤是杨辉创用的,以代替难写的三、三与三。这套数码流传到明代,就成为被称为暗码的一二三×〇〒〢〣〤〇,其中前三个数字也可用直式表示:丨丨丨丨丨。因盛行于工商业发达的苏州,它被称为苏州码子。

苏州码子这套簿账符号多用于商业、手工业、当铺、金融等经营活动的数字记载、契约签订与账务往来。它的应用推广与明代中期以来苏州工商业发达、簿账工具技能提高和普及相辅相成,保障了商业活动秩序顺利展开,并影响到海内外的商业记账与活动,更担当了商业金融活动中心的领导角色。苏州码子在明清使用,迄今港台地区仍见沿用。

农学。吴县黄省曾成就突出。他是农学有心人,撰农学畜牧业著作《农圃四书》4卷,含《稻品》《蚕经》《养鱼经》《艺菊书》各1卷。《稻品》记稻种,多达27种。《蚕经》讲养蚕,分艺桑、宫宇、器具、种连、育饲、登簇、择茧、缫板、戒宜,共9章。《养鱼经》分鱼秧、养鱼法、鱼类。《艺菊书》讲种菊,分贮土、留种、分秧、登盆、理绁、护养。他还著《兽经》。这些都是江南苏州等地农业生产经验的总结。

王世懋撰《学圃杂疏》1卷,记其圃中所有及所闻所见,分花、果、蔬、瓜、豆、竹6类,各有品目及栽植法。大致以花为主,而草木之类则从略。[1]

周文华,字含章,苏州人。著《汝南圃史》12卷,前有万历庚申(四十八年,1620)陈元素序,称为光禄君,说明他曾任职光禄寺。周文华见允斋《花史》,嫌其不完备,补葺成书。分月令栽种花果、木果、水果、木本花、条刺花、草木花、竹、木、草、蔬菜、瓜、豆等12门,叙述栽种方法,间以诗词。大抵就江南所有为言,河

---

[1] 永瑢等纂:《四库全书总目》卷一一六,子部26,谱录类存目,中华书局1965年影印本,第1004页。

北苹婆、岭表荔支之属亦不著录。较他书剽剟陈言,佺陈珍怪,较为切实。[1]

造纸术,见工艺之洒金、洒银印花笺。

印刷术。明代苏州是刻书中心之一,雕版印刷十分发达。苏州、常熟刻本以精而多闻名。16世纪以后,苏州、无锡等地盛行铅活字、铜活字印刷。

制墨术。沈继孙,大概字学翁,洪武时人,自署姑苏籍。著《墨法集要》1卷。倪瓒《云林集》有赠沈生卖墨诗序,称沈学翁隐居吴市,烧墨以自给,不汲汲于富贵,不戚戚于贫贱。烟细而胶清,墨若点漆,近世不易得。沈继孙起初从三衢墨师受教,后又从一僧处得墨诀,于是并录成书,有21图,图各有说,被造墨家所祖。

古墨都是松烟。南唐李廷珪开始兼用桐油。后杨振、陈道真诸家都传述其法。元、明以来,松烟制法渐废,油烟制法独行,沈继孙制法不传。其工拙虽不可考,但此书由浸油以至试墨,叙次详核,各有条理,班班然古法具存,可见他精深兹事。世传《晁氏墨经》,说法太略,而明以来方氏、程氏诸谱又斤斤以花纹模式是矜,不若此书缕析造法,切于实用,足资利用,非其他杂家技术徒为戏玩可比。[2]

炼钢术。北宋《梦溪笔谈》记载的团钢法到明代发展成为著名的苏钢法:以火钳夹住生铁板在炉口移动,熔化后流入炉中的熟铁之中,并加以翻动,最后得到成分均匀而杂质很少的钢材。这种以苏州来命名的炼钢术流行于江南各地,并一直沿用到近代。

薄珏的科技成就。薄珏,字子珏,长洲人。幼年家贫。屡试不第。喜好钻研天文、数学、机械制造等。崇祯四年(1631),薄珏帮巡抚张国维在安庆城制造铜炮,精密度高,还装上所制望远镜,即千里镜,铜镜两端嵌玻璃,望四五十里外如咫尺,结果对守城有功。他还造有水车、水铳、地弩、算筹负担等器。以火煨热处理恢复金属弹性,修好失声的怀古钟。张国维推荐他做官,薄珏辞而归里,病卒于家。

薄珏接受西方天文、地理学说,并著文诠释,有研究心得。天文学有《各重天有本动、有推动、有带动论》《素问天倾西北之妄辨》《天体无色辨》等。制作小型天球仪,周围不逾尺,而环以铜尺,上有日月星辰。明末长篇歌诀《经天该》代替已沿用1 000多年的《步天歌》,用420句七言诗句讲授三垣二十八宿的分布。

---

[1] 永瑢等纂:《四库全书总目》卷一一六,子部26,谱录类存目,中华书局1965年影印本,第1004页。
[2] 永瑢等纂:《四库全书总目》卷一一五,子部25,谱录类,中华书局1965年影印本,第987页。

其作者有认为是薄珏,也有认为是利玛窦,张橙华认为可能是两人合著。《格物测地论》《日晷各地不同论》等文则表明薄珏已知地球的概念、测量经纬度的方法。

薄珏机械制造技术高超,是机械制造家,又是天文、地理学家。英国著名中国科技史家李约瑟曾专门撰文介绍他的光学成就。

明末苏州与中西科技交流。一些苏州文士在明末清初西学包括科学知识传播中国过程中起了重要作用。除了上述薄珏之外,另有如常熟瞿太素,在韶州与利玛窦相交,随他学习天文,亲手制作天球仪、星盘,利玛窦赠送他三棱镜。太素劝利玛窦到苏州定居,他往住了一个月。《万国坤舆全图》由应天巡抚赵可怀先在苏州刻印,万历二十八年(1600)在南京刻印,开阔了国人世界地理的眼界。传教士艾儒略口述、常熟瞿式耜笔录的《几何要法》是对《几何原本》的研究与注译。

第四节　明代苏州学术

一、明代苏州学术与学风演变

黄宗羲著《明儒学案》记述有明一代儒学理学之盛,超越前代,是以儒学理学作为学术,偏重于哲学思想思潮,属于狭义的学术。

梁启超《清代学术概论》,原题《前清一代思想界之蜕变》,侧重思想变化,属于狭义的学术范围。而其《中国近三百年学术史》则列举评述文化成就,包括阳明学派之余波及其修正、清代经学之建设、两畸儒、清初史学之建设、程朱学派及其依附者、实践实用主义、科学之曙光、清代学者整理旧学之总成绩。这些旧学涵盖经学、小学、音韵学、校注古籍、辨伪书、辑佚书、史学、方志学、地理学、传记、谱牒学、历算学及其他科学、乐曲学,内容如此丰富,远远超过思想的范畴,则学术成为文化的同义词,此为广义的学术概念。

诚然,各门学科都有学术在内,梁氏之说无可厚非。然而黄氏之意在于抓住一代学术思潮演变的大势,梁氏清代学术正是此种意思。因此,此处学术的含义以狭义的思想思潮为主,重点在于学风的变化,而非广义所称文化成就的学术。后文所叙则为各学科学术成就,属于广义的学术成果。

在63卷《明儒学案》一书中,黄宗羲列出吴与弼崇仁学案4卷与陈献章白沙学案、薛瑄河东学案各2卷,王恕三原学案1卷,王守仁姚江学案1卷与浙中王门学案 5 卷、江右王门学案 9 卷、南中王门学案 3 卷、楚中王门学案、北方王门学案、粤闽王门学案、止修学案各 1 卷、王艮泰州学案 5 卷、湛若水甘泉学案 6 卷，以及诸儒学案 15 卷，顾宪成高攀龙等东林学案 4 卷，刘宗周蕺山学案 1 卷，附案 1 卷。显然，这是以儒学之理学作为学术主脉，辅以其他儒学思潮的，尤其是王阳明心学理学崛起，兴旺发达，风靡久远，占据明代学风最为鲜明靓丽的大头，影响后世深远，因而篇幅最大。当然，明后期东林学风倡行，回归实学诉求，经世致用，又是一大转变，影响清代主流学术学风的转向与确立。

明代苏州学术学风一方面与全国主流学术学风的发展密切相关，另一方面，又以自身特色为全国学术学风发展与转向做出贡献。

> 康斋（笔者注：吴与弼，下同）倡道小陂，一禀宋人成说。言心，则以知觉而与理为二；言工夫，则静时存养，动时省察。故必敬义夹持，明诚两进，而后为学问之全功。其相传一派，虽一斋（娄谅）、庄渠（魏校）稍为转手，终不敢离此矩矱也。白沙（陈献章）出其门，然自叙所得，不关聘君（吴与弼），当为别派。於戏！椎轮为大辂之始，增冰为积水所成，微康斋，焉得有后时之盛哉！[1]

在《明儒学案》中，黄宗羲列于崇仁学案的昆山人魏校、南中王门学案的吴县人黄省曾、泰州学案的太仓人管志道、诸儒学案的昆山人朱天麟，都是苏州学人。任应天巡抚的三原学案王恕、任常熟知县的东林学案耿橘，都是任官影响苏州学人学风的。列于诸儒学案的浙江临海人陈选、白沙学案的湖北人李承箕、姚江学案王守仁等，都与王鏊交往密切，思想学术互有影响交流。

以上明代苏州主流思想学风，首先体现在魏校私淑胡居仁（敬斋），传承吴与弼学说："一禀宋人成说。言心，则以知觉而与理为二；言工夫，则静时存养，动时省察。故必敬义夹持，明诚两进，而后为学问之全功。"尽管有所递进变通，"稍为转手，终不敢离此矩矱也"。其次体现在受王门学风披及，出现黄省曾这样主动投往越中王阳明门下领教并成为其得意弟子的学人。再次是出现读书敏思、自成学说的学人，如朱天麟。

具有活跃思维、影响苏州学风学术的学者、官员，如三原学案王恕、诸儒学案陈选、东林学案耿橘，只是其中的佼佼者。

当然，由崇仁学案演化出白沙学案，心悦诚服投拜陈献章门下的湖北人李承

---

[1] 黄宗羲：《明儒学案》卷一《崇仁学案一》，沈芝盈点校，中华书局 1986 年，第 14 页。

箕、姚江学案主帅王守仁,毕竟走心学一路,愈加昌大。

> 有明之学,至白沙始入精微。其吃紧工夫,全在涵养。喜怒未发而非空,万感交集而不动,至阳明而后大。两先生之学最为相近。不知阳明后来从不说起,其故何也?[1]

尽管明代苏州学术学风,王学不像邻省浙江风靡,东林之学不像邻郡常州兴盛,只是流风余响,有所披及,但像明代中叶王鏊受到老师浙东陈选影响,又自省自成,折衷朱熹、陆九渊之学,注重经术,开始重视复兴汉学[2],还深得王阳明赞赏[3];魏校、归有光等邃深经义,著作丰硕;在晚明积极倡导实学,扭革王学流弊,张溥、张采复社讲学经史,王世贞、钱谦益等文豪倡导,毕竟功不可没,领有文化思潮主流一席之地的。

众所周知,宋明理学的发源地与重心都不在苏州,苏州理学是外来的,主要通过两种途径传导,一条是外来官员传布与影响,一条是本地士人向慕、学习以及外出拜师传播。明代苏州文风重在文学,而理学单薄,理学经过宋元时期的渗透,明代经过了在地化过程。尽管明代苏州一直存在理学与反理学主张的辩驳,理学的力学与体行之士以及真知灼见还是不少,以至于最后通过文学与理学的融合,得到调和,文以载道,文学与理学可以统一,而言子就是孔子以来以文学传道苏州的真传嫡派。

事实上,锐意经义、笃行理学的苏州士人还是有的,只是在总体影响与数量上居于弱势。理学作为宋明时期学术思想主流,既有事实上的存在根基,也有学习传布上的极大影响,超越了地域性与地方文化思想特色。明代苏州在各种传记中称为理学名人的,除了上述重点人物之外,还有昆山元末明初的殷奎、周复俊(1496—1574),常熟明初张洪,以明经征为靖江王府教授,吴讷(1372—1457),永乐中以医荐举至北京,以及成化十年(1474)进士周木,吴中则有元末明初的徐达左(1333—1395)。[4]

明代苏州人被列入《明史·儒林》《明史·文苑》的,以文苑文学艺术人物居多,他们也有思想创新、心性解放以及经世致用、专意实学的思想。即使在秦汉、

---

[1] 黄宗羲:《明儒学案》卷五《白沙学案上》,沈芝盈点校,中华书局1986年,第78页。
[2] 林庆彰:《明代经学研究论集(增订本)》,华东师范大学出版社2015年,第79页。
[3] 王守仁:《太傅王文恪公传》,载吴建华点校:《王鏊集》附录三,上海古籍出版社2013年,第706页。
[4] 参见李卓颖:《地方性与跨地方性——从"子游传统"之论述与实践看苏州在地文化与理学之竞合》,台湾历史语言研究所集刊第82本第2分,2011年6月。

唐宋文学复古思潮旗帜之下,学风务实,经世致用,两者也具有一致性。

二、《明儒学案》《明史·儒林》所载苏州学者

依据《明儒学案》记载明代苏州学者魏校、黄省曾、管志道、朱天麟以及北直隶人耿橘,结合《明史·儒林》记载魏校及其弟子王应电、王敬臣的情况,约略可以映见明代苏州学术学风演变之一斑。

魏校及其弟子。魏校,字子才,昆山人。其先本李姓。魏校因居住苏州葑门庄渠,自号庄渠。与祝允明同为武功伯徐有贞的外甥。

魏校资质非凡,少年即英颖绝伦。弘治十七年(1504)应天乡试举人。次年,中式二甲第九名进士,授南京刑部主事。历员外郎、郎中。守备太监刘琅凭借宦官刘瑾势力,气焰极其嚣张,有时自己判状,直接送交法司,官员没人敢于违抗。魏校直行己意,无所瞻徇。与李承勋、胡世宁、余祐友善,并称南都四君子。改兵部郎中,移疾归家。

嘉靖初年,起为广东提学副使。丁忧,服阕,补江西兵备副使。改河南提学。七年(1528),升太常寺少卿,转大理寺。明年,以太常寺卿掌国子监祭酒事。九年七月致仕。二十二年(1543)卒,享年61岁。谥恭简。

魏校砥砺品节,一生做官时间不长,宦绩主要在作育人材,整顿风俗,成为著名学者、理学家、教育家。唐顺之、王应电、王敬臣等都是他弟子。他是明代苏州被列入《明儒学案》为数不多的鸿儒学者之一。《明史》列入《儒林》,说他"私淑胡居仁主敬之学,而贯通诸儒之说,择执尤精"。魏校著作丰赡,有《庄渠遗书》《大学指归》《周礼沿革传》《六书精蕴》等。

魏校之学的宗旨是天根之学,从人生而静培养根基,若是孩提,知识后起,则未免夹杂。所谓天根,即是主宰,贯穿动静为一。胡居仁(敬斋)言:"心无主宰,静也不是工夫,动也不是工夫。"这是师门敬字口诀。但敬斋工夫分动静,魏校贯串总是一个;不离本末作两段事,则加密了。聂豹主张归寂,应当发端于魏校。

魏校曾与余祐论性:"天地者,阴阳五行之本体也,故理无不具。人物之性皆出于天地,然而人得其全,物得其偏。"又说:"古圣贤论性有二:其一,性与情对言,此是性之本义,直指此理而言;其一,性与习对言,但取生字为义,非性之所以得名,盖曰天所生为性,人所为曰习耳。先儒因'性相近'一语,遂谓性兼气质而言,不知人性上下不可添一物,才著气质,便不得谓之性矣。荀子论性恶,扬子论性善恶混,韩子论性有三品,众言淆乱,必折之圣。若谓夫子'性相近'一言,正论性之所以得名,则前后说皆不谬于圣人,而孟子道性善,反为一偏之论矣。

孟子见之分明,故言之直捷,但未言性为何物,故荀、扬、韩诸儒得以其说乱之。伊川一言以断之,曰'性即理也',则诸说皆不攻自破矣。"[1]

王应电,字昭明,昆山人。受业于魏校。因而《明史·儒林》附于魏校本传。他笃好《周礼》,认为《周礼》自宋以后,胡宏、季本各自著书,指摘其瑕衅,多达数十万字。俞寿翁、吴澄则以为《冬官》不亡,杂见于五官中,因而更改次序。近世何乔新、陈凤梧、舒芬亦各以己意更定。然这些都是诸儒的《周礼》。应电覃研十几年,先求圣人之心,溯斯礼之源;次考天象之文,原设官之意,推五官离合之故,见纲维统体之极。因显以探微,因细而绎大,成《周礼传诂》数十卷,[2]以为百世继周而治,必出于此。

嘉靖中,苏州遭倭乱,应电家毁于兵燹,被迫背井离乡,流寓江西泰和。以其书就正于罗洪先。洪先大为佩服。翰林陈昌积对他以师礼奉事。胡松巡抚江西,刊行其书。

应电也研精字学,据《说文》所载极其讹谬的予以订正,名《经传正讹》。又著《同文备考》《书法指要》《六义音切贯珠图》《六义相关图》等。卒于泰和。陈昌积为他经纪丧事,归于昆山。

王敬臣,字以道,长洲人。江西参议王庭子。19岁为诸生,后为岁贡生。受业于魏校。性至孝,父疽发背,亲自吮舐。其父老来得瞀眩疾,他卧于榻下,夜不解衣,微闻响咳声便跃起问安。事继母如事父,妻失母欢,不入寝室长达13年。

敬臣起初接受魏校默成的学说,曾说议论不如著述,著述不如躬行,故日常起居常常杜口不谈。自见耿定向,告诉他:圣贤没有独成学问的。从此他多所诱掖,从游弟子多达400余人。其学以慎独为先,而亲长之际、衽席之间,是慎独的根本,尤其告诫不能标立门户。乡人尊为少湖先生。万历十四年(1586),南京礼部尚书袁洪愈荐授他为国子监博士,敬臣告辞不去。诏以所授官致仕。二十一年(1593),巡按御史甘士价再次推荐他。吏部以敬臣年高,请有司时加优礼,诏可。享寿85岁而终。《明史·儒林》附于魏校本传。

敬臣撰《俟后编》6卷、《补录》1卷、《附录》1卷,分经说1卷,论学、论治共2卷,诗文1卷,礼文疏节、便俗礼节共1卷,女戒1卷。补录1卷为门人所录。

经说论《易》很切近,如其为人。论书《洪范》非《洛书》,亦有见地。论《诗》

---

[1] 以上参见《明史》卷二八二,列传一七〇《儒林一·魏校》,中华书局1974年,第7250—7251页;黄宗羲:《明儒学案》卷三《崇仁学案三》魏校,沈芝盈点校,中华书局1986年,第46—62页。
[2] 永瑢等纂:《四库全书总目》卷十九,经部19,礼类一,中华书局1965年影印本,第154页。学术成就参见本书学术部分。

以三百篇为秦火之余,后人窜乱,大约阴祖王柏之说,不知其谬。论《春秋》亦平允。说礼仅一条,谓王制出于史官,与汉文博士之说有异。

敬臣讲学以立志为本,以慎独为宗,谓学者不可单看虚明景象,大概参酌于朱、陆之间。

所定四礼,大抵以《朱子家礼》为蓝本,参以乡俗,亦吕坤《四礼翼》支流。

《补录》内容驳杂,是其门人记载其师言论,不知这些正是其师已弃。敬臣之学本从姚江得力,后觉其虚无,参以朱学。[1]

黄省曾(1490—1540),字勉之,号五岳山人,吴县人。年少喜好古文辞,通《尔雅》,为王鏊、杨循吉所知。乔宇参赞南都,聘他编纂《游山记》。李梦阳就医京口,省曾前往问疾,李梦阳授他全集。嘉靖十年(1531),省曾以《春秋》名列乡试举人榜首。

王阳明讲道浙东,省曾执贽为弟子。作《会稽问道录》10卷。省曾笔雄见朗,王阳明准备把王氏《论语》嘱托给他。不久省曾母死,自己亦卒。《传习后录》有省曾记载数十条。王阳明在世时,省曾就是南中王学著名弟子。[2]他交友广泛,也曾从湛若水游。[3]

省曾擅长诗词,学诗于李梦阳,文体竟然自成一家,成为著名文学家,有文集《五岳山人集》38卷,分赋诗18卷、杂文20卷。王世贞序,称其古今体诗都出自六代、三唐,在他文也推许甚至。到《艺苑卮言》,则说勉之诗如假山,虽尔华整,大费人力。第二十卷为《客问》四十章,二十一卷、二十二卷为《拟诗外传》,二十三卷为《黄氏家语》,明人亦摘出别行。清人认为:其《客问》、杂论、物理多臆揣之说。《拟诗外传》未免优孟衣冠。至《家语》创立篇名,俨同孔氏,抑又僭矣。[4]

《拟诗外传》1卷30条,感时发议,杂论治乱之理。每条引诗二句为证,全仿韩婴《诗外传》体例,故称为拟。省曾另有《客问》1卷15则。前4则论阴阳象纬,后11则论人事,都设为客问而作答。清人认为:其论解州盐池十分附会,论

---

[1] 永瑢等纂:《四库全书总目》卷一二八,子部38,杂家类存目五,中华书局1965年影印本,第1102页。
[2] 黄宗羲:《明儒学案》卷二十五《南中王门学案一》黄省曾,沈芝盈点校,中华书局1986年,第582—584页。
[3] 《明史》卷二八七,列传一七五《文苑三·文徵明附黄省曾》,中华书局1974年,第7363页。
[4] 永瑢等纂:《四库全书总目》卷一七七,集部30,别集类存目四,中华书局1965年影印本,第1586页。

月星不借日光亦不知推步之法,所论人事大抵愤时嫉俗之言。[1]这两种单行本后都收入其文集。

省曾多藏书,藏书楼名"前山书屋"。他广为涉猎,于书无所不览,详闻奥学,好谈经济,知识丰富,著述丰赡,涉及文学、经学、史学、地理、农学等学科。有史学著作《申鉴注》,西洋地理与中西交通名著《西洋朝贡典录》3卷,记录吴中风俗的《吴风录》1卷以及《骚苑》等。

省曾也是著名刻书家,辑佚、校注、整理、保存了古文献,刻有晋郭璞《山海经传》18卷、北魏郦道元《水经注》40卷、汉王逸《楚辞章句》17卷、魏嵇康《嵇中散集》10卷。有抄本唐崔龟图《北户录注》3卷、宋薛师石《瓜庐诗》1卷等。

省曾又是书法家、画家。

管志道(1536—1608),字登之,号东溟,太仓人。隆庆五年(1571)二甲进士,授南京兵部主事。丁父忧,归。服除,改刑部。张居正秉政,万历六年(1578),志道上疏条九事,因讥切时政,以员外郎出为广东佥事,分巡南韶道。不久被御史龚懋贤弹劾,谪为盐课司提举。明年,外计,以老疾致仕。可见他敢于直言,得罪权臣了。"(张)居正恶员外郎管志道之建白也,御史龚懋贤因诬以老疾。"[2]张居正死,志道被荐举,授湖广佥事。以母老乞归。

志道受业于耿定向(天台),而耿定向私淑王艮(心斋),问学于王艮仲子王襞(东崖),著书数十万字,如《惕若斋集》4卷、《问辨牍》8卷、《理学酬答录》8卷、《师门求正牍》2卷、《论语订释》10卷、《中庸测义》1卷、《孟子订释》7卷。大抵鸠合儒释,浩汗而不可方物。平生尤喜谈鬼神梦寐。[3]

朱天麟,字游初,一字震青。吴江人,寄籍昆山。崇祯元年(1628)三甲进士,授饶州推官,有惠政。崇祯十一年,考选入都,贫不能行赂,拟授部曹。崇祯帝御经筵,问讲官考选得失。谕德黄景昉为天麟称屈。崇祯帝临轩亲试,改授他为翰林编修。十七年(1644)正月,天麟奉命祭淮王,抵山东而京师被破。及南都破,他往福州,唐王擢为少詹事,署国子监事。清顺治四年(1647),永明王召天麟为礼部侍郎。明年,擢礼部尚书,拜东阁大学士。大敌当先,而朝臣各自树党,党争交恶不断。天麟被迫辞职,移居庆远,屡召不赴。七年(1650),天麟奉命经略左、右两江土司,以助勤王。兵未集,清兵进逼南宁,桂王仓皇出走,天麟

---

[1] 永瑢等纂:《四库全书总目》卷一二四,子部34,杂家类存目一,中华书局1965年影印本,第1071页。
[2] 《明史》卷二三四,列传一二二《李沂附周弘禴》,中华书局1974年,第6098页。
[3] 黄宗羲:《明儒学案》卷三十二《泰州学案一》管志道,沈芝盈点校,中华书局1986年,第708页。

扶病跟从。明年四月抵广南,病剧,卒于西坂村。[1]

天麟专志读书,深湛好思,以僻书怪事、子虚乌有诠释《周易》,读来污漫恍惚,实际上借以寓寄胸中所得,有蒙庄之风。与人言谈,蝉联不自休,未尝一及世事。其学出入儒、释之间。[2]

耿橘,字庭怀,又字蓝阳、朱桥,献县人。万历二十九年(1601)三甲进士。三十二年任常熟知县。讲求农田水利,根据县内地势高低,高区浚河,低区筑岸,宜蓄宜泄,措置得当。先后疏浚横浦、横沥河、李墓塘、盐铁塘、福山塘、奚浦、三丈浦等,治水成绩显著,深受民众爱戴。

耿橘是著名理学家。知常熟时正值东林讲席兴盛,他恢复虞山子游书院,更名虞山书院,刊刻《虞山书院志》。他聘请名儒讲学,如顾宪成(泾阳)、苏州知府李右谏、御史左宗郢,先后聚讲于书院。以后他身自主讲,其为学颇近泰州学派代表人物罗汝芳,与东林微有不同。[3]

三、儒学其他学者

除了上述《明儒学案》《明史·儒林》所载明代苏州儒学精英、主流学者外,还有一些注重儒学经世实学的学者,很有思想,符合苏州社会变动,展现士人言行新动向。

顾璘撰《近言》1卷13篇,体例仿扬雄《法言》、王符《潜夫论》,篇名取于刘勰《文心雕龙》。"所论皆持身涉世之道,大致平正无疵。"[4]

顾亮,字寅仲,长洲人。正德中,况钟为苏州知府,曾聘致幕中。他有感于元谢应芳《辨惑编》,作《辨惑续编》7卷、《附录》2卷,因为世俗养生送死,大抵为吉凶拘忌、师巫之说所惑,他辑古今书传,分为七门,申明其说。[5]

袁袠,字永之,号胥台,吴县人。嘉靖五年(1526)进士传胪。官至广西提学佥事。《明史·文苑》附见文徵明传。著《世纬》1卷20篇,即官宗、遴傅、简辅、降交、诱谏、广荐、崇儒、贵士、裁阉、汰异、距伪、抑躁、久任、惜爵、惩墨、节浮、节奢、正典、实塞、均赋。"当时狃于晏安,文恬武嬉,朝廷方以无事为福","其言皆

---

[1]《明史》卷二七九,列传一六七《朱天麟》,中华书局1974年,第7156—7158页。
[2] 黄宗羲:《明儒学案》卷五十七《诸儒学案下五》朱天麟,沈芝盈点校,中华书局1986年,第1368—1371页。解易经,参见本书经学易经成就之处。
[3] 黄宗羲:《明儒学案》卷六十《东林学案三》耿橘,沈芝盈点校,中华书局1986年,第1482—1487页。
[4] 永瑢等纂:《四库全书总目》卷九十五,子部5,儒家类存目一,中华书局1965年影印本,第809页。
[5] 永瑢等纂:《四库全书总目》卷九十六,子部6,儒家类存目二,中华书局1965年影印本,第811—812页。

指陈无隐,切中时弊。虽立说不免过激,而忧时感事,发愤著书,亦贾谊痛哭之流亚也"。《距伪》篇激言王学末流的弊端,有见微知著,先见之明。[1]

王在晋撰《龙沙学录》6卷,编辑宋儒程、朱以下及明王守仁、罗汝芳诸人之说,加以注释。他著书讲学,论良知格致,以姚江为宗,特假程、朱为重。[2]

《性理综要》,又改新名《性理标题汇要》,都是22卷,旧本题新安詹淮辑,陈仁锡订正增辑,实际上是庸俗坊本,大抵为场屋所用。[3]这是儒学应试普及性读物,当时现实科举生活必不可少,假借名儒手笔,以求大量速售。

四、其他思想

明代中后期,一些苏州学者思想开放,观察敏锐,博采综合,往往独出新创,自成一家学说。这符合思想学术发展的正常理路。这里不再重复上述儒学、心学以及哲学等著作与成就,而专述其他方面的思想著作与成就。

王鏊从内阁退休归里,随笔录记,成《震泽长语》2卷,分经传、国献、官制、食货、象纬、文章、音律、音韵、字学、姓氏、杂论、仙释、梦兆13类。清人认为:王鏊文词醇正,又生当明代盛时,士大夫崇尚实学,不似隆庆、万历以后聚徒植党,务以心性相标榜,故持论颇有根据。[4]王鏊《震泽长语》成为与宋王应麟《困学纪闻》、清顾炎武《日知录》并列的我国三大学术考订名著。

王鏊在理学上立足朱子学,融通心学,深得王阳明赞赏。王阳明为他作传赞誉有加,引为知音。

桑悦,字民怿,常熟人。成化元年(1465)举人。官至柳州府通判。《明史·文苑》附载徐祯卿传,称其怪妄狂诞。清人认为,桑悦《思元集》有《道统论》说:夫子传之我;又《学以至圣人论》说:我去而夫子来,可谓肆无忌惮。在长沙著《桑子庸言》1卷,自以为穷究天人之际。[5]

祝允明撰《祝子罪知》7卷,为论古之言,举例有五:举、刺、说、演、系。举为是是,刺为非非,说为原是非之故,演为布反复之情,系为述古作以证斯文。一卷至三卷论人,四卷论诗文,五卷、六卷论佛、老,七卷论神、鬼、妖、怪。

清人认为,其说好为创解。论人,如谓汤、武非圣人,伊尹为不臣,孟子非贤

---

[1] 永瑢等纂:《四库全书总目》卷九十三,子部3,儒家类三,中华书局1965年影印本,第794页。
[2] 永瑢等纂:《四库全书总目》卷九十六,子部6,儒家类存目二,中华书局1965年影印本,第817页。
[3] 永瑢等纂:《四库全书总目》卷九十六,子部6,儒家类存目二,中华书局1965年影印本,第819页。
[4] 永瑢等纂:《四库全书总目》卷一二二,子部32,杂家类六,中华书局1965年影印本,第1054页。
[5] 永瑢等纂:《四库全书总目》卷一二四,子部34,杂家类存目一,中华书局1965年影印本,第1068页。

人,武庚为孝子,管、蔡为忠臣,庄周为亚孔子一人,严光为奸鄙,时苗、羊续为奸贪,谢安为大雅君子,终弈折屐非矫情,邓攸为子不孝、为父不慈,是人之兽,王珪、魏征为不臣,徐敬业为忠孝,李白百俊千英万夫之望,种放为鄙夫,韩愈、陆贽、王旦、欧阳修、赵鼎、赵汝愚为匿非。论文,则谓韩、柳、欧、苏,不得称四大家。论诗,则谓诗死于宋。论佛、老为不可灭。这些都剿袭前人之说,而变本加厉。

王宏《山志》称:祝枝山,狂士也。著《祝子罪知录》,其举刺予夺,言人不敢言,刻而戾,僻而肆,盖学禅之弊。乃知屠隆、李贽之徒,其议论亦有所自,非一日矣。圣人在上,火其书可也。

允明又著《浮物》1卷,书名取自韩愈《答李诩书》:"气,水也。言,浮物也。"清人认为:"皆务为新奇之论,甚至以《诗》三百篇、《春秋》二万言为圣人之烦,则放言无忌可知矣。盖允明平生以晋人放诞自负,故持论矫激,未能悉轨于正。"

允明另有《读书笔记》1卷34条,是他成化二十一年(1485)居忧时偶有所得,随笔笺记。清人认为:这大概是祝允明少时所作,犹未荡然礼法之外,言颇近理,不似其他书狂诞。〔1〕

允明思想锐利,行为乖戾,敢于发表议论,冲破礼教束缚,显然被一些人视为洪水猛兽,必欲烧其书而后快。在明代中期社会变动之际,社会认识的观念差异在苏州一些敏感士子身上已经率先体现出来,如祝允明、桑悦,见出其真性情。

皇甫汸,字子循,长洲人。嘉靖八年(1529)三甲进士。官至云南按察司佥事。《明史·文苑》附见其兄皇甫涍传。著《百泉子绪论》1卷8篇,即原墨、罪言、非俗、诡士、刺饮、慨礼、诒戚、知难,均为时弊而发,讥切甚至。

世传皇甫汸解官后,曾被御史王言捕系,又为陈御史所窘,因破其家。清人认为:此书极论台谏恶习,至谓其逞忿己私,媒孽善类,众口易铄,百足不僵,抗论无所违避。当时必恶其诋己而撼拾其事,不肯随时俯仰。〔2〕

吴安国,字文仲,长洲人。万历五年(1577)三甲进士。官至宁波府知府。撰《累瓦三编》12卷,分读经、读史、述训、谈艺、匡时、纪庞各2卷。读经诸条多有驳孟子、辟朱子的言语。读史内谓汤武之征诛为逆,而以圣人应天顺人的说法为非。清人认为:述训以下语颇平正,然大都抄撮说部。〔3〕

张大复,字元长,昆山人。撰《梅花草堂笔谈》14卷、《二谈》6卷,是《梅花草

---

〔1〕 均见永瑢等纂:《四库全书总目》卷一二四,子部34,杂家类存目一,中华书局1965年影印本,第1068页。
〔2〕 永瑢等纂:《四库全书总目》卷一二四,子部34,杂家类存目一,中华书局1965年影印本,第1071页。
〔3〕 永瑢等纂:《四库全书总目》卷一二八,子部38,杂家类存目五,中华书局1965年影印本,第1102页。

堂集》的一种。这是他在明亡以后追忆而作,都是同社酬答之语,间及乡里琐事。第13卷有论孟解12条,以释家语诠解孟子。大复又撰《闻雁斋笔谈》6卷,大抵想仿苏轼《志林》,多似古人杂帖短跋风格,然推重李贽,规摹屠隆。[1]

都卬,字维明,号豫庵,吴县人。太常寺卿都穆父。都穆官工部主事时,封如其官,年已80岁。余姚王守仁为作寿序。都卬撰《三余赘笔》2卷,杂录见闻,间有辩论。清人认为:其书多摭拾旧文。引《唐六典》解世俗长功短功之名,未免附会古义。谓郑本伯爵,《春秋》书爵非贬,段必敌人之名,故书曰克,绝非其弟,尤悖谬之甚。而论邓攸杀子不情,朱子不当载于《小学》书中,颇为有见。陶九成著书、吕洞宾始末、赵缘督姓名、宋高宗作幽闲鼓吹数条,差资考证。[2]

王世贞弟王世懋著作多种,多思辩,主张儒佛道归一。《经子臆解》1卷,解《易》2条,解《论语》2条,解《孟子》3条,解《老子》1条。清人认为:大抵自以己意推衍,不脱明人语录习气。虽亦解《周易》、四书,不过偶拈数则,特笔记之流,不足以言经义,因此不入经部而入杂家类,又参以道家之言,有陆德明之过而无其功,两人不能相提并论。

世懋《望崖录》2卷。其中内篇1卷,均谈佛理;《澹思子》1卷,是讲学之书。清人认为:多浸淫于二氏。万历以后,士大夫操此论者十之九也。至谓孟子所以不及孔子者为"性善"二字,则益横矣。[3]

世懋《读史订疑》1卷,是笔记,为考证文字,却不都是史事。如鸿胪涧毘山龙鱼水,纠正明《一统志》疏漏。钟离令嫁前令女一事,论《自警编》缺失。[4]《远壬文》1卷,为训导子弟而作,缕陈亲狎危害。清人认为:它词虽浅近,而切中物情。后来王士骐等终究以不慎交游,几乎遘成大祸。幸得众人救助,仅而得解,则世懋有先见之明。

他又有《窥天外乘》1卷,记述明代故事,参以论断。体例颇近《龙川略志》。但《略志》记所阅历,此则泛言一代之事。其中,论建文当复年号,修实录;景帝当称宗;兴献帝不当祔庙;仁宗、宣宗不宜以兴献帝之故而早祧。又辨宣德非建文子,元顺帝非合尊子,一出于建文故臣之口,一出于宋遗民之口,均未可信。清人认为:这些持论皆正。其记佩袋、官窑器之类亦足备掌故。至于论建文敕对燕

---

[1] 永瑢等纂:《四库全书总目》卷一二八,子部38,杂家类存目五,中华书局1965年影印本,第1100页。
[2] 永瑢等纂:《四库全书总目》卷一二七,子部37,杂家类存目四,中华书局1965年影印本,第1095页。
[3] 均见永瑢等纂:《四库全书总目》卷一二五,子部35,杂家类存目二,中华书局1965年影印本,第1074页。
[4] 永瑢等纂:《四库全书总目》卷一二六,子部36,杂家类存目三,中华书局1965年影印本,第1088页。

王勿加矢刃为必无其事,未免臆断。[1]

陈禹谟《说储》8卷、《二集》8卷,札记。偶拈一二古事,缀以论说,多阐扬佛教,大抵沿屠隆《鸿苞》之派,但不至于如屠隆放恣。[2]

黄元会,字经甫,太仓人。万历四十一年(1613)二甲进士。撰《仙愚馆杂帖》7卷,多剽掇佛、老浮谈,而于服食修炼尤所笃信。[3]

清人治学与明人不同,强调实学,反对空论,实行考据,要求依据,引用要明告出处,否则就是抄袭。

文林,字宗儒,长洲人。成化八年(1472)三甲进士。官至温州府知府。撰《琅琊漫钞》1卷,杂记琐闻逸事,也有考证经史,共48则。

都穆教授濠上几乎20年,始补博士弟子,三年而成弘治十二年(1499)二甲进士。撰《听雨纪谈》1卷,参考经史异同,自题成化丁酉(十三年,1477)九月作,距其登第时21年,则是未为诸生时作。[4]

钱希言《戏瑕》3卷,都是考证文字。刘勰《文心雕龙·正纬篇》有"尹敏戏其深瑕",清人认为,此语"戏"字颇无义理,可能是"诋"字之误。希言以其新异,采以名书。书中颇以博识自负,而所言茫昧无征,有不少。也有差资参考的,例如,引陆龟蒙诗证宋玉真有《微咏赋》,引柳宗元、刘禹锡诗句证《姜芽帖》,辨褚遂良所作《司马迁妾随清娱墓碑》可疑,引《梁书》证梁皇忏郗后化蟒之妄,引陈鸿《长恨歌传》证《说郛·飞燕外传》赝托,记《琅嬛记》出于《桑怿集》,《柳志》《女红余志》出于好事者伪托,叶昼伪造李贽诸书,顾氏《诗史》本唐汝询作。[5]

朱光裕,字仁仲,苏州人。万历中诸生。撰《射林》8卷,论次平日所见所闻。分舆象系、君臣系、政事系、艺文系、礼乐系、疆戎系、田赋系,都为发策决科而设。书中多沿袭旧闻,也有深中时弊,不为无见解。[6]

吕毖,字贞九,吴县人。撰《事物初略》34卷,成于崇祯十七年(1644),杂记事物俚俗语言来源。清人认为:多剽取《事物纪原》诸书。[7]

---

[1] 均见永瑢等纂:《四库全书总目》卷一二七,子部37,杂家类存目四,中华书局1965年影印本,第1099页。

[2] 永瑢等纂:《四库全书总目》卷一二八,子部38,杂家类存目五,中华书局1965年影印本,第1104页。

[3] 永瑢等纂:《四库全书总目》卷一二八,子部38,杂家类存目五,中华书局1965年影印本,第1104—1105页。

[4] 永瑢等纂:《四库全书总目》卷一二七,子部37,杂家类存目四,中华书局1965年影印本,第1096页。

[5] 永瑢等纂:《四库全书总目》卷一二六,子部36,杂家类存目三,中华书局1965年影印本,第1089页。

[6] 永瑢等纂:《四库全书总目》卷一二八,子部38,杂家类存目五,中华书局1965年影印本,第1104页。

[7] 永瑢等纂:《四库全书总目》卷一二六,子部36,杂家类存目三,中华书局1965年影印本,第1090页。

戴冠,自号濯缨,著《濯缨亭笔记》10卷,杂记见闻,终以辨物字义。清人认为:抄撮前人成说。[1]

五、经　学

在我国传统四部分类目录学上,以经部为首。据《四库全书总目》,明代经部10类著作,苏州作者有8类,没有孝经类、五经总义类的著作。按其著作数量,春秋类12种,易类10种,诗类、礼类各7种,四书类、小学类各6种,书类3种,乐类2种,共计至少53种。

现将小学类另入语言文字类,乐类归入音乐舞蹈艺术类叙述,此处只及其他经学著作成就。前文已经涉及的主流学术理学思想家的著作与成就于此不再重复,而原属子部杂家类的思想家成就另入哲学思想里叙述。

明代苏州经部成就以春秋最重,易经其次,诗经(涉及文学)、礼经其次,四书、小学(涉及文字语言学)其次,书经其次,乐经最次,最为专门之学。

(一) 春秋类

明代苏州春秋学成就,首推陆粲,字子馀,长洲人。嘉靖五年(1526)三甲进士。官至工科给事中。以劾张璁、桂萼,谪贵州都镇驿驿丞,终于永新知县。事迹具《明史》本传。著《左传附注》5卷,"前三卷驳正杜预之注义,第二卷驳正孔颖达之疏文,第五卷驳正陆德明《左传释文》之音义。多旁采诸家之论,亦间断以己意,于训诂家颇为有裨",深得顾炎武重视。[2]

在贬官都匀驿[3]的长途跋涉中,陆粲还能作《左氏春秋镌》(即《春秋左氏传》)2卷,"皆纠正左氏议论之失,亦柳宗元《非国语》之类"[4]。"大意以《左传》为战国人作,而刘歆又以意附益,故往往卑贱不中道。或为奇言怪说,骛于末流。"[5]

陆粲又有《春秋胡氏传辨疑》2卷,专门辩论宋胡安国说经,或失于过求,词

---

[1] 永瑢等纂:《四库全书总目》卷一二七,子部37,杂家类存目四,中华书局1965年影印本,第1098页。
[2] 永瑢等纂:《四库全书总目》卷二十八,经部28,春秋类三,中华书局1965年影印本,第230页。
[3] 永瑢等纂:《四库全书总目》,中华书局1965年影印本,第230页作"都镇驿",247页作"都匀驿"。《明史·地理志·贵州》:"都匀府,本都匀安抚司。洪武十九年十二月置。二十三年十月改都匀卫,属贵州都司。二十九年四月升军民指挥使司,属四川布政司。永乐十七年仍属贵州都司。弘治七年五月置都匀府于卫城。"
[4] 永瑢等纂:《四库全书总目》卷三十,经部30,春秋类存目一,中华书局1965年影印本,第247页。
[5] 永瑢等纂:《四库全书总目》卷二十八,经部28,春秋类三,中华书局1965年影印本,第230页。

不厌烦,而圣人之意愈晦。清人认为:陆粲大旨主于信经而不信例。"其抉摘说经之弊皆洞中症结。其例皆先列胡传于前,而以己说纠正于后",多达60余条。"大抵明白正大,足以破繁文曲说之弊。自元延祐二年立胡传于学官,明永乐纂修《大全》,沿而不改。世儒遂相沿墨守,莫敢异同。惟粲及袁仁,始显攻其失。其后若俞汝言、焦袁熹、张自超等踵以论辨,乃推阐无余。虽卷帙不多,其有功于《春秋》固不尠(鲜)也。"[1]

陆粲对于元代以来立为官学的春秋胡传潜心研究,敢于质疑,首开其端,论据充足,实事求是,得到其他学者的赞同,为春秋研究开一新生面。

袁仁,字良贵,号蓑波,苏州人。与季本同时相善,解经往往相似。著《春秋胡传考误》1卷,有不少新意和深刻理解之处。认为宋胡安国愤王氏不立《春秋》,承君命而作传,志在匡时,多借经以申其说。其意则忠,而于经未必尽合。[2]作为陆粲的同乡同道,两人一起开始质疑胡传。

傅逊,字士凯,太仓人。曾游归有光门下。困顿场屋,晚年以岁贡生授建昌训导。著《左传属事》20卷,由其友王执礼发端,傅逊最后续成。仿建安袁枢《通鉴纪事本末》体裁,变编年为属事。对杜氏集解颇有更定。对有乖世教的传文不时纠正。[3]傅逊又有《左传注解辨误》2卷,驳正杜预注解,间有考证,而以意推求居多,开启顾炎武、惠栋对此考订的先声。[4]

魏校《春秋经世》1卷,取《庄子》"春秋经世,先王之志"为名。注释仅隐公1卷,多从左氏,也有自出新意之处。[5]

严讷,常熟人。嘉靖二十年(1541)二甲八名进士,官至武英殿大学士。谥文靖。著《春秋国华》17卷。

冯梦龙,字犹龙,吴县人。崇祯中,由贡生官寿宁县知县。他除了做文学通俗著作外,也做科举经学应试著作。著《春秋衡库》30卷,专为科举而作,因而唯以胡传为主,杂引诸说有所发明。又有《别本春秋大全》30卷,以《春秋大全》为名,而非永乐官修原本。只照胡安国传全录,偶附《左传》事迹,以备科举时文捃摭采用。诸家之说则仅略存数条。[6]

张溥《春秋三书》32卷,包括《列国论》24卷,《四传断》7卷,《书法解》1卷。

---

[1] 永瑢等纂:《四库全书总目》卷二十八,经部28,春秋类三,中华书局1965年影印本,第231页。
[2] 永瑢等纂:《四库全书总目》卷二十八,经部28,春秋类三,中华书局1965年影印本,第232页。
[3] 永瑢等纂:《四库全书总目》卷二十八,经部28,春秋类三,中华书局1965年影印本,第232页。
[4] 永瑢等纂:《四库全书总目》卷三十,经部30,春秋类存目一,中华书局1965年影印本,第247页。
[5] 永瑢等纂:《四库全书总目》卷三十,经部30,春秋类存目一,中华书局1965年影印本,第246页。
[6] 永瑢等纂:《四库全书总目》卷三十,经部30,春秋类存目一,中华书局1965年影印本,第249页。

张采为他掇拾补缀刊行。

(二) 易类

明代苏州人研究易经成就突出的首推张献翼。他字幼于,长洲人。后更名敉。嘉靖中国子监生。《明史·文苑》附见皇甫涍传末。张献翼专研易学。朱彝尊《经义考》记载他《易》注共5种,仅《读易韵考》注"存",《读易约说》3卷、《易杂说》2卷、《读易臆说》2卷、《读易纪闻》6卷,均注"未见"。《江南通志·文苑传》称献翼好《易》,十年中笺注,前后三易其稿,可见是积渐研思,而后始成。

《读易纪闻》是他早年读书上方山中所著,不载经文,逐节拈说,有如札记。清人认为:"其说《易》乃平正通达,笃实不支,祧庄、老之玄虚,阐程、朱之义理,凡吉凶、悔吝、进退、存亡足为人事之鉴者,多所发明,得圣人示戒之旨。""献翼放诞不羁,言行诡异,殆有狂易之疾。"此书如此踏实,"殆中年笃志之时,犹未颓然自放欤?"〔1〕

归有光邃深经术,易学著作有《易图论》上下篇、《大衍解》二书。又有旧本题《易经渊旨》1卷,"每卦摘论数条,大抵剿袭旧说。其中自出新义者,如《说卦传》坤为布,因九家尚有坤为帛,而以布为泉货。震为龙,因九家已有乾为龙,而以为当从虞干本作驪。盖虞云苍色、干云杂色也。艮为黔喙之属,以黔喙为口有铃,如蟋蟀、螳螂、蟷蜋之类,惟虫属有之,因引《尔雅》注螳螂有斧虫为证。盖黔与铃通,较冷氏注谓为鸣喙,似属有据。然仅数条耳"〔2〕。

徐师曾,字伯鲁,吴江人。嘉靖三十二年(1553)二甲进士。官至吏科给事中。他初从吕祖谦本,撰《古文周易演义》一书。后因明代取士用注疏本,撰《今文周易演义》12卷,"大旨以阐发本义为主"〔3〕。

程玉润,字铉吉,常熟人。万历四十一年(1613)二甲十五名进士。曾官部郎。朱彝尊《经义考》记载他有《周易演旨》65卷,而《易窥》无卷数,可能是其初稿。"所解止《上、下经》,与程子《易传》同。其大意在申畅程传。凡传义与朱子本义异同者,多调停其说。"〔4〕

郑敷教,字汝敬,吴县人。崇祯三年(1630)举人。著《周易广义》4卷,"用注疏本,以程传、朱义为主,而推广其说,故名广义。凡诸儒之说与传、义合者取

---

〔1〕 永瑢等纂:《四库全书总目》卷五,经部5,易类五,中华书局1965年影印本,第30—31页。
〔2〕 永瑢等纂:《四库全书总目》卷七,经部7,易类存目一,中华书局1965年影印本,第56页。
〔3〕 永瑢等纂:《四库全书总目》卷七,经部7,易类存目一,中华书局1965年影印本,第55页。
〔4〕 永瑢等纂:《四库全书总目》卷八,经部8,易类存目二,中华书局1965年影印本,第63页。

之,稍有不合者则去之"[1]。另有《易经图考》12卷。

明代苏州学者解释易经往往不守常说,多有遭受清人激烈抨击之处。

顾曾唯,字一贯,号鲁斋,吴江人。嘉靖三十二年(1553)三甲进士。撰《周易详蕴》13卷。又著《顾氏易解》无卷数,用注疏本,止《上下经》。清人批评其书:"解经亦多支离。如乾、坤二卦之名,妄加纯乾、纯坤之目;解乾元二字,至引道家之混元、禅家之妙明心元,其虚诞可知矣。"[2]由此可见,他引进佛道理念解释易经,走的是儒释道三合一融通路径,这在明中后期成为苏州学人普遍取向,而不符合清人学术标准。

陈仁锡,字明卿,长洲人。天启二年(1622)进士第三。官至南京国子监祭酒。事迹具《明史·文苑》。著《系辞十篇书》10卷,实际上仅有9篇。"其书立名诡异,至其所说,则不过掇拾旧文,编缀成帙而已。"另有《易经颂》12卷。清人说:"多剖析字句,以发挥意义,亦间与本义异同。大抵据文臆断之处多,而研究古训之处少。盖仁锡文士,于经学本非专门也。"[3]

朱天麟,崇祯元年(1628)三甲进士。由兵部主事改授编修。南明桂王政权大学士,卒于广西。著《易鼎三然》无卷数。"成于崇祯庚午(三年,1630),以读《易》譬之食味,溯《周易》之旨者曰庖然,发《归藏》之义者曰溯然,阐《连山》首《艮》之蕴者曰饬然,已为怪异。其子目有《混沌谱》《中化逯》《气穴》《孙孙》等三十六名,无一非吊诡之辞,于《经》义丝毫无当也。"[4]

沈尔嘉,字公亨,常熟人。著《读易镜》6卷,"悉依今本次序,每一卦一节,列经文于前,列讲义于后,而讲义高经文一格,全为缮写时文之式。其说皆循文敷衍,别无发挥。经文旁加圈点,讲义上缀评语,亦全以时文法行之,即其书可知矣"[5]。以科举时文格式解释易经,迎合时下需要,不拘常态,解经不走常规正道,也是无拘无束的外在形式。

以上易学作者,除了张献翼是监生、郑敷教是举人、沈尔嘉无功名之外,其余出身进士,可见这些高功名者喜好易学,着力钻研。然而,按照清人简单而严厉的经学评判标准,明代苏州易学著作,能够像张献翼、归有光那样,得到部分奖肯的实在不多;像徐师曾、程玉润、郑敷教那样,平白介绍,不置臧否,已得上乘;至

---

[1] 永瑢等纂:《四库全书总目》卷八,经部8,易类存目二,中华书局1965年影印本,第66页。
[2] 永瑢等纂:《四库全书总目》卷七,经部7,易类存目一,中华书局1965年影印本,第55页。
[3] 均见永瑢等纂:《四库全书总目》卷八,经部8,易类存目二,中华书局1965年影印本,第64页。
[4] 永瑢等纂:《四库全书总目》卷八,经部8,易类存目二,中华书局1965年影印本,第66页。
[5] 永瑢等纂:《四库全书总目》卷八,经部8,易类存目二,中华书局1965年影印本,第69页。

于顾曾唯、陈仁锡、朱天麟、沈尔嘉那样,别出心裁,则不被所容了。明清经学学风不同,于此呈现一斑。

(三) 尚书类

袁仁《尚书砭蔡编》1卷,专纠蔡沈的讹误。清人认为,他读书思辩,考订极为细致。"所论如'粤若''越若'之前后异训;'三百六旬有六日'乃宋历非古历;'方命'当从《蜀志》《晋书》所引;梅赜事不出《晋书》;宣夜有汉郗萌所传,非无师说;并州不在冀东;'医无闾'即辽东,不得既为幽州,又为营州;'鸟鼠同穴'实有其事;'用爽厥师',爽训失;说筑傅岩为版筑;遁于荒野为甘盘;《西伯戡黎》为武王;四辅非三辅之义;'洪舒'通作'洪荼';虎贲不掌射御;'荒度作刑'不连'耄'字为句,皆确有所据。至谓《史记索隐》'南讹'不作'为'字,则但据今本;'不格奸'为不止其奸;'鲜食'非肉食,'怪石'为资服饵;'汩陈'之陈训为旧,则又有意立异,不可为训矣。"[1]

沈伟,号虹野,吴江人。嘉靖三十一年(1552)举人。著《书经说意》10卷,"分节总论,大旨不出讲章之习"。此书即《经义考》杜伟《尚书说意》。沈伟本姓杜,年少育于沈汉家,冒姓沈,后归宗。[2]

申时行,字汝默,号瑶泉,长洲人。嘉靖四十一年(1562)进士第一。官至大学士。谥文定。事迹具《明史》本传。初姓徐,至少隆庆二年(1568)还未复姓申。精深于尚书,有《书经讲义会编》12卷,是官翰林直日讲时所进,恪守蔡传,务取浅近易明。[3]

(四) 诗类

毛晋,原名凤苞,字子晋,常熟人。家富图籍,世间所传影宋精本多所藏收。又喜传刻古书,汲古阁版流布天下。明季以博雅好事闻名一时。刻《津逮秘书》15集,都是宋元以前旧帙。

吴陆玑撰、毛晋注《毛诗陆疏广要》2卷,为毛晋自编。陆玑原书2卷,每卷又分二子卷。清人认为:毛晋储藏图书本富,故征引易繁;采摭既多,故异同滋甚。辨难考订,其说不能不长。如"南山有台"一条,引韵书证其佚脱。"有集维鷮"一条,引《诗缉》证其同异。考订亦颇不苟。当然,嗜异贪多,每伤支蔓。然

---

[1] 永瑢等纂:《四库全书总目》卷十二,经部12,书类二,中华书局1965年影印本,第100页。
[2] 永瑢等纂:《四库全书总目》卷十三,经部13,书类存目一,中华书局1965年影印本,第110页。
[3] 永瑢等纂:《四库全书总目》卷十三,经部13,书类存目一,中华书局1965年影印本,第110页。

而虽伤冗碎,究胜空疏。明季说《诗》之家,往往簸弄聪明,变圣经为小品。毛晋独言言征实,也可见世风之变。[1]

袁仁《毛诗或问》1卷,大旨主于伸《小序》,抑《集传》,设为问答,以作阐明。有自序,诋斥徐祯卿、孙钟元在《毛诗》训诂之外不能措置一词,"他经可理测,而《诗》则不落理路。他经可意会,而《诗》则不涉意想。三千在门,独许商、赐可与言《诗》,以其各有悟门"。又诋斥朱子解《诗》,如盲人扪象。袁仁研究《诗经》敢于质疑,在当时具有代表性。林庆彰高度重视他,在明代经学研究中设袁仁《毛诗或问》专章。[2]

张廷臣,字元忠,昆山人。嘉靖七年(1528)举人。著《张氏说诗》1卷,大旨以《诗序》有所传授,不应尽废,持论甚正。而其推阐,则以意断制为多。[3]

邵弁,字伟元,太仓州人。隆庆中贡生。撰《诗序解颐》1卷,伸张朱子《诗序辨说》含义,又以己意更正。有《三江既入震泽底定辨》一篇,主中江、北江、南江说。[4]

陆化熙,字羽明,常熟人。万历四十一年(1613)二甲进士。官至广西提学佥事。著《诗通》4卷,不载经文,只标篇什名目,加以发挥,大都依文诠释,寻味于词气之间。自序指出:"朱注所不满人意者,止因忽于所谓微言托言,致《变风》刺淫之语概认为淫,《变雅》近美之刺即判为美耳。"因而传中,郑、卫诗多存《小序》,即使二《雅》、三《颂》,亦多引《序》说,并间引郑笺、孔疏加以证明。清人认为:"颇异乎株守门户者,但所得不深耳。"

魏浣初,字仲雪,常熟人。万历四十四年(1616)三甲进士。官至布政司参政。著《诗经脉》8卷,闵非台增补。全书分上、下二格,如高头讲章格式。下格为浣初原书,前列正文,后附考。清人认为:"颇知原本注疏,旁及诸家。"[5]

《诗经》自宋儒说诗废序,毛、郑之学从此式微。明永乐中,修《五经大全》,《诗》取鄱阳朱克升疏义,增损刘瑾之书,悬为令甲,经学更加荒芜。张溥著《诗经注疏大全合纂》34卷,杂取《注疏》及《大全》合纂成书。清人认为,此书差愈于科举之士株守残匮,是抄撮之学,无所考证。[6]

---

[1] 永瑢等纂:《四库全书总目》卷十五,经部15,诗类一,中华书局1965年影印本,第120—121页。
[2] 林庆彰:《明代经学研究论集(增订本)》,华东师范大学出版社2015年,第79—94页。
[3] 均见永瑢等纂:《四库全书总目》卷十七,经部17,诗类存目一,中华书局1965年影印本,第139页。
[4] 永瑢等纂:《四库全书总目》卷十七,经部17,诗类存目一,中华书局1965年影印本,第140页。
[5] 均见永瑢等纂:《四库全书总目》卷十七,经部17,诗类存目一,中华书局1965年影印本,第141页。
[6] 永瑢等纂:《四库全书总目》卷十七,经部17,诗类存目一,中华书局1965年影印本,第143页。

(五) 礼类

王应电对《周礼》用力极深,著《周礼传》10卷、《图说》2卷、《翼传》2卷。内有转述其师魏校之语。"三书虽各为卷帙,实相辅而行。核其大致,亦瑕瑜互见。"

《周礼传》黜《考工记》不录,专解古《经》,以至于割裂《序官》文字,凡同职相统,使区分部居,各以类从。论说极为醇正,义理多所发明。

《图说》用以稽考《传》义。自序称,旧《周礼》图冕服,则类为男女之形,而章服仍不明。井邑,则类为大方隔,而沟洫仍不分。这些亦颇有所订正,自成一家之说。

《翼传》分7篇。一为《冬官补义》,拟补土司空、工师、梓人、器府、四渎、匠人、垒壁氏、巡方、考工、准人、啬夫、柱下史、左史、右史、水泉、鱼政、盐法、豕人18官。二为《天王会通》,以《天官书》所列诸星分配诸官,以为王者宪天而出治。三为《学周礼法》,论《周礼》有必不可复的,及后人假仿之妄,旧注解释之谬,改声改字之非,与细物为自古相传之遗,官事有兼涉不扰之法。四为《治地事宜》,主张恢复井田制。五为《握奇经传》,杂参以后世之法。六为《非周礼辨》,驳正诸家。七为《经传正讹》,于《周礼》以外兼涉群经。不只以篆改隶,并想以籀改篆,则沿拾其师魏校《六书精蕴》说。清人认为:大抵三书之中,多参臆说,不尽可从。《周礼》《仪礼》至明几乎成为绝学,[1]应电能够专心探研,大胆立说,极有见识。

王志长,字平仲,昆山人。万历中举人。《明史·文苑》附见其兄王志坚传,称志长亦深于经学。著《周礼注疏删翼》30卷,于郑注、贾疏多刊削繁文,故称"删"。又杂引诸家说法,发明意义,故称"翼"。

《周礼》一书,得郑注而训诂明,得贾疏而名物制度考究大备。后有作者,弗能超越。清人认为:"志长此书,亦多采宋以后说,浮文妨要,盖所不免。而能以注、疏为根柢,尚变而不离其宗。""能恪遵古本,亦为力遏横流。在经学荒芜之日,临深为高,亦可谓研心古义者。"[2]

魏校著《周礼沿革传》4卷,取《周礼》六官之属,证以秦汉而下官制沿革,迄明代而止。仅有《天官》《地官》《春官》,大概是未成稿。清人认为:"夫时殊事

---

[1] 永瑢等纂:《四库全书总目》卷十九,经部19,礼类一,中华书局1965年影印本,第154页。
[2] 永瑢等纂:《四库全书总目》卷十九,经部19,礼类一,中华书局1965年影印本,第155页。

异,文质异宜,虽三代亦不相沿袭。校于数千年后,乃欲举陈迹以绳今,不乱天下不止。其断断不可,人人能解,即校亦非竟不知。特以不谈三代,世即不目为醇儒,故不能不持此论耳。自序一篇,故摹典诰,亦此意也。"[1]

戴冠,字章甫,长洲人。以选贡授绍兴府训导。著《礼记集说辨疑》1卷,是未竟经解之书。

徐师曾《礼记集注》30卷,认为陈澔《集说》未得《经》义,因而别采先儒旧说做此注。清人认为:"于郑、贾注、疏间能体会,然訾斥《经》文者不一而足。"[2]

也有极可能伪托名人的礼学著作。

陈仁锡《重订古周礼》6卷,不用俞庭椿改本,当即因郎兆玉本。然五官皆移叙官于"惟王建国"之前,亦非古本。其《凡例》称:"考汉《艺文志》,是书原阙《冬官》,汉儒补以《考工记》,未免割裂圣经,不必妄为补缀。"而第六卷仍列《考工记》。其注释多剽窃朱申句解,体例尤为猥杂。大约庸劣坊贾托名,未必真出仁锡之手。[3]

张采《周礼注疏合解》18卷,疏浅特甚,可能被托名。

(六) 四书类

周宗建,字季侯,吴江人。少时就仰慕铁骨铮铮的杨继盛。万历四十一年(1613)三甲进士。官至监察御史,巡按湖广。与阉党斗争,被魏忠贤所害。崇祯初追赠太仆寺卿,追谥忠毅。事迹具《明史》本传。著《论语商》2卷,是他授徒湖州时与诸生讲论。清人认为:周宗建"刚方正直,屹然独立"。其学沿王阳明姚江末派,颇近于禅。"其言皆简要明通,足释训诂之轇轕。且其人与日月争光,则其书亦自足不朽。小小疵瑕,不足累之。此固不与讲学之家争一句一字之出入也。"[4]

魏校《大学指归》2卷、附《考异》1卷。清人认为,他所解《大学》,如格物致知,"其说介于朱、王二本之间,而更巧于附会。其他所论亦往往重守约而轻博文,仍未免失之偏枯"。《考异》15条"亦多穿凿。篆文不为典要,总一好异而已矣"。[5]

---

[1] 永瑢等纂:《四库全书总目》卷二十三,经部23,礼类存目一,中华书局1965年影印本,第189页。
[2] 永瑢等纂:《四库全书总目》卷二十四,经部24,礼类存目二,中华书局1965年影印本,第193页。
[3] 永瑢等纂:《四库全书总目》卷二十三,经部23,礼类存目一,中华书局1965年影印本,第184页。
[4] 永瑢等纂:《四库全书总目》卷三十六,经部36,四书类二,中华书局1965年影印本,第303页。
[5] 永瑢等纂:《四库全书总目》卷三十七,经部37,四书类存目,中华书局1965年影印本,第309页。

陈禹谟,字锡元,常熟人。万历中由举人官至四川按察司佥事。著《经籍异同》3卷,杂引五经文字证明四书所引的异同,并波及其他书语意相近、字句略同的内容,极为庞杂。又著《经言枝指》100卷,在《四书集注》之外旁搜诸说,取《庄子》骈拇枝指之意为书名。极为冗杂,还夹杂佛老之言。还有《别本四书名物考》24卷,由钱受益、牛斗星补订,更为芜杂。钱受益字谦之,杭州人。牛斗星有《檀弓评》。[1]

陈仁锡《四书考》28卷、《四书考异》1卷,因薛应旂《四书人物考》而增广,被清人称为"饾饤之学"。[2]

六、史　学

明代史部15类著作,苏州作者有12类,没有正史类、别史类、时令类著作。按其著作数量,地理类最多,达38种。其次为传记类著作,达32种。杂史类9种,诏令奏议类、目录类、史评类均是6种。政书类4种。职官类3种。编年类、史抄类各2种。纪事本末类、载记类各1种。共计至少110种。现将地理类著作另外立目于后,又将原属子部的笔记小说类归入,叙述如下。

(一) 明国史著作

编年类明国史著作,有吴江人戴笠撰《永陵传信录》6卷。用纪事本末体记录嘉靖朝大事,分兴献大礼、更定郊祀、钦明大狱、二张之狱、曾夏之狱、经略倭寇。每事各为卷,每卷先叙而后断。

杂史类都是明代史,成为后世研究明史珍贵资料。

王世贞《弇山堂别集》100卷,记载明代典故。有盛事述5卷,异典述10卷,奇事述4卷,史乘考误11卷,表34卷分67目,考36卷分16目。内容丰富,篇帙庞大。清人认为此书:"史乘考误及诸侯王百官表,亲征、命将、谥法、兵制、市马、中官诸考,皆能辨析精核,有裨考证。""世贞承世家文献,熟悉朝章,复能博览群书,多识于前言往行,故其所述颇为详洽。虽征事既多,不无小误;又所为各表,多不依旁行斜上之体,所失正与雷礼相同;其盛事、奇事诸述颇涉诙谐,亦非史体;然其大端可信,此固不足以为病矣。"[3]

《史余》1卷,相传为王鏊撰。纪明代朝廷典故,共49条。书中多及正德初

---

[1] 永瑢等纂:《四库全书总目》卷三十七,经部37,四书类存目,中华书局1965年影印本,第311页。
[2] 永瑢等纂:《四库全书总目》卷三十七,经部37,四书类存目,中华书局1965年影印本,第313页。
[3] 永瑢等纂:《四库全书总目》卷五十一,史部7,杂史类,中华书局1965年影印本,第466页。

年事,可能是他致政以后所作。王鏊年谱提到此书,但另有《震泽纪闻》《震泽长语》传世。

杨循吉《苏州府纂修识略》6 卷。正德元年(1506),明廷开修孝宗实录,礼部遣官至江南采访事迹。苏州亦开局编类,请杨循吉总事。因而为撮纪大略,分 15 目。所录都是已经得旨举行之事。附载有关时事的奏疏碑记等,卷首为苏州府公牒一通。

都穆,字玄敬,吴县人。弘治十二年(1499)二甲进士。官至礼部主客司郎中,加太仆寺少卿,致仕。归居南濠街。号南濠居士。

燕王即位以后封赏功臣,名籍被收藏在相关部门。正德七年(1512)九月,都穆官礼部,简视故牍,得其名数,但缮写失次,因略加条整,编成《壬午功臣爵赏录》1 卷,共 33 人。后二月,又得指挥而下功赏人数,次第为《壬午功臣别录》1 卷,以补前录所阙。壬午,是建文四年(1402),燕王夺位后称洪武三十五年,次年改为永乐元年(1403)。

朱纨,字子纯,长洲人。正德十六年(1521)二甲进士。官至提督浙闽海防军务,巡抚浙江右副都御史。事迹具《明史》本传。撰《茂边纪事》1 卷,是他嘉靖十五年(1536)官四川兵备副使时,与副总兵何卿共平深沟诸寨,因述其措置始末,作四六文一篇,而各以崖略分注其下。又附纪事诗 50 章,及李凤翔《靖柔编》、王元正《平蛮或问》各一首,彭汝实等诗 21 首。藏于箧中 20 年,直到朱纨开府浙闽,忧谗畏讥,回思前事,大小一辙,于是萃编为卷,录原行文移补足,借托以致意。[1]

申时行《召封录》1 卷,记万历十三年(1585)五月迄十八年七月召封言语。当时申时行为首辅,6 年中共召对 9 次。

王士骐《驭倭录》9 卷,记载有明一代倭寇事迹。起洪武,到万历,历时很长。

吴县人朱鹭,字白民。撰《建文书法拟》5 卷,作于万历二十三年(1595)诏复革除年号之时。想上于朝以补国史,称"拟",而署名自称曰臣。前编 1 卷,纪惠帝初生至为太孙时事。正编 2 卷,记惠帝在位 4 年事。体例全仿朱子《通鉴纲目》。附编 2 卷,杂录明人论述。卷首冠以颂圣德 10 条,纪明历朝恕待惠帝君臣谕旨。述公论 6 条,纪历朝请复革除年号的奏章。拟书法 16 条,自叙纪事体例。[2]

---

[1] 永瑢等纂:《四库全书总目》卷五十三,史部 9,杂史类存目二,中华书局 1965 年影印本,第 480—481 页。
[2] 永瑢等纂:《四库全书总目》卷五十四,史部 10,杂史类存目三,中华书局 1965 年影印本,第 486 页。

吴县人文秉,字荪符,号竺坞山人、竺坞遗民。大学士文震孟子。荫生。明亡,隐居不仕。有《烈皇小识》《定陵注略》等。《先拨志始》2卷,记明末遗事。上卷起万历讫天启四年(1624)。下卷起天启五年讫崇祯二年(1629)。如妖书,梃击、红丸、移宫三案,以及魏忠贤乱政,崇祯钦定逆案之类,靡不详载。自序谓首纪国本,著门户开始。终以逆案,著贞佞所判。名《先拨志始》,意思是辨之于早。又别一抄本,后附逆案19页、东林列传10页、魏忠贤建祠2页,却不是文秉所书,被人汇附卷末,也丰富相关事实。

诏令奏议类,既是当朝档案实录,又是后世第一手研究资料。由于明代吴中人文发达,不少士人身居要职,历经国家大事,因而有的奏议内容非常重要。

昆山人叶盛,正统十年(1445)二甲进士。官至吏部左侍郎。谥文庄。事迹具《明史》本传。叶盛初官兵科给事中,有《西垣奏草》9卷。出官山西参政,协赞军务,有《边奏存稿》7卷。巡抚两广,有《两广奏草》16卷。巡抚宣府,有《上谷奏草》8卷。叶盛子叶淇,将这些奏议合《水东稿》《开封纪行稿》《菉竹堂泾东稿》,在衡州刻为90卷。崇祯四年(1631),叶盛六世孙叶重华刊《叶文庄奏疏》40卷。

昆山人方凤,字时鸣,号改亭。正德三年(1508)三甲进士。官至广东提学佥事。《方改亭奏草》编载其50余疏中留存奏议18首。方凤当武宗时官御史,屡谏巡幸。胡世宁为宁王朱宸濠构陷,他力辨其诬。世宗初"大礼议"起,他力持正论,颇著风裁。其兄方鹏附和张璁、桂萼,他一并弹劾,又自劾以谢其兄。

长洲人张焕,有《平倭疏》《安攘八事》《明职守》《授成算》,汇集为《平倭四疏》3卷,都为平倭献计献策。

王锡爵《王文肃奏草》23卷,集其纶扉进御之词,自万历十三年(1585)讫三十八年,以岁月先后编次。其子王衡辑,其孙王时敏刊。王锡爵,字元驭,号荆石,太仓人。嘉靖四十一年(1562)会元、榜眼。官至建极殿大学士。谥文肃。事迹具《明史》本传。

顾九思,字与睿,长洲人。隆庆五年(1571)三甲进士。官至通政司右通政。有《掖垣题稿》3卷,是他任给事中时所上奏疏,共有在户科1,在礼科13,在兵科20。持宗藩冒封,劾边将骄诈,都具有风节。条奏多关切军国大计,当时都推为谠直。[1]

职官类,叙述制度,希望实用。如魏校撰《官职会通》2卷,以明六部配周六

---

[1] 永瑢等纂:《四库全书总目》卷五十六,史部12,诏令奏议类存目,中华书局1965年影印本,第508页。

官,其下属官相附。仅有天官、地官、春官、夏官四篇,大约未成稿。他是经学家、理学家。清人以为,他"言之则成理,行之则必窒。自汉以来,未有以《周礼》致太平者也"[1]。想用古今会通方式治国,思路别致。太仓人顾存仁,嘉靖十一年(1532)三甲进士,官至太仆寺卿,撰《太仆寺志》14卷。

吴县人翁逢春,南京国子监生,撰《南京行人司志》16卷,体例奇特,实际上是彭维成奏疏与别集。彭维成是庐陵人,万历二十九年(1601)三甲进士,以刑科给事中谪居南京行人司左司副。此书记载他居官给事中时的奏疏,是六科志,又记载他一切来往书牍,不是官书。

政书类,贵求实用。郑若曾《海运图说》1卷,前列二图,后系以说,末附海运故道。古无海运之事。明人惩元末中原梗阻,运道不通弊端,多喜讲求海运,以备不虞。若曾另有《苏松浮赋议》1卷,缕析地亩科征数目,详悉疏陈。嘉靖中曾条上当事,力请入告。格于倭变,不果行。[2]

王在晋《通漕类编》9卷,分漕运、河渠,附以海运、海道。大抵采自官府册籍。

嘉靖中,沈棨以南京工部营缮司主事监督龙江提举司船政,撰《南船纪》4卷。《明史·职官》载有黄船、遮洋船、浅船、马船、风快船、备倭战船等,除了遮洋、备倭二种为海中所用,沈棨不及之外,其余各船图形、工料数目,因革典司诸例,无不详悉备载。[3]

(二) 人物传记

明代苏州人著述中有明代当朝人传记。

其一,大到明朝国史人物传。

明自太祖罢设丞相,分其事权于六部。至成祖始命儒臣入直文渊阁,参预机务,但称阁臣而不以相名。其后阉幸干政,阁臣多碌碌充位。至嘉靖间,始委政内阁,而居首揆者责任尤专。一时政治得失都视其人为轻重。王世贞作《嘉靖以来首辅传》8卷,断自嘉靖开始,以明积渐所由来。共纪明世宗、穆宗、神宗三朝阁臣事迹。始杨廷和,迄申时行,以首辅为主,以他人事迹间附。对于当时国事是非,及贤奸进退原故,序次详悉,颇得史法。所纪大抵近实,可与正史相

---

[1] 永瑢等纂:《四库全书总目》卷八十,史部36,职官类存目,中华书局1965年影印本,第689页。
[2] 永瑢等纂:《四库全书总目》卷八十四,史部40,政书类存目二,中华书局1965年影印本,第723页。
[3] 永瑢等纂:《四库全书总目》卷八十四,史部40,政书类存目二,中华书局1965年影印本,第727页。

参证。[1]

其二,小到明朝家史人物传。

吴县人陈怡的祖父陈祚,字永锡,永乐九年(1411)三甲进士。授河南布政司参议,坐事落职。洪熙初,起为监察御史,终于福建按察司佥事。历官都有直声。陈怡辑其年谱、行状、墓表、挽诗之类编成《直道编》8卷,与《明史》陈祚本传大致互相出入。

朱存理辑成化十一年(1475)朝廷旌表其父朱灏孝行事迹的《旌孝录》1卷。朱灏,字景南,长洲人。朱存理,字性甫,博雅工文,终于布衣。

其三,也有明朝个人活动记录。

杨循吉《七人联句诗记》1卷。杨循吉与王仁甫、徐宽、陈章、王弼、侯直、赵宽,六官一隐,偶然寄兴作,会饮联句,因成胜事。后列6人小传,而以自撰小传附其后。以会中盛事系于卷末。

都穆《使西日记》1卷,记载正德八年(1513)他奉使秦中,册封庆藩寿阳王妃。自京师至宁夏,道路所经,访灵胜形势、故宫遗壤,对碑碣古迹记载翔实。

王世懋,字敬美,太仓人。王世贞弟。嘉靖三十八年(1559)三甲进士。官至太常寺少卿。《明史·文苑》附见其兄王世贞传。他官福建提学副使时,参政王懋德病革,同僚酿金赠送,懋德坚辞不受。懋德卒,同官又括600金,遣使渡海致其家。其父王良弼亦坚决不受。世懋高其清节,作《却金传》1卷,叙述始末。又以同时士大夫歌咏附录。意在风示贪吏。懋德,琼州文昌人。隆庆二年(1568),由南京刑部郎中出守金华,擢江西按察司副使,迁福建布政使参政。所至均以廉著。[2]

李同芳,字济美,号晴原,昆山人。万历八年(1580)二甲五名进士。官至山东巡抚。作《视履类编》2卷,自录自己生平善迹,分40门,以佳名标目。清人认为:"自古以来,自作传者有之,大抵叙述阅历始末耳。至于著一书以自誉,则自有文籍,未之前闻也。"[3]

朱祖文《北行日谱》1卷,是他北行时手记,记录周顺昌被巨阉魏忠贤逮捕入京,他不畏强暴,前往照料交往事情。

许徽编《定变录》6卷,共6种,记载副都御史铜梁张佳允事迹。内含黎阳卢柟撰《滑县擒盗记》、云间莫如忠撰《靖皖纪事》、太原王道行撰《宣抚降罚记》、吴

---

[1] 永瑢等纂:《四库全书总目》卷五十八,史部14,传记类二,中华书局1965年影印本,第524页。
[2] 永瑢等纂:《四库全书总目》卷六十四,史部20,传记类存目六,中华书局1965年影印本,第573页。
[3] 永瑢等纂:《四库全书总目》卷六十四,史部20,传记类存目六,中华书局1965年影印本,第574页。

郡王世贞撰《定浙二乱志》、姑苏钱有威撰《浙镇民变传》、山阴郑舜民撰《浙镇兵变始末》，都是1卷。其中苏州人记述关于浙江之事有2种。许徽，浙人，序而汇梓。

明代苏州人著述中地方人物传记成为重头与亮点。

首先是苏州历代与当世名人传。

杨循吉撰《吴中往哲记》，黄鲁曾撰《续吴中往哲记》《续吴中往哲记补遗》，各1卷，共3卷。循吉记明初苏州府人物，自勋德至冠衲，分7目41人。鲁曾，字得之，吴县人，正德十一年（1516）举人。续记自忠节至散逸，分17目40人。补遗自审进至释行，分19目31人。书中小传，寥寥数言。另有将"往哲"二字，易以"故实"二字的刊本。

祝允明撰《苏材小纂》6卷，记天顺以后苏州人物。因弘治改元，诏中外诸司撰集事迹，上史馆为实录，简选祝允明等数弟子员司其事，允明因私纂纪为此书。含有五类人物，即簪缨，纂徐有贞等19人；邱壑，纂杜琼等5人；孝德，纂朱灏1人；女宪，纂王妙凤等3人；方术，纂张豫等2人。大约本于碑志行状，稍为考据异同，注于本文之下。

苏州人阎秀卿《二科志》1卷，作于弘治中，分《文学》《狂简》二科，记载杨循吉等7人，偶录一二事，不为全传。

杜琼，字用嘉，吴县人。以孝闻。知府况钟两次推荐，他固辞不出，自号鹿冠老人。撰《纪善录》1卷，记载吴中循吏、先贤以及有操行的列女。自洪武迄正统共40人。随所见所闻记录，多节取一事，不为全传，意在表微阐幽。[1]

周复俊，字子吁，昆山人。嘉靖十一年（1532）三甲进士。官至南京太仆寺卿。撰《东吴名贤记》2卷，记吴中名贤，自商相巫咸至明太常寺卿魏校，共47人，各作传赞。附传10人。

刘凤，字子威，长洲人。嘉靖二十三年（1544）三甲进士。官至河南按察司佥事。撰《续吴先贤赞》15卷，所录都是明人。清人认为：刘凤"撰述，刻意奥僻。或至于佶屈堆积，晦昧诘屈，不可句读"。该书体例也"好怪"。[2]

张昶，字景春，长洲人。撰《吴中人物志》12卷，上自成周，迄于明代。分孝友、忠义、吏治、荐举、宦迹、儒林、文苑、闺秀、逸民、流寓、列仙、方外，共12门，各系以论赞。吴中人物传记，自王宾、杨循吉、祝允明、朱存理等递有撰述，此书因

---

[1] 永瑢等纂：《四库全书总目》卷六十一，史部17，传记类存目三，中华书局1965年影印本，第553页。
[2] 永瑢等纂：《四库全书总目》卷六十一，史部17，传记类存目三，中华书局1965年影印本，第555页。

而增广,比各家稍微完备。

文震孟撰《姑苏名贤小记》2卷,大意以当世目吴人轻柔浮靡,而不知有不少清修苦节之士,可为矜式。因而选择长洲、吴县卓绝人物各为作传,而系以赞。首高启,终王敬臣,共50人。借以表彰前贤,激励后进。震孟以天启二年(1622)状元及第,而是书成于万历甲寅(四十二年,1614)。[1]撰写历史人物传记的讽世功能于此可见一斑。

顾璘,字华玉,吴县人。弘治九年(1496)三甲进士。官至刑部尚书。事迹具《明史·文苑》。作《国宝新编》1卷,记李梦阳、何景明、祝允明、徐祯卿、朱应登、赵鹤、郑善夫、都穆、景旸、王韦、唐寅、孙一元、王宠共13人,各为传赞。大概有感知交凋谢而作。略缀数语,以存其人,是柳宗元《先友记》之类。[2]其中有的是苏州人。

方鹏,字子凤,又字时举,昆山人。正德三年(1508)二甲十名进士。官至太常寺卿。撰《昆山人物志》10卷,论次昆山先哲,首名贤6人,次节行28人,次文学37人,次列女30人,次艺能31人,次游寓26人,末以杂志终。《明史·艺文》作8卷,传写误。

张大复,昆山人。与归有光同时。作《昆山人物传》10卷、《名宦传》1卷。旧本题《梅花草堂集》,以《昆山人物传》《昆山名宦传》为子目,实则二书。断自明代,起洪武至万历,得300余人。其间父子祖孙以类附传,略如史体。又取在此为官的15人,作《名宦传》附录。叙述较为雅洁。[3]

其次是苏州地区之外的历史名人传。

吴守大,字有君,昆山人。撰《名臣像图》1卷,正德十一年(1516)成书,录徐达以下至杨继宗共49人。每人绘一图,图后各叙仕履,系以赞。广西刻书,而纸版拙恶。49人面貌相同,只能以题名别识,殆如儿戏。[4]

邹泉,字子静,号峄山,常熟人。宋名臣邹浩之后。编《宗圣谱》14卷,分8目,即孔圣谱、四配谱、十哲谱、群贤谱、理学谱、经儒谱、史氏谱、著作谱。想合《儒林道学源流本末》汇为一书,以便检阅。清人认为:属于随意抄撮,以供里塾占毕之用。以宗圣为词,其实是兔园册。[5]

---

[1] 永瑢等纂:《四库全书总目》卷六十二,史部18,传记类存目四,中华书局1965年影印本,第562页。
[2] 永瑢等纂:《四库全书总目》卷六十一,史部17,传记类存目三,中华书局1965年影印本,第551页。
[3] 永瑢等纂:《四库全书总目》卷六十一,史部17,传记类存目三,中华书局1965年影印本,第556页。
[4] 永瑢等纂:《四库全书总目》卷六十一,史部17,传记类存目三,中华书局1965年影印本,第553页。
[5] 永瑢等纂:《四库全书总目》卷六十二,史部18,传记类存目四,中华书局1965年影印本,第564页。

王士骐《四侯传》4卷,撮撷文成侯张良、忠武侯诸葛亮、武侯王猛、邺侯李泌4人行事,以正史及稗官野乘相参而成,隐寓尚友之意。[1]又编《武侯全书》20卷,记述诸葛亮始末,搜罗完备。后杨士伟因王士骐此本,别改定为《诸葛书》,较为精核。

毛晋编《苏米志林》3卷,掇苏轼琐言、碎事集中所遗,编为2卷,又以米芾轶闻编为1卷。大概与《苏米谭史》互相出入。[2]

周沈珂,吴县人。周敦颐后裔。编周子《周元公集》10卷,周子手著仅五分之一,入传记类,名副其实。又与其子周之翰编《周氏遗芳集》5卷。周子十七世孙周与爵曾辑其先世著述事迹,自周子四世孙周兴裔以下,为《遗芳集》。历代褒崇诏谕及传志、记序作品,以次相附。沈珂父子重为编次,而周与爵以下仍无所增益。

撰历史名人事迹彰显自己尊尚。如顾元庆,字大有,号大石山人。长洲人。都穆门人。撰《云林遗事》1卷,全纪倪瓒事迹,分高逸、诗画、洁癖、游寓、饮食5门。元庆著作还有《瘗鹤铭考》《夷白斋诗话》。元庆兄弟纤啬治产,只有他以图书自娱。王穉登往访他,他已75岁,酬对不倦。元庆志趣与倪瓒相近,是位雅士。[3]

再次是历史专类人物传,富有文化创意。

皇甫濂,字子约,一字道隆,长洲人。嘉靖二十三年(1544)二甲进士,除工部主事。谪河南布政司理问,稍迁兴化同知。《明史·文苑》附见其兄皇甫涍传。撰《逸民传》2卷,旧本误题皇甫涍撰。采历代逸民事迹,人各为传。起晋孙登,迄宋林逋,共百人。偶然寄意,不求详备,如皇甫谧《高士传》体例。托始于晋,亦似续皇甫谧书。[4]有皇甫氏著作一体相承的意念。

黄姬水,字淳父,黄省曾子,有文名,学书于祝允明。[5]富藏书,室名高素斋、柄霞馆、赤城山房等。撰《贫士传》2卷,记载自周至明初贫士75人,并各为作赞。

---

[1] 永瑢等纂:《四库全书总目》卷六十二,史部18,传记类存目四,中华书局1965年影印本,第559页。

[2] 永瑢等纂:《四库全书总目》卷六十,史部16,传纪类存目二,中华书局1965年影印本,第543页。

[3] 永瑢等纂:《四库全书总目》卷六十,史部16,传纪类存目二,中华书局1965年影印本,第540—541页。

[4] 永瑢等纂:《四库全书总目》卷六十一,史部17,传记类存目三,中华书局1965年影印本,第554—555页。

[5] 《明史》卷二八七,列传一七五《文苑三·文徵明附黄省曾黄姬水》,中华书局1974年,第7363页。

（三）明代之外的历史著作

历代史编年类。魏校《经世策》1卷，编年纪事起于汉高祖奉楚怀王命伐秦之年，止于文帝末年。似于《通鉴纲目》中偶拈一二卷，以己意笔削而成。清人认为，大旨想仿《春秋》，而既非经体，又非传体。[1]

昆山人顾锡畴，字九畴，号瑞屏。万历四十七年（1619）三甲进士。崇祯末官至南京礼部侍郎。福王时进尚书。后为总兵官贺君尧所杀。事迹具《明史》本传。在《纲目》《通鉴》各摘一字，又颠倒二书世次，撰《纲鉴正史约》36卷，编年纪载，将历代故实粗存梗概，大约是乡塾课蒙本，普及历史。[2]

载记类。长洲人钱贵，字元抑。撰《吴越纪余》5卷，末附自作咏吴越旧迹《杂吟》1卷。全书采辑吴越故实，分题编录，亦多附以论断。大纲3首，即编年、书法、世家。杂拟可信事情35首，如季札观乐之类。钱贵为吴人，其书以吴为主。编年有吴而无越，其余亦越略而吴详。

史抄类。陈仁锡《史品赤函》4卷，上起《古初》，下迄于《晋书》。或采其文，或节录一二事。吴县人沈国元，字飞仲，摘录《二十一史论赞》36卷，加以圈点评识，全如批选时文格式。

史评类，富有特色。太仓人朱明镐，字丰芑。撰《史纠》6卷，考订诸史书法谬误及事迹抵牾。上起《三国志》，下迄《元史》，每史各为一编。《元史》不甚置可否，自言仿郑樵《通志》，不敢删削《唐书》之例。《晋书》《五代史》阙而不论，不知何故。篇末别附《书史异同》一篇，《新旧〈唐书〉异同》1卷，为后人掇拾残稿编成，以明代史论最多，务翻旧案，审核不足。明镐不著名，却留心史学，对诸史钩稽参贯，得其条理，有根有据。参互考证，多中肯綮，精核可取者十之六七。[3]

方鹏《责备余谈》2卷，杂取古人为世称道的行事，摘其瑕疵，直指极论。

邹泉，常熟人。正德中诸生。撰《尚论编》20卷，自三代以至宋元，全部删削诸史本传，存其梗概，间或引他说考证。又仿诸史论赞，附以己意。颇有可采之处。[4]

---

[1] 永瑢等纂：《四库全书总目》卷四十八，史部4，编年类存目，中华书局1965年影印本，第433页。
[2] 永瑢等纂：《四库全书总目》卷四十八，史部4，编年类存目，中华书局1965年影印本，第436页。
[3] 永瑢等纂：《四库全书总目》卷八十八，史部44，史评类，中华书局1965年影印本，第755页。
[4] 永瑢等纂：《四库全书总目》卷八十九，史部45，史评类存目一，中华书局1965年影印本，第761页。作昆山人，误。

王世贞撰《史乘考误》10卷,单行本,胪举讹传,一一考证。分国史、野史二史考8卷,家乘考2卷。已载入《弇山堂别集》。

昆山人王志坚,字弱生,更字淑士,亦字闻修。万历三十八年(1610)二甲进士。官至湖广提学佥事。《明史·文苑》记载,他官南京兵部郎中,邀约同舍郎为读史社,撰《读史商语》4卷。以十七史文字与《资治通鉴》参核,随事论断,与抱残守匮的史论很不一样,不少见解考据有真凭实据,言之有理。[1]

张溥《历代史论二编》10卷,总论史事,起三家分晋,至周世宗征淮南。应有前编,不见。

随着社会生活内容变得丰富多彩,苏州文人关注现实生活的历史发展,发掘的门类越发增加了趣味性,出现生活娱乐方面的专门历史著作。

有棋艺的。王稺登撰《弈史》1卷,历述古来弈品,叙次非常简洁。末附辩论一则,驳诸书附会神奇之说,亦颇中理。[2]

有剑术的。钱希言,字简栖,吴县人。著《剑策》27卷,载历代剑事,与陶弘景《刀剑录》相似,而采摭繁芜,分类细琐。[3]

有插花艺术的。张谦德(后改名丑)稚龄所作《瓶花谱》1卷,首品瓶,次品花以及折枝插贮等事,而终以护瓶。[4]

有香艺的。毛晋撰《香国》3卷,杂录香事,如狄香,为外国之香之类,或著所出,或不著所出。[5]

(四)笔记小说

这类著作四库分类原属子部,于此归入史部。因为作者多记社会见闻,考索历史,抉微表隐,贮存丰富资料。一些明代苏州学子的笔记久已名篇传世,成为研究明史与中国历史社会文化的珍贵来源。

昆山叶盛《水东日记》38卷,记载明代制度及一时遗文逸事,多可与史传相互参照。他留心掌故,对朝廷旧典考究最详。家富图籍,撰《菉竹堂书目》,颇多罕觏秘笈。因此引据诸书,较他家稗贩成编特为博洽。又好自叙居官事迹,成为清王士禛作《居易录》的滥觞。多自记言行,有如家传,古人无此体例。这是一

---

[1] 永瑢等纂:《四库全书总目》卷九十,史部46,史评类存目二,中华书局1965年影印本,第763页。
[2] 永瑢等纂:《四库全书总目》卷一一四,子部24,艺术类存目,中华书局1965年影印本,第980页。
[3] 永瑢等纂:《四库全书总目》卷一一六,子部26,谱录类存目,中华书局1965年影印本,第996页。
[4] 永瑢等纂:《四库全书总目》卷一一六,子部26,谱录类存目,中华书局1965年影印本,第1003页。
[5] 永瑢等纂:《四库全书总目》卷一一六,子部26,谱录类存目,中华书局1965年影印本,第999页。

本笔记名著,只要取长弃短,就可资考证。[1]。

太仓陆容,字文量。撰《菽园杂记》15 卷,为札录文字,对明代朝野故实叙述极其详细,多可与史实互相考证,旁及谈谐杂事,并列简编,大概符合自唐宋以来说部的体例。中间颇有考辨。总体上,核其大致,可采之处较多。王鏊曾对门人说:本朝纪事之书当以陆文量为第一,即指此书。[2]

王锜,字元禹,别号梦苏道人,长洲人。撰《寓圃杂记》10 卷,记载明洪武迄正统间朝野事迹,对于吴中故实尤详。

皇甫录,字世庸,号近峰,长洲人。弘治九年(1496)二甲进士。官至顺庆府知府。《明史·皇甫涍》称父皇甫录,官重庆府知府,误。皇甫录撰《明记略》4 卷,都是正德以前旧闻,稿本由其子皇甫冲删定。《近峰闻略》8 卷,采摭稗官杂说繁杂,也是皇甫冲删定。皇甫录出守四川顺庆府时,撰《下陴纪谈》2 卷。或载时事,或考前闻,大抵都是关于该地事实。时值蓝鄢之乱,三犯顺庆,皇甫录授兵固守,登城则守陴,下陴则著书,故以下陴为书名。末附《三峡山水记》1 卷,皇甫冲作。

皇甫冲,字子浚。嘉靖七年(1528)举人。《明史》附见皇甫涍传。著《几策》《兵统》《枕戈杂言》3 书,只有《三峡山水记》附其父书才留存下来。

沈津撰《吏隐录》2 卷。明有两沈津,此为苏州沈津所作。苏州沈津家世业医,正德中选入太医院,充唐藩医正。记载朝野逸事,并及其先世善医事迹。[3]

连镶,字抑武,常熟人。嘉靖中官安陆县知县。撰《笔记》1 卷,就其生平闻见,随笔记载。分目为两京旧闻、先辈故实、乡邑旧事、宦游约记、随手笔余。卷末附倭蛮纪略 9 则。

王学弟子耿定向撰、太仓人毛在增补《先进遗风》2 卷,略仿宋人《典型录》体例,记载明代名臣遗闻琐事,大抵严操守、砺品行、存忠厚为多。大概明自嘉靖以后,开国敦庞之气日远日漓。士大夫怙权营贿,风尚日偷。定向陈述先进懿行以救时弊,故所记多居家行己的细事,而朝政罕及。定向撰著此书之时,正是严嵩骄怙之日,他是否存有微旨?虽有小疵,却不伤著书大旨。[4]

王世贞撰《觚不觚录》1 卷,专记明代典章制度,对于沿革尤详,朝野轶闻往

---

[1] 永瑢等纂:《四库全书总目》卷一四一,子部 51,小说家类二,中华书局 1965 年影印本,第 1203—1204 页。

[2] 永瑢等纂:《四库全书总目》卷一四一,子部 51,小说家类二,中华书局 1965 年影印本,第 1204 页。

[3] 永瑢等纂:《四库全书总目》卷一四三,子部 53,小说家类存目一,中华书局 1965 年影印本,第 1221 页。

[4] 永瑢等纂:《四库全书总目》卷一四一,子部 51,小说家类二,中华书局 1965 年影印本,第 1204 页。

往可资考据。世贞弱冠入仕,晚年写成此书,阅历既深,见闻准确,非他人稗贩耳食可比。[1]

伍袁萃,字圣起,吴县人。万历八年(1580)三甲进士。官至广东海北道、按察司副使。事迹附见《明史·徐贞明》。史称他撰《林居漫录》《弹园杂志》,多贬斥当世公卿大夫,而于李三才、于玉立尤甚。《林居漫录前集》6卷、《畸集》5卷,所载多朝野故实,往往引明初事以证明季弊政,而词气过激。又因力排良知说,与王守仁为难,并湮没其事功。至胪载间巷琐事,十分庞杂。[2]

徐昌祚,字伯昌,常熟人。撰《燕山丛录》22卷,分22类,大概官刑部时所作,多载京畿事情,故以燕山为名。他因辑《太常寺志》,得征州县志书,于是采其所记,编成此书。

志怪笔记是明代苏州士人著作一大特色。他们随时随地随手记载见闻杂事,因个人经历兴趣而致,成为风气,既有史料价值,又芜杂不精,采撷使用,必须考证鉴别。

沈周撰《石田杂记》1卷,记载闻见杂事。

祝允明撰《野记》4卷,所记多委巷闲谈。又有《前闻记》1卷,杂载明朝事实。大抵抽出《野记》一些内容另外成书的。《志怪录》5卷,记载怪诞不经之事。

都穆《谈纂》2卷,门人陆采编次,记录元、明以来逸事,多涉神怪。

王穉登撰《吴社编》1卷,专纪吴中里社事。其神名五方贤圣,最为"淫"祀。所列"走会""舍会"诸条,亦征风俗弊端。

蒋以化,字仲学,常熟人。隆庆元年(1567)举人。官至监察御史。撰《西台漫记》6卷,杂记见闻,多及僻逸幽怪事情。

苏州人侯甸,撰《西樵野记》4卷,170余条,记载幽怪之事,而不涉幽怪的有23条。

杨仪寓居京邸东城高坡胡同,撰《高坡异纂》2卷,为志怪书。

陆采,字子元,长洲人。陆粲弟。将肄业南雍时所记闻见撰成《冶城客论》2卷。

王世懋《二酉委谈》1卷,为随笔杂记,多说神怪事情。其后人录以为帙。

钱希言撰《狯园》16卷,分10类,记当时神怪事情。取名狯园,狯为狡,狡

---

[1] 永瑢等纂:《四库全书总目》卷一四一,子部51,小说家类二,中华书局1965年影印本,第1204页。
[2] 永瑢等纂:《四库全书总目》卷一四三,子部53,小说家类存目一,中华书局1965年影印本,第1222页。

狯,戏弄之意。[1]

黄晖,字日昇,号东楼,吴县人。弘治三年(1490)二甲进士。官至刑部郎中。撰《篷窗类记》5卷,杂记旧事,分功臣纪、科第纪等28目,上自朝廷典故,下及诙谐鬼怪,无所不录,所载吴事尤多。王鏊称,故友黄君此书所纪,虽不能无猥琐,而崇正之意亦寓其间。[2]

陈禹谟编《广滑稽》36卷,采掇诸书琐事隽语,不分门目,仍以原书为次第,仿曾慥《类说》体例。如原书久佚,仅从他书所引,裒辑数条,仍标原目,则仿陶宗仪《说郛》体例。[3]

伪托笔记,书贾牟利。杨仪,字梦羽,常熟人。嘉靖五年(1526)三甲进士。官至山东按察司副使。《螭头密语》1卷,旧本题杨仪撰,杂记明代时事,仅20余条。如建文帝从隧道出亡,仁宗中毒,宣宗微行。《常熟县志》载杨仪著《南宫集》《高坡异纂》,独无此书,可能出于伪托。

《世说新语补》4卷,旧本题何良俊撰补,王世贞删定,应是明世书贾伪托。

七、地理学

明代苏州士人或因仕宦,或因游历,或因兴趣,留心地理学,在明代苏州史部著作中,以地理类文献为最多,有的成为名志与中国文化名著。

一是地方志,包括府州县志、乡镇志、寺院和山水名胜志。无论为官,还是家居,用心创制,为相关地方存留真史,保存事实,甚为珍贵。

王鏊主持纂定于正德年间的《姑苏志》60卷,是苏州自南宋范成大、明初卢熊二志之后,在明朝中期弘治年间经吴宽挂帅,同张习、都穆等续修未竟,仅存遗稿的基础上,最终完竣的我国地方志名著。卢熊《苏州府志》完成于明初洪武时期,明代苏州情况的记录仅仅开其端,而王鏊《姑苏志》记载到明代中期苏州的情况,之后要到清代康熙《苏州府志》才有接续,因而王鏊此志在内容上成为明代苏州区域状况较多的实录。应苏州知府广东人林世远之请,在吴宽原稿上,王鏊与郡人杜启、祝允明、蔡羽、文徵明等共相讨论,发凡举例,芟繁订讹,多所更

---

[1] 永瑢等纂:《四库全书总目》卷一四四,子部54,小说家类存目二,中华书局1965年影印本,第1230页。
[2] 永瑢等纂:《四库全书总目》卷一四四,子部54,小说家类存目二,中华书局1965年影印本,第1234页。参见王鏊:《震泽先生集》卷三十五《题篷轩类纪》,载吴建华点校:《王鏊集》,上海古籍出版社2013年,第502—503页。
[3] 永瑢等纂:《四库全书总目》卷一四四,子部54,小说家类存目二,中华书局1965年影印本,第1235页。

益,经过 8 个月成书。首列沿革、守令、科第三表。自沿革、分野以下分为 31 门,而人物门中又分 13 子目。"繁简得中,考核精当。在明人地志之中,犹为近古。"[1]以前后两位大学者领衔,一批名士参与撰写、删削增补,最终由王鏊审定成书刊刻,无论是体例裁定,内容取舍,还是文字精赅,都是可圈可点的。正德元年(1506)刊本到嘉靖二十一年(1542)增补重刊,略增记事至嘉靖年间。

王鏊仕宦家居期间,还重修蔡昇所辑《太湖志》。取《禹贡》之语,改名《震泽编》,共 8 卷。此书首纪五湖、七十二山、两洞庭,次石泉、古迹,次风俗、人物、土产、赋税,次水利、官署、寺观、庵庙、杂记,次集诗、集文,成为太湖地区自然与人文地理名著。

杨循吉纂著《苏州府纂修识略》,嘉靖八年(1529)成书的《吴邑志》"较他志乘为典核"[2],而其吴县《金山杂志》1 卷,分 8 篇,每篇各有论赞;又有庐州《庐阳客记》1 卷,则"简洁古峭,颇有结构"[3]。

王世懋《三郡图说》1 卷,是他分守九江道,辖属饶州、南康、九江郡,无图,而改定失实的说法。"凡地之冲僻,俗之浇淳,民之利病,皆撮举其大端,而不以山川、古迹、登临题咏为重。盖犹有古舆图之遗法。"[4]

长洲人李楢有《万历德州志》12 卷。

苏州人沈津,字润卿。嘉靖二十一年(1542)撰成《邓尉山志》1 卷。崇祯十五年(1642),吴江人周永年在此基础上重修,记载寺庙建置本末尤其详细,因而改名《邓尉圣恩寺志》18 卷。长洲人蒋镛,万历中官宁远知县,创修宁远相传舜葬地《九疑山志》9 卷。常熟人徐待聘,字廷珍。万历二十九年(1601)三甲进士。官至按察司副使。官乐清知县时,撰《雁山志胜》4 卷。吴县人卢襄,字师陈,嘉靖二年(1523)二甲进士。官至兵部职方司郎中。撰其世居地《石湖志略》1 卷、《文略》1 卷。这些都是名山名志。吴县人徐鸣时,字君和,崇祯八年(1635)选贡生。除武宁县知县。撰《横溪录》8 卷,是苏州府城西南 13 里交通要道横塘的乡镇名志。

二是地方风物记游,关注民风民俗,用心会意,识别赏鉴地方实务,以及外国情况,也为国家治理早作鉴戒。

太仓人王在晋,字明初。万历二十年(1592)三甲进士。官至兵部尚书。事

---

[1] 永瑢等纂:《四库全书总目》卷六十八,史部 24,地理类一,中华书局 1965 年影印本,第 602 页。
[2] 永瑢等纂:《四库全书总目》卷七十三,史部 29,地理类存目二,中华书局 1965 年影印本,第 639 页。
[3] 永瑢等纂:《四库全书总目》卷七十七,史部 33,地理类存目六,中华书局 1965 年影印本,第 671 页。
[4] 永瑢等纂:《四库全书总目》卷七十四,史部 30,地理类存目三,中华书局 1965 年影印本,第 644 页。

迹附见《明史·王洽》。从《一统志》抄撮而成《历代山陵考》1卷。

昆山人许伯衡,号听庵。万历二十八年(1600)举人。官晋宁州知州,兼摄昆阳州事,辑过《晋宁志》,再杂采滇事,写成《滇南杂记》2卷。

太仓人王世懋曾任福建提学副使,以亲身阅历,记闽中诸郡风土、岁时及山川、鸟兽、草木之属,撰《闽部疏》无卷数,为地志支流。又著《名山游记》1卷,含京口游山记、游匡庐山记、东游记、游二泉记、游鼓山记、游石竹山记、游九鲤湖记,附游溧阳彭氏园记。

太仓人王衡,字缑山。万历二十九年(1601)榜眼。官翰林院编修。事迹附见其父《明史·王锡爵》本传。作《纪游稿》1卷,游记有泰山1首、香山3首、盘山1首、马鞍潭柘1首、杂记3首。

长洲人姚希孟作游记,用宋袁粲语,以"循沧"名篇,为《循沧集》2卷,上卷13篇都是游太湖、洞庭之作;下卷15篇,为平生南北游记,文体全是公安、竟陵文风。

苏州士人记载边土风情的地理学著作,有常熟人张洪撰《南夷书》1卷。张洪,字宗海。洪熙初召入翰林,官修撰。永乐四年(1406),缅甸宣慰使那罗塔劫杀孟养宣慰使刁查及其子思栾发,占据其地。张洪时任行人,赍敕往谕。因采撷见闻,记述梗概。记载梁王拒守及杨苴乘隙窃发等事,可与史参考。书中"澜沧江"作"兰沧江","思栾发"作"思鸾发",与史互异,当时译语对音如此。

吴县人顾岭,字汇堂。官至南安府知府。官儋州时著《海槎余录》1卷,凡风土、物产都随笔记载,共40余则。处置"叛黎"一节叙述颇详,为《蛮司合志》所未及。

记载地方实际事务的地理著作,如陆化熙《目营小辑》4卷,以13省布政司为纲,系以所属府、州、县、卫、所。凡土贡所宜、盐课增损、屯田税钞都随地诠叙。而太仆寺、行太仆寺并各苑马寺监马数增耗,边关堡寨废置,武弁员额驻屯,多有《明会典》未载。书名取"目若营四海"之意。[1]他有志于时务于此可见。

郑若曾(1503—1570),字伯鲁,号开阳,昆山人。嘉靖十五年(1536),34岁成贡生。有《郑开阳杂著》11卷,旧分《筹海图编》《江南经略》《四隩图论》等编,本各自为书。清朝康熙中,其五世孙郑起泓及子定远,删汰重编,合为一帙,定为《万里海防图论》2卷,《江防图考》《海防一览图》《海运全图》《黄河图议》《苏松浮粮议》以及《日本图纂》《朝鲜图说》《安南图说》《琉球图说》各1卷。《海防一

---

[1] 永瑢等纂:《四库全书总目》卷七十二,史部28,地理类存目一,中华书局1965年影印本,第636页。

览图》即《万里海防图》初稿,也就是郑若曾与唐顺之共定《海防图论》1 卷,12 幅,胡宗宪题《海防一览》。以详略互见,故两书并存。以上实际上共经世十书。其中江防、海防形势都是若曾目击,日本诸考则咨访考究,得其实据,非剽掇史传而成书,与书生纸上之谈固有分殊。

若曾少师魏校,颇得其赏识,并以其兄女为妻。又师从湛若水、王守仁,与吕楠、王畿、归有光、唐顺之、茅坤等互相切磋,务求经世体用之学。这数人中只有王守仁、唐顺之讲究经世实学。然王守仁用之而得效,唐顺之求之于空言,用而不很得效。若曾得之于阅历,虽效不得大用,而佐胡宗宪幕,平倭寇有功。[1]

对于周边国家风情局势,若曾未雨绸缪,以一介书生所擅长,尽心尽力,编纂经世致用的地理著作,为国家治理做鉴戒准备。

《日本图纂》为若曾在胡宗宪幕府时所作。以坊行《日本考略》一书舛讹难据,因从奉化人购得南彝倭商秘图,问询使臣、降倭、通事、火长等,汇订成编。前为图3幅,附以论说。后载州郡、土贡、道路、形势、语言、什器、寇术,而仪制、诗表别为附录。比他的《万里海防编》内所载较为详密。其《针经图说》止载入贡故道,而间道便利都隐而不言,恐海滨奸宄得通倭之路,寓存深意。明代时期,特别在嘉靖至万历年间,中国的日本研究初次形成高潮,与倭患触发的海防危机相关,不少关于日本的著作被编纂出来,但偏于情况便览,研讨不足。[2]若曾《日本图纂》《筹海图编》是其中的代表作,具有经世实用的目的,往往为后来介绍日本的著作所取材。

《朝鲜图说》先图后考,再详其世纪、都邑、山川、风俗、土产、道里、贡式,而附录宋郑兴裔奏议一篇。当时朝鲜亦被倭患,若曾因考索日本而作此著述。

《琉球图说》体例与《朝鲜图说》相同。地里则但标其针路。末附宋郑藻《纪事》一篇。清人认为:"琉球奉明正朔,从无寇掠。殆以其国外偪于倭,内密迩于福建,而为预防之计欤?"[3]

《安南图说》体例亦与《朝鲜图说》相同,但增《疆域》《伪制》二门。《疆域》寥寥数语,《伪制》则纪黎、莫二姓事迹。末附宋郑竦《纪略》一篇。若曾时距莫登庸事不远,故筹画边防,并及安南,然比较简略。

黄省曾撰《西洋朝贡典录》3 卷,纪西洋诸国朝贡事。

---

[1] 永瑢等纂:《四库全书总目》卷七十,史部 26,地理类三,中华书局 1965 年影印本,第 617 页。
[2] [日]大庭修:《江户时代中国典籍流播日本之研究》,编者之"代丛书序",戚印平、王勇、王宝平译,杭州大学出版社 1998 年,第 1 页。
[3] 永瑢等纂:《四库全书总目》卷七十八,史部 34,地理类存目八,中华书局 1965 年影印本,第 679 页。

三是水利志书,篇幅浩大,内容丰富,显示当地士人高度重视关乎国计民生、最具江南地方事务特色的水利事业,注重总结历代水利变化与治理经验,为现实整治出谋献策,积极鉴史用世。

总体论三吴水利,有昆山人归有光《三吴水利录》4卷。大旨以治吴中之水,宜专力治松江;松江既治,则太湖之水东下,而他水不劳余力。当时堤防废坏,涨沙几与崖平,水旱俱受其病。他采集前人水议尤善者的7篇,而自作《水利论》2篇加以发明。又附录《三江图》。清人认为,松江为震泽尾闾,全湖之水都从此赴海。所谓塞则六府均其害,通则六府同其利,前人已有备言。寻其湮塞之流,则张弼《水议》所谓自夏原吉浚范家浜直接黄浦,浦势湍急,泄水益径。而江潮平缓,易致停淤。故黄浦之阔渐倍于旧,吴淞狭处仅若沟渠。其言最为有理。有光一概以为湖田围占的缘故,未免失于详究。但有光居安亭,正在松江之上,所论水利形势,脉络最为明晰。他提出"宜从其湮塞而治之,不可别求其他道者",确中要害。这是苏松水利必备考核之书。[1]

吴江生员张内蕴、华亭监生周大韶同撰《三吴水考》16卷。万历四年(1576),言官论苏、松、常、镇诸府水利久湮,宜及时修浚,乞遣御史一员督其事。命御史怀安林应训前往。他相度擘画,经过6载蒇功,让张内蕴等编辑此书。全书分12类,含诏令考、水利考、水源考、水道考、水年考、水官考、水议考、水疏考、水移考、水田考、水绩考、水文考。诸水源流,诸法利弊,一一详赅,务切实用。

分别论三吴水利,则有吴江人沈㳕《吴江水利考》5卷。沈㳕字子由,号江村。嘉靖十七年(1538)二甲进士。官至湖广按察司副使。晚岁家居辑成此书。以吴江为太湖之委,三江之首,苏、松、常、镇、杭、嘉、湖七郡之水,潴于湖,流于江,而归于海的,都总汇此地,故述其源委之要,蓄泄之方。前2卷为水图考、水道考、水源考、水官考、水则考、水年考、堤水岸式、水蚀考、水治考、水栅考,后3卷为水议考。全书记载治水条规颇为明备,于水道最为详核。清雍正中,其八世孙沈守义再次校正刊行。[2]

常熟人薛尚质撰《常熟水论》1卷。以白茅、许浦、福山三浦为常熟宣泄所赖,作此书以明其利害。他考选明代名臣奏议及唐宋诸贤成说可用的若干条,作赞论以便备用。末附自著《水利论》1篇,《杂论》10条。

---

[1] 永瑢等纂:《四库全书总目》卷六十九,史部25,地理类二,中华书局1965年影印本,第612页。
[2] 永瑢等纂:《四库全书总目》卷七十五,史部31,地理类存目四,中华书局1965年影印本,第651页。

八、文字学

魏校著《六书精蕴》6卷。自序称:"因古文正小篆之讹,择小篆补古文之阙。""惟祖颉而参诸籀斯篆,可者取之,其不可者厘正之。"元以来就有以篆入隶的做法,如熊忠《韵会举要》所讥,已为骇俗。魏校更层累而高,求出其上,以籀书改小篆之文。末附魏校学生徐官《音释》1卷,以解释注中奇字。[1]

王应电有《同文备考》8卷,附《声韵会通韵要粗释》2卷,考辨文字声音。其学出于魏校,更往前一步。自序称《洪武正韵》或以小篆正楷书讹误,而未以古文正小篆谬误。于是著此书,取古文篆书加以修定,并想以此定正许慎《说文》失误。分为8类。所附《声韵会通韵要粗释》,改字母为28,改韵类为45,为横图以推衍。清人不认同魏校师生的文字学思路,认为复古拘泥,他"劳而鲜功"。[2]

赵宧光,书法家,擅长古文字学。著《说文长笺》104卷,其字下注,谓"长语";所附论辩,谓"笺文",故以"长笺"为书名。顾炎武《日知录》对其人其书很不满意。宧光又撰《六书长笺》7卷,与《说文长笺》合刻,本为一书。清人很不认可他的文字学成就。[3]

张献翼治易学有成,又著《读易韵考》7卷,属于小学,专考《易》中的韵,别出心裁。

九、金石学及目录学

我国历代石刻中自刻其字而自辑其文为一书,古无此例,自明初昆山人朱珪开始。他善篆籀,工刻印。杨维桢为作《方寸铁志》。郑元祐、李孝光、张翥、陆友仁、谢应芳、倪瓒、张雨、顾阿瑛等人多作诗歌相赠。朱珪又工于摹勒石刻。因而裒集生平所镌,编为《名迹录》6卷、附录1卷。首诰1篇,御制祭文5篇,玺书7篇,为尊帝王之作。次碑14篇,记29篇,墓表1篇,墓碣1篇,行状1篇,圹志23篇,墓志铭24篇,杂刻字画26种。末为附录1卷,为一时赠言。所载史实足资考证。

---

[1] 永瑢等纂:《四库全书总目》卷四十三,经部43,小学类存目一,中华书局1965年影印本,第373页。

[2] 永瑢等纂:《四库全书总目》卷四十三,经部43,小学类存目一,中华书局1965年影印本,第374页。

[3] 永瑢等纂:《四库全书总目》卷四十三,经部43,小学类存目一,中华书局1965年影印本,第377—378页。

都穆撰《金薤琳琅》20卷,仿《隶释》体例,取金石文字,搜辑编次,各为辨证。共计周刻2、秦刻6、汉刻23、隋刻5、唐刻27。古碑全录原文。剥落不完全的则取洪适《隶释》补充,不尽据石本。所录碑刻具载全文,后世或不能悉见,因而可以备参核。都穆另有《南濠文略》6卷,后2卷即此书。都穆喜好金石遗文,所作《使西日记》《金薤琳琅》等书记载古碑为多。又作《吴下冢墓遗文》3卷,专录吴中铭志文字,共34首,都是诸家集中所不概见,故称为"遗文"。

都穆弟子顾元庆撰《瘗鹤铭考》无卷数,所录铭词跋语,大约从都穆处获得,仅20字可读。此碑要到清陈鹏年在江中出此石,开始知道全文,结束宋元以来纷争。

赵均,字灵均,吴县人。寒山赵宧光之子。宧光擅长六书之学,著《说文长笺》,讲解篆隶笔法。赵均继承家学,亦喜搜求金石。著《金石林时地考》2卷,取《东观余论》《宣和书谱》《金石略》《墨池编》《集古录》《隶释》《金石总要》《菉竹堂碑目》、王世贞《金石跋》以及各家书目记载与续出耳目所及,仿南宋陈思《宝刻丛编》体例,编次郡省,分别时代,以便访求,也足资订正他书讹误。

明代苏州目录学著作,以叶盛编《菉竹堂书目》6卷十分著名。这是他自藏书目。中为经史子集各1卷。首卷《制》,为官颁各书及赐书赐敕之类。末卷《后录》,为其家刊及自著书。叙列体例大率本于马端临《经籍考》。然如集部别出举业类,而无诗集类,则略有增损。共著录图书4 600多册,22 700多卷,在储藏家称极富,故旧书著录为多。只是此书目不记撰人姓名,则极伤阙略。

十、丛书与类书编纂

我国目录学经历六部到四部分类,直到晚清《书目答问》才增设丛部,而类书其实一直存在。明人编刻丛书与类书,汇集新奇之书,迎合社会阅读品味,又能作商业盈利,反映社会大众文化发达,雅俗共赏。也出新奇花样,误导讹实之风。

(一) 丛书编纂

卫泳,字永叔,苏州人。王晫《今世说》说:吴门有永叔兄弟,犹建安有二丁,平原有二陆,时人号称双珠。其弟著作未见。而卫泳编《枕中秘》无卷数,仿马总《意林》体,采掇明人杂说25种,即闲赏、二六时令、国士谱、书宪、读书观、护书、悦容编、胜境、园史、瓶史、盆史、茶寮记、酒缘、香禅、棋经、诗诀、书谱、绘抄、琴论、曲调、拇阵、俗砭、清供、食谱、儒禅,都是隆庆、万历以来文字。前列凡例

25则,名为"致语"。宋代教坊才有致语,而卫泳取以自名,十分异常。[1]

苏州人陆贻孙编《烟霞小说》22卷,仿曾慥《类说》体例,删取《稗官杂记》12种。其中,杨循吉《吴中故语》、黄暐《蓬轩记》、马愈《日抄》、杜琼《纪善录》、王凝斋《名臣录》、陆延枝《说听六种》都是逸事琐闻,尚资考论。而陆粲《庚巳编》、徐祯卿《异林》、祝允明《语怪编》《猥谈》、杨仪《异纂》、陆灼《艾子后语》6种则是神怪不经之事。[2]

毛晋编《津逮秘书》无卷数。津,水路。逮,及。全书分15集,收139种。其中《金石录》《墨池篇》有录无书,实为137种。胡震亨初刻所藏古笈为《秘册汇函》,未成而毁于火,因以残版归毛晋,毛晋增为此编。凡版心书名在鱼尾下,用宋本旧式,都是胡震亨之旧。书名在鱼尾上,而下刻汲古阁字,均为毛晋所增。毛晋有搜辑刊刻之功。

清人认为:毛晋家富藏书,交游多博雅之士,故较他家丛书去取颇有条理;此丛书所收有近时伪本,如《诗传》《诗说》《岁华纪丽》《琅嬛记》《汉杂事秘辛》;经典释文割裂《周易》1卷;题跋20家都是从全集中抄撮的。[3]

李玙,字惠时,苏州人。编《群芳清玩》无卷数,刻丛书12种,有鼎录、刀剑录、研史、画鉴、石谱、瓶史、奕律、兰谱、茗笈、香国、采菊杂咏、蝶几谱,并题毛晋订。应是坊贾射利刊本。

(二) 类书编纂

明代苏州士人作分类专书,既可经世致用,又自赏自用。

吕纯如,字孟谐,一字益轩,吴江人。万历二十九年(1601)三甲进士。官至兵部侍郎。编《学古适用篇》共91卷,采前代至明,前事可为后法之事,分类编次,共分91门,间附论断。他具有强烈的经世致用意识,以史为鉴,以古为今,自序表达得十分明确:冯慕冈《经世实用》,义在宪章当世,而明以前存而不论。冯琢庵《经济类编》,罗列虽多,有的不适用。万思默《经世要略》,扬推者止于就人

---

[1] 永瑢等纂:《四库全书总目》卷一三二,子部42,杂家类存目九,中华书局1965年影印本,第1129页。

[2] 永瑢等纂:《四库全书总目》卷一三一,子部41,杂家类存目八,中华书局1965年影印本,第1120页。潘树广《〈烟霞小说〉考》(《文献》2001年第4期),考得陆贻孙名延枝,长洲人。名臣陆粲子,陆采侄。所辑《烟霞小说》均系明人之著,包括其父和自己作品,共13种。其中,黄暐《蓬轩吴记》2卷别记1卷,陆粲《庚巳编》不是《庚已编》。黄暐之孙是黄省曾。该丛书所收大多记苏州之事,有较高史料价值。

[3] 永瑢等纂:《四库全书总目》卷一三四,子部44,杂家类存目十一,中华书局1965年影印本,第1138页。

汇事,未尝就事求人。兹编大意仿三书体裁,而所列事迹则以适用为主。然事变靡常,情势各异。譬如古方今病,贵于临证详求,亦未可执以一定之法,遽谓适用。[1]古为今用,经世致用,借鉴古代中国历史经验,务必追求现实应用,避免空谈,成为晚明著书立说一种学术新思潮,吕纯如是其中佼佼者。但他又在明确警示,应当"学古适用",切忌盲目搬用,削足适履,一味泥古复古,可以说保持了清醒头脑,恰当处理着历史经验与现实应用的关系。

外交出使事类。张洪在永乐四年(1406)以行人司行人奉使往谕缅甸,著《南夷书》,又作《使规》1卷,采古人奉使事迹,勒为一编,分16类,名为忠信、节义、廉介、谦德、博古、文学、识量、智虑、威仪、说辞、举贤、咨访、服善、详慎、勇略、警戒,各列事实于前,而断以己意。末为使缅附录,纪当日往返情形,并记载他与缅酋书六篇。

孝义道德教化事类。明初周是修作《观感录》,纪古今孝义事迹,其书不传。方鹏编《续观感录》6卷,据所见摘录史实,弘扬孝义。凡事迹显著的不录,专录人微而事隐、非世所恒见的,想使"愚夫愚妇"都知观感而兴起。

瞿式耜,字起田,常熟人。万历四十四年(1616)三甲进士。官至右佥都御史,巡抚广西。晋文渊阁大学士兼兵部尚书。清兵下广西,抗节死难。事迹载《明史》本传。乾隆四十一年(1776)赐谥忠节。有《愧林漫录》10卷,成于崇祯九年(1636),大约林居时杂抄诸儒言论,以为自警。分为学问、居心、规家、酬世、在位、积德、读书、究竟、摄生、依隐,共10篇。儒、墨兼陈,大旨归于为善,不是辨别学术的著作。

自然物异事类。方凤撰《物异考》1卷,载水异、火异、眚异、木异、金石异、人异、虫异,共7条。摘录历代灾异,每条举二三事,挂一漏万,以作警示。

益智与助谈事类。冯梦龙编《智囊》28卷,天启六年(1626)成书,取古人智术计谋之事,分为十部,间系以评语。因觉得未为完备,又撰《智囊补》28卷,而初刻补遗1卷,亦散入各类。又有《谭概》36卷,分类汇辑古事,以供谈资。

明代苏州人编纂类书盛行。有的在内容上并不限定,编得很好。

杨循吉好蓄异书,闻有秘本,必定购求缮写。《奚囊手镜》13卷,荟萃类书,非常博赡。清人认为"门目未分,茫无体例"。大概类书分类摘抄,分门别类很

---

[1] 永瑢等纂:《四库全书总目》卷一三二,子部42,杂家类存目九,中华书局1965年影印本,第1124页。

不容易。刘凤、王世贞曾分得其稿,后来散佚。[1]

陈禹谟撰《骈志》20卷,录取相类古事。对偶标题,条下各注出处。不立门目,以甲至癸十干为序,大较以类相从。有嗜博爱奇、务盈卷帙的倾向,却采用资料繁富,可以考证异同,辨别疑似。也有考证,如汉高帝母温姓,驳司马贞依托班固碑之类,可存备一说。大抵简核不及赵崇绚《鸡肋》,博赡则胜方中德《古事比》。[2]

王志庆,字与游,昆山人。王志坚、志长之弟。天启七年(1627)举人。兄弟终身师友,与志长入复社。编《古俪府》12卷,以六朝、唐、宋足供词藻使用的骈体文,采摭英华,分类编辑。汉、魏赋颂,虽非四六,而典实博丽,已渐开对偶,亦并取录。共18门,分天文、地理、岁时、帝王、宫掖、储宫、帝戚、政术、人、职官、礼、乐、道术、文学、武功、居处、恩赉、物类。子目有182个。大概仿欧阳询《艺文类聚》体例,或载全篇,或存节本,与其他类书割裂饾饤,仅存字句不同。所引止于宋以前,又都从各总集、别集采出,亦不似明人类书辗转稗贩,冗琐舛讹。只是间收《玉海》所载偶句,稍为猥杂,此类例子不多。[3]

郑若庸,字虚舟,昆山人。少为诸生,以任侠不羁见斥。客赵康王朱厚煜邸中。厚煜给以笔札,令其仿《初学记》《艺文类聚》,越20年而成《类隽》30卷,分20门。沈德符《敝帚轩剩语》称其书与俞安期《唐类函》都有功艺苑。俞安期雅慕郑书,以不得见为恨。实际上两书体例迥异。清人认为,郑书征引太简单,叙事多不得首尾。[4]

俞安期,初名策,字公临,后改名,字羡长。吴江人,徙阳羡。《唐类函》署名"东吴俞安期汇纂"。万历《宝章待访录》署名"阳羡俞安期观"。老于金陵。万历末布衣。他编辑类书规模壮观,影响极大。《唐类函》200卷,盛行一时。他取唐人类书,删除重复,汇为一函,分43部。每部都列《艺文类聚》于前,其次《初学记》《北堂书钞》《六帖》。取材不滥。同时吴允兆也有此编,但无《六帖》。人说两书并出,没有必要。允兆于是将书全部让给安期。因此书中体例有兼采允兆书的。安期凡例提到,并不自讳。

安期另有《诗隽类函》150卷,取皇古迄唐代的诗汇为一编。盛唐以前删去

---

[1] 永瑢等纂:《四库全书总目》卷一三一,子部41,杂家类存目八,中华书局1965年影印本,第1119页。
[2] 永瑢等纂:《四库全书总目》卷一三六,子部46,类书类二,中华书局1965年影印本,第1156页。
[3] 永瑢等纂:《四库全书总目》卷一三六,子部46,类书类二,中华书局1965年影印本,第1156页。
[4] 永瑢等纂:《四库全书总目》卷一三八,子部48,类书类存目二,中华书局1965年影印本,第1170页。

少,中晚以后多所刊削。分36部,770余类。而《类苑琼英》10卷,则分别事类,纂辑故实,每条撮举二字,以原文细注其下。天文一类尽阙,可能书未成。[1]

有的类书规模较小。邹泉撰《经世格要》28卷,成于万历中,以故实分隶六官,六官之中又各立子目,附以诸儒议论。此书比坊本类书更有条理,然采掇大抵不出《文献通考》《大学衍义补》诸书。

浦南金,吴县人。嘉靖元年(1522)举人。官国子监助教。编《修辞指南》20卷,取《尔雅》《左腴》《汉隽》《书叙指南》四书,汇为一编,分20部40类。属于抄录一类。

施仁,字宏济,长洲人。嘉靖七年(1528)举人。官汀州推官。撰《左粹类纂》12卷,以《左传》纪事,分15门编载。"变解经之书为类事之书"[2],从新角度把握《左传》。

《骚苑》4卷,前3卷黄省曾撰,后1卷张所敬补。摘《楚辞》字句,以供剽剟使用,亦刘攽《文选》双字之类。

方夏,字南明,自号养春子,长洲人。撰《广韵藻》6卷,取杨慎《韵藻》,删其繁复,而广其未备,作笃实之学。[3]

刘凤撰《杂俎》10卷,分8类,即玄览、稽度、地员、兵谋、藻览、原化、问水、词令。摘录古书字句,以备剽掇。

姚光祚,字允昌,吴县人。万历十六年(1588)举人。官保定府同知。宋王逢原有《十七史蒙求》16卷,他以为未备,从而增广,撰《广蒙求》37卷,分37类。

冯廷章,字子建,常熟人。撰《子史汇纂》24卷,分24类。每类之中又别为子目。虽以子史为名,亦兼采词赋。

有的类书是自作为科举用的。《群书纂粹》8卷,旧本题徐时行编。掇摘诸家议论文,分类纂辑,以备策论使用,不足以言著述。大概是他应举时私抄,而传写者授梓的。明代苏州状元宰相(首辅)申时行起初寄养于徐氏,从其姓。此应为他未复姓时编作。

吕一经,字子传,号非庵,吴县人。崇祯四年(1631)二甲三名进士。官至河南提学副使。编《古今好议论》15卷,辑汉、唐以下迄于明季诸儒议论,分经学、经济二门。经学分22类,经济分24类,共556则,大概以备场屋策论使用。

也有类书变体。例如,蒋以忠,字孝甫,常熟人。隆庆二年(1568)三甲进

---

[1] 永瑢等纂:《四库全书总目》卷一三八,子部48,类书类存目二,中华书局1965年影印本,第1173页。
[2] 永瑢等纂:《四库全书总目》卷一三七,子部47,类书类存目一,中华书局1965年影印本,第1167页。
[3] 永瑢等纂:《四库全书总目》卷一三八,子部48,类书类存目二,中华书局1965年影印本,第1176页。

士。官至广平府知府。因何景明《大复论》门目太狭,他推而广之,撰《艺圃琳琅》4卷,自从化至殖业共82篇,所论都类集古人成语,以己意联络起来。词多排偶,大旨与类书相似,稍变体例。以忠在长乐县令任上刊行,诸生林大桂为它集注。及任官广平知府,又令训导何锦删订前注,嘱托永平县令张可久重刊。[1]

更有伪托名人撰编类书,促销盈利。伪托王世贞撰《异物汇苑》5卷,分27门。《汇苑详注》36卷,一名《类苑详注》,旧本题王世贞撰,邹善长重订。书成于万历三年(1575),分27部。首列引用书目,似乎浩博,其实就唐、宋诸类书《事文类聚》《合璧事类》采掇而成。《古今类腴》18卷,分10门,121子目,采掇成语,以备举业用。坊刻陋本,必不出王世懋(号麟洲)之手。但世懋文名之大,足以被书贾冒用于社会文化教育方面,与其兄王世贞相似,于此亦可见一斑。

除上述之外,另有法家类著作,有吴讷研究刑律的。吴讷,字敏德,号思庵,常熟人。永乐中,以知医被荐。仁宗监国,闻其名,使他教功臣子弟。洪熙元年(1425),擢监察御史。官至右都御史。谥文恪。事迹具《明史》本传。景泰间,他删补宋桂万荣所撰古来剖析疑狱的名著《棠阴比事》1卷。对他作注的144条,删去其中不足为法与相类重复的,存80条,以事之大小为先后,不复以叶韵相从。对其注亦稍为点窜。又为补遗23事,附录4事,别为1卷。吴讷又续27条,每条各有评语,附于题下。全书叙述明白,适于折狱断案。[2]致仕后又作《祥刑要览》2卷,上卷经典大训26条,次为先哲议论15条。下卷善可为法的13人,恶为可戒的10人。通俗浅近。

术数类著作,有博学才子张凤翼关于占梦的《梦占类考》12卷,取六经子史及稗官野乘所言梦兆,排比成书,分为34类,大抵摭集原文,略采后人议论,并附以己见,但不是讲如何占梦的。[3]

以上明代苏州学术成就大多是学者心血之作,按照现今主要学科分类,重点以清代乾隆时期编纂的《四库全书总目》内容进行基本检索。这一方面利于有效清理,摸索总结,另一方面,不可避免受到该书抉择取舍的束缚。清人以朱子理学为正统意识,贬斥王学心性认知,尤其存在严重的民族忌讳,加上对于学术考订学风的推崇备至,都使其书对明人学术成就上的评判认识打上深透的时代烙痕。这是我们在梳理明代苏州学术成就之时必须高度明了的。一代学术必有一

---

[1] 永瑢等纂:《四库全书总目》卷一二五,子部35,杂家类存目二,中华书局1965年影印本,第1076页。

[2] 永瑢等纂:《四库全书总目》卷一〇一,子部11,法家类,中华书局1965年影印本,第849页。桂万荣,鄞县人。由余干尉仕至朝散大夫,直宝章阁,知常德府。

[3] 永瑢等纂:《四库全书总目》卷一一一,子部21,术数类存目二,中华书局1965年影印本,第951页。

代环境变迁影响与学风的浸淫,具有自我特色,后人可以依据当世标准加以评判,切忌推翻重来,使前人活到当下,故作明智,颠倒时间,乱判葫芦公案。

明代苏州学术随着社会变化与转型,在思想意识和学科领域的范围与深度上都在拓展,既按其心性所知,兴趣所至,解神颐思,又存在多元取向,辩驳激励,飞扬文字,专门家与综合家一茬一茬,师承家学交游,摩肩接踵,开先传布,风靡天下。许多学者心力过人,兼跨多个学科,博识高明,学理融通,才艺卓绝,思维缜密,技术高超。在苏州拥有经济中心与文化中心地位的时代,根基于良好的物质与文化土壤,一代学子做出了与此相称的学术综合工作。他们孜孜不倦,探索创新,甚至被目为新异奇特,受到诟病,也无所顾恤。

明代苏州学术成果与地位值得好好掘剔和系统总结。上述分类分科梳理十分粗糙简略,只是抓住了大头重头而已。如果结合艺文志、人物传记等其他资料,估计会更有开拓,更加完整。当然,在本书其他篇章,如经济、行政、宗教、科技、藏书刻书、收藏等方面,同样会发现学术渗透,学术成就具有广泛性与应用性。

第五节 丰富的藏书与刻书

藏书不仅是一种文化活动,而且是一种文化事业。而刻书既与藏书相关,又与印刷技术相关。图书之藏刻与政治环境、经济基础、文化素质、技术水平、人才及社会风气等均有密切关系。明代苏州在这方面成就突出,对后世影响巨大。

一、藏　书

我国私家藏书自宋至清进入雕版印刷与手抄并举的兴盛发展期,而明代是其中重要的阶段,除了官府、学校书院、寺观等藏书外,民间私家藏书十分兴盛,苏州是其中心地之一。明代中后期,胡应麟(1551—1602)说:

> 今海内书凡聚之地有四:燕市也,金陵也,阊阖也,临安也。闽、楚、滇、黔,则余间得其梓。秦、晋、川、洛,则余时友其人,旁诹阅历,大概非四方比矣。两都、吴、越,皆余足迹所历,其贾人世业者往往识其姓名。

他是浙江金华兰溪人,著名学者、文献家,这段以他亲身经历、交往著名的世代职业书贾、深有感触的概括,指出当时国内形成四大藏书之乡,除了两京之外,就是浙省会城杭州,而阊阖即苏州,仅仅是个府城,居然能跻身其间,是全凭强劲实力的。

> 吴会、金陵擅名文献,刻本至多,巨帙类书咸会萃焉。海内商贾所资二方十七,闽中十三,燕、越弗与也。然自本方所梓外,他省至者绝寡。虽连楹丽栋,搜其奇秘,百不二三,盖书之所出而非所聚也。至荐绅博雅、胜士韵流,好古之称藉藉海内,其藏蓄当甲诸方矣。[1]

苏城富书,与南京一样,苏州除了自身刊刻、地产书籍,使它成为文化商品,供应转销四方之外,还吸引天下商贾云集,搬来充足书源,并成为藏书胜地,文人学士倾心图籍,积书之家富甲天下。清人孙从添《藏书纪要》记载明代藏书家47人,苏州有36人,占76.59%。吴晗《江浙藏书家史略》收录明代藏书家180多人,苏州有120多人,占66.67%。这样高的比重可能与作者收录藏书家的范围较小有一定关联,但苏州是江南藏书家最为密集之地已毋庸置疑。以全国范围观,李玉安、陈传艺编撰《中国藏书家辞典》,收载明代藏书家203人,苏州有66人,占32.51%。[2]其实吴晗在1932年、1933年发表搜罗检讨江浙历代藏书家事迹的论文,得藏书家浙江399人,江苏490人,江苏盛于浙江,又得出结论:"以苏省之藏书家而论,则常熟、金陵、维扬、吴县四地始终为历代重心,其间间或互为隆替,大抵常熟富庶,金陵、吴县繁饶,且为政治中心。"[3]苏州府常熟只不过以县级单位竟然名列全省藏书首位,而附郭县吴县其实就是苏城的代称,以一府城,竟能雄踞全省藏书名邦,成为实至名归的人文之乡,支持人文学术繁盛,明代当然不会令人意外。

据范凤书的查寻,我们统计得知,明代收藏万卷以上藏书家,全国共231位,其中苏州有32位[4],占13.85%。具体而言,明初2人:吴郡刘亮、陈汝言(2万卷);中期16人:昆山叶盛(数万卷),吴郡刘昌(数万卷),太仓陆容,吴县杨循吉(10余万卷),长洲祝允明,吴县皇甫录,昆山顾潜,长洲顾道隆、顾元庆,常熟杨仪,姑苏杨岫,太仓周士洵,吴县柳佥、钱榖,常熟孙楼、何铮;中后期6人:太仓王世贞(3万余卷)、世懋,常熟赵用贤、琦美(数万册),吴县赵宧光,昆山顾天埈;后期8人:常熟冯复京,长洲许自昌、陈仁锡,常熟钱谦益、杨彝,昆山葛锡藩,常熟毛晋(8.4万册),吴江吴翙(明人集3700家)。

---

[1] 上引分见胡应麟:《少室山房笔丛》卷四《经籍会通四》,《景印文渊阁四库全书》886,台湾商务印书馆1986年,第207、208页。
[2] 参见沈振辉:《明代苏州地区收藏家述略》,《苏州大学学报》1999年第1期。
[3] 吴晗:《江苏藏书家史略》序言,中华书局1981年,第117页。
[4] 范凤书:《中国私家藏书史》,大象出版社2001年,第168—187页。

下面择要介绍几个藏书大家与藏书世家。[1]

吴中叶姓善于藏书,其先世两宋之交的叶梦得就是当时大藏书家。明代吴中叶姓藏书世家包括昆山和吴县东山的叶氏家族,世代相继,知道珍藏,善于保藏,藏书家不断,形成良好家风,成为文化世家。

昆山叶氏藏书家族

明代昆山叶氏出自吴中叶氏,始祖叶达,至十三世叶苗赘婿金氏,始迁昆山。经过埋头苦干,持家得法,加上子孙繁衍,这支叶姓家业隆盛,由农转文,人才昌炽,而且代代藏书,以书传家,成为书香门第。自明代叶春开始,它有较多的藏书记载,至叶盛,藏书最盛。

叶春,字景春,号醉耕。父叶明,充任乡正,管理赋役。叶春承袭父业。父子两代是乡里基层吏员。正因为家庭富裕,他们才能充当此职。家庭经济条件许可叶春从事藏书活动。当然这也与他的天性喜欢积书相关。叶春建立家塾,延师教育诸子。乡里子弟称赞说:你们的所作所为,足以不违背于书了。就是说,与书匹配,可以相称了。这是乡里对他们地位转变的肯定。

叶盛(1420—1474),叶春次子。字与中。家宅在县城东城桥西。正统十年(1445)二甲进士。任兵部给事中,敢于言事,人讽以"叶少保"。擢右参政,督饷宣府,协赞军务。天顺二年(1458)以右佥都御史,巡抚两广。后专抚广东,又代巡宣府。成化四年(1468),进礼部右侍郎;八年,转左侍郎;十年,卒,谥文庄。叶盛清修博学,崇尚名节,出入常步行。生平最仰慕乡贤范仲淹,中堂寝室都挂他的肖像。立志忠君爱民,从不计较个人得失,颇有古大臣之风。《明史》有传。

叶益,叶春三子,叶盛弟。字与谦,别号桥东。入赘姜宗本家。他性敏好学,读书通大旨。景泰三年(1452),他前去看望叶盛,叶盛赠给他经传以及先世烧劫等书,十分珍贵。叶氏宗谱至叶盛时只得十六世,五世以上遗逸莫考。叶益极力采访,终于访得亡谱,把它补全,是家族的功臣。他著有《桥东诗草》。

叶晨(?—1510),叶盛子。字廷光,号一夔。中成化二十二年(1486)顺天经魁。秉性廉介。卒于京邸。一生所得,书囊之外别无长物。

叶梦淇,叶晨子。字尚源,号约斋。一品荫生,入太学。正德时任衡州知府。

---

[1] 明代苏州藏书家最为全面的著作可参见叶瑞宝主编《苏州藏书史》的相关部分(江苏古籍出版社2001年)。傅璇琮、谢灼华主编《中国藏书通史》第六编第三章"明代私家藏书的历程",叙苏州藏书家有:叶盛、叶恭焕菉竹堂,朱存理、杨循吉、都穆、顾元庆、钱同爱、王世贞父子兄弟,钱榖、钱允治父子,常熟杨仪、赵氏、钱氏、毛氏,提及徐达左、虞堪、吴宽、陆容、张泰、陆钫、文徵明、刘凤等,见宁波出版社2001年,第558—625页。

因病卒。叶盛所著遗书全部由他捐俸刊刻,对叶家的著作和收藏、传播贡献很大。

叶梦澄,即梦温,叶晨季子。都穆的孙婿。字尚进。太仓州庠生。他很重视先祖手泽,藏有叶盛的二帖,恐怕行将烟没,于是装潢成卷,由都穆题词。

叶良材,字世德。梦淇子。嘉靖二十二年(1543)乡贡。他开启叶盛的书阁,校藏所遗经籍,毫发无误。在病危时,他亲手授给两子书籍,心怀遗恨地说:"吾愧负书夫。"文坛领袖王世贞为他撰传。

叶恭焕,良材子。叶盛五世孙,文学大家归有光的弟子。字伯寅,号括苍老人。嘉靖二十五年(1546)举人。

叶国华(1584—1669),叶盛七世孙。字德荣,号白泉。万历四十三年(1615)举人,官刑部主事,改工部,出榷杭州南关。明亡,他回乡里。有《白泉诗》《雁木斋稿》等。国华修葺菉竹堂,在内居住。凡叶盛所藏图书,只要是叶盛亲自评跋的,散失他人,他必定购回,哪怕花费重价,也在所不惜。又新辟茧园,颐养天年。

叶奕苞(?—1687),国华三子,叶方蔼从弟。字九来,号二泉、半园、凤雏。清监生。他被举博学鸿词,荐列第二,不与选,归,修葺半茧园。所居下学斋,收藏图书繁富。善于鉴别金石文物,编辑《金石录补》,甚为详赅。著《金石小笺》《经锄堂诗集》等10多种。

叶豹文,国华四子。字道子,号柱臣。富有藏书。著《偶存草》。

昆山叶姓家族的大藏书家有叶盛与叶恭焕。藏书丰富,号称江南第一。

叶盛祖父、父亲都以耕读传家,十分注意藏书。叶盛生平笃好于书,无他嗜好。服官几十年,未尝一日辍书。公余不务他事,专事搜集、抄写、整理、校勘图书。他长期在边远地区做官,身边从不带家眷,只有几个抄书人,长年为他抄书。《司马温公传家集》历3人之家,积20年之久,才抄全成书。每抄成一书,他就用官印识于卷端,如"巡抚宣府关防",首尾二纸都亲自手录,抄本用绿、墨二色格,版心有"赐书楼"三字,抄有《梁公九谏》《张乖崖集》《李元宾文集》6卷、《补遗》1卷(茧纸抄本)、《画上人集》等。每购买或抄写一本书,他总是认真阅读、精细校勘。到老年,叶盛拥有图书4 600多册,共22 700多卷,是当时江南一带最大的藏书家。

他生前曾计划建菉竹堂来保存藏书,未能如愿。不过叶盛留下了根据自家藏书编成的《菉竹堂书目》6卷,著录自家藏书2万多卷,编有《菉竹堂碑目》6卷。还撰写藏书铭:"读必谨,锁必牢。收必审,阁必高。子孙子,惟学教。借非其人亦不孝。"教育子孙读书爱书,爱护藏书。

叶恭焕实现了叶盛遗愿,出资建成叶盛想建的菉竹堂藏书室,收藏祖上以及叶盛遗书,又购置古文奇帙,得数百千卷,一并珍藏。到积了上万卷书,就专设一弟子看守。又在宅东筑茧园,成为昆山叶氏后世子孙的一大名书斋。恭焕还喜欢刻书,刻有《云仙杂记》《清异录》等。他在《菉竹堂书目跋》中说:"焕自曾祖父以来,兢兢自守,训不分书,每知保爱,虽不能尽披读而体且行之,而所谓为饮食而鬻书者,则固不敢也。"可见,恭焕严守了叶盛遗训,为保存叶氏藏书做出了贡献。〔1〕

昆山叶氏藏书世家,子孙不仅著述,喜欢收藏,成为世代传家门风,而且祖孙父子兄弟相互授受图籍,知道珍藏,善于保藏。正是类似昆山叶氏这样的文化世家的存在,中国文化典籍才赖以传承,文化传统得到传播和光大。

吴中东山叶氏藏书家

吴中叶氏有多支后人北宋起一直世居吴县(今苏州市吴中区)洞庭东山,山清水秀,累世书香,大大小小的世代藏书家不可胜计,明末清初突出的有以下几人:

叶奕(1605—1665),字林宗。世居东山南沙乡,侨居常熟。为人质直笃厚,好学。喜爱奇书古帖,刻意搜求。藏书丰富,有宋元刻本、旧抄。与大藏书家、版本目录学家钱曾友善,传录秘册收藏。有覃思馆、松风书屋、宝稼轩等为藏书处。卒后,从弟叶万为他整书,并继承了一些书。

叶万(1619—1685),一名树廉,又作树莲,字石君,号潜夫。因喜欢虞山山水,也从东山侨迁常熟。他每到一地必定购藏书籍,不惜典衣损食,积书数千卷。在明末清初战乱之中,他的书籍被烧,只得回东山老家。乡亲安慰他,他说,丢失资财没什么,但书被烧,最让我可惜!老乡都笑他痴。树莲后又回常熟,所购图书比以前更多,尤其是宋元刻书,无论残缺单卷,他都要购入。对于自藏书刊,他校勘精严。藏书题跋多署南阳毂道人,有"朴学斋""归来草堂""金庭玉柱人家"等藏书印记。著《朴学斋集》等书。身后藏书散失,但多被著录,可见其藏书质量高,为世人所重。

叶裕(1635—1659),叶奕子。字祖仁。游于大文豪钱谦益等人之门,与兄叶修(字祖德)酬唱,有《华萼集》《二叶诗稿》等。爱好藏书,因右手骈指,号枝

---

〔1〕 以上昆山藏书世家事迹参见叶瑞宝主编:《苏州藏书史》,江苏古籍出版社2001年,第149—153页。

(支)指生,藏书印、题跋多用此称。有印自称"宋少保石林公二十一世孙裕",有宝稼轩、获墅堂收藏图书。[1]

太仓陆容、陆伸父子式斋

陆容(1436—1496),字文量,号式斋,太仓人。[2]成化二年(1466)二甲进士,榜姓徐。官南京主事、兵部郎中、浙江右参政。事迹具《明史·文苑》。年少与张泰、陆釴齐名,号称"娄东三凤"。他诗才不及张泰、陆釴,而博学超过他俩。好学,居官手不释卷,以博学见长。家藏万余卷,都手自雠勘。有《式斋集》38卷、《菽园杂记》15卷。

子伸,字安甫。正德三年(1508)三甲进士。官大理评事。因斥刘瑾,被诬,卒于狱。他纵览群籍,以修学著书为事。汇列父子藏书,成《式斋藏书目录》,由桑悦、祝允明、徐祯卿作序。

吴县杨循吉卧读斋

杨循吉(1458—1546),字君谦,吴县人。成化二十年(1484)二甲十五名进士,授礼部主事。善病,却好读书,每有得意,手足踔掉,不能自禁,因而得"颠主事"之名。一年之中多次因病不出,无法公干,弘治初,便奏乞改为教职,不许。于是请致仕归,年才31岁。结庐城西支硎山下,课读经史,以松枝为筹,不精熟不止,多至千卷,旁通内典、稗史。父母殁,倾赀治葬,寝苫墓侧。性格狷隘,好持人短长,又好以学问穷人,直至面红颈赤而不顾。

清宁宫火灾,诏求直言,他驰疏请复建文帝尊号,阻格不行。武宗驻跸南都,应召赋《打虎曲》,称旨,改换武人服装,每日侍从御前为乐府、小令。武宗以优俳畜养他,不授官,循吉以为耻辱,历时9个月,辞归。既而又召至北京,逢武宗崩,才还。嘉靖中,献《九庙颂》《华阳求嗣斋仪》,仅仅报闻。

晚年落寞,愈加坚癖自好。尚书顾璘道经吴县,赠以币贽,促膝论文,相谈极欢。不久,郡守邀请顾璘,顾璘行将往赴,循吉忽然色变,将他驱赶出去,并掷还礼币。第二天,顾璘前往致谢,循吉闭门不接。循吉著有《松筹堂集》等10余种,近千卷。[3]

循吉性最嗜书,闻某处有异本,必购求缮写。家本素封,以购书,晚岁赤贫,

---

[1] 以上可参见吴建华、殷伟仁:《叶姓藏书文化简论》,《苏州大学学报》2005年第6期。
[2] 直隶昆山籍。陆容:《菽园杂记》,佚之点校,中华书局1985年,"点校说明"的卒年作"弘治九年",则为1496年。有作1494年,则为弘治七年。
[3] 参见《明史》卷二八六,列传一七四《文苑二·徐祯卿附杨循吉》,中华书局1974年,第7351—7352页。

收藏10余万卷,位列明中期藏书家第一。又在吴中藏书家中首倡抄书,和朱存理、吴宽、阎秀卿、都穆等形成自抄风气,多以秘册相尚。但循吉蓄书得不到妻儿支持,难以为继。他不光开创明代弘治以来吴中文人抄书藏书相尚之风,而且引领士人静心读书、迥异流俗的生活方式。[1]

常熟孙氏藏书世家

常熟孙氏藏书世家起自孙艾两子舟、耒,兄弟两支七世藏书不断。

孙楼(1515—1583),字子虚,号百川。孙舟之孙。嘉靖二十五年(1546)举人。任湖州推官,致仕归,杜门校雠,有丌册庋、博雅堂藏书,逾万卷,多秘本。著《百川集》《博雅堂藏书目》。

孙胤伽(1571—1639),字唐卿。孙楼之孙。秦四麟婿。好异书,手自缮写,增丌册庋之秘,自建艳雪斋藏书。

孙江(1614—1665),字岷自。孙楼五代孙。喜藏书。崇祯辛巳(1641)夏,影抄赵凡夫(宧光)藏宋刻《古文苑》叶氏传抄本,分诸童子,三日夜抄毕。

孙七政(1528—1600),字齐之。孙耒子。廪监生。7岁能诗,年长与王世贞等游,才名极盛。居西爽楼、清晖馆,收藏图籍、书画、鼎彝极富。著《松韵堂集》。

孙朝肃(1584—1635),字恭甫。七政孙。万历四十四年(1616)二甲进士。官至广东布政使。多藏书。

孙朝让(1593—1683),字光甫。朝肃弟。崇祯四年(1631)二甲进士。官刑部郎中、泉州知府。明亡后优游林泉。喜藏书。

孙鲁(1620—1682),字孝若。朝肃子。清顺治九年(1652)三甲进士。官至大同知府。富藏书。

孙蕃(1632—1685),字孝维。朝肃子。有慈封堂藏书。

太仓王世贞、王世懋兄弟父子藏书极多极精

王世贞(1526—1590)藏书极多,小酉馆藏书3万卷,佛道二典不与,别构藏经阁贮藏,尔雅楼庋藏宋刻书,皆精绝。他以庄园换赵孟𫖯曾藏的宋版前后《汉书》,得一奇书失一庄,早已成为书林美谈。他书室中用一仆人,在他欲取某书、某卷、某叶、某字时,一脱声就能检出待用。

世贞子士骐,能文,能守父书。但前后《汉书》竟因国税归于质库。士骐殁

---

[1] 参见蔡斌点校:《杨循吉集》"前言",上海古籍出版社2013年,第11页;李祥耀:《杨循吉研究》,复旦大学出版社2012年,第8页。

后,子孙不肖,家道渐落,图籍渐散。

世贞弟世懋,在居第之左治小圃,设鹤适轩,庋藏经史图籍,又筑万卷楼,藏书多宋本。世懋孙瑞国,字子彦,新葺万卷楼,列柜十四,书数千帙,分为四部,并有家集、法书名帖。

常熟赵用贤、赵琦美父子脉望馆藏书十分著名

赵用贤(1535—1596),字汝师,号定宇。常熟人,居虞山镇南赵弄。隆庆五年(1571)三甲进士,授检讨。因论张居正夺情,与吴中行同受杖戍。居正殁,起官至吏部左侍郎。谥文毅。用贤强学好问,老而弥笃,午夜摊书夹案。文章博正详赡,名入"续五子""末五子"。爱书成癖,设脉望馆,为藏书虞山派藏书者之藏书,购藏极富,有二千余种,上万册。著《松石斋集》《三吴文献志》《赵定宇书目》等。

赵琦美(1563—1624),原名开美,字玄度、元度、如白,号清常道人。用贤长子。以荫官至刑部郎中。琦美天性颖发,博闻强记,落笔数千言。继承父亲嗜书成性,网罗古今载籍,捐衣削食,假借缮写,临老发无书之叹,非无书,是挂一漏万之意。编《脉望馆书目》,有五千余种。收藏手校本古今杂剧242种,最为人所羡称。郑振铎寻访10年,于1938年艰难筹款,以九千金购归国藏,特记狂道。[1]

用贤父子好积古书,价值二万金。琦美身故,钱谦益得其48橱古书归家。

用贤父承谦(1487—1568),嘉靖十七年(1538)三甲进士,有藏书。琦美弟际美,也有藏书。一门三世四人都是藏书世家。

常熟钱氏藏书世家

钱谦益(1582—1664),字受之,号牧斋,常熟人。万历三十八年(1610)探花,授编修,充浙江乡试主考。天启五年(1625)因列名"东林党",罢官归里。崇祯初擢礼部侍郎,坐事削籍归。福王时任礼部尚书。清兵南下,率先在南京出降,任清廷礼部右侍郎管秘书院事,充修《明史》副总裁,成为贰臣,任职仅6个月,告病归。一度系狱,释后归里家居,以藏书、读书、著述为事。他一生四分之三时间在明朝度过,学问渊博,声华煊赫,是明末清初著名文学家、史学家、文坛领袖。有《初学集》《有学集》《绛云楼书目》《绛云楼题跋》等。今有钱仲联标校《钱牧斋全集》出版。

谦益嗜书成癖,广交文人学士,费心访书、借读和传抄图书,不惜重金购书,藏书极富。他以1 200金从黄尚宝手中购得王世贞曾藏的宋版两《汉书》,并高

---

[1] 郑振铎:《劫中得书记》附录《跋脉望馆抄校本古今杂剧》,上海古籍出版社2006年,第126—196页。

价补全《后汉书》所缺两本。主要收购刘子威(凤)、钱功甫(允治)、杨五川(仪)、赵汝师(用贤)四家藏书大家之书,老屋三间,藏书充栋,多宋元旧本、名人墨迹、鼎彝古器之属,不可名记。中年构拂水山房、耦耕堂。晚年移置绛云楼,并重新整理,分类上架,大椟有73只。清顺治七年(1650)十月初,其幼女中夜与乳媪嬉于楼上,剪烛炧落纸堆,楼与书俱化灰烬,成为江左书史图籍之一小劫。从此,他归心空门,转注佛经,禅林推为该博。劫后余书尽赠其族曾孙钱曾。谦益是藏书虞山派读书者之藏书的代表,有"钱印谦益""牧翁""牧斋"等藏书印。

钱裔肃(1587—1646),字嗣美。谦益从孙。万历四十三年(1615)举人。好聚书,收藏宋刻善本《东都事略》。谦益起初一直不知,后又不相信,等亲见后大为惊叹。

钱曾(1629—1701),字遵王。裔肃子。17岁继承父亲藏书,后帮谦益收集、整理、校勘书籍,并得其烬后余书。一生未仕,广交藏书家、学人,倾其家资,专爱藏书,有述古堂、也是园、莪匪楼藏书室。编《也是园书目》,为收藏目录,仅记书名和卷数,著录3 800余种;《述古堂书目》,兼记册数及版本,著录2 295种;《读书敏求记》,著录634种,是其善本书目与藏书精华,堪称中国版本目录学上的名著,传有朱彝尊计赚得抄本传世的佳话。遵王藏书生前已拆售他人,卒后不久,全部散亡。有藏书印"彭城世家""钱遵王藏书""述古堂藏书记""钱后人"等。因藏宋刊婺本《尚书》,刻"传家一卷帝王书"印。

常熟钱氏以诗书传家,钱谦益、钱曾为明末清初藏书巨擘、版本目录学名家。钱孙保、钱谦贞、钱裔肃、钱兴祖等都有书籍珍藏。

明代藏书家抄书成风,或自抄,或雇抄,以便广聚图书,扩大珍本流传,并且是勤奋读书的一种方法,出现许多精抄本,为后世珍藏,为藏书事业贡献很大。叶德辉《书林清话》列举明代抄本"最为藏书家所秘宝"的有几十家,很多出自苏州。如昆山叶盛赐书楼叶抄;长洲吴宽丛书堂吴抄、文徵明玉兰堂文抄;吴县沈与文野竹斋沈抄;常熟杨仪七桧山房、万卷楼杨抄,秦四麟致爽阁、又玄斋秦抄,冯复京与三子即冯舒、冯班、冯知十,知十子冯武,一门父子兄弟,多藏书,嗜抄书,成为冯抄,钱谦益绛云楼、钱曾述古堂、钱谦贞竹深堂钱抄,毛晋汲古阁毛抄等,十分精到。还有吴县柳佥、钱穀钱允治父子、吴岫、金俊明金侃父子,常熟赵琦美,昆山叶国华等,抄书也很著名。[1]

---

[1] 详见叶德辉:《书林清话》卷10《明以来之抄本》,辽宁教育出版社1998年,第226—234页。参见范凤书:《中国私家藏书史》,大象出版社2001年,第235—242页。

二、刻 书

明代刻书继承前代的良好基础,在地域和质量上有所变化。"凡刻之地有三:吴也,越也,闽也。蜀本,宋最称善,近世甚希。燕、粤、秦、楚,今皆有刻,类自可观,而不若三方之盛。其精,吴为最。其多,闽为最。越皆次之。其直重,吴为最。其直轻,闽为最。越皆次之。"从明中期起,刻书逐渐兴盛。吴地以刻书最精闻名天下,苏州是其核心地区。如前所述:"吴会、金陵擅名文献,刻本至多,巨帙类书咸会萃焉。"全国书商向这两地贩运多达70%的典籍,连绵不绝,提供书源,自己能谋取大额利润,同时促使苏州、南京藏书丰富,刻书名声响亮,所刻书籍又被运销天下,成为图书生产与输出之地,带动本地学习、科举与文化研究的开展,文风丕振,推动外方教育与文化的发展。

胡应麟关注明代刻书业,概括刻书从宋到明的变化说:"叶(梦得)又云,天下印书以杭为上,蜀次之,闽最下。余所见当今刻本,苏、常为上,金陵次之,杭又次之,近湖(州)刻、歙(县)刻骤精,遂与苏、常争价。蜀本行世甚寡,闽本最下。诸方与宋世同。(叶以闽本多用柔木,故易就而不精。今杭本雕刻时义亦用白杨木,他方或以乌桕板,皆易就之故也。)"[1]明代天下刻书地位,苏州逐渐排名第一,超越杭州,成为吴刻吴本佳椠,原来质量高低的保障与选用雕版的材料硬软、投入成本的大小极有关系。

从刊刻者的身份上分,明代一般有官府、学校(书院)、寺观、书坊、私家刻书几类。私家家刻有官员、文人、布衣。

明代刻书,缪咏禾估计大约有3.5万种;出书单位,他据杜信孚《明代版刻综录》统计,共5 257家,汰去重复378家,得到官刻(中央与省州县、书院、县学、藩王)227家,私刻4 652家。私刻之中,书坊409家占到8.8%,其余4 243家均是家刻,占到91.2%。加上即使只刻印一种地方志的府州县,则公私刻书单位近6 000个。明代今江苏省范围刻书,据《江苏刻书》,共有657个刻书单位,其中官刻72家,坊刻92家占到全国的22.5%,家刻493家占到全国的11.6%,三者都很繁荣,尤其坊刻图书成为商业行业是最为发达的。明代坊刻集中在金陵、北

---

[1] 上引分见胡应麟:《少室山房笔丛》卷四《经籍会通四》,《景印文渊阁四库全书》886,台湾商务印书馆1986年,第208、208、210页。常,指常州府,主要指无锡县的刻书。

京、建阳、苏州、湖州等地。[1]

明代苏州刻书,我们据《江苏刻书》记载统计得知,官刻有9家:苏州府、府学,吴县、长洲、昆山、常熟、吴江县,吴江县学,太仓州;坊刻有金阊书林等40家,占到同期江苏92家的43.5%、全国409家的9.8%;私刻220家(人),占到同期江苏493家的44.6%、全国4 243家的5.2%,分别为冠名吴郡、苏州的11家,吴县59家,长洲28家,常熟63家,昆山22家,吴江21家,太仓16家。明代苏州坊刻、家刻图书在江苏的比重都近四成半,在全国分别为10%、5%。[2]而官刻图书,在明代刻书繁盛的万历朝之前,据周弘祖《古今书刻》,苏州府就达177种,位居全国府级单位刻书之首,远超于其下扬州府75种,吉安府46种,常州府45种,临江府40种。[3]

胡应麟重点指出明代北京、杭州、南京、苏州书肆的情况。苏州书肆林立,书籍流通方便。"凡姑苏书肆多在阊门内外及吴县前。书多精整,然率其地梓也。"[4]这些书肆往往也是刻书的书坊,从正德、嘉靖、万历年间到明末最盛。刻工数百名,涌现一批刻书高手与名家。

明代苏州刻书的特点是,质量精良,信誉满天下,官刻地方志,如王鏊的府志,成为名著;家刻的高学术质量,追求保持宋版面貌,如袁褧刻《六家文选注》、龚雷刻《鲍注国策》、金李刻《国语》、王本《史记》;坊刻的迎合市场与大众图书需求,出版科举、医药、童蒙、通俗类书、戏剧、小说等畅销书,特别是文人与书商联合,设计出版大量通俗小说名著传世,如"三言""二拍"等"拟话本"新体裁,而且相对染上出版陋习要少些。[5]

私家刻书最值得注意。明中期起,私刻繁盛,数量大,技术高,质量好。正德、嘉靖年间,率先由私刻翻宋、仿宋刻书,扩大到官刻、坊刻一起跟风,并从苏州推向全国。明代苏州出现一批刻书名家,刊刻不少精品。

---

[1] 缪咏禾:《明代出版史稿》,江苏人民出版社2000年,第17—43、48—63、76页;并参见杜信孚纂辑:《明代版刻综录》(8册),江苏广陵古籍刻印社1983年;杜信孚、杜同书:《全明分省分县刻书考》(10册),线装书局2001年。

[2] 江澄波、杜信孚、杜永康编著:《江苏刻书》,江苏人民出版社1993年。叶德辉《书林清话》卷五《明人私刻坊刻书》,又列举书院、精舍、书堂精刻书,其中有《江苏刻书》未载的苏州刻书,如海虞三槐堂等(辽宁教育出版社1998年,第106—119页)。缪咏禾统计明代苏州刻书单位,家刻,在《江苏刻书》为210家;坊刻,经补充其他资料后,得到67家,都有具体名称,则在江苏和全国所占比重更大。见其《明代出版史稿》,江苏人民出版社2000年,第76—78页。

[3] 缪咏禾:《明代出版史稿》,江苏人民出版社2000年,第76页。

[4] 胡应麟:《少室山房笔丛》卷四《经籍会通四》,《景印文渊阁四库全书》886,台湾商务印书馆1986年,第208页。

[5] 缪咏禾:《明代出版史稿》,江苏人民出版社2000年,第78—80页。

叶德辉曾论明人家刻之精品,向来为收藏家珍赏者,在苏州有吴郡沈与文野竹斋、昆山叶氏菉竹堂、王廷喆恩褒四世之堂、吴郡金李泽远堂、吴门龚雷(嘉靖七年刻鲍彪校注《战国策》10卷等)、吴郡袁褧嘉趣堂、顾春世德堂(嘉靖十二年刻《六子全书》等)、苏献可通津草堂(嘉靖三十八年刻《论衡》30卷,《韩诗外传》10卷)、东吴郭云鹏济美堂(嘉靖二十二年刻《分类补注李太白诗集》30卷,《河东先生集》45卷等)、俞宪鹝鸣馆(嘉靖二十七年刻《西溪丛语》3卷)、东吴徐氏(嘉靖仿宋刻《仪礼注》17卷)、东吴徐时泰东雅堂(刻《韩昌黎集》40卷,《外集》10卷等)、吴郡杜诗(刻鲍彪校注《战国策》10卷)、元和吴元恭(刻《尔雅注》3卷)。[1] 明后期,苏州私刻愈加繁荣,陈仁锡、毛晋等刻书家的刻本都很著名。

一些藏书家既好抄书,又好刻书,用以增加自己藏书,后者并可用于赠送、出售、交流。他们往往是学者、藏书家、私人刻书家三位一体,把刻书当作一种高尚的文化事业,愿意孜孜不倦,奉献毕生心血。他们多据精心收藏的典籍善本,校刊斠酌,刻出许多精品,从而将唐、五代以来的私家刻书从数量和质量上都推向了高峰。苏州以其藏书家之多,藏书之善,参与刻书之精,具有极高的文献学、版本学价值,对我国刻书和文化事业贡献很大。其中有些突出的刻书业绩脍炙人口,为文化添彩,芬芳长留天地之间。

吴县沈与文野竹斋、繁露堂刻书

沈与文,字辨之,号姑馀山人、野竹居士,吴县人。喜欢抄书、藏书。遇异本,辄手自抄录。抄本格阑外有"吴县野竹斋沈辨之制"。传世抄本有《山水纯全集》等。家在杉渎桥(今三多巷),有野竹斋、繁露堂,搜罗图书甚富。藏书印有"吴门世家""沈与文印""野竹斋藏书""野竹家沈辨之印"等。

沈与文野竹斋刻书精致,以至于被误认为是元刻。有嘉靖刻《韩诗外传》10卷、《画鉴》1卷,嘉靖元年(1522)刻《西京杂记》6卷,嘉靖三年刻明何景明《何氏集》26卷。也有标其藏书处繁露堂作刻书处的,如嘉靖刻《钟嵘诗品》2卷,明顾璘《近言》1卷。

吴县王鏊子王延喆恩褒四世之堂刻书

王延喆(1483—1541),字子贞,号林屋山人,吴县人。王鏊长子,以父荫入官,由中书舍人任大理寺右寺副,兖州府推官,谢病归。他是刻书家,又是藏书家。

其父王鏊就有藏书。曾藏宋版《玉台新咏》4册,上有钤印"御题文学侍从"

---

[1] 叶德辉:《书林清话》卷五《明人刻书之精品》,辽宁教育出版社1998年,第101—106页。

"济之"。至少传到重孙王禹声手里,上有王禹声藏书印。[1]其他书有"王济之图书""三槐堂""震泽世家"等印。并刻《大唐六典注》30卷等。

延喆筑"恩褒四世之堂",多藏善本,精于校书,翻刻家藏秘本宋椠,刻书极精。嘉靖四年(1525)十二月至六年三月,他鸠集善工,摹刻精校宋刊黄善夫本《史记集解索隐正义》130卷,极为精良,以至于被误认为宋版,传为书林佳话。[2]序后有"震泽王氏刻于恩褒四世之堂"12字隶书,双行牌记。扉页有"震泽王氏刻梓"6字。书被叶德辉列为明人刻书精品,惠及后世。嘉靖五年,他刻王铨《本草单方》8卷。还刊刻《性理大全书》、王鏊《王文恪公集》等,世称"颜乐堂藏本"。

长洲顾元庆阳山顾氏文房刻书

顾元庆(1487—1565),字大有,长洲黄埭人。庠生。家居顾家青山,在城西阳山大石之左,故称大石山房,人称他大石先生。元庆兄弟理财治产,他却以图书自娱,从经史到丛说,多有搜集。藏书万卷于夷白堂,有"吴郡顾元庆珍藏印""大有"等藏书印。著《瘗鹤铭考》《山房清事》《云林遗事》《夷白斋诗话》《十友图赞》等10多种。

嘉靖时,他编辑刊刻所藏善本,有《阳山顾氏文房小说》40种58卷,《顾氏文房丛刻》(即《顾氏明朝四十家小说》或《梓吴》)40种43卷等。叶德辉认为顾元庆《顾氏文房小说》是明刻丛书中刻得最精的。

吴县袁褧嘉趣堂刻书

袁褧(1495—1573),字尚之,吴县人。在石湖旁筑谢湖草堂,故号谢湖居士、石湖漫士。诸生。工诗文,善画。家世藏书百年,石磐斋、两庚草堂藏书丰富。藏书印有"袁尚之氏""谢湖""石湖漫士"等。著《田舍集》《奉天刑赏录》《游都三稿》等。

袁褧又能校雠刊刻,以嘉趣堂、两庚草堂为名。刻书被叶德辉列为明人刻书之精品,惠及后世。有影刻宋本《大戴礼记注》13卷、《世说新语注》3卷、《楚辞集注》《夏小正戴氏传》《国宝新编》《金声玉振集》53种60卷等。

尤其是仿宋本《六臣文选注》60卷。因其家有宋刻本《昭明文选》,有五臣、六臣、李善本、巾箱本、白宋小字、大字等数十种。注释本以六臣为优,从嘉靖甲午(十三年,1534)到己酉(二十八年,1549),计16年刊完,用费浩繁,梓人难集,

---

[1] 于敏中等撰:《天禄琳琅书目》卷三《宋版集部》,徐德明标点,上海古籍出版社2007年,第87—88页。

[2] 事详王士禛:《池北偶谈》卷二十二《王延喆》,中华书局1982年,第526页。这个事实被夸张了。

署"吴郡汝南袁生褧题于嘉趣堂"。

昆山叶氏菉竹堂刻书

叶恭焕完成叶盛遗愿,建成菉竹堂藏书楼。又于隆庆五年(1571)刻《云仙杂记》10卷,卷十后有"玉峰叶氏菉竹堂中绣梓"牌记。隆庆六年刻《清异录》2卷。

常熟毛晋父子与汲古阁刻书在明代最为杰出

毛晋(1599—1659),原名凤苞,字子久,一作子九,后改名毛晋,字子晋,号潜在、隐湖等。世居常熟虞山东湖七星桥。家中富有,有数千亩田产。父毛清,孝弟力田,有干识,为乡三老。

毛晋以诸生在南京参加乡试不利,回家读书。曾从钱谦益游,通明好古,强记博览。性喜藏书,不惜重金广收珍善古籍,立榜于门:"有以宋椠本至者,门内主人计叶酬钱,每叶出二百;有以旧抄本至者,每叶出四十;有以时下善本至者,别家出一千,主人出一千二百。"于是,湖州书舶云集毛门。邑中谚称:"三百六十行生意,不如鬻书于毛氏。"藏书8.4万余册,且多宋元刻本,构建汲古阁、目耕楼庋藏。同时,毛晋抄书既勤又多,影宋毛抄,十分精致;人品亦好,肯行乡里善事,故有"行野田夫皆谢赈,入门童仆尽抄书"之称,也丰富了藏书。

毛晋精心校刊雕刻善本古籍,使汲古阁善本天下风行,是藏书虞山派售书者之藏书的样板,学者型的出版家,明代最大的藏书家、刻书家。他著作极丰,有和古、今人、友人诗,《隐湖题跋》《隐湖小志》《虞乡杂记》《毛诗名物考》《汲古阁校刻书目》等数百卷。

毛晋为人豪爽慷慨,将读尽世间好书,交尽世间好人,看尽世间好山水,作为平生三大愿。他仰慕唐寅,编录《明诗纪事》《海虞古今文苑》时,特录唐寅生前诗文轶事,留存珍贵文化文献,并认同"千载下读伯虎之文者皆其友",是朋友身份,于崇祯十七年(1644)"欣然"解囊,独任重修横塘唐寅祠墓。[1]

毛晋有五子:襄(约1612—约1642)、褒(约1631—1677)、衮(约1633—1652)、表(1638—1700)、扆(1640—1713)。长子、三子早卒,其余三子继承父业,藏书,刻书,尤其以毛扆为突出。毛扆字斧季,号省庵。精于小学,尤耽校雠,喜随父志,从事汲古阁藏书刻书事业。毛晋、毛扆等父子二代从事汲书阁刻书出版活动,从明天启到清康熙年间。毛扆晚年家道衰落,为售书给吴江潘耒,编《汲古阁珍藏秘本书目》1卷481种,其中宋元刻本抄本112种,明刊明抄本369种。

---

〔1〕周道振、张月尊辑校:《唐伯虎全集》附录三《轶事》,中国美术学院出版社2002年,第588页。

到乾隆年间毛晋孙子辈之后[1],汲古阁才破败。

毛氏藏书印在宋元本上极多,精刊本有"宋本""元本"椭圆式印,并以"甲"字印钤于卷首。另有"汲古阁""毛晋之印""毛氏子晋""东吴毛晋""毛氏藏书""毛晋秘箧审定真迹""汲古阁世宝""在在处处有神物护持""毛扆之印"等。毛晋去世后,毛氏汲古阁藏书分由其三子继承,20年内,大约到康熙十八年(1679),散为云烟。有些书在清初与潘耒议价未成,先归季振宜,再被转让给徐乾学传是楼。

毛晋不仅收藏大量宋元版等书,还雇人抄录大量图书,成明代精抄的毛抄,至少抄有447种。其中将稀少的宋本书选善手以佳纸墨影抄,与宋刊本无异,称毛氏影宋抄,最为著名。版心有"汲古阁"3字,有的抄本格阑外有"毛氏正本汲古阁藏"8字。可分"宋版影抄""宋版精抄""影宋精抄""宋本精抄""宋版影写"。有《李鼎祚易解》10本、《系辞精义》2本、《礼记集说》42本、《五经文字》3本、《九经字样》1本、《唐明皇御注孝经》1本、《皇宋书录》1本、《国语》5本一套、《张状元孟子传》8本、《十六国春秋》20本二套等书。这种做法被时人争相仿效,不少宋版不存之书赖以传之不朽。

毛晋从15岁开始,到58岁,一生缩衣节食,遑遑然以刊书为急务,家有印书作,长年聚印匠20人,刷印经籍。有《十三经注疏》、五经、十七史、《津逮秘书》《汉魏六朝百三家集》《唐宋元人诗文集》《六十种曲》及乡邦文献等汲古阁刻书,自成系列;重视选择底本,重视校勘,并写成题跋;至少刻书602种,110 879张版片,七八千万字。版式上,早期有"绿君亭"字样,后有"汲古阁"3个大字,"毛氏正本"小方印字样。

为重镌十三经、十七史,毛晋耗尽其家产和个人人生岁月。从崇祯改元开始,每岁订正经史各一部,付与刊刻,13年如一日,使十三经崭新插架,却资斧告竭,只得依靠亟弃负郭田300亩来补充。直到崇祯十七年,十七史连床架屋刻成,所耗费用比起已刻全经又倍蓰,远远不止十年之田可以补偿的,却践行了似乎是他个人必须完成的刻书传播正版正史的使命。清人董潮认为,明末清初的常熟毛晋同元末明初的昆山顾瑛一样,都是善于理财经商的好手,而前者"好事",后者"风雅",实在难得:"此二君者皆擅陶朱之术,一时行事俱堪千古。不

---

[1] 叶瑞宝主编:《苏州藏书史》,江苏古籍出版社2001年,第256—261页,记载常熟毛氏藏书家,自毛晋起的祖孙三代7人,另有毛晋从子的六世孙毛华(1842—1911),还有常熟毛琛(1733—1809)。

然,遭逢世变,安知不为象齿之焚身耶?"[1]

从天启丁卯(1627)后的30年,毛晋所刻卷帙纵横,丹黄纷杂,夏不知暑,冬不知寒,昼不知出户,夜不知掩扉,直到头颅如雪,目睛如雾,尚且矻矻不休。[2]

毛晋在明代藏书家中刻书最多,在明末清初影响极大。天下购买善本书,必望毛氏之书。连西南丽江木氏土司,也专门派人前来求购。的确,汲古之书走天下。汲古阁特地从江西定制价格低廉的刻书用纸,薄的称"毛泰(太)",厚的为"毛边",后世沿用此名。[3]

汲古阁书版大约在毛晋逝世之后20年内星散于苏州、常熟、嘉定、无锡、扬州、杭州、山东诸家,仍被用来印刷书籍,如十三经、十七史等。[4]

毛晋以购书、藏书、抄书、校书、刻书为事业,兢兢业业,得到母亲和妻子的鼎力支持[5],父子相继,以私人之家为我国文化积累和传播做出了杰出贡献。[6]

第六节　广泛活跃的民间收藏活动

一、收藏盛况[7]

黄省曾指出,明代苏州收藏之风源于元末明初昆山顾阿瑛(顾瑛),有商品经济和文化喜好的作用。

> 自顾阿瑛好蓄玩器、书画,亦南渡遗风也,至今吴俗权豪家好聚三

---

[1] 董潮:《东皋杂抄》卷一,《丛书集成初编》,商务印书馆1936年,第4页。参见杨镰:《顾瑛与玉山雅集》,载顾瑛辑:《玉山名胜集》卷首,杨镰、叶爱欣整理,中华书局2008年,第10页。
[2] 详见曹之:《毛晋考》,载蔡焜主编:《常熟藏书家藏书楼研究》,上海文化出版社2002年,第107—159页;缪咏禾:《明代出版史稿》第五章"毛晋汲古阁的出版事业",江苏人民出版社2000年,第111—132页。
[3] 一说始于明司礼监造纸有"毛边",见瞿冕良编著:《中国古籍版刻辞典》(增订本),苏州大学出版社2009年,第95页,引《中国雕版源流考》为证。
[4] 荥阳梅道人(郑德懋)辑:《汲古阁刻板存亡考》,载《宋元明清书目题跋丛刊》六,明代卷第三册,中华书局2006年,第236—237页。
[5] 毛文鳌:《毛晋汲古阁藏刻书兴盛缘由新探》,《常熟理工学院学报》2009年第1期。
[6] 以上刻书家参见范凤书:《中国私家藏书史》,大象出版社2001年,第242—250页。苏州明代刻书中家刻的详情可参见江澄波、杜信孚、杜永康编著:《江苏刻书》,江苏人民出版社1993年,第53—227页。
[7] 本目内容和观点参见沈振辉:《明代苏州地区收藏家述略》,《苏州大学学报》1999年第1期;《明代民间收藏品市场和藏品买卖》,《学术月刊》1999年第4期。有关差异之处由本书笔者负责。藏书则另见本书相关章节。

代铜器、唐宋玉、窑器、书画,至有发掘古墓而求者。若陆完神品画累至千卷,王延喆三代铜器万件,数倍于《宣和博古图》所载。[1]

从成化至崇祯,随着社会商品经济发展、文化发达、人才勃兴以及士大夫科举阶层形成与壮大、文化艺术市场兴盛,作为传统经济和文化活动的民间收藏事业逐步恢复发展起来,成为宋元以后的一个新高峰。而且,全国收藏中心转移到江南,苏州的收藏更是引领全国收藏方向,并以其收藏家数量多、赏鉴家多、收藏水平和品位高,令全国其他地区无法匹敌,促进收藏成风、藏品市场兴旺,移易着社会经济文化风貌,成为既是社会经济现象,更是文化现象中不可忽视的内容。

苏州收藏成风还与当时本地工艺品制作的高超精致足以成为藏品密切相关,甚至工艺品可用作行贿的珍藏品;官员勒索,成为害民弊政。

> 自吴民刘永晖氏精造文具,自此吴人争奇斗巧以治文具。行赂者乃赠郡县,故郡县宦此者争索文具于民,若长州(洲)郭、田二令相继挟千副以往,至今为民害未已云。[2]

钱谦益也讲:"景(泰)、天(顺)以后,俊民秀才汲古多藏。继杜东原(琼)、邢蠹斋(量)之后者,则性甫(存理)、尧民(凯)两朱先生其尤也。其他则又有邢量用文[3]、钱同爱孔周、阎起山秀卿、戴冠章甫、赵同鲁与哲之流,皆专勤绩学,与沈启南(周)、文徵仲(徵明)诸公相颉颃,吴中文献于斯为盛。"[4]他们主要活动在弘治、正德、嘉靖年间。

沈德符记述嘉靖、万历时期全国收藏大家,其中苏州就有常熟吴文恪(讷)的后代、长洲韩世能、太仓王弇州(世贞、世懋)兄弟。

> 嘉靖末年,海内宴安,士大夫富厚者以治园亭、教歌舞之隙,间及古玩。如吴中吴文恪之孙、溧阳史尚宝之子皆世藏珍秘,不假外索……今上(万历)初年,张江陵当国,亦有此嗜,但所入之途稍狭,而所收精好。盖人畏其焰,无敢欺之,亦不旋踵归大内、散人间。时韩太史(世能)在

---

[1] 黄省曾:《吴风录》,《丛书集成新编》第91册,台湾新文丰出版公司1985年,第209页。这段话也被陈继儒引用(见其《妮古录》卷四,《四库全书存目丛书》子部118,齐鲁书社1995年,第683页),却无"万件"二字。但这段话在万历《长洲县志》卷1《风俗》(《中国史学丛书三编》,台湾学生书局1987年,第54—55页)中经过改写,语义已变。

[2] 黄省曾:《吴风录》,《丛书集成新编》第91册,台湾新文丰出版公司1985年,第210页。

[3] 邢量字用理、用礼,号蠹斋,平生不娶,有《蠹斋集》。邢孟字丽文,为邢量孙辈。均住葑门。参见叶瑞宝主编:《苏州藏书史》,江苏古籍出版社2001年,第162—163、175—176页。

[4] 钱谦益:《列朝诗集小传》丙集《朱处士存理》,上海古籍出版社1983年,第303页。

京,颇以廉直收之;吾郡项氏以高价钩之,间及王弇州兄弟,而吴越间浮慕者皆起而称大赏鉴矣。[1]

张应文《清秘藏》"叙赏鉴家",列明代30人,苏州为22人,占73.33%,还不到明末,即有吴县徐有贞、都穆、王鏊及其两子延喆延陵、王宠、黄姬水,长洲李应祯、沈周、吴宽、祝允明、陆完、陈鉴、朱存理、文徵明及其子文彭文嘉、陈淳,吴江史鉴,太仓王世贞、王世懋,原籍常熟迁居吴县的徐祯卿。

明代民间藏品种类很多。曹昭《格古要论》分15项:古琴、古墨迹、金石遗文、古画、珍宝、古铜器、古砚、异石、古窑器、古漆器、锦绮、异木、竹、文房、古今诰敕题跋。《清秘藏》分:玉、古铜器、法书、名画、石刻、窑器、晋汉印章、砚、异石、珠宝、琴剑、名香、水晶玛瑙琥珀、墨、纸、宋刻书册、宋绣刻丝、雕刻古纸绢素。在明中后期,"近当代"书画,明代生产的永乐漆器,宣德铜炉,永乐、宣德、成化窑器,以及紫砂器、折叠扇、蟋蟀盆、紫檀红木器等,也被列入藏品,称"时玩"。[2]苏州明代收藏家的藏品应包括这些种类。

明人记载苏州藏家的藏品可分泛泛而言及具体记录两种。前者"若陆完,神品画累至千卷;王延喆,三代铜器数倍于《宣和博古图》所载"[3]。王穉登说,昆山张应文家,"图书满床,鼎彝镦缶杂然并陈。余往入其室,政如波斯胡肆,奇琛异宝莫可名状"[4]。钱谦益记述,"吴岫方山,非通人也,聚书逾万卷。钱榖叔宝,画史也,与其子允治手抄书至数千卷。"[5]

部分明代苏州收藏家的具体藏品,如汪砢玉《珊瑚网》记,沈周藏有五代胡环《番骑图》卷,宋郭忠恕《雪霁江行图》卷、李公麟《女孝经图》卷、宋人摹五代周文矩《宫中图》卷、元赵孟頫《临伏生授经图》白描卷,以及苏舜钦、蔡襄、苏轼、苏辙、黄庭坚、米芾等墨宝。张丑《南阳书画表》记韩世能藏魏晋以来名家法书72件,名画95幅册,其中有钟繇《摹钟鼎篆正考父鼎铭》,上有唐宋四帝的真迹跋语,宋龙凤锦绣装褫,被誉为"魏汉遗墨之冠"。严嵩被抄没后流出的不少字画被他购藏,如顾恺之《清夜游西园图》、展子虔《春游图》、阎立本《职贡图》、王维《辋川图》、李思训《海天落照图》、王洽泼墨山水《唐人捕鱼图》、荆浩《古松图》、

---

[1] 沈德符:《万历野获编》卷二十六《玩具·好事家》,中华书局1959年,第654页。《续修四库全书》1174,上海古籍出版社2002年,收道光刻本《野获编》,第599页也作"吴中吴文恪之孙"。明代吴中吴文恪只有常熟吴讷。王鏊为王文恪。二文恪容易混淆。

[2] 沈德符:《万历野获编》卷二十六《玩具·时玩》,中华书局1959年,第653页。

[3] 陈继儒:《妮古录》卷四,《四库全书存目丛书》子部118,齐鲁书社1995年,第683页。

[4] 张应文:《清秘藏》王穉登序,《景印文渊阁四库全书》872,台湾商务印书馆1986年,第2页。

[5] 钱谦益:《列朝诗集小传》丙集《朱处士存理》,上海古籍出版社1983年,第303页。

顾闳中《韩熙载夜宴图》、李成《寒林平野图》、张择端《清明上河图》、李公麟《便桥受降图》等。他还藏张僧繇《五星二十八宿真形图》、阎立本《西旅贡獒图》、吴道子《送子天王图》等名画，世所罕见，"轴轴连城"。

许多藏书家也收藏其他物品，如钱谦益绛云楼，还藏有很多珍玩、书画。"旁龛金石文字、宋刻书数万卷，列三代、秦、汉尊彝环璧之属，晋、唐、宋、元以来法书名画，官、哥、定州、宣成之瓷，端溪、灵璧、大理之石，宣德之铜，果园厂之髹器，充牣其间。"〔1〕

在众多藏品中，收藏家最容易收藏，也是收藏最多，又最重视的是书画、书籍。如王世贞建藏室多处，小酉馆收藏普通书籍3万余卷，尔雅楼专藏宋椠元刊及法书名画，藏经楼收藏佛道二典，九友斋专藏宋本前后《汉书》。其他苏州藏书家以一二处藏书室著名，主要藏书，也兼藏别物。

明代苏州收藏家富有特色，至少有以下三个特征：

第一，主要集中分布在府城及附郭县，相互之间多有家传、师承、世谊、姻娅特殊关系，经常往来，活动圈相对稳定，是一组独特的文化人群。

第二，收藏家与书画家结缘，大多喜好书画艺术，有的本人就是书画艺术家，如沈周、祝允明、唐寅、徐祯卿、文徵明、文彭、文嘉、文伯仁、陈淳、王宠、钱穀、陆师道、陆治等，都是书法家或画家兼收藏家。他们重视书画，使书画在藏品中的地位显著升高。"赏鉴家以古法书名画真迹为第一，石刻次之，三代之鼎彝尊罍又次之，汉玉杯玦之类又次之，宋之玉器又次之，窑之柴、汝、官、哥、定及明之宣窑、成化窑又次之，永乐窑、嘉靖窑又次之。"〔2〕而且提高了"近世"或"当代"书画价格，书画家因此能用出售书画的收入来养收藏，丰富自己的藏品。此外，他们较强的藏品鉴赏能力使书画藏品质量很高，也是苏州赏鉴家人数多、名气大、影响广的一个原因。

第三，收藏家包括缙绅、青衿、处士三类人物，但主要是文人士大夫。如兵部尚书、华盖殿大学士徐有贞，礼部左侍郎叶盛，太仆少卿李应祯，礼部尚书吴宽，户部尚书、文渊阁大学士王鏊，太仆少卿都穆，吏部尚书陆完，礼部左侍郎韩世能，南京刑部尚书王世贞，太常少卿王世懋，礼部尚书钱谦益，刑部郎中赵琦美，尚宝少卿陆师道等。他们由功名出仕，享有政治和赋役特权，收入高，生活一般比较优裕，文化水准也高，有条件从事收藏。青衿、处士中也不乏家庭经济条件

---

〔1〕 叶昌炽：《藏书纪事诗（附补正）》引顾苓《河东君传》，上海古籍出版社1999年，第341页。
〔2〕 顾起元：《客座赘语》卷八《赏鉴》，谭棣华等点校，中华书局1987年，第251页。

优厚、文化水平极高的收藏赏鉴家,如沈周、史鉴等,但多数是节衣缩食,个人喜好,表明收藏不仅是富贵人家的闲暇娱乐,也是文人的自觉活动和社会风尚。

二、鉴藏实录

在收藏活动普及,掀起民间化热潮之时,大批鉴藏经验心得被记录下来,得以传播,又指导收藏活动,使其水平得以提高。两者良性循环,推进收藏活动持续发展。并且,以苏州为中心的收藏理论与实践指导圈得以形成。此处主要以书画鉴藏为例,加以说明。

朱存理(1444—1513),字性甫(父),号野航。博雅工文,终于布衣。撰《珊瑚木难》8卷,载录所见字画题跋,附录卷中世所罕睹的前人诗文。不仅见闻广博,而且资料性很强。前有文徵明、文嘉、王穉登、王腾程4人名氏,大概出于四家收藏为多。文徵明等都以赏鉴相高,所贮并多名迹。存理又工于考证,凡所题品具有根据,与真赝杂糅者不同。

存理自少至老未尝一日忘学问。人有异书必从访求,以必得为志。所纂集凡数百卷,既老不厌。坐贫无以自资,其书旋亦散去。[1]《江南通志》亦说:元季明初,中吴南园何氏、笠泽虞氏、庐山陈氏,书籍金石之富甲于海内。继其后者,存理其尤也。显然,朱存理是明中期书籍书画金石收藏鉴赏大家。

《赵氏铁网珊瑚》16卷,旧本题朱存理撰。末有万历中常熟赵琦美跋,称原从秦四麟家得《书品》《画品》各4卷,后从焦竑得一本,卷帙较多。用两本互校,增为《书品》10卷,《画品》6卷。其先后次序则由琦美鹭定,而又以他所见真迹续于后。称秦氏原本,无撰人姓名。别有跋,记作者姓名。后佚去,不复记,然非朱存理。据此,则此书是琦美得无名氏残稿所编,其稿既不出于一家,且琦美又有所增补,题朱存理撰为误。

清雍正六年(1728),年希尧曾刻此书。其跋称,别有一本14卷,传为存理原本。又世传有存理所作《珊瑚木难》8卷,所载名迹末均有自跋语,与此本体例迥异,则此书非出存理之手愈为可知。

清人认为,此书"所载书画诸跋颇足以辨析异同,考究真伪,至今赏鉴家多引据之。其书既为可采,则亦不必问其定出谁氏矣"[2]。

据今人研究,赵琦美合秦抄本及焦抄本后加以增录,做了全局性的辑录工

---

[1] 朱彝尊:《静志居诗话》卷八《朱存理》,人民文学出版社1990年,第208页。
[2] 均见永瑢等纂:《四库全书总目》卷一一三,子部23,艺术类二,中华书局1965年影印本,第963页。

作。综合《珊瑚》二书的内容及四库馆臣的判断,《珊瑚木难》与《铁网珊瑚》二书存在整段文字的完全相似。据此判断,也许二者一开始有共同渊源。赵琦美的增补及体例上的调整使书多少具有从量变到质变的意味。不过,《铁网珊瑚》一书,朱存理、赵琦美两者孰占比重大,从目前的文献来看,很难做出精确判断。[1]

都穆撰《寓意编》1卷,记所见书画名迹。他家自高祖以来好蓄名画,往往为好事者所得,亦不留意。所载如颜真卿《争座位帖》、薛尚功《钟鼎款识帖》等亦足资考核。

《寓意编》载于陈继儒《秘籍》中的仅有一卷,而世间刻本别有都穆《铁网珊瑚》20卷,出于伪托。只有其中的卷5《寓意上》,才是陈继儒《秘籍》中那一卷,为真。[2]《都氏铁网珊瑚》与世传朱存理《铁网珊瑚》同名。然朱存理书分书品、画品二门,备录题跋印记,为张丑、郁逢庆等书所宗。

此书前四卷均是都穆为诸书序跋及书画题跋。第五、第六两卷题为《寓意上》《寓意下》,即《寓意编》。其中杂入何良俊《书画铭心录》。第七卷内鹤鹳一条,忽标"尔雅"二字为目。第九卷杂录研铭,都采自诸家文集,非亲见拓本。第十卷以下则抄伪本张抡《绍兴古器评》,十二卷以下则抄汤垕《画鉴》,十五卷后半以下则抄赵希鹄《洞天清录》,十八卷以下则抄周密《云烟过眼录》,都非自著。大概奸黠书贾杂裒成编,借都穆之名刊行。[3]

书画鉴赏以张丑称雄一代。

张丑,原名谦德,字叔益。后改名,字青父。昆山人。十几岁中秀才,后屡试举人不中,放弃科举,潜心书画、古物研究,成为书画收藏、鉴赏大家。万历四十三年(1615)得米芾《宝章待访录》墨迹,名其书室为宝米轩,自号米庵。次年,《清河书画舫》12卷成书。清河,张氏郡望。书画舫,取黄庭坚诗"米家书画船"之句。全书收录从三国至明代书画名家81人,帖49部,画115幅。时附按语,记述这些书画源流、鉴赏心得。[4]明代赏鉴家考证多疏,此编独多所订正。如考证米芾以皇祐三年辛卯(1051)生,大观元年丁亥(1107)卒,年57,纠正《宋史·米芾》卒年48岁之谬。其他诸条亦多可依据。张丑家四世收藏,对于前代卷轴所见特广。其书用张彦远《法书要录》体例,对题识印记记载亦详细。故百余年来

---

[1] 郭建平:《〈珊瑚木难〉与〈铁网珊瑚不分卷〉题跋考释——兼论二书作者归属问题》,《南京艺术学院学报》(美术与设计版)2011年第2期。
[2] 永瑢等纂:《四库全书总目》卷一一三,子部23,艺术类二,中华书局1965年影印本,第963页。
[3] 永瑢等纂:《四库全书总目》卷一三〇,子部40,杂家类存目七,中华书局1965年影印本,第1113页。
[4] 参见徐德明校点:《清河书画舫》"校点说明",上海古籍出版社2011年,第1页。

收藏之家多资以辨验真伪。只是所取书画题跋不尽出于手迹,多从诸家文集录入。亦有未见其物,但据传闻编入的。末卷附录张丑自作鉴古诗101首。[1]

《清河书画舫》成后,鉴家谓其粗可观览,多以名品卷轴见示就正。张丑因而信手笔其一二,随见随书,不复差次时代,共三集,命为《真迹日录》5卷、《二集》1卷、《三集》1卷。

凡原本所载与《清河书画舫》重复的,如初集虞永兴《破邪论》,王右军《鹘不佳帖》《破羌帖》《此事帖》《谢司马帖》,《思想帖》与又别本《思想帖》,《大道帖》与又别本《大道帖》,钟太傅《孔庙鼎铭》,曹不兴《兵符图》《桃源图》,李成《寒林平野图》,颜鲁公《书诰》及《与蔡明远帖》,陆机《平复帖》,李西台《千文》卷,赵幹《江行初雪图》,钱舜举《临陆探微金粟如来像》卷,怀素《梦游天姥吟》真迹,倪云林《溪山仙馆》小幅,王齐翰《挑耳图》,展子虔《春游图》,鲜于伯机《题董北苑山水》《题赵模本拓兰亭后》,王朋梅《金明池图》;二集刘原父墨迹《秋水篇》,黄子久山水,郭熙《溪山秋霁》卷,李泰和《梅熟帖》,褚河南小楷《西昇经》,王叔明《惠麓小隐》画卷,倪云林《跋黄子久画卷》,顾清臣书李成《读碑窠石图》、右军《鹘等帖》,孙知微《十一曜图》,巨然《赚兰亭图》;三集吴道子《天龙八部图》卷,李龙眠《郭子仪单骑见回纥图》(笔者注:此为四库馆臣改,原名《郭子仪单骑降虏图》),唐子畏《独乐园》《江山行旅》图二卷,共41条,都删去而存其目。词有详略异同,则仍并载,以资参考。[2]

张丑仿米芾《宝章待访录》例,变而为表,作《法书名画见闻表》1卷,分四格。第一格为时代,第二格为目睹,第三格为的闻,第四格则每一朝代总计其数,为会计。共155人,188帖,356图。末附顾恺之《夏禹治水图》、王羲之《行穰帖》,均注为"见"。虞世南《临张芝平复帖》、颜真卿《鹿脯帖》,均注为"闻",是表成以后续载的。张丑别有《南阳书画表》,故表首附记已见于此表者不录。又说,凡影响附会的不录。然所列目睹诸名,与所作《清河书画舫》《真迹日录》多不相应,可能此数表成于二书之前。

《清河书画表》1卷,张丑记其家累世所藏书画。张丑始祖号真关处士,已收藏书画。有黄庭坚、刘松年诸迹,已散佚无存。其高祖出沈度、沈粲之门。其曾祖亦与沈周游。其祖、父与文徵明父子为姻娅世好。因几代收藏书画,渊源有

---

[1] 永瑢等纂:《四库全书总目》卷一一三,子部23,艺术类二,中华书局1965年影印本,第965—966页。
[2] 永瑢等纂:《四库全书总目》,卷一一三,子部23,艺术类二,中华书局1965年影印本,第966页。经查核徐德明校点《清河书画舫》附《真迹日录》(上海古籍出版社2011年,第635—751页),知此数据、集数都有出入。

自,故张丑特以赏鉴闻名。此表所列,以书画时代为经,以世系为纬。第一格为其高祖元素所藏。第二格为其曾伯祖维庆、曾祖子和所藏。第三格为其祖约之、叔祖诚之所藏。第四格为其父茂实所藏。第五格为其兄以绳所藏。第六格为张丑自藏。第七格为其侄诞嘉所藏。上自晋,下迄明,计作者81人,49帖,115图。中多名迹。然据张丑自序,作表之时家事中落,已斥卖殆尽,此书特追录其名,以存念想。

张丑《南阳法书表》1卷、《南阳名画表》1卷,所列均是韩世能家收藏真迹。世能字存良,长洲人。隆庆二年(1568)二甲进士。官至礼部尚书。喜收名迹,董其昌《洛神赋跋》称为馆师韩宗伯。其子朝延,也喜欢收藏书法名画,在张丑先表法书之后,嘱托他兼表名画。南阳是韩氏郡望。《南阳法书表》作者27人,计72件,分五格。上为时代,下以正书、行押、草圣、石刻四等,各为一格。《南阳名画表》作者47人,计95图,亦分五格。上为时代,而下以道释人物为一格,山水界画为一格,花果鸟兽为一格。体例小有差别。[1]

除了书画之外,张应文撰,其子谦德润色《清秘藏》2卷,属于玩好赏鉴记录。张应文,字茂实,昆山监生。屡试不第,于是一意以古器书画自娱。张谦德后改名张丑。

《清秘藏》取倪瓒清秘阁之意,杂论玩好赏鉴诸物,原附张丑《真迹日录》之后。上卷分20门,下卷分10门,体例略如《洞天清录》。文则多采前人旧论。如铜剑一条,本江淹《铜剑赞》之类,不一而足,都不著出处,清人批评这是沿明人剽剟之习,并认为其书所列香名多引佛经,所列奇宝多引小说,颇参以子虚乌有之谈,亦不为典据;然对于一切器玩都辨别真伪、品第甲乙以及收藏装褙之类,一一详言,颇有可采。

卷末记所蓄所见一条,称所蓄法书仅宋高宗行书1卷、苏子瞻诗草,元赵子昂《归田赋》。所蓄名画仅唐周昉《戏婴图》,宋人罗汉8幅、《画苑杂迹》1册,元倪云林小景1幅。而张丑作《清河书画表》,列于张应文名下有31种。此书成于应文临没之日,不得以续购为词,因而张丑表所列可能夸饰其富,不足尽信。[2]

太仓王世贞、徽州詹景凤也是收藏书画大家。画录鉴藏著作有《画苑》10卷,王世贞编,而《画苑补益》4卷则为詹景凤编。

詹景凤,字东图,休宁人。由举人官至平乐府通判。

---

[1] 以上均见永瑢等纂:《四库全书总目》卷一一三,子部23,艺术类二,中华书局1965年影印本,第966页。

[2] 永瑢等纂:《四库全书总目》卷一二三,子部33,杂家类七,中华书局1965年影印本,第1059页。

王世贞所录,有谢赫《古画品录》、李嗣真《续画品录》、沙门彦悰《后画录》、姚最《续画品》、裴孝源《贞观公私画史》各1卷,沈括《图画歌》、荆浩《笔法记》、王维《山水论》各1篇,张彦远《历代名画记》10卷,刘道醇《宋朝名画评》3卷,朱景元《唐朝名画录》、刘道醇《五代名画补遗》各1卷,邓椿《画继》10卷,黄休复《益州名画录》3卷,米芾《海岳画史》1卷,共15篇。

詹景凤所补,有梁元帝《山水松石格》、王维《画山水秘诀》、荆浩《论画山水赋》、李成《山水诀》各1篇;郭熙《林泉高致》,郭熙之子郭思(郭若虚)《画论》《纪艺》,《宣和论画杂评》,韩纯全《山水纯全集》,李澄叟《画山水诀》,均为1卷;无名氏《论画山水歌》1篇;李廌《画品》、华光和尚《梅谱》、李衎《竹谱详录》各1卷;张退公《墨竹记》1篇;董逌《广川画跋》6卷,共计16种。[1]

法书录,王世贞编《王氏书苑》10卷,詹景凤续编《书苑补益》8卷。

王世贞先纂古书家言,多达80余卷。巡抚郧阳时择取十数种付梓,版藏襄阳郡斋。因水涨漂失,不久又以刻本5种畀予王元贞在金陵翻刻,题名《王氏书苑》。万历十九年(1591),王元贞与詹景凤续刻8种,题为《书苑补益》。

王世贞《书苑》5种,即张彦远《法书要录》10卷、米芾《海岳书史》1卷、苏霖《书法钩玄》4卷、黄伯思《东观余论》2卷、黄讱《东观余论》附录1卷。

詹景凤补益8种,为孙过庭《书谱》、姜夔《续书谱》、米芾《宝章待访录》、欧阳修《试笔》、宋高宗《翰墨志》、刘惟志《字学新书摘抄》各1卷,曹士冕《法帖谱系杂说》、吾邱衍《学古编》各2卷。

朱国桢诋諆王世贞极盛,在《涌幢小品》中说:王弇州不善书,好谈书法,曾说吾腕有鬼,吾眼有神。此说一倡,于是不善画的好谈画,不善诗文的好谈诗文,极于禅玄,莫不皆然。古语云:知者不言,言者不知。吾友董思白(其昌)于书画一时独步,然对人绝不齿及也。

王世贞品题书画,赏鉴家不以为谬,却以好谈致谤,此书及《画苑》都是他好谈的征兆。

王世贞《弇州四部稿》有杂文跋、墨迹跋、墨刻跋、画跋、佛经跋,而《弇州山人题跋》7卷,仅有墨迹跋3卷,墨刻跋4卷,其文与稿中所载详略又很不同。大

---

[1] 永瑢等纂:《四库全书总目》卷一一四,子部24,艺术类存目,中华书局1965年影印本,第974—975页。

约当时抄撮成帙,后又经删定入集。如《集古录》有真迹、集本的差异。[1]

画家画录品题出现,直接促进收藏消费。

王穉登,字百穀,吴县人。嘉靖中布衣。事迹具《明史·文苑》。撰《吴郡丹青志》1卷,记载共25人,具体如下:神品1人:沈周。附3人:沈周之父沈恒、伯沈贞,沈恒之师杜琼。妙品4人:宋克、唐寅、文徵明、张灵。附4人:文徵明之子文嘉、侄文伯仁,朱生,周官。能品4人:夏㫤、夏昺、周臣、仇英。逸品3人:刘珏、陈淳、陈栝。遗耆3人:黄公望、赵原、陈惟允。栖旅2人:徐贲、张羽。闺秀1人:仇氏。各为传赞。此书真实记录明代大苏州范围杰出画家的盛况,为鉴赏吴门画家画作定下了基调,在前代著作体例上,虽叙述简练,文学性强,文辞优美,却更为全面,有独立品评画风的艺术标准,传后有赞,寓赞于志,留下重要史料,是区域画史画论创新的珍贵名著。[2]

张凤翼撰《海内名家工画能事》2卷,采辑前人论画绪言,语多浅近,属于画论品鉴一类。吴门画风昌盛,身为文学家,张凤翼编纂历代画论,以便大众学习、提高理论素养,做了社会需要的绘画艺术与文化普及工作,难能可贵。

明代苏州包括书画在内的文化收藏鉴赏著作之宏富、技艺之高超、影响之深远,与它同时作为文艺中心的地位相匹配,更是众多文化世家、文艺家孜孜不倦地创作与实践、日积月累精心探索痕迹的呈现。

第七节　明代苏州文化的特点

综观以上所述明代苏州文化的各个方面,成就巨大,约略具有以下一些特点:

第一,总体上文化成就突出。学科成就涉及面广泛,尤其如上所述,在文学、艺术、科学技术、工艺等方面,名家如星映耀,流派纷呈,成果独到辉煌,特色鲜明,层次高级,质量上乘,理论上(如徐祯卿、王世贞、祝允明、造园、装裱)也不时出现成熟总结的佳著,结果留下丰厚的物质财富与精神财富。

第二,领时代文化之主流,影响巨大。明代苏州文化至少有士人与平民、器

---

[1] 以上均见永瑢等纂:《四库全书总目》卷一一四,子部24,艺术类存目,中华书局1965年影印本,第975页。参见朱国祯:《涌幢小品》卷二十二《好谭》,《续修四库全书》1173,上海古籍出版社2002年,第293—294页。

[2] 参见耿明松:《〈吴郡丹青志〉的编撰特点与画史价值》,《湖北大学学报》2009年第4期;韩雪松:《〈吴郡丹青志〉的史学价值》,《南京艺术学院学报》(美术与设计版)2013年第1期。

物的与精神的互为差异的层面,而其作为文化主流重镇影响全国,两者却有一致性,并且两者合一,都成为后世看待明代中国文化的取样。

作为文化主流之地,明代苏州文化在文学(诗文)方面名家辈出,文坛领袖不断。从张泰、徐祯卿、归有光、王世贞到王穉登、钱谦益,都是当时文学主流的领军主将,甚至是大文豪,理论深邃,实践丰满。而冯梦龙独树一帜,高擎通俗文学大旗,身体力行,贡献卓著,在中国文学史上有着无法撼动的重将地位。他们的业绩启迪清代后世,影响深远。

在艺术(书画篆刻)方面,沈周、祝允明、唐寅、仇英、文徵明、王宠、陈淳、文彭、赵宧光等名家巨擘,绝非一二,至于位居其后的书画篆刻艺术家更可以开列一串长长的名字。一部明代中国美术史,若少了这些人,便将黯然失色。在书画鉴藏方面,朱存理、张丑、王世贞、王穉登等都有名著传世。

可以说,文学艺术,由于其在科举功名与国政治理上发挥的重要功能,其学科性质存在需要较高知识水准的特殊性,因此,一方面自然以士人的成就居多,包括高官、巍科人物在内,像王鏊、吴宽、徐有贞、徐祯卿、王世贞等,另一方面,由于文学艺术的内在技巧素养需要长期积累研习,明代苏州有些功名仕途失意的士人,或者隐士,也做出了惊人的成就。换言之,或许正是这些人漫不经心于仕途功名,才会由时代委以重任,按其兴趣所趋,造就其超凡的文学艺术天才,像唐寅、文徵明便是明例,而沈周则是隐逸文人的文艺典范。当然,也有像昆曲那样,先从下层开始,再弥漫席卷知识阶层,形成我国高雅独特艺术奇葩的新形式。

在明代苏州的医学、建筑、工艺、其他科学技术等方面,既有知识人的热情参与,也有众多平民无名氏的默默奉献,结果在很多领域或开风气之先,带来了实用生产与生活技艺,改变或丰富了人们日常生活,成为吴派、苏式、苏样传播开来,被全国效仿传承,既导引全国风气,也展现了苏州文化的魅力。

明代苏州文化构成分量极重的中国文化的苏州元素,影响当时及以后苏州与其他一些地区文化的发展,在中国文化史上谱写下灿烂的篇章,并远播海外,扩大了中国文化的贡献与影响。

第三,学科之间的不平衡性。相对来说,或许是研究的严重缺乏,迄今而言,明代苏州文化在思想、哲学方面显得成就较少,似乎直到清初才乘机勃然而发,出现了顾炎武这样的大师。其实,明中后期苏州的思想思潮就内含一种创新观念的动力。经学方面,像归有光似的文学本于经术的也很少,更不能与清代吴派经学大盛的局面同日而语,这是不同时代学风的差异。书法方面,整个明代重视帖学远远胜于碑学,帖学书家往往风光无限,因而苏州像滕用亨、赵宧光式的书法大家则属于凤毛麟角了。

第四,文化成就的创造者来源多样。从身份上看,有出生于世代科举官宦之家的,如祝允明、文徵明、梁辰鱼,也有出自下层的平民子弟,如唐寅、魏良辅。从科举功名、仕宦上看,有状元、会元,有进士、举人、生员,有高官、低职,也有大量的平民百姓,像漆工仇英,便是其中的佼佼者。而工艺成就主要依靠工匠师傅口传心授,人们见到的是精湛技艺,很少的名姓会被记下知晓。从籍贯来看,既有大量苏州本地人士,也有不少来迁的新苏州人。如"吴中四杰",无论吴中土著的高启,还是由外乡迁居入吴的另外三才子,都饱领吴中青山秀水,题咏浸润,一起推进了吴中文学的进程。

同时也应注意,有的文化技艺技能素养需要世代执一,在宁谧和谐的氛围里探索累积涵濡,或者师生切磋,递相授受,如书法、绘画等,才能愈至精妙绝伦的境界,像吴门画派庞大的"文家军",包括文氏家人及其亲戚师生朋友。有的文化技能则需要文化人与一线工匠开展平等互动的探讨,如书画装裱技艺,才能渐渐臻于艺术的相对极致境界。

正是这些文化成就创造者的多样性,才创造出雅俗皆备、多种多样、适合多等级多层次人口消费与观赏的文化题材,凝成不朽的文化结晶。这些文化生产者的某些特性与规律是值得很好探索的课题。

第五,时段上的差异。虽然明代前期苏州也有一些杰出的文化人才与成就存留,像"吴中四杰"、郑和下西洋时的技术与著述,但是,以区域文化群体耀眼映射于中国文化舞台,加重苏州区域在明代以及中国文化天平上砝码的,更多的是在明代中后期。这与明代社会政治、经济、文化、社会风尚等阶段性变动密切相关。例如,明初吴中"四杰"以诗见长,承元入明,已经自成吴中诗派特色,且文章、书或画兼能,却遭时之艰,躲过元末江南战难,基本上是在壮年,未逃明初因征入仕的政治后劫,这是动荡社会环境给予文化创造自身演进的横截扼阻。

第六,文化成就创造者往往跨学科兼得,一身而几任,是多能多面手。譬如,在文学方面,擅长诗文与戏曲已是十分平常;在艺术方面,往往书画篆刻"三才"合一,而文学与艺术的兼顾则有诗书画"三才"皆长,像文徵明更是大器晚成,才具各艺,诗文书画四绝,俱有非凡成就,真是少见的文化奇才勋绩。王履以名医通诗文画,留下佳作,也是文化异数。

第七,文化的传承、融通、创新。这应是历史悠久、文化繁荣昌盛的民族与国家文化发展的客观必由之路。正因为明代苏州文化对于传统文化营养的厚实汲取,才会终究蓬勃而发,呈现不可收拾之势。像文学的吴中诗派等吴派诗文,前呼后拥,也有互相抵触,作不断"复古"的新选择,吴门书派、吴门画派、吴门印派的吴派新姿,"细沈""唐画""文兰"的简括,吴音吴歈、昆曲、吴江派、虞山派、吴医、苏裱吴装、吴藏、吴刻,吴中吴人吴门才子,苏绣、苏灯、苏扇、苏铸、苏式家具、苏州金砖、苏州缂丝、苏州戏衣、桃花坞木刻年画等苏工苏作、苏式苏样苏意,等等,无一不是如此荡涤砥砺历练升华的过程。对于西方科学技术文化的学习交流引进应用也在明代苏州文化成就中有所体现。传承是前提,融会贯通是探索过程,最为关键的,是拿出更多更好的创新性发展成果,冠以"吴"字、"苏"字当头愈多愈好的文化成就,才是硬道理。明代苏州文化成就于一弹丸之地,最让人叹为观止、不可望其项背的,就在此点。

从明代中期开始,苏州恢复了科举文化活力,产生一批长盛勿替的科举望族、文化世家,输送繁茂的科举仕宦人才,带动文化创造热潮,加上贤达前辈对于家乡后学晚辈多有提携,地方官员与苏州士人、乡贤的密切交游与往回酬唱,都传播、扩大了苏州文化的影响。

西北秦安人胡缵宗,在嘉靖三年(1524)从安庆知府调任苏州。掌政苏州3年期间,据王世贞追忆:"胡孝思尝为吾吴郡守,才敏风流,前后罕俪。公暇多游行湖山园亭间,从诸名士一觞一咏,题墨淋漓,遍于壁石。"[1]留存的酬答诗作中,胡缵宗不仅与乡居名宦王鏊保持了相当密切的关系[2],也与苏城名士文徵明、祝允明、陈淳、王宠等人多有往来。他们同游虎丘、太湖等吴中名胜,相互题字、赠答,这样既提升了苏州文化声誉,又扩大了名士盛名,加重苏州文化影响扩展,还取得官绅双赢的文化佳话。[3]

明代苏州随着政治秩序与政局变动,经济发展和社会风气变化,各种高材人杰兴旺,在原来的基础上,文化逐渐发展并走向兴盛。明代苏州文化成就取得新辉煌的因素是多种多样的,值得探究,于此不论。而毫无疑问,明代璀璨的苏州文化成就既是苏州地域的,又是全国共有的,既蕴藏巨大的物质财富,也富含无价的精神财富。

---

[1] 王世贞:《弇州四部稿》卷一五〇《说部·艺苑卮言七》,《景印文渊阁四库全书》1281,台湾商务印书馆1986年,第420页。

[2] 胡缵宗赋诗《和方礼部时举寄寿溪翁相国次韵》为王鏊贺寿,而王鏊为其作诗《胡太守孝思奉诏存问过太湖有次其韵》《胡太守再次前韵复答之》《胡太守冬季存问谢之》,见《鸟鼠山人胡缵宗诗选》,李天舒选注,书目文献出版社1993年,第177、335页。

[3] 详见《鸟鼠山人胡缵宗诗选》,李天舒选注,书目文献出版社1993年,第337、159、165、170、337、183、185、186、173、174页。

以上明代苏州文化的叙论,只是选择其中已知最为突出的部分,远非系统完整、全面立体的图像;有些成就,限于研究,现在还没有综合进来;一些文化特征的概括也有零散、平面的感觉,很不深刻全面;明代苏州文化与同时期江南周边地区的同异、交往关系,也有待比较研究。因此,极有必要加强明代苏州文化研究,好好清理总结,以便更好地弘扬民族文化精华,剔其糟粕,使其成为奔向现代化文化未来的强大助力。

明朝皇帝年表(1368—1644)

明太祖朱元璋　　　　　洪武元年至三十一年(1368—1398)
明惠帝朱允炆　　　　　建文元年至四年(1399—1402)
明成祖(太宗)朱棣　　　永乐元年至二十二年(1403—1424)
明仁宗朱高炽　　　　　洪熙元年(1425)
明宣宗朱瞻基　　　　　宣德元年至十年(1426—1435)
明英宗朱祁镇　　　　　正统元年至十四年(1436—1449)
明代宗(景帝)朱祁钰　　景泰元年至七年(1450—1456)
明英宗朱祁镇　　　　　天顺元年至八年(1457—1464)
明宪宗朱见深　　　　　成化元年至二十三年(1465—1487)
明孝宗朱祐樘　　　　　弘治元年至十八年(1488—1505)
明武宗朱厚照　　　　　正德元年至十六年(1506—1521)
明世宗朱厚熜　　　　　嘉靖元年至四十五年(1522—1566)
明穆宗朱载垕　　　　　隆庆元年至六年(1567—1572)
明神宗朱翊钧　　　　　万历元年至四十八年(1573—1620)
明光宗朱常洛　　　　　泰昌元年(1620)
明熹宗朱由校　　　　　天启元年至七年(1621—1627)
明毅宗朱由检　　　　　崇祯元年至十七年(1628—1644)

大 事 记

元惠宗至正二十七年(1367)九月,朱元璋派徐达等围困10个月之后,攻下苏州城,消灭元朝张士诚政权,改平江路为苏州府。

十月,"徙苏州富民实濠州"。

明太祖洪武元年(1368),改建元朝设立的苏州织染局于天心桥东。

洪武六年(1373),移建明初设立的苏州杂造局于章家桥南。

洪武七年(1374)九月,苏州著名知府魏观、"吴中四杰"之一高启,因在张士诚故王府基上修葺府衙,被腰斩。

洪武二十四年(1391),名医王履卒。

明成祖永乐元年(1403),户部尚书夏原吉专管苏州、松江、嘉兴、湖州四府水利,整治太湖流域。

永乐三年(1405)7月11日至明宣宗宣德八年(1433),郑和从刘家港"开洋"下西洋。

永乐十六年(1418),僧道衍,即姚广孝,卒。

明宣宗宣德五年(1430),周忱巡抚江南,况钟任苏州知府,自此实施改革。

明英宗正统四年(1439),吴县东山施槃中一甲一名进士,是明代苏州第一位文状元。

明宪宗成化八年(1472),徐有贞卒。

成化十年(1474),叶盛卒。

成化十七年(1481),"香山帮"鼻祖蒯祥卒。

明孝宗弘治十七年(1504),吴宽卒。

明武宗正德四年(1509),沈周卒。

王献臣始建拙政园。

正德六年(1511),徐祯卿卒。

正德九年(1514),依靠业农发家致富的吴县吴苑乡陈舆卒。

明世宗嘉靖二年(1523),唐寅卒。

嘉靖三年(1524),王鏊卒。

嘉靖五年(1526),祝允明卒。

嘉靖十二年(1533),王宠卒。

嘉靖十五年(1536),常熟白茆依靠经营农业发家、形成归家市的归椿卒。

嘉靖十七年(1538),南直隶应天巡抚欧阳铎、苏州知府王仪等进行苏州赋役重大改革。

嘉靖十九年(1540),顾鼎臣卒。

黄省曾卒。

嘉靖二十年(1541),袁祖庚始建艺圃。

嘉靖二十三年(1544),陈道复卒。

嘉靖三十一年(1552)到三十八年(1559),苏州抗倭斗争。

嘉靖三十一年(1552),仇英卒。

嘉靖三十八年(1559),文徵明卒。

明穆宗隆庆五年(1571),归有光卒。

明神宗万历元年(1573),文彭卒。

万历七年(1579)九月九日,太仓王焘贞,号昙阳子,羽化。

万历十八年(1590),王世贞卒。

万历十九年(1591),梁辰鱼卒。

万历二十五年(1597),现存最早桃花坞木版年画"寿星图"刊成。

万历二十九年(1601),苏州织工葛成起义。

七月,应天巡抚曹时聘疏报:"吴民生齿最烦,恒产绝少。家杼轴而户纂组,机户出资,织工出力,相依为命,久矣。"

万历三十一年(1603),僧真可,号紫柏,卒。

万历三十八年(1610),沈璟卒。

万历三十八年十二月(1611.2),王锡爵卒。

万历四十年(1612),王穉登卒。

万历四十一年(1613),张凤翼卒。

万历四十二年(1614),申时行卒。

明熹宗天启二年(1622),常熟民间雕刻家王叔远刻著名微雕《核舟记》。

天启四年(1624),脉望馆赵琦美卒。

天启五年(1625),赵宧光卒。

天启六年(1626),苏州"五人义"事件。

严澂卒。

明毅宗崇祯二年(1629),复社成立。

崇祯十一年(1638)十月,吴县横金镇30多村乡民抗租。

南明弘光元年,清世祖顺治二年(1645)五月,清军占领南京,朱福王政权被清朝灭亡,苏州城被清朝占领。

文震亨卒。

清顺治三年(1646),冯梦龙卒。

顺治十二年(1655),僧智旭卒。

顺治十六年(1659),汲古阁毛晋卒。

清圣祖康熙三年(1664),钱谦益卒。

康熙四十年(1701),钱曾卒。

参考文献

(均为征引,按首字拼音自动排序)

《辞海》,上海辞书出版社1999年。
《范氏家乘》左编,清光绪二十五年(1899)木活字本,苏州图书馆藏本。
《范仲淹全集》,李勇先、王蓉贵校点,四川大学出版社2002年。
《废帝郕戾王附录》,载《明英宗实录》,台湾历史语言研究所校印本1962年。
《高青丘集》,上海古籍出版社1985年。
《葛氏家谱》,清乾隆二十年(1755)刻本。
《海瑞集》,陈义钟编校,中华书局1962年。
《湖隐外史》,叶绍袁原编,冀勤辑校:《午梦堂集》附录一,中华书局1998年。
《江南巨富沈万三》,古吴轩出版社1994年。
《江盈科集》,黄仁生辑校,岳麓书社1997年。
《景印文渊阁四库全书》,台湾商务印书馆1982—1986年。
《缂丝瑶池集庆图轴》,《紫禁城》2014年第7期。
《况太守集》,吴奈夫等校点,江苏人民出版社1983年。
《礼记》,陈澔注,上海古籍出版社1987年。
《利玛窦中国札记》,何高济等译,广西师范大学出版社2001年。
《梁辰鱼集》,吴书荫编集校点,上海古籍出版社1998年。
《民抄董宦事实》,载《明武宗外纪》,上海书店1982年复印神州国光社1951年版。
《明清史料》乙编第七本,上海商务印书馆1936年。
《明神宗实录》,台湾历史语言研究所校印本1962年。
《明世宗实录》,台湾历史语言研究所校印本1962年。
《明太祖实录》,台湾历史语言研究所校印本1962年。

《明文海》,《景印文渊阁四库全书》1458,台湾商务印书馆1986年。
《明熹宗实录》(梁本),台湾历史语言研究所校印本1962年。
《明熹宗实录》,台湾历史语言研究所校印本1962年。
《明宪宗实录》,台湾历史语言研究所校印本1962年。
《明宣宗实录》,台湾历史语言研究所校印本1962年。
《明英宗实录》,台湾历史语言研究所校印本1962年。
《莫厘王氏家谱》,民国二十六年(1937)石印本。
《鸟鼠山人胡缵宗诗选》,李天舒选注,书目文献出版社1993年。
《钦定日下旧闻考》,《景印文渊阁四库全书》499,台湾商务印书馆1986年。
《盛氏家乘初稿》,清同治十三年(1874)木活字本,国家图书馆藏本。
《四库禁毁书丛刊》,北京出版社1997—1999年。
《四库全书存目丛书》,齐鲁书社1994—1997年。
《四库未收书辑刊》,北京出版社1997—2000年。
《唐伯虎全集》,北京市中国书店1985年影印大道书局1925年版。
《汪琬全集笺校》,李圣华笺校,人民文学出版社2010年。
《王叔杲集》,张宪文校注,上海社会科学院出版社2005年。
《文徵明集》,周道振辑校,上海古籍出版社1987年。
《吴渔山集笺注》,章文钦笺注,中华书局2007年。
《吴中医集·温病类》,江苏科学技术出版社1989年。
《徐渭集》,中华书局1983年。
《续修四库全书》,上海古籍出版社1996—2003年。
《研堂见闻杂录》,载《烈皇小识》,上海书店1982年复印神州国光社1951年版。
《御制大诰》,《续修四库全书》862,上海古籍出版社2002年。
《御制大诰三编》,《续修四库全书》862,上海古籍出版社2002年。
《御制大诰续编》,《续修四库全书》862,上海古籍出版社2002年。
《园冶注释》,陈植注释,杨伯超校订,陈从周校阅,中国建筑工业出版社1988年第2版。
《袁宏道集笺校》,钱伯城笺校,上海古籍出版社2008年。
《张凤翼戏曲集》,隋树森等校点,中华书局1994年。
《这是永乐时期的苏州蟋蟀盆?》,苏州《城市商报》2012年12月23日。
《周文襄公年谱》,转引见罗仑主编,范金民、夏维中著:《苏州地区社会经济史(明清卷)》,南京大学出版社1993年。

《诸司职掌》,《续修四库全书》748,上海古籍出版社2002年。

《马克思恩格斯全集》第一卷,人民出版社1956年。

[法]爱弥儿·涂尔干:《宗教生活的基本形式》,渠东、汲喆译,上海人民出版社1999年。

[韩]吴金成:《明末清初江南的城市发展和无赖》;《第六届中国明史国际学术讨论会论文集》,1995年8月11—16日,安徽凤阳。

[美]何炳棣:《1368—1953中国人口研究》,葛剑雄译,上海古籍出版社1989年。

[美]贺凯(Charles O. Hucker):《1626年,苏州与魏忠贤的朋党》,《明史论文两篇》,密执安大学1971年。

[美]迈克尔·马默(Michael Marme):《苏州:诸省货物汇聚之地》(Suzhou: Where the Goods of All the Provinces Converge),斯坦福大学出版社2005年。

[美]牟复礼、[英]崔瑞德编:《剑桥中国明代史》,张书生等译,中国社会科学出版社1992年。

[美]亚伯拉罕·马斯洛:《动机与人格》,许金声等译,中国人民大学出版社2007年第3版。

[日]滨岛敦俊:《"邑民安,令侯危"——万历时期常熟知县耿橘的政绩》,《江南社会历史评论》第九期,商务印书馆2016年。

[日]滨岛敦俊:《明清江南城隍考》,《中国社会经济史研究》1991年第1期。

[日]滨岛敦俊:《明清江南农村社会与民间信仰》,朱海滨译,厦门大学出版社2008年。

[日]大庭修:《江户时代中国典籍流播日本之研究》,戚印平、王勇、王宝平译,杭州大学出版社1998年。

[日]大庭脩(修):《江户时代日中秘话》,徐世虹译,中华书局1997年。

[日]鹤见尚弘:《中国明清社会经济研究》,学苑出版社1989年,转引见罗仑主编,范金民、夏维中著:《苏州地区社会经济史(明清卷)》,南京大学出版社1993年。

[日]井上徹:《中国的宗族与国家礼制——从宗法主义角度所作的分析》,钱杭译,上海书店出版社2008年。

[日]森正夫:《明代江南土地制度研究》,伍跃、张学锋等译,范金民、夏维中

审校,江苏人民出版社 2014 年。

［日］小岛毅:《嘉靖の礼制改革について》,《东洋文化研究所纪要》第 117 册,1992 年。

列宁:《列宁全集》第十二卷,人民出版社 1990 年第二版。

［英］柯律格(Craig Clunas):《雅债:文徵明的社交性艺术》,刘宇珍等译,生活·读书·新知三联书店 2012 年。

［英］柯律格(Craig Clunas):《长物:早期现代中国的物质文化与社会状况》,高昕丹、陈恒译,生活·读书·新知三联书店 2015 年。

http://book.kongfz.com/item_pic_208690_564195172/.

Michael Marme: Population and Possibility in Ming(1368—1644) Suzhou: A Quantified Model, Ming Studies, No. 12, 1981, Univ. of Minnesota, USA.

包伟民:《宋代城市研究》,中华书局 2014 年。

包伟民:《意象与现实:宋代城市等级刍议》,《史学月刊》2010 年第 1 期。

宝祐《重修琴川志》,苏州图书馆藏本。

蔡斌点校:《顾鼎臣集》,上海古籍出版社 2013 年。

蔡斌点校:《杨循吉集》,上海古籍出版社 2013 年。

蔡焜主编:《常熟藏书家藏书楼研究》,上海文化出版社 2002 年。

蔡昇辑,王鏊修:《震泽编》,《四库全书存目丛书》史部 228,齐鲁书社 1996 年。

曹树基:《中国人口史》第四卷《明时期》,复旦大学出版社 2000 年。

查继佐:《罪惟录》,《续修四库全书》323,上海古籍出版社 2002 年。

常建华:《明代宗族研究》,上海人民出版社 2005 年。

晁中辰:《明代海禁与海外贸易》,人民出版社 2005 年。

陈宝良:《中国流氓史》,上海人民出版社 2008 年。

陈得芝:《蒙元史研究丛稿》,人民出版社 2005 年。

陈继儒:《妮古录》,《四库全书存目丛书》子部 118,齐鲁书社 1995 年。

陈继儒《白石樵真稿》,《四库禁毁书丛刊》集部 66,北京出版社 1998 年。

陈立:《白虎通疏证》,吴则虞点校,中华书局 1994 年。

陈梦雷原辑,蒋廷锡重辑:《古今图书集成·经济汇编·食货典》,中华书局、巴蜀书社 1985 年。

陈生玺:《明清易代史独见》,中州古籍出版社 1991 年。

陈昕:《吴中金石新编》,《景印文渊阁四库全书》683,台湾商务印书馆

1986年。

陈学文:《明清时期太湖流域的商品经济与市场网络》,浙江人民出版社2000年。

陈学文:《中国封建晚期的商品经济》,湖南人民出版社1989年。

陈泳:《城市空间:形态、类型与意义——苏州古城结构形态演化研究》,东南大学出版社2006年。

陈泳:《古代苏州城市形态演化研究》,《城市规划汇刊》2002年第5期。

陈贞慧:《秋园杂佩》,《丛书集成初编》,商务印书馆1936年。

陈子龙等选辑:《明经世文编》,中华书局1962年影印本。

成一农:《古代城市形态研究方法新探》,社会科学文献出版社2009年。

程嘉燧:《松圆偈庵集》,《续修四库全书》1385,上海古籍出版社2002年。

程敏政:《篁墩文集》,《景印文渊阁四库全书》1252,台湾商务印书馆1986年。

崇祯《常熟县志》,苏州图书馆藏本。

崇祯《横溪录》,《中国地方志集成·乡镇志专辑》5,江苏古籍出版社1992年。

崇祯《太仓州志》,苏州大学图书馆藏康熙补刻残本1册,卷五至卷七。

崇祯《外冈志》,王健标点,上海社会科学院出版社2004年。

崇祯《吴县志》,《天一阁藏明代方志选刊续编》,上海书店1990年。

褚亨奭:《姑苏名贤后纪》,《吴中小志续编》,陈其弟点校,广陵书社2013年。

褚人获辑撰:《坚瓠集》,李梦生校点,上海古籍出版社2012年。

道光《璜泾志稿》,《中国地方志集成·乡镇志专辑》9,江苏古籍出版社1992年。

道光《申氏世谱》,清道光二十一年(1841)刻本。

道光《虞乡志略》,苏州图书馆藏本。

道光《增修鹤市志略》,《中国地方志集成·乡镇志专辑》9,江苏古籍出版社1992年。

道光《震泽镇志》,《中国地方志集成·乡镇志专辑》13,江苏古籍出版社1992年。

道光《直塘里志》,苏州图书馆藏本。

邓实:《复社纪略·跋》,载《东林本末》,北京古籍出版社2002年。

邓之诚著,邓珂增订点校:《骨董琐记》,中国书店1991年。

丁国祥:《复社研究》,凤凰出版社2011年。

董潮:《东皋杂抄》,《丛书集成初编》,商务印书馆1936年。

董粉和、吴建华、丁双平:《明代书法篆刻史》,载史仲文主编:《中国艺术史·书法篆刻卷》,河北人民出版社2006年。

董康编著:《曲海总目提要》,人民文学出版社1959年。

冻国栋:《中国人口史》第二卷《隋唐五代时期》,复旦大学出版社2002年。

都穆撰,陆采辑:《都公谭纂》,《续修四库全书》1266,上海古籍出版社2002年。

杜信孚、杜同书:《全明分省分县刻书考》(10册),线装书局2001年。

杜信孚纂辑:《明代版刻综录》(8册),江苏广陵古籍刻印社1983年。

杜瑜:《从宋〈平江图〉看平江府城的规模和布局》,《自然科学史研究》1989年第1期。

段本洛、张圻福:《苏州手工业史》,江苏古籍出版社1986年。

樊树志:《东林非党论》,《复旦学报》2001年第1期。

范成大:《吴郡志》,陆振岳校点,江苏古籍出版社1986年。

范凤书:《中国私家藏书史》,大象出版社2001年。

范金民、夏爱军:《洞庭商帮》,黄山书社2005年。

范金民:《"苏样"、"苏意":明清苏州领潮流》,《南京大学学报》2013年第4期。

范金民:《江南重赋原因的探讨》,《中国农史》1995年第3期。

范金民:《明代江南官营丝织业三题》,载范金民主编:《江南社会经济研究(明清卷)》,中国农业出版社2006年。

范金民:《明代丝织品加派述论》,《中国社会经济史研究》1986年第4期。

范金民:《明代万历后期通番案述论》,《南京大学学报》2002年第2期,收入其论文集《国计民生——明清社会经济研究》,福建人民出版社2008年。

范金民:《明代应天巡抚驻地考》,《江海学刊》2012年第4期。

范金民:《明清江南进士数量、地域分布及其特色分析》,《南京大学学报》1997年第2期。

范金民:《明清江南商业的发展》,南京大学出版社1998年。

范金民:《明清江南重赋问题》,载范金民主编:《江南社会经济研究(明清卷)》,中国农业出版社2006年。

范金民:《明清时期活跃于苏州的外地商人》,《中国社会经济史研究》1989年第 4 期。

范金民:《清代苏州宗族义田的发展》,《中国史研究》1995 年第 3 期。

范金民:《衣被天下——明清江南丝绸史研究》,江苏人民出版社 2016 年。

范莉莉、姚惟尔、吴建华:《"唐伯虎现象"的传承与应用透视》,载王卫平主编:《明清时期江南社会史研究》,群言出版社 2006 年。

范濂:《云间据目抄》,上海申报馆仿聚珍版印光绪版。

范培松、金学智主编:《苏州文学通史》,江苏教育出版社 2004 年。

范裴裴:《明清时期江南地区义学研究》,南京师范大学 2010 年硕士学位论文。

范守己:《御龙子集》,《四库全书存目丛书》集部 162,齐鲁书社 1997 年。

范志新:《谈艺录笺注》,贵州人民出版社 1993 年。

方凤:《改亭续稿》,《续修四库全书》1338,上海古籍出版社 2002 年。

方豪:《中西交通史》,上海人民出版社 2008 年。

方鹏:《矫亭存稿》,《四库全书存目丛书》集部 61,齐鲁书社 1997 年。

方孝孺:《逊志斋集》,徐光大校点,宁波出版社 2000 年。

方岳:《秋崖集》,《景印文渊阁四库全书》1182,台湾商务印书馆 1986 年。

冯梦龙:《山歌》,《冯梦龙全集 10》,凤凰出版社 2007 年。

冯梦龙:《醒世恒言》,陕西人民出版社 1985 年。

复旦大学图书馆古籍部编:《四库系列丛书目录·索引》,上海古籍出版社 2007 年。

傅崇兰:《中国运河城市发展史》,四川人民出版社 1985 年。

傅璇琮、谢灼华主编:《中国藏书通史》,宁波出版社 2001 年。

傅衣凌:《明代江南市民经济试探》,上海人民出版社 1957 年。

傅衣凌:《明清社会经济变迁论》,中华书局 2007 年。

傅衣凌:《明清时代商人及商业资本》,人民出版社 1956 年。

高洪钧编著:《冯梦龙集笺注》,天津古籍出版社 2006 年。

高濂:《遵生八笺》,王大淳整理,浙江古籍出版社 2015 年。

高琪:《王锡爵》,西泠印社出版社 2008 年。

高泳源:《古代苏州城市布局的历史发展》,《中华文史论丛》1984 年第 3 辑,上海古籍出版社 1984 年。

葛鸿桢:《葛鸿桢论书文集》,中国文联出版社 1999 年。

耿橘:《常熟县水利全书》,转引见罗仑主编,范金民、夏维中著:《苏州地区社会经济史(明清卷)》,南京大学出版社1993年。

耿明松:《〈吴郡丹青志〉的编撰特点与画史价值》,《湖北大学学报》2009年第4期。韩雪松《〈吴郡丹青志〉的史学价值》,《南京艺术学院学报》(美术与设计版),2013年第1期。

龚炜:《巢林笔谈》,钱炳寰整理,中华书局1981年。

谷应泰:《明史纪事本末》,中华书局1977年。

故宫博物院编:《吴门画派研究》,紫禁城出版社1993年。

顾大韶:《炳烛斋稿》,《四库禁毁书丛刊》集部104,北京出版社1998年。

顾公燮:《丹午笔记》,苏州博物馆等编,江苏古籍出版社1985年。

顾公燮:《消夏闲记摘抄》,《丛书集成续编》第96册,上海书店1994年。

顾颉刚:《苏州史志笔记》,王煦华辑,江苏古籍出版社1987年。

顾禄:《桐桥倚棹录》,上海古籍出版社1980年。

顾起元:《客座赘语》,谭棣华等点校,中华书局1987年。

顾潜:《静观堂集》,《四库全书存目丛书》集部48,齐鲁书社1997年。

顾炎武:《顾亭林诗文集》,华忱之点校,中华书局1983年。

顾炎武:《天下郡国利病书》,昆山顾炎武研究会编,上海科学技术文献出版社2002年。

顾炎武:《肇域志》,谭其骧等点校,上海古籍出版社2004年。

顾瑛:《玉山璞稿》,杨镰整理,中华书局2008年。

顾瑛辑:《玉山名胜集》,杨镰、叶爱欣整理,中华书局2008年。

顾沅辑:《吴郡文编》三,上海古籍出版社2011年。

顾震涛:《吴门表隐》,江苏古籍出版社1986年。

顾祖禹:《读史方舆纪要》,贺次君、施和金点校,中华书局2005年。

光绪《富阳县志》,《中国地方志集成·浙江府县志辑6》,上海书店1993年。

光绪《光福志》,《中国地方志集成·乡镇志专辑》7,江苏古籍出版社1992年。

光绪《江阴县志》,《中国地方志集成·江苏府县志辑25》,江苏古籍出版社1991年。

光绪《昆新两县续修合志》,《中国方志丛书》,台湾成文出版社有限公司1970年。

光绪《周庄镇志》,《中国地方志集成·乡镇志专辑》6,江苏古籍出版社

1992 年。

归有光:《震川先生集》,周本淳校点,上海古籍出版社 2007 年。

归庄:《归庄集》,中华书局 1962 年。

郭建平:《〈珊瑚木难〉与〈铁网珊瑚不分卷〉题跋考释——兼论二书作者归属问题》,《南京艺术学院学报》(美术与设计版)2011 年第 2 期。

郭朋:《明清佛教》,福建人民出版社 1982 年。

郭绍虞:《照隅室古典文学论集》,上海古籍出版社 1983 年。

韩邦奇:《苑洛集》,《景印文渊阁四库全书》1269,台湾商务印书馆 1986 年。

韩光辉:《12 至 14 世纪中国城市的发展》,《中国史研究》1996 年第 4 期。

郝丽霞:《吴江沈氏文学世家研究》,复旦大学出版社 2009 年。

何良俊:《四友斋丛说》,中华书局 1959 年。

何乔远:《名山藏》,《续修四库全书》427,上海古籍出版社 2002 年。

何振球、严明:《常熟文化概论——吴文化的定点研究》,苏州大学出版社 2001 年修订版。

弘治《常熟县志》,《四库全书存目丛书》史部 185,齐鲁书社 1996 年。

弘治《吴江志》,《中国方志丛书》,台湾成文出版社有限公司 1983 年。

洪焕椿:《明清史偶存》,南京大学出版社 1992 年。

洪焕椿编:《明清苏州农村经济资料》,江苏古籍出版社 1988 年。

洪武《苏州府志》,《中国方志丛书》,台湾成文出版社有限公司 1983 年。

胡应麟:《少室山房笔丛》,《景印文渊阁四库全书》886,台湾商务印书馆 1986 年。

皇甫录:《皇明纪略》,《丛书集成新编》第 85 册影印《历代小史》卷八十五,台湾新文丰出版公司 1985 年。

黄淳耀:《陶庵全集》,《景印文渊阁四库全书》1297,台湾商务印书馆 1986 年。

黄惇:《中国书法史·元明卷》,江苏教育出版社 2001 年。

黄景昉:《国史唯疑》,陈士楷、熊德基点校,上海古籍出版社 2002 年。

黄仁宇:《明代的漕运》,中译本,新星出版社 2005 年。

黄汝成:《日知录集释》,秦克诚点校,岳麓书社 1994 年。

黄省曾:《吴风录》,《丛书集成新编》第 91 册,台湾新文丰出版公司 1985 年。

黄省曾著,谢方校注:《西洋朝贡典录校注》,中华书局 2000 年。

黄暐:《蓬轩吴记》,王稼句点校编纂:《苏州文献丛钞初编》,古吴轩出版社

2005年。

黄希宪:《抚吴檄略》,转引自樊树志:《明清长江三角洲的粮食业市镇与米市》,《学术月刊》1990年第12期;罗仑主编,范金民、夏维中著:《苏州地区社会经济史(明清卷)》,南京大学出版社1993年。

黄卬:《锡金识小录》,《中国方志丛书》,台湾成文出版社有限公司1983年。

黄瑜:《双槐岁钞》,魏连科点校,中华书局1999年。

黄虞稷:《千顷堂书目》,瞿凤起、潘景郑整理,上海古籍出版社2001年。

黄宗羲:《明儒学案》,沈芝盈点校,中华书局1986年。

嘉靖《常熟县志》,《中国史学丛书初编》,台湾学生书局1965年。

嘉靖《江阴县志》,《天一阁藏明代方志选刊》,上海古籍书店1963年。

嘉靖《昆山县志》,《天一阁藏明代方志选刊》,上海古籍书店1963年。

嘉靖《吴江县志》,《中国史学丛书三编》,台湾学生书局1987年。

嘉靖《吴邑志》,《天一阁藏明代方志选刊续编》,上海书店1990年。

嘉靖《震泽先生集》。

嘉靖增补正德《姑苏志》,《天一阁藏明代方志选刊续编》,上海书店1990年。

嘉庆《黎里志》,《中国地方志集成·乡镇志专辑》12,江苏古籍出版社1992年。

嘉庆《直隶太仓州志》,苏州图书馆藏本。

江灿腾:《晚明佛教改革史》,广西师范大学出版社2006年。

江澄波、杜信孚、杜永康编著:《江苏刻书》,江苏人民出版社1993年。

江庆柏:《明清苏南望族文化研究》,南京师范大学出版社1999年。

江苏省博物馆编:《江苏省明清以来碑刻资料选集》,生活·读书·新知三联书店1959年。

蒋星煜:《况钟》,上海人民出版社1981年。

蒋以化:《西台漫纪》,《续修四库全书》1172,上海古籍出版社2002年。

蒋逸雪:《张溥年谱》,齐鲁书社1982年。

蒋兆成:《明清杭嘉湖社会经济研究》,浙江大学出版社2002年。

焦竑辑:《焦太史编辑国朝献征录》,《续修四库全书》527、529、531,上海古籍出版社2002年。

康熙《吴江县志续编》,苏州图书馆藏本。

康熙《吴县志》,苏州图书馆藏本。

黎靖德编:《朱子语类》,王星贤点校,中华书局1986年。

李伯重:《"最低生存水准"与"人口压力"质疑——对明清社会经济史研究中两个基本概念的再思考》,《中国社会经济史研究》1996年第1期。

李伯重:《多视角看江南经济史(1250—1850)》,生活·读书·新知三联书店2003年。

李伯重:《工业发展与城市变化:明中叶至清中叶的苏州(中)》,《清史研究》2002年第1期。

李伯重:《江南的早期工业化(1550—1850年)》,社会科学文献出版社2000年。

李济贤:《明代苏、松、常地区户籍人口消长述略》,《明史研究论丛》第四辑,江苏古籍出版社1991年。

李嘉球:《苏州状元》,上海社会科学院出版社1993年。

李嘉球:《苏州状元》,苏州大学出版社1999年。

李清:《三垣笔记》,顾思点校,中华书局1982年。

李庆:《"东林非党论"质疑》,《中国典籍与文化》2004年第3期。

李日华:《味水轩日记》,光绪《啸园丛书》本。

李祥耀:《杨循吉研究》,复旦大学出版社2012年。

李修生主编:《全元文》第24册,江苏古籍出版社2001年。

李诩:《戒庵老人漫笔》,魏连科点校,中华书局1982年。

李洵:《明代流民运动——中国被延缓的原始资本积累过程》,原载《中国古代史论丛》1981年第2辑,收入其《下学集》,中国社会科学出版社1995年。

李真瑜:《明代宫廷戏剧史》,紫禁城出版社2010年。

李卓颖:《地方性与跨地方性——从"子游传统"之论述与实践看苏州在地文化与理学之竞合》,台湾历史语言研究所集刊第82本第2分,2011年6月。

郦道元著,陈桥驿校证:《水经注校证》,中华书局2007年。

梁方仲:《明代粮长制度》,上海人民出版社1957年。

梁方仲编著:《中国历代户口、田地、田赋统计》,上海人民出版社1980年。

梁庚尧:《宋代社会经济史论集》上册,台湾允晨文化实业股份有限公司1997年。

廖峰:《嘉靖阁臣顾鼎臣研究》,巴蜀书社2012年。

廖志豪:《明代苏州城市经济概述》,载《传统文化研究》第12辑,群言出版社2004年。

廖志豪:《苏州的府学、书院、社学与义塾》,《铁道师院学报》1993 年第 2 期。

廖志豪等:《苏州史话》,江苏人民出版社 1980 年。

林金树:《试论明代苏松二府的重赋问题》,《明史研究论丛》第一辑,江苏人民出版社 1982 年。

林庆彰:《明代经学研究论集(增订本)》,华东师范大学出版社 2015 年。

林仁川:《明末清初私人海上贸易》,华东师范大学出版社 1987 年。

凌鼎年:《江苏太仓旅游》,上海人民出版社 2003 年。

刘本沛:《虞书》,丁祖荫辑:《虞阳说苑乙编》,民国虞山丁氏初园校印本,苏州图书馆藏本。

刘炳涛、满志敏:《从冬麦生育期看明代长江下游地区气候冷暖变化》,《中国历史地理论丛》2013 年第 3 辑。

刘炳涛:《明代长江中下游地区气候变化研究》,复旦大学 2011 年博士学位论文。

刘凤:《续吴先贤赞》,周骏富辑:《明代传记丛刊·综录类 46》148,台湾明文书局 1991 年。

刘凤云:《明清城市空间的文化探析》,中央民族大学出版社 2001 年。

刘丽:《7—10 世纪苏州发展研究》,中国社会科学出版社 2013 年。

刘銮:《五石瓠》,《昭代丛书》别集卷五十五,世楷堂藏版。

刘启明、廖志豪执笔:《吴门书派》,载王友三主编:《吴文化史丛(下)》,江苏人民出版社 1996 年。

刘倩编:《马隅卿小说戏曲论集》,中华书局 2006 年。

刘晓玉:《明朝初年裁撤律寺之辨考》,《法音》2014 年第 5 期。

刘召明:《晚明苏州剧坛研究》,齐鲁书社 2007 年。

刘志琴:《城市民变与士大夫》,载《明清史国际学术讨论会论文集》,天津人民出版社 1981 年,收入其《晚明史论——重新认识末世衰变》,江西高校出版社 2004 年。

龙文彬:《明会要》,中华书局 1956 年。

隆庆《长洲县志》,《天一阁藏明代方志选刊续编》,上海书店 1990 年。

娄坚:《学古绪言》,《景印文渊阁四库全书》1295,台湾商务印书馆 1986 年。

陆粲:《庚巳编》,谭棣华等点校,中华书局 1987 年。

陆粲:《陆子馀集》,《景印文渊阁四库全书》1274,台湾商务印书馆 1986 年。

陆广微:《吴地记》,曹林娣校注,江苏古籍出版社 1986 年。

陆楫：《蒹葭堂杂著摘抄》，《丛书集成初编》，商务印书馆1936年。

陆容：《菽园杂记》，佚之点校，中华书局1985年。

陆世仪：《复社纪略》，载《东林本末》，北京古籍出版社2002年。

陆世仪撰，张伯行编：《思辨录辑要》，《景印文渊阁四库全书》724，台湾商务印书馆1986年。

罗仑主编，范金民、夏维中著：《苏州地区社会经济史（明清卷）》，南京大学出版社1993年。

罗振玉辑：《高邮王氏遗书》，凤凰出版社2000年。

吕楠：《泾野先生文集》，《四库全书存目丛书》集部61，齐鲁书社1997年。

马万明：《明清时期防治蝗灾的对策》，《南京农业大学学报》2002年第2期。

满志敏：《中国历史时期气候变化研究》，山东教育出版社2009年。

毛文鳌：《毛晋汲古阁藏刻书兴盛缘由新探》，《常熟理工学院学报》2009年第1期。

民国《木渎小志》，《中国地方志集成·乡镇志专辑》7，江苏古籍出版社1992年。

民国《太仓州志》，1919年刊本。

民国《镇洋县志》，苏州图书馆藏本。

缪咏禾：《明代出版史稿》，江苏人民出版社2000年。

南炳文、汤纲：《明史》，上海人民出版社2003年。

南炳文主编：《佛道秘密宗教与明代社会》，天津古籍出版社2002年。

聂付生：《冯梦龙研究》，学林出版社2002年。

牛建强：《明代人口流动与社会变迁》，河南大学出版社1997年。

潘光旦：《明清两代嘉兴的望族》，上海书店1991年影印商务印书馆1947年版。

潘树广：《〈烟霞小说〉考》，《文献》2001年第4期。

潘树广：《万历苏州织工斗争在文学上的反映》，《文学遗产》增刊，十五辑，中华书局1983年。

彭华：《彭文思公文集》，沈云龙主编《明人文集丛刊》第11册，台湾文海出版社有限公司1970年。

皮日休、陆龟蒙：《松陵集》，《景印文渊阁四库全书》1332，台湾商务印书馆1986年。

平龙根主编：《阊门寻根》，古吴轩出版社2012年。

蒲慕州:《追寻一己之福:中国古代的信仰世界》,上海古籍出版社 2007 年。

钱谦益:《列朝诗集小传》,上海古籍出版社 1983 年。

钱谦益:《牧斋有学集》,钱曾笺注,钱仲联标校:《钱牧斋全集》,上海古籍出版社 2003 年。

钱谦益:《牧斋杂著》,钱曾笺注,钱仲联标校:《钱牧斋全集》,上海古籍出版社 2003 年。

钱思元:《吴门补乘》,朱琴点校,上海古籍出版社 2015 年。

钱泳:《登楼杂记》,转引洪焕椿编:《明清苏州农村经济资料》,江苏古籍出版社 1988 年。

钱泳:《履园丛话》,张伟点校,中华书局 1979 年。

乾隆《海澄县志》,《中国方志丛书》,台湾成文出版社 1968 年。

乾隆《海宁县志》,《中国方志丛书》,台湾成文出版社有限公司 1984 年。

乾隆《虎阜志》,张维明校补,古吴轩出版社 1995 年。

乾隆《江南通志》,《景印文渊阁四库全书》510,台湾商务印书馆 1986 年。

乾隆《沙头里志》,《中国地方志集成·乡镇志专辑》8,江苏古籍出版社 1992 年。

乾隆《盛湖志》,《中国地方志集成·乡镇志专辑》11,江苏古籍出版社 1992 年。

乾隆《苏州府志》,苏州图书馆藏本。

乾隆《吴江县志》,《中国方志丛书》,台湾成文出版社有限公司 1975 年。

乾隆《吴县志》,苏州图书馆藏本。

乾隆《长洲县志》,乾隆三十年重镌本,苏州图书馆藏本。

乾隆《长洲县志》,影印乾隆十八年刻本,《中国地方志集成·江苏府县志辑 13》,江苏古籍出版社 1991 年。

乾隆《震泽县志》,《中国方志丛书》,台湾成文出版社有限公司 1970 年。

乾隆《镇洋县志·风土》,引见洪焕椿编:《明清苏州农村经济资料》,江苏古籍出版社 1988 年。

丘濬:《大学衍义补》,《景印文渊阁四库全书》712,台湾商务印书馆 1986 年。

瞿冕良编著:《中国古籍版刻辞典》(增订本),苏州大学出版社 2009 年。

任星火:《北库的文物古迹》,http://www.doc88.com/p-8522941441181.html。

任宜敏:《中国佛教史·明代》,人民出版社 2009 年。

商传:《明代文化史》,东方出版中心2007年。

上海博物馆图书资料室编:《上海碑刻资料选辑》,上海人民出版社1980年。

上海市统计局、国家统计局上海调查总队编:《上海统计年鉴2013》,中国统计出版社2013年。

邵忠编:《苏州园墅胜迹录》,上海交通大学出版社1992年。

申时行:《赐闲堂集》,《四库全书存目丛书》集部134,齐鲁书社1997年。

沈德符:《万历野获编》,中华书局1959年。

沈德符:《野获编》,道光刻本,《续修四库全书》1174,上海古籍出版社2002年。

沈德潜:《明诗别裁集》,《四库禁毁书丛刊》集部97,北京出版社1998年。

沈括:《梦溪笔谈》,江苏古籍出版社1999年影印元大德本。

沈瓒:《近事丛残》,《明清珍本小说集》,广业书社1928年印行,《哈佛燕京图书馆藏韩南捐赠文学文献汇刊》第八册,国家图书馆出版社2015年。

沈振辉:《明代民间收藏品市场和藏品买卖》,《学术月刊》1999年第4期。

沈振辉:《明代苏州地区收藏家述略》,《苏州大学学报》1999年第1期。

盛维忠主编:《薛立斋医学全书》,中国中医药出版社1999年。

史鉴:《西村集》,《景印文渊阁四库全书》1259,台湾商务印书馆1986年。

宋濂等撰:《元史》,中华书局1976年。

宋懋澄:《九籥集》,王利器校录,中国社会科学出版社1984年。

宋应星:《天工开物图说》,曹小鸥注释,山东画报出版社2009年。

苏简亚主编:《苏州文化概论》,江苏教育出版社2008年。

苏洵著,曾枣庄、金成礼笺注:《嘉祐集笺注》,上海古籍出版社1993年。

苏州历史博物馆等合编:《明清苏州工商业碑刻集》,江苏人民出版社1981年。

苏州市地方志编纂委员会编:《苏州市志》,江苏人民出版社1995年。

孙珮编:《苏州织造局志》,江苏人民出版社1959年。

谈修:《避暑漫笔》,引自谢国桢选编:《明代社会经济史料选编》下册,牛建强等校勘,福建人民出版社2004年。

唐时升:《三易集》,《四库禁毁书丛刊》集部178,北京出版社1998年。

唐枢:《国琛集》,《丛书集成新编》第101册景明刻本《纪录汇编》卷一○二,台湾新文丰出版公司1985年。

唐文基:《明代江南重赋问题和国有官田的私有化》,《明史研究论丛》第四辑,江苏人民出版社1991年。

唐寅:《唐伯虎全集》,北京市中国书店1985年影印大道书局1925年版。

唐元:《筠轩集》,《景印文渊阁四库全书》1213,台湾商务印书馆1986年。

天启《平湖县志》,《天一阁藏明代方志选刊续编》,上海书店1990年。

同治《洞庭东山万氏宗谱》,清同治十年(1871)本。

同治《苏州府志》,《中国地方志集成·江苏府县志辑》,江苏古籍出版社1991年。

万历《常熟县私志》,苏州图书馆藏(即常熟县图书馆抄笺)本。

万历《大明会典》,广陵书社2007年。

万历《皇明常熟文献志》,苏州图书馆藏本。

万历《嘉定县志》,《中国方志丛书》,台湾成文出版社有限公司1983年。

万历《嘉兴府志》,《中国方志丛书》,台湾成文出版社有限公司1983年。

万历《青浦县志》,赵文友点校,《上海府县旧志丛书·青浦县卷》,上海古籍出版社2014年。

万历《王文恪公集》,明万历三槐堂刻本。

万历《长洲县志》,《中国史学丛书三编》,台湾学生书局1987年。

万斯大:《学礼质疑》,《皇清经解》,清咸丰庚申(1860)补刊本。

汪琬:《汪琬全集笺校》,李圣华笺校,人民文学出版社2010年。

王鏊:《震泽集》,《景印摛藻堂四库全书荟要》第414册,世界书局1985年。

王存:《元丰九域志》,王文楚、魏嵩山点校,中华书局1984年。

王国平、唐力行主编:《明清以来苏州社会史碑刻集》,苏州大学出版社1998年。

王国平主编:《苏州史纲》,古吴轩出版社2009年。

王鹤鸣主编:《中国家谱总目》10册,上海古籍出版社2008年。

王季重:《祁忠敏公年谱》,于浩辑:《明代名人年谱》第12册,北京图书馆出版社2006年。

王骥德:《曲律》,《中国古典戏曲论著集成》,中国戏剧出版社1959年。

王謇:《宋平江城坊考》,江苏古籍出版社1986年。

王健:《利害相关——明清以来江南苏松地区民间信仰研究》,上海人民出版社2010年。

王锜:《寓圃杂记》,张德信点校,中华书局1984年。

王士性:《广志绎》,吕景琳点校,中华书局1981年。

王士禛:《池北偶谈》,中华书局 1982 年。
王士禛《香祖笔记》,《笔记小说大观》16 册,江苏广陵古籍刻印社 1983 年。
王世襄编著:《明式家具研究》,生活·读书·新知三联书店 2010 年。
王世贞:《弇山堂别集》,魏连科点校,中华书局 1985 年。
王世贞:《弇州四部稿》,《景印文渊阁四库全书》,台湾商务印书馆 1986 年。
王世贞:《弇州续稿》,《景印文渊阁四库全书》,台湾商务印书馆 1986 年。
王维德:《林屋民风》,《四库全书存目丛书》史部 239,齐鲁书社 1996 年。
王卫平、王建华:《苏州史纪(古代)》,苏州大学出版社 1999 年。
王卫平:《从普遍福利到周贫济困——范氏义庄社会保障功能的演变》,《江苏社会科学》2009 年第 2 期。
王锡爵:《王文肃公文集》,《四库禁毁书丛刊》集部 7,北京出版社 1998 年。
王晓洋:《明清江南文化望族研究——以吴江汾湖叶氏为中心》,苏州大学 2004 年硕士学位论文。
王洋:《东牟集》,《景印文渊阁四库全书》1132,台湾商务印书馆 1986 年。
王永健:《中国戏曲文学的瑰宝——明清传奇》,江苏教育出版社 1989 年。
王勇、[日]大庭修主编:《中日文化交流史大系 9·典籍卷》,浙江人民出版社 1996 年。
王毓铨主编:《中国经济通史·明代经济卷》,中国社会科学出版社 2007 年。
王穉登:《吴社编》,《丛书集成新编》第 91 册,台湾新文丰出版公司 1985 年。
王仲:《况钟》,古吴轩出版社 2003 年。
韦庆远:《明代黄册制度》,中华书局 1961 年。
魏校:《庄渠遗书》,《景印文渊阁四库全书》1267,台湾商务印书馆 1986 年。
魏源:《魏源全集》第 17 册《皇朝经世文编》,岳麓书社 2004 年。
文秉:《定陵注略》,北京大学出版社 1985 年影印本。
文秉:《先拨志始》,上海书店 1982 年复印神州国光社 1951 年版。
文渊阁《四库全书》,上海古籍出版社 1986—1990 年。
文震亨:《长物志》,《丛书集成初编》,商务印书馆 1936 年。
邬西濠:《苏式初探》,载苏州市工艺美术研究所编印《苏州工艺美术》(内部资料)1963 年。
巫仁恕:《激变良民?——传统中国城市群众集体行动之分析》,北京大学出版社 2011 年。
巫仁恕:《品味奢华:晚明的消费社会与士大夫》,中华书局 2008 年。

巫仁恕:《优游坊厢:明清江南城市的休闲消费与空间变迁》,台湾近代史研究所 2013 年。

吴晗:《江浙藏书家史略》,中华书局 1981 年。

吴缉华:《明代社会经济史论丛》,台湾学生书局 1970 年,转引见罗仑主编,范金民、夏维中著:《苏州地区社会经济史(明清卷)》,南京大学出版社 1993 年。

吴建华、殷伟仁:《叶姓藏书文化简论》,《苏州大学学报》2005 年第 6 期。

吴建华:《"民抄"董宦事件与晚明江南社区的大众心态》,《中国社会经济史研究》2000 年第 1 期。

吴建华:《简论明代苏州文化成就的特色》,《江南社会历史评论》第五期,商务印书馆 2013 年版。

吴建华:《科举制下进士的社会结构和社会流动》,《苏州大学学报》1994 年第 1 期。

吴建华:《明代苏州文化成就述论》,载《传统中国社会与明清时代》,天津人民出版社 2013 年。

吴建华:《明代王鏊诚子书浅析》,《江南社会历史评论》第七期,商务印书馆 2015 年。

吴建华:《明清江南人口社会史研究》,群言出版社 2005 年。

吴建华:《明清苏州、徽州进士的文化素质与文化互动》,《史林》2004 年第 2 期。

吴建华:《明清苏州、徽州进士数量和分布的比较》,《江海学刊》2004 年第 3 期。

吴建华:《汤斌毁"淫祠"事件》,《清史研究》1996 年第 1 期。

吴建华点校:《王鏊集》,上海古籍出版社 2013 年。

吴宽:《家藏集》,《景印文渊阁四库全书》1255,台湾商务印书馆 1986 年。

吴履震:《五茸志逸随笔》,《四库未收书辑刊》10 辑 12 册,北京出版社 2000 年。

吴梅:《中国戏曲概论》,岳麓书社 1998 年。

吴奈夫:《关于葛成领导的苏州织工斗争》,《江苏师院学报》1981 年第 4 期,收入其《史志文论集》,陕西人民教育出版社 2010 年。

吴奈夫:《明代苏州的城市建设及其管理》,《扬州大学学报》2003 年第 4 期。

吴融:《唐英歌诗》,《景印文渊阁四库全书》1084,台湾商务印书馆 1986 年。

吴山嘉:《复社姓氏传略》,周骏富辑:《明代传记丛刊·学林类 6》7,台湾明文书局1991年。

吴申元:《中国人口思想史稿》,中国社会科学出版社1986年。

吴松弟:《中国人口史》第三卷《辽宋金元时期》,复旦大学出版社2000年。

吴肃公:《街南文集》,《四库禁毁书丛刊》集部148,北京出版社1998年。

吴有性:《温疫论》,俞大祥点校,载《吴中医集·温病类》,江苏科学技术出版社1989年。

歙县《济阳江氏族谱》,引见张海鹏等编:《明清徽商资料选编》,黄山书社1985年。

萧统:《文选》,上海书店1988年影印本。

谢建华:《唐寅绘画宗南宋院体探》,《南京艺术学院学报(美术及设计版)》1997年第3期。

谢肇淛:《五杂组》,郭熙途校点,辽宁教育出版社2001年。

熊平:《瞿汝稷研究》,上海师范大学2014年硕士学位论文。

徐澂:《吴门画史》,江苏省立苏州图书馆校印1939年。

徐达源:《吴郡甫里人物考》,苏州图书馆藏本。

徐德明校点:《清河书画舫》,上海古籍出版社2011年。

徐复祚:《花当阁丛谈》,《续修四库全书》1175,上海古籍出版社2002年。

徐光启:《农政全书》,《景印文渊阁四库全书》731,台湾商务印书馆1986年。

徐进、赵鼎新:《政府能力和万历年间的民变发展》,《社会学研究》2007年第1期。

徐茂明:《明清时期苏州的宗族观念与文化世族》,《史林》2010年第6期。

徐晟(曾铭):《续名贤小纪》,载周骏富辑:《明代传记丛刊·综录类43》,台湾明文书局1991年。

徐世昌辑:《晚晴簃诗汇》,《续修四库全书》1631,上海古籍出版社2002年。

徐树丕:《识小录》,《笔记小说大观》40编3册,台湾新兴书局1985年。

徐文高编著:《山塘钩沉录》,上海古籍出版社2002年。

徐一夔等撰:《明集礼》,《景印文渊阁四库全书》649,台湾商务印书馆1986年。

徐有贞:《武功集》,《景印文渊阁四库全书》1245,台湾商务印书馆1986年。

徐傅先:《香山小志》,《中国地方志集成·乡镇志专辑》7,江苏古籍出版社1992年。

徐作生：《泛槎考谜录——12历史悬案揭秘》，学苑出版社 2000 年。

许承尧：《歙事闲谭》，李明回等校点，黄山书社 2001 年。

许涤新、吴承明主编：《中国资本主义发展史》第一卷《中国资本主义的萌芽》，人民出版社 1985 年。

许重熙：《嘉靖以来注略》，《四库禁毁书丛刊》史部 5，北京出版社 1998 年。

宣统《太原家谱》（莫厘王氏），1911 年木活字本。

薛冈：《天爵堂笔余》，王春瑜点校，载《明史研究论丛》第五辑，江苏古籍出版社 1991 年。

薛永年：《王履》，载《中国历代画家大观——明》，上海人民美术出版社 1998 年。

严迪昌：《"市隐"心态与吴中明清文化世族》，《苏州大学学报》1991 年第 1 期。

严迪昌：《明清新兴世族与吴文化发展》，《苏州大学学报》1992 年第 1 期。

严果：《天隐子遗稿》，《四库全书存目丛书》集部 141，齐鲁书社 1997 年。

严讷：《严文靖公集》，《四库全书存目丛书》集部 107，齐鲁书社 1997 年。

严绍璗：《汉籍在日本的流布研究》，江苏古籍出版社 1992 年。

阎秀卿：《吴郡二科志》，《笔记小说大观》18 编，台湾新兴书局 1977 年。

阳正伟：《对东林性质的再审视——从文献学角度的考察》，《昆明学院学报》2013 年第 4 期。

杨循吉：《苏谈》，王稼句点校编纂：《苏州文献丛钞初编》，古吴轩出版社 2005 年。

杨循吉：《吴中故语》，《笔记小说大观》25 编，台湾新兴书局 1984 年。

杨耀：《明式家具研究》，中国建筑工业出版社 1986 年。

杨照：《怀古堂诗选》，《四库未收书辑刊》8 辑 25 册，北京出版社 2000 年。

姚文灏：《浙西水利书》，《景印文渊阁四库全书》576，台湾商务印书馆 1986 年。

叶昌炽：《藏书纪事诗（附补正）》，上海古籍出版社 1999 年。

叶德辉：《书林清话》，辽宁教育出版社 1998 年。

叶梦珠：《阅世编》，来新夏点校，上海古籍出版社 1981 年。

叶权：《贤博篇》，凌毅点校，中华书局 1987 年。

叶瑞宝主编：《苏州藏书史》，江苏古籍出版社 2001 年。

叶绍袁：《甲行日注（外三种）》，毕敏点校，岳麓书社 1986 年。

叶绍袁:《启祯记闻录》,《痛史》第 13 种,商务印书馆 1911 年。

叶绍袁原编,冀勤辑校:《午梦堂集》,中华书局 1998 年。

叶盛:《水东日记》,中华书局 1980 年。

叶长龄:《杨舍堡城志稿》,载《张家港旧志汇编》,凤凰出版社 2006 年。

叶子奇:《草木子》,中华书局 1959 年。

殷奎:《强斋集》,《景印文渊阁四库全书》1232,台湾商务印书馆 1986 年。

尹守衡:《明史窃》,《四库禁毁书丛刊》史部 64,北京出版社 1998 年。

永瑢等纂:《四库全书总目》,中华书局 1965 年影印本。

于敏中等撰:《天禄琳琅书目》,徐德明标点,上海古籍出版社 2007 年。

于慎行:《穀山笔麈》,吕景琳点校,中华书局 1984 年。

余新忠:《清代城市水环境问题探析——兼论相关史料的解读和运用》,《历史研究》2013 年第 6 期。

俞樾:《春在堂诗编》,《续修四库全书》1551,上海古籍出版社 2002 年。

俞志高编著:《吴中名医录》,江苏科学技术出版社 1993 年。

袁袠:《皇明献实》,周骏富辑:《明代传记丛刊·名人类5》30,台湾明文书局 1991 年。

张丙钊:《兴化方言志》,1988 年油印本,转见曹树基:《中国移民史》第五卷,福建人民出版社 1997 年。

张秉国:《"'东林非党论'质疑"的质疑》,《聊城大学学报》2006 年第 5 期。

张朝瑞:《忠节录》,《续修四库全书》537,上海古籍出版社 2002 年。

张潮:《虞初新志》,《四库禁毁书丛刊》子部 38,北京出版社 1998 年。

张澄国、胡韵荪主编:《苏州民间手工艺术》,古吴轩出版社 2006 年。

张橙华:《吴地科技文化》,载王友三主编《吴文化史丛(下)》,江苏人民出版社 1996 年。

张处士墓志铭,碑藏仪真博物馆。

张传元、余梅年:《归震川年谱》,商务印书馆 1936 年。

张大复:《梅花草堂集》,《续修四库全书》1380,上海古籍出版社 2002 年。

张大复:《梅花草堂集·笔谈》,《笔记小说大观》32 册,江苏广陵古籍刻印社 1983 年。

张岱:《石匮书后集》,《台湾文献丛刊》第 282 种,台湾银行 1970 年排印本。

张岱:《陶庵梦忆》,马兴荣点校,中华书局 2007 年。

张德信:《明史海瑞传校注》,陕西人民出版社 1984 年。

张方湛:《忠文靖节编》,《丛书集成续编》第31册,上海书店出版社1994年。

张国维:《吴中水利全书》,蔡一平点校,浙江古籍出版社2014年。

张海鹏等编:《明清徽商资料选编》,黄山书社1985年。

张海英:《明清江南商品流通与市场体系》,华东师范大学出版社2002年。

张瀚:《松窗梦语》,盛冬铃点校,中华书局1985年。

张溥:《七录斋合集》,曾肖点校,齐鲁书社2015年。

张廷璧墓志铭,碑藏仪真博物馆。

张廷济:《清仪阁杂咏》,《丛书集成续编》第93册,台湾新文丰出版公司1997年。

张廷玉等撰:《明史》,中华书局1974年。

张文献:《明朝中期的苏州:王锜年谱》,古吴轩出版社2012年。

张显清:《张显清文集》,上海辞书出版社2005年。

张显清主编:《明代后期社会转型研究》,中国社会科学出版社2008年。

张秀民:《中国印刷史》,上海人民出版社1989年。

张夷主编:《陈去病全集》,上海古籍出版社2009年。

张应文:《清秘藏》,《景印文渊阁四库全书》872,台湾商务印书馆1986年。

张载:《张载集》,中华书局1978年。

张照、梁诗正等:《石渠宝笈》,《景印文渊阁四库全书》824,台湾商务印书馆1986年。

张志新:《读王鏊〈吴中赋税书与巡抚李司空〉——兼谈明代洞庭商人从商的原因》,《苏州大学学报》1985年第1期。

张紫琳:《红兰逸乘》,《丛书集成续编》第51册,上海书店1994年。

章华英:《虞山琴派研究》,中国艺术研究院2002年硕士学位论文。

赵蕃:《淳熙稿》,《景印文渊阁四库全书》1155,台湾商务印书馆1986年。

赵宽:《半江赵先生文集》,《四库全书存目丛书》集部42,齐鲁书社1997年。

赵翼著,王树民校证:《廿二史劄记校证》,中华书局1984年。

赵宗强、王兴亮编:《张家港名贤》,凤凰出版社2008年。

正德《姑苏志》,《天一阁藏明代方志选刊续编》,上海书店1990年。

正德《松江府志》,《中国方志丛书》,台湾成文出版社有限公司1983年。

郑和:《娄东刘家港天妃宫石刻通番事迹记》,载钱毅《吴都文粹续集》,《景印文渊阁四库全书》1385,台湾商务印书馆1986年。

郑利华:《王世贞年谱》,复旦大学出版社1993年。

郑利华:《王世贞研究》,学林出版社2002年。

郑若曾:《筹海图编》,李致忠点校,中华书局2007年。

郑文康:《平桥稿》,《景印文渊阁四库全书》1246,台湾商务印书馆1986年。

郑永华:《姚广孝史事研究》,人民出版社2011年。

郑振铎:《劫中得书记》,上海古籍出版社2006年。

至顺《镇江志》,杨积庆等校点,江苏古籍出版社1999年。

至正《金陵新志》,《中国方志丛书》,台湾成文出版社有限公司1983年。

周道振、张月尊辑:《文徵明年谱》,百家出版社1998年。

周道振、张月尊辑校:《唐伯虎全集》,中国美术学院出版社2002年。

周道振辑校:《文徵明集》,上海古籍出版社1987年。

周巩平:《江南曲学世家研究》,上海文化出版社2013年。

周晖:《金陵琐事》,张泰来点校,南京出版社2007年。

周嘉胄:《装潢志》,杜秉庄、杜子熊编著:《书画装裱技艺辑释》本,上海书画出版社1993年。

周良霄:《明代苏松地区的官田与重赋问题》,《历史研究》1957年第10期。

周南泉:《明陆子冈及"子冈"款玉器》,《故宫博物院院刊》1984年第3期。

周贻白:《中国戏曲史讲座》,中国戏曲出版社1958年。

周永年:《吴都法乘》,1936年影印本。

周用:《周恭肃公集》,《四库全书存目丛书》集部55,齐鲁书社1997年。

周之夔:《弃草集》,江苏广陵古籍刻印社1997年影印本。

朱保炯、谢沛霖:《明清进士题名碑录索引》,上海古籍出版社1980年。

朱存理:《珊瑚木难》,王允亮点校,浙江人民美术出版社2012年。

朱国祯:《皇明史概·皇明大事记》,《续修四库全书》431,上海古籍出版社2002年。

朱国祯:《皇明史概·皇明开国臣传》,《续修四库全书》431,上海古籍出版社2002年。

朱国祯:《涌幢小品》,《续修四库全书》1172—1173,上海古籍出版社2002年。

朱杰人、严佐之、刘永翔主编:《朱子全书》第24册,上海古籍出版社、安徽教育出版社2002年。

朱熹:《家礼》,《景印文渊阁四库全书》142,台湾商务印书馆1986年。

朱彝尊:《静志居诗话》,人民文学出版社 1990 年。

朱彝尊:《明诗综》,《景印文渊阁四库全书》1459,台湾商务印书馆 1986 年。

朱子编:《二程遗书》,《景印文渊阁四库全书》698,台湾商务印书馆 1986 年。

祝允明:《成化间苏材小纂》,《吴中小志丛刊》,陈其弟点校,广陵书社 2004 年。

祝允明:《怀星堂集》,《景印文渊阁四库全书》1260,台湾商务印书馆 1986 年。

祝允明:《野记》,《笔记小说大观》40 编 1 册,台湾新兴书局 1985 年。

宗韵:《明代家族上行流动研究》,华东师范大学出版社 2009 年。

后　记

从参与完成《苏州史纲》写作，承担撰写明代一章，到承担专著《苏州通史·明代卷》，无论在学术动态把握、资料研读、内容增加、范围扩大，还是在字数加增、理论思辨等方面，都是对明代苏州不断系统学习研究、翔实升华的过程。为此，除了自己总体设计、研究并撰写、全部核对书稿的征引资料之外，我邀请我的3位学生加入项目之中。他们把在攻读历史学硕士或博士期间所做的明代相关研究有机结合进来，极大地拓宽加深了明代苏州史研究。全书具体分工如下：第四章的第四节由王凝萱撰写初稿；第五节二、三之（二）（三）、四、五，由孙达撰写初稿；绪言部分一、三，第二章第一节之二，第三节之二，第三章第四节之一、二、三，第四章第一节和第二节之二、三、四，它们的部分内容由范莉莉撰写初稿。以上篇章都经吴建华补充、修改、定稿，并由范莉莉初核文献资料，再由吴建华复核、重订文献资料以及改写篇章。全书其余篇章都由吴建华独自承担完成。全书由吴建华统改定稿。

感谢苏州市委市政府将《苏州通史》项目立项，作为重大文化工程，其中包括处于历史发展黄金时期的明代；感谢总主编王国平教授盛情邀请、热情支持、系统安排，让我们从容自信，完成此卷研究与写作；感谢范金民、唐力行教授对本卷认真审稿、中肯建议，使我们订正讹误，做了合理调整；感谢《苏州通史》项目组各卷全体专家数十次集体热心研讨、及时推进进度、解决研究写作过程的共性或个性问题、帮助审校，以及赋予的灵感；感谢众多老中青学者对于明代苏州从各个学科各个角度进行严肃研究发表的成果，尤其是罗仑主编，范金民、夏维中著《苏州地区社会经济史（明清卷）》的写作，筚路蓝缕，开启明清苏州断代史研究，初成体系，偏重而不限于经济方面，对本书写作奠定了坚实基础，构筑了较高学术平台。总之，本卷之所以历经有年，终于竣工，完全得了天时地利人和之便，我们聊以拾掇检校、尽点绵薄之力而已。书中错讹难免，全部由我负责。

目前综合的明代苏州史研究与写作，我们这里仅开端绪，很多领域很多专题很多理论有待继续研究，而未竟之事甚多，譬如，文献资料多，想继续研读；研究成果多，想在此基础上更加融会贯通；断代区域通史如何综合创新，在体系上、理论上、重点上、知识细化上如何很好把握才能全面深入,使明代苏州史不仅成为明代史的一块耀眼珍宝,而且成为苏州通史中的一块学术高地。

由于书稿有4位作者参与写作,各自原先研究思路重点不同,在整合为一体的明代苏州史之时,必须进行新的统合,包括文献征引,不免重复,使用文献版本互有歧义,使用清人著作版本,又有改动文字之处,等等,虽然通稿时做了协调,还是会有重复或不妥之处。

最后,感谢苏州大学出版社专门成立编辑组,统筹安排,薛华强编辑负责明代卷。他在时间上予以校对宽容,专业上严谨编辑,付出许多辛劳。镇江文苑精准高超的文字排校技艺令本书减少讹误,大为增色。感谢苏州大学图书馆,感谢苏州图书馆、上海图书馆、中华寻根网、美国犹太家谱学会无偿提供的网上电子古籍,核查使用极为便捷。也诚挚感谢黄阿明、王健、周一丹、刘华明、陈兰婷、施林霞给与过的热情帮助,家人也长期支持着我的研究和写作。近眺远望:运河石湖,波光粼粼;香溪太湖,水天一色;吴山迤逦,灵岩叠秀。朗诗居室,冬暖夏凉,四季如春,高效作业。鹿鹿还在电脑文档技术上不时雪中送炭,提供支撑与保障。

灵岩山人　吴建华
2017年7月28日于姑苏龙溪草堂
2018年2月6日修定于香溪精舍